다산 사서경학 연구
茶山四書經學研究

❷

다산 사서경학 연구 2

신정 증보판 1쇄 발행 2021년 12월 20일

지은이 정일균

펴낸곳 서울대학교출판문화원
주소 08826 서울 관악구 관악로 1
도서주문 02-889-4424, 02-880-7995
홈페이지 www.snupress.com
페이스북 @snupress1947
인스타그램 @snupress
이메일 snubook@snu.ac.kr
출판등록 제15-3호

ISBN 978-89-521-2030-4 94150
978-89-521-2028-1(세트)

다산 사서경학 연구

茶山四書經學研究

2

정일균 지음

서울대학교출판문화원

A Study in Dasan Jeong Yak-Yong's Classical Learning of the Four Books(II)

Jeong Il-Gyun

Seoul National University Press

이 책을 삼가 先親의 靈前에 바칩니다.

신정 증보판 머리말

1

금년[2016년]은 다산선생茶山先生께서 서세逝世하신 지 '180 주년'이 되는 해이다. 다산선생의 호대하고도 정치한 학문세계와 그 속에서 약동하는 절절한 애민정신愛民精神이야 어느 해인들 일월처럼 빛나지 않으리요마는, 어느덧 세월은 흘러 21세기의 벽두에 접어든 올해 이 땅에서 새삼 선생을 기리는 마음에 또한 후생말학後生末學으로서의 남다른 감회와 새로운 다짐이 없을 수 없다.

지금부터 80년 전에 정인보鄭寅普[爲堂, 1893~?]가 망국의 지식인으로서 '조선학朝鮮學'을 통해 조국의 광복과 근대화의 정신적 기반을 모색·확인하고자 했던 강렬한 민족주의적 에토스는 특히 1935년에 '다산茶山 정약용丁若鏞의 서세逝世 백주년百週年'을 맞이함을 계기로 이러한 조선학의 전형이자 대표자로서 다산선생을 비정하는 것으로 표출되었던바, 즉 그는 「唯一한 政法家 丁茶山先生 叙論」이란 글에서 "先生 一人에 對한 考究ㅣ 곧 朝鮮史의 硏究요 朝鮮近世思想의 硏究요 朝鮮心魂의 明翳 乃至 全朝鮮 盛衰存滅에 對한 硏究"라는 기본인식 하에, 다산학茶山學의 요체와 관련하여 "先生著述의 宗旨는 '新我舊邦'의 四字ㅣ 그 頭腦이라. ……그러므로 學이면 實學, 行이면 實行, 政이면 實政, 事면 實事, 심지어 一書의 一言半句, 一物의 一方一圓에 이르기 모두 그 實을 究"하였던바, 이로써 "總括하여 말하면 先生의 學은 實學이요 實學의 歸要는 '新我舊邦'이 그 骨子"[1] 라는 입장을 명확하게 천명한 바 있다.

---

1 이에 대한 보다 자세한 내용은 鄭寅普(1983: 68~86)가 참조된다.

이처럼 정인보의 조선학운동이 '조선학으로서의 실학'의 사상적 정체성을 '조선심朝鮮心을 배식培植하는 실사구시학實事求是學'으로 정립함으로써 해방 이후 한국의 '실학연구의 주류적 흐름'에 기본적 인식틀 및 전제적 출발점을 제공한 바 있다. 이에 1950~70년대 실학연구의 주류적 흐름은 상기한바 조선학운동의 정신을 계승하는 가운데, 특히 '자본주의맹아론資本主義萌芽論' 또는 '내재적 발전론'의 도식 하에 조선후기의 사회변동 및 사상사에 대한 인식을 시도했던 움직임으로 구체화되었던 바, 여기서는 이른바 '실학적 사유체계'로부터 곧바로 한국적 근대성의 요소, 또는 근대정신의 내재적 태반胎盤을 읽어내거나 확인하려는 관심이 그 핵심을 이루고 있었다. 물론 이러한 흐름은 무엇보다 조선후기의 이른바 '내재적 발전'의 요소—상품화폐경제의 획기적 진전, 사회적 계층분화의 심화 및 이에 따른 사회신분제도의 해체, 민족문화에 대한 주체적 인식의 제고 등—를 적극 발굴하고 천명함으로써 이 시기 사회·경제사 및 실학에 대한 연구에 있어 실로 중요하고도 다대한 연구성과를 낳은 바 있다. 그럼에도 동시에 이는 일련의 문제점을 노정하기도 하였으니, 즉 '서구중심주의'의 문제, 실학에 대한 '본질론'의 관점이 가진 약점, 실학의 '구성적 타자'로서 조선주자학朝鮮朱子學을 지목하는 인식틀이 내포한 난점 등이 바로 그것이다.

1980년대 이래 실학연구는 기존의 경세학經世學 중심의 경향에서 점차 벗어나 경학經學·철학·과학·문학 등 다양한 분야로 그 범위를 꾸준히 확장시켜나가는 동시에, 기존의 실학연구, 특히 상기한바 '주류적 흐름'에 대한 회고 및 반성 역시 끊임없이 제기되어온 바 있다. 바로 이러한 맥락에서 1990년대에 접어들면, 자본주의맹아론에 대한 학계의 비판이 국내외적으로 제기되는 흐름과 궤를 같이 하면서 기존의 주류적 실학론에 대한 비판적 재평가의 움직임이 본격적으로 나타나기 시작했던 바, 여기에서는 특히 조선후기의 사회변동에 대한 대안적 인식체계로서의 이른바 '소농사회론小農社會論'을 전제하는 가운데, 이 시기의 사회변동에서 곧바로 일련의 내재적인 자본주의적 발전경향을 확인·추출하고자 했던 기존의 인식틀에 대해 비판적 거리를 견지하는 입장이 대표적이다. 더욱이 2000년 이후부터는 이른바 '세계화의 시대'를 맞이하여 서구적 근대화에 대한 근본적 성찰과 더불어 '대안적 세계관'을 모색하려는 시대적·학문적 과제가 부각되기 시작하면서 실학연구의 목적 및 방향 또한 근본적으로 재고되기에 이르렀던바, 여기에서는 특히 기존의 실학연구와 관련하여 서구로부터 주어진 특정 경로의 역사발전론이나 세계체제는 더 이상 우리의 대안이 될 수 없음에 이로부터 자유로워질 필요가 있다는 문제의식에서 출발하여 유교사회의 수천 년에 걸친 역사적 경험을 활용하여 인간공동체에 대한 새로운 전망을 창조적으로 수립할 당위성과 아울러 실학을 동아시아 사상사의 흐름과 연관해서 조명할 필요성을 강조하는 입장이 주목된다.[2]

이상에서 개관한바 해방 이후부터 현재까지 한국에서 이루어진 실학연구의 주요동향을 전제하면서, 무엇보다 '21세기 다산학茶山學'의 발전과 심화를 위해 요청되는 몇 가지 당위적 과제를 특히 '연구방법론'의 측면에 유의하며 제기해보자면 대략 다음과 같다. 첫째, 21세기 한국, 나아가 동아시아의 역사적 위상 및 이에 따른 사상적·철학적 과제가 과거와는 현저히 달라지고 있는바, 바로 이러한 맥락에서 실학 및 다산학연구 또한 그 의미와 방향에 있어 근본적인 전환이 요구되고 있는 것이 아닐까 한다. 다소 도식적으로 이야기하자면, 종래에는 이른바 서구적 '근대성의 수용'이 일차적 과제였다면, 현금에는 오히려 이러한 '근대성의 극복'이라는 과제가 더욱 중요하게 박두하고 있다. 물론 이러한 과제

2 해방 이후 실학연구에 있어 이상과 같은 기존의 연구경향들에 대한 보다 자세한 내용은 대표적으로 정호훈(2006: 15~53), 정일균(2009b: 43~145), 정일균(2012d: 103~153)이 참조된다.

와 관련하여 이미 '위험사회'의 문제의식이나 '성찰적 근대(화)' 내지는 '제2근대'의 기획이 회자되고 있으며, 또한 일각에서는 이를 뒷받침할 동아시아 전통의 잠재력에 대한 관심과 탐색으로 구체화되고 있음도 살펴볼 수 있다. 결국, 이러한 시대적 상황 하에서 '21세기 다산학' 역시 발전적인 미래적 전망을 확보하기 위해서는 의당 이러한 시대적 과제에 의미 있게 부응·응답함이 필수적인바, 이를 위한 일차적 작업은 무엇보다 종래 실학연구의 주류적 흐름이 표방했던바 '근대화의 기획'을 뒷받침하기 위한 일련의 '본질론', 즉 이른바 '조선후기의 신사조'로부터 곧바로 한국적 근대성의 요소, 또는 근대정신의 내재적 태반을 읽어내거나 확인하려는 폐쇄적 독법에서 과감하게 탈각하는 동시에, 특히 '실학' 개념을 한 시대의 '역사적·사회적 조건과의 정합성·조응성'의 여부로 인식·구성하는 '관계론'의 관점으로 이행해야 할 필요성이 절실하다고 할 것이다.

둘째, 이러한 시대적 과제와 관련하여 '21세기 다산학'의 연구초점 또한 달라져야 할 것이다. 즉, 새로운 연구초점이란 기존의 '본질론'의 관점에서 주로 다산학의 '구체적 내용'에 주목했던 행태에서 벗어나, 바로 이 다산학이란 '텍스트의 지평'으로부터 현금의 시대적 과제, 특히 서구적 계몽이 야기한바 역설성을 극복하는 데 요청되는 '방법론적 통찰과 지혜'를 해석학적 상상력을 통하여 간취하는, 이런 의미에서 기존의 연구보다 '한 차원 더 높은 인문학적 안목과 엄중한 문제의식'을 요구하고 있는 것으로 보인다. 물론 여기서 언급한바 '방법론적 통찰과 지혜'란 무엇보다 하나의 시대적 전환기에 처하여 변화된 '역사적·사회적 조건'에 대한 예민한 감수성 하에서 이것과 정합성을 유지하는 새로운 '세계관'을 주체적으로 구성해나갈 수 있는 철학적 역량이자 나아가 이것과 조응성을 유지하는 새로운 '문물제도'의 구상과 실천을 예비할 수 있는 사회과학적 경륜을 그 요체로 하는 것이라면, 결국 이를 뒷받침할 상기한바 '인문학적 안목과 문제의식'이야말로 다산학의 생명을 21세기로 연장하는 관건인 동시에 현금의 다산학 연구자가 마땅히 자각·성찰해야 할 '연구자의 지평'이 아닐까 한다.

마지막으로, 상기한바 서구적 '근대성의 극복'이란 시대적 과제와 관련하여 한국을 포함한 동아시아 지성계가 의당 감당해야 할 사상적 소명이란 단적으로 유교儒教를 중심으로 한 풍부한 철학적 사유의 전통과 사상적 유산을 비판적이고 합리적으로 재구성함으로써 이른바 '21세기적 보편성'을 구현하는 '대안적 세계관'과 '문명의 전환'을 지향·성취하는 것이어야 할 것이다. 바로 이러한 과제와 관련하여 현금 한국사회가 당면한 상황은 매우 복합적·역설적이다. 즉, 한국사회는 일면에서는 첨단 산업사회의 모습을 구현하고 있는가 하면, 다른 일면에서는 남북분단으로 인해 민족국가의 건설이라는 근대성의 기본적 요건조차 성취하지 못하고 있는 실정이다. 바로 이러한 의미에서 한국사회는 특히 미래의 통일과 관련하여 여전히 과거 서구적 계몽이 성취했던 일련의 진보적 성과들, 그중에서도 '민주·자유·인권'이란 가치를 한국적 맥락과 조건에서 내재화·구현하는 노력이 여전히 절실하게 요청되고 있음은 물론이다. 그럼에도 한국사회는 동시에 서구적 근대성이 목하 노정하고 있는 시대적 한계성, 특히 핵전쟁의 공포로 상징되는 군사적 폭력성의 상존, 생태계의 파괴와 자원의 고갈로 대표되는 환경문제의 대두, 아직도 대부분의 인류를 기아상태에 묶어두고 있는 남북문제의 고착, 인종적·종족적·성적·계급적 갈등과 억압의 지속과 악화 등으로 대표되는 문명사적 문제를 근본적으로 지양止揚·해소할 수 있는 '새로운 보편성'의 지평을 모색함에 결코 소홀히 해서는 안 될 것으로 사료된다. 결국, 의미 있는 '21세기 다산학'이란 바로 이러한 지적 과제를 공유·자임함을 필수적으로 요청받고 있는바,[3] 물론 이를 위한 자체의 인식론적 출발점이란 무엇보다 종래 주류적 실학연구를 중심으로 은연중 조장·

강화되어왔던 이른바 '돌진적 근대화'에 대한 강박관념과 이것의 이론적 표현인 다양한 형태의 '전통과 근대의 이분법'이나 '서구중심주의'의 잔재로부터 과감히 해방될 필요성이 아닐까 한다.

2

이 책은 「초판 머리말」에서도 이미 언급했듯이 원래 곤지困知의 필자가 애써 연구자를 자임하며 부끄러움을 무릅쓰고 세상에 내어놓았던 처녀작이다. 그럼에도 당시 여러 선생님들과 동학의 예기치 못한 과분한 관심과 도타운 교정敎正에 접하며, 새삼 감사의 마음과 정진의 결의를 남몰래 다졌던 기억이 새롭다. 특히 이동환李東歡·유권종劉權鍾·이봉규李俸珪·김문식金文植 선생님들께 뒤늦게나마 다시 한 번 심심한 고마움의 인사를 드리고자 한다.[4] 이제 여러 선생님들의 아낌없는 격려와 질책을 다시금 되돌아봄에, 더욱이 이동환 선생님의 "요컨대 정일균의 이 책은 그동안의 다산의 사서경학에 대한 실증적 해명의 가위 집대성적 진경進境을 이룬, 결코 쉽사리 나올 수 없는 노작勞作으로 기록되기에 족하다"는 망외의 칭찬과 격려에도 불구하고, 이후 지속적 연구성과로써 이에

---

3 이상과 같이 20세기부터 현저히 노정되기 시작한 인류의 문명사적 문제를 극복하는 사상적·실천적 과제와 관련하여 특히 '실학實學' 개념에 주목하면서 그 해결방안을 나름대로 모색하려는 지적 감수성과 실천적 노력이 이미 20세기말부터 국내외에서 단편적이나마 표명된 바 있다. 즉 ① 尹絲淳(1993: 11~24)은 ㉠ "오늘의 유학, 즉 '새로운 실학實學[新實學]'이 극복의 대상으로 삼아야 할 실제적 요소"로서 대표적으로 ㉮ "인간의 생명을 위협·파멸케 할 뿐 아니라, 나아가 자연까지 파괴하는 核戰과 공해문제", ㉯ "가치관의 혼란으로 인한 도덕질서의 붕괴와 그것이 가져오는 비인도적 현상", ㉰ "정치적 이념의 상충으로 인한 민족 분단과 고착화의 문제" 세 가지를 들면서, ㉡ "오늘의 유학은 이 문제들에 도전, 그 극복의 길을 찾아야 그 실학의 구실을 한다는 평가를 받게 될 것"임을 주장한 바 있으며, ② 오가와 하루히사[小川晴久](1994/1995: 177~203) 역시 특히 20세기의 환경문제 및 남북문제와 관련하여 "공리주의에 듬뿍 젖어있는 실학관을 경제동물성을 불식한, 인간의 얼굴을 지닌 실학관으로 바꾸어내는 작업" 또는 "실심실학實心實學 개념의 구명작업"을 통해 이를 근본적으로 극복할 방법을 나름대로 모색하려는 문제의식과 시도를 보여준 바 있다.

4 李東歡(2000), 劉權鍾(2000), 이봉규(2000), 김문식(2000)

제대로 부응하지 못한 작금의 처지를 되돌아보며 새삼스럽게 한없는 자괴감을 느낀다. 그러면서 동시에 죽는 바로 그 순간까지 이 책을 저술했던 초심初心으로써 연구자의 길을 '일관一貫'하리라는 지천명知天命의 새로운 결의로 또한 가슴이 저려온다.

그러면 이상의 선생님들께서 공통적으로 지적하신 사항을 중심으로 이에 대한 필자의 소회를 간략하게 개진하는 것으로써 다시금 부끄러움을 무릅쓰고 본서의 '신정 증보판'을 출간하는 변辯으로 삼고자 한다. 첫째, '주자학朱子學과 다산학茶山學 간의 관계'와 관련하여 필자가 본서의 초판에서 지나치게 '불연속성' 내지는 '단절성'의 측면만을 일면적으로 강조하고 있다는 지적이 있으며, 또한 근래의 한 연구사 정리에서도 여기에 나타난 필자의 주장을 '주자학과의 단절을 통한 새로운 유학의 정립으로 이해하는 입장'이란 범주에 배속시키고 있음[5]을 살펴볼 수 있다. ① 필자가 본서의 초판을 통해 일차적으로 의도했던 것은 '다산선생茶山先生께서 당신의 사서경학四書經學을 통해 구체적으로 어떠한 내용의 철학적 세계관을 구성하려고 노력하셨는가?'를 경학자료經學資料로 하여금 스스로 말하도록 하는 방식을 통해 실증적으로 규명하는 작업이었고, 이에 그 결론으로서 "丁若鏞은 자신의 四書經學을 통해 그 나름대로의 독자적이고도 완결된 하나의 世界觀을 보여주고 있다. 물론 이것은 程朱性理學과는 완전히 상이한 '하나'의 세계관"[6]임을 분명히 주장한 바 있다. ② 바로 이러한 의미에서 상기의 지적과 평가에 전혀 일리가 없는 바는 아니지만, 그럼에도 필자의 처지에서는 이를 접하며 약간의 당혹스러움 또한 느끼고 있음도 사실이다. 왜냐하면 다산선생께서 사서경학을 통해 당신의 독자적인 세계관을 구축해나가시는 과정 및 그 핵심내용이 주로 정주성리학의 경전주석에 대한 비판적 검토를 통

5 백민정(2007: 421~422)
6 鄭一均(2000: 457)

해 진행·구성되었기 때문이요, 따라서 이를 추적하다 보면 논의구조 상 불가피하게 두 학문 간의 사상적 불연속성이 부각될 수밖에 없는 사정이 있었기 때문이다. 그럼에도 단지 두 학문 간의 단절성만을 강조함에 그치는 것은 기실 필자의 애초 의도나 목적이 아니었던바, 이에 대한 필자의 입장을 간략히 피력하자면 다음과 같다: ㉠ 적어도 필자가 보기에 '다산학'이란 기본적으로 '유교적 사상전통'이 '조선후기의 역사적·사회적 조건'과 나름대로 교감·조응하며 비로소 구성·출현할 수 있었던, 따라서 유교의 특정 학파나 전통으로 결코 완전히 환원·포섭되지 않는 '하나의 독자적인 사상체계'이다. 이러한 사실은 곧 다산선생께서 어디까지나 당신의 독립적인 학문적 관점과 내용을 구축·견지하시는 가운데, 이에 부합하는 주장이라면 심지어 위서僞書나 유가儒家의 책이 아닌 경우라 할지라도 그 이치가 참으로 옳은 것이라면 오히려 흔쾌히 수용하고자 하는 개방적인 태도 역시 취하시면서 두루 제가諸家의 견해를 탄력적으로 취사선택하셨음을 함축하며, 이는 또한 다산선생께서 당시 국내외의 다양한 사상적 조류를 섭렵·활용하시면서 단 한 번도 어떤 특정 학파나 전통을 전적으로 수용하거나 또는 전적으로 거부하신 적이 없었음을 의미하기도 한다. 그리고 다산선생의 이러한 태도는 주자학의 경우에도 예외 없이 관철되었음은 물론이다. ㉡ 이러한 맥락에서 다산선생께서는 상기한 바처럼 주로 정주성리학의 경전주석에 대한 비판적 검토를 통해 당신의 경학체계와 세계관의 골간을 구축해나가신 것은 사실이지만, 그렇다고 주자학에 대해 결코 일방적으로 비판·거부하는 태도로만 일관하지 않으셨음 또한 재언을 요하지 않는다. 특히 다산선생께서는 주자학의 윤리적 계몽의 성과, 즉 주희朱熹가 '의리義理' 지향의 경학사상을 통해 무엇보다 유교 본연의 '도학道學과 명교名教의 근원' 및 '예법禮法과 정교政教의 요체'를 치열한 실천적 고민 속에서 한평생 규명하고 재정립해나감으로써 '오도吾道[儒教: 필자 주]의 중흥조中興祖'가 될 수 있었음을 높이 평가하시는 가운데 이러한 학문정신을 적극 계승하시고 있으며, 나아가 '인심人心·도심道心'설과 같은 특정 주제와 관련해서는 「중용장구서中庸章句序」에 표명된 주희의 견해를 전폭적으로 수용하시는 가운데 이를 "만세를 위한 큰 가르침으로 확립함을 소홀히 해서는 안 될 것"[7]임을 강조하시기도 하였다. ㉢ 이러한 관점에서 본다면, 종래 다산학의 이해와 관련하여 제기된바 '다산학과 주자학 간의 관계가 연속적인 것인가, 아니면 불연속적인 것인가?'라는 협애한 인식틀은 기실 별다른 의미가 없는 것으로서, 더욱이 이것이 '전통과 근대'라는 이분법적 도식 하에서 다산학과 주자학 간의 불연속성을 평면적으로 강조하는 가운데 다산학에서 이른바 '근대성'을 직접 도출·증명하고자 하는 의도에서 제기된 것이라면 더욱 더 그러하다.

둘째, '다산선생의 경학사상 및 세계관의 특징'과 관련하여 필자가 본서의 초판에서 '실제·실천 지향성'을 강조하고 있는데, 이러한 주장 또한 개념적 지평 및 역사적 문맥과의 연관에서 더욱 엄밀한 한정이 필요하다는 지적이 있다. ① 물론 필자는 본서의 초판에서 다산선생의 사서경학에 나타난 세계관의 특징으로서 상기의 '실제·실천 지향성'을 일관되게 주장하는 가운데, 이에 그 결론으로서 "丁若鏞 世界觀의 요체는 또한 강력한 '실천 지향성'을 그 전제적 요건으로 하는 동시에 필수불가결의 요소로 내포하고 있다. ……이러한 맥락에서 '실천'이라는 개념은 그의 문제의식을 총체적이자 집약적으로 대변하고 있는 것"[8]으로 평가한 바 있다. ② 바로 이러한 의미에서 상기의 지적은 일면 타당한 측면이 없지 않으며, 또한 한국 유교사상사儒敎思想史의 인식과 관련해서도 매우 중요한 방법론적 함의를 내포하고 있기 때문에 필자의 분명한 해명 또한 필요할 것으로 사료된다. 이에 대한 필자의 입장을 간략히

7 『梅氏書平』, 「閻氏『古文疏證』鈔 1」(『定本 與猶堂全書 13』, p. 359)
8 鄭一均(2000: 462)

소명하자면 다음과 같다: ㉠ 적어도 필자가 보기에 일반적으로 어떤 한 시대의 구체적이고 물적인 '제도' 및 '제도론'[器]은 그 자체만으로는 성립될 수 없으며, 이는 반드시 한 시대의 근본적인 질서감각을 주조하는 '철학적 세계관'[道]의 응원과 조응성 하에서 비로소 그 모습을 드러내는 바, 이러한 관점을 필자는 초판의 「서론緖論」에서 이른바 '문화체文化體' 개념으로 정리·소개한 바 있다. ㉮ 이를 통해 필자는 이른바 실학의 '경세학적 제도론'이 정녕 의미 있는 것이라면 의당 이와 조응성을 가지는 실학의 '공리공담空理空談'적인 '철학적 세계관'의 존재를 상정할 필요성이 있으며, 마찬가지로 정주성리학이 일정 기간 동안 조선왕조의 통치 이데올로기로서 현실적 기능을 발휘한 것이 진정 사실이라면 응당 이와 정합성을 유지하는 '실제·실천'적인 '문물제도(론)'의 존재 역시 인정될 필요성이 있음을 함축적으로 주장한 바 있다. ㉯ 바로 이러한 관점에서 필자는 이후에도 목하 '21세기 실학'이 발전적인 미래적 전망을 확보하기 위해서는 특히 '실학'이라는 개념을 특정 사상내용에만 주목하는 '본질론'의 관점에서 벗어나 한 시대의 '역사적·사회적 조건과의 정합성·조응성'의 여부로 판정·인식하는 '관계론'의 관점으로 재구성할 당위성 또한 제기하기도 하였다.[9] ㉰ 나아가 필자의 이러한 주장은 기존에 '실학' 개념의 구성적 타자他者로서 소위 '공리공담'으로 상징되는 '주자학의 허학성虛學性'을 그 본질로서 부각시키는 동시에 이에 대한 대비로서 조선후기 신사조新思潮의 '실용성·실제성·실천성'을 강조함으로써 결과적으로 실학의 '학문적 본령과 특장'을 주로 '경세학적 제도론'에만 한정시켰던 논리에 대한 비판과 거부를 함축하고 있음은 물론이다. ㉡ 결국 이러한 맥락에서 필자가 '다산선생의 경학사상 및 세계관의 특징'으로서 특히 '실제·실천 지향성'을 강조했던 것은 다산선생의 시대에 조

9 정일균(2012d: 114~117)

선성리학이 노정하고 있었던 하나의 '역사적 현상'으로서의 일반적 폐단, 즉 성리학 본연의 실천적 계몽성을 소진한 채 어느덧 당파의 이해관계를 둘러싼 지리하고도 현학적인 논변으로 서서히 전락해갔던, 바로 이러한 의미에서 당시의 역사적·사회적 조건과의 정합성·조응성을 현저히 상실해갔던 학문적 풍조와 양상을 그 구체적 배경으로 한다. 주지하다시피, 다산선생께서는 당시 성리학자를 자처하는 자들의 일반적 행태와 관련하여 거개가 "'이理'니 '기氣'니, '성性'이니 '정情'이니, '체體'니 '용用'이니 떠드는가 하면, '본연本然'이니 '기질氣質'이니, '이발理發'이니 '기발氣發'이니, '이발已發'이니 '미발未發'이니, 또는 '단지單指'니 '겸지兼指'니, '이동기이理同氣異'니 '기동리이氣同理異'니, '심선무악心善無惡'이니 '심선유악心善有惡'이니 하면서 줄기와 가지와 잎사귀가 수천수만으로 갈라져" 서로 다투면서도 "스스로는 은사隱士라고 자처하"며 거드름을 피우고 "알맹이 없는 고고한 마음으로 스스로 옳다고 오만을 떨고 있을"[10] 뿐, 정작 "자신들의 부모가 당장 추위를 호소하고 배고픔을 참으며 병들어 죽게 되었는데도 오히려 이를 태만히 여기고 보살피지 않을 뿐 아니라 아예 타성이 되어 노력조차 하려고도 하지 않"[11]는 한심한 지경, 따라서 "나날이 천하는 부패되고 새로워질 수 없었던"[12] 시대적 상황을 통렬히 고발하신 바 있다.

---

10 「五學論 1」(『定本 與猶堂全書 2』, pp. 296~298) "今之爲性理之學者, 曰: '理'·曰: '氣', 曰: '性'·曰: '情', 曰: '體'·曰: '用', 曰: '本然·氣質, 理發·氣發, 已發·未發, 單指·兼指, 理同氣異·氣同理異, 心善無惡·心善有惡', 三幹五椏, 千條萬葉, ……自命曰: '隱', ……而空腹高心, 傲然自是, ……"

11 「諭谷山鄕校勸孝文」(『定本 與猶堂全書 4』, p. 325) "(近世學者, 纔名爲學, 便自矜重, 談天說理, 曰: '陰'·曰: '陽', 壁上圖畫太極·八卦·「河圖」·「洛書」之屬, 自稱玩索, 以欺愚蒙,) 而其父母方且呼寒忍飢, 疾病疴癢, 乃漫不省察, 恬不勞動, (卽其玩索彌勤而彌與學遠矣. 苟於父母能孝者, 雖曰: '不學', 吾必謂之學矣.)"; 『論語古今注 II』(『定本 與猶堂全書 9』, p. 177) "○[駁曰] ……終日儼然危坐, 究得萬殊一理, 不念父母妻子在傍訕己·鄕黨賓友歸而議己, 其與'庭前柏樹子', 相去未遠. 此學道者, 所宜戒也."

12 『論語古今注 I』(『定本 與猶堂全書 8』, p. 59) "○[駁曰] ……此, 天下所以日腐爛而莫之新也."

마지막으로 한 가지 첨언할 사안이 있는바, 이는 곧 본서의 「제1부 다산 정약용의 생애와 학문: 지식사회학적 조명」에서의 '사회적 배경'을 입론하는 문제와 주로 관련된 것이다. 여기서 필자는 다음과 같은 원칙에서 그 내용을 구성하였다. 즉, ① 필자는 이 시기의 사회적 배경과 관련하여 다산선생께서 여러 저술을 통해 직접 증언하신 내용에 일차적으로 주목했으며, 우선 이를 단서로 그 내용의 기본골격을 마련하였다. ② 주지하다시피, 조선후기의 사회변동에 대한 기존의 사회·경제사적 연구에는 현재 대표적으로 두 개의 상이한 관점, 즉 '자본주의맹아론' 내지는 '내재적 발전론'의 관점과 '소농사회론'의 관점이 병존하고 있다. 물론 이 두 관점은 당시의 사회변동을 서구의 이른바 '고전적 시장경제의 발전'이라는 틀 속에서 인식할 것인가의 여부에서 기본적인 인식의 차이를 보이고 있지만, 그럼에도 정작 이 시기의 사회변동의 구체적 내용 및 그 특징과 관련해서는 특히 '상업의 발달', '인구의 증가', '신분제의 해체' 및 '계약노동의 확산' 등을 지적·거론하고 있는 점에서는 공통적이다. 필자는 바로 이 점을 중시하여, 이러한 사실을 중심으로 논의를 전개하였다. ③ 이러한 맥락에서 필자는 이른바 '자본주의맹아론' 또는 '내재적 발전론'의 관점에서 이루어진 기존의 연구성과에 대해서도 이를 일률적으로 배제하기보다는 오히려 나름의 견지에서 탄력적·실용적으로 수용하였다. 다시 말하자면, ㉠ 필자는 이미 기술한 바대로 상기의 관점에 원칙적으로 동의하지 않는다. ㉡ 그럼에도 이러한 관점에서 이루어진 기존의 연구성과는 특히 ㉮ 일제 식민사학植民史學의 정체성론停滯性論과 타율성론他律性論을 극복하려는 강렬한 학문적·학문외적 문제의식에서 출발함으로써 이후 비록 '부조적浮彫的'이라는 항간의 비판에도 불구하고 조선후기의 '내재적 발전'의 요소들을 적극 발굴하고 천명한 점, ㉯ 이러한 과정에서 자연스럽게 조선후기의 정치제도, 토지제도와 상품경제, 사회계급, 문화양상 등 광범위한 영역에 걸친 귀중한 정보와 객관적 사실들을 다방면에서 실증적으로 규명하여 풍부하게 제공한 점 등에서 결코 간과할 수 없는 중요한 학문적 의의를 지닌다고 할 것이다. ㉢ 그리고 이러한 측면은 설령 상기의 관점에 동의하지 않더라도 부정하기 어려운 엄연한 사실이라고 적어도 필자는 판단하고 있다.

이외에도 필자가 본서의 '신정 증보판'을 출간하기로 결심한 데에는 비록 사소하지만 몇 가지 이유 또한 있었다. 즉, ① 본서의 초판이 절판됨으로 인해 일부 독자의 요청에 부응할 필요성을 느끼고 있었다는 점, ② 본서의 초판에서 보이는 일부 난삽한 내용에 대한 교정의 필요성과 아울러 특히 소략했던 부분에 대한 보완의 시급성 역시 절감하고 있었다는 점, ③ 본서의 초판이 출간된 이후 여러 연구자들에 의해 진전된 최근의 다산학 연구성과를 점검하고 반영할 필요성 또한 인식하게 되었다는 점, ④ 근래 『정본定本 여유당전서與猶堂全書』라는 훌륭한 판본이 새롭게 출간됨에 따라 독자의 편의를 위해서라도 이를 연구 및 저술에 적극 활용·반영할 필요성을 느끼고 있었다는 점, ⑤ 다산선생의 '사서경학四書經學'에 대한 보다 풍부하고 정확한 소개와 분석을 위해서는 논의 및 인용의 범위를 비록 부분적이나마 당신의 '육경경학六經經學'에까지 확대함이 필수적임을 새삼 확인하게 되었다는 점 등이 바로 그것이다.

한편, 이 '신정 증보판'은 크게 4부로 구성되어 있다. 우선 '서설: 유교사회의 문화체文化體 연구와 경학經學'에서는 이른바 '문화체' 개념과 함께 유교사회에서 경학이 함축하는 학문적 의미 및 경학연구의 사회학적 의의를 차례대로 소개·검토하고 있다. 이어 제1부에서는 '다산선생의 생애와 학문'을 특히 지식사회학知識社會學의 관점에서 집중적으로 조명하고 있는바, 이를 위해 편의상 '개인적 배경', '지적 배경', '사회적 배경'으로 나누어 각각 그 내용을 정리하였다. 제2부에서는 '다산선생의 사서四書 관계저술과 경전해석태도'를 소개하고 있는바, 여기서는 다산선생의 일생에 걸친 사서 관계저술의 전모와 그것이 함축한바 경학사상의 의의를 차례대로 검토하는 한편, 이어 다산선생의 경전해석학經典解釋學의 특징을 '경문經文의 지평'과 '주석자註釋者의 지평'으로 나누어 고찰해보았다. 제3부는 '다산선생의 사서경학四書經學에 대한 내용연구'에 해당하는 부분으로서, 여기서는 다산선생의 세계관의 내용과 특징을 '이기론理氣論', '생성론生成論', '인간론人間論', '윤리론倫理論' 및 '학문론學問論'을 중심으로 집중적으로 추적해보았던바, 이러한 과정에서 다산선생의 세계관이 함축하고 있는 의미를 보다 입체적으로 조명하기 위해서 당신의 주요한 비판대상이었던 정주성리학程朱性理學의 세계관과의 체계적인 비교분석에도 특히 유의하였다. 마지막으로 제4부는 '사암선생연보俟菴先生年譜'를 정리한 내용으로서, 여기서는 다산선생의 한평생에 걸친 행적을 당신의 '생평사략生平史略'과 '저작著作'을 중심으로 다산선생의 저술과 기존의 가용한 연구자료를 토대로 하여 최대한 상세하게 추적·정리해 보았다.

대략 이상과 같은 이유와 내용으로 필자는 새삼 부끄러움을 무릅쓰고 본서의 '신정 증보판'을 출간하는 바이다. 그 동안 필자는 '천 마리의 양가죽이 한 마리의 여우 겨드랑이 털만 못하다(千羊之皮, 不如一狐之腋)'는 심정으로 본서의 보완에 나름대로 온갖 심혈을 기울인다고 노력은 하였으나, 여전히 '다시 한 번 간단없는 정진으로 부족함을 메워나가겠다'고 한 초판에서의 약속을 제대로 지켰는지는 자신이 없다. 다만 본서가 나무[木]에게 재앙[災]이 되지 않았기를 간절히 바랄 따름이요, 다시금 여러 선생님들과 선후배 동학들의 귀중하고도 엄중한 교정教正을 삼가 기다리는 바이다.

3

본서의 '신정 증보판'을 준비하면서 필자를 학문적으로 키워주셨던 여러 은사님들에 대한 고마움 또한 잊을 수 없다. 특히 지곡서당芝谷書堂에서 한학漢學으로 계도해주셨던 고故 임창순任昌淳 선생님, 실시학사實是學舍에서 배움의 즐거움을 느끼게 해주셨던 고 이우성李佑成 선생님, 다산학茶山學에 입문하도록 자상하게 이끌어주시고 격려해주셨던 고 김진균金晉均 선생님, 다산선생茶山先生의 경학經學에 대한 안목을 열어주셨던 고 이지형李篪衡 선생님, 필자의 박사논문 지도교수로서 엄중한 학문의 길이 어떠해야 하는지를 지금도 잘 보여주시고 계시는 신용하愼鏞廈 선생님께 삼가 머리를 조아리며 늘 감사하는 제자의 마음을 아뢰고자 한다.

끝으로, 한평생 다섯 자식들을 위해서 고생만 하시다 어느덧 팔순八旬에 접어드신 그럼에도 다시없이 멋있는 우리 어머님 맹을조孟乙祚 여사에게 새삼 한없는 고마움과 함께 존경심을 표시하고 싶다. 다만 '부모님의 연세는 알지 못해서는 안 되나니, 한편으로는 기뻐하고 한편으로는 두려워한다'는 공자孔子의 말씀이 지금 유난히 이 못난 자식의 가슴에 와닿는다. 또한, 이 땅의 아비 된 기쁨을 늘 만끽하도록 해주는 총명하고도 어여쁜 우리 종원鍾元과 종인鍾仁, 이 책의 첫 애독자이자 일찍이 필자가 기약 없는 연구자의 길에서 외로이 홀로 서성일 때 조강지처의 어려움을 흔쾌히 자임했던 그지없이 후덕한 반려자 한정아韓貞娥 씨에게도 감사의 마음을 전한다.

서울대학교 사회학과 연구실 곤지재困知齋에서
다시금 떠오르는 먼동을 바라보며 쓰다[13]

13 2020년 12월 31일에 최종적으로 보완탈고하였다.

초판 머리말

1

20세기가 저물어가는 지금, 이 땅의 우리는 밖으로부터 강요된 또 하나의 '빈곤한 전환기'를 경험하고 있는 것으로 보인다. 그러면서 어쩔 수 없이 드러나기 시작한 우리 자화상의 현재적 가벼움과 왜소함을 목도하면서 새삼스럽게 심각한 위기의식과 우울증에 시달리고 있는 것이다. 그런데 이러한 위기의식과 우울증은 복합적인 성격의 것으로, 안으로는 우리 근현대사의 실패라는 불행한 사건으로 하여 금세기 동안 지속적으로 강요·정착되어 온 포괄적인 형태의 종속구조가 야기한 필연적인 귀결인 동시에, 밖으로는 서구의 계몽이 현재 노정하고 있는 역설적 결과에 따른 불가피한 산물이기도 하다. 그리고 이러한 상황은 자연스럽게 현재 이 땅에서의 삶의 조건에 대한 근본적 성찰과 아울러 이에 근거한 '대안적 세계관'과 '문명의 전환'을 진지하게 지향·탐색해 보려는 지적 정서를 자극하고 있다.

이러한 상황에서 우리에게 다시 한 번 절실하고도 시급하게 요구되는 것은 또 한 번의 서구문명에 대한 맹목에 가까운 추종과 모방이 아니다. 그것은 현재 우리의 총체적인 삶이 터 잡고 있는 변화된 역사적·사회적 조건에 대한 예민한 감수성 속에서 이것과 정합성을 유지하는 새로운 세계관을 주체적으로 구성해나가는 작업이며, 또한 이를 전제로 한 새로운 문물제도의 구상과 실천을 위한 진지하고도 간단없는 노력일 것이다.

이러한 노력의 여정에서 우리는 반드시 두 가지 과제에 직면하게 된다. 그 하나는 과거 서구적 계몽이 성취했던 진보적 성과를 무시하지 않는 가운데 현재 이것이 우리의 삶의 조건과 관련하여 드러내고 있는 시대적 한계성을 나름대로 극복하는 과제로서, 이와 관련해서는 의당 지금의 서구지성들이 보여주고 있는 지적 노력에도 유의해야 할 것이다. 그러나 이것만으로는 충분하지 않다. 현재 우리가 반드시 해결해야 할 또 하나의 과제는 바로 이 땅에서의 우리 자신의 과거에 대한 '의미 있는' 결별—사실 이미 완수했어야 했던 것이지만—인 것이다. 즉, 그것은 한 때 이 땅에서의 인간의 삶을 총체적이자 수준 높게 이끌었던 문화적 역량을 복원하여 현재적 자산으로 포섭해내는 노력이며, 동시에 그것이 노정했던 시대적 한계성을 철저하게 해부하고 이해한 토대 위에서 하나의 '신화神話'로서 조용히 그러나 미련 없이 떠나보내는 일이기도 하다. 그리고 이것이야말로 우리의 전통을 의미 있게 그리고 철저하게 청산하는 방식인 동시에, 이 땅의 '근대성近代性'을 진정으로 완성하는 작업의 일환이 아닌가 한다.

그리고 후자의 과제와 관련하여 자연스럽게 '과거 이 땅의 지성들은 그들이 직면했던 시대적 전환기를 어떻게 돌파하려고 노력했으며, 또한 구체적으로 어떻게 돌파했던가?'라는 의문과 조우하지 않을 수 없다. 바로 이러한 의문이 이 책을 저술하도록 만든 필자의 기본적 문제의식이다. 그리하여 이 책은 바로 이 땅의 한 시대, 즉 하나의 거대한 시대적 전환기를 살면서, 그것도 가장 극적으로 영욕이 교차하는 개인적인 삶을 살아내면서 오직 붓 한 자루로 이 땅에 대한 사랑과 지식인의 시대적 사명을 치열하고도 수준 높게 완수해냈던 한 지식인, 곧 '다산茶山 정약용丁若鏞 선생의 사상에 대한 사회학적 연구'를 그 내용으로 하고 있다. 즉, 당시 조선사회에서 이미 하나의 '계몽'으로서의 역량을 소진한 채 '신화'로서 서서히 퇴장할 수밖에 없었던 정주성리학程朱性理學

을 그는 어떻게 정리하여 떠나보냈으며, 동시에 새로운 시대를 위한 '하나'의 '대안적 세계관'을 어떻게 준비해 나갔던가를 그의 사서경학저술四書經學著述을 통하여 면밀하게 추적해보았다.

2

이 책은 필자가 세상에 내어놓는 처녀작이다. 그 동안 나름대로는 힘껏 노력한다고 하였으나 여전히 부끄러움이 앞선다. 필자의 박사학위논문도 동일한 문제의식을 지향하는 것이었지만 그 논의가 다산선생茶山先生의 『논어論語』 경학經學에만 한정되었던 관계로 하여 개인적인 아쉬움이 컸다. 그리하여 이후 논의의 범위를 사서경학四書經學으로 확장하면서 기존의 학위논문을 전면적으로 재구성하고 증보하여 하나의 책으로 구성해보았다.

이 책은 크게 2부로 구성되어 있다. 제1부에서는 경학연구의 사회학적 의의, 다산선생의 생애에 대한 지식사회학적 조명, 다산선생의 사서四書 관계저술과 경전해석태도를 중심으로 '사서론四書論 일반'을 다루었다면, 제2부에서는 다산선생의 세계관의 구조와 내용을 특히 '이기론理氣論', '생성론生成論', '인간론人間論', '윤리론倫理論', '학문론學問論'의 측면으로 나누어 집중적으로 조명해보았다. 특히 제2부에서는 다산선생의 세계관이 가진 의미를 보다 입체적으로 이해하기 위하여 그의 주요한 비판대상이 되는 정주성리학의 세계관과의 체계적인 비교분석에 유의하였다. 이러한 과정에서 제1부 사서 관계저술에서의 내용과 제2부에서의 내용 가운데 일부 중복되는 부분이 생기게 되었으나, 그 논의의 맥락이 서로 다르기 때문에 애써 이를 회피하지는 않았다.

이 책에서 다루고 있는 내용은 엄밀하게 본다면 사회학적 주제이기보다는 철학적 주제에 가깝다. 그럼에도 불구하고 사회학도인 필자가 이를 우선적으로 연구하게 된 데에는 그럴만한 이유가 몇 가지 있었다. 그중에 하나를 들자면, 일반적으로 한 시대의 '문물제도'와 '철학적 세계관'은 서로 간에 조응성을 유지하고 있는바, 따라서 특정 시대의 문물제도와 특히 그것에 대한 개혁론을 정확하게 이해하고 평가하기 위해서는 이를 뒷받침하고 있는 철학적 세계관에 대한 이해가 필수적이다. 바로 이러한 맥락에서 보다 사회과학적인 주제에 해당하는 다산선생의 경세학經世學[政法論]에 대한 본격적인 연구를 위한 준비로서 먼저 그의 세계관에 대한 연구에 착수하게 된 것이다.

이외에도 동양의 유교사회에 대한 사회사적 연구와 관련하여 경학이 함축하고 있는 학문적 의의는 이 책의 제1부 제1장에서 간략하게 소개하고 있는 바대로 매우 다양하면서도 심대하다. 필자가 지향하는 필생의 학문적 꿈과 목표는 장차 조선시대에서 20세기의 현대에 이르기까지 나름대로 전개·변화되어온 한국사회사상의 흐름을 총괄적으로 조명·정리해내고, 동양의 유교사회에서 전개되어온 총체적인 문화현상과 그 변화의 기제를 전반적으로 탐색함으로써, 궁극적으로는 다음 세기를 위한 하나의 '대안적 세계관'의 모색에 일조하는 것이다. 이에 그 첫걸음으로서 조선시대 최대의 경학가經學家이자 동아시아에서는 오직 주희朱熹만이 그 규모와 수준을 견줄 수 있는 다산선생의 경학에 착목하게 되었던 것이다.

3

문득 "나 죽은 뒤 아무리 정결한 희생과 풍성한 안주를 진설해 놓고 제사를 지내준다 하여도, 내가 흠향하고 기뻐함에 있어서는 내 책 한 편編 읽어주고 내 책 한 장章 베껴주는 일보다는 못하게 여길 것이다"[14]라는 다산선생의 말씀이 가슴을 친다. 만약 다산선생께서 다시 살아오시어

14 「示二子家誡」(『定本 與猶堂全書 4』, p. 27) "吾死之後, 雖潔其牲薦, 豐其殽胾, 以祭以祀, 吾之歆悅, 不如讀吾書一編, 鈔吾書一章, ……"

이 책을 보시게 된다면 과연 무슨 말씀을 하실까 하는 두려움이 이 책을 저술하는 동안 항상 필자를 따라다녔다. 혹시나 다산선생의 사상을 엉뚱하게 왜곡시키지는 않았는지, 불성실한 소개로 다산선생의 진면목을 오히려 가리지는 않았는지 여전히 조심스러울 뿐이다. 다시 한 번 간단없는 정진으로 부족함을 메워나가리라는 마음을 다지며, 이제 여러 선생님들과 선후배 동학들의 귀중하고도 엄중한 교정敎正을 삼가 기다리는 바이다.

1999년 7월 1일

서울대학교 사회발전연구소 연구원실에서
떠오르는 먼동을 바라보며 쓰다

| 차례 |

| 그림 차례 |

| 『다산 사서경학 연구 1』 차례 |

제3장 다산 정약용의 사회적 배경

제2부 다산 정약용의 사서 관계저술과 경전해석태도

제1장 다산 정약용의 사서 관계저술

| 그림 차례 |

| 표 차례 |

제3부

다산 정약용의 사서경학에 대한 내용연구

'세계관'을 중심으로

제1장

다산 정약용의 이기론

"'인仁'이란 명칭은 반드시 두 사람 사이에서 이루어지는 것이다. 가까이는 오교伍教, 멀리는 천하天下의 만백성萬百姓에 이르기까지 무릇 사람이 사람과의 관계 속에서 자신의 분수를 다하는 것, 이것을 일컬어 '인仁'이라고 하는 것이다.": 『논어고금주論語古今注』

사람이 사람을 다스리니 두 사람이요,	人以治人是二人
두 사람이 교제交際하니 곧 인仁이 되도다.	二人之際卽爲仁
동방東方이니 목덕木德이니 낳고 낳는 이理라는 것이	東方木德生生理
군신君臣 부자父子 간의 친함과 무슨 상관이 있으랴.	何與君臣父子親

: 「자의시字義詩[인자이수仁字二首]」에서

동서고금을 막론하고 한 시대의 의미 있는 사유를 이끌었던 대부분의 일급 사상가들은 그가 구체적으로 발을 딛고 서 있었던 현실에 대한 예민하고도 생생한 '문제의식'을 발전시켰을 뿐만 아니라, 그 문제의식을 구현하기 위한 수준 높은 '철학적 세계관' 또한 동시에 구축한 바 있다. 정약용丁若鏞이 보기에 "대개 털끝만큼 작은 일 하나에까지도 병폐 아닌 것이 없어 지금에 이르러서도 고치지 않는다면 반드시 나라가 망한 이후에야 그칠"[1] 현실의 엄중한 제도적 폐단을 한시라도 바삐 개혁하기를 염원했던 그의 충신忠臣·지사志士로서의 애타는 경세학적 우환의식은 당시 조선의 통치제도를 이념적으로 지탱하고 정당화했던 정주성리학程朱性理學의 세계관을 해체하는 데로 다시 한 번 전환·심화되기에 이르며, 바로 이러한 맥락에서 그는 열정적으로 자신의 경학적 저술을 집필했던 것이다. 여기서 우리는 '정약용의 경학經學이 지니는 함의'를 읽어 낼 수 있다. 이는 곧 자신의 문제의식을 의미 있게 구현하기 위한 토대로서 하나의 새로운 '철학적 세계관의 구축'—'경전經典에 대한 주석註釋'이라는 형태로 구현되고 있다—을 의미하는 것이었으며, 또한 이러한 의미에서 이는 현실—보다 정확하게는 당시의 기득권층—에 대한 전면적인 '지적 선전포고'이기도 하였다.

본장부터는 정약용이 자신의 사서경학四書經學을 통해 구체적으로 어떠한 내용의 철학적 세계관을 구성하려고 노력했는가를 살펴보고자 한다. 일반적으로 하나의 '세계관'이란 최소한 세 가지의 중요한 국면을 필수적으로 내포하고 있는바, 즉 ① 이 세계를 바라보는 '하나'의 근본적인 질서감각을 형성함—존재론적 분절l'articulation ontologique의 문제에 대한 일차적 해명—으로써 존재存在와 인식認識의 기본범주들을 정립하는 동시에 그것들을 어떤 하나의 일관된 방식으로 배치할 수 있도록 하고, ② 세계

1 「『邦禮艸本』序」(『定本 與猶堂全書 2』, p. 403) "竊嘗思之, 蓋一毛一髮, 無非病耳, 及今不改, 其必亡國而後已."

내 인간주체human subject를 호명interpellation—인간 자신의 자아정체성에 대한 포괄적인 이데올로기적 해명—하며, ③ 총체적인 정당화—'진리'의 문제에서 '윤리'의 문제, 또는 '존재[Sein]'의 문제에서 '당위[Sollen]'의 문제에 이르기까지—의 궁극적인 원천·기반으로서 기능하는 것이 바로 그것이다. 따라서 지금부터는 세계관 일반의 이러한 국면에 특히 유의하면서 정약용의 사서경학의 내용을 편의상 「이기론理氣論」[제1장], 「생성론生成論」[제2장], 「인간론人間論」[제3장], 「윤리론倫理論」[제4장], 「학문론學問論」[제5장]으로 나누어 집중적으로 해명할 것이다. 그리고 논의의 실마리는 대부분 정주성리학의 해당 내용에 대한 정약용의 비판적 검토로부터 주어진다.

I. 주희의 이기론

주희의 '이·기'관①: 세계의 참된 실재는 '텅 빈 것, 실체가 없는 것'으로 존재한다

이 세계를 전폭적으로 긍정하는 토대 위에서 구체적인 한 시대의 인간의 삶을 총체적으로 해명하고 성립시켰던 정주성리학程朱性理學의 집대성자 주희朱熹는 일찍이 자신의 근본적인 존재론적 분절의 문제를 "천하天下의 이치는 '지허至虛' 가운데에 '지실至實'이 존재하고, '지무至無' 가운데에 '지유至有'가 존재한다"[2]라는 말로 요약한 바 있다. 다시 말하자면, 이 세계에서 지극히 참되면서 가장 중요한 실재實在는 다름 아닌 '텅 빈 것, 실체實體가 없는 것'으로 존재한다는 뜻이다.

---

2 『朱子語類』, 卷13(「學 7」), p. 232.(中華書局, 1981) "天下之理, 至虛之中, 有至實者存; 至無之中, 有至有者存."

주희의 '이·기'관②: "천지 사이에 이가 있고 기가 있다"

바로 이러한 전제 위에서, 주희는 "천지天地 사이에 이理가 있고 기氣가 있다. 이理란 형이상形而上의 도道로서 만물을 생성시키는 근본이다. 기氣란 형이하形而下의 기器로서 만물을 생성시키는 도구이다. 이 때문에 인간과 만물이 생겨날 때 반드시 이 이理를 받은 연후에 성性을 가지게 되고, 반드시 이 기氣를 받은 연후에 형形을 가지게 된다"[3]고 주장했던 바, 이로써 그는 자신의 형이상학이자 우주론의 근본범주인 '이理'와 '기氣'라는 개념을 제출하는 동시에, 이 세계 내의 모든 존재는 '성性'과 '형形'으로 이루어져 있는데, 이것들은 다시금 각각의 근원적 실재인 '이理'와 '기氣'의 분화양태임을 확인한 바 있다.

1

주희가 보기에, 우선 '형이상의 도道'로서의 '이理'는 첫째, "형체[形]도 그림자[影]도 없는",[4] 즉 "다만 한 개의 맑고 비고 넓은 세계[淨潔空闊底世界]이어서 형적形迹이 없는"[5] 존재로서, 시간과 공간을 초월하여 존재하는 영원자이다. ① 개별적 사물에 있어서 이러한 이理는 해당 사물의 '완전한 형상'인 동시에 '최고의 표준[極]'이 되며, 이와 같은 "천지만물의 이理들을 총괄하면 곧 태극太極이 되"는 것이다.[6] ② 또한 '태극', 즉 이理는 "텅

---

3 『孟子集註』, 「告子章句上」篇 第3章의 註 "性, 形而上者也; 氣, 形而下者也. 人·物之生, 莫不有是性, 亦莫不有是氣. ……"; 『中庸章句』, 「第1章」의 註 "性卽理也. 天以陰陽五行, 化生萬物, 氣以成形而理亦賦焉."; 『朱子大全』, 卷58(「答黃道夫」), p. 5b.(中和堂) "天地之間, 有理·有氣. 理也者, 形而上之道也, 生物之本也. 氣也者, 形而下之器也, 生物之具也. 是以人物之生, 必稟此理, 然後有性; 必稟此氣, 然後有形."

4 주희는 다음과 같이 말하였다: "형이상자形而上者는 형체도 그림자도 없으니 이 이理이며, 형이하자形而下者는 정情이 있고 모양이 있으니 이 기器이다(形而上者, 無形無影是此理; 形而下者, 有情有狀是此器.)" 『朱子語類』, 卷95(「程子之書 1」), p. 2421.(中華書局, 1981)

5 『朱子語類』, 卷1(「理氣 上」), p. 3.(中華書局, 1981) "若理, 則只是箇淨潔空闊底世界, 無形迹, ……"

6 『朱子語類』, 卷94(「周子之書」), p. 2375.(中華書局, 1981) "總天地萬物之理, 便是太

비고 고요하여 아무런 조짐도 없는[沖漠無眹]"[7] 실재이기 때문에 당연히 "정의情意도 없고 계탁計度도 없으며 조작造作도 없다."[8]

둘째, 그럼에도 "천지天地가 있기 이전부터 필경 먼저 이 이理가 있었으며", "만약 이 이理가 없다면 또한 천지도 없고 인간도 없고 사물도 없으니 모두가 없게 될"[9] 뿐만 아니라 "만일 산과 강, 그리고 대지大地가 모두 꺼져버린다 하더라도 끝내 이理는 오히려 그 속에 있을 뿐"[10]이기 때문에, 결국 이理[太極]는 모든 것에 우선하는 '일차적·근원적 실재'가 되기도 한다.

셋째, 상기한 바대로, 이理 자체는 정의도, 계탁도, 조작도 없기 때문에 스스로 움직이지 않지—즉 원동자原動者가 아니다—만, ① 자체 내에 '동動의 이理'와 '정靜의 이理'를 포함하고 있음으로 하여, 이에 기氣가 이러한 이理에 따라 한 번 동動하고 한 번 정靜함으로써 '음陰·양陽'을 발생시키고, 다시 음·양은 '오행五行'을 발생시키는 연쇄작용을 통하여 종국에는 '만물萬物'을 생성시키는 까닭으로 하여,[11] ② 결과적으로 이러한 이理[太極]는 '기氣의 주재자主宰者'이자 동시에 '우주의 최초원인'이 되는 셈이

極.";『朱子語類』, 卷94(「周子之書」), p. 2371.(中華書局, 1981) "人人有一太極, 物物有一太極.";『朱子語類』, 卷94(「周子之書」), p. 2374.(中華書局, 1981) "物物各有理, 總只是一箇理."

7 『周濂溪集』, 卷1(「太極圖說解」) "太極, 形而上之道也; 陰陽, 形而下之器也. ……而太極無不在焉. 自其微者而觀之, 則沖漠無眹, 而動靜·陰陽之理, 已悉具於其中矣."

8 『朱子語類』, 卷1(「理氣 上」), p. 3.(中華書局, 1981) "理却無情意, 無計度, 無造作."

9 『朱子語類』, 卷1(「理氣 上」), p. 1.(中華書局, 1981) "未有天地之先, 畢竟是先有此理." 및 "未有天地之先, 畢竟也只是理. 有此理, 便有此天地; 若無此理, 便亦無天地, 無人無物, 都無該載了!"

10 『朱子語類』, 卷1(「理氣 上」), p. 4.(北京: 中華書局, 1981) "要之, 也先有理. ……且如萬一山河大地都陷了, 畢竟理却只在這裏."

11 『朱子語類』, 卷94(「周子之書」), p. 2372.(中華書局, 1981) "太極自是涵動靜之理, ……蓋靜則太極之體也, 動則太極之用也.";『朱子語類』, 卷94(「周子之書」), p. 2373.(中華書局, 1981) "(太極)有這動之理, 便能動而生陽; 有這靜之理, 便能靜而生陰.";『朱子語類』, 卷94(「周子之書」), p. 2374.(中華書局, 1981) "陽動·陰靜, 非太極動靜, 只是理有動靜.";『周濂溪集』, 卷1(「太極圖說解」) "太極, 形而上之道也; 陰陽, 形而下之器也. ……而太極無不在焉. 自其微者而觀之, 則沖漠無眹, 而動靜·陰陽之理, 已悉具於其中矣."

기도 하다.

마지막으로, 이러한 맥락에서 볼 때, 이理[太極]는 결국 '천도天道[自然]와 인도人道[社會]를 동일하게 관통하는 원리'가 되며, 보다 구체적으로는 '소이연지고所以然之故'와 '소당연지칙所當然之則'으로 나타난다.[12] 즉, ① "어버이를 섬김에는 마땅히 효孝로써 해야 하며 형을 섬김에는 마땅히 공손함[弟]으로써 해야 한다는 따위가 바로 소당연지칙이라면, 어버이를 섬김에는 왜 모름지기 효가 요구되며, 형을 따름에는 왜 모름지기 공손함이 요구되는가를 설명하고 정당화하는 이것이 소이연지고"[13]인데, 그 정당화는 천리天理에 근거한다고 보아 인간사회의 행위규범도 자체 내 아무런 논리적 장애 없이 정당화의 기반을 직접적으로 천도의 법칙에서 찾을 수도 있었던 것이다. ② 그리하여 천도에서의 '음양陰陽·오행五行'이 사람에게 있어서는 '강유剛柔·오상五常'의 덕德이 되는 천도와 인도의 직접적인 유비도 가능하게 된다.[14]

2

한편, '형이하의 기器'로서의 '기氣'는 첫째, "정의情意가 있고 모양[狀]이 있는"[15] 것으로서, 시간과 공간 내에 존재하는 구체적인 물질이다.

둘째, 개별적 사물에 있어 이 '기氣'는 만물을 생성하는 '종자種子'로서 스스로 "응결凝結하고 조작造作할 수 있다."[16] ① 따라서 태극太極이 내

---

12 『大學或問』, p. 11a.(保景文化社, 1990) "至於天下之物, 則必各有所以然之故與其所當然之則, 所謂理也."

13 『朱子語類』, 卷18(「大學 5」), p. 414.(中華書局, 1981) "如事親當孝, 事兄當弟之類, 便是當然之則. 然事親如何却須要孝, 從兄如何却須要弟, 此卽所以然之故."

14 『朱子語類』, 卷94(「周子之書」), p. 2371.(中華書局, 1981) "此理[太極: 필자 주]在天地間, 則爲陰陽, 而生五行以化生萬物; 在人, 則爲動靜, 而生五常以應萬事."

15 『朱子語類』, 卷95(「程子之書 1」), p. 2421.(中華書局, 1981) "形而上者, 無形·無影, 是此理; 形而下者, 有情·有狀, 是此器."

16 주희는 다음과 같이 말하였다: "대개 기氣는 응결凝結하고 조작造作할 수 있다. …… 또한 천지간天地間의 인간[人]과 사물[物], 초목, 금수와 같은 것들은 생겨남에 있어 종자種子가 없는 것이 없어 종자 없이 백지白地에서 하나의 사물이 생겨남을 알지

포한바 동動·정靜의 이理에 따라 기氣는 만물을 생성하며, 이때 이理는 생성된 사물의 형상, 표준[極], 조리條理로서 그 가운데 내재한다. ② 즉, 생성된 구체적인 사물의 조리로서의 이理는 "단지 이 기氣가 존재할 때 그 가운데 존재하게 되며",[17] "만약 기氣가 모이지[結聚] 않을 때는 이理 또한 부착할 데가 없게 되므로",[18] 그 형국이 "마치 사람[理: 필자 주]이 말[氣(陰·陽): 필자 주]을 탄 것과 비슷한 것이다."[19]

주희의 '이·기'관③: "천지가 있기 이전부터 필경 먼저 이가 있었다"

이처럼 "단지 사물상으로[현상적으로: 필자 주] 본다면 이理·기氣 두 가지는 뒤섞여 있어[渾淪] 분개分開할 수 없으며",[20] "부여받은 바[稟賦]에 따라 논한다면 이 기氣가 있은 뒤에 이理는 따라서 구비되는 까닭에 이 기氣가 있어야 이 이理가 있게 되고, 이 기氣가 없으면 이 이理는 없는"[21] 것이

못하니, 이것[種子: 필자 주]은 모두 기氣인 것이다.(蓋氣則能凝結造作. ……且如天地間人物草木禽獸, 其生也, 莫不有種, 定不會無種子白地生出一箇事物, 這箇都是氣)." 『朱子語類』, 卷1(「理氣 上」), p. 3.(中華書局, 1981)

결국, 이러한 의미에서 볼 때, ① 주희는 상기한바 형이하자形而下者로서의 '기氣'에다 이중적인 존재론적 위상을 동시에 부여하고 있는 셈이다. 즉, 그는 기氣에다 ㉠ '음陰·양陽'[靜·動]의 측면이 일차적으로 함축한바 '능동적 힘'으로서의 '제1운동자'라는 위상과 함께, ㉡ '오행五行'[水·火·木·金·土]의 측면이 특히 함축한바 '제1질료'라는 위상을 동시에 인정하고 있다. ② 이처럼 주희가 제시한바 '능동적 힘으로서의 질료'라는 개념은 적어도 서구의 전통철학의 흐름, 곧 어디까지나 '능동적 힘[형이상자, 영혼]'과 '수동적 질료'를 이원적으로 구분·인식하는 사유방식에서는 찾아보기 힘든 매우 독특한 발상이라 하겠다.

17 『朱子語類』, 卷1(「理氣 上」), p. 3.(中華書局, 1981) "但有此氣, 則理便在其中."

18 『朱子語類』, 卷1(「理氣 上」), p. 3.(中華書局, 1981) "若氣不結聚時, 理亦無所附著."

19 『朱子語類』, 卷94(「周子之書」), p. 2374.(中華書局, 1981) "(理搭在陰·陽上,) 如人跨馬相似."; 『朱子語類』, 卷94(「周子之書」), p. 2376.(中華書局, 1981) "太極, 理也; 動·靜, 氣也. 氣行則理亦行, 二者常相依而未嘗相離也. 太極猶人, 動·靜猶馬; 馬所以載人, 人所以乘馬."

20 『朱子大全』, 卷46(「答劉叔文」), p. 31b.(中和堂) "(所謂理與氣, 此決是二物.) 但在物上看, 則二物渾淪不可分開, (各在一處, 然不害二物之各爲一物也.)"

21 『朱子大全』, 卷59(「答趙致道」), p. 54a.(中和堂) "(所疑理氣之偏, 若論本原, 則有理然後有氣, 故理不可以偏全論;) 若論稟賦, 則有是氣而後理隨以具. 故有是氣, 則有是理; 無是氣, 則無是理."

되지만, "만약 이치상으로[본질적으로: 필자 주] 본다면 비록 사물이 아직 존재하지 않았어도 사물의 이理는 이미 있었던 것이다. 그러니 다만 그 이理가 있었을 따름이요 일찍이 사물이 실제로 있었던 것은 아니었"[22]으며, 따라서 "이 이理가 있은 뒤에 바야흐로 이 기氣가 있게"[23] 되는 것이다.

결국 '이理'와 '기氣' 간의 관계에 대한 이상과 같은 논의를 종합해 볼 때, 주희는 최종적으로 '이선기후理先氣後'의 입장을 취했음이 명백하다. 나아가 그는 '본말本末·체용體用'론의 도식을 빌어 이러한 존재론적 서열을 보다 체계적으로 표현했던 것이니, 이것을 그림으로 나타내 보면【그림 3-1-1】과 같다.

이理 — 형이상形而上 — 도道 — 대극太極 — 성性 — [**본本·체體**]

기氣 — 형이하形而下 — 기器 — 음양陰陽 — 형形 — [**말末·용用**]

【그림 3-1-1】'이기'도 1

II. 정약용의 이기론 비판

정약용丁若鏞의 『논어고금주論語古今注』를 비롯한 사서四書 관계저술은 기본적으로 '경전에 대한 주석서'로 쓰여진 것이다. 따라서 그 내용의 전개가 무엇보다 경문經文의 형식적인 구속을 받는 관계로 하여, 여기서 주희朱熹의 것과 비견될 만한 그의 집중적이고도 체계적인 별도의 본체

22 『朱子大全』, 卷46(「答劉叔文」), p. 31b.(中和堂) "若在理上看, 則雖未有物, 而已有物之理. 然亦但有其理而已, 未嘗實有是物也."
23 『朱子大全』, 卷58(「答楊志仁」), p. 13b.(中和堂) "有此理後, 方有此氣; (旣有此氣然後, 此理有安頓處.)"

론本體論을 기대하는 것은 무리이다. 그럼에도 이러한 사실이 곧바로 그의 사서 관계저술에서 본체론과 관련하여 주목할 만한 의견을 찾아볼 수 없다는 식으로 결코 해석되어서는 안 된다. 왜냐하면 비록 저술의 성격상 맥락의존적이고 여기저기 흩어져 있는 단편적 주석의 형태로 개진되고는 있지만, 그럼에도 정주성리학程朱性理學의 이기론理氣論에 대한 그의 비판적 논의는 그 핵심부를 겨냥하고 있기 때문이다.

1. '체용론'에 대한 거부

정주성리학의 특징: 정주성리학의 세계관은 기본적으로 '체용·본말'의 관점에 의거한다

정주성리학의 세계관은 【그림 3-1-1】에서도 볼 수 있듯이, 이 세계 내의 모든 유·무형의 존재를 기본적으로 '체용體用·본말本末'의 관점에 의거하여 인식하는 초경험적 관념론으로서, 결국 이러한 관점에 의거하여 존재론적 분절의 문제를 해결하는 질서감각에 기반을 두고 있다. 즉, ① 모든 것이 '체용·본말'이라는 도식적 틀 속에서 나름대로 범주화·서열화되어 파악되고 있는 것이다.[24] ② 바로 이러한 의미에서 '체용론體用論'

24 이러한 사례는 주희의 『사서장구집주四書章句集註』에서 흔히 찾아볼 수 있다. 예를 들면, ① '덕德'에 대해서는 "德有本, 本立則其道充大."[『論語集註』, 「學而」篇 第2章의 註]; "德行, 本也. 文藝, 末也."[『論語集註』, 「學而」篇 第6章의 註]; "德·禮, 則所以出治之本, 而德又禮之本也."[『論語集註』, 「爲政」篇 第3章의 註]; "才者, 德之用也."[『論語集註』, 「泰伯」篇 第20章의 註]; "前篇言是四者爲仁·義·禮·智之端, 而此不言端者, 彼欲其擴而充之, 此直因用以著其本體, 故言有不同耳."[『孟子集註』, 「告子章句上」篇 第6章의 註]; "明德爲本, 新民爲末, ……"[『大學章句』, 「經1章」의 註]; "小德者, 全體之分; 大德者, 萬殊之本."[『中庸章句』, 「第30章」의 註] 등이, ② '군자君子[成德之士]'에 대해서는 "君子凡事專用力於根本"[『論語集註』, 「學而」篇 第2章의 註]; "成德之士, 體無不具, 故用無不周."[『論語集註』, 「爲政」篇 第12章의 註]; "君子治其本, 而不卹其末"[『論語集註』, 「衛靈公」篇 第31章의 註] 등이, ③ '인仁'에 대해서는 "論性, 則以仁爲孝·弟之本. ……蓋仁是性也. 孝·弟是用也."[『論語集註』, 「學而」篇 第2章의 註]; "狀仁之體, 莫切於此."[『論語集註』, 「雍也」篇 第28章의 註]; "仁者, 體之存; 知者, 用之發, 是皆吾性之固有而無內外之殊."[『中庸章句』, 「第25章」의 註] 등이, ④ '의義'에 대해서는 "義

者, 制事之本. ……以義爲本”[『論語集注』, 「衛靈公」篇 第17章의 註]; “程子曰: ‘在物爲理, 處物爲義, 體用之謂也. ……’”[『孟子集註』, 「告子章句上」篇 第7章의 註] 등이, ⑤ ‘예禮’에 대해서는 “蓋禮之爲體雖嚴, 然皆出於自然之理, 故其爲用, 必從容而不迫, 乃爲可貴. ……禮之體主於敬, 而其用則以和爲貴.”[『論語集註』, 「學而」篇 第12章의 註]; “凡物之理, 必先有質, 而後有文, 則質乃禮之本也.”[『論語集註』, 「八佾」篇 第4章의 註]; “儉者, 物之質. 戚者, 心之誠. 故爲禮之本.”[『論語集註』, 「八佾」篇 第4章의 註]; “爲禮, 以敬爲本.”[『論語集註』, 「八佾」篇 第26章의 註] 등이, ⑥ ‘지智(知)’에 대해서는 “仁者, 體之存; 知者, 用之發, 是皆吾性之固有而無內外之殊.”[『中庸章句』, 「第25章」의 註] 등이, ⑦ ‘성誠’에 대해서는 “誠, 以心言, 本也; 道, 以理言, 用也.”[『中庸章句』, 「第25章」의 註] 등이, ⑧ ‘충忠’과 ‘신信’ 및 ‘서恕’에 대해서는 “以忠信爲傳習之本也.”[『論語集註』, 「學而」篇 第4章의 註]; “忠信, 本也.”[『論語集註』, 「述而」篇 第24章의 註]; “忠者, 體. 恕者, 用.”[『論語集註』, 「里仁」篇 第15章의 註] 등이, ⑨ ‘치중화致中和의 효험’에 대해서는 “是[‘致中和’의 두 가지 효험인 ‘天地位’와 ‘萬物育’을 이름: 필자 주]其一體一用, 雖有動靜之殊, 然必其體立而後用有以行, 則其實亦非有兩事也.”[『中庸章句』, 「第1章」의 註] 등이, ⑩ ‘용勇’과 ‘강剛’에 대해서는 “勇者, 剛之發. 剛者, 勇之體.”[『論語集註』, 「陽貨」篇 第8章의 註] 등이, ⑪ ‘도道’에 대해서는 “蓋至誠無息者, 道之體也. 萬殊之所以一本也. 萬物各得其所者, 道之用也. 一本之所以萬殊也.”[『論語集註』, 「里仁」篇 第15章의 註]; “蓋道之本在於修身, 而後及於治人.”[『論語集註』, 「先進」篇 第24章의 註]; “大本者, 天命之性, 天下之理, 皆由此出, 道之體也; 達道者, 循性之謂, 天下古今之所共由, 道之用也.”[『中庸章句』, 「第1章」의 註]; “誠, 以心言, 本也; 道, 以理言, 用也.”[『中庸章句』, 「第25章」의 註] 등이, ⑫ ‘천도天道’에 대해서는 “天道者, 天理自然之本體, 其實一理也.”[『論語集註』, 「公冶長」篇 第12章의 註] 등이, ⑬ ‘이理’에 대해서는 “程子曰: ‘在物爲理, 處物爲義, 體用之謂也. ……’”[『孟子集註』, 「告子章句上」篇 第7章의 註]; “子思引此詩, 以明化育流行, 上下昭著, 莫非此理之用, 所謂費也.”[『中庸章句』, 「第12章」의 註] 등이, ⑭ ‘사람[人]’에 대해서는 “天地儲精, 得五行之秀者, 爲人. 其本也, 眞而靜. ……”[『論語集註』, 「雍也」篇 第2章의 註] 등이, ⑮ ‘인성人性’에 대해서는 “此言氣質之性, 非言性之本也.”[『論語集註』, 「陽貨」篇 第2章의 註] 등이, ⑯ ‘심心’에 대해서는 “蓋心卽體, 欲卽用. 體卽道, 用卽義.”[『論語集註』, 「爲政」篇 第4章의 註]; “此章所論人之性·情, 心之體用, 本然全具而各有條理如此, ……”[『孟子集註』, 「公孫丑章句上」篇 第6章의 註]; “蓋是四者[忿懥, 恐懼, 好樂, 憂患을 이름: 필자 주], 皆心之用而人所不能無者.”[『大學章句』, 「傳7章」의 註] 등이, ⑰ ‘귀신鬼神’에 대해서는 “鬼神, 無形與聲, 然物之終始, 莫非陰·陽合散之所爲, 是其爲物之體而物之所不能遺也.”[『中庸章句』, 「第16章」의 註] 등이, ⑱ ‘배움[學]’에 대해서는 “此[「學而」篇: 필자 주]爲書之首篇, 故所記多務本之意.”[『論語集註』, 「學而」篇 머리 註]; “學者於此, 有以不失其先後之序, 輕重之倫焉, 則本末兼該, 內外交養.”[『論語集註』, 「述而」篇 第6章의 註]; “學至於仁, 則善有諸己, 而大本立矣.”[『論語集註』, 「衛靈公」篇 第32章의 註]; “精粗·本末, 其分雖殊, 而理則一. 學者當循序而漸進, 不可厭末而求本.”[『論語集註』, 「子張」篇 第12章의 註] 등이, ⑲ ‘정政’과 ‘대인지사大人之事’에 대해서는 “政則有公平正大之體, 綱紀法度之施焉.”[『孟子集註』, 「離婁章句下」篇 第2章의 註]; “大人謂公卿大夫. ……則大人之事, 體用已全, ……”[『孟子集註』, 「盡心章句上」篇 第33章의 註] 등이, ⑳ ‘상률천시上律天時’와 ‘하습수토下襲水土 간의 관계’에 대해서는 “律天時者, 法其自然之運; 襲水土者, 因其一定之理, 皆兼內外·該本末而言也.”[『中庸章句』, 「第30章」의 註] 등이 그 대표적인 사례이다.

은 '이 세계를 바라보고 질서지우는 하나의 방식'으로서, 또한 '정주성리학의 거대한 이론체계를 묶어세우는 뼈대'라고도 할 수 있다.

정약용의 '체용'론 비판: 체용론은 원래 "석씨로부터 유래한 것"으로서, "고경에서는 나타나지 않는다"

한편, 정약용은 이러한 체용론에 대해 원래 "석씨釋氏[佛敎: 필자 주]로부터 유래한 것"[25]으로서, "옛날[先秦儒敎: 필자 주]에는 없었던 바"[26]요 따라서 "고경古經에서는 나타나지 않는다"[27]고 봄으로써 곧 체용론 자체를 거부하고 있을 뿐만 아니라, 나아가 이러한 도식에 의거한 경전해석이 경전의 의미를 체계적으로 왜곡시킬 수 있음에 대해서도 매우 경계하였다.[28]

예를 들면, 『논어집주論語集註』 「학이學而」편 제12장에서의 "예지용, 화위귀禮之用, 和爲貴[예禮의 용用에는 화和가 귀함이 되니] ……"라는 경문經文에 대한 주석에 있어, ① 주희朱熹는 ㉠ '예禮'를 "천리지절문, 인사지의칙天理之節文, 人事之儀則[천리天理의 절문節文이자, 인사人事의 의칙儀則]"이라고 정의하여 이기론에 근거한 고답적인 형이상학적 해석을 내리고 있을 뿐만 아니

---

25 『論語古今注 I』(『定本 與猶堂全書 8』, p. 48) "○[駁曰] ……體用之說, 雖出釋氏, ……"

26 『論語古今注 II』(『定本 與猶堂全書 9』, pp. 306~307) "[質疑] 朱子曰: '勇者, 剛之發; 剛者, 勇之體.' ○純曰: '體用之說, 古時所無. 況勇之與剛, 本自二德, 兩不相關, 何可合而一之乎? ……且夫子述六言而勇·剛各居其一, 則二者非體用·本末之謂也, 審矣.' …… ○[案] 所論精覈, ……"

여기서 "체용體用의 설은 옛날에는 없었던 바(體用之說, 古時所無)"란 말은 원래 왜유倭儒 다자이 슌다이太宰春臺[이름은 純, 1680~1747: 日本 江戶中期의 古學派 학자]의 주장으로서, 정약용은 이를 적극 찬성하는 맥락에서 인용하고 있다.

27 『中庸講義補』(『定本 與猶堂全書 6』, p. 308) "○[今按] 體用之說, 不見古經."

28 정약용은 다음과 같이 말한 바 있다: "만약 글자를 만든 사람의 원의原義는 불문에 부치고, 우선적으로 이理를 논한 사람들의 전설轉說[형편에 따라 달리 해석한 말: 필자 주]을 취하여 '이理'니 '기氣'니 '체體'니 '용用'이니 한다면, 고경古經의 본지本旨와 서로 맞지 않는 것이 많게 됨은 필연의 형세인 것이다.(若不問造字家之原義, 先取論理家之轉說, 曰: '理'·曰: '氣', 曰: '體'·曰: '用', 則古經本旨, 多不相合, 此必然之勢也.)" 「答李汝弘【載毅】」(『定本 與猶堂全書 4』, p. 144)

라, ㉡ 또한 '예지용禮之用'에서의 '용用'자를 체용론에서의 '용用'자에 해당하는 것으로 보아 '예禮'의 개념을 다시금 '체體'와 '용用'으로 각각 나누어 인식·설명하고 있다.[29] ② 이에 대해 정약용은 ㉠ 일찍이 유가儒家에서는 체용론과 무관하게 '용用'자를 사용하고 있었으며,[30] 따라서 여기에서 언급된 '용用'자 역시 이러한 맥락에서 사용되었음을 『역경易經』·『예기禮記』·『사기史記』에서의 사례를 들어 나름대로 고증한 바 있다. ㉡ 나아가 그는 이러한 관점에서 상기의 '예지용禮之用'에 대해서도 '예절의 시행[禮之所施行]'이라고 구체적이고도 실천 지향적인 관점에서 나름대로 해석하고 있는 것이다.[31]

정약용의 '체용론에 대한 거부'가 함축하는 경학적 의미

이상에서 살펴본 바와 같이, 경선해석에 있어서의 정약용의 '체용론에 대한 거부'는 그의 이기론 비판에 있어 이중적인 경학적 함의를 가지는 바, 즉 ① 한편으로는 정주성리학의 세계관이 근거한 근본적 사고범주와 질서감각에 대한 직접적 비판과 거부를 표현하는 것이라면, ② 다른 한편으로는 그가 평소 생각했던 '본래적인 유가儒家의 정신'—이것을 그는 '수사洙泗의 고의古義'·'진원眞源'·'구관舊觀'·'구론舊論'·'구로舊路' 등으로 표현하기도 하였다—의 추구와 회복이라는 문제의식을 포괄적으로 반영·천명하는 의미 또한 내포한다 할 것이다.

---

29 『論語集註』, 「學而」篇 第12章의 註 "예禮의 체體됨은 비록 엄하지만 그러나 모두 자연의 이理에서 나왔다. 그러므로 그 용用됨이 반드시 종용從容하여 급박하지 않아야만 귀하게 여길 만한 것이 된다.(蓋禮之爲體雖嚴, 然皆出於自然之理, 故其爲用, 必從容而不迫, 乃可爲貴.)"

30 『論語古今注 I』(『定本 與猶堂全書 8』, p. 48) "○[駁曰] ……(體用之說, 雖出釋氏,) 吾家[儒家: 필자 주]未嘗不言用."

31 『論語古今注 I』(『定本 與猶堂全書 8』, p. 47) "○[補曰] 禮之用, 謂禮之所施行."

2. '이·기' 개념의 재해석을 통한 이기론 비판

정주성리학程朱性理學의 세계관 일반에 대해 평소 회의적인 관점을 견지했던 정약용丁若鏞으로서는 이상과 같은 자신의 '체용론體用論에 대한 거부'에 이어, 이제는 보다 직접적으로 이 세계관의 근본적 사고범주라 할 수 있는 '이理·기氣' 개념 자체에 대한 비판적 재검토에 착목하기에 이른다. 이러한 그의 작업은 대체로 두 단계의 과정을 내포했던 것으로 보이는데, 즉 ① 그 하나가 조선유학사에 있어 이른바 '사칠리기四七理氣의 변辨'으로 표현되는 이황李滉[退溪, 1501~1570]과 이이李珥[栗谷, 1536~1584]의 성리학적 입장 사이에서 노정되었던 갈등과 견해차에 대해 자신의 입장을 나름대로 정립하는 문제였다면, ② 다른 하나는 자신의 독자적인 문제의식 및 관점에 따라 정주성리학의 '이理·기氣' 개념 자체를 해체·재구성하는 작업이 바로 그것이었다.

1) '사칠리기의 변'에 대한 정약용의 입장

정약용이 보기에 정주성리학 본연의 치열했던 역사적 소명의식과 전진적인 시대적 상상력과는 이미 동떨어진 채 다만 이기론理氣論을 둘러싼 지리하고도 공허한 논쟁에 여념이 없었던 당시 조선성리학자 일반의 행태와 관련하여 그는 신랄하게 비평하면서 "끝내 이들 성리학性理學 하는 사람들과는 같이 손잡고 요堯·순舜·주공周公·공자孔子의 문하로 들어갈 수 없다"[32]고 하여 극도의 혐오감을 표시한 바 있다. 이러한 사실은 곧 정약용이 자신의 학문적 입지와 근본지향점을 설정함에 있어 당시 조선사회에서 유행했던 성리학적 논쟁구도를 탈피하여 이와는 의식적으

32 「五學論 1」(『定本 與猶堂全書 2』, p. 298) "終不可以攜手同歸於堯·舜·周·孔之門者, 今之性理之學也."

로 비판적 거리를 두고 있었음을 의미하기도 한다. 그럼에도 현실적으로 정약용은 여전히 이러한 논쟁구도로부터 완전히 자유로울 수는 없었다. 왜냐하면 이러한 논쟁구도의 출발점에는 무엇보다도 자신이 몸담고 있던 학문적 전통의 기반이자 선하先河를 이루는 조선성리학의 거목인 이황이 자리 잡고 있었기 때문이다.

'사칠논쟁'의 구도: '이기호발설' 대 '기발리승일도설'

주지하다시피, 이황은 ① 나름의 인간학적 고뇌 속에서 종래 정주성리학에서의 주류적 '이理' 개념—텅 비고 고요하여 아무런 조짐도 없는[沖漠無朕] 형이상形而上의 도道이자, 정의情意도 계탁計度도 조작造作도 없는 실재實在—에서 벗어나 '기발氣發'과 함께 '이발理發' 역시 인정하는 '이기호발설理氣互發說'을 주장하는 가운데, 곧 '사단四端은 이理가 발한 것이라면 칠정七情은 기氣가 발한 것'으로 보았으며, ② 나아가 이러한 '사단은 곧 도심道心에, 칠정은 곧 인심人心에 해당한다'는 명제를 천명한 바 있다.[33]

---

33 ① 이황의 '이기호발설'에 대해서는 다음의 글이 참조된다: 『退溪先生文集』, 卷7(「進『聖學十圖』箚」【幷圖】, 「心統性情圖說」), p. 24ab. "其下圖者, 以理與氣合而言之, ……如四端之情, 理發而氣隨之, 自純善無惡, 必理發未遂而揜於氣, 然後流爲不善. 七者之情, 氣發而理乘之, 亦無有不善, 若氣發不中而滅其理, 則放而爲惡也. ……"; 『退溪先生文集』, 卷16(「與奇明彥」【大升○己未】), p. 1b. "又因士友間, 傳聞所論四端·七情之說, 鄙意於此亦嘗自病其下語之未穩, 逮得砭駁, 益知疎繆, 卽改之云: '四端之發純理, 故無不善; 七情之發兼氣, 故有善惡', 未知如此下語無病否?"; 『退溪先生文集』, 卷16(「答奇明彥」【論四端七情第一書】), p. 12a. "自承示喩, 卽欲獻愚, 而猶不敢自以其所見爲必是而無疑, 故久而未發, 近因看『朱子語類』論『孟子』四端處末一條, 正論此事, 其說云: '四端是理之發, 七情是氣之發.' 古人不云乎? '不敢自信而信其師.' 朱子吾所師也, 亦天下古今之所宗師也. 得是說, 然後方信愚見不至於大謬, 而當初鄭說, 亦自爲無病, 似不須改也."; 『退溪先生文集』, 卷16(「答奇明彥」【論四端七情第二書】), pp. 23b~24a. "[改本] ……自承示喩, 卽欲獻愚, 而猶不敢自以其所見爲必是而無疑, 故久而未發, 近因看『朱子語類』論『孟子』四端處末一條, 正論此事, 其說云: '四端是理之發, 七情是氣之發.' 古人不云乎? '不敢自信而信其師.' 朱子吾所師也, 亦天下古今之所宗師也. 得是說, 然後方信愚見不至於大謬, 而當初鄭說, 亦自爲無病, 似不須改也."; 『退溪先生文集』, 卷16(「答奇明彥」【論四端七情第二書】), pp. 29b~30a. "[本論]……滉謂. 天地之性, 固專指理, 不知此際只有理還無氣乎? 天下未有無氣之理, 則非只有理, 然猶可以專指理言, 則氣質之性, 雖雜理氣, 寧不可指氣而言之乎? 一則理爲主, 故就理言; 一則氣爲主, 故就氣言耳. 四端非無氣, 而但云: '理

한편, 이에 대하여 이이는 ① 정주성리학의 주류적 '이理·기氣' 개념에 보다 충실하여 기본적으로 '이발理發'은 인정하지 않고 오직 '기발氣發'만을 인정하는 '기발리승일도설氣發理乘一途說'을 주장하는 가운데, 이러한 맥락에서 '사단四端과 칠정七情을 모두 기발氣發'로 보았다. ② 이에 그는 '사단과 칠정 간의 관계'에 대해서도 '칠정은 곧 심작용心作用의 총회摠會'에 해당하기 때문에 이러한 칠정 이외에 따로 사단이 존재하는 것은 아니며, 따라서 '사단이란 단지 칠정 가운데의 선일변善一邊만을 가리키는 것'일 뿐이요, 또한 '사단이 오로지 도심道心만을 지칭하는 것이라면 칠정은 인심人心과 도심道心을 합하여 말한 것'이라는 견해를 제기한 바

之發'; 七情非無理, 而但云: '氣之發', 其義亦猶是也."; 『退溪先生文集』, 卷16(「答奇明彦」【論四端七情第二書】), p. 30b. "滉謂. ……蓋人之一身, 理與氣合而生, 故二者互有發用, 而其發又相須也. 互發則各有所主可知, 相須則互在其中可知. 互在其中, 故渾淪言之者固有之; 各有所主, 故分別言之而無不可. 論性而理在氣中, 思·孟猶指出本然之性, 程·張猶指論氣質之性. 論情而性在氣質, 獨不可各就所發而分四端·七情之所從來乎?"; 『退溪先生文集』, 卷16(「答奇明彦」【論四端七情第二書】), pp. 31b~32a. "滉謂. ……蓋渾淪而言, 則七情兼理·氣, 不待多言而明矣. 若以七情對四端, 而各以其分言之, 七情之於氣, 猶四端之於理也. 其發各有血脈, 其名皆有所指, 故可隨其所主而分屬之耳. 雖滉亦非謂七情不干於理, 外物偶相湊著而感動也. 且四端感物而動, 固不異於七情, 但四則理發而氣隨之, 七則氣發而理乘之耳."; 『退溪先生文集』, 卷16(「答奇明彦」【論四端七情第二書】), p. 34a. "滉謂. 就同中而知實有理發·氣發之分, 是以異名之耳. 若本無所異, 則安有異名乎? 故雖不可謂七情之外復有四端, 若遂以爲非有異義, 則恐不可也."; 『退溪先生文集』, 卷16(「答奇明彦」【論四端七情第二書】), p. 35a. "滉謂. ……孔門未備言, 子思道其全, 於此固不用所從來之說, 至孟子剔撥而說四端時, 何可不謂指理發一邊而言之乎? 四之所從來旣是理, 七之所從來非氣而何?"; 『退溪先生文集』, 卷16(「答奇明彦」【論四端七情第二書】), p. 36ab. "滉謂. ……大抵有理發而氣隨之者, 則可主理而言耳, 非謂理外於氣, 四端是也; 有氣發而理乘之者, 則可主氣而言耳, 非謂氣外於理, 七情是也."; 『退溪先生文集』, 卷36(「答李宏仲問目」), p. 1b. "情之發, 或主於氣, 或主於理. 氣之發, 七情是也; 理之發, 四端是也. 安有二致而然耶?"; 『退溪先生文集』, 卷36(「答李宏仲問目」), p. 2a. "天下無無理之氣, 無無氣之理. 四端, 理發而氣隨之; 七情, 氣發而理乘之. 理而無氣之隨, 則做出來不成; 氣而無理之乘, 則陷利欲而爲禽獸, 此不易之定理." ② 한편, 이황의 '사단四端은 곧 도심道心에, 칠정七情은 곧 인심人心에 해당한다'는 명제와 관련해서는 다음의 글이 참조된다: 『退溪先生文集』, 卷36(「答李宏仲問目」), p. 2a. "人心, 七情是也; 道心, 四端是也. 非有兩箇道理也."; 『退溪先生文集』, 卷37(「答李平叔」), pp. 27a~28a. "人心爲七情, 道心爲四端, 以「中庸序」朱子說及許東陽說之類觀之, 二者之爲七情·四端, 固無不可. ……若夫道心之與四端, 雖與人心·七情之說不同, 然道心以心言, 貫始終而通有無; 四端以端言, 就發見而指端緖, 亦不能無少異, 所以答平叔云云也. 然善觀之, 則亦不害其爲同歸矣."

있다.[34]

34 ① 이이의 '기발리승일도설'에 대해서는 다음의 글이 참조된다: 『栗谷先生全書』, 卷9(「答成浩原」【壬申】) 36a. "發者氣也, 所以發者理也."; 『栗谷先生全書』, 卷10(「答成浩原」【壬申】) pp. 2a~5b. "夫理者, 氣之主宰也; 氣者, 理之所乘也. 非理則氣無所根柢, 非氣則理無所依著. ……大抵發之者, 氣也; 所以發者, 理也. 非氣則不能發, 非理則無所發,【發之以下二十三字, 聖人復起, 不易斯言】 ……非特人心爲然, 天之之化, 無非氣化而理乘之也. 是故, 陰陽動靜而太極乘之, 此則非有先後之可言也."; 『栗谷先生全書』, 卷10(「答成浩原」) pp. 12a~ 14a. "理, 形而上者也; 氣, 形而下者也. ……但理無爲, 而氣有爲, ……若朱子眞以爲理·氣互有發用, 相對各出, 則是朱子亦誤也, 何以爲朱子乎? ……退溪之病, 專在於'互發'二字, 惜哉! 以老先生之精密, 於大本上, 猶有一重膜子也. ……器動而水動者, 氣發而理乘也. ……水未嘗自動者, 理無爲而氣有爲也."; 『栗谷先生全書』, 卷10(「答成浩原」) pp. 25b~29b. "理·氣元不相離, 似是一物, 而其所以異者, 理無形也, 氣有形也; 理無爲也, 氣有爲也. 無形無爲而爲有形有爲之主者, 理也; 有形有爲而爲無形無爲之器者, 氣也. 理無形而氣有形, 故理通而氣局; 理無爲而氣有爲, 故氣發而理乘. ……是故, 天地之化, 吾心之發, 無非氣發而理乘之也. 所謂'氣發理乘'者, 非氣先於理也. 氣有爲而理無爲, 則其言不得不爾也. ……若非氣發理乘一途, 而理亦別有作用, 則不可謂: '理無爲'也. ……蓋氣發理乘一途之說, 推本之論也. ……道心原於性命, 而發者氣也, 則謂之'理發'不可也. 人心·道心, 俱是其發, ……'性·情本無理·氣互發之理', '凡性發爲情', '只是氣發而理乘'等之言, 非珥杜撰得出, 乃先儒之意也. 特未詳言之, 而珥但敷衍其旨耳. 建天地而不悖, 竢後聖而不惑者, 決然無疑."; 『栗谷先生全書』, 卷10(「答成浩原」) p. 37b. "退溪則深信朱子, 深求其意, ……而若豁然貫通處, 則猶有所未至, 故見有未瑩, 言或微差, '理氣互發'·'理發氣隨'之說, 反爲知見之累耳." ② 이이의 '사단四端과 칠정七情은 모두 기발氣發이다'라는 입장에 대해서는 다음의 글이 참조된다: 『栗谷先生全書』, 卷10(「答成浩原」【壬申】) p. 5ab. "退溪因此而立論曰: '四端, 理發而氣隨之; 七情, 氣發而理乘之.' 所謂'氣發而理乘之'者, 可也. 非特七情爲然, 四端亦是氣發而理乘之也." ③ 이이의 '사단四端이란 칠정七情 가운데의 선일변善一邊만을 가리킨다'는 명제와 관련해서는 다음의 글이 참조된다: 『栗谷先生全書』, 卷10(「答成浩原」【壬申】) pp. 5a~7b. "四端, 是七情之善一邊也; 七情, 是四端之摠會者也. ……四端只是善情之別名, 言七情則四端在其中矣. ……若七情則已包四端在其中, 不可謂: '四端非七情, 七情非四端'也, 烏可分兩邊乎? 七情之包四端, 吾兄猶未見得乎? ……七情之外, 更無四端矣." ④ 마지막으로, 이이의 '사단四端이란 도심道心만을 지칭한 것이라면 칠정七情이란 인심人心과 도심道心을 합하여 말한 것이다'라는 견해에 대해서는 다음의 글이 참조된다: 『栗谷先生全書』, 卷10(「答成浩原」【壬申】) p. 7b. "然則四端專言道心, 七情合人心·道心而言之也."

또한, '사칠논쟁四七論爭'에 대한 현대의 연구서로는 대표적으로 玄相允(1949/1982: 60~138), 이형성 교주(2010: 95~195), 裵宗鎬(1974: 70~92), 李丙燾(1987: 200~258)가 참조된다. 한편, 이 논쟁의 결과를 두고 이황과 이이의 입장을 각각 '주리파主理派'와 '주기파主氣派'로 대별하여 인식하는 것에는 심각한 문제점이 있다. 왜냐하면, 계보학적으로 볼 때 상기의 '주리파'와 '주기파'라는 개념은 '대표적인 일제 관학자'로 알려져 있는 다카하시 도루[高橋亨]가 1929년에 저술한 「이조유학사李朝儒學史에 있어서 주리파主理派·주기파主氣派의 발달發達」이라는 장편의 논문에서 유래하는 것으로서, 특히 그가 식민주의적 관점에서 조선유학의 '정체성停滯性'과 '단조롭고 평면적인 조선유학사'를 증명하기 위한 핵심적 도구로서 악의적으로 주

정약용의 첫 번째 입장: "기가 자유적인 사물이라면 이란 의부적인 물건이다"

이처럼 '사칠리기四七理氣'의 문제와 관련하여 조선성리학의 두 거목 사이에 노정되었던 견해차와 갈등은 이후 조선성리학의 전개방향과 그 양상을 기본적으로 규정했던 대표적인 철학적 사안의 하나로서, 이에 대한 입장정립의 문제는 정약용의 경우에도 물론 예외가 될 수는 없었다.

이에 그 첫 번째 계기는 정조正祖를 통해 주어졌던바, 즉 정약용이 23세 되는 갑진년[1784년, 正祖 8]에 생원生員으로 성균관成均館에서 재학하고 있을 때 정조가 70여 조의 「중용강의조문中庸講義條問」을 성균관생원들에게 내린 일이 있었는데, 바로 여기서 정조는 이황의 '사단리발칠정기발설四端理發七情氣發說'에 대한 이해의 문제를 제기했던 것이다. 그런데 정약용은 이에 대한 답변에서 "기氣가 자유적自有的인 사물[物]이라면 이理란 의부적依附的인 물건[品]인데, 의부적인 것은 반드시 자유적인 것에 의지하는 까닭에 기氣가 발하면 곧 거기에 이理가 있게 되는 것"이라는 자신의 평소 독자적 지론持論에 의거하여, 결과적으로 이이의 설이 현실적으로 보다 적실한 것으로 평가한 바 있다.[35]

조해낸, 이러한 의미에서 '조선유학朝鮮儒學'이라는 '현실'의 측면에서도, '정주성리학程朱性理學의 논리체계'의 측면 그 어디에서도 설득력 있는 근거를 찾기 어려운 개념적 '사술詐術'에 불과할 뿐이기 때문이다. 보다 자세한 내용은 정일균(2011: 165~216)과 정일균(2018a: 5~70)이 참조된다.

35 이 문제에 대한 정조의 질문과 정약용의 답변내용은 구체적으로 다음과 같다: [어문御問] "우리나라 선비 중에 누구【율곡栗谷】가 인심人心과 도심道心을 구분하면서 말하기를 '이理와 기氣는 혼융渾融하여 원래 서로 나누어질 수 없으나, 발하는 것은 기氣이며 발하게 하는 소이所以는 이理다. 어찌 이발理發·기발氣發이라는 구분이 있겠는가?'라 하였다. ……'발하게 하는 소이[所以發]'니 '발하는 것[發之]'이니 운운한 것은 대개 이 이理가 있기 때문에 발할 수 있으나 또한 이 기氣가 없으면 발하지 못한다는 이야기이다. 이理와 기氣란 원래 서로 나누어질 수 없다는 사실이 여기에서 분명해진 것이다. 그렇다면 일설一說에 '사단四端은 이발理發에 배속시키고 칠정七情은 기발氣發에 배속시킨 것'【퇴계退溪의 설說】은 무슨 이야기인가? 명확한 논의를 듣고자 하노라." [신대臣對] "저는 '사단四端은 이발理發에 속하고 칠정七情은 기발氣發에 속한다'는 설에 대하여 일찍이 의심을 품어왔었습니다. 만약 분분한 설에 빠지지 않고 초연히 앉아 공정하게 바라본다면 쉽사리 간파할 수 있으리라 봅니다. 기氣란 자유적自有的인 사물[物]이며 이理는 의부적依附的인 물건[品]인데, 의부적인 것은 반드

시 자유적인 것에 의지하는 까닭에 기氣가 발하면 곧 거기에 이理가 있게 되는 것입니다. 이러하기 때문에 '기발이리승지氣發而理乘之'라고 하면 가하지만 '이발이기수지理發而氣隨之'라고 하면 불가한 것입니다. 왜냐하면 이理는 자식自植하는 것이 아니어서 먼저 발할 수 있는 방도가 없기 때문입니다. 미발未發의 때에 비록 이理가 먼저 있었다 하더라도, 바야흐로 발할 때에는 반드시 기氣가 앞서게 되는 것입니다. 동유東儒[栗谷: 필자 주]가 말한 '발하는 것은 기氣이고 발하게 하는 소이所以는 이理다'라는 주장은 참으로 정확한 것이니, 누가 이를 바꿀 수 있겠습니까? 제가 망령되이 사단四端·칠정七情에 대하여 한마디로 말하자면 '기발이리승지'라고 하겠으며, 결코 이理와 기氣에 각각 분속分屬시키지 않겠습니다. 비단 사단·칠정뿐만이 아니라 초목草木 하나의 생태와 조수鳥獸의 움직임 하나까지도 '기발이리승지' 아님이 없습니다."([御問曰] 東儒言人心·道心之別【東儒卽栗谷】曰: '理·氣渾融, 元不相離. 發之者, 氣也; 所以發者, 理也. 安有理發·氣發之殊乎?' ……曰'所以發', 曰'發之'云云, 盖謂有是理, 故發也; 無是氣, 則不發也. 理·氣之元不相離, 卽此可決. 然則一說'以四端屬理發, 以七情屬氣發'者, 何也?【卽退溪之說】 願聞的確之論. ○[臣對曰] 臣於'四端屬理發·七情屬氣發'之說, 有宿疑焉. 若不汩沒於紛紜之說, 超坐而公觀之, 則或易辨破. 盖氣是自有之物, 理是依附之品, 而依附者必依於自有者, 故纔有氣發, 便有是理. 然則謂之'氣發而理乘之'可, 謂之'理發而氣隨之'不可. 何者? 理非自植者, 故無先發之道也. 未發之前, 雖先有理, 方其發也, 氣必先之. 東儒所云'發之者氣也, 所以發者理也'之說, 眞眞確確, 誰得以易之乎? 臣妄以謂四端·七情, 一言以蔽之曰'氣發而理乘之', 不必分屬於理·氣也. 不但四·七, 卽一草一木之榮瘁, 一鳥一獸之飛走, 莫非氣發而理乘之也.)『中庸講義補』(『定本 與猶堂全書 6』, pp. 395~396)

한편, 정약용은 이에 앞서 같은 해인 갑진년[1784년, 正祖 8] 4월 보름날 큰 형수의 제사를 지내고 중형仲兄 정약전丁若銓[巽庵, 1758~1816] 및 이벽李檗[曠菴, 字는 德操, 1754~1786]과 함께 서울로 가기 위해 배를 타고 두미협斗尾峽을 지나면서 처음으로 서교西敎에 관한 이야기를 듣게 되고, 서울에 온 후에도 이벽을 따라 다니며 『천주실의天主實義』와 『칠극七克』 등의 서교 관계서적을 읽게 되면서 마음이 점차 이끌리게 되어 일정 정도 신앙의 단계에까지 나아갔던 것으로 알려져 있다. ① 이러한 사건을 염두에 둔다면, 상기한바 "기氣란 자유적自有的인 사물[物]이며 이理는 의부적依附的인 물건[品]"이란 정약용의 주장은 최소한 이 단계에서는 『천주실의』로부터 일차적으로 영향을 받은 것으로 짐작되는바, 이로써 ㉠ 정약용은 최소한 이때부터 이미 기존의 정주성리학적 이기론의 틀로부터 벗어나기 시작하였다는 사실, ㉡ 이러한 맥락에서 정약용의 상기한바 평가가 단순히 이황의 입장을 거부하고 이이의 견해에 편든 것에 그치지 않는 그 이상의 중요한 경학적 의미를 함축한다는 사실을 간취할 수 있겠다. ② 참고로 『천주실의』에서 마테오 리치Matteo Ricci[利瑪竇, 1552~1610: 예수회 선교사]는 "사물의 범주에는 두 가지가 있으니, 즉 자립자自立者가 있고 의뢰자依賴者가 있습니다. ……이 두 가지 사물의 범주를 비교해보면, 자립자가 우선이고 귀하며 의뢰자는 나중이고 천합니다. ……만약 태극太極이라는 것을 단지 이른바 이理라는 것으로만 해석한다면, 그 태극은 천지만물의 근원이 될 수 없을 것입니다. 아마도 이理 또한 의뢰자의 부류여서 자립할 수 없는데, 어찌 다른 사물을 존재하도록 할 수 있겠습니까?(夫物之宗品有二, 有自立者, 有依賴者. ……比斯兩品, 凡自立者, 先也貴也; 依賴者, 後也賤也. ……若太極者止解之以所謂理, 則不能爲天地萬物之原矣. 蓋理亦依賴之類, 自不能立, 曷立他物哉?)"[Matteo Ricci(1603/ 1999: 84~89)]라고 주장함으로써 만물의 존재양태에 대한 아리스토텔레스Aristoteles[B.C.

정약용의 두 번째 입장: 이황과 이이의 이기론은 각각 '하나의 독립된 설'이다

두 번째 계기는 정약용이 34세 되는 을묘년[1795년, 正祖 19]에 주문모周文謨[세례명은 야고보, 1752~1801: 中國人 神父] 사건의 여파로 금정도찰방金井道察訪으로 좌천되어 있을 때 온양溫陽에 있는 서암西巖의 봉곡사鳳谷寺에서 이삼환李森煥[木齋, 1729~1813] 선생을 비롯한 여러 사우士友들과 함께 열흘 동안 이익李瀷[星湖, 1681~1763]의 문집文集을 교정하고 학문을 강론했던 사건을 통해 주어졌다.

여기서 정약용은 이른바 '사칠리기四七理氣'의 문제와 관련하여 자신의 종래 입장과는 다른 견해를 피력한 바 있다. 즉, 그는 "퇴계退溪와 율곡栗谷 이후로 사단四端·칠정七情의 문제는 이미 커다란 논쟁거리가 되어 왔습니다. ……일찍이 두 분의 글을 반복하여 참조해본즉 그분들께서 각각 말씀하신 '이理'와 '기氣'는 글자는 같지만 그 의미는 판이하게 다릅니다. 대개 퇴계께서 논하신 이理와 기氣는 우리 인간의 성정性情에 한정하여 입설立說하신 것이라면 ……율곡께서 논하신 이理와 기氣는 천지만물天地萬物을 총괄하여 입설하신 것입니다. ……그렇다면 퇴계와 율곡께서 비록 똑같이 사단四端과 칠정七情을 논하셨고 이理와 기氣에 대해서도 똑같이 말씀하시고 계시지만 기실 이 '이理'와 '기氣' 두 글자의 주각注脚[해석: 필자 주]에 있어서는 서로 확연히 다른 것입니다. ……'이理'와 '기氣'의 글자 뜻이 이미 각각 다르다면 퇴계의 견해도 나름대로 하나의 독립된 설이며 율곡의 견해도 나름대로 하나의 독립된 설이어서, 그 시비와 득실이 하나로 귀결될 수 없으리라 여겨지는데, 어떤지 모르겠습니다"36라고 하여, 종래 이이의 입장에 경도되었던 자신의 견해를 수정

384~B.C. 322: 古代 그리이스의 철학자]의 범주론範疇論을 빌려 '태극太極이 만물의 근원이 될 수 없음'을 나름대로 논증하려고 시도한 바 있다. 보다 자세한 내용은 Matteo Ricci(1603/1999), 특히 「상권上卷 제2편」이 참조된다.

36 『西巖講學記』(『定本 與猶堂全書 4』, pp. 282~283) "鏞曰: '退溪·栗谷以後, 四·七已成大訟. ……然嘗取兩家文字, 反復參驗, 則其云「理」字·「氣」字, 字形雖同, 字義判異. 蓋退溪所論理·氣, 專就吾人性情上立說, ……栗谷所論理·氣, 總括天地萬物而立說, ……然則退溪·栗谷, 雖同論四·七, 共談理·氣, 卽其「理·氣」二字, 注脚判異. ……理·氣字義旣異,

하는 가운데 '이황과 이이의 설이 각각 독자적인 의미와 가치를 지닌 체계임'을 인정하고 있다.

물론 이러한 정약용의 입장은 기존 '사칠논쟁四七論爭'의 핵심쟁점과 그 전개내용을 염두에 둘 때 결코 양시론兩是論이란 어정쩡한 입장에 그치는 것이 아니라, 기실 그 요체를 정확하게 간파·전제함으로써 정곡을 찌른 평가라 할 것이다.[37] 그리고 이러한 입장의 전환에는 당시 정약용

則彼自一部說, 此自一部說, 恐無是非得失之可以歸一者, 未知如何.'"

37 주지하다시피, ① 16세기 조선에서의 '사칠논쟁'은 전후 두 단계에 걸쳐 진행된 바 있다. ㉠ 첫 번째 단계는 이황李滉[退溪, 1501~1570]과 기대승奇大升[高峰, 1527~1572] 간에 벌어진 논쟁이다. 두 사람은 기미년[1559년, 明宗 14]부터 병인년[1566년, 明宗 21]까지 무려 8년 동안 상호간에 모두 10번에 걸친 편지—이황 6회, 기대승 4회—를 주고받으며 '사단四端·칠정七情' 및 '이理·기氣'의 문제를 놓고 치열하게 토론했던바, 이는 또한 16세기 조선성리학의 정착과 발전을 전제·견인하면서 이후 조선유학사의 전개에 있어 하나의 분수령을 이루었던 학술상의 일대 사건이었음은 물론이다. ㉡ 두 번째 단계는 성혼成渾[牛溪, 1535~1598]과 이이李珥[栗谷, 1536~1584] 간에 벌어진 논쟁이다. 두 사람은 앞서의 논쟁이 일단락된 지 6년 후이자 이황이 서거한 지 2년 뒤이기도 한 임신년[1572년, 宣祖 5]에 각각 9통의 편지를 주고받으며 토론을 전개했는데, 여기서 성혼은 기본적으로 이황의 주장에 공감하는 입장에서 주로 질문을 제기했다면, 이에 대해 이이는 기대승의 주장을 계승하는 입장에서 자신의 견해를 답변의 형식으로 개진한 바 있다. ② 이처럼 한편에서는 이황과 성혼이, 다른 한편에서는 기대승 및 이이가 특히 상기한 '사칠논쟁'의 핵심쟁점을 중심으로 각자의 견해를 개진하며 치열하게 토론을 전개했던바, 물론 논쟁의 당사자들은 공히 '성현聖賢의 본지本旨'와 '주자朱子의 말씀'을 표방하는 가운데 어디까지나 '사의私意 없이 올바른 도道를 밝혀 귀일歸一할 것'을 기약하며 논쟁을 전개했지만, 끝내는 입장의 차이만 분명히 확인하면서 '타결되지 않은 공안公案'의 상태로 사실상 마무리되고 말았다.

그렇다면, 이러한 '사칠논쟁'의 당사자 간의 입장의 차이를 어떻게 이해·평가할 수 있을까? ① 이 논쟁은 16세기 조선에서 '주자학朱子學을 수용하던 태도의 차이'를 잘 보여준다. 즉, ㉠ 여기서 ㉮ 이황은 기본적으로 주자학을 수용하면서도 특히 자신의 독자적인 '수양론적 문제의식'에 따라 주자학의 본령이자 특징이기도 한 '이기理氣·생성生成'론의 기본도식에만 자신의 사유를 제한·고착시키지 않았다. ㉯ 이에 비해, 기대승과 이이는 바로 상기한바 주자학의 '이기·생성'론의 도식을 충실하게 수용·조술祖述하였다. 바로 이러한 의미에서 이이가 "퇴계退溪와 기명언奇明彦께서 사단四端·칠정七情을 논하신 설說이 무려 일만여 자字나 되는데, 기명언의 논리는 분명하고 재단한 듯하여 그 기세가 대를 쪼개는 것 같으나, 퇴계께서는 변설辨說이 비록 상세하기는 하나 의리義理가 분명하지 않으셔서 반복해서 음미해 보면 끝내는 확실한 맛이 없습니다"라고 논평했던 근거는 바로 이러한 주자학을 수용하던 태도의 차이를 반영하고 있는 것이다. ㉡ 결국 이러한 맥락에서 볼 때, ㉮ 한편으로 '누가 주자학적 이론체계에 보다 충실하였는가?'라는 척도에서만 본다면 기대승과 이이의 입장이 우위에 있다고 평가할 수 있겠지만, ㉯ 다른 한편으

이 이황을 존모하여 『퇴계집退溪集』을 통해 그를 사숙私淑하고 있었던 사실과도 일정한 관련이 있었을 것으로 추측된다.[38]

정약용의 세 번째 입장: 두 번째 입장의 재확인

마지막 계기는 정약용이 40세 되는 신유년[1801년, 純祖 1]에 신유옥사辛酉獄事로 장기長鬐에 유배되어 있을 때 다시 한 번 '사칠리기四七理氣'의 문제를 다룬 사건이다. 즉, 그는 당시 이 문제와 관련하여 "내가 일찍이 두 분의 글을 가져다 읽으면서 그 견해가 갈리게 된 연유를 면밀하게 살펴보았다. 두 분께서 말씀하신 '이理'니 '기氣'니 하는 것들은 비록 그 글자는 같지만 그 뜻하는 바는 한정적인 것[專]과 포괄적인 것[總]의 차이가 있었다. 곧 퇴계退溪는 퇴계대로 하나의 이기理氣를 논하셨고 율곡栗谷은 율곡대로 하나의 이기理氣를 논하신 것이지, 율곡께서 퇴계의 이기理氣를 취하여 어지럽히신 것은 아니다. 대체로 퇴계께서 한정적으로 인심상人心上에 나아가 여덟 자['四爲理發七爲氣發'을 말하는 것으로 보임: 필자 주]로써 환하게 타개해 놓으셨다면, ……율곡께서는 태극太極 이래의 이기理氣를 포괄적으로 파악하여 공론公論하셨던 것이다. ……그리하여 퇴계의 말씀이 보다 주밀하고도 상세하다면, 율곡의 말씀은 보다 활달하면서 간결하다. 그러나 주장하신 뜻이나 가리켜 말씀하신 바가 각기 다른즉,

---

로 '누가 주자학적 문제의식을 독창적으로 전유轉有·발전시켰는가?'의 척도에서 본다면 이황의 입장이 명백히 우위에 있다고 할 것이다. ② 이 논쟁은 나아가 16세기 조선에서 '유학儒學을 해석하는 지향의 차이'를 노정하고 있기도 하다. 즉, ㉠ 이황의 경우는 기본적으로 '심성론적 유학해석'을 지향하는 입장으로서, 여기서는 애초 선진유가先秦儒家의 출발점이기도 했던 '인간이 주체적인 윤리적 실천을 통해 도덕적 인격을 완성하는 문제'가 그 핵심적 관심사가 된다. ㉡ 이에 비해 기대승과 이이의 경우는 어디까지나 '우주론적 유학해석'을 지향하는 입장으로서, 여기서는 곧 송명이학宋明理學의 토대이기도 했던 '만물의 본체 및 그 생성과 변화의 문제'가 핵심적 관심사가 된다. ③ 바로 이러한 맥락에서 정약용의 상기와 같은 평가는 정확하게 그 정곡을 찌른 것이라 할 것이다.

38 『西巖講學記』(『定本 與猶堂全書 4』, pp. 279~304)와 『陶山私淑錄』(『定本 與猶堂全書 4』, pp. 306~323)이 같은 해에 저술되고 있었다는 사실은 매우 시사적이다.

어찌 일찍이 두 분 가운데 어느 한 분이 틀렸다고 말할 수 있겠는가?"[39] 라고 하여, 종전의 달라진 입장을 재확인하고 있다.

이로써 정약용은 '사칠리기'의 문제와 관련하여 이황과 이이의 설이 각각 함축하는 고유한 의미와 가치를 나름대로 규정·인정하는 선에서 자신의 입장을 최종적으로 정리하고 있음을 살펴볼 수 있다. 그런데 이러한 그의 입장정리와 관련하여 특히 유의해야 할 점이 두 가지 있다. 즉, ① 그는 이기론理氣論의 틀 내에서 천지만물을 총괄하여 일반적이자 논리정합적으로 이해·설명하는 맥락에서는 분명히 이이의 견해에 수긍한 측면이 없지 않으나, 한편 인간의 현실적인 성정性情에 주목하여 그 실존적 윤리의 문제를 해명하려는 맥락에서는 명백히 이황의 문제의식 또한 나름대로 적극 수긍·계승하고 있다는 점이다.[40] ② 그럼에도 정약용은 기본적으로 성리학자性理學者가 아니었다는 점이다. 따라서 그 역시 동일하게 '이理·기氣'라는 용어를 수용·구사하고 있었지만 그것이 내포했던 의미는 이미 정주성리학적 세계관의 일반적 규정성으로부터 자유로웠던 것이다.

2) '이·기' 개념에 대한 재해석

주희의 '이·기' 개념: '이'란 '형이상의 도'요, '기'란 '형이하의 기'다

이미 기술한 바대로, 첫째 정주성리학의 세계관을 구성하는 존재와 인식의 근본범주는 곧 '이理'와 '기氣'이다. 즉, ① 전자가 '형이상形而上의 도

39 「理發氣發辨 1」(『定本 與猶堂全書 2』, pp. 357~358) "余嘗取二子之書而讀之, 密求其見解之所由分. 乃二子之曰: '理'·曰: '氣', 其字雖同, 而其所指有專有總, 卽退溪自論一理·氣, 栗谷自論一理·氣, 非栗谷取退溪之理·氣而汨亂之爾. 蓋退溪專就人心上, 八字打開, ……栗谷總執太極以來理·氣而公論之, ……退溪之言, 較密較細; 栗谷之言, 較闊較簡. 然其所主意而指謂之者各異, 卽二子何嘗有一非耶?"

40 이러한 사실은 「理發氣發辨 2」(『定本 與猶堂全書 2』, pp. 358~359)에서도 확인되며, 또한 한형조(1996: 159~172)도 참조된다.

道'로서, ㉠ 비록 형적形迹이나 정의情意도 계탁計度도 조작造作도 없을지라도 시간과 공간을 초월하여 존재하는 '영원자'이자, 또한 모든 존재에 우선하는 '일차적·근원적 실재實在'이기도 하다. ㉡ 또한 이는 비록 원동자原動者는 아니지만 자체 내에 이미 '동動·정靜의 이理'를 포함하고 있음으로 하여[41] 결과적으로 만물을 생성하는 '기氣의 주재자主宰者'이자 '우주의 최초원인'이 되기도 하다. ② 이에 비해 후자는 '형이하形而下의 기器'로서, 정의情意가 있고 모양[狀]이 있으며 '만물을 생성하는 종자種子'이자 스스로 응결凝結하고 조작造作할 수 있는 존재, 바로 이러한 의미에서 '원동자이자 질료質料'이기도 한 '이차적·구체적 실재'이다.

둘째, 인간을 포함한 모든 만물은 바로 이러한 맥락에서 '형이상의 도道'로서 만물을 생성하는 근본으로서의 '이理'와 함께 '형이하의 기器'로서 만물을 생성하는 도구로서의 '기氣'로 구성된 복합체, 구체적으로는 이러한 이와 기의 분화양태인 '성性'과 '형形'으로 구성된 존재, 즉 '성性과 형形의 복합체'로 나타나게 된다.

정약용의 '이·기' 개념①: "'이'란 본디 '옥석의 결'을 가리키는 것이다"

한편, 정약용의 관점에서는 만물에 대한 주희의 이러한 이기론적 설명도식이 적어도 이 '유형의 세계'—'무형[性靈]의 세계'와 대비되는—와 관련해 볼 때 수긍하기 어려웠다. 첫째, '이理'를 무엇보다 '기氣'에 우선하는 일차적·근원적 실재로 상정하는 가운데 이것을 곧 만물의 '성性'으로 설명하는 주희의 논리는 무엇보다 '고경古經에 근거가 없는 것'이었다. 즉, ①

41 『朱子語類』, 卷94(「周子之書」), p. 2372.(中華書局, 1981) "太極自是涵動靜之理, …… 蓋靜則太極之體也, 動則太極之用也."; 『朱子語類』, 卷94(「周子之書」), p. 2373.(中華書局, 1981) "(太極)有這動之理, 便能動而生陽; 有這靜之理, 便能靜而生陰."; 『朱子語類』, 卷94(「周子之書」), p. 2374.(中華書局, 1981) "陽動·陰靜, 非太極動靜, 只是理有動靜."; 『周濂溪集』, 卷1(「太極圖說解」) "太極, 形而上之道也; 陰陽, 形而下之器也. …… 而太極無不在焉. 自其微者而觀之, 則沖漠無朕, 而動靜·陰陽之理, 已悉具於其中矣."

정약용이 보기에 "이理라는 것은 본디 옥석玉石의 결[脈理]을 가리키는 것"으로서, ② 고경古經과 고서古書에 사용된 "그 글자의 뜻을 조용히 궁구해보면 한결같이 맥리脈理·치리治理·법리法理의 뜻을 가차假借해서 만든 글자임"을 『맹자孟子』·『중용中庸』·『시경詩經』·『주역周易』·『예기禮記』·『춘추좌씨전春秋左氏傳』과 같은 유교경전을 비롯하여 『한서漢書』·『당서唐書』와 같은 역사서나 『회남자淮南子』·『황제내경黃帝內經』·『창씨족보創氏族譜』 등과 같은 저술에서의 다양한 사례를 들어 고증하였다.[42]

둘째, 이러한 맥락에서 정약용은 또한 이理를 '윤倫'이나 '서序'와 같은 개념, 나아가 '원근遠近'이나 '존비尊卑'의 개념 등으로 확대 해석하기도 함[43]으로써 일견 고원한 이기론적 해석과는 의식적으로 비판적 거리를 두기도 하였다.

정약용의 '이·기' 개념②: 주희의 이기론은 '존재론적 착각'이자 '경전에 대한 오독'이다

다음으로, 정약용의 이러한 주장은 곧 '이理'가 근원적·독립적 실재이기보다는 오히려 유형의 '기氣'에 의존·파생되는 '속성적 개념'임을 함축하

---

42 『孟子要義』(『定本 與猶堂全書 7』, pp. 202~203) "○[鏞案] ……理者, 本是玉石之脈理.【徐鉉云】治玉者, 察其脈理, 故遂復假借, 以治爲理.【字從玉】『淮南子』云: '璧襲無理',【「覽冥訓」】「內則」云: '薄切之, 必絶其理',【肉理也】『內經』云: '腠理受風', 『漢書』云: '縱理入口',【「周勃傳」】『唐書』云: '木理皆斜',【「太完紀」】皆是脈理之理. 而『中庸』云: '文理密察', 「樂記」云: '樂通倫理', 『易傳』云: '俯察地理', 『孟子』云: '始條理, 終條理', 仍亦脈理之義也. 「大雅」云: '乃疆乃理', 『左傳』云: '疆理天下',【成二年】『易傳』云: '和順道德, 而理於義', 『漢書』云: '燮理陰·陽',【「丙吉傳」】『漢書』云: '政平訟理',【「循吏傳」】此皆治理之理也. 治理者, 莫如獄, 故獄官謂之理. 「月令」云: '命理察', 『創氏族譜』云: '皐陶爲大理', 「循吏傳」云: '李離爲晉 文公之理', 皆獄官也. 曷嘗以無形者爲理·有質者爲氣·天命之性爲理·七情之發爲氣乎? 『易』曰: '黃中通理', 又曰: '易簡, 而天下之理得矣', 「樂記」云: '天理滅矣', 『易』曰: '窮理盡性, 以至於命', 『易』曰: '順命之理',【並說卦】靜究字義, 皆脈理·治理·法理之假借爲文者,【法理卽獄理】直以性爲理, 有古據乎?"

43 『中庸自箴』(『定本 與猶堂全書 6』, p. 279) "[箴曰] ……○倫者, 序也, 理也.【如脈理·腠理之理】"; 『樂書孤存』(『定本 與猶堂全書 23』, p. 35) "倫, 序也, 理也."; 『喪禮四箋 III』, 「喪期別 21」(『定本 與猶堂全書 20』, p. 449) "○[鏞案] 如其倫者, 親有遠近, 爵有尊卑也."

고 있는 것이다. 다시 말하자면, 첫째, 무생물·초목·금수·인간으로 구성되는 이 '유형의 세계'에 한정시켜 볼 때, ① 스스로 존재하는 독립적 실재이자 기계적인 자체의 법칙성에 따라 만물을 생성하는 '원초적 실체'는 오히려 '기氣'이며, ② 따라서 '이理'라는 것은 이것에 결과적으로 그 존재성을 의존하는 '부차적 범주'에 지나지 않음[44]을 의미하였다.

둘째, 이러한 정약용의 관점에서 볼 때, ① 주희의 이기론이란 기실 실체와 그 속성을 혼동하고 근원과 파생물의 관계를 역전시킨 '존재론적 착각'에 지나지 않으며, ② 더욱이 '천天으로서의 상제上帝'가 가진 주재적 권능[45]을 왜곡·부인하고 있다는 점에서 '경전에 대한 엄중한 오독'이기도 하였다.

정약용의 '이·기' 개념이 함축하는 경학적 의미

이상에서 살펴본바, 정약용의 '이理·기氣' 개념에 대한 재해석은 그의 이기론 비판에 있어 이중적인 경학적 함의를 가진다. 즉 ① 한편으로는 정주성리학에서의 주장과는 달리 이理가 가진 것으로 상정되는 일차적·근원적 실재성을 부정하고 있을 뿐만 아니라, 나아가 이것에 부여되고 있었던 주재적 위상까지도 박탈하고 있는바, ② 이로써 정주성리학이 제시하고 있는 이체기용론理體氣用論의 세계관적 기본범주와 질서감각은 이미 출발점에서부터 그 정당성을 거부당하고 있는 것이다.

---

44 정약용은 다음과 같이 말하였다: "기氣란 자유적自有的인 사물[物]이며 이理는 의부적依附的인 물건[品]인데, 의부적인 것은 반드시 자유적인 것에 의지하는 까닭에 기氣가 발하면 곧 거기에 이理가 있게 되는 것입니다.(○[臣對曰] ……蓋氣是自有之物, 理是依附之品, 而依附者必依於自有者, 故纔有氣發, 便有是理.)" 『中庸講義補』(『定本 與猶堂全書 6』, p. 396)

또한, 이러한 정약용의 입장에 대해서는 앞에 나오는 '주註 35'와 아래에 나오는 【그림 3-1-6】도 참조된다.

45 이처럼 '천天으로서의 상제上帝' 개념에 대한 보다 자세한 설명은 제3부 제2장 「다산 정약용의 생성론」에서의 해당부분이 참조된다.

3. '인'의 재해석을 통한 이기론 비판

주희의 '인'관①: 형이상의 도인 '이'이자 '성'이요 또한 '심덕'이다

우선, '인仁'을 정의·해석하는 주희朱熹의 관점 역시 기본적으로 '본말本末·체용體用'이라는 범주화·서열화의 도식과 함께 '이기론理氣論'에 근거하고 있다. 첫째, 그가 보기에 '인仁'이란 그 범주적 서열에 있어서는 '본本'이자 '체體'가 되며, 성격에 있어서는 '이理'이자 '성性'이 되며, 또한 '(심心)덕德'이 되기도 한다.[46] ① 이러한 의미에서 '인仁'은 "텅 비고 고요하여 아

46 주희는 『사서집주四書集註』에서 '인仁'을 다음과 같이 정의한 바 있다: "仁者, 愛之理, 心之德也. ……蓋仁是性也. 孝·弟是用也. 性中只有箇仁·義·禮·智四者而已." 『論語集註』, 「學而」篇 第2章의 註; "仁者, 天下之正理." 『論語集註』, 「八佾」篇 第3章의 註; "仁者, 心之德." 『論語集註』, [雍也]篇 第5章의 註; "仁, 以理言, 通乎上下." 『論語集註』, 「雍也」篇 第28章의 註; "仁, 則私慾盡去, 而心德之全也." 『論語集註』, 「述而」篇 第6章의 註; "仁者, 心之德, 非在外也." 『論語集註』, 「述而」篇 第29章의 註; "仁, 則心德之全, 而人道之備也." 『論語集註』, 「述而」篇 第33章의 註; "仁者, 人心之全德." 『論語集註』, 「泰伯」篇 第7章의 註; "仁者, 本心之全德." 『論語集註』, 「顔淵」篇 第1章의 註; "仁, 則天理渾然." 『論語集註』, 「憲問」篇 第2章의 註; "仁, 以德言." 『論語集註』, 「衛靈公」篇 第9章의 註; "仁者, 心之德, 愛之理; 義者, 心之制, 事之宜也. ……仁·義根於人心之固有, 天理之公也." 『孟子集註』, 「梁惠王章句上」篇 第1章의 註; "惻隱·羞惡·辭讓·是非, 情也; 仁·義·禮·智, 性也." 『孟子集註』, 「公孫丑章句上」篇 第6章의 註; "廣居, 仁也; 正位, 禮也; 大道, 義也." 『孟子集註』, 「滕文公章句下」篇 第2章의 註; "仁心, 愛人之心也." 『孟子集註』, 「離婁章句上」篇 第1章의 註; "仁主於愛, 而愛莫切於事親." 『孟子集註』, 「離婁章句上」篇 第27章의 註; "(則)仁·義已根於心, 而所行皆從此出, ……" 『孟子集註』, 「離婁章句下」篇 第19章의 註; "(范氏曰: '二章問答, 大指略同, 皆反覆譬喩, 以曉當世,) 使明仁·義之在內, ……'" 『孟子集註』, 「告子章句上」篇 第5章의 註; "良心者, 本然之善心, 卽所謂仁·義之心也." 『孟子集註』, 「告子章句上」篇 第8章의 註; "仁者, 心之德, 程子所謂心如穀種, 仁則其生之性, 是也." 『孟子集註』, 「告子章句上」篇 第11章의 註; "仁者, 無私心而合天理之謂." 『孟子集註』, 「告子章句下」篇 第6章의 註; "在我者, 謂仁·義·禮·智凡性之所有者." 『孟子集註』, 「盡心章句上」篇 第3章의 註; "反身而誠, 則仁矣, ……行之以恕, 則私不容而仁可得." 『孟子集註』, 「盡心章句上」篇 第4章의 註; "仁·義·禮·智, 性之四德也." 『孟子集註』, 「盡心章句上」篇 第21章의 註; "仁者, 人之所以爲人之理也. 然仁, 理也; 人, 物也. 以仁之理, 合於人之身而言之, 乃所謂道者也." 『孟子集註』, 「盡心章句下」篇 第16章의 註; "程子曰: '仁·義·禮·智, 天道在人, 則賦於命者, 所稟, 有厚薄淸濁. ……'" 『孟子集註』, 「盡心章句下」篇 第24章의 註; "惻隱·羞惡之心, 人皆有之. 故莫不有所不忍不爲, 此仁·義之端也." 『孟子集註』, 「盡心章句下」篇 第31章의 註; "好善而惡惡, 人之性也. 至於拂人之性, 則不仁之甚者也." 『大學章句』, 「傳10章」의 註; "仁者, 體之存; 知者, 用之發, 是皆吾性之固有而無內外之殊." 『中庸章句』, 「第25章」의 註.

무런 조짐도 없[沖漠無朕]"고, "정의情意도, 계탁計度도, 조작造作도 없"는 '형이상의 도道'이기도 한바, ② 특히 인간에게는 태어날 때부터 내면에 선재先在하면서 모든 선행善行을 생성하는 근본적 실체, 완전한 형상, 최고의 표준[極]과 조리條理이자, 동시에 인간—보다 일반적으로는 이 세계 내 천지만물—을 초월하여 존재하는 영원자가 된다.

둘째, 이러한 인仁은 또한 인간사회에 있어서는 '마땅히 그러해야 하는 법칙[所當然之則]'이면서 동시에 '그렇게 해야 하는 이유를 정당화하는 논리[所以然之故]'로서 나타나기도 한다. 이에 이상의 논의를 그림으로 나타내 보면 【그림 3-1-2】와 같다.

[**본**本·**체**體] : **이**理 —형이상形而上—도道—**성**性—사덕四德: **인**仁·의義·예禮·지智

[말末·용用] : 기氣 —형이하形而下—기器—정情—사단四端(사심四心): **측은**惻隱·수오羞惡·사양辭讓·시비지심是非之心

【그림 3-1-2】 '이기'도 2

주희의 '인'관②: '효·제'는 '인의 한 가지 일'로서 '인을 행하는 근본'이다

한편, 바로 이러한 사고범주와 질서감각을 전제한 바탕 위에서 주희—보다 정확하게는 정이程頤[伊川, 1033~1107: 中國 北宋의 학자]—는 '인仁'과 '효孝·제弟'라는 두 개념간의 관계를 나름대로 설정하고 있다. 첫째, ① 인仁이 '사랑의 원리요, 마음의 덕[愛之理, 心之德]'이자, '성性'에 해당한다면, 반면 효孝·제弟란 '인仁의 한 가지 일[仁之一事]'이요 '용用'에 해당한다.[47] ② 따라서

47 『論語集註』, 「學而」篇 第2章의 註 "仁者, 愛之理, 心之德也. 爲仁, 猶曰: '行仁'. …… 若上文所謂'孝·弟', 乃是爲仁之本, ……○程子曰: '孝·弟, 順德也, 故不好犯上, 豈復有逆理亂常之事? 德有本, 本立則其道充大. 孝·弟行於家, 而後仁愛及於物, 所謂親親而仁民也, 故爲仁以孝·弟爲本. 論性, 則以仁爲孝·弟之本.' 或問: '孝·弟, 爲仁之本. 此是由孝·弟可以至仁否?' 曰: '非也. 謂行仁自孝·弟始, 孝·弟是仁之一事. 謂之「行仁之本」則可, 謂是

효·제는 '인仁을 행하는 근본[爲(行)仁之本]'이라고 규정하는 것은 가하지만 '인仁의 근본[仁之本]'이라고 보는 것은 불가한 것으로 엄격하게 정의하고 있다.

둘째, 이러한 주희의 정의는 결국 '인仁'이란 덕이 인간의 내면에 선재先在하는 무형의 원리이자, 정情[四端]과 효孝·제弟와 같은 구체적인 심적 작용 및 행위를 촉발시키는 궁극적인 원천임—이러한 입장을 '내덕외단설內德外端說'이라고도 한다—을 함축하고 있는 것이다.

정약용의 '인'관①: "인이란 두 사람이 서로 관계하는 데서 이루어지는 것이다"

이미 젊어서부터[34세] "무릇 고묘高妙하고 황홀恍忽하며, 신변神變하고 영통靈通한 것들이란 모두가 우리 유가儒家의 기풍이 아니라"[48]는 관점에서 자신의 실제·실천 지향적 학문방향을 결정·일관해왔던 정약용丁若鏞에게 있어서 이상과 같은 주희의 '인仁'의 의미에 대한 해석은 일견 그 심오함과 체계성에도 불구하고 기실 실상과는 어긋나는 것이었다.

첫째, 정약용이 보기에 '인仁'이란 단적으로 높고 멀리 있는 대단한 그 무엇이 아니다. ① 다시 말하면, 이것은 '이理'가 아니요, 따라서 '성性'도, '(심心)덕德'도 아니다.[49] ② "인仁이란 두 사람이 서로 관계하는 데서

「仁之本」則不可. 蓋仁是性也. 孝·弟是用也. 性中只有箇仁·義·禮·智四者而已, 曷嘗有孝弟來? 然仁主於愛, 愛莫大於愛親, 故曰: 「孝·弟也者, 其爲仁之本與?」'"

48 『陶山私淑錄』(『定本 與猶堂全書 4』, p. 312) "凡高妙·恍忽·神變·靈通者, 都非此邊氣味, 擇術者不可不知."

49 『論語古今注 I』(『定本 與猶堂全書 8』, p. 167) "[質疑] ……强恕而行, 求仁莫近焉. 仁豈高遠之行哉? ……若云: '仁道至大, 非顏子不能至', 則恐非本旨."; 『論語古今注 II』(『定本 與猶堂全書 9』, p. 109) "[質疑] 仁不是心德, 不是天理. ……今之學者, 雖欲從事於仁, 柰渾融無象何哉?【仁者, 人倫之至也, 小人未有實心篤於人倫者. ……】"; 『論語古今注 II』(『定本 與猶堂全書 9』, p. 133) "○[案] 仁者, 非本心之全德, 亦事功之所成耳. ……"; 『論語古今注 II』(『定本 與猶堂全書 9』, pp. 221~222) "○[案] 仁之不明久矣. ……徒以虛靈不昧之中, 沖漠無朕之理, 指之爲仁, 非古經之例也."; 『論語古今注 II』(『定本 與猶堂全書 9』, p. 332) "○[案] ……心德非仁也."; 『孟子要義』(『定本 與猶堂全書 7』, pp. 69~71) "○[鏞案] ……有子曰: '孝·弟也者, 其爲仁之本', 孔子曰: '爲仁由己', 曾子曰: '堂堂乎, 張

이루어지는 것이다. ……대체로 두 사람 사이에서 그 도道[사람이 따라 행해야 할 바: 필자 주]를 극진히 하는 것은 모두가 인仁인 것이다." 따라서 이것은 "사람과 사람 사이에 그 본분本分을 다하는 것"[50]이요, "인륜人倫

也! 難與竝爲仁矣'. 仁本內在之理, 則何以謂之爲仁? 爲, 猶作也. ……且此四端, 可曰: '心', 不可曰: '性'; 可曰: '心', 不可曰: '理'; 可曰: '心', 不可曰: '德', 名不可不正也."; 『孟子要義』(『定本 與猶堂全書 7』, pp. 72~73) "○[鏞案] ……若仁爲本心全體之德, 則人雖欲離仁不居, 其可得乎?"; 『孟子要義』(『定本 與猶堂全書 7』, p. 134) "○[乾隆庚戌十月內閣課講] ……臣對曰: '孔·孟言仁·義, 皆主行事而言, 不以爲在心之理. ……'"; 『孟子要義』(『定本 與猶堂全書 7』, pp. 207~208) "○[鏞案] ……在心之理, 安得爲仁乎? ……心體之湛然虛明者, 安有德乎? 心本無德, 況於仁乎?"; 『孟子要義』(『定本 與猶堂全書 7』, p. 211) "○[鏞案] 仁非天理, 乃是人德."; 『孟子要義』(『定本 與猶堂全書 7』, p. 249) "○[鏞案] ……人而爲仁, 於是乎道也. 理與身, 恐不可以爲道."; 『大學公議』(『定本 與猶堂全書 6』, p. 80) "○[又按] ……心本無德, 惟有直性, 能行吾之直心者, 斯謂之德.【德之爲字, 行直心】"; 『中庸講義補』(『定本 與猶堂全書 6』, p. 284) "○[今案] ……仁·義·禮·智之名, 本起於吾人行事, 並非在心之玄理."; 『中庸講義補』(『定本 與猶堂全書 6』, p. 348) "○[臣對曰] ……此['仁·義·禮·智'를 말함: 필자 주]是人德, 不是人性."

50 『論語古今注 I』(『定本 與猶堂全書 8』, p. 34) "○[補曰] ……仁者, 二人相與也. 事親孝爲仁, 父與子二人也; 事兄悌爲仁, 兄與弟二人也; 事君忠爲仁, 君與臣二人也; 牧民慈爲仁, 牧與民二人也. 以至夫婦朋友, 凡二人之間, 盡其道者, 皆仁也."; 『論語古今注 I』(『定本 與猶堂全書 8』, p. 144) "○[補曰] 仁者, 人與人之盡其道也."; 『論語古今注 I』(『定本 與猶堂全書 8』, p. 281) "[補曰] ……處人倫盡其分, 謂之'仁'."; 『論語古今注 II』(『定本 與猶堂全書 9』, p. 12) "○[補曰] ……仁生於二人之間,【父與子二人, 兄與弟二人】然爲仁由我, 不由人也.【非二人與共成之】"; 『論語古今注 II』(『定本 與猶堂全書 9』, pp. 15~16) "○[案] 仁者, 人也. 二人爲仁, 父·子而盡其分則仁也,【父與子二人】君·臣而盡其分則仁也,【君與臣弟二人】夫·婦而盡其分則仁也.【夫與婦二人】仁之名, 必生於二人之間.【只一己, 則仁之名無所立】近而五敎, 遠而至於天下萬姓, 凡人與人盡其分, 斯謂之'仁'.【卽所云仁民】"; 『論語古今注 II』(『定本 與猶堂全書 9』, pp. 16~17) "○[案] 仁者, 二人之事也. ……"; 『論語古今注 II』(『定本 與猶堂全書 9』, p. 47) "[補曰] 仁者, 二人也. 子愛親·臣愛君·牧愛民, 皆仁也."; 『論語古今注 II』(『定本 與猶堂全書 9』, p. 222) "○[案] ……凡人與人之間, 盡其本分, 然後名之曰: '仁'."; 『論語古今注 II』(『定本 與猶堂全書 9』, p. 298) "○[案] 仁者, 二人也,【古篆, 仁者, 人人之疊文也, 如孫字篆文作】人與人之相與也."; 『論語古今注 II』(『定本 與猶堂全書 9』, p. 332) "○[案] 仁者, 人人也. 人與人盡其分, 斯之謂'仁', 心德非仁也."; 『孟子要義』(『定本 與猶堂全書 7』, p. 30) "○[鏞案] 仁者, 人人之疊文也, 如孫字爲子子之疊文.【古篆, 孫作】人與人之盡其分謂之'仁'. 故古人謂: '愛人曰: 「仁」, 善我曰: 「義」'."; 『孟子要義』(『定本 與猶堂全書 7』, p. 207) "○[鏞案] ……仁者, 二人也. 事親孝爲仁, 子與父二人也; 事君忠爲仁, 臣與君二人也; 牧民慈爲仁, 牧與民二人也. 人與人盡其分, 乃得爲仁. 故曰: '强恕而行, 求仁莫近焉.'"; 『孟子要義』(『定本 與猶堂全書 7』, p. 232) "○[鏞案] ……○仁者, 二人也. 父·子二人也, 君·臣二人也, 民·牧二人也."; 『孟子要義』(『定本 與猶堂全書 7』, p. 246) "○[鏞案] 二人爲仁. 人與人相接, 方可有仁之名. 於物, 不當仁也."; 『孟子要義』(『定本 與猶堂全書 7』, p. 249) "○[鏞案] 仁者, 人人之疊文也. 其在六書家, 爲諧聲, 爲會意, 爲指事, 故曰: '仁者, 人也.'"; 『大學公議』(『定本

을 지극히 하는 것"[51] 그 이상도 이하도 아니다.

둘째, 정약용이 보기에 이처럼 인仁을 포함한 모든 덕德은 오직 "사공事功에서 성립할 따름"이어서 그 명칭 또한 "반드시 행사行事[구체적인 실천행위: 필자 주] 이후에야 비로소 성립되는 것"[52]이었다.

與猶堂全書 6』, p. 136) "○[議曰] 人生斯世, 其萬善·萬惡, 皆起於人與人之相接. 人與人之相接而盡其本分, 斯謂之'仁'. 仁者, 二人也, 事父孝曰: '仁', 子與父二人也; 事兄悌曰: '仁', 弟與兄二人也; 育子慈曰: '仁', 父與子二人也. 君·臣二人也, 夫·婦二人也, 長·幼二人也, 牧·民二人也. 仁親·仁民, 莫非仁也. 乃聖人之言曰: '强恕而行, 求仁莫近焉.'"; 『中庸自箴』(『定本 與猶堂全書 6』, p. 259) "[箴曰] ……○『孟子』曰: '仁者, 人也', 「表記」亦曰: '仁者, 人也.' 古訓本自如此, 無生物之說."; 『中庸講義補』(『定本 與猶堂全書 6』, pp. 343~344) "○[今案] '仁'字之義, 經文自經自註曰: '仁者, 人也. 親親爲大', ……古篆, 仁者, 人人疊文也. 父與子二人也, 兄與弟二人也, 君與臣二人也, 牧與民二人也. 凡二人之間, 盡其本分者, 斯謂之'仁'. ……○經云: '仁者, 人也'者, 謂: '仁之爲[謂]德, 生於人與人之間; 而仁之爲名, 成於人與人之際'. 君臣之義, 朋友之信, 牧民之慈, 皆人與人之本分."; 「論語對策」(『定本 與猶堂全書 9』, p. 404) "臣對曰: '……仁者, 二人也. 其在古篆, 疊人爲仁, 疊子爲孫. 仁也者, 人與人之至也. 子事父以孝, 子與父二人也; 臣事君以忠, 臣與君二人也. 兄與弟二人也, 牧與民二人也. ……'"; 「答李汝弘【載毅】」(『定本 與猶堂全書 4』, p. 144) "仁者, 二人也. 古篆作人人之疊文, 如篆文'孫'字爲子子之疊文也.【孫作孨】 事父孝爲仁, 子與父二人也; 事君忠爲仁, 臣與君二人也; 與友信爲仁, 友與友二人也; 牧民慈爲仁, 牧與民二人也, 凡人與人盡其分, 斯謂之'仁'."

51 『論語古今注 I』(『定本 與猶堂全書 8』, p. 167) "[質疑] 仁者, 人倫至善之名."; 『論語古今注 I』(『定本 與猶堂全書 8』, pp. 264~265) "○[補曰] ……仁者, 人倫之至善也. ……仁者, 天下之至善."; 『論語古今注 II』(『定本 與猶堂全書 9』, p. 108) "○[補曰] 仁者, 人倫之至也. 孝於親, 忠於君, 慈於衆, 謂之'仁'."; 『論語古今注 II』(『定本 與猶堂全書 9』, p. 310) "○[補曰] ……仁者, 人倫之至也."; 『論語古今注 II』(『定本 與猶堂全書 9』, p. 330) "○[補曰] 仁者, 人倫之至也."; 『論語古今注 II』(『定本 與猶堂全書 9』, p. 366) "○[補曰] 仁者, 人倫之至也."; 『孟子要義』(『定本 與猶堂全書 7』, p. 232) "○[鏞案] ……○……曩所謂萬物不出人倫之外, 故結之曰: '强恕而行, 求仁莫近焉.'"; 『大學公議』(『定本 與猶堂全書 6』, p. 89) "○[答曰] ……然先聖之治心·繕性, 每在於行事, 行事不外於人倫."; 『大學公議』(『定本 與猶堂全書 6』, p. 126) "仁者, 人倫之明德, 乃孝·弟·慈之總名也."; 『中庸自箴』(『定本 與猶堂全書 6』, p. 229) "○[箴曰] ……○……仁者, 人倫之成德也."; 『中庸講義補』(『定本 與猶堂全書 6』, pp. 369~370) "○[今案] ……篤於人倫曰: '仁', 明於道體曰: '知', 此『中庸』之義也."

52 『論語古今注 I』(『定本 與猶堂全書 8』, p. 97) "[補曰] 仁者, 人倫之成德."; 『論語古今注 I』(『定本 與猶堂全書 8』, p. 142) "○[案] 仁者, 人倫之成德也. 後凡言仁皆然."; 『論語古今注 I』(『定本 與猶堂全書 8』, p. 167) "[質疑] ……强恕而行, 求仁莫近焉. 仁豈高遠之行哉? ……若云: '仁道至大, 非顔子不能至', 則恐非本旨."; 『論語古今注 I』(『定本 與猶堂全書 8』, p. 186) "○[補曰] ……仁者, 至善之成名. 必君臣·父子之間, 盡其人倫之愛, 或天下之民, 被其德澤, 然後方得爲仁."; 『論語古今注 I』(『定本 與猶堂全書 8』, p. 311) "[補曰] ……仁者, 人倫之成德也."; 『論語古今注 II』(『定本 與猶堂全書 9』, p. 76) "○[又按] 仁者, 人倫之成德. 父慈·子孝·兄友·弟恭, 所謂'仁'也."; 『論語古今注 II』(『定

정약용의 '인'관②: "인이란 인륜을 돈독히 하는 것으로서의 '효·제·자'이다"

그러면서 정약용이 우선적으로 꼽고 있는 '인仁'이란 덕의 구체적인 항목은 "인륜人倫을 돈독히 하는 것으로서의 효孝·제弟·자慈"[53]이다. 첫째, 하

本 與猶堂全書 9』, p. 100) "○[補曰] ……爲善然後乃爲仁, 克己而無復禮之功, 其仁未熟也."; 『論語古今注 II』(『定本 與猶堂全書 9』, p. 133) "○[案] 仁者, 非本心之全德, 亦事功之所成耳. ……"; 『論語古今注 II』(『定本 與猶堂全書 9』, p. 222) "○[案] ……若仁之名, 必待行事而成焉."; 『孟子要義』(『定本 與猶堂全書 7』, p. 68) "○[鏞案] 仁·義·禮·智之名, 成於行事之後. 故愛人而後謂之'仁', 愛人之先, 仁之名未立也. 善我而後謂之'義', 善我之先, 義之名未立也. 賓主拜揖而後, 禮之名立焉; 事物明辨而後, 智之名立焉. 豈有仁·義·禮·智四顆, 磊磊落落, 如桃仁·杏仁, 伏於人心之中者乎?"; 『孟子要義』(『定本 與猶堂全書 7』, p. 134) "○[乾隆庚戌十月內閣課講] ……臣對曰: '孔·孟言仁·義, 皆主行事而言, 不以爲在心之理. ……'"; 『孟子要義』(『定本 與猶堂全書 7』, p. 187) "○[鏞案] ……爲仁者, 行仁也; 爲義者, 行義也. 行之·爲之而後, 仁·義之名立焉. 若云: '人性之中, 本有仁·義', 則兩箇爲字, 不可解也."; 『孟子要義』(『定本 與猶堂全書 7』, p. 196) "○[鏞案] ……若其仁·義·禮·智之名, 必成於行事之後."; 『孟子要義』(『定本 與猶堂全書 7』, p. 208) "○[鏞案] ……實行旣著, 乃稱爲德, 心體之湛然虛明者, 安有德乎? 心本無德, 況於仁乎?"; 『孟子要義』(『定本 與猶堂全書 7』, p. 254) "○[鏞案] ……○程子原以仁·義·禮·智, 爲在心之理. 故乃曰: '所稟有厚薄·淸濁'. 毋論仁·義·禮·智, 本以行事得名. 旣稱聖人, 則所稟必無薄·濁. 其義自不可立."; 『大學公議』(『定本 與猶堂全書 6』, p. 80) "○[又按] ……心本無德, 惟有直性, 能行吾之直心者, 斯謂之'德'.【德之爲字, 行直心】行善而後, 德之名立焉. 不行之前, 身豈有明德乎?"; 『大學公議』(『定本 與猶堂全書 6』, p. 89) "○[答曰] ……然先聖之治心·繕性, 每在於行事, 行事不外於人倫."; 『大學公議』(『定本 與猶堂全書 6』, p. 105) "○[議曰] ……○……若馳心於空寂之地, 則無緣有德. 行事而后, 德之名立焉."; 『中庸自箴』(『定本 與猶堂全書 6』, p. 269) "[箴曰] 德者, 行吾之直心也. 不行, 無德也. 孝·弟·忠·信, 仁·義·禮·智, 斯爲之德, 未及躬行, 安有德乎?"; 『中庸講義補』(『定本 與猶堂全書 6』, p. 284) "○[今案] ……仁·義·禮·智之名, 本起於吾人行事, 並非在心之玄理."; 『中庸講義補』(『定本 與猶堂全書 6』, p. 348) "[臣對曰] 仁·義·禮·智之名, 成於行事之後."

53 『論語古今注 I』(『定本 與猶堂全書 8』, p. 59) "○[駁曰] ……德者, 篤於人倫之名, 孝·弟·慈是已. ……德非模糊漫漶之物也."; 『論語古今注 I』(『定本 與猶堂全書 8』, p. 143) "○[補曰] 仁者, 孝·弟·忠·信之總名.【事親孝, 事長弟, 事君忠, 與朋友信者, 謂之'仁'】"; 『論語古今注 II』(『定本 與猶堂全書 9』, p. 50) "[補曰] ……仁, 謂: '孝·弟·忠·信'."; 『論語古今注 II』(『定本 與猶堂全書 9』, p. 108) "○[補曰] 仁者, 人倫之至也. 孝於親·忠於君·慈於衆, 謂之'仁'."; 『論語古今注 II』(『定本 與猶堂全書 9』, p. 208) "○[補曰] 人道不外乎求仁, 求仁不外乎人倫. 經禮三百, 曲禮三千, 以至天下萬事萬物, 皆自人倫起.【義見前】"; 『孟子要義』(『定本 與猶堂全書 7』, p. 126) "○[鏞案] ……○……仁者, 人人親其親, 長其長也.○親其親, 孝·慈也; 長其長, 弟也. 『大學』於治國·平天下, 只說'孝·弟·慈'三字, 亦『孟子』淵源所在也."; 『孟子要義』(『定本 與猶堂全書 7』, pp. 207~208) "○[鏞案] ……唯德亦然, 直心所行, 斯謂之'德'. 故『大學』以孝·弟·慈爲明德, 『論語』以讓國爲至德."; 『大學公議』(『定本 與猶堂全書 6』, p. 126) "仁者, 人倫之明德, 乃孝·弟·慈之總名也."; 『中庸講義補』(『定本 與猶堂全書 6』, p. 314) "[臣對曰] 「虞書」之五敎·五典, 本是父·母·兄·弟·子, 其義

찮은 미물인 고슴도치의 눈에도 자신의 새끼는 귀엽게 보인다는 맥락에서 '자慈'를 지각을 가진 금수 이상의 생명체가 공유한 보편적이고 지극히 자연스러운 본성의 발로라고 보아 일단 논외로 한다면,[54] 정약용이 보기에 인간사회에 있어서 '인仁'의 가장 중요한 덕목은 곧 '효孝·제弟'일 뿐이다.[55]

見於『左傳』. 『大學』之'明明德於天下'者, 亦只'孝·弟·慈'三德."; 「上弇園書【丙辰】」(『定本 與猶堂全書 4』, p. 89) "人之爲善, 不出於五倫之內, 則亦未有舍五倫而稱德者. 然則非但『大學』'明德'爲孝·弟·慈, 大凡經傳所稱德者, 莫非從五倫來, ……"

54 정약용은 다음과 같이 말하였다: "그런데 '자慈'만은 그리 힘쓰지 않아도 할 수 있는 것이기 때문에, 성인聖人께서 입교立敎하실 때 유독 '효孝·제弟'만을 가르치셨다.(然唯慈者, 不勉而能之, 故聖人之立敎也, 唯孝·弟是訓.)" 「原敎」(『定本 與猶堂全書 2』, p. 200); "유자有子가 이를 요약하여 '효孝·제弟'라고 한 것은 '자慈'는 짐승들도 할 수 있는 바이기 때문이며 ……(有子約之爲孝·弟者, 慈乃禽獸之所能也, ……)" 「示兩兒」(『定本 與猶堂全書 4』, p. 273)

55 정약용은 젊어서부터[30세] 일생 동안 '효孝·제弟'의 중요성을 일관되게 강조하면서, 다음과 같이 거듭거듭 말한 바 있다: "공자孔子께서도 효孝·제弟로써 인仁의 근본을 삼으셨으니, ……(孔子以孝·弟爲仁之本, ……)" 「孟子策」(『定本 與猶堂全書 2』, p. 79); "부모를 사랑하고 봉양하는 것을 '효孝'라 하고, 형제 간에 우애하는 것을 '제弟'라 하며, 자식을 가르치고 기르는 것을 '자慈'라 하니, 이것을 일컬어 '오교五敎'라고 한다.(愛養父母, 謂之'孝'; 友於兄弟, 謂之'弟'; 敎育其子, 謂之'慈', 此之謂'五敎'也.)" 「原敎」(『定本 與猶堂全書 2』, p. 200); "인仁·의義·예禮·지智를 일컬어 '사덕四德'이라 한다. 그러나 유자有子는 '효孝·제弟는 인仁의 근본'이라 하였다. 인仁은 사덕을 겸통兼統한다. 그러나 맹자孟子는 다시 사덕의 실實을 효·제에다 귀결시켰으니, 이 효·제 이외에 덕德이란 명칭이 성립될 곳은 없다.(仁·義·禮·智, 謂之'四德'. 然有子曰: '孝·弟也者, 其爲仁之本'. 仁爲四德之統. 然孟子又以四德之實, 歸之孝·弟, 則是孝·弟之外, 德之名無所立也.)" 「原德」(『定本 與猶堂全書 2』, p. 202); "효孝·제弟란 인仁의 근본이 아니겠는가! (孝·弟也者, 其爲仁之本歟!)" 「觀雞雛說」(『定本 與猶堂全書 2』, p. 212); "예禮란 효孝·제弟와 충忠·신信을 행함에 있어 절도와 수식의 기능을 하는 것이다.(禮者, 所以節文乎孝·弟·忠·信之行者也.)" 「五學論 1」(『定本 與猶堂全書 2』, p. 296); "공자孔子의 도道는 효孝·제弟일 뿐이다. ……공자의 도는 천하의 사람들로 하여금 모두 효·제하도록 하는 것이니, 그러므로 '사람마다 모두 어버이를 친애하고 연장자를 공경한다면 천하가 화평하게 될 것'이라 말하는 것이다.(孔子之道, 孝·弟而已. ……孔子之道, 使天下之人, 一一皆孝·弟, 故曰: '人人親其親·長其長, 而天下平.')" 「爲盤山丁修七贈言【字乃則, 長興人】」(『定本 與猶堂全書 3』, p. 395); "효孝·제弟는 인仁을 행하는 근본이다.(孝·弟爲行仁之本.)" 「示二兒家誡」(『定本 與猶堂全書 4』, p. 30); "『효경孝經』에서 '효孝란 덕德의 근본'이라 한 것과 「군진君陳」[『書經』의 篇名: 필자 주]편篇에서 '아름다운 덕德[令德]은 효孝와 공恭'이라고 한 것과 같은 부류는 모두 이것[五倫: 필자 주]을 말한 것이다.(『孝經』: '孝者, 德之本', 「君陳」: '令德, 孝·恭'之類, 皆是也.)" 「上弇園書【丙辰】」(『定本 與猶堂全書 4』, p. 89); "모든 인仁 가운데서 어버이를 친애함이 가장 크다[親親爲大]는 뜻이다. 그러므로 유자有子는 '효孝·제弟가 인仁의 근본이라'고 말하였다.(諸

둘째, 정약용은 이처럼 '성취한 바 사공事功'—이理가 아니다—이자 '인륜을 지극히 하는 것'으로서의 '인仁'이란 덕을 이루는 방법은 수없이 다양—사군事君·목민牧民·휼고恤孤·애환哀鰥 등등—하나, 그럼에도 인륜에 있어 오직 사친事親·경형敬兄[孝·弟]만이 이 모든 실천행위[行事]에 있어 가장 기본적인 출발점이자 가장 중요한 요체가 된다고 보았다.

仁之中, 親親爲大也. 故有子曰: '孝·弟也者, 其爲仁之本.')" 「答李汝弘【載毅】」(『定本 與猶堂全書 4』, p. 144); "대체로 이 도리[著述하는 도리: 필자 주]는 효孝·제弟로써 근본을 삼고 ……(大抵此道, 本之以孝·弟, ……)" 「上仲氏」(『定本 與猶堂全書 4』, p. 202); "학문의 종지宗旨는 효孝·제弟로써 근본을 삼고, ……(學問宗旨, 本以孝·弟,……)" 「答二兒【以下康津謫中書】」(『定本 與猶堂全書 4』, p. 244); "학문에 뜻을 두었다면 반드시 먼저 근기根基를 세워야 한다. 근기란 무엇을 이름인가? 효孝·제弟가 그것이다(志學必須先立根基. 根基謂何? 曰: '惟孝·弟是已'.)" 「寄二兒【壬戌十二月廿二日康津謫中】」(『定本 與猶堂全書 4』, p. 246); "오전五典과 오교五教【부의父義·모자母慈·형우兄友·제공弟恭·자효子孝】를 요약하면 효孝·제弟·자慈이다.(五典·五教,【父義·母慈·兄友·弟恭·子孝】 約之則孝·弟·慈也.)" 「示兩兒」(『定本 與猶堂全書 4』, p. 272); "인仁이란 명칭은 반드시 두 사람 사이에서 이루어지는 것이다.【다만 자기 한 사람만으로는 인仁이란 명칭이 성립될 여지가 없다】 가까이는 오교五教, 멀리는 천하 만백성에 이르기까지 무릇 사람과 사람 사이에서 그 분수를 다하는 것, 이것을 일컬어 '인仁'이라고 하는 것이다.【곧 이른바 '인민仁民'】 그렇기 때문에 유자有子는 '효孝·제弟는 인仁의 근본'이라고 말하였다.【효孝와 제弟는 백성을 사랑하는 근본이 된다】(○[案] ……仁之名, 必生於二人之間.【只一己, 則仁之名無所立】 近而五教, 遠而至於天下萬姓, 凡人與人盡其分, 斯謂之'仁'.【卽所云: '仁民'】 故有子曰: '孝·弟也者, 其爲仁之本.'【孝·弟爲仁民之本】) 『論語古今注 II』(『定本 與猶堂全書 9』, pp. 15~16); "인仁은 '효孝·제弟·충忠·신信'을 이른다.([補曰] ……仁謂: '孝·弟·忠·信'.)" 『論語古今注 II』(『定本 與猶堂全書 9』, p. 50); "인仁이란 인륜人倫의 성덕成德이다. 아버지는 자慈, 자식은 효孝, 형은 우友, 아우는 공恭으로 함이 이른바 '인仁'인 것이다.(○[又按] 仁者, 人倫之成德. 父慈·子孝·兄友·弟恭, 所謂'仁'也.)" 『論語古今注 II』(『定本 與猶堂全書 9』, p. 76); "인仁이란 인륜人倫을 지극히 함이다. 이 네 가지[博學·篤志·切問·近思: 필자 주]를 행할 수 있으면, 효孝·제弟·충忠·신信에 힘쓰지 않을 수 없으니, 인仁이란 그 가운데 있는 것이다.(○[補曰] 仁者, 人倫之至也. 能是四者, 則孝·弟·忠·信, 不能不勉, 仁在其中矣.)" 『論語古今注 II』(『定本 與猶堂全書 9』, p. 366); "요堯 임금께서 '준덕峻德을 밝혀 구족九族을 화목하게 하셨다'고 하셨은즉, 준덕이란 효孝·제弟이다.(○[議曰] ……堯: '克明峻德, 以親九族', 則峻德者, 孝·弟也.)" 『大學公議』(『定本 與猶堂全書 6』, pp. 109~110); "일찍이 듣건대, '효孝·제弟는 인仁을 행하는 근본'이라 하였으니, '제悌' 또한 인仁에 속함을 알 수 있다.(鏞曰: '嘗聞之「孝·弟也者, 其爲仁之本」, 可知「悌」亦屬仁矣.')" 『大學講義』(『定本 與猶堂全書 6』, p. 157); "군신君臣 간의 의義, 붕우朋友 간의 신信, 목민牧民에서의 자慈는 모두가 사람과 사람 사이에 행할 본분이다. 그러나 효孝·제弟는 인仁을 행하는 근본이 된다. 고로 이를 단정지어 '어버이를 친애함이 가장 크다[親親爲大]'라고 한 것이다.(○[今案] ……○……君臣之義, 朋友之信, 牧民之慈, 皆人與人之本分. 然孝·弟爲爲仁之本. 故斷之曰: '親親爲大'.)" 『中庸講義補』(『定本 與猶堂全書 6』, p. 344)

정약용의 '인'관③: "'인'이 총명이라면, '효·제'는 전칭·분목이다"

바로 이러한 맥락에서 정약용은 '인仁'과 '효孝·제弟' 간의 관계의 성격을 주희와는 아주 다르게 규정하고 있다. 첫째, 정약용이 보기에 "효·제 또한 인仁이며, 인仁 또한 효·제이다. ① 단지 인仁은 총명總名[보편·일반개념: 필자 주]이어서 사군事君·목민牧民·휼고恤孤·애환哀鰥 등등 모든 것을 포괄하는 반면, 효·제는 전칭專稱·분목分目[특수부분개념: 필자 주]이어서 오직 사친事親과 경형敬兄만이 그 실상이 되"며,[56] ② 심지어 "효·제는 인仁의 근본이 되"기까지도 한다.[57]

둘째, 이처럼 '성취한 바 사공事功'으로서의 덕德의 근원은 곧 상제上帝[天]가 사람에게 부여한 영명靈明한 본체本體가 발한 바인 '도심道心'에 있다—이러한 입장을 '내단외덕설內端外德說'이라고 한다—고 정약용은 주장하고 있

---

56 『論語古今注 I』(『定本 與猶堂全書 8』, p. 35) "[質疑] ……孝·弟亦仁, 仁亦孝·弟. 但仁是總名, 事君·牧民·恤孤·哀鰥, 無所不包. 孝·弟是專稱, 唯事親·敬兄乃爲其實. 故有子謂: '諸仁之中, 孝·弟爲之本', 而程子謂: '行仁, 自孝·弟始', 未嘗不通."; 『大學公議』(『定本 與猶堂全書 6』, p. 126) "仁者, 人倫之明德, 乃孝·弟·慈之總名也."; 「自撰墓誌銘【集中本】」(『定本 與猶堂全書 3』, p. 273) "其爲『論語』, 則異義益夥. 曰: '孝·弟卽仁. 仁者, 總名也; 孝·弟者, 分目也. 仁自孝·弟始, 故曰: 「爲仁之本」也.'"

57 「孟子策」(『定本 與猶堂全書 2』, p. 79) "而孔子以孝·弟, 爲仁之本. ……"; 「觀雞雛說」(『定本 與猶堂全書 2』, p. 212) "孝·弟也者, 其爲仁之本歟!"; 「示二兒家誡」(『定本 與猶堂全書 4』, p. 30) "孝·弟爲行仁之本."; 「上弇園書【丙辰】」(『定本 與猶堂全書 4』, p. 89) "『孝經』: '孝者, 德之本', 「君陳」: '令德, 孝·恭'之類, 皆是也."; 「答李汝弘【載毅】」(『定本 與猶堂全書 4』, p. 144) "而諸仁之中, 親親爲大也. 故有子曰: '孝·弟也者, 其爲仁之本.'"; 「上仲氏」(『定本 與猶堂全書 4』, p. 202) "大抵此道, 本之以孝·弟, 文之以禮·樂, 兼之以鑑衡·財賦·軍旅·刑獄, 緯之以農圃·醫藥·曆象·筭數·工作之技, 庶乎其全德."; 「答二兒【以下康津謫中書】」(『定本 與猶堂全書 4』, p. 244) "學問宗旨, 本以孝·弟, 文之以禮·樂, 輔之以政·刑, 翼之以兵·農.【賦役貨財, 皆此門】"; 「寄二兒【壬戌十二月卄二日康津謫中】」(『定本 與猶堂全書 4』, p. 246) "志學必須先立根基. 根基謂何? 曰: '惟孝·弟是已'."; 『論語古今注 II』(『定本 與猶堂全書 9』, pp. 15~16) "○[案] ……仁之名, 必生於二人之間.【只一己, 則仁之名無所立】 近而五教, 遠而至於天下萬姓, 凡人與人盡其分, 斯謂之'仁'.【卽所云'仁民'】 故有子曰: '孝·弟也者, 其爲仁之本.'【孝·弟爲仁民之本】"; 『論語古今注 II』(『定本 與猶堂全書 9』, p. 366) "○[補曰] 仁者, 人倫之至也. 能是四者[博學·篤志·切問·近思: 필자 주], 則孝·弟·忠·信, 不能不勉, 仁在其中矣."; 『大學講義』(『定本 與猶堂全書 6』, p. 157) "鏞曰: '嘗聞之「孝·弟也者, 其爲仁之本」, 可知「悌」亦屬仁矣.'"; 『中庸講義補』(『定本 與猶堂全書 6』, p. 344) "○[今案] ……○……君臣之義, 朋友之信, 牧民之慈, 皆人與人之本分. 然孝·弟爲爲仁之本. 故斷之曰: '親親爲大'."

다.[58]

이에 '인仁'의 해석을 둘러싼 이상에서의 주희와 정약용의 입장의 차이를 그림으로 나타내 보면 【그림 3-1-3】과 같다.

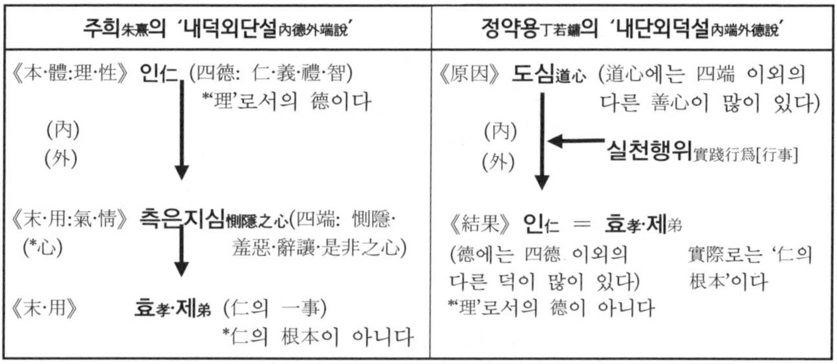

【그림 3-1-3】 '내덕외단설'과 '내단외덕설' 비교도

'인' 개념을 재해석한 정약용의 경학적 문제의식

그렇다면 정약용은 무엇 때문에 "두 손으로 머리를 감싸고 몸을 굽혀 죽을 자리를 찾을 겨를조차도 없을"[59] 그러한 위험을 무릅쓰면서까지 이상과 같은 주장을 제기했던 것일까? 첫째, 정약용이 보기에 이기론에 근거한 경전—여기서는 '사서四書'—해석이 기실 경전에 대한 정확하고도 올바른 이해를 결정적으로 그르치고 있었기 때문이었다. ① 이미 젊어서부터[30세] 이기론에 근거한 경전해석, 특히 '인仁'—일반적으로는 '사덕四德[仁·義·禮·智]'—에 대한 이기론적 해석에 강한 의구심을 표시한 이래,[60] 그는

---

58 『心經密驗』(『定本 與猶堂全書 6』, p. 214) "惻隱者, 仁之始也. ……端者, 始也, 非內出之緖."

한편, 인간의 '영명靈明한 본체本體', '도심道心' 등의 개념에 대한 보다 자세한 설명은 제3부 제3장 「다산 정약용의 인간론」에서의 해당부분이 참조된다.

59 答李汝弘【載毅】」(『定本 與猶堂全書 4』, p. 153) "人將捧頭屈躬, 求死之不暇, 而況敢開口一言乎?"

한평생 동안 이러한 입장을 일관되게 견지한 바 있다. 왜냐하면 그가 보기에 "'인仁'자의 뜻에 관해서는 이것이 성도聖道와 성학聖學에 크게 관계되는 대강령大綱領으로서, 치심治心·양성養性과 행기行己·수신修身의 근본이 되므로 조금이라도 여기에 차착差錯이 있으면 그 결과는 서로 천리만

---

60 정약용은 이미 30대 초·중반에 걸쳐 이기론에 근거한 경전해석의 타당성에 대하여 거듭거듭 깊은 회의를 표시한 바 있었다. 그는 다음과 같이 말하였다: "오늘날에는 (仁을: 필자 주) 반드시 거창하게 '일리一理'라는 것으로 아득히 알 수 없게 설명하고 있으니, 나의 생각으로는 그렇지 않으리라 여겨진다.(臣對曰: '……仁者, 二人也. 其在古篆, 疊人爲仁, ……由是觀之, 倉·羲製字之初, 原以行事會意, 今必以藹然一理, 指點於杳茫之域, 臣不以爲也.')" 「論語對策」(『定本 與猶堂全書 9』, p. 404); "측은지심惻隱之心을 행하면 인仁이 되고, 수오지심羞惡之心을 행하면 의義가 되며, 사양지심辭讓之心을 행하면 예禮가 되고, 시비지심是非之心을 행하면 지智가 되는 것인데, 지금 인·의·예·지가 사람의 마음속에 잠복해 있다 하니, 의심스럽다.(○[鏞按] 惻隱之心, 行之則爲仁; 羞惡之心, 行之則爲義; 辭讓之心, 行之則爲禮; 是非之心, 行之則爲智, 今云: '仁·義·禮·智, 伏於人心之中', 可疑也.)" 『西巖講學記』(『定本 與猶堂全書 4』, p. 298); "지금 『장구章句』[朱熹의 『大學章句』: 필자 주]에 의거하건대 광명光明한 '효孝·제弟·자慈'를 허명虛明한 '심心·성性·정情'으로 만들어 놓고, 이에 '천하에 효·제·자를 밝힌다'는 것을 '천하에 심·성·정을 밝힌다'는 것으로 삼아, 『대학』의 첫 장에서 오륜五倫을 빼버린 것은 참으로 이해할 수 없다.(今據『章句』, 以光明之'孝·弟·慈', 作虛明之'心·性·情'; 以'明孝·弟·慈於天下', 作'明心·性·情於天下', 則『大學』首章闕部五倫, 誠不可曉也.)" 「上弇園書【丙辰】」(『定本 與猶堂全書 4』, p. 89); "지금 『장구章句』에서는 '명덕明德이란 인간의 천天으로부터 얻은 것이다'라고 말하고 있는데 이는 성性을 말한 것이고, '허령虛靈하여 어둡지 않다'고 하는데 이는 심心을 말한 것이며, '온갖 이理를 갖추었다'고 한 것은 성性이요, '만사萬事에 응한다'고 한 것은 정情이다. 나아가 '그 발發한 것에 따라 마침내 이를 밝힌다'고 하였는데, 이것을 밝히는 공부를 어느 곳을 따라 착수해야 하는지 알지 못하겠다. 아니면 성性을 따라 이를 솔순率循하는 것인가? 아니면 심心을 따라 이를 극치克治하는 것인가? 아니면 정情을 따라 이를 절제節制하는 것인가? 옛 사람들이 논리를 세움에 있어 이처럼 두리뭉실하게 하지는 않았을 것이다.(今『章句』曰: '明德者, 人之所得乎天', 此以性言也; 曰: '虛靈不昧', 此以心言也; 曰: '具衆理', 則性也; 曰: '應萬事', 則情也. 而又曰: '因其所發而遂明之', 未之其明之之工從何處著手. 抑從性而率循之乎? 抑從心而克治之乎? 抑從情而節制之乎? 古人立言, 恐不如是圇圇矣.)" 「上弇園書【丙辰】」(『定本 與猶堂全書 4』, p. 90); "그런데 인仁·의義·예禮·지智를 내부에 있는 성性이라고 인식하고 반대로 측은惻隱·수오羞惡·사양辭讓·시비지심是非之心을 인·의·예·지에서부터 발현하는 것으로 보고 있으니, 이는 모두 심心·성性을 지나치게 중요하게 본 데서 비롯된 것으로, 안연顔淵이 인仁의 뜻에 대하여 물음에 공자孔子께서 '사물四勿'로써 대답하신 뜻과는 같지 않은 것이다. ……애석하도다! 주자朱子께서 비록 그것이 잘못된 것은 아닐까 하고 의심은 하셨으나 다시 천발闡發하는 데까지는 미치지 못하셨다.(而乃以仁·義·禮·智, 認爲在內之性, 反以惻隱·羞惡·辭讓·是非, 爲發於仁·義·禮·智者, 此皆看心·性太重, 與孔子以'四勿'答顔淵問仁之義, 不同矣. ……惜乎! 朱子雖疑其誤, 而未及更爲闡發也.)" 「上弇園書【丙辰】」(『定本 與猶堂全書 4』, pp. 90~91)

리로 벌어질"[61] 중대한 사안이었는데, 불행하게도 이기론이 바로 이와 같은 우려할 만한 차착을 야기했던 장본인이었기 때문이다. ㉠ 한마디로 말하자면, 인仁[仁·義·禮·智]에 대한 이기론적 해석은 "고경古經의 본지本旨와 서로 맞지 않는 것이 많을"[62] 뿐만 아니라 아예 "고경에 나오는 예例가 아니다."[63] ㉡ 이에 따라 "사서四書와 『시경詩經』·『서경書經』·『주역周易』·『예기禮記』에 나타나는 모든 '인仁'자에 대하여 해독하기 어렵게 되었을"[64] 뿐만 아니라, 살아서 움직이고 생생하게 피부에 와 닿던 경문經文들이 "모두 덤덤하니 무의미하게"[65] 변질되고 말았다. ② 그리하여 오히려 "『논어論語』에서 (孔子께서: 필자 주) 인仁을 말씀하시면서 '성性'—이것이 바로 이기론적 경전해석의 단초이다—을 말씀하시지 않으셨기 때문에 그 본래의 의미[原義]가 더욱 분명하게 드러나는"[66] 현상이 역설적으로 나타났던 것이다.

둘째, '경전에 대한 잘못된 이해', ① 이것은 정약용이 보기에 실로 무서운 사안이었다. 왜냐하면 "경전은 세교世敎의 근본이자 풍속風俗의 원천"임으로 하여 "유학자가 경전을 잘못 해석하면 천하에 화를 미치고 후세에까지 해독을 끼치는" 엄청난 결과를 야기한다고 보았기 때문이다.[67] ② 그리고 바로 이러한 점이 정약용이 '인仁[四德]'을 재해석함으

---

61 「答李汝弘」(『定本 與猶堂全書 4』, p. 157) "至於'仁'字之義, 此是聖道·聖學大關係大綱領, 治心·養性之本, 行己·修身之根, 毫髮差錯, 其究竟相距千里萬里."

62 「答李汝弘【載毅】」(『定本 與猶堂全書 4』, p. 144) "若不問造字家之原義, 先取論理家之轉說, 曰: '理'·曰: '氣', 曰: '體'·曰: '用', 則古經本旨, 多不相合, 此必然之勢也."; 『論語古今注 II』(『定本 與猶堂全書 9』, p. 298) "○[案] ……先儒只以心學爲解, 恐本旨不然.【吳康齋云: '夫子論仁, 決不空寂, 論個心存, 以入于禪境.'】"

63 『論語古今注 II』(『定本 與猶堂全書 9』, p. 222) "○[案] ……徒以虛靈不昧之中·沖漠無朕之理, 指之爲仁, 非古經之例也."

64 『論語古今注 II』(『定本 與猶堂全書 9』, p. 222) "○[案] ……以仁爲理, 則四書及『詩』·『書』·『易』·『禮』, 凡'仁'字皆難讀, 不但'當仁不讓'爲難解也.

65 『論語古今注 II』(『定本 與猶堂全書 9』, p. 16) "○[案] ……○……若有一顆仁德, 原在心竅之內, 爲惻隱之本源, 則'一日克復禮'以下二十字, 都泊然無味也. 從來仁字, 宜從事爲上看.【非在內之理】"

66 「答李汝弘【載毅】」(『定本 與猶堂全書 4』, p. 153) "孔子不言性, ……若『論語』言仁, 則以不言性之故, 其原義尤著."

67 『論語古今注 I』(『定本 與猶堂全書 8』, p. 195) "○[案] ……儒者解經有誤, 其禍天下而

로써 이기론을 비판했던 두 번째 이유이자, 또한 그가 경전을 해석하며 끌고 들어왔던 '그 자신[讀者]의 지평地平', 즉 그의 '시대적 문제의식'이기도 하였다.

정약용의 '인' 개념의 재해석이 함축하는 경학적 의미: 현실개혁의 첫걸음

결국, 정약용이 보기에 정주성리학의 이기론적 경전해석은 사덕四德[仁·義·禮·智]에 대한 해석에 있어 고경古經의 본지本旨를 왜곡하여, 기실 "맹자孟子께서 측은지심惻隱之心을 논하신 것은 장차 이 마음을 확충하여 천하天下를 인仁[行事로서의 仁: 필자 주]으로 덮으려 하셨던 것임에도, 지금은 반대로 인仁·의義·예禮·지智 네 개를 (마음의: 필자 주) 가장 깊숙한 곳으로 밀어 넣어 감추어 놓고 '성性'이니 '심心'이니 '체體'니 '용用'이니 하고 있어, 이른바 인·의·예·지의 체용體用·본말本末·두미頭尾란 것이 모두 마음속에서 벗어나지 못하고 있는데도 이것을 두고 본원本源을 끝까지 궁구하고 있는 것이라 생각하니, 그 폐단은 결국 체體만 있고 용用은 없게 되는 데에 귀착될까 두려웠던"68 것이다.

그런데 이러한 정약용의 우려는 그대로 당시 조선사회의 현실이었다. 한 번 '인仁'을 '이理'로 해석하기 시작하자 당시 사회를 이끌었던 엘리트인 유학자들이 정작 인仁을 실천하려고 해도 "두리뭉실 아무런 (仁의: 필자 주) 형상을 찾을 길이 없었"69고, 그리하여 결국에는 "인仁의 도道는 지극히 커서 안자顔子와 같은 자가 아니면 이를 수 없다고 매양 말하

毒後世如此. 經也者, 世敎之本, 風俗之原, 故君子愼之.";『孟子要義』(『定本 與猶堂全書 7』, p. 130) "○[鏞案] ……經義不明, 其禍天下如是.【互見『論語說』】";「五學論 2」(『定本 與猶堂全書 2』, p. 299) "其有謬義邪說, 足以爲萬世之害者."

68 「答李汝弘【載毅】」(『定本 與猶堂全書 4』, p. 146) "孟子論惻隱之心者, 將擴充此心, 以之仁覆天下, 今反取仁·義·禮·智四顆, 納而藏之於最深之處, 曰: '性'·曰: '心', 曰: '體'·曰: '用', 所謂仁·義·禮·智之體之用之·本之末之·頭之尾之, 都不出於腔子之內·肚皮之中, 而名之曰: '極本窮源', 恐其弊終歸於有體無用."

69 『論語古今注 II』(『定本 與猶堂全書 9』, p. 109) "[質疑] 仁不是心德, 不是天理. ……今之學者, 雖欲從事於仁, 柰渾融無象何哉?【仁者, 人倫之至也, 小人未有實心篤於人倫者. ……】"

면서"[70] 인仁의 실천을 사실상 포기하는 지경에 이르고 말았다. 또한, '덕德'이 한 번 형이상形而上의 '이理'로 변질되자 유자儒者들은 "'덕德'자를 인식함이 원래 명확하지 못하게 되어 경전을 읽다가 '덕'자에 마주칠 때마다 도대체 그것이 무엇을 의미하는지 막막히 알지 못하게 되었다. 이에 다만 순후淳厚하고 흐리멍덩하며 순박하기만 하여 청淸·탁濁도 구분하지 못하는 자를 덕이 있다 하며, 또한 이와 같은 몇 가지 기상으로 정좌靜坐한 채 천하를 다스리기만 하면 만물이 저절로 감화되어 돌아올 것이라 바랄 뿐, 정작 일에 임하는 국면에서는 도대체 어디서부터 손을 써야 하는지 전혀 모르게 되었던 것"[71]이다.

당시 성리학자性理學者를 자처하는 자들은 대개가 "'이理'니 '기氣'니, '성性'이니 '정情'이니, '체體'니 '용用'이니 떠드는가 하면, '본연本然'이니 '기질氣質'이니, '이발理發'이니 '기발氣發'이니, '이발已發'이니, '미발未發'이니, 또는 '단지單指'니 '겸지兼指'니, '이동기이理同氣異'니 '기동리이氣同理異'니, '심선무악心善無惡'이니 '심선유악心善有惡'이니 하면서 줄기와 가지와 잎사귀가 수천수만으로 갈라"져 서로 다투면서도 "스스로는 은사隱士라고 자처하"며 거드름을 피우고 "알맹이 없는 고고한 마음으로 스스로 옳다고 오만을 떨고 있을"[72]뿐, 정작 "자신들의 부모가 당장 추위를 호소하고 배고픔을 참으며 병들어 죽게 되었는데도 오히려 이를 태만히 여기고 보살피지 않을 뿐 아니라 아예 타성이 되어 노력조차 하려고도

---

70 『論語古今注 I』(『定本 與猶堂全書 8』, p. 167) "[質疑] 仁者, 人倫至善之名. ……若云: '仁道至大, 非顏子不能至', 則恐非本旨."

71 『論語古今注 I』(『定本 與猶堂全書 8』, pp. 58~59) "○[駁曰] ……道德何物? 今人認'德'字, 元不淸楚, 讀聖經遇'德'字, 茫然不知爲何物. 第以淳厚渾朴·不辨淸濁者爲有德, 意欲以此箇氣象·坐理天下, 庶幾萬物自然歸化, 而當局臨事, 不知從何處著手, 豈不迂哉? ……"

72 「五學論 1」(『定本 與猶堂全書 2』, pp. 296~298) "今之爲性理之學者, 曰: '理'·曰: '氣', 曰: '性'·曰: '情', 曰: '體'·曰: '用', 曰: '本然·氣質, 理發·氣發, 已發·未發, 單指·兼指, 理同氣異·氣同理異, 心善無惡·心善有惡', 三幹五椏, 千條萬葉, ……自命曰: '隱', ……而空腹高心, 傲然自是, ……"

하지 않는"[73] 한심한 지경에 이르고 말았다. 이에 정약용이 보기에 "나날이 천하는 부패되고 새로워질 수 없었던 것"[74]이다. 이리하여 그는 "무릇 장구章句에 얽매이고 은일隱逸을 자칭하면서 사공事功에 힘쓰려고 하지 않는 것은 모두가 공자孔子의 도道가 아니라"[75]는 단호한 문제의식 하에, 현실개혁의 첫걸음이자 가장 중요한 작업으로서 '이기론 비판'에 심혈을 기울였던 것이다.

이러한 맥락에서 정약용의 '인仁의 재해석을 통한 이기론 비판'은 그 자신의 사서경학四書經學에 있어 가장 중요한 의의를 지닌다. 아니 자신의 사서경학을 통하여 전달하려고 했던 메시지의 거의 전부에 해당한다.

4. '일이관지'의 재해석을 통한 이기론 비판

『논어집주論語集註』의 「이인里仁」편 제15장을 보면 공자孔子와 증자曾子 및 여타 문인門人들 사이의 다음과 같은 대화가 나온다: "공자께서 '삼參아! 우리 도道[吾道]는 하나로써 모든 일을 꿰뚫고 있느니라[一以貫之]' 하심에, 증자가 '예'하고 대답하였다. 공자께서 자리를 뜨시자, 문인들이 '무슨

73 「諭谷山鄉校勸孝文」(『定本 與猶堂全書 4』, p. 325) "(近世學者, 纔名爲學, 便自矜重, 談天說理, 曰: '陰'·曰: '陽', 壁上圖畫太極·八卦·「河圖」·「洛書」之屬, 自稱玩索, 以欺愚蒙,) 而其父母方且呼寒忍飢, 疾病疴癢, 乃漫不省察, 恬不勞動, (卽其玩索彌勤而彌與學遠矣. 苟於父母能孝者, 雖曰: '不學', 吾必謂之學矣.)"; 『論語古今注 II』(『定本 與猶堂全書 9』, p. 177) "○[駁曰] ……終日儼然危坐, 究得萬殊一理, 不念父母妻子在傍訕己·鄉黨賓友歸而議己, 其與'庭前柏樹子', 相去未遠. 此學道者, 所宜戒也.'

74 『論語古今注 I』(『定本 與猶堂全書 8』, p. 59) "○[駁曰] ……此, 天下所以日腐爛而莫之新也."

특히 정약용은 이러한 폐단과 관련하여 주희가 강조한바 '무위이치無爲而治'론에 대해서도 준엄한 비판을 서슴지 않는다. 보다 자세한 내용은 제3부 제5장 「다산 정약용의 학문론」에서의 해당부분이 참조된다.

75 「爲盤山 丁修七贈言【字乃則, 長興人】」(『定本 與猶堂全書 3』, p. 396) "凡繳繞章句, 自稱隱逸, 不肯於事功上著力者, 皆非孔子之道也."

말씀입니까?'하고 물음에, 증자가 '부자夫子의 도道는 충忠과 서恕일 뿐이다'라고 대답하였다."[76] 또한, 『논어집주』의 「위령공衛靈公」편 제2장을 보면 여기에는 공자와 자공子貢 사이의 다음과 같은 대화가 나온다: "공자께서 '사賜야, 너는 내가 많이 배우고 그것을 기억하는 자라고 생각하느냐?'라고 물으시자, 자공이 '그렇게 생각합니다. 아닙니까?'라고 대답하였다. 이에 공자께서는 '아니다. 나는 하나로써 모든 일을 꿰뚫고 있느니라[一以貫之]'라고 말씀하셨다."[77]

여기서는 『논어집주』에 나오는 이상의 두 경문經文, 보다 구체적으로는 '일이관지一以貫之'라는 구절의 해석을 둘러싼 주희朱熹와 정약용丁若鏞 사이의 견해차를 통해서 정약용의 경학經學이 함축하고 있는 사상적 특징의 일단을 살펴보고자 한다.

주희의 '충·서'관①: '충·서'는 공자의 도에 있어 '체'이자 '일본'이요 '혼연한 일리'이다

주희는 상기한바 '일이관지一以貫之'를 해석함에 있어서도 기본적으로 '본말本末·체용體用'이라는 범주적 서열화의 도식과 함께 '이기론理氣論'이라는 세계관적 틀에 입각하고 있다. 첫째, 그가 보기에 '공자孔子의 도道' 역시 그 내적 구조는 '체體'와 '용用'으로 구성되며, 그 성격에 있어서는 '이理'와 '기氣'에 각각 상응한다. 즉, ① 이러한 '체體'는 다름 아닌 "혼연한 일리一理[渾然一理]"이다. 그리고 이것이 각각의 구체적인 사례에 따라 상이하게 "널리 응하고 일일이 마땅함[泛應曲當]"을 이룰 때 비로소 '용用'으로서 나타나게 되는 것이다. ② 이를 달리 표현하자면, ㉠ '일리一理로서의 체體'란 "쉼이 없는 천지天地의 지극한 참됨[天地之至誠無息]"이자, 또한

76 『論語集註』, 「里仁」篇 第15章 "子曰: '參乎! 吾道一以貫之.' 曾子曰: '唯.' 子出. 門人問曰: '何謂也?' 曾子曰: '夫子之道, 忠·恕而已矣.'"

77 『論語集註』, 「衛靈公」篇 第2章 "子曰: '賜也, 女以予爲多學而識之者與?' 對曰: '然, 非與?' 曰: '非也, 予一以貫之.'"

"하나의 근본根本[一本]"이라면, ㉡ 이러한 '체體가 각각 상이하게 발현된 상태로서의 용用'이란 "(생겨난 각각의: 필자 주) 만물이 각자 제 곳을 얻음[萬物各得其所]"이자, 또한 "삼라만상의 서로 다름[萬殊]"78인 것이다.

둘째, 이러한 '충忠과 서恕'는 공자의 도道에 있어서 곧 '일본一本' 및 '체體'에 해당하는 곳에서 자신의 범주적 위치를 발견하니, 그것은 곧 '이理'가 된다. 이를 그림으로 간략히 나타내 보면 【그림 3-1-4】와 같다.

도道	**체體**	:	일리一理**[충忠.서恕]**	:	**일본一本**
	용用	:	범응곡당이각부동지용泛應曲當而各不同之用	:	만수萬殊

【그림 3-1-4】 '공자의 도'에 대한 주희의 체용-이기론적 분석도

주희의 '충·서'관②: '충'이란 '체'요 '천도'라면, '서'란 '용'이요 '인도'이다

더욱이 주희는 여기서 한 걸음 더 나아가, 이미 본本·체體이자 이理로서의 '충忠·서恕[一理]'를 다시금 체體와 용用으로 각각 나누어 이해한다. 첫째, '충忠'이란 ① "자신의 마음을 다하는 것[盡己]"이며, "자신으로써 남에게 미치는 것[以己及物]"으로서의 '인仁'과 같은 개념으로서, ② 이는 또한 "하늘의 도[天道]"—여기서의 '천天'은 곧 '이理'이다—이자 "대본大本"으로서, "사망詐妄함이 없는 상태[無妄]"인 동시에 '체體'이다.

둘째, '서恕'란 이에 반해 ① "자신의 마음을 미루어 헤아리는 것[推己]" 또는 "자기 마음을 미루어 남에게까지 미치는 것[推己及物]"으로서, ② 이는 또한 "사람의 도[人道]"이자 "달도達道"로서, "충忠을 이행하는 것[所以行乎忠]"인 동시에 '용用'이다.79 이를 다시 그림으로 나타내 보면 【그

---

78 『論語集註』, 「里仁」篇 第15章의 註 "夫子之一理渾然而泛應曲當, 譬則天地之至誠無息, 而萬物各得其所也. ……蓋至誠無息者, 道之體也, 萬殊之所以一本也; 萬物各得其所者, 道之用也, 一本之所以萬殊也."

림 3-1-5】와 같다.

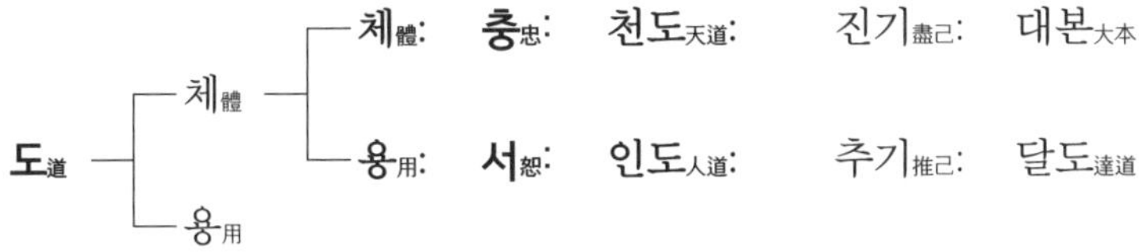

【그림 3-1-5】 '충·서'에 대한 주희의 체용·이기론적 분석도

마지막으로, 주희는 '일이관지一以貫之'를 해석함에 있어 '일一'을 '일리一理'로 보면서, 그 내용은 '충忠과 서恕'로 구성된다고 보았다. 그리고 '충忠과 서恕'를 별개의 두 개념으로 보아 또다시 체體와 용用으로 각각 나누어 이해하고 있는데, 이러한 관점은 은연중에 체體인 '충忠'을 우선시함을 함축하고 있는 셈이다.

정약용의 '충·서'관①: 주희의 '충·서'관은 '꿈속에서 다시 꿈을 꾸는 격'이다

한편, 상기한 바대로 주희가 '일一'을 '일리一理'로 해석한 다음, 다시금 '일리一理'로서의 '충忠과 서恕'를 각각 체體와 용用으로 나누면서 이를 새삼 '천도天道'와 '인도人道'로 설명한 것—정확하게 말하자면 정이程頤[伊川, 1033~

79 『論語集註』, 「里仁」篇 第15章의 註 "盡己之謂忠, 推己之謂恕. ……或曰: '中心爲忠, 如心爲恕', 於義亦通. ○程子曰: '以己及物, 仁也; 推己及物, 恕也, 違道不遠是也. 忠·恕一以貫之, 忠者天道, 恕者人道; 忠者無妄, 恕者所以行乎忠也; 忠者體, 恕者用, 大本·達道也. ……'"; 『論語集註』, 「公冶長」篇 第11章의 註 "我不欲人之加諸我, 吾亦欲無加諸人, 仁也; 施諸己而不願, 亦勿施於人, 恕也."; 『論語集註』, 「雍也」篇 第28章의 註 "近取諸身, 以己所欲, 譬之他人, 知其所欲亦猶是也, 然後推其所欲, 以及於人, 則恕之事而仁之術也."; 『論語集註』, 「顔淵」篇 第2章의 註 "敬以持己, 恕以及物, 則私意無所容而心德全矣."; 『孟子集註』, 「離婁章句下」篇 第28章의 註 "忠者, 盡己之謂."; 『孟子集註』, 「盡心章句上」篇 第4章의 註 "恕, 推己以及人也. 反身而誠則仁矣. ……行之以恕, 則私不容而仁可得."; 『大學章句』, 「傳9章」의 註 "有善於己, 然後可以責人之善; 無惡於己, 然後可以正人之惡, 皆推己以及人, 所謂恕也."; 『大學章句』, 「傳10章」의 註 "發己自盡, 爲忠."; 『中庸章句』, 「第13章」의 註 "盡己之心爲忠, 推己及人僞書. ……施諸己而不願, 亦勿施於人, 忠·恕之事也."

1107: 中國 北宋의 학자]의 주장이다—은 정약용이 보기에 참으로 '꿈속에서 다시 꿈을 꾸는 격'이었다. 왜냐하면 주희의 이러한 논리를 따르자면 결국 "마치 하나의 물건이 내면에 선재先在하면서 '충忠'—결국 이와 같은 '충'은 인仁과 마찬가지로 '이理', 즉 하나의 선험적인 형이상학적 법칙이 된다—이 된 연후에 이것으로부터 미루어 발현되는 것이 '서恕'인 것"으로밖에 볼 수 없겠는데, "만약 (孔子의 뜻이 정녕: 필자 주) 이러했다면 공자께서는 의당 '이이관지二以貫之'라고 말씀하셨을 것이요 '일이관지一以貫之'라고 말씀하셨을 리는 없었을"[80] 것이기 때문이다.

정약용의 '충·서'관②: '일이관지'에서의 '일'은 '일리'가 아니다

이러한 맥락에서 정약용이 보기에 '일이관지一以貫之'에 대한 이상과 같은 주희의 해석은 단적으로 잘못된 것이었다. 우선, 주희가 '일이관지一以貫之'에서의 '일一'을 '일리一理'라고 일견 고원하고 심오하게 해석한 것[81]부터가 경전의 본지에 어긋난다.[82] 첫째, 정약용이 보기에 본래 유교란

---

80 『論語古今注 II』(『定本 與猶堂全書 9』, pp. 176~177) "○[駁曰] ……(先儒謂: '盡己之謂忠, 推己之謂恕.' 今人知之,) 若先有一物, 在內爲'忠', 然後自此推轉發之爲'恕', 豈不大謬? 審如是也, 孔子'二以貫之', 豈'一以貫之'乎?"

81 이는 원래 형병邢昺[字는 叔明, 932~1011: 中國 北宋의 학자]의 해석이다. 즉, ① 그는 '일이관지一以貫之'를 "내[孔子: 필자 주]가 행하는 도道는 오직 '일리一理'이니, 이로써 천하만사天下萬事의 이理를 통괄한다(我所行之道, 惟用'一理', 以統天下萬事之理也.)"[『論語集說』, 卷2, p. 9.(『漢文大系 1』, 富山房, 1974)]라고 해석함으로써 여기서의 '일一'을 '일리一理'로 보았다. ② 또한, 형병은 '일이관지'를 "부자夫子의 도道는 오직 '충忠·서恕의 일리一理'로써 천하만사의 이理를 통괄함을 말한 것이다. 이외에 다시 다른 법法이 없었기 때문에 '이이의而已矣'라고 말씀하셨다(邢曰: '……言夫子之道, 惟以「忠·恕一理」, 以統天下萬事之理. 更無他法, 故云: 「而已矣」')"[『論語古今注 I』(『定本 與猶堂全書 8』, p. 155)]라고 해석하기도 했던바, 여기서도 마찬가지로 '일一'을 '일리一理'로 보고 있다.

82 정약용은 이미 젊어서부터 다음과 같이 천명한 바 있다: "'충忠·서恕는 도道와 멀지 않다[忠恕違道不遠]'[『中庸章句』「第13章」: 필자 주]는 것에 대해서는, 신臣이 생각건대 일관一貫이란 곧 충서忠恕이므로 서恕에 힘써 인仁을 구하는 것은 배우는 자가 힘써야 할 바입니다. 이를 힘씀이 어찌 고원高遠하고 행하기 어려운 일이겠습니까? 선유先儒가 말한바 '일관一貫'의 설은 지나치게 광대하고 현묘玄妙하므로 신은 감히 달갑게 승복하지 않습니다.('忠恕之違道不遠'者, 臣以爲, 一貫卽忠恕, 强恕以求仁, 學者之所

그 궁극적 목적이 사람과 사람 사이에서 교제를 잘하자는 것에 있을 뿐이었다. ① 따라서 유교는 결코 구체적인 인륜을 벗어나지 않았으며,[83] ② 이러한 맥락에서 "일관一貫에 대한 해석은 증자曾子가 몸소 (忠·恕라고: 필자 주) 명명백백히 말했던 것이다.

둘째, 후세의 유자들은 이를 익히 보아왔으면서도 오히려 의심하면서 따르려고 하지 않았으니, 이는 기실 그들이 마음속으로 '충忠·서恕'를 하찮게 여겼기 때문이다. 즉, ① 노자老子는 일찍이 '하나가 둘을 낳고, 셋은 만물萬物을 낳는다[一生二, 三生萬物]'라고 말하였고, 석가釋迦는 '만가지 법法이 하나로 귀결된다[萬法歸一]'고 하였으며, 공자孔子께서 또한 '하나로써 꿰뚫는다[一以貫之]'라고 말씀하셨음에, 그들은 이러한 말들이 서로 부합된다고 보아 (공자의 말씀을: 필자 주) 천지간의 지극히 높고 지극히 큰 말로 생각한 반면에 증자의 말은 폄하하고 하찮게 여김으로써 결국에는 '충·서'라는 두 글자는 지극히 소소한 말이 되고 말았다. ② 그리하여 진유晋儒들이 이 말을 회피하게 되었고, 송유宋儒들도 마찬가지로 이 말을 멀리하게 되었던 것"[84]인데, 주희 역시 이러한 잘못을 그

勉. 勉此, 豈高遠難行之事乎? 先儒談'一貫', 太宏闊·太玄妙, 臣未敢悅服也.)" 「中庸策」(『定本 與猶堂全書 2』, p. 75)

83 정약용은 다음과 같이 말하였다: "오도吾道[儒敎: 필자 주]는 무엇을 행하자는 것인가? 그것은 교제를 잘하자는 것에 지나지 않는다.(○[駁曰] ……吾道何爲者也? 不過爲善於其際耳.)" 『論語古今注 II』(『定本 與猶堂全書 9』, p. 175); "오도吾道는 인륜人倫을 벗어나지 않는다.(○[補曰] 吾道不外乎人倫.)" 『論語古今注 I』(『定本 與猶堂全書 8』, p. 155)

84 『論語古今注 II』(『定本 與猶堂全書 9』, p. 175) "○[駁曰] ……一貫之解, 曾子親口言之, 明明白白, 後之儒者, 猶復熟視含疑, 不肯往從者, 其心以'忠·恕'爲小也. 老子言: '一生二, 三生萬物', 佛氏言: '萬法歸一', 孔子言: '一以貫之', 可以相配, 爲天地間至高至大之言, 曾子落而下之, 斲而少之, 爲'忠·恕'二字極卑極小. 故晋儒違之, 宋儒違之, 於彼則曰: '曾子自領妙道, 以糟粕酬門人', 於此則曰: '子貢不能妙悟, 以秕糠學聖人', 此吾道之巨蔀也."; 『中庸講義補』(『定本 與猶堂全書 6』, p. 312) "○[今案] 一貫之義, 曾子當時明白示衆. 先儒嫌其說卑近, 必於人倫之外, 通執天地萬物, 廣爲高妙之論, 直以忠·恕爲粗跡. 此後學之深恨也."; 『心經密驗』(『定本 與猶堂全書 6』, pp. 222~223) "○[案] 成聖·成賢之法, 不外乎一貫. ……顧一貫之說, 有古今之異. 古之所謂'一貫'者, 以一'恕'字, 貫六親, 貫五倫, 貫經禮三百, 貫曲禮三千. 其言約而博, 其志要而遠. ……今之所謂'一貫'者, 天地·陰陽之化, 草木·禽獸之生, 紛綸錯雜·芸芸濈濈者, 始於一理, 中散爲萬殊, 末

대로 답습하고 있었던 것이다.

정약용의 '충·서'관③: "공자의 도는 하나의 '서'자일 뿐이다"

다음으로, 정약용이 보기에 "'일一'이란 곧 '서恕'일 뿐"[85]이었다. 첫째, 공자孔子의 도道는 결코 구체적인 인륜에서 벗어나지 않기 때문에 "오교五敎와 구경九經으로부터 경례삼백經禮三百과 곡례삼천曲禮三千에 이르기까지 모두 하나의 '서恕'자로써 행할 뿐이었으니, 이는 마치 하나의 끈으로 천백 냥의 동전을 꿰는 것과 같다. 이를 일러 '일관一貫'이라고 하는 것이다."[86]

둘째, 대저 '서恕'란 무엇인가? ① 공자께서는 이를 "자기가 원치 않는 것을 남에게 베풀지 않는 것"[87]이라 말씀하셨으니, 이는 곧 "타인의 마음을 나의 마음처럼 헤아리는 것"[88]일 뿐이니. 즉, ㉠ "이에 윗사람에

復合於一理也. 老子曰: '天得一以淸, 地得一以寧, 聖人抱一, 爲天下式.' 佛氏曰: '萬法歸一, 一歸何處?' 今人樂聞此說, 恥吾道狹小, 於是强把一貫之句, 以與老·佛猗角爲三, 此儒門之大蔀也."

85 『論語古今注 I』(『定本 與猶堂全書 8』, p. 155) "[補曰] ……一者, 恕也."; 『論語古今注 II』(『定本 與猶堂全書 9』, p. 174) "○[補曰] 一者, 恕也."; 『論語古今注 II』(『定本 與猶堂全書 9』, p. 176) "○[駁曰] ……一者, 恕也."; 『論語古今注 II』(『定本 與猶堂全書 9』, p. 374) "○[案] ……但一貫者, 恕也."; 『心經密驗』(『定本 與猶堂全書 6』, p. 204) "○[案] 孔子謂曾子曰: '一以貫之'. 一者, 恕也."

86 『論語古今注 I』(『定本 與猶堂全書 8』, p. 155) "○[補曰] ……凡所以處人倫者, 若五敎·九經, 以至經禮三百·曲禮三千, 皆行之以一'恕'字, 如以一緡貫千百之錢. 此之謂'一貫'也."; 『論語古今注 II』(『定本 與猶堂全書 9』, p. 174) "○[補曰] ……五典·十倫之敎, 經禮三百·曲禮三千, 其所以行之者, 恕也. 斯之謂'一以貫之'."; 『中庸自箴』(『定本 與猶堂全書 6』, pp. 250~251) "[箴曰] ……一'恕'字, 可以貫萬事·萬物. ……○恕者, 以一而貫萬者也."; 『心經密驗』(『定本 與猶堂全書 6』, pp. 222~223) "[案] ……成聖·成賢之法, 不外乎一貫. ……古之所謂'一貫'者, 以一'恕'字, 貫六親, 貫五倫, 貫經禮三百, 貫曲禮三千. 其言約而博, 其志要而遠."

87 『논어집주』의 「위령공衛靈公」편 제23장을 보면 공자孔子와 자공子貢 사이의 다음과 같은 대화가 나온다: "자공이 '한 말씀으로써 종신토록 행할 만한 것이 있습니까?' 라고 묻자, 공자께서 말씀하셨다. '그것은 서恕가 아니겠는가! 자기가 원치 않는 것을 남에게 베풀지 않는 것이다.'(子貢問曰: '有一言而可以終身行之者乎?' 子曰: '其恕乎! 己所不欲, 勿施於人.')"

88 『論語古今注 I』(『定本 與猶堂全書 8』, p. 155) "[補曰] ……忖他心如我心, 謂之'恕'也.

게 싫었던 것으로써 아랫사람을 부리지 않고, 아랫사람에게서 싫었던 것으로써 윗사람을 섬기지 않으며, 앞사람에게서 싫었던 것으로써 뒷사람에게 먼저 하지 않고, 뒷사람에게서 싫었던 것으로써 앞사람을 따르지 않으며, 왼쪽 사람에게서 싫었던 것으로써 오른쪽 사람과 사귀지 않고, 오른쪽 사람에게서 싫었던 것으로써 왼쪽 사람과 사귀지 않는 것이니, 그 법례法例가 이와 같을 따름"[89]이요, ㉡ 이처럼 "나의 호오好惡로써 타인의 호오를 살피"는 '서恕'란 다름 아닌 '혈구絜矩의 도道[絜矩之道]'가 된다. ② 또한 '서恕'를 힘써 행하면 인仁을 구함에 이보다 가까운 것이 없기[强恕而行, 求仁莫近焉]' 때문에 결국에는 '효孝·제弟·자慈'의 실천을 통해 '인仁'이란 덕德을 이루는 방법이 되기도 하는 것이다.[90]

셋째, 정약용은 이에 '충忠'과 '서恕'를 별개로 보면서 전자로써 '수기修己'하고 후자로써 '치인治人'하는 것으로 준별하는 태도나, "자기가 원

【『說文長箋』云:「如心爲恕」】……邢曰: '……恕, 謂:「忖己度物」也. ……'○[案] 此疏正得本旨, 不可易也."; 『大學講義』(『定本 與猶堂全書 6』, p. 157) "鏞曰: '是['恕'를 말함: 필자 주], 推己及人之意也.'"

89 『論語古今注 I』(『定本 與猶堂全書 8』, p. 234) "○[駁曰] ……仁者强恕而行, 故所求乎子以事父, 所求乎弟以事兄, 所求乎臣以事君, 所求乎朋友先施之, 此不求於物而先自我施之也."; 『孟子要義』(『定本 與猶堂全書 7』, p. 231) "○[鏞案] ……○此章乃一貫·忠·恕之說. ……於是所惡於上, 無以使下; 所惡於下, 無以事上; 所惡於前, 無以先後; 所惡於後, 無以從前, 所惡於左, 無以交於右; 所惡於右, 無以交於左, 其法例如是也."; 『心經密驗』(『定本 與猶堂全書 6』, pp. 208~209) "○恕者, 何也? 不欲受於子者, 勿施於父; 不欲受於父者, 勿施於子; 不欲受於弟者, 勿施於兄; 不欲受於兄者, 勿施於弟; 不欲受於臣者, 勿施於君; 不欲受於君者, 勿施於臣; 不欲受於幼者, 勿施於長; 不欲受於長者, 勿施於幼. 凡人與人相與之際, 皆用此道, 所謂'絜矩之道'也."

90 『大學公議』(『定本 與猶堂全書 6』, p. 126) "恕者, 絜矩之道, 所以爲孝·弟·慈以成仁者也. 强恕而行, 求仁莫近焉."; 『大學公議』(『定本 與猶堂全書 6』, p. 136) "○[議曰] ……乃聖人之言曰: '强恕而行, 求仁莫近焉.' 恕者, 仁之道也."; 『大學公議』(『定本 與猶堂全書 6』, p. 137) "○[鏞案] (矩者, 直角之尺也. 凡方正之器, 必有六面. ……前後左右, 莫不皆然, 於是乎六合平正, 得爲方正之器.) 吾人之强恕以求仁也, 其法亦然. 以心爲矩, 以絜六合之交際, 齊其不齊, 平其不平, 於是乎心與身皆正矣. 正己以正物, 此平天下之要法也.【絜, 本繩度之名, 其以爲矩度之名者, 假借也】"; 『中庸講義補』(『定本 與猶堂全書 6』, p. 324) "○[今案] ……○原來忠·恕之道, 眞眞切切. 以我之好惡, 察人之好惡, 恐與此節無涉."; 『心經密驗』(『定本 與猶堂全書 6』, p. 223) "○[案] ……以恕事父則孝, 以恕事君則忠, 以恕牧民則慈, 所謂'仁之方'也."

치 않는 것을 남에게 베풀지 않는 것[己所不欲, 勿施於人]"에서의 '남'을 '소원하고 비천한 대중'으로 이해하는 논리에 대해서도 비판적이었다. 즉, 그가 보기에 ① '서恕'란 어디까지나 수기修己하는 덕목을 지칭하며, 또한 이 '남'이란 곧 '천륜天倫의 골육지친骨肉之親인 부자형제父子兄弟'를 의미하는 것임에도, ② 당시 사람들은 이를 제대로 인식하지 못함으로써 끝내 '인仁을 구하는 방법[求仁之方]'을 나날이 요원하게 만들었던 것이다.[91]

마지막으로, 정약용이 보기에 결국 "공자孔子의 도道는 하나의 '서恕' 자일 뿐이었다. ① 따라서 이 하나의 '서恕'자를 가지고 다른 사람과 접촉한다—사친事親·사군事君·처형제處兄弟·여붕우與朋友·목민牧民·사중使衆 등등—면 인仁을 이루 다 쓸 수 없게 될 것"[92]이었다. 그리고 이러한 의미에서 참으로 "공孔·맹孟의 학문은 진실되고 비근한 것"[93]이기도 하였다. ② 엄연히 경전[四書]의 본지가 이러함에도 주희가 답습한 오류는 필언적으로 그 결과적 폐단을 노정할 수밖에 없었던바, 불행하게도 그것은 바로 정약용이 살았던 시대의 '조선 땅의 비극'으로 나타나고 있었다. 즉, ㉠ 그가 보기에 당시의 핵심 엘리트인 "유학자들은 더듬더듬 헤매면서 매번 '만수萬殊는 일본一本이니 다시 일리一理에 부합한다'고 하릴없이 중얼거리면서 천지간의 만사만물을 모두 '일리一理'에다 귀착시켜 '이것이 부자夫子[孔子: 필자 주]의 도道'라고 말하나, 그것은 결국 부자夫子의 도道를 또한 아무것도 없는 텅 빈 무無"로 전락시킨 셈이었다. ㉡ 또한 그 말이 너무 넓고 끝이 없어 그들 자신도 구체적으로 착수할 곳을 망연茫然히 알지 못하게 됨에, 결과적으로 구체적인 현실과 실천은 도외시한 채 "'뜰 앞

91 『心經密驗』(『定本 與猶堂全書 6』, p. 209) "○……經曰: '己所不欲, 勿施於人', 先儒暫見此文, 認'人'字太遠, 看作衆人之疏賤者, 不知'人'字密貼, 在天倫骨肉之親·父子兄弟之間, 故求仁之方, 日以遠矣. ……○今人讀忠·恕, 皆欲忠以修己·恕以治人, 大誤大誤. 恕以修己."

92 『論語古今注 II』(『定本 與猶堂全書 9』, p. 177) "○[駁曰] ……則夫子之道, 一'恕'字而已. 執此一字, 以之接人, 仁不可勝用也."

93 『孟子要義』(『定本 與猶堂全書 7』, p. 231) "○[鏞案] ……○……孔·孟之學, 其眞切卑近如此."

의 잣나무[庭前栢樹子]'라는 화두로써 참선하는 선승禪僧과 유사하게"[94] 타락하고 말았던 것이다.

정약용의 '충·서'관④: '충·서'란 "중심으로 서를 행하는 것"이니, 곧 '서'다

이상과 같은 문제의식에서 정약용은 '충忠·서恕'란 글자대로 "중심中心으로 서恕를 행하는 것"이니, 곧 '서恕'임을 거듭 역설한 바 있다. 첫째, "공자孔子께서 본래 '일이관지一以貫之'라고 말씀하셨는데 증자曾子가 이에 대하여 '충忠·서恕'라는 두 글자로 설명했기 때문에, 학자들은 충忠과 서恕가 하나의 일이 아닐 것이라고 의심하게 되었던 것이다. 그러나 『중용中庸』에서는 일찍이 "충서위도불원忠恕違道不遠[충忠·서恕는 도道와 멀지 않으니]"[『中庸章句』 第13章]이라 하였고 그 석의釋義에서는 '하나의 서恕자'일 뿐이라고 설명하였으니, 이에 '충忠·서恕'는 곧 '서恕'이며 본디부터 나누어 두 개로 볼 수 있는 것이 아니었다."[95]

---

94 『論語古今注 II』(『定本 與猶堂全書 9』, p. 177) "○[駁曰] ……而今之儒者, 摸撈探索, 東塗西抹, 每云: '萬殊一本, 復合一理', 執天地萬事·萬物, 都歸之於一理, 曰: '此, 夫子之道', 夫子之道, 無亦空曠渺茫矣乎? ……其與'庭前柏樹子', 相去未遠."; 『孟子要義』(『定本 與猶堂全書 7』, pp. 231~232) "○[鏞案] ……○……(而先儒於孔子'一貫'之說, 孟子'萬物'之解, 皆言之太廣, 釋之太闊, 通天地·萬物之理, 而無一不具於方寸之中.) 浩浩蕩蕩, 靡有涯岸, 使後學茫然不知入頭著手之處, 豈不恨哉?"; 『心經密驗』(『定本 與猶堂全書 6』, p. 223) "○[案] ……今之所謂'一貫'者, 天地·陰陽之化, 草木·禽獸之生, 紛綸錯雜·芸芸濈濈者, 始於一理, 中散爲萬殊, 末復合於一理也."

95 『論語古今注 I』(『定本 與猶堂全書 8』, p. 156) "○[案] 夫子本云: '一以貫之', 而曾子乃言'忠·恕'二字, 故學者疑二之非一. 然『中庸』旣云: '忠·恕違道不遠', 而及其釋義, 仍是一'恕'字而已, 則'忠·恕'卽'恕', 本不必分而二之."; 『論語古今注 II』(『定本 與猶堂全書 9』, pp. 176~177) "○[駁曰] ……先儒謂: '盡己之謂忠, 推己之謂恕', 今人知之. 若先有一物, 在內爲忠, 然後自此推轉, 發之爲恕, 豈不大謬? 審如是也, 孔子'二以貫之', 豈'一以貫之'乎? 恕爲之本, 而所以行之者忠也, '忠·恕'非'恕'乎?"; 『論語古今注 II』(『定本 與猶堂全書 9』, p. 208) "○[補曰] ……恕者, 所以處人倫.【卽絜矩之道】 一以貫之, 故'一'字而可終身行之."; 『中庸自箴』(『定本 與猶堂全書 6』, p. 251) "[箴曰] ……○恕者, 以一而貫萬者也. 謂之'忠·恕'者, 以中心行恕也. 若必'盡己之謂忠, 推己之謂恕', 則忠·恕仍是二物, 恐不可也. 經云: '忠·恕', 而所言'君子之道四', 仍只是恕, 不復言忠, 斯可知也."; 『心經密驗』(『定本 與猶堂全書 6』, pp. 208~209) "○[案] '盡己之謂忠, 推己之謂恕', 於今便成鐵鑄語. 然從來『爾雅』·『說文』·『三倉』之家, 無此訓詁. 所謂'忠·恕'者, 不過曰: '實心

둘째, “(朱熹는: 필자 주) 자신의 마음을 다하는 것[盡己]을 ‘충忠’, 자신의 마음을 미루어 헤아리는 것[推己]을 ‘서恕’라고 주장하였다. 그러나 (이처럼: 필자 주) ‘충忠’과 ‘서恕’는 대립되는 것이 아니다. 즉, ① ‘서恕’는 (일종의: 필자 주) 근본으로서, 이 서恕를 실행한 결과가 바로 ‘충忠’인 것이다. ㉠ 대저 한 사람이 다른 사람을 섬긴 이후에야 비로소 ‘충忠’이라는 명칭이 있게 되는 것이니, 자기 혼자만 있다면 충忠이란 것도 없는 법이다. 비록 (혼자서는: 필자 주) 먼저 자신의 마음을 다하려고[盡己] 한들 착수할 곳이 없는 것이다. ……㉡ 바야흐로 실천하여 ‘충忠’을 이루었을 때, ‘서恕’는 이미 오래 전에 있었던 것이다.”[96] ② 나아가 이것은 또한 “본本·말末로써 논할 수 있는 성질의 것도 아니다.”[97]

정약용의 ‘일이관지’의 재해석이 함축하는 경학적 의미: 정약용의 ‘유교’관과 ‘사서’관의 기반이다

결국, 정약용은 이상과 같은 ‘일이관지一以貫之’의 재해석을 통해 자신의 ‘유교儒敎’관과 아울러 ‘사서四書’관 또한 명확하게 정립하기에 이른다. 즉, ① 그는 ‘유교’란 결코 인륜의 구체적인 실천을 벗어나 존재하지 않

以行恕’耳. 若盡己·推己, 必當兩下工夫, 則是夫子之道, 二以貫之, 非一貫也. 若云: ‘盡己以立根本, 自此推去, 無兩下工夫’, 則是忠爲主, 恕爲客; 忠爲本, 恕爲末. 所謂‘一貫’, 是忠以貫之, 非恕以貫之也. 夫子答子貢之問, 明以一‘恕’字爲一貫, 又不通矣. ……○今人讀忠·恕, 皆欲忠以修己·恕以治人, 大誤大誤. 惟實心行恕者, 謂之‘忠·恕’.”

96 『論語古今注 I』(『定本 與猶堂全書 8』, p. 156) “[質疑] ‘盡己之謂忠, 推己之謂恕’也. 然忠·恕非對待之物, 恕爲之本, 而所以行之者忠也. 以人事人而後有忠之名, 獨我無忠, 雖欲先自盡己, 無以著手. 今人皆認吾道爲先忠而後恕, 失之遠矣. 方其忠時, 恕已久矣.”; 『論語古今注 II』(『定本 與猶堂全書 9』, pp. 176~177) “○[駁曰] ……先儒謂: ‘盡己之謂忠, 推己之謂恕.’ ……恕爲之本, 而所以行之者忠也, 忠·恕非恕乎? 曾子·子貢之本無層級, 如是也.”; 『論語古今注 I』(『定本 與猶堂全書 8』, p. 155) “邢曰: ‘……忠, 謂: 「盡中心」也; 恕, 謂: 「忖己度物」也. ……’○[案] 此疏正得本旨, 不可易也.”; 『孟子要義』(『定本 與猶堂全書 7』, p. 232) “○[鏞案] ……○反身而誠者, 忠也.”

97 『論語古今注 II』(『定本 與猶堂全書 9』, p. 374) “○[案] ……但一貫者, 恕也. 不可以本末論.”

으니, 그 궁극적 목적은 결국 사람과 사람 사이에서 교제를 잘하자는 것에 귀결될 뿐이라고 인식하였다. ② 또한, 바로 이러한 맥락에서 그는 "사서四書란 오도吾道[儒教: 필자 주]의 지남指南으로서, 『대학大學』과 『중용中庸』은 모두가 '서恕'자에 대한 부연설명이며, 『논어論語』와 『맹자孟子』에서는 '서恕를 힘써 행하여 인仁을 구한다[强恕以求仁]'는 뜻을 거듭거듭 말하여 이루 다 지적할 수 없다"[98]고 자신 있게 평가했던 것이다.

5. '본연·기질지성' 개념의 거부를 통한 이기론 비판

주희의 '본연지성'과 '기질지성' 개념

주희朱熹의 이기론理氣論에서 이미 살펴보았듯이, 정주성리학의 세계관에서 볼 때 인간을 포함한 모든 만물은 '형이상形而上의 도道'로서 만물을 생성하는 근본으로서의 '이理'와 함께 '형이하形而下의 기器'로서 만물을 생성하는 도구로서의 '기氣'로 구성된 복합체이다. 이를 달리 표현하자면 모든 만물은 '성性과 형形의 복합체'라고도 할 수 있는데, 왜냐하면 "인간과 만물이 생겨날 때 반드시 이 이理를 받은 연후에 성性을 가지게 되고, 반드시 이 기氣를 받은 연후에 형체[形]를 가지게"[99] 되기 때문이다. 그런데 주희는 "인간과 만물이 생겨날 때, 하늘이 부여한 이 이理는

---

98 『論語古今注 II』(『定本 與猶堂全書 9』, p. 177) "○[駁曰] ……四書者, 吾道之指南也, 而『大學』·『中庸』, 都是'恕'字之衍義, 『論語』·『孟子』, 其言'强恕以求仁'者, 重見疊出, 不可彈指, ……"

또한, 정약용은 다음과 같이 말하기도 하였다: "중용中庸의 도道를 행하고자 한다면, 서恕가 아니고서는 불가능하다.([箴曰] 欲行中庸之道者, 非恕不能.)" 『中庸自箴』(『定本 與猶堂全書 6』, p. 250)

99 『孟子集註』, 「告子章句上」篇 第3章의 註 "性, 形而上者也; 氣, 形而下者也. 人·物之生, 莫不有是性, 亦莫不有是氣. ……"; 『中庸章句』, 「第1章」의 註 "性卽理也. 天以陰陽五行, 化生萬物, 氣以成形而理亦賦焉."; 『朱子大全』, 卷58(「答黃道夫」), p. 5b.(中和堂) "天地之間, 有理·有氣. 理也者, 形而上之道也, 生物之本也. 氣也者, 形而下之器也, 生物之具也. 是以人物之生, 必稟此理, 然後有性; 必稟此氣, 然後有形."

일찍이 같지 않음이 없었다"[100]라고 말했던바, 바로 이러한 의미에서 '이理의 분화양태'로서의 '성性'에 있어서 인간과 만물이 동등하게 공유하는 부분이 어떤 형태로든 존재할 것이라는 사실을 일단 예감케 한다.

1

우선, 이처럼 동일한 '이理'를 타고났음에도 불구하고 인간과 여타 만물—수화水火, 초목草木, 금수禽獸 등등—이 층층으로 드러내고 있는 존재론적 차이는 어디에서 연유하는 것일까? 첫째, 주희는 이러한 차이가 단적으로 인간과 만물이 생겨날 때 각기 부여받은 '기氣의 정조精粗·정편正偏·통색通塞의 차이'에서 연유한다고 보았다.[101] 즉, ① 인간은 기氣 가운데 '정밀한 것[精]', '바른 것[正]', '통하는 것[通]', 즉 "천지天地가 정기精氣를 쌓아 (만물을 낳음에: 필자 주) 오행五行—이것은 질質이다—가운데 가장 빼어난 정기精氣를 받아 생겨난" 존재[102]인 반면에, 여타 만물은 기氣 가운데 '거친 것[粗]', '편벽된 것[偏]', '막힌 것[塞]'—물론 여기서도 그 정도에 있어 상대적 차이가

---

100 『朱子語類』, 卷4(「性理 1」), p. 58.(中華書局, 1981) "人物之生, 天賦之以此理, 未嘗不同, ……"

101 『孟子集註』, 「離婁章句下」篇 第19章의 註 "人·物之生, 同得天地之理, 以爲性; 同得天地之氣, 以爲形. 其不同者, 獨人於其間, 得形氣之正而能有以全其性, 爲少異耳."; 『孟子集註』, 「盡心章句上」篇 第38章의 註 "蓋人得天地之正氣而生, 與萬物不同, ……"; 『中庸章句』, 「第22章」의 註 "人·物之性, 亦我之性, 但以所賦形氣不同而有異耳."

또한, 주희는 다음과 같이 말하기도 하였다: "이기二氣[陰·陽: 필자 주]와 오행五行[水·火·木·金·土: 필자 주]이 교감交感하여 만 가지로 변화하기 때문에 인간과 만물이 생겨남에 (그 사이에: 필자 주) 정밀함[精]과 거칢[粗]의 차이가 있게 되었다. '하나의 기氣'라는 맥락에서 말하자면 인간과 만물은 모두 이 기氣를 받아서 생겨났지만, '정밀함과 거칢'이라는 맥락에서 말한다면 인간은 그 기氣 가운데 '정正'하고 '통通'한 것을 얻었다면 만물은 그 기氣 가운데 '편偏'하고 '색塞'한 것을 얻은 것이다. 오직 인간만이 기氣의 '정正'한 것을 얻었기 때문에 이 이理도 통通하여 막힌 데가 없음에 반하여, 만물은 그 '편偏'한 것을 얻었기 때문에 이 이理도 막히고 지知하는 것이 없는 것이다.(二氣·五行, 交感萬變, 故人·物之生, 有精·粗之不同. 自一氣而言之, 則人·物皆受是氣而生; 自精·粗而言, 則人得其氣之正且通者, 物得其氣之偏且塞者. 惟人得其正, 故是理通而無所塞; 物得其偏, 故是理塞而無所知.)" 『朱子語類』, 卷4(「性理 1」), p. 65.(中華書局, 1981)

102 『論語集註』, 「雍也」篇 第2章의 註 "天地儲精, 得五行之秀者爲人, ……"

있으며, 이 차이에 따라 만물 또한 각각 그 존재론적 서열이 층층이 매겨진다—을 받아 생겨난 존재이다. ② 그러므로 인간의 경우에는 '이理가 완전히 통하여 막힌 데가 없는' 반면에, 여타 만물의 경우에는 '이理가 조금 통通[或通一路]'—대체로 금수가 이에 해당한다—하거나, '완전히 막혀[全塞] 지각知覺도 없게 되는 것'—대체로 초목이 이에 해당한다—이다.

둘째, 이러한 맥락에서 주희는 단적으로 "인간이 여타 만물과 다른 점은 이것—기氣의 정조精粗·정편正偏·통색通塞의 차이—에 불과하다"[103]고 보았다. 이에 인간과 여타 만물 간의 존재론적 위계서열에 대한 이상과 같은 주희의 생각을 정약용의 그것과 비교하여 간단하게 그림으로 나타내 보면 【그림 3-1-6】과 같다.

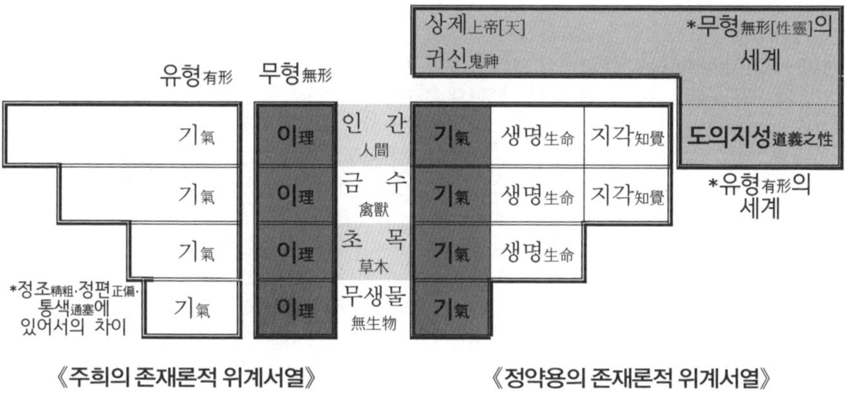

【그림 3-1-6】 주희와 정약용의 '존재론적 위계서열' 비교도

2

한편, 앞에서 잠깐 언급했던 것처럼 성性에 있어서 '인간과 여타 만물이

103 『朱子語類』, 卷4(「性理 1」), p. 66.(中華書局, 1981) "人所以與物異者, 所爭者此耳."; 『孟子集註』, 「離婁章句下」篇 第19章의 註 "其不同者, 獨人於其間, 得形氣之正而能有以全其性, 爲少異耳. 雖曰: '少異', 然人·物之所以分, 實在於此."

동등하게 공유하고 있는 부분'에 대하여 생각해 보자. 주희가 보기에 일찍이 "인간과 만물의 성性에는 '같다[同]'라고 할 것도 있고, 또한 '다르다[異]'고 할 것도 있다."[104] 첫째, 여기서 그는 전자를 '본연지성本然之性'—이를 '천지지성天地之性'이라 부르기도 한다—이라 말하였고, 후자를 '기질지성氣質之性'이라 불렀다. 즉, ① '본연지성'이란 "오로지 이理만을 가리켜 말한 것"[105]으로서, ㉠ 인간과 여타 만물이 동등하게 공유하고 있는 성性이자, 성격상 '지선至善·순선純善한 것'이다. ㉡ 또한 그는 자신이 "성즉리性卽理"라 말할 때의 '성性'과 『중용中庸』에서 "천명지위성天命之謂性"[『中庸章句』 第1章]이라 말할 때의 '성性'이 바로 이것을 가리킨다고 보았다.[106] ② 한편, '기질지성'이란 "이理와 기氣를 뒤섞어 말한 것"[107]으로서, ㉠ 인간과 만

---

104 『朱子語類』, 卷4(「性理 1」), p. 59.(中華書局, 1981) "人·物之性, 有所謂同者, 又有所謂異者."

105 『朱子語類』, 卷4(「性理 1」), p. 67.(中華書局, 1981) "論天地之性['本然之性'을 이름: 필자 주], 則專指理言; 論氣質之性, 則以理與氣雜而言之."

106 『論語集註』, 「陽貨」篇 第2章의 註 "此所謂'性', 兼氣質而言者也. ……此言氣質之性, 非言性之本也. 若言其本, 則性卽是理. 理無不善, 孟子之言'性善', 是也. 何相近之有哉!"; 『論語集註』, 「公冶長」篇 第12章의 註 "性者, 人所受之天理."; 『論語集註』, 「述而」篇 第7章의 註 "蓋人之有生, 同具此理."; 『孟子集註』, 「滕文公章句上」篇 第1章의 註 "性者, 人所稟於天以生之理也. 渾然至善, 未嘗有惡. ……程子曰: '性卽理也. 天下之理, 原其所自, 未有不善, 喜·怒·哀·樂未發, 何嘗不善? ……'"; 『孟子集註』, 「滕文公章句上」篇 第2章의 註 "人性之善, 豈不信哉!"; 『孟子集註』, 「離婁章句下」篇 第26章의 註 "性者, 人·物所得以生之理也."; 『孟子集註』, 「告子章句上」篇 第1章의 註 "性者, 人生所稟之天理也."; 『孟子集註』, 「告子章句上」篇 第2章의 註 "性卽天理, 未有不善者也. ……性本善, 故順之而無不善. ……性, 形而上者也; 氣, 形而下者也."; 『孟子集註』, 「告子章句上」篇 第5章의 註 "(則)知人之性善, 而皆可以爲堯·舜矣."; 『孟子集註』, 「告子章句上」篇 第6章의 註 "情者, 性之動也. 人之情, 本但可以爲善, 而不可以爲惡, 則性之本善, 可知矣. ……人之情, 無不好此懿德者. 以此觀之, 則人性之善, 可見, ……○程子曰: '性卽理也. ……'"; 『孟子集註』, 「盡心章句上」篇 第1章의 註 "程子曰: '心也, 性也, 天也, 一理也. 自理而言, 謂之「天」; 自稟受而言, 謂之「性」; 自存諸人而言, 謂之「心」.'"; 『孟子集註』, 「盡心章句下」篇 第24章의 註 "(然而)性善, 可學而盡. 故不謂之命也."; 『大學章句』, 「傳10章」의 註 "好善而惡惡, 人之性也."; 『中庸章句』, 「第1章」의 註 "性卽理也. ……喜·怒·哀·樂, 情也; 其未發, 則性也."; 『中庸章句』, 「第20章」의 註 "蓋人性, 雖無不善, 而氣稟有不同者. ……蓋均善而無惡者, 性也, 人所同也; 昏明·强弱之稟不齊者, 才也, 人所異也."; 『中庸章句』, 「第27章」의 註 "德性者, 吾所受於天之正理."; 『朱子語類』, 卷4(「性理 1」), pp. 66~68.(中華書局, 1981), "性只是理." "性則理也." "性便是理."

107 『朱子語類』, 卷4(「性理 1」), p. 67.(中華書局, 1981) "論天地之性['本然之性'을 이름: 필자

물이 생겨날 때 바야흐로 부여받은 기氣의 정조精粗·정편正偏·통색通塞의 차이에 의하여 각각 귀천貴賤의 구별이 있는 성性이며, 이에 성격상 '유선有善·유악有惡한 것'이다.[108] ㉡ 또한 그는 『논어論語』에서 "성상근性相近" [『論語集註』「陽貨」篇 第2章]이라 말할 때의 성性이 바로 이것을 가리킨다고 해석하였다.

둘째, 이렇게 본다면 결국 ① '본연지성'이란 이理와 본질의 측면에서 논한 '원칙적·논리적 개념'이라면, ② 반면 '기질지성'이란 기氣와 현상의 측면에서 도출된 '현실적·편의적 개념'이라고도 할 수 있겠다. 이상의 논의를 간단하게 그림으로 나타내 보면 【그림 3-1-7】과 같다.

【그림 3-1-7】 '본연·기질지성'도

주], 則專指理言; 論氣質之性, 則以理與氣雜而言之."

108 『孟子集註』, 「告子章句上」篇 第6章의 註 "張子曰: '形而後, 有氣質之性, 善反之, 則天地之性存焉. 故氣質之性, 君子有弗性者焉.' ……程子兼指其稟於氣者言之, 則人之才, 固有昏明·强弱之不同矣, 張子所謂'氣質之性', 是也. ……蓋氣質所稟, 雖有不善, 而不害性之本善, 性雖本善, 而不可以無省察·矯揉之功, 學者所當深玩也."

한편, 주희는 '기질지성'을 설명하면서 '이理'를 물에, '기氣'를 그릇에 비유하고 있다. 즉, 물은 모두 동일한 것이지만 그것을 담는 그릇의 용량에 따라 많이 담기기도 하고 적게 담기기도 하는 것처럼, '기질지성'도 기氣의 품급品級에 따라 결국 달라지게 된다는 것이다. 즉, 주희는 다음과 같이 말하였다: "인간과 여타 만물이 생겨날 때 천天이 이 이理를 부여함에 일찍이 같지 않음이 없으나, 단지 인간과 만물이 품부받은 것[氣: 필자 주]에 저절로 차이가 있을 뿐이다. 마치 동일한 강물이지만, 그대가 바가지로 뜨면 단지 한 바가지일 뿐이고, 주발로 뜨면 단지 한 주발일 뿐인 것과 같다. 한 통이나 한 항아리로 뜨는 경우도 각각 그릇의 용량에 따라서 같지 않으니, 따라서 이理 또한 (氣의: 필자 주) 용량에 따라 달라지는 것이다.(人·物之生, 天賦之以此理, 未嘗不同, 但人·物之稟受自有異耳. 如一江水, 你將杓去取, 只得一杓; 將椀去取, 只得一椀. 至於一桶·一缸, 各自隨器量不同, 故理亦隨以異.)" 『朱子語類』, 卷4(「性理 1」), p. 58(中華書局, 1981)

정약용의 '본연·기질지성' 개념에 대한 평가: 주희의 '성'론은 "심체를 직지하여 은미한 이치를 드러낸 이론으로서, 그 공로가 지대하다"

정약용丁若鏞은 이기론에 근거한 이상과 같은 정주성리학의 '본연本然·기질지성氣質之性'론과 관련하여, 일단 그 구체적인 내용을 떠나 무엇보다 이것이 끼쳤던 '유교적 계몽'의 공로를 높이 평가하는 데 주저하지 않았다. 즉, 이는 "심체心體를 직지直指하여 은미한 이치를 드러낸 이론으로서, 우리로 하여금 자기 자신을 인식하도록 해준 공로가 지대하다"[109]는 것이다.

그럼에도 정약용은 그 구체적인 내용에 있어서는 실상과 어긋남이 크다고 보면서, 이에 대한 비판적 검토에 본격적으로 착수한 바 있다. 이에 그는 이른바 '본연지성'과 '기질지성'이라는 개념들을 그 나름의 관점에서 차례대로 하나하나 검토하고 비판·거부한 바탕 위에서, 자신만의 독특한 '성性' 개념, 나아가 '인간과 여타 만물 간의 존재론적 위계서열'에 대한 독자적인 이론을 정립하기에 이른다.

정약용의 '본연·기질지성' 개념 비판①: '본연지성' 개념은 "본래 불서에서 나온 말"로 현실과 전혀 부합하지 않는다

1

우선, 정약용은 '본연지성本然之性'이란 개념이 현실과는 전혀 부합하지 않는 것으로 평가하였다. 첫째, 정程·주朱를 비롯한 송宋·원대元代의 성리학자들이 매양 "성性은 곧 이理[性卽理]"라고 주장하면서 "이理에는 대소大小도 없고 귀천貴賤도 없으며, 다만 형기形氣에 바른 것[正]과 편벽된 것[偏]이 있을 뿐이다. (형기의: 필자 주) 바른 것을 얻은 자는 이理가 두루 갖추어

109 『論語古今注 II』(『定本 與猶堂全書 9』, p. 277) "○[案] 本然·氣質之說, 直指心體, 發明隱微, 使吾人得以認己, 其功大矣. ……"

지는 반면, 편벽된 것을 얻은 자는 이理가 막히고 가려짐이 있다"고 인식하고, 나아가 성性을 '의리지성義理之性'—이는 '본연지성'을 말한다—과 '기질지성氣質之性'으로 나누어 허령불매虛靈不昧한 전자는 '순선純善'한 반면에 모든 악惡한 것은 형기形氣의 탓으로 돌리고 있는바, 정약용이 보기에 이는 절대 그렇지 않았다.[110]

둘째, "선현先賢들[程·朱를 비롯한 성리학자들: 필자 주]의 말을 살펴볼 것 같으면, (정약용 자신의 생각과는: 필자 주) 정반대로 '본연지성은 인간과 만물에 걸쳐 모두 동일하지만 기질지성은 인간과 개[萬物]에 있어 같지 않다'고 말하고 있"는데, 이 점 또한 정약용에게 있어서는 의혹투성이에 지나지 않았다.[111]

---

110 정약용은 정주성리학의 '성즉리性卽理'설과 '본연지성순선本然之性純善·기질지성유선유악氣質之性有善有惡'론에 대하여 다음과 같이 각각 비판·거부하였다: 즉 ① '성즉리'설에 대한 거부로는 『孟子要義』(『定本 與猶堂全書 7』, p. 127) "○[鏞案] (朱子以天命爲理, 又以天命之性爲本然之性, 則此注又以明本然之性無有不善者也. ……且)性非理也. 理之爲物, 歸于自然, 自然豈可以爲性乎? ……"; 『孟子要義』(『定本 與猶堂全書 7』, p. 187) "○[鏞案] ……○性者, 吾心之所好也. 告子曰: '人性不好仁·義, 必待撟揉而後可以爲之.' 若云: '所稟之天理', 則又惡能生心於撟揉乎?"; 『孟子要義』(『定本 與猶堂全書 7』, p. 228) "○[鏞案] ……夫理者何物? 理無愛·憎, 理無喜·怒, 空空漠漠, 無名無體, 而謂: '吾人稟於此而受性', 亦難乎其爲道矣."; 『中庸自箴』(『定本 與猶堂全書 6』, p. 233) "[箴曰] ……今以命·性·道·教, 悉歸之於一理, 則理本無知, 亦無威能, 何所戒而愼之, 何所恐而懼之乎?" 등이, ② '본연지성순선·기질지성유선유악'론에 대한 비판으로는 『孟子要義』(『定本 與猶堂全書 7』, p. 95) "○[鏞案] ……○今人以純乎虛靈者爲義理之性, 以由乎形氣者爲氣質之性, 千罪萬惡皆由於食色·安逸, 故凡惡皆歸之於形氣, 而虛靈不昧之體, 認之爲但具衆美·都無纖惡, 殊不然也."; 『孟子要義』(『定本 與猶堂全書 7』, pp. 192~193) "○[鏞案] ……但先正之言, 每云: '理無大小, 亦無貴賤, 特以形氣有正有偏. 得其正者, 理卽周備; 得其偏者, 理有梏蔽.' ……惡得云: '理同而氣異'乎?" 등이 있다.

111 『論語古今注 II』(『定本 與猶堂全書 9』, p. 282) "○[案] ……今先正之言, 反以爲本然之性, 人·物皆同, 而氣質之性, 人與犬不同, 顧安得無惑哉?"; 『孟子要義』(『定本 與猶堂全書 7』, p. 67) "○[鏞案] ……宋·元諸先生, 皆以四端爲本然之性, 而又以本然之性爲人·物之所同得, ……此古今學術不同處."; 『孟子要義』(『定本 與猶堂全書 7』, pp. 189~192) "○[庚戌課講] ……氣質之性, 明明人·物同得, 而先儒謂之'各殊'; 道義之性, 明明吾人獨得, 而先儒謂之'同得'. 此臣之所深惑也. ……○[鏞案] ……至云: '本然之性, 人·物皆同, 而氣質之性, 差有殊焉', 斯則品級遂同, 豈唯一原之謂哉?"; 『中庸自箴』(『定本 與猶堂全書 6』, pp. 264~265) "[箴曰] ……○……人·物同性者, 佛之言也."; 『中庸講義補』(『定本 與猶堂全書 6』, p. 284) "○[今案] ……今乃云: '健順·五常之德, 人·物同得',

마지막으로, 『능엄경楞嚴經』이나 『대혜어록大慧語錄』 등과 같은 불서佛書를 특히 강진康津에서의 적거謫居 중에 학승學僧들과 교유하며 접한 바 있었던 정약용[112]으로서는 바로 이를 근거로 "'본연本然'의 설說은 본래 불서佛書에서 나온 말"[113]로 단언하면서, "만약 이 말의 이치가 참으로 옳은 것이라면 우리[儒家: 필자 주]가 아는 것과 다르다는 이유만으로 버릴 수는 없는" 것이겠지만 "다만 이 말에는 반드시 통할 수 없는 점이 있"기 때문에 받아들일 수 없을 뿐만 아니라, 나아가 이와 같은 '본연의 설'로써 공孔·맹孟의 경전을 해석함은 더욱 가당치 않은 것으로 치부하였다.[114] 왜냐하면 '본연·기질의 설'은 원래 사서四書와 육경六經에는 나오

孰主孰奴? 都無等級, 豈上天生物之理本自如此乎?"; 『中庸講義補』(『定本 與猶堂全書 6』, p. 286) "○[今案] ……朱子於性道之說, 每兼言人·物, 故其窒礙難通, 多此類也."; 『中庸講義補』(『定本 與猶堂全書 6』, p. 295) "朱子曰: '天地萬物, 本吾一體.'【見『章句』】……○[今按] '萬物一體', 其在古經, 絶無此語. ……草木·禽獸, 安得與吾爲一體乎?"; 『中庸講義補』(『定本 與猶堂全書 6』, p. 363) "○[今案] ……但所謂'理同'者, 不惟曰: '其受命同也', 竝其所稟靈妙之理, 人·物皆同. 特以其氣異之, 故四德不能全具而有所偏·塞, 則與佛家水月之喩, 大意未遠."; 『梅氏書平』, 「閻氏『古文疏證』鈔 1」(『定本 與猶堂全書 13』, pp. 355~356) "今人謂: '本然之性, 人物同得; 氣質之性, 人物異稟', 則人之所以異於禽獸者, 形氣也, 君子存形氣, 小人去形氣, 自不可解."

한편, 정약용은 성리학자들이 '인성人性과 물성物性 간의 차이'를 '이일분수理一分殊'의 논리로 설명하는 것에 대해서도 비판한 바 있다: "참으로 이理가 하나라면 어떻게 (만 가지로: 필자 주) 달라질 수 있겠는가? '이理는 하나'라는 설은 유폐流弊가 있는 듯하다.(○[鏞案] 誠若理一, 何得分殊? 理一之說, 恐有流弊.)" 『孟子要義』(『定本 與猶堂全書 7』, p. 246)

112 『孟子要義』(『定本 與猶堂全書 7』, p. 123) "○[鏞案] ……余流落南荒, 居深山之中, 從經僧觀佛書, ……"

113 『論語古今注 II』(『定本 與猶堂全書 9』, p. 282) "○[案] ……'本然'之說, 本出佛書. 『楞嚴經』曰: '如來藏性, 淸淨本然.'【第三篇】『楞嚴經』曰: '非和合者, 稱本然性.' 又曰: '譬如淸水, 淸潔本然.'【第四篇】『楞嚴經』曰: '眞性本然, 故名眞實.'【第八篇】長水禪師語廣照和尙曰: '如來藏性, 淸淨本然.'【出『大慧語錄』】本然之性, 明是佛語, ……"; 『孟子要義』(『定本 與猶堂全書 7』, p. 95) "○[鏞案] ……○……凡以虛靈之體, 謂: '純善無可惡之理'者, 佛氏之論也. ……○[鏞案] ……【吳程有本然之說, 然本然之名, 本出『楞嚴經』】"; 『孟子要義』(『定本 與猶堂全書 7』, p. 123) "○[鏞案] ……佛氏之言, 最不近理. ……其所論心性之理, 皆無原本, 亦無究竟, 大不近理. 不知有宋諸先生何故每云: '佛氏近理.'"; 『中庸講義補』(『定本 與猶堂全書 6』, p. 363) "○[今案] ……又取『首楞嚴』本然之說, 名吾性曰: '本然之性', ……"; 『梅氏書平』, 「閻氏『古文疏證』鈔 1」(『定本 與猶堂全書 13』, pp. 357~358) "○[按] ……但'本然'二字, 原出『首楞嚴經』'如來藏性, 淸淨本然'之語.【'本然之性', 累見佛書, 不止是】差屬未安, ……而'本然'二字, 其義不端, ……"

지 않을 뿐만 아니라, 최소한 맹자孟子의 시대까지만 해도 아예 존재하지 않았던 것이기 때문이다.[115] 즉, "불씨佛氏[釋迦: 필자 주]의 말에 의하면, 이 이치[理]란 것은 원래 대소大小나 치혜癡慧의 차이가 없기 때문에 인간에게 있으면 인간이, 소에게 있으면 소가, 초명焦螟[모기의 눈썹에 집을 짓고 산다는 극히 작은 벌레: 필자 주]에게 있으면 초명이 된다. ……그러므로 그는 '인간이 죽어서 소가, 소는 죽어서 초명이, 초명은 다시 변화하여 인간이 됨으로써 끊임없이 낳고 또 낳아 끝없는 윤회輪回를 거듭한다'고 말했"[116]던 것인데, 정약용이 보기에는 이것이 이른바 인간과 만물에 걸쳐 동일하다는 '본연지성'에 대한 본래적 설명으로서, 그 자체는 이미 실상과는 매우 어긋나는 불합리한 개념에 지나지 않았다.

2

한편, 정약용이 '본연지성'에 대해 이상과 같은 비판적 입장을 견지한 이유를 구체적으로 소개하면 다음과 같다: 첫째, 적어도 정약용의 해석에 따르자면, ① 불가佛家에서는 이른바 청정법신清淨法身을 '시작이 없는[無始]' 때부터 그 어떤 다른 존재의 지음을 받지 않은 채 원래 '스스로 존재해온[自在]' 것이며, 동시에 앞으로도 영원히 그렇게 스스로 존재할 것으로 본다. 바로 그렇기 때문에 이것을 '시작도 없고 끝도 없는[無始無

114 『論語古今注 II』(『定本 與猶堂全書 9』, p. 282) "○[案] ……'本然'之說, 本出佛書. ……本然之性, 明是佛語, 豈可以此解孔·孟之言乎? ……苟其理眞是, 則豈以其異乎吾所聞而廢之? 但其言有必不可通者, ……"

115 『孟子要義』(『定本 與猶堂全書 7』, pp. 189~191) "○[庚戌課講] ……伏惟本然·氣質之說, 不見六經, 不見四書. ……孟子之時, 本無本然之說, 豈可執後出之謬名, 欲以解先聖之微言乎?"; 『孟子要義』(『定本 與猶堂全書 7』, p. 67) "○[鏞案] ……宋·元諸先生, 皆以四端爲本然之性, 而又以本然之性爲人·物之所同得, ……此古今學術不同處."; 『中庸講義補』(『定本 與猶堂全書 6』, p. 285) "○[臣對曰] ……若云: '性寓於質'則可, 若於天命之外, 別立氣質之性, 則在古無徵, ……"; 『心經密驗』, 「心性總義」(『定本 與猶堂全書 6』, p. 200) "'本然'二字, 旣於六經·四書·諸子百家之書, 都無出處."

116 『論語古今注 II』(『定本 與猶堂全書 9』, p. 282) "○[案] ……佛氏之言, 此理本無大小, 亦無癡慧. 寓於人則爲人, 寓於牛則爲牛, 寓於焦螟則爲焦螟, ……故其言曰: '人死而爲牛, 牛死而爲焦螟, 焦螟復化爲人, 世世生生, 輪轉不窮.'"

終]' 존재로 보면서 '본연本然'이라고 부르고 있는바, 그 의미는 '본래부터 스스로 그러하다[本來自然]'는 말이라고 한다. ② 한편, 정약용이 보기에 인간은 '정신[性靈]'과 '몸[形軀]'이 혼연한 한 덩어리로 결합[妙合]되어 있는 존재이다. ㉠ 그리고 정신은 '상제上帝의 명命[天命]'에 따라 부여받은 것이요, 몸은 '부모父母'에게서 부여받은 것이다. 따라서 그 어느 쪽을 보아도 '시작이 없다[無始]'라고 할 것이 없다. 그리고 '시작이 없다'라고 할 것이 없으면 또한 '본연'이라고 부를 것도 없는 것이다.[117] ㉡ 결국, 이러한

117 『論語古今注 II』(『定本 與猶堂全書 9』, pp. 277~278) "○[案] ……佛家謂: '淸淨法身, 自無始時, 本來自在.' 不受天造, 無始無終, 故名之曰: '本然', 謂: '本來自然'也. 然形軀受之父母, 不可曰: '無始'也; 性靈受之天命, 不可曰: '無始'也. 不可曰: '無始', 則不可曰: '本然'."

또한, 정약용은 동일한 문제의식 하에서 한평생 동안 일관되게 다음과 같이 반복적으로 역설한 바 있다: "불씨佛氏는 '여래장如來藏의 성性은 청정淸淨함이 본래 그러하다[淸淨本然]'고 말했으니, 이를테면 '본연지성本然之性은 순선무악純善無惡하여 조그마한 티끌이나 찌꺼기도 없이 맑고 밝으나, 다만 혈기血氣에 새로 훈습되는 것[新薰] 때문에 죄악罪惡에 빠진다'는 것이다. 송대宋代의 여러 선생들이 모두 이 설을 따랐다. ……불씨는 본연本然을 숭상하고 찬양함에 새로 훈습되는 것을 깊이 허물하여 그의 마음에는 만약 새로 훈습되는 것이 없다면 전혀 악惡을 범할 이치가 없다고 여긴다. ……본연의 뜻에 대해 세상에서는 대부분 깨닫지 못하고 있다. 불서佛書에 의거하면, 본연이란 '시작도 없이 스스로 존재한다'는 뜻이다. 유가儒家에서는 '우리는 천天에서 명命을 받았다'고 말하지만, 불씨는 '본연지성이란 명命을 받은 바도 없고 처음 생겨난 바도 없다. 천지天地 사이에 스스로 존재하면서 끝없이 윤회한다. 인간이 죽어서 소가 되고, 소가 죽어서 개가 되며, 개는 죽어서 인간이 되지만, 그 본연의 체體는 맑고 투철하게 스스로 존재한다'고 말한다. 이것이 이른바 '본연지성'이다. 천天을 거역하고 명命을 업신여기며, 이理를 거스르고 선善을 해침이 본연의 설보다 심한 것이 없다. 선유先儒들이 우연히 한번 차용借用한 것인데, 요즘 사람들은 그 내력도 알지 못한 채 입만 열면 곧 본연지성을 말한다. '본연'이란 두 글자는 이미 육경六經·사서四書와 제자백가諸子百家의 글에 전혀 나오는 곳이 없다. 오직 『수능엄경首楞嚴經』에서만 중언부언하고 있을 뿐이니, 어찌 그것이 옛 성인聖人들께서 말씀하신 바와는 아득하여 서로 합치되기를 바라겠는가?(佛氏謂: '如來藏性, 淸淨本然'【『楞嚴經』】, 謂: '本然之性, 純善無惡, 無纖毫塵滓, 瑩澈光明, 特以血氣新薰之故, 陷於罪惡.' 有宋諸先生, 皆從此說. ……佛氏崇讚本然, 深咎新薰, 其心以爲, 若無新薰, 都無犯惡之理. ……本然之義, 世多不曉. 據佛書, 本然者, '無始自在'之意也. 儒家謂: '吾人稟命於天', 佛氏謂: '本然之性, 無所稟命, 無所始生, 自在天地之間, 輪轉不窮, 人死爲牛, 牛死爲犬, 犬死爲人, 而其本然之體, 瑩澈自在.' 此所謂'本然之性'也. 逆天慢命, 悖理傷善, 未有甚於本然之說. 先儒偶一借用, 今人不明來歷, 開口便道本然之性. '本然'二字, 旣於六經·四書·諸子百家之書, 都無出處. 唯『首楞嚴經』重言復言, 安望其與古聖人所言, 沕然相合耶?)" 『心經密驗』, 「心性總義」(『定本 與猶堂全書 6』,

맥락에서 볼 때, 최소한 인간이란 존재와 관련해서는 '본연'이라는 개념은 설 자리가 없게 된다.

둘째, 정약용이 보기에 구체적인 경험적 사례를 통해서도 '본연지성'이란 개념은 허구이다. ① 인성人性에 포함된 바는 광범위하여, 어떤 사람은 구류백가九流百家의 서적을 모조리 외우면서 한 글자도 틀리지 않기도 하고, 또 다른 사람은 천문天文과 역법曆法 및 『주역周易』에 나오는 「단전彖傳」과 「상전象傳」의 오묘한 이치를 모조리 깨달아 막힘이 없기도 한다. ② 그런데 인간과 만물이 모두 똑같은 '본연지성'을 가지고 있다면, ㉠ 어찌하여 초명焦螟이라는 벌레는 『주역』을 강론하고 역상曆象을 계산하며 인仁·의義를 행하고 예禮·지智를 쓰지 못한 채 고생스럽게 자신의 분수를 지키며 답습하고 있는 것일까? 그리고 소의 발목은 노둔해서 본디 붓을 들어 글자를 쓸 수 없고, 입술은 어눌해서 본디 말을 하여 문장을 이룰 수 없다. 하지만 그래도 그 눈은 흑백黑白을 구별할

---

pp. 198~200); "'본연本然'이란 두 글자가 타당하지 않은 것은 무엇 때문인가? '본연'이란 '윤회輪廻'라는 뜻이다. 불씨佛氏가 말한 '이 한 조각 청정淸淨한 진여眞如의 본체本體'라는 것은 명命을 받은 바도 없고 처음 시작한 바도 없어, 이미 천지가 생기기 전 텅 비고 고요하여 아무런 조짐도 없는[冥漠無眹] 때로부터 본래 그러한 것으로 스스로 존재하여[本然而自在] 맑고 맑아 더러움이 없는 것이라 한다. 한 번 태어난 처음으로부터 붉은 것과 흰 것이 서로 물들어 마침내 더럽고 탁하게 됨에 살아서는 탐내고 음란하고 성내고 원망하다가 이미 죽어서 벗어나게 되면 이 육신에서 떨어져나가 다시금 청정해졌다가 윤회하여 개나 소로 태어나 또다시 더러움을 받게 된다. 그 시작도 없이 스스로 존재하는 것이 본연지성本然之性이고, 태어나 물들게 되는 것이 기질지성氣質之性이니, 혹 '신훈新薰'이라고도 하고 혹 '구염舊染'이라고도 한다. 이로 말미암아 보자면, '본연'이란 두 글자는 극히 이치에 어긋나니, 선유先儒들이 어찌하여 고생스럽게 이를 차용借用하면서도 의심하지 않았는지 그 이유를 모르겠다. 오도吾道에서 말하는 '성性'이란 본디 천명天命에서 연유한 것이다. 이미 받은 바가 있으니 본연이 아니요, 시작이 없는 것도 아니요, 스스로 존재하는 것도 아닌 것이다.(○[按] ……'本然'二字之爲未安, 何也? '本然'者, '輪廻'之義也. 佛氏謂: '此一片, 淸淨之眞如本體', 無所受命, 無所肇始, 已自冥漠無眹之時, 本然而自在, 淸澈無汚. 一自投胎之初, 赤白相染, 遂成汚濁, 以生貪淫嗔恚, 旣死旣出, 離此肉身, 又復淸淨, 轉而投胎, 爲犬·爲牛, 又復受汚. 其無始自在者, 爲本然之性, 其投胎受染者, 爲氣質之性, 或稱'新薰', 或稱'舊染'. 由是觀之, '本然'二字極悖, 不知先儒何苦借用之不疑也. 吾道言性, 本由天命. 旣有所受, 則非本然也, 非無始也, 非自在也.)" 『梅氏書平』, 「閻氏『古文疏證』鈔 1」(『定本 與猶堂全書 13』, p. 363)

수 있고 그 귀는 시끄러운 것과 조용한 것을 구별할 수 있으니, 시험 삼아 소에게 문자文字를 가르친다면 머리를 끄덕이며 자신의 뜻은 표시할 것도 같은데, 왜 실제로는 그렇지 못한 것일까? 더욱이 인간과 만물의 '본연지성'이 참으로 같다면, 모든 인간들은 물론이고 한 걸음 더 나아가 모든 만물까지도 모조리 요堯·순舜이 될 수 있다는 이야기가 되는데, 실제로 그러한가?[118] ㉡ 결국 이와 같은 의문들이 정약용으로 하여금 '본연지성'이라는 개념을 거부하게 했던 또 하나의 이유였다.

마지막으로, 정약용이 '본연지성'이라는 개념을 거부하는 또 다른 이유는 그 자신의 존재론적 관점과 관련이 있다. ① 적어도 그의 관점에서 볼 때, ㉠ '유형의 세계' 내에서의 모든 존재는 그 '형체形體'에 있어 본래부터 귀천貴賤·미악美惡의 등급이 있을 뿐만 아니라, 이것에 상응하여 그 '성性'에 있어서도 본래 등급이 없을 수 없다. ㉡ 또한 "하나의 사물에는 하나의 성性이 있을 뿐이지 하나의 사물 내에 (본연지성과 기질지성처럼: 필자 주) 두 개의 성性이 함께 존재할 수는 없다. ㉢ 그리고 애써 이를 구분하고자 한다면 마땅히 사등급四等級으로 나누어야 할 것"[119]으로 그는 보았다. ㉣ 더욱이 사등급의 존재론적 위계서열에서 가장 높은 위치를 점유하고 있는 인간은, 금수 이하의 존재는 결코 가질 수 없는 '도의지성道義之性'—이것은 상제上帝[天]가 인간이 태어날 때 특별히 부여한 바로서, '성령性靈[無形]의 세계'에 속하는 것이다—을 자신의 성性에 있어 하나의 핵심적 요소

118 『論語古今注 II』(『定本 與猶堂全書 9』, pp. 282~283) "○[案] ……何獨焦螟之蟲, 不能講『周易』·算曆象·行仁義·用禮智, 而苦焦螟之分, 是守是蹈哉? 苟使本然之性, 人·物皆同, 則牛之足鈍, 固不能執筆寫字, 牛之脣訥, 固不能發言成章. 然其目猶足以辨黑白, 其耳亦足以辨聲寂, 試敎之文字, 豈不點頭以示意乎? 人性之所包函, 博矣. 九流百家之書, 有能全誦而不錯者矣. 天文曆法, 「象」·「象」之妙, 有能全悟而不滯者矣. ……而本然之性則人·物皆同, 審如是也, 不特人皆可以爲堯·舜, 凡物之得本然之性者, 亦皆可以爲堯·舜, 豈可通乎?"

119 『論語古今注 II』(『定本 與猶堂全書 9』, p. 281) "○[案] ……天旣賦形, 有貴賤·美惡, 而其所賦之性, 通用一等, 有是理乎? 一物各具一性, 並無一物之內, 函有二性者. 然苟欲甚分, 當分四等."

로 포괄하고 있으며, 바로 이 때문에 인간은 이 유형의 세계 내에서는 독보적인 '주인主人의 지위'를 점유하고 있는 것이다. ② 이에 정약용은 다음과 같이 말한 바 있다: "아! 우러러 하늘을 바라보면 해와 달과 뭇 별들이 죽 늘어서 있으며, 구부려 땅을 바라보면 뭇 초목들과 금수들이 질서정연하게 살아가고 있는데, 이 모두가 인간을 비춰주고 인간을 따뜻하게 해주고 인간을 길러주고 인간을 섬기니, 그렇지 않은 것이란 하나도 없다. 이 세상을 주관하는 자가 인간이 아니라면 달리 무엇이겠는가? 천天[上帝]은 이 세상을 한 집으로 생각하여 인간은 선善을 행하도록 하였고, 해와 달, 별, 초목, 조수鳥獸는 이 집을 받드는 존재로 삼았다. 그런데 지금 (이른바 '본연지성'이라는 개념을 따른다면 인간을 겨우: 필자 주) 초목 및 조수와 더불어 번갈아가며 한 번씩 주인이 되게 하는 꼴이 되니, 이 어찌 사리에 합당한 이야기이겠는가!"120

정약용의 '본연·기질지성' 개념 비판②: '기질지성' 개념은 불필요한 동시에 잘못된 것이다

1

다음으로, 정약용이 보기에 '본연지성本然之性'이라는 개념은 그래도 현실적합성의 측면에서 최소한 한번은 문제시할 필요성이 있었던 개념이지만, '기질지성氣質之性'이라는 개념에 대해서는 아예 그러한 필요성조차 느끼지 못하였다. 우선, 이미 살펴본 바대로 주희는 첫째, '이기론'이라는 자신의 형이상학에 근거하여 직접 현실세계의 형성과 변화를 설명하였다. ① 이러한 사실은 곧 그의 설명도식에서는 이른바 '이치[道理]'와 '사실[物理]', '당위[Sollen]'와 '존재[Sein]' 및 '인간사회'와 '자연'이라는 두

---

120 『論語古今注 II』(『定本 與猶堂全書 9』, p. 283) "○[案] ……嗟呼! 仰觀乎天, 則日月·星辰森然在彼, 俯察乎地, 則草木·禽獸秩然在此, 無非所以照人·煖人·養人·事人者. 主此世者, 非人而誰? 天以世爲家 令人行善, 而日月·星辰·草木·鳥獸爲是家之供奉. 今欲與草木·鳥獸, 遞作主人, 豈中於理乎?"

영역이 서로 분리되지 않았음을 의미하기도 한다.[121] ② 따라서 그의 이론에서는 항상 '이치'와 '사실' 간의 긴장이라는 요소가 어떤 형태로건 내포될 수밖에 없었고, 이에 이러한 긴장을 나름대로 완화·해소—물론 엄밀한 의미에서는 결코 아니었지만—하는 데 필요한 개념 또한 필수적으로 요청되고 있었던 것이다.

둘째, 그런데 '기질지성'이란 개념이 바로 이러한 '부수적 요청개념'의 한 전형적 사례에 해당하였다. ① 상기한 바대로, 주희는 인간과 여타 만물이 생겨날 때, 즉 이들이 '이理'와 '기氣'의 분화양태인 '성性'과 '형形'을 각각 부여받을 때, 이 이理는 일찍이 같지 않음이 없을 뿐만 아니라, 나아가 이 이理의 분화양태로서의 성性은 본질적으로 '지선至善·순선純善한 것'임을 주장한 바 있다. ② 이에 주희의 이러한 설명은 '이치'와 '사실' 간의 두 가지 긴장을 필연적으로 함축하고 있었다. 즉, ㉠ 그 하나는 '인간과 여타 만물이 동일한 성性을 가지고 생겨났다'는 사실과 '인간과 여타 만물 간에, 그리고 만물 그 자체 간에서도 존재론적 차이가 현실적으로 엄존하고 있다'는 사실 간에 드러나고 있는 긴장이요, ㉡ 다른 하나—논의를 일단 인간사회에 한정시켜볼 때—는 '인간은 모두가 지선·순선한 본성本性을 가지고 태어났다'는 사실과 '현실적인 인간사회에서는 선인善人도 있고 악인惡人도 있으며, 또한 같은 한 인간의 경우에도 한때는 선하다가 다른 때는 악하기도 하다'는 사실 사이에서 노정되는 긴장이 바로 그것이다. ③ 그런데 주희는 결국 이러한 두 가지 긴장을 '기질지성'이란 개념을 도입함으로써 일거에 해소시키고자 했던 것이다.[122]

---

121 바로 이러한 맥락에서 볼 때, 주희가 말하는 '격물格物·치지致知'와 관련하여 '격물이 소이연지고所以然之故인 존재[Sein]의 법칙을 다룬다'면, '치지란 소당연지칙所當然之則인 당위[Sollen]의 법칙을 다룬다'는 식으로 이분법적으로 구분하여 인식·설명하고자 하는 기존의 일부 시각은 기본적으로 문제가 있다. 왜냐하면, 주희가 말한바 '격물'의 대상인 이른바 '물리物理'란 것은 기실 존재와 당위, 천리天理와 인도人道, 자연세계의 법칙과 인간사회의 원리를 구분하지 않고 통일적으로 포괄하는 개념이기 때문이다.

122 주희는 전자의 긴장과 관련해서는 인간과 만물이 생겨날 때 부여받은 기氣[形]의

2

한편, 정약용의 관점에서는 주희의 이상과 같은 노력은 한마디로 불필요한 것인 동시에 잘못된 것이기도 하였다. 그 이유를 들자면 다음과 같다: 첫째, 정약용이 보기에 적어도 유형의 세계 내에서의 모든 존재는 그 '형체形體[形]'에 있어 본래부터 귀천貴賤·미악美惡의 등급이 있을 뿐만 아니라, 이에 상응하여 그 '성性'에 있어서도 처음부터 질적으로 상이한 등급이 엄존하였다. 따라서 그에게는 주희의 '기질지성'과 같은 요청 개념이 애당초 필요하지 않았다.

정조精粗·정편正偏·통색通塞의 차이에 따라 각각 귀천貴賤의 구별이 있게 되는 성性으로서의 '기질지성'의 개념을 도입함으로써, 그리고 후자의 긴장과 관련해서는 인간이 태어날 때 저마다 부여받은바 기氣의 혼명昏明·청탁淸濁에 따른 '기질지성'의 상대적 차이를 인간사회에서의 도덕적 선善·악惡의 문제와 직접적이고도 결정론적인 방식으로 연결시킴으로써 해소시키려고 하였다. 특히, 후자의 문제와 관련하여 주희는 다음과 같이 말한 바 있다: "……그러나 인간이 부여받은 바에 대하여 이야기하자면 또다시 (氣에 있어: 필자 주) 혼명昏明·청탁淸濁의 차이가 있다.(……然就人之所稟而言, 又有昏明·淸濁之異.)" 『朱子語類』, 卷4(「性理 1」), p. 66.(中華書局, 1981); "인간의 덕성德性은 본래 갖추어지지 않은 것이 없으나, 또한 타고난 기질氣質이 편벽되지 않은 자는 드물다.(人之德性, 本無不備, 而氣質所賦, 鮮有不偏.)" 『論語集註』, 「述而」篇 第37章의 註; "인간의 성性은 모두 다 선善한데도, 그 종류에 선善과 악惡의 다름이 있는 것은 기질[氣]과 습관[習]의 물들임 때문이다.(人性皆善, 而其類有善·惡之殊者, 氣·習之染也.)" 『論語集註』, 「衛靈公」篇 第38章의 註; "여기에서 말한 성性['性相近'에서의 性: 필자 주]은 기질氣質을 겸하여 말한 것이다. 기질지성氣質之性에는 본디 좋고 나쁜 차이가 있다. 그러나 그 처음을 가지고 말한다면 모두 서로 크게 멀지 않다.(此所謂性, 兼氣質而言者也. 氣質之性, 固有美·惡之不同矣. 然以其初而言, 則皆不甚相遠也.)" 『論語集註』, 「陽貨」篇 第2章의 註; "정자程子는 기氣에서 받은 것을 겸지兼指하여 말씀하셨으니, 그렇다면 인간의 재질才質은 진실로 혼명昏明과 강약强弱의 같지 않음이 있는 것이니, 장자張子가 말씀하신 '기질지성氣質之性'이란 것이 이것이다.(程子兼指其稟於氣者言之, 則人之才, 固有昏明·强弱之不同矣, 張子所謂'氣質之性'是也.)" 『孟子集註』, 「告子章句上」篇 第6章의 註; "하늘이 생민生民을 내림으로부터 이미 인仁·의義·예禮·지智의 성性을 부여하지 않음이 없건마는, 그 기질氣質을 받은 것이 혹 고르지 못하기도 하다. 이 때문에 모두 그 본성本性의 소유한 것을 알아 온전히 함이 있지 못한 것이다.(蓋自天降生民, 則旣莫不與之以仁·義·禮·智之性矣, 然其氣質之稟, 或不能齊. 是以不能皆有以知其性之所有而全之也.)" 『大學章句』, 「大學章句序」; "한결같이 선하고 악함이 없는 것은 성性이니 인간에게 동일한 바요, 품수稟受한 바에 혼명昏明·강약强弱의 고르지 못함이 있는 것은 재질才質이니 인간에게 상이한 바다.(蓋均善而無惡者, 性也, 人所同也; 昏明·强弱之稟不齊者, 才也, 人所異也.)" 『中庸章句』, 「第20章」의 註; "인간의 성性은 같지 않음이 없으나 기氣에는 다름이 있다.(蓋人之性無不同, 而氣則有異.)" 『中庸章句』, 「第23章」의 註.

둘째, 논의를 '인간의 성性'에만 한정시킬 경우에도 '기질지성'이라는 개념은 불필요한 천착穿鑿의 결과에 불과하였다. 즉, ① 정약용이 보기에 '인간의 성性'이란 '기氣'라는 질료質料의 바탕 위에 초목과 같은 '생명生命', 금수와 같은 '지각知覺'에다가 인간에게만 고유한 신묘영통神妙靈通한 '도의지성道義之性'으로 구성되어 있다. ② 그러나 이러한 사실을 두고 일체一體에 삼성三性이 따로따로 분리된 채 정립鼎立하고 있는 것으로 볼 수는 없다. ㉠ 만일 그러하다면 영묘靈妙는 단절되어 죽었으면서도 여전히 촉각觸覺은 살아있는 자가 반드시 있을 것이며, 이미 촉각은 단절되었어도 아직 생명生命은 유지하고 있는 자도 반드시 있을 것이기 때문이다. ㉡ 그러나 이러한 현상은 없다. 즉 ㉮ 어느 시대의 어떤 인간이든지 살면 이 세 가지가 전부 살고 죽으면 전부 죽게 되는 것이지, 이와 같은 차등이 생기지는 않는다. ㉯ 결국 이러한 사실을 두고 볼 때, '인간의 성性'이란 '일체一體 속에 삼성三性이 오묘하게 결합'되어 분리되지 않은 채로 존재하고 있는 것이며, ③ 따라서 그는 '성性' 그 자체를 또다시 나누어 새삼스럽게 '본연'이니 '기질'이니 떠드는 것 자체가 불필요하면서도 잘못된 천착으로 보았다.[123]

셋째, 정약용도 ① 물론 '산천풍기山川風氣의 강剛·유柔' 및 '부모父母의 정혈精血이 지닌 청淸·탁濁'의 정도에 따라 사람들 사이에 '기질氣質의 차이'가 생김을 인정하고 있다. 그럼에도 이러한 차이가 어떤 사람의 '혜慧·둔鈍의 원인'은 될지언정, 주희가 주장하는 것처럼 그 사람의 '선善·악惡의 원인'이 되는 것은 결코 아니었다.[124] 왜냐하면 정약용이 보기에

123 『論語古今注 II』(『定本 與猶堂全書 9』, p. 278) "○[案] ……惟一大體之中, 含生如草木·知覺如禽獸, 又能窮『易』象·算歷數, 而神妙靈通, 不可曰: '一體之中, 三性鼎立'也. 若一體之中, 三性鼎立, 則人必有靈妙已絶而猶能觸覺者, 觸覺已絶而猶能生活者. 何世之人, 活則全活, 死則全死, 不如是之差池也. 其妙合而不能離, 居可知矣. 夫旣妙合而不能離, 則命之曰: '本然之性, 氣質之性', 磊磊落落, 確分二體, 恐亦有差舛者."

124 『論語古今注 II』(『定本 與猶堂全書 9』, p. 278) "○[案] ……但山川風氣·父母精血, 受之爲氣質, 不能無淸濁·厚薄之差. 故大體之囿於是者, 隨之有慧鈍·通塞之異."; 『論語古今注 II』(『定本 與猶堂全書 9』, p. 286) "○[案] ……若夫山川風氣之剛柔, 父母精血之

선善·악惡을 위시한 모든 '덕德'이란 구체적인 '실천행위[行事] 이후에야 비로소 그 명칭이 성립되는 것'이기 때문이다.[125] ② 한편 이러한 사실은 정약용의 세계관이 주희의 경우와는 달리 이미 일정한 수준에서 '이치[道理]'와 '사실[物理]', '당위[Sollen]'와 '존재[Sein]' 및 '인간사회'와 '자연'이라는 두 영역을 명확하게 구분하여 인식하고 있었음을 함축하는 주목할 만한 '인식론적 사안'이기도 하다.[126]

淸濁, 所以爲慧·鈍, 非所以爲善·惡. ……慧者多惡, 鈍者多善, 何得咎氣質哉?"

125 『論語古今注 II』(『定本 與猶堂全書 9』, p. 133) "○[案] 仁者, 非本心之全德, 亦事功之所成耳. ……"; 『論語古今注 II』(『定本 與猶堂全書 9』, p. 222) "○[案] ……若仁之名, 必待行事而成焉."; 『孟子要義』(『定本 與猶堂全書 7』, p. 68) "○[鏞案] 仁·義·禮·智之名, 成於行事之後. 故愛人而後謂之'仁', 愛人之先, 仁之名未立也. 善我而後謂之'義', 善我之先, 義之名未立也. 賓主拜揖而後, 禮之名立焉; 事物明辨而後, 智之名立焉."; 『孟子要義』(『定本 與猶堂全書 7』, p. 187) "○[鏞案] ……爲仁者, 行仁也; 爲義者, 行義也. 行之·爲之而後, 仁·義之名立焉."; 『孟子要義』(『定本 與猶堂全書 7』, p. 196) "○[鏞案] ……若其仁·義·禮·智之名, 必成於行事之後."; 『孟子要義』(『定本 與猶堂全書 7』, p. 208) "○[鏞案] ……實行旣著, 乃稱爲德, ……"; 『孟子要義』(『定本 與猶堂全書 7』, p. 254) "○[鏞案] ……○……毋論仁·義·禮·智, 本以行事得名."; 『大學公議』(『定本 與猶堂全書 6』, p. 80) "○[又按] ……心本無德, 惟有直性, 能行吾之直心者, 斯謂之德.【德之爲字, 行直心】 行善而後, 德之名立焉. 不行之前, 身豈有明德乎?"; 『大學公議』(『定本 與猶堂全書 6』, p. 89) "○[答曰] ……然先聖之治心·繕性, 每在於行事, 行事不外於人倫."; 『大學公議』(『定本 與猶堂全書 6』, p. 105) "○[議曰] ……○……若馳心於空寂之地, 則無緣有德, 行事而后, 德之名立焉."; 『中庸自箴』(『定本 與猶堂全書 6』, p. 269) "[箴曰] 德者, 行吾之直心也. 不行, 無德也. 孝·弟·忠·信, 仁·義·禮·智, 斯爲之德, 未及躬行, 安有德乎?"; 『中庸講義補』(『定本 與猶堂全書 6』, p. 284) "○[今案] ……仁·義·禮·智之名, 本起於吾人行事, 並非在心之玄理."; 『中庸講義補』(『定本 與猶堂全書 6』, p. 348) "○[臣對曰] 仁·義·禮·智之名, 成於行事之後."

126 정약용은 일찍이 자신의 '지식'론 및 '윤리'론의 일단을 통하여 기존의 정주성리학이 표방한바 '천인합일天人合一'의 질서감각을 비판하는 가운데, 명확히 '도리道理[Sollen]'와 '물리物理[Sein]'를 준별하는 이른바 '인식론적 각성'을 표명한 바 있다. 대표적으로는 ① 효제孝弟와 예의禮義로 표상되는 '도리道理[도덕학, Sollen]'와 이용후생利用厚生과 백공기예百工技藝로 대변되는 '물리物理[자연학, Sein]'를 분명히 구분하여 인식한 점,[「技藝論 3」(『定本 與猶堂全書 2』, p. 284)] ② '일식日蝕·월식月蝕'에 대한 이해와 관련하여 "달이 해를 가리면 일식日食이 되고, 지구가 해를 가리면 월식月食이 된다(月揜日爲日食, 地揜日爲月食, 吾旣得而聞之矣)"[「碗浮靑說」(『定本 與猶堂全書 2』, p. 211)]거나 "달이 해를 가리면 일식日食이 되고 지구가 해를 가로막으면 월식月食이 되는 이것은 진실로 바른 이치입니다([臣對曰] 月掩日爲日食, 地隔日爲月食, 此固正理)"[『詩經講義』(『定本 與猶堂全書 10』, p. 216)]라는 전제 하에 "일식日食과 월식月食이 일어나는 것은 명백히 궤도상 그렇게 되게끔 되어 있는 것이니, 이것은 재앙災殃이 아니다(日月交食, 明有躔次, 此非災也.)"[「上仲氏【辛未冬】」(『定本 與猶堂全書 4』,

p. 210)]라거나 "일월日月이 번갈아 먹는 것[食]은 모두 궤도상 그렇게 되게끔 되어 있어서이지, 요堯 덕분에 줄거나 걸桀 때문에 늘어나는 것이 아니다([補曰] 日月交食, 皆有躔次, 不以堯減, 不以桀增)"[『詩經講義補遺』(『定本 與猶堂全書 10』, p. 378)]라고 주장함으로써 종래 천인합일의 질서감각에 근거한바 전통적 '재이災異'관을 비판·거부한 점, ③ '자연현상과 정치의 기운이 서로 감응한다'는 이른바 '기수설氣數說'과 관련하여 "신臣이 생각하기에 천지天地 사이에는 본디 기수氣數가 없으며, 성하고 쇠하며 흥하고 망하는 것은 오직 덕德이 초래하는 바입니다. (『中庸』에서: 필자 주) '중中과 화和를 지극히 하면 천지天地가 제자리를 잡고 만물萬物이 생육한다'고 하였으니, 덕德이 미쁜 곳에는 초목草木과 조수鳥獸 및 어별魚鼈이 모두 좇아서 감응하는 이치가 그림자나 메아리보다 빠를 것이니, 어찌 이를 기수氣數에 돌릴 수 있겠습니까? 참으로 쇠락한 주周 나라의 군주가 분발하고 떨쳐 일어나면 덕화德化가 널리 충만하여 천지天地와 만물萬物이 자리를 잡고 길러지는 조화로 함께 돌아가지 않겠습니까?([臣對曰] ……臣則以爲天地之間, 本無氣數, 盛衰興亡, 唯德所召. '致中和, 天地位焉, 萬物育焉', 德之所孚, 草木·鳥獸·魚鼈咸若, 感應之理, 捷於影響, 豈可歸之於氣數乎? 誠使衰周之君, 奮發振作, 德化洋溢, 則天地·萬物, 其不同歸於位·育之化乎?)"[『詩經講義』(『定本 與猶堂全書 10』, p. 259)]라고 주장함으로써 전통적인 천인합일론에 근거한 '기수설'을 부인하고 있는 점, ④ '땅이 좋아야 훌륭한 사람이 난다'는 이른바 '인걸지령설人傑地靈說'과 관련해서도 "인걸지령설은 예로부터 있었는데, 풍기風氣가 다르면 이로써 습속習俗도 구별된다는 것입니다. ……신臣이 생각하기에 (『禮記』의: 필자 주) 「공자한거孔子閒居」편에서 '하늘이 때맞추어 비를 내리고자 하면 산천이 구름을 일게 한다'는 이치를 논하면서 보후甫侯와 신후申侯를 낳은 것을 문왕文王과 무왕武王의 덕德으로 돌린 것은 '문왕과 무왕께서 배양하신 공功이 오래도록 멀리 미침에 이러한 인재人才가 배출될 수 있었다'는 것을 말함입니다. 신臣은 '산하山河의 기氣에는 고금古今도 없고 성쇠盛衰도 없음에, 문왕과 무왕과 같은 덕을 닦을 수 있다면 저절로 신후申侯와 보후甫侯와 같은 인물을 낳을 수 있다'고 말하고자 합니다.([臣對曰] 人傑地靈之說, 自古有之, 而風氣之異, 習俗以別. ……臣按, 「孔子閒居」論'天降時雨, 山川出雲'之理, 以生甫及申, 歸之文·武之德, 謂'文·武培養之功, 及於久遠, 有此人才之輩出也.' 臣謂: '山河之氣, 無古無今, 無盛無衰, 有能修文·武之德, 自能致申·甫之生.')"[『詩經講義』(『定本 與猶堂全書 10』, p. 297)]라고 주장함으로써 기존의 천인합일론적 '인걸지령설'을 비판한 점, ⑤ 주희朱熹의 존재론存在論이 논리적으로 함축하고 있는 '도덕적 결정주의', 즉 인간과 여타 만물 간의 존재론적 차이뿐만 아니라 나아가 인간 간의 '지적知的 등급等級[Sein]' 및 '도덕적道德的 선善·악惡[Sollen]'까지도 한결같이 인간이 태어날 때 선천적으로 부여받은 '기氣의 혼명昏明·청탁淸濁의 차등'에서 생겨난다고 보는 입장 역시 거부한 점 등이 바로 그것이다.

한편, 정약용의 이러한 관점은 유교적 전통에서 나타난 미증유의 성과이거나 또는 서학西學과 같은 외부로부터의 충격에서 유래한 배타적 산물이기보다는 오히려 순자荀子의 '천인지분天人之分'설과 함께 조선후기의 탈성리학적脫性理學的 경학전통經學傳統에서 표명된바 동일한 인식론적 문제의식의 유산을 정약용이 당시의 역사적·사회적 조건과의 관련성 하에서 창조적으로 계승하여 재활용한 결과로 봄이 타당할 것이다. 왜냐하면 정약용이 접했던 서학이란 기본적으로 서구의 르네상스기에 개화되었던 과학·기술에 토대를 둔 것으로서, 이후 서구에서 이른바 '과학혁명'을 거치며 정식화된 서구 근대철학에서의 인식론적 각성의 성과와는 기실 거리가 멀기 때문이다.

정약용의 '성' 개념: '성'은 곧 '기호'이며, 여기에는 '사등급'이 존재한다

끝으로, 정약용은 상기의 논의를 전제한 다음, 자신의 독자적인 '성性' 개념 및 '유형의 세계 내에 존재하는 인간과 여타 만물 간의 존재론적 위계서열'에 대한 자신의 독자적인 이론을 수립하기에 이른다. 첫째, 정약용이 보기에 인간과 여타 생명을 가진 만물이 각자의 독특한 수준에서 가지고 있는 '성性'은 모두가 '기호嗜好'일 따름이다. 그리고 '인간의 성性'이란 곧 인간의 '대체大體가 좋아하고 싫어하는[好惡] 바', 즉 '덕德을 좋아하고 악惡을 부끄럽게 여기는 성향'으로서의 기호이다.[127]

둘째, 정약용은 이와 같은 '성性' 개념에 입각하여 이른바 '성사등급性四等級'설을 제기하고 있는데, 이는 명시적으로 순자荀子의 견해를 수용한 것이다.[128] 물론 정약용의 이러한 '성사등급'설은 경학 상 매우 중요

또한, 조선후기 실학實學에서의 '도리道理와 물리物理의 분리'로 대표되는 '자연自然'에 대한 인식의 변화 및 이에 따른 실증적實證的 우주론宇宙論의 등장과 세계관世界觀의 전회轉回에 대한 보다 자세한 내용은 대표적으로 具萬玉(2004: 351~473) 및 구만옥(2007: 171~201)이 참조된다.

127 『論語古今注 II』(『定本 與猶堂全書 9』, p. 276) "○[案] ……以大體之所好惡而言之, 則謂之性. ……性也者, 以嗜好厭惡而立名."; 『論語古今注 II』(『定本 與猶堂全書 9』, p. 278) "○[案] ……何況性也者? 非大體之全名, 乃就大體之中, 執其好惡之理, 而別立一名, 斯又非可以指之爲二三者也."; 『孟子要義』(『定本 與猶堂全書 7』, p. 89) "○[鏞案] ……性, 非吾人大體之全名也. 余謂'性'者, 主於嗜好而言, ……"; 『心經密驗』(『定本 與猶堂全書 6』, p. 196) "然若必欲假借一字, 以爲大體之專名, 則'心'猶近之, '性'則不可."; 『心經密驗』(『定本 與猶堂全書 6』, p. 198) "性者, 吾人之嗜好也. 先儒乃以爲靈體之專稱, 其無差殊乎? ……先儒所認之性, 與孟子所認之性, 不同."

한편, 정약용의 인간의 '성性', '대체大體' 등의 개념에 관한 보다 자세한 설명은 제3부 제3장 「다산 정약용의 인간론」에서의 해당부분이 참조된다.

128 『論語古今注 II』(『定本 與猶堂全書 9』, p. 281) "○[案] ……一物各具一性, 並無一物之內, 函有二性者. 然苟欲甚分, 當分四等. 荀子曰: '水火有氣而無生, 艸木有生而無知, 禽獸有知而無義, 人有氣·有生·有知·有義.' 此合理之言也."; 『論語古今注 II』(『定本 與猶堂全書 9』, p. 278) "○[案] ……凡天下有生·有死之物, 只有三等. 草木有生而無知, 禽獸有知而無靈, 人之大體, 旣生·旣知, 復有靈明神妙之用, ……惟一大體之中, 含生如草木·知覺如禽獸, 又能窮『易』象·算歷數, 而神妙靈通, ……"; 『孟子要義』(『定本 與猶堂全書 7』, p. 144) "○[鏞案] ……荀子曰: '水火有氣而無生, 草木有生而無知, 禽獸有知而無義, 人有氣·有生·有知·有義.' 盖其受性之品, 凡有四等, 而人與禽獸最相近."; 『孟子要義』(『定本 與猶堂全書 7』, p. 198) "○[鏞案] ……物之品有四等. 荀子曰: '水火有氣而無生, 艸木有生而無知, 禽獸有知而無義, 人有氣·有生·有知·有義.' 斯其所以爲尊品也.";

한 사상적 의미를 내포하고 있는바, 왜냐하면 이를 통해 그는 적어도 '유형의 세계'에 있어서의 '독립적이고도 스스로 존재하는[自植] 근원적 실재實在'로는 오직 질료로서의 '기氣'만이 존재함을 주장함으로써 결과적으로 정주성리학에서 상정한바 '이理의 선재성先在性과 주재성主宰性'을 결정적으로 부정하고 있기 때문이다.

『中庸講義補』(『定本 與猶堂全書 6』, p. 364) "○[臣對曰] ……性有三品. 草木之性, 有生而無覺; 禽獸之性, 旣生而又覺; 吾人之性, 旣生旣覺, 又靈又善. 上·中·下三級, 截然不同, 故其所以盡之之方, 亦復懸殊."

한편, ① 순자荀子는 다음과 같이 말한 바 있다: "물[水]과 불[火]은 기氣는 있으나 생명生命이 없고, 초목草木은 생명은 있으나 지각知覺이 없으며, 금수禽獸는 지각은 있으나 도의道義가 없다. 인간人間은 기가 있고 생명이 있고 지각이 있고 또한 도의까지 있으므로 천하에서 가장 존귀하다.(水火有氣而無生, 草木有生而無知, 禽獸有知而無義. 人有氣·有生·有知, 亦且有義, 故最爲天下貴也.)"[『荀子集解』, 「王制」篇] ② 또한, 마테오 리치Matteo Ricci[利瑪竇]는 『천주실의天主實義』에서 "저 세계의 혼魂에는 3가지 품격品格이 있습니다. 하품下品은 '생혼生魂'이라 하니, 곧 '초목草木의 혼魂'이 이것입니다. 이 혼은 초목을 도와 생장生長하게 하며, 초목이 말라비틀어지면 이 혼 또한 소멸합니다. 중품中品은 '각혼覺魂'이라 하니, 곧 '금수禽獸의 혼魂'입니다. 이 혼은 금수에 붙어 성장과 발육을 돕고 또한 이목구비로 보고 듣고 맛보고 냄새 맡게 하며, 사지四肢와 몸체로 사물의 실정實情을 지각知覺하게 합니다. 다만 도리道理를 추론推論하지는 못하며, (금수가: 필자 주) 죽으면 같이 소멸합니다. 상품上品은 '영혼靈魂'이라 하니, 곧 '인간人間의 혼魂'입니다. 이는 생혼生魂과 각혼覺魂을 겸하고 있으며, 인간의 성장과 발육을 돕고 또한 그로 하여금 사물의 실정을 지각하고 또 사물을 추론하며 이치[理]와 도의[義]를 명확히 구분하도록 합니다. 인간의 몸이 죽어도 영혼은 죽지 않으니, 대개 영원히 존재하며 불멸하는 것입니다. ……그러므로 인간은 초목이나 금수와 같지 않습니다.(彼世界之魂, 有三品. 下品名曰: '生魂', 卽'草木之魂'是也. 此魂扶草木以生長, 草木枯萎, 魂亦消滅. 中品名曰: '覺魂', 則'禽獸之魂'也. 此能附禽獸長育, 而又使之以耳目視聽·以口鼻啖嗅·以肢體覺物情. 但不能推論道理, 至死而魂亦滅焉. 上品名曰: '靈魂', 卽'人魂'也. 此兼生魂·覺魂, 能扶人長養, 及使人知覺物情, 而又使之能推論事物·明辨理義. 人身雖死, 而魂非死, 蓋永存不滅者焉. ……故人與草木·禽獸不同也.)"[Matteo Ricci(1603/1999: 123~125)]라고 주장함으로써, 이 세계 내에서의 '만물의 존재론적 위계서열'과 관련하여 외견상 순자와 매우 유사한 견해를 제시한 바 있다.

이로써 정약용의 '성사등급'설은 기실 어느 일방의 배타적 영향에 의한 소산이기보다는 일찍이 그가 이 양쪽의 견해를 모두 섭렵하는 가운데 나름의 관점에서 독자적으로 재해석한 결과물로 인식함이 타당할 것이다. 또한, 앞에 나오는 【그림 3-1-6】도 참조된다.

6. 소결

이상에서의 논의는 정약용丁若鏞이 자신의 사서경학四書經學을 통해 주희朱熹의 이기론理氣論을 비판적으로 검토했던 주요내용으로서, 사실상 그의 사서경학에 있어 요체에 해당하는 것이기도 하다. 그러면 지금부터 정주성리학程朱性理學의 이기론에 대한 그의 비판이 함축하고 있는 경학적 의미를, 특히 '대안적 세계관의 모색과 구성'이라는 주제와 관련하여 간단하게 음미해 보기로 하자.

주희의 이기론은 그의 본체론本體論의 핵심으로서, 하나의 세계관이 필수적으로 포괄하고 있는 일 국면, 즉 이 세계를 바라보는 '하나'의 근본적인 질서감각을 형성함—존재론적 분절l'articulation ontologique의 문제에 대한 일차적 해명—으로써 존재存在와 인식認識의 기본범주들을 정립하는 동시에, 그것들을 어떤 하나의 일관된 방식에 따라 배치할 수 있도록 하는 국면에 대한 집중적인 해명과 주로 관련된다. 이것을 보다 구체적으로 살펴보면, ① '형이상形而上의 도道'로서의 '이理'와 '형이하形而下의 기器'로서의 '기氣'로 대표되는 존재와 인식에 있어서의 근본범주의 정립, ② '본말本末·체용體用'론이라는 질서감각의 구성, ③ 이에 따른 일련의 기본범주들—'이理·기氣', '형이상形而上·형이하形而下', '도道·기器', '태극太極·음양陰陽', '성性·형形' 등—의 일관된 방식으로의 논리 정합적인 배치가 바로 그것이다.

이에 대하여, 정약용은 나름의 의미 있는 비판과 대안적 견해를 명확히 제시하고 있다. 즉, 그가 보기에 이 세계 내의 인간을 포함한 모든 존재들을 '이理'와 '기氣'라는 두 개의 존재론적 범주에로 환원시키는 동시에, 그것들을 '본말本末·체용體用'의 질서감각 속에서 이분법적으로 서열화하는 정주성리학적 설명도식은 논리적으로 매우 폭력적인 것인 동시에 현실적으로 실상과도 거리가 멀었다. 그리고 이러한 설명도식이 자체의 이론적 심오성과 포괄성 및 체계성이란 외피 하에 은폐하고 있는 폭력성과 비현실성의 측면은 일차적으로는 '이론[哲學·經學]의 문제'임에 분명하지만, 그럼에도 사안이 단순히 여기에서 그치지 않는다는 점 역시 그는 이미 잘 간취하고 있었다. 즉, 이는 구체적인 현실에서의 '제도의 문제'이자 나아가 '권력의 문제'이기도 했던 것이다.[129]

바로 이러한 맥락에서 정약용이 한평생 강력하게 견지했던 개혁지향적인 경세학적經世學的 우환의식憂患意識은 또한 그 자신의 정력적인 경학연구經學硏究와 의미 있게 조우할 수 있었던바, 이는 일차적으로 정주성리학적 세계관이 근거하고 있었던 근본적 사고범주 및 질서감각에 대한 과격한 '해체와 재구성'으로 나타났다. 이에 그 구체적인 내용을 살펴보면, ① '체용론體用論에 대한 거부', ② '이理의 선재성先在性과 주재성主宰性에 대한 부정'으로 요약되는 '이理·기氣 개념의 재해석', ③ '인仁과 효孝·제弟와의 관계를 재정립함'으로써 도출되는 '내단외덕설內端外德說의 주장', ④ '일이관지一以貫之의 재해석'을 통한 '유교관儒敎觀의 재정립', ⑤ '본연지성本然之性 개념과 인물성동론人物性同論의 거부'를 통해 도출해내는 새로운 존재관으로서의 '성사등급설性四等級說의 정립' 등이 바로 그것이다.

이상의 논의를 통하여 우리는 주희의 이기론에 대한 정약용의 비판이 그 폭과 심도에 있어 전면적이자 근본적인 것임을 간취할 수 있겠다. 물론 그 이면에는 일견 정주성리학의 우주론적 보편성과 형이상학적 심오성이라는 위세 앞에 결코 주눅 들지 않는 당당하고도 강렬한 '실제·실천 지향'이란 수사학洙泗學의 학문정신이 약동하고 있었던 것이다.

129 바로 이러한 맥락에서 '주註 67'에서의 정약용의 말은 음미해 볼 만하다.

제2장
다산 정약용의 생성론

"요즘의 사람들은 '천天'을 '이理'로 여기고,
'귀신鬼神'을 '천지天地의 공용功用'이니
'조화造化의 흔적痕迹'이니 '이기二氣의 양능良能'이니 하여,
마음으로 이들을 인식함이 아득하고 모호하여
한결같이 지각이 없는 자들처럼 되었다.
이에 암실暗室에서 자신의 마음을 속이고 방자하게 굴면서도
거리끼는 바가 없어
종신토록 도道를 배우지만 더불어 요堯·순舜의 경지에
들어갈 수 없게 되었다.": 『중용강의보中庸講義補』

일반적으로 "이 세계를 구성하고 있는 근본적 실체實體는 무엇인가?"라는 문제에 대한 철학적 해명이 '본체론本體論'에 해당한다면, "이러한 근본적인 실체가 과연 어떠한 운동원리와 법칙에 따라 구체적인 우주만물을 생성시키게 되는가?"라는 질문에 대한 철학적 대답이 다름 아닌 '생성론生成論'에 해당된다고 하겠다.

그러면 정약용丁若鏞은 주로 자신의 『시문집詩文集』과 사서경학四書經學에서 이러한 생성론과 관련하여 구체적으로 어떤 의견을 개진하고 있을까? 이러한 의문에 대한 답변이 본 장에서의 주요한 주제가 된다. 다만 여기서 유의할 바는 정약용이 특히 사서경학을 통해서는 이 주제에 대한 자신의 견해를 체계적으로 밝힌 바가 많지는 않다는 점으로서, 이는 주로 사서四書의 내용 자체가 이러한 주제와 직접적인 연관성을 가진 경우가 드문 데서 그 주요한 이유를 찾을 수 있다. 물론 정약용은 일찍이 생성론과 관련된 나름의 체계적이고도 독자적인 입장을 분명하게 정립한 바 있으며, 또한 자신의 『시문집』과 사서경학을 통해서도 이에 대해 비록 단편적이지만 핵심적인 견해—주로 '천天'과 '귀신鬼神' 개념을 중심으로—를 개진하고 있다.[1] 이에 본 장에서는 이러한 정약용의 입장을 상기한바 그의 『시문집』과 사서경학뿐만 아니라 여타 경학저술들을 통해, 특히 '주희朱熹의 생성론에 대한 비판'이라는 맥락을 중심으로 간략하게 정리해보고자 한다.

1 정약용의 생성론과 관련된 견해는 그의 '사서경학저술四書經學著述'뿐만 아니라 '육경경학저술六經經學著述' 특히 『주역사전周易四箋』, 『역학서언易學緖言』, 『상서고훈尙書古訓』 및 『춘추고징春秋考徵』 등의 저술에서 집중적으로 거론되고 있다.

I. 주희의 생성론

주희의 '태극'관: '태극'은 '형이상의 도'인 '이'로서, '만물의 최초원인'이자 '원리적 주재자'이다

주희朱熹는 일찍이 주돈이周敦頤[濂溪, 1017~1073: 中國 北宋의 학자]의 『태극도설太極圖說』을 나름대로 해석·수용함으로써 이를 자신의 생성론生成論의 근간으로 삼았다. 이에 그 내용을 요약하자면, 첫째, 이 우주와 삼라만상의 '최초원인'이자 원리적 '주재자主宰者'는 다름 아닌 '이理로서의 태극太極'이다. ① 이러한 '태극'은 따라서 그 성격상 아무런 '정의情意도, 계탁計度도, 조작造作도 없는' 텅 빈 영원자로서의 '형이상形而上의 도道'이기도 하다.[2] ② 바로 이러한 이유에서 그것은 비록 스스로 움직이지 않지만, 즉 원동자原動者는 아니지만, 자체 내에 '동動의 이理'와 '정靜의 이理'를 포괄하고 있다.[3]

---

2 『朱子語類』, 卷1(「理氣 上」), p. 1.(中華書局, 1981) "太極只是天地萬物之理. 在天地言, 則天地中有太極; 在萬物言, 則萬物中各有太極."; 『朱子語類』, 卷1(「理氣 上」), p. 2.(中華書局, 1981) "若無太極, 便不飜了天地! 太極只是一箇'理'字."; 『朱子語類』, 卷94(「周子之書」), p. 2365.(中華書局, 1981) "所謂太極者, 只二氣·五行之理."; 『朱子語類』, 卷94(「周子之書」), p. 2366.(中華書局, 1981) "太極無形象, 只是理."; 『朱子語類』, 卷94(「周子之書」), p. 2367.(中華書局, 1981) "太極是五行·陰陽之理皆有, 不是空底物事."; 『朱子語類』, 卷94(「周子之書」), p. 2370.(中華書局, 1981) "太極只是箇理, ……太極只是理, ……"; 『朱子語類』, 卷94(「周子之書」), p. 2371.(中華書局, 1981) "太極只是箇極好至善底道理. ……太極, ……只是一箇理而已. 因其極至, 故名曰: '太極'."; 『朱子語類』, 卷94(「周子之書」), p. 2374.(中華書局, 1981) "太極者, ……理之極至者也."; 『朱子語類』, 卷94(「周子之書」), p. 2376.(中華書局, 1981) "太極, 理也; 動·靜, 氣也. 氣行則理亦行, 二者常相依而未嘗相離也. 太極猶人, 動·靜猶馬; 馬所以載人, 人所以乘馬."; 『周濂溪集』, 卷1(「太極圖說解」) "太極, 形而上之道也; 陰陽, 形而下之器也. ……而太極無不在焉. 自其微者而觀之, 則沖漠無朕, 而動靜·陰陽之理, 已悉具於其中矣."

3 『朱子語類』, 卷94(「周子之書」), p. 2372.(中華書局, 1981) "太極自是涵動靜之理, ……蓋靜則太極之體也, 動則太極之用也."; 『朱子語類』, 卷94(「周子之書」), p. 2373.(中華書局, 1981) "(太極)有這動之理, 便能動而生陽; 有這靜之理, 便能靜而生陰."; 『朱子語類』, 卷94(「周子之書」), p. 2374.(中華書局, 1981) "陽動·陰靜, 非太極動靜, 只是理有動靜."; 『周濂溪集』, 卷1(「太極圖說解」) "太極, 形而上之道也; 陰陽, 形而下之器也. ……而太極無不在焉. 自其微者而觀之, 則沖漠無朕, 而動靜·陰陽之理, 已悉具於其中矣."

둘째, 이 때문에 정의情意와 모양[狀]이 있고 응결凝結하고 조작造作할 수 있는 '형이하形而下의 기器'이자 만물을 생성하는 종자種子로서의 '기氣'[4]가 ① 이러한 이理에 따라 한 번 동動하고 한 번 정靜함으로써 '음陰과 양陽'—이것은 '기氣'이다—을 발생시키고, ② 이와 같은 음·양[二氣]은 다시금 '오행五行[水·火·木·金·土]'—이것은 '질質'이다—을 발생시킨다. ③ 이처럼 발생한 음·양과 오행—이것은 '만물을 생성하는 재료'이다—은 또다시 서로 왕성하게 결합하고[絪縕] 교감交感하는 일련의 연쇄작용을 통하여 결국에는 '만물萬物'—이것은 '이理[性]와 기氣[形]의 복합체'이다—을 생성하게 되는 것이다.[5]

---

4 주희는 다음과 같이 말하였다: "형이상자形而上者는 형체도 그림자도 없으니 이 이理이며, 형이하자形而下者는 정情이 있고 모양[狀]이 있으니 이 기器이다.(形而上者, 無形無影, 是此理; 形而下者, 有情有狀, 是此器.)" 『朱子語類』, 卷95(「程子之書 1」), p. 2421.(中華書局, 1981); "대개 기氣는 응결凝結하고 조작造作할 수 있다. ……또한 천지간의 인간과 사물, 초목, 금수 같은 것들이 생겨남에 종자種子가 없는 것이 없어, 종자 없이 백지白地에서 하나의 사물이 생겨남을 알지 못하니, 이것[종자: 필자 주]은 모두 기氣인 것이다.(蓋氣則能凝結·造作. ……且如天地間人物·草木·禽獸, 其生也, 莫不有種, 定不會無種子白地生出一箇事物, 這箇都是氣)." 『朱子語類』, 卷1(「理氣 上」), p. 3.(中華書局, 1981)

5 주희는 다음과 같이 말하였다: "음陰과 양陽은 기氣로서, 이와 같은[水·火·木·金·土로 구성되는: 필자 주] 오행五行이라는 질質을 생성시킨다. ……오행五行과 음陰·양陽, 이 일곱 가지는 왕성하게 서로 융합하여 만물을 생성하는 재료가 된다.(陰·陽, 氣也, 生此五行之質. ……五行·陰陽, 七者滾合, 便是生物底材料.)" 『朱子語類』, 卷94(「周子之書」), pp. 2367~8.(中華書局, 1981); "대저 태극太極이 동動함에 이기二氣[陰·陽을 말함: 필자 주]가 나타나며, 이기二氣가 나타남에 만물이 화생化生한다. ……이기二氣와 오행五行이 서로 왕성하게 결합하고 교감하여 ……(夫太極動而二氣形, 二氣形而萬化生. ……而二氣五行, 絪縕交感, ……)" 『朱子語類』, 卷4(「性理 1」), p. 59.(中華書局, 1981); "사시四時가 운행하고 온갖 만물이 생장하는 것은 천리天理가 발현하여 유행하는 실체가 아님이 없는데, ……(四時行, 百物生, 莫非天理發見流行之實, ……)" 『論語集註』, 「陽貨」篇 第19章의 註; "하늘이 음양陰陽·오행五行으로 만물을 화생化生함에 기氣로써 형체를 이루고 이理 또한 부여하니 명령함과 같다.(天以陰陽·五行, 化生萬物, 氣以成形而理亦賦焉, 猶命令也.)" 『中庸章句』, 「第1章」의 註

한편, '이기론'과 '태극·음양의 개념틀'은 원래 그 이론적 원천과 계통을 서로 달리하고 있었던 것인데, 지금 보는 바와 같이 주희는 이들을 접합시켜 하나의 이론체계로 묶어 냄으로써 자신의 생성론을 구성하였다.

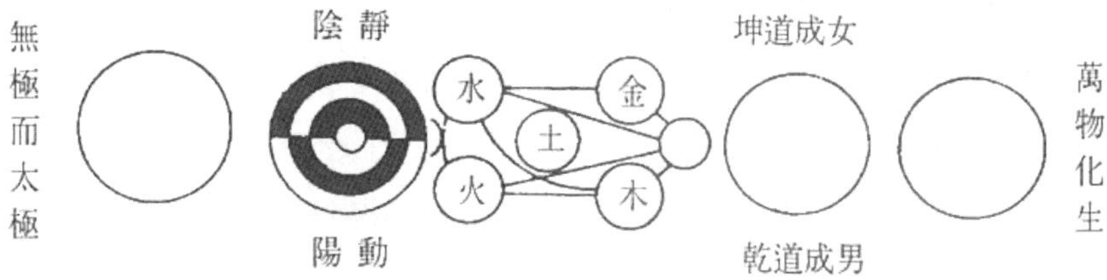

【그림 3-2-1】 '태극'도

주희의 '천'관: '천'은 '이'이자 '태극'이다

한편, 주희는 이와 같은 생성과정을 거쳐 만물이 생겨나면서 부여받은 '이理[性]'—보다 구체적으로는 각각의 사물들이 갖추고 있는 각자의 '태극太極'인 동시에 순선純善의 '본연지성本然之性'이다—를 '천명天命'이라 부르기도 하였다.[6] 따라서 ① 이때의 '천天'이란 그의 입장에서 볼 때 당연히 '이理'가 되며,[7] 또한 '태극太極'과 같은 개념이기도 하다.[8] ② 이에 그가 이러한 천天에 부여하고 있는 만물에 대한 '주재적 권능'이란 것도 기실 '이理'로서의 '태극의 주재성主宰性'에 대한 원리상의 다른 표현에 지나지 않는다.[9]

---

6 『論語集註』, 「爲政」篇 第4章의 註 "天命, 卽天道之流行而賦於物者, 乃事物所以當然之故也."; 『論語集註』, 「季氏」篇 第8章의 註 "天命者, 天所賦之正理也."; 『論語集註』, 「雍也」篇 第8章과 「先進」篇 第18章의 註 "命, 謂天命."; 『孟子集註』, 「盡心章句上」篇 第2章의 註 "人·物之生, 吉凶·禍福, 皆天所命."; 『中庸章句』, 「第1章」의 註 "命, 猶令也. 性卽理也. 天以陰陽·五行, 化生萬物, 氣以成形而理亦賦焉, 猶命令也."

7 『論語集註』, 「八佾」篇 第13章의 註 "天卽理也."; 『孟子集註』, 「梁惠王章句下」篇 第3章의 註 "天者, 理而已矣."; 『孟子集註』, 「離婁章句上」篇 第7章의 註 "天者, 理勢之當然也."; 『孟子集註』, 「萬章章句上」篇 第6章의 註 "蓋以理言之, 謂之'天'; 自人言之, 謂之'命', 其實則一而已."; 『孟子集註』, 「盡心章句上」篇 第1章의 註 "心者, 人之神明, 所以具衆理而應萬事者也. 性則心之所具之理, 而天又理之所從以出者也. ……○程子曰: '心也, 性也, 天也, 一理也. 自理而言, 謂之「天」; 自稟受而言, 謂之「性」; 自存諸人而言, 謂之「心」.'"

8 『朱子語類』, 卷94(「周子之書」), p. 2375.(中華書局, 1981) "總天地萬物之理, 便是太極."; 『周濂溪集』, 卷1(「太極圖說解」) "太極, 形而上之道也.; 陰陽, 形而下之器也."

9 주희는 다음과 같이 말한 바 있다: "'주재하다[帝]'란 말은 이理를 위주로 한 것이다.('帝'是理爲主.)" 『朱子語類』, 卷1(「理氣 上」), p. 5.(中華書局, 1981)

또한, 주희는 "'상제上帝께서 하민下民에게 선善을 내리셨다'[『書經集傳』 「商書」 「湯誥」篇: 필자 주], '천天께서 장차 큰 임무를 사람에게 내리려 하신다'[『孟子集註』 「告子章句下」篇:

또한, 주희는 바로 이러한 맥락에서 상기의 천天을 '푸르디푸른 하늘[蒼蒼]'과는 준별하기도 하였다. 즉, 그가 보기에 후자는 본질상 어디까지나 음陰·양陽의 기氣에 불과한바, 곧 천지天地가 생겨나면서 이 기氣 가운데서 맑은 것이 위로 올라가 생겨난 것일 뿐이었다.[10]

필자 주], '천天께서 하민下民을 도우려 군주를 세우셨다'[『書經集傳』「周書: 泰誓上」篇: 필자 주], '천天께서 사물을 내심에 그 재질에 따라 돈독히 하신다'[『中庸章句』「第17章」: 필자 주], '선善을 행하면 온갖 상서祥瑞를 내리시고 불선不善을 행하면 온갖 재앙災殃을 내리신다'[『書經集傳』「商書: 伊訓」篇: 필자 주], '천天께서 장차 이 세상에 괴이한 재앙을 내리시고자 하면 반드시 먼저 괴이한 사람을 보내시어 이를 예측하게 하신다'고 하였는데, 무릇 이와 같은 말들은 모두 저 위에 있는 푸른 하늘이 정말로 이렇게 주재主宰하기 때문입니까? 아니면 천天은 마음이 없지만 단지 그 이理를 미루어보면 이와 같다는 것입니까?('上帝降衷于民', '天將降大任於人', '天祐民, 作之君', '天生物, 因其才而篤', '作善, 降百祥; 作不善, 降百殃', '天將降非常之禍於此世, 必預出非常之人以擬之', 凡此等類, 是蒼蒼在上者眞有主宰如是邪? 抑天無心, 只是推原其理如此?)" 라는 진순陳淳[北溪, 1159~1223: 中國 南宋의 학자]의 질문에 대해 "이 세 단락은 모두 같은 뜻이다. 이 말들은 단지 이理가 그러하다는 것이다(此三段只 意. 這箇也只是理如此)"[『朱子語類』 卷1(「理氣 上」), p. 5.(中華書局, 1981)]라고 대답하기도 하였다.

10 주희는 "제帝란 이理를 위주로 한다. '푸르디푸른 것[蒼蒼]'을 '하늘[天]'이라 한다. 빙글빙글 돌면서 두루 유행함을 그치지 않는 것이 바로 그것이다. 지금 하늘 속에 어떤 인격적 존재가 있어 죄악을 판결한다고 말하는 것은 절대 불가하며, (그렇다고: 필자 주) 그것을 주관하는 것이 아주 없다고 말하는 것 또한 불가하다. 이것을 사람들은 알아야 한다.【다시 내[沈僩: 필자 주]가 경전에 나오는 '천天'자에 대해 물었다. 말씀하시기를 "사람들 스스로가 나누어서 알아야 하니, 즉 '푸르디푸른 것[蒼蒼]'을 말한 경우도 있고, '주재자主宰者'를 말한 경우도 있으며, 단지 '이理'로 풀이한 경우도 있다"고 하셨다】(帝是理爲主. '蒼蒼'之謂'天'. 運轉周流不已, 便是那箇. 而今說天有箇人在那裏批判罪惡, 固不可; 說道全無主之者, 又不可. 這裏要人見得.【又僩問經傳中'天'字. 曰: '要人自看得分曉, 也有說「蒼蒼」者, 也有說「主宰」者, 也有單訓「理」時.'】)" [『朱子語類』 卷1(「理氣 上」), p. 5.(中華書局, 1981)]라고 주장한 바 있다. 결국, 이를 통해 주희는 일찍이 '천天'에 대해서 ① 자연현상으로서의 '푸르디푸른 하늘'과 ② '이理'이자 원리적으로 '주재자主宰者'의 권능을 가진 것으로 상정되는 '이법천理法天'을 구분하고 있음을 알 수 있다.

한편, 주희는 자연현상으로서의 '푸르디푸른 하늘'과 관련하여 "천지天地가 처음 생겼을 때는 단지 음양陰陽이란 기氣뿐이었다. 이 기氣가 운행하며 갈고 가는데, 점점 빨리 갈수록 앙금들이 들이닥치지만 안쪽에 있어서 (밖으로: 필자 주) 나갈 곳이 없기 때문에 뭉쳐져서 중앙에 땅[地]이 만들어진다. 맑은 기氣는 하늘이 되고 일월日月이 되고 성신星辰이 되는데, 단지 (땅의: 필자 주) 바깥에 있으면서 언제나 빙빙 돌면서 두루 회전한다. 땅은 중앙에 있으면서 움직이지 않으니, (하늘: 필자 주) 아래에 있는 것이 아니다.(天地初間只是陰陽之氣. 這一箇氣運行, 磨來磨去, 磨得急了, 便拶許多渣滓; 裏面無出處, 便結成箇地在中央. 氣之淸者便爲天·爲日月·爲星辰, 只在外, 常周環運轉. 地便只在中央不動, 不是在下.)"[『朱子語類』 卷1(「理氣 上」), p. 6.(中華書局, 1981)]라고 주장한 바 있다. 이로써 보건대, 주희는 기본적으로 자신의 우주론 체계인 '혼천설渾天說'에 입각하여 자연현상으로서의 '푸르디푸른 하늘'을 인식하고

주희의 '귀신'관: '귀신'은 '음양'이라는 "이기의 양능", "천지의 공용", "조화의 흔적"이다

1

끝으로, 주희는 만물의 생성과정에서 나타나는 '귀신鬼神'이란 존재를 어떻게 이해·설명하고 있을까? 첫째, 이미 기술한 바대로 정주성리학程朱性理學에서는 만물을 한결같이 '이理와 기氣의 복합체'로 보고 있다. 그런데 ① '이理'는 그 성격상 정의情意도 계탁計度도 조작造作도 없는 '형이상의 도道'이기 때문에 원칙적으로 만물의 구체적인 생성 및 운동과 관련해서는 어떠한 직접적 관련성도 가지지 않는 반면, ② 만물의 구체적인 생성과 운동이란, 전적으로 정의와 계탁이 있고 스스로 응결凝結하고 조작할 수 있는 '형이하의 기器'이자 만물을 생성하는 종자種子로서의 '기氣'의 소관이 된다.

둘째, 이러한 '기氣'에는 상호간에 밀접한 관련성을 가지는 '두 개의 상이한 계기 내지는 상태'가 포괄되어 있으니, 곧 ① '양陽'과 '음陰'이라는 것이 바로 그것이다. 즉, ㉠ 기氣가 한 번 동動하고 한 번 정靜함으로써 각각 생겨난 '양陽'과 '음陰'은 그 성격상 기氣 가운데서도 '맑은 것[清者]'과 '탁한 것[濁者]'을 각각 대표하며, ㉡ 또한 그것들은 기氣가 가진 '지각 및 운동'의 요소와 골육모피骨肉毛皮와 같은 '형체'의 요소를 각자 나누어 내포하고 있기도 하다.[11] ② 그런데 주희는 기氣의 분화양태로서의 이러한 '양陽'과 '음陰'을 또한 만물의 '혼魂'과 '백魄'에 각각 해당하는 것으로 보기도 하였다. 즉, ㉠ '혼魂'이 '양陽의 기운[陽之神]'이라면, '백魄'은 '음陰의 기운[陰之神]'인 것이다. ㉡ 따라서 '혼魂'은 '움직임[動]'을 위주로 하는 반면에 '백魄'은 '고요함[靜]'을 위주로 하며,[12] 이에 만물에 있어

있었음을 알 수 있다.

11 『朱子語類』, 卷3(「鬼神」), p. 37.(中華書局, 1981) "氣之淸者爲氣, 濁者爲質.【明作錄云: '淸者屬陽, 濁者屬陰.'】 知覺·運動, 陽之爲也; 形體,【明作錄云: '骨肉皮毛.'】 陰之爲也."

12 『朱子語類』, 卷3(「鬼神」), p. 37.(中華書局, 1981) "氣曰: '魂', 體曰: '魄'. 高誘『淮南子

무릇 '운용運用하고 작위作爲할 수 있는 능력'은 모두가 '혼魂'에 속하는 반면에 '백魄'에는 이러한 능력이 결여되어 있다.[13] ㉢ 또한 인간의 경우에는 '생각하고 헤아리며 계획할 수 있는 능력'이나 '입이나 코로 호흡하는 작용'은 '혼魂'에 속한다면, '사물을 기억하여 간직하거나 변별할 수 있는 능력'이라든가 '눈이나 귀의 기능이 좋아지는 작용'과 같은 것은 '백魄'에 속한다.[14] ㉣ 나아가 주희는 이러한 '혼魂'과 '백魄'을 각각 '불[火]'의 기운과 '물[水]'의 기운이나 '따뜻한 기운[煖氣]'과 '차가운 기운[冷氣]' 또는 '나무[木]의 기운'과 '쇠[金]의 기운'에 대비시키기도 하였다.[15] ③ 주희는 여기서 그치지 않고 다시금 이러한 '혼魂'과 '백魄'을 각각 '기氣[神]'와 '정精[鬼]'으로 달리 부르기도 하였다. 즉, ㉠ '기氣'—이것은 '이理와 대비되는 개념', 또는 '양陽과 음陰을 포괄하는 개념'으로서의 '광의의 기氣'와는 다른 '협의의 기氣'를 말한다—란 곧 '혼魂'으로서 '신神이 왕성한 상태'라면, '정精'이란 곧 '백魄'으로서 '귀鬼가 왕성한 상태'이다. ㉡ 여기서 '신神'은 '펼침[伸]'이나 '다가옴[來]' 또는 '이름[至]'의 성격을 함축한다면, 반대로 '귀鬼'는 '움츠림[屈]'이나 '떠나감[往·去]' 또는 '되돌아감[反·歸]'의 성격을 나타낸다.[16] 이를

注』曰: '魂者, 陽之神; 魄者, 陰之神.'"; 『朱子語類』, 卷3(「鬼神」), pp. 40~41.(中華書局, 1981) "魄是精, 魂是氣; 魄主靜, 魂主動. ……動者, 魂也; 靜者, 魄也. '動·靜'二字括盡魂·魄."

13 『朱子語類』, 卷3(「鬼神」), p. 41.(中華書局, 1981) "凡能運用·作爲, 皆魂也, 魄則不能也."

14 『朱子語類』, 卷3(「鬼神」), p. 41.(中華書局, 1981) "會思量·討度底便是魂, 會記·當去底便是魄."; 『朱子語類』, 卷3(「鬼神」), p. 42.(中華書局, 1981) "魄是耳目之精, 魂是口鼻呼吸之氣."; 『朱子語類』, 卷3(「鬼神」), p. 43.(中華書局, 1981) "人之能思慮·計畫者, 魂之爲也; 能記憶·辯別者, 魄之爲也."

15 『朱子語類』, 卷3(「鬼神」), p. 40.(中華書局, 1981) "仁父問: '魂·魄如何是陰·陽?' 曰: '魂如火, 魄如水.'"; 『朱子語類』, 卷3(「鬼神」), p. 41.(中華書局, 1981) "煖氣便是魂, 冷氣便是魄."; 『朱子語類』, 卷3(「鬼神」), p. 42.(中華書局, 1981) "魂屬木, 魄屬金. 所以說'三魂七魄', 是金·木之數也."

16 『中庸章句』, 「第16章」의 註 "愚謂, 以'二氣'言, 則鬼者, 陰之靈也; 神者, 陽之靈也. 以'一氣'言, 則至而伸者爲神, 反而歸者爲鬼, 其實一物而已."; 『朱子語類』, 卷3(「鬼神」), p. 34.(中華書局, 1981) "神, 伸也; 鬼, 屈也. ……鬼神不過陰·陽消長而已. ……在人則精是魄, 魄者鬼之盛也; 氣是魂, 魂者神之盛也."; 『朱子語類』, 卷3(「鬼神」), p. 40 "以屈伸往來之氣言之, 則來者爲神, 去者爲鬼; 以人身言之, 則氣爲神而精爲鬼."; 『朱子語類』,

그림으로 나타내보면 【그림 3-2-2】와 같다.

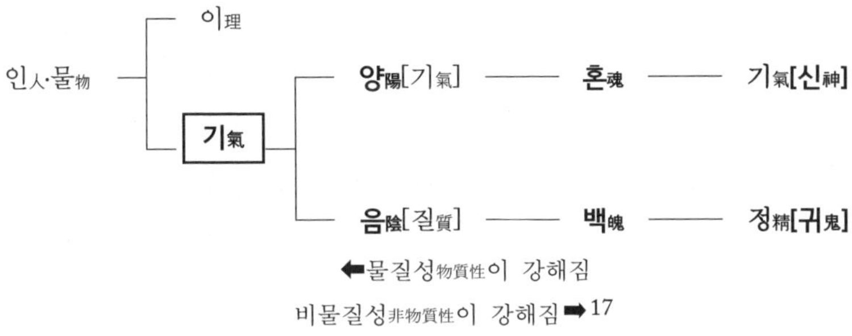

【그림 3-2-2】 '음양·귀신'도

셋째, 주희가 보기에 인간을 포함한 '만물의 생성과 소멸'은 결국 이러한 '귀鬼[精]와 신神[氣] 간의 이합집산에 따른 결과'에 불과하였다. 즉, ① 일정한 '귀鬼[精]'와 '신神[氣]'이 모여 서로 감응하게 되면 이에 따라 특정한 사물이 생겨나게 되며, 한편 어느 순간에 그 응집력이 소진되어 흩어지게 되면 그 사물은 소멸 내지는 죽음에 이르게 되는 것이다. 이 때 양陽의 기운인 '혼魂[神·氣]'은 하늘로 올라가 흩어지는 반면에, 음陰의 기운인 '백魄[鬼·精]'은 땅으로 내려가 사라지게 된다.[18] ② 이러한 맥락에

卷3(「鬼神」), p. 41.(中華書局, 1981) "魂便是氣之神, 魄便是精之神."; 『朱子語類』, 卷3(「鬼神」), p. 45.(中華書局, 1981) "橫渠曰: '物之初生, 氣日至而滋息; 物生旣盈, 氣日反而遊散. 至之謂「神」, 以其伸也; 反之謂「鬼」, 以其歸也.' 天下萬物·萬事, 自古及今, 只是箇陰·陽消息屈伸."

17 『中庸章句』, 「第16章」의 註 "鬼神, 無形與聲."; 『朱子語類』, 卷3(「鬼神」), p. 40.(中華書局, 1981) "問魂·魄. 曰: '氣·質是實底; 魂·魄是半虛半實底; 鬼·神是虛分數多, 實分數少底.'"; 『朱子語類』, 卷3(「鬼神」), p. 49.(中華書局, 1981) "鬼神以主宰言, 然以物言不得. 又不是如今泥塑底神之類, 只是氣."

18 『朱子語類』, 卷3(「鬼神」), p. 34.(中華書局, 1981) " 精氣聚而爲物, 何物而無鬼神! '遊魂爲變', 魂遊則魄之降可知."; 『朱子語類』, 卷3(「鬼神」), pp. 36~37.(中華書局, 1981) "氣聚則生, 氣散則死. ……人所以生, 精氣聚也. 人只有許多氣, 須有箇盡時.【明作錄云: '醫家所謂「陰·陽不升降」是也.'】 盡則魂氣歸於天, 形魄歸于地而死矣."; 『孟子集註』, 「萬章章句上」篇 第4章의 註 "人死則魂升而魄降."

서 삼라만상의 생성과 변화 및 소멸이라는 무궁무진한 '우주의 조화造化'는 모두가 '귀신鬼神의 작용이자 그 흔적'일 뿐이었다. 즉, ㉠ 비 오고 바람 불고 이슬 내리고 천둥 치며, 해 뜨고 달 나와 밤낮이 오고 가는 것에서부터 나무에 꽃 피고 잎이 돋으며, 심지어 도깨비와 같은 괴이한 존재의 출현에 이르기까지 모두 '음陰'과 '양陽'의 소장消長과 교감交感으로서의 '귀신' 아님이 없으니, ㉡ 따라서 귀신이란 결과적으로 '음陰·양陽'이라는 "이기二氣의 양능良能", "천지天地의 공용功用", "조화造化의 흔적痕迹"에 지나지 않았다.[19]

마지막으로, 주희는 이러한 귀신에는 모두 세 종류가 있다고 보았던바, 곧 '천신天神'·'지기地示[地祇]'·'인귀人鬼'가 바로 그것이다. 다시 말하자면, ① '천신'이 하늘의 삼신三辰, 곧 해와 달 및 별을 통해서, 그리고 '지기'는 산천과 초목을 통해서 인간에게 그 모습을 드러낸다면, '인귀'란 사람이 죽어 그의 혼魂[神]이 하늘로 올라가 생겨난 것이다. ② 또한, 주희는 이 세 가지가 모양은 서로 다를지라도 그 실상은 하나인데,[20] 다만 '천신과 지기의 기氣'는 항상 움츠리고 펼치는 운동[屈伸]을 영원히 그치지 않음에 반하여 '인귀의 기氣'만은 비록 완급의 차이가 있을지라도 결국은 흩어져 사라진다고 보기도 하였다.[21]

---

19 『論語集註』, 「述而」篇 第20章의 註 "鬼神, 造化之迹. 雖非不正, 然非窮理之至, 有未易明者."; 『中庸章句』, 「第16章」의 註 "程子曰: '鬼神, 天地之功用, 而造化之迹也.' …… 張子曰: '鬼神者, 二氣之良能也.'"; 『中庸章句』, 「第29章」의 註 "鬼神者, 造化之迹也."; 『朱子語類』, 卷3(「鬼神」), p. 34.(中華書局, 1981) "鬼神不過陰·陽消長而已."; 『朱子語類』, 卷3(「鬼神」), p. 37.(中華書局, 1981) "問: '伊川言: 「鬼神, 造化之迹.」 此豈亦造化之迹乎?' 曰: '皆是也. ……'"; 『朱子語類』, 卷3(「鬼神」), p. 40.(中華書局, 1981) "這都是陰·陽相感, 都是鬼神."

20 『朱子語類』, 卷3(「鬼神」), p. 39.(中華書局, 1981) "僩問: '「天神·地祇·人鬼.」 地何以曰: 「祇」?' 曰: '「祇」字只是「示」字. 蓋天垂三辰以著象, 如日·月·星辰是也. 地亦顯山川·草木以示人, 所以曰: 「地示」.'"; 『朱子語類』, 卷3(「鬼神」), p. 47.(中華書局, 1981) "周問: '何故天曰: 「神」, 地曰: 「祇」, 人曰: 「鬼」?' 曰: '此又別. 氣之淸明者爲神, 如日·月·星辰之類是也, 此變化不可測. 祇本「示」字, 以有迹之可示, 山河·草木是也, 比天象又差著. 至人, 則死爲鬼矣.'"; 『朱子語類』, 卷3(「鬼神」), p. 48.(中華書局, 1981) "曰: '此氣只一般. 『周禮』所謂「天神, 地示, 人鬼」, 雖有三様, 其實只一般.'"

2

결론적으로, 이상과 같은 '주희의 생성론'을 총괄하여 그 핵심을 간추린다면, ① 만물의 최초원인이자 원리적 주재자主宰者인 '이理'로서의 '태극太極', ② '이理'이자 '태극太極'과 같은 개념으로서의 '천天', ③ '이기二氣의 양능良能'·'천지天地의 공용功用'·'조화造化의 흔적痕迹'으로서의 '귀신鬼神' 개념이 바로 그것이다.

II. 정약용의 생성론

1. '기'로서의 태극[22]

정약용의 문제의식: "「태극도」에 나오는 한 '둥근 동그라미'는 육경에서는 찾아볼 수 없는 것"이요, 또한 "천하에 영이 없는 존재는 만물의 주재자가 될 수 없다"

정약용丁若鏞이 보기에, '만물의 생성'에 관한 상기한바 주희의 설명은 한마디로 경전의 올바른 이해를 방해하는 커다란 장막에 불과하였다. 무엇보다 '태극太極'을 유형적 존재[氣]에 선재·우선하는 '형이상'의 '무형적 존재[理, 形而上의 道]'로 규정하는 것은 혹 불가佛家와 도가道家의 고원한 형이상학을 따라잡으려는 나름의 충정과 고심에서 나온 소산일지는 모르지만, 결국 경전의 본의本意를 제대로 파악하지 못하게 함으로써 유가

21 『朱子語類』, 卷3(「鬼神」), p. 39.(中華書局, 1981) "曰: '神·祇之氣常屈伸而不已, 人鬼之氣則消散而無餘矣.'"

22 상기한바 '기氣로서의 태극太極'에서 소개되는 내용은 정약용의 사서경학저술에서는 거의 나타나지 않는다. 그럼에도 여기서 소개하는 까닭은 그 자체 중요한 내용일 뿐만 아니라, 뒤이어 나오는 정약용의 '천天'과 '귀신鬼神' 개념을 이해하는 데에 필수적이기 때문이다. 한편, 이에 대한 보다 자세한 내용은 대표적으로 柳初夏(1990: 23~94)와 방인(2014: 263~287)이 참조된다.

儒家의 실천에 중대한 차착을 가져와 종국에는 이를 방해하는 폐단을 낳았을 뿐이었다.[23] 즉 "두려워하고 삼가며 상제上帝를 밝게 섬기면 인仁을 행할 수 있는데도, 태극太極을 헛되이 높이고 이理로써 천天을 삼음에 인仁은 행할 수 없게 되고 천天만 섬기는 데로 귀결되었을 뿐"[24]이요, 걸핏하면 "멀리 태극일원太極一元의 동그라미[圈]와 선천이오先天二五의 묘용妙用을 끌어다가 '심心'이니 '성性'이니 떠들어 배우는 자들로 하여금 황홀恍忽하여 입문하고 착수할 곳을 알지 못하도록 만들어 부질없이 생고생만 시키는"[25] 꼴로 전락한 실정이었다.

바로 이러한 인식에서 정약용은 단적으로 "「태극도太極圖」에 나오는 '한 둥근 동그라미'는 육경六經에서는 찾아볼 수 없는 것"으로서, 더욱이 텅 비어 있는 태허太虛의 한 이理로써 천지만물을 주재主宰하는 근본으로 삼음은 기실 어불성설에 가까운 것으로 비판·거부하였다. 왜냐하면 "천하에 영靈이 없는 존재는 만물의 주재자主宰者가 될 수 없을" 뿐만 아니라,[26] 기실 「태극도」라는 것도 단지 '감괘坎卦'와 '이괘離卦'라는 『주역

---

23 『易學緖言』, 「韓康伯玄談考」(『定本 與猶堂全書 17』, p. 110) "[論曰] 孔以太極爲元氣, 又引老子'道生一'爲太極, 是猶近理. 乃後世之論, 推尊太極爲形而上之物, 每云: '是理非氣, 是無非有', 不知形而上之物, 何以有黑白交圈也."; 『易學緖言』, 「沙隨『古占』駁」(『定本 與猶堂全書 17』, p. 178) "太極者, ……其名僅見於道家, 而周公·孔子之書, 偶未之言, ……但所謂'太極'者, 是有形之始. 其謂之'無形之理'者, 所未敢省悟也."

24 「自撰墓誌銘【集中本】」(『定本 與猶堂全書 3』, p. 277) "然恐懼戒愼, 昭事上帝, 則可以爲仁, 虛尊太極, 以理爲天, 則不可以爲仁, 歸事天而已."

25 「答李汝弘【丙子九月日】」(『定本 與猶堂全書 4』, p. 165) "又遠取太極一元之圈, 先天二五之妙, 曰: '心'·曰: '性', 使學者恍兮忽兮, 莫知其入頭下手之處, 豈非枉勞苦乎?"

또한, 정약용은 다음과 같이 말하기도 하였다: "근세의 학자들은 겨우 학문을 한다는 이름만 있게 되면 문득 스스로 거만하고 도도해진다. 곧 '천리天理'니 '음양陰陽'이니 하면서 담론을 펴고, 벽에다가 태극太極·팔괘八卦와 「하도河圖」·「낙서洛書」 등을 그려 붙여놓고 완색玩索한다고 자칭하며 우매한 사람들을 기만하고 있다. 그러나 그의 부모들은 바야흐로 추위를 호소하고 굶주림을 참아야 하고, 병들어 죽게 되었는데도 태만히 여겨 보살피지 않으며, 아예 타성이 되어 노력조차 하지 않으니, 곧 그의 완색玩索이 더욱 근실해질수록 학문과는 더욱 멀어지게 된다.(近世學者, 纔名爲學, 便自矜重. 談天說理, 曰: '陰'·曰: '陽', 壁上圖畫太極·八卦·「河圖」·「洛書」之屬, 自稱玩索, 以欺愚蒙. 而其父母方且呼寒忍飢, 疾病痾癢, 乃漫不省察, 恬不勞動, 卽其玩索彌勤而彌與學遠矣.)" 「諭谷山鄕校勸孝文」(『定本 與猶堂全書 4』, p. 325)

周易』에서의 두 괘卦를 합한 것에 불과함에 모든 이치[理]의 근원이 되기에는 역부족이었기 때문이다.[27]

정약용의 '태극'관①: '태극'은 '유형적 존재의 근원적 실체'이자 '기'이다

바로 이러한 문제의식에서 출발하여 정약용은 자신만의 독자적인 '태극太極' 개념을 정립해나갔던바, 첫째, 그는 이를 위한 전제로서 적어도 인간과 여타 만물로 구성되는 '유형의 세계'—즉 '성령性靈[無形]의 세계'와 대비되는—와 관련해서 독립적이고도 스스로 존재하는[自植] 근원적 실재, 즉 모든 존재에 공통적인 실체로서는 오직 '기氣'밖에 없다고 보았다.[28]

---

26 『孟子要義』(『定本 與猶堂全書 7』, p. 228) "○[鏞案] ……「太極圖」上一圓圈, 不見六經. ……凡天下無靈之物, 不能爲主宰. ……況以空蕩蕩之太虛一理, 爲天地萬物主宰根本, 天地間事, 其有濟乎?"; 『易學緖言』, 「沙隨『古占』駁」(『定本 與猶堂全書 17』, p. 178) "太極者, ……其名僅見於道家, 而周公·孔子之書, 偶未之言, ……"

27 『中庸講義補』(『定本 與猶堂全書 6』, p. 394) "○[臣對曰] ……蓋「太極圖」不過合坎·離兩卦者, 而坎·離之理, 詳著於「參同契」. 不必爲萬理之本, 而後儒之言理者, 於空蕩蕩地, 必說蒼蒼太極理出來, 非臣淺見所可蠡測."

28 『論語古今注 II』(『定本 與猶堂全書 9』, p. 281) "○[案] ……一物各具一性, 並無一物之內, 函有二性者. 然苟欲甚分, 當分四等. 荀子曰: '水火有氣而無生, 艸木有生而無知, 禽獸有知而無義, 人有氣·有生·有知·有義.' 此合理之言也."; 『論語古今注 II』(『定本 與猶堂全書 9』, p. 278) "○[案] ……凡天下有生·有死之物, 只有三等. 草木有生而無知, 禽獸有知而無靈, 人之大體, 旣生·旣知, 復有靈明神妙之用, ……惟一大體之中, 含生如草木·知覺如禽獸, 又能窮『易』象·算歷數, 而神妙靈通, ……"; 『孟子要義』(『定本 與猶堂全書 7』, p. 144) "○[鏞案] ……荀子曰: '水火有氣而無生, 草木有生而無知, 禽獸有知而無義, 人有氣·有生·有知·有義.' 盖其受性之品, 凡有四等, 而人與禽獸最相近."; 『孟子要義』(『定本 與猶堂全書 7』, p. 198) "○[鏞案] ……物之品有四等. 荀子曰: '水火有氣而無生, 艸木有生而無知, 禽獸有知而無義, 人有氣·有生·有知·有義.' 斯其所以爲尊品也."; 『中庸講義補』(『定本 與猶堂全書 6』, p. 364) "○[臣對曰] ……性有三品. 草木之性, 有生而無覺; 禽獸之性, 旣生而又覺; 吾人之性, 旣生旣覺, 又靈又善. 上·中·下三級, 截然不同, 故其所以盡之之方, 亦復懸殊."

한편, 여기서 '인간'과 관련해서는 약간 주의할 점이 있다. 정약용이 보기에, 인간도 몸[形軀]을 가지고 있다는 점에서 '유형의 존재'이다. 그러나 동시에 상제上帝[天]로부터 부여받은 '영명靈明한 본체本體[道義之性]'를 가지고 있다는 점에서 그는 또한 '무형의 존재'이기도 하다. 즉, 인간은 '유형의 기적氣的 존재存在'인 동시에 '무형의 영적靈的 존재'이기도 함으로써 여타 만물과는 구별되는 독특한 존재인 동시에, 자신의 존재론적 위상을 유·무형 두 세계의 경계선 상에서 발견하는 유일한 존재이기도 하다. 또한, 제3부 제1장 「다산 정약용의 이기론」에서의 【그림 3-1-6】도

둘째, 이러한 전제 위에서 정약용 역시 '모든 유형적 사물의 포괄적 근원'으로서의 '태극'이라는 중후한 개념을 인정하고 있음은 물론이다. 즉, 그가 보기에 ① "무극無極과 태극太極이란 한 덩어리의 원기元氣가 아무런 사물도 없는 데서 응고하여 형성된 것"[29]으로서, 또한 이러한 의미에서 태극이란 곧 "선천先天의 배막胚膜"·"천지天地·음양陰陽의 배태胚胎"이자 "만물萬物의 태초太初"[30]이기도 한바, 당연히 이러한 태극에 앞서 다시 한 사물은 존재하지 않았다.[31] ② 그럼에도 이때의 '태극'이란 ㉠ 상기한 바대로 어디까지나 '기氣로서의 태극'일 뿐이요 결코 이理로서의 태극은 아니며, ㉡ 나아가 이러한 맥락에서 태극이란 기실 만물의 생성과 관련하여 어떠한 형태의 주재적 권능도 가지고 있지 않았다.

정약용의 '태극'관②: '태극'은 기계적인 자기분화를 통해 만물을 생성한다

한편, 정약용은 우리가 현재 구체적으로 목도하는 바와 같은 자연세계의 출현, 즉 '만물의 생성과정'을 어떻게 이해·설명하고 있을까? 즉, "『역』

참조된다.

29 「中庸策」(『定本 與猶堂全書 2』, p. 76) "○……無極·太極, 不過以一團元氣, 從無物中凝成之謂也."

30 「示兩兒」(『定本 與猶堂全書 4』, p. 272) "太極者, 先天之胚膜也."; 『論語古今注 II』(『定本 與猶堂全書 9』, p. 193) "○[案] ……明太極者, 天地之胚胎也."; 『周易四箋 II』, 「蓍卦傳」(『定本 與猶堂全書 16』, p. 319) "太極者, 誰也? 天地之胚胎也."; 『易學緖言』, 「沙隨『古占』駁」(『定本 與猶堂全書 17』, p. 178) "太極者, 天地未分之先, 渾敦有形之始, 陰陽之胚胎, 萬物之太初也. ……但所謂'太極'者, 是有形之始."

31 「題家藏『太極圖說考正本』」(『定本 與猶堂全書 3』, p. 170) "夫'自'·'爲'二字之存滅, 關係大段. 存之則太極之先, 更有一物, 漸淪空寂, 不可爲訓; ……"; 『周易四箋 II』, 「蓍卦傳」(『定本 與猶堂全書 16』, p. 318) "極也者, 屋極之義. 屋極者, 屋脊也.【卽甍脊】 一棟爲之脊, 而衆桷分出, 亦猶大衍之策爲之極, 而兩儀·四象, 皆於是乎分出也.【與皇極同義】"; 『周易四箋 II』, 「蓍卦傳」(『定本 與猶堂全書 16』, p. 319) "蓋此『易』興之前, 先有所謂'太極'者存焉. 故大衍之『易』, 得以倣彼而有之也."; 『易學緖言』, 「陸德明『釋文』鈔」(『定本 與猶堂全書 17』, p. 260) "○陸云: '大音泰. 太極, 无也. 馬云: 「北辰也」.' [論曰] 馬融以北辰爲太極, 今人愕然不信. 然求諸字義, 實無錯誤. ……造物·生物之法, 雖若廣大, 其實皆用一例. 西瓜之始生也, ……天地創造之初, 其法亦必如此. 北辰者, 瓜之蒂也. 漸舒爲圓形, 復收爲南極, 南極者, 瓜之臍也. 草木瓜蓏·百果百穀, 其例皆同, 則洪造之初, 其法應然. 北辰之爲太極, 不其明矣乎?"

유태극, 시생양의, 양의생사상, 사상생팔괘『易』有太極, 是生兩儀, 兩儀生四象, 四象生八卦[『역易』에 태극太極이 있나니, 태극이 양의兩儀를 낳고, 양의가 사상四象을 낳고, 사상이 팔괘八卦를 낳는다]"[『周易傳義』「繫辭上傳」第11章]라는 『주역周易』의 경문經文이 의미하는바 이러한 과정을 개관하자면 다음과 같다. 첫째, 무엇보다 태극太極이 만물이 생겨나기 이전인 태초太初, 즉 미분화된 혼돈混沌의 상태로서 다시 한 사물도 존재하지 않았던 '천지창조의 시초'부터 다름 아닌 '선천先天의 배막胚膜'·'천지天地·음양陰陽의 배태胚胎'로서 본디 존재하고 있었다는 사실에서 출발한다.[『易』有太極]

둘째, 이러한 태극은 연이어 자체 내의 고유한 법칙[운동성]에 따라 최초의 자기분화를 일으킴으로써 곧바로 '천天'과 '지地'—이는 모두 '기氣'로서, '양의兩儀'라고 한다—를 동시에 낳았다.[太極生兩儀][32]

셋째, 이러한 '천天'과 '지地'는 다시금 서로 왕성하게 결합하고 교감함으로써 '수水'와 '화火'를 낳음에 드디어 '천天·지地·수水·화火'—이 역시 모두 '기氣'로서, '사상四象'이라고 한다—가 있게 되었다.[兩儀生四象][33]

---

32 『論語古今注 II』(『定本 與猶堂全書 9』, p. 193) "○[案] ……然周濂溪「太極圖」, 左離右坎, 陰陽相半, 明太極者, 天地之胚胎也. 太極一變, 輕清者, 上而爲天; 重濁者, 下而爲地, 則上蒼·下黃, 一時俱成, ……"; 『周易四箋 II』, 「蓍卦傳」(『定本 與猶堂全書 16』, p. 319) "兩者, 誰也? 輕清者位乎上,【天】 重濁者位乎下,【地】 此之謂'兩'也."

33 『周易四箋 II』, 「蓍卦傳」(『定本 與猶堂全書 16』, pp. 319~321) "四者, 誰也? 天·地·水·火, 體質各分, 位次有等, 此之謂'四'也.【「表記」云: '天·火尊而不親, 地·水親而不尊.'】 ……○總之, 四象者, 四時之象也. 天包於外, 日月運行, 而天·地·水·火之氣, 行於其間, 無時不在. 第以其寒暑之相近者, 而配之於四時. 故揲四之法, 以象四時, 而天·地·水·火之象, 亦寓其中矣."

또한, 정약용은 이러한 사상四象의 형성 및 그 성격과 관련하여 다음과 같이 설명하기도 하였다: "천天·지地·수水·화火란 태초의 혼돈[溟涬]이 나뉘면서 스스로 형질形質을 이룬 것이지, 새삼 조화를 입어 그리된 것은 아니다.(天·地·水·火者, 溟涬之分, 而自成形質, 不受和化者也.)" 『周易四箋 I』(『定本 與猶堂全書 15』, p. 38); "천天·지地·수水·화火는 『역易』의 네 기둥이다.(天·地·水·火, 『易』之四柱也.)" 『周易四箋 I』(『定本 與猶堂全書 15』, p. 47); "『역易』에는 사유四維가 있으니, 건乾·곤坤·감坎·리离가 이것이다.(○『易』有四維, 乾·坤·坎·离, 是也.)" 『周易四箋 I』(『定本 與猶堂全書 15』, p. 58); "천天·지地·수水·화火란 『역易』의 사정괘四正卦이다.(○[鏞案] ……天·地·水·火, 『易』之四正也.)" 『周易四箋 I』(『定本 與猶堂全書 15』, p. 192); "건乾·곤坤·감坎·리离는 이를 일러 '사정괘四正卦'라 한다.【괘卦의 형태가 바르다】(○乾·坤·坎·离, 是謂'四正'.【卦形正】)" 『周易四箋 II』(『定本 與猶堂全書 16』, p. 126); "건乾·곤坤·감坎·리离는 사정괘四正卦이다. 진

마지막으로, 이러한 '천天·지地·수水·화火'는 또다시 '뇌雷·풍風·산山·택澤'을 차례로 낳음에 마침내 '천天·지地·수水·화火·뇌雷·풍風·산山·택澤'—이 역시 모두 '기氣'로서 '팔괘八卦'라고 하며, 사실상 '완성된 자연세계'로서의 '만물萬物'을 상징한다—이 생겨나게 되었다.[四象生八卦]34

震·손巽·간艮·태兌는 사편괘四偏卦이다.【괘卦의 형태가 기울어졌다】(○乾·坤·坎·离, 四正之卦也. 震·巽·艮·兌, 四偏之卦也.【卦形斜】)" 『周易四箋 II』, 「『春秋』官占補註」(『定本 與猶堂全書 16』, p. 228)

한편, 정약용의 이상과 같은 '사상四象' 및 '사정괘四正卦' 개념을 통해 전통적인 '오행五行'설을 부정하는 가운데 자신의 역상易象의 기틀을 마련했던바, 여기에는 마테오 리치Matteo Ricci[利瑪竇, 1552~1610: 예수회 선교사]의 『천주실의天主實義』 또한 그 단서와 통찰력을 제공했던 것으로 추측된다. 즉, 마테오 리치는 "천하의 모든 사물은 불[火]·공기[氣]·물[水]·흙[土]이라는 네 원소[四行]가 서로 결합하여 생성되지 않은 것이 없습니다. 그런데 불의 성질은 뜨겁고 건조하니, 물과는 배치됩니다. 물의 성질은 차고 습합니다. 공기의 성질은 습하고 뜨거우니, 흙과는 배치됩니다. 흙의 성질은 건조하고 차갑습니다. (불과 물, 공기와 흙은: 필자 주) 둘이 서로 대치되고 맞서게 되면 자연히 필연적으로 서로를 해치게 됩니다. ……그러므로 이 네 원소를 가진 사물은 소멸되지 않을 수 없습니다(凡天下之物, 莫不以火·氣·水·土, 四行相結以成. 然火性熱乾, 則背于水. 水性冷濕也. 氣性濕熱, 則背于土. 土性乾冷也. 兩者相對相敵, 自必相賊. ……故此有四行之物, 無有不泯滅者.)"[Matteo Ricci(1603/1999: 128)]라고 주장한 바 있다. 물론, 이러한 마테오 리치의 주장은 플라톤Platon[B.C. 427~B.C. 347: 古代 그리이스의 철학자]의 '사원四元'설에 기원을 두고 있다.

34 『中庸講義補』(『定本 與猶堂全書 6』, p. 283) "○[今案] ……惟是伏羲八卦, 原有四正·四偏, 天·地·水·火者, 正方之卦也; 風·雷·山·澤者, 偏敧之卦也. 「表記」曰: '天·火尊而不親, 水·土親而不尊.' 言其位有尊卑也. 天·火相合, 以生風·雷; 水·土相錯, 以成山·澤; 變化蒸育, 以生萬物."

또한, 정약용은 다음과 같이 말하기도 하였다: "태극太極이 분화하여 천天과 지地가 되고, 천天과 지地가 펼쳐져서 천天·지地·수水·화火가 되며, 천天과 화火가 교접해서 풍風과 뇌雷가 되고, 지地와 수水가 어울려서 산山과 택澤이 되니, 그러므로 '사상四象이 팔괘八卦를 낳는다'고 한 것이다.(太極之判而爲天·地, 天地之敍而爲天·地·水·火, 天·火之交而爲風·雷, 地·水之與而爲山·澤, 故曰: '四象生八卦'也.)" 「示兩兒」(『定本 與猶堂全書 4』, p. 272); "『주역周易』에 '태극太極이 양의兩儀를 낳고, 양의가 사상四象을 낳고, 사상이 팔괘八卦를 낳는다'고 하였다. ……사상四象이 형상한 것은 천天·지地·수水·화火이고, 천天·지地·수水·화火는 스스로 형상을 이루었을 뿐 다른 사물이 섞이지 않은 것이다. 그러므로 천天이 화火를 추탁推托해서 풍風이 되고,【추탁推托이다】 화火가 천天에 분결奮決해서 뇌雷가 되며,【분결奮決이다】 수水가 지地를 깎아 산山이 되고,【산山은 스스로 이루어지지 않고, 사태가 나서 깎이기를 기다려 일어서게 된다】 지地가 수水를 가두어 택澤이 되니,【가두어서 머물도록 함이다】 이에 사상四象이 팔괘八卦를 낳게 되는 것이다.【천天이란 일기一氣이다】 양의兩儀란 천天·지地이다. ……태극太極이란 선천先天의 배막胚膜이다. (『易』曰: '太極生兩儀, 兩儀生四象, 四象生八卦.' ……四象之所象者, 天·地·水·火也, 天·地·水·火者, 特自成象, 不雜他物者也. 於是天托火而爲風,【推托也】 火決天而爲雷,【奮決也】 水削地而爲山,【山不自成, 待汰削而立】 地囿水而爲澤,【壅以止之】 四生八也.【天者, 一氣也】 兩儀

者, 天·地也. ……太極者, 先天之胚膜也.)" 「示兩兒」(『定本 與猶堂全書 4』, p. 272); "뇌雷·풍風·산山·택澤은 화火·천天·수水·지地에서 생겨났다.(雷·風·山·澤, 生於火·天·水·地.)" 『周易四箋 I』(『定本 與猶堂全書 15』, p. 38); "(乾·坤·坎·離의: 필자 주) 사정괘四正卦에서 화火와 천天은 한 부류이다.【천天과 화火가 한 부류이고, 또한 수水와 지地가 한 부류이다】 화火와 천天이 서로 만나니,【지금 '대유大有'괘가 된다】 '동기상구同氣相求'인 것이다. ……'화천대유火天大有'괘는 기氣와 종류[類]가 서로 감응한다.【화火와 천天은 한 부류이다】(○[案] ……四正之卦, 火·天其類也.【天·火一類, 又水·地一類】 火·天相遇,【今'大有'】 '同氣相求'也. ……'火天大有', 氣·類相感也.【火·天爲一類】)" 『周易四箋 I』(『定本 與猶堂全書 15』, pp. 114~115); "천天에 근본을 둔 것은 위[上]와 친하고,【천天은 화火와 함께 한다】 지地에 근본을 둔 것은 아래[下]와 친하다.【수水는 지地에 붙어 있다】(○本乎天者親上,【天與火】 本乎地者親下.【水附地】)" 『周易四箋 I』(『定本 與猶堂全書 15』, p. 156); "천天·지地·수水·화火는 『역易』의 사정괘四正卦이다. 이 네 가지 가운데 천天과 화火가 서로 합하고, 수水와 지地가 서로 친하니, 이것이 이른바 '동기상구同氣相求'인 것이다.(○[鏞案] ……天·地·水·火, 『易』之四正也. 四者之中, 天火相合, 水地相比, 此所謂'同氣相求'也.)" 『周易四箋 I』(『定本 與猶堂全書 15』, p. 207); "(太初의: 필자 주) 혼돈混沌이 이미 개벽開闢함에 곤坤의 흙으로 감坎의 물을 에워싸면 택澤이 되고, 감坎의 물로 곤坤의 땅을 깎아내면 산山이 된다.(○[鏞案] 混沌旣闢, 坤圍坎爲澤, 坎剡坤爲山.)" 『周易四箋 II』(『定本 與猶堂全書 16』, p. 123); "천天·지地·수水·화火에서 그 질質이 정밀한 것[天·火: 필자 주]은 위에 있고, 그 질質이 조잡한 것[地·水: 필자 주]은 아래에 있다. 정밀한 것이 상象을 이루어 그 변화함에 미쳐서는 뇌雷·풍風이 생겨나며,【이자二者가 합하여 이물二物이 생겨난다】 조잡한 것이 형形을 이루어 그 변화함에 미쳐서는 산山·택澤이 형성된다.【수水가 토土를 깎아 산山이 되고, 토土가 수水를 에워싸서 택澤이 된다】 일월성신日月星辰의 상象과 초목금수草木禽獸의 형形에 이르기까지 무릇 천지간天地間에 있는 것들은 변화하여 탈각脫却하지 않음이 없으니, 이것이 바로 『역易』이 변화變化를 위주로 하는 까닭이다.(天·地·水·火, 其質精者在上, 其質粗者在下. 精者成象, 而及其變化, 則雷·風以生;【合二者, 而生二物】 粗者成形, 而及其變化, 則山·澤以成.【水削土爲山, 土壅水爲澤】 以至日月星辰之象, 草木禽獸之形, 凡在天地之間者, 莫不變敓, 此『易』之所以主乎變者也.)" 『周易四箋 II』, 「繫辭上傳」(『定本 與猶堂全書 16』, pp. 273~274); "(天·地·水·火의: 필자 주) 사상四象이 이미 성립함에 천天과 화火가 서로 더불어서 뇌雷와 풍風이 생겨나며,【천天이 화火를 둘러싸서 뇌雷가 되며, 또한 화火가 천天과 더불어서 풍風이 된다】 지地와 수水가 서로 친하여 산山과 택澤이 만들어진다.【수水가 토土를 깎아내어 산山이 되고, 또한 토土가 수水를 에워싸서 택澤이 된다】 이것이 사四가 팔八을 생성하는 이치이자, 팔괘八卦가 팔八인 까닭이 여기에 있는 것이다.(四者旣立, 天·火相與而雷·風以生,【天包火爲雷, 又火與天爲風】 地·水相比而山·澤以成.【水削土爲山, 又土圍水爲澤】 此四之所以生八, 而八卦之所以八在是也.)" 『周易四箋 II』, 「蓍卦傳」(『定本 與猶堂全書 16』, pp. 319~320); "산山과 택澤은 지地와 수水가 만들어내는 것이고, 뇌雷와 풍風은 천天과 화火가 만들어내는 것이다. 높은 산위에 간혹 큰 연못이 있기도 하고,【백두산白頭山과 같은 것이다】 큰 연못 가운데 간혹 높은 산이 있기도 하니【군산君山과 같은 것이다】, 이것이 '산택통기山澤通氣'이다. 빠른 뇌雷와 세찬 풍風은 같은 소리를 내며 서로 응하니, 이것이 '뇌풍상박雷風相薄'이다. 화火가 지地 가운데서 운행함에 온천溫泉이 생기고, 수水가 화火의 기운을 받음에【태양太陽의 기氣 또한 화기火氣이다】 초목草木을 길러내니, 이것이 '수화불상역水火不相射'이다.【射의 음音은 '역斁'이니, 싫어함[厭]이다】 경문經文에는 비록 둘씩 서로 짝지었으나, 팔괘八卦·팔물八物이란 모두가 이것들과 상통相通하고 상합相合하는 것이다.(○山·澤者, 地·水之所成也; 雷·風者, 天·火之所成也.

정약용의 '태극'관③: "태극이란 팔물을 합친 전체이며, 팔물이란 태극의 부분이다"

정약용이 보기에, 이처럼 태극太極은 기계적인 자기분화의 과정을 끝없이 반복함으로써 결국에는 팔괘八卦로 대표·상징되는 '팔물八物', 즉 '만물萬物'을 생성하였고 또한 현재도 생성하고 있는 중인바,[35] 또한 이러한 과정에서 결국 "태극太極이란 팔물八物을 합친 전체이며, 팔물이란 태극의 부분"이란 형태로 존재하였다. 이로써 비록 팔물[만물]이 완성된 뒤라고 하더라도 태극은 여전히 그러한 팔물 속에 분화된 형태로 변함없이 남아있게 되며, 따라서 태극과 팔물의 재료와 도수度數란 기실 모두가 질적으로 다른 별개의 것으로 판별하거나 계량할 수 있는 것이 아니었다.[36]

高山之中, 或有大澤,【如白山】 大澤之中, 或有高山,【如君山】 是'山澤通氣'也. 迅雷烈風, 同聲相應, 是'雷風相薄'也. 火行地中, 厥有溫泉, 水受火氣,【日氣亦火氣】 乃長草木, 是'水火不相射'也.【射音'斁', 厭也】 經文雖兩兩相配, 而八卦·八物皆與之相通相合.)" 『周易四箋 II』, 「說卦傳」(『定本 與猶堂全書 16』, p. 325); "포희包犧씨가 획을 그어 괘卦를 만들었던 시초에는 전적으로 위아래로 관찰함에 의존하였다. 위아래로 관찰하여 먼저 양물兩物을 얻었다. 양兩이 나뉘어 사四가 됨에 다시금 사물四物을 얻었다. 사四가 팔八이 됨에 마침내 팔물八物을 얻게 되었다. 팔물八物이란 천天·지地·수水·화火·뇌雷·풍風·산山·택澤이다.(○[鏞案] ……包犧畫卦之初, 專藉仰觀俯察. 仰觀俯察, 先得兩物. 兩分爲四, 又得四物. 四化爲八, 遂得八物. 八物者, 天·地·水·火·雷·風·山·澤也)" 『易學緖言』, 「邵子先天論」(『定本 與猶堂全書 17』, p. 173)

한편, 柳初夏(1990: 51~60)와 유초하(1996)는 상기한바 '팔괘八卦'가 형성된 이후 만물萬物이 형성되는 단계를 따로 설정하고 있다. 그러나 『주역周易』「계사전繫辭傳」의 기본취지로 볼 때, "태극으로부터 시작된 존재의 분화는 양의와 사상의 단계를 거쳐 팔괘의 단계에 오면 완결"되는 것으로서, 이러한 의미에서 "팔괘가 지칭하는 천·지·수·화·뇌·풍·산·택이란 이미 완성된 자연의 세계"로 봄이 타당할 것으로 보인다. 이에 대한 보다 자세한 내용은 방인(2014: 283~287)이 참조된다.

35 『周易四箋 I』(『定本 與猶堂全書 15』, p. 101) "○[鏞案] ……萬物之生, 皆受氣化."

36 『易學緖言』, 「邵子先天論」(『定本 與猶堂全書 17』, p. 173) "○[鏞案] ……今論太極剖判之理, 原來一包兩, 兩包四, 四包八. 則太極者, 八物之合; 八物者, 太極之分. 其材料不是各辨, 其度數不可各計."

정약용의 '생성'론의 골간

지금까지 살펴본 주희와 정약용의 생성론의 골간을 각각 그림으로 간단하게 정리·비교해 보면 【그림 3-2-3】과 같다.

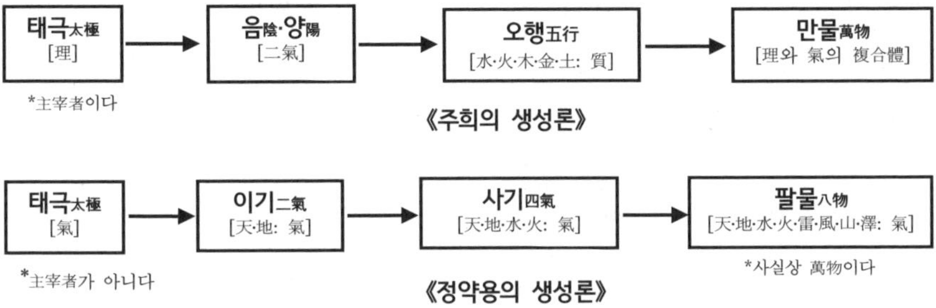

【그림 3-2-3】 '주희와 정약용의 생성론' 비교도

【보론 Ⅰ】 정약용의 '음양'관①: '음양'은 '실체'가 아니라 단순한 '차명'일 뿐이다

한편, 주희의 '음陰·양陽' 개념, 즉 '형이하形而下의 기器'이자 '만물을 생성하는 종자種子'로서의 '기氣'가 최초의 분화과정을 통하여 스스로 변화·생성한 '만물의 원초적 재료'로서의 음·양, 심지어 스스로 양능良能을 가지고 만물의 조화造化를 주장하며 천하의 사람들로 하여금 몸과 마음을 깨끗이 하여 제사祭祀를 받들도록 하는 존재로서의 음·양, 결국 이러한 의미에서 음·양을 '하나의 실체[實在]'로 상정하는 견해 역시 정약용이 보기에는 도저히 받아들일 수 없는 '경전에 대한 오독'이자 '존재론적 착각'에 불과하였다.[37]

---

37 『中庸講義補』(『定本 與猶堂全書 6』, p. 316) "○[今按] ……(安得舍此經文, 別立新義, 或疑爲造化之遺跡, 或疑爲二氣之良能, 歸之於有無之間, 置之於恍惚之域, 使先王昭事之典, 無所徵於後世乎?) ……二氣者, 陰·陽也. 日影爲陰, 日光爲陽. 雖此二物往來隱映, 以爲晝夜, 以爲寒暑, 而其爲物至冥至頑, 無知無覺, 不及禽獸虫豸之族遠矣. 安'有良能, 主張造化'·'使天下之人, 齊明盛服, 以承祭祀'乎?"

바로 이러한 문제의식 하에서 정약용은 '음陰·양陽'이란 단적으로 어떤 상태와 성질을 묘사하기 위한 단순한 '차명借名', 다시 말하자면 '상징어'에 불과할 뿐이라고 보았다. 즉, ① '양陽'이란 '가볍고 맑은 상태[輕·淸]'를 지시·표현하는 말이라면, '음陰'이란 '무겁고 탁한 상태[重·濁]'를 지시·표현하는 용어에 지나지 않는다. 또한, 이러한 맥락에서 그것은 유형의 세계를 구성하는 기본적 실체로서의 '기氣' 자체와는 아무런 관계가 없으며, 따라서 만물의 부모 역시 될 수 있는 것이 결코 아니었다.[38] ②

---

38 『中庸講義補』(『定本 與猶堂全書 6』, p. 283) "○[今案] 陰·陽之名, 起於日光之照掩. 日所隱曰: '陰', 日所映曰: '陽'. 本無體質, 只有明·闇, 原不可以爲萬物之父母. ……陰·陽曷嘗有體質哉? ……先哲於此, 又以輕淸者爲陽·重濁者爲陰, 原是借名, 非其本實."; 『中庸講義補』(『定本 與猶堂全書 6』, p. 316) "○[今按] ……二氣者, 陰·陽也. 日影爲陰, 日光爲陽."; 『周易四箋 II』(『定本 與猶堂全書 16』, p. 21) "○天·地者, 陰·陽也."; 『周易四箋 II』(『定本 與猶堂全書 16』, p. 35) "○天·地者, 陰·陽也."; 『周易四箋 II』(『定本 與猶堂全書 16』, p. 65) "○天·地者, 陰·陽也."; 『周易四箋 II』(『定本 與猶堂全書 16』, p. 73) "○天·地者, 乾·坤也.【否乾坤】"; 『周易四箋 II』, 「繫辭上傳」(『定本 與猶堂全書 16』, p. 274) "日·月者, 陰·陽也."; 『周易四箋 II』, 「繫辭上傳」(『定本 與猶堂全書 16』, p. 279) "天·地者, 乾·坤也."; 『周易四箋 II』, 「繫辭上傳」(『定本 與猶堂全書 16』, p. 280) "乾者, 氣也; 坤者, 土也. ……配天·地者, 乾·坤二卦也.【八卦之乾·坤】"; 『周易四箋 II』, 「說卦傳」(『定本 與猶堂全書 16』, p. 324) "陰·陽者, 蓍數之奇偶也."

또한, 정약용은 상기와 같은 맥락에서 다음과 같이 말하기도 하였다: "즐거움[樂]은 괴로움[苦]에서 나오니, 괴로움이란 즐거움의 뿌리이다. 괴로움은 즐거움에서 나오니, 즐거움이란 괴로움의 씨앗이다. 괴로움과 즐거움이 서로 낳는 이치는 동정動靜과 음양陰陽이 서로 그 뿌리가 되는 것과 같다.(樂生於苦, 苦者, 樂之根也; 苦生於樂, 樂者, 苦之種也. 苦樂相生, 如動靜·陰陽互爲其根.)" 「『贈別李【重協】虞候詩帖』序」(『定本 與猶堂全書 2』, p. 409); "오직 심기心氣가 번란煩亂하고 신사神思가 초조하여 혈기와 신체가 온통 쓸쓸하고 조급한 뜻이 있을 때에 바야흐로 이 법을 쓰게 되면, 늦추고 죄며 펴고 움츠리는 것이 서로 달려가 구제하게 되어 음양陰陽과 한서寒暑를 한 가지라도 폐할 수 없는 것과 같게 될 것이다.(唯心氣煩亂, 神思焦燥, 覺榮衛筋脉都有蕭索緊急底意思時, 方用此法, 庶乎弛張·舒蹙, 互相奔捄, 如陰陽·寒暑之不可偏廢也.)" 『陶山私淑錄』(『定本 與猶堂全書 4』, p. 321)

한편, 정약용은 때에 따라서는 주희의 '음陰·양陽' 개념과 유사한 의미로 이 용어를 사용한 경우도 없지 않은 것 같다. 그 사례를 들자면 대략 다음과 같다: "자연스런 음陰·양陽의 형세를 괴리시키고 바꿀 수 없는 건乾·곤坤의 이치를 어기면서, 옛 선왕先王의 예의禮儀와 절문節文을 상고하여 행하지 않는 사람들이 많다.(乖陰陽自然之勢, 違乾坤不易之理, 而古先王禮儀節文, 不可按行者多矣.)" 「問東西南北」(『定本 與猶堂全書 2』, p. 101); "신臣이 생각건대, 동뢰冬雷의 경계가 해마다 있으니, 이는 음양陰陽이 순하지 못하고 강유剛柔가 때에 맞지 않은 징조입니다.(臣竊以冬雷之警, 歲以爲常, 此陰陽不順·剛柔不時之兆也.)" 「辭校理兼陳所懷疏」(『定本 與猶堂全書

결국, '음·양'이란 유형적 사물의 근원이자 기氣로서의 태극太極이 단지 자체의 법칙에 따라 기계적으로 자기분화를 거듭하면서 만물을 생성하는 운동과정에서 발생하는 밝음과 어두움, 맑음과 탁함, 가벼움과 무거움 등의 '상대적 성질과 상태'를 표현하는 형용어, 곧 '일종의 기호記號'일 따름이다. ③ 사실이 이러함에도 '음·양'—이것은 곧 실체인 '천天·지地'의 모사상징으로서, 또한 '양의兩儀'라고도 한다—을 하나의 실체로 상정하는 것은 결과적으로 상징과 실재를 혼동하고 모사模寫와 본체本體를 뒤바꾸는 엄중한 '존재론적 왜곡'에 지나지 않았다.

【보론 II】 정약용의 '음·양'관②: '양의'·'사상'·'팔괘'는 모두 '실체'가 아니라 단순한 '차명'일 뿐이다

한편, 상기한바 정약용의 '음陰·양陽' 개념, 즉 이는 단적으로 어떤 상태와 성질을 묘사하기 위한 단순한 '차명借名', 곧 '기호記號'일 따름이요, 결단코 어떤 '실체[實在·本實]' 그 자체가 아니라는 입장은 이처럼 '양의兩儀'의 경우에만 한정되지 않았다. 물론 이러한 그의 관점은 우주생성론의 기본도식인 '태극太極 → 양의兩儀 → 사상四象 → 팔괘八卦'에서의 모든 개념에도 그대로 관철되었으니, 즉 여기서의 ① '태극太極'이란 『역易』이 생겨나기 이전에 이미 존재했던 태극—이는 실체·실재로서의 '한 덩어리의 원기元氣'를 가리킨다—을 대연大衍의 『역易』이 모방한 것이라면,[39] ② '양의兩儀'란 선

2』, p. 165); "하늘이 내려오고 땅이 올라간 것을 일컬어 '태泰'[64卦의 하나: 필자 주]라고 하는데, 군자君子의 도道는 생장하고 소인小人의 도道는 소멸하게 되어 음양陰陽의 조화가 이루어지므로 사특하고 부정한 기운[氣]이 일어날 수 없는 것이다.(天降地升曰'泰', 君子道長, 小人道衰, 以其陰陽和, 而邪慝不正之氣無由乘之也.)" 「芙蓉亭侍宴記」(『定本 與猶堂全書 3』, p. 104)

39 정약용은 다음과 같이 말한 바 있다: "대개 이 『역易』이 생겨나기 이전에 먼저 이른바 (實在·實體로서의: 필자 주) '태극太極'이 존재하였다. 따라서 대연大衍의 『역易』이 그것을 모방함으로써 (借名·記號으로서의 태극을: 필자 주) 있게 한 것이다.【태극이 있었다】(蓋此『易』興之前, 先有所謂'太極'者存焉. 故大衍之『易』, 得以倣彼而有之也.【有太極】)" 『周易四箋 II』, 「蓍卦傳」(『定本 與猶堂全書 16』, p. 319); "태극太極이란 50개의 시책蓍策이 아직 나뉘지 않은 상태이다.【삼극三極[天·地·人의 三才: 필자 주]이 아직 드러나지 않음에 '태극'이라

철先哲들이 가볍고 맑은 것[輕·淸: 天]을 가리켜 '양陽', 무겁고 탁한 것[重·濁: 地]을 가리켜 '음陰'이라 부른 단순한 차명일 뿐이요,[40] ③ '사상四象'이란 '천天·지地·수水·화火'라는 사물四物 및 '춘春·하夏·추秋·동冬'이라는 사시四時의 순환과정을 기호로 재현한 모사체라면,[41] ④ '팔괘八卦' 역시 만물의 생

이름붙인 것이다】 ……태극이란 64개의 괘卦가 뒤엉켜 구분이 없는 상태이다.【50개의 시책蓍策 가운데 64괘卦의 배태胚胎가 갖추어져 있다】 ……극極이란 '옥극屋極'이란 뜻인데, 옥극이란 가옥의 용마루이다.【곧 맹척甍脊이다】 하나의 용마루가 가옥의 등골이 됨에 여러 서까래가 여기서 갈라져 나옴이 마치 대연大衍의 시책蓍策이 중심[極]이 됨에 양의兩儀와 사상四象이 모두 여기서 갈라져 나오는 것과 같다.【'황극皇極'과 뜻이 같다】(太極者, 五十策之未分者也.【三極未著, 故名之曰: '太極'】 ……太極者, 六十四卦之圓圇無別也.【五十策之中, 具六十四卦之胚胎】 ……極也者, '屋極'之義. 屋極者, 屋脊也.【卽甍脊】 一棟爲之脊, 而衆桷分出, 亦猶大衍之策爲之極, 而兩儀四象, 皆於是乎分出也.【與'皇極'同義】)" 『周易四箋 II』, 「蓍卦傳」(『定本 與猶堂全書 16』, p. 318); "「역대전易大傳」에서 '『역易』에 태극太極이 있다'고 말한 바와 같은 것은 '시책蓍策을 헤아리기 전에 50개의 시책이 아직 나뉘지 않은 상태이니, 여기에 태극의 상象과 태극의 모습[貌]이 있다'는 것을 말함이다.(若夫「易大傳」之云'『易』有太極'者, 是謂: '揲蓍之先, 五十策之未分者, 是有太極之象·太極之貌'也.)" 『易學緖言』, 「沙隨『古占』駁」(『定本 與猶堂全書 17』, p. 178)

40 정약용은 다음과 같이 말한 바 있다: "양의兩儀란 (49개의 蓍策을: 필자 주) 나누어 두 묶음으로 하여 양兩[天·地: 필자 주]을 형용한 것이다.【의儀란 형용함[容]이요 본받음[法]이다】 ……양의란 건乾·곤坤 2괘卦가 (천·지를: 필자 주) 본뜨고 모방한 것이다.【8괘卦의 건乾·곤坤이다】 ……의儀란 형용形容이다. 마치 혼천의渾天儀가 혼천渾天의 형용일 따름이요 곧바로 혼천 그 자체가 아니며, 황도의黃道儀가 황도黃道의 형용일 따름이요 곧바로 황도 그 자체가 아닌 것과 같다. 시책蓍策을 '이二'로 나눈 것은 천天·지地를 형용한 것일 뿐이요, 곧바로 천·지 그 자체가 아니다.【또한 '의儀'란 본받는 것[法]이요 헤아리는 것[度]이니, 말하자면 이 물건으로 저 물건을 본받는 것이다.】(兩儀者, 分而爲二, 以象兩者也.【儀, 容也, 法也】 ……兩儀者, 乾坤二卦之儀倣也.【八卦之乾·坤】 ……儀也者, 形容也. 如渾天儀爲渾天之形容而已, 非直渾天也; 黃道儀爲黃道之形容而已, 非直黃道也. 蓍策之分而爲'二'者, 爲天·地之形容而已, 非直天·地也.【又'儀', 法也, 度也, 謂以此物法彼物】)" 『周易四箋 II』, 「蓍卦傳」(『定本 與猶堂全書 16』, p. 318); "천天·지地란 양의兩儀가 형용하는 것이니, 모든 괘卦의 부모父母가 된다.【8괘卦의 건乾·곤坤이다】(天地者, 兩儀之所儀也, 爲諸卦之父母.【八卦之乾·坤】)" 『周易四箋 II』, 「蓍卦傳」(『定本 與猶堂全書 16』, p. 321); "양의兩儀와 사상四象이란 명칭은 본디 시책蓍策을 잡고 나누어 헤아리는 법에서 생겼다.(兩儀四象之名, 本起於握蓍分揲之法.)" 『易學緖言』, 「沙隨『古占』駁」(『定本 與猶堂全書 17』, p. 179)

41 정약용은 다음과 같이 말한 바 있다: "사상四象이란 (蓍策을: 필자 주) 4개씩 헤아려 사시四時[春·夏·秋·冬: 필자 주]를 모방한 것이다.【상象이란 형용함[形]이요 유사함[似]이다】 ……사상이란 12벽괘辟卦가 사시에 배속됨을 유사하게 모방한 것이다.【천天·지地·수水·화火가 사시四時에 배속된다】 ……상象이란 모방하여 유사한 것이다. (楚 나라의: 필자 주) 우맹優孟이 손숙오孫叔敖를 흉내 냈다는 것은 손숙오를 모방하여 유사하게 되었음을 말할 뿐이다. 시책蓍策을 사四로 세는 것은 사시의 상象이 그러한 중에 유사하게 됨을 말한 것이다.【「대전大傳」에는 '象이란 본뜬다[像]는 뜻이다'라고 하였다】 ……먼저 이른바 '양兩'과 '사四'라는 것이 존재하였다. 따라서 (揲蓍法에서: 필자 주) 이二로 나누고 사四로 헤아

성과정에서 최종적으로 나타난 '천天·지地·수水·화火·뇌雷·풍風·산山·택澤'이란 팔물八物의 세계를 각각 지시하는 상징어일 뿐이다.[42]

리는 것은 저것을 모방하여 그렇게 하는 것이다. ……○총괄하자면, 사상이란 사시四時를 모방한 것이다. 천天이 밖에서 둘러싸고 일월日月이 운행하니 천天·지地·수水·화火의 기氣가 그 사이에서 활동하지 않을 때가 없다. 다만 한서寒暑 중에 서로 가까운 것으로써 사시에 배당한 것이다. 따라서 시책蓍策을 사四로 나누어 헤아리는 법으로써 사시를 모방함에 천天·지地·수水·화火의 형상도 그 가운데 깃들게 되는 것이다.(四象者, 揲之以四, 以象四者也.【象, 形也, 似也】……四象者, 十二辟卦分配四時之象似也.【天·地·水·火配四時】……象也者, 倣似也. 優孟象孫叔敖者, 得孫叔敖之倣似而已. 蓍策之揲之以四者, 謂四時之象, 依俙彷彿於此間也.【「大傳」云: '象者, 像也.'】……先有所謂'兩'與'四'者存焉. 故分而二·揲以四者, 得以象彼而爲之也. ……○總之, 四象者, 四時之象也. 天包於外, 日月運行, 而天·地·水·火之氣, 行於其間, 無時不在. 第以其寒暑之相近者, 而配之於四時. 故揲四之法, 以象四時, 而天·地·水·火之象, 亦寓其中矣.)" 『周易四箋 II』, 「蓍卦傳」(『定本 與猶堂全書 16』, pp. 318~321); "상象이란 유사함이다. 한비자韓非子가 이르기를 '코끼리란 남방의 큰 짐승이라 중국에서는 알지 못해, 단지 베껴 그린 것[圖寫]만 보았을 뿐이다'라고 하였으니, 이에 그 베껴 그린다는 의미를 빌려와 그 글자의 뜻이 '형상이 유사하다[形似]'는 것이 되었다.(○象者, 似也. 韓子曰: '象者, 南方大獸, 中國不識, 但見圖寫者', 故假借其義, 訓爲形似也.)" 『周易四箋 I』(『定本 與猶堂全書 15』, p. 107); "상象이란 모양을 본떴다[像]는 것이다.(象者, 像也.)" 『周易四箋 II』(『定本 與猶堂全書 16』, p. 108); "상象이란 모습을 본뜬 것이다.(○象者, 貌像也.)" 『周易四箋 II』(『定本 與猶堂全書 16』, p. 197); "상象이란 포희包犧가 획괘畫卦한 이후의 각 괘卦의 본상本象이다.(象者, 包犧畫卦以來, 每卦之本象也.)" 『周易四箋 II』, 「繫辭上傳」(『定本 與猶堂全書 16』, p. 277); "감坎·리離·간艮·진震은 귀·눈·손·발이 아니라 그 모양을 본뜬 것일 따름이다. 건乾·곤坤·태兌·손巽은 말·소·양·닭이 아니라 그 모양을 본뜬 것일 따름이다. 이를 일러 '상象'이라 하니, 상象이란 유사함이다.(坎·離·艮·震, 非耳·目·手·足, 擬諸其形容而已. 乾·坤·兌·巽, 非馬·牛·羊·鷄, 擬諸其形容而已. 此之謂'象', 象者 似也.)" 『周易四箋 II』, 「繫辭上傳」(『定本 與猶堂全書 16』, pp. 280~281); "『역易』의 도道란 모양을 본뜨는 것에서 벗어나지 않는다.【그 유사함을 따라 취하여 상象으로 삼았다】(『易』之爲道, 不外乎像象也.【因其似而取爲象】)" 『周易四箋 II』, 「繫辭下傳」(『定本 與猶堂全書 16』, p. 292); "사상四象이란 '사시四時를 본뜬 것'을 이름이니, 곧 12벽괘辟卦이다.(四象, 謂: '四時之象', 卽十二辟卦也.)" 『周易四箋 II』, 「蓍卦傳」(『定本 與猶堂全書 16』, p. 321); "양의兩儀와 사상四象이란 명칭은 본디 시책蓍策을 잡고 나누어 헤아리는 법에서 생겼다.(兩儀四象之名, 本起於握蓍分揲之法.)" 『易學緖言』, 「沙隨『古占』駁」(『定本 與猶堂全書 17』, p. 179); "중씨仲氏께서 말씀하시기를 '한 권의 『역易』이란 모두가 상象이다. ……다만 그 비슷한 것에 의지하여 모양을 본떠 「진震」이니 「감坎」이니 부르는 것이다. ……'라고 하셨다.(仲氏曰: '一部『易』, 都是象也. ……只取其依俙倣像, 謂之「震」·謂之「坎」也. ……')" 『易學緖言』, 「茲山易柬」(『定本 與猶堂全書 17』, p. 302)

42 정약용은 다음과 같이 말한 바 있다: "팔괘八卦란 내괘內卦나 외괘外卦로서 혹 진震이 되거나 혹 태兌가 되는 것이다.【곧 '팔괘八卦로서 작게 이룬다'고 할 때의 팔괘이다】……팔괘란 진震과 감坎으로 준괘屯卦를 이루거나 감坎과 간艮으로 몽괘蒙卦를 이루는 것이다.【따라서 '팔괘八卦가 길흉吉凶을 결정한다'고 하였다】……이에 (太極·兩儀·四象·八卦가 모두: 필자 주) 시

이처럼 정약용은 자신의 생성론을 전개함에 있어 항상 차명으로서의 '태극·양의·사상·팔괘'란 능기signifiant와 이것이 가리키는 '실재實在'로서의 소기signifié를 명확히 구분하였고, 또한 이를 구분할 것을 강조했던 바, 이 역시 정주성리학을 포함한 한漢·위魏 이래의 기존 논의가 이를 종종 무시함으로써 결국 상징과 실재를 혼동하고 모사模寫와 본체本體를 뒤바꾸는 심각한 '존재론적 착각'을 야기했던 것에 대한 엄중한 비판을 함축하고 있음은 물론이다.[43]

책蓍策을 나누어 헤아리는 명칭임은 확실하여 의심의 여지가 없다. ……또한 이른바 '일一[太極: 필자 주]이 양의兩儀를 낳고 양의가 사상四象를 낳고 사상이 팔괘八卦를 낳는다'는 것도 먼저 그러한 이치가 있었으므로 천지天地를 포괄하여 개관한 자가 그것을 본받아 만든 것이다. ……사상四象이 이미 성립함에 천天과 화火가 서로 어우러져 뇌雷와 풍風이 생겨나고,【천天이 화火를 품으면 뇌雷가 되고, 또한 화火가 천天과 어우러져 풍風이 된다】 지地와 수水가 서로 친하여 산山과 택澤이 생겨난다.【수水가 토土를 깎으면 산山이 되고, 또한 토土가 수水를 에워싸면 택澤이 된다】 이것이 사四가 팔八을 낳는 까닭이요, 팔괘八卦가 팔八이 되는 까닭이 여기에 있는 것이다. 그러나 일一이 양의兩儀를 낳고 양의가 사상四象를 낳고 사상이 팔괘八卦를 낳은 것은 포희包犧가 획을 그어 팔괘를 만들 적에 의儀[形容: 필자 주]하고 상象[倣似: 필자 주]한 바에 따라 한 것이다.(八卦者, 內卦·外卦之或震·或兌者也.【卽'八卦而小成'之八卦】 ……八卦者, 震·坎而成屯, 坎·艮以成蒙者也.【故曰: '八卦定吉凶'】 ……此其爲蓍策分揲之名, 確然無疑. ……又所謂'一生兩, 兩生四, 四生八'者, 先有其理, 故範圍天地者, 得以效法而爲之也. ……四者旣立, 天·火相與而雷·風以生,【天包火爲雷, 又火與天爲風】 地·水相比而山·澤以成.【水削土爲山, 又土圍水爲澤】 此四之所以生八, 而八卦之所以八, 在是也. 然一生兩, 兩生四, 四生八而爲卦者, 包犧畫八之時, 所儀·象而爲之也.)" 『周易四箋 II』, 「蓍卦傳」(『定本 與猶堂全書 16』, pp. 318~320); "만물은 (『易』의 상징체계에서는: 필자 주) 괘획卦畫으로 표현된다.(○……萬物者, 卦畫也.)" 『周易四箋 II』(『定本 與猶堂全書 16』, p. 22); "품물品物[온갖 물건: 필자 주]은 괘획卦畫으로 표현된다.(○……品物者, 卦畫也.)" 『周易四箋 II』(『定本 與猶堂全書 16』, p. 65); "만물은 괘획卦畫으로 표현된다.(○……萬物者, 卦畫也.)" 『周易四箋 II』(『定本 與猶堂全書 16』, p. 73)

43 정약용은 다음과 같이 말한 바 있다: "'오직 천天·지地가 만물萬物의 부모父母다'라는 하는데, 삼대三代의 고경古經에는 전혀 이런 말이 없었다. 요堯·순舜·우禹·탕湯·문왕文王·무왕武王·주공周公·공자孔子의 입에서는 필시 이런 말이 없었고, 오직 진秦·한漢 이래로 대도大道가 어두워지고 사설邪說이 어지러이 일어남에 이때부터 이런 말이 생겨나게 된 것이다. 「설괘전說卦傳」에서 '건乾은 부父가 되고, 곤坤은 모母가 된다'고 말한 것은 팔괘八卦의 물상物象이지 곧바로 푸른 하늘로써 대부大父를 삼고 누런 땅으로써 대모大母를 삼은 것이 아니다. 「설괘전」의 물상物象이란 멀리서 취하면 각각 말[馬]이 되고 소[牛]가 되며, 가까이서 취하면 각각 머리[首]가 되고 배[腹]가 되니, 정해진 이치가 있는 것이 아니라 다만 그 비슷한 것을 형상화한 것일 뿐이다. 우로雨露와 햇빛은 하늘에서 아래로 베풀어지며, 토양土壤과 물과 습기는 땅에서 위

그렇다면 주희의 생성론에서 '이理로서의 태극太極'에 속하는 것으로 상정되고 있는 '만물생성에 대한 주재적 권능'이 정작 정약용의 경우에는 과연 어디에 속하는 것으로 인식되고 있을까? 바로 이 지점에서 정약용의 '천天'과 '귀신鬼神' 개념을 살펴볼 필요성이 생긴다.

2. '상제'로서의 천

정약용의 '천'관①: '천'이란 곧 '상제'로서, 천지의 운행과 만물의 생성을 주재하는 존재이다

정약용丁若鏞이 보기에, 첫째, 천지天地의 운행과 만물萬物의 생성을 보이지 않는 가운데 주재主宰함으로써 스스로 만화萬化를 주장할 뿐만 아니라, 또한 '지극히 성실하여 쉼이 없는[至誠無息]' 존재가 다름 아닌 '천天'이었다.[44] 그리고 이러한 '천'이 곧 무형의 인격적 존재로서의 '상제上帝'인

로 피어나니, 이른바 '하늘은 베풀고 땅은 낳는다'는 것이다. 따라서 푸른 하늘로 부父의 상象을 삼고 누런 땅으로 모母의 상象을 삼아, 이것으로 점占을 보는 것일 뿐이다. ……지금 '오직 천·지가 만물의 부모다'라고 말한다면, 곧바로 조화造化와 생육生育의 근원을 푸른 하늘과 누런 땅에다 돌리는 셈이다.(○[平曰] '惟天·地, 萬物父母', 於三代古經, 絶無此言. 堯·舜·禹·湯·文·武·周·孔之口, 必無此言, 唯自秦·漢以來, 大道湮晦, 邪說紛興, 於是乎有之也. 「說卦」云: '乾爲父, 坤爲母'者, 八卦之物象, 非卽以蒼天爲大父·黃土爲大母也. 「說卦」物象, 遠取則爲馬·爲牛, 近取則爲首·爲腹, 非有定理, 唯其像似也. 雨露·曦陽, 自天下施; 土壤·水濕, 自地仰發, 所謂'天施而地生'也. 故以蒼天爲父象·黃土爲母象, 以之觀占而已. ……今乃曰: '惟天·地, 萬物父母', 則直以造化·生育之原, 歸之於蒼天·黃土.)" 『梅氏書平』(『定本 與猶堂全書 13』, pp. 238~239); "한漢·위魏 이래로 곧바로 천天·지地로써 양의兩儀라 이름 붙였다. 의儀란 형용形容함을 뜻하는데, 그렇다면 저 위에 펼쳐진 푸른 하늘과 아래에 널려있는 누런 땅은 모두 가짜 천天·지地가 되고 만다. 아! 어찌 가당키나 하리오?(乃自漢·魏以來, 直以天地, 名之爲兩儀. 儀也者, 形容也, 卽彼穹然之蒼·隤然之黃, 皆假天地也. 烏呼! 可哉?)" 『周易四箋 II』, 「蓍卦傳」(『定本 與猶堂全書 16』, p. 320); "만약 '사상四象이 원래 본물本物의 명칭이 될 수 있다'고 한다면, 태양太陽·태음太陰·소양少陽·소음少陰이란 천지간天地間에 본디 이러한 사물도 없고 또한 이러한 명칭도 없게 되니,【역상가曆象家들은 일日·월月로써 태양太陽·태음太陰을 삼는다. 그러나 소자邵子가 가리키는 것은 필시 일日·월月이 아니다】 장차 어찌할 것인가?(○[鏞案] ……若云: '四象原可爲本物之名', 則太陽·太陰·少陽·少陰, 天地間, 本無此物, 亦無此名,【曆家以日·月爲太陽·太陰. 然邵子所指, 必非日·月】 將若之何?)" 『易學緖言』, 「邵子先天論」(『定本 與猶堂全書 17』, p. 173)

것이다.[45]

44 『論語古今注 II』(『定本 與猶堂全書 9』, p. 319) "[質疑] ……但以天道驗之, 日月星辰之運而四時不錯, 風雷雨露之施而百物以蕃, 亦默自主宰而已. 若但以理之發見而言之, 則理本無知, 雖欲言語得乎?"; 『孟子要義』(『定本 與猶堂全書 7』, p. 228) "○[鏞案] 天之主宰爲上帝."; 『中庸自箴』(『定本 與猶堂全書 6』, p. 279) "『漢書』「揚雄傳」引『詩』曰: '上天之縡.' ……余謂: '縡者, 宰也. 宰制萬物, 故謂之上天之縡.'"; 『中庸講義補』(『定本 與猶堂全書 6』, p. 394) "○[臣對曰] ……'上天之載', 「揚雄傳」作'上天之縡', 縡者, 宰也. 旣爲宰制, 則主張萬化, 至誠無息, 亦豈沖漠無朕之象乎?"; 『尙書古訓 I』(『定本 與猶堂全書 11』, p. 133) "○[鏞案] ……天地萬物, 孰非帝有? 而日月星辰之運, 分至啓閉之度, 尤是天縡之玄妙者."; 『春秋考徵』(『定本 與猶堂全書 14』, p. 63) "○[鏞案] ……上蒼·下黃, 有形有色, 無靈無情, 主此天地者, 上帝而已."; 『周易四箋 I』(『定本 與猶堂全書 15』, p. 254) "○兩曜迭運, 七政循度, 而四時之序不忒, 聖人觀乎此, 而知造化之有神也."

45 『論語古今注 I』(『定本 與猶堂全書 8』, p. 113) "○[補曰] 天, 謂上帝也. ……天之所怒, 非衆神之所能福, 故無所禱也."; 『孟子要義』(『定本 與猶堂全書 7』, p. 228) "○[鏞案] 天之主宰爲上帝. 其謂之'天'者, 猶國君之稱國, 不敢斥言之意也."; 『孟子要義』(『定本 與猶堂全書 7』, p. 254) "○[鏞案] ……聖人小心昭事, 以達天道."; 『春秋考徵』(『定本 與猶堂全書 14』, p. 54) "○[鏞案] ……謂'帝爲天'者, 猶謂'王爲國', 非以彼蒼蒼者天, 指之爲帝也."; 『春秋考徵』(『定木 與猶堂仝書 14』, p. 59) "○[鏞案] ……惟其皇皇上帝, 無形·無質, 日監在玆, 統御天地, 爲萬物之祖, 爲百神之宗. 赫赫明明, 臨之在上, 故聖人於此, 小心昭事."; 『春秋考徵』, 「先儒論辨之異」(『定本 與猶堂全書 14』, p. 301) "○[鏞案] ……謂: '帝爲天', 猶謂: '王爲國', 非以彼蒼蒼有形之天, 指之爲上帝也."; 『風水集議』(『定本 與猶堂全書 22』, p. 383) "[案] ……上天有知."

한편, 정약용 역시 주희와 마찬가지의 논법으로 '천天'이란 말을 크게 두 가지의 의미로 인식·구사한 바 있다. 즉, ① 그 하나는 바로 이 '상제上帝'라는 '인격천人格天'의 의미로 사용하는 경우이고, ② 다른 하나는 '푸르디푸른 하늘[蒼蒼之天]', 곧 '물리적 존재로서의 하늘'이라는 의미로 사용하는 경우가 그것인데, 바로 이러한 의미의 천天은 '가볍고 맑은 것이 위로 올라가 이루어진 것'이기는 하지만 존재론적 서열로 보자면 기실 '최하층'에 속하는 것에 불과하였다. 특히 후자의 경우와 관련하여 정약용은 다음과 같이 말한 바 있다: "신臣이 생각건대, '고명배천高明配天'[『中庸章句』「第26章」: 필자 주]에서의 천天은 푸르디푸른 유형有形의 하늘을 말함이고, '유천오목維天於穆'[『中庸章句』「第26章」: 필자 주]에서의 천天은 영명靈明하고 주재主宰하는 천天을 말한 것입니다.(○……臣以爲, '高明配天'之天, 是蒼蒼有形之天; '維天於穆'之天, 是靈明主宰之天.)" 「中庸策」(『定本 與猶堂全書 2』, p. 76); "저 푸르디푸른 유형有形의 하늘은 우리 인간에게 있어 지붕처럼 덮고 있는 것에 불과하며, 그 등급도 땅·물·불과 똑같은 등급이 되는 데 지나지 않으니, 어찌 우리 인간의 성性과 도道의 근본이 되겠는가?(○[鏞案] ……彼蒼蒼有形之天, 在吾人不過爲屋宇帡幪, 其品級不過與土地·水·火平爲一等, 豈吾人性道之本乎?)" 『孟子要義』(『定本 與猶堂全書 7』, p. 228); "하물며 선유先儒들이 천天을 말함에는 원래 2종류가 있었다. 그 하나는 땅 위에 있는 것을 일컬어 '천天'이라 하였고, 다른 하나는 푸르디푸른 둥근 창공[蒼蒼大圜]을 일컬어 '천天'이라고도 하였다. 만약 푸르디푸른 하늘[蒼蒼之天]을 논하자면, 그 본질[質]이 모두 청명淸明하기는 하지만 또한 모두 음양陰陽의 이기二氣를 구비하고 있기 때문에 해[日]를 일컬어 '태양太陽'이라 하고 달[月]을 일컬어 '태음太陰'이라 한다. 태양은 둘째, 바로 이러한 의미에서 ① 천天을 상제와는 별개의 존재로 설명하는 견해, 특히 음양오행설陰陽五行說에 따라 오제五帝에 대한 제사를 주장하고 참위설讖緯說에 따라 천신天神과 성왕聖王을 일종의 혈연관계로 설명하는 감생제설感生帝說 따위를 내세웠던 정현鄭玄[字는 康成, 127~200: 中國 後漢의 학자] 류의 논리는 운위할 가치조차 없으며,[46] ② 또한 천天을 우주

순수한 화火이고, 태음은 순수한 수水이다. 오성五星이 나열되어 빛나고 있지만 그 성性은 제각기 달라, 혹은 차거나 더우며 혹은 건조하거나 습하며 혹은 바람[風]이나 비[雨]를 좋아하기도 하며, 혹은 오금五金과 팔석八石을 주관하기도 하고 혹은 온갖 초목草木을 주관하기도 한다. 금수禽獸나 곤충昆蟲 및 작은 벌레[小豸]까지도 각자 그 기氣를 받아 생육한다. 이것으로 살펴보자면, 상천上天·하천下天, 수화토석水火土石, 일월성신日月星辰은 오히려 만물萬物의 반열에 속하나니, 하물며 동철銅鐵이나 초목草木을 높이어 만물의 부모로 삼을 수 있겠는가?(○[今案] ……況先儒言天, 原有二種. 其一以自地以上謂之'天', 其一以蒼蒼大圜謂之'天'. 若論蒼蒼之天, 其質雖皆淸明, 亦具陰陽二氣, 故日曰: '太陽', 月曰: '太陰.' 太陽者, 純火也; 太陰者, 純水也. 五星列曜, 其性各殊, 或冷或煓, 或燥或濕, 或好風·或好雨, 或主五金八石, 或主百草百木. 飛禽·走獸·昆蟲·小豸, 各受其氣, 以生以育. 由是觀之, 上天下天·水火土石·日月星辰, 猶在萬物之列, 況可以銅鐵·草木, 進之爲萬物之母乎?)" 『中庸講義補』(『定本 與猶堂全書 6』, p. 283); "위에 있는 푸른 하늘[天]과 아래에 있는 누런 땅[地]은 모두가 정情이 없는 사물들로서, 일월산천日月山川과 마찬가지로 기질氣質로 이루어진 것이어서 스스로 영명靈明한 인식작용을 할 수 없다. 성인聖人께서는 이치[理]에 밝으시니, 어찌 그것들을 부모로 섬기는 이치가 있겠는가? 오직 위대한 상제上帝만이 형形과 질質이 없으면서도 나날이 여기를 살펴 하늘과 땅을 다스리시며, 만물의 근원이자 뭇 귀신의 으뜸으로서 찬란하게 저 높이 임하여 계신다. 이 때문에 성인께서는 조심스런 마음으로 상제를 밝게 섬기셨으니, 이것이 바로 교제郊祭가 생겨난 유래이다. 이에 밝은 귀신들은 상제의 명命을 받아 혹 일월성신日月星辰과 풍운뇌우風雲雷雨를 맡기도 하고, 혹 토곡산천土穀山川과 구릉임택丘陵林澤을 관장하기도 한다. 따라서 위의 일을 맡은 귀신을 '천신天神'이라 하고, 아래의 일을 맡은 귀신을 '지기地示'라고 하는 것이다.(○[鏞案] ……然上蒼·下黃, 都是無情之物, 與日月山川, 均爲氣質之所成, 了無靈識之自用. 聖人明理, 豈有父事·母事之理? 惟其皇皇上帝, 無形·無質, 日監在玆, 統御天地, 爲萬物之祖, 爲百神之宗, 赫赫明明, 臨之在上. 故聖人於此, 小心昭事, 此郊祭之所由起也. 於是明神受命, 或司日月星辰·風雲雷雨, 或司土穀山川·丘陵林澤. 故其司之在上者, 謂之'天神'; 其司之在下者, 謂之'地示'.)" 『春秋考徵』(『定本 與猶堂全書 14』, p. 59); "위에 있는 푸른 하늘과 아래에 있는 누런 땅은 형形과 색色은 있지만 영명靈明함과 정情이 없으니, 이러한 하늘과 땅을 주재主宰하는 자는 상제上帝이실 따름이다.(○[鏞案] ……上蒼·下黃, 有形有色, 無靈無情, 主此天·地者, 上帝而已.)" 『春秋考徵』(『定本 與猶堂全書 14』, p. 63)

46 『中庸自箴』(『定本 與猶堂全書 6』, pp. 275~276) "[箴曰] ……『孝經』曰: '郊祀后稷以配天, 宗祀文王以配上帝', 忽以天与上帝, 分之爲二, 此文本之緯書. 朱子疑之, 固不足述, ……"; 『尙書古訓 II』(『定本 與猶堂全書 12』, pp. 242~243) "鄭云: '皇天, 北極大帝也【見『史』注】; 上帝, 太微中其所統也.【見『史』注】' ○[駁曰] 鄭玄酷信緯書, ……乃鄭玄注『禮』,

와 삼라만상의 생성과 변화에 있어 최초원인이자 원리적 주재자로 보기는 하지만 동시에 이를 인격적 존재가 아닌 '태극太極', 즉 '텅 비고 고요하여 아무런 조짐도 없는[沖漠無朕]' 형이상의 '이理'로 보는 한편, 바로 이러한 생성과정에서 만물이 부여받은 '이理로서의 성性'을 곧 '천명天命'

忽以皇天上帝, 分之爲二尊. 每遇皇天, 訓之曰: '天皇大帝'; 每遇上帝, 訓之曰: '感生五帝'. 而又以列宿之星點, 指之爲帝座. 北極之耀魄寶, 指之曰: '大帝'; 太微之五座星, 指之曰: '五帝'. 於是靈威仰·赤熛怒·白招拒·黑汁紀, 列于郊祀, 永爲石典, 皆鄭玄之爲也. 『中庸』曰: '上天之載, 無聲無臭, 至矣.' 今也指晳晳之星, 而尊之爲帝, 而后妃·太子之星, 輔弼·武衛之星, 煜煜熒熒, 無一不具. 碧落之上, 闢一朝廷, 其來有漸. 豈必皆鄭玄之罪, 而鄭玄則其甚者也. 其本源如此, 何以宗矣?【『知遠錄』】"; 『春秋考徵』(『定本 與猶堂全書 14』, p. 55) "○[鏞案] ……鄭玄襲亡秦五帝之邪說, 信緯書感生之妖言, 乃以啓蟄之郊, 歸之於蒼帝, 別刱冬至之祭, 以祀上帝, 而自立祝號曰: '天皇大帝', 不亦悖乎? 萬物一本, 鄭玄二之·六之, 儒云乎哉?"; 『春秋考徵』(『定本 與猶堂全書 14』, p. 68) "○[鏞案] 五方天帝之說, 起於騶衍, 盛於亡秦, 呂不韋著書, 雜取怪迂之說, 謬稱秦之先公, 歷祠五帝.【文見下】 漢興百年, ……其間禮典槩襲秦舊. ……於是緯書大興, 鬼道馳騁. 及其末也, 鄭玄以博學鴻儒, 崇信讖緯, 其註三禮·三經, 悉以緯書之說交亂其間, 以誣聖經, 以壞王章. 若天庭五帝之說, 尤其大者也. 余論天庭五帝, 必非先王之法言."; 『春秋考徵』(『定本 與猶堂全書 14』, p. 77) "○[鏞案] ……秦·漢以來, 祭天·祭帝, 分而二之. 故『孝經』亦以配天·配帝, 分爲二事. 此『孝經』所以見疑於朱子也. 稽之古經, 未嘗如此."; 『春秋考徵』, 「鄭氏六天之辨」(『定本 與猶堂全書 14』, p. 283) "○[鏞案] ……『孝經』者, 有疑之書,【朱子有辨論】 配天·配帝, 分其等級, 有若天大而帝小, 天尊而帝親者然."; 『春秋考徵』, 「鄭氏六天之辨」(『定本 與猶堂全書 14』, p. 284) "○[鏞案] 靑帝·赤帝之說, 本出緯書. 其妖邪僭越, 大悖極逆, 不可言也. 列星爲物, 無靈無覺, 乃以紫微一星, 尊之爲'天皇大帝', 以太微五星, 命之曰: '五方天帝', 橫說竪說, 以誣上尊. 罪至於此, 何以赦之? ……鄭玄於此, 其無所逃罪矣."; 『春秋考徵』, 「鄭氏六天之辨」(『定本 與猶堂全書 14』, pp. 285~286) "○[鏞案] 感生帝之說, 罔誕悖理, 而鄭玄偏信此說, 卽凡三禮·『詩』·『書』所稱'祭上帝'諸文, 悉指爲靑帝·赤帝, 或稱'感生', 或稱'當方', 誣先王之禮, 簒上帝之位, 厥罪大矣. ……『孝經』別言'天·帝', 本是謬義, 而原其本意, 則天尊而帝親, 天博而帝專, 天是渾稱, 帝是特稱. 今乃以配天爲蒼帝, 以配上帝爲並配五帝, 乖反極矣."; 『春秋考徵』, 「鄭氏六天之辨」(『定本 與猶堂全書 14』, p. 287) "○[鏞案] 『周禮』「大宗伯」, 唯有'昊天上帝'一號. 皇天上帝, 卽昊天上帝, 分而爲二, 已極弇陋. 況上帝之體, 無形無聲, 視之而弗見, 聽之而弗聞. 今乃以紫微一星爲天皇大帝, 太微五星爲五方天帝, 則無靈有形之物, 推尊爲帝, 至五至六, 而昊天上帝, 唯一無二之位, 已泯晦而不章矣. 罪至於此, 何以赦矣? 此殆鬼怪, 非人爲也."; 『春秋考徵』, 「先儒論辨之異」(『定本 與猶堂全書 14』, p. 291) "○[鏞案] ……指星爲帝, 指星爲后妃·太子·宰相·執法, 將謂碧落亦一朝廷, 抑謂星各有神, 以司下土之帝王·后妃·太子之等乎? ……以之解經, 以之制禮, 以之詔後世而垂大典, 豈不誤哉?"; 『春秋考徵』, 「先儒論辨之異」(『定本 與猶堂全書 14』, p. 294) "○[鏞案] ……陳氏之意, 確以天與上帝, 分而爲二. 是眩於鄭玄之邪說, 而不察古經之過也."; 「自撰墓誌銘【集中本】」(『定本 與猶堂全書 3』, p. 273) "曰: '郊祭上帝. 其祭五方上帝者, 漢儒襲秦人之謬也.'"

으로 인식하는 정주성리학의 입장 또한 잘못된 것이었다.[47]

정약용의 '천'관②: '상제'는 '무형의 영적 존재'이자 '유일자'이다

그렇다면 '상제上帝'란 과연 어떤 존재인가? 첫째, 상제는 단적으로 형形이나 질質을 가지지 않는 '무형의 영적 존재'이다.[48] 이에 정약용은 하늘[上天], 즉 상제의 일이란 하나같이 소리도 없고 냄새도 없기에[上天之載, 無聲無臭] 결국 '보아도 보이지 않고 들어도 들리지 않는다[不睹·不聞, 不見·不聞]'고 역설한 바 있다.[49]

둘째, 이러한 상제는 나아가 ① 기氣로서의 태극太極과 그 자체의 기계적인 자기분화로 생성된바 '유형의 세계', 즉 '만물'뿐만 아니라, 심지

---

47 『春秋考徵』, 「先儒論辨之異」(『定本 與猶堂全書 14』, p. 290) "程子曰: '六天之說, 起於讖書, 鄭玄之徒, 從而廣之, 甚可笑也. 帝者, 氣之主也. 豈有上帝而別有五帝之理? 此因『周禮』言「祀昊天上帝」, 而後又言「祀五帝亦如之」. 故諸儒附會此說, 正如今人說六子. 乾坤之外, 甚底是六子? 譬如人之四肢, 只是一體耳, 學者大惑也.' ○[鏞案] 此時以理爲帝. 故曰: '帝者, 氣之主也.' 誠若氣之主爲帝, 則天有六氣, 庸得無六帝乎? ……亦恐所喩未允也."

48 『中庸自箴』(『定本 與猶堂全書 6』, p. 232) "[箴曰] 所不睹者, 何也? 天之體也; 所不聞者, 何也? 天之聲也. ……不睹·不聞者, 非天而何?"; 『中庸自箴』(『定本 與猶堂全書 6』, p. 253) "[箴曰] ……上帝之體, 無形·無質, 與鬼神同德, ……○上天之載, 無聲·無臭, 故曰: '弗見·弗聞.'"; 『中庸自箴』(『定本 與猶堂全書 6』, p. 279) "[箴曰] ……○……若上天之載, 都無形質, 竝無聲臭, 其微極矣. 聲臭空於形質, 故極言'無形', 而至謂之'無聲·無臭.'"; 『中庸講義補』(『定本 與猶堂全書 6』, p. 288) "○[今按] ……不睹·不聞, 豈非所謂天命乎!"; 『中庸講義補』(『定本 與猶堂全書 6』, p. 393) "○[今案] ……然上天無聲·無臭, 而君子敬之."; 『尙書古訓 II』(『定本 與猶堂全書 12』, p. 320) "○[案] ……上帝無形體, 故得聞無形之馨腥."; 『梅氏書平』(『定本 與猶堂全書 13』, p. 239) "[平曰] ……造化·發育之本, 自有皇天上帝, 無形·無聲, 日監在玆. ……蓋古人所事, 卽無形·無聲之上帝, 非有形·有質之天地也."; 『春秋考徵』(『定本 與猶堂全書 14』, p. 59) "○[鏞案] ……惟其皇皇上帝, 無形·無質, 日監在玆, 統御天地, 爲萬物之祖, 爲百神之宗. 赫赫明明, 臨之在上, 故聖人於此, 小心昭事."; 『春秋考徵』, 「鄭氏六天之辨」(『定本 與猶堂全書 14』, p. 287) "○[鏞案] ……況上帝之體, 無形·無聲, 視之而弗見, 聽之而弗聞."

49 여기서 ① '하늘[上天]의 일은 소리도 없고 냄새도 없다[上天之載, 無聲無臭]'라는 경문經文은 원래 『시경집전詩經集傳』「대아大雅: 문왕지십文王之什」편篇 「문왕文王」시詩에 나오는 구절로서, 『중용장구中庸章句』「제第33장章」에도 인용되어 있으며, ② '보이지 않는 바, 들리지 않는 바[不睹, 不聞]'와 '보이지 않고, 들리지 않는다[不見, 不聞]'라는 경문은 각각 『중용장구』「제1장」과 「제16장」에 나온다.

어 '무형의 귀신' 및 '유·무형의 인간'으로부터도 초월해 있으면서 동시에 '이 모두를 조화造化하고 재제宰制하며 안양安養해주는 장본인'이기도 하다.[50] ② 이로써 상제는 ㉠ 유·무형의 모든 존재를 자신의 주재主宰 하

---

50 『春秋考徵』, 「先儒論辨之異」(『定本 與猶堂全書 14』, p. 301) "○[鏞案] ……上帝者何? 是於天地·神人之外, 造化天地·神人·萬物之類, 而宰制·安養之者也."

여기서 정약용은 상제上帝의 권능으로서의 '조화造化'의 의미를 '천지만물天地萬物의 창조創造'와 '운행運行[宰制·主宰]'을 모두 포괄하는 광의의 개념으로 인식·사용한 것으로 보인다. ① 우선, 다분히 '천지만물의 운행'이라는 의미로 사용한 사례를 들자면 다음과 같다: ㉠ "은隱·미微란 하늘[上天]의 일이다. ……만물萬物을 발육發育시켜 솔개는 날아 하늘에 이르고 물고기는 연못에서 뛰놀도록[鳶飛戾天, 魚躍于淵] 하여 그 조화造化의 흔적을 뚜렷이 드러내니, 미미함[微]보다 더 드러남[顯]이 없는 것이다.【「비은費隱」장】([箴曰] 隱·微者, 上天之載也. ……發育萬物, 使鳶飛戾天, 魚躍于淵, 以顯其造化之跡, 莫顯乎微也.【「費隱」章】)" 『中庸自箴』(『定本 與猶堂全書 6』, p. 234) ㉡ "하늘[上天]의 일은 광대廣大하고 신묘神妙하여 능하지 못한 바가 없다[無所不能]. ……'솔개는 날아 하늘에 이르는데, 물고기는 연못에서 뛰논다[鳶飛戾天, 魚躍于淵]'라는 것은 하늘[上天]의 조물造物의 오묘함을 인용하여 문왕文王께서 백성을 진작시키셨던 성대함을 비유한 것이다.([箴曰] ……○上天之載, 廣大神妙, 無所不能. ……[箴曰] '鳶飛戾天, 魚躍于淵'者, 引上天造物之妙, 喩文王作人之盛也.)" 『中庸自箴』(『定本 與猶堂全書 6』, p. 249) ㉢ "만물이 하늘[上天]의 조화造化 가운데 있음은 마치 물고기가 물 가운데 있으면서 헤엄치고 호흡함에 물을 떠날 수 없음과 같다. 따라서 '사물의 본체가 되어 빠뜨릴 수 없다'고 말한 것이다. '사물의 본체가 된다'는 것은 물체에 꽉 차있는 것이다.([箴曰] ……○萬物在上天造化之中, 如魚在水中, 游泳呼吸, 不能離水. 故曰: '體物而不可遺'. '體物'者, 物體之充也.)" 『中庸自箴』(『定本 與猶堂全書 6』, p. 253) ㉣ "커서 그 바깥이 없으며 작아서 그 안이 없다는 것에 하늘[上天]의 조화造化의 범위가 아닌 것이 없다.([臣對曰] ……大而無外, 小而無內, 莫非上天造化之範圍局奧.)" 『中庸講義補』(『定本 與猶堂全書 6』, p. 309) ㉤ "천도天道는 지극히 은미하여 보고 들을 수 없기에 반드시 위아래로 살펴보아야만 조화造化의 자취를 볼 수 있고 이에 그것이 뚜렷이 드러남을 알 수 있는 것이다. ……솔개와 물고기는 다만 그 느낀 바를 말한 것이다.(○[今按] ……天道至隱, 無可覩聞, 必仰觀頫察, 見其造化之跡, 乃知其著顯. ……鳶·魚, 特其所感發也.)" 『中庸講義補』(『定本 與猶堂全書 6』, p. 310) ㉥ "다만 천도天道로써 징험하자면, 일월성신日月星辰이 운행함에 사시四時가 어긋나지 않고 풍뢰우로風雷雨露가 베풀어짐에 백물百物이 번성함을 또한 묵묵히 스스로 주재主宰하고 있을 뿐이다.([質疑] ……但以天道驗之, 日月星辰之運而四時不錯, 風雷雨露之施而百物以蕃, 亦默自主宰而已.)" 『論語古今注 II』(『定本 與猶堂全書 9』, p. 319) ㉦ "조화造化하고 발육發育하는 근본에는 황천상제皇天上帝께서 계시는데, 형질形質이나 소리도 없이 날마다 살피심이 여기에 있다.([平曰] ……造化·發育之本, 自有皇天上帝, 無形·無聲, 日監在茲.)" 『梅氏書平』(『定本 與猶堂全書 13』, p. 239) ㉧ "오직 황황상제皇皇上帝께서는 형질形質이 없으시며, 날마다 살피심이 여기에 있어 천지天地를 통어統御하시며, 만물萬物의 조상이자 모든 신神의 우두머리이시다. 밝디밝게 임하시어 위에 계시니, 이에 성인聖人께서 조심스런 마음으로 밝게 섬기셨다.(○[鏞案] ……惟其皇皇上帝, 無形·無質, 日監在茲, 統御天地, 爲萬物之祖,

에 포섭·장악하고 있는 지극히 존귀하고 지극히 위대한 절대적 권능의 '유일자唯一者'가 되며,[51] ㉡ 결국 바로 이러한 의미에서 상제는 또한 귀

爲百神之宗. 赫赫明明, 臨之在上, 故聖人於此, 小心昭事.)" 『春秋考徵』(『定本 與猶堂全書 14』, p. 59) ㉨ "양요兩曜[해와 달: 필자 주]가 차례로 운행하고 칠정七政[해, 달, 금성, 목성, 수성, 화성, 토성: 필자 주]이 도수度數를 따르며 사시四時의 순서가 어긋나지 않음에, 성인聖人께서 이를 관찰하시며 조화造化하시는 신神이 계심을 아셨다.(○兩曜迭運, 七政循度, 而四時之序不忒, 聖人觀乎此, 而知造化之有神也.)" 『周易四箋 I』(『定本 與猶堂全書 15』, p. 254) ㉩ "일음일양一陰一陽하는 그 위에 분명히 재제宰制하시는 천天이 계시는데, 이제 드디어 일음일양으로써 도체道體의 근본을 삼는 것이 옳겠는가?([論曰] ……一陰一陽之上, 明有宰制之天, 而今遂以一陰一陽爲道體之本, 可乎?)" 『易學緖言』, 「韓康伯玄談考」(『定本 與猶堂全書 17』, pp. 107~108) ② 반면, 다분히 '천지만물의 창조'라는 의미로 사용한 사례를 들자면 다음과 같다: ㉠ "대저 천天께서 재료가 되는 사물[材物]을 생성하심에, 이를 '오행五行[水·火·土·金·木: 필자 주]'이라 한다.(原夫天生材物, 謂之'五行'.)" 『尙書古訓 II』(『定本 與猶堂全書 12』, p. 68) ㉡ "오행五行은 형질形質이 있으니, 천天께서 만드신 사물[物]이다.([考訂] ……○[訂曰] ……五行是有形質, 天作之物也.)" 『尙書古訓 II』(『定本 與猶堂全書 12』, p. 72) ㉢ "천天께서 만물萬物을 생성하시고 백령百靈을 통해 관장하신다.(○[鏞案] ……天生萬物, 司以百靈.)" 『春秋考徵』(『定本 與猶堂全書 14』, p. 103) ㉣ "무릇 '형체가 있는 것은 형체가 없는 것에서 생겨난다'라고 함은 조화造化를 이름이다. 지금 태역太易을 만물이 생겨나는 근본으로 삼으니, 옳겠는가? 왕필王弼[字는 輔嗣, 226~249: 中國 三國時代 魏 나라의 학자]은 '제帝가 만물을 생성하는 주인이다'라고 하였다.([案] ……夫謂'有形生於無形'者, 造化之謂也. 今以太易爲生物之本, 可乎? 王弼云: '帝者, 生物之主.')" 『易學緖言』, 「漢·魏遺義論」(『定本 與猶堂全書 17』, p. 82)

51 『尙書古訓 II』(『定本 與猶堂全書 12』, p. 243) "○[駁曰] ……皇天上帝, 至一而無二, 至尊而無匹."; 『春秋考徵』(『定本 與猶堂全書 14』, p. 55) "○[鏞案] 昊天上帝, 唯一無二."; 『春秋考徵』, 「鄭氏六天之辨」(『定本 與猶堂全書 14』, p. 287) "○[鏞案] ……皇天上帝, 唯一而已, 安有五哉? ……○[鏞案] ……而皇天上帝, 唯一無二之位, ……"; 『春秋考徵』, 「先儒論辨之異」(『定本 與猶堂全書 14』, p. 297) "○[鏞案] ……夫至一無二之謂帝, 至尊無對之謂帝."; 『春秋考徵』(『定本 與猶堂全書 14』, p. 79) "『左傳疏』 孔云: '王肅作『聖證論』, 引群書以證之. 言郊則圜丘, 圜丘卽郊. 天體唯一, 安得有六天也? ……'○[鏞案] 王肅之義, 若是嚴正."; 『春秋考徵』, 「鄭氏六天之辨」(『定本 與猶堂全書 14』, pp. 282~283) "○[鏞案] 王肅云: '至極之尊, 祇應是一.' 只此一語, 嚴嚴正正, 無容再言. ……賈逵·馬融·王肅之等, 堂堂正論, 鄭義非也."; 『春秋考徵』, 「先儒論辨之異」(『定本 與猶堂全書 14』, p. 289) "王肅曰: '天唯一而已, 安得有六? ……'○[鏞案] 王子雍謂: '天唯一', 其見卓越嚴正."; 『春秋考徵』, 「先儒論辨之異」(『定本 與猶堂全書 14』, pp. 291~292) "楊復曰: '天·帝一也. 以一字言, 則祀天·享帝之類; 以二字言, 則格於皇天·殷薦上帝之類; 以四字言, 則惟皇上帝·昊天上帝·皇天上帝之類. ……'○[鏞案] 信齋之論, 明白公正."

또한, 정약용은 이미 젊은 시절인 23세 되는 갑진년[1784년, 正祖 8] 여름에 저술한 『중용강의中庸講義』에서 자신이 생각하고 있는 '상제上帝' 개념의 골간에 대해 "신臣이 생각건대, 천지귀신天地鬼神이 밝고 삼엄하게 벌려 있는데, 그 가운데 지극히 존귀하고 지극히 위대하신 존재로는 상제上帝가 바로 그것입니다. 문왕文王께서 조심조심하는 마음으로 밝게 상제를 섬기셨던 일과 『중용中庸』에서의 계신공구戒愼恐懼

가 어찌 밝게 상제를 섬기는 학문이 아니겠습니까?(○[臣對曰] ……臣謂, 天地鬼神, 昭布森列, 而其至尊·至大者, 上帝是已. 文王小心翼翼, 昭事上帝, 『中庸』之戒愼恐懼, 豈非昭事之學乎?)"[『中庸講義補』(『定本 與猶堂全書 6』, p. 320)]라고 천명한 바 있다. 주지하다시피, 정약용은 상기한바 『중용강의』를 저술하기 직전인 이 해 봄에 이벽李檗을 통해 서교西敎[天主敎]를 처음으로 접하게 되면서 이러한 서교를 단순히 서양학문으로만 인식했던 것에 그치지 않고 점차 신앙의 단계에까지 나아갔던 것으로 알려져 있다.

한편, 바로 이러한 맥락에서 정약용의 '상제上帝' 개념을 둘러싸고 기존의 연구자들 사이에서 몇 가지 쟁점이 제기된 바 있다. 이 가운데서 특히 유의할 만한 것으로는 곧 '정약용의 상제관의 유래'를 둘러싼 논란을 들 수 있는바, 이는 주로 '정약용의 상제관이 선진유학先秦儒學, 즉 수사학洙泗學의 전통을 계승하고 있는 것인가, 아니면 주로 서교西敎의 영향을 받은 것인가?'라는 질문으로 제기된 사안이다. 여기서 ① '서교의 영향을 강조하는 입장'으로는 姜在彦, 琴章泰 및 송영배 등이 대표적이다. 즉, ㉠ 姜在彦(1990a: 205~229)과 姜在彦(1990b: 51~73)은 특히 정약용의 '천天=상제上帝'관과 천주교의 '유일신唯一神' 개념 간의 내용적 유사성에 주목하면서, 정약용의 경학사상은 마테오 리치Matteo Ricci[利瑪竇, 1552~1610: 예수회 선교사]로 대표되는 예수회The Society of Jesuit의 보유론적補儒論的 천주교리天主敎理와 상통되는 부분이 많을 뿐만 아니라 이러한 천주교 교리에서 시사를 받아 그 자신의 경학세계를 더욱 풍부하게 확충한 것으로 인식하고 있다. ㉡ 비슷한 맥락에서 ㉮ 琴章泰(1984: 98~110, 303~309)와 琴章泰(1993: 81~100)는 정약용의 인격신적人格神的 '영명주재지천靈明主宰之天'의 개념과 마테오 리치의 '천주天主' 개념, 정약용의 인간의 본질적 품성으로서의 '영명靈明' 개념과 천주교의 '영혼靈魂' 개념, 정약용의 '귀신鬼神' 개념과 천주교의 교리 간의 유사성을 거론하는 가운데, 이러한 입장은 곧 이벽李檗이나 정약용 등 초기 신서파信西派의 사상적 기본성격이자 정약용의 경학사상이 지닌 기본특징으로서, 이는 곧 유교이념을 천주교 교리의 구조와 더불어 재해석한 것이자 이를 기독교적으로 변용시킨 것으로 평가하고 있다. ㉯ 이후에도 금장태(2001: 11~45), 금장태(2003: 223~268)는 정약용의 '상제·귀신' 개념의 형성과정을 추적하면서 이전과는 달리 윤휴尹鑴의 사천학事天學의 전통을 고려하는 가운데 "정약용은 안으로 윤휴의 학풍을 이어받고 밖으로 천주교 교리의 영향을 받아들임으로써 더욱 풍부하고 새로운 사천학의 경학체계를 이룬 것"으로 평가하고 있는바, 그럼에도 여전히 "그의 세계관을 혁신적으로 전환하게 하는 데 가장 큰 영향을 주었던 것은 서학(서양과학과 천주교)이라 할 것이다"라거나 "정약용의 수사학적洙泗學的 경학체계에서 천주교 교리서가 비춰 준 빛을 제거한다면 현재와는 엄청나게 다른 양상이 되었을 것은 분명하다"고 주장함으로써 서교의 영향을 일차적으로 중시하는 입장을 견지하고 있다. ㉰ 이후에도 금장태(2008b: 144~175, 207~231)는 정약용의 '천' 개념 및 그의 생애와 천주교 신앙 문제를 차례대로 살펴보는 가운데, 결론으로서 "그가 제시한 천 개념과 인간의 천에 대한 신앙적 태도의 이해는 광범하게 천주교 신앙의 영향을 받아들이고 있"으며, "그의 천 개념을 통한 경학은 새로운 사상인 천주교 신앙의 빛으로 비춰보는 것"이자 "그의 경학사상은 천주교 교리를 흡수함으로써 유교사상의 새로운 영역을 열어주었다"고 평가함으로써 종전의 입장을 그대로 견지·재확인하고 있다. ㉢ 송영배(2004: 122~172)는 특히 다산 철학과 『천주실의天主實義』의 철학적 패러다임 간의 구조적 유사성에 주목하면서, 그 대표적 사례 가운데 하나로서 '이理'는 '속성'에 불과하며 '이성적 절대자'로서의 '하느님[上帝]'의 주재성을 강조한 점을 들고 있는바, 바로 이러한 맥락에서 정약용의 철학은 과거 17세기 이래로 서양선교사들을 통해 들어왔던 '서양사상'을 적극적으로 수용하여, 전통철학을 새롭게 해석하고 창조적으로 구현해 냄으로써 동서철학을 융합한 위대한 선구적 작업으로 높이 평가하고 있다. ② 한편, 상기한바 일련의 입장에 대해 '서교의 영향을 실제 이상으로 과대 인식·평가하고 있다고 보는 비판적 입장' 역시 제기되었던바, 여기에는 李東歡 및 차이전평[蔡振豐] 등의 사례가 대표적이다. 즉, ㉠ 이동환(1990)과 이동환(1996)은 정약용의 '상제' 개념이 등장하게 된 계기를 기존처럼 『천주실의』와의 관계라는 횡적橫的 시각에만 한정할 것이 아니라 한국 내의 경학사經學史 내지는 사상사思想史와의 종적縱的 시각 또한 함께 고려되어야 함을 강조하는 가운데, 특히 정약용 사상에서 천天에 대한 인격적 해석으로서의 '상제'를 도입한 구체적인 종적 경로로서 도학적道學的 종교성宗敎性의 실천을 주도했던 퇴계退溪의 학통, 곧 멀리 이황李滉로부터 시작해서 '윤휴尹鑴 → 이익李瀷 → 권철신權哲身'으로 이어지는 경학적·사상적 전승傳承을 제시하고 있는바, 이에 정약용의 '상제' 개념이란 결국 선진고경先秦古經의 상제에다 천주적天主的 요소가 섭입攝入되고 도학적道學的 요소가 흡수된, 말하자면 '제3의 인격신'임을 주장하고 있다. ㉡ 또한, 대만臺灣 학자인 차이전펑[蔡振豐](2010/2015: 97~138)은 단적으로 "성분품설性分品說과 비슷한 어휘만 가지고 정약용이 마테오 리치의 영향을 받았다고 논증할 수는 없다. 구체적인 비교는 이론형태로 되돌아가 다시 검토해보아야 할 것"이라는 문제의식 하에서 정약용의 인성론人性論, 즉 그의 성기호설性嗜好說과 성삼품설性三品說 등을 집중적으로 검토하는 가운데, 특히 정약용의 '상제' 개념에 대해서는 "정약용이 일컫는 '천天'에는 비록 '상제'의 의미가 포함되어 있으나, 위의 두 인용문을 보면 정약용 역시 '도심道心'과 '상제' 및 '귀신鬼神'을 같은 역할을 하는 주어로 보고 있음을 알 수 있다. 따라서 정약용의 견해는 『천주실의』와 확연히 다르다. ……정약용이 언급한 상제는 『천주실의』에서 이야기한 생명 창조의 실체를 가리키는 것이 아니다. 정약용이 언급한 '상제'는 생명 창조의 천주天主의 의미가 아니므로 그의 이론 중에서 가장 높은 관념은 '상제'가 아니라 '심성'이 보여준 '주재성主宰性' 혹은 '주체성'이다. ……그 이론체계는 심성론적 체계에 가까우며, 주자의 우주론 체계나 『천주실의』의 형이상학 체계와는 구별된다"는 주장을 제기하는 가운데, 결론적으로 "다산학 중에는 간혹 서학의 영향은 있지만, 그 이론 형태 및 주요 관념은 서학과 부합되기 어렵다. 따라서 다산학과 서학 간에 계승적인 관계가 있다고 말하기도 어렵다"고 최종적으로 평가하고 있다.

결국, 이상과 같은 '정약용의 상제관의 유래'에 대한 기존연구는 각자 나름의 일리를 가지면서 정약용의 사상을 심층적으로 이해하는 데에 다각도로 의미 있는 기여를 했음은 재언을 요하지 않는다. 다만 필자의 관점에서 특별히 유의하고자 하는 연구는 '이동환李東歡의 사례'로서, 여기서 특히 그가 정약용의 '상제' 개념이 등장하게 된 계기를 '종적 경로'와 '횡적 경로'로 나누고 이들 간의 동시적 연관성의 측면에서 종합적으로 접근·고찰하는 시각과 아울러 이른바 '종적 경로'의 구체적 내포를 한국의 경학사經學史 및 사상사思想史의 흐름에서 역사적으로 추적·제시하고 있는 내용은 충분히 주목할 만하다.

이상의 논의를 전제하면서 상기한바 '정약용의 상제관의 유래'에 대한 필자의 입장을 간략히 정리하자면 대략 다음과 같다: ① '상제' 개념과 관련하여 ㉠ "상제上帝란 무엇인가? 이는 천지天地와 귀신鬼神 및 인간人間의 바깥에 위치하면서 천지,

귀신, 인간 및 만물의 부류를 조화造化하고 재제宰制하며 안양安養해주는 존재이다(○[鏞案] ……上帝者何? 是於天地·神人之外, 造化天地·神人·萬物之類, 而宰制·安養之者也)"[『春秋考徵』, 「先儒論辨之異」(『定本 與猶堂全書 14』, p. 301)]라는 정약용의 정의는 기실 "천주天主께서는 시초에 천지天地와 만물萬物을 창조하시고 이를 주재主宰하시며 안양安養하신다(天主始制天地萬物而主宰·安養之)"[『天主實義』, 上卷, 「首篇」]라는 『천주실의』에서의 마테오 리치Matteo Ricci[利瑪竇, 1552~1610]의 설명과 그 내용과 어휘 및 개념규정의 방식에 있어 매우 유사한 양상을 보이고 있으며, ㉡ 상제의 권능으로서 '무소부재無所不在[日監在玆]'하고 '무소불능無所不能'함을 인정하고 있는바, 이로써 정약용의 상제관의 형성에 있어 서교[천주교]의 영향을 일정 정도 확인·인정할 수 있을 것이다. ② 그럼에도 정약용의 '상제'와 서교의 '천주'는 각각의 세계관적 구조 및 그 위상에 있어 서로 부합되지 않는 측면이 오히려 더 많다는 사실 또한 간과하기 어렵다. 보다 구체적으로 ㉠ 정약용의 '상제'관에는 아주 단편적인 '인귀人鬼' 개념 이외에는 내세來世에 대한 관념이 거의 표명되고 있지 않다는 점이다. 적어도 서교의 신학체계 및 신앙생활에서 '내세에서의 구원'의 문제가 가장 핵심적이자 궁극적인 관심사임을 고려할 때, 이 점은 결정적인 차이라 할 것이다. ㉡ 이러한 맥락에서 정약용의 '상제'가 행하는 주재활동主宰活動 역시 어디까지나 현세에서의 인간에 대한 도덕적 감시의 권능, 즉 '선善을 행한 자에게 복福을 내리고 악惡을 행한 음탕한 자에게는 화를 내리는[福善禍淫]' 측면으로 국한·축소되어 있다는 점이다. ㉢ 정약용의 '상제'가 내리는 명령, 즉 '천명天命' 역시 외재적 초월자의 엄중하고도 포괄적인 신앙적 계시로 나타나기보다는 오히려 상제가 인간에게 부여한바 덕德을 좋아하고 악惡을 부끄럽게 여기는 '기호嗜好로서의 성性'과 여기에서 발로된 '도심道心'으로 그 의미가 주로 제한되고 있다는 점이다. ㉣ 이러한 점은 연쇄적으로 '천天을 섬긴다[事天]'거나 '밝게 상제를 섬긴다[昭事上帝]'로 표현되는 이른바 '신앙활동의 의미와 내용' 또한 서교와는 아주 상이하게 나타나는바, 즉 정약용이 주장한바 신앙활동이라 한다면 이는 기실 전적으로 현세에서의 '유교적儒敎的 인륜人倫의 실천'으로 환원·귀결되고 있다는 점이다. ㉤ 바로 이러한 맥락에서 정약용은 또한 "인간의 박복薄福함에는 악행惡行으로 세상에 이름이 나는 것보다 심한 것은 없다(○[案] 人之薄福, 未有甚於以惡名世)"[『尚書古訓 II』(『定本 與猶堂全書 12』, p. 103)]라고 역설함으로써 다분히 현세주의적인 일종의 유교적 '사후死後[來世]'관을 피력하고 있다는 점이다. ㉥ 물론 정약용이 제시한바 이와 같은 상제 개념은 결코 돌연突然하거나 완전히 새로운 그 무엇이 아니라 유교사회에서의 엄연한 '역사적 실체'이기도 하였으니, 곧 고대중국, 특히 은殷·주대周代에 천자天子가 '교제郊祭의 대상'으로서 밝게 섬기던 지상신至上神이었음을 정약용은 명확히 인식하는 가운데 이를 누누이 거론·강조하고 있다는 점이다. ㉦ 한편, 상제와 마찬가지로 '무형의 영적靈的 존재存在'이면서 동시에 천하의 만사만물에 대한 상제의 주재활동主宰活動을 보좌하는 역할을 맡고 있는 존재로 상정되는 정약용의 '귀신鬼神' 개념 역시 일견 서교에 나오는 '천사天使'와 개념적으로 비견되는 점이 없지 않으나, 그 실체에 대한 인식과 설명에 있어서 상제의 경우와 마찬가지로 전적으로 유교경전의 틀과 내용에 의거하고 있다는 점에서 이들 간의 유사성을 논하기가 오히려 어렵다는 점 등이 바로 그것이다.

이러한 측면을 두루 고려할 때, 정약용의 상제는 서교의 천주에 비해 현격히 그 세계관적 위상과 권능이 격하·제한되고 있다. 물론 이러한 사실은 곧 정약용이 인격적 초월자로서의 상제 개념을 복원·도입했던 일차적 동인이 내세에서의 구원

신과 인간 및 자연을 포괄한 '만물의 유일한 근본[萬物一本]'이 되기도 한다.[52]

과 같은 서교 식의 본격적인 신앙적 관심사에 있었다기보다는 오히려 그가 평소 반복적으로 천명한 바처럼 어디까지나 당시 조선성리학朝鮮性理學이 노정하고 있었던 현실적 폐단, 즉 ① 위군자僞君子와 가도학假道學이 횡행하는 현실을 광정匡正하기 위한 '현세지향적인 수양론적 문제의식'과 함께, ② 세도정치勢道政治로 대표되는 정치적 난맥상을 근본적으로 개혁하기 위한 '현세지향적인 경세학적 문제의식'에 있었음을 의미한다 할 것이다.

더욱이 상기의 사실과 함께 ① 정약용의 일생의 행적, 그중에서도 특히 ㉠ 그가 공식적으로 서교[천주교]를 접하기 이전[21세]부터 이미 '수사학洙泗學'에 대한 학문적 지향의식을 분명히 정립하고 있었던 점, ㉡ 심지어 서교에 입문한 이후에도 당시 서교의 교리서를 '유문儒門의 별파別派'나 '문원文垣의 기이한 감상鑑賞' 정도로 인식하였다고 고백하고 있는 점, ㉢ 젊은 시절[늦어도 30세 이전]부터 성호학파星湖學派의 영향 아래 윤휴尹鑴의 '소사상제학昭事上帝學'으로 대표되는 경학적 전통을 적극 계승·수용하고 있었던 점, ㉣ 정약용의 방대한 '상례喪禮' 관련 경학저술經學著述 및 자신의 장례절차로서 특별히 강조·제시했던 「유령遺令」과 『상의절요喪儀節要』의 내용이 기실 서교식의 의례와는 아무런 관계가 없는 점 등, ② 천天을 우주만물을 주재하는 전지전능한 인격적 존재이자 모든 도덕의 근원으로서 인간에게 도덕의 실천을 요구하고 인간행위에 대한 상벌권賞罰權을 행사하는 초월적 존재로 인식하는 사상적 전통이 특히 묵가墨家를 중심으로 이미 선진시대先秦時代부터 제기·계승되었던바, 이로써 동아시아 유교사회에서 『천주실의』에 나오는 천주天主와 같은 유의 개념이 결코 미증유의 것이거나 경천동지할 그 무엇이 아니었다는 점, ③ 정약용이 일례로 "기氣가 자유적自有的인 사물[物]이라면 이理란 의부적依附的인 물건[品](○[臣對曰] ……盖氣是自有之物, 理是依附之品)"[『中庸講義補』(『定本 與猶堂全書 6』, pp. 395~396)]라고 주장한바 자신의 '이理·기氣' 개념과 관련해서도 그 구체적 사례를 『맹자孟子』·『중용中庸』·『시경詩經』·『주역周易』·『예기禮記』·『춘추좌씨전春秋左氏傳』과 같은 유교경전을 비롯하여 『한서漢書』·『당서唐書』와 같은 역사서나 『회남자淮南子』·『황제내경黃帝內經』·『창씨족보創氏族譜』 등과 같은 저술에서의 다양한 사례를 들어 고증함으로써 결과적으로 『천주실의』에 나오는 '속성으로서의 이理' 개념을 상대화하고 있다는 점, ④ 정약용은 자신이 주장한바 '성사등급性四等級'설 역시 성호학파의 영향 하에 순자荀子의 견해를 합리적인 것으로 수용한 결과임을 반복적으로 강조·천명하고 있는바, 이러한 맥락에서 『천주실의』에서의 '혼삼품설魂三品說' 역시 크게 새로운 주장이 아니었다는 점 등까지를 전체적으로 고려할 때, 결국 보유론補儒論을 표방한바 『천주실의』로 대표되는 서교의 영향이란 기실 정약용 자신이 기존에 견지했던 학문적 문제의식과 내용 및 방향에 대한 확신을 재확인·보강하는 동시에 이를 구현할 몇 가지 새로운 표현과 함께 기존의 유교적 전통을 대자적으로 재해석할 단서적 통찰력을 제공받은 데에서 크게 벗어나지 않았을 것으로 판단된다. 나아가 바로 이러한 맥락에서 정약용의 생애와 사상을 이른바 '외유내야外儒內耶'라는 식으로 단정·강변하고자 하는 일부 논리는 명백히 재고의 여지가 있다고 할 것이다. 이상의 내용에 대한 보다 자세한 내용은 정일균(2018b: 61~119)이 참조된다.

52 『中庸自箴』(『定本 與猶堂全書 6』, p. 273) "[箴曰] ……○……百神承命, 輔佑化育, 萬物一本, 於此可驗, 此'質諸鬼神而無疑'也."; 『中庸講義補』(『定本 與猶堂全書 6』, p. 384) "○[臣對曰] ……『周禮』「大宗伯」, 祭天神·地示, 開帝佐之明神, ……○[今案]

정약용의 '천'관③: '상제'는 '도덕적 존재'로서, 인간에게 '천명'으로서 '덕을 좋아하고 악을 부끄럽게 여기는 기호로서의 성'과 함께 '선할 수도 있고 악할 수도 있는 권형'을 부여하였다

정약용이 보기에, 이처럼 '유일자'로서의 상제는 또한 지극히 '도덕적인 존재'이기도 하였다. 첫째, 이를 인간사와 관련하여 말한다면, ① "덕德을 좋아하고 악惡을 부끄럽게 여기는 ('嗜好'로서의: 필자 주) 성性을 인간에게 부여하여"[53] 그로 하여금 "악惡을 벗어나 선善으로 향하도록 하는"[54] 존재가 바로 상제이며, ② 또한 나날이 인간의 선과 악을 살피고[55] 어느 때 어느 곳이건 가리지 않고 항상 감시함으로써 천명天命을 따르는 선한 자에게는 상서로운 복福을 내리는 반면 이를 태만히 하고 어기는 음탕한 자에게는 재앙과 화禍를 내리는,[56] 따라서 "지극히 공정하여 사사로

……天之明神, 司天·司地, 昭布森列, 以奉天命, 以佑人事, 亦萬物一本之明驗, 此之謂'質鬼神'也."; 『春秋考徵』(『定本 與猶堂全書 14』, p. 55) "○[鏞案] 昊天上帝, 唯一無二. 鄭玄襲亡秦五帝之邪說, 信緯書感生之妖言, 乃以啓蟄之郊, 歸之於蒼帝, 別刱冬至之祭, 以祀上帝, 而自立祝號曰: '天皇大帝', 不亦悖乎? 萬物一本, 鄭玄二之·六之, 儒云乎哉?"

53 『論語古今注 II』(『定本 與猶堂全書 9』, p. 279) "○[案] ……天旣賦之以好德恥惡之性, ……"; 『中庸自箴』(『定本 與猶堂全書 6』, pp. 228~229) "○[箴曰] ……蓋人之胚胎旣成, 天則賦之以靈明·無形之體, 而其爲物也, 樂善而惡惡,【余有先諱, 每云'樂善'】 好德而恥汚, 斯之謂'性'也, 斯之謂'性善'也."

54 『論語古今注 II』(『定本 與猶堂全書 9』, p. 252) "○[案] ……雖然賦於心性, 使之向善違惡, 固天命也."

또한, 정약용은 젊어서부터[30세] 다음과 같이 말한 바 있다: "천天이 백성을 들어 밝혀주는 것이 부모가 영아嬰兒를 안아주는 것과 같은 데가 있습니다. 천명天命을 좇으면 백성은 선善하지 않음이 없게 됩니다.([臣對曰] ……天之牖民, 有如父母攜持嬰兒. 率循天命, 民莫不善.)" 『詩經講義』(『定本 與猶堂全書 10』, p. 292)

55 『論語古今注 II』(『定本 與猶堂全書 9』, p. 176) "○[駁曰] ……天之所以察人之善惡, ……"; 『中庸自箴』(『定本 與猶堂全書 6』, p. 253) "[箴曰] ……然天之所以察人善惡, ……"; 『尙書古訓 II』(『定本 與猶堂全書 12』, p. 320) "○[案] 德與慝皆無形之物, 豈有馨香, 亦豈有腥穢之臭哉? ……上帝無形體, 故得聞無形之馨腥. 明德之芬, 烈於沈檀; 穢惡之臭, 毒於腐屍, 而人之馨腥, 滃滃然日升于帝座. 君子之所以戒愼恐懼, 信此故也. 小人之所以無忌憚, 不信此故也."

56 『論語古今注 II』(『定本 與猶堂全書 9』, p. 252) "○[案] ……日監在玆, 以之福善·禍淫, 亦天命也. ……○[駁曰] ……天道昭禍福之理, …… "; 『中庸自箴』(『定本 與猶堂全書 6』, p. 233) "[箴曰] ……君子處暗室之中, 戰戰栗栗, 不敢爲惡, 知其有上帝臨女也.

운 마음이 없는"[57] 존재 또한 상제인 것이다.

둘째, 정약용이 보기에 ① 상기의 '천명'이란 곧 ㉠ 상제가 인간에게 부여한바, 덕을 좋아하고 악을 부끄럽게 여기는 '기호嗜好로서의 성性'[58]이자, 결국 이러한 성性에 따라 발한바 '도심道心'[59]을 말하기도 하나

……○……須知此言乃是赫赫之天命, 循而順之, 則爲善·爲祥; 慢而違之, 則爲惡·爲殃."; 『中庸自箴』(『定本 與猶堂全書 6』, p. 234) "[箴曰] ……○……天之靈明, 直通人心, 無恩不察, 無微不燭, 照臨此室, 日監在茲. 人苟知此, 雖有大膽者, 不能不戒愼恐懼矣."; 『中庸自箴』(『定本 與猶堂全書 6』, p. 277) "[箴曰] 上天玄遠, 而臨于屋漏, 日監在茲, 則'知遠之近'也."; 『中庸講義補』(『定本 與猶堂全書 6』, p. 288) "○[臣對曰] ……天之鑒臨, 無間動靜, 則不必靜坐而後, 乃可小心."; 『梅氏書平』(『定本 與猶堂全書 13』, p. 191) "○[平曰] ……是天道賞善, 故可承天休; 天道罰淫, 故可無慆淫."; 『風水集議』(『定本 與猶堂全書 22』, p. 382) "[案] ……上帝日監在地."

57 『論語古今注 II』(『定本 與猶堂全書 9』, p. 285) "○[案] 天至公無私."; 『詩經講義』(『定本 與猶堂全書 10』, p. 325) "上天至公·至仁·至義之德, ……"

또한, 바로 이러한 맥락에서 정약용은 다음과 같이 말하기도 하였다: "하소연할 데 없는 불쌍한 사람을 잔인하고 포악하게 다루고 참소하여 옥사獄事를 일으키는 것은 천天이 싫어하는 바다.([補曰] 殘虐無告, 譖搆成獄, 天所疾也.)" 『詩經講義補遺』(『定本 與猶堂全書 10』, p. 378)

58 『論語古今注 II』(『定本 與猶堂全書 9』, p. 281) "○[案] ……由是言之, 孔子所言, 仍是道義之性, 與孟子所謂'人皆可以堯·舜'之性, 同是一物, 豈可以此屬之氣質之性乎?"; 『論語古今注 II』(『定本 與猶堂全書 9』, pp. 287~288) "○[案] ……然人之所以爲人者, 以其好德而恥惡, 此天命也, 此本性也. ……○[又按] ……四凶無行義成仁之善, 顧獨無好德恥惡之本善乎?"; 『論語古今注 II』(『定本 與猶堂全書 9』, p. 400) "[補曰] 命, 天之所以賦於人者, 性之好德, 是命也."; 『中庸自箴』(『定本 與猶堂全書 6』, p. 230) "[箴曰] ……○……一聽道心之所欲爲,【循其欲】 玆之謂'率性'. 率性者, 循天命也. ……率性者, 循天命也. ……率性者, 循天命也."; 『中庸自箴』(『定本 與猶堂全書 6』, p. 269) "[箴曰] ……然而謂之'德性'者, 性本樂善, 隨感而發者, 無非善心. 擴充此心, 可以爲仁·義·禮·智, 故名其性曰: '德性'也. 此性所受, 本上天之命也."; 『中庸講義補』(『定本 與猶堂全書 6』, p. 375) "○[臣對曰] 率性而行, 可以爲孝·弟·忠·信, 豈非德性乎? 本之於天命, 豈非當尊者乎?"; 『心經密驗』, 「心性總義」(『定本 與猶堂全書 6』, pp. 199~200) "○天旣予人以可善可惡之權衡. 於是就其下面, 又予之以難善易惡之具; 就其上面, 又予之以樂善恥惡之性. 若無此性, 吾人從古以來, 無一人能作些微之小善者也. 故曰: '率性', 故曰: '尊德性'. 聖人以性爲寶, 罔敢墜失者, 以此."

59 『中庸自箴』(『定本 與猶堂全書 6』, p. 230) "[箴曰] ……○'率性之謂道', 故性之所發, 謂之'道心'.【性生於心, 故從心從生】"; 『中庸自箴』(『定本 與猶堂全書 6』, p. 230) "[箴曰] ……○天於賦生之初, 有此命, 又於生居之日, 時時刻刻, 續有此命. 天不能諄諄然命之. 非不能也, 天之喉舌, 寄在道心. 道心之所儆告, 皇天之所命戒也."; 『中庸自箴』(『定本 與猶堂全書 6』, p. 233) "[箴曰] ……○道心与天命, 不可分作兩段看. 天之儆告我者, 不以雷·不以風, 密密從自己心上丁寧告戒. ……丁寧諦聽, 無所熹微. 須知此言乃是赫赫之天命, 循而順之, 則爲善·爲祥; 慢而違之, 則爲惡·爲殃. 君子之戒愼恐懼, 亶在此也.";

니, ㉡ 그것은 또한 "인간을 인간답게 만드는 까닭"이자 근거이기도 하였다.[60] ② 바로 이러한 맥락에서 '천天을 섬긴다[事天]'는 것의 의미 또한 분명해지니, 즉 ㉠ 천天을 섬긴다는 것은 곧 '천명天命을 따르는 것[循天命]'이요, 천명을 따른다는 것은 다름 아닌 '성性을 따르는 것[率性]'이 되며, 성을 따른다는 것은 또한 '도심道心을 따르는 것'으로서, 이는 궁극적으로 '인륜을 잘 실천하는 것[善於人倫]'에 귀착되니, 왜냐하면 정약용이 보기에 상제가 인간의 선과 악을 살피는 구체적인 지점은 항상 인륜에 있었기 때문이다.[61] ㉡ 나아가 "'천天을 섬긴다[事天]'는 것은 곧 '천天을 안다[知天]'는 것이 되며, 천을 안다는 것은 곧 천을 섬기는 것이 되기도 하"나니,[62] 이에 '천을 안다'는 것은 곧 '수신修身의 근본'이 되기도 하였다.[63]

『中庸自箴』(『定本 與猶堂全書 6』, p. 233) "[箴曰] ……○天命不但於賦生之初, 畀以此性, 原來無形之體·妙用之神, 以類相入, 與之相感也. 故天之儆告, 亦不由有形之耳目, 而每從無形妙用之道心, 誘之·誨之, 此所謂'天誘其衷'也. 順其誘而從之, 奉天命者也; 慢其誘而違之, 逆天命者也. 曷不戒愼, 曷不恐懼?"

60 『論語古今注 II』(『定本 與猶堂全書 9』, p. 287) "○[案] ……然人之所以爲人者, 以其好德而恥惡, 此天命也, 此本性也."

한편, 정약용은 젊어서부터[30세] 이러한 '천명天命'에 대해 "천명에는 품부稟賦받은 성性으로서의 명命이 있으며, 지위地位를 얻는 명命도 있습니다([臣對曰] ……然天命有賦性之命, 有得位之命.)"[『詩經講義』(『定本 與猶堂全書 10』, p. 265)]라고 하여, 천명이란 개념을 상기의 '부성지명賦性之命'과 '득위지명得位之命'으로 나누어 인식하기도 하였다. 또한, 정약용은 동일한 의미에서 "명命이란 천天이 인간에게 부여한 것이니, 성性이 덕을 좋아함이 명命이다. 또한 사생死生·화복禍福·영욕榮辱에도 명命이 있다. 이에 명命을 알지 못하면 선善을 즐거워하고 지위를 편안히 여길 수 없으니,【본래의 지위에 근본을 둘 수 없다】 그러므로 군자君子가 될 수 없다([補曰] 命, 天之所以賦於人者, 性之好德, 是命也. 死生·禍福·榮辱, 亦有命. 不知命, 則不能樂善而安位,【不能素其位】 故無以爲君子.)"[『論語古今注 II』(『定本 與猶堂全書 9』, p. 400)]라고 말하기도 하였다.

61 『論語古今注 II』(『定本 與猶堂全書 9』, p. 176) "○[駁曰] ……天之所以察人之善惡, 亦惟是二人相與之際, 監其淑慝, 而又予之以食色·安逸之慾, 使於二人之際, 驗其爭讓, 考其勤怠. 由是言之, 古聖人事天之學, 不外乎人倫."; 『中庸自箴』(『定本 與猶堂全書 6』, p. 253) "[箴曰] ……然天之所以察人善惡, 恒在人倫. 善於人倫, 則可以事天矣."

62 『孟子要義』(『定本 與猶堂全書 7』, p. 225) "○[庚戌十月閣課] ……臣對曰: '……臣謂, 此章卽知然後行, 行然後知之意也. ……知天則事天, 事天則知天. ……'"

여기서 정약용은 이미 젊어서부터[29세] '지행겸진知行兼進'의 관점에서 자신의 학문론을 명확히 정립해왔음을 확인할 수 있다. 정약용의 '지행겸진'론에 대해서는 제3부 제5장 「다산 정약용의 학문론」에서의 해당부분이 참조된다.

마지막으로, 여기서 한 가지 유의해야 할 점이 있다. 즉, 상제는 인간에게 덕을 좋아하고 악을 부끄럽게 여기는 성性[天命]을 부여했지만, 그럼에도 '정작 어떤 사람이 선을 행할 것인가 악을 행할 것인가를 결정하는 국면에서는 전혀 개입하는 바가 없다'는 사실이다. 다시 말하자면, ① 상제는 인간에게 '선할 수도 있고 악할 수도 있는 권형權衡'을 부여하여 그의 자주적인 마음에 따라 선을 행하려 해도 그를 따라주고 악을 행하려고 해도 그를 따라준다. 그렇기 때문에 결과적인 공功과 죄罪는 모두 그 자신의 책임이 되는 것이다. ② 이러한 사실이 곧 '상제의 엄한 신권묘지神權妙旨'로서, 정약용이 보기에 정작 인간이 크게 두려워해야 할 바는 바로 이 점이었던 것이다.[64]

---

63 『中庸自箴』(『定本 與猶堂全書 6』, p. 259) "[箴曰] 知天爲修身之本者, 知天而後能誠也. 『大學』以誠意爲修身之本, 『中庸』以知天爲修身之本, 其義一也."; 『中庸講義補』(『定本 與猶堂全書 6』, pp. 344~345) "○[今案] ……然知天爲修身之本, ……○……知天道, 然後認己性; 認己性, 然後可以事親而修身."

64 『論語古今注 II』(『定本 與猶堂全書 9』, p. 279) "○[案] ……於是又賦之以可善·可惡之權, 聽其自主, 欲向善則聽, 欲趨惡則聽, 此功罪之所以起也. 天旣賦之以好德恥惡之性, 而若其行善·行惡, 令可游移, 任其所爲, 此其神權妙旨之凜然可畏者也. 何則? 好德·恥惡, 其分明矣. 自此以往, 其向善, 汝功也; 其趨惡, 汝罪也, 不可畏乎?"; 『心經密驗』, 「心性總義」(『定本 與猶堂全書 6』, p. 198) "吾人靈體, 若論其嗜好, 則樂善而恥惡; 若論其權衡, 則可善·可惡, 危而不安."; 『心經密驗』, 「心性總義」(『定本 與猶堂全書 6』, p. 199) "○若據行事而言之, 則又不惟可善·可惡而止. ……○天旣予人以可善·可惡之權衡."; 『心經密驗』(『定本 與猶堂全書 6』, p. 202) "'人心惟危'者, 吾之所謂'權衡'也. 心之權衡, 可善·可惡, 天下之危殆不安, 未有甚於是者."; 『心經密驗』(『定本 與猶堂全書 6』, p. 222) "○[案] ……心之權衡, 可善·可惡, 而措諸行事, 難善易惡.【義見上】"

또한, 정약용은 이러한 양상을 천天이 인간에게 부여한바 영지靈知의 특징 가운데 하나인 '재才'로 설명하기도 했던바, 이에 다음과 같이 말한 바 있다: "천天이(인간에게: 필자 주) 영지靈知를 부여함에 '재才'가 있고 '세勢'가 있고 '성性'이 있다. 재才라는 것은 그 능력能力이요 그 권형權衡이다. 기린麒麟은 선善에 정해져 있기 때문에 선善이 공功이 되지 못하며, 승냥이와 이리는 악惡에 정해져 있기 때문에 악惡이 죄罪가 되지 않는다. 인간인즉 그 재才가 선할 수도 악할 수도 있어서 능력은 자력自力에 달려있고 권형權衡은 자주自主에 달려있다. 따라서 선한즉 그를 칭찬하고,【악惡할 수 있는 기미機微를 가지고 있기에 칭찬한다】 악한즉 그를 꾸짖게 되는 것이다.【선善할 수 있는 재才를 가지고 있기에 꾸짖는다】 ……아! 그 재才에서 말한즉 선善할 수도 있고 악惡할 수도 있다.(○[按] ……天之賦靈知也, 有'才'焉, 有'勢'焉, 有'性'焉. 才者, 其能·其權也. 麒麟定於善, 故善不爲功; 豺狼定於惡, 故惡不爲罪. 人則其才可善·可惡, 能在乎自力, 權在乎自主. 故善則讚之,【以其有可惡之機, 故讚之】 惡則訾之.【以其有能善之才, 故訾之】 ……

정약용의 '천'관④: '상제'는 '도심'과 '복서'를 통해 천명을 계시한다

이처럼 정약용의 상제는 "지극히 공정하여 사사로운 마음이 없"는 '도덕적 존재'로서 인간사를 나날이 굽어 살피며 감시함[日監在玆]으로써 천명天命을 따르는 선善한 자에게는 상서로운 복福을 내리는 반면 이를 태만히 하고 어기는 음탕한 자에게는 재앙과 화禍를 내리는 존재인바, 바로 이러한 과정에서 상제는 또한 인륜의 실천을 요구하는 자신의 명령, 즉 천명을 특히 인간의 '도심道心'과 '복서卜筮'를 통해 끊임없이 '계시하는 존재'이기도 하다.65

嗚呼! 言乎其才, 則可善·可惡.)" 『梅氏書平』, 「閻氏『古文疏證』鈔 1」(『定本 與猶堂全書 13』, p. 362)

한편, 이처럼 정약용이 인간의 '권형權衡', 즉 선善·악惡에 대한 '자유의지free will'와 이에 따른 '윤리적 책임'을 강조한 내용은 일차적으로 마테오 리치Matteo Ricci[利瑪竇, 1552~1610: 예수회 선교사]의 『천주실의天主實義』에서 그 단서와 통찰력을 얻은 것으로 추측된다. 즉, 마테오 리치는 "저는 (인간의: 필자 주) 성性이란 선善과 악惡을 다 행할 수 있다고 봅니다만, 그렇다고 참으로 성性 자체에 본래 악이 있다고 말할 수는 없습니다. ……만약 세상 사람들이 태어나면서부터 선을 행할 수밖에 없다면, 무엇에 근거하여 '선을 이룬다[成善]'라고 말할 수 있겠습니까? 천하에 선을 행하려는 '의지[意]'가 없으면서 선을 행할 수 있는 법은 없습니다. 우리는 나에게 선을 행하라고 강제하지 않아도 스스로 나아가 그것을 행할 수 있다면, 바야흐로 선을 행하는 군자君子라 말할 수 있습니다. 천주天主께서 이러한 성性을 인간에게 부여하시어 (선과 악: 필자 주) 두 가지를 행하도록 하신 것은 인류를 도탑게 사랑하시기 때문입니다. 인간이 이러한 선을 취하거나 버릴 수 있게 하신 것은 선을 행한 공功을 늘려줄 뿐만 아니라 더욱이 그 공을 우리 인간의 공으로 삼고자 하시려는 것입니다(吾以性爲能行善惡, 固不可謂性自本有惡矣. ……苟世人者生而不能不爲善, 從何處可稱'成善'乎? 天下無無'意'于爲善而可以爲善也. 吾能無强我爲善, 而自往爲之, 方可謂爲善之君子. 天主賦人此性, 能行二者, 所以厚人類也. 其能取捨此善, 非但增爲善之功, 尤俾其功爲我功焉)"[Matteo Ricci(1603/1999: 343~344)]라거나, "금수의 일상적 행동은 욕망[欲]의 부림에 바탕을 두고 정욕[情]이 이끄는 대로 좇아가는 것이기에 스스로 (자신의 행동을: 필자 주) 검속檢束하지 못합니다. 오직 인간의 혼魂만은 육신[身]의 주재자가 되어 우리 인간의 의지[자유의지: 필자 주]가 선택하느냐 그만두느냐에 따를 수 있습니다(禽獸常行, 本欲之役, 狥其情之所導, 而不能自檢. 獨人之魂能爲身主, 而隨吾志之所縱止)"[Matteo Ricci(1603/1999: 129)]라고 주장한 바 있다.

65 여기에서 말하는 '계시啓示'란 성현聖顯, 즉 신성神聖의 현현顯現을 뜻하며, 이는 단지 신神의 음성을 통한 현시뿐만 아니라 신탁神託, 미래에 대한 예견, 현몽現夢, 점복占卜 등을 포함하여 보다 넓은 의미에서 이해되는 것이다. 계시의 본래적 의미가 신이 자신의 의지를 인간에게 직접 드러내 보이는 데 있다고 한다면, 의당 도심道心을 통한 무언의 경고나 복서卜筮를 통한 지시는 바로 이러한 계시의 고전적 의미

1

우선, 상기한 바처럼 '천명天命'이란 곧 상제가 인간에게 부여한바 덕德을 좋아하고 악惡을 부끄럽게 여기는 '기호嗜好로서의 성性'이자, 또한 이러한 성에 따라 발한 '도심道心'이기도 하다. 첫째, 정약용은 바로 이러한 맥락에서 "도심과 천명은 두 개로 나누어 볼 수 없다. 천天께서 나에게 경고儆告하시는 것은 우레나 바람을 통해서가 아니라 은밀히 자기 마음속에 간절하게 알려주어 경계시키신다. ……간절하게 살펴 들으면 희미한 바가 없다. 모름지기 이 말씀이 곧 밝디밝은 천명임을 알아야 하"[66]며, 나아가 "천天께서 인간에게 생명을 부여하신 초기에 이러한 명命이 있었을 뿐만 아니라, 또한 살아가는 나날에 있어서도 시시각각으로 이러한 명命은 계속되는 것이다. 천天께서 차근차근 말로 명하실 수는 없다. 아니 못하시는 것이 아니라 천天의 혀[喉舌]는 도심道心에 깃들어 있나니, 도심이 경고儆告하는 것이 곧 황천皇天께서 명하신 경계인 것"[67]이요, "천天의 경고는 역시 유형의 이목耳目을 통해서가 아니라 매번 무형의 오묘한 작용을 하는 도심道心을 따라 유도하고 깨우쳐주시는 것"[68]임을 거듭 역설한 바 있다.

둘째, 이에 정약용이 보기에 ① "『시경詩經』에서 '천天이 백성을 열어 밝혀주심이 질나팔[塤]과 같고 젓대[篪]와 같다'라고 한 것은 이를 두고 이른 말"이요, "'상제를 대함[對越上帝]이 오직 마음속에 있다'는 말도

에 충실하게 부합한다고 할 것이다. 이에 대한 보다 자세한 내용은 방인(2014: 239~240)이 참조된다.

66 『中庸自箴』(『定本 與猶堂全書 6』, p. 233) "[箴曰] ……○道心与天命, 不可分作兩段看. 天之儆告我者, 不以雷·不以風, 密密從自己心上丁寧告戒. ……丁寧諦聽, 無所熹微. 須知此言乃是赫赫之天命, ……"

67 『中庸自箴』(『定本 與猶堂全書 6』, p. 230) "[箴曰] ……○天於賦生之初, 有此命, 又於生居之日, 時時刻刻, 續有此命. 天不能諄諄然命之, 非不能也, 天之喉舌, 寄在道心, 道心之所儆告, 皇天之所命戒也."

68 『中庸自箴』(『定本 與猶堂全書 6』, p. 233) "[箴曰] ……○天命不但於賦生之初, 畀以此性, ……故天之儆告, 亦不由有形之耳目, 而每從無形妙用之道心, 誘之·誨之, 此所謂'天誘其衷'也."

바로 이것을 가리키는 것"인바, ② 이처럼 "천명天命을 본심本心[道心: 필자 주]에서 구하는 것"이야말로 또한 "성인聖人께서 상제를 밝게 섬기시던 학문"[69] 그 자체이자 본질이기도 했던 것이다.

마지막으로, 정약용은 이 모든 것이 가능한 까닭은 다름이 아니라 "원래 무형의 본체[體]와 오묘한 정신[神]은 동류同類끼리 서로 소통하고 감응하"나니, 이에 "천天의 영명靈明하심이 (또한 영명한 존재인 인간의: 필자 주) 인심人心과 직통할"[70] 수 있기 때문으로 보았다.

2

한편, 정약용이 보기에 천명天命이란 이처럼 '도심道心'을 통해 한평생 끊임없이 인간에게 계시되는가 하면, 또한 인간, 특히 성인聖人의 요청으로서의 '복서卜筮'를 통해 계시되기도 하였다. 첫째, 정약용은 바로 이러한 까닭에 일찍이 『주역周易』을 매우 중시했던바, 단적으로 그는 ① "『주역』이란 ……성인께서 천명을 청하시어 그 뜻에 따르기 위한 책"[71]이자, ② 또한 성인께서 일찍이 "얻은 괘卦의 길흉吉凶을 점占치시고 이를 살피셔서 참으로 길吉하다면 이에 수행하시며 말씀하시기를 '천天께서 나에게 명하시니 이를 행한다'고 하시고, 살피셔서 참으로 불길不吉하다면 전전긍긍하시며 감히 행하시지 않으셨으니, 이것이 『주역』이 만들어진 이유이자 이것이 성인께서 천명을 청하시어 그 뜻에 따르시는 까

---

69 『中庸自箴』(『定本 與猶堂全書 6』, p. 231) "[箴曰] ……○……『詩』云: '天之牖民, 如壎如篪'[「大雅: 文王之什」篇의 「板」詩: 필자 주], 非是之謂乎? '對越上帝之只在方寸', 正亦以是. ……求天命於本心者, 聖人昭事之學也."

70 『中庸自箴』(『定本 與猶堂全書 6』, p. 233) "[箴曰] ……○……原來無形之體·妙用之神, 以類相入, 與之相感也. ……○天之靈明, 直通人心."; 『中庸講義補』(『定本 與猶堂全書 6』, p. 284) "○[今案] ……況草木·禽獸, 天於化生之初, 賦以生生之理, 以種傳種, 各全性命而已. 人則不然, 天下萬民, 各於胚胎之初, 賦此靈明, 超越萬類, 享用萬物."

71 「易論 2」(『定本 與猶堂全書 2』, p. 265) "『易』, 何爲而作也? 聖人所以請天之命而順其旨者也."; 『周易四箋 I』, 「易論」(『定本 與猶堂全書 15』, p. 328) "『易』, 何爲而作也? 聖人所以請天之命而順其旨者也."

닭”[72]인 것으로 인식했으니, 바로 이러한 맥락에서 단적으로 “『주역』이란 복서卜筮를 위한 책”[73]이기도 하였다.

둘째, 정약용이 보기에 ① 이처럼 『주역』을 통한 복서란 곧 “천명을 받기 위한 것”[74]으로서, ② 이러한 복서를 통해 천명의 계시를 요청할 수 있는 유일한 실존적 상황이란 “오직 일이 공정한 선善에서 나왔으나, 그 성패成敗와 화복禍福을 미리 알아 헤아릴 수 없는 경우”[75]에만

---

72 「易論 2」(『定本 與猶堂全書 2』, p. 267) “【此, 占其吉凶】 玩之誠吉, 於是乎作而言曰: ‘天其命予而行之矣.’ 玩之誠不吉, 兢兢然, 莫之敢行, 此『易』之所爲作也, 此聖人之所以請天之命而順其旨者也.”; 『周易四箋 I』, 「易論」(『定本 與猶堂全書 15』, p. 329) “【此, 占其吉凶】 玩之誠吉, 於是乎作而言曰: ‘天其命予而行之矣.’ 玩之誠不吉, 兢兢然, 莫之敢行, 此『易』之所爲作也, 此聖人之所以請天之命而順其旨者也.”

73 『周易四箋 I』, 「讀易要旨」(『定本 與猶堂全書 15』, p. 53) “○『易』, 所以筮也.”; 『周易四箋 I』, 「讀易要旨」(『定本 與猶堂全書 15』, p. 59) “○『易』主於筮, 而義理寓焉.”; 『周易四箋 II』, 「蓍卦傳」【本「繫辭上傳」文】(『定本 與猶堂全書 16』, p. 298) “『易』, 所以筮也.”

74 『周易四箋 II』, 「繫辭上傳」(『定本 與猶堂全書 16』, p. 281) “卜筮者, 所以稟天命也.”
또한, 정약용은 동일한 맥락에서 다음과 같이 말하기도 하였다: “어떤 일에 임하여 복서卜筮하는 것은 천天의 밝은 명命[天明]을 소개받는 것이다. ……점占을 쳐서 ‘형亨하다’고 나오면 천명天命이 이미 통한 것을 알 수 있으며, 점을 쳐서 ‘정貞하다’고 나오면 일이 성공할 것을 알 수 있는 것이다. 『주역周易』의 대의大義는 바로 ‘형亨·정貞’ 두 글자에 있으니, 천시天時와 인사人事는 이것으로 점치는 것이다.(臨事而筮, 紹天明也. ……占而曰: ‘亨’, 則知命之旣通也; 占而曰: ‘貞’, 則知事之有功也. 『易』之大義, 正在乎‘亨·貞’二字, 天時人事, 於此乎占之也.)” 『周易四箋 I』, 「易例比釋 上」(『定本 與猶堂全書 15』, p. 64): “복서卜筮의 취지[義]는 천天의 밝은 명命[天明]을 소개받는 것이다.(○[鏞案] ……卜筮之義, 紹天明也.)” 『周易四箋 I』, 「易例比釋 上」(『定本 與猶堂全書 15』, p. 70); “어떤 일에 임하여 복서卜筮하는 것은 그 일이 순조롭게 될지 좌절되고 말지[利鈍]를 알고자 하는 것이다. 그러므로 성인聖人께서 괘덕卦德과 효상爻象에서 아주 작은 차이까지도 비교하시어 등급을 나누심이 이와 같은 것이다.(臨事而筮, 欲知其利鈍也. 故聖人於卦德·爻象, 較其錙銖, 而分其等級, 如是也.)” 『周易四箋 I』, 「易例比釋 上」(『定本 與猶堂全書 15』, p. 80)

75 「易論 2」(『定本 與猶堂全書 2』, p. 266) “唯事之出於公正之善, 而其成敗·禍福, 有不能逆覩而懸度者, 於是乎請之也.”; 『周易四箋 I』, 「易論」(『定本 與猶堂全書 15』, p. 328) “唯事之出於公正之善, 而其成敗·禍福, 有不能逆覩而懸度者, 於是乎請之也.”
또한, 정약용은 동일한 맥락에서 다음과 같이 말하기도 하였다: “바르지 못한 일은 감히 복서卜筮를 행할 수 없으니, 그러므로 ‘일[事]은 정貞이다’라고 말한다.(不正之事, 不敢以筮, 故謂‘事爲貞.’)” 『周易四箋 I』, 「易例比釋 上」(『定本 與猶堂全書 15』, p. 70); “바르지 못한 일은 감히 복서卜筮를 행할 수 없으니, 그러므로 ‘일[事]은 정貞이다’라고 말한다. 복서가 묻는 것은 모두가 바른 일[正事]이다.(不正之事, 不敢以筮, 故謂‘事爲貞.’ 筮之所問, 皆正事也.)” 『周易四箋 I』, 「易例比釋 上」(『定本 與猶堂全書 15』, p. 73); “바르지 못한 일은 감히 복서卜筮를 행할 수 없으니, 그러므로 괘덕卦德

한정되었다.

마지막으로, 정약용은 ① 이러한 복서란 당연히 "천지신명天地神明과 상제上帝를 섬기는 태도"[76]를 전제하고 있었던바, ② 후세에는 ㉠ 이러한 의미가 퇴색되어 "지금의 사람들은 평상시에는 신神을 섬기지 않다가 오직 일에 닥쳐서만 복서하여 그 성패를 알고자 하여, 이에 천天과 신神을 업신여기고 모독함이 심하게 되었"[77]으니, 바로 이러한 이유에서 "무릇 천天을 섬기지 않는 자는 감히 복서를 행하지 못함"[78]은 물론이요, ㉡ 나아가 이미 "고금古今의 마땅함이 달라졌기 때문"에 "지금 사람들은 비록 올바른 일이라 하더라도 복서를 행하지 않음이 마땅하"[79]

의 올바름을 복서하는 자가 받게 되는 것이다.(不正之事, 不敢以筮, 故卦德之正, 筮者受之也.)" 『周易四箋 I』, 「易例比釋 上」(『定本 與猶堂全書 15』, p. 79); "『주역周易』의 도道는 오직 올바른 일에만 복서卜筮하는 것이니, 그러므로 '일[事]은 정貞이다'라고 말한다. 정貞이란 정正이다.(『易』之爲道, 唯正事是筮, 故謂'事爲貞.' 貞者, 正也.)" 『周易四箋 I』(『定本 與猶堂全書 15』, p. 164); "대저 일[事]이 공정公正한 선善에서 나와서 반드시 천天께서 도와 이루시어 복福을 주시기에 충분한 것은 성인聖人께서 다시 청하시지 않는다. 일이 공정한 선에서 나왔으나 시時와 세勢에 이롭지 못함이 있어 반드시 일이 실패하여 천의 복을 받을 수 없기에 충분한 것은 성인께서 다시 청하시지 않는다. 일이 공정한 선에서 나오지 않아 천리天理를 거스르고 인기人紀를 해치는 것은 비록 그 일이 이루어져 반드시 목전의 복福을 구할 수 있다 하더라도 성인께서는 다시 청하시지 않는다.(夫事之出於公正之善, 足以必天之助之成而予之福者, 聖人不復請也. 事之出於公正之善, 而時與勢有不利, 足以必其事之敗而不能受天之福者, 聖人不復請也. 事之不出於公正之善, 而逆天理·傷人紀者, 雖必其事之成而徼目前之福, 聖人不復請也.)" 「易論 2」(『定本 與猶堂全書 2』, pp. 265~266), 『周易四箋 I』, 「易論」(『定本 與猶堂全書 15』, p. 328)

76 『易學緖言』, 「卜筮通義」(『定本 與猶堂全書 17』, p. 280) "古人事天地神明, 以事上帝.【『中庸』曰: '郊社之禮, 所以事上帝', 亦此義】 故卜筮以聽命."; 『易學緖言』, 「卜筮通義」(『定本 與猶堂全書 17』, p. 281) "先王之世, 敬事神明, 故設爲卜筮. ……春秋以降, 此義漸晦, 『左傳』諸筮, 已非古義. 秦·漢以下, 卜筮漸淪於邪術, 非復先王之本意."

77 『易學緖言』, 「卜筮通義」(『定本 與猶堂全書 17』, p. 280) "今人平居旣不事神, 若唯臨事卜筮, 以探其成敗, 則慢天瀆神, 甚矣."

또한, 정약용은 다음과 같이 말하기도 하였다: "후세의 사람들은 이미 일이나 행동을 저질러놓고 난 다음 복서卜筮를 하는데, 이는 천기天機를 엿보고 천의天意를 떠보는 것이니, 크나큰 죄罪인 것이다.(後世之人, 旣有爲·旣有行, 乃卜·乃筮, 是探天機而試天意, 大罪也.)" 『周易四箋 II』, 「繫辭上傳」(『定本 與猶堂全書 16』, p. 281)

78 「答仲氏」(『定本 與猶堂全書 4』, p. 195) "雖以『周易』言之, 今人本不事天, 焉敢爲卜筮乎? ……凡不事天者, 不敢卜筮."

79 『易學緖言』, 「卜筮通義」(『定本 與猶堂全書 17』, p. 281) "然今人雖正事亦不宜卜筮,

니, 또한 바로 이러한 이유에서 심지어 "지금은 비록 천天을 섬긴다 하더라도 역시 감히 복서를 할 수 없다"[80]고 역설하기도 하였다.[81]

古今異宜也."

80 「答仲氏」(『定本 與猶堂全書 4』, p. 195) "凡不事天者, 不敢卜筮, 我則曰: '今雖事天, 亦不敢卜筮.'"

한편, 정약용의 이러한 주장은 단지 '지금 사람들이 천天을 섬기지 않는다'거나 '지금의 복서卜筮가 옛날의 복서와는 그 의미가 달라졌다'는 이유 때문만이 아니라, 전반적인 사회제도가 옛날과는 현저히 달라진 역사적 조건 하에서 복서 또한 과거와는 달리 더 이상 천명天命을 받기 위한 유력한 수단으로서의 의미를 가지기 힘들게 되었다는 판단이 작용하고 있는 것으로 보인다. 즉, 정약용은 다음과 같이 말한 바 있다: "옛날에는 봉건제封建制를 썼으나 지금은 봉건제를 쓰지 않으며, 옛날에는 정전제井田制를 썼으나 지금은 정전제를 쓰지 않으며, 옛날에는 육형제肉刑制를 썼으나 지금은 육형제를 쓰지 않으며, 옛날에는 순수巡守를 행했으나 지금은 순수를 행하지 않으며, 옛날에는 (제사에: 필자 주) 시동尸童을 세웠으나 지금은 시동을 세우지 않습니다. 복서卜筮를 지금의 세상에서 다시 행할 수 없음은 이 몇 가지 일보다 더 절실한 바가 있습니다.(古封建, 今不封建; 古井田, 今不井田; 古肉刑, 今不肉刑; 古巡守, 今不巡守, 古立尸, 今不立尸. 卜筮之不可復行於今世, 有甚於此數事.)" 「答仲氏」(『定本 與猶堂全書 4』, p. 195); "(지금은: 필자 주) 제사에 시동尸童을 세우지 않고, 땅을 정井자 형태로 구획하지 않는데, 유독 복서卜筮만은 폐할 수 없단 말인가?(祭不用尸, 田不晝井, 獨卜筮不可廢乎?)" 『易學緒言』, 「卜筮通義」(『定本 與猶堂全書 17』, p. 281)

81 이상에서 살펴본 정약용의 '천天[上帝]' 개념에 대한 기존연구로는 대표적으로 河宇鳳(1977), 韓鍾萬(1979), 琴章泰(1986), 劉明鍾(1988: 505~514), 崔東熙(1988: 161~183), 柳初夏(1990: 168~201), 유초하(2003), 劉權鍾(1990: 97~119), 李東歡(1990), 李東歡(1996), 李光虎(1996), Donald Baker/金世潤 譯(1997: 80~87), Don Baker(1999: 199~230), Don Baker(2002), 김형효(2002), 金榮一(2003: 119~165) 성태용(2004), 정순우(2006), 백민정(2007: 81~94, 170~193, 219~229), 박종천(2009: 3~42), 김형찬(2010), 蔡振豐(2010/2015: 97~138), 김선희(2012: 476~494), 방인(2014: 232~244) 등이 참조된다. 즉, ① 河宇鳳(1977)은 ㉠ 정약용의 '천天'이란 "無形한 實體를 가진 位格的 主宰天", "造物主", "全知하고 降監의 權能을 가진 主宰者"로서, 이러한 "「茶山의 天」은 儒學思想의 發展에 따른 「天」概念의 變遷過程을 거슬러 올라가 古代의 上帝概念과 비슷"하다고 인식·설명하는 가운데, ㉡ "이러한 「茶山의 天」이 카톨릭의 天主의 屬性과 거의 일치하고 있음을 고려해 볼 때, 西學과의 思想的 聯關性을 類推해볼 수 있을 것으로 생각된다"고 평가하고 있다. ② 韓鍾萬(1979)은 ㉠ "茶山이 생각하는 天은 靈的인 主宰性을 가진 權能者", 즉 "茶山은 天을 日監在玆하고 福善禍淫하는 主宰的인 權能者로 보고 戒愼恐懼라는 向外的인 敬天의 道理를 밝혔다"고 이해하는 가운데, ㉡ 이러한 정약용의 '천天' 개념은 "原始儒敎의 天의 主宰的 意味를 새롭게 되살려서 茶山의 獨自的인 宗敎的 天觀을 확립한 것"으로서, 이에 기본적으로 "天主敎的인 神과 茶山이 받드는 天의 뜻은 다르다"는 입장을 표명하였다. ③ 琴章泰(1986)는 ㉠ 특히 "정약용이 天·上帝의 존재의 본질적 속성으로 파악하고 있는 점을 추출해보면 唯一者요, 形質이 없는 靈明한 존재이며, 人格性을 지녔고, 天地萬物의 主宰者이며, 造化의 주인이요, 全能하고 全知한

존재"임을 강조하는 가운데, "정약용의 造化는 명백히 天·地·神·人·萬物을 창조하는 작용을 의미하며, 창조와 주재와 배양을 모두 天·上帝의 역할로 보고 있다"고 해석하고 있는바, ㉡ 이에 결론적으로 정약용이 "제시한 天 개념과 인간의 天에 대한 신앙적 태도의 이해는 근본적이고도 광범하게 천주교신앙의 영향을 받아들이고 있다"고 평가하고 있다. ④ 劉明鍾(1988)은 ㉠ "白湖나 茶山은 모두 하늘은 섬기고 戒愼하는 대상으로 보았으"며, 이에 정약용의 "天神은 높은 존재이며 謹愼하고 昭事해야 할 존재"로 설명하는 가운데, ㉡ "白湖의 事天은 천주교와 관계없이 성립한 것이다. 따라서 茶山의 事天觀이 반드시 천주교의 영향이라고 볼 필요가 없"지만 그럼에도 "茶山의 이러한 종교적 태도는 ……젊어서 받은 西敎의 세계가 모르는 사이에 이론화 된 것이라 해도 좋지 않을까"라는 절충적 입장을 표명하고 있다. ⑤ 崔東熙(1988)는 ㉠ "茶山은 온갖 事物을 다스리는 人格的인 神이 있다고 믿는다"는 전제 하에, 이를 "靈明하고 主宰하는 天" 곧 "全知·全能한 人格的인 神"으로 규정하는 가운데, ㉡ 이러한 정약용의 '천天' 개념은 또한 "『天主實義』의 영향을 받으면서도 미묘한 차이를 보이고 있는 것"으로서, 이처럼 "茶山이 人格的인 神을 내세운 意圖는 어디까지나 倫理的인 目的에 있"었기 때문에 이는 마치 "칸트 Immanuel Kant가 道德을 위해 神의 存在를 要請한 것과 비슷하다"고 평가하고 있다. ⑥ 柳初夏(1990, 2003)는 ㉠ "上帝는 정약용에 있어 하늘(天)과 일치하는 개념"으로서, 이러한 상제는 곧 "靈明의 존재론적 근원"으로서 "그 일차적 특성은 인간靈明과 마찬가지로 형체가 없다는 것", "太極 이후의 사물세계를 主宰할 뿐 아니라 그것을 創造(造物)한 주체"이자 "모든 존재를 빚어내고 통제하며 평안하게 길러주는 자", "唯一者", 나아가 靈明이란 공통적 속성에 기반을 두고 특히 "占"과 "道心"이란 "交感장치"를 통해 인간과의 "無形의 대화와 상호감응의 기능"을 가진 존재로 설명하는 가운데, ㉡ 특히 상제의 권능으로서의 '조화造化'와 관련하여 이는 "創造와 일치하거나, 아니면 創造와 함께 化育(安養)을 함축하며, ……主宰(宰制)까지를 포함하는 의미를 지닌다"고 보는 한편, 바로 이러한 맥락에서 "上帝는 無로부터 太極을 創造했다. 創造와 동시에 上帝는 太極으로 하여금 일정한 방식, 곧 上帝 자신의 靈明이 사유를 통해 계획한 필연적 법칙에 따라 존재하고 운동하도록 조건지웠다"고 주장하였다. ⑦ 劉權鍾(1990)은 ㉠ "다산의 독자적인 천관이 잘 드러나는 천 개념은 主宰天의 개념"으로서, 이러한 주재천의 대표적 속성으로서 "唯一者·絶對者", "主宰" 및 "靈明"을 드는 가운데, ㉡ 특히 주재의 측면에서 상제는 "조물주"의 위상을 가지며, 또한 "天命은 인간내면에 道心의 방식으로 나타난다"고 보았던바, 결국 이러한 "다산의 천관은 유학적 윤리실천 방법의 모색과 깊은 관련을 지니는 것"으로 평가하고 있다. ⑧ 李東歡(1990, 1996)은 ㉠ "다산사상에 상제가 등장하게 된 계기를 이제까지 주로 『천주실의』와 가진 관계라는 횡적(橫的) 시각으로만 보아 온 인식을 지양하고, 이쪽의 경학사(經學史) 내지는 사상사와의 관계에서 종적(縱的) 시각으로도 마땅히 탐구해보아야 할 것"이라는 문제의식에서 출발하여, "다산사상에 상제가 도입된 사상사적 경로를 특히 다산이 귀속되는 퇴계학통(退溪學統)에서 도학의 전승을 주로 해서 추적하"고 있는바, 이로써 정약용의 '상제'는 곧 "유일신(唯一神)이 아닌 최고신(最高神)", "천당·지옥관의 부재", "인간에 대한 도덕적 감시권능(監視權能)의 강화", 즉 "도덕적 지각·위능 위주의 최고신"이라는 특성을 가지게 되었던바 "결국 다산의 상제는 선진 고경의 상제에 천주적 요소가 섭입(攝入)되고 도학적 요소가 흡수된, 말하자면 제3의 인격신"으로 규정하는 가운데, ㉡ 정약용이 '상제'를 도입하게 된 원천적 동인은 "당시 사회상", 즉 "위군자(僞君子)·가도학(假道學)의 횡행"이란 현상으로서, 이처럼 "이(理)나 태극으로는 어찌할 수 없는 이 광범한 도덕적 타락 앞에서 다산은 더욱 자율적인 도덕원리로서 도학이 가진 이상주의보다 원칙적으로 타율적인 도덕원리인 상제강림(上帝降臨)의 현실주의를 선택하게 된 것"으로 해석하고 있다. ⑨ 李光虎(1996)는 ㉠ "다산 사상에 있어서 서학 수용의 측면 역시 무시될 수 없지만, 다산 사상의 위대성은 유학 정신의 실현이라는 측면에서 이해되어야 하"는바, 즉 "다산의 사상을 이해하기 위해서는 한국유학사적 맥락인 학통 상의 영향 관계를 고려하지 않으면 안 된다"는 관점에서, 특히 정약용의 "경학 사상의 기초인 천명사상이나 상제가 내려다본다는 사상은 퇴계의 理到說과 理活物說을 종교적으로 승화시킨 것"으로 인식하는 가운데, ㉡ 결국 "다산의 천관과 퇴계의 천관이 다름에도 불구하고, 천명의 중시와 천명이 머무는 곳인 마음을 삶의 중심으로 삼은 점에서는 일치를 보"임으로써 정약용은 곧 "퇴계 철학 사상과 전통 유학 사상의 영향을 수용하여 철저하게 내재된 천명을 주장하"기에 이르렀다고 평가하고 있다. ⑩ 도날드 베이커Donald Baker(1997, 1999, 2002)는 ㉠ "다산은 일종의 유학적 유신론의 형태로 간주될 수 있는 것을 창안"함으로써 "理의 역할을 격하시키고, 『시경(詩經)』과 『서경(書經)』에 나타나는 다소 인격화된 신인 상제(上帝)에게 그 독립적 지위를 회복시켜 주었다"는 일반적 관점을 전제로, 정약용이 "신유학의 내성적(內省的) 선회"와 "정적주의(靜寂主義)"가 야기한 윤리적 문제를 극복하기 위한 문제의식에서 유교의 전통에 대한 유신론적 재해석을 통해 상제를 "비인격적 理의 객관성과 인격적 신의 의도성을 겸비한" 존재이자 "우주를 주재하는 규범적 理의 예지적 통치자"인 "유교적 신a Confucian god"으로 복원했던바, ㉡ 결국 이러한 신은 오로지 "도덕적 힘a moral force"으로서 "우주의 창조자가 아닌 주재자the ruler of the cosmos, not its creator"인바, 바로 "다산이 이 대목에서 신을 끌어들였다고 해서 신유학과 근본적으로 결별한 것은 아니었다"고 판단하고 있다. ⑪ 김형효(2002)는 ㉠ "다산이 과거의 성리학자에 비하여 더 강력하게 상제의 존재를 부각시키는 것은 오히려 중세기적인 성학으로의 역행이 아닌가 하는 의구심이 당연히 제기됨직하다"는 문제제기에 대해 "다산의 상제개념은 절대적인 초월존재의 형이상학적인 의미의 신비적인 깊이를 회임하고 있지 않다. 그의 상제개념은 『춘추고징』에서 밝힌 바와 같이 이 세계를 '주재하고 안양케 하는' 절대적 초월자이기는 하나, 그 상제가 형이상학적 존재의 의미를 띠기보다 오히려 인간의 도덕적 양심의 발로와 행사를 감시하고 감독하는 눈에 안 보이는 도덕적 군주로서의 판관과 같은 역할을 담당하고 있다는 것을 『중용자잠』에서 암시한다"고 해석하는 가운데, ㉡ 결국 "이런 도덕적 감시자로서의 상제관이 그의 신독론愼獨論에서도 분명히 그려지고 있다. ……다산은 신독을 체면윤리에서 양심윤리로 전환시킨다"고 평가하고 있다. ⑫ 金榮一(2003)은 ㉠ "茶山은 神(god) 중의 최고의 존재인 하느님(상제)을 ……唯一한 最高神이며 우주의 주재자"로 보았다고 이해하는 가운데, 이러한 상제는 또한 "主宰性"과 "靈明性"이란 속성을 가짐으로써 곧 "천지 만물을 생성하고 주재하는 절대자"이자 "인간의 도덕성을 부여해주는 원인"으로서 곧 "도심의 명령이면서 주재천의 명령인 천명"을 인간에게 부여하였다고 설명하는 가운데, ㉡ 결국 "茶山은 ……천신과 인귀를 수용하고 있는 多神論者(polytheismist)이면서도 하느님(상제)만을 최고신으로서 유일신화하고 있다"고 주장하고 있다. ⑬ 성태용(2004)은 ㉠ "다산 철학에 있어서 상제사상은 매우 중요하고도 독특한 위치를 차지한다"는 기본관점 하에, 특히 "다산이 말하는 상제의 창조권능이 갖는 재미있는 특성"으로서 "상제는 기독교의 신과 같이 모든 것을 창조하는 것이 아니라 태극을 창조하며, 그 다음부터는 태극의 자기분화에 의해 세계가 이루어진다"는 점을 들 수 있는바, 이러한 상제의 "인격성의 한계", 즉 "일단 창조는 하되 그 창조된 세계의 일에는 개입하지 않는 인격성"으로서 "기독교의 핵심이라 하는 '계시'를 찾을 길 없"는 "벙어리"라는 특징은 정약용의 "우주론" 및 "『주역』의 점법과 계시"에도 해당함으로써 결과적으로 "다산의 실천 지향적 철학체계가 아무런 실천을 보장할 수 없는 체계가 되고 마"는 어려움을 야기했다고 진단하면서, 결국 이를 극복하는 방안으로 정약용은 "인성론과 윤리학 분야"에서 도심을 통한 영명과 영명 사이의 직접적 감응이란 방식을 통해 상제로 하여금 "말을 시키는 쪽으로 방향을 선회"함으로써 다산철학의 "부조화와 어색함을 드러냈다"고 주장하는 가운데, ㉡ 이러한 의미에서 정약용의 상제는 기본적으로 "성리학에서 말하는 이의 성격을 닮고 있"으며, 또한 "인간에게 올바르게 살아야 할 당위성을 부여"하기 위해 도입된 "그의 상제론은 요청적 성격이 강하다"고 평가하고 있다. ⑭ 정순우(2006)는 ㉠ "특히 다산이 상제의 특성으로 거론한 조화造化, 주재主宰, 안양安養이 과연 서학의 유일신적 개념이나 '창조(creation)'의 개념과 어떤 상관성을 갖고 있는가 하는 점이 아직 미해결의 하나로 남아있다"라는 전제에서 출발하여, 정약용이 상제의 권능으로 제시한바 "무형에서 유형이 생성되는 것을 '조화造化'라 할 때, 이 조화의 의미를 창조(creation)의 개념으로 사용하였는지는 불분명하다. 여기에서의 '조화'는 유자들이 항용하는 '천지조화天地造化', '조화지추뉴造化之樞紐', '망망조화공茫茫造化工'처럼, 만물을 생성하고 소멸하게 하는 대자연의 이치를 드러내는 것으로 이해하는 것이 적당할 것"으로 인식하는 가운데, ㉡ "이렇게 상제가 지닌 '조화'의 권능을 말하고, 초월성과 주재성을 강조하는 것은 유학의 전통 속에서 충분히 발견"되는바 이로써 "다산의 상제에 대한 재해석이 결코 유학적 세계를 벗어난 것이 아님"을 주장하는 한편, "다산의 신은 일종의 요청적(Requesting) 성격이 강하다"는 견해에도 공감을 표시하고 있다. ⑮ 백민정(2007)은 ㉠ 정약용의 상제란 만물의 변화 및 생성과 관련해서는 이신론적理神論的 주재자로서, 인간의 실존적 삶과 관련해서는 "성과 도심의 명령에 따른 자율적 실천 행위를 강조하기 위한 방편"으로 제시된 개념으로 설명하는 가운데, ㉡ 이러한 정약용의 상제 개념은 『천주실의』의 관점을 부분적으로 수용하여 고대유학의 경전에 나오는 상제의 개념을 새롭게 조명함으로써 인간의 내재적 본성이란 테마가 윤리적 실천과 관련하여 노정했던 무기력성을 극복할 방안을 모색하는 데 그 목적이 있었다고 평가하고 있다. ⑯ 박종천(2009)은 ㉠ 정약용이 "원시유교부터 있었던 초월적 천(天)과 백신(百神)의 위계질서를 충실하게 계승하는 가운데, 『천주실의』의 자극을 유교적 맥락에서 주체적으로 수용하여 '만물일본(萬物一本)'이라는 관점에서 상제의 초월성을 강화함"으로써 '영명주재지천(靈明主宰之天)'으로서의 초월적 인격신관을 정립했던바, 이러한 상제는 특히 "인격적 특성, 즉 영명(靈明)한 지각(知覺)과 주재(主宰)의 위능(威能)을 갖춘" 존재, 곧 "영명(靈明)으로 사람의 마음을 지켜봄으로써 '계신공구'하는 수양론적 태도를 이끌어내는 한편, 도심(道心)을 통해 지속적으로 경고하고 감찰하는 동시에, 사람들이 따라야 할 모범을 묵묵히 보여주는 존재"로 인식하는 가운데, ㉡ 결국 이와 같은 "정약용의 새로운 신관 재정립은 하늘 상징의 변화를 통해서 의례를 강력한 실천으로 바라보고 사회를 의례적 질서에 따라 재조직하려는 정치-문화적 기획"으로 해석하고 있다. ⑰ 김형찬(2010)은 ㉠ 정약용은 "理를 기반으로 한 성리학의 체계로는 사람들로 하여금 올바른 도리를 실천하도록 하기 어렵다"

는 문제의식에서 출발하여 "李滉이 추구했던 도덕적 실천의 구현을 위해, 오히려 活物로서의 理의 개념을 축소시키고, 대신 기존 理의 역할을 上帝에게 轉移시켜 上帝로서의 天을 중심으로 이론체계를 재구성함으로써, 사람들이 上帝에 대한 敬畏를 바탕으로 도덕적 삶을 구현해 가기 위해 끊임없이 노력해 가도록 할 수 있다고 본 것"으로 설명하는 가운데, ㉡ 이로써 정약용의 상제 개념은 구체적인 수양과 실천의 단계에서 "活物로서의 理와 敬畏의 대상으로서의 天"을 강조했던 이황에서부터 이후 허목許穆·윤휴尹鑴·이익李瀷 등 근기남인近畿南人에게 이어졌던 사상적 전통과 문제의식을 계승한 것으로 평가하고 있다. ⑱ 蔡振豊(2010/2015)은 ㉠ 단적으로 "성분품설性分品說과 비슷한 어휘만 가지고 정약용이 마테오 리치의 영향을 받았다고 논증할 수는 없다. 구체적인 비교는 이론형태로 되돌아가 다시 검토해 보아야 할 것"이라는 문제의식에서 출발하여, 특히 정약용의 '상제' 개념에 대해서는 "정약용이 일컫는 '천'에는 비록 '상제'의 의미가 포함되어 있으나, 위의 두 인용문을 보면 정약용 역시 '도심'과 '상제' 및 '귀신'을 같은 역할을 하는 주어로 보고 있음을 알 수 있다. 따라서 정약용의 견해는 『천주실의』와 확연히 다르다. ……정약용이 언급한 상제는 『천주실의』에서 이야기한 생명 창조의 실체를 가리키는 것이 아니다. 정약용이 언급한 '상제'는 생명 창조의 천주의 의미가 아니므로 그의 이론 중에서 가장 높은 관념은 '상제'가 아니라 '심성'이 보여준 '주재성主宰性' 혹은 '주체성'이다. ……그 이론체계는 심성론적 체계에 가까우며, 주자의 우주론 체계나 『천주실의』의 형이상학 체계와는 구별된다"는 주장을 제기하는 가운데, ㉡ 결론적으로 "다산학 중에는 간혹 서학의 영향은 있지만, 그 이론 형태 및 주요 관념은 서학과 부합되기 어렵다. 따라서 다산학과 서학 간에 계승적인 관계가 있다고 말하기도 어렵다"고 최종적으로 평가하고 있다. ⑲ 김선희(2012)는 ㉠ 정약용이 『천주실의』로부터 다름 아닌 "무형·무질의 특성을 근원성에, 인격적 작용을 위대성과 주재성에 배열하"는 전략을 배워 고대 유학의 기본 이념을 새롭게 재해석함으로써 "두려운 초월자이기만 한 것이 아니라 인간이 도덕적 실천을 할 수 있는 궁극적인 근거 역할을 하"는 상제 개념을 요청·구성했던바, 이로써 "정약용은 기독교적 신을 자기 전통 안에서 유교적 신(Confucian God)으로 세워놓았다"고 주장하는 가운데, ㉡ 이처럼 정약용이 "부활시킨 상제는 인격적이지만 그 상제가 세계에 관여하는 방식은 비인격적이며 이법적이기 때문"에 그가 "신유학의 영향에서 완전히 벗어났다는 평가를 하기는 어려"우며, 또한 "정약용의 상제-신은 인간의 도덕성을 위해 요청된 존재의 성격이 강하"다고 인식하고 있다. ⑳ 방인(2014)은 ㉠ "정약용의 상제관이 그가 원시유학의 계승자임을 표방한 이후에도 여전히 부분적으로는 천주교의 영향 아래 형성되고 있었"다는 기본전제 하에, "정약용이 송대의 역리천易理天의 관점에서 주재천主宰天의 관점으로 전환하"여 "만물의 생성변화와 과정을 주재하고 지배하는 궁극적 존재"로서의 상제천을 제시하였으며, 나아가 "다산역학茶山易學의 체계는 상제의 계시啓示(revelation)에 절대적으로 의존하는 일종의 신학적 체계이다. ……만일 상제의 계시가 없다면 다산역학의 체계는 붕괴할 수밖에 없다. ……정약용에 따르면, 복서란 실존적 상황에 처한 인간이 절대자인 신에게 계시를 요청하고 그 뜻에 따르기 위한 수단으로 창안된 것이다. 점술은 초월적 존재자인 상제가 점치는 자에게 자신의 의지를 드러내고 운명을 계시해줄 수 있도록 고안된 장치이다"라는 관점을 제시하는 가운데, ㉡ 바로 이러한 맥락에서 상제가 이 세계에 개입하는 방식으로서의 계시를 부정하는 견해에 대해 비판 거부하면서 "계시의 본래적 의미가 신이 자신의 의지를 인간에게 직접 드러내 보

정약용의 '천'관⑤: '상제'는 '교제의 대상'으로서, 그 정호는 '호천'이다

한편, 정약용이 보기에 상기한바 '유일자'이자 '도덕적 존재'로서의 상제는 또한 엄연한 '역사적 실체'이기도 하였다.[82] 첫째, 상제는 일찍이 고

이는 데 있다고 한다면, 점술은 바로 이러한 계시의 고전적 의미에 충실하게 부합한다"고 평가하고 있다.

결국, 이상과 같은 연구들은 정약용의 '천天[上帝]' 개념에 대한 이해와 관련하여 다방면에서 각자 중요한 기여를 하였음은 물론이다. 그럼에도 특히 '정약용의 상제上帝 개념에 대한 사상적 기원', '상제의 권능으로서의 「조화造化」의 의미', '상제가 주재자로서 세계에 관여하는 방식' 및 '정약용의 세계관과 학문에서 「상제」 개념이 차지하는 개념적 위상' 등의 쟁점에 있어 여전히 완전한 의견의 일치를 보지 못하고 있는 실정이다. 이상의 쟁점에 대한 필자의 입장을 차례대로 간략히 정리·소개하자면, ① 정약용의 상제 개념에는 ㉠ 서교[천주교]의 영향을 분명히 확인할 수 있지만, ㉡ 그럼에도 ㉮ 내세來世 관념의 부재, ㉯ 상제가 가지는 세계관적 위상의 차이, 즉 상제의 주재활동의 범위, 천명天命의 구체적 내용, 사천事天으로 표현되는 이른바 신앙활동의 내용 등을 전반적으로 고려해볼 때 그 구체적 내용에 있어서는 서교와의 공통점을 찾기가 오히려 어려운바, ㉢ 바로 이러한 맥락에서 보유론補儒論을 표방한바 『천주실의天主實義』로 대표되는 서교의 영향이란 기실 정약용 자신이 기존에 견지했던 학문적 문제의식과 내용 및 방향에 대한 확신을 재확인·보강하는 동시에 이를 구현할 몇 가지 새로운 표현과 함께 기존의 유교적 전통을 대자적으로 재해석할 단서적 통찰력을 제공받은 데에서 크게 벗어나지 않았을 것으로 판단되며, ② 상제의 권능으로서의 '조화'라는 개념에는 대체로 '천지만물天地萬物의 운행運行[宰制·主宰·統御·發育·蓄盛]'이란 의미가 주종을 이루고 있으나, 그럼에도 여기에는 '창조創造'란 의미 역시 엄연히 내포·함축하고 있고, ③ 정약용의 상제는 ㉠ 결코 '계시 없는 존재'가 아니라 만물의 주재자로서 특히 '도심道心'과 '복서卜筮'를 통해 자신의 뜻을 인간에게 끊임없이 계시하고 있는 존재로서, ㉡ 이러한 의미에서 정약용의 상제는 단순히 '이신론적理神論的 주재자'로만 한정될 수 없으며, ④ 정약용의 상제는 무엇보다 ㉠ 그가 살았던 조선후기의 사회적 양상, ㉮ 특히 위군자僞君子와 가도학假道學이 횡행하는 현실에서 계신공구戒愼恐懼하는 도덕적 진정성을 이끌어내기 위한 '새로운 윤리학'의 모색이란 측면에서 '문화적 기획'이자, ㉯ 세도정치勢道政治로 대표되는 정치적 난맥상을 근본적으로 개혁하기 위한 경세학적 기본관심, 즉 상제를 중심으로 한 초월적 질서와 군주를 정점으로 한 인륜적 질서 간의 상응관계를 새롭게 정립함으로써 '천권天權의 대행'으로서의 유교정치의 본질과 정신을 재구성하고자 했던 측면에서 '정치적 기획'을 함축하는 근본개념인바, 바로 이러한 맥락에서 그의 철학적 세계관과 학문체계에서 적어도 논리적 측면에서는 핵심적 위치를 점하는 '근본범주'로서, ㉡ 그럼에도 정약용의 상제 개념은 또한 그의 궁극적인 학문적 관심사가 정작 내세에서의 구원의 문제가 아니라 어디까지나 '현세지향성'에 있었다는 내용적 측면에서 본다면 일종의 '배후구도'로서 이중적 성격내지는 논리적 비일관성을 노정하고 있다는 점이 바로 그것이다. 이상의 내용에 대한 보다 자세한 내용은 정일균(2018b: 61~119)이 참조된다.

82 기존 연구에 의하면, ① 서주西周 이전의 고대중국에서 나타나는 상제上帝를 비롯한 여러 천신天神들의 실체는 기실 대부분 부족部族이나 씨족氏族의 시조신始祖神이

대중국, 즉 우虞·하夏·은殷·주周 이래[83] 천자天子가 밝게 섬기기 위해 지냈던 '교제郊祭의 대상'이었다. 이에 ① 『중용中庸』에서는 "교제郊祭와 사제社祭를 지내는 예禮는 상제上帝를 섬기는 것[郊·社之禮, 所以事上帝也]"[『中庸章句』「第19章」]이라 말했던 것이요,[84] ② 또한 이러한 교제는 길례吉禮 가운데서도

었던 것으로 알려져 있다. 특히 은인殷人이 숭배했던 상제上帝란 선조先祖의 총칭 또는 선조의 추상화된 관념이며, 또한 문헌상에 보이는 오제류五帝類의 제帝 역시 각 족성族姓의 종신宗神으로서, 이는 조선신祖先神으로서의 제帝가 조선신 숭배 자체의 자연신숭배화自然神崇拜化의 흐름에 따라 우주지상신宇宙至上神으로 전화轉化되는 경향의 소산으로 추측되고 있다. ② 이후 서주西周의 등장과 함께 은殷의 지상신至上神으로서의 '상제上帝' 또는 '제帝'라는 관념이 계승되기는 하였으나, 이때는 이미 '천天' 관념에 일정한 변화가 일어나 서주에서의 '천' 또는 '상제'는 더 이상 조선신祖先神의 성격을 가지지 않게 되었고, 이에 따라 종래에 비해 상대적으로 세속적·개체적 성격의 덕능주의德能主義에 입각한 천명론天命論이 주장되기 시작하였다. 또한 이 시기에는 이러한 성격의 천天에 제사祭祀를 올리는 제천의식祭天儀式이 '교사郊祀'나 '봉封'의 형태로 거행되었는데, 이는 또한 당시 '고대왕권古代王權'의 출현을 의미하는 것이기도 하였다. ③ 이어 춘추전국시대春秋戰國時代에 접어들면, 숭배의 대상으로서의 천天이 함축했던 종교적 의미가 점차 퇴색하면서 천명天命, 천도天道와 같은 개념들을 매개로 천인관계天人關係가 새롭게 정립되어 갔다. 이에 대한 보다 자세한 내용은 대표적으로 李成九(1997: 79~104) 및 이문규(2000: 27~31)가 참조된다.

83 『梅氏書平』(『定本 與猶堂全書 13』, p. 239) "[平曰] ……則虞·夏·殷·周, 昭事上帝之法, ……"

84 『中庸自箴』(『定本 與猶堂全書 6』, p. 258) "[箴曰] ……『周語』內史過曰: '古者, 先王既有天下, 又崇立上帝·明神而敬事之', 由是觀之, 祭明神, 亦所以事天, 不言后土, 非省文也."; 『中庸講義補』(『定本 與猶堂全書 6』, p. 338) "○[今按] ……明社稷·五祀之神, 未嘗非天神也. 上下神·示, 皆受帝命, 保佑萬物, 而王者祭而報之, 無非所以事天, 故曰: '郊·社之禮, 所以事上帝'. 不言后土, 非省文也."; 『春秋考徵』(『定本 與猶堂全書 14』, p. 63) "○[鏞案] ……上蒼·下黃, 有形有色, 無靈無情, 主此天地者, 上帝而已. 祭天·祭地, 無往而非昭事之典, 故『中庸』曰: '郊·社之禮, 所以事上帝也.'"; 『春秋考徵』(『定本 與猶堂全書 14』, p. 104) "○[鏞案] ……天地百靈, 皆是上帝之臣佐, 祭此明神, 亦以事天也, 故『中庸』曰: '郊·社之禮, 所以事上帝也.'"

여기서 "교제郊祭와 사제社祭를 지내는 예禮는 상제上帝를 섬기는 것[郊·社之禮, 所以事上帝也]"이라는 『중용中庸』의 경문經文에 대해 ① 주희는 "교제郊祭는 천天에 제사지내는 것이요, 사제社祭는 지地에 제사지내는 것이니, 후토后土를 말하지 않은 것은 생략한 문장[省文]이다"라고 주석을 달았던바, ② 이에 대해 정약용은 '천天에 제사지내는 것이나 지地에 제사지내는 것은 모두가 결국은 밝게 상제上帝를 섬기는 일로 귀결되기 때문에 후토后土를 말하지 않았다 하여 생략한 글로 볼 수 없다'는 취지로 반박한 바 있다.

한편, 정약용은 '교제郊祭와 사제社祭를 지내는 예禮의 의미'와 관련하여 다음과 같이 말하기도 하였다: "성인聖人께서 사람이 회합會合하도록 하심에는 두 가지 방식이 있었다. 첫째는 일가一家의 기뻐하는 마음을 얻어 조고祖考를 섬기게 하시는 것이요, 둘째는 천하 사람들의 기뻐하는 마음을 얻어 상제上帝를 섬기게 하시는

가장 "큰 제사[大祭]"로서,[85] 특히 주대周代에는 매년 하夏 4월인 묘월卯月에 정기적으로 지냈던[86] '정제正祭'이기도 하였다.[87] ③ 이외에도 나라에 큰 변고나 화급한 일이 있으면 천자가 상제에게 이를 고告하는 '여旅'라는 특별한 의식이 있었다.[88]

둘째, 이처럼 '역사적 실체'로서 교제의 대상이었던 상제는 또한 '황천皇天'·'호천昊天'·'민천旻天' 등으로 불리기도 했던바, 그럼에도 이들은 기

것이니, 단지 이와 같을 따름이었다. 따라서 종묘宗廟의 예禮는 종족宗族을 모이게 하는 수단이며, 교사郊社의 예禮는 천자天子와 제후諸侯들을 모이게 하는 수단이었다. 이것이 성인聖人의 은미한 뜻이다.(○[鏞案] ……聖人之會合人類, 厥有二道. 得一家之歡心, 以事祖考; 得天下之歡心, 以事上帝, 如斯而已. 故宗廟之禮, 所以聚宗族也; 郊社之禮, 所以聚王公也. 此聖人之微旨也.)"『周易四箋 I』(『定本 與猶堂全書 15』, p. 207); "땅[地]에 지내는 제사가 사社다. 백곡百穀과 초목草木이 땅에 붙어 자람에 백성이 이에 힘입어 살아가니, 이에 제사를 지내 그 은혜에 보답하는 것이다. 사제社祭 이외에는 땅에 제사지내지 않는다.(○[鏞案] 祀地者, 社也. 百穀·草木麗於地, 民賴以生, 故祭以報之. 祭社之外, 不祭地也.)"『春秋考徵』(『定本 與猶堂全書 14』, p. 63)

85 『春秋考徵』(『定本 與猶堂全書 14』, p. 78) "○[鏞案] 禋祀者, 大祭也."; 『春秋考徵』, 「先儒論辨之異」(『定本 與猶堂全書 14』, p. 301) "○[鏞案] ……郊天大祭."

한편, 정약용은 『춘추고징春秋考徵』에서 '길례吉禮'로서 '교郊·사社·체禘·시향時享·삭제朔祭·묘제廟祭'를 제시하고 있는바, 여기서 ① '교郊'가 천天에 대한 제사라면, ② '사社'는 지地의 주재신에 대한 제사이며, ③ '체禘·시향時享·삭제朔祭·묘제廟祭'는 모두 인귀人鬼에 대한 제사이다.

86 『春秋考徵』(『定本 與猶堂全書 14』, p. 41) "○[鏞案] 『春秋』書卜郊者四, 書郊者一, 皆在夏四月. 夏四月者, 建卯之月, 夏正之二月也.【春分之月】 卯月爲郊之定期, 故卜郊必於卯月. 其卜從而行祭如期者, 常事也."

87 『春秋考徵』(『定本 與猶堂全書 14』, p. 77) "○[鏞案] 祀天者, 郊也; 祀地者, 社也. 此是正祭."; 『春秋考徵』, 「先儒論辨之異」(『定本 與猶堂全書 14』, p. 300) "○[鏞案] '祀天'者, 郊天, 正祭也."

88 『春秋考徵』(『定本 與猶堂全書 14』, p. 77) "○[鏞案] ……至於旅之爲禮, 非祭非祈. 旅者, 陳也. ……敷陳事實, 以告帝也. 故曰: '國有大故, 則旅上帝, 及四望', 告急之義也.【如今之告由祭】 故明其所饗, 別言上帝, 非謂祀天·旅帝所饗不同也."; 『春秋考徵』, 「先儒論辨之異」(『定本 與猶堂全書 14』, pp. 300~301) "○[鏞案] ……'旅上帝'者, 有事而告天也. ……○[鏞案] ……故郊·旅之事, 享于上帝."

여기서 정약용은 상기한바 '여旅'에 대해 지금의 '고유제告由祭'와 유사하지만, 그럼에도 그 실상은 상제上帝에게 올리는 제사祭祀나 기도祈禱와 같은 종류의 의례는 아니며, 단지 유사시에 그 실상을 상제에게 알리는 의식으로 인식·설명하고 있다. 또한, 정약용은 상기의 맥락에서 '천天을 두려워함[畏天]'을 정치의 기본으로 보기도 했던바, 이에 그는 다음과 같이 말하기도 하였다: "'천天을 두려워하여 나라를 보존한다'는 뜻은 『맹자孟子』에서 상세히 말하였다.([補曰] ……'畏天保邦'之義, 『孟子』言之詳矣.)" 『詩經講義補遺』(『定本 與猶堂全書 10』, p. 405)

실 모두가 상제를 아름답게 일컫는 칭호[徽稱]일 뿐이었으니, 이는 마치 제왕帝王은 지존至尊이기 때문에 혹은 '국가國家'로, 혹은 '조가朝家'로, 혹은 '승여乘輿'로 일컬어지기도 하지만 그 뜻은 매한가지인 것과 같았다.[89] 다만, 이 가운데서 "『주례周禮』의 「대종백大宗伯」에서는 인사禋祀로써 상제에게 제사지내며 '호천상제昊天上帝'라 불렀으니, 이에 '호천昊天'이 상제의 정호正號가 된다"[90]고 보기도 하였다.

정약용의 문제의식: 정주성리학의 '천'과 '천명'에 대한 잘못된 인식은 유가의 실천을 그르치게 하였다

이미 기술한 바대로, 주희는 일찍이 '천天'과 '천명天命'을 이와 같이 보지 않고, ① 천天을 그 자체 아무런 정의情意도 계탁計度도 조작造作도 없는 형이상의 도道로서의 '이理'로, 천명天命을 '하늘이 부여한 바의 올바른 이理[天所賦之正理]'이자 순선純善의 '본연지성本然之性'이라고 해석함으로써, ② 결과적으로는 『맹자孟子』에서의 '심心'·'성性'·'천天'을 한결같이 '하나의 이理[一理]'로 만들어버리고,[91] 『중용中庸』에서의 '성性'·'명命'·'도道'·'교敎' 역시 모조리 '하나의 이理[一理]'에다 귀결시키고 말았다.[92]

---

89 『孟子要義』(『定本 與猶堂全書 7』, p. 228) "○[鏞案] 天之主宰爲上帝. 其謂之'天'者, 猶國君之稱'國', 不敢斥言之意也."; 『尙書古訓 II』(『定本 與猶堂全書 12』, pp. 242~245) "○[駁曰] ……皇天上帝·昊天上帝, 本是上帝之徽稱, 或稱'皇天', 或稱'昊天', 或稱'旻天', 如帝王至尊, 或稱'國家', 或稱'朝家', 或稱'乘輿', 非其所指各殊也."; 『春秋考徵』(『定本 與猶堂全書 14』, p. 54) "○[鏞案] ……謂'帝爲天'者, 猶謂'王爲國', 非以彼蒼蒼者天, 指之爲帝也."; 『春秋考徵』, 「先儒論辨之異」(『定本 與猶堂全書 14』, p. 294) "○[鏞案] 人主之稱, 或稱曰: '國', 或稱曰: '大王', 或稱曰: '乘輿', 非於大王之外, 別有國主, 別有乘輿之君也. 上帝, 或稱'天', 或稱'昊天', 猶人主之或稱'國', 或稱'乘輿', 豈可隨立一帝, 唯意所欲乎?"; 『春秋考徵』, 「先儒論辨之異」(『定本 與猶堂全書 14』, p. 301) "○[鏞案] ……謂'帝爲天', 猶謂'王爲國', 非以彼蒼蒼有形之天, 指之爲上帝也."

90 『尙書古訓 I』(『定本 與猶堂全書 11』, p. 133) "○[鏞案] ……『周禮』「大宗伯」, 禋祀上帝曰: '昊天上帝', 昊天乃上帝之正號也."; 『春秋考徵』, 「鄭氏六天之辨」(『定本 與猶堂全書 14』, p. 287) "○[鏞案] 『周禮』「大宗伯」, 唯有'昊天上帝'一號. 皇天上帝, 卽昊天上帝, ……"

91 이에 대해서는 '주註 6'과 '주註 7'이 참조된다.

92 『中庸自箴』(『定本 與猶堂全書 6』, p. 233) "[箴曰] ……今以性·命·道·敎, 悉歸之於一理,

한편, 정약용이 보기에 이와 같은 주희의 주장은 결코 묵과할 수 없는 문제점을 함축하고 있었으니, 첫째, 이는 경전해석에 있어 동어반복과 논리적 모순을 피할 수 없게 만들었다. ① 정녕 사실이 이러하다면 『중용』의 경문 "천명지위성天命之謂性[천명天命을 성性이라 이른다]"[『中庸章句』「第1章」]은 "이理가 명하신 것을 이理라 이른다"는 말이 되고, 『맹자』의 경문 "진기심자盡其心者, 지기성야知其性也. 지기성知其性, 즉지천의則知天矣[그 마음[心]을 극진히 하는 자는 그 성性을 안다. 그 성性을 알면 곧 천天을 알게 된다]"[『孟子集註』「盡心章句上」篇 第1章]는 "그 이理를 극진히 하는 자는 그 이理를 안다. 그 이理를 알면 곧 이理를 알게 된다"고 해야 할 것이다.[93] 또한 "만일 『시경詩經』에 나오는 '외천지명畏天之命, 우시보지于時保之[천명天命을 두려워하여 이에 보존하였다]'[『詩經集傳』「周頌: 淸廟之什」篇 「我將」詩]라는 구절을 '외심지리畏心之理, 우시보지于時保之'라고 해석한다면 (밀의 이치가: 필자 주) 통할 리 없"으며, "「강고康誥」[『書經』의 편명: 필자 주]편篇에서는 '유명불우상惟命不于常[명命은 고정된 것이 아니다]', 『시경』에서는 '천명미상天命靡常[천명天命은 고정된 것이 아니다]'[『詩經集傳』「大雅: 文王之什」篇 「文王」詩]이라 하니, (天命을 '마음의 正理'라고 한다면: 필자 주) 도저히 마음의 정리正理를 무상無常하다고 할 수는 없"[94]는 것이었다. ② 그리고 천도天道를 "이理의 발현으로 말한다면 이理란 것은 본디 지각知覺[情意: 필자 주]이 없는 것이니, 설령 말을 하려고 한들 할 수조차 없는"[95]데, 이것이 발현하여 심지어 만물까지 주재한다는 것은 정약용에게는 도대체 상식 밖의 어불성설이었다.

(則理本無知, 亦無威能, 何所戒而愼之, 何所恐而懼之乎?)"

93 孟子要義』(『定本 與猶堂全書 7』, p. 227) "○[鏞案] ……子思著『中庸』, 明云: '天命之謂性', 孟子曰: '盡其心者, 知其性', 今乃以心·性·天三者, 總謂之'一理', 則毛氏所謂'理命之謂理', 不是佻語, 而孟子亦當曰: '盡其理者, 知其理也. 知其理, 則知理矣.'"

94 『論語古今注 II』(『定本 與猶堂全書 9』, p. 252) "○[案] ……『詩』云: '畏天之命, 于時保之', 若云: '畏心之理, 于時保之', 豈可通乎? 「康誥」曰: '惟命不于常', 『詩』云: '天命靡常',【「文王」篇】 心之正理, 豈無常乎?"

95 『論語古今注 II』(『定本 與猶堂全書 9』, p. 319) "[質疑] ……若但以理之發見而言之, 則理本無知, 雖欲言語得乎?"

둘째, 정약용이 보기에 ① 정작 심각한 문제는 이러한 경전해석에 있어서의 잘못이 단지 그것으로만 그치지 않는다는 점에 있었다. ㉠ 이처럼 정주성리학적 세계관 자체의 질서감각과 논리에 따라 본디 그 의미와 성격이 전혀 판이한 만사萬事[萬殊]를 뭉뚱그려 무리하게 '하나의 이理[一本]'에다 귀속시키는 행태[96]는 일견 형이상학적 체계성과 심오성을 나름대로 과시하는 것이 될지는 모르겠지만, 이는 일차적으로 '개념의 혼란'을 야기하고, 다시금 '현실에 대한 구체적인 인식과 접근을 방해하는 것'으로 이어지면서, 종국에는 천하의 일을 모두 불가사의하고 분별할 수 없는 것으로 변질시키고야 말았다.[97] ㉡ 또한 정주성리학은 "마음을 오로지 명막무짐冥漠無朕의 상태에만 두어 적연부동寂然不動함을 다시없는 묘법妙法으로 삼을 뿐"이니, 이 모두는 정약용이 보기에 불교佛敎의 선학禪學에 물들었던 송대宋代 성리학자들의 오류가 낳은 폐단일 뿐이요, '수사洙泗의 구관舊觀[옛 견해]'과는 기실 아무런 상관이 없었다.[98] ② 이처럼 '천天'과 '천명天命'에 대한 잘못된 인식은 곧 유가儒家의 실천을 크게 그르치게 함으로써 끝내는 천하에 화를 끼치고 후세에까지 해독을 남기는 엄중한 사안이었던바,[99] 불행하게도 이는 또한 정약용이 살

---

96 주희의 다음과 같은 말이 그 대표적인 사례가 될 것이다: "이 책[『中庸』: 필자 주]이 처음에는 '하나의 이理'를 말하였고, 중간에서는 흩어져 '만사萬事'가 되었다가 끝에서는 다시 합하여 '하나의 이理'가 되었다. 이를 풀어놓으면 육합六合에 가득하고, 거두어들이면 물러가 은밀한 데에 감추어져 그 맛이 무궁하니, 모두가 실학實學인 것이다.(其書始言一理, 中散爲萬事, 末復合爲一理. 放之則彌六合, 卷之則退藏於密, 其味無窮, 皆實學也.)" 『中庸章句』, 頭註

97 『孟子要義』(『定本 與猶堂全書 7』, pp. 227~228) "○[鏞案] ……束萬殊而歸一, 復成混沌, 則天下之事, 不可思議, 不可分別."

98 『孟子要義』(『定本 與猶堂全書 7』, pp. 227~228) "○[鏞案] ……此與趙州'萬法歸一'之說, 毫髮不差. 盖有宋諸先生, 初年多溺於禪學, 及其回來之後, 猶於性理之說, 不無因循. 故每曰: '佛氏彌近理而大亂眞.' 夫旣曰: '彌近理', 則其中猶有所取, 可知也. ……惟有棲心, 冥漠, 寂然不動爲無上妙法而已, 斯豈洙·泗之舊觀哉?"

99 이러한 문제의식에서 정약용은 다음과 같이 말한 바 있다: "지금 사람들은 진秦 나라 이후의 안목眼目으로 진秦 나라 이전의 하늘을 우러러본다. 그래서 모든 사물이 어느 하나도 거꾸로 비치고 비스듬히 비치지 않는 것이 없으니, 탕湯·무武의 사례가 가장 그러하다. 이처럼 진 나라 이후의 법法과는 아주 다른 것으로는 두 가지

았던 당시 '조선사회의 엄연한 현실'이기도 하였다.[100]

가 있으니, 그 하나는 '제명帝命'이요, 다른 하나는 '후대侯戴'이다. 그 이른바 '제명'이란 무엇인가? 옛 사람들이 천天을 섬김에는 모두가 정성으로 믿고 참마음으로 두려워했으니, 후세에 왕권을 다투는 자들이 천天을 빗대어 가탁假託하면서 이를 일컫는 것과는 같지 않았다. 경건한 마음으로 밝게 상제上帝를 섬기는 사람이 있음에 그 정성이 상제에까지 닿아 몸소 은밀한 가르침을 받들어 천명天命을 밝게 알 수 있었으니, 제왕 된 자가 이런 인물을 얻지 못하면 감히 나라를 다스리지 못했다. 조고祖考의 통서統緖를 계승한 자는 이런 사람을 얻은 연후에야 다스림을 지극히 하여 국가를 중흥시킬 수 있었고, 혁명의 시기를 만난 자도 이런 사람을 얻은 연후에야 천명을 받아 창업할 수 있었다. 그러므로 소강少康이 미靡를 얻어 우禹임금의 통서統緖를 부활시켰고, 태무太戊가 척陟을 얻어 은殷 나라의 기강紀綱을 바로잡았으며, 탕湯 임금이 이윤伊尹을 얻어 하夏 나라의 정치를 대신하였고, 문왕文王과 무왕武王이 상보尙父를 얻어 상商 나라의 군대를 무찔렀으니, 그 지모智謀와 재술才術이 천하에 대적할 수 없었기 때문에 그러했던 것이 아니었다. 바로 그 신명스런 정성이 천명에 이르러 이를 알 수 있었음에, 그를 세워 스승으로 삼고 그에게 말을 물어 이에 따랐기 때문이었다. 따라서 바야흐로 군대를 출동시켜 죄를 토벌함에 있어서도 감히 '상제上帝께서 이를 죽이라고 명하심에 감히 정벌하지 않을 수 없다'고 큰소리쳤던 것이다. 이는 상제를 속이고 공연히 빙자하여 스스로 상제의 밝은 명命을 받았다고 말하는 것이 아니었다. '상제께서 문왕文王에게 말씀하셨다'는 것은 참으로 이런 일이 있었던 것이다. 진秦 나라 이래로 사설邪說이 가득 차고 정로正路는 황폐해져 오방五方과 후토后土에게 제사를 지내 사신邪神에게 아첨하였다. 욕심낼 만한 일이 있으면 곧 새매를 풀어놓아 새를 잡듯이 할뿐, 결코 천명을 우러러 질정質正하려고 하지 않았다. 약육강탄弱肉强呑하여 힘으로 복종시키고 위세로 제압함에, 천天 역시 그대로 방치하고 다스리지 않았다. 눈이 모두 여기에 맞추어졌으니, 어떻게 옛 상제의 명命을 믿겠는가? 이것이 위서僞書가 생겨나게 된 까닭이다.([辨曰] 今人以秦以後之眼, 仰視秦以前之天. 其萬事·萬物, 無一非倒景斜光, 湯·武, 其最大者也. 其與秦以後之法, 天壤不侔者, 厥有兩端, 一曰: '帝命', 一曰: '侯戴'. 其云'帝命'者, 何? 古人事天, 皆誠信而忱畏之, 非如後世爭王之人, 憑依假託而稱天也. 厥有虔心昭事之人, 格于上帝, 能躬承密訓, 灼知天命, 爲帝王者, 不得此人, 不敢以爲國. 承祖考之緒者, 得此人然後, 能致治以中興; 値鼎革之際者, 得此人然後, 能受命而肇業. 故少康得靡, 以復禹緖; 太戊得陟, 以正殷綱; 湯得伊尹, 以代夏政; 文·武得尙父, 以殪商戎, 非其智謀·才術無敵於天下也. 乃其神明之衷, 能格知天命, 故立之爲師, 詢其言而順之. 故方其出師而罰罪也, 敢爲大言曰: '帝命殛之, 不敢不征.' 此非矯誣上帝, 憑空自言得帝之明命也. '帝謂文王', 誠有是也. 自秦以降, 邪說充塞, 正路榛莽, 詞五方·祠后土, 以媚邪神. 有事可欲, 卽鷙發以攫之, 不必仰質於天命. 弱肉强呑, 力服而威制, 天亦縱之而不理也. 眼貫於此, 何以信古之帝命乎? 此僞書之所以作也.)" 『梅氏書平』, 「逸「周書克殷篇」辨」(『定本 與猶堂全書 13』, p. 329)

100 정약용은 당시 조선성리학이 노정하고 있었던 현실적 폐단, 즉 위군자僞君子와 가도학假道學이 횡행하는 현실에 대해 깊이 개탄하면서, 이러한 현실의 궁극적 원인을 특히 정주성리학이 제시한바 '천天'과 '귀신鬼神' 개념의 오도에서 찾고 있다. 이러한 맥락에서 정약용은 일례로 다음과 같이 말한 바 있다: "드러나지 않는다[不顯]는 것은 '귀신鬼神은 형체가 없어 그 자취가 은미하여 드러나지 않음'을 말한 것이다. 『중용中庸』에 나오는 '현顯·미微'의 설은 모두 귀신의 체體는 은미한 듯하지만 실

3. '귀신' 개념의 재해석

정약용의 '귀신'관①: 귀신은 '상제의 명을 받들어 인사를 보우하고 만물의 화육을 돕는 존재'이다

위에서 살펴본 것처럼 '천天으로서의 상제上帝'는 유·무형의 모든 존재를 자신 속에 포괄하고 있는 '유일자唯一者'로서, 인간사를 포함한 만사만물을 조화造化하고 재제宰制하며 안양安養해주는 무형의 '영적 존재'이다. 그런데 정약용丁若鏞이 보기에, '귀신鬼神'이란 존재는 이러한 상제와 같은 덕德, 즉 작용력을 가지면서,[101] 동시에 천하의 만사만물에 대한 상제의

은 밝게 드러남을 논한 것이다. 선유先儒들은 여럿이 함께 있는 것을 현顯으로, 혼자 있는 것을 미微로 본 것은 본지本旨가 아닌 듯하다.【그 의미는 나의 『중용설』에 나온다】 바로 이 '불현역림不顯亦臨'이란 네 글자가 원래 확실한 증거이니, 은미하고 어두운 곳을 불현不顯으로 보아서는 안 된다. ○원래 '신독愼獨'이라 하는 것은 '자신만이 혼자 아는 일에 삼감을 다 한다'는 것을 말함이지, '혼자 있는 곳에서 삼감을 다 한다'는 것을 말함이 아니다. ……사람이 악惡을 행하는 것은 늘 다른 사람과 서로 접촉하는 곳에서 일어난다. ……요즘 사람들은 '신독'이란 두 글자를 인식함이 본디 분명하지 않기 때문에 어두운 방에 있을 때는 어쩌다 옷깃을 가지런히 하고 단정하게 앉아 있다가도, 매번 다른 사람과 서로 접촉하는 지경에 이르면 비루한 거짓말과 험악한 모함을 베풀면서도, '남이 알지 못한다'느니 '천天은 듣지 못한다'고 말하니, 이른바 '신독'이 어찌 이러한 것이겠는가?(○[案] 不顯者, 謂: '鬼神無形, 其跡隱微而不顯'也. 『中庸』'顯·微'之說, 皆論鬼神之體, 似微而實顯. 先儒以群居爲顯, 獨處爲微, 恐非本旨.【義見余『中庸說』】 只此'不顯亦臨'四字, 原是確證, 不可以隱暗處爲不顯. ○原來'愼獨'云者, 謂: '致愼乎己所獨知之事', 非謂: '致愼乎己所獨處之地'也. ……人之行惡, 每在於與人相接之處. ……今人認'愼獨'二字, 原不淸楚, 故其在暗室, 或能正襟危坐, 而每到與人相接之處, 施之以鄙詐·險詖, 謂: '人罔覺', 謂: '天罔聞', 所謂'愼獨', 豈如是乎?)" 『心經密驗』(『定本 與猶堂全書 6』, p. 203); "현顯·미微란 것은 이른바 귀신鬼神의 체體를 논한 것인데 선유先儒들은 이를 거처하는 방으로 해석했으며, 신독愼獨이란 것은 자기 혼자만 아는 일을 경계하는 것인데 선유들은 이를 혼자 거처하는 곳[獨處]으로 해석했으니, 그 어긋남이 작지 않다. ……선유들은 '한거閑居·옥루屋漏'와 같은 여러 문장들을 봄에 차질이 있어 마침내 신독을 혼자 거처하는 곳으로 여기게 되었다.(○[案] 顯·微者, 所謂論鬼神之體, 而先儒解之, 爲所處之室; 愼獨者, 所以戒獨知之事, 而先儒解之, 爲獨處之地, 其所差不小. ……先儒於'閑居·屋漏'諸文, 看得有差, 遂以愼獨爲獨處.)" 『心經密驗』(『定本 與猶堂全書 6』, pp. 210~211)

101 『中庸自箴』(『定本 與猶堂全書 6』, p. 253) "[箴曰] ……上帝之體, 無形·無質, 與鬼神同德, 故曰: '鬼神'也. 以其感格臨照而言之, 故謂之'鬼神'."; 『中庸講義補』(『定本 與猶堂全書 6』, p. 318) "○[案] ……○總之, ……聖人旣人, 則鬼神非天乎?"

주재활동을 보좌하는 역할을 맡고 있다. 즉, 귀신은 모두가 '상제의 명命—천명天命—을 받들어 저마다 인사人事를 보우保佑하고 만물萬物의 화육化育을 돕고 있는 존재'로서, 또한 이에 걸맞은 각자의 호칭과 지위 역시 가지고 있다.[102]

---

102 『中庸自箴』(『定本 與猶堂全書 6』, p. 273) "[箴曰] ……○……百神承命, 輔佑化育, 萬物一本, 於此可驗, 此'質諸鬼神而無疑'也. "; 『中庸講義補』(『定本 與猶堂全書 6』, p. 316) "○[今按] ……天神者, 本無形質, 爲上帝之臣佐,【見『禮』注】 昭布森列, 有號有位."; 『中庸講義補』(『定本 與猶堂全書 6』, p. 338) "○[今按] ……上下神·示, 皆受帝命, 保佑萬物, 而王者祭而報之, 無非所以事天. 故曰: '郊社之禮, 所以事上帝.'"; 『中庸講義補』(『定本 與猶堂全書 6』, p. 384) "○[今案] ……天之明神, 司天·司地, 昭布森列, 以奉天命, 以佑人事, 亦萬物一本之明驗, 此之謂'質鬼神'也."; 『春秋考徵』(『定本 與猶堂全書 14』, p. 99) "○[鏞案] ……惟其百神奔屬, 受命帝庭, 或司日月星辰, 或司土穀山川, 聖人列于祀典, 以廣昭事之義."; 『春秋考徵』(『定本 與猶堂全書 14』, p. 104) "○[鏞案] ……天地百靈, 皆是上帝之臣佐."; 『春秋考徵』, 「先儒論辨之異」(『定本 與猶堂全書 14』, p. 300) "○[鏞案] ……上帝穆臨, 群神奔屬, 有司天宇而斡運者矣, 有司地毬而安存者矣."

또한, 정약용은 젊어서부터[30세] 다음과 같이 말한 바 있다: "『시경詩經』에 '개이경복介爾景福'이라 말한 것은 모두 신神[鬼神: 필자 주]이지 천天이 아닙니다. 개介는 중개한다[紹介]는 뜻이니, 곧 '명신明神이 사람한테 큰 복을 내리도록 천天에게 소개한다'는 것을 말함입니다.([臣對曰] 『詩』凡言'介爾景福'者, 皆神也, 非天也. 介, 紹介也, 言: '明神紹介人之景福于天'也.)" 『詩經講義』(『定本 與猶堂全書 10』, p. 235)

한편, 정약용은 기실 이러한 귀신鬼神이 모두 인간을 보우保佑하는 유익한 존재로만 보지는 않았다. 즉, 한편으로 인간을 보우하는 '선신善神'이 있는가 하면, 다른 한편으로는 인간에게 해를 끼치는 '악귀惡鬼'도 있다고 보았던바, 이에 그는 다음과 같이 말한 바 있다: "귀신鬼神 가운데에도 선신善神과 악귀惡鬼가 있다. 『주례周禮』에서 '일日·월月·성신星辰·사중司中·사명司命·사직社稷·오사五祀에 제사를 지낸다'고 하였으니, 이는 분명히 우리 인간을 보우하는 선신이다. 『좌전左傳』에서 '사방 먼 곳에 던져버려 이매魑魅의 재앙을 막는다'고 한 것이나, 『국어國語』에 '나무와 돌의 괴기怪夔와 망량魍魎'이라 한 것은 분명히 인간을 해치는 악귀이다. 귀신은 본래 몸[形軀]가 없지만 그것에 선한 것과 악한 것이 있음이 이와 같다.(鬼神之中, 亦有善神·惡鬼. 『周禮』: '祀日月·星辰·司中·司命·社稷·五祀', 此明是善神之保佑吾人者也. 『左傳』云: '投諸四裔, 以禦魑魅', 『國語』云: '木石之怪夔·魍魎', 此明是惡鬼之害人者也. 鬼神本無形軀, 而其有善·惡若是.)" 『心經密驗』, 「心性總義」(『定本 與猶堂全書 6』, p. 199); "허령불매虛靈不昧한 본체本體는 다만 모든 미美를 구비하고 조금의 악惡도 없다고 인식하고 있는데, 절대로 그렇지 않다. 허령虛靈한 물物이 악惡을 행하지 못한다면, 저 무형의 귀신鬼神에 또한 어찌하여 명신明神과 악귀惡鬼가 있을 수 있겠는가?(○[鏞案] ……○……虛靈不昧之體, 認之爲但具衆美, 都無纖惡, 殊不然也. 虛靈之物, 不能爲惡, 則彼無形之鬼神, 又何以有明神·惡鬼哉?)" 『孟子要義』(『定本 與猶堂全書 7』, p. 95)

정약용의 '귀신'관②: 귀신에는 '천신'·'지기'·'인귀'의 세 종류가 있으며, 뭇 귀신들 가운데서 가장 존귀하고 지극히 큰 존재가 '상제'이다

한편, 정약용이 보기에 첫째, 이러한 귀신의 종류에는 세 가지가 있나니, 즉 '천신天神'·'지기地示[地祇]'·'인귀人鬼'가 바로 그것이다.[103] 보다 구체적으로 ① 천신에는 '호천상제昊天上帝'를 위시하여 '일日'·'월月'·'성신星辰'·'사중司中'·'사명司命'·'풍사風師'·'우사雨師'가 있어 제각기 수水·화火·금金·목木·토土·곡穀·산山·천川·임林·택澤을 나누어 다스리고,[104] ② 지기에는 '사직社稷'·'오사五祀'·'오악五嶽'·'산림山林'·'천택川澤'이 있으며,[105] ③ 인귀는 사람이 죽어서 된 귀신으로, 여기에는 '선왕先王'·'선공先公'·'선비先妣'의 사당祠堂이 있다.[106]

---

103 『中庸講義補』(『定本 與猶堂全書 6』, p. 315) "○[今按] 『周禮』「大宗伯」, 所祭鬼神, 厥有三品. 一曰: '天神', 二曰: '地示', 三曰: '人鬼'."; 『樂書孤存』(『定本 與猶堂全書 23』, p. 248) "○[又按] ……經曰: '歌大呂, 以祀天神; 歌應鍾, 以祭地示; 歌夾鍾, 以享先祖.'【「大司樂」】"

104 『中庸講義補』(『定本 與猶堂全書 6』, p. 315) "○[今按] ……天神者, 昊天上帝, 日·月·星·辰, 司中·司命, 風師·雨師, 是也. ……天以天神, 各司水·火·金·木·土·穀·山·川·林·澤."; 『梅氏書平』(『定本 與猶堂全書 13』, p. 179) "○[鏞案] ……○……日·月·星·辰, 皆天神司運. 祭其司神, 非其本體."; 『春秋考徵』(『定本 與猶堂全書 14』, p. 59) "○[鏞案] ……於是明神受命, 或司日月星辰·風雲雷雨, ……故其司之在上者, 謂之'天神'"; 『春秋考徵』(『定本 與猶堂全書 14』, p. 63) "○[鏞案] ……上神司日月·星辰·風雨等."

105 『中庸講義補』(『定本 與猶堂全書 6』, p. 315) "○[今按] ……地示者, 社稷·五祀·五嶽·山林·川澤, 是也."; 『春秋考徵』(『定本 與猶堂全書 14』, p. 59) "○[鏞案] ……於是明神受命, ……或司土穀山川·丘陵林澤. ……其司之在下者, 謂之'地示'."; 『春秋考徵』(『定本 與猶堂全書 14』, p. 63) "○[鏞案] ……下示司山林·川澤·土谷等."; 『春秋考徵』, 「先儒論辨之異」(『定本 與猶堂全書 14』, p. 292) "○[鏞案] ……五行雖大, 本係地附之物,【金·木·水·火·土】故司五行者, 本稱: '地示', 名之曰: '五祀'."; 『春秋考徵』, 「先儒論辨之異」(『定本 與猶堂全書 14』, p. 296) "○[鏞案] 五行者, 地附之物.【水·火·土·金·木】故司五行者爲地示, 名之曰: '五祀'."

106 『中庸講義補』(『定本 與猶堂全書 6』, pp. 315~316) "○[今按] ……人鬼者, 先王·先公·先妣之廟, 是也. ……人鬼者, 人死之鬼."; 『喪禮外編』, 「檀弓箴誤 4」(『定本 與猶堂全書 21』, p. 123) "○[今按] ……此外山林·川澤之神, 非人神之所得祭."

한편, 정약용은 인간을 일반적으로 '신神과 형形이 오묘하게 결합된[神形妙合] 존재'로 인식하면서, 또한 이러한 신神을 '혼魂', 형形을 '백魄'으로 각각 부르는 가운데 "영지靈知와 혜식慧識을 '혼魂'이라 하고, 신체의 살아 움직이는 기氣를 '백魄'이라 한다. 살았을 때는 합쳐졌다가 죽으면 분리된다.(○[鏞案] 靈知慧識, 謂之'魂'; 身體生活之氣, 謂之'魄'. 生則聚合, 死則分離.)"[『喪禮四箋 I』, 「喪儀匡 1」(『定本 與猶堂全書

둘째, 정약용은 이처럼 천지간에 밝고도 널리 퍼져있는 뭇 귀신들 가운데서 가장 존귀하고 지극히 큰 존재가 다름 아닌 상제이며,[107] 제사祭祀의 질서에도 이처럼 세 등급이 있기는 하지만, 기실 지기란 본래 천신이나 인귀의 부류에 속하기 때문에 실제로 귀신에는 '천신'과 '인귀' 두 종류만 있을 뿐이라고 보기도 하였다.[108]

마지막으로, 정약용이 보기에 이처럼 귀신이란 존재 역시 다양한

18』, p. 55)]라고 주장했던바, 결국 이러한 맥락에서 본다면 '인귀人鬼'란 곧 사후死後에 백魄과 분리된 영지靈知와 혜식慧識으로서의 '혼魂'임을 알 수 있다.

또한, 정약용은 이러한 인귀人鬼와 관련하여 ① 그 대표적 사례로서 '문왕文王'을 들면서 "하늘에서 밝게 빛나시는 문왕文王의 신神께서 장차 나를 무엇으로 구휼하실까? 혹은 복福을 내려주시고 혹은 경계를 보여주시니, 나는 그를 좇아 받을 뿐이다. 이것이 이른바 (「維天之命」詩에 나오는: 필자 주) '준혜문왕, 증손독지駿惠文王, 曾孫篤之[크게 은혜로우신 우리 문왕文王이시여, 후왕後王은 돈독히 할지어다]'의 의미인 것이다.([補曰] ……○……文王之神於昭在天, 將何以恤我哉? 或降之福, 或示之警, 我則順之, 有受而已. 此所謂'駿惠文王, 曾孫篤之'也.)"[『詩經講義補遺』(『定本 與猶堂全書 10』, pp. 402~403)]라고 하였고, ② 또한, 이러한 인귀人鬼는 "그가 조상이 아니면 부식祔食에 응하지 않는다(○[鏞案] ……鬼非其祖, 不應祔食.)"[『喪禮四箋 III』, 「喪期別 7」(『定本 與猶堂全書 20』, p. 103)]고 주장한 바 있다.

107 『中庸講義補』(『定本 與猶堂全書 6』, p. 320) "○[臣對曰] ……臣謂, 天地鬼神, 昭布森列, 而其至尊·至大者, 上帝是已."

108 『中庸講義補』(『定本 與猶堂全書 6』, pp. 315~316) "○[今按] ……祭祀之秩, 雖有三品, 其實天神·人鬼而已. 何者? 蓐收者, 五祀之神, 明係地示, 而『春秋外傳』史嚚之言, 乃以蓐收謂之天神, 則句芒·祝融·玄冥·后土, 都是天神, 可知也. 重·該·修·熙者, 少皥氏之四叔也; 黎者, 顓頊氏之子也; 句龍者, 共工氏之子也; 柱者, 烈山氏之子也; 棄者, 高辛氏之子也. 社稷五祀, 是祭是祀, 則地示之本人鬼, 可知也. 天以天神, 各司水·火·金·木·土·穀·山·川·林·澤, ……及其後世, 乃以人臣之有功者, 配於天神, 以祭社稷, 以祭五祀, 則名雖地示, 其實皆天神·人鬼也."; 『中庸講義補』(『定本 與猶堂全書 6』, p. 338) "○[今按] 『周禮』「大宗伯」, 天神·地示, 雖分二類, 萬物一原, 本無二本. 日·月·星·辰·風·雨·司命之神, 社稷·五祀·五嶽·山林之神, 都是天之明神. 特其所掌, 有司天·司地之別, 故或云: '天神', 或云: '地示'也. ……明社稷·五祀之神, 未嘗非天神也."; 『尙書古訓 I』(『定本 與猶堂全書 11』, p. 229) "○[案] 『周禮』「大宗伯」: '其天神之禮, 曰: 「昊天上帝」, 曰: 「日·月·星·辰」,【名臣之司其轉運者是祭之】 曰: 「司中·司命」,【亦天之明神】 曰: 「風師·雨師」.【明神之司其宣發者】 其地示之禮, 曰: 「社稷【明神之司土·司穀者】·五祀」,【司水·火·金·木·土者】 曰: 「五嶽」, 曰: 「山·林·川·澤」.【皆有明神, 司之以養人】' 其云: '地示', 亦天之明神. 蓐收者, 所謂'金神',【五祀之一】 而史嚚之言曰: '蓐收者, 天之明神'.【見『國語』】 地示之亦本天神, 明矣. "; 『春秋考徵』(『定本 與猶堂全書 14』, p. 104) "○[鏞案] ……天神·地示, 同是天神. 故蓐收本係地示, 而史嚚謂之'天之刑神', 義可知也.【五祀本地示之祭, 而蓐收爲五祀之神, 則蓐收者地示也.】"; 『春秋考徵』, 「先儒論辨之異」(『定本 與猶堂全書 14』, p. 301) "○[鏞案] ……天神, 有司天者, 有司地者."

서열과 직능을 나누어 가지고 있지만 그럼에도 그 근본은 하나이며, '귀신'이란 말은 이 세 가지의 통칭이었다.[109]

정약용의 '귀신'관③: 귀신은 '형질이 없는 존재'로서, 인간들에게 밝게 임하여 낱낱이 굽어 살핀다

이처럼 정약용이 인식한바 ① "귀신이란 존재는 그 체體가 텅텅 빈 것[空空然]이지만 겨자씨를 마치 큰 산[太山] 보듯이 하며, 그것의 본체本體는 영묘靈妙하여 산과 돌을 뚫고 지나가기를 마치 허공을 나는 새처럼 할 뿐만 아니라 하늘과 땅을 오르내리기를 마치 문틈을 지나치는 말처럼 재빠르게 할 수도 있"[110]다. 이처럼 귀신은 본래 '형질形質이 없는 존재'인바, 이에 유형의 실체로서의 '기氣와는 무관한 것'이다.[111] 즉, 귀신은 '형상도 없고 소리마저 없는 존재'인데, ② 바로 이러한 존재가 넘실넘실 인간들에게 밝게 임하여 그 위와 좌우에서 낱낱이 굽어 살피고 있으니,[112] 이 때문에 "옛사람들은 귀신을 숭상하"여 "제사祭祀를 지냄에 문

---

109 『論語古今注 I』(『定本 與猶堂全書 8』, p. 413) "[補曰] 鬼神者, 天神·地示·人鬼之通稱."

110 『論語古今注 II』(『定本 與猶堂全書 9』, p. 282) "○[案] ……(無形者之運, 其能不係其體之大小, 故)鬼神爲物, 其體空空然, 視芥子爲太山然, 其本體靈妙, 穿山透石如過空之鳥, 登天入地如過隙之馬."

111 『中庸自箴』(『定本 與猶堂全書 6』, p. 253) "[箴曰] ……○鬼神之體, 無形·無質, 物之至微者, 無以踰於鬼神也."; 『中庸講義補』(『定本 與猶堂全書 6』, p. 317) "○[案] ……○視之而弗見, 聽之而弗聞, 則天下之至隱至微者, 莫鬼神若也."; 『中庸講義補』(『定本 與猶堂全書 6』, pp. 319~320) "○[臣對曰] 鬼神固非理也, 亦豈是氣乎? 吾人有氣質, 鬼神無氣質, 鬼神之爲二氣之良能, 臣未之信. ……○[臣對曰] ……大抵鬼神, 非理非氣. 何必以'理·氣'二字左牽右引乎? ……鬼神不可以理氣言也."; 『心經密驗』, 「心性總義」(『定本 與猶堂全書 6』, p. 199) "凡天下無形之物, 莫過於鬼神. ……鬼神本無形軀, ……."; 『心經密驗』(『定本 與猶堂全書 6』, p. 203) "○[案] 不顯者, 謂: '鬼神無形, 其跡隱微而不顯'也. 『中庸』'顯·微'之說, 皆論鬼神之體, 似微而實顯."; 『心經密驗』(『定本 與猶堂全書 6』, p. 210) "○[案] '顯·微'者, 所以論鬼神之體."

112 大學公議』(『定本 與猶堂全書 6』, p. 105) "○[議曰] ……○……惟吳季子之言云: '暗室屋漏之中, 幽深隱奧, 一念將動, 人孰知之? 君子於此, 眞見夫天地鬼神昭布森列, 臨之在上, 質之在傍.' 曾子之意, 亶在是矣."; 『中庸自箴』(『定本 與猶堂全書 6』, p. 232) "[箴曰] ……經曰: '鬼神之爲德, 其盛矣乎! 視之而弗見, 聽之而弗聞, 體物而不可遺, 使天下之人, 齊明承祭, 洋洋乎如在其上, 如在其左右.'【見下章】 不睹·不聞者, 非天而何?"; 『中庸

득 그 정성을 다하고 조심스레 그 삼감[愼]을 다했던 것이다. 즉, 귀신이 흠향歆饗하는 바를 몰랐기에 그 제물祭物을 갖추어 진설하였고, 귀신이 있는 곳을 몰랐기에 여러 방향에서 구했던 것"이요,[113] 또한 비록 어두운 방에 처하거나 자기 혼자만 아는 일이라 하더라도 계신공구戒愼恐懼하지 않을 수 없었던 것이다.[114]

정약용의 '신독'관①: 옛사람의 '계신공구하는 신독공부'는 진실한 마음으로 천과 귀신을 섬기는 공부였다

정약용이 보기에, 경전에 나오는 '천天[上帝]'과 '귀신鬼神'이란 존재가 원래 이러했기 때문에 "옛사람들은 진실한 마음으로 천天을 섬기고 진실한 마음으로 귀신鬼神을 섬기면서, 한 번의 동動·정靜과 하나의 생각이 싹틀 때마다 그것이 성실한 것인가 혹은 거짓된 것인가, 선한 것인가 혹은 악한 것인가를 경계하면서 '(천과 귀신이: 필자 주) 나날이 굽어 살피심이 여기에 있다'고 생각하였다. 그렇기 때문에 그들의 계신공구하는 신독

自箴』(『定本 與猶堂全書 6』, p. 253) "[箴曰] ……以其感格臨照而言之, 故謂之'鬼神'."; 『中庸講義補』(『定本 與猶堂全書 6』, p. 288) "○[臣對曰] ……天地鬼神, 昭布森列, 而鬼神爲物, 無形·無聲, 故下章曰: '視之而不見, 聽之而不聞', ……"; 『中庸講義補』(『定本 與猶堂全書 6』, p. 317) "○[案] ……○視之而弗見, 聽之而弗聞, 則天下之至隱至微者, 莫鬼神若也."; 『詩經講義』(『定本 與猶堂全書 10』, p. 262) "[臣對曰] ……古人求神之法, 於彼乎, 於此乎, 焄蒿悽愴, 如在其上, 如在其左右, 上下升降, 悠揚恍忽, 而不可一定, 故謂之'陟降'."; 『春秋考徵』, 「先儒論辨之異」(『定本 與猶堂全書 14』, p. 300) "○[鏞案] ……上帝穆臨, 群神奔屬, ……四方四嚮, 明神布列, 此之謂'四望'."; 『春秋考徵』, 「先儒論辨之異」(『定本 與猶堂全書 14』, p. 301) "○[鏞案] ……天神, ……布列四方."; 『喪禮四箋 I』, 「喪儀匡 13」(『定本 與猶堂全書 18』, p. 370) "○[鏞案] 神道洋洋於彼於此, 不必就廟而後, 可以祭之."

113 『喪禮外編』, 「檀弓箴誤 4」(『定本 與猶堂全書 21』, p. 116) "[箴曰] ……○……答曰: '……古人之於祭祀, 忽忽然, 致其誠; 兢兢然, 致其愼. 不知神之所饗, 故備設其物;【如焫蕭·膋類】不知神之所在, 故求之多方.【不一處】……'"; 『喪禮外編』, 「檀弓箴誤 2」(『定本 與猶堂全書 21』, p. 70) "○[箴曰] ……殷人尙鬼, 事死如生, 故有此禮."; 『喪儀節要』, 「節要問答」(『定本 與猶堂全書 22』, p. 114) "[答] 古人尙鬼, 遣必苞牲."

114 『中庸自箴』(『定本 與猶堂全書 6』, pp. 233~234) "[箴曰] ……君子處暗室之中, 戰戰栗栗, 不敢爲惡, 知其有上帝臨女也. ……○天之靈明, 直通人心, 無隱不察, 無微不燭, 照臨此室, 日監在茲, 人苟知此, 雖有大膽者, 不能不戒愼恐懼矣."

공부愼獨工夫는 참으로 진실하고도 독실하였고, 이에 천덕天德에 이를 수 있었던 것이다."115

정약용의 '신독'관②: 신독이란 "자기 혼자만 아는 일을 경계하는 것"이다

이처럼 옛사람들이 진실한 마음으로 천天[上帝]과 귀신鬼神을 섬기는 맥락에서 실천했던 계신공구하는 신독공부는 정약용이 보기에 이후 점차 변질되기에 이르렀다. 첫째, 특히 성리학자들이 통상 이해하고 있던 '신독' 개념, 즉 '남의 이목이 미치지 않는 은밀하고 사적인 공간에서도 스스로 삼간다'는 주장116은 명백히 경전의 본지를 오해한 소치에 지나지

115 『中庸講義補』(『定本 與猶堂全書 6』, p. 316) "○[今按] ……古人實心事天, 實心事神, 一動一靜, 一念之萌, 或誠或僞, 或善或惡, 戒之曰: '日監在玆.' 故其戒愼·恐懼·愼獨之切眞切篤, 實以達天德."; 『心經密驗』(『定本 與猶堂全書 6』, p. 202) "古人一心事天, 無敢岐貳, 無敢歡娛也."

한편, 이처럼 계신공구하는 신독공부는 군자君子의 소임이기도 했던바, 이와 관련하여 정약용은 다음과 같이 말한 바 있다: "군자君子의 의리義理는 푸른 하늘을 보고 두려워할지언정 천둥소리를 듣고 놀라지는 않는다. 그러므로 소과괘小過卦의 때에 상제上帝를 대면하고,【진괘震卦가 위에 있다】 감괘坎卦의 마음으로 근심하고 두려워한다.【(小過卦를: 필자 주) 겸획兼畫하면 감괘坎卦가 된다】(君子之義, 對靑天而懼, 聞震雷而不驚. 故小過之時, 對越上帝,【震在上】 坎心憂懼.【兼畫坎】)" 『周易四箋 II』(『定本 與猶堂全書 16』, p. 117); "(太初의: 필자 주) 혼돈混沌이 이미 개벽開闢함에 곤坤의 흙으로 감坎의 물을 에워싸면 택澤이 되고, 감坎의 물로 곤坤의 땅을 깎아내면 산山이 된다. 산山은 지地에서 솟은 것이므로 따라서 곤坤의 위에 (한 개의 陽이: 필자 주) 솟아오른 형태가 간艮이 된다. 군자君子의 도道는 아래로부터 배워 위로 도달하여[下學而上達] 멈추지 않을 수 없는 데까지 나아가서야 멈추는 것이다.(○[鏞案] 混沌旣闢, 坤囿坎爲澤, 坎剡坤爲山. 山隆於地, 故坤之上隆者爲艮也. 君子之道, 下學而上達, 止於其所不得不止也.)" 『周易四箋 II』(『定本 與猶堂全書 16』, p. 123)

116 주희는 '신독' 개념과 관련하여 기실 다음과 같은 두 가지 설명을 동시에 제시·주장했던 것으로 보인다. 즉, ① 신독愼獨의 '독獨'을 '남이 보지 못하는 은밀한 곳'으로 보아 '남의 이목이 미치지 않는 은밀하고 사적인 공간에서도 스스로 삼간다'고 설명하는 측면,[『心經附註』, 卷1, 第3章(「視爾友君子章」)의 原註 "朱子曰: '……無曰: 「此非顯明之處, 而莫予見也.」 ……'"; 『心經附註』, 卷1, 第3章(「視爾友君子章」)의 附註 "西山 眞氏曰: '……人之常情, 祇敬於群居者易, 兢畏於獨處者難.'"] ② '독'을 '남들은 알지 못하고 자신만 홀로 아는 곳'으로 보아 '자신의 내면을 스스로 성찰하고 기른다'고 이해함으로써 곧 희喜·로怒·애哀·락樂이 발한 국면에서 인욕人欲을 제거하는 '성의誠意'공부로 설명하는 측면[『心經附註』, 卷1, 第12章(「天命之謂性章」)의 原

않았다. 즉, ① 신독의 본래 취지는 어디까지나 자기 "혼자만 아는 일을 경계함"에 있었으니, ㉠ 이에 신독이란 곧 '자기만 아는 일에 삼가는 것'을 뜻할 뿐이요 '혼자 거처하는 곳에서 삼가는 것'과는 거리가 멀었다. ㉡ 따라서 '신독군자愼獨君子'란 항상 천과 귀신이 인간들에게 밝게 임하여 날날이 굽어 살피고 있음을 두려워하나니, 이에 평소 자신의 마음을 지극히 성실하게 견지하는 자이자 그 공효로서 '중中·화和'와 '성誠'의 덕목을 구현하는 자이기도 하였다. ② 그럼에도 후세의 유자들은 『시경詩經』의 '옥루屋漏', 『대학大學』의 '한거閑居', 『중용中庸』의 '현顯·미微' 등의 개념을 정확히 이해하지 못함으로써 상기의 잘못을 저질렀던바, 이 가운데서도 특히 '현顯·미微'의 설의 경우는 "모두 귀신의 체體는 은미한 듯 보이나 실제로는 뚜렷이 나타남"을 설명한 것임에도 이들은 '현顯'을 단지 '여러 사람들이 모여 있는 곳'으로, '미微'를 '혼자 거처하는 곳'으로만 인식하였다.

둘째, 이에 정약용이 보기에 결과적으로 "요즘 사람들은 '신독'이란 두 글자를 인식함이 본디 분명하지 않기 때문에 어두운 방에 있을 때는 어쩌다 옷깃을 가지런히 하고 단정하게 앉아 있다가도, 매번 다른 사람과 서로 접촉하는 지경에 이르면 비루한 거짓말과 험악한 모함을 베풀면서도, '남이 알지 못한다'느니 '천天은 듣지 못한다'고 말하"며 조금도

註 "(朱子)又曰: '隱, 暗處也. 微, 細事也. 獨者, 人所不知而己所獨知之地也. 言幽暗之中, 細微之事, 跡雖未形而幾則已動, 人雖不知而己獨知之, 則是天下之事, 無有著見明顯而過於此者. 是以君子既常戒懼, 而於此尤加謹焉, 所以遏人欲於將萌, 而不使其潛滋暗長於隱微之中, 以至離道之遠也.'"; 『心經附註』, 卷1, 第12章(「天命之謂性章」)의 附註 "道鄉 鄒氏曰: '愼獨最爲入道之要. 所謂獨者, 非獨閑居靜處而已, 萌於心之謂獨, 能於此著力, 無由有過擧. 故『中庸』以此言爲篇首.'"; 『心經附註』, 卷1, 第12章(「天命之謂性章」)의 附註 "問: '謹獨是念慮初萌處否?' 朱子曰: '此是通說, 不止念慮初萌, 只自知處. 如小可沒緊要處, 胡亂去, 便是不謹. 謹獨是已接物了.'"; 『心經附註』, 卷1, 第12章(「天命之謂性章」)의 附註 "胡氏 季隨曰: '戒懼者, 所以涵養於喜·怒·哀·樂未發之前; 愼獨者, 所以省察於喜·怒·哀·樂已發之後.' 朱子曰: '此說甚善.'"; 『心經附註』, 卷2, 第14章(「誠意章」)의 原註 "朱子曰: '獨者, 人所不知而己所獨知之地也. ……然其實與不實, 蓋有他人所不及知而己獨知之者. 故必謹之於此, 以審其幾焉.'"]이 바로 그것이다.

부끄러워하거나 두려워하지 않는 지경으로 전락하게 되었던 것이다.[117]

정약용의 문제의식: 정주성리학의 '귀신'에 대한 잘못된 인식은 '유가의 신독공부'와 천권을 대행하는 '유교정치의 본질'을 그르치게 하는 엄중한 죄악으로 귀결되었다

문제는 여기에 그치지 않았으니, 즉 후세의 성리학자들이 한번 천天을 지각이 없는 형이상形而上의 '이理'로 변질시키고, 귀신鬼神에 대해서는 '천지天地의 공용功用'이니 '조화造化의 흔적痕迹'이니 '이기二氣의 양능良能'이니 하여 오로지 기氣의 내재적 작용인 것처럼 만들어버리자, 이것들에 대한 인식이 하나같이 아득하게 모호해지고 말았다.[118] 첫째, 이에 정약용이 보기에 "요즘 사람들은 귀신이란 것이 있는 것인가 없는 것인가 의심하면서 아득한 곳에다 버려둔 까닭에 인주人主[君主: 필자 주]의 경외敬畏하는 공부와 학자學者의 신독愼獨하는 뜻이 모두 불성실한 곳으로 귀착되고 말았"고, 문왕文王에서부터 『중용中庸』의 계신공구戒愼恐懼에 이르기까지 한결같이 전수되어 오던 '밝게 상제를 섬기는 학문[昭事上帝之

---

117 『心經密驗』(『定本 與猶堂全書 6』, p. 203) "○[案] 不顯者, 謂: '鬼神無形, 其跡隱微而不顯'也. 『中庸』'顯·微'之說, 皆論鬼神之體, 似微而實顯. 先儒以群居爲顯, 獨處爲微, 恐非本旨.【義見余『中庸說』】 只此'不顯亦臨'四字, 原是確證, 不可以隱暗處爲不顯. ○原來'愼獨'云者, 謂: '致愼乎己所獨知之事', 非謂: '致愼乎己所獨處之地'也. ……人之行惡, 每在於與人相接之處. ……今人認'愼獨'二字, 原不淸楚, 故其在暗室, 或能正襟危坐, 而每到與人相接之處, 施之以鄙詐·險詖, 謂: '人罔覺', 謂: '天罔聞', 所謂'愼獨', 豈如是乎?"; 『心經密驗』(『定本 與猶堂全書 6』, pp. 209~210) "○[案] ……必其未發之時, 秉心至平, 執德至固, 不失中正之體, 然後猝遇可喜·可怒·可哀·可樂之事, 其所以應之者, 能發而中節. 故曰: '中', 曰: '和', 皆得爲位天地·育萬物之大德. 此惟愼獨[德]之君子, 能有是德."; 『心經密驗』(『定本 與猶堂全書 6』, pp. 210~211) "○[案] 顯·微者, 所謂論鬼神之體, 而先儒解之, 爲所處之室; 愼獨者, 所以戒獨知之事, 而先儒解之, 爲獨處之地, 其所差不小. ……先儒於'閑居·屋漏'諸文, 看得有差, 遂以愼獨爲獨處."; 『心經密驗』(『定本 與猶堂全書 6』, p. 211) "○[案] ……誠者, 愼獨之極工. ……且誠者, 誠其意也."

118 『中庸講義補』(『定本 與猶堂全書 6』, p. 316) "○[今按] ……或疑爲造化之遺跡, 或疑爲二氣之良能, 歸之於有無之間, 置之於恍惚之域, ……今人以天爲理, 以鬼神爲功用·爲造化之迹·爲二氣之良能, 心之知之, 杳杳冥冥, 一似無知覺者然."

學]'의 맥도 드디어 끊어지고 말았던 것이다.[119]

둘째, 이처럼 귀신을 두려워하는 마음이 곧 신독공부愼獨工夫의 바탕이 되고, 이러한 신독공부는 또다시 '중용中庸'의 덕을 성취하는 전제가 되는 것인바, 결국 정약용이 보기에 귀신의 덕德[작용력]이란 사실상 유가儒家의 도道에 있어 근본이 되는 것임에도 불구하고,[120] 정주성리학에서의 귀신설이란 도대체 귀신이란 존재가 무엇인지도 모르는 '무식한 단계'를 넘어 아예 귀신 나아가 천天의 덕德[작용력]을 폄하하는 '죄악'이 되기에 이르렀다.

마지막으로, 정약용이 보기에 이러한 잘못은 결국 "선왕先王들께서(天을: 필자 주) 밝게 섬기시던 도道를 후세에 증험할 수 없게 만드"는 현상을 야기했던바, 이는 다시금 ① 작게는 사람들로 하여금 "어두운 방에서 자신의 마음을 속이고 방자하게 지내면서도 거리끼는 바가 없도록 함으로써 종신토록 도道를 배우지만 더불어 요堯·순舜의 경지에 들어가지 못하도록"[121] 하는 폐단을 만들었고, ② 크게는 '천天의 다스림을 현세에 구현하는 인주人主의 통치',[122] 즉 "사람이 천권天權을 대행"하고 "천권天權을 드러내 보이는 것"으로서의 유교정치의 본질을 흐리게 하는 엄중한 죄악[深孼]으로 귀결되고 말았던 것이다.[123]

---

119 『中庸講義補』(『定本 與猶堂全書 6』, p. 320) "○[臣對曰] ……文王小心翼翼, 昭事上帝, 『中庸』之戒愼恐懼, 豈非昭事之學乎? 今人於此, 疑之於有無之間, 置之於杳茫之地, 故人主敬畏之工, 學者愼獨之義, 皆歸於不誠."

120 『中庸講義補』(『定本 與猶堂全書 6』, p. 320) "○[臣對曰] 中庸之德, 非愼獨不能成; 愼獨之功, 非鬼神無所畏, 則鬼神之德, 卽吾道之所本也."

121 『中庸講義補』(『定本 與猶堂全書 6』, p. 316) "○[今按] ……或疑爲造化之遺跡, 或疑爲二氣之良能, 歸之於有無之間, 置之於恍惚之域, 使先王昭事之典, 無所徵於後世乎? ……暗室欺心, 肆無忌憚, 終身學道, 而不可與入堯·舜之域, (皆於鬼神之說, 有所不明故也.)"

122 『中庸講義補』(『定本 與猶堂全書 6』, p. 315) "○[今按] ……天以天神, 各司水·火·金·木·土·穀·山·川·林·澤, 人主亦使人臣分掌是事."

123 정약용은 다음과 같이 말한 바 있다: "오직 천天만이 사람을 살리기도 하고 또 죽이기도 하니, 인명人命은 천天에 달려있는 것이다. 그런데 목민관牧民官이 또한 그 중간에서 선량한 사람은 편안히 살게 해주고, 죄지은 사람은 잡아다 죽이니, 이는

4. 소결

이상에서의 논의는 정약용丁若鏞이 자신의 사서경학四書經學을 통해 주희朱熹의 생성론生成論의 골간을 비판적으로 검토했던 주요내용이다. 이로써 정약용은 주희의 이기론理氣論에 대한 자신의 비판을 논리적으로 완성하는 한편, 나아가 이를 바탕으로 자신만의 독자적인 생성론 또한 분명하게 정립했던 것이다. 그러면 지금부터 정약용의 이러한 생성론이 함축한바 경학적 의미를, 특히 '대안적 세계관의 모색과 구성'이라는 주제와 관련하여 간단하게 음미해보기로 하자.

주희의 생성론 역시 그의 이기론과 더불어 어떤 하나의 세계관이 필수적으로 포괄하고 있는 주요국면들에 대한 직·간접적인 해명과 다방면으로 관련되어 있다. 그럼에도 여기서는 그중에서 하나의 국면, 특

천권天權을 드러내 보이는 것일 뿐이다. 사람이 천권天權을 대신 쥐고서 삼가고 두려워할 줄 몰라 털끝만한 일도 세밀히 분석해서 처리하지 않고 소홀히 하고 흐릿하게 해서 혹 살려야 할 사람은 죽게 하고 또한 죽여야 할 사람은 살게 하면서도 오히려 태연히 편안하게 여긴다. 또는 부정한 방법으로 재물을 얻고 부인婦人을 호리기도 하면서도 정작 백성이 비참하게 절규하는 소리를 듣고서는 구휼救恤할 줄 모르니, 이는 엄중한 죄악[深孼]이 된다.(惟天生人而又死之, 人命繫乎天. 迺司牧又以其間, 安其善良而生之, 執有辜者而死之, 是顯見天權耳. 人代操天權, 罔知兢畏, 不剖豪·析芒, 迺漫·迺昏, 或生而致死之, 亦死而致生之, 尙恬焉·安焉. 厥或黷貨·媚婦人, 聽號叫慘痛之聲, 而莫之知恤, 斯深孼哉?)" 「『欽欽新書』序」(『定本 與猶堂全書 2』, p. 406); "옛사람들이 천天을 섬김에는 모두가 정성으로 믿고 참마음으로 두려워했으니, 후세에 왕권王權을 다투는 자들이 천天을 빗대어 가탁假託하면서 이를 일컫는 것과는 같지 않았다. 경건한 마음으로 밝게 상제上帝를 섬기는 사람이 있음에 그 정성이 상제에까지 닿아 몸소 은밀한 가르침을 받들어 천명天命을 밝게 알 수 있었으니, 제왕帝王 된 자가 이런 인물을 얻지 못하면 감히 나라를 다스리지 못했다. 조고祖考의 통서統緖를 계승한 자는 이런 사람을 얻은 연후에야 다스림을 지극히 하여 국가를 중흥시킬 수 있었고, 혁명의 시기를 만난 자도 이런 사람을 얻은 연후에야 천명을 받아 창업할 수 있었다.([辨曰] ……古人事天, 皆誠信而忱畏之, 非如後世爭王之人, 憑依假託而稱天也. 厥有虔心昭事之人, 格于上帝, 能躬承密訓, 灼知天命, 爲帝王者, 不得此人, 不敢以爲國. 承祖考之緖者, 得此人然後, 能致治以中興; 値鼎革之際者, 得此人然後, 能受命而肇業.)" 『梅氏書平』, 「逸「周書克殷篇」辨」(『定本 與猶堂全書 13』, p. 329); "삼공三公의 직책은 도道를 논하고 나라를 경영하며 천天의 다스림[天工]을 공경하여 받든다.(三公之職, 論道經邦, 寅亮天工.)" 『經世遺表 I』, 「天官吏曹」(『定本 與猶堂全書 24』, p. 36)

히 이 세계를 바라보는 '하나'의 근본적인 질서감각을 형성함—존재론적 분절l'articulation ontologique의 문제에 대한 일차적 해명—으로써 존재存在와 인식認識의 기본범주들을 정립하는 동시에, 그것들을 어떤 하나의 일관된 방식에 따라 배치할 수 있도록 하는 국면에 대한 해명이 집중적으로 이루어지고 있다. 이에 그 핵심적 내용을 간추려 보면, ① 만물의 최초원인이자 원리적 주재자인 '이理'로서의 '태극太極', ② '이理'이자 '태극太極'과 같은 개념으로서의 '천天', ③ '이기二氣의 양능良能'·'천지天地의 공용功用'·'조화造化의 흔적痕迹'으로서의 '귀신鬼神' 개념이 바로 그것이다.

이에 대하여, 정약용은 주희의 이기론에 대한 자신의 비판과 일관되고 논리정합적인 대안적 견해를 하나하나 제시하고 있다. 즉, 그가 보기에 특히 '태극太極'이라는 개념을 유형적 존재[氣, 形而下의 器]에 선재先在·우선하는 '무형적 존재[理, 形而上의 道]'로 규정하는 것에서부터 출발하는 주희의 생성론은 애초 불가佛家와 도가道家의 고원한 형이상학을 따라잡으려는 나름의 충정과 고심에서 나온 소산일지는 모르지만, 이는 결과적으로 경전의 본의를 제대로 파악하지 못하도록 함으로써 종국에는 유가儒家의 '실천'에 중대한 차착을 야기했던 엄중한 사안이었다. 이러한 문제의식에서 정약용은 ① '유형적 존재의 근원적 실체'라는 의미만을 가지는 '기氣로서의 태극太極', ② 유·무형의 모든 존재를 자신 속에 포괄하고 있는 '유일자唯一者'이자 인간사를 포함한 만사만물을 조화造化하고 재제宰制하며 안양安養해주는 '무형의 영적 존재'이며, 나아가 인간의 선善·악惡에 따라 복福과 화禍를 내리는 '도덕적 존재'이기도 한 '상제上帝'로서의 '천天', ③ 기본적으로 천天[上帝]과 같은 덕德[작용력]을 가지면서 동시에 천하의 만사만물에 대한 '상제의 주재활동을 보좌하는 역할을 맡고 있는 무형의 존재'로서의 '귀신鬼神' 개념을 주장한 바 있으며, 나아가 이를 근거로 독자적인 '신독愼獨' 개념, 곧 '천天과 귀신을 진실한 마음으로 섬기는 공부'를 제기하기에 이른다.

이상의 내용만을 통해서도 우리는 정약용이 이미 정주성리학적 세계관과는 그 외연과 내포를 완전히 달리하는 '하나의 독자적인 세계관'의 골격을 의미 있게 구축해나가고 있음을 확인할 수 있다. 물론 이러한 그의 독자적 골격의 핵심에는 무엇보다 '즉각적이고도 성실한 실천'을 요구하는 '밝게 상제를 섬기는 학문[昭事上帝之學]'의 전통과 그 실존적 문제의식이 약동하고 있었던 것이다.

제3장
다산 정약용의 인간론

"우리 인간은
두 개의 몸과 또한 두 개의 마음을 가지고 있나니,
'도심道心'이 '인심人心'을 이기게 되면
'대체大體'가 '소체小體'를 이기게 되는 것이다.":『논어고금주論語古今注』

"정녕 하늘이 부여해 준 것이 애초 고르지 못하여
어떤 사람에게는 순전히 아름답고 깨끗한 기질氣質을 몰아주어
(저절로: 필자 주) 요堯·순舜처럼 되게 하고,
어떤 사람에게는 순전히 악하고 탁한 기질氣質을 주어
(어쩔 수 없이: 필자 주) 걸桀이나 도척盜蹠처럼 되게 하였다면,
하늘의 불공평함이
어찌 여기에까지 이를 수 있단 말인가!":『맹자요의孟子要義』

일반적으로 “인간人間이란 무엇인가?”, 즉 “인간은 어떻게 생겨났으며, 무엇 때문에 생겨난 존재인가?”, “인간의 내면은 어떠한 구조로 이루어져 있으며, 그 작동기제는 어떠한가?”, 그리고 “인간은 선善한 존재인가, 아니면 악惡한 존재인가?”, “인간은 이 세계 내에서 어떠한 존재론적 위상을 가지는가?”, 나아가 “가장 이상적인 인간, 즉 ‘성인聖人’이란 어떤 존재인가?” 바로 이와 같은 일련의 질문에 대한 하나의 일관되고도 체계적인 해명이 곧 특정의 ‘인간론人間論’을 구성하는 핵심적인 내용이 될 것이다.

그러면 정약용丁若鏞은 자신의 『시문집詩文集』과 사서경학四書經學에서 이러한 인간론과 관련하여 구체적으로 어떤 의견을 개진하고 있을까? 이러한 의문에 대한 답변이 본 장에서의 핵심적 주제가 된다. 정약용은 이미 살펴본 바대로 정주성리학程朱性理學의 이기론理氣論과 생성론生成論을 차례대로 비판하는 과정을 통하여 자신만의 독특한 철학적 세계관의 골간을 인상 깊게 구축해나가고 있었던바, 바로 이러한 토대 위에서 그는 또한 인간에 대한 이해에 있어서도 매우 특이하고 독자적인 길을 걸었다. 물론 그 논의의 실마리는 일차적으로 ‘주희朱熹의 인간론에 대한 비판적 검토’에서부터 주어진다. 왜냐하면 대부분의 논의가 ‘동일한 경문經文에 대한 상이한 주석’의 형태로 전개되고 있기 때문이다.

I. 주희의 인간론

‘인간’은 ‘이와 기의 복합체’이자 ‘심과 신의 복합체’이다

주희朱熹가 보기에, ‘인간’도 기본적으로 여타 ‘만물’과 동일하게 우주와 삼라만상의 최초원인이자 원리적 주재자主宰者인 ‘이理로서의 태극太極’에서 비롯되는 일반적 생성과정을 통해 생겨났다. 따라서 ① 인간 또한 당연히 '이理와 기氣의 복합체', 즉 '성性과 형形의 복합체'이다. 왜냐하면 "인간과 만물이 생겨날 때 반드시 이 이理를 받은 연후에 성性을 가지게 되고, 반드시 이 기氣를 받은 연후에 형形을 가지게"[1] 되기 때문이다. ② 그런데 인간은 달리 보면 '심心과 신身의 복합체'이기도 하다. 여기서 ㉠ '심心'이란 인간의 '신명神明'을 일컫는 것으로서, 그 자체 중리衆理를 갖추어 만사萬事에 응한다. 따라서 이는 동정動靜·어묵語默의 간극이 없으며, 일신一身의 지각知覺·운용運用을 맡고 있음으로 하여 결과적으로 '신身'을 주재主宰하고 있기도 하다.[2] ㉡ 이에 만약 심心을 보전하지 못한다면 신身 역시 검속檢束할 수 없게 되는 것이다.[3]

그러면 이러한 '이理[性]·기氣[形]'는 인간의 '심心·신身'과 각각 어떠한 관계에 있는 것일까? 그 관계를 그림으로 나타내보면 【그림 3-3-1】과 같다.

【그림 3-3-1】 주희의 '이·기'와 '심·신' 간의 관계도

---

1 『孟子集註』, 「告子章句上」篇 第3章의 註 "性, 形而上者也; 氣, 形而下者也. 人·物之生, 莫不有是性, 亦莫不有是氣. ……"; 『中庸章句』, 「第1章」의 註 "性卽理也. 天以陰陽·五行, 化生萬物, 氣以成形而理亦賦焉."; 『朱子大全』, 卷58(「答黃道夫」), p. 5b.(中和堂) "天地之間, 有理有氣. 理也者, 形而上之道也, 生物之本也; 氣也者, 形而下之器也, 生物之具也. 是以人·物之生, 必稟此理, 然後有性; 必稟此氣, 然後有形."

2 『孟子集註』, 「盡心章句上」篇 第1章의 註 "心者, 人之神明, 所以具衆理而應萬事者也."; 『大學章句』, 「經1章」의 註 "心者, 身之所主也."; 『朱子大全』, 卷32(「答張欽夫」), p. 32a.(中和堂) "(然)人之一身知覺·運用, 莫非心之所爲, 則心者, 固所以主於身而無動靜·語默之間者也."

3 『大學章句』, 「傳7章」의 註 "心有不存, 則無以檢其身."

인간의 '내면구조'①: '심'은 '성'과 '정'을 통괄한다

상기한 바대로, 주희는 ① 인간의 '심心'이란 '성性'과 '정情'을 포괄하는 동시에 주재하고 있으며, 이러한 과정을 통하여 결국은 '신身'까지도 통제하게 된다고 보았다. ② 여기서 ㉠ 이른바 '심心의 본本·체體'란 어디까지나 '성性'으로서, '참되고 고요한 상태[眞而靜]'에 있기 때문에 '미발未發'이라 부르며, 또한 사덕四德[仁·義·禮·智]—또는 오상五常[仁·義·禮·智·信]—이 형이상形而上의 도道로서 구비되어 있음에 '중中'이라고도 한다. ㉡ 한편, 기氣로서의 형形이 이미 생겨나 있음에 외물外物이 이러한 형形에 접촉하게 되면 내면[中]이 움직이기 때문에 '이발已發'이라 부르며, 또한 내면이 움직이면 이에 따라 '사단四端'[惻隱·羞惡·辭讓·是非之心]과 '칠정七情'[喜·怒·哀·懼·愛·惡·慾]이 출현하게 되는데, 각각 그 주主 되는 바가 있게 되면 '화和'라고 하니, 이것이 바로 '심心의 발末·용用'으로서의 '정情'인 것이다.[4]

인간의 '내면구조'②: '심'은 '인심'과 '도심'으로 나누어진다

다음으로, 주희는 이러한 심心을 '인심人心'과 '도심道心'으로 나누기도 하였다.[5] 즉, ① 그가 보기에 ㉠ '인심'이란 형기形氣의 사사로움에서 발생

---

4 『論語集註』, 「雍也」篇 第2章의 註 "(天地儲精, 得五行之秀者爲人.) 其本也眞而靜, 其未發也五性具焉, 曰: '仁·義·禮·智·信.' 形旣生矣, 外物觸其形, 而動於中矣. 其中動而七情出焉, 曰: '喜·怒·哀·懼·愛·惡·欲.'"; 『孟子集註』, 「公孫丑章句上」篇 第6章의 註 "惻隱·羞惡·辭讓·是非, 情也; 仁·義·禮·知, 性也. 心, 統性情者也."; 『孟子集註』, 「告子章句上」篇 第3章의 註 "性, 形而上者也; 氣, 形而下者也."; 『孟子集註』, 「告子章句上」篇 第6章의 註 "情者, 性之動也."; 『孟子集註』, 「盡心章句上」篇 第1章의 註 "性, 則心之所具之理."; 『中庸章句』, 「第1章」의 註 "喜·怒·哀·樂, 情也. 其未發, 則性也, 無所偏倚, 故謂之'中'. 發皆中節, 情之正也, 無所乖戾, 故謂之'和'."; 『朱子大全』, 卷32(「答張欽夫」), p. 32a.(中和堂) "(然)方其[心을 말함: 필자 주]靜也, 事物未至, 思慮未萌, 而一性渾然, 道義全具, 其所謂'中', 是乃心之所以爲體而寂然不動者也. 及其動也, 事物交至, 思慮萌焉, 則七情迭用, 各有攸主, 其所謂'和', 是乃心之所以爲用, 感而遂通者也."; 『性理大全』, 卷33(「性理 5」), p. 2ab.(山東友誼書社, 1989) "(朱子曰) ……仁·義·禮·智, 性也; 惻隱·羞惡·辭讓·是非, 情也. 以仁愛, 以義惡, 以禮讓, 以智知者, 心也. 性者, 心之理也; 情者, 性之動也; 心者, 性·情之主也.○未動爲性, 已動爲情. 心則貫乎動·靜而無不在焉.○性, 對情言; 心, 對性·情言. 合如此是性, 動處是情, 主宰是心."

하는 것으로서 '인욕人欲'이라고도 하며 '유선有善·유악有惡의 상태'임에 반하여, ㉡ '도심'이란 성명性命의 올바름에서 생겨나는 것이기 때문에 '천리天理'라고 하며 또한 '순선純善의 상태'에 있다. ② 이러한 인심과 도심은 기본적으로 상호간에 진퇴進退·소장消長하는 관계에 있기 때문에 서로 병립竝立함을 용납하지 않는다. 즉, ㉠ 도심[天理]을 따름은 천하에 공적으로 행하는 것이요 본성本性을 다하는 것이 되지만, ㉡ 인심[人欲]에 이끌림은 일개 개인만을 사사롭게 하는 것이요, 따라서 도심을 멸하는 것이 된다. ③ 따라서 도심과 인심은 혹 드러나는 행동에 있어서는 서로 비슷할 수도 있겠으나 그 실정에 있어서는 아주 판이하다. 애초 이 두 가지의 공公·사私 간의 차이는 털끝만큼도 안 되지만 그 결과적인 시비是非·득실得失의 차이는 실로 큰 것이어서, 끝내 성현聖賢·군자君子와 중인衆

5 여기서 언급된바 '인심人心'·'도심道心'이란 말은 원래 『서경書經』의 「대우모大禹謨」편篇에 나오는 말이다. 즉 "人心惟危, 道心惟微, 惟情惟一, 允執厥中.[인심人心은 위태하고 도심道心은 은미하니, 정밀하게 하고 한결같이 하여야 진실로 그 중中을 잡을 수 있다]"이 바로 그것이다.

한편, 주희는 「중용장구서中庸章句序」에서 이 말을 인용하여 다음과 같이 설명하고 있다: "일찍이 논하건대, 심心의 허령지각虛靈知覺은 하나일 뿐인데, 인심人心과 도심道心의 다름이 있다고 한 것은 혹은 형기形氣의 사사로움에서 나오고, 혹은 성명性命의 올바름에 근원하여, 그 지각知覺한 것이 똑같지 않기 때문이다. 이 때문에 혹 위태로워 편안하지 못하고 혹 미묘하여 보기가 어렵다. 그러나 이 형形을 가지지 않은 사람은 없기 때문에 비록 상지인上智人이라고 하더라도 인심이 없을 수 없고, 또한 이 성性을 가지지 않은 사람이 없기 때문에 비록 하우인下愚人이라고 하더라도 도심이 없을 수 없다. 이 두 가지 심心이 방촌方寸 사이에 뒤섞여 있음에 이를 다스릴 바를 알지 못하면, 위태로운 것은 더욱 위태로워지고 은미한 것은 더욱 은미해져, 천리天理의 공公이 끝내 인욕人欲의 사私를 이기지 못하게 될 것이다. '정精'은 이 두 가지 사이를 살펴서 섞이지 않게 하는 것이요, '일一'은 본심本心의 올바름을 지켜 떠나지 않게 하는 것이다. 이것에 종사함에 조금이라도 간단間斷이 없게 하여 반드시 도심으로 하여금 일신一身을 주장하게 하고 인심은 매양 그 명령을 듣도록 한다면, 위태로운 것은 편안하게 되고 은미한 것은 드러나게 되어, 이에 동정動靜과 언행言行에 있어 저절로 과過·불급不及의 잘못이 없게 될 것이다.(蓋嘗論之, 心之虛靈知覺, 一而已矣, 而以爲有人心·道心之異者, 則以其或生於形氣之私, 或原於性命之正, 而所以爲知覺者不同. 是以或危殆而不安, 或微妙而難見耳. 然人莫不有是形, 故雖上智, 不能無人心; 亦莫不有是性, 故雖下愚, 不能無道心. 二者雜於方寸之間, 而不知所以治之, 則危者愈危, 微者愈微, 而天理之公, 卒無以勝夫人欲之私矣. '精', 則察夫二者之間而不雜也; '一', 則守其本心之正而不離也. 從事於斯, 無少間斷, 必使道心常爲一身之主, 而人心每聽命焉, 則危者安, 微者著, 而動靜·云爲, 自無過·不及之差矣.)"

人·소인小人간의 차이로 귀결되고 마는 것이다. ④ 이에 주희는 배우는 자는 모름지기 이를 잘 살펴서 천리天理는 보존하고 인욕人欲은 제거할 것을 강조하면서, 무엇보다 학문이란 여기서부터 비로소 시작되는 것이라고 역설하기도 하였다.[6] 이상의 논의를 그림으로 나타내보면【그림 3-3-2】와 같다.

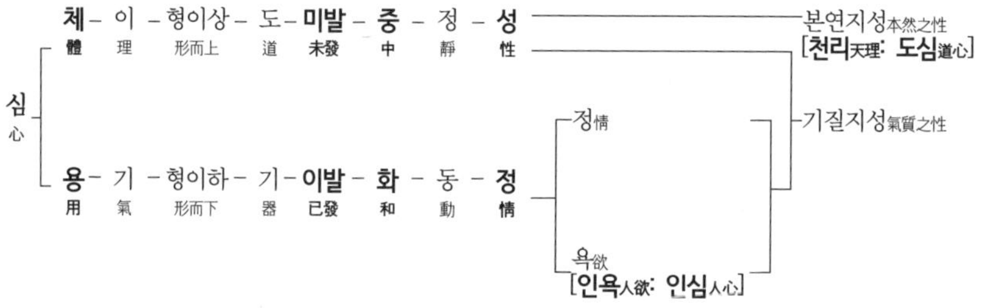

【그림 3-3-2】 주희의 '심·성·정'도

인간의 '내면구조'③: '심'은 "본래 텅 빈 것이어서 사물에 응함에 자취가 없다"

끝으로, 주희—보다 정확하게는 정이程頤[伊川, 1033~1107: 中國 北宋의 학자]—가 보기에 ① '인간의 심心'이란 항상 "나가고 들어오는 것이 일정한 때가 없어서 그 향하는 바를 알 수 없는 것"[7]이요 "본래 텅 빈 것이어서 사물에 응함에 그 자취가 없"는 것이기도 하다. ② 따라서 배우는 자는 보고[視],

6 『孟子集註』, 「梁惠王章句下」篇 第5章의 註 "(然)天理·人欲, 同行異情. 循理而公於天下者, 聖賢之所以盡其性也; 縱欲而私於一已者, 衆人之所以滅其天也. 二者之間, 不能以髮, 而其是非·得失之歸, 相去遠矣."; 『孟子集註』, 「滕文公章句上」篇 第3章의 註 "天理·人欲, 不容竝立. ……君子·小人, 每相反而已矣."; 『程書分類』, 卷2(「書」), p. 23ab.(學民文化社, 1994) "人心, 私慾也; 道心, 正心也. ……人心惟危, 人欲也; 道心惟微, 天理也. ……人心, 人欲; 道心, 天理."; 『朱子語類』, 卷13(「學 7」), pp. 224~225.(中華書局, 1981) "人之一心, 天理存, 人欲亡; 人欲勝, 則天理滅, 未有天理·人欲挾雜者. 學者須要於此體認·省察之. ……人只有箇天理·人欲, 此勝則彼退, 彼勝則此退, 無中立不進退之理. 凡人不進便退也. ……學者須是革盡人欲, 復盡天理, 方始是學."

7 『論語集註』, 「學而」篇 第8章의 註 "出入無時, 莫知其鄕者, 人心也."

듣고[聽], 말하고[言], 행동함[動]에 있어 항상 매사에 전전긍긍 조심하여 밖으로부터 심心을 제재하고 바르게 함으로써 내면에 천리天理를 보존하고 함양해야 한다.[8] 만약 그렇게 하지 않으면 인욕人欲[私欲]이 이를 해치며, 따라서 "정情이 이미 성한데다 더욱 방탕해져 성性 또한 잃게 되는 것이다. 그러므로 배우는 자는 정情을 단속하여 중도中道에 합하게 하고, 그 심心을 바르게 하여 성性을 길러야 하는 것이다."[9]

인간의 본성: 인간의 '본연지성은 지선·순선하다'

한편, 주희가 보기에 인간은 어떤 본성本性을 가진 존재일까? ① 이미 기술한 바대로, 인간을 포함한 이 세계의 모든 만물은 모두가 '이理와 기氣의 복합체'이자, 곧 '성性과 형形의 복합체'이다. ② 그런데 주희는 또한 "인간과 만물이 생겨날 때, 하늘이 부여한 이 이理는 일찍이 같지 않음이 없었다"[10]고 하여 아무튼 '인간과 여타 만물이 동등하게 공유하고 있는 부분'을 상정하고 있는바, 이것이 바로 "오로지 이理만을 가리켜 말한 것"[11]으로서의 '본연지성本然之性'이며, 성격상 '지선至善·순선純善한 것'이다.

인간의 '존재론적 위상': 인간은 '만물 가운데 가장 뛰어난 존재'이다

이처럼 주희는 인간이 여타 만물과 동일한 '이理', 즉 '본연지성本然之性'을 가지고 태어났다고 주장하고 있는바, 그렇다면 인간은 과연 이 세계 속

---

8 『論語集注』, 「顔淵」篇 第1章의 註 "四者['視·聽·言·動'을 말함: 필자 주], 身之用也, 由乎中而應乎外, 制於外, 所以養其中也. ……其視箴曰: '心兮本虛, 應物無迹, ……'"

9 『論語集注』, 「雍也」篇 第2章의 註 "情旣熾而益蕩, 其性鑿矣. 故學者約其情, 使合於中; 正其心, 養其性而已."

10 『朱子語類』, 卷4(「性理 1」), p. 58.(中華書局, 1981) "人·物之生, 天賦之以此理, 未嘗不同, ……"

11 『朱子語類』, 卷4(「性理 1」), p. 67.(中華書局, 1981) "論天地之性, 則專指理言; 論氣質之性, 則以理與氣雜而言之."

에서 어떠한 존재론적 위상을 가진 존재일까? 첫째, 주희가 보기에는 상기의 사실에도 불구하고 인간은 여전히 '만물 가운데 가장 뛰어난 존재'였다. 왜냐하면 인간은 기氣 가운데 정밀한 것[精], 바른 것[正], 통하는 것[通], 즉 "천지天地가 정기精氣를 쌓아 (만물을 낳음에: 필자 주) 오행五行 가운데 가장 빼어난 정기精氣를 받"아 생겨난 존재[12]인 반면에, 여타 만물은 기氣 가운데 거친 것[粗], 편벽된 것[偏], 막힌 것[塞]—여기서도 그 정도에 있어 상대적인 차이가 있으며, 이 차이에 따라 여타 만물은 또다시 그 존재론적 서열이 층층이 매겨진다—을 받아 생겨난 존재이기 때문이다. ① 이처럼 인간과 여타 만물 간의 존재론적 차이는 오로지 그것들이 생겨날 때 각기 부여받은 '기氣의 정조精粗·정편正偏·통색通塞의 차이'에서 연유하는 것으로서,[13] 또한 이 때문에 인간의 경우에는 이 이理가 완전히 통하여 막힌 데가 없는 반면에, 여타 만물의 경우에는 이理가 조금 통[或通一路]—대체로 '금수禽獸'가 이에 해당한다—하거나, 완전히 막혀[全塞] 지각知覺도 없게 되는 것—대체로 '초목草木'이 이에 해당한다—이다. ② 이에 인간은 결국 하늘이 내고 땅이 기

12 『論語集註』, 「雍也」篇 第2章의 註 "天地儲精, 得五行之秀者爲人, ……"

13 『孟子集註』, 「離婁章句下」篇 第19章의 註 "人·物之生, 同得天地之理, 以爲性; 同得天地之氣, 以爲形. 其不同者, 獨人於其間, 得形氣之正而能有以全其性, 爲少異耳. 雖曰: '少異', 然人·物之所以分, 實在於此."; 『孟子集註』, 「盡心章句上」篇 第38章의 註 "蓋人得天地之正氣而生, 與萬物不同, ……"; 『中庸章句』, 「第22章」의 註 "人·物之性, 亦我之性, 但以所賦形氣不同而有異耳."

또한, 주희는 다음과 같이 말하기도 하였다: "이기二氣[陰·陽: 필자 주]와 오행五行[水·火·木·金·土: 필자 주]이 교감하여 만 가지로 변화하기 때문에 인간과 만물이 생겨남에 (그 사이에: 필자 주) 정밀함[精]과 거칢[粗]의 차이가 있게 되었다. '하나의 기氣'라는 맥락에서 말하자면 인간과 만물은 모두 이 기氣를 받아서 생겨났지만, '정밀함과 거칢'이라는 맥락에서 말한다면 인간은 그 기氣 가운데 '정正'하고 '통通'한 것을 얻은 반면, 만물은 그 기氣 가운데 '편偏'하고 '색塞'한 것을 얻은 것이다. 오직 인간만은 기氣의 '정正'한 것을 얻었기 때문에 이 이理도 통하여 막힌 데가 없음에 반하여, 만물은 그 '편偏'한 것을 얻었음으로 하여 이 이理도 막히고 지知하는 것이 없는 것이다. ……이처럼 인간이 여타 만물과 다른 점은 이것[氣의 精粗·正偏·通塞의 차이: 필자 주]에 불과하다.(二氣·五行, 交感萬變, 故人·物之生, 有精·粗之不同. 自一氣而言之, 則人·物皆受是氣而生; 自精·粗而言, 則人得其氣之正且通者, 物得其氣之偏且塞者. 惟人得其正, 故是理通而無所塞; 物得其偏, 故是理塞而無所知. ……人所以與物異者, 所爭者此耳.)" 『朱子語類』, 卷4(「性理 1」), pp. 65~66.(中華書局, 1981)

르는 만물 가운데 오직 위대한 존재이니,[14] 왜냐하면 그는 유일하게 도리道理를 알아 인륜人倫이 있고 또한 지식知識을 가진 존재이기 때문이며, 심지어는 이 때문에 그 자신의 몸조차도 천지天地의 모양을 상징적으로 체현하고 있는 특별한 존재로 상정되기도 했던 것이다.[15]

둘째, 주희는 여기에서 그치지 않고 이상과 같은 설명논리를 인간들 사이에서 현실적으로 발견되는 지적·도덕적 차이를 해명하는 데에도 그대로 연장시키고 있다. 다시 말하면, 인간이 태어남에 모두가 한결같이 동일한 인仁·의義·예禮·지智의 본성本性—'본연지성本然之性'—을 갖추고 있음에도 불구하고 그들 각자 사이에 '생지生知·학지學知·곤학困學·곤불학困不學'[『論語集註』「季氏」篇 第9章]이나 '상지上知·하우下愚'[『論語集註』「陽貨」篇 第3章]와 같은 지적 등급, 나아가 '선善·악惡'이나 '현賢·불초不肖'와 같은 도덕적 차이가 생겨나는 것은 모두가 인간이 선천적으로 타고난 기질氣質(지성之性)의 차등, 즉 기氣의 혼명昏明·청탁淸濁의 상이함에서 유래한다는 것이다.[16]

---

14 『孟子集註』, 「滕文公章句下」篇 第10章의 註 "范氏曰: '天之所生, 地之所養, 惟人爲大. 人之所以爲大者, 以其有人倫也.'"

15 주희는 다음과 같이 말하기도 하였다: "인간의 머리가 둥근 것은 하늘을 상징하고, 발이 네모난 것은 땅을 상징하며, (몸이: 필자 주) 평평하니 바르고 단정하게 곧은 것[平正端直]은 (모두가: 필자 주) 천지天地의 올바른 정기精氣를 받았기 때문이니, 그리하여 도리道理를 알고 지식知識을 가지게 된 것이다.(且如人, 頭圓象天, 足方象地, 平正端直, 以其受天地之正氣, 所以識道理, 有知識.)" 『朱子語類』, 卷4(「性理 1」), pp. 65~66.(中華書局, 1981)

16 『論語集註』, 「述而」篇 第37章의 註 "人之德性, 本無不備, 而氣質所賦, 鮮有不偏."; 『論語集註』, 「衛靈公」篇 第38章의 註 "人性皆善, 而其類有善·惡之殊者, 氣習之染也."; 『論語集註』, 「季氏」篇 第9章의 註 "言人之氣質不同, 大約有此四等. 楊氏曰: '生知·學知, 以至困學, 雖其質不同, 然及其知之, 一也.'"; 『論語集註』, 「陽貨」篇 第2章의 註 "此所謂性, 兼氣質而言者也. 氣質之性, 固有美·惡之不同矣. 然以其初而言, 則皆不甚相遠也. ……○程子曰: '此言氣質之性, 非言性之本也. 若言其本, 則性卽是理, 理無不善. 孟子之言性善是也, 何相近之有哉?'"; 『論語集註』, 「陽貨」篇 第3章의 註 "此承上章而言人之氣質, 相近之中, 又有美·惡一定, 而非習之所能移者."; 『孟子集註』, 「告子章句上」篇 第6章의 註 "程子兼指其稟於氣者言之, 則人之才, 固有昏明·强弱之不同矣, 張子所謂'氣質之性'是也."; 『大學章句』, 「大學章句序」 "蓋自天降生民, 則旣莫不與之以仁·義·禮·智之性矣, 然其氣質之稟, 或不能齊. 是以不能皆有以知其性之所有而全之也."; 『中庸章句』,

'가장 완전한 인간'으로서의 '성인': 성인이란 "신명하여 헤아려 알 수 없는 사람"이다

끝으로, 주희는 '가장 완전한 인간', 즉 배우는 자의 이상적 준거로 설정되는 '성인聖人'이란 존재를 어떻게 인식하고 있을까? 첫째, 주희가 보기에 '성인'이란 명칭은 "신명神明하여 (그 높고 깊은 경지를: 필자 주) 헤아려 알 수 없는 사람"[17]에게 붙는 것으로서, 인륜人倫과 천리天理에 있어 "그 극極에 도달한 상태"[18]에 있음을 의미한다. ① 이에 성인의 마음은 그 본연지성本然之性 뿐만 아니라 기질지성氣質之性 전체가 혼연渾然[완전히 보존됨]—보통 사람은 기질氣質이 편벽되어 있음에 반하여—하고 음陰·양陽[剛·柔]이 덕德에 합치됨으로써 '성性·정情의 올바름'과 '중中·화和의 기상氣像'을 구비하고 있어 그 자체 천리天理인 동시에,[19] ② 그 마음의 크기와 씀씀이가 천지天地와 같아 천하天下 보기를 한 집안처럼 하고 중국中國 보기를 한 사람같이 한다.[20] 따라서 성인은 부정한 학설을 공토攻討하고 올바른 법法을 세워 세상을 구제함을 자신의 일로 삼는다.[21] ③ 또한 인륜人倫의 변고를 만

「第4章」의 註 "知愚·賢不肖之過不及, 則生稟之異而失其中也."; 『中庸章句』, 「第20章」의 註 "蓋均善而無惡者, 性也, 人所同也; 昏明·强弱之稟不齊者, 才也, 人所異也."; 『中庸章句』, 「第23章」의 註 "蓋人之性, 無不同, 而氣則有異."; 『朱子語類』, 卷4(「性理 1」), p. 66.(中華書局, 1981) "(然)就人之所稟而言, 又有昏明·淸濁之異."

17 『論語集註』, 「述而」篇 第25章의 註 "聖人, 神明不測之號."

18 『論語集註』, 「雍也」篇 第28章의 註 "仁以理言, 通乎上下; 聖以地言, 則造其極之名也."

19 『論語集註』, 「里仁」篇 第15章의 註 "聖人之心, 渾然一理, 而泛應曲當, 用各不同."; 『論語集註』, 「述而」篇 第4章의 註 "惟聖人, 便自有中·和之氣."; 『論語集註』, 「述而」篇 第9章의 註 "學者於此二者, 可見聖人情·性之正也."; 『論語集註』, 「述而」篇 第15章의 註 "聖人之心, 渾然天理, ……"; 『論語集註』, 「述而」篇 第37章의 註 "惟聖人, 全體渾然, 陰·陽合德, 故中·和之氣見於容貌之間者, 如此."; 『孟子集註』, 「離婁章句下」篇 第12章의 註 "大人之心, 通達萬變. ……然大人之所以爲大人, 正以其不爲物誘, 而有以全其純一·無僞之本然. 是以擴而充之, 則無所不知, 無所不能, 而極其大也."; 『孟子集註』, 「萬章章句上」 第1章의 註 "惟聖人, 爲能不失其本心也."; 『中庸章句』, 「第23章」의 註 "蓋人之性無不同, 而氣則有異. 故惟聖人能擧其性之全體而盡之, ……"

20 『論語集註』, 「憲問」篇 第42章의 註 "聖人, 心同天地, 視天下猶一家·中國猶一人, 不能一日忘也."

21 『孟子集註』, 「滕文公章句下」篇 第9章의 註 "蓋邪說害正, 人人得而攻之, 不必聖賢, ……聖人救世立法之意, 其切如此."

나더라도 천리天理의 떳떳함을 잃지 않으니,[22] 따라서 성인은 만나는 환경에 따라 편안히 행할 따름이요 자신에게 관여됨이 없다.[23]

둘째, 성인은 비록 혈기血氣에 있어서는 보통 사람과 다름이 없지만, 타고난 기질氣質이 원래 청명淸明하여 의리義理가 저절로 자기 자신에게 밝게 드러나기 때문에 배우지 않고도 아는 존재, 즉 '나면서부터 아는[生而知之] 자'이기도 하다. ① 따라서 성인은 통달하지 않은 바가 없고, 또한 그 마음에 편벽되거나 치우친 바가 없어 평소 편안하게 행할 뿐—즉 의식적으로 노력하지 않지만—이지만 그의 동작과 몸가짐은 저절로 신명神明과 예禮에 합치되어[24] "예禮·의義의 중정中正"[25]이 되고, 나아가 천하를 경륜할 수 있다.[26] ② 그리고 이러한 경지는 오랫동안 힘써 행하는 것[力行]만으로는 미칠 수 있는 바가 아니다.[27] ㉠ 바로 이러한 이유 때문에

---

22 『孟子集註』, 「萬章章句上」篇 第2章의 註 "舜遭人倫之變, 而不失天理之常也."

23 『孟子集註』, 「盡心章句下」篇 第6章의 註 "聖人之心, 不以貧賤而有慕於外, 不以富貴而有動於中, 隨遇而安, 無預於己, 所性分定故也."

24 『論語集註』, 「爲政」篇 第4章의 註 "聖人, 生知安行, 固無積累之漸."; 『論語集註』, 「述而」篇 第19章의 註 "生而知之者, 氣質淸明, 義理昭著, 不待學而知也."; 『論語集註』, 「述而」篇 第34章의 註 "聖人未嘗有過, 無善可遷, 其素行, 固已合於神明."; 『論語集註』, 「子罕」篇 第6章의 註 "聖無不通, 多能乃其餘事."; 『論語集註』, 「鄕黨」篇 頭註 "聖人, ……蓋盛德之至, 動容周旋, 自中乎禮耳."; 『論語集註』, 「季氏」篇 第7章의 註 "聖人, 同於人者, 血氣也; 異於人者, 志氣也."; 『孟子集註』, 「離婁章句下」篇 第12章의 註 "大人之心, 通達萬變."; 『孟子集註』, 「離婁章句下」篇 第19章의 註 "由仁·義行, 非行仁·義, 則仁·義已根於心, 而所行皆從此出, 非以仁·義爲美而後勉强行之, 所謂安而行之也. 此則聖人之事, 不待存之而無不存矣."; 『孟子集註』, 「離婁章句下」篇 第29章의 註 "聖賢之心, 無所偏倚, 隨感而應, 各盡其道."; 『孟子集註』, 「萬章章句下」篇 第1章의 註 "勉而淸, 非聖人之淸; 勉而和, 非聖人之和. 所謂聖者, 不勉不思而至焉者也. ……猶孔子之知無不盡而德無不全也."; 『孟子集註』, 「盡心章句下」篇 第33章의 註 "無意而安行, 性者也; 有意利行而至於無意, 復性者也. ……聖人性之, 君子所以復其性也."; 『中庸章句』, 「第20章」의 註 "聖人之德, 渾然天理, 眞實無妄, 不待思勉而從容中道, 則亦天之道也."; 『中庸章句』, 「第21章」의 註 "德無不實而明無不照者, 聖人之德, 所性而有者也, 天道也. 先明乎善而後能實其善者, 賢人之學, 由敎而入者也, 人道也."

25 『孟子集註』, 「滕文公章句下」篇 第7章의 註 "聖人, 禮·義之中正. 過之者, 傷於迫切而不洪; 不及者, 淪於汚賤而可恥."

26 『中庸章句』, 「第32章」의 註 "惟聖人之德, 極誠無妄. 故於人倫, 各盡其當然之實, 而皆可以爲天下後世法, 所謂經綸之也."

27 『論語集註』, 「述而」篇 第33章의 註 "聖者, 大而化之."; 『論語集註』, 「子罕」篇 第10章의 註 "大而化之, 則非力行所及."

성인의 "일동一動·일정一靜은 오묘한 도道와 정밀한 의리義理의 발현이 아닌 것이 없"[28]을 뿐만 아니라, "도道를 체행體行함에 숨기는 것이 없어 마치 천상天象처럼 환하게 빛남에 지극한 가르침 아닌 것이 없다."[29] ㉡ 이에 성인이 "지나가는 곳마다 모두가 그의 교화敎化를 받게 되며, 그가 마음에 두고 있으면 또한 신묘神妙해져 측량할 수 없는 묘응妙應이 있[過化存神之妙]"[30]나니, 따라서 "상하上下의 천지天地와 더불어 유행流行하게 되는 것이다."[31]

셋째, 주희가 보기에 결국 이러한 경지에 도달한 인간으로서 대표적인 인물이 바로 '생지지성生知之聖'으로서의 '공자孔子'이다.[32] ① 위대한 도道와 완전하고 큰 덕德을 갖춘 성인으로서의 공자[33]께서는 한시도 천하를 구제해 보시겠다는 마음을 잊으신 적이 없으셨으니,[34] ② 그럼에도 끝내 자신의 경륜을 제대로 펴보실 만한 기회를 얻지 못하시고 말았던 사실을 주희—보다 정확하게는 사량좌謝良左[字는 顯道, 1050~1103: 中國 北宋의 학자]—는 매우 안타까워하면서 다음과 같이 말한 바 있다: "자공子貢이 성인聖人[공자: 필자 주]을 칭송한 이 말을 보면, 만년晩年의 진덕進德이 마침내 고원高遠한 경지의 극처極處에까지 이르셨음을 알 수 있겠다. 부자夫子[공자: 필자 주]께서 국가[邦家]를 얻으셨더라면 뭇 백성을 고무·감동시키심이 북채로 북을 두드림에 사람의 그림자나 메아리보다 빨리 나타났을 것

28 『論語集註』, 「陽貨」篇 第19章의 註 "聖人一動一靜, 莫非妙道·精義之發, 亦天而已."

29 『論語集註』, 「述而」篇 第23章의 註 "聖人體道無隱, 與天象昭然, 莫非至教."

30 『論語集注』, 「學而」篇 第10章의 註 "聖人過化存神之妙, 未易窺測."; 『孟子集註』, 「盡心章句上」篇 第13章의 註 "君子, 聖人之通稱也. 所過者化, 身所經歷之處, 卽人無不化, 如舜之耕歷山而田者遜畔, 陶河濱而器不苦窳也. 所存者神, 心所存主處, 便神妙不測, 如孔子之立斯立, 道斯行, 綏斯來, 動斯和, 莫知其所以然而然也."

31 『論語集註』, 「子張」篇 第25章의 註 "此, 聖人之神化, 上下與天地同流者也."

32 『論語集註』, 「述而」篇 第19章의 註 "孔子, 以生知之聖, ……"

33 『論語集註』, 「八佾」篇 第18章의 註 "聖人道大德宏, ……"; 『論語集註』, 「雍也」篇 第26章의 註 "聖人道大德全, 無可不可."; 『論語集註』, 「子罕」編 第2章의 註 "聖人道全而德備, 不可以偏長目之也."

34 『論語集註』, 「憲問」篇 第42章의 註 "聖人之心, 未嘗忘天下."; 『論語集註』, 「微子」篇 第6章의 註 "聖人不敢有忘天下之心, ……聖人之仁, 不以無道, 必天下而棄之也."

이니, 사람들이 비록 그 변화를 보았다 하더라도 그 변화된 까닭은 엿볼 수 없었을 것이다. 이러한 사실은 (공자께서: 필자 주) 이미 성인의 경지에 계셨으면서도 다시금 한 걸음 더 나아가 측량할 길 없는 신묘神妙한 그 무엇을 보존하고 계셨던 것을 의미하는바, 이는 곧 성인이시면서 또한 헤아릴 수 없는 신인神人의 경지에까지 나아가신 것이다. 이러한 경지는 생각과 노력만으로는 거의 도달할 수 없다."[35]

II. 정약용의 인간론

1. '신형묘합의 존재'로서의 인간

'인간'은 "'신'과 '형'이 오묘하게 결합된 혼연한 한 덩어리"이다

정약용丁若鏞이 보기에, 기본적으로 인간 또한 여타 만물과 마찬가지로 유일자唯一者로서의 '상제上帝[天]—이는 유有·무형無形의 모든 존재를 자신 속에 포괄하고 있으면서, 동시에 이것을 조화造化하고 재제宰制하며 안양安養하는 장본인이다—의 피조물'이다. 첫째, 이러한 사실을 개인의 수준에서 현상적으로 표현한다면, 곧 ① 인간이란 ㉠ 자신의 '영명靈明한 본체本體'[神, 性靈]는 상제의 명命을 통해 부여받은 반면, ㉡ 자신의 '몸'[形, 形軀]은 부모를 통해 받아 태어난 존재인 것이다. ② 바로 이러한 의미에서 정약용은 "인간이란 '신神'과 '형形'이 오묘하게 결합된[神形妙合] 혼연한 한 덩어리"[36]로 정의하

---

35 『論語集註』, 「子張」篇 第25章의 註 "○謝氏曰: '觀子貢稱聖人語, 乃知晩年進德, 蓋極於高遠也. 夫子之得邦家者, 其鼓舞羣動, 捷於桴鼓影響, 人雖見其變化, 而莫窺其所以變化也. 蓋不離於聖, 而有不可知者存焉, 聖而進於不可知之之神矣. 此殆難以思勉及也.'"

36 『論語古今注 II』(『定本 與猶堂全書 9』, p. 287) "○[案] ……人者, 妙合神·形而混然爲一者也."; 『孟子要義』(『定本 與猶堂全書 7』, p. 62) "○[鏞案] ……(然)神·形妙合, 肥·瘠相關. 心廣而體胖, 慾盛則眸眊; 美在中則睟面而盎背, 愧在內則汗出而色赧, 皆神·形妙合之明驗也.";『孟子要義』(『定本 與猶堂全書 7』, p. 89) "○[鏞案] 神·形妙合, 乃成爲人.";『孟子要義』(『定本 與猶堂全書 7』, p. 243) "○[鏞案] ……○(……皆心廣體胖之意,) 誠以神·形妙合, 故養其身以旺其形也.";『大學公議』(『定本 與猶堂全書 6』, pp. 116~117) "○[議曰] 身·心妙合, 不可分言. ……○[鏞案] ……原來身·心妙合, 不可分二, ……";『中庸講義補』(『定本 與猶堂全書 6』, p. 285) "○[臣對曰] ……神·形妙合, 性不離氣, ……";『心經密驗』,「心性總義」(『定本 與猶堂全書 6』, p. 195) "神·形妙合, 乃成爲人. ……神·形妙合, 其發用處, 皆與血氣相須."

또한, 정약용은 ① 이러한 신神을 '혼魂'으로, 형形을 '백魄'으로 규정하면서, ㉠ '혼魂'이란 영지靈知와 혜식慧識을 가진 것이라면, 반면 '백魄'이란 신체身體의 살아 움직이는 기氣로 구성된다고 보았으며, ㉡ 나아가, 인간이 살아있을 때는 이러한 혼과 백이 결합되어 있다가 죽게 되면 서로 분리된다고 주장했던바, 즉 그는 다음과 같이 말한 바 있다: "영지靈知와 혜식慧識을 '혼魂'이라 하고, 신체身體의 살아 움직이는 기氣를 '백魄'이라 한다. 살았을 때는 합쳐졌다가 죽으면 분리된다.(○[鏞案] 靈知慧識, 謂之'魂'; 身體生活之氣, 謂之'魄'. 生則聚合, 死則分離.)"『喪禮四箋 I』,「喪儀匡 1」(『定本 與猶堂全書 18』, p. 55); "대개 인간이 죽으면 형形과 신神이 서로 분리된다.(○[鏞案] ……蓋以人死, 形·神相離.)"『喪禮四箋 I』,「喪儀匡 5」(『定本 與猶堂全書 18』, p. 163) ② 한편, 그는 이처럼 인간을 '신형묘합神形妙合'의 존재로 보는 가운데, 여기서의 '신神'은 인간이 "죽게 되면 형形과 분리되니, 이에 그 명칭을 '혼魂'이라 한다(○[鏞案] 神·形妙合, 乃成爲人. ……死而離形, 乃名曰: '魂')"[『孟子要義』(『定本 與猶堂全書 7』, p. 89)]라고 말하기도 했던바, 바로 이러한 맥락에서 본다면 곧 '신神·형形'은 인간이 살아있을 때의 명칭이라면 '혼魂·백魄'은 인간이 죽었을 때의 명칭임을 간취할 수 있겠다.

한편, 정약용이 인간을 이처럼 '신神과 형形이 오묘하게 결합된 존재'로 보는 관점의 유래는 복합적이다. 즉, ①『천주실의天主實義』에서 마테오 리치Matteo Ricci[利瑪竇, 1552~1610: 예수회 선교사]는 "인간은 형形과 신神의 양단兩端이 서로 결합하여 이루어집니다. 그러나 신神의 정밀함은 형形을 초월하기 때문에 지혜로운 자는 신神을 참된 자아로 삼고 형形은 자아를 담는 그릇으로 여깁니다(人以形神·兩端, 相結成人. 然神之精, 超于形, 故智者以神爲眞己, 以形爲藏己之器)"[Matteo Ricci(1603/1999: 350)]라거나, "인간은 혼魂과 백魄으로 이루어져 있습니다. 이 둘이 온전히 갖추어져 있으면 살아있는 것입니다. 죽게 되면 '백魄'은 흩어져 흙으로 돌아가고, '혼魂'은 늘 있으면서 없어지지 않습니다(人有魂·魄. 兩者全而生焉. 死則其魄化散歸土, 而魂常在不滅)"[Matteo Ricci(1603/1999: 123)라고 주장함으로써, 인간을 기본적으로 '신神과 형形의 결합체' 또는 '혼魂과 백魄의 결합체'로 인식하는 견해를 제시한 바 있다. ② 한편, 이처럼 인간을 '신神과 형形의 결합체'로 파악하는 관점은 그 기본구도 상 순자荀子의 인간관과도 상통하는 측면이 없지 않다. 즉, ㉠ 순자는 일찍이 인간이란 "천직天職[자연법칙: 필자 주]이 확립되어 천공天功[자연법칙의 결과: 필자 주]이 완성됨에 (인간의: 필자 주) 형체[形]가 갖추어지고 정신[神]이 형성되"어 생겨난 존재로서, 동시에 "호好·오惡·희喜·로怒·애哀·락樂의 정情이 거기에 깃듦에 이를 '천정天情'[생래적 감정: 필자 주]이라 하고, 이耳·목目·구口·비鼻·형形은 각기 접촉하는 데가 따로 있어 서로 함께 기능하지 않음에 이를 '천관天官'[생래적 감각기관: 필자 주]이라 하며, 심心이 내면의 텅 빈 곳[中虛]에 거하면서 다섯 가지 감관感官[五官: 耳·目·口·鼻·形의 감관: 필자 주]을 다스림에 이를 '천군天君'이라 한다(天職旣立, 天功旣成, 形具而神生, 好·惡·喜·怒·哀·樂臧焉, 夫是之謂'天情'. 耳·目·鼻·口·形能, 各有接而相能也, 夫是之謂'天官'. 心居中虛, 以

였다.

둘째, 인간에 대한 이상과 같은 정약용의 정의는 ① 인간의 내면구조와 그 작동에 대한 그 자신의 인식과 설명에 있어 출발점이 되는 것으로서, ② 물론 이는 여타 만물과 마찬가지로 인간 역시 '이理[性]와 기氣[形]의 복합체'로 보고 있는 '주희朱熹의 인간관에 대한 비판과 거부'를 함축하는 것이기도 하다.[37]

인간의 '내면구조'①: 【'대체'의 영역】 인간은 '두 개의 몸'과 '두 개의 마음'을 가진 존재로서, 대체란 '영명한 본체'요 대체가 발한 것이 '도심'이다

정약용은 단적으로 인간을 '대체大體'와 '소체小體'라는 '두 개의 몸[體]'과 '도심道心'과 '인심人心'이라는 '두 개의 마음[心]'을 가지고 있는 존재[38]로 보았다. 우선, 인간의 내면구조에서 정약용이 주장한바 '대체의 영역'을 살펴보면 다음과 같다.

治五官, 夫是之謂'天君')"[『荀子集解』, 「天論」篇]라고 주장했던바, ㉡ 이로써 그는 인간을 기본적으로 자연법칙에 따라 생겨난 '신神·형形의 결합체'로서, 곧 형체[形]의 주인이자 신명神明의 주체가 되는 '심心'과 아울러 생래적인 '정情'과 '감관感官'을 구비하고 있는 존재로 인식하였다.

이로써 정약용이 주장한바 '신神과 형形이 오묘하게 결합된 존재'로서의 인간관은 기실 어느 일방의 배타적 영향에 의한 소산이기보다는 이 양쪽의 견해를 모두 섭렵하는 가운데 나름의 관점에서 독자적으로 재해석·종합한 결과물로 인식함이 보다 타당할 것으로 사료된다. 한편, 바로 이러한 맥락에서 서교西敎[天主敎]의 영향을 일면적으로 전제·강조하면서 "정약용의 사상이 이미 이기론理氣論을 떠나 동양의 철학전통에서는 생경한 영육론靈肉論의 영역으로 옮겨갔다. 이처럼 영육의 개념을 기본으로 하는 인간학이 이루어진 것은 『천주실의天主實義』의 영향 때문이었다"(김형효 외, 1998: 1~9; 김형효, 2000: 519~525)는 식의 단정적 주장은 명백히 재고의 여지가 있다고 할 것이다.

37 주희도 인간은 '심心과 신身의 결합체'이며 '심心이 신身을 주재主宰한다'고 말하기도 하여, 정약용이 인간을 '신神과 형形의 결합체'라고 말한 것과 일견 유사하게 보인다. 그러나 그 전제와 내포는 완전히 상이하다. 왜냐하면 전자의 경우에는 이理와 기氣로 환원이 가능하나, 후자의 경우는 그것이 불가능하기 때문이다. 또한, 상기한바 【그림 3-3-1】도 참조된다.

38 『論語古今注 II』(『定本 與猶堂全書 9』, p. 12) "○[補曰] ……我有二體, 亦有二心, 道心克人心, 則大體克小體也."; 『梅氏書平』, 「閻氏『古文疏證』鈔 1」(『定本 與猶堂全書 13』, p. 358) "○[按] ……二性卽二心, 二心由二己."

1

상기한바 '대체大體'란 '영명靈明한 본체本體'·'신神'·'성령性靈'·'혼魂'이라고도 하는데, 첫째, 이것은 '인간이 태어날 때 상제上帝[天]로부터 부여받은 것'으로서, 형질形質은 없으나 영명하고 순수하며 통혜通慧하여 비록 소체小體[形, 形軀, 몸] 가운데에 깃들어 있기는 하지만 서로 섞이지 않은 채 이를 주재한다.[39]

둘째, 이러한 대체는 또한 유형의 세계에서는 인간만이 가진 특징으로서, 이는 곧 '도의지성道義之性'으로 발현된다.[40]

2

한편, 이러한 '대체大體가 좋아하고 싫어하는[好惡] 바'를 일컬어 곧 인간의 '성性'이라고 한다. 따라서 이러한 '성性'은 대체의 선부를 가리키는 명칭[全名]이 아니며 단지 그 '좋아하고 싫어하는 이치·경향'만을 가리켜 별도로 이름을 붙인 것이다.[41] 다시 말하자면, 첫째, 인간의 '성性'이란

---

39 『孟子要義』(『定本 與猶堂全書 7』, p. 89) "○[鏞案] 神·形妙合, 乃成爲人. 神則無形, 亦尙無名. 以其無形, 故借名曰: '神'.【借鬼神之神】"; 『孟子要義』(『定本 與猶堂全書 7』, p. 191) "○[庚戌課講] ……惟其道心所發['大體'를 말함: 필자 주], 無形無質·靈明通慧者, 寓於氣質, 以爲主宰."; 『孟子要義』(『定本 與猶堂全書 7』, p. 209) "○[鏞案] ……蓋此靈明之體, 雖寓於形氣之中, 粹然不與形氣相雜."

40 『心經密驗』(『定本 與猶堂全書 6』, p. 219) "○[案] 吾人靈體之內, 本有願欲一端. ……唯其喩於利者, 欲心從利祿上穿去; 其喩於義者, 欲心從道義上穿去."

41 『論語古今注 II』(『定本 與猶堂全書 9』, p. 276) "○[案] ……以大體之所好惡而言之, 則謂之性. ……性也者, 以嗜好厭惡而立名."; 『論語古今注 II』(『定本 與猶堂全書 9』, p. 278) "○[案] ……何况性也者? 非大體之全名, 乃就大體之中, 執其好惡之理, 而別立一名, 斯又非可以指之爲二三者也."; 『孟子要義』(『定本 與猶堂全書 7』, p. 89) "○[鏞案] ……性, 非吾人大體之全名也. 余謂: '性'者, 主於嗜好而言, ……"; 『心經密驗』, 「心性總義」(『定本 與猶堂全書 6』, p. 196) "然若必欲假借一字, 以爲大體之專名, 則心猶近之, 性則不可."; 『心經密驗』, 「心性總義」(『定本 與猶堂全書 6』, p. 198) "性者, 吾人之嗜好也. 先儒乃以爲靈體之專稱, 其無差殊乎? ……先儒所認之性, 與孟子所認之性, 不同."

한편, 이처럼 정약용이 성性을 '기호嗜好'로 보는 관점은 일차적으로 마테오 리치Matteo Ricci[利瑪竇, 1552~1610: 예수회 선교사]의 『천주실의天主實義』에서 그 단서와 통찰력을 얻은 것으로 추측된다. 즉, 마테오 리치는 "사물의 종류마다 좋아하고 싫어하는 것은 항상 그 (사물의: 필자 주) 성性과 서로 걸맞습니다. 그러므로 형체를 가진

"대개 인간의 배태胚胎가 형성되면 상제[天]는 영명하고도 형체가 없는 대체[本體]를 그에게 부여함에, 그것의 됨됨이는 선善을 즐거워하고 악惡을 미워하며 덕德을 좋아하고 더러움을 부끄러워 하니, 이것이 바로 성性인 것"[42]이다. ① 이처럼 인간의 '성性'은 '대체가 좋아하고 싫어하는[嗜好厭惡] 경향'을 지칭할 따름이며, 또한 이러한 '경향'내지 '기호嗜好'란 구체적으로는 '덕德을 좋아하고 악惡을 부끄럽게 여기는[好德恥惡] 것'으로

것의 성性은 오직 형체를 가진 사물을 좋아하거나 싫어합니다. 그리고 형체를 초월하는 것의 성性은 형체가 없는 사물을 사랑하거나 싫어합니다. ……인간이 기뻐하고 싫어하는 것에는 비록 형체를 가진 사물도 있으나, 선善을 덕德으로 여기고 악惡을 죄罪로 여기는 일에 더욱 심하니, 이는 모두 형체가 없는 것들입니다. 이 때문에 '인간의 성性은 유형의 것과 무형의 것 양쪽을 다 겸하여 가지고 있는데, 여기서 영혼靈魂은 신神이다'라고 단언합니다(物類之所好惡, 恒與其性相稱焉. 故着形之性, 惟着形之事爲好惡, 而超形之性, 以無形之事爲愛惡. ……若人之所喜惡, 雖亦有形之事, 然德善罪惡之事爲甚, 皆無形者也. 是以斷曰: '人之性兼得有形無形兩端者也, 此靈魂之爲神也')"[Matteo Ricci(1603/ 1999: 131~132)]라고 주장한 바 있다.

42 『中庸自箴』(『定本 與猶堂全書 6』, pp. 228~229) "○[箴曰] ……然據'性'字本義而言之, 則性者, 心之所嗜好也. ……蓋人之胚胎旣成, 天則賦之以靈明無形之體, 而其爲物也, 樂善而惡惡,【余有先諱, 每云: '樂善'】 好德而恥汚, 斯之謂性也, 斯之謂性善也."; 『孟子要義』(『定本 與猶堂全書 7』, pp. 89~91) "○[鏞案] ……余謂: '性'者, 主於嗜好而言, ……性之本義, 非在嗜好乎? ……性之字義, 其不在於嗜好乎? ……言性者, 必主嗜好而言, 其義乃立."; 『孟子要義』(『定本 與猶堂全書 7』, p. 92) "○[鏞案] ……○「召誥」曰: '節性, 惟日其邁'【蔡云: '節其驕淫之性.'】; 「王制」曰: '修六禮, 以節民性'; 『孟子』曰: '動心忍性', 此所云'性'者, 人心之嗜好也. 「商書」祖伊之言曰: '不虞天性'; 子思曰: '率性'; 『孟子』曰: '性善', 此所云'性'者, 道心之嗜好也. 雖其所主不同, 其以嗜好爲性則同."; 『孟子要義』(『定本 與猶堂全書 7』, pp. 93~94) "○[鏞案] ……性之爲字, 專主好惡而言, 豈可以心而爲性乎?."; 『孟子要義』(『定本 與猶堂全書 7』, p. 187) "○[鏞案] ……○性者, 吾心之所好也."; 『孟子要義』(『定本 與猶堂全書 7』, p. 194) "○[鏞案] ……○……性者, 心所好也. 故曰: '民之秉彝, 好是懿德.' 論性者, 宜以好惡言."; 『孟子要義』(『定本 與猶堂全書 7』, p. 229) "○[鏞案] ……○心者, 吾人大體之借名也; 性者, 心之所嗜好也."; 『孟子要義』(『定本 與猶堂全書 7』, p. 237) "[附論] 余嘗以性爲心之嗜好, 人皆疑之, 今其證在此矣. ……若云: '性非嗜好之類', 則'所性'二字, 不能成文. '欲·樂·性'三字, 旣爲同類, 則性者嗜好也."; 『孟子要義』(『定本 與猶堂全書 7』, p. 253) "○[鏞案] 『集注』乃檃栝此文. '性'字原是嗜好之意, 故世人皆以嗜好爲性."; 『心經密驗』, 「心性總義」(『定本 與猶堂全書 6』, pp. 196~197) "性之爲字, 當讀之如雉性·鹿性·草性·木性, 本以嗜好立名, 不可作高遠廣大說也. 「召誥」曰: '節性, 唯日其邁'【古今注皆云: '節慾'】; 「王制」曰: '修六禮, 以節民性'; 『孟子』曰: '動心忍性', 皆以嗜好爲性也.【唯『尙書』祖伊之言: '不虞天性', 是『中庸』: '天命之性'】 ……今論人性, 人莫不樂善而恥惡. ……天於賦生之初, 予之以此性, 使之違惡以趨善. ……子思之言'性命', 孟子之談'性善', 都是此意. 今觀孟子言'性', 皆以嗜好立喻【「告子」·「盡心」篇】, 凡以是也."

서, 또한 인간이 인간다울 수 있는 까닭도 바로 이러한 '기호嗜好로서의 성性'을 가지고 있기 때문이요,[43] ② 한편, '도심道心'이란 곧 이러한 '성性이 왜곡되지 않은 상태에서 발한 것'일 뿐이다.[44]

둘째, 이러한 성性을 인간의 '본성本性'·'도의지성道義之性'·'덕성德性'·'본선本善'이라 부르기도 하며, 또한 이를 따라 행함[率性]은 반드시 '효孝·제弟·충忠·신信'과 '인仁·의義·예禮·지智'의 실천으로 연결되기 때문에 '천명天命(지성之性)'이라고도 한다.[45]

---

43 한편, 정약용은 일반적으로 '성性'이란 만물이 각자 독특하게 지닌 '천부天賦의 궁극적 성향'을 의미하는 것으로서, 이에 만물은 그 존재론적 위계서열에 따라 서로 구별되는 '하나'의 고유한 기호嗜好로서의 성性을 각각 가질 따름이라고 보았다. 이러한 맥락에서 정약용은 다음과 같이 말하기도 하였다: "기호嗜好에는 두 종류가 있다. 하나는 '당장에 즐거워하는 성향'을 기호로 삼는 것으로서, 마치 '꿩의 성性은 산을 좋아하고 사슴의 성은 들을 좋아하며 성성猩猩이의 성은 단술을 좋아한다'고 말하는 것과 같은 것이니, 이것이 하나의 기호이다. 다른 하나는 '끝내 발현되는 성향'을 기호로 삼는 것으로서, 마치 '벼의 성은 물을 좋아하고 기장의 성은 건조한 것을 좋아하며 파와 마늘의 성은 닭똥을 좋아한다'고 말하는 것과 같은 것이니, 이것 또한 하나의 기호이다. 지금 인간의 성性을 논하자면 인간은 선善을 즐거워하고 악惡을 부끄럽게 여기지 않음이 없다. 따라서 한 가지 선을 행하면 그 마음은 뿌듯하게 기쁘고, 한 가지 악을 행하면 그 마음은 위축되어 풀이 죽는다. ……이와 같은 것은 선은 기뻐할 만하고 악은 부끄러워할 만한 것임을 아는 것이니, ……이 모든 것은 '당장에 드러나는 기호'이다. 선善을 쌓고 의義를 모으는 사람은 ……쌓은 지 더욱 오래되면 ……이에 신묘神妙하게 교화敎化하고 천지天地와 더불어 그 덕德을 합하고 일월日月과 더불어 그 밝음을 합하여 마침내 온전한 덕을 지닌 사람이 된다. 이것은 그 성性이 선을 행하기에 알맞기 때문이니, 마치 벼는 물에 파종하기가 알맞고 기장은 건조한 곳에 파종하기가 알맞으며 파와 마늘엔 닭똥으로 북돋는 것과 같다. ……이 모든 것은 '끝내 증험되는 기호'이다.(嗜好有兩端. 一以'目下之耽樂'爲嗜好, 如云: '雉性好山, 鹿性好野, 猩猩之性好酒醴', 此一嗜也. 一以'畢竟之生成'爲嗜好, 如云: '稻性好水, 黍性好燥, 蔥蒜之性好雞糞', 此一嗜也. 今論人性, 人莫不樂善而耻惡. 故行一善, 則其心充然以悅; 行一惡, 則其心欿然以沮. 若是者, 知善之可悅而惡之可愧也, ……凡此皆'嗜好之顯於目下者'也. 積善集義之人, ……積之彌久, ……於是神而化之, 與天地合其德, 與日月合其明, 遂成全德之人. 此其性宜於行善, 如稻宜於水種, 黍宜於旱種, 而蔥蒜之壅雞糞也. ……凡此皆'嗜好之驗於畢竟者'也.)" 『心經密驗』, 「心性總義」(『定本 與猶堂全書 6』, pp. 196~197)

44 『中庸自箴』(『定本 與猶堂全書 6』, p. 230) "[箴曰] ……○'率性之謂道', 故性之所發, 謂之'道心'.【性生於心, 故從心從生】"

45 『論語古今注 II』(『定本 與猶堂全書 9』, p. 281) "○[案] ……由是言之, 孔子所言, 仍是道義之性, 與孟子所謂'人皆可以堯·舜'之性, 同是一物, 豈可以此屬之氣質之性乎?"; 『論語古今注 II』(『定本 與猶堂全書 9』, pp. 287~288) "○[案] ……然人之所以爲人者, 以

마지막으로, 바로 이러한 맥락에서 단적으로 "인간에게는 두 개의 성性이 있을 수 없었다." ① 그럼에도 주희를 포함한 성리학자들은 성性을 이른바 '본연지성本然之性'과 '기질지성氣質之性'으로 나누면서, 전자는 인간이 여타 만물과 공유하는바 '순선純善'한 것이요, 후자는 인간과 만

其好德而恥惡, 此天命也, 此本性也. ……○[又按] ……四凶無行義成仁之善, 顧獨無好德恥惡之本善乎?"; 『中庸自箴』(『定本 與猶堂全書 6』, p. 230) "[箴曰] ……○……一聽道心之所欲爲,【循其欲】 玆之謂'率性'. 率性者, 循天命也. ……率性者, 循天命也. ……率性者, 循天命也."; 『中庸自箴』(『定本 與猶堂全書 6』, p. 233) "[箴曰] ……○道心与天命, 不可分作兩段看."; 『中庸自箴』(『定本 與猶堂全書 6』, p. 269) "[箴曰] ……然而謂之'德性'者, 性本樂善, 隨感而發者, 無非善心. 擴充此心, 可以爲仁·義·禮·智, 故名其性曰: '德性'也. 此性所受, 本上天之命也."; 『中庸講義補』(『定本 與猶堂全書 6』, p. 375) "○[臣對曰] 率性而行, 可以爲孝·弟·忠·信, 豈非德性乎? 本之於天命, 豈非當尊者乎?"; 『心經密驗』, 「心性總義」(『定本 與猶堂全書 6』, pp. 199~200) "○天旣予人以可善可惡之權衡. 於是就其下面, 又予之以難善易惡之具; 就其上面, 又予之以樂善恥惡之性. 若無此性, 吾人從古以來, 無一人能作些微之小善者也. 故曰: '率性', 故曰: '尊德性'. 聖人以性爲寶, 罔敢墜失者, 以此."

한편, 정약용은 이러한 양상을 천天이 인간에게 부여한바 영지靈知의 특징 가운데 하나인 '성性'으로 설명하기도 했던바, 이에 다음과 같이 말한 바 있다: "천天이 (인간에게: 필자 주) 영지靈知를 부여함에 '재才'가 있고 '세勢'가 있고 '성性'이 있다. ……(性이라는 것과 관련하여: 필자 주) 대저 천명지성天命之性은 선善과 의義를 좋아하여 스스로를 기르니, 마치 기질지성氣質之性이 가축의 고기를 좋아하여 스스로를 기르는 것과 같다. 반드시 기호嗜好로써 성性을 삼아야만이 이 뜻이 분명해진다.【『맹자孟子』의 '이목구미耳目口味'장은 성性을 논한 큰 고안考案이다】 아! 그 재才에서 말한즉 선善할 수도 있고 악惡할 수도 있으며, 그 세勢에서 말한즉 선은 어렵고 악은 쉽다. 이 두 가지를 가지고 장차 어떻게 선이 되겠는가? 오직 이 천명지성天命之性은 선을 즐거워하고 악을 부끄러워하니, 매양 한 가지 일을 만날 때마다 선과 악이 앞에 있음에 한결같이 이 천명지성이 향하고자 하는 바를 따른다면 어긋남이나 그릇됨이 없게 될 것이다. 따라서 '성性을 따름을 도道라 이른다'고 하였으니, 솔率이란 따른다는 것이다. ……다만 이 한 조목만이 우리가 악을 면하고 선을 이루는 자부資斧가 된다. 만약 이 천명지성이 없다면 비록 지혜가 신명神明과 같을지라도 세상을 마치도록 터럭만한 선 하나 이룰 수 없을 것이다. 따라서 『중용中庸』의 공부는 오로지 '덕성德性을 높임[尊德性]'에 있다. 이에 '이 천명지성이란 곧 우리가 덕德을 닦는 먹줄[繩墨]이요, 천天이 나에게 주어 덕을 이루게 하는 것'이라 하겠다.(○[按] ……天之賦靈知也, 有'才'焉, 有'勢'焉, 有'性'焉. ……夫天命之性, 嗜善義以自養, 如氣質之性, 嗜芻豢以自養. 必以嗜好爲性, 斯義乃明也.【『孟子』'耳目口味'章, 是論性大案】 嗚呼! 言乎其才, 則可善·可惡; 言乎其勢, 則難善·易惡. 持此二者, 將何以爲善也? 唯是天命之性, 樂善而恥惡, 每遇一事, 其善·惡在前, 一循此性之所欲向, 則可無差誤. 故曰: '率性之謂[爲]道', 率者, 循也. ……只此一條, 爲吾人免惡成善之資斧. 若無此性, 卽雖智如神明, 畢世而不能作絲髮之善矣. 故『中庸』之工, 唯在乎'尊德性'. 謂: '此性卽吾修德之繩墨也, 而天之所以賜我而成德者也.')" 『梅氏書平』, 「閻氏『古文疏證』鈔 1」(『定本 與猶堂全書 13』, p. 362)

물이 차별되게 가지는바 '유선악有善惡'한 것으로 주장할 뿐만 아니라, 심지어는 맹자孟子의 성론性論조차 단지 본연지성만을 거론하고 기질지성은 간과함으로써 완전하지 못하다고 비판하기에 이르렀던 것이다. ② 결국 이러한 행태는 맹자의 성선설性善說의 본지, 즉 '성性은 인간의 기호嗜好'일뿐임을 제대로 이해하지 못한 소치에 지나지 않았다.[46] 이에 ㉠ 공자孔子께서 일찍이 "성상근性相近"[『論語集註』「陽貨」篇 第2章]이라 말씀하셨을 때의 '성性'이나, 맹자孟子께서 "인개가이위요·순人皆可以爲堯·舜"[『孟子集註』「告子章句下」篇 第2章]이라는 말을 긍정할 때 생각하셨던 '성性' 및 『중용中庸』에서 말한바 "천명지위성天命之謂性"[『中庸章句』「第1章」]에서의 '성性'이란 모두가 한결같이 '기호嗜好'로서의 성性—도의지성道義之性—일 따름이요, ㉡ 따라서 주희처럼 번거롭고 구차하게 성性을 '본연지성'이니 '기질지성'이니 하면서 둘로 나누고, 나아가 "성상근性相近"에서의 성性은 오로지 기질지성에만 해당하는 것이요 "천명지위성天命之謂性"에서의 성性은 본연지성에만 해당한다고 무리하게 강변하는 것 역시 옛 성인聖人들의 본지와는 아무런 상관이 없었으니,[47] ㉢ 결국 "기호嗜好를 버리고 성性을

46 『心經密驗』,「心性總義」(『定本 與猶堂全書 6』, pp. 197~198) "人無二性. ……先儒謂: '性有二, 一曰:「本然之性」, 二曰:「氣質之性.」' 乃云: '本然之性, 純善而無惡; 氣質之性, 可善而可惡.' 遂謂: '孟子單據本然之性, 不論氣質之性, 爲未備.' ……然孟子性善之論, 非孟子創爲之也. ……性善者, 先聖之本論, 非一家之私言也. 說得未備, 有是理乎? 必其原初, '性'字之義, 所認不同, 故孟子之言, 終不能慊於心耳. 性者, 吾人之嗜好也. ……先儒所認之性, 與孟子所認之性, 不同."

47 『論語集註』,「陽貨」篇 第2章의 註 "此所謂'性', 兼氣質而言者也. ……此言氣質之性, 非言性之本也. 若言其本, 則性卽是理."; 『中庸章句』,「第1章」의 註 "性卽理也."; 『論語古今注 II』(『定本 與猶堂全書 9』, p. 281) "○[案] ……由是言之, 孔子所言, 仍是道義之性, 與孟子所謂'人皆可以[爲]堯·舜'之性, 同是一物, 豈可以此屬之氣質之性乎? ……聖人言性, 皆以秉彝所好而言之, 本然·氣質, 非聖人之所得知也."; 『孟子要義』(『定本 與猶堂全書 7』, pp. 93~94) "○[鏞案] ……今人以人心爲氣質之性, 以道心爲義理之性, 不知心之與性, 所指不同. 性之爲字, 專主好惡而言, ……天於賦生之初, 予之以此性, 使之率而行之, 以達其道. 若無此性, 人雖欲作塵刹之善, 畢世不能作矣. 天旣賦之以此性, 故又能時時刻刻提醒牖啓, 每遇作惡, 一邊發慾, 一邊沮止, 明沮止者, 卽本性所受之天命也. '天命之謂性', 非是之謂乎?"

한편, 주희의 '본연·기질지성本然·氣質之性' 개념에 대한 정약용의 비판에 대해서는 제3부 제1장 「다산 정약용의 이기론」에서의 해당부분이 참조된다.

말하는 것은 수사洙泗의 구관舊觀이 아니었다.”48

48 『中庸自箴』(『定本 與猶堂全書 6』, p. 229) “[箴曰] ……舍嗜好而言性者, 非洙·泗之舊也.”

또한, 정약용은 다음과 같이 한평생 동안 거듭하여 역설한 바 있다: “지금 사람들은 ‘심心·성性’ 두 글자를 가지고 큰 싸움거리를 만들어, 어떤 사람은 ‘심心이 크고 성性은 작다’고 말하고 어떤 사람은 ‘성性이 크고 심心은 작다’고 말한다. ‘심心은 성性과 정情을 통섭한다[心統性情]’고 하면 심心이 큰 것이 되고, ‘성性은 이理이고 심心은 기氣이다’라고 하면 성性이 큰 것이 된다. 심心이 크다고 여기는 자는 신형묘합神形妙合을 위주로 하여 다만 하나의 심心이 있을 뿐이라 말한다. 성性이 크다고 여기는 자는 이 ‘성性’자를 대체大體와 법신法身의 전칭專稱으로 생각한다. 그러나 만약 꼭 하나의 글자를 가차假借하여 대체大體의 전명專名을 삼고자 한다면 심心은 그래도 본의에 가깝지만, 성性은 안 된다. 성性이란 글자는 마땅히 꿩의 성性, 사슴의 성, 풀의 성, 나무의 성과 같이 읽어야 하며, 본디 기호嗜好로써 이름을 지은 것이므로 고원高遠하고 광대廣大한 설을 지어서는 안 된다. ……지금 사람들은 ‘성性’자를 추존推尊하여 하늘처럼 큰 물건으로 여기고, 여기에다 태극太極·음양陰陽의 설로 혼합하고 본연本然·기질氣質의 이론으로 뒤섞어 아득하고 동떨어진 말로 황홀하게 과장하여 스스로는 터럭 끝과 실날 같이 분석하여 천天과 인人에 대해 드러나지 않은 비밀을 궁구한 것처럼 생각하고 있으나, 끝내는 나날이 쓰고 항상 행하는 법도[則]에 아무런 보탬이 되지 않으니, 또한 무슨 이로움이 있겠는가? 이는 변론辨論하지 않을 수 없다.(今人以‘心·性’二字, 作爲大訟, 或云: ‘心大而性小’, 或云: ‘性大而心小’. 謂: ‘心統性情’, 則心爲大; 謂: ‘性是理而心是氣’, 則性爲大. 以心爲大者, 主神形妙合, 只有一心而言之也. 以性爲大者, 把此‘性’字, 以爲大體·法身之專稱也. 然若必欲假借一字, 以爲大體之專名, 則心猶近之, 性則不可. 性之爲字, 當讀之如雉性·鹿性·草性·木性, 本以嗜好立名, 不可作高遠·廣大說也. ……今人推尊‘性’字, 奉之爲天樣大物, 混之以太極·陰陽之說, 雜之以本然·氣質之論, 眇芒幽遠, 恍忽夸誕, 自以爲毫分縷析, 窮天人不發之秘, 而卒之無補於日用常行之則, 亦何益之有矣? 斯不可以不辨.)” 『心經密驗』, 「心性總義」(『定本 與猶堂全書 6』, pp. 195~197); “후세의 학자들은 ‘성性’자를 지나치게 중시하여, 이에 ‘성性’자를 오로지 영지靈知와 대체大體를 일컫는 것으로 생각하였다. 이에 ‘심心은 성性과 정情을 통섭한다[心統性情]’고 하여 ‘심心이 크고 성性은 작다’고 말하기도 하고, ‘성명性命에 미루어 근본한다[推本性命]’고 하여 ‘심心은 작고 성性이 크다’고 말하기도 하며, ‘이理’니 ‘기氣’니, ‘같다[同]’느니 ‘다르다[異]’느니 하여, 천 갈래 만 갈래로 나뉘고 이러쿵저러쿵 갈등함에, 지금은 천지간에 궁구窮究할 수 없는 물건이 되고 말았다. 이제 만약 고지식한 틀에서 몸을 빼내 초연히 옛 성현聖賢들의 말씀을 조감해보면 ‘성性’이란 글자는 본디 ‘기호嗜好의 욕심’을 가리키고 있다. 기호嗜好란 심心에서 생겨나는 것이니, 심心에서 생겨나니 성性이 아니겠는가?【육서六書 가운데 지사指事와 회의會意이다】(『尙書』의: 필자 주) 「소고召誥」편을 보거나, 『맹자孟子』를 보거나, (『禮記』의: 필자 주) 「왕제王制」편을 보거나 성性이 기호嗜好라는 것은 명명백백하다. 만약 기호가 아니라면 어찌 ‘절제한다[節之]’고 하였겠으며, 만약 기호가 아니라면 어찌 ‘참는다[忍之]’고 하였겠는가? 기질지성氣質之性이 이미 기호로써 이름을 얻었다면, 천명지성天命之性 또한 마땅히 기호로써 그 의미를 구해야 할 것이다. ……기질지성이 단 것을 좋아하고 쓴 것을 싫어하며 향기를 좋아하고 악취를 싫어한다면, 천명지성은 선善을 좋아하고 악惡을 미워하며 의義를 좋아하고 탐욕貪慾을 미워하니, 비록 기호란 명칭은 동일하나 그 기호하는 바는 같지 않다. ……공자孔子께서

3

끝으로, '심心'이란 일반적으로 "그 활동이 신묘神妙하여 사물의 이치[物

는 원래 기호嗜好로써 성性을 말씀하셨다. 『시경詩經』에 '백성이 떳떳한 성性[彝]을 가지고 있는지라 이 아름다운 덕[懿德]을 좋아하도다'[『詩經』「大雅: 蕩之什」篇 「烝民」詩: 필자 주]라고 하였는데, 공자께서는 '이 시詩를 지은 자는 도道를 아는구나!'[『孟子集註』「告子章句上」篇 第6章: 필자 주]라고 말씀하셨으니, 여기서 떳떳한 성性을 가지고 있음[秉彝]이 성性이 아니며, 덕德을 좋아함[好德]이 기호嗜好가 아닌가? 맹자孟子께서도 원래 기호로써 성性을 말씀하셨다. 『맹자孟子』에는 '입이 맛에 있어 좋아하는 바가 같고, 귀가 소리에 있어 듣는 바가 같으며, 눈이 색에 있어 아름답게 여기는 바가 같다'고 하였고, 역아易牙·사광師曠·자도子都 등을 널리 인용하여 심心이 의義에 있어 좋아하는 바가 같음을 밝혔으며, 이윽고 이르기를 '이理와 의義가 내 마음을 기쁘게 하는 것이 가축의 고기가 내 입을 기쁘게 하는 것과 같다'[『孟子集註』「告子章句上」篇 第7章: 필자 주]고 하였다.【'口之於味, 其性與人同[입이 맛에 있어 그 성性이 다른 사람과 같다]'이란 일단一段에서 맹자께서는 곧바로 그 아래에다 하나의 '성性'자를 언급하셨다】 이것은 분명히 저 성性이 기호嗜好임을 인용하여 이 성性 또한 기호임을 증명한 것이니, 이른바 기질지성과 천명지성이 모두 기호로써 이름을 얻은 것이 아니겠는가? 문득 또 생각건대, 기호嗜好가 성性임은 옛날부터 지금까지 우리가 다반사의 이야깃거리로 삼는 것이다. '사안謝安은 성性이 음악을 좋아하였다, 두보杜甫는 성性이 시율詩律을 좋아하였다, 위징魏徵은 성性이 검소儉素함을 좋아하였다, 왕유王維는 성性이 산수山水를 좋아하였다'고 말하는 것에서 '꿩은 성性이 산림山林을 좋아한다, 물오리는 성性이 연못을 좋아한다'느니 하고, 식성食性·색성色性·안일지성安逸之性도 입에서 나오는 대로 말함에 모두 기호로써 성性을 삼는다. 그런데도 유독 성性을 논하는 자리에서만은 기호를 버리고 반드시 거창하게 현묘하고 심원한 태극太極·이기理氣·음양오행陰陽五行으로 별도의 어렵고 심원한 이론을 지어내면서 어찌하여 맹자께서 성性을 논하신 법이 믿고 의지하기에 부족하다고 여기는 것인가? ……무릇 성性이란 모두 기호嗜好이다.(○[按] ……後世學者, 看'性'字太重, 乃以'性'字爲靈知·大體之專稱. 曰: '心統性情', 則謂: '心大性小'; 曰: '推原性命', 則謂: '心小性大', 曰: '理'·曰: '氣', 曰: '同'·曰: '異', 千頭萬緖, 七藤八葛, 今爲天地間不可究詰之物. 今若脫身於膠漆盆中, 超然上觀乎先古聖賢之言, 則'性'之爲字, 本指'嗜好之欲'. 嗜好者, 生於心者也, 生於心, 非性乎?【六書之指事·會意】 觀於「召誥」, 觀於『孟子』, 觀於「王制」, 性之爲嗜好, 昭昭然矣. 若非嗜好, 曷云: '節之'; 若非嗜好, 曷云: '忍之'? 氣質之性, 旣以嗜好而得名, 則天命之性, 亦當以嗜好求之. ……氣質之性, 嗜甘而惡苦, 嗜香而惡臭; 天命之性, 嗜善而惡惡, 嗜義而惡貪, 嗜好之名雖同, 乃其所嗜好不同. ……孔子原以嗜好言性. 『詩』云: '民之秉彝, 好是懿德', 孔子曰: '爲此詩者, 其知道乎!' 秉彝非性, 好德非嗜好乎? 孟子原以嗜好言性. 『孟子』謂: '口之於味同所嗜, 耳之於聲同所聽, 目之於色同所美', 廣引易牙·師曠·子都之等, 以明心之於義同所嗜, 乃曰: '理·義之悅我心, 猶芻豢之悅我口.'【'口之於味, 其性與人同'一段, 孟子直下一'性'字】 斯則明引彼性之嗜好, 以證此性之嗜好, 所謂氣質之性·天命之性, 非皆以嗜好得名者乎? 忽又思之, 嗜好爲性, 自古及今, 爲吾人茶飯話頭. '謝安性好絲竹, 杜甫性好詩律, 魏徵性好儉素, 王維性好山水', 以至'雉性好山林, 鳧性好水澤', 食性色性安逸之性, 順口直說, 都以嗜好爲性. 獨於論性之席, 撤去嗜好, 必蒼蒼然玄遠太極·理氣·陰陽五行, 別作艱深之論, 豈孟子論性之法, 不足憑信歟? ……凡性皆嗜好也.)" 『梅氏書平』, 「閻氏『古文疏證』鈔1」(『定本 與猶堂全書 13』, pp. 359~360)

理]를 궁구하고 미루어나갈 수 있는 것"[49]인바, 이 가운데서 특히 '도심道心'이란 상기한바 대체大體가 형질에 의해 왜곡되지 않은 상태에서, 즉 본래의 성性에 따라 발한 것[50]으로서, 또한 이는 곧 '천명天命'이기도 하다.[51] 첫째, 인간은 바로 이 마음, 즉 도심을 가지고 있기 때문에 선善과 악惡을 구별하여 선을 택할 수 있으며, 나아가 덕德을 좋아하고 악을 부끄럽게 여길 수 있게 되어 끝내는 살신성인殺身成仁에까지 이르기도 하는 것이다.[52]

둘째, 이러한 마음은 그럼에도 "형形[小體, 形軀, 몸: 필자 주]은 강하고 신神[大體, 영명한 본체: 필자 주]은 약하여 신이 형을 굳세게 재제할 수 없음"으로 하여 항상 미약한 상태에 있기 때문에 의식적인 함양과 보존의 노력이 뒤따르지 않으면 참되기[誠] 어려운바, 이것이 바로 『서경書經』에서 '도심道心은 은미하다[道心惟微]'고 할 때의 '은미하다[微]'의 의미이기도 하였다.[53]

---

49 『心經密驗』(『定本 與猶堂全書 6』, p. 216) "○[案] 心之爲物, 活動神妙, 窮推物理. 卽日·月·星辰之運, 天·地·水·火之變, 遠而萬里之外, 邃而千古之上, 可以放遣此心任其窮."

50 『中庸自箴』(『定本 與猶堂全書 6』, p. 230) "[箴曰] ……○'率性之謂道', 故性之所發, 謂之'道心'.【性生於心, 故從心從生】"; 『論語古今注 II』(『定本 與猶堂全書 9』, p. 276) "○[案] ……以大體之所發而言之, 則謂之'道心'.【見『道經』】"; 『孟子要義』(『定本 與猶堂全書 7』, p. 191) "○[庚戌課講] ……人心者, 氣質之所發也; 道心者, 道義之所發也."

51 『中庸自箴』(『定本 與猶堂全書 6』, p. 230) "[箴曰] ……○天於賦生之初, 有此命, 又於生居之日, 時時刻刻, 續有此命. 天不能諄諄然命之. 非不能也, 天之喉舌, 寄在道心. 道心之所儆告, 皇天之所命戒也."; 『中庸自箴』(『定本 與猶堂全書 6』, p. 233) "[箴曰] ……○道心与天命, 不可分作兩段看. 天之儆告我者, 不以雷·不以風, 密密從自己心上丁寧告戒. ……丁寧諦聽, 無所熹微. 須知此言乃是赫赫之天命, 循而順之, 則爲善·爲祥; 慢而違之, 則爲惡·爲殃. 君子之戒愼恐懼, 亶在此也."; 『中庸自箴』(『定本 與猶堂全書 6』, p. 233) "[箴曰] ……○天命不但於賦生之初, 畀以此性, 原來無形之體·妙用之神, 以類相入, 與之相感也. 故天之儆告, 亦不由有形之耳目, 而每從無形妙用之道心, 誘之·誨之, 此所謂'天誘其衷'也. 順其誘而從之, 奉天命者也; 慢其誘而違之, 逆天命者也. 曷不戒愼, 曷不恐懼?"

52 『論語古今注 II』(『定本 與猶堂全書 9』, p. 200) "○[補曰] 德者, 道心之所好也. 色者, 人心之所好也."; 『論語古今注 II』(『定本 與猶堂全書 9』, p. 287) "○[案] ……以其有道心, 故能明別善·惡, 又能好德而恥惡, 終以至於殺身而成仁."; 『中庸自箴』(『定本 與猶堂全書 6』, p. 230) "[箴曰] ……○……道心常欲爲善, 又能擇善."

53 『論語古今注 II』(『定本 與猶堂全書 9』, p. 200) "○[補曰] ……道心恒弱, 故難誠."; 『心

마지막으로, 정약용의 관점에서는 이에 『중용』에서의 “천명天命을 성性이라 이르고, 성을 따름을 도道라 이른다[天命之謂性, 率性之謂道]”는 경문은 바로 이 도심을 말한 것이요, 『맹자』에서의 “인간이 금수와 다른 점은 얼마 되지 않는다[人之所以異於禽獸者, 幾希]”에서의 ‘기희幾希’는 도심의 은미함을 가리킨 것이며, 나아가 범조우范祖禹[字는 淳甫, 1041~1098: 中國 北宋의 학자]가 말한 ‘지志’나 주희가 말한 ‘이理’란 것은 모두가 기실 이 마음을 지칭한 것—물론 정약용이 보기에 올바른 것은 아니지만—에 지나지 않았다.[54]

인간의 ‘내면구조’②: 【‘소체’의 영역】 인간은 ‘두 개의 몸’과 ‘두 개의 마음’을 가진 존재로서, 소체란 ‘부모로부터 받은 몸’이요 소체가 발한 것이 ‘인심’이다

상기한 바대로, 정약용은 인간을 난적으로 ‘대체大體’와 ‘소체小體’라는 ‘두 개의 몸[體]’과 ‘도심道心’과 ‘인심人心’이라는 ‘두 개의 마음[心]’을 가지고 있는 존재로 보았다. 이에 인간의 내면구조에서 정약용이 주장한바 ‘소체의 영역’을 살펴보면 다음과 같다.

1

우선, ‘소체小體’란 또한 ‘형形’·‘형구形軀’·‘형기形氣’·‘기질氣質’·‘구각軀殼’·‘백魄’이라고도 하는데, 이는 다름이 아니라 인간이 태어날 때 ‘부모로부터 받은 몸’을 말한다.[55]

經密驗』(『定本 與猶堂全書 6』, p. 202) “‘道心惟微’者, 吾之所謂‘性好’也. ……性之樂善, 雖根於天賦, 而爲物欲所蔽, 存者極微, 唯君子察之.”; 『梅氏書平』, 「閻氏『古文疏證』鈔 1」(『定本 與猶堂全書 13』, p. 355) “○[按] ……天命之性, 樂善恥惡, 而形强神弱, 不能剛制, 此道心之微也.”

54 『論語古今注 II』(『定本 與猶堂全書 9』, p. 250) “○[案] 范氏之所謂‘志’, 朱子之所謂‘理’, 皆道心之謂也.”; 『心經密驗』(『定本 與猶堂全書 6』, p. 202) “○[案] ……○……‘天命之謂性, 率性之謂道’, 斯之謂道心也. 『孟子』曰: ‘人之所以異於禽獸者, 幾希’, 幾希者, 微也.”

55 『論語古今注 II』(『定本 與猶堂全書 9』, pp. 277~278) “○[案] ……然形軀受之父母,

2

한편, 이러한 소체, 즉 몸[形, 形軀]이 발한 바가 다름 아닌 '인심人心'이다. 첫째, 몸은 그 자체 강렬한 본래적 욕구—주로 '식食'·'색色'·'안일安逸'·'노기怒氣'와 같은 생리적·기질적 욕망이나 재물·명성과 같은 이록利祿을 추구하는 욕구—의 지배를 받는 동시에,[56] 또한 대체大體와도 오묘하게 결합되어 있어 서로 분리되지 않는다. 바로 이러한 까닭으로 그것이 발할 때는 반드시 '덕德을 좋아하고 악惡을 미워하는 본래의 성性'을 파괴·왜곡시키게 되나니, 따라서 '인심'이란 곧 이처럼 '왜곡된 본성本性에서 나온 것'이다.[57]

둘째, 이러한 인심이란 대체로 몸의 강렬한 욕심에 의해 추동되는 상태에 있기 때문에 항상 치열하게 나타나기 마련이며, 또한 이러한 의미에서 솔직하기까지 하다.[58] ① 이러한 점이 항상 미약한 상태에 있는 도심道心과는 극히 대조되는 측면으로서, ② 바로 이 때문에 구체적인 현실적 상황에 처한 인간에게 있어 "선善을 따르기는 산을 오르는 것처럼 힘들고, 악惡을 따르기는 언덕이 무너지는 것처럼 쉬운 것"[59]이다.

不可曰: '無始'也; ……"

56 『論語古今注 II』(『定本 與猶堂全書 9』, p. 200) "○[補曰] ……色者, 人心之所好也."; 『論語古今注 II』(『定本 與猶堂全書 9』, p. 215) "○[補曰] ……食者, 小體之所享."; 『心經密驗』, 「心性總義」(『定本 與猶堂全書 6』, pp. 198~199) "然人之罪惡, 槩由於食·色·安逸之慾, 斯固形氣之所使. 亦或有大惡·巨慝起於自心, 而食·色·安逸, 絶不相涉者. ……余於刑曹, 閱諸道殺獄檢案, 諸凡殺獄, 悉由於財·酒·色·氣四者. 其由氣殺人者, 或於食·色·安逸, 皆無所當."; 『心經密驗』(『定本 與猶堂全書 6』, p. 219) "○[案] 吾人靈體之內, 本有願欲一端. ……唯其喩於利者, 欲心從利祿上穿去; 其喩於義者, 欲心從道義上穿去."; 『梅氏書平』, 「閻氏『古文疏證』鈔 1」(『定本 與猶堂全書 13』, p. 355) "○[按] ……人有是形, 故其食·色·安佚之欲, 同於禽獸."

57 『論語古今注 II』(『定本 與猶堂全書 9』, p. 287) "○[案] ……惟其形軀相囿, 爲沮善陷惡之具也. 故人心得橫發於其間, 而道心爲之陷溺, 是豈本性也哉?"; 『孟子要義』(『定本 與猶堂全書 7』, p. 191) "○[庚戌課講] ……人心者, 氣質之所發也; 道心者, 道義之所發也."

58 『論語古今注 II』(『定本 與猶堂全書 9』, p. 200) "○[補曰] ……人心恒熾, 故無僞.【已見「子罕」篇】"

59 『論語古今注 II』(『定本 與猶堂全書 9』, p. 279) "○[案] ……於是復予之以可善·可惡之具, 使其從善如登·從惡如崩, 卽此形軀是也."; 『心經密驗』, 「心性總義」(『定本 與猶堂全書 6』, p. 199) "○若據行事而言之, 則又不惟可善·可惡而止, 抑亦從善如登, 從惡如崩,

마지막으로, 인간이 결국 악惡으로 빠지게 되는 것은 모두가 이 몸으로부터 말미암는 것인바, 이에 옛날에 일컬어졌던 '인심人心'이란 말이나 이후 '본연·기질지설本然·氣質之說'이 생겨난 것 또한 기실 모두 이 때문이었다.[60]

인간의 '내면구조'③: 인간의 내면에서는 항상 도심과 인심이 동시에 발하여 갈등하고 싸운다

다음으로, 정약용이 보기에 일상적인 인간의 내면에서는 항상 이와 같은 도심道心과 인심人心이 동시에 발하여 서로 갈등하고 싸운다. 첫째, 이때의 상황은 마치 송사訟事에서 다투는 것과 같아서, 바야흐로 선善과 악惡이 판별되는 기미幾微에 해당한다. ① 이때 조금도 미련을 두지 않고 일도양단一刀兩斷으로 잘못—또는 잘못을 고치지 않으려는 마음, 즉 인심—을 버리고 다시는 그 조그마한 찌꺼기마저도 마음속에 남겨두지 말아야 한다.

斯則形氣之累居多耳."

한편, 정약용은 이러한 양상을 천天이 인간에게 부여한바 영지靈知의 특징 가운데 하나인 '세勢'로 설명하기도 했던바, 이에 다음과 같이 말한 바 있다: "천天이 (인간에게: 필자 주) 영지靈知를 부여함에 '재才'가 있고 '세勢'가 있고 '성性'이 있다. …… 세勢라는 것은 그 처지處地요 그 기미機微이다. 식욕食慾과 색욕色慾은 안에서 유혹하고, 명예와 이익은 밖에서 끌어당기며, 또한 기질氣質의 사사로움은 편안함을 좋아하고 수고로움을 싫어한다. 따라서 그 세勢가 마치 선善을 따르기는 산을 오르는 것처럼 힘들고, 악惡을 따르기는 언덕이 무너지는 것처럼 쉽다. 천天이 이러한 사정을 모르고 그렇게 한 것이 아니니, 이러한 연후에야 선을 행한 자가 귀하게 되는 것이다. ……아! ……그 세勢에서 말한즉 선은 어렵고 악은 쉽다.(○[按] ……天之賦靈知也, 有'才'焉, 有'勢'焉, 有'性'焉. ……勢者, 其地·其機也. 食·色誘於內, 名·利引於外, 又其氣質之私, 好逸而惡勞. 故其勢, 從善如登, 從惡如崩. 天非不知而使之然也, 爲如是然後, 其爲善者可貴也. ……嗚呼! ……言乎其勢, 則難善·易惡.)" 『梅氏書平』, 「閻氏『古文疏證』鈔 1」(『定本 與猶堂全書 13』, p. 362)

60 『論語古今注 II』(『定本 與猶堂全書 9』, p. 286) "○[案] ……雖然人之陷惡, 總由此形, 此聖·凡之所同畏者."; 『論語古今注 II』(『定本 與猶堂全書 9』, p. 279) "○[案] ……此, 古之所謂人心而氣質之說, 所由興也."; 『孟子要義』(『定本 與猶堂全書 7』, p. 191) "○[庚戌課講] ……故粤自上古, 已有人心·道心之說."; 『心經密驗』, 「心性總義」(『定本 與猶堂全書 6』, p. 198) "若論靈體, 其本體虛明, 若無可惡之理. 特以其寓於形氣之故, 衆惡棼興, 交亂本體. 此本然·氣質之說, 所以不得不起也."

② 그리하여 만약 “도심이 인심을 이기게 되면 이는 곧 대체가 소체를 이기는 것”[61]이 되는 동시에 그 결과적 행위는 선이 되어 도道에 가깝게 되는 것이라면, 그 반대의 경우에는 악이 되고 만다.[62]

---

61 『論語古今注 II』(『定本 與猶堂全書 9』, p. 12) “○[補曰] ……我有二體, 亦有二心, 道心克人心, 則大體克小體也.”; 『梅氏書平』, 「閻氏『古文疏證』鈔 1」(『定本 與猶堂全書 13』, p. 358) “○[按] ……二性卽二心, 二心由二己.”

62 『論語古今注 I』(『定本 與猶堂全書 8』, p. 202) “[補曰] ……天命·人欲, 交戰于內, 克己如克訟. 然人能自見其過, 令二者對辯于內, 必能見其是非而知所以改過矣.”; 『論語古今注 I』(『定本 與猶堂全書 8』, p. 206) “○[又按] ……人心惟危, 道心惟微. 旣欲改過, 又欲無改, 兩屬之於人心·道心, 此之謂‘貳過’也. 一刀兩斷[段], 去之勿吝, 無復一毫査滓著胸中, 然後方可謂之‘不貳過’.”; 『孟子要義』(『定本 與猶堂全書 7』, p. 235) “○[鏞案] ……○人恒有二志相反而一時竝發者, 此乃人·鬼之關, 善·惡之幾. 人心·道心之交戰, 義勝·欲勝之判決, 人能於是乎猛省而力克之, 則近道矣.”; 『中庸講義補』(『定本 與猶堂全書 6』, pp. 394~395) “○[臣對曰] 孟子所謂‘耳·口·目·鼻·四肢之欲’, 固上聖之所不能無者. 然我之所以答是欲者, 能循正理, 則不害其爲善; 專循私意, 則乃至於陷惡, ……”

또한, 정약용은 다음과 같이 말한 바 있다: “동일한 ‘심心’자에도 원래 세 등급이 있다. 첫째는 ‘영지靈知의 전체’를 심心으로 보는 것이니, 이른바 ‘심心의 직분은 생각하는 것이다’[『孟子集註』「告子章句上」篇 第15章: 필자 주]라거나 ‘먼저 그 심心을 바르게 한다’[『大學章句』「經1章」: 필자 주]는 따위와 같은 것이 이것이다. 둘째는 ‘감동感動과 사려思慮가 발한 것’을 심心으로 보는 것이니, 이른바 ‘측은지심惻隱之心’[『孟子集註』「公孫丑章句上」篇 第6章; 『孟子集註』「告子章句上」篇 第6章: 필자 주]이니 ‘비벽지심非辟之心[도리에 어긋나는 마음: 필자 주]’과 같은 것이 이것이다. 셋째는 ‘오장五臟 가운데서 혈血과 기氣를 주관하고 있는 것’을 심心으로 보는 것이니, 이른바 ‘심心에 일곱 구멍이 있다’는 것이 이것이다. ……첫째 것과 셋째 것은 하나만 있고 둘은 없는데, 둘째의 심心과 같은 경우에는 넷도 되고 일곱도 되며 백도 되고 천도 되나니, 운부韻府에 열거된 것에 어찌 제한이 있겠는가? 다만 이 백 가지 천 가지 심心을 조용히 그 나뉨을 살펴보면 인심人心과 도심道心에서 벗어나지 않는다. 인심이 아니면 도심에서, 도심이 아니면 인심에서 공公과 사私가 나뉘어지고 선善과 악惡이 판별된다. 공자孔子·안자顏子·증자曾子·자사子思·맹자孟子께서 살피신 바가 여기에 있으며, 요堯·순舜·우禹·탕湯 임금께서 경계하신 바가 여기에 있다.(○[按] ……同一‘心’字, 原有三等. 其一, 以‘靈知之全體’爲心, 若所謂‘心之官思’及‘先正其心’之類, 是也. 其二, 以‘感動·思慮之所發’爲心, 若所謂‘惻隱之心’·‘非辟之心’, 是也. 其三, 以‘五臟之中, 主血與氣者’爲心, 若所謂‘心有七竅’, 是也. ……第一·第三, 有一無二, 若其第二之心, 可四·可七·可百·可千, 韻府所列, 豈有限制? 但此百·千之心, 靜察其分, 不出乎人心·道心. 非人心則道心, 非道心則人心, 公·私之攸分, 善·惡之攸判. 孔·顏·曾·思·孟所察者在玆, 堯·舜·禹·湯所戒者在玆.)” 『梅氏書平』, 「閻氏『古文疏證』鈔 1」(『定本 與猶堂全書 13』, pp. 358~359)

한편, 이러한 ‘인심人心’과 ‘도심道心’을 각각 ‘인욕人欲·사욕私欲’과 ‘천명天命·천리天理’이라 부르기도 하는데, 상기한바 정약용의 설명을 자세히 음미해 보면, 기실 인간의 내면에 인심과 도심 외에 이들 간의 다툼에서 결단을 내리는 주체로서의 또 다른 자아自我의 존재를 상정하고 있는 것 같기도 하다. 즉, 프로이트G. Freud가 말한바 ‘초자아超自我Super-Ego’에 해당하는 존재를 연상케 한다.

둘째, 이러한 상황의 '구체적인 양태'로서는 심心에 있어서의 "두 가지의 병"이 대표적이다. 즉 "그 하나는 유심有心하여 나는 병이요, 다른 하나는 무심無心하여 나는 병이니, 전자는 인심이 주가 된 경우라면 후자는 도심이 주가 될 수 없었던 경우"[63]인 것이다.

마지막으로, 바로 이러한 맥락에서 정약용이 보기에 "『서경書經』에서 '인심人心은 위태롭다[人心惟危]'고 할 때의 '위태롭다[危]'는 말은 ① 아직 선·악이 판별나지 않은 상태"[64]를 말하는 것이자, ② 또한 "인간은 형形[小體, 形軀, 몸: 필자 주]을 가짐에 식食·색色·안일安佚의 욕구는 금수와 다르지 않"은데, 더욱이 "형形은 강하고 신神[大體, 영명한 본체: 필자 주]은 약하여 신이 형을 굳세게 재제할 수 없음"에 결과적으로 항상 미약한 상태에 있는 도심을 보존하기 어려워 금수가 되기 십상인 상태[65]를 말하는 것이기도 하였다.

인간의 '내면구조'④: 천[상제]은 인간에게 선할 수도 있고 악할 수도 있는 '권형'을 부여하였다

끝으로, 정약용은 바로 이와 같은 인심人心과 도심道心 간의 갈등국면—이 때는 아직 '선악미정善惡未定'과 '공죄미분功罪未分'의 상태에 있다—에서 정작 상제上帝[天]께서는 전혀 개입하시지 않는다고 보았다. 첫째, "천天[上帝]께서 이미 '덕德을 좋아하고 악惡을 부끄럽게 여기는[好德恥惡]' 성性을 부여하신 바

---

63 『大學公議』(『定本 與猶堂全書 6』, p. 117) "○[議曰] ……○心有二病, 一是有心之病, 一是無心之病. 有心者, 人心爲之主也; 無心者, 道心不能爲之主也. 二者似異, 而其受病之源實同."

64 『中庸講義補』(『定本 與猶堂全書 6』, p. 395) "○[臣對曰] ……(故)『書』曰: '人心惟危', '危'者, 善·惡未判之境也."; 『心經密驗』(『定本 與猶堂全書 6』, p. 202) "○[案] ……○……'人心惟危'者, 吾之所謂'權衡'也. 心之權衡, 可善·可惡, 天下之危殆不安, 未有甚於是者."

65 梅氏書平』, 「閻氏『古文疏證』鈔 1」(『定本 與猶堂全書 13』, p. 355) "○[按] ……人有是形, 故其食·色·安佚之欲, 同於禽獸, 此人心之危也. 天命之性, 樂善恥惡, 而形强神弱, 不能剛制, 此道心之微也. 幾希之微, 而不能保存, 則禽獸而已, 豈不危哉?"

있지만, (인간이: 필자 주) 선을 행할 것인가 악을 행할 것인가는 유동적일 수 있게 하시어 그 자신의 행위에 맡겨 두시니, 이것이 바로 상제의 엄한 신권묘지神權妙旨로서 크게 두려운 것이다." 즉, ① 상제께서는 인간에게 선할 수도 있고 악할 수도 있는 '권형權衡'을 부여하시어 그의 자주적인 마음에 따라 선을 행하려 해도 그를 따라 주시고 악을 행하려고 해도 그를 따라 주신다. ② 따라서 결과적인 (선을 행한) 공功과 (악을 행한) 죄罪는 모두 그 자신의 책임이 되는 것이다.[66]

---

66 『論語古今注 II』(『定本 與猶堂全書 9』, p. 279) "○[案] ……於是又賦之以可善·可惡之權, 聽其自主, 欲向善則聽, 欲趨惡則聽, 此功罪之所以起也. 天旣賦之以好德恥惡之性, 而若其行善·行惡, 令可游移, 任其所爲, 此其神權妙旨之凜然可畏者也. 何則? 好德·恥惡, 其分明矣. 自此以往, 其向善, 汝功也; 其趨惡, 汝罪也, 不可畏乎?"; 『心經密驗』, 「心性總義」(『定本 與猶堂全書 6』, p. 198) "吾人靈體, 若論其嗜好, 則樂善而恥惡; 若論其權衡, 則可善·可惡, 危而不安."; 『心經密驗』, 「心性總義」(『定本 與猶堂全書 6』, p. 199) "○若據行事而言之, 則又不惟可善·可惡而止. ……○天旣予人以可善·可惡之權衡."; 『心經密驗』(『定本 與猶堂全書 6』, p. 202) "○[案] ……○……'人心惟危'者, 吾之所謂'權衡'也. 心之權衡, 可善·可惡, 天下之危殆不安, 未有甚於是者."; 『心經密驗』(『定本 與猶堂全書 6』, p. 222) "○[案] ……心之權衡, 可善·可惡, 而措諸行事, 難善易惡.【義見上】"

또한, 정약용은 이러한 양상을 천天이 인간에게 부여한바 영지靈知의 특징 가운데 하나인 '재才'로 설명하기도 했던바, 이에 다음과 같이 말한 바 있다: "천天이 (인간에게: 필자 주) 영지靈知를 부여함에 '재才'가 있고 '세勢'가 있고 '성性'이 있다. 재才라는 것은 그 능력能力이요 그 권형權衡이다. 기린麒麟은 선善에 정해져 있기 때문에 선善이 공功이 되지 못하며, 승냥이와 이리는 악惡에 정해져 있기 때문에 악惡이 죄罪가 되지 않는다. 인간인즉 그 재才가 선할 수도 악할 수도 있어서 능력은 자력自力에 달려있고 권형權衡은 자주自主에 달려있다. 따라서 선한즉 그를 칭찬하고,【악할 수 있는 기미機微를 가지고 있기에 칭찬한다】 악한즉 그를 꾸짖게 되는 것이다.【선善할 수 있는 재才를 가지고 있기에 꾸짖는다】 ……아! 그 재才에서 말한즉 선할 수도 있고 악할 수도 있다.(○[按] ……天之賦靈知也, 有'才'焉, 有'勢'焉, 有'性'焉. 才者, 其能·其權也. 麒麟定於善, 故善不爲功; 豺狼定於惡, 故惡不爲罪. 人則其才可善·可惡, 能在乎自力, 權在乎自主. 故善則讚之,【以其有可惡之機, 故讚之】 惡則訾之.【以其有能善之才, 故訾之】 ……嗚呼! 言乎其才, 則可善·可惡.)" 『梅氏書平』, 「閻氏『古文疏證』鈔 1」(『定本 與猶堂全書 13』, p. 362)

한편, 이처럼 정약용이 인간의 '권형權衡', 즉 선善·악惡에 대한 '자유의지free will'와 이에 따른 '윤리적 책임'을 강조한 내용은 일차적으로 마테오 리치Matteo Ricci[利瑪竇, 1552~1610: 예수회 선교사]의 『천주실의天主實義』에서 그 단서와 통찰력을 얻었을 것으로 추측된다. 즉, 마테오 리치는 "저는 (인간의: 필자 주) 성性이란 선善과 악惡을 다 행할 수 있다고 봅니다만, 그렇다고 참으로 성性 자체에 본래 악이 있다고 말할 수는 없습니다. ……만약 세상 사람들이 태어나면서부터 선을 행할 수밖에 없다면, 무엇에 근거하여 '선을 이룬다[成善]'라고 말할 수 있겠습니까? 천하에 선을 행하려는 둘째, 상제[天]는 또한 여기서 인간에게 반드시 그 책임을 추궁하시나니, 즉 나날이 인간의 이러한 선과 악을 살피시며[67] 어느 때 어느 곳이건 가리지 않고 항상 감시하심으로써 천명天命을 따르는 선한 자에게는 상서로운 복福을 내리는 반면 이를 태만히 하고 어기는 음탕한 자에게는 재앙災殃과 화禍를 내리게 되는 것이다.[68] 이상의 논의를 도식화하면 【그림 3-3-3】과 같다.

'의지[意]'가 없으면서 선을 행할 수 있는 법은 없습니다. 우리는 나에게 선을 행하라고 강제하지 않아도 스스로 나아가 그것을 행할 수 있다면, 바야흐로 선을 행하는 군자君子라 말할 수 있습니다. 천주天主께서 이러한 성性을 인간에게 부여하시어 (선과 악: 필자 주) 두 가지를 행하도록 하신 것은 인류를 도탑게 사랑하시기 때문입니다. 인간이 이러한 선을 취하거나 버릴 수 있게 하신 것은 선을 행한 공功을 늘려줄 뿐만 아니라 더욱이 그 공을 우리 인간의 공으로 삼고자 하시려는 것입니다(吾以性爲能行善惡, 固不可謂性自本有惡矣. ……苟世人者生而不能不爲善, 從何處可稱'成善'乎? 天下無無'意'于爲善而可以爲善也. 吾能無强我爲善, 而自往爲之, 方可謂爲善之君子. 天主賦人此性, 能行二者, 所以厚人類也. 其能取捨此善, 非但增爲善之功, 尤俾其功爲我功焉)"[Matteo Ricci(1603/1999: 343~344)]라거나, "금수의 일상적 행동은 욕망[欲]의 부림에 바탕을 두고 정욕[情]이 이끄는 대로 좇아가는 것이기에 스스로 (자신의 행동을: 필자 주) 검속檢束하지 못합니다. 오직 인간의 혼魂만은 육신[身]의 주재자가 되어 우리 인간의 의지[자유의지: 필자 주]가 선택하느냐 그만두느냐에 따를 수 있습니다(禽獸常行, 本欲之役, 狥其情之所導, 而不能自檢. 獨人之魂能爲身主, 而隨吾志之所縱止)"[Matteo Ricci(1603/1999: 129)]라고 주장한 바 있다.

67 『論語古今注 II』(『定本 與猶堂全書 9』, p. 176) "○[駁曰] ……天之所以察人之善惡, ……"; 『中庸自箴』(『定本 與猶堂全書 6』, p. 253) "[箴曰] ……然天之所以察人善惡, ……"; 『尙書古訓 II』(『定本 與猶堂全書 12』, p. 320) "○[案] 德與慝皆無形之物, 豈有馨香, 亦豈有腥穢之臭哉? ……上帝無形體, 故得聞無形之馨腥. 明德之芬, 烈於沈檀; 穢惡之臭, 毒於腐屍, 而人之馨腥, 滃滃然日升于帝座. 君子之所以戒愼恐懼, 信此故也. 小人之所以無忌憚, 不信此故也."

68 『論語古今注 II』(『定本 與猶堂全書 9』, p. 252) "○[案] ……日監在玆, 以之福善·禍淫, 亦天命也. ……○[駁曰] ……天道昭禍福之理, …… "; 『中庸自箴』(『定本 與猶堂全書 6』, p. 233) "[箴曰] ……君子處暗室之中, 戰戰栗栗, 不敢爲惡, 知其有上帝臨女也. ……○……須知此言乃是赫赫之天命, 循而順之, 則爲善爲祥; 慢而違之, 則爲惡爲殃."; 『中庸自箴』(『定本 與猶堂全書 6』, p. 277) "[箴曰] 上天玄遠, 而臨于屋漏, 日監在玆, 則'知遠之近'也."; 『中庸講義補』(『定本 與猶堂全書 6』, p. 288) "○[臣對曰] ……天之鑒臨, 無間動靜, 則不必靜坐而後, 乃可小心."; 『梅氏書平』(『定本 與猶堂全書 13』, p. 191) "○[平曰] ……是天道賞善, 故可承天休; 天道罰淫, 故可無慆淫."

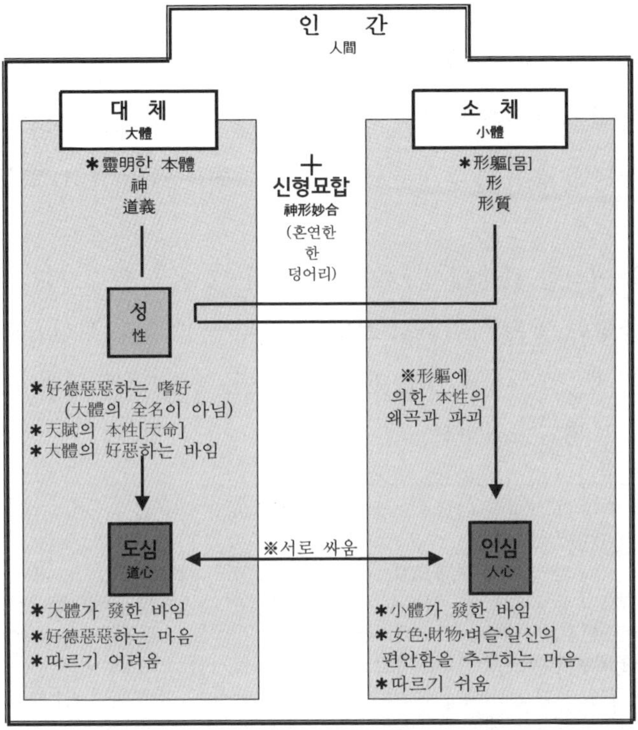

【그림 3-3-3】 정약용의 '신형묘합의 인간'도

인간의 '본성': 맹자의 '성선설'이 성론에 있어 본령에 해당한다

한편, 정약용은 이상과 같은 인간의 내면에 대한 자신의 독자적 견해에 비추어 맹자孟子·순자荀子[荀況, 字는 卿, 약 B.C. 313~B.C. 238: 中國 戰國時代末의 학자]·고자告子·양자揚子[揚雄, 字는 子雲, B.C. 53~18: 中國 前漢의 학자]·공손자公孫子[공손니자公孫尼子를 지칭하는 것으로 추측됨]의 성론性論을 하나하나 나름대로 이해·평가하고 있다. 첫째, 그가 보기에 ① 맹자가 주장하는 '성선설性善說'은 대체大體의 본성과 도심道心에 착목한 입장이라면, ② 순자의 '성악설性惡說'은 소체小體의 인심人心을 중시한 입장이고, ③ 고자의 '단수湍水[여울물]'의 비유나 양자의 '성선악혼설性善惡渾說'은 도심과 인심이 교대로 발하여 서로 싸우는 현상을 강조한 입장이며, ④ 공손자의 '성무선악설性無善惡說'은 도심과 인심이 서로 갈등하는 단계에서는 아직 선악미정善惡未定과 공죄미분功罪未分의 상태—'선·악'이란 곧 '행사行事 이후에야 비로소 성립되는 것'으로, 고요한 본성本性이 생겨나는 그 처음에는 정해지지 않는다—에 있음을 중시한 입장이었다.

둘째, 이러한 관점에서 정약용은 기실 그 어느 입장도 완전히 잘못되거나 황당한 것은 아니라고 보았던바, 다만 맹자의 '성선설'이 어디까지나 인간의 본성本性을 지목한 점 때문에 성론性論에 있어 본령本領에 해당한다고 평가하였다.[69]

---

69 『論語古今注 II』(『定本 與猶堂全書 9』, pp. 287~288) "○[案] ……以其有道心, 故能明別善·惡, 又能好德而恥惡, 終以至於殺身而成仁, 此孟子所謂'性善'之本也. 以其有人心, 故貪財好色, 懷安慕貴, 從善如登, 從惡如崩, 此荀子所謂'性惡'之說也. 道心爲之主, 而可使爲善; 人心陷其天, 則可使爲惡. 善·惡成於行事之後, 而未定於生靜之初, 此公孫子所謂'無善·惡'者也. 道心·人心交發而胥戰, 此揚子所謂'善·惡渾'者也. ……孟子所言者, 性也. 荀子所言者, 性之因形而壞者也. 公孫子所言者, 自性之遇形, 功·罪未分者而言之也. 揚子所言者, 自性之遇形, 敬·怠交戰者而言之也. 言性者, 顧不當以孟子爲本乎? 夫惟好德而恥惡, 曷不謂之'純善'乎? 此孟子之言, 所以獨得其本者也. 孟子以性爲性, 荀·揚·公孫以性與形爲性, 孰得而孰失乎? ○[又按] ……荀子謂'性惡', 其義固謬. 然從善如登, 從惡如崩, 此人性之遇形而壞者也. ……公孫子謂'性無善·惡'者, 謂: '人之善·惡, 定於行事之後, 而不定於生靜之初'也. ……揚子言'善·惡渾', 亦以其神形交雜者而言之, 語雖未全, 各有所據."; 『孟子要義』(『定本 與猶堂全書 7』, pp. 91~92) "○[鏞案] ……若以其自主之權能而言之, 則其勢可以爲善, 亦可以爲惡. 揚雄以此爲性, 故命之曰: '善·惡渾'. 若以其形氣之私慾而言之, 則不惟可善而可惡, 抑亦難善而易惡, '從善如登, 從惡如崩', 非過語也. 荀卿以此爲性, 故命之曰: '性惡'. 彼荀與揚之言, 亦未嘗指無爲有·誣白爲黑, 則必其所指點者, 與孟子不同耳."; 『心經密驗』, 「心性總義」(『定本 與猶堂全書 6』, p. 199) "○總之, 靈體之內, 厥有三理. 言乎其性, 則樂善而恥惡, 此孟子所謂'性善'也. 言乎其權衡, 則可善而可惡, 此告子湍水之喩·揚雄善惡渾之說, 所由作也. 言乎其行事, 則難善而易惡, 此荀卿'性惡'之說, 所由作也. 荀與揚也, 認'性'字本誤, 其說以差, 非吾人靈體之內, 本無此三理也."; 『心經密驗』, 「心性總義」(『定本 與猶堂全書 6』, pp. 197~198) "然孟子性善之論, 非孟子創爲之也. 『詩』云: '民之秉彝, 好是懿德.' 此明明是性善之說, 而孔子又爲之勘斷曰: '爲此詩者, 其知道乎!' 性善者, 先聖之本論, 非一家之私言也."

또한, 정약용은 다음과 같이 말하기도 하였다: "순자荀子는 성악설性惡說을 말하였고, 양웅揚雄은 선善·악惡이 섞여 있다고 말했는데, 어째서인가? 저들은 각자 소견이 있지만, 다만 '성性'자를 인식함이 본래 잘못되었고 또한 인심人心과 도심道心이 양 갈래로 나온다는 것을 알지 못했다. ……성性을 안 사람은 오직 맹자孟子뿐이시다!(○[按] ……荀子謂性惡, 揚雄謂善·惡渾, 何也? 彼各有所見, 特認'性'字原誤, 又不知人心·道心有兩出. ……知性者, 其惟孟子乎!)" 『梅氏書平』, 「閻氏『古文疏證』鈔 1」(『定

2. '세계의 주인'으로서의 인간

유형의 세계에서는 오직 인간만이 '도의지성'을 가지고 있다

이제 시선을 인간의 내면으로부터 밖으로 돌려보자. 우선, 정약용丁若鏞이 보기에 인간은 유형有形의 세계에서 어떤 존재론적 위상을 가진 존재일까? 이미 살펴본 바대로, 그는 주희朱熹의 이기론적 성정론性情論—특히 '본연지성本然之性'이란 개념과 여기에서 논리적으로 도출되는 '인물성동론人物性同論'—에 대한 비판과 거부를 통해서 자신의 독자적인 존재론을 구성한 바 있으니, 즉 유형의 세계에서의 존재론적 위계서열에 관한 '성사등급性四等級' 설이 바로 그것이다.

이에 그 내용을 정리해보면, 첫째, 정약용은 천天[上帝]이 만물을 조화造化[創造]하면서 그 각각의 형체[形]를 부여함에 있어서는 귀한 것과 천한 것, 아름다운 것과 추한 것 간의 차이를 두었으면서도, 유독 성性을 부여함에 있어서만큼은 동일한 등급으로 통용할 이치가 없다는 견지에서 출발하였다.[70]

둘째, 정약용은 젊어서부터 '순자荀子의 견해'[71]를 "합리적인 말"로 인식하여 이를 명시적으로 수용했던바, 즉 ① 이 유형의 세계 내에서는 상호간에 질적으로 명확히 구분되는 '네 등급의 성性'이 각각 존재할 따

本 與猶堂全書 13』, p. 362)

한편, 정약용은 상기한 바대로 맹자孟子의 '성선설性善說'이 인간의 본성本性을 지목한 점 때문에 의당 성론性論에 있어 '본령本領'에 해당한다고 인식·천명했으나, 그럼에도 자신의 종합적인 '심心·성性'관의 틀 속에서 순자荀子의 이른바 '성악설性惡說'에 대해서도 이를 완전히 잘못된 이단異端으로 배척하기보다는 오히려 '소체小體의 인심人心을 중시한 입장'으로서 그 일면적 타당성을 인정·수용하고 있는바, 물론 이는 소위 '대체大體의 본성本性과 도심道心을 중시한 입장'으로서의 맹자의 '성선설'에 대한 상대화의 태도 또한 은연중 함축하는 것으로 볼 소지가 없지 않다.

70 『論語古今注 II』(『定本 與猶堂全書 9』, p. 281) "○[案] ……天旣賦形, 有貴賤·美惡, 而其所賦之性, 通用一等, 有是理乎?"

71 『荀子集解』, 「王制」篇 "○水火有氣而無生. 草木有生而無知. 禽獸有知而無義. 人有氣·有生·有知·亦且有義. 故最爲天下貴也."

름이니, 따라서 '인人'과 '물物'을 관통하는 공통의 성性—'본연지성本然之性'—이나 또는 하나의 사물 내에 두 개의 성性—'본연지성本然之性'과 '기질지성氣質之性'—이 공존하는 경우는 없다고 보았다.[72] ② 즉, '무생물[水·火]'은 기氣는 있으나 생명生命이 없고, '초목'은 생명은 있으나 지각知覺이 없으며, '금수'는 지각은 있으나 의義가 없는데, '인간'은 기氣도 있고 생명도 있고 지각도 있고 의義도 가지고 있다는 것이다.[73]

---

72 『論語古今注 II』(『定本 與猶堂全書 9』, p. 281) "○[案] ……一物各具一性, 並無一物之內, 函有二性者. 然苟欲甚分, 當分四等."

73 『論語古今注 II』(『定本 與猶堂全書 9』, p. 281) "○[案] ……荀子曰: '水火有氣而無生, 艸木有生而無知, 禽獸有知而無義, 人有氣·有生·有知·有義.' 此合理之言也."; 『孟子要義』(『定本 與猶堂全書 7』, p. 144) "○[鏞案] ……荀子曰: '水火有氣而無生, 草木有生而無知, 禽獸有知而無義, 人有氣·有生·有知·有義.' 盖其受性之品, 凡有四等, 而人與禽獸最相近."; 『孟子要義』(『定本 與猶堂全書 7』, p. 198) "○[鏞案] ……物之品有四等. 荀子曰: '水火有氣而無生, 艸木有生而無知, 禽獸有知而無義, 人有氣·有生·有知·有義.' 斯其所以爲尊品也."

한편, 정약용은 23세 되는 갑진년[1784년, 正祖 8]에 생원生員으로 성균관成均館에서 재학하고 있을 때 정조正祖가 70여 조의 「중용강의조문中庸講義條問」을 성균관생원들에게 내린 일이 있었는데, 바로 여기서 정조는 『중용장구中庸章句』 「제22장」의 경문經文에 대한 이해와 관련하여 '인성人性과 물성物性의 동이여부同異與否'에 대해 질문한 적이 있다. 이 문제에 대한 정조의 질문과 정약용의 답변내용은 구체적으로 다음과 같다: [어문御問] "인성人性과 물성物性은 같은 것인가, 아니면 다른 것인가? 만약에 '다르다'고 한다면, 이 장章[『중용장구』 제22장: 필자 주]에 나오는 3개의 '성性'자는 모두가 본연本然이며 3개의 '진盡'자는 모두 한 가지 뜻이니, 무엇으로 다른 점을 볼 수 있겠는가? 만약에 이를 '같다'고 한다면, 비록 '물物의 성性을 다한다[盡物之性]'고 말하고는 있지만 성인聖人이시더라도 물物로 하여금 인간의 일을 하도록 하실 수는 없으니, 무엇으로 그 같은 점을 볼 수 있겠는가?" [신대臣對] "성性에는 3등급이 있습니다. 초목의 성性은 생명[生]은 있으나 지각[覺]이 없으며, 금수의 성性은 이미 생명도 있고 지각도 있으며, 우리 인간의 성性은 이미 생명이 있고 지각도 있으며 또한 영혼[靈]이 있고 또한 선善합니다. 이처럼 상·중·하 3등급은 확연히 다르며, 이런 까닭에 그 성性을 다하는 방법 또한 전혀 다릅니다. 초목은 그 생명의 성性[生性]을 이루도록 함에 불과하니 그러면 그 성性을 다한 것입니다. 금수는 새끼와 알을 배고 날고 달리는 성性을 이루도록 함에 불과하니 그러면 그 성性을 다한 것입니다. ……성인聖人께서 물성物性을 다하심은 이와 같은 것에 불과하니, 어찌 말·소·양·돼지로 하여금 애친愛親하고 경장敬長하여 각기 인간의 일을 하도록 할 수 있겠습니까? 주자朱子의 이른바 '인성人性과 물성物性이 모두 같다'는 말씀은 '하늘[天]로부터 받은 근본이 모두 같음'을 말씀하신 것이지, 어찌 일찍이 '금수를 가르쳐 사람으로 만들 수 있다'는 것을 이르신 것이겠습니까?([御問曰] 人·物之性, 同歟異歟? 若謂之'異', 則此章之三'性'字, 皆是本然, 三'盡'字, 皆是一義, 何以見其異耶? 若謂之'同', 則雖曰: '盡物之性', 聖人不能使物做人底事, 何以見其同耶? ○[臣對曰] 性有三

品. 草木之性, 有生而無覺; 禽獸之性, 旣生而又覺; 吾人之性, 旣生旣覺, 又靈又善. 上·中·下三級, 截然不同, 故其所以盡之之方, 亦復懸殊. 草木, 不過使遂其生性, 則其性斯盡矣. 禽獸, 不過使遂其胎卵·飛走之性, 則其性斯盡矣. ……聖人之盡物性, 不過如此, 烏能使馬·牛·羊·豕愛親·敬長, 各做人底事乎? 朱子所謂'人·物之性皆同'者, 謂其'所受之本於天皆同'也, 何嘗云: '敎禽獸, 可以做人'哉?)" 『中庸講義補』(『定本 與猶堂全書 6』, p. 364)

이러한 사실은 정약용이 일찍부터 '성사등급性四等級'설을 주장·견지하고 있었음을 잘 보여주고 있는데, ① 이에 앞서 같은 해인 갑진년[1784년, 正祖 8] 4월 보름날 큰 형수의 제사를 지내고 중형仲兄 정약전丁若銓[巽庵, 1758~1816] 및 이벽李檗[曠菴, 字는 德操, 1754~1786]과 함께 서울로 가기 위해 배를 타고 두미협斗尾峽을 지나면서 처음으로 서교西敎에 관한 이야기를 듣게 되고, 서울에 온 후에도 이벽을 따라 다니며 『천주실의天主實義』와 『칠극七克』 등의 서교 관계서적을 읽게 되면서 마음이 점차 이끌리게 되어 일정 정도 신앙의 단계에까지 나아갔던 것으로 알려져 있다. ㉠ 이러한 사건을 염두에 둔다면, 상기한바 "성性에는 3등급이 있습니다. 초목의 성性은 생명[生]은 있으나 지각[覺]이 없으며, 금수의 성性은 이미 생명도 있고 지각도 있으며, 우리 인간의 성性은 이미 생명이 있고 지각도 있으며 또한 영혼[靈]이 있고 또한 선善합니다"라는 정약용의 주장은 최소한 이 단계에서는 『천주실의』로부터 일차적으로 영향을 받은 것으로 짐작된다. ㉡ 참고로 『천주실의』에서 마테오 리치Matteo Ricci[利瑪竇, 1552~1610: 예수회 선교사]는 "저 세계의 혼魂에는 3가지 품격品格이 있습니다. 하품下品은 '생혼生魂'이라 하니, 곧 '초목의 혼魂'이 이것입니다. 이 혼은 초목을 도와 생장生長하게 하며, 초목이 말라비틀어지면 이 혼 또한 소멸합니다. 중품中品은 '각혼覺魂'이라 하니, 곧 '금수의 혼魂'입니다. 이 혼은 금수에 붙어 성장과 발육을 돕고 또한 이목구비로 보고 듣고 맛보고 냄새 맡게 하며, 사지四肢와 몸체로 사물의 실정實情을 지각知覺하게 합니다. 다만 도리道理를 추론推論하지는 못하며, (금수가: 필자 주) 죽으면 같이 소멸합니다. 상품上品은 '영혼靈魂'이라 하니, 곧 '인간의 혼魂'입니다. 이는 생혼과 각혼을 겸하고 있으며, 인간의 성장과 발육을 돕고 또한 그로 하여금 사물의 실정을 지각하고 또 사물을 추론하며 이치[理]와 도의[義]를 명확히 구분하도록 합니다. 인간의 몸이 죽어도 영혼은 죽지 않으니, 대개 영원히 존재하며 불멸하는 것입니다. ……그러므로 인간은 초목이나 금수와 같지 않습니다(彼世界之魂, 有三品. 下品名曰: '生魂', 卽'草木之魂'是也. 此魂扶草木以生長, 草木枯萎, 魂亦消滅. 中品名曰: '覺魂', 則'禽獸之魂'也. 此能附禽獸長育, 而又使之以耳目視聽·以口鼻啖嗅·以肢體覺物情. 但不能推論道理, 至死而魂亦滅焉. 上品名曰: '靈魂', 卽'人魂'也. 此兼生魂·覺魂, 能扶人長養, 及使人知覺物情, 而又使之能推論事物·明辨理義. 人身雖死, 而魂非死, 蓋永存不滅者焉. ……故人與草木·禽獸不同也)"[Matteo Ricci(1603/1999: 124~125)]라고 주장함으로써, 이 세계 내에서의 '만물의 존재론적 위계서열'과 관련하여 외견상 순자荀子와 매우 유사한 견해를 제시한 바 있다. ② 또한, 정약용에 앞서 이익李瀷[星湖, 1681~1763] 역시 상기한바 순자의 '존재론적 견해'를 "전성前聖이 발명하지 못한 말을 발명한 것이니, 마음을 다스리는 학문에 큰 도움이 될 것(此發前未發, 於心術之學, 大益)"[「荀子」(『星湖僿說』, 卷19, 「經史門」, pp. 66a~67a)]으로 적극 평가하면서, 이를 '인심人心·도심道心'설과 관련지어 해석·이해한 바 있다.

이로써 정약용의 '성사등급'설은 기실 어느 일방의 배타적 영향에 의한 소산이기보다는 일찍부터 그가 성호학파星湖學派의 영향 하에 이 양쪽의 견해를 모두 섭

셋째, 정약용이 보기에 ① 이처럼 만물 가운데서 질료적 실체인 '기氣'로만 이루어진 '무생물'을 일단 논외로 한다면, '초목'에서 '금수'를 거쳐 '인간'에게까지 이르는 세 단계의 존재론적 층위들은 모두 각각의 수준에 걸맞은 각자의 고유한 성性을 가지고 있을 따름이다. ㉠ 따라서 인간의 성性은 성性의 일부인 '인성人性'일 뿐이요, 개와 소[禽獸]의 성性은 또한 성性의 일부인 '금수성禽獸性'일 뿐이다. ㉡ 그리고 이러한 성性은 각자 상제[天]로부터 애초부터 각각 차등 나게 부여받은 고유한 천명天命이어서 서로 바꾸거나 공유할 수 있는 것이 아니다. ② 또한, 이와 같이 '각자에게 고유한 성性'이란 기실 저마다 속하고 있는 층위의 수준에 각각 조응하는 독특한 '기호嗜好'에 지나지 않는다.[74] 따라서 "선善을 좋아

렵하는 가운데 나름의 관점에서 종합한 결과물로 인식함이 보다 타당할 것이다. 또한, 제3부 제1장 「다산 정약용의 이기론」에서의 【그림 3-1-6】도 참조된다.

74 일례로 정약용은 다음과 같이 말한 바 있다: "지금 살펴보니 성性은 인심人心의 기호嗜好이다. 마치 채소가 똥거름을 좋아하고 연꽃이 물을 좋아하는 것처럼, 인성人性은 선善을 좋아한다.(○[今案] 性者, 人心之嗜好也. 如蔬菜之嗜糞, 如芙蕖之嗜水, 人性嗜善.)" 『大學講義』(『定本 與猶堂全書 6』, p. 153); "사슴의 성性은 산림山林을 좋아하고, 꿩의 성性은 길들여 길러지는 것을 싫어한다. 불행하게 인가人家에서 길러지게 되었더라도 그 마음은 끝끝내 산림을 좋게 여겨, 한번 산림을 보게 되면 불현듯 선망하는 마음을 가지니, 이것을 일러 성性이라 한다.(○[鏞案] ……鹿之性好山林, 雉之性惡馴養. 雖不幸而墮於馴養, 顧其心, 終以山林爲好, 一見山林, 油然有感羨之心, 此之謂性也.)" 『孟子要義』(『定本 與猶堂全書 7』, p. 94); "기호嗜好에는 두 종류가 있다. 하나는 '당장에 즐거워하는 성향'을 기호로 삼는 것으로서, 마치 '꿩의 성性은 산을 좋아하고 사슴의 성은 들을 좋아하며 성성猩猩이의 성은 단술을 좋아한다'고 말하는 것과 같은 것이니, 이것이 하나의 기호이다. 다른 하나는 '끝내 발현되는 성향'을 기호로 삼는 것으로서, 마치 '벼의 성性은 물을 좋아하고 기장의 성은 건조한 것을 좋아하며 파와 마늘의 성은 닭똥을 좋아한다'고 말하는 것과 같은 것이니, 이것 또한 하나의 기호이다. 지금 인간의 성性을 논하자면 인간은 선善을 즐거워하고 악惡을 부끄럽게 여기지 않음이 없다. 따라서 한 가지 선을 행하면 그 마음은 뿌듯하게 기쁘고, 한 가지 악을 행하면 그 마음은 위축되어 풀이 죽는다. ……이와 같은 것은 선은 기뻐할 만하고 악은 부끄러워할 만한 것임을 아는 것이니, ……이 모든 것은 '당장에 드러나는 기호'이다. 선善을 쌓고 의義를 모으는 사람은 ……쌓은 지 더욱 오래되면 ……이에 신묘神妙하게 교화敎化하고 천지天地와 더불어 그 덕德을 합하고 일월日月과 더불어 그 밝음을 합하여 마침내 온전한 덕을 지닌 사람이 된다. 이것은 그 성性이 선을 행하기에 알맞기 때문이니, 마치 벼는 물에 파종하기가 알맞고 기장은 건조한 곳에 파종하기가 알맞으며 파와 마늘엔 닭똥으로 북돋는 것과 같다. ……이 모든 것은 '끝내 증험되는 기호'이다.(嗜好有兩

하고 악惡을 부끄러워하여 자신의 몸을 닦고 도道를 지향하고자 하는 것이 인간의 본연本然이라면, 밤을 지키다 도둑을 보면 짖고 똥을 먹으며 새를 쫓는 것은 개의 본연이며, 멍에를 메고서 무거운 짐을 나르고 풀을 먹어 새김질하며 뿔로 떠받는 것은 소의 본연"이라면 본연이다.[75]

마지막으로, 정약용은 바로 이러한 맥락에서 만약 이른바 '본연本然'이니 '기질氣質'이니 하는 말을 기어이 사용해야 한다면, 정주성리학자의 견해와는 정반대로 인간과 금수 사이에는 오히려 '기질'은 같지만 '본연'은 서로 다른 것으로 보아야 한다고 생각하였다. 왜냐하면 인성人性은 '도의道義'와 '기질' 두 가지가 합해져 하나의 성性을 이루고 있는 반면에 금수성禽獸性은 순전히 '기질'로만 구성되어 있어, 생명이 있고 지각하는 것에는 인간과 금수 사이에 하등의 차이가 없지만 금수 이하의 존재는 결코 가질 수 없는 '도의지성道義之性'—이것은 상제가 인간이 태어날 때 그에게만 특별히 부여한 바로서 성령性靈[無形]의 세계에 속하는 것이다—을 이 유형의 세계 내에서는 오직 인간만이 소유하고 있다고 보았기 때문이다.[76]

端. 一以'目下之耽樂'爲嗜好, 如云: '雉性好山, 鹿性好野, 猩猩之性好酒醴', 此一嗜也. 一以'畢竟之生成'爲嗜好, 如云: '稻性好水, 黍性好燥, 蔥蒜之性好雞糞', 此一嗜也. 今論人性, 人莫不樂善而恥惡. 故行一善, 則其心充然以悅; 行一惡, 則其心欲然以沮. 若是者, 知善之可悅而惡之可愧也, ……凡此皆'嗜好之顯於目下者'也. 積善集義之人, ……積之彌久, ……於是神而化之, 與天地合其德, 與日月合其明, 遂成全德之人. 此其性宜於行善, 如稻宜於水種, 黍宜於旱種, 而蔥蒜之壅雞糞也. ……凡此皆'嗜好之驗於畢竟者'也.)" 『心經密驗』, 「心性總義」(『定本 與猶堂全書 6』, pp. 196~197)

75 『孟子要義』(『定本 與猶堂全書 7』, p. 188) "○[庚戌十月閣課] ……臣對曰: '人之性, 只是一部人性; 犬牛之性, 只是一部禽獸性. ……'"; 『孟子要義』(『定本 與猶堂全書 7』, p. 190) "○[庚戌課講] ……人則樂善恥惡, 修身向道, 其本然也; 犬則守夜吠盜, 食穢蹤禽, 其本然也; 牛則服軛任重, 食芻齝觸, 其本然也. 各受天命, 不能移易."

76 『孟子要義』(『定本 與猶堂全書 7』, p. 188) "○[庚戌十月閣課] ……臣對曰: '……蓋人性者, 合道義·氣質二者而爲一性者也; 禽獸性者, 純是氣質之性而已. ……'; 『孟子要義』(『定本 與猶堂全書 7』, p. 190) "○[庚戌課講] ……牛不能强爲人之所爲, 人不能强爲犬之所爲, 非以其形體不同不能相通也, 乃其所賦之理原自不同."

또한, 제3부 제1장 「다산 정약용의 이기론」에서의 【그림 3-1-6】도 참조된다.

유형의 세계에서 인간은 '주인'의 지위를 가진다

한편, 정약용이 보기에 바로 이러한 이유 때문에 인간은 적어도 이 유형의 세계에서는 독보적인 존재이며, 또한 가장 존귀한 '주인主人'의 지위를 가진다. 이에 정약용은 이 세계 내에서의 인간의 주인 됨을 다음과 같이 선언한 바 있다: "아! 우러러 하늘을 바라보면 해와 달과 뭇별들이 죽 늘어서 있으며, 구부려 땅을 바라보면 뭇 초목들과 금수들이 질서정연하게 살아가고 있는데, 이 모두가 인간을 비춰주고 인간을 따뜻하게 해주며 인간을 길러주고 인간을 섬기니, 그렇지 않은 것이란 하나도 없다. 이 세상을 주관하는 자가 인간이 아니라면 달리 무엇이겠는가? 천天[上帝]은 이 세상을 한 집으로 생각하여 인간은 선善을 행하도록 하였고, 해와 달, 별, 초목, 조수들은 이 집을 받드는 존재로 삼았다."[77]

---

77 『論語古今注 II』(『定本 與猶堂全書 9』, p. 283) "○[案] ……嗟呼! 仰觀乎天, 則日月·星辰森然在彼, 俯察乎地, 則草木·禽獸秩然在此, 無非所以照人·煖人·養人·事人者. 主此世者, 非人而誰? 天以世爲家 令人行善, 而日月·星辰·草木·鳥獸爲是家之供奉."

또한, 정약용은 동일한 맥락에서 다음과 같이 말한 바 있다: "아! 우리 인간은 만물의 영장靈長이다. 저 높은 하늘과 두터운 땅, 일월성신日月星辰과 산천초목山川草木 가운데 어느 하나도 우리 인간의 물건 아님이 없다. 하늘은 우리의 집이요 땅은 우리의 식량이며, 일월성신은 우리를 밝혀주는 것이요 산천초목은 우리를 길러주는 것이다. 저것들은 모두 기氣가 있고 질質이 있으나 정情이 없고 영靈이 없으니, 어찌 우리 인간이 섬길 수 있는 것이겠는가?([鏞案] ……噫! 吾人者, 萬物之靈. 彼穹天厚地·日月星辰·山川草木, 無一而非吾人之物. 天, 吾屋也; 地, 吾食也; 日月星辰, 吾所明也; 山川草木, 吾所養也. 彼皆有氣·有質, 無情·無靈, 豈吾人所能事哉?)" 『春秋考徵』(『定本 與猶堂全書 14』, p. 99); "하물며 초목과 금수란 천天께서 화생化生하는 처음에 생생生生의 이理를 부여하시어 종種별로 그 종을 전함으로써 각자 성명性命을 온전히 하도록 하셨을 따름이다. 인간인즉 그렇지 아니하니, 천하의 만민萬民은 각자 배태胚胎되는 처음에 이 영명靈明을 부여하시어 만류萬類를 초월하여 만물萬物을 향유하도록 하시었다.(○[今案] ……況草木·禽獸, 天於化生之初, 賦以生生之理, 以種傳種, 各全性命而已. 人則不然, 天下萬民, 各於胚胎之初, 賦此靈明, 超越萬類, 享用萬物.)" 『中庸講義補』(『定本 與猶堂全書 6』, p. 284): "'만물이 한 몸[萬物一體]'이라는 말은 고경古經에는 전혀 나오지 않는다. 자하子夏가 '사해四海 안에 사는 사람은 모두 형제兄弟이다'라고 한 말인즉 있다. 그렇다고 초목과 금수가 어찌 나와 더불어 한 몸이 되겠는가? 중中·화和의 경우에도 성인聖人께서 좁은 방에 앉아계시면서 희喜·로怒·애哀·락樂의 발함을 모두 절도에 맞게 하시더라도 지위를 얻지 못해 꾀하시는

3. '열린 도덕적 존재'로서의 인간

정약용의 문제의식①: 주희의 '존재'론은 '도덕적 결정주의'를 함축한다

이미 살펴본 바대로, 주희朱熹는 '인간과 여타 만물 간의 존재론적 차이'를 이들이 생겨날 때 각자 선천적으로 부여받은 '기氣[形]의 정조精粗·정편正偏·통색通塞의 차이'로 환원하여 인식·설명하고 있다. 그런데 주희는 여기서 그치지 않고 이러한 설명논리를 다시금 '인간들 사이에 나타나는 지적·도덕적 차이'를 해명하는 데에도 그대로 관철시키고 있다. 즉, 인간들 사이에 존재하는 '생지生知·학지學知·곤학困學·곤불학困不學'[『論語集註』「季氏」篇 第9章]이나 '상지上知·하우下愚'[『論語集註』「陽貨」篇 第3章]와 같은 '지적 등급'뿐만 아니라, 심지어는 '선善·악惡'이나 '현賢·불초不肖'와 같은 '도덕적 차이'까지도 역시 인간이 태어날 때 각자 부여받은 기氣의 혼명昏明·청탁淸濁의 차등에서 생겨난다는 것이다. 물론 이러한 사실은 '존재[Sein]'와 '당위[Sollen]', 또는 '자연세계'와 '인간사회'를 구분하지 않고 일관되게 인식했던 정주성리학적 세계관의 기본적 질서감각을 반영하는 것으로서,

---

바가 없게 된다면 천지天地는 반드시 제자리를 얻지 못하고 만물萬物은 반드시 길러질 수 없게 된다. 반드시 인주人主의 지위를 얻어 요堯와 순舜이 되시고, 경상卿相의 지위를 얻어 고皐·기夔·직稷·설契이 되신 연후에야 남정南正 중重이 하늘을 맡고 북정北正 여黎가 땅을 맡으며, 희씨羲氏와 화씨和氏가 역상曆象을 맡고 우禹와 직稷이 물과 땅을 다스리며, 익益으로 하여금 불을 관장하는 우인虞人이 되어 산택山澤을 불태우도록 하심으로써 위아래의 초목과 조수鳥獸를 따르게 하셨으니, 이런 다음에야 천지가 제자리를 잡고 만물이 길러질 수 있었던 것이다. 비록 천天의 명命과 녹祿이 고르지 않아 혹 궁하여 아래에 처하기도 하고 혹 싹만 트고 열매는 맺지 않을 수 있겠으나, 본분을 다하는 바는 실로 지위를 얻어 도道를 행함에 있나니, 따라서 성인聖人의 말씀이 이와 같았던 것이다.(○[今按] '萬物一體', 其在古經, 絶無此語. 子夏曰: '四海之內, 皆兄弟', 則有之矣. 草木·禽獸, 安得與吾爲一體乎? 中·和, 聖人坐於丈室之中, 喜·怒·哀·樂, 發皆中節, 而不得其位, 無所猷爲, 則天地必不得位, 萬物必不得育. 必也, 得人主之位, 爲堯·舜; 得卿相之位, 爲皐·夔·稷·契, 然後南正重司天, 北正黎司地, 羲·和掌曆象, 禹·稷治水土, 使益掌火作虞, 烈山澤而焚之, 以若予上下草木·鳥獸, 然後天地位焉, 萬物育焉. 雖天之命祿不齊, 或窮而在下, 或苗而不實, 然其本分所極, 實在於得位·行道, 故聖人之言如此.)" 『中庸講義補』(『定本 與猶堂全書 6』, p. 295)

결과적으로 주희의 이러한 입장은 인간에 대한 일종의 '도덕적 결정주의'를 논리적으로 함축한다 하겠다. 왜냐하면 이러한 주장은 기본적으로 '한 인간의 도덕적인 선·악의 여부가 자신의 의사나 노력과는 관계없이 오로지 선천적으로 타고난 기질氣質의 혼명·청탁의 차이에 달려 있다'고 보는 셈이기 때문이다.

정약용의 문제의식②: 주희의 '존재'론은 '공자의 본지'와 어긋난다

정약용丁若鏞이 보기에, 이와 같은 주희의 논리는 근본적으로 잘못된 것이며, 바로 이러한 의미에서 공자孔子의 본래 의도와도 어긋나는 것이었다. 즉, ① 공자께서 언급하신바 '생지生知'·'학지學知'·'곤학困學'·'곤불학困不學'이나 '상지上知'·'하우下愚'와 같은 등급의 차이는 인간이 선천적으로 타고난 기질氣質이나 선善·악惡과 같은 윤리적 문제, 또는 성품性品의 고하高下와는 기실 아무런 관계가 없는 것으로서, 단지 구체적인 실천의 결과적 '성과'를 공자께서 나누어 보신 것에 지나지 않았다.[78] ② 나아가 "오직 상지上知와 하우下愚만은 바꿀 수 없다[唯上知與下愚, 不移]"[『論語集註』「陽貨」篇 第3章]라는 공자의 말씀에 나오는 '불이不移'를 해석함에 있어서도 정약용은 "상지인上知人은 비록 악인惡人과 함께 서로 익히더라도 더러움에 물들지 않고, 하우인下愚人은 비록 선인善人과 함께 익혀도 훈도薰陶[교화: 필자 주]되지 않는 것, 이것이 불이인 것이다"[79]라고 주장하여, 바로 이

---

78 『論語古今注 II』(『定本 與猶堂全書 9』, p. 255) "○[案] ……孔子論其成效, 故分爲四等. 朱子以氣質言, 而亦分四等, 恐不然也."; 『孟子要義』(『定本 與猶堂全書 7』, p. 195) "○[鏞案] ……上智·下愚之非性品, 明矣."; 「自撰墓誌銘【集中本】」(『定本 與猶堂全書 3』, p. 274) "曰: '上智·下愚, 非性品之名. 守善者, 雖與惡相狎習, 不爲所移, 故名曰: 「上智」. 安惡者, 雖與善相狎習, 不爲所移, 故名曰: 「下愚」. ……'"

79 『論語古今注 II』(『定本 與猶堂全書 9』, p. 274) "○[補曰] 上知, 雖與惡人相習而不受染汚; 下愚, 雖與善人相習而不受薰陶, 是不移也.【程子之意如此】"; 『孟子要義』(『定本 與猶堂全書 7』, p. 194) "○[鏞案] ……孔子之言, 蓋云: '堯·舜·桀·紂, 性皆相近, 習於善人則爲善, 習於惡人則爲惡. 惟智明者, 雖與惡人相習, 不爲所移; 愚暗者, 雖與善人相習, 不爲所移也.'"

‘불이’라는 개념을 선·악에 대한 ‘원인’으로 이해하는 동시에, 또한 날 때부터 선천적으로 결정된 상태가 아니라 간단없는 후천적 ‘유작위有作爲[實踐]의 상태’로 봄으로써 상지도 하우가 될 수 있고 하우도 상지가 될 수 있음을 논리적으로 분명히 하였다.[80] ③ 나아가 “성性은 서로 가깝고 습관習慣은 서로 멀다[性相近也, 習相遠也]”[『論語集註』「陽貨」篇 第2章]라는 공자의 말씀 또한 말 그대로 타고난 인간의 성性이란 본디 서로 가까운 것이지만 후천적인 노력과 힘쓰는 바[實踐]에 따라 결과적으로 선인善人도 될 수 있고 악인惡人도 될 수 있음을 의미할 따름이지, 역시 타고난 ‘기질氣質’이니 ‘본연本然’이니 하는 것과는 원래 아무런 상관이 없는 것이었다.[81]

정약용의 ‘인성’관①: 기질의 차이는 ‘선·악의 원인’이 아니다

물론 정약용도 산천山川의 풍기風氣가 간직한 강剛·유柔와 부모의 정혈精血이 지닌 청淸·탁濁의 정도에 따라 인간 사이에 기질氣質의 차이가 생겨남을 인정하였다. ① 그리고 이러한 기질의 차이는 다름 아닌 인간 사이

---

80 정약용은 다음과 같이 말하였다: “만약 ‘인간의 성性에 원래 변하지 않는 품등品等[不移之品]이 있다’고 말한다면, ‘성인聖人이라도 생각하지 않으면 광인狂人이 되고 광인이라도 생각한다면 성인이 된다’고 하신 주공周公의 말씀은 성性이 무엇인지도 모르고 한 말이 된다.(曰: ‘……若云: 「人性原有不移之品」, 則周公曰: 「唯聖罔念作狂, 唯狂克念作聖」, 爲不知性者也.’)” 「自撰墓誌銘【集中本】」(『定本 與猶堂全書 3』, p. 274)

81 『論語集註』, 「陽貨」篇 第2章의 註 “此所謂性, 兼氣質而言者也. 氣質之性, 固有美惡之不同矣. 然以其初而言, 則皆不甚相遠也. ……○程子曰: ‘此, 言氣質之性, 非言性之本也. 若言其本, 則性卽是理, 理無不善. 孟子之言性善, 是也, 何相近之有哉?’”; 『論語集註』, 「陽貨」篇 第3章의 註 “人之氣質相近之中, 又有美·惡一定, 而非習之所能移者.”; 『孟子要義』(『定本 與猶堂全書 7』, p. 201) “○[鏞案] ……舜之徒, 鷄鳴而起, 孳孳爲善; 蹠[跖]之徒, 鷄鳴而起, 孳孳爲利, 此人事之不齊也. 性本相近, 習以相遠, 非是之爲乎?”

단, 여기서 주의해야 할 점은 『논어집주論語集註』를 세심히 살펴보면 적어도 인간과 관련해서는 정程·주朱도 인간의 성性[氣質之性]을 완전히 ‘결정론적 관점’에서 이해하지는 않았다는 사실이다. 정약용이 여기서 정·주의 입장에 대하여 비판하는 초점은 그들이 ‘기질氣質의 청淸·탁濁, 기습氣習의 오염汚染이 곧장 선善·악惡의 원인’이라고 주장한 데에 있었다. 정약용은 기본적으로 ‘행사行事 이후에야 비로소 선·악이 생긴다’고 인식했기 때문에 ‘기질氣質의 차이가 최소한 지知·우愚의 원인은 될지언정 결코 선·악의 원인은 되지 않는다’고 보았던 것이다.

에 나타나는 지知·우愚와 혜慧·둔鈍 및 재주와 식견에 있어서의 다양한 차이—정약용은 이를 '9등급'으로 나누었다[82]—를 결정하고 또한 설명한다. ② 그럼에도 이러한 차이가 어떤 인간의 도덕적인 선善·악惡의 여부를 결정하는, 이런 의미에서 원인은 결코 아니었다.[83] 왜냐하면 ㉠ 정약용이 보기

---

82 여기서 정약용은 기본적으로 '인간의 재주와 식견에는 9등급이 있다'고 보았던바, 이는 형병邢昺[字는 叔明, 932~1011: 中國 北宋의 학자]의 견해를 수용한 것이다. 즉, 정약용은 다음과 같이 말한 바 있다: "○형병邢昺: 인간의 재주와 식견에는 모두 9등급이 있다. 상上의 상上은 성인聖人이요, 하下의 하下는 우인愚人이니, 모두 옮길 수 없다. 상上의 중中 이하에서 하下의 중中 이상은 가르칠 수 있는 인간들이다. 중인中人은 '제5등에 해당하는 중中의 중中인 인간'을 말한다. 중인 이상은 '상의 중, 상의 하, 중의 상에 해당하는 인간'을 말하며, 그 재주와 식견이 우수하고 넉넉하기 때문에 상지上知의 인간이 아는 바를 말해줄 수 있다. 중인 이하는 '중의 하, 하의 상, 하의 중에 해당하는 인간'을 말하며, 그 재주와 식견이 어둡고 모자라기 때문에 상지上知의 인간이 아는 바를 말해줄 수 없다. 이 중인中人으로 말하자면 재주와 성품이 약간 우수하면 상지上知의 인간이 아는 바를 말해줄 수 있고, 재주와 성품이 조금 열등하면 상지의 인간이 아는 바를 말해줄 수 없으니, 이것이 상등上等으로 향상할 수도 있고 하등下等으로 격하할 수도 있다는 것이다. ……○[안案] 9등급으로 나누지 않으면 다만 3등급이 있을 뿐이다. 만약에 단지 3등급으로만 나누면, 곧 이 중인中人은 도道를 들을 수도 없고 또한 도道를 들을 수도 있으니, 어찌 양쪽으로 쓸 수 있겠는가? 만약 '중인을 제외하고 상·하등의 인간만 취급한다'고 말한다면 상인上人으로써 상인上人에게 말하는 꼴이 되어 서로 평등하게 되니 또한 '성인聖人으로써 범인凡人을 가르치는 경우'를 말할 수 없게 된다. 형병邢昺의 9등급설은 정확하고 상세·분명하여 경문經文의 뜻에 적중하니, 바꿀 수 없다. ……공자孔子께서 '중인中人'이라 칭하신 것은 9등급 가운데 제5등이 됨은 의심의 여지가 없다.(○邢曰: '人之才識, 凡有九等. 上上則聖人也, 下下則愚人也, 皆不可移也. 其上中以下·下中以上, 是可敎之人也. 中人, 謂:「第五, 中中之人」也. 以上, 謂:「上中·上下·中上之人」也, 以其才識優長, 故可以告語上知之所知也. 中人以下, 謂:「中下·下上·下中之人」也, 以其才識暗劣, 故不可以告語上知之所知也. 言此中人, 若才性稍優, 則可以語上; 才性稍劣, 則不可以語上, 是其可上·可下也.' ……○[案] 不設九等, 則只是三等. 若只三等, 卽此中人不可聞道, 亦可聞道, 豈可以兩用之乎? 若云: '除了中人, 取其上·下', 則以上語上, 相爲平等, 又不可曰: '以聖而敎凡'也. 邢氏九等之說, 精覈詳明, 深中經旨, 不可易也. ……則夫子所稱'中人', 爲九等之第五等, 無疑.)" 『論語古今注 I』(『定本 與猶堂全書 8』, pp. 231~232)

83 『論語古今注 II』(『定本 與猶堂全書 9』, p. 278) "○[案] ……但其山川風氣·父母精血, 受之爲氣質, 不能無淸濁·厚薄之差. 故大體之囿於是者, 隨之有慧鈍·通塞之異."; 『論語古今注 II』(『定本 與猶堂全書 9』, p. 286) "○[案] ……若夫山川風氣之剛柔, 父母精血之淸濁, 所以爲慧鈍, 非所以爲善惡, ……慧者多惡, 鈍者多善, 何得咎氣質哉?"; 『孟子要義』(『定本 與猶堂全書 7』, pp. 197~198) "○[鏞案] 人之善·惡, 不係氣稟之淸·濁. ……豈必淸者爲賢, 濁者爲惡? ……善·惡之不係乎淸·濁也如此."

또한, 정약용은 일찍이 젊어서부터[30세] 같은 취지로 다음과 같이 말한 바 있다: "천天이 인간에게 성性을 부여한 것은 요堯·순舜과 일반사람이 같습니다. 그러나 같

에 “지금 여항閭巷의 미천한 백성들 중에 소처럼 노둔하면서도 능히 효자孝子의 덕행을 이룬 자가 헤아릴 수 없이 많으”며, “누른 머리에 검은 얼굴을 한 어리석고 비루한 여자들 가운데서도 열녀烈女의 절개를 지킨 사람이 수없이 많은”[84]바, 정녕 “천天[上帝: 필자 주]께서 부여해주신 것이 애초 고르지 못하여 어떤 인간에게는 순전히 아름답고 깨끗한 기질氣質만을 몰아주어 (저절로: 필자 주) 요堯·순舜처럼 되게 하시고, 어떤 인간에게는 순전히 악하고 탁한 기질만을 부여하여 (어쩔 수 없이: 필자 주) 걸桀이나 도척盜蹠처럼 되게 하셨다”면, 천天[上帝]의 불공평함이 이보다 더 심할 수는 없을 것이요,[85] ㉡ 나아가 ‘지知’란 원래 ‘이해利害에 밝은 것’을 말함이요 ‘우愚’란 ‘이해에 어두운 것’을 이름이니, 결국 ‘지·우’라는 것도 어떤 사람이 ‘일신一身의 이해를 도모하는 일’에 관련될 따름일 뿐이지 인성人性의 품계品階와는 기실 아무런 상관도 없었기 때문이다.[86]

정약용의 ‘인성’관②: 한 인간의 도덕성은 오로지 자신의 결단과 실천에 달려 있다

결국, 정약용이 보기에 한 인간의 도덕성道德性을 좌우하는 결정적인 요

은 것은 곧 어짊을 좋아하고【본래는 ‘선善’으로 되어 있다】 악惡을 싫어하는 성性입니다. 이 성性을 확충하면 인간은 누구나 요·순이 될 수 있습니다. 그러나 품수稟受받은 기질氣質과 같은 것에는 청淸·탁濁의 구분이 없을 수 없습니다. 따라서 총명함과 지혜로움이 특별히 무리 중에서 뛰어난 인간이 있음은 속일 수 없습니다.([臣對曰] 天之所以賦性於人者, 堯·舜與人同也. 然其所同者, 卽好賢【本作 ‘善’】惡惡之性. 擴充此性, 人皆可以爲堯·舜. 若其氣質之稟, 不能無淸濁之分. 故聰明睿智, 別有拔萃而超類者, 不可誣也.)” 『詩經講義』(『定本 與猶堂全書 10』, p. 299)

84 『孟子要義』(『定本 與猶堂全書 7』, pp. 197~198) “○[鏞案] ……今閭巷卑微之民, 椎鹵如牛而能成孝子之行者, 不可勝數. 婦人, ……而黃首黑面, 恂愁陋劣者, 多辦烈女之節.”

85 『孟子要義』(『定本 與猶堂全書 7』, p. 200) “○[鏞案] ……○……天之賦予, 原自不均, 或予之以純美·純淸之氣質, 使之爲堯·爲舜; 或予之以純惡·純濁之氣質, 使之爲桀·爲蹠[跖], 天之不公, 胡至是也?”

86 『論語古今注 II』(『定本 與猶堂全書 9』, p. 274) “○[補曰] 明於利害曰: ‘知’, 暗於利害曰: ‘愚’. ‘知·愚’, 所以謀身, 非性之品也.”; 『孟子要義』(『定本 與猶堂全書 7』, p. 194) “○[鏞案] ……原夫智·愚之名, 起於謀身之工·拙. 若所謂臧武仲之智·甯武子之愚, 豈性品高·下之名乎?”

인은 밖으로부터 주어진 그 무엇이 아니라 단적으로 그 자신에게 달려 있었다. 즉, ① 인간은 태어날 때 하늘로부터 선善할 수도 있고 악惡할 수도 있는 '주체적 권능'을 부여받았기 때문에 그 자신이 선한 사람이 될 것인가 악한 사람이 될 것인가, 나아가 군자君子가 될 것인가 소인小人이 될 것인가의 분수를 결정하는 것은 오로지 그 자신의 결단과 실천에 달린 것이다.[87] ㉠ 이에 인간이 '천명天命' 즉 '도심道心'을 따라 행하면 결과적으로 선이 되고 상서로운 일이 되지만 그렇지 못하면 악이 되고 재앙이 되고 마니,[88] 이에 한 인간의 도덕성, 즉 '선·악의 문제'는 그의 구체적인 실천행위[行事] 이후에야 비로소 판단·결정될 수 있는 사안이요, ㉡ 또한, 금수와는 달리 오로지 인간 자신의 개인적인 공功·과過가 되는 것이다. ② 바로 이러한 맥락에서 정약용은 가장 우둔한 인간도 성인聖人이 될 수 있으며 가장 총명한 인간도 악인惡人이 될 수 있는 가능성은 언제나 활짝 열려 있다고 보았다.[89]

---

87 『孟子要義』(『定本 與猶堂全書 7』, p. 91) "○[鏞案] ……若以其自主之權能而言之, 則其勢可以爲善, 亦可以爲惡."; 『孟子要義』(『定本 與猶堂全書 7』, p. 94) "○[鏞案] ……故天之於人, 予之以自主之權, 使其欲善則爲善·欲惡則爲惡, 游移不定, 其權在己, 不似禽獸之有定心. 故爲善則實爲己功, 爲惡則實爲己罪. 此心之權也, 非所謂性也."; 『孟子要義』(『定本 與猶堂全書 7』, p. 189) "○[庚戌十月閣課] ……臣對曰: '……且人之於善·惡, 皆能自作, 以其能自主張也; 禽獸之於善惡, 不能自作, 以其爲不得不然也. ……'; 『孟子要義』(『定本 與猶堂全書 7』, p. 236) "○[鏞案] 若云: '稟命之初, 其分已定', 則君子·小人, 孰不分定? 分定者, 正是自家心中秤量義理, 自定其分也."

88 『中庸自箴』(『定本 與猶堂全書 6』, p. 233) "[箴曰] ……○道心与天命, 不可分作兩段看. ……須知此言乃是赫赫之天命, 循而順之, 則爲善爲祥; 慢而違之, 則爲惡爲殃."

89 정약용은 다음과 같이 말하였다: "천지天地 사이에는 원래 선善과 악惡 두 종류가 있는데, 결국 악으로 귀결되지 않으면 반드시 선으로 귀결된다. 저 기질氣質은 혼탁하지만 효孝·제弟를 돈독하게 행하는 자가 악으로 귀결되겠는가, 아니면 선으로 귀결되겠는가? '선으로 귀결된다'고 한다면, 요堯·순舜께서 비록 성인聖人이시기는 하지만, 그분들 또한 선을 행하셨던 사람에 불과할 뿐이니, '사람은 모두 요·순이 될 수 있다'는 말이 어찌 털끝만큼이라도 잘못된 것이겠는가?(○[鏞案] ……天地間原有善·惡二類, 不歸於惡, 則必歸於善. 彼氣質渾濁而敦行孝·弟者, 將歸於惡乎? 抑歸於善乎? 苟謂之'歸於善', 則堯·舜雖聖, 亦不過爲善一邊人耳, '人皆可爲堯·舜', 豈毫髮過差之言乎?)" 『孟子要義』(『定本 與猶堂全書 7』, p. 214)

　한편, 인간의 도덕성, 즉 '선善·악惡의 문제'에 대한 이상과 같은 정약용의 관점은 이에 대한 순자荀子의 입장과도 기본적으로 궤를 같이한다. 즉, ① 순자는 일찍이

정약용의 '인성'관③: 주희의 '존재'론이나 한유의 '성삼품'설은 그 화가 홍수나 맹수보다 심하다

따라서 기질氣質의 차이를 무리하게 인성人性의 품계와 연결시키고, 또 인성의 품계를 도덕적 선善·악惡의 문제로 엉뚱하게—물론 주희의 관점에서는 전혀 무리하거나 엉뚱하지 않다—비화시키는 주희의 논리나, "성상근야, 습상원야性相近也, 習相遠也"와 "유상지여하우, 불이唯上知與下愚, 不移"라는 공자孔子의 말씀을 잘못 이해한 한유韓愈[昌黎, 768~824: 中國 唐 나라의 학자]의 '성삼품性三品'설과 같은 주장들은 정약용이 보기에 도저히 용인할 수 없는 경전에 대한 오독이었다.[90] 더욱이 후자의 경우는 인성人性의 품급에 상上·중中·하下 세 가지가 있어, 상등인上等人은 한결같이 선善할 뿐이고, 중등인中

다음과 같이 말한 바 있다: "무릇 인간의 성性이란 요堯·순舜과 걸桀·도척盜跖이 같고, 군자君子와 소인小人이 같다. ……무릇 요堯나 우禹나 군자君子를 귀하게 여기는 까닭은 그들이 성性을 변화시키고 인위적 노력[僞]을 일으키며 이를 통해 예의禮義를 만들어냈기 때문이다. ……걸桀이나 도척盜跖이나 소인小人을 천하게 여기는 까닭은 그들이 (선천적인: 필자 주) 성性·정情에 따르고 방자하게 굴어 이득을 탐내고 다투어 빼앗는 데 나아갔기 때문이다. 그러므로 인간의 성性이 악惡함은 분명하며, 그 선善함은 인위[僞]이다(○……凡人之性者, 堯·舜之與桀·跖, 其性一也. 君子之與小人, 其性一也. ……凡所貴堯·禹·君子者, 能畵性·能起僞·僞起而生禮義. ……所賤於桀·跖·小人者, 從其性·順其情·安恣睢·以出乎貪利爭奪. 故人之性惡明矣, 其善者僞也)"[『荀子集解』, 「性惡」篇]; "자연[天]은 증삼曾參·민자건閔子騫·효기孝己만 편애하고 중인衆人을 외면하지 않는다. 그런데도 증삼·민자건·효기만 유독 효孝의 실천에 있어 두텁고 효의 명성에 있어 온전한 것은 무엇 때문인가? 예의禮義를 극진히 다한 까닭이다. 자연[天]은 제齊 나라와 노魯 나라의 백성만 편애하고 진秦 나라의 사람들은 외면하지 않는다. 그런데도 진 나라 사람들이 부자父子 간의 의리와 부부夫婦 간의 구별에 있어 제 나라나 노 나라 백성보다 못한 것은 무엇 때문인가? 진 나라 사람들이 성性·정情을 따라 방자하게 굴고 예의禮義를 게을리 한 까닭이다. 어찌 그 본성[性]이 다르겠는가?(○……天非私曾·騫·孝己而外衆人也. 然而曾·騫·孝己, 獨厚於孝之實而全於孝之名, 何也? 以綦於禮義故也. 天非私齊·魯之民而外秦人也. 然而於父子之義·夫婦之別, 不如齊·魯之孝具敬父[文]者, 何也? 以秦人之從情性·安恣睢·慢於禮義故也. 豈其性異矣哉?)"[『荀子集解』, 「性惡」篇] ② 이로써 순자는 ㉠ 논리적으로 '성악性惡'[Sein]과 '현실적 선善·악惡'[積僞, Sollen]을 구분하는 동시에, ㉡ 나아가 한 인간의 이러한 '현실적 선·악'을 기본적으로 '후천적인 인위적 노력의 결과'로 인식함으로써 인간을 도덕적 결정주의로부터 결정적으로 해방시키고 있다.

90 『孟子要義』(『定本 與猶堂全書 7』, p. 194) "○[鏞案] 孔子曰: '性相近也, 習相遠也. 唯[惟]上知[智]與下愚, 不移.' 韓子誤讀此文, 爲三品之說也."

等人은 인도하는 데에 따라 상등인이 될 수도 하등인下等人이 될 수도 있으며, 하등인은 한결같이 악惡할 뿐이라고 주장하고 있는데, 결국 이러한 논리는 "태어나면서부터 총명하고 지혜로운 자는 스스로 오만하고 성인聖人을 자처하여 죄악에 빠지는 것을 두려워하지 않게 만들고, 태어나면서부터 어리석은 자들은 자포자기하여 개과천선改過遷善에 힘쓸 생각을 못하도록 만들"어 종국에는 "모든 사람에게 선善으로 향하는 문을 닫아 놓고 오직 자포자기할 길만 열어 준 셈이 되"니, 정약용이 보기에 이는 천리天理를 상하게 하고 인도人道를 해침이 지독하고 매우 참담하여 그 화가 홍수나 맹수보다도 혹심하게 될 수 있는 사안이었다.[91]

그런데 문제는 정약용의 이러한 우려가 정작 기우로 그치지 않았다는 데에 있었다. 실제로 당시 조선에서 배우는 자들은 하나같이 성인聖人은 하늘이 내린 것이라 하며 스스로 굳세 선을 그어버리고 아예 성인이 되고자 하는 노력은 시도조차 하지 않게 되었던 것이니, 그가 보기에 이는 모두 이러한 설들이 초래한 재앙이었다.[92] 그렇다면 정약용은 '성인'이라는 존재를 과연 어떻게 이해하고 있었을까?

91 『論語古今注 II』(『定本 與猶堂全書 9』, p. 290) "○[案] ……上·中·下三品之說, 外若勻停, 而塞人向善之門, 啓人自暴之路, 其傷天理而害人道也, 至毒至憯, 其禍有浮於洪水猛獸, 斯不可以不辨."; 『孟子要義』(『定本 與猶堂全書 7』, p. 195) "○[鏞案] ……韓子諸人, 乃以'性相近', 爲中人之性; 以'上知[智]·下愚', 爲堯·桀之別名, 雜引左氏浮夸之說, 以證其義曰: '上知[智]生而善, 下愚生而惡.' 此其說有足以毒天下而禍萬世, 不但爲洪水猛獸而已. 生而聰慧者, 將自傲自聖, 不懼其陷於罪惡; 生而魯鈍者, 將自暴自棄, 不思其勉於遷改."

92 『孟子要義』(『定本 與猶堂全書 7』, p. 195) "○[鏞案] ……今之學者, 以聖爲天, 決意自畫, 皆此說禍之也."

4. '실천적 노력의 결과적 존재'로서의 성인

정약용의 문제의식①: 주희의 '성인'관은 신비주의적·운명론적이다

상기한 바대로, 주희朱熹가 공자孔子를 모델로 하여 상정·묘사하고 있는 '성인聖人'은 기실 현실적 존재이기보다는 오히려 일종의 '이념형Idealtypus'에 가깝다. 그리고 한 걸음 더 나아가 이러한 성인을 '신격화 내지는 신비화하는 경향'마저 보이고 있다. 물론 이러한 경향은 주희 이전, 즉 정현鄭玄[字는 康成, 127~200: 中國 後漢의 학자]과 같은 후한대後漢代 유학자들의 경전주석에서도 마찬가지로 나타나고는 있으나, 이후 송대宋代의 정주 성리학程朱性理學에 이르게 되면 그 경향이 특히 두드러져 극단에 이르고 있다는 느낌마저 가지게 한다. 이에 '성인의 경지'는 어느덧 보통 사람으로서는 측량할 길 없는 '신묘神妙한 그 무엇', 오랫동안 힘써 행하는 것[力行]이나 생각과 노력만으로는 결코 도달할 수 없는 '고원高遠한 그 무엇', 따라서 이미 '운명론적으로 결정된 그 무엇'으로 인식·표상되고 있음을 간취할 수 있다.[93]

정약용의 문제의식②: 주희의 '성인'관은 성인이 다시는 세상에 나오지 못하도록 한 원인이다

이미 젊어서부터[34세] "무릇 고묘高妙하고 황홀恍忽하며, 신변神變하고 영통靈通한 것들이란 모두가 우리 유가儒家의 기풍이 아니라"[94]는 입장에서 자신의 '실제·실천 지향적 학문방향'을 결정·일관해 왔던 정약용丁若鏞의

93 『論語集註』, 「子張」篇 第25章의 註 "○謝氏曰: '觀子貢稱聖人語, 乃知晩年進德, 蓋極於高遠也. 夫子之得邦家者, 其鼓舞羣動, 捷於桴鼓影響, 人雖見其變化, 而莫窺其所以變化也. 蓋不離於聖, 而有不可知者存焉, 聖而進於不可知之之神矣. 此殆難以思勉及也.'"

94 『陶山私淑錄』(『定本 與猶堂全書 4』, p. 312) "凡高妙·恍忽·神變·靈通者, 都非此邊氣味."

입장에서 볼 때, 이상과 같은 주희의 성인聖人에 대한 이해는 한마디로 잘못된 것일 뿐만 아니라, 그 결과적 폐단 또한 무서운 것이었다. 즉, "후세에 성인聖人을 말하는 자들은 모두가 그를 추존推尊해서 신이神異하고 황홀恍忽한 사람으로만 여길 뿐, 그가 성취하신 바가 어떤 일인지는 까마득하게 알지 못하게 되었다. 곧, 성인은 참으로 높고 신비한 인물이어서 나에게는 그렇게 될 분수가 아예 없으니, 성인을 흠모한들 무엇하겠는가라고 여긴다. 이것이 바로 성인이 다시는 나오지 못하게 된 원인이요, 또한 도道가 마침내 어두워지게 된 까닭"[95]이기도 했던 것이다.

정약용의 '성인'관①: '성인'이란 "천덕에 이른 지극히 성실한 사람"이요, 입법자이자, "경천위지의 재덕을 가진 사람"이다

그리면 정약용이 보기에 '성인聖人'이란 어떠한 존재인가? 첫째, "성인이란 ① 천도天道를 공부하심이 이미 오래되어 그의 덕德은 천天을 닮으심"에[96] 곧 "천덕天德에 이르신 사람"[97]으로서, ② 이에 그의 "덕행德行은 순수하시며, 위로는 천天에 이르실 수 있음에 천天이 깨우쳐 열어 보이시는 가르침을 받들어 이를 먼저 아시는 자"[98]인바, ③ 이로써 "성인께서

---

95 『論語古今注 I』(『定本 與猶堂全書 8』, pp. 61~62) "○[駁曰] ……後世言聖人者, 皆推而尊之, 爲神異·恍忽之人, 邈然不可見其所成者爲何事. 聖人則固尊矣·神矣, 於我了無分矣, 慕聖何爲? 此聖人之所以不作, 而道之所以終晦也, 噫!"

또한, 정약용은 다음과 같이 말하기도 하였다: "배우는 자들이 성인聖人을 추앙함이 지나치게 높기 때문에 하우下愚에 안주하게 되었다. 군주들이 당唐·우虞의 치세治世를 받듦이 지나치게 성대하기 때문에 지치至治로부터 멀어지게 되었다.(○總之, 學者仰聖人太高, 故安於下愚. 人主推唐·虞太盛, 故遠於至治.)" 『尙書古訓 I』(『定本 與猶堂全書 11』, p. 199)

96 『中庸自箴』(『定本 與猶堂全書 6』, p. 268) "[箴曰] ……聖人學天旣久, 其德至於肖天, 則其功化亦肖天."

97 『論語古今注 I』(『定本 與猶堂全書 8』, p. 249) "[補曰] ……聖者, 達天之德也."; 『孟子要義』(『定本 與猶堂全書 7』, p. 254) "○[鏞案] ……聖人小心昭事, 以達天道."

98 『尙書古訓 II』(『定本 與猶堂全書 12』, p. 78) "○[案] ……德行純粹, 上能格天, 則承天之牖啓, 可以先識, 名之爲聖, 以是也."; 『喪禮四箋 I』, 「喪儀匡 7」(『定本 與猶堂全書 18』, p. 202) "○[鏞案] ……故稽之卜筮, 以聽天命. 此古聖人有順無違之微旨也."

한편, 정약용은 이상의 성인聖人과 비견되는 존재로서 일명 '격인格人'을 들면서,

는 천天에 대해 살아서는 이를 밝게 섬기시고 죽어서는 올라가 이와 짝하시"[99]는 존재이기도 하다.

둘째, 이처럼 성인께서는 ① 그 자신의 도道가 천天에 근본하고 있음에 천天께서 지극히 성실한 것처럼 그도 역시 지극히 성실하시다.[100] 이에 '성실함[誠]'이란 바로 '성인의 별명'이기도 하나니,[101] ② 바로 이러

이에 대해 다음과 같이 말하기도 하였다: "격인格人이란 천天에 이른 사람이다. 주공周公의 말씀에 이르기를 '옛날 성탕成湯 때에는 이윤伊尹 같은 사람이 있어 황천皇天에 이르렀다. 태무太戊 때에는 이척伊陟·신호臣扈 같은 사람이 있어 상제上帝에 이르렀고, 무함巫咸이 왕가王家를 다스렸다. 조을祖乙 때에는 무현巫賢 같은 사람이 있었고, 무정武丁 때에는 감반甘盤 같은 사람이 있었다'고 하였다. 무릇 그 덕행이 순수하고 정신이 전일專一한 자로서, 상제上帝와 감통感通할 수 있어서 깨우쳐 열어 보이시는 가르침을 우러러 받들고 천명天命을 밝게 알았으니, 이를 일컬어 '격인'이라 하였다. 또한, (『國語』의: 필자 주) 「초어楚語」에 나오는 관역보觀射父의 말을 살펴보면, 옛날에 무巫가 된 자들은 본래 그들로 하여금 명신明神을 받들어 섬기도록 하였으니, 이에 무함巫咸·무현巫賢이 격인으로 나열될 수 있었다. 축사祝史나 복서卜筮의 직책에도 역시 격인이 있었다. 춘추시대春秋時代에는 그래도 소문난 사람들이 많았으나, 이후 세교世敎가 점차 사라지고 귀신鬼神의 도道가 어지러워짐에 무巫·축祝·복卜·사史 등이 모두 변하여 사술邪術이 되고 말았다.([鏞案] 格人者, 格天之人. 周公之言曰: '在昔成湯時, 有若伊尹, 格于皇天. 在太戊時, 則有若伊陟·臣扈, 格于上帝, 巫咸乂王家. 在祖乙時, 則有若巫賢; 在武丁時, 則有若甘盤.' 凡其德行純粹, 精神專一者, 能感通于上帝, 仰承啓牖, 昭知天命, 斯之謂'格人'. 又按「楚語」觀射父之言, 古之爲巫者, 本使之承事明神, 故巫咸·巫賢, 得列爲格人. 至於祝史·卜筮之職, 亦有格人. 春秋之時, 尙多聞人, 世敎淪喪, 鬼道馳騁, 而巫·祝·卜·史之等, 悉化爲邪術.)" 『尙書古訓 II』(『定本 與猶堂全書 12』, p. 46) 이로써 보건대, '격인格人'이란 은殷·주周 시대 이래로 무巫·축祝·복卜·사史 등의 직책을 가지면서 상제上帝 및 명신明神과 감통感通하는 일을 관장했던 사제司祭의 일종이었던 것으로 추측된다.

99 『詩經講義』(『定本 與猶堂全書 10』, p. 261) "[臣對曰] ……聖人之於天也, 生而昭事, 死而陟配."

100 『中庸自箴』(『定本 與猶堂全書 6』, pp. 268~269) "[箴曰] ……○(此節明)聖人之道本於天. ……[箴曰] ……○天以至誠之故, ……聖人以至誠之故, ……"

또한, 정약용은 다음과 같이 말하기도 하였다: "대저 성인聖人께서 성인이 되신 이유는 지성至誠으로써 사물을 대하시어 그 행동과 말씀이 마치 해와 달이 하늘에서 빛나는 것처럼 밝아 털끝만큼도 어둡고 가리어져 우러러 의심할 만한 것이 없도록 하시기 때문이다.(夫聖人之所以爲聖人者, 以其能至誠以待物, 使其所爲與所言, 昭乎若日月之耀乎天, 而無纖毫幽翳有足以望而疑之者也.)" 「易論 1」(『定本 與猶堂全書 2』, p. 264)

101 『中庸自箴』(『定本 與猶堂全書 6』, p. 263) "[箴曰] 誠者, 聖人之別名."

또한, 정약용은 다음과 같이 말하기도 하였다: "대저 문왕文王의 경敬이란 천天을 섬기는 경이요, 문왕의 성誠이란 천天을 섬기는 성입니다. 성誠과 경敬의 근본은 천天을 섬기는 데 있나니, 어찌 문왕께서만 그러하셨겠습니까?([臣對曰] ……大抵文

한 맥락에서 "성인께서 입법立法하시고 명명命名하심에는 모두 그러한 까닭으로서의 실리實理가 있"[102]으며, 따라서 실로 "성인의 말씀은 중인衆人의 말과는 다르다."[103]

셋째, 성인께서는 ① 항상 "천리天理와 인정人情에 따르지 않음이 없으심"[104]에 절대로 "법도를 넘어서는 일이 없으시"[105]다. ② 이에 그의 "마음은 지극히 공정하시어 사심私心이 없으시"[106]며, 또한 이러한 까닭으로 그는 항상 극단을 피하셔 '중도中道'를 지향하신다.[107] ③ 그리고 바로 이러한 마음에서 "성인께서는 등강登降하고 읍양揖讓하는 예절을 만드시어 백성에게 뭇사람들을 공경할 것을 가르치셨고, 헌수獻酬와 작준酳飬의 절차를 만드시어 백성에게 조상에게 보답할 것을 가르치셨으며,

---

王之敬, 敬于事天也; 文王之誠, 誠于事天也. 誠·敬之本, 在於事天, 何必文王耳?)" 『詩經講義』(『定本 與猶堂全書 10』, p. 264)

102 『樂書孤存』(『定本 與猶堂全書 23』, p. 161) "聖人之立法·命名, 皆有所以然之實理."
또한, 정약용은 다음과 같이 말하기도 하였다: "옛 성인聖人들께서는 실리實理에 입각하여 점례占例를 삼으셨지만, 이후의 술수가術數家들은 이를 제멋대로 늘리고 덧붙여서 상극相克·상생相生의 설을 지어냈을 따름이다.(○……古之聖人, 驗諸實理, 以爲占例, 而後之術數家, 增衍添補, 以爲相克·相生之說耳.)" 『周易四箋 I』, 「易例比釋上」(『定本 與猶堂全書 15』, p. 99)

103 『樂書孤存』(『定本 與猶堂全書 23』, p. 158) "聖人之言, 異於衆."

104 『梅氏書平』(『定本 與猶堂全書 13』, p. 212) "○[平曰] ……聖人所爲, 無不循天理而順人情."; 『樂書孤存』(『定本 與猶堂全書 23』, p. 75) "○[鏞案] ……凡聖人所爲, ……合於天理, 協於人情."

105 『論語古今注 II』(『定本 與猶堂全書 9』, p. 369) "○[補曰] 聖人不踰矩. 一有踰, 非聖人也."

106 論語古今注 I』(『定本 與猶堂全書 8』, p. 300) "○[駁曰] ……聖人之心, 至公無私, 故孟子曰: '人皆可以爲堯·舜.'"; 『樂書孤存』(『定本 與猶堂全書 23』, p. 75) "○[鏞案] ……凡聖人所爲, 皆端妙均正, ……"

107 정약용은 바로 이러한 맥락에서 다음과 같이 말한 바 있다: "궁성宮聲은 중성中聲이다. 궁성보다 큰 소리는 너무 탁하고 너무 무거워서 성인聖人은 이를 버리고 쓰지 않으셨다. 황종黃鍾은 중률中律이다. 황종보다 지나친 소리는 너무 길고 너무 멀어서 성인聖人은 이를 버리고 쓰지 않으셨다.(○[又按] ……○……宮聲者, 中聲也. 大於宮聲者, 太濁太重, 聖人棄之不用; 黃鍾者, 中律也. 過於黃鍾者, 太長太遠, 聖人棄之不用.)" 『樂書孤存』(『定本 與猶堂全書 23』, p. 41); "무릇 음音은 궁宮을 넘어서면 너무 탁해서 성인聖人이 이를 버리고 쓰지 않으셨다. 우羽를 넘어서면 너무 맑아서 성인聖人이 이를 버리고 쓰지 않으셨다.(○[鏞案] ……凡音過於宮則太濁, 聖人棄之不用; 過於羽則太淸, 聖人棄之不用.)" 『樂書孤存』(『定本 與猶堂全書 23』, p. 61)

최마衰麻와 곡읍哭泣하는 법도를 만드시어 백성에게 죽은 이를 도타이 추모할 것을 가르치셨다."108

마지막으로, 성인께서는 ① "이치에 밝으시고 사물에 통달하시기에 그가 입법立法하신 바는 모두 천리天理와 인기人紀에 화협和協함"에, 이로써 "물정物情을 고르게 하시고 인심人心을 바르게 하"시며 천성天性을 도타이 하시는109 '입법자立法者'로서, ② 또한 "성인의 법法은 널리 베푸시는 것"110이요, 성인께서는 비록 녹위祿位에는 연연하지 않으시지만 동시에 "경천위지經天緯地의 재덕才德을 가지고 있으심에 ……많은 백성을 보실 때마다 먹일 것과 가르칠 것을 생각"111하시고, 특히 고아를

---

108 「易論 1」(『定本 與猶堂全書 2』, pp. 264~265) "有聖人焉, 爲之登降·揖讓, 以教民敬衆; 爲之獻酬·醋餋, 以教民報本; 爲之衰麻·哭泣之紀, 以教民仁死."

109 『春秋考徵』(『定本 與猶堂全書 14』, p. 59) "○[鏞案] ……聖人明理達物, 故其所立法, 皆合天理而協人紀."; 『喪禮四箋 III』, 「喪期別 7」(『定本 與猶堂全書 20』, p. 101) "○[鏞案] ……凡俗禮之乖於理者, ……終不能平物情而格人心. 聖人之法, 不如是也."; 『喪禮四箋 III』, 「喪期別 8」(『定本 與猶堂全書 20』, p. 126) "○[鏞案] ……利祿位而薄天性, 豈聖人之法乎?"; 『喪禮四箋 III』, 「喪期別 8」(『定本 與猶堂全書 20』, p. 127) "○[鏞案] ……協天理而順人心, 眞爲聖人之法也."

110 『樂書孤存』(『定本 與猶堂全書 23』, p. 158) "聖人之法, 博於施."

111 『論語古今注 II』(『定本 與猶堂全書 9』, p. 71) "○[案] ……聖人懷經天緯地之才, ……每見人民之繁庶, 思所以食之, 思所以教之."

한편, 정약용은 성인聖人의 이와 같은 '경천위지經天緯地의 재덕才德'과 관련하여 군자君子의 '경륜經綸'이란 개념을 다음과 같이 정의하기도 하였다: "경經이란 직물의 세로로 들어가는 실이다. 윤綸이란 실에 질서[倫理]가 있음이다.【「석명釋名」편에서 말하였다】 따라서 대경大經·대법大法을 지음에 조리條理가 찬연粲然하여 만민萬民을 유지維持할 수 있는 것을 또한 '경륜經綸'이라 한다.(經者, 織之縱絲也. 綸者, 絲有倫理也.【『釋名』云】 故作爲大經大法, 條理粲然, 可以維持萬民者, 亦謂之'經綸'也.)" 『周易四箋 II』, 「大象傳」(『定本 與猶堂全書 16』, p. 246)

또한, 정약용은 선성先聖과 선왕先王의 '다스림의 요체'와 관련해서는 다음과 같이 말한 바 있다: "문왕文王께서 왕정王政[王道政治: 필자 주]을 행하실 적에 머리가 희끗희끗한 자가 도로에서 짐을 지거나 이지 않았고, 쉰 살 먹은 자가 비단옷을 입고 일흔 살 먹은 자가 고기를 먹었던 것들은 모두가 양로養老한 것이다. ……어찌 교상膠庠[周代의 학교명]에서의 연궤燕饋를 말하는 것이겠는가? 왕정王政에는 백성의 전산田産을 제정하는 것보다 중요한 것이 없으니, 뽕나무를 심고 가축을 기르는 것을 가르쳐서 처자를 인도하고 각기 부모를 봉양토록 만드는 것이다. 만약 기로耆老를 선발하여 사람마다 혜양惠養하려고 한다면 힘도 부족할 뿐만 아니라, 또한 은혜롭기는 하되 정치를 모르는 것이다. 이에 분전分田과 제산制産이란 본래 그들로 하여금 자기들의 부모를 봉양토록 만드는 것임을 알 수 있으니, 효제孝弟의 가르침은

구휼하고 어린이를 사랑하시나니,[112] ③ 나아가, 그는 바로 이러한 마음에서 항상 백성에게 "상祥·앙殃에 대해서도 경계해주시고 있다."[113]

정약용의 '성인'관②: '성인'이란 "보통 사람과 다름이 없는 존재"이다

그럼에도 정약용은 성인聖人의 이러한 덕德과 능력 때문에 그를 신비화하는 것은 어불성설이라 보았다. 첫째, 성인도 기본적으로 '보통 사람과 다름이 없는 존재'이다. 달리 말하자면, 보통 사람도 끊임없는 정진을 통해 얼마든지 성인이 될 수 있다는 것이다. 즉, ① 성인 또한 인심人心을 가지고 계시기에 "생각하지 않으시면 광인狂人이 될 수 있"[114]으며,

---

자연히 그 가운데서 행해짐을 알 수 있다. 누가 '정치와 교화에 두 가지 길이 있다'고 하는가?(○[鏞案] ……文王行王政, 斑白者不負戴於道路, 五十者衣帛, 七十者食肉, 皆所以養老也. ……豈膠·庠燕饋之謂乎? 土政莫大乎制民田産, 敎之樹畜, 導其妻子, 使各奉養. 若欲選其耆老, 人人而惠養之, 則不惟力不足, 抑亦惠而不知爲政也. 是知分田·制産, 本使之養其父母, 孝·弟之敎, 自然行乎其中. 孰謂'政·敎有二致'乎?)" 『孟子要義』(『定本 與猶堂全書 7』, pp. 128~129); **"산 아래 바람이 있는 것이 고괘蠱卦의 상象이니, 군자君子는 이 괘상卦象을 관찰함으로써 백성의 생활을 진작시키고 덕德을 길러준다.** ……바람이 산 아래에서 불어【지금 하괘下卦가 손巽이다】 백성의 생활이 진작되고,【백성을 새롭게 한다】 산이 위에 두터이 있으니 덕德이 길러지는 것이다.【육育과 육毓은 통한다.○즉 '기른다[止蓄]'는 뜻이다】 이것이 선왕先王들께서 천하를 다스리시던 방법인 것이다.【「단전彖傳」에서는 '천하가 다스려진다'고 하였다】(**山下有風, 蠱, 君子以振民育德**. ……風動于下,【今下巽】 而民用振作矣;【作新民】 山厚於上, 而德以亭育矣.【育·毓通.○卽'止蓄'之義】 此, 先王所以治天下也.【「彖傳」云: '天下治'】)" 『周易四箋 II』, 「大象傳」(『定本 與猶堂全書 16』, p. 253)

112 『喪禮四箋 III』, 「喪期別 17」(『定本 與猶堂全書 20』, p. 354) "○[鏞案] ……此聖人所以制爲此禮, 以勸其恤孤·慈幼也."

113 『論語古今注 II』(『定本 與猶堂全書 9』, p. 252) "○[駁曰] ……聖人著祥殃之戒, ……"
또한, 정약용은 다음과 같이 말하기도 하였다: "성인聖人께서는 또한 그들을 위해 입술이 타고 혀가 닳도록 손가락으로 가리키시고 고훈誥訓과 계명戒命의 말씀으로 깨우쳐주시어 그들이 한번 깨닫기를 바라셨다. 가리켜 깨우쳐주신 것을 조금이라도 깨닫는 자가 있으면 성인께서는 또한 그들을 위해 즐거워하시어 기쁜 안색이 얼굴에 드러난다. 이에 그들이 이미 알고 있는 것을 따라 알지 못하는 것에 이르도록 하시어, 반드시 우리가 알고 있는 것을 모조리 알도록 하신 연후에야 그만두시니, 이것이 성인의 뜻이다.(故聖人又爲之焦其脣·敝其舌, 指之以其手指, 喩之以其誥訓·戒命之辭, 冀其一悟也. 有能微悟其所指喩者, 則聖人又爲之欣愉說豫, 喜動於色. 因其所已知而進之, 使達於其所未及知, 必使之盡知吾所知者而后息焉, 此聖人之志也.)" 「易論 1」(『定本 與猶堂全書 2』, p. 264)

앞일을 미리 알지 못하셨기 때문에 공자孔子와 같은 성인조차도 광匡 땅에서 액厄을 당하셨고, 역시 칠정七情을 가지고 계셨음에 정작 무기가 와 닿았을 때는 두려워하셨던 것이다.[115] ② 또한, 상인喪人의 곁에 있는 경우처럼 특별한 상황이 아니면 성인께서도 배불리 드셨고, 그 역시 인간이어서 술을 고래처럼 마시면서도 정신이 어지럽게 되지 않는 이치는 없기 때문에 공자께서도 항상 조심하셨던 것이며,[116] ③ 일찍이 필요한 경우에는 낚시질이나 주살질, 엽각獵較도 행하셨던 것이다. 따라서 공자께서 비록 성인의 덕德을 지니셨다고는 하나, 물고기가 그를 보고 깊이 숨고 새가 높이 날아 피하는 것에는 기실 보통 사람과 매일반이었다.[117]

---

114 정약용은 다음과 같이 말한 바 있다: "이제 유씨劉氏[劉向: 필자 주]의 설에 따른다면 상지인上知人은 전혀 인심人心이 없는 자가 되고, 하우인下愚人은 전혀 도심道心이 없는 자가 되고 마니, 이 어찌 '인성人性에 대해서 아는 자'라고 할 수 있겠는가? 유씨의 말은 가장 잘못된 것이다.(○[又按] ……今劉氏之說, 有若上知全無人心·下愚全無道心, 豈可曰: '知性者'乎? 劉氏其下者也.)" 『論語古今注 II』(『定本 與猶堂全書 9』, p. 288); "성인聖人께서는 한번 노하시어 천하의 백성을 편안하게 하신다. 인간이면서 칠정七情이 없다면, 어찌 그가 인간이겠는가? 반드시 의義에 따라 발하는 것이다.(鏞曰: '聖人一怒而安天下之民. 人而無七情, 奚其爲人也? 必以義發者也. ……')" 『大學講義』(『定本 與猶堂全書 6』, p. 152); "만약 '인간의 성性에 원래 변하지 않는 품등品等[不移之品]이 있다'고 말한다면, '성인聖人이라도 생각하지 않으면 광인狂人이 되고 광인이라도 생각한다면 성인이 된다'고 하신 주공周公의 말씀은 성性이 무엇인지도 모르고 한 말이 된다(曰: '……若云: 「人性原有不移之品」, 則周公曰: 「唯聖罔念作狂, 唯狂克念作聖」, 爲不知性者也.')" 「自撰墓誌銘【集中本】」(『定本 與猶堂全書 3』, p. 274); "굶주리면 먹을 것을 생각하고 목마르면 마실 것을 생각하는 것은 비록 성인聖人이시라 하더라도 역시 벗어나지 못하는 것이다. 따라서 인심人心과 도심道心의 구별이 있게 된 것이다.(而饑思食·渴思飮, 雖聖人亦不免, 故有人心·道心之別.)" 「上弇園書【丙辰】」(『定本 與猶堂全書 4』, p. 90)

115 『論語古今注 I』(『定本 與猶堂全書 8』, p. 319) "○[駁曰] ……聖人亦有七情, 兵至不畏, 有是理乎?"; 「五學論 5」(『定本 與猶堂全書 2』, p. 304) "孔子不能前知, 畏於匡, 幾不能免."

116 『論語古今注 I』(『定本 與猶堂全書 8』, p. 373) "○[駁曰] ……惟血氣和平, 脈絡調暢, 斯可以止. 一或踰此, 則酩酊而酕醄矣. 故孔子不以觚觵爲槩, 而以不及亂爲節. 此聖人之飮酒也. 聖人亦人也, 飮若長鯨, 未有不亂."; 『論語古今注 I』(『定本 與猶堂全書 8』, p. 374) "○[駁曰] ……上篇云: '子食於有喪者之側, 未嘗飽也.' 明不在喪側, 聖人亦飽也."

117 『論語古今注 I』(『定本 與猶堂全書 8』, p. 396) "○[駁曰] ……孔子嘗釣矣·弋矣·獵較矣. 聖人雖德, 魚見之深入, 鳥見之高飛, 則孔子·子路同矣."

한편, 정약용의 이러한 주장은 서광계徐光啓[玄扈, 1562~1633: 中國 明 나라의 학자]가 '성인聖人의 마음은 만물과 혼연일체이어서 피아彼我를 망각함에, 공자孔子께서 새를 둘째, 정약용은 바로 이러한 의미에서 성인을 불필요하고도 지나치게 신비화하는 작태는 그 본래의 의도와는 정반대로 성인[孔子]을 사리분별도 못한 채 헛된 의리만 주장하는 우스꽝스러운 인물로 전락시킬 위험성 또한 있는 것으로 보았다. ① 예를 들면, 진성자陳成子가 자신의 군주인 제간공齊簡公을 시해한 사건이 일어나자 공자孔子께서 목욕재계沐浴齋戒하시고 애공哀公에게 토벌할 것을 청하신 사건[『論語集註』「憲問」篇 第22章]과 관련하여, 정약용은 『좌전左傳』에 기록된 공자의 말씀—"진항陳恒[成子]이 자신의 군주를 시해했는데, 제齊 나라 백성 중에 그에게 편들지 않는 자가 반이나 됩니다. 노魯 나라의 무리에다가 제 나라 백성의 반을 보탠다면 제 나라를 이길 수 있습니다"라고 공자께서 말씀하신 것으로 기록되어 있다. 그런데 정이程頤[伊川, 1033~1107: 中國 北宋의 학자]는 이 말이 공자의 말씀이 아니라고 보는데, 그 이유는 만일 공자께서 이러한 계산 위에서 제 나라를 토벌할 것을 청하셨다면, 이것은 힘으로 한 것이지 의리로 한 것이 아니기 때문이라는 것이다—을 사실로 받아들이고 있다. 왜냐하면, 정약용이 보기에 성인[孔子]이란 전쟁과 같은 중요한 일에 있어서는 명백히 바른 의리가 있다 하더라도 삼가 신중하게 대처하시어 덕德과 힘을 헤아려 반드시 승산이 있을 때에만 전쟁을 수행하시는 '합리적인 인물'이었기 때문이다. 따라서 정작 『좌전』에 기록된 공자의 이러한 말씀이 없었다—또는 정이程頤처럼 부정한다면—고 한다면, 이처럼 공자께서 애공에게 제 나라를 토벌할 것을 청하신 행위는 다만 허장성세로 의리만 내세우며 헛되이 큰소리나 치는 태도와 하등 다를 것이 없었던 것이다.[118] 즉 "진실로 이치에 합당한 전쟁이라면 (공자께서는: 필자 주) 일찍이 목욕재계하시고 토벌할 것을 청하셨을 것"[119]이며, ② 바로 이러한 맥락에서 성인을 진

가리키며 탄식하셨는데도 전혀 새가 놀라 달아나지 않았다'는 식으로 공자를 불필요하고도 지나치게 신비화하는 주장에 대한 비판으로 제기된 것이다.

118 『論語古今注 II』(『定本 與猶堂全書 9』, p. 143) "○[案] ……賴有『左傳』魯衆齊半之說, 纔足以證明夫子之心至誠無僞. 若去此說, 則孔子此告, 其異乎張虛義以爲大言者幾希, 千載之下, 何以知當時事情? 有如是必勝無敗之勢乎?"

119 『論語古今注 II』(『定本 與猶堂全書 9』, p. 170) "○[案] ……苟其合理, 則固嘗沐浴而請討矣."

자리 마른자리 가리지 않고 도道만을 맹목적으로 행하려는 자로 보는 것은 시세時世를 전혀 모르는 아둔한 짓에 불과하였다.[120]

정약용의 '성인'관③: '성인'이란 '실천적 노력의 결과적 산물'이다

끝으로, 정약용이 이처럼 성인聖人을 신격화·신비화의 영역, 즉 구체적 실천과는 무관한 고원한 영역으로부터 끌어내려 보다 현실적이고 인간적인 체취가 물씬 풍기는 모습으로 되살려 낸 근거이자 동시에 그 핵심적 결론이란 곧 성인 및 그의 경지 또한 본질적으로 끊임없는 '실천적 노력의 결과적 산물'이라는 점이었다.[121] 첫째, 정약용이 보기에 성인이란 기실 점진적인 하학상달下學上達의 소산이자 지속적인 수신修身과 성

---

120 『論語古今注 II』(『定本 與猶堂全書 9』, p. 301) "○[案] ……今人每云: '聖人無可無不可, 故不擇燥濕, 但欲行道', 豈知時之言乎?"

121 한편, 성인聖人을 '실천적 노력의 결과적 산물'로 보는 이상과 같은 정약용의 성인관은 기본적으로 순자荀子의 입장과 궤를 같이 하고 있다. 즉, 순자 역시 ① '성인聖人'이란 곧 "천군天君['心'을 의미하며, 이러한 심은 곧 '형체[形]의 주인'이자 '神明의 주체'가 됨: 필자 주]을 맑게 하고 천관天官을 바르게 하며 ……천정天情을 잘 길러서 천공天功을 온전케 한 자(聖人, 淸其天君, 正其天官, ……養其天情, 以全其天功)"[『荀子集解』, 「天論」篇]로서, 그럼에도 이러한 경지는 본질적으로 보통 사람이 경주한 '후천적 노력의 결과'일 뿐이니, 즉 "길가는 백성도 선善을 쌓아 이를 온전히 다한다면 이를 일러 '성인聖人'이라 할" 수 있음에 "(선을: 필자 주) 구한 연후에 얻어지고, 행한 이후에야 이루어지며, 쌓은 연후에야 높아지고, 극진히 한 이후에야 성聖이 되나니, 따라서 성인聖人이란 사람이 (후천적으로: 필자 주) 쌓아올린 결과(○……涂之人百姓, 積善而全盡, 謂之'聖人'. 彼求之而後得, 爲之而後成, 積之而後高, 盡之而後聖, 故聖人也者, 人之所積也)"[『荀子集解』, 「儒效」篇]이자, "지금 길가는 사람으로 하여금 학술學術에 힘써 심지心志를 전일專一하게 하여 사색하고 숙고하며 오래도록 선善을 쌓아 그치지 않도록 한즉, 신명神明에 통하고 천지天地와 나란히 하게 될 것이다. 따라서 성인聖人이란 사람이 쌓아올려 도달한 상태인 것(○……今使塗之人伏術爲學, 專心一志, 思索孰察, 加日縣久, 積善而不息, 則通於神明, 參於天地矣. 故聖人者, 人之所積而致也.)"[『荀子集解』, 「性惡」篇]에 지나지 않는바, 이에 "누구나 요堯나 우禹가 될 수 있고 걸桀이나 도척盜跖도 될 수 있나니, ……결국 이러한 차이는 행동거지[注錯]나 습관이 쌓인 결과일 따름(○……可以爲堯·禹, 可以爲桀·跖, ……在埶注錯·習俗之所積耳)"[『荀子集解』, 「榮辱」篇]이요, ② 또한, 동일한 맥락에서 '군자君子·소인小人' 역시 '후천적 노력의 산물'로 보았으니, 즉 "예의禮義를 쌓아 나가면 군자가 되고, ……제멋대로 (선천적인: 필자 주) 성性·정情에 따르고 학문이 부족하다면 소인이 될 뿐(○……積禮義而爲君子. ……縱性·情而不足問學, 則爲小人矣)"[『荀子集解』, 「儒效」篇]이라 주장한 바 있다.

찰의 결과물이었다. 즉, ① 요堯·순舜 및 주공周公과 같은 앞선 성인들은 물론이려니와 "공자孔子 또한 ㉠ 상지인上知人이셨지만 기실 '삼십이립三十而立'·'사십이불혹四十而不惑'·'오십이지천명五十而知天命'·'육십이이순六十而耳順'·'칠십이불유구七十而不踰矩'로 한 걸음 한 걸음씩 옮겨가시며 하학상달下學上達하셨던 것이다."[122] ㉡ 또한, 성인이신 "문왕文王께서도 『주역周易』을 지으시면서 오로지 허물을 고치는 것으로 법문法門을 삼으셨으니, 이에 '회悔'와 '인吝'을 「단전彖傳」과 「상전象傳」의 대관大觀으로 삼으셨다. 이러한 사실은 명백히 생지生知의 성인이시라 하더라도 일찍이 삼가 조심스런 마음으로 두려워하시며 자신의 몸을 닦고 반성하지 아니하심이 없었음을 보여주고 있는 것"[123]이요, 바로 이러한 의미에서 "『주역』이

---

122 『論語古今注 I』(『定本 與猶堂全書 8』, p. 279) "○[駁曰] ……自古無天生知之者."; 『論語古今注 II』(『定本 與猶堂全書 9』, pp. 274~275) "○[案] ……孔子亦上知也, 三十而立·四十而不惑·五十而知命·六十而耳順·七十而不踰矩, 步步移轉, 下學而上達."; 『中庸講義補』(『定本 與猶堂全書 6』, p. 362) "○[今案] ……雖堯·舜·周·孔之聖, 自生至死, 步步向上."

123 『論語古今注 II』(『定本 與猶堂全書 9』, p. 290) "○[案] ……文王作『易』, 專以改過爲法門, 故'悔'·'吝'爲「彖」·「象」之大觀, 明生知之聖, 未嘗不小心翼翼·恐懼修省."

한편, 정약용은 다음과 같이 말하기도 하였다: "『주역周易』은 오로지 '회悔'와 '인吝'만을 본다. 회悔는 잘못을 고칠 수 있음이요, 인吝이란 잘못을 고치지 않음이다. 회悔하면 끝내 길吉하고, 인吝하면 끝내 흉凶하니, 성인聖人의 경계이다.(○[案] ……『周易』專觀'悔'·'吝'. 悔者, 能改過也; 吝者, 不改過也. 悔則終吉, 吝則終凶, 聖人之戒也.)" 『心經密驗』(『定本 與猶堂全書 6』, p. 206); "잘못을 고치는 것을 '회悔'라 하고, 잘못을 고치지 않는 것을 '인吝'이라 하니, 회悔와 인吝은 『역』학가『易』學家의 근본취지[大義]인 것이다.(改過曰: '悔', 不改過曰: '吝', 悔·吝者, 『易』家之大義也.)" 『周易四箋 I』, 「易例比釋 上」(『定本 與猶堂全書 15』, p. 84); "사람이 덕德을 닦음에 뉘우칠 일이 있으면 반드시 고치게 되니, 따라서 괘효卦爻가 변한 것을 또한 '회悔'라 이름붙이는 것이다.【이는 『역易』의 대의大義이다】 회悔란 변하는 것이다.【하해何楷가 말했다】(人之修德, 悔則必改, 故卦爻之變, 亦名爲'悔'.【此『易』之大義】 悔者, 變也.【何楷云】)" 『周易四箋 I』(『定本 與猶堂全書 15』, p. 116); "(『尙書』의: 필자 주) 「홍범洪範」편에 '왈정曰貞, 왈회曰悔'라는 말이 나오는데, 여기서 '회悔'란 (卦가: 필자 주) 변하는 것이고, '정貞'이란 변하지 않는 것이다. 또한, 잘못을 고침을 '회悔'라 하고, 잘못을 고치지 않는 것을 '인吝'이라 한다.(○[案] 「洪範」: '曰: 「貞」, 曰: 「悔」', '悔'者, 其變也; '貞'者, 其不變也. 又改過曰: '悔', 不改過曰: '吝'.)" 『周易四箋 I』(『定本 與猶堂全書 15』, p. 116); "목강穆姜의 말은 (改過遷善을 추구하는: 필자 주) 『역易』의 이치와 깊이 부합한다.(穆姜之言, 深合『易』理.)" 『周易四箋 II』, 「『春秋』官占補註」(『定本 與猶堂全書 16』, p. 232); "『주역周易』이란 책은 성인聖人께서 개과천선改過遷善을 위해 엮으신 책이다. 따라서 점占이 잘

란 성인께서 허물을 고쳐 올바른 데로 나아가시기 위해 만드신 책"124 이기도 하였다. ② 따라서 정약용이 보기에, 문왕께서 성인의 경지에 이르신 것을 마치 초목이 자연스레 저절로 커가는 것처럼 생각하는 자들은 결코 성인을 아는 자라고 말할 수 없었으니, 왜냐하면 사실이 "참으로 이러하다면, 후직后稷이나 문왕은 인류 위에 별도의 한 부류가 되어, (결과적으로: 필자 주) 우리가 마땅히 흔모欣慕해야 할 대상에서 벗어나기 때문"이었다.125

둘째, 정약용은 ① 바로 이러한 관점에서 성인이 되는 구체적인 실천방안으로서 "신독愼獨으로써 천天을 섬기고, 서恕를 힘써 행하여 인仁을 구하며, 또한 이를 변함없이 오래하여 쉬지 않는다면 곧 성인"126이

변한 경우를 일컬어 '회悔'라 하니, 회悔란 개과改過를 꺼리지 않음의 명칭이요, 점占이 쉽사리 변하지 않은 경우를 일컬어 '인吝'이라 하니, 인吝이란 개과改過를 기꺼워하지 않음의 명칭이다.(『周易』一部, 是聖人改過遷善之書也. 故謂其占之善變者曰: '悔', 悔者, 改過勿憚之名也; 謂其占之不遽變者曰: '吝', 吝者, 改過不肯之名也.)" 『周易四箋 II』, 「繫辭上傳」(『定本 與猶堂全書 16』, p. 276); "예로부터 성현聖賢들께서는 모두 잘못을 고침을 귀하게 여기셨다. 간혹 애초부터 잘못이 없는 것보다 도리어 낫다고 여기기까지 하셨으니, 이는 무슨 까닭인가? ……이는 잘못을 고치는 것이 잘못이 없는 것보다 어렵기 때문이다.(自古聖賢, 皆以改過爲貴. 或至以爲却勝於初無過者, 此何以哉? ……此所以改過之難於無過也.)" 『陶山私淑錄』(『定本 與猶堂全書 4』, p. 319)

124 『周易四箋 I』, 「易例比釋 上」(『定本 與猶堂全書 15』, p. 84) "『易』者, 聖人所以改過而遷義也."

125 『論語古今注 II』(『定本 與猶堂全書 9』, p. 290) "○[案] ……今乃以'傳不勤·師不煩', 謂: '文王自然成聖, 如艸木之滋長然'者, 其可曰: '知聖人'乎? 審如是也, 稷與文王, 是於人類之上, 別爲一類, 非吾人之所當欣慕者也."

한편, 동일한 맥락에서 정약용은 일찍이 다음과 같이 말하기도 하였다: "(사람이: 필자 주) 지려智慮를 미루어 운용하는 데에도 한계가 있고, 교사巧思를 활용하여 사리를 연구하는 것에도 차서가 있다. 따라서 아무리 성인聖人이시라 하더라도 천 명이나 만 명의 사람이 함께 의논한 것에는 당해내실 수 없으며, 아무리 성인이시라 하더라도 하루아침에 그 아름다운 덕을 모조리 갖추실 수는 없는 것이다.(而智慮之所推運有限, 巧思之所穿鑿有漸, 故雖聖人不能當千萬人之所共議, 雖聖人不能一朝而盡其美.)" 「技藝論 1」(『定本 與猶堂全書 2』, pp. 281~282)

126 『心經密驗』(『定本 與猶堂全書 6』, p. 220) "○[案] ……若愼獨以事天, 强恕以求仁, 又能恒久而不息, 斯聖人矣."

또한, 정약용은 동일한 문제의식에서 다음과 같이 말하기도 하였다: "지금 사람들이 성인聖人이 되고자 해도 그럴 수 없는 것에는 세 가지 이유가 있다. 첫째는

라고 함축적이고도 의미심장하게 천명한 바 있으며, ② 나아가 성인께서 상제上帝를 밝게 섬기셨던 학문의 실상이란 기실 "본심本心[道心: 필자주]에서 천명天命을 구하는 것"[127]에 지나지 않았음을 강조하기도 하였다.

정약용의 '성인'관이 함축하는 경학적 의미

결국, 이상과 같은 정약용의 '성인聖人'관은 특히 그의 인간론에 있어 이중적인 경학적 의미를 내포하는바, 즉 ① 한편으로는 은연중에 성인에 대한 운명론적·결정론적 이해를 조장·함축했던 정주성리학의 '성인'관에 대한 직접적 비판과 거부를 의미하는 것이라면, ② 다른 한편으로는 보다 일반적으로 '열린 도덕적 존재'로서의 인간에 대한 그 자신의 일반적 관심과 태도를 재확인하고 완성하는 의미 또한 함축하는 것이기도 하였다.

5. 소결

이상에서의 논의는 정약용丁若鏞이 자신의 사서경학四書經學을 통해 주희朱熹의 인간론人間論의 요체를 비판적으로 검토하는 가운데 자기 나름의 독자적이고도 체계적인 인간론을 제기하였던 주요내용이다. 그러면 지금부터 정약용의 이러한 인간론이 지닌 경학적 의미를 '대안적 세계관의 모색과 구성'라는 맥락에서 간단하게 음미해 보기로 하자.

'천天'을 '이理'로 인식함이요, 둘째는 '인仁'을 '만물을 생성하는 이理'로 인식함이며, 셋째는 '용庸'을 '평상平常'으로 인식함이 바로 그것이다.(○[案] 今人欲成聖而不能者, 厥有三端. 一認'天'爲'理', 二[一]認'仁'爲'生物之理', 三認'庸'爲'平常'.)" 『心經密驗』(『定本 與猶堂全書 6』, p. 220)

127 『中庸自箴』(『定本 與猶堂全書 6』, p. 230) "[箴曰] ……○……求天命於本心者, 聖人昭事之學也."

주희의 인간론은 일반적으로 '하나의 세계관'이 필수적으로 포괄하고 있는 일 국면, 즉 이 '세계 내 인간주체human subject를 호명interpellation—인간 자신의 자아정체성에 대한 포괄적인 이데올로기적 해명—하는 국면'에 대한 집중적인 해명과 관련된다. 이에 그 핵심적 내용을 요약하자면, ① '이理[性]와 기氣[形]의 복합체'로서의 인간, ② 천지간天地間의 오행五行[水·火·木·金·土] 가운데 '가장 빼어난 정기精氣—정밀하고[精], 바르고[正], 두루 통하는[通] 것—를 받아 생겨난 존재'로서의 인간, 따라서 그 자신의 몸조차도 천지天地의 모양을 체현하고 있을 뿐만 아니라, '유일하게 도리道理를 알고 지식知識을 가진 존재'로서의 인간, ③ 선천적으로 타고난 기질氣質의 혼명昏明·청탁淸濁의 차이에 따라 자신의 윤리적 선善·악惡 또한 결정되는 존재로서의 인간, ④ 현실적인 존재이기보다는 오히려 '이념형理念型에 가까운 존재'로 상정되고 있는 '성인聖人'의 개념 등이 바로 그것이다.

이에 대하여 정약용은 주희의 이기론理氣論에 대한 비판과 독자적인 생성론生成論의 철학적 기반 위에서 그 나름의 대안적인 인간론을 전개하고 있는바, 즉 ① 상제上帝[天]로부터 부여받은 영명靈明한 '본체本體[神]'와 부모로부터 받은 '몸[形]'이 오묘하게 결합된 존재, 즉 '신형묘합神形妙合의 존재存在'로서의 인간, ② 유형의 세계와 관련해서는 '유일하게 도의지성道義之性을 가진 존재'이며, 따라서 이러한 세계에 있어서는 당연히 '주권적 지위를 점유하고 있는 존재'로서의 인간, ③ 한 인간의 윤리적 선善·악惡의 여부는 반드시 구체적인 실천행위[行事] 이후에야 비로소 판정되는 것이요, 인간이 선천적으로 타고난 기질氣質의 차이는 단지 그의 지우知愚·혜둔慧鈍의 등급을 결정할 뿐이라는 맥락에서 결국 '도덕적으로 열린 존재'로 상정되는 인간, ④ 참으로 '높고 신비한 인물'임에는 틀림없지만 그럼에도 기본적으로 '보통 사람과 다름이 없는 존재', 따라서 후천적인 '오랜 노력과 끊임없는 정진을 통해 누구나 도달할 수 있는 경지'로서의 '성인聖人' 개념 등이 그것이다.

이상의 논의를 통해서 우리는 정약용이 주희와는 그 전제와 내포를 완전히 달리하는 독자적인 인간론을 전개·완성시키고 있음을 살펴볼 수 있다. 특히, 정약용의 인간론을 주희의 입장과 대비할 때 가장 두드러지는 특징은 무엇보다 윤리적 실천과 관련하여 인간이 가진 '자주적 권능'을 강조함으로써 결과적으로 후자가 함축한바 '도덕적 결정주의'를 결정적으로 타파하고 있다는 점이다. 즉, 인간이 선천적으로 타고난 기질氣質의 차이를 인성人性의 품계와 곧바로 연결시키고 나아가 인성의 품계를 다시금 윤리적 선善·악惡의 문제로 직접 비화시키는 주희의 인성론人性論은 사실상 '천인합일天人合一'의 유기체론적 질서감각과 아울러 당시 사회의 폐쇄적이고 위계적인 신분질서 및 통치제도의 정당성을 학문적으로 반영·보증하는 이데올로기성을 함축하고 있었던 것인바, 정약용의 이상과 같은 새로운 인간론은 바로 이러한 전통적인 신분제적 족쇄로부터의 '인간의 해방'을 논리적·내재적으로 지향하고 준비했던 '유교적 합리주의의 일 결정체'이자, 또한 이를 사상적으로 의미심장하게 뒷받침했던 '한국적 근대성의 일 선언'이라 할 것이다.[128] 왜

---

128 정약용의 인간론 및 윤리론의 근대적 함의에 대한 이상과 같은 필자의 평가는 어디까지나 정약용의 경학經學이 내포하고 있는 논리적 가능성 및 사상적 지향성에 주목한 것이다. 물론 정약용이 당시 조선사회의 신분제도가 전반적으로 해체되어 가는 양상에 대해 취한 태도는 복합적이다. 즉, ① 정약용은 일찍이 관료로서 활약할 때부터 당색黨色·출신지역·문벌·신분에 따라 인재등용에 사실상 제한을 두었던 폐단에 대하여 "온 나라의 훌륭한 영재英才를 다 뽑아 발탁하더라도 오히려 부족할까 염려되는데, 하물며 8, 9할을 버린단 말입니까?(盡一國之精英而拔擢之, 猶懼不足, 況棄其八九哉?)"라고 맹비판하는 가운데, 이에 대한 근본적인 해결책으로서 10년마다 한 차례씩 '무재이능과茂才異能科'를 시행하여 "서북지방과 양도兩都[開城과 江華島: 필자 주] 및 중인中人·서류庶流로부터 일반 천민賤民에 이르기까지 무릇 경학經學에 밝고 행실行實을 닦으며 문학文學과 정사政事에 특별히 뛰어난 자가 있으면 묘당廟堂·관각館閣·대성臺省의 신하들로 하여금 각자 들은 대로 천거하게 하고, 또한 방백方伯과 같이 외방에 거류하는 신하들도 각자 아는 대로 천거하게 합니다. 이렇게 하여 대략 1백 명을 천거한 다음 서울에 모이게 하여 경학經學과 시부詩賦 및 논책論策을 시험하고 옛날 국가가 흥하고 망한 자취를 물으며 당세의 경세제민經世濟民의 시무時務를 문의하여 10명을 뽑아서 과거科擧의 명목을 주는 것입니다. 무릇 이 과거에 합격한 자는 아래로는 대성臺省·관각館閣으로부터 위로는 의정부議政府와 이조吏曹에 이르기까지 임명하는 데 구애됨이 없도록 하여 소위 벌열가閥閱家

냐하면, 여기에는 당시 조선사회가 더 이상 기존의 '천인합일'의 윤리적 명분론名分論과 이에 근거한 신분제의 틀에만 고착되기 어려워진 전환기적 시대상황 하에서 '진리眞理의 영역'과 '윤리倫理의 영역'—'존재[Sein]'와 '당위[Sollen]', '물리物理'와 '도리道理', '자연세계'와 '인간사회'—의 분리, 다시 말하면 '천인지분天人之分'이라는 이른바 '인식론적 각성'을 명확히 전제·표명하고 있기 때문이다.[129]

란 집안과 똑같이 대우하여 그 자손들도 영원토록 청명淸明한 집안이 되게 하는 것입니다. 이렇게 하면 나라의 풍속을 개혁함이 없이도 막혀있는 인재를 진작시키고 답답한 울분을 소통시킬 것이니, 이 방법보다 좋은 것은 없습니다(抑有一法可以行之者, 每十年一次設茂才異能科, 西北·兩都, 中人·庶流, 以至凡民之賤, 凡有經明·行修·文學·政事之拔類超群者, 令廟堂·館閣·臺省之臣各薦所聞, 又令方伯居留之臣各薦所知. 大約薦百人, 聚之京師, 試其經學, 試其詩賦, 試其論策, 詢之以往古興敗之跡, 訪之以當世經濟之務, 取十人賜之以科目. 凡登是科者, 下自臺省·館閣, 上至政府·銓部, 無所拘礙, 與所謂閥閱家等之, 使其子子孫孫永作淸明之族, 則其于國俗, 無所改易, 而振淹滯·疏幽鬱, 無出此右者也)"[「通塞議」(『定本 與猶堂全書 2』, pp. 148~149)]라고 정조正祖에게 강력히 건의한 바 있으며, 심지어는 서얼庶孼의 등용과 관련해서도 "무엇 때문에 서얼의 등용을 막는단 말인가? ……(옛날 우리 英宗大王께서 成大中[靑城, 1732~1812] 등 서얼들에게: 필자 주) 대간臺諫의 직을 제수除授하신 것은 작은 일이다. 반드시 재상宰相에 임명해야 옳다(庶孼何枳哉? ……臺諫其小者也, 必相而后可者也)"[「庶孼論」(『定本 與猶堂全書 2』, p. 341)]라고까지 역설하기도 하였다. ② 반면, 정약용은 이후 자신의 '예禮'관을 통해 '상하의 지위를 결정하고 혐의嫌疑를 구별하는 수단'이자 '존비와 귀천을 구별하는 기준'으로서의 '예' 개념을 강조한 바 있으며, 또한 이처럼 '변등辨等'을 중시하는 입장에서 그가 살았던 시대의 사회신분제도가 해체되어 가는 양상에 대해서도 "신해년[1731년, 英祖 7: 역자 주] 이래로 한결같이 귀족貴族은 날로 시들어가고 천민賤民은 날로 횡포해짐에, 상하의 기강이 문란하게 되어 교령敎令이 시행되지 않는다(一自辛亥以來, 貴族日彫, 賤類日橫, 上下以紊, 敎令不行)"[『牧民心書 II』, 「禮典六條」(『定本 與猶堂全書 28』, p. 279)]라고 비판적으로 인식하기도 하였다.

129 이와 같이 정약용이 표명한바 '인식론적 각성'의 성과는 기실 유교적 전통에서 나타난 미증유의 성과이거나 또는 서학西學과 같은 외부로부터의 충격에서 유래한 배타적 소산이기보다는 오히려 고대유가古代儒家의 인식론의 전통, 즉 순자荀子의 '천인지분天人之分'설과 함께 조선후기의 탈성리학적脫性理學的 경학전통京學傳統에서 표명된바 동일한 인식론적 문제의식의 유산을 정약용이 당시 조선사회의 역사적·사회적 조건과의 관련성 하에서 창조적으로 계승하여 재활용한 결과로 봄이 보다 타당할 것으로 사료된다. 왜냐하면 정약용이 접했던 서학이란 기본적으로 서구의 르네상스기에 개화되었던 과학·기술에 토대를 둔 것으로서, 이후 서구에서 이른바 '과학혁명'을 거치며 정식화된 서구 근대철학에서의 인식론적 각성의 성과와는 기실 거리가 멀기 때문이다.

참고로 순자는 일찍이 '천인지분'의 인식론적 입장을 나름대로 명확히 정립·천명한 바 있으니, 즉 그는 ① "자연[天]의 운행은 일정한 법칙성을 가진다. 요堯 때문에 있는 것도 아니요, 걸桀 때문에 없어지는 것도 아니다. 이에 부응하여 잘 다스리면 길하고, 이에 부응하여 어지럽히면 흉할 뿐이다. ……(자연[天]의: 필자 주) 앙화殃禍와 치세治世는 별개이다. 자연[天]을 원망할 것이 아니니, 그 도道가 그러했을 뿐이다. 그러므로 자연[天]과 인간사[人]를 명확히 구분할 수 있다면, '지인至人'이라 말할 수 있을 것이다. ……치治와 난亂은 자연[天]에 의한 것인가? 말하자면, 해와 달과 별들이 순환하니, 이는 우禹와 걸桀 때도 똑같은 바였다. 그럼에도 우의 때는 다스려졌고 걸의 때는 어지러웠다. 치治와 난亂은 자연[天]에 의한 것이 아니다(天行有常. 不爲堯存, 不爲桀亡. 應之以治則吉, 應之以亂則凶. ……殃禍與治世異. 不可以怨天, 其道然也. 故明於天人之分, 則可謂'至人'矣. ……○治亂天邪? 曰: '日月星辰瑞厤, 是禹·桀之所同也. 禹以治, 桀以亂. 治·亂非天也. ……')"[『荀子集解』, 「天論」篇]라거나 "무릇 별이 떨어지거나 나무가 울어대는 것은 천지天地의 변화이자 음양陰陽의 조화요 드물게 일어나는 사물의 현상이니, 이를 괴이하게 여김은 괜찮으나 두려워함은 잘못이다. 그러나 이미 일어난 사물의 현상 가운데 인요人祆의 경우는 두려워할 만한 것이다. ……인요는 사회의 혼란에서 생기는 것이다(○……夫星之隊·木之鳴, 是天地之變·陰陽之化·物之罕至者也. 怪之可也, 而畏之非也. 物之已至者, 人祆則可畏也. ……祆是生於亂)"[『荀子集解』, 「天論」篇]라고 주장함으로써 이른바 '자연[天]'[Sein]과 '치治·란亂'[Sollen], '천지天地의 변화'[Sein]와 '인요人祆'[Sollen]를 인식론적으로 준별한 바 있으며, ② 또한, "사람의 관상을 보는 일은 옛사람에게는 없었고 학문하는 자는 말하지 않았다. ……따라서 생김새로 관상을 보는 것[相形]은 마음을 따짐[論心]만 못하고, 마음을 따짐은 도술道術을 택함[擇術]만 못하다. 생김새는 마음을 이기지 못하고, 마음은 도술을 이기지 못한다. 도술이 올바르고 마음이 순順하다면 비록 생김새가 추악하더라도 마음과 도술은 아름다울 것이니, 군자君子가 되는 데에 방해가 되지 않는다. 생김새가 비록 아름답더라도 마음과 도술이 추악하다면, 소인小人이 되는 데에 방해가 되지 않는다. 군자는 '길吉하다'고 말하고 소인은 '흉凶하다'고 말한다. 따라서 키가 크고 작거나 생김새가 아름답거나 추악한 것은 길吉·흉凶이 아니다(相人, 古之人無有也, 學者不道也. ……故相形不如論心, 論心不如擇術. 形不勝心, 心不勝術. 術正而心順, 則形相雖惡而心術善, 無害爲君子也. 形相雖善而心術惡, 無害爲小人也. 君子之謂'吉', 小人之謂'凶', 故長短大小·善惡形相, 非吉·凶也)"[『荀子集解』, 「非相」篇]라고 역설함으로써 선천적인 '생김새'[Sein]와 후천적인 '군자君子·소인小人'[Sollen]을 명확히 구분하기도 하였다.

한편, 조선후기의 탈성리학적脫性理學的 경학전통經學傳統에서 '도리道理와 물리物理의 분리[天人分離]'를 지향했던 인식론적 유산의 대표적 사례를 들자면 '박세당朴世堂[西溪, 1629~ 1703]'과 '정제두鄭齊斗[霞谷, 1649~1736]'의 입장을 들 수 있을 것이다. 즉, ① 박세당은 "대개 천지天地의 마음[心][자연법칙: 필자 주]은 걸桀과 주紂를 위해서 바르지 못한 것도 아니었고, 탕湯과 무武를 위해서 비로소 바르게 된 것도 아니었다. 걸과 주는 천지의 마음에 합하지 않았던 까닭에 천토天討가 그들에게 행해졌고, 탕과 무는 천지의 마음에 합했던 까닭에 천명天命이 그들에게 돌아갔다. 이러한 의미에서 천지의 마음은 항상 한결같을 따름이요, 애초 인간 때문에 일찍이 바르기도 하고 바르지 않기도 하는 것이 아님을 알 수 있다(若夫天地之心, 則不爲桀·紂而不得其正, 不爲湯·武而始得以正. 桀·紂以不合於天地之心, 故天討行焉; 湯·武以克合於天地之心, 故天命歸焉. 由是則天地之心常於一, 初未嘗由人而有正·不正者, 卽可見也)"[『思辨錄【『中庸』】』, 「第1章」의 註]라고 주장한 바 있으며, ② 정제두 또한 "군주의 어짊과 아버지의 자애로움은 소당연지칙所當然之則이자 심心의 당연한 이치[理]로서, 이는 천지만물天地萬物이 일체一體가 되는 것이자 의리義理로서 나면서부터 아는 것이다. 하늘이 높고 땅이 두터운 것은 소이연지리所以然之理이자 사물[物]의 당연한 이치로서, 이는 지식知識과 기능技能 및 기예技藝가 나오는 것이다.(○君之仁·父之慈, 所當然之則, 心所以當然之理, 是天地萬物一體者, 義理生而知之者. 天之高·地之厚, 所以然之理, 物所以當然之理, 是知識·技能·藝之出者)"[『存言【中】』(『霞谷集』, 卷9, p. 256)]라고 역설한 바 있다.

제4장

다산 정약용의 윤리론

"'인仁·의義·예禮·지智'라는 명칭은
일을 행한 뒤에 이루어지는 것이다.
그러므로 사람을 사랑한 뒤에야 그것을 '인仁'이라고 하나니,
사람을 사랑하기 이전에는 '인仁'이라는 명칭이 성립되지 않는다. ……
어찌 인仁·의義·예禮·지智라는 네 알맹이가 복숭아나 살구의 씨처럼
사람의 마음속에 덩어리로 잠재해 있는 것이겠는가?": 『맹자요의孟子要義』

일반적으로 인간人間 자신의 자아정체성에 대한 포괄적인 이데올로기적 해명을 추구하는 “인간이란 무엇인가?”라는 철학적 의문은 단지 인간에 대한 존재론적 인식만으로는 결코 완전히 해소되지 않는다. 이는 반드시 “인간이란 도대체 무엇일 수 있으며, 또한 의당 무엇이어야만 하는가?”라는 당위론적 질문을 수반하는 동시에 필히 이러한 질문과 연결되기 마련이다. 그리고 어떤 한 시대의 구체적인 역사적·사회적 조건과의 관련성 하에서 이러한 의문에 대한 체계적이고도 의미 있는 해명이 이루어졌을 때, 이것이 바로 그 시대의 윤리론倫理論을 구성하게 될 것이다.

그러면 정약용丁若鏞은 자신의 『시문집詩文集』과 사서경학四書經學에서 이러한 윤리론과 관련하여 구체적으로 어떤 의견을 개진하고 있을까? 이러한 질문에 대한 답변이 본 장에서의 핵심적인 주제가 된다. 이에 본 장에서는 주로 ‘도道’의 의미, ‘덕德’의 성격과 그 내용, ‘예禮·악樂’의 정의와 그 효용의 문제에 초점을 맞추어 정약용의 윤리론을 살펴보고자 한다. 물론 그의 논의의 실마리와 배경은 주로 이 주제와 관련된 ‘주희朱熹의 견해에 대한 비판적 검토’에서 주어진다. 특히 정약용의 윤리론은 주희의 해당 입장이 정작 과시하는바 형이상학적 심오성과 논리적 체계성이란 것이 역설적이게도 경전에 대한 올바른 이해를 방해함으로써 결과적으로 “천하는 나날이 부패하고 다시는 새로워질 수 없게 된”[1] 폐단으로 귀결되고 말았다는 나름의 절절했던 독자적 우환의식에서 출발하고 있다.

1 『論語古今注 I』(『定本 與猶堂全書 8』, pp. 58~59) “○[駁曰] ……(道德何物? 今人認‘德’字, 元不淸楚, 讀聖經遇‘德’字, 茫然不知爲何物. 第以淳厚渾朴·不辨淸濁者, 爲有德, 意欲以此箇氣象·坐理天下, 庶幾萬物自然歸化, 而當局臨事, 不知從何處著手, 豈不迂哉?) 此天下所以日腐爛而莫之新也.”

I. 주희의 윤리론

정주성리학程朱性理學의 이기론理氣論은 이미 살펴본 바대로 인간사에 있어 '존재存在[Sein]'의 문제와 '당위當爲[Sollen]'의 문제를 하나의 설명틀로써 일거에 해명하고 정당화하는 이론적 기반이다. 따라서 유가윤리의 기본개념을 나름대로 재인식하고 규정함에 있어서도 주희朱熹는 자신의 이기론적 해석체계에 그대로 의거하고 있다. 그러면, 여기서 주희는 '도道'와 '덕德' 및 '예禮·악樂' 개념과 관련하여 구체적으로 어떠한 의견을 각각 개진하고 있는지 간단하게 일별해보기로 하자.

주희의 '도'관: '도'란 '형이상의 법칙·원리'로서의 '이'이자 '성'이다

일반적으로 '도道'라는 개념은 "인간이 모두 따라가야 할 길[人所共由之路]"로 규정된다. 그런데, 이러한 '도'가 주희의 시각을 통해서는 첫째, 그 성격상 단연 '형이상形而上의 법칙·원리'로서의 '이理'로 인식된다. 즉, ① "도道라는 것은 모두 사물에 있어서의 당연히 그러해야 할 이理"를 가리키는 것으로서, 전체적으로 볼 때 "도道는 통명統名이요, 이理는 그 세목細目"에 해당한다. ② 그리고 이러한 도道[天道·天理]가 인간을 포함한 만물이 각각 생겨날 때 부여되면 이는 곧 '성性'이 된다. 따라서 "도道는 곧 성性이요, 성은 곧 도로서, 참으로 같은 것[一物]일 따름"이요 "그 실상은 한 가지 이理[一理]"일 뿐이다.[2]

2 『論語集註』, 「學而」篇 第14章의 註 "凡言道者, 皆謂事物當然之理, 人之所共由者也."; 『論語集註』, 「里仁」篇 第8章의 註 "道者, 事物當然之理."; 『論語集註』, 「公冶長」篇 第12章의 註 "性者, 人所受之天理; 天道者, 天理自然之本體, 其實一理也."; 『朱子語類』, 卷6(「性理 3」), p. 99.(中華書局, 1981) "道是統名, 理是細目. 道訓路, 大概說人所共由之路. 理各有條理界瓣."; 『朱子語類』, 卷5(「性理 2」), p. 82.(中華書局, 1981) "理者, 天之體; 命者, 理之用. 性是人之所受, 情是性之用. ……天所賦爲命, 物所受爲性. ……道卽性, 性卽道, 固只是一物. ……性卽理也. 在心喚做性, 在事喚做理."; 『孟子集註』, 「梁惠王章句下」篇 第15章의 註 "(而)不循天理之正者, 非聖賢之道也."; 『孟子集註』, 「公

둘째, 주희가 보기에 이처럼 도道란 그 본질상 '형이상의 실체'로서 당연히 '무형의 것'[3]이기 때문에 인간사와 관련하여 이를 구현하기 위해서는 반드시 '유형적이고 물적인 그 무엇'으로 재규정될 필요가 있었다. ① 바로 이러한 맥락에서 주희는 공자孔子 또한 "도道를 말씀하실 때는 항상 일상생활에서 벗어나지 않으셨던 것"[4]으로 해석하는 동시에 "도道란 일상생활 속에서 마땅히 행해야 할 바로서의 인륜"[5]으로 재규정하면서, 보다 구체적으로는 『서경書經』의 「순전舜典」편에 나오는 '오전五典'이나 맹자孟子께서 말씀하신바 '부자유친父子有親·군신유의君臣有義·부부유별夫婦有別·장유유서長幼有序·붕우유신朋友有信'이 바로 이것에 해당한다고 보기도 하였다.[6] ② 그리고 이러한 무형의 도道가 구체적인 그 무엇으로 현현하였을 때 이는 다름 아닌 '문文' 또는 '문장文章'이 되니, 곧 예악禮樂과 제도制度, 위의威儀와 문사文辭로 나타나게 된다는 것이다.[7]

마지막으로, 주희는 또한 천하의 도道에는 두 종류가 있다고 보기도 하였으니, 곧 '정도正道[常道]'와 '권도權道'가 바로 그것이다. 즉, ① 정도가 '만세萬世의 떳떳함[常]'에 해당한다면, 한편 권도란 '일시一時의 운용[用]'에 상응한다. ② 이에 정도는 누구나 다 지킬 수 있는 것이지만, 반면 권도는 부득이한 경우로서 도道의 본령을 체행體行한 자가 아니면 쓸

孫丑章句上」篇 第2章의 註 "道者, 天理之自然."; 『中庸章句』, 「第1章」의 註 "道猶路也. 人·物各循其性之自然, 則其日用事物之間, 莫不各有當行之路, 是則所謂'道'也. …… 性·道雖同, 而氣稟或異, 故不能無過·不及之差, ……道者, 日用事物當行之理."; 『中庸章句』, 「第4章」의 註 "道者, 天理之當然, 中而已矣."; 『中庸章句』, 「第13章」의 註 "道者, 率性而已."; 『中庸章句』, 「第20章」의 註 "達道者, 天下古今所共由之路, ……"; 『中庸章句』, 「第25章」의 註 "(而)道者, 人之所當自行也. ……道以理言, 用也."

3 『朱子語類』, 卷6(「性理 3」), p. 99.(中華書局, 1981) "因擧康節云: '夫道也者, 道也. 道無形, 行之則見於事矣. ……'"

4 『論語集註』, 「鄕黨」篇 頭註 "聖人之所謂道者, 不離乎日用之間也."

5 『論語集注』, 「述而」篇 第6章의 註 "道, 則人倫日用之間所當行者是也."

6 『中庸章句』, 「第20章」의 註 "達道者, 天下古今所共由之路, 卽『書』所謂'五典', 孟子所謂'父子有親·君臣有義·夫婦有別·長幼有序·朋友有信', 是也."

7 『論語集註』, 「子罕」篇 第5章의 註 "道之顯者, 謂之'文', 蓋禮樂·制度之謂."; 『論語集註』, 「公冶長」篇 第12章의 註 "文章, 德之見乎外者, 威儀·文辭, 皆是也."

수 없다고 보기도 하였다.[8]

주희의 '덕'관: '덕'이란 곧 '마음의 덕'인 '사덕'으로서, 또한 '이'이자 '성'이다

다음으로, 주희가 보기에 '덕德'이란 곧 "마음의 덕[心之德]"으로서, 인간이 태어날 때부터 "본디 가지고 있었던 선善"이자 "천리天理"가 아님이 없다.[9] 따라서 그가 생각하는 덕德이란 것도 기실 형이상자形而上者로서의 '이理'이며, 동시에 '(본연本然의) 성性'이기도 하다. 그리고 이러한 성性에는 '인仁·의義·예禮·지智'라는 4개의 대목大目, 즉 '사덕四德'이 있을 따름이다.[10] 이처럼 그 기본성격에 있어 '형이상의 도道'이자 '마음에 내재하는 이理'로서의 덕德은 또한 그 존재를 반드시 실천을 통해서만 비로소 현상적으로 드러낼 수 있을 뿐이기 때문에 그는 "덕德이란 것은 얻는다[得]는 뜻이다. 도道를 행하여 마음에 얻음이 있는 것을 말한다"[11]라고 정의하기도 하였다. 그러면 주희는 '인·의·예·지'라는 성性의 사덕에 대해서 구체적으로 각각 어떻게 설명하고 있을까?

---

8 『孟子集註』, 「離婁章句上」篇 第26章의 註 "范氏曰: '天下之道, 有正·有權. 正者, 萬世之常; 權者, 一時之用. 常道, 人皆可守; 權, 非體道者不能用也. 蓋權, 出於不得已者也. ……'"

9 『論語集註』, 「里仁」篇 第11章의 註 "懷德, 謂'存其固有之善'."; 『論語集註』, 「述而」篇 第29章의 註 "仁者, 心之德, 非在外也."; 『論語集註』, 「述而」篇 第37章의 註 "人之德性, 本無不備."; 『論語集註』, 「顔淵」篇 第1章의 註 "蓋心之全德, 莫非天理."; 『大學章句』, 「經1章」의 註 "明德者, 人之所得乎天而虛靈不昧, 以具衆理而應萬事者也."; 『中庸章句』, 「第20章」의 註 "謂之'達德'者, 天下古今所同得之理也."; 『中庸章句』, 「第27章」의 註 "德性者, 吾所受於天之正理."

10 『論語集註』, 「學而」篇 第2章의 註 "性中只有箇仁·義·禮·智四者而已."; 『孟子集註』, 「公孫丑章句上」篇 第6章의 註 "惻隱·羞惡·辭讓·是非, 情也; 仁·義·禮·智[知], 性也; 心, 統性·情者也."; 『孟子集註』, 「盡心章句上」篇 第2章의 註 "在我者, 謂: '仁·義·禮·智', 凡性之所有者."; 『孟子集註』, 「盡心章句上」篇 第21章의 註 "仁·義·禮·智, 性之四德也."; 『朱子語類』, 卷6(「性理 3」), p. 107.(中華書局, 1981) "仁·義·禮·智, 性之大目, 皆是形而上者."; 『朱子全書』, 第23冊(『晦庵先生朱文公文集』, 卷67, 「仁說」), p. 3279.(上海古籍出版社·安徽教育出版社, 2002) "人之爲心, 其德亦有四, 曰: '仁·義·禮·智'."

11 『論語集註』, 「爲政」篇 第1章의 註 "德之爲言, 得也. 行道而有得於心也."; 『論語集註』, 「述而」篇 第6章의 註 "德, 則行道而有得於心者也."; 『論語集註』, 「衛靈公」篇 第3章의 註 "德, 謂: '義理之得於己者'."

1

우선, ‘인仁’이란 그 성격상 기본적으로 “천하天下의 올바른 이치[正理]”[12] 이자 “천리天理에 합치하는 것”[13]으로서, 곧 “사욕私欲이 전혀 없는 상태로서의 온전한 심덕心德”[14]이다. 첫째, 이러한 인仁은 ① 본원적으로 “천지天地가 만물을 낳는 마음[天地生物之心]”[15]으로서, ② 바로 이러한 의미에서 “사랑함[愛]”을 위주로 하는[16] “사랑의 이치[愛之理]”[17]로 정의되기도 한다.

둘째, 인仁은 또한 “뭇 선善의 원천”이자 “온갖 행위의 근본”[18]으로서, 곧 ‘사덕四德의 으뜸’이자 ‘본체本體’가 되기도 하는바, 이로써 나머지

---

12 『論語集註』, 「八佾」篇 第3章의 註 “程子曰: ‘仁者, 天下之正理. ……’”; 『論語集註』, 「雍也」篇 第28章의 註 “仁以理言, 通乎上下.”

13 『論語集註』, 「憲問」篇 第2章의 註 “仁則天理渾然, ……”; 『孟子集註』, 「告子章句下」篇 第6章의 註 “仁者, 無私心而合天理之謂.”

14 『論語集註』, 「公冶長」篇 第18章의 註 “愚聞之師, 曰: ‘當理而無私心, 則仁矣.’”; 『論語集註』, 「雍也」篇 第5章의 註 “仁者, 心之德.”; 『論語集註』, 「述而」篇 第6章의 註 “仁則私欲盡去而心德之全也.”; 『論語集註』, 「述而」篇 第29章의 註 “仁者, 心之德, 非在外也.”; 『論語集註』, 「述而」篇 第33章의 註 “仁則心德之全而人道之備也.”; 『論語集註』, 「泰伯」篇 第7章의 註 “仁者, 人心之全德.”; 『論語集註』, 「顔淵」篇 第1章의 註 “仁者, 本心之全德.”; 『論語集註』, 「衛靈公」篇 第9章의 註 “仁以德言.”; 『孟子集註』, 「告子章句上」篇 第11章의 註 “仁者, 心之德.”; 『孟子集註』, 「告子章句下」篇 第6章의 註 “仁者, 無私心而合天理之謂.”

15 『孟子集註』, 「公孫丑章句上」篇 第7章의 註 “仁者, 天地生物之心, ……所謂‘元者, 善之長’也.”; 『中庸章句』, 「第20章」의 註 “仁者, 天地生物之心而人得以生者, 所謂‘元者, 善之長’也.”; 『朱子全書』, 第23冊(『晦庵先生朱文公文集』, 卷67, 「仁說」), p. 3280.(上海古籍出版社·安徽教育出版社, 2002) “蓋仁之爲道, 乃天地生物之心. ……此心何心也? 在天地則坱然生物之心, ……”; 『朱子全書』, 第24冊(『晦庵先生朱文公文集』, 卷74, 「玉山講義」), p. 3589.(上海古籍出版社·安徽教育出版社, 2002) “仁字是箇生底意思.”

16 『論語集註』, 「學而」篇 第2章의 註 “仁主於愛, 愛莫大於愛親, 故曰: ‘孝弟也者, 其爲仁之本與?’”; 『孟子集註』, 「離婁章句上」篇 第1章의 註 “仁心, 愛人之心也.”; 『孟子集註』, 「離婁章句上」篇 第27章의 註 “仁主於愛, 而愛莫切於事親.”; 『孟子集註』, 「盡心章句上」篇 第46章의 註 “仁者, 固無不愛.”; 『大學章句』, 「傳10章」의 註 “仁, 愛也.”; 『朱子全書』, 第23冊(『晦庵先生朱文公文集』, 卷67, 「仁說」), p. 3280.(上海古籍出版社·安徽教育出版社, 2002) “蓋仁之爲道, ……在人則溫然愛人利物之心, ……”

17 『論語集註』, 「學而」篇 第2章의 註 “仁者, 愛之理, 心之德也.”; 『孟子集註』, 「梁惠王章句上」篇 第1章의 註 “仁者, 心之德, 愛之理. ……仁·義根於人心之固有, 天理之公也.”; 『朱子全書』, 第24冊(『晦庵先生朱文公文集』, 卷74, 「玉山講義」), p. 3588.(上海古籍出版社·安徽教育出版社, 2002) “蓋仁則是箇溫和慈愛底道理, ……”

18 『朱子全書』, 第23冊(『晦庵先生朱文公文集』, 卷67, 「仁說」), p. 3280.(上海古籍出版社·安徽教育出版社, 2002) “蓋仁之爲道, ……則衆善之源, 百行之本, 莫不在是.”

세 개의 덕德[義·禮·智]을 포괄하는 것이기도 하다.[19]

마지막으로, 인仁이란 덕은 ① "진실하고 망령되지 않은 상태[眞實而無妄]"[20]이자 "참되고 고요한 상태[眞而靜]"에 있다고 보아 '미발未發'이라고 부르며, 또한 형이상의 법칙으로 원래 구비되어 "치우침이 없다"—이는 '의義'·'예禮'·'지智'의 경우도 마찬가지다—고 보아 '중中'이라고도 한다.[21] ② 그런데 이러한 인仁이 동動하여 발하게 되면 비로소 '측은지심惻隱之心'이라는 '정情'이 생겨난다.[22] ㉠ 이에 인仁의 덕을 체현하고 있는 인간은 바로 이 마음을 가지고 미루어 타인에게까지 미치며 나아가 천지와 만물을 한 몸으로 여겨 자기 아닌 것이 없는 것으로 생각할 뿐 아니라, 또한 널리 은혜를 베풀고 많은 사람들을 구제함[博施濟衆]에 힘쓰게 된다.[23] ㉡

---

19 『孟子集註』, 「公孫丑章句上」篇 第7章의 註 "仁·義·禮·智, 皆天所與之良貴, 而仁者, ……得之最先, 而兼統四者. ……不言智·禮·義者, 仁該全體, 能爲仁, 則三者在其中矣."; 『朱子語類』, 卷6(「性理 3」), p. 107.(中華書局, 1981) "仁所以包三者, 蓋義·禮·智皆是流動底物, 所以皆從仁上漸漸推出."; 『朱子語類』, 卷6(「性理 3」), p. 109.(中華書局, 1981) "仁者, 仁之本體; 禮者, 仁之節文; 義者, 仁之斷制; 知者, 仁之分別."; 『朱子全書』, 第23冊(『晦庵先生朱文公文集』, 卷67, 「仁說」), pp. 3279~3280.(上海古籍出版社·安徽教育出版社, 2002) "人之爲心, 其德亦有四, 曰: '仁·義·禮·智', 而仁無不包. ……蓋仁之爲道, ……包四德而貫四端者也."; 『朱子全書』, 第24冊(『晦庵先生朱文公文集』, 卷74, 「玉山講義」), p. 3589.(上海古籍出版社·安徽教育出版社, 2002) "仁字, ……貫通周流於四者之中. 仁, 固仁之本體也; 義, 則仁之斷制也; 禮, 則仁之節文也; 智, 則仁之分別也."

20 『朱子全書』, 第24冊(『晦庵先生朱文公文集』, 卷74, 「玉山講義」), p. 3588.(上海古籍出版社·安徽教育出版社, 2002) "如仁·義·禮·智, 皆眞實而無妄者也."

21 『中庸章句』, 「第1章」의 註 "喜·怒·哀·樂, 情也; 其未發, 則性也. 無所偏倚, 故謂之中."; 『朱子全書』, 第24冊(『晦庵先生朱文公文集』, 卷74, 「玉山講義」), pp. 3588~3589.(上海古籍出版社·安徽教育出版社, 2002) "如仁·義·禮·智, ……具於人心, 乃是性之本體, 方其未發, 漠然無形象之可見."

22 『孟子集註』, 「公孫丑章句上」篇 第6章의 註 "惻隱·羞惡·辭讓·是非, 情也; 仁·義·禮·智, 性也."; 『朱子全書』, 第23冊(『晦庵先生朱文公文集』, 卷67, 「仁說」), p. 3279.(上海古籍出版社·安徽教育出版社, 2002) "人之爲心, 其德亦有四, 曰: '仁·義·禮·智', 而仁無不包. 其發用焉, 則爲愛·恭·宜·別之情, 而惻隱之心無所不貫."; 『朱子全書』, 第24冊(『晦庵先生朱文公文集』, 卷74, 「玉山講義」), pp. 3588~3589.(上海古籍出版社·安徽教育出版社, 2002) "如仁·義·禮·智, ……及其發而爲用, 則仁者爲惻隱, 義者爲羞惡, 禮者爲恭敬, 智者爲是非."

23 『論語集註』, 「里仁」篇 第15章의 註 "以己及物, 仁也."; 『論語集註』, 「雍也」篇 第28章의 註 "以己及人, 仁者之心也. ……程子曰: '……仁者以天地·萬物爲一體, 莫非己也. 認得爲己, 何所不至? ……故博施濟衆, 乃聖人之功用. ……'"; 『孟子集註』, 「盡心章句上」

그리고 바로 이러한 점 때문에 인仁이란 덕은 단적으로 "인간을 인간이 게끔 하는 까닭"[24]이 되기도 하는 것이다.

2

다음으로, '의義'는 "천리天理가 드러내고 있는 마땅함[宜]"이자, 또한 "마땅히 행해야 하는 천리天理"[25]로서의 심덕心德이다. 첫째, 의義는 ① 바로 이 때문에 "일[事]에 있어서는 의당 그러해야 할 바"[26]로 나타나며, ② 나아가 심心을 제재制裁하여 인욕人欲의 사곡邪曲함을 제거함으로써 허다한 아쉬움과 유혹에도 불구하고 이것들을 결연하게 물리치면서 그 '마땅함'을 지키고 구현하고자 하는 실존적인 도덕적 에토스의 원천이 되기도 한다. 따라서 의義는 재제裁制하고 결단하며 사리事理를 분별하는 실천적 지향성을 그 주요한 특징으로 한다.[27]

둘째, 이러한 의義는 또한 인간이 "출입하고 왕래할 때 반드시 말미암아야 할 길[路]로서, 잠시라도 버려서는 안 되는 것"임에, 곧 "올바른

篇 第4章의 註 "當凡事勉强, 推己及人, 庶幾心公理得而仁不遠也."; 『孟子集註』, 「盡心章句上」篇 第45章의 註 "程子曰: '仁, 推己及人, 如老吾老, 以及人之老. ……'"

24 『孟子集註』, 「盡心章句下」篇 第16章의 註 "仁者, 人之所以爲人之理也."; 『論語集註』, 「八佾」篇 第3章의 註 "游氏曰: '人而不仁, 則人心亡矣. ……'"

25 『論語集註』, 「里仁」篇 第16章의 註 "義者, 天理之所宜."; 『孟子集註』, 「離婁章句上」篇 第10章의 註 "義者, ……乃天理之當行, ……"

26 『論語集註』, 「學而」篇 第13章의 註 "義者, 事之宜也."; 『論語集註』, 「子路」篇 第4章의 註 "好義則事合宜."; 『孟子集註』, 「梁惠王章句上」篇 第1章의 註 "義者, 心之制, 事之宜也."; 『孟子集註』, 「離婁章句上」篇 第10章의 註 "義者, 宜也."; 『孟子集註』, 「告子章句上」篇 第11章의 註 "義者, 行事之宜, ……"

27 『孟子集註』, 「梁惠王章句上」篇 第1章의 註 "義者, 心之制, 事之宜也."; 『孟子集註』, 「公孫丑章句上」篇 第2章의 註 "義者, 人心之裁制."; 『孟子集註』, 「萬章章句上」篇 第8章의 註 "義主於斷制."; 『中庸章句』, 「第20章」의 註 "宜者, 分別事理, 各有所宜也."; 『朱子全書』, 第24冊(『晦庵先生朱文公文集』, 卷74, 「玉山講義」), pp. 3588~3589.(上海古籍出版社·安徽教育出版社, 2002) "義則是箇斷制裁割底道理, ……"

또한, 주희는 '의義'에 대해서 다음과 같이 비유적으로 말하기도 하였다: "의義라는 것은 예리한 칼과 서로 비슷한 데가 있으니, 마음속의 허다한 아쉬움과 어지러운 생각을 한 칼에 잘라버리는 것과 같다.(義如利刀相似, 胸中許多劳劳攘攘, 到此一齊割斷了.)" 『朱子語類』, 卷6(「性理 3」), p. 120.(中華書局, 1981)

길[正路]"이자 또한 "사람의 길[人路]"이 되기도 한다.[28]

마지막으로, 의義란 덕은 ① "진실하고 망령되지 않은 상태[眞實而無妄]"이자 "참되고 고요한 상태[眞而靜]"에 있다고 보아 '미발未發'이라고 부르며, 또한 형이상의 법칙으로 원래 구비되어 "치우침이 없다"—이는 '인仁'·'예禮'·'지智'의 경우도 마찬가지다—고 보아 '중中'이라고도 한다. ② 그런데 이러한 의義가 동動하여 발하게 되면 비로소 '수오지심羞惡之心'이라는 '정情'이 생겨난다.[29]

3

뒤이어, '예禮'란 우선 천리天理가 드러내고 있는 엄한 동시에 자연스러운 "절도節度와 문채文彩"이자, 이를 인간사에서의 중정中正한 의식儀式과 규칙規則으로 구현하는 '형이상의 원리'로서의 심덕心德이다.[30] 첫째, 이러한 예禮는 무엇보다 "충忠·신信"[31]과 함께 "경敬[恭敬]" 및 '사양과 겸손[辭遜]'을 그 본질로 한다.[32]

---

28 『孟子集註』, 「離婁章句上」篇 第10章의 註 "義者, ……無人欲之邪曲, 故曰: '正路'."; 『孟子集註』, 「告子章句上」篇 第11章의 註 "義者, 行事之宜, 謂之'人路', 則可以見其爲出入·往來必由之道而不可須臾舍矣."

29 『孟子集註』, 「公孫丑章句上」篇 第6章의 註 "惻隱·羞惡·辭讓·是非, 情也; 仁·義·禮·智, 性也."; 『朱子全書』, 第23冊(『晦庵先生朱文公文集』, 卷67, 「仁說」), p. 3279.(上海古籍出版社·安徽教育出版社, 2002) "人之爲心, 其德亦有四, 曰: '仁·義·禮·智', 而仁無不包. 其發用焉, 則爲愛·恭·宜·別之情, 而惻隱之心無所不貫."; 『朱子全書』, 第24冊(『晦庵先生朱文公文集』, 卷74, 「玉山講義」), pp. 3588~3589.(上海古籍出版社·安徽教育出版社, 2002) "如仁·義·禮·智, ……及其發而爲用, 則仁者爲惻隱, 義者爲羞惡, 禮者爲恭敬, 智者爲是非."

30 『論語集註』, 「學而」篇 第12章의 註 "禮者, 天理之節文, 人事之儀則也. ……蓋禮之爲體雖嚴, 然皆出於自然之理."; 『論語集註』, 「學而」篇 第13章의 註 "禮, 節文也."; 『論語集註』, 「爲政」篇 第3章의 註 "禮, 謂: '制度·品節'也."; 『論語集註』, 「述而」篇 第17章의 註 "禮以謹節文."; 『論語集註』, 「泰伯」篇 第2章의 註 "無禮, 則無節文."; 『論語集註』, 「顔淵」篇 第1章의 註 "禮者, 天理之節文也."; 『論語集註』, 「衛靈公」篇 第32章의 註 "禮, 謂: '義理之節文'."; 『朱子語類』, 卷6(「性理 3」), p. 122.(中華書局, 1981) "禮者, 節文也."

31 『論語集註』, 「八佾」篇 第4章의 註 "凡物之理, 必先有質, 而後有文, 則質乃禮之本也."; 『論語集註』, 「八佾」篇 第8章의 註 "禮必以忠·信爲質."

둘째, 이러한 예禮는 또한 ① "진실眞實하고 망령되지 않은 상태[眞實而無妄]"이자 "참되고 고요한 상태[眞而靜]"에 있다고 보아 '미발未發'이라고 부르며, 또한 형이상의 법칙으로 원래 구비되어 "치우침이 없다"—이는 '인仁'·'의義'·'지智'의 경우도 마찬가지다—고 보아 '중中'이라고도 한다. ② 그런데 이러한 예禮가 동動하여 발하게 되면 비로소 '사양지심辭讓之心' 또는 '공경지심恭敬之心'이라는 '정情'이 생겨난다.[33]

한편, 본질상 형이상의 원리로서만 존재하던 예禮는 이때부터 비로소 '구체적이고 물적인 형태'로 전화轉化하기 시작하는데, 그 결과가 다름 아닌 '경례삼백經禮三百·곡례삼천曲禮三千'이다. 첫째, 이러한 예禮의 가장 중요한 대체大體는 곧 '삼강三綱·오상五常'—'삼강'이란 '군위신강君爲臣綱·부위자강父爲子綱·부위처강夫爲妻綱'이며, '오상'이란 '인仁·의義·예禮·지智·신信'이다[34]—으로서, 상기한 바대로 그 바탕[質]은 곧 '충忠·신信'이요, 이를 시행·실천함에 있어서는 어디까지나 '경敬'을 그 근본으로 한다.

둘째, 이처럼 "제도制度·품절品節"이자 "친親·소疎와 귀貴·천賤이 서로 조우하는 체體"[35]로서 구현된 예禮가 없다면, 결국 ① 작게는 인간이 "이목耳目을 가할 데가 없고 수족手足을 둘 곳이 없게 되"[36]며, ② 크게는

---

32 『論語集註』, 「八佾」篇, 第15章의 註 "禮者, 敬而已矣."; 『論語集註』, 「八佾」篇 第26章의 註 "爲禮, 以敬爲本."; 『論語集註』, 「泰伯」篇 第8章의 註 "禮以恭敬·辭遜爲本."; 『孟子集註』, 「萬章章句上」篇 第8章의 註 "禮主於辭遜."; 『朱子全書』, 第24冊(『晦庵先生朱文公文集』, 卷74, 「玉山講義」), p. 3589.(上海古籍出版社·安徽教育出版社, 2002) "禮則是箇恭敬撙節底道理, ……"

33 『孟子集註』, 「公孫丑章句上」篇 第6章의 註 "惻隱·羞惡·辭讓·是非, 情也; 仁·義·禮·智, 性也."; 『朱子全書』, 第23冊(『晦庵先生朱文公文集』, 卷67, 「仁說」), p. 3279.(上海古籍出版社·安徽教育出版社, 2002) "人之爲心, 其德亦有四, 曰: '仁·義·禮·智', 而仁無不包. 其發用焉, 則爲愛·恭·宜·別之情, 而惻隱之心無所不貫."; 『朱子全書』, 第24冊(『晦庵先生朱文公文集』, 卷74, 「玉山講義」), pp. 3588~3589.(上海古籍出版社·安徽教育出版社, 2002) "如仁·義·禮·智, ……及其發而爲用, 則仁者爲惻隱, 義者爲羞惡, 禮者爲恭敬, 智者爲是非."

34 『論語集註』, 「爲政」篇 第23章의 註 "三綱, 謂: '君爲臣綱·父爲子綱·夫爲妻綱'. 五常, 謂: '仁·義·禮·智·信'. ……三綱·五常, 禮之大體."

35 『論語集註』, 「爲政」篇 第3章의 註 "禮, 謂: '制度·品節'也."; 『中庸章句』, 「第28章」의 註 "禮, 親疎·貴賤相接之體也."

국가를 다스림에 있어서 '정령政令[法制禁令]을 내는 근본'이 없게 되는 것이다.[37]

4

끝으로, '지智[知]'란 천하의 사물이 가지고 있는 '이理'를 알게 하는 형이상의 원리이자 심덕心德이다.[38] 첫째, 이러한 지智는 ① 곧 "앎이 미치는 것"[39]으로서, ㉠ 이를 통해 '사물의 이치[事理]'에 통함으로써 '달達하다'는 칭호도 얻게 되는 것이요,[40] ㉡ 이는 또한 "배우고 묻고 생각하고 분변함[學問思辨]으로써 선善을 택하는 것"이기도 한바, 이처럼 "선善을 택한 공효功效"는 곧 '밝음[明]'으로 나타남에 "시비是非를 분별"할 수 있게 된다.[41] ② 이러한 맥락에서 지智는 인仁의 실천에도 매우 중요하게 간여하나니, 즉 지智의 덕德이 극진하지 못하면 인仁을 행하는 까닭[所以]을 알지 못하게 되는 것이다.[42]

둘째, 지智는 ① "진실眞實하고 망령되지 않은 상태[眞實而無妄]"이자 "참되고 고요한 상태[眞而靜]"에 있다고 보아 '미발未發'이라고 부르며, 또한 형이상의 법칙으로 원래 구비되어 "치우침이 없다"—이는 '인仁'·'의義'·'예禮'의 경우도 마찬가지다—고 보아 '중中'이라고도 한다. ② 그런데 이러한 지智가 동動하여 발하게 되면 비로소 '시비지심是非之心'이라는 '정情'이 생겨난다.[43]

---

36 『論語集註』, 「堯曰」篇 第3章의 註 "不知禮, 則耳目無所加, 手足無所措."

37 『論語集註』, 「爲政」篇 第3章의 註 "德·禮, 則所以出治之本, 而德又禮之本也."

38 『大學章句』, 「傳5章」의 註 "天下之物, 莫不有理, 惟於理, 有未窮, 故其知有不盡也."; 『孟子集註』, 「離婁章句下」篇 第26章의 註 "愚謂: '事物之理, 莫非自然, 順而循之, 則爲大智, ……'"

39 『孟子集註』, 「萬章章句下」篇 第1章의 註 "智者, 知之所及."

40 『論語集註』, 「雍也」篇 第6章의 註 "達, 通事理."

41 『中庸章句』, 「第20章」의 註 "學問思辨, 所以擇善而爲智[知], ……明者, 擇善之功."; 『朱子全書』, 第24冊(『晦庵先生朱文公文集』, 卷74, 「玉山講義」), p. 3589.(上海古籍出版社·安徽教育出版社, 2002) "智則是箇分別是非底道理."

42 『孟子集註』, 「盡心章句上」篇, 第1章의 註 "智有不盡, 固不知所以爲仁."

주희의 '예·악'관: '예·악'이란 '차례를 구현하는 수단'이자 '조화로움을 드러내는 방법'이다

한편, 주희가 보기에 첫째, '예禮·악樂'—'여기서의 예禮'란 이른바 심덕心德으로서의 예禮가 아니라 이러한 덕德이 '구체적인 제도制度·품절品節로 물화物化된 것'을 이른다—이란 이미 기술한 바대로 형이상의 실체로서의 '도道가 구체적이고도 물적인 것으로 현현顯現한 것'에 다름 아니다. 따라서 ① 이러한 '예禮'는 ㉠ 무엇보다 "공경恭敬 및 '사양과 겸손[辭遜]'을 근본으로 삼고, 절문節文과 도수度數의 상세함을 갖추고 있음에 인간의 기부肌膚의 모임과 근해筋骸의 묶임을 견고하게 함"으로써 우선 배우는 자로 하여금 "탁연卓然히 자립自立하여 사물에 흔들리거나 빼앗김을 당하지 않도록 하"[44]는 동시에, ㉡ 궁극적으로는 인간관계에 있어 질서정연하게 '차례[序]를 구현하는 수단'으로 기능하게 된다.[45] ② 또한, '악樂'이란 ㉠ 기본적으로 "인간의 성정性情을 함양하여 간사하고 더러운 것을 씻어내고 그 찌꺼기를 말끔히 정화시킴"으로써 결국 배우는 사람의 "의義가 정긴精緊해지고 인仁이 완숙完熟해지도록 하여 저절로 도덕에 화순和順하도록 하"는 것인바, 이에 "옛사람의 악樂은 소리[聲音]로는 귀를 기르고 채색采色으로는 눈

---

43 『孟子集註』, 「公孫丑章句上」篇 第6章의 註 "惻隱·羞惡·辭讓·是非, 情也; 仁·義·禮·智, 性也."; 『朱子全書』, 第23冊(『晦庵先生朱文公文集』, 卷67, 「仁說」), p. 3279.(上海古籍出版社·安徽教育出版社, 2002) "人之爲心, 其德亦有四, 曰: '仁·義·禮·智', 而仁無不包. 其發用焉, 則爲愛·恭·宜·別之情, 而惻隱之心無所不貫."; 『朱子全書』, 第24冊(『晦庵先生朱文公文集』, 卷74, 「玉山講義」), pp. 3588~3589.(上海古籍出版社·安徽教育出版社, 2002) "如仁·義·禮·智, ……及其發而爲用, 則仁者爲惻隱, 義者爲羞惡, 禮者爲恭敬, 智者爲是非."

44 『論語集註』, 「泰伯」篇 第8章의 註 "禮以恭敬·辭遜爲本, 而有節文·度數之詳, 可以固人肌膚之會·筋骸之束, 故學者之中, 所以能卓然自立而不爲事物之所搖奪者, 必於此而得之."

45 『論語集註』, 「陽貨」篇 第11章의 註 "禮只是一箇序, 樂只是一箇和."

또한, 주희는 '윤倫'의 개념도 '예禮'와 동일한 의미로 규정하는 동시에, 인륜人倫에 있어서 다섯 가지 큰 항목이 있다고 주장하고 있다: 『論語集註』, 「微子」篇 第7章의 註 "倫, 序也. 人之大倫有五, 父子有親·君臣有義·夫婦有別·長幼有序·朋友有信, 是也."; 『論語集註』, 「微子」篇 第8章의 註 "倫, 義理之次第也."; 『孟子集註』, 「滕文公章句上」篇, 第3章의 註 "倫, 序也. 父子有親·君臣有義·夫婦有別·長幼有序·朋友有信, 此人之大倫也."

을 기르며 가영歌詠으로는 성정性情을 함양하고 무도舞蹈로는 혈맥血脈을 길렀던 것"[46]이었으니, ㉡ 궁극적으로는 이는 인간관계에 있어 '조화로움[和]을 드러내는 방법'이 되기도 하였다.[47]

둘째, 이러한 예禮·악樂은 또한 ① 아무나 제정할 수 있는 것이 아니라 반드시 "성인聖人이면서 천자天子의 지위에 있는 사람"만이 비로소 가능하며,[48] ② 따라서 이는 본질적으로 "다스리는 법法"으로서의 성격을 지닌 것이기도 하였다.[49]

II. 정약용의 윤리론

1. '인륜의 실천지침'으로서의 도

'정약용의 '도'관①: 도'란 "인간이 따라가야 할 길"이다

정약용丁若鏞은 자신의 사서경학四書經學에서 ① '도道'라는 개념을 "인간이 따라가야 할 길", "여기에서 저기까지 이르는 길", 인간이 "출생하여 죽음에 이르도록 존중하며 따르는 길", 보다 구체적으로는 인간이 "도심道心을 따라 나아가되 요殀·수壽를 의심하지 않고 그쳐야 할 바에 그치는 것"이자, "인간이 따라 행할 바"[50]로서의 "예禮·악樂"이라 규정하기도

---

46 『論語集註』, 「泰伯」篇 第8章의 註 "樂有五聲·十二律, 更唱迭和, 以爲歌舞·八音之節, 可以養人之性情, 而蕩滌其邪穢, 消融其查滓. 故學者之終, 所以至於義精·仁熟而自和順於道德者, 必於此而得之, 是學之成也. ○……古人之樂, 聲音所以養其耳, 采色所以養其目, 歌詠所以養其性情, 舞蹈所以養其血脈, ……"

47 『論語集註』, 「陽貨」篇 第11章의 註 "禮只是一箇序, 樂只是一箇和."

48 『中庸章句』, 「第28章」의 註 "(言)作禮·樂者, 必聖人在天子之位."

49 『論語集註』, 「衛靈公」篇 第10章의 註 "禮·樂, 治之法也."

50 『論語古今注 I』(『定本 與猶堂全書 8』, p. 34) "○[補曰] 道者, 人所由行也."; 『論語古今注 I』(『定本 與猶堂全書 8』, p. 254) "[補曰] 自此至彼曰: '道',【「表記」云: '嚮道而行'】……"; 『論語古今注 II』(『定本 與猶堂全書 9』, p. 149) "[補曰] 道者, 人所行也."; 『論

한다.[51] ② 이러한 그의 도道 개념은 "인간이 모두 따라가야 할 길[人所共由之路]"로 규정한 주희朱熹의 것과 외면상 매우 유사하게 보인다. 그럼에도 정약용과 주희에 있어서의 각자의 도道 개념은 저마다 매우 상이한 내용과 성격을 내포할 뿐만 아니라, 또한 각 이론체계 내에서의 범주 간의 위계서열에 있어서도 서로 다른 위치를 점유하고 있음은 물론이다.

'정약용의 '도'관②: '도'란 '형이상의 실체'가 아니라 '인륜의 실천지침'일 뿐이다

이미 기술한 바대로, 주희에게 있어서의 '도道'란 자신의 철학적 세계관에 있어서 가장 중요한 근본범주이다. 즉, ① 이는 온갖 사물이 저마다 구유具有하고 있는 '당연한 이理'를 통틀어 지칭한 것으로서, 이를 거꾸로 표현한다면 이러한 도道가 인간[事物]에게 부여된 것이 바로 '이理'로서의 '성性'인 것이다. ② 결국, 이러한 맥락에서 볼 때 주희의 '도道'는 기본성격상 '형이상의 실체'로서의 영원한 실재實在, 각 사물에 있어서의 '완전한 형상, 최고의 표준[極]과 조리條理', 인간의 내면에 있어서는 '모든 선행善行의 근본원리·원인'으로서의 근본적 실체[德]가 된다.

語古今注 II』(『定本 與猶堂全書 9』, p. 226) "[補曰] 望而由之曰: '道'.【『禮記』云: '望道而行'】"; 『論語古今注 II』(『定本 與猶堂全書 9』, p. 291) "○[補曰] ……○孔曰: '道, 謂: 「禮·樂」也. ……'"; 『孟子要義』(『定本 與猶堂全書 7』, p. 229) "○[鏞案] ……道者, 人所由也, 自生至死曰: '道'. 自生至死曰: '道', 猶自楚至秦曰: '道'. 『中庸』曰: '道也者, 不可須臾離', 如自楚至秦者, 其身在道, 不可須臾離也."; 『孟子要義』(『定本 與猶堂全書 7』, p. 230) "○[鏞案] 自生至死曰: '道', ……"; 『大學公議』(『定本 與猶堂全書 6』, p. 93) "道者, 路也."; 『中庸自箴』(『定本 與猶堂全書 6』, p. 229) "○[箴曰] ……自生至死, 遵此以往, 斯謂之'道'也."; 『中庸自箴』(『定本 與猶堂全書 6』, p. 231) "[箴曰] ……○道者, 自此至彼之路也. 率道心而前進, 殀·壽不貳, 止於所止者, 謂之'道'也. 斯道也, 生而起程, 死而後到, '任重致遠', 非斯之謂歟?"; 『中庸自箴』(『定本 與猶堂全書 6』, p. 269) "○[按] ……道者, 人所由也."; 『中庸講義補』(『定本 與猶堂全書 6』, p. 287) "○[今案] ……道者, 路也. 路者, 人所由也."; 『周易四箋 II』, 「大象傳」(『定本 與猶堂全書 16』, p. 249) "道者, 途也."

여기서 정약용은 공안국孔安國[字는 子國, ?~?: 中國 前漢의 학자]의 '도道' 개념에 대한 설명을 수용하고 있다.

51 『論語古今注 II』(『定本 與猶堂全書 9』, p. 291) "○[補曰] ……○孔曰: '道, 謂: 「禮·樂」也. ……'"

한편, 정약용에게 있어서의 ‘도道’는 이처럼 중후하고 심오한 철학적 의미를 부여받지 못한다. 즉, 그것은 단적으로 형이상의 실체로서의 ‘이理’가 아니었다.[52] ① 물론 “도道의 대본大本은 천天—여기서의 ‘천’은 곧 ‘상제上帝’이다—에서 나온 것이기 때문에 이보다도 더 큰 것은 없는 것”이라 주장하여 도道의 개념적 중요성을 가볍게 보고 있는 것은 결코 아니지만, ② 그럼에도 그에게 있어서의 ㉠ ‘도道’란 기본적으로 상제上帝[天]가 인간에게 부여한 도의지성道義之性을 그대로 따르고 구현하는 데에, 달리 말하자면 “도심道心이 원하는 바에 따르”는 데에 필요한 ‘구체적인 실천지침’에 불과하였다. 따라서 그것은 어디까지나 “인간이 이끌어 넓혀 가”는 대상일 뿐이요, 또한 “덕德스러운 마음을 넓혀 나날이 광대光大한 경지로 나아가기 위하”여 배우는 것에 지나지 않았다.[53] ㉡ 그리고 “인간의 도道란 인仁을 추구하는 것에서 벗어날 수 없으며, 인仁을 추구함은 또한 인륜人倫을 벗어날 수 없는 것”이었다.[54]

---

52 『孟子要義』(『定本 與猶堂全書 7』, p. 125) “○[鏞案] 自此至彼曰: ‘道’, 吾人一生之所由也. 恐與義理不同.”; 『中庸自箴』(『定本 與猶堂全書 6』, p. 233) “[箴曰] ……今以命·性·道·敎, 悉歸之於一理, 則理本無知, 亦無威能, 何所戒而愼之, 何所恐而懼之乎?”

53 『論語古今注 II』(『定本 與猶堂全書 9』, pp. 213~214) “○[補曰] 道之大本出於天,【董子云】 莫大者道. 然引而廣之在乎人,【如堯·舜·禹·湯】 非道引人以廣之. ……[質疑] ……○朱子曰: ‘人心有覺, 而道體無爲, 故人能大其道, 道不能大其人也.’○[案] 道體至大, 其大無外, 人不能縮而小之, 亦不能擴[擴]而大之, 豈可曰: ‘人能大其道’乎? 人苟學道, 則德心恢廣, 日臻光大, 豈可曰: ‘道不能大其人’乎?”; 『中庸自箴』(『定本 與猶堂全書 6』, p. 230) “[箴曰] ……○‘率性之謂道’, 故性之所發, 謂之‘道心’.【性生於心, 故從心從生】 道心常欲爲善, 又能擇善. 一聽道心之所欲爲,【循其欲】 玆之謂‘率性’. 率性者, 順天命也. ……率性者, 順天命也. ……率性者, 順天命也.”; 『中庸自箴』(『定本 與猶堂全書 6』, p. 231) “[箴曰] 道之不可離, 何也? 以‘率性之謂道’也.”; 『中庸自箴』(『定本 與猶堂全書 6』, p. 273) “[箴曰] ……○本諸身者, 道生於性, 性在於身, ……道者, 何道也? ‘天命之謂性, 率性之謂道’.”

54 『論語古今注 II』(『定本 與猶堂全書 9』, p. 208) “○[補曰] 人道不外乎求仁, 求仁不外乎人倫.”

2. '덕' 개념의 재해석

정약용이 주희의 '덕德' 개념을 비판·거부한 이론적 토대 위에서 제출했던 그 자신의 독특한 '덕德' 개념은 그의 사서경학四書經學, 나아가 그의 경학 전체를 통틀어 가장 중요한 의미를 함축하고 있는 핵심적 사안이다. 왜냐하면 바로 여기에서 정약용의 경학이 내포한바 독자적인 사상적 특징이 가장 인상 깊게 표명되고 있을 뿐만 아니라, 또한 그의 여타 경학적 논의를 이끄는 동시에 수렴하는 관건이 되기 때문이다.

1) '행사의 명칭'으로서의 덕

정약용의 문제의식: '덕'이란 '형이상의 이'도 '심덕'도 아니다

기본적으로 '덕德'의 성격과 내용을 인간의 마음에 본래부터 내재하는 형이상의 순선純善한 법칙·원리로서의 '(천天)리理'로 보면서, '(본연本然의) 성性'이자 '마음의 덕[心之德]'으로 규정하고 있는 주희의 입장은 정약용이 보기에 명백히 잘못된 것이었다. 다시 말하면, ① '덕德'이란 것은 '성性'도 아니요 '심덕心德'도 아니며, 나아가 본디부터 '마음에 내재하는 이理'는 더더욱 아니었다.[55] ② 또한, 이러한 맥락에서 덕德은 또한 오직 심학

55 『論語古今注 II』(『定本 與猶堂全書 9』, p. 109) "[質疑] 仁不是心德, 不是天理."; 『論語古今注 II』(『定本 與猶堂全書 9』, p. 133) "○[案] 仁者, 非本心之全德, 亦事功之所成耳."; 『論語古今注 II』(『定本 與猶堂全書 9』, p. 222) "○[案] ……徒以虛靈不昧之中, 沖漠無朕之理, 指之爲仁, 非古經之例也."; 『論語古今注 II』(『定本 與猶堂全書 9』, p. 332) "○[案] ……心德, 非仁也."; 『孟子要義』(『定本 與猶堂全書 7』, p. 134) "○[乾隆庚戌十月內閣課講] ……臣對曰: '孔·孟言仁·義, 皆主行事而言, 不以爲在心之理. ……'"; 『孟子要義』(『定本 與猶堂全書 7』, pp. 207~208) "○[鏞案] ……在心之理, 安得爲仁乎? ……心體之湛然虛明者, 安有德乎? 心本無德, 況於仁乎?"; 『大學公議』(『定本 與猶堂全書 6』, p. 80) "○[又按] ……心本無德. 惟有直性, 能行吾之直心者, 斯謂之'德'.【德之爲字, 行直心】"; 『大學公議』(『定本 與猶堂全書 6』, p. 83) "[答難] ……○[答曰] 『詩』云: '予懷明德', 『易』曰: '自昭明德', ……豈皆心體之謂乎? 凡德行之通乎神明者, 謂之'明德'. ……孝·弟爲德, 通乎神明, 故謂之'明德', 何必虛靈者爲明乎?"; 『大學公議』(『定本 與猶

心學을 통해서만 해명될 수 있는 성질의 것도 아니었다.[56]

정약용의 '덕'관①: '덕'이란 '인륜의 성덕'이자 '행사 이후에야 비로소 얻어지는 명칭'이다

그러면, 정약용이 생각하고 있는 '덕德'이란 무엇을 가리키는 것일까? 이는 한마디로 인륜人倫의 구체적인 실천[行事]을 통해 결과적으로 성취한 바의 '사공事功'을 지칭할 따름이었다. 따라서 ① 덕德이란 곧 '인륜의 성덕成德'—이것은 주희의 '심덕心德'과 정확하게 대비된다—이다.[57] 즉, ㉠ 그가 보기

堂全書 6』, p. 85) "○[鏞案] 經曰: '明明德於天下'者, 親民也; 孟子此言, 亦親民也. 然則民之所明, 非虛靈不昧之德, 審矣."; 『中庸講義補』(『定本 與猶堂全書 6』, p. 284) "○[今案] ……仁·義·禮·智之名, 本起於吾人行事, 竝非在心之玄理."; 『中庸講義補』(『定本 與猶堂全書 6』, p. 348) "○[臣對曰] 仁·義·禮·智之名, 成於行事之後. 此是人德, 不是人性."; 「答李汝弘【載毅】」(『定本 與猶堂全書 4』, p. 145) "由是觀之, 仁·義·禮·智, 皆以行事得名, 不可曰: '在心之理'."; 『西巖講學記』(『定本 與猶堂全書 4』, p. 298) "○[鏞按] 惻隱之心, 行之則爲仁; 羞惡之心, 行之則爲義; 辭讓之心, 行之則爲禮; 是非之心, 行之則爲智, 今云: '仁·義·禮·智, 伏於人心之中', 可疑也."

56 『論語古今注 II』(『定本 與猶堂全書 9』, p. 298) "○[案] ……先儒只以心學爲解, 恐本旨不然.【吳康齋云: '夫子論仁, 决不空寂, 論個「心」字, 以入于禪境.'】"

57 『論語古今注 I』(『定本 與猶堂全書 8』, p. 97) "[補曰] 仁者, 人倫之成德. ……○[案] 仁者, 忠·孝之成名."; 『論語古今注 I』(『定本 與猶堂全書 8』, p. 142) "○[案] 仁者, 人倫之成德也."; 『論語古今注 I』(『定本 與猶堂全書 8』, p. 167) "[質疑] 仁者, 人倫至善之名. ……强恕而行, 求仁莫近焉. 仁豈高遠之行哉?"; 『論語古今注 I』(『定本 與猶堂全書 8』, p. 176) "[質疑] 仁者, 人倫之成德; 恕者, 所以成仁之方法."; 『論語古今注 I』(『定本 與猶堂全書 8』, p. 186) "○[補曰] ……仁者, 至善之成名. 必君臣·父子之間, 盡其人倫之愛, 或天下之民被其德澤, 然後方得爲仁."; 『論語古今注 I』(『定本 與猶堂全書 8』, p. 311) "[補曰] ……仁者, 人倫之成德也."; 『論語古今注 II』(『定本 與猶堂全書 9』, p. 76) "○[又按] 仁者, 人倫之成德. 父慈·子孝·兄友·弟恭, 所謂'仁'也."; 『論語古今注 II』(『定本 與猶堂全書 9』, p. 100) "○[補曰] ……爲善然後乃爲仁, 克己而無復禮之功, 其仁未熟也."; 『論語古今注 II』(『定本 與猶堂全書 9』, p. 133) "○[案] 仁者, 非本心之全德, 亦事功之所成耳. ……"; 『論語古今注 II』(『定本 與猶堂全書 9』, p. 220) "○[案] ……況仁者, 人倫之成德, 非所以養心, ……"; 『論語古今注 II』(『定本 與猶堂全書 9』, p. 222) "○[案] ……若仁之名, 必待行事而成焉."; 『孟子要義』(『定本 與猶堂全書 7』, p. 208) "○[鏞案] ……實行既著, 乃稱爲德, 心體之湛然虛明者, 安有德乎? 心本無德, 况於仁乎?"; 『大學公議』(『定本 與猶堂全書 6』, p. 80) "○[又按] ……心本無德, 惟有直性, 能行吾之直心者, 斯謂之'德'.【德之爲字, 行直心】 行善而後, 德之名立焉. 不行之前, 身豈有明德乎?"; 『大學公議』(『定本 與猶堂全書 6』, p. 89) "○[答曰] ……然先聖之治心·繕性, 每在於行事, 行事不外於人倫."; 『大學公議』(『定本 與猶堂全書 6』, p. 105) "○[議曰]

에 실천이 있기 전에는 덕德도 없다. 본심本心[道心]의 정직함을 실행하면 곧 덕이 되며,[58] 맹성猛省하여 도심道心이 인심人心을 이기게 되면 곧 덕이 성립한다.[59] ㉡ 또한, 인륜[五倫]을 실천하여 결과적으로 선善이 쌓였을 때, 즉 구체적인 행위와 일로 드러났을 때 비로소 덕德이 된다.[60] ② 이처럼 실천[行事]한 이후에야 비로소 '덕德'이란 명칭이 생겨나기 때문에, 당연히 '인仁·의義·예禮·지智'라는 사덕四德 역시 외부로부터 그리고 선천적으로 인간에게 부여된 그 무엇이 아니라,[61] 기본적으로 그 자신으로부터 말미암는[62] 능동적인 '행사行事 이후에야 비로소 얻어지는 명칭'에 지나지 않는다.[63] ③ 결국, 이렇게 볼 때 덕德이란 결코 '성性'이나 '심心'만

……○……若馳心於空寂之地, 則無緣有德. 行事而后, 德之名立焉."; 『中庸自箴』(『定本 與猶堂全書 6』, p. 269) "[箴曰] 德者, 行吾之直心也. 不行, 無德也."; 『心經密驗』(『定本 與猶堂全書 6』, p. 204) "○敬之爲德, 必應事接物, 而後乃得施行."

58 『論語古今注 II』(『定本 與猶堂全書 9』, p. 179) "○[案] 德者, 直心之攸行也."; 『孟子要義』(『定本 與猶堂全書 7』, p. 207) "○[鏞案] ……唯德亦然, 直心所行, 斯謂之'德'."; 『大學公議』(『定本 與猶堂全書 6』, p. 80) "○[又按] ……心本無德. 惟有直性, 能行吾之直心者, 斯謂之'德'.【德之爲字, 行直心】 行善而後, 德之名立焉. 不行之前, 身豈有明德乎?"; 『中庸自箴』(『定本 與猶堂全書 6』, p. 269) "[箴曰] 德者, 行吾之直心也. 不行, 無德也."; 『周易四箋 II』, 「說卦傳」(『定本 與猶堂全書 16』, p. 333) "○德者, 直心也.【字從直·從心】"

한편, 정약용은 '덕德'을 "본심本心의 정직正直([補曰] 德者, 本心之正直.)"[『論語古今注 I』(『定本 與猶堂全書 8』, p. 253)], "마음의 정직([補曰] ……心之正直曰: '德'.【從直心】)"[『論語古今注 I』(『定本 與猶堂全書 8』, p. 254)]이라고 규정하기도 하여, 일견 모순된 주장을 하고 있는 것처럼 보이기도 한다. 그러나 이는 사소한 표현상의 차이일 뿐이지, 그의 본래 '덕德' 개념을 부정하는 것은 결코 아니다.

59 『孟子要義』(『定本 與猶堂全書 7』, p. 235) "○[鏞案] ……○人恒有二志相反而一時並發者, ……人心·道心之交戰, 義勝·欲勝之判決, 人能於是乎猛省而力克之, 則近道矣."

60 「上弇園書【丙辰】」(『定本 與猶堂全書 4』, p. 89) "噫! 善之積爲德. ……蓋不顯於事爲, 則不可爲德也."

61 『中庸自箴』(『定本 與猶堂全書 6』, p. 273) "[箴曰] ……○……以天命之性, 擴而充之, 可以爲孝弟忠信·仁義禮智. 仁·義·禮·智, 非由外鑠我也. 此本諸身也."

62 『大學公議』(『定本 與猶堂全書 6』, p. 89) "○[答曰] ……爲仁由己, 而由人乎哉?"; 『大學公議』(『定本 與猶堂全書 6』, p. 109) "爲仁由己, 故言三文皆自明之義."

63 『孟子要義』(『定本 與猶堂全書 7』, p. 68) "○[鏞案] 仁·義·禮·智之名, 成於行事之後. 故愛人而後謂之'仁', 愛人之先, 仁之名未立也. 善我而後謂之'義', 善我之先, 義之名未立也. 賓主拜揖而後禮之名立焉, 事物明辨而後智之名立焉, 豈有仁·義·禮·智四顆, 磊磊落落, 如桃仁·杏仁, 伏於人心之中者乎?"; 『孟子要義』(『定本 與猶堂全書 7』, p. 134) "○[乾隆庚戌十月內閣課講] ……臣對曰: '孔·孟言仁·義, 皆主行事而言, 不以爲在心之理.

으로는 성립되지 않으며, 따라서 '사단四端[惻隱·羞惡·辭讓·是非之心]'이란 것 역시 정약용이 보기에 아직 덕은 아니었다.[64]

정약용의 '덕'관②: '덕'의 성립요건은 '도심'과 '실천행위'이다

여기서 정약용의 '덕德' 개념이 가진 특징이 잘 드러난다. 즉, 덕德은 그 자체의 성립요건으로서 '두 가지 요소'를 필수적으로 요청하고 있는바, ① 하나는 상제上帝[天]가 인간에게 부여한 영명한 본체本體가 발한 바로서의 '도심道心'—이것은 선善을 좋아하고 악惡을 부끄럽게 여기는[好善恥惡] '기호嗜好로서의 성性'을 따라 발한 것이다—이며, ② 다른 하나는 형구形軀가 발한 바, 곧 인심人心의 유혹을 뿌리치고 도심이 요구하는 바에 결연히 순응하는 구체적인 '실천행위[行事]'가 바로 그것이다.[65]

……'"; 『孟子要義』(『定本 與猶堂全書 7』, p. 187) "○[鏞案] ……爲仁者, 行仁也; 爲義者, 行義也. 行之爲之, 而後仁·義之名立焉. 若云: '人性之中, 本有仁·義', 則兩箇'爲'字, 不可解也."; 『孟子要義』(『定本 與猶堂全書 7』, p. 196) "○[鏞案] ……若其仁·義·禮·智之名, 必成於行事之後."; 『孟子要義』(『定本 與猶堂全書 7』, p. 254) "○[鏞案] ……○程子原以仁·義·禮·智, 爲在心之理. 故乃曰: '所稟有厚薄·淸濁'. 毋論仁·義·禮·智, 本以行事得名. 旣稱聖人, 則所稟必無薄·濁. 其義自不可立."; 『中庸自箴』(『定本 與猶堂全書 6』, p. 269) "[箴曰] 德者, 行吾之直心也. 不行, 無德也. 孝·弟·忠·信, 仁·義·禮·智, 斯爲之德, 未及躬行, 安有德乎?"; 『中庸講義補』(『定本 與猶堂全書 6』, p. 284) "○[今案] ……仁·義·禮·智之名, 本起於吾人行事, 並非在心之玄理."; 『中庸講義補』(『定本 與猶堂全書 6』, p. 348) "[臣對曰] 仁·義·禮·智之名, 成於行事之後. 此是人德, 不是人性."; 「上弇園書【丙辰】」(『定本 與猶堂全書 4』, p. 90) "仁·義·禮·智, 是見於行事. 已爲仁·爲義·爲禮·爲智者也."; 「答李汝弘【載毅】」(『定本 與猶堂全書 4』, p. 145) "由是觀之, 仁·義·禮·智, 皆以行事得名, ……"; 「答李汝弘【載毅】」(『定本 與猶堂全書 4』, pp. 150~152) "仁·義之德, 皆成於行事之後, ……故人莫不有此四心[四端: 필자 주], 而不得爲仁人·義士, 行仁而後謂之'仁人', 行義而後謂之'義士'."; 「答李汝弘」(『定本 與猶堂全書 4』, p. 158) "孟子之時, 仁·義·禮·智爲行事之名."; 「示兩兒」(『定本 與猶堂全書 4』, p. 273) "仁·義·禮·智者, 施諸行事而後方有是名."

64 「原德」(『定本 與猶堂全書 2』, p. 202) "因性與行, 有德之名, 徒性不能爲德也."; 「答李汝弘【載毅】」(『定本 與猶堂全書 4』, p. 152) "雖有四心[四端: 필자 주], 而人不肯許之以四德者, 四心非四德故也."

65 이에 대해서는 제3부 제1장 「다산 정약용의 이기론」에서의 【그림 3-1-3】도 참조된다.

정약용의 '선·악'관: '선·악' 역시 '실천행위의 결과적 사공'일 뿐이다

한편, 이상의 논의를 조금 더 일반화하면 정약용의 도덕적 '선善·악惡' 개념이 도출된다. 즉, ① 정약용이 보기에 '어떤 인간이 선善한가 악惡한가'의 여부 또한 바로 그의 구체적인 실천행위의 결과적 사공事功에 근거하여 비로소 판별될 수 있는 문제였다.[66] 따라서 거꾸로 보자면 실천이 있기 전에는 선·악도 없다.[67] ② 그런데 이와 같은 '구체적인 실천행위'란 결국 인간과 인간 사이의 접촉·교제로서의 '인륜人倫'을 벗어나지 않

---

66 『論語古今注 I』(『定本 與猶堂全書 8』, p. 277) "[補曰] 善人, 成德之稱, 行己無惡以至於善者也.; 『大學公議』(『定本 與猶堂全書 6』, p. 87) "至善者, 人倫之至德也."; 『大學公議』(『定本 與猶堂全書 6』, p. 90) "○[答曰] ……人倫之所自盡, 非卽至善乎? ……至善者, 人倫之成德, 誠之所至, 外此無至善也."; 『大學公議』(『定本 與猶堂全書 6』, p. 91) "○[議曰] 至善之爲何物? ……而大凡至善之爲人倫成德, 於此明矣, 而復有他解乎?"; 『大學公議』(『定本 與猶堂全書 6』, p. 119) "○[鏞案] ……正與不正, 驗於行事, 不止於眞體之昏明也."

67 '실천이 있기 전에는 선善·악惡도 없다'는 정약용의 입장에는 약간의 주의를 요하는 측면이 있다. 즉, ① 정약용은 『논어고금주論語古今注』에서 '선善'을 크게 두 가지로 나누어 보고 있다. ㉠ 하나는 상제上帝가 인간에게 부여한 '영명靈明한 본체本體의 성性[嗜好]'을 가리키는 것으로서, 그것은 본디 '선善을 좋아하고 악惡을 부끄럽게 여기는[好善恥惡] 성향'을 가지고 있기 때문에 정약용은 이를 '본선本善'이라고 부르기도 한다. ㉡ 다른 하나는 구체적인 실천행위를 통해 '사공事功으로 드러낸 결과로서의 선善'을 가리키는데, 이것을 정약용은 '행의성인지선行義成仁之善'이라고 부른다. ② 그런데 정약용은 이 두 가지 선善 가운데서 '후자만이 진정한 윤리적·도덕적 가치를 지닌다'고 보았다. 이에 그는 다음과 같이 말한 바 있다: "사흉四凶[共工·驩兜·三苗·鯀: 필자 주]에게 의義를 행하여 인仁을 이루는 선善[行義成仁之善]이 없었던 것이지, 생각건대 유독 그들에게만 덕德을 좋아하고 악惡을 부끄럽게 여기는 본선本善[好德恥惡之本善]이 없었겠는가?(○[又按] ……四凶無行義成仁之善, 顧獨無好德恥惡之本善乎?)" 『論語古今注 II』(『定本 與猶堂全書 9』, p. 288)

한편, 이상과 같은 정약용의 '호덕치악지본선好德恥惡之本善·행의성인지선行義成仁之善' 개념은 일차적으로 마테오 리치Matteo Ricci[利瑪竇, 1552~1610: 예수회 선교사]의 『천주실의天主實義』에서 그 단서와 통찰력을 얻은 것으로 추측된다. 즉, 마테오 리치는 "우리는 진실로 두 종류의 '선善'을 반드시 인정해야 합니다. 성性의 선善은 '양선良善'이고, 덕행德行의 선善은 '습선習善'입니다. 대저 양선이란 것은 천주天主께서 원래 조화한 성명性命의 덕德이니, 우리에게 공功이 없습니다. 제가 말씀드리는 공이란 스스로 배워서 덕德을 쌓아올려 이룬 선善입니다. ……우리 성性의 바탕이 비록 곱더라도, 만약 그것을 꾸며줄 (자기가 쌓은: 필자 주) 덕德이 없다면 어떻게 칭찬할 만하겠습니까?(則固須認二善之品矣. 性之善爲良善, 德之善爲習善. 夫良善者, 天主原化性命之德, 而我無功焉. 我所謂功, 止在自習積德之善也. ……吾性質雖姸, 如無德以飾之, 何足譽乎?)"[Matteo Ricci(1603/1999: 346~348)]라고 주장한 바 있다.

는다. ㉠ 이에 '(지至)선善'이란 바로 이러한 인륜을 지극히 하는 실천행위의 결과일 따름이요, 반면 '악惡'이란 그 반대의 경우를 의미할 뿐이니, 궁극적으로 인륜을 떠나 인간의 '선·악'은 존재하지 않았다.[68] ㉡ 그리고 바로 이러한 까닭으로 하여 천天[上帝]이 인간의 선·악 여부를 살핌도 항상 인륜을 벗어나지 않았던 것이며,[69] ㉢ 또한 여기서의 '선善'이란 곧 '효孝·제弟·자慈'이기도 하였다.[70]

정약용의 '덕'과 '선·악' 개념이 함축하는 경학적 의미

결국, 이러한 정약용의 '덕德'과 '선善·악惡' 개념은 두 가지의 중요한 경학적 의미를 함축하고 있는바, 즉, ① 그 하나는 정약용이 기본적으로 인간을 '도덕적으로 열린 존재'—이는 주희가 은연중 '결정론적인 입장'으로 흐르고 있는 것과 대비된다—로 보고 있다는 점이요, ② 다른 하나는 '실천[行事]'이라는 요소가 정약용의 윤리론, 나아가 그의 철학적 세계관의 구성에 있어 논리적으로 필수불가결하게 요청되고 있다는 점이 바로 그것이다.

2) '효·제·자'로서의 덕

정약용의 문제의식: '덕'이 '형이상의 이'가 되면서 천하는 부패하고 말았다

정약용이 보기에, ① 정주성리학에서 '덕德'을 한번 '고묘高妙하고 황홀恍惚한 그 무엇', 즉 인간의 마음에 본래부터 내재하는 형이상의 순선純善

---

68 『大學公議』(『定本 與猶堂全書 6』, p. 87) "○[議曰] ……凡人倫之外, 無至善也."; 『大學公議』(『定本 與猶堂全書 6』, pp. 89~90) "○[答曰] ……嗟乎! 人與人之相接, 非卽人倫乎? 人倫之所自盡, 非卽至善乎?"

69 『中庸自箴』(『定本 與猶堂全書 6』, p. 253) "○[箴曰] ……然天之所以察人善·惡, 恒在人倫. 善於人倫, 則可以事天矣."

70 『大學公議』(『定本 與猶堂全書 6』, p. 112) "○[議曰] ……亦可見經所云'至善'乃孝·弟·慈之諸德, 非此諸德之外·別有至善也."

한 법칙·원리인 '이理'로 만들어 버리자, 생활세계에서의 구체적 실천이란 맥락에서 저마다 생생하게 살아 움직이고 피부에 와 닿던 경문經文들이 갑자기 빛을 잃고 덤덤하니 무의미하게 변질되고 말았다. ② 이에 결과적으로 ㉠ 당시의 유자儒者들은 "'덕德'자를 인식함이 애초 명확하지 못하게 되어 경전을 읽다가 '덕德'자에 마주칠 때마다 도대체 그것이 무엇을 의미하는지 막막히 알지 못하게 되었다. 따라서 다만 순후淳厚하고 흐리멍덩하며 순박하기만 하여 청淸·탁濁도 구분하지 못하는 자를 덕德이 있다 하며, 또한 이와 같은 기상氣象으로 정좌한 채 천하를 다스리기만 하면 만물이 저절로 감화되어 돌아올 것이라 기대할 뿐, 정작 일에 임하는 국면에서는 도대체 어디부터 손을 써야 할지 전혀 모르게 되었던 것이다."[71] ㉡ 또한, 그들은 "치도治道를 논하면서 으레 인주人主[임금: 필자 주]를 하나같이 단공端拱·현묵玄默의 상태, 즉 일을 피하고 실행하는 바가 없는 상태로 유도하고 있다. 이로써 온갖 법도法度가 퇴락되어 정리되지 못한 상태로 방치되어 있으며, 만기萬機의 정사政事 역시 난잡해져 다스려지지 못하게 되었다. 이에 십 년이 채 못 되어 천하는 부패하고 말았던 것이다."[72]

정약용의 '덕'관①: "덕이란 인륜을 돈독히 하는 것으로서, 곧 효·제·자이다"

정약용의 눈에는 원래 "덕德이란 이처럼 애매모호한 것이 아니었으"며, 더욱이 상기의 이유 때문에 더더욱 애매모호해서도 안 되었다. 단적으

71 『論語古今注 I』(『定本 與猶堂全書 8』, pp. 58~59) "○[駁曰] ……道德何物? 今人認'德'字, 元不淸楚, 讀聖經遇'德'字, 茫然不知爲何物. 第以淳厚渾朴·不辨淸濁者爲有德, 意欲以此箇氣象·坐理天下, 庶幾萬物自然歸化, 而當局臨事, 不知從何處著手, 豈不迂哉? ……"

72 『論語古今注 II』(『定本 與猶堂全書 9』, p. 183) "○[案] ……今人論治道者, 率皆導人主端拱·玄默, 無所猷爲. 百度頹墮而莫之整理, 萬機叢脞而莫之搜撥, 不十年而天下腐矣."
한편, 정약용의 이러한 주장은 당시 조선에서 자행되고 있었던 '세도정치勢道政治'의 난맥상에 대한 현실적 비판의식 또한 내포했던 것으로 짐작된다.

로 "덕德이란 인륜人倫을 돈독히 하는 것에 불과하니, 곧 효孝·제弟·자慈"[73] 가 바로 그것이다. 첫째, '효·제·자'란 그렇다면 무엇인가? ① "부모를 사랑하고 잘 봉양하는 것을 '효孝'라 하고, 형제 간에 우애하는 것을 '제弟'라 하며, 자식을 가르치고 기르는 것을 '자慈'라 할"뿐이다.[74] ② 나아가 고경古經—『서경집전書經集傳』의 「순전舜典」편—에서 누누이 언급되고 있는 '오전五典'과 '오교五敎'라는 것 역시 요약하면 기실 이 '효·제·자'에 지나지 않았다.[75]

---

73 『論語古今注 I』(『定本 與猶堂全書 8』, p. 59) "○[駁曰] ……德者, 篤於人倫之名, 孝·弟·慈是已. ……德非模糊漫漶之物也."; 『孟子要義』(『定本 與猶堂全書 7』, pp. 207~208) "○[鏞案] ……直心所行, 斯謂之'德'. 故『大學』以孝·弟·慈爲明德, 『論語』以讓國爲至德."; 『大學公議』(『定本 與猶堂全書 6』, p. 78) "明德者, 孝·弟·慈."; 『大學公議』(『定本 與猶堂全書 6』, p. 79) "○[議曰] ……所謂'明德', 孝·弟·慈也; 所謂'新民', 亦孝·弟·慈也. ……兩節宗旨, 俱不出'孝·弟·慈'三字. 是則明明德正義也."; 『大學公議』(『定本 與猶堂全書 6』, pp. 93~94) "○[答曰] ……明德者, 孝·弟·慈也. 孝·弟·慈, 原無本末. 新民, 亦弟·慈之在民者也."; 『大學公議』(『定本 與猶堂全書 6』, pp. 109~110) "峻德, 亦孝·弟也. ……○[議曰] ……則德者, 孝·弟也. ……則峻德者, 孝·弟也. ……"; 『中庸講義補』(『定本 與猶堂全書 6』, p. 314) "○[臣對曰] ……『大學』之'明明德於天下'者, 亦只孝·弟·慈三德."; 『尙書古訓 I』(『定本 與猶堂全書 11』, p. 125) "【克明俊德】 ……○[鏞案] ……但此經[『書經』의 「堯典」편: 필자 주]是'大學之道'淵源所發. '俊德'者, 孝·弟·慈之大德, '明俊德'者, 明明德也. '九族旣睦'者, 以此德而齊家, 家旣齊也. '百姓昭明'者, 以此德而治國, 國旣治也. '萬邦·於變'者, 以此德而平天下, 天下平也. 『大學』首引此經, 明其源遠也."

74 「原敎」(『定本 與猶堂全書 2』, p. 200) "愛養父母謂之'孝', 友於兄弟謂之'弟', 敎育其子謂之'慈', 此之謂'五敎'也."

75 『大學公議』(『定本 與猶堂全書 6』, pp. 78~79) "○[議曰] ……「堯典」曰: '愼徽五典', 曰: '敬敷五敎', 五典·五敎者, 父義·母慈·兄友·弟恭·子孝也. 『春秋傳』史克之言, 明白如此. 然兄友·弟恭, 合言之則弟也; 父義·母慈, 合言之則慈也. 然則'孝·弟·慈'三字, 乃五敎之總括."; 『大學公議』(『定本 與猶堂全書 6』, p. 84) "○[議曰] ……舜命契曰: '百姓不親, 汝敷五敎', 五敎者, 孝·弟·慈也.【義見前】"; 「示兩兒」(『定本 與猶堂全書 4』, p. 272) "五典·五敎,【父義·母慈·兄友·弟恭·子孝】 約之則孝·弟·慈也."

상기한바 '오전五典'과 '오교五敎'라는 용어는 모두 『서경집전書經集傳』의 「순전舜典」편에 나오는데, 그 해석이 다양하다. 즉, ① '오전五典'에 대한 해석으로는 대략 세 가지가 있는데, ㉠ 『좌전左傳』에서 노魯 나라 태사극太史克이 언급한 '오교五敎', 곧 "부의父義·모자母慈·형우兄友·제공弟恭·자효子孝"로 보는 견해, ㉡ 『맹자孟子』에 나오는 '오륜五倫' 또는 '오상五常', 곧 "부자유친父子有親·군신유의君臣有義·부부유별夫婦有別·장유유서長幼有序·붕우유신朋友有信"으로 보는 견해, ㉢ 『중용中庸』에 나오는 '오달도五達道', 곧 "군신君臣·부자父子·부부夫婦·곤제昆弟·붕우朋友"로 보는 견해가 바로 그것이다. ② '오교五敎'에 대한 해석도 대체로 상기한바 '오전五典'과 등치되어 이루어졌다. 그런데 『서경집전書經集傳』을 저술한 채침蔡沈[九峰, 1167~1230: 中國 南宋의 학자]의 경우에는 둘째, 그런데 '자慈'란 짐승들도 할 수 있는, 즉 그리 힘쓰지 않아도 할 수 있는 바요, 이에 성인聖人께서 입교立教하심에 유독 '효孝'와 '제弟'만을 가르치셨던 것처럼, ① 결국 인간사회에서 가장 중요한 덕목을 다시 요약하여 들라고 한다면 그것은 바로 '효·제'일 뿐이었다.[76] ② 따라서 이 '효·제' 이외에 어디에도 '덕德'이란 명칭이 성립될 곳이라곤 없었다.[77] 즉 "몸소 효·제를 먼저 실행하는 것", 이것이 다름 아닌 '덕'인 것이다.[78]

'오전五典'과 '오교五教' 개념을 모두 『맹자』에 나오는 해석에 입각하고 있다.

한편, 정약용은 '오전五典·오교五教'의 의미를 태사극太史克의 설—부의父義·모자母慈·형우兄友·제공弟恭·자효子孝—로 이해하면서, '형우兄友·제공弟恭'을 합쳐 말한다면 '제弟'가 되며, '부의父義·모자母慈'를 합쳐 말한다면 '자慈'가 되기 때문에 결국 '오전·오교'는 '효孝·제弟·자慈' 세 글자로 총괄된다고 주장하였다. 또한, 그는 바루 이러한 매락에서 다음과 같이 발하기도 하였다: "고주古注에서는 무릇 오전五典과 오교五教를 모두 태사극太史克의 말처럼 해석하였다. 주자朱子 이래로는 모두 『맹자孟子』에서 말한 '오륜五倫'【'설契로 하여금 사도司徒가 되게 하였다'의 절節】과 『중용中庸』에서 말한 '오달도五達道'에 따라 해석하고 있다. 태사극의 신뢰성은 두 경전[『맹자』와 『중용』: 필자 주]보다 못하다. 그럼에도 『대학大學』에 나오는 효孝·제弟·자慈란 이를 부父·모母·형兄·제弟·자子에게 베푼다고 하면 사리에 합당하지만, 이를 오륜五倫에 베푼다고 하면 합당하지 못하다. 대개 효·제·자란 천속天屬의 사랑이다. 군신·부부·붕우란 사람이 인위적으로 결합한 윤리이니, 이에 상견相見함에는 반드시 예물을 갖추며, 상합相合함에는 반드시 의義로써 한다. 부모를 섬기는 것에 힘입어 군주를 섬기는 것이니, 나의 내교內教로부터 시작하여 밖으로 미루어나가는 것이다. 입교立教함에는 먼저 천속天屬의 사랑으로부터 시작하는 것이 아니겠는가? 다시 고려할 것을 기다린다.(○[鏞案] 古注, 凡五典·五教, 皆訓之, 如史克之言. 朱子以來, 皆以『孟子』所言'五倫'【'使契爲司徒'之節】及『中庸』所言'五達道', 釋之. 史克之可信, 不如二書. 然『大學』之孝·弟·慈, 施之於父·母·兄·弟·子則合, 施之於五倫則不合. 蓋孝·弟·慈, 天屬之愛也. 君臣·夫婦·朋友, 人合之倫也, 相見必以贄, 相合必以義. 資於事父以事君, 自我內教推於外. 所以立教, 先自天屬之愛與? 俟更商也.)" 『尙書古訓 I』(『定本 與猶堂全書 11』, p. 161)

또한, 상기한 바처럼 '오전五典·오교五教'는 채침의 『서경집전』에는 「순전」편에 나오나, 정약용은 매색梅賾[字는 仲眞, ?~?: 中國 東晉의 학자]이 『서경書經』을 위작僞作하면서 「요전堯典」편을 둘로 나누어 「순전」편을 만들었다고 보기 때문에 그 출전을 여전히 「요전」편으로 표기하고 있다.

76 「原教」(『定本 與猶堂全書 2』, p. 200) "然唯慈者, 不勉而能之, 故聖人之立教也, 唯孝·弟是訓."; 「示兩兒」(『定本 與猶堂全書 4』, p. 273) "有子約之爲孝·弟者, 慈乃禽獸之所能也. ……"

77 「原德」(『定本 與猶堂全書 2』, p. 202) "(則是)孝·弟之外, 德之名無所立也."

78 『論語古今注 I』(『定本 與猶堂全書 8』, p. 152) "○[補曰] ……身先孝·弟曰: '德'."

정약용의 '덕'관②: '덕'을 '효·제·자'로 해석함이 고경의 본지이다

한편, 정약용이 보기에 이처럼 '덕德'을 '이理'가 아닌 '인륜人倫을 돈독히 하는 것'이자 '성취한 바 사공事功'으로서의 '효孝·제弟·자慈'로 해석했을 때 비로소 여러 고경古經의 본지本旨가 다시 생생하게 살아나올 수 있었다. 첫째, 정약용은 이에 다음과 같이 누누이 말한 바 있다: "『예기禮記』—이는 기실 『대학大學』을 가리킨다—에 의하자면 '옛적에 천하에 명덕明德을 밝히려 한다면 먼저 그 나라를 다스린다'고 하였는데, 「치국治國·평천하平天下」장에 이르러서는 '효·제·자'로 그 근본을 삼았으니, 이 '효·제·자'가 바로 '명덕明德'을 말함이 아니겠는가? 「요전堯典」[『書經』의 篇名: 필자 주]편에 이르기를 '준덕俊德을 밝혀, 이로써 구족九族을 화목하게 하셨다'고 하였는데, 여기서 말하는 '준덕'이란 '효·제'를 말함이 아니겠는가? 또한 『효경孝經』에서 '선왕先王들께서 지극한 덕德[至德]과 요긴한 도道를 두어, 이로써 천하를 순응토록 하셨다'고 하였는데, 여기서 말하는 '지극한 덕'이란 바로 '효·제'를 말함이 아니겠는가? 선왕의 도道란 몸소 효·제를 먼저 실천하여 천하를 거느렸던 것이니, 바로 이를 일컬어서 '덕德으로 인도한다[道之以德]'[『論語集註』「爲政」篇 第3章의 經文: 필자 주]는 것이다."[79]

둘째, 만약 덕德을 이처럼 '효孝·제弟·자慈'로 보지 않고 오히려 주희처럼 '허령불매虛靈不昧한 이理'로 해석한다면, ① 요堯 임금께서는 '허령

79 『論語古今注 I』(『定本 與猶堂全書 8』, p. 59) "○[駁曰] ……『禮』曰: '古之欲明明德於天下者, 先治其國', 及至'治國·平天下'章, 乃以孝·弟·慈爲本, 孝·弟·慈非明德乎? 「堯典」曰: '克明俊德, 以親九族', 峻德非孝·弟乎? 『孝經』曰: '先王有至德·要道, 以順天下', 至德非孝·弟乎? 先王之道, 身先孝·弟, 以率天下, 此之謂'道之以德'."; 『中庸自箴』(『定本 與猶堂全書 6』, pp. 238~239) "[箴曰] ……○竊嘗思之, 仲尼之學, 源於堯·舜, 故『大學』之'明德·新民', 其在「堯典」曰: '克明峻德, 以親九族, 以平百姓, 以協萬邦', ……皆是'修身·齊家·治國·平天下'之說. 前聖後聖之言, 若合[令]符節, ……"; 『尙書古訓 I』(『定本 與猶堂全書 11』, p. 125) "【克明俊德】 ……○[鏞案] ……但此經[『書經』의 「堯典」편: 필자 주]是'大學之道'淵源所發. '俊德'者, 孝·弟·慈之大德, '明俊德'者, 明明德也. '九族既睦'者, 以此德而齊家, 家既齊也. '百姓昭明'者, 以此德而治國, 國既治也. '萬邦·於變'者, 以此德而平天下, 天下平也. 『大學』首引此經, 明其源遠也."

불매한 덕德—이는 충막무짐沖漠無朕한 '이理로서의 덕德'을 말한다—을 밝힐 수 있으심에 이로써 구족九族을 화목하게 하셨다'라는 말이 되는데, 이는 정약용이 보기에 어불성설이었다.[80] ② 또한, 『대학』에 나오는 '명덕明德'이란 것도 '인륜, 즉 오륜五倫을 돈독히 하는 사공事功'으로서의 효·제·자요, '신민新民'이란 것 역시 이러한 효·제·자에 지나지 않았다. 따라서 '명덕明德을 밝힌다[明明德]'라는 경문에서의 '밝힌다[明]'라는 말도 기실 "언어를 통하여 강명講明한다는 뜻이 아니라, 행한 연후에 (구체적인 事功으로: 필자 주) 밝게 드러낸다"는 의미였다.[81]

정약용의 '효·제·자'로서의 '덕' 개념이 함축하는 경학적 의미

이상과 같은 정약용의 '덕德' 개념, 즉 '인륜人倫을 돈독히 하는 사공事功'으로서의 '효孝·제弟·자慈'라는 인식은 그의 경학체계에서 매우 중요한 의미를 함축하고 있는바, ① 그 하나는 이처럼 '명덕明德'을 곧 '효·제·자'로 분명하게 인식하는 것을 정약용은 사서四書, 나아가 여타 경전의 귀취歸趣와 요지要旨를 정확하고도 올바르게 파악하는 핵심적 관건으로 보고 있다는 점이며, ② 다른 하나는 이러한 '덕德' 개념을 통해 그는 일생 동안 일관되게 견지·강조했던 나름의 '유교儒教'관을 정립하게 이르렀으니, 이는 곧 "공자孔子의 도道란 효孝·제弟일 따름"이요 또한 "공자의 도란 수기修己·치인治人일 따름"이라는 것이다.[82]

---

80 『大學公議』(『定本 與猶堂全書 6』, p. 79) "○[議曰] ……蓋堯克明孝·弟·慈之德, 以盡修身之工, 而家齊·國治·天下遂平, 不可曰: '堯克明虛靈不昧之德, 以親九族'也."

81 『大學公議』(『定本 與猶堂全書 6』, p. 79) "○[議曰] ……所謂'明德', 孝·弟·慈也. 所謂'新民', 亦孝·弟·慈也."; 「上弇園書【丙辰】」(『定本 與猶堂全書 4』, p. 89) "盖'明德'者, 五倫也. 明五倫於意爲'誠意', 明五倫於心爲'正心', 明五倫於身爲'修身', 明五倫於家爲'齊家', 明五倫於國爲'治國', 明五倫於天下爲'平天下', 要之, 是一箇明五倫之事, 而有修己·治人之別耳. '明'者, 非以言語講明之, 行之然後乃明."; 「答方山 李【道溟】」(『定本 與猶堂全書 4』, p. 101) "示喩, '明明德'一節甚善. 然'治國·平天下'二章, 皆以孝·弟·慈說起, 則'明明德'一句, 實又百行之所由出, 此又不可不知也."

82 「爲盤山 丁修七贈言【字乃則, 長興人】」(『定本 與猶堂全書 3』, p. 395) "孔子之道, 孝·弟而

3) '합리적인 인간관계'로서의 효·제·자

정약용이 보기에 '공자孔子의 도道'란 결코 구체적인 인륜人倫에서 벗어나지 않으며, 그 궁극적 목적은 어디까지나 인간 사이의 교제交際를 잘하자는 데에 있을 뿐이었다.[83] 그리고 인륜을 돈독하게 함으로써 이러한 목적에 부응하는 최고의 덕목으로서 그가 '효孝·제弟·자慈'를 들었음도 이미 지적한 바 있다. 즉, '효孝'로써 부모를 섬기고 이러한 마음을 미루어 임금을 섬기며, '제弟'로써 형을 대우하고 이러한 마음을 미루어 어른을 모시며, '자慈'로써 자식을 가르치고 기르며 이러한 마음을 미루어 백성을 돌보고 부리는 것이다. 이 중에서도 정약용은 특히 '효·제'를 강조했으니, 이 두 가지는 모두 '아랫사람이 윗사람을 섬기고 모시는 실천덕목'이다.

물론 '효·제'라는 덕목은 정약용만이 강조했던 것은 아니고, 기실 유가儒家에서는 공히 중시되었던 것이다. 그럼에도 이러한 사실이 곧 '효·제'에 대해 유가 일반이 언제나 동일한 의미를 부여했음을 뜻하는 것은 결코 아니다. 일반적으로 말하여, 유가의 각 유파가 처했던 구체적인 역사적·사회적 조건의 차이 및 이에 따른 세계관에서의 유의미한 변화, 이로써 특정 주석자가 경문해석에 끌고 들어왔던 문제의식 및 해석학적 지평에서의 변이에서 상이하고 다양한 의미가 부여되고 또한 표명되었던 것이다. 바로 이러한 맥락에서 그 기본성격상 아랫사람이 윗사람을 섬기고 모시는 실천덕목으로서의 '효·제', 그 중에서 특히 '효'에 대해 주희와 정약용은 매우 상이한 관점을 보여주고 있다.

已. ……孔子之道, 使天下之人, 一一皆孝·弟, 故曰: '人人親其親·長其長而天下平.' ……孔子之道, 修己·治人而已."

83 『論語古今注 I』(『定本 與猶堂全書 8』, p. 155) "○[補曰] 吾道不外乎人倫."; 『論語古今注 II』(『定本 與猶堂全書 9』, p. 175) "○[駁曰] ……吾道何爲者也? 不過爲善於其際耳."

정약용의 문제의식: 주희의 '효' 개념은 '맹목성·절대성·특권성'을 함축한다

우선, 주희는 첫째, 『논어집주論語集註』「학이學而」편 제11장의 경문經文[84]에 나오는 "삼년무개어부지도, 가위효의三年無改於父之道, 可謂孝矣"라는 구절을 해석하면서 "(아버지께서 별세하신 뒤에도: 필자 주) 반드시 3년 동안은 아버지의 도道[행위: 필자 주]를 고치지 않아야 그[자식: 필자 주]의 효성스러움[孝]을 볼 수 있는 것이니, 그렇지 않다면 행한 바가 비록 선하다 할지라도 또한 효성스럽다고 할 수는 없는 것이다"[85]라고 주장했던바, 이로써 그는 '효孝'를 무엇보다 '의리와 명분'을 중시하는 맥락에서 매우 경직되게 강조하고 있음을 간취할 수 있다.

둘째, 『논어집주』「위정爲政」편 제5장을 보면, 맹의자孟懿子가 공자孔子에게 효孝에 대해 묻자 공자孔子께서 "어김이 없어야 한다[無違]"라고 대답하신 일화가 나오는데, 여기서 주희는 이 '무위無違'라는 공자의 말씀을 "이理에 위배되지 않음[不背於理]"이라고 해석하고 있다.[86] 그런데 이러한 그의 해석은 곧 효孝를 이 세계를 구성하는 형이상의 근본원리에다 연결시킴으로써 은연중 '효孝의 윤리적 절대성'을 강조하고 있는 셈이다.

셋째, 『논어집주』「이인里仁」편 제18장을 보면 부모를 섬김에 자식에게는 "은근하게 간함[幾諫]"의 의무가 있음을 이야기하고 있다.[87] 그런

---

84 子曰: "父在, 觀其志; 父沒, 觀其行, 三年無改於父之道, 可謂'孝'矣."(공자孔子께서 말씀하셨다: "아버지께서 살아 계실 때에는 그[자식: 필자 주]의 뜻을 관찰하고, 아버지께서 돌아가셨을 때에는 그[자식: 필자 주]의 행동을 관찰하는 것이니, 3년 동안 아버지의 도道[행위: 필자 주]를 고치지 않아야 '효孝'라고 이를 수 있는 것이다.")

85 『論語集註』, 「學而」篇 第11章의 註 "然又必能三年無改於父之道, 乃見其孝. 不然則所行雖善, 亦不得爲孝矣."

86 『論語集註』, 「爲政」篇 第5章의 註 "無違, 謂: '不背於理'."

87 子曰: "事父母幾諫. 見志不從, 又敬不違, 勞而不怨."(공자孔子께서 말씀하셨다: "부모를 섬기되 은근하게 간해야 하니, 부모의 뜻이 내 말을 따르지 않음을 보고서도 더욱 공경하고 어기지 않으며, 수고롭되 원망하지 않아야 한다.") 단, 여기서 유의해야 할 점은 이와 같은 해석은 포함包咸[字는 子良, B.C. 6~65: 中國 後漢의 학자]과 주희의 견해에 따른 해석이라는 사실이다. 물론 정약용은 동일한 경문에 대하여 이와는 다르게 해석하고 있다.

데 주희는 이에 대해 부모에게 과실이 있을 때 자식은 화기和氣 있는 얼굴로 은근하게 간해야 하지만, 그런데도 부모가 자식의 간언諫言을 받아들이지 않을 경우 자식은 이에 대해 화내거나 원망해서는 안 되며 오히려 더욱 공경하면서 '부모의 뜻을 어겨서는 안 된다'고 강조했던 바,[88] 이로써 그는 결과적으로 자식의 '올바른 기간幾諫'보다는 부모의 '그릇된 뜻'을 더 우선시하는 태도를 보이고 있다. 그런데 이러한 그의 해석은 적어도 효孝에 있어서만은 올바른 사리와 보편타당한 도덕률조차도 오히려 그 통용력이 일정하게 제한되는 '특권성'이 인정되어야 함을 강하게 함축하고 있는 것이다.

결국, 전체적으로 보아 주희는 이처럼 '효孝'라는 덕목에 대해 일종의 '맹목성·절대성·특권성'이라는 특징을 강하게 부여하는 경향을 보이고 있는바, 물론 이러한 그의 해석학적 태도는 단순히 윤리상의 문제에만 그치는 사안은 아니었다. 즉, 이는 한 걸음 더 나아가 정주성리학적 세계관과의 일정한 조응성 하에 구축된 기존의 권위주의적이고 위계적인 지배체제와 신분질서에 대한 배타적인 옹호와 정당화라는 '이데올로기적 관심'과 맞닿아있는 동시에, 결과적으로 이러한 관심의 관철을 보증하는 '이념적 기반'의 역할을 하고 있었던 것이기도 하다.

정약용의 '효'관①: 효라는 의리와 명분으로 선군의 잘못된 정사를 따라서는 안 된다

한편, 정약용은 '효孝' 개념과 관련한 이상과 같은 주희의 입장에 대해 나름의 관점에서 조목조목 반론을 제기한 바 있다. 우선, 그가 보기에 "삼년무개어부지도, 가위효의三年無改於父之道, 可謂孝矣"라는 구절을 상기한

---

88 『論語集註』, 「里仁」篇 第18章의 註 "'幾諫', 所謂'父母有過, 下氣·怡色·柔聲以諫'也. '見志不從, 又敬不違', 所謂'諫若不入, 起敬·起孝, 悅則復諫'也. '勞而不怨', 所謂'與其得罪於鄉黨·州閭, 寧孰諫, 父母怒不悅而撻之流血, 不敢疾怨, 起敬·起孝'也."

바 주희와 같은 식으로 해석·이해함은 경문의 본래의 취지—물론 이는 정약용이 나름대로 이해하는 '본래의 취지'이다—와 실상에 매우 어긋나는 것이었다. 첫째, 원래 이 경문은 일반인을 대상으로 한 것이 아니라 적어도 '대부大夫 이상의 지위에 있는 사람들'에게만 적용되는 것이었다.

둘째, 별세한 아버지[先君]의 도道가 비록 잘못된 것이라 할지라도 최소한 이를 3년 동안은 고치지 않아야지 만이 자식으로서 효성스럽다는 칭찬을 들을 만하다는 주희의 논리는 정약용이 보기에 지나친 억지에 가까웠다. 즉 ① "천자天子와 제후諸侯로서 선군先君의 잘못된 정사政事 때문에 천하가 화를 입고 종묘宗廟가 위태롭게 된다면, 마땅히 그는 불 속에서 사람을 구하듯이, 물에 빠진 사람을 건지듯이 황급히 고쳐야 하는 것이다. 어찌 효도한다는 명분으로 (선군의 잘못된 정사를: 필자 주) 그대로 따를 것을 감히 생각할 수 있겠는가?"[89] ② 여기에서 주희의 입장과 비교해 볼 때, 정약용은 '효孝'를 이해함에 있어서도 다분히 경직된 의리와 명분보다는 어디까지나 탄력적인 '실리實理와 실제'를 더욱 중시하는, 그러한 의미에서 일견 보다 합리적인 태도를 견지하고 있음을 간취할 수 있겠다.

---

89 『論語古今注 I』(『定本 與猶堂全書 8』, p. 47) "○[駁曰] ……本爲大夫而發, ……天子·諸侯有先君之弊政, 禍天下而危宗廟, 改之當如救焚·拯溺, 豈敢以孝思因循乎?"

또한, 정약용은 동일한 문제의식에서 다음과 같이 말한 바도 있다: "흰 비단을 쓰고 현훈玄纁을 쓰지 않은 것은 (衛 나라의: 필자 주) 문공文公이 나라를 세웠지만 부친의 상喪이 아직 끝나지 않았기 때문입니다. 부친의 상이 아직 끝나지 않았는데도 현자를 구하기를 목마른 사람이 물을 찾듯이 하였으니, 이 때문에 어진 군주가 된 것입니다.([臣對曰] ……其用素絲, 而不用玄纁者, <u>文公</u>立國, 父喪未畢也. 父喪未畢, 求賢如渴, 所以爲賢主也.)" 『詩經講義』(『定本 與猶堂全書 10』, p. 109); "사건이 비록 앞 조정[先朝]에서 있었다 할지라도, 진실로 그것이 예禮가 아니라면 뒤에 계승한 왕이 그 예禮를 뒤늦게나마 바로잡는 것이 곧 성인聖人의 지극한 효孝[達孝]인 것이다.(○[臣謹案] ……事雖在於先朝, 苟其非禮, 則後嗣王追正其禮, 卽聖人之達孝也.)" 『喪禮外編』, 「國朝典禮考 2」(『定本 與猶堂全書 21』, p. 344)

정약용의 '효'관②: 효란 "예에 어긋남이 없는 것"이다

다음으로, 정약용은 '무위無違'라는 말을 부모의 명령에 대해서는 '매사에 순종하고 거스르는 바가 없는 것'으로 해석하는 황간皇侃[일명 皇偘, 488~545: 中國 南北朝時代 南朝 梁 나라의 학자]의 맹목적 입장이나, "이理에 위배되지 않음[不背於理]"으로 해석하여 효孝를 은연중 절대화하고 있는 주희의 입장을 모두 거부하고 있다. 이로써 정약용은 ① '부모를 섬기는 도리에는 기간幾諫하는 의리가 있음'을 특히 강조하는 동시에, ② 상기의 '무위無違' 또한 "예禮에 어긋남이 없는 것"으로 보는 형병邢昺[字는 叔明, 932~1011: 中國 北宋의 학자]의 입장에 공감을 표시하기도 하였다.[90]

정약용의 '효'관③: 효에는 '기간'과 '원망'이 중요하다

끝으로, 정약용은 '효孝'라는 덕목의 특권성을 인정하려는 주희의 입장을 반대하면서 '기간幾諫'의 의의를 특별히 강조·중시하고 있다. 첫째, 정약용은 이러한 시각에서 "견지부종見志不從"이라는 경문을 "부모의 뜻이 내 말을 따르지 않음을 보고서도"라고 풀이하는 주희의 입장—'견지부종'이라고 읽는다—을 따르지 않고 대신 "부모의 명령을 따를 수 없다는 자신[자식: 필자 주]의 뜻을 보여주고"라고 독자적으로 해석—'현지부종'이라고 읽는다—하고 있다. 즉, ① 정약용이 보기에 "한 번 간諫하여 보고서는 부모께서 따르지 않는다고 하여 마침내는 (잘못된: 필자 주) 부모의 명령에 순종하고 만다면, 이는 부모를 악惡에 빠뜨리는 것이 되고 마"니, 결국은 간

---

90 『論語古今注 I』(『定本 與猶堂全書 8』, pp. 62~63) "○邢曰: '無違, 言無得違禮.' ……○[駁曰] ……事父母, 有幾諫之義, 安得每事皆從無違之義? ……○[駁曰] ……無違, 非不違親命也."

한편, 정약용은 동일한 문제의식에서 다음과 같이 말하기도 하였다: "천하의 사람들이 바야흐로 마음으로는 그르다 하고 속으로는 비방하고 있는데도 헛된 명분으로 더욱 높은 지위를 더하는 데 힘썼으니, 어찌 효孝라 할 수 있겠는가?([臣謹案] 天下之人, 方心非腹誹, 而務以虛名益加尊隆, 豈足以爲孝哉?)" 『喪禮外編』, 「國朝典禮考 2」(『定本 與猶堂全書 21』, p. 338)

하는 의의가 없게 되는 셈이다. ② "공자孔子의 말씀의 뜻은 한편으로 부모의 (잘못된: 필자 주) 명령을 따르지 않는 자신[자식: 필자 주]의 뜻을 보여주면서, 다른 한편으로는 잠시 부모의 명령을 어기지 아니한 채 순종하며 기다림으로써 결국은 부모로 하여금 자신[자식: 필자 주]의 뜻을 살펴 분명히 깨달으시도록 함으로써 부모 스스로 그 (잘못된: 필자 주) 일을 그만두시게 되기를 바라는 것"[91]이었다.

둘째, 정약용이 보기에 ① 대저 군자君子는 천명天命을 밝게 알기에[92] 원칙적으로 하늘을 원망하거나 사람을 탓하지 않는다.[93] 따라서 그는

---

91 『論語古今注 I』(『定本 與猶堂全書 8』, pp. 158~159) "○[補曰] 幾諫者, 不敢直諫, 但以微意, 諷之使喩也. '見'讀作'現', 露也, 示也. 微示己志之不從親命, 且須恭敬不違親命, 以俟其自悟也. ……○[駁曰] ……一諫不從, 遂順親命, 陷親於惡, 安在其諫也? 孔子之意盖云: '一邊微示己志之不從, 一邊姑且順命而不違, 庶幾父母察己之志, 犁然覺悟, 自止其事'也."

92 이러한 군자君子와 관련하여 정약용은 다음과 같이 말한 바 있다: "군자君子의 의리義理는 푸른 하늘을 보고 두려워할지언정 천둥소리를 듣고 놀라지는 않는다. 그러므로 소과괘小過卦의 때에 상제上帝를 대면하고,【진괘震卦가 위에 있다】 감괘坎卦의 마음으로 근심하고 두려워한다.【(小過卦를: 필자 주) 겸획兼畫하면 감괘坎卦가 된다】(君子之義, 對青天而懼, 聞震雷而不驚. 故小過之時, 對越上帝,【震在上】 坎心憂懼.【兼畫坎】)" 『周易四箋 II』(『定本 與猶堂全書 16』, p. 117); "(太初의: 필자 주) 혼돈混沌이 이미 개벽開闢함에 곤坤의 흙으로 감坎의 물을 에워싸면 택澤이 되고, 감坎의 물로 곤坤의 땅을 깎아내면 산山이 된다. 산山은 지地에서 솟은 것이므로 따라서 곤坤의 위에 (한 개의 陽이: 필자 주) 솟아오른 형태가 간艮이 된다. 군자君子의 도道는 아래로부터 배워 위로 도달하여[下學而上達] 멈추지 않을 수 없는 데까지 나아가서야 멈추는 것이다.(○[鏞案] 混沌既闢, 坤圍坎爲澤, 坎剝坤爲山. 山隆於地, 故坤之上隆者爲艮也. 君子之道, 下學而上達, 止於其所不得不止也.)" 『周易四箋 II』(『定本 與猶堂全書 16』, p. 123)

93 『論語古今注 II』(『定本 與猶堂全書 9』, p. 307) "○[案] ……君子不怨天·不尤人, 矧可以怨君·親哉? 然君·親之過小而怨, 是不可磯也; 君·親之過大而不怨, 是愈疏也.【孟子云】 是故聖人許之使怨, 然其怨之也, 一或有近於謗訕非毁者, 大罪也."; 『尙書古訓 II』(『定本 與猶堂全書 12』, p. 47) "○[案] 古之賢哲, 灼知天命, 不怨天·不尤人, 斯固然矣."

또한, 정약용은 젊어서부터[30세] 다음과 같이 말한 바 있다: "효자孝子가 부모를 원망하는 것은 곧 그 지극히 정성스럽고 측달惻怛한 것으로서 하늘과 땅에 사무치는 인仁이니, 어찌 일의 대체大體에 상함이 있다는 것으로써 혐의嫌疑를 삼을 수 있겠는가?【그 뜻은 나의 「원원原怨」에 상세히 나온다】(○[鏞案] ……○……孝子之怨父母, 乃其至誠·惻怛, 徹天·徹地之仁, 夫豈以事體爲嫌哉?【義詳余「原怨」】)" 『孟子要義』(『定本 與猶堂全書 7』, p. 160); "순舜 임금께서는 하늘을 향해 우셨고, 의구宜臼는 「소반小弁」이란 시詩를 지었는데, 이는 자식으로서 불행한 경우를 당한 사람의 정미롭고도 진정한 대의리大義理인 것입니다. ……순 임금께서 원망하시고 그리워하셨음은 부모를 원망하신 것이지 스스로를 원망하신 것이 아닙니다. 그러므로 만장萬章이 의심하여

묻기를 '순 임금께서 원망하셨습니까?'라고 했습니다. 맹자孟子께서는 '순 임금께서 원망하시지 않았다'고 말씀하시지 않고 장황하게 비유를 들어 순 임금께서 마땅히 원망하셔야 했던 의미를 밝히셨습니다. 그 말하기를 '나는 힘을 다하여 밭을 갈고 공손히 자식으로서의 도리를 다할 뿐이니, 부모께서 나를 사랑하시지 않음이 나와 무슨 상관이 있단 말인가?[我竭力耕田, 恭爲子職而已矣, 父母之不我愛, 於我何哉?]'라고 했던 22자는 바로 '괄恝'자의 주석입니다. 괄恝이란 태연히 걱정이 없는 모양입니다. ……'나와 무슨 상관이 있단 말인가?[於我何哉?]'라는 것은 냉담하고 완고하며 오만한 말인데도, 요즘 『맹자孟子』를 읽는 사람들이 이 말도 순 임금의 말씀으로 여기고 있으니 되겠습니까? 안 되겠습니까? 맹자께서 또한 「소반小弁」시詩를 논하시어 말씀하시기를 '「개풍凱風」시는 부모의 잘못이 작은 것이고, 「소반」시는 부모의 잘못이 큰 것이다. ……부모의 잘못이 큰데도 원망하지 않는 것은 부모와 더욱 거리를 두는 것이다'라고 말씀하셨습니다. 맹자의 앞뒤 말씀을 자세히 살펴보면, 아마도 순 임금과 의구宜臼가 부모를 원망한 것을 당연한 도리로 여기신 것 같습니다. ……공자孔子께서는 '시詩는 원망할 수 있다'고 하셨습니다. 마땅히 원망해야 하는데도 원망하지 않음은 성인聖人께서도 바야흐로 걱정하셨으니, 이 때문에 시詩가 원망할 수 있음을 기꺼워하시어 이와 같이 말씀하신 것입니다. ……주자朱子는 『시집전詩集傳』에서 이[「小弁」: 필자 주]를 순 임금께서 울부짖으신 것과 같은 의미로 보았습니다. 이는 만년晩年의 정론定論으로서 정미한 뜻을 발휘한 공功이 맹자에 비길 만합니다.([臣對曰] 大舜旻天之泣, 宜臼「小弁」之詩, 此乃爲人子而遭不幸者, 精微眞正之大義理. ……舜之怨慕, 怨父母也, 非自怨也. 故萬章疑而問之曰: '舜怨乎?' 孟子不云: '其不怨', 而張皇設喩, 以明其宜怨之義. 其曰: '我竭力耕田, 恭爲子職而已矣, 父母之不我愛, 於我何哉?'二十二字, 卽'恝'字之註脚. 恝者, 恝然無愁之貌. ……'於我何哉'者, 冷落頑傲之語, 而今人讀『孟子』者, 竝作舜語看, 可乎? 不可乎? 孟子又論「小弁」之詩曰: '「凱風」, 親之過小者也; 「小弁」, 親之過大者也. ……親之過大而不怨, 是愈疏之也.' 紬繹孟子前後之說, 皆以舜·宜臼之怨父母, 爲當然底道理. ……孔子曰: '詩可以怨'. 當怨而不得怨, 聖人方且憂之, 故樂詩之可以怨, 而言之如是也. ……朱子『集傳』同之於大舜之號泣, 此是晩年之定論, 其發揮精義之功, 侔於孟子矣.)" 『詩經講義』(『定本 與猶堂全書 10』, pp. 225~226); "'아갈력我竭力' 이하 22자[『孟子集註』「萬章章句上」篇 第1章의 經文 '我竭力耕田, 共爲子職而已矣. 父母之不我愛, 於我何哉?': 필자 주]는 곧 '괄恝'자의 주석이다. 자식이 부모에 대해 만약 '나는 단지 내가 할 도리를 다할 뿐이니, 그들이 나를 사랑하지 않음이 나에게 무슨 상관이 있으리요?'라고 한다면, 어찌 큰 불효不孝가 아니겠는가? 자식이 부모에 대해서 차라리 원망할지언정 무관심한 척할 수는 없는 것이니, 이것이 순舜 임금께서 원망하고 사모하신 까닭이다. 아! 지극하도다.(○[鏞案] '我竭力'以下二十二字, 乃'恝'字之注脚. 子之於父母, 若云: '我但盡在我之道而已, 彼之不慈, 干我甚事云爾', 則豈非大不孝乎? 子之於父母, 寧怨無恝, 此舜所以怨慕也. 嗚呼! 至矣.)" 『孟子要義』(『定本 與猶堂全書 7』, p. 160); "'나는 힘을 다해 밭을 갈아 공손히 자식된 직분을 할 따름이니, 부모께서 나를 사랑하시지 않음이 나에게 무슨 상관이 있으리요?'라는 22자는 '괄恝'자에 대한 주석이다. 지금 이 22자를 효자孝子의 따뜻한 말이라고 본다면 또한 잘못이 아니겠는가? 동쪽 집에 사는 자식이 중얼중얼 그 뜰에서 불평하기를 '나는 나의 도리를 다했는데 부모님은 여전히 자애慈愛하시지 않으시니, 나에게 무슨 상관이 있으리요?'라고 한다면 이것이야말로 '무관심하여 수심愁心이 없다'는 것이 아니겠는가? 『소학小學』에서는 '불약시괄不若是恝' 4자를 제거하여 그 의미를 이해하기가 더욱 어려워졌다.([稽古: 萬章問曰舜節] ○'我竭力耕田, 共

다른 사람, 특히 임금과 부모를 원망하지 않는다. ② 그럼에도 군자는 또한 원망의 의미와 법을 체득하고 있기 때문에 임금과 부모의 허물이 클 때에는 반드시 원망하고 간하게 되는 것이니, 왜냐하면 그 허물이 큼에도 원망하거나 간하지 않음은 그들을 더욱 멀리하는 것이 되기 때문이다. 이처럼 군자는 원망함을 인정한다. 다만 그는 만에 하나 비방이나 헐뜯는 일이 되지 않도록 조심할 뿐인 것이다.

마지막으로, 정약용은 이처럼 '효孝' 개념의 이해에 있어서도 종래 주희의 경우처럼 윗사람 중심의 권위주의적이고 경색된 윤리관에 고착되지 않고, 오히려 '아랫사람의 원망과 기간幾諫의 의의'를 적극 인정함으로써 보다 합리적이고 개방적인 인간관계로 변화·복원되어야 함을 역설했던 것이다.[94]

爲子職而已矣. 父母之不我愛, 於我何哉?'二十二字, 是'恝'字之注脚. 今以此二十二字, 爲孝子之溫言, 不亦謬乎? 東家有子焉, 噥噥然訕於其庭曰: '我盡我道, 彼猶不慈, 干我甚事?', 非所謂'恝然無愁'者乎? 『小學』去'不若是恝'四字, 義益難曉.)" 『小學枝言』(『定本 與猶堂全書 6』, p. 183); "현인賢人이 초야에 있어 군왕의 안색을 알현할 방도도 없고 백성에게 은택을 베풀 방도도 없자, 울분을 느껴 이 시詩[「隰桑」: 필자 주]를 지은 것이다. ……현자賢者는 세상에 대해 부귀로도 음란하게 할 수 없고 빈천으로도 두려워하게 할 수 없다. 비록 고원하기는 하지만 과감하게 세상을 잊는 것이 불가능한 일도 아닌데, 하필이면 입과 입술을 괴롭히고 시세時世를 풍자하면서 이같이 감개感慨한 말을 하는 것인가? 그것은 오직 군주를 사랑하는 마음이 천성에 뿌리를 두고 있기 때문이다. 사랑함이 절실하면 말하지 않을 수 없고, 마음속에 간직하면 잊을 수가 없다. 이 때문에 바위 골짜기에서 늙어가면서도 이처럼 군주를 연모戀慕하는 시詩가 있게 된 것이다.([補曰] 賢人在野, 無以見君王之顏色, 無以施膏澤於黎民, 感憤而作此詩也. ……賢者之於世也, 富貴不能淫, 貧賤不能戚. 雖高蹈遠引, 果於忘世, 未爲不可, 又何必苦口苦脣, 諷時刺世, 爲此感慨之語哉? 惟其愛君之心, 根於天性, 愛之旣切, 不能無言, 藏之在心, 不能相忘, 此所以老於巖壑, 而有此戀君之詩也.)" 『詩經講義補遺』(『定本 與猶堂全書 10』, pp. 387~388)

94 이상과 같은 정약용의 '효孝' 개념은 기본적으로 순자荀子 및 순자학파荀子學派의 '효'관, 특히 효의 정신을 어디까지나 간쟁諫爭에 두고 있는 관점과 상통하고 있다. 즉, ① 순자는 일찍이 "남의 부모 노릇을 함에는 (자식에게: 필자 주) 관대하고 은혜로우며 예禮를 지켜야 하고, 남의 자식 노릇을 함에는 (부모를: 필자 주) 존경하고 사랑하며 예禮를 다해야 한다. ……이 도道가 한쪽만 행해지면 어지럽게 되고, 양쪽 다 행해지면 다스려지게 됨은 충분히 상고할 수 있다(○……請問爲人父. 曰: '寬·惠而有禮.' 請問爲人子. 曰: '敬·愛而致文.' ……此道也, 偏立而亂, 具立而治, 其足以稽矣)"[『荀子集解』, 「儒效」篇]고 하여, 특히 부모와 자식 간의 도리에 있어 '쌍무적 관계'를 강조한 바 있으며, ② 이후 순자학파의 경우에도 ㉠ "집안에 들어가서는 효성스럽

결국, '효孝' 개념에 대한 이상과 같은 정약용의 해석과 입장은 그 자신의 『시경詩經』에 대한 이해와 해석에도 일관되게 반영[95]되어 있을 뿐만

고 나가서는 공손한 것은 사람의 작은 행위[小行]이다. 윗사람에게 순종하고 아랫사람에게 돈독히 하는 것은 사람의 중간 행위[中行]이다. 도道를 따르고 군주를 따르지 않으며 의義를 따르고 부모를 따르지 않는 것은 사람의 큰 행위[大行](入孝·出弟, 人之小行也. 上順·下篤, 人之中行也. 從道不從君·從義不從父, 人之大行也)"[『荀子集解』, 「子道」篇]라는 전제 하에, ㉡ "자식이 부모를 분별없이 따름이 어찌 효孝이겠는가? ……그 따라야 할 까닭을 살피는 것을 일컬어 효孝라 한다"거나 "따라야 할 것과 따르지 말아야 할 것의 의義를 분명히 하고 공경恭敬과 충신忠信 및 성실[端愨]을 다하여 신중히 이를 행할 수 있다면 '대효大孝'라 말할 수 있다(明於從·不從之義, 而能致恭敬·忠信·端愨, 以愼行之, 則可謂'大孝'矣. ……○……故子從父, 奚子孝? ……審其所以從之, 之謂'孝')"[『荀子集解』, 「子道」篇]고 주장함으로써, '효孝의 본질'이 어디까지나 맹목적인 순종에 있기 보다는 오히려 '도道'와 '의義'로 상징되는 객관적 규범의 준수에 있음을 강조하였고, ㉢ "불행하게도 부모에게 순종하지 못하여 미움을 받더라도 (부모에 대한: 필자 주) 사랑을 잃지 않음은 인인仁人이 아니면 행할 수 없는 것(不幸不順見惡, 而能無失其愛, 非仁人莫能行)"[『荀子集解』, 「子道」篇]이라 하여, 결과적으로 '대효大孝'가 곧 '인仁'이 됨을 천명하고 있으며, ㉣ "부모에게 간쟁諫爭하는 자식이 있다면 무례無禮를 행하지 않게 된다(○……父有爭子, 不行無禮)"[『荀子集解』, 「子道」篇]는 맥락에서 '효孝의 정신'을 기본적으로 '간쟁諫爭'에 두기도 했던 것이다.

95 주희는 『시경詩經』이 함축한바 '시詩의 효용'을 주로 윗사람이 아랫사람들을 교화하는, 즉 '상이풍화하上以風化下'의 측면에서 이해하였다. 따라서 시詩가 가진 치治·란亂의 반영이라든가 풍자風刺·풍간風諫의 기능은 별로 중시되지 않는 경향이 있었다. 이에 반해 정약용의 시론詩論은 '하이풍자상下以風刺上'의 측면, 즉 '비판의 언어로서의 시詩'의 기능을 상대적으로 강조하고 있다.

이러한 문제의식에서 정약용은 다음과 같이 말한 바 있다: "풍風에는 두 가지 뜻이 있다. ……윗사람이 풍風으로써 아랫사람을 화化하는 것은 풍교風敎요 풍화風化요 풍속風俗이다. ……아랫사람이 풍風으로써 윗사람을 자刺하는 것은 풍간風諫이요 풍자風刺요 풍유風喩다. ……주자朱子의 『시경집전詩經集傳』은 풍자風刺를 깎아 없애버리고 풍화風化만 외로이 남겨놓았다. ……풍風이란 풍諷이다. 혹은 선善한 일을 서술하여 스스로 깨닫게 하며, 혹은 악惡한 일을 서술하여 스스로 깨닫게 한다. 즐겁게 하고 화나게 하며, 부끄럽게 하고 두렵게 하며, 슬퍼하게 하고 뉘우치게 하며, 느끼게 하고 움직이게 하여, 돕지도 않고 끌어주지도 않으면서 스스로 깨닫게 하고, 치지도 때리지도 않으면서 스스로 깨닫게 한다. 이것이 풍시風詩가 지어진 까닭이요, 『시경詩經』이 천하에 가르침이 되는 까닭이다.([補曰] 風有二義. ……上以風化下者, 風敎也, 風化也, 風俗也. ……下以風刺上者, 風諫也, 風刺也, 風喩也. ……朱子『集傳』, 剗去風刺, 孤存風化. ……風也者, 諷也. 或述善事, 使自喩之; 或述惡事, 使自喩之. 悅之·憤之, 愧之·懼之, 哀之·悔之, 感之·動之, 不提·不挈, 使自喩之, 不掊不擊, 使自喩之. 此風詩之所以作, 而『詩』之所以爲敎於天下也.)" 『詩經講義補遺』(『定本與猶堂全書 10』, pp. 343~344); "육시六詩 가운데서 풍風·부賦·비比·흥興이 본래 당시의

아니라, 더욱이 그가 궁극적으로 지향·구현하고자 했던 정치적 이념 또한 함축하는 핵심적 사안이기도 하였다. 즉, ① 정약용은 '천자天子'의 지위라는 것도 그 근원을 따져 보면 결국에는 아랫사람들이 추대해서 만들어진 것이며, '목민자牧民者' 역시 본래 백성[民]을 위해 존재했던 것임을 강조하고 있다. 나아가 '법法'이란 것도 원래 백성이 바라는 바[民望]에 따라 제정되어 위로 전달되었을 따름이다. 따라서 당연히 "대저 여러 사람들이 추대해서 만들어진 것은 또한 여러 사람들이 추대하지 않으면 물러나야 하는 것이다."[96] ② 결국 이와 같은 정약용의 일련의 주장

정치를 풍자風刺하는 것임에는【이 뜻은 나의 『시경강의보유詩經講義補遺』에 상세하다】 더 말할 필요가 없고, 아雅의 문체는 더욱 바르게 말하여 기휘忌諱하지 않으니, 할 일을 하지 않은 잘못을 직간直諫하는 것이다. ……오직 송頌의 문체만이 본래 종묘宗廟의 음악이어서 찬미讚美함은 있으나 폄하貶下함은 없다. ……성인聖人께서는 자신의 잘못과 악惡을 듣지 않는 것을 귀머거리로 여기셨고, 어질고 덕 있는 자를 분변하지 못하는 것을 장님으로 여기셨다. 그러므로 신하로 하여금 귀와 눈이 되도록 하셨으니, 풍風과 아雅를 채집하여 들으시고 치란治亂을 살피셨고, 명복命服을 밝게 펴시어 어짊과 사악함을 살피셨다.【손초孫楚의 「반금인명反金人銘」에는 "요堯 임금께서는 간고諫鼓를 달으시고, 순舜 임금께서는 방목謗木을 세우셔서 풍자하는 노래[風謠]를 채집하여 들으심에도 날이 부족하였다"고 하였다】 ……『시경詩經』의 도道란 어떤 때는 옛 뜻을 진술하여 스스로 깨닫도록 하고, 어떤 때는 앞의 일로 거울을 삼을 것을 진술하여 스스로 경계하도록 하며, 어떤 때는 당시의 정치를 있는 그대로 진술하여 스스로 고치도록 하는 것이다.(○[鏞案]) ……六詩之中, 風·賦·比·興, 本是風刺時政之物,【義詳余『詩經講義補遺』】 無待復言, 雅之爲體, 尤是正言不諱, 直諫闕失者. ……惟頌之爲體, 本是廟樂, 有美無貶. ……聖人以不聞過惡爲聾, 以不辨賢德爲瞽. 故使其臣爲耳·爲目, 採聽風·雅, 以察治亂; 彰施命服, 以察賢邪.【孫楚「反金人銘」云: '堯懸諫鼓, 舜立謗木, 聽採風謠, 惟日不足.'】 ……『詩』之爲道, 或陳古義, 使自悟之; 或陳前鑒, 使自戒之; 或直陳時政, 使自改之." 『樂書孤存』(『定本 與猶堂全書 23』, pp. 293~294)

96 「原牧」(『定本 與猶堂全書 2』, pp. 206~207) "邃古之初, 民而已, 豈有牧哉? ……皇王之本起於里正, 牧爲民有也. 當是時, 里正從民望而制之法, 上之黨正; 黨正從民望而制之法, 上之州長; 州(長)上之國君; 國君上之皇王, 故其法皆便民."; 「湯論」(『定本 與猶堂全書 2』, p. 304) "夫天子何爲而有也? ……天子者, 衆推之而成者也. 夫衆推之而成, 亦衆不推之而不成."

한편, 정약용은 「탕론湯論」에서 하夏 나라 폭군을 제거한 탕湯 임금과 은殷 나라 폭군을 제거한 무왕武王을 요堯·순舜과 같은 반열의 현명한 왕이요 성스러운 황제로 복권시키고 있는데, 이는 당시의 통념과는 매우 어긋나는 것이었다. 왜냐하면 한대漢代의 공안국孔安國[字는 子國, ?~?: 中國 前漢의 학자]부터 송대宋代의 정주성리학程朱性理學에 이르기까지의 일반적 통념은 비록 천시天時에 응하고 천하의 인심人心을 따른 것이라고는 하나 탕왕과 무왕은 신하臣下로서 인군人君을 정벌하여 천하를 얻었다는 점에서 읍양揖讓으로써 천하를 얻은 요·순과는 실제에 있어 다름이 있다고 보

아, 그들을 다 같은 성인聖人으로 인정하면서도 이들 사이에는 여전히 일정한 차등을 두었던 것이다. 그런데 정약용은 이러한 견해가 고금古今의 개변改變된 바를 알지 못하여 생겨난 무지의 소치로 일축하고 있다. 왜냐하면 그가 보기에 원래 천자天子의 지위란 아랫사람의 추대推戴에 의해 생겨난 까닭에, 아랫사람의 바람[民望]에 부응하지 못한 천자를 축출하는 것은 '역逆'이 아니라 오히려 '순順'이었기 때문이다.

바로 이와 같은 관점에서 정약용은 만년에 이르기까지 다음과 같이 거듭 역설한 바 있다: "공자孔子께서 말씀하시기를 '「무왕武王의 음악[武]」은 진선盡善하지 못하다'고 하셨다. 선유先儒들이 이르기를 '무왕께서는 왕위에 오르신지 오래지 않아 붕어崩御하셨다. 그래서 예악禮樂이 일어나지 못했고 제도制度가 갖추어지지 않았으므로 「무왕의 음악」이 진선盡善하지 못한 것이지, 「정벌征伐 때문에 진선盡善할 수 없었다」고 한 것이 아니다'라고 하였다. 그런데 하물며 '그 덕德에 부끄러움이 있다'고 할 수 있겠는가? 탕湯 임금께서 걸桀을 추방하신 것은 탕 임금께서 처음으로 하신 일이 아니다. 신농씨神農氏의 후손이 쇠퇴하자 황제黃帝께서 이를 정벌하셨고, 제후들이 이미 복종함에 마침내 염제炎帝[신농씨: 필자 주]를 대신하셨다. 복희씨伏羲氏와 신농씨神農氏께서 흥기하실 때도 역시 이와 같았으리라 생각된다. 그들도 모두 부끄러워함이 없으셨으니, 탕 임금 또한 부끄러워함이 없으셨다. 탕 임금께서는 천天의 밝은 명命을 받으시어 하夏 나라의 죄를 바로 잡으셨으니, 후세에 왕위를 찬탈하고 훔친 역적들이 군주를 시해하여 자기를 이롭게 한 것과는 같지 않으니, 덕에 무슨 부끄러움이 있단 말인가?(○[平曰] ……孔子曰: '「武」未盡善.' 先儒謂: '武王得位, 未久而崩, 禮樂未興, 制作未備, 故「武」未盡善, 非謂: 「征伐之故, 不能盡善.」' 矧可曰: '有慙德'乎? 湯之放桀, 非湯之創爲之也. 神農氏世衰, 黃帝伐之, 諸侯旣服, 遂代炎帝. 羲·農之興, 想亦如此. 彼皆不慙, 湯亦不慙. 湯受天明命, 以正夏罪, 非如後世簒竊之賊, 弑君以利己, 何德之慙?) " 『梅氏書平』(『定本 與猶堂全書 13』, p. 184); "지금 사람들은 진秦 나라 이후의 안목으로 진 나라 이전의 하늘을 우러러본다. 그래서 모든 사물이 어느 하나도 거꾸로 비치고 비스듬히 비치지 않는 것이 없으니, 탕湯·무武의 사례가 가장 그러하다. 이처럼 진 나라 이후의 법과는 아주 다른 것으로는 두 가지가 있으니, 그 하나는 '제명帝命'이요, 다른 하나는 '후대侯戴'이다. ……그 이른바 '후대'란 무엇인가? 백성이 모여 장자長者를 구해 뽑고, 장자들이 모여 지도자[師]를 구해 뽑아서, 각자 한 지도자[師]를 세워 '후侯'라 부른다. 이러한 후侯들 가운데서 가장 뛰어난 자가 있으면 서로 모여 상의하여 추대해서 '천자天子'라 부른다. 【유종원柳宗元의 의견이다】 천자의 자손이 불초不肖하면 제후諸侯들이 받들지 않아도 또한 이를 편안이 여기며 받아들이고, 분발하여 중흥하는 자가 있으면 제후들이 다시 가서 조회朝會를 해도 또한 편안이 여기며 받아들이고 지난 일은 따지지 않는다. 포학暴虐하고 음황淫荒하여 만민萬民을 해치는 자가 있으면 서로 모여 상의하여 그를 제거하고 다시금 다른 한 뛰어난 자를 추대하여 천자로 삼으며, 제거된 자도 또한 일찍이 그의 종사宗祀를 끊거나 유족遺族을 멸망시키지는 않고 다만 물러나 원래의 후위侯位로 되돌아가도록 할 뿐이다. 신농씨神農氏의 후손이 쇠퇴하자 황제黃帝가 무기를 사용해 싸워서 이기니, 제후들이 그를 추대하여 천자로 삼았다. 고신씨高辛氏의 후손이 쇠퇴하여 제왕帝王 지摯가 미약하기에 제후들이 조회하지 않음에 요堯가 나라를 일으켰으나 문제를 삼지 않았다. 하후씨夏后氏의 후손이 쇠퇴하여 태강太康이 나라를 잃은 지 1백여 년 만에 소강少康이 중흥함에 제후들이 다시 조회하였고, 걸桀에 이르러 포학한 정치를 행하니 탕湯은 제후들이 자기를 추대함을 알고 걸을 쳐서 왕조를 교체하였다. 은殷 나라가 중간에 쇠퇴함이 대여섯 번인데 제후들이 조회하지 않았고 분발하여 중흥한 것도 대여섯 번이었는데,【모두 「은본기殷本紀」에 나온다】 주紂에 이르러 포학한 정치를 행하니 무왕武王은 제후들이 자기를 추대함을 알고 주紂를 쳐서 왕조를 교체하였다. 탕湯 임금과 무왕武王의 일은 상도常道를 따르고 옛것에 순응한 떳떳한 법[彝典]이었을 뿐이니, 후세에 군주를 죽이고 나라를 찬탈한 역적과는 어찌 터럭만큼이라도 서로 간에 닮은 점이 있었겠는가? 진秦 나라 이래로 세상에는 제후가 없어지고 왕망王莽·조조曹操·사마의司馬懿·유유劉裕 등이 각자 한 개인의 사욕으로 뭇 신료들을 협박하여 시역弑逆을 행했으니, 눈이 여기에 맞추어짐에 어찌 옛날의 후대侯戴를 믿겠는가? 무릇 천위天位를 축출하고 이를 대신한 자는 시역한 것이 아닐까 의심한다. 이것이 위서僞書가 생겨나게 된 까닭이다. 이미 그를 시역했다고 의심하면 반드시 그가 예성叡聖이 아닐 것이라 의심하게 된다. 여기서 패란悖亂하고 흉포凶暴한 말을 지어내어 탕 임금과 무왕에게 뒤집어씌우면서 '이것이 그가 말한 바이다', '이것이 그가 행한 바이다'라고 떠든다. 슬프다! 탕 임금과 무왕은 이미 시대가 멀어졌으니, 또한 어찌 이러한 혐의를 받지 않을 수 있겠는가? 여기에다 유독 슬픈 것은 대저 탕 임금과 무왕을 외워 기술하는 자로서 중니仲尼나 자여子輿 같은 이가 한 말을 모두 악惡을 가리고 아름다움을 꾸미는 자들의 말과 같은 것으로 귀결시켰으니, 이것이 작은 일일 뿐이겠는가? 탕 임금은 그래도 심하지 않은 경우이니, 무왕인즉슨 아주 심하다. 『일주서逸周書』, 『서대전書大傳』, 「위태서僞太誓」,【백어본白魚本】 「주본기周本紀」, 「율력지律曆志」와 또한 「위태서僞太誓」,【매씨본梅氏本】 「위무성僞武成」이 무고誣告하였고, 『상서위尙書緯』의 제설諸說과 정현鄭玄의 주註가 이를 무고하였고, 여불위呂不韋·가의賈誼·동중서董仲舒·유향劉向·왕충王充의 책이 모두 이를 무고하였으니, 무왕의 결백을 어떻게 밝힐 수 있겠는가? 심지어 '손수 활을 쏘아 죽이고, 손수 목을 쳐서, 이를 태백기大白旗에 매달았다'는 말을 사책史策에다 기록하여 만세에 보여주었으니, 장차 저 같은 상황을 어떻게 할 것인가? 그 근본을 따져보면 '제명帝命'과 '후대侯戴'를 불신한 데서 시작된 것이다. 내가 옛날에 「탕론湯論」을 지었는데, 지금 또 이 글을 써서 그 뒤를 잇는다.([辨曰] 今人以秦以後之眼, 仰視秦以前之天. 其萬事·萬物, 無一非倒景斜光, 湯·武, 其最大者也. 其與秦以後之法, 天壤不侔者, 厥有兩端, 一曰: '帝命', 一曰: '侯戴'. ……其云'侯戴'者, 何? 民聚而求其長, 長列而求其師, 各立一師, 名之曰: '侯'. 侯之中有翹楚, 相與會議以戴之, 名之曰: '天子'.【柳宗元之意】 天子之子若孫不肖, 諸侯莫之宗也, 亦安而受之, 有奮發而中興者, 諸侯復往朝之, 亦安而受之, 不問其往事也. 有暴虐淫荒, 以殘害萬民者, 則相與會議以去之, 又戴一翹楚者, 以爲天子, 其去之者, 亦未嘗殄其宗祀·滅其遺胤, 不過退而復其原初之侯位而已. 神農氏世衰, 黃帝習用干戈, 戰而獲勝, 諸侯戴之爲天子. 高辛氏世衰, 帝摯微弱, 諸侯不朝, 堯興勿問也. 夏后氏世衰, 太康失國百有餘年, 少康中興, 諸侯復朝, 至桀而暴虐, 湯知侯之戴己, 伐桀以代之. 殷之中衰至五至六, 諸侯不朝, 奮發中興至五至六,【具見「殷本紀」】 至紂而暴虐, 武王知侯之戴己, 伐紂以代之. 湯·武之事, 循常·順古之彝典而已, 與後世弑君簒國之賊, 詎相毫髮似乎? 自秦以降, 世無諸侯, 莽·操·懿·裕, 各以其一己之私欲脅群僚, 以行弑逆, 眼貫於此, 何以信古之侯戴乎? 凡黜天位以代之者, 疑其爲弑逆. 此僞書之所以作也. 既疑其爲弑逆, 必疑其非叡聖. 於是造爲悖亂凶暴之言, 以加之於湯·武, 曰: '此其攸言', 曰: '此其攸行.' 嗟乎! 湯·武則既遠矣, 又焉能不受之矣? 獨悲夫誦述湯·武之人, 若仲尼·子輿之言, 皆與掩惡而飾美者, 同於其歸矣, 斯小事已哉? 湯猶其未甚者也, 武王則極焉. 『逸周書』誣之, 『書大傳』誣之, 「僞太誓」誣之,【白魚本】 「周本紀」誣之, 「律曆志」誣之, 又「僞太誓」誣之,【梅氏本】 「僞武成」誣之, 『尙書緯』諸說並其鄭玄之註誣之, 呂不韋·賈誼·董仲舒·劉向·王充之書誣之, 武王何以

은 비록 그 논지의 전개를 '탁고託古'의 형식에 의존하고 있기는 하나 민民의 정치적 참여를 제도적 수준에까지 비교적 구체적으로 구상하고 있는 점, 민民의 혁명권을 적극 인정하고 있는 점 등에서 종래 유가 일반, 특히 정주성리학적 세계관에 기반을 둔 '중민론重民論'과 '위민사상爲民思想' 및 '방벌론放伐論'과는 이미 질적으로 상당한 거리를 두고 재해석·전개된 것으로 평가할 수 있을 것이다.[97]

3. '사덕'의 재해석

정약용의 문제의식: '사덕'이란 '형이상의 도'나 '이'가 아니다

이미 살펴본 바대로, 주희朱熹는 '사덕四德', 즉 '인仁·의義·예禮·지智'에 대해 그 기본적 성격에서는 '형이상形而上의 도道'로서, 또한 그 구체적 내용에서는 인간의 마음에 선천적으로 내재하는 '이理'이자 '성性'으로 인식한 바 있다.

白矣? 至云: '手射之, 手劊之, 縣之大白之旗', 書之史策, 以示萬世, 將如彼何哉? 原其本, 自不信'帝命'·'侯戴'而發也. 余昔作「湯論」, 今又書此以續之.)" 『梅氏書平』, 「逸「周書克殷篇」辨」(『定本 與猶堂全書 13』, pp. 329~331)

97 맹자孟子께서 "백성[民]이 가장 귀중하고 사직社稷이 그 다음이며 군주君主는 가벼운 것이다(孟子曰: '民爲貴, 社稷次之, 君爲輕. ……')"[『孟子集註』, 「盡心章句下」篇 第14章]라고 말씀하신 것에 대한 주희의 해석은 여전히 민民은 비천하고 군君은 존귀하며, 따라서 민民은 단순히 통치·지배의 대상에 지나지 않는다는 질서감각 위에서 기본적으로 전개되고 있다. 또한, "탕왕湯王이 걸桀을 유치留置하고 무왕武王이 주紂를 정벌하였다(齊宣王問曰: '湯放桀, 武王伐紂, ……')"[『孟子集註』, 「梁惠王章句下」篇 第8章]는 경문에 대한 주희의 해석을 보면, 일단 경문의 내용을 인정할 수밖에 없다는 맥락에서 신하臣下가 인군人君을 방벌放伐한 사실을 수용·인정하고는 있지만, 그럼에도 이를 지극히 예외적인 일로 치부함으로써 매우 소극적인 태도로 일관하고 있음을 간취할 수 있다. 즉, 주희는 이에 대하여 인군이 걸桀·주紂만큼이나 포학한 정치를 하고 동시에 신하가 탕湯·무왕武王만큼이나 어진 경우가 아니라면 모두 찬시簒弑의 죄에 해당한다는 까다로운 조건을 달고 있기 때문이다.
또한, 이러한 이유에서 정약용의 민본사상民本思想을 종래 전통적인 유가儒家의 그것과 구별하여 '신민본주의新民本主義 사상'으로 개념화한 사례도 있다. 이에 대한 보다 자세한 내용은 愼鏞廈(1997b: 50~63)가 참조된다.

반면, 정약용丁若鏞은 ① 사덕四德을 이처럼 이기론理氣論의 틀에 입각하여 매우 도식적이면서도 심오한 그 무엇으로 해석하는 것은 단적으로 실상과 어긋나는 것일 뿐만 아니라, 더욱이 고경古經의 본지本旨와 전례에도 전혀 부합하지 않는다고 보았다.[98] ② 나아가 이러한 해석은 '덕德'을 '애매모호한 그 무엇'으로 변질시킴으로써 결과적으로 유가儒家의 실천에 중대한 차착差錯을 야기했던 주요원인으로 지목하기도 하였다.[99]

정약용의 '사덕'관의 요체: '사덕'이란 기본적으로 '행사 이후에야 비로소 성립되는 명칭'이다

바로 이러한 관점과 문제의식에서 정약용은 ① '사덕四德'이란 진실로 '인도人道에 있어서 큰 절목節目'이요 '유가儒家의 대강大綱'이 되는 것이기는 하지만,[100] ② 그럼에도 이는 기본적으로 구체적인 '인륜의 실천을

---

98 『論語古今注 I』(『定本 與猶堂全書 8』, p. 167) "[質疑] ……强恕而行, 求仁莫近焉. 仁豈高遠之行哉?"; 『論語古今注 II』(『定本 與猶堂全書 9』, p. 109) "[質疑] 仁不是心德, 不是天理."; 『論語古今注 II』(『定本 與猶堂全書 9』, p. 133) "○[案] 仁者, 非本心之全德, ……"; 『論語古今注 II』(『定本 與猶堂全書 9』, p. 222) "○[案] ……徒以虛靈不昧之中, 沖漠無朕之理, 指之爲仁, 非古經之例也."; 『論語古今注 II』(『定本 與猶堂全書 9』, p. 332) "○[案] ……心德非仁也."; 『孟子要義』(『定本 與猶堂全書 7』, pp. 69~71) "○[鏞案] ……有子曰: '孝·弟也者, 其爲仁之本', 孔子曰: '爲仁由己', 曾子曰: '堂堂乎, 張也! 難與竝爲仁矣.' 仁本內在之理, 則何以謂之'爲仁'? 爲, 猶作也. …… 且此四端, 可曰: '心', 不可曰: '性'; 可曰: '心', 不可曰: '理'; 可曰: '心', 不可曰: '德', 名不可不正也."; 『孟子要義』(『定本 與猶堂全書 7』, pp. 72~73) "○[鏞案] ……若仁爲本心全體之德, 則人雖欲離仁不居, 其可得乎?"; 『孟子要義』(『定本 與猶堂全書 7』, p. 134) "○[乾隆庚戌十月內閣課講] ……臣對曰: '孔·孟言仁·義, 皆主行事而言, 不以爲在心之理. ……'"; 『孟子要義』(『定本 與猶堂全書 7』, pp. 207~208) "○[鏞案] ……在心之理, 安得爲仁乎? ……心體之湛然虛明者, 安有德乎? 心本無德, 況於仁乎?"; 『孟子要義』(『定本 與猶堂全書 7』, p. 211) "○[鏞案] 仁非天理, 乃是人德."; 『孟子要義』(『定本 與猶堂全書 7』, p. 249) "○[鏞案] ……人而爲仁, 於是乎道也. 理與身, 恐不可以爲道."; 『大學公議』(『定本 與猶堂全書 6』, p. 80) "○[又按] ……心本無德. 惟有直性, 能行吾之直心者, 斯謂之'德'.【德之爲字, 行直心】"; 『中庸講義補』(『定本 與猶堂全書 6』, p. 284) "○[今案] ……仁·義·禮·智之名, 本起於吾人行事, 竝非在心之玄理."; 『中庸講義補』(『定本 與猶堂全書 6』, p. 348) "○[臣對曰] ……此['仁·義·禮·智'를 말함: 필자 주]是人德, 不是人性."

99 이에 대해서는 '주註 71'이 참조된다.

통해 결과적으로 성취한 바의 사공事功', 즉 '행사行事 이후에야 비로소 성립되는 명칭'에 지나지 않는 것으로 인식하였다. 그러면 지금부터 이러한 전제 위에서 정약용은 사덕, 즉 '인仁·의義·예禮·지智'를 각각 어떻게 인식·설명하고 있는지 보다 구체적으로 살펴보기로 하자.

정약용의 '인'관①: 인은 "성도와 성학에 크게 관계되는 대강령"이자 "치심·양성과 행기·수신의 근본"이다

우선, 정약용은 '인仁'과 관련하여 『논어고금주論語古今注』에서만도 약 35번에 걸쳐 반복적으로 그 원의原義에 대한 나름의 개념규정을 시도·제시하고 있는바, 특히 이 부분은 그의 경학經學의 근본방향을 천명하고 있다는 점에서 매우 중요하다. 즉, 그가 '인仁'의 원의에 대해 이처럼 집중적인 관심을 보였던 이유는 바로 이 "'인仁'자의 원의가 다름 아닌 성도聖道와 성학聖學에 크게 관계되는 대강령大綱領으로서 특히 치심治心·양성養性과 행기行己·수신修身에 있어 근본이 되는 것이므로, 만약 여기에 조금이라도 차착差錯이 있으면 그 결과는 천리만리로 벌어"[101]질 실로 중대한

---

100 『孟子要義』(『定本 與猶堂全書 7』, p. 255) "○[鏞案] ……○……古者, 親親·尊尊·長長·賢賢爲斯道之大綱. 此四者, 卽所謂'仁·義·禮·智'也."; 『中庸講義補』(『定本 與猶堂全書 6』, p. 345) "○[臣對曰] ……四德, 固人道之大節目也."

101 「答李汝弘」(『定本 與猶堂全書 4』, p. 157) "至於'仁'字之義, 此是聖道·聖學大關係大綱領, 治心·養性之本, 行己·修身之根, 毫髮差錯, 其究竟相距千里萬里."

또한, 정약용은 동일한 문제의식에서 다음과 같이 말하기도 하였다: "'의義·예禮·지智' 세 글자는 약간 틀리게 알고 있다 하더라도 그 해가 심하지는 않지만, 이 글자['仁'자: 필자 주]에 대해 분명히 알지 못하면 무릇 육경六經·사서四書의 대의大義와 요지要旨가 모두 어둡고 어지러워지며 어그러지고 뒤집혀져서 비록 선善을 즐거워하고 성인聖人을 사모함이 마치 주린 자가 먹을 것을 찾고 목마른 자가 물을 찾듯이 한다고 할지라도 끝내 요堯·순舜의 경지에 들어갈 수 없습니다. 그 이유는 인간이 이 세상을 살아가면서 태어나서 죽을 때까지 행위하는 바가 모두 인간과 인간이 서로 관계하는 데 불과하기 때문입니다. 이 글자를 이미 제대로 인식했다면 이 눈이 따라서 슬기로워질 것이니, 이에 이 두 혜안慧眼을 가지고 육경과 사서를 보면 마치 밝은 촛불을 가지고 어두운 방에 들어가서 물건을 비추어보는 것과 같아서 궤안几案을 비춰보면 궤안이 분명해지고 대이敦匜[黍稷을 담는 그릇과 술을 담는 그릇: 필자 주]를 비춰보면 대이가 분명해지고 서책書策과 금슬琴瑟을 비춰보면 서책과

사안으로 보았기 때문이다.

정약용의 '인'관②: 인은 "두 사람 사이에 행하는 것"이자 "인륜의 지극함"으로서, 또한 사덕을 겸한다

이에 정약용은 '인仁'을 해석함에 있어 첫째, 자신의 해석학적 관점과 소신에 따라 일차적으로 자의字義의 훈고訓詁에서부터 시작하였다.[102] 즉, ① "인仁이란 두 사람 사이에 행하는 것이다. '인仁'이라는 글자의 모습을 고전체古篆體로 살펴보면 '인人'자를 거듭하여 '인仁'자를 만들었으니, 이는 마치 '자子'자를 거듭하여 '손孫'자를 만든 것과 같다. 따라서 '인仁'이라는 것은 사람과 사람 사이의 지극한 행동을 말하는 것"이요, ② 이로써 두 사람 사이에서 도리와 본분·분수를 극진히 하는 것은 모두가 인仁이 된다.[103]

금슬이 분명해지지만, 만약 이러한 혜안이 없다면 종신토록 부지런히 노력해도 끝내 암중모색暗中摸揉을 면치 못할 것입니다.('義·禮·智'三字, 乍出乍入, 其害不深, 而此字不明, 則凡六經·四書, 大義要旨, 悉晦悉亂, 悉乖悉翻, 雖樂善慕聖, 如飢如渴, 而終不可以入堯·舜之域. 何則? 人生斯世, 自生至死, 自落地至入地, 其所行所爲, 都不過人與人之相與耳. 此字旣認, 此眼乃慧, 於是持此一雙慧眼, 去臨六經, 去臨四書, 如持光明蠟炬, 入暗室中照物, 照見几案而几案明, 照見敦匜而敦匜明, 照見書策·琴瑟而書策琴瑟明, 若無此慧眼, 終身矻矻而卒不免暗中摸揉.)" 「與李汝弘【甲戌十月日】」(『定本 與猶堂全書 4』, pp. 155~156)

102 「『詩經講義』序」(『定本 與猶堂全書 3』, p. 30) "讀書者, 唯義理是求. ……雖然其字義之詁訓有不明, 則義理因而晦."

또한, 정약용은 젊어서부터[30세] 중요한 개념을 해석할 때는 항상 자의字義의 훈고訓詁에서부터 시작하였다. 왜냐하면 그가 보기에 자의字義가 분명하지 못하면 그것이 사정事情과 어긋나는 점이 있어도 깨닫지 못하게 되어 결국에는 문장文章이 진부하게 되고 실정實情에 절실하지 못하게 되는 폐단이 생긴다고 보았기 때문이다. 이에 대한 보다 자세한 내용은 제2부 제2장 「다산 정약용의 경전해석태도」에서의 해당부분이 참조된다.

103 『論語古今注 I』(『定本 與猶堂全書 8』, p. 34) "○[補曰] ……仁者, 二人相與也. ……凡二人之間, 盡其道者, 皆仁也."; 『論語古今注 I』(『定本 與猶堂全書 8』, p. 144) "○[補曰] 仁者, 人與人之盡其道也."; 『論語古今注 I』(『定本 與猶堂全書 8』, p. 281) "○[補曰] ……處人倫·盡其分, 謂之'仁'."; 『論語古今注 II』(『定本 與猶堂全書 9』, p. 12) "○[補曰] ……仁生於二人之間,【父與子二人, 兄與弟二人】 然爲仁由我, 不由人也.【非二人與共成之】"; 『論語古今注 II』(『定本 與猶堂全書 9』, pp. 15~16) "○[案] ……仁之名, 必生於

둘째, '인仁'이란 바로 이러한 의미에서 단적으로 ① "선善을 행한 다음 이루어지는 것"으로서의 "성취한 바의 사공事功"이요, "지선至善의 성명成名"이자 "인륜의 성덕成德"이 되며,[104] ② 또한, "효孝·제弟·자慈를 행

二人之間.【只一己, 則仁之名無所立】 近而五敎, 遠而至於天下萬姓, 凡人與人盡其分, 斯謂之'仁'."; 『論語古今注 II』(『定本 與猶堂全書 9』, p. 47) "○[補曰] 仁者, 二人也. 子愛親·臣愛君·牧愛民, 皆仁也."; 『論語古今注 II』(『定本 與猶堂全書 9』, p. 222) "○[案] ……凡人與人之間, 盡其本分, 然後名之曰: '仁'."; 『論語古今注 II』(『定本 與猶堂全書 9』, p. 298) "○[案] 仁者, 二人也,【古篆, 仁者, 人人之疊文也, 如孫字篆文作】 人與人之相與也."; 『論語古今注 II』(『定本 與猶堂全書 9』, p. 332) "○[案] 仁者, 人人也. 人與人盡其分, 斯之謂'仁'."; 『孟子要義』(『定本 與猶堂全書 7』, p. 30) "○[鏞案] 仁者, 人人之疊文也, 如孫字爲子子之疊文.【古篆, 孫作】 人與人之盡其分謂之'仁'. 故古人謂: '愛人曰: 「仁」, 善我曰: 「義」.'"; 『孟子要義』(『定本 與猶堂全書 7』, p. 207) "○[鏞案] ……仁者, 二人也. 事親孝爲仁, 子與父二人也; 事君忠爲仁, 臣與君二人也; 牧民慈爲仁, 牧與民二人也. 人與人盡其分, 乃得爲仁. 故曰: '强恕而行, 求仁莫近焉.'"; 『孟子要義』(『定本 與猶堂全書 7』, p. 232) "○[鏞案] ……○仁者, 二人也. 父·子二人也, 君·臣二人也, 牧·民二人也."; 『孟子要義』(『定本 與猶堂全書 7』, p. 246) "○[鏞案] 二人爲仁. 人與人相接, 方可有仁之名."; 『孟子要義』(『定本 與猶堂全書 7』, p. 249) "○[鏞案] 仁者, 人人之疊文也."; 『大學公議』(『定本 與猶堂全書 6』, p. 136) "○[議曰] ……人與人之相接而盡其本分, 斯謂之'仁'. 仁者, 二人也."; 『中庸自箴』(『定本 與猶堂全書 6』, p. 259) "[箴曰] ……○『孟子』曰: '仁者, 人也', 「表記」亦曰: '仁者, 人也.' 古訓本自如此, 無生物之說."; 『中庸講義補』(『定本 與猶堂全書 6』, pp. 343~344) "○[今案] ……古篆, 仁者, 人人疊文也. 父與子二人也, 兄與弟二人也, 君與臣二人也, 牧與民二人也. 凡二人之間, 盡其本分者, 斯謂之'仁'. ……○經云: '仁者, 人也'者, 謂: '仁之爲[謂]德, 生於人與人之間; 而仁之爲名, 成於人與人之際'. 君臣之義, 朋友之信, 牧民之慈, 皆人與人之本分."; 「論語對策」(『定本 與猶堂全書 9』, p. 404) "臣對曰: '……仁者, 二人也. 其在古篆, 疊人爲仁, 疊子爲孫. 仁也者, 人與人之至也. 子事父以孝, 子與父二人也; 臣事君以忠, 臣與君二人也. 兄與弟二人也, 牧與民二人也. ……'"; 『心經密驗』(『定本 與猶堂全書 6』, pp. 207~208) "○[案] ……盖仁者人也. 人與人之盡分也. 父與子, 二人也; 君與臣, 二人也. 凡父子·君臣之間, 所行禮節, 孰非所以爲仁之方乎? 兄弟·賓主·夫婦·長幼, 凡其禮節, 皆人與人相與之法也. 復禮爲仁, 非謂是乎? ○未論他事, 只論'並坐不橫肱'一事, 便是爲仁之法."; 「答李汝弘【載毅】」(『定本 與猶堂全書 4』, p. 144) "仁者, 二人也. 古篆作人人之疊文, 如篆文'孫'字爲子子之疊文也.【孫作】 事父孝爲仁, 子與父二人也; 事君忠爲仁, 臣與君二人也; 與友信爲仁, 友與友二人也; 牧民慈爲仁, 牧與民二人也, 凡人與人盡其分, 斯謂之'仁'."

104 『論語古今注 I』(『定本 與猶堂全書 8』, p. 97) "[補曰] 仁者, 人倫之成德. ……○[案] 仁者, 忠·孝之成名."; 『論語古今注 I』(『定本 與猶堂全書 8』, p. 142) "○[案] 仁者, 人倫之成德也."; 『論語古今注 I』(『定本 與猶堂全書 8』, p. 167) "[質疑] 仁者, 人倫至善之名. ……强恕而行, 求仁莫近焉. 仁豈高遠之行哉?"; 『論語古今注 I』(『定本 與猶堂全書 8』, p. 176) "[質疑] 仁者, 人倫之成德; 恕者, 所以成仁之方法."; 『論語古今注 I』(『定本 與猶堂全書 8』, p. 186) "○[補曰] ……仁者, 至善之成名. 必君臣·父子之間, 盡其人倫之愛, 或天下之民被其德澤, 然後方得爲仁."; 『論語古今注 I』(『定本 與猶堂全書 8』, p. 311) "[補曰] ……仁者, 人倫之成德也."; 『論語古今注 II』(『定本 與猶堂全書 9』, p. 76)

하는 것"이기도 하여 결코 인륜人倫을 벗어나지 않는다.[105] 즉, "인륜의 지극함"이자 "인륜을 극진하게 행한 (결과적: 필자 주) 선善"이 다름 아닌

"○[又按] 仁者, 人倫之成德. 父慈·子孝·兄友·弟恭, 所謂'仁'也."; 『論語古今注 II』(『定本 與猶堂全書 9』, p. 100) "○[補曰] ……爲善然後乃爲仁, 克己而無復禮之功, 其仁未熟也."; 『論語古今注 II』(『定本 與猶堂全書 9』, p. 133) "○[案] 仁者, 非本心之全德, 亦事功之所成耳. ……"; 『論語古今注 II』(『定本 與猶堂全書 9』, p. 222) "○[案] ……若仁之名, 必待行事而成焉."; 『孟子要義』(『定本 與猶堂全書 7』, p. 68) "○[鏞案] 仁·義·禮·智之名, 成於行事之後. 故愛人而後謂之'仁', 愛人之先, 仁之名未立也. 善我而後謂之'義', 善我之先, 義之名未立也. 賓主拜揖而後, 禮之名立焉; 事物明辨而後, 智之名立焉. 豈有仁·義·禮·智四顆, 磊磊落落, 如桃仁·杏仁, 伏於人心之中者乎?"; 『孟子要義』(『定本 與猶堂全書 7』, p. 134) "○[乾隆庚戌十月內閣課講] ……臣對曰: '孔·孟言仁·義, 皆主行事而言, 不以爲在心之理. ……'"; 『孟子要義』(『定本 與猶堂全書 7』, p. 187) "○[鏞案] ……爲仁者, 行仁也; 爲義者, 行義也. 行之·爲之而後, 仁·義之名立焉. 若云: '人性之中, 本有仁·義', 則兩箇'爲'字, 不可解也."; 『孟子要義』(『定本 與猶堂全書 7』, p. 196) "○[鏞案] ……若其仁·義·禮·智之名, 必成於行事之後."; 『孟子要義』(『定本 與猶堂全書 7』, p. 208) "○[鏞案] ……實行既著, 乃稱爲德, 心體之湛然虛明者, 安有德乎? 心本無德, 况於仁乎?"; 『孟子要義』(『定本 與猶堂全書 7』, p. 254) "○[鏞案] ……○程子原以仁·義·禮·智, 爲在心之理. 故乃曰: '所稟有厚薄·淸濁'. 毋論仁·義·禮·智, 本以行事得名. 旣稱聖人, 則所稟必無薄·濁. 其義自不可立."; 『大學公議』(『定本 與猶堂全書 6』, p. 80) "○[又按] ……心本無德, 惟有直性, 能行吾之直心者, 斯謂之'德'.【德之爲字, 行直心】 行善而後, 德之名立焉. 不行之前, 身豈有明德乎?"; 『大學公議』(『定本 與猶堂全書 6』, p. 89) "○[答曰] ……然先聖之治心繕性, 每在於行事, 行事不外於人倫."; 『大學公議』(『定本 與猶堂全書 6』, p. 105) "○[議曰] ……○……若馳心於空寂之地, 則無緣有德. 行事而后, 德之名立焉."; 『中庸自箴』(『定本 與猶堂全書 6』, p. 269) "[箴曰] 德者, 行吾之直心也. 不行, 無德也. 孝·弟·忠·信, 仁·義·禮·智, 斯爲之德, 未及躬行, 安有德乎?"; 『中庸講義補』(『定本 與猶堂全書 6』, p. 284) "○[今案] ……仁·義·禮·智之名, 本起於吾人行事, 並非在心之玄理."; 『中庸講義補』(『定本 與猶堂全書 6』, p. 348) "[臣對曰] 仁·義·禮·智之名, 成於行事之後."

105 『論語古今注 I』(『定本 與猶堂全書 8』, p. 59) "○[駁曰] ……德者, 篤於人倫之名, 孝·弟·慈是已. ……德非模糊漫漶之物也."; 『論語古今注 I』(『定本 與猶堂全書 8』, p. 143) "○[補曰] 仁者, 孝·弟·忠·信之總名.【事親孝, 事長弟, 事君忠, 與朋友信者, 謂之'仁'】"; 『論語古今注 II』(『定本 與猶堂全書 9』, p. 50) "[補曰] ……仁, 謂: '孝·弟·忠·信'."; 『論語古今注 II』(『定本 與猶堂全書 9』, p. 108) "○[補曰] 仁者, 人倫之至也. 孝於親·忠於君·慈於衆, 謂之'仁'."; 『論語古今注 II』(『定本 與猶堂全書 9』, p. 208) "○[補曰] 人道不外乎求仁, 求仁不外乎人倫. 經禮三百, 曲禮三千, 以至天下萬事萬物, 皆自人倫起.【義見前】"; 『孟子要義』(『定本 與猶堂全書 7』, p. 126) "○[鏞案] ……○……仁者, 人人親其親·長其長也.○親其親, 孝·慈也; 長其長, 弟也. 『大學』於治國·平天下, 只說'孝·弟·慈'三字, 亦『孟子』淵源所在也."; 『孟子要義』(『定本 與猶堂全書 7』, pp. 207~208) "○[鏞案] ……唯德亦然, 直心所行, 斯謂之'德'. 故『大學』以孝·弟·慈爲明德, 『論語』以讓國爲至德."; 『大學公議』(『定本 與猶堂全書 6』, p. 126) "仁者, 人倫之明德, 乃孝·弟·慈之總名也."; 『中庸講義補』(『定本 與猶堂全書 6』, p. 314) "[臣對曰] 「虞書」之五教·五典, 本是父·母·兄·弟·子, 其義見於『左傳』. 『大學』之明明德於天下者, 亦只孝·弟·慈三德."

인仁인 것이다.[106]

마지막으로, 이러한 '인仁'은 상기의 이유로 "오덕五德[仁·義·禮·智·信 또는 仁·義·禮·智·樂]의 총괄總括"이자 "효孝·제弟·충忠·신信의 총명總名"이 되기도 함에, 결국 이는 "사덕四德[仁·義·禮·智]을 겸하는 것"[107]이기도 하였다.

정약용의 '인'관③: 인의 정서적 기조는 "다른 사람에게 향하는 사랑"으로서, 이에 '서를 힘써 행함'이 인을 추구하는 방법이 된다

그렇다면, 이와 같은 '인仁'의 구체적인 정서적 기조는 무엇일까? 첫째, 정약용은 이를 곧 "다른 사람에게 향하는 사랑[嚮人之愛]"으로 보았다. 즉, ① '인仁'이란 타인을 "측은惻隱하게 여기"는 마음에서 시작하나니, 이에 부모에게 향하는 자식의 사랑, 형에게 향하는 동생의 사랑, 임금에게 향하는 신하의 사랑, 백성에게 향하는 목민관의 사랑 등 수없이 다양한 형태로 발현됨에, 바로 이러한 타인에 대한 사랑이 구체적인 실천행위와 그 결과로 드러난 것이다. ② 그리고 이러한 타인에 대한 사랑으로서의 "측은하게 여기는 마음이 확충되어 지극히 정성스러운 데까지 이

---

106 『論語古今注 I』(『定本 與猶堂全書 8』, p. 167) "[質疑] 仁者, 人倫至善之名."; 『論語古今注 I』(『定本 與猶堂全書 8』, pp. 264~265) "○[補曰] ……仁者, 人倫之至善也. ……仁者, 天下之至善."; 『論語古今注 Ⅱ』(『定本 與猶堂全書 9』, p. 108) "[補曰] 仁者, 人倫之至也."; 『論語古今注 II』(『定本 與猶堂全書 9』, p. 310) "○[補曰] ……仁者, 人倫之至也."; 『論語古今注 II』(『定本 與猶堂全書 9』, p. 330) "○[補曰] 仁者, 人倫之至也."; 『論語古今注 II』(『定本 與猶堂全書 9』, p. 366) "○[補曰] 仁者, 人倫之至也."; 『孟子要義』(『定本 與猶堂全書 7』, p. 232) "○[鏞案] ……○……曩所謂萬物不出人倫之外, 故結之曰: '强恕而行, 求仁莫近焉.'"; 『大學公議』(『定本 與猶堂全書 6』, p. 89) "○[答曰] ……然先聖之治心·繕性, 每在於行事, 行事不外於人倫."; 『大學公議』(『定本 與猶堂全書 6』, p. 126) "仁者, 人倫之明德, ……"; 『中庸自箴』(『定本 與猶堂全書 6』, p. 229) "○[箴曰] ……○……仁者, 人倫之成德也."; 『中庸講義補』(『定本 與猶堂全書 6』, pp. 369~370) "○[今案] ……篤於人倫曰: '仁', 明於道體曰: '知', 此『中庸』之義也."

107 『孟子要義』(『定本 與猶堂全書 7』, p. 135) "○[鏞案] ……○四德或竝信爲五, 而此獨竝樂爲五. 古者, 四德本無分排·對配如後世也. ……卽仁者, 五德之總括也."; 『心經密驗』(『定本 與猶堂全書 6』, p. 215) "○[案] 仁兼四端, 本有正義. 孟子以仁·義·禮·智, 合作仁·義說【孟子曰: '禮之實, 節文斯二者; 智之實, 知斯二者.'】; 有子以孝·悌, 合作仁說.【孟子以事親爲仁, 從兄爲義】 仁可以兼四端也. 蓋仁者人也, 所以與人也. 義與禮·智, 亦所以與人, 故終歸於仁."

르게 되면 인仁이 천하를 뒤덮게 되는 것이다.”[108]

둘째, 이러한 맥락에서 정약용은 또한 “자기가 원치 않는 것을 남에게 베풀지 않는 것”이자 “타인의 마음을 나의 마음처럼 헤아리는 것”[109]으로서의 ‘서恕’를 힘써 행함이 곧 ‘인仁을 추구하는 방법’이 된다고 강력히 주장하기도 하였다.[110]

---

108 『論語古今注 I』(『定本 與猶堂全書 8』, p. 216) “○[補曰] ……仁者, 嚮人之愛也. 子嚮父·弟嚮兄·臣嚮君·牧嚮民, 凡人與人之相嚮而藹然其愛者, 謂之‘仁’也.”; 『論語古今注 I』(『定本 與猶堂全書 8』, p. 233) “○[駁曰] ……仁者, 嚮人之愛也.”; 『論語古今注 I』(『定本 與猶堂全書 8』, p. 249) “[補曰] ……仁者, 嚮人之愛也.【君·牧仁於民】”; 『論語古今注 I』(『定本 與猶堂全書 8』, p. 254) “[補曰] ……仁者, 嚮人之愛也.”; 『論語古今注 I』(『定本 與猶堂全書 8』, p. 281) “[補曰] 仁者, 嚮人之愛也.”; 『論語古今注 II』(『定本 與猶堂全書 9』, p. 20) “○[案] ……仁者, 人倫之愛也.”; 『論語古今注 II』(『定本 與猶堂全書 9』, p. 47) “[補曰] 仁者, 二人也. 子愛親·臣愛君·牧愛民, 皆仁也.”; 『論語古今注 II』(『定本 與猶堂全書 9』, p. 216) “○[補曰] 仁者, 牧民之愛也.”; 『心經密驗』(『定本 與猶堂全書 6』, p. 214) “惻隱者, 仁之始也. ……惻隱者, 擴而充之, 至於肫肫, 則仁覆天下也.”

한편, 정약용은 이러한 ‘인仁’을 존재론의 관점에서는 ‘만물을 살리는 것으로써 마음을 삼는 것’으로 보기도 하면서, 바로 이러한 이유에서 ‘천지天地의 마음과 정情은 지극히 인仁하다’고 보기도 하였다. 즉, 그는 다음과 같이 말하였다: “지극히 인仁한 것이 천지天地의 마음이다.【만물을 살리는 것으로써 마음을 삼는다】(○至仁者, 天地之心也.【以生物爲心】)” 『周易四箋 I』(『定本 與猶堂全書 15』, p. 282); “천지天地의 정情은 인仁이다.【진괘震卦가 인仁이 된다】(○天地之情, 仁也.【震爲仁】)” 『周易四箋 I』(『定本 與猶堂全書 15』, p. 371)

109 『論語古今注 I』(『定本 與猶堂全書 8』, p. 155) “[補曰] ……忖他心如我心, 謂之‘恕’也.【『說文長箋』云: ‘如心爲恕’】”; 『論語古今注 I』(『定本 與猶堂全書 8』, p. 234) “○[駁曰] ……仁者, 强恕而行. 故所求乎子以事父, 所求乎弟以事兄, 所求乎臣以事君, 所求乎朋友先施之, 此不求於物而先自我施之也.”; 『論語古今注 II』(『定本 與猶堂全書 9』, p. 46) “○[駁曰] ……原來求仁之法在於强恕. 勞苦先於人·利祿後於人, 恕之道也.”; 『孟子要義』(『定本 與猶堂全書 7』, p. 231) “○[鏞案] ……○……於是, 所惡於上, 無以使下; 所惡於下, 無以事上; 所惡於前, 無以先後; 所惡於後, 無以從前; 所惡於左, 無以交於右; 所惡於右, 無以交於左, 其法例如是也.”; 『大學講義』(『定本 與猶堂全書 6』, p. 157) “鏞曰: ‘是[‘恕’를 말함: 필자 주], 推己及人之意也.’”

한편, ‘서恕를 힘써 실행하는 것이 곧 인仁을 추구하는 방법이 된다’고 하는 정약용의 주장은 ‘일이관지一以貫之’에 대한 주희의 이기론적 해석을 비판하는 맥락에서 주로 제기되었던 것이다. 이에 대한 보다 자세한 내용은 제3부 제1장 「다산 정약용의 이기론」에서의 해당부분이 참조된다.

110 『論語古今注 I』(『定本 與猶堂全書 8』, p. 234) “○[駁曰] ……仁者, 强恕而行.”; 『大學公議』(『定本 與猶堂全書 6』, p. 126) “恕者, 絜矩之道, 所以爲孝·弟·慈以成仁者也. 强恕而行, 求仁莫近焉.”; 『大學公議』(『定本 與猶堂全書 6』, p. 136) “○[議曰] ……乃聖人之言曰: ‘强恕而行, 求仁莫近焉.’ 恕者, 仁之道也.”; 『大學公議』(『定本 與猶堂全書 6』, p. 137) “○[鏞案] ……(前後左右, 莫不皆然, 於是乎六合平正, 得爲方正之器.) 吾人之

정약용의 '인'관④: '인은 곧 효·제'이니, 다만 '인이 총명이라면 효·제는 전칭·분목'일 뿐이다

이러한 논의의 전제 위에서, 정약용은 또한 '인仁'이란 덕목과 '효孝·제弟'

强恕以求仁也, 其法亦然. 以心爲矩, 以絜六合之交際, 齊其不齊, 平其不平, 於是乎心與身皆正矣."; 『中庸講義補』(『定本 與猶堂全書 6』, p. 324) "○[今案] ……○原來忠·恕之道, 眞眞切切, 以我之好惡, 察人之好惡."

이상의 논의와 같이 정약용은 '인仁'으로 대표되는 모든 '덕德'을 단적으로 사람과 사람 사이의 마땅히 행해야 할 본분, 즉 '인륜을 지극히 하는 것'이자 '다른 사람에게 향하는 사랑[嚮人之愛]'을 실천하는 '행위의 결과'로 인식함으로써 주희의 일견 고답적이고 심오한 '덕德' 개념, 즉 '천리天理'를 다시금 비근한 현실의 지평으로 되돌린 바 있다. 한편, 정약용의 이러한 '인仁' 개념 또한 순자荀子 및 순자학파荀子學派의 '인仁'관과도 기본적으로 상통하는 바 없지 않다. 즉, ① '인仁' 개념과 관련하여 ㉠ 순자는 일찍이 '인仁'이란 단지 "어진 사람을 존중하는 것이자 어질지 못한 사람을 경멸하는 것(○……貴賢, 仁也. 賤不肖, 亦仁也)"[『荀子集解』, 「非十二子」篇]이요 "인仁이란 선왕先王의 도道를 좋아하는 것이니, 곧 여기서의 '선왕의 도'란 다름 아닌 "어진 이를 높이고 유능한 이를 등용하며, 귀천貴賤에 등급을 매기고, 친소親疏를 구분하며, 장유長幼의 서열을 정하는 일(尙賢使能, 等貴賤, 分親疏, 序長幼, 此先王之道也. ……故仁者, 仁此者也)"[『荀子集解』, 「君子」篇]임을 주장하였고, ㉡ 이후 순자학파 역시 "친親한 이는 친하게 여기고 친구[故]는 친구로 여기며 공로功勞가 있는 자는 공로 있는 자로 여기는(○親親·故故, 庸庸·勞勞, 仁之殺也)"[『荀子集解』, 「大略」篇] 것으로 정의함으로써 '인仁'을 어디까지나 일상에서의 '구체적인 실천'의 맥락에서 이해·설명한 바 있으며, ② 또한 순자학파는 '인仁'은 어디까지나 "사랑[愛]이기 때문에 친親함(○……仁, 愛也. 故親)"[『荀子集解』, 「大略」篇]을 그 정서적 본질로 하고 있다고 보기도 하였다. ③ 나아가 순자는 기본적으로 "인간의 성性은 악惡하니, 그 선善함은 인위[僞]이다"라는 관점에서 출발하여, "예의禮義와 법도法度라는 것은 성인聖人의 인위[僞]에서 생긴 것으로서, 본디 인간의 (선천적인: 필자 주) 성性에서 생겨난 것이 아니다. ……대저 느끼더라도 저절로 그럴 수 없고 반드시 하는 일을 기다린 뒤에라야 그러한 것을 일러 '인위[僞]'라 한다(人之性惡, 其善者僞也. ……○……禮義·法度者, 是生於聖人之僞, 非故生於人之性也. ……夫感而不能然, 必且待事而後然者, 謂之生於僞)"[『荀子集解』, 「性惡」篇]라거나, "예의禮義와 적위積僞가 어찌 인간의 성性이겠는가? ……만약 혹시라도 예의와 적위를 인간의 성性이라 생각한다면 또한 어떻게 요堯나 우禹를 귀하게 여기고 어떻게 군자君子를 귀하게 여기겠는가? 무릇 요나 우나 군자를 귀하게 여기는 까닭은 그들이 성性을 변화시키고 인위[僞]를 일으키며 이를 통해 예의禮義를 만들어냈기 때문(○……禮義·積僞者, 豈人之性也哉? ……今將以禮義·積僞爲人之性邪? 然則有曷貴堯·禹, 曷貴君子矣哉? 凡所貴堯·禹·君子者, 能化性·能起僞·僞起而生禮義)"[『荀子集解』, 「性惡」篇]이라 역설함으로써 ㉠ 이른바 '예의禮義와 적위積僞'로 대표되는 '현실적 선善'이란 기실 인간의 (선천적인: 필자 주) 성性과는 아무런 관계가 없으며, ㉡ 결국, 이러한 의미에서 인간사회의 '덕德'이란 모두가 '반드시 하는 일을 기다린 뒤에라야 성립되는 것'인바, 곧 '후천적인 인위적 노력의 결과'[積僞, Sollen]임을 거듭 강조한 바 있다.

라는 덕목 간의 관계를 주희와는 매우 다르게 설정·인식하기도 하였다. 이미 기술한 바대로, 우선 주희—보다 정확하게는 정이程頤[伊川, 1033~ 1107: 中國 北宋의 학자]—는 기본적으로 이체기용론理體氣用論의 사고범주와 질서감각에 따라 '인仁과 효孝·제弟 간의 관계'를 설명하였다. 즉, ① '인仁'이란 '사랑의 원리[愛之理]요 마음의 덕[心之德]'으로서 곧 '성性'이자 '체體'에 해당한다면, 반면 '효·제'란 각각 '인仁의 한 가지 일[仁之一事]'이자 '용用'에 해당한다. 따라서 그가 보기에 '효·제'를 '인仁을 행하는 근본[爲(行)仁之本]'이라고 규정하는 것은 논리적으로 가하지만, 이를 '인仁의 근본[仁之本]'이라고 보는 것은 불가하였다.[111] ② 결국, 이와 같은 인식은 '인仁'이란 덕이 곧

---

111 주희는 『사서장구집주四書章句集註』에서 '인仁'을 다음과 같이 정의한 바 있다: "仁者, 愛之理, 心之德也. 爲仁猶曰: '行仁'. ……程子曰: '孝·弟, 順德也. ……故爲仁以孝·弟爲本, 論性則以仁爲孝·弟之本.' 或問: '孝·弟爲仁之本, 此是由孝·弟可以至仁否?' 曰: '非也. 謂行仁自孝·弟始. 孝·弟是仁之一事, 謂之行仁之本則可, 謂是仁之本則不可. 蓋仁是性也. 孝·弟是用也. 性中只有箇仁·義·禮·智四者而已, 曷嘗有孝·弟來? 然仁主於愛, 愛莫大於愛親, 故曰: 「孝·弟也者, 其爲仁之本與?」'" 『論語集註』, 「學而」篇 第2章의 註; "仁者, 天下之正理." 『論語集註』, 「八佾」篇 第3章의 註; "仁者, 心之德." 『論語集註』, 「雍也」篇 第5章의 註; "仁, 以理言, 通乎上下." 『論語集註』, 「雍也」篇 第28章의 註; "仁, 則私慾盡去, 而心德之全也." 『論語集註』, 「述而」篇 第6章의 註; "仁者, 心之德, 非在外也." 『論語集註』, 「述而」篇 第29章의 註; "仁, 則心德之全, 而人道之備也." 『論語集註』, 「述而」篇 第33章의 註; "仁者, 人心之全德." 『論語集註』, 「泰伯」篇 第7章의 註; "仁者, 本心之全德." 『論語集註』, 「顔淵」篇 第1章의 註; "仁, 則天理渾然." 『論語集註』, 「憲問」篇 第2章의 註; "仁, 以德言." 『論語集註』, 「衛靈公」篇 第9章의 註; "仁者, 心之德, 愛之理; 義者, 心之制, 事之宜也. ……仁·義根於人心之固有, 天理之公也." 『孟子集註』, 「梁惠王章句上」篇 第1章의 註; "惻隱·羞惡·辭讓·是非, 情也; 仁·義·禮·智, 性也." 『孟子集註』, 「公孫丑章句上」篇 第6章의 註; "廣居, 仁也; 正位, 禮也; 大道, 義也." 『孟子集註』, 「滕文公章句下」篇 第2章의 註; "仁心, 愛人之心也." 『孟子集註』, 「離婁章句上」篇 第1章의 註; "仁主於愛, 而愛莫切於事親." 『孟子集註』, 「離婁章句上」篇 第27章의 註; "(則)仁·義已根於心, 而所行皆從此出, ……" 『孟子集註』, 「離婁章句下」篇 第19章의 註; "(范氏曰: '二章問答, 大指略同, 皆反覆譬喩, 以曉當世,) 使明仁·義之在內, ……'" 『孟子集註』, 「告子章句上」篇 第5章의 註; "良心者, 本然之善心, 卽所謂'仁·義之心'也." 『孟子集註』, 「告子章句上」篇 第8章의 註; "仁者, 心之德, 程子所謂'心如穀種, 仁則其生之性', 是也." 『孟子集註』, 「告子章句上」篇 第11章의 註; "仁者, '無私心而合天理'之謂." 『孟子集註』, 「告子章句下」篇 第6章의 註; "在我者, 謂: '仁·義·禮·智, 凡性之所有者.'" 『孟子集註』, 「盡心章句上」篇 第3章의 註; "反身而誠, 則仁矣, ……行之以恕, 則私不容而仁可得." 『孟子集註』, 「盡心章句上」篇 第4章의 註; "仁·義·禮·智, 性之四德也." 『孟子集註』, 「盡心章句上」篇 第21章의 註; "仁者, 人之所以爲人之理也. 然仁, 理也; 人, 物也. 以仁之理, 合於人之身而言之, 乃所謂'道'者也." 『孟子集註』, 「盡心章句下」篇 第16章의

'형이상의 원리'로서 인간의 마음에 본래부터 내재하는 가운데, 단적으로 '측은지심惻隱之心'과 같은 '정情' 및 '효·제'와 같은 행위를 야기하는 궁극적인 원인이 됨을 주장하고 있는 것이다.

한편, 정약용은 이와는 달리 ① '인仁'이란 곧 '인륜을 돈독히 하는 것'이자 '성취한 바 사공事功'으로서, 이러한 '인仁'을 이루는 방법은 수없이 다양—사군事君, 목민牧民, 휼고恤孤, 애환哀鰥 등등—하나 인륜에 있어서는 오직 '사친事親[孝]'과 '경형敬兄[弟]'만이 이 모든 실천행위[行事]에 있어 가장 기본적인 출발점이자 핵심이 된다고 보았다. ㉠ 바로 이러한 맥락에서 곧 "효孝·제弟 또한 인仁이며, 인仁 또한 효·제이다. 단지 인仁은 총명總名[보편·일반개념: 필자 주]이어서 사군事君·목민牧民·휼고恤孤·애환哀鰥 등등 모든 것을 포괄하지만, 효·제는 전칭專稱·분목分目[특수·부분개념: 필자 주]이어서 다만 사친事親과 경형敬兄만이 그 실상이 된다."[112] ㉡ 더욱이 이러한 '효·제'가 인륜을 돈독히 하는 가장 원초적인 출발점이자 핵심이 된다는 측면에 주목한다면 심지어 "효·제는 인仁의 근본이 되기"까지 하였다.[113] ② 결

註; "程子曰: '仁義禮智·天道, 在人則賦於命者, 所稟有厚薄·淸濁. ……'" 『孟子集註』, 「盡心章句下」篇 第24章의 註; "惻隱·羞惡之心, 人皆有之. 故莫不有所不忍不爲, 此仁·義之端也." 『孟子集註』, 「盡心章句下」篇 第31章의 註; "好善而惡惡, 人之性也. 至於拂人之性, 則不仁之甚者也." 『大學章句』, 「傳10章」의 註; "仁者, 體之存; 知者, 用之發, 是皆吾性之固有而無內外之殊." 『中庸章句』, 「第25章」의 註

112 『論語古今注 I』(『定本 與猶堂全書 8』, p. 35) "[質疑] ……孝·弟亦仁, 仁亦孝·弟. 但仁是總名, 事君·牧民·恤孤·哀鰥, 無所不包. 孝·弟是專稱, 唯事親·敬兄乃爲其實. 故有子謂: '諸仁之中, 孝·弟爲之本', 而程子謂: '行仁, 自孝·弟始', 未嘗不通."; 『大學公議』(『定本 與猶堂全書 6』, p. 126) "仁者, 人倫之明德, 乃孝·弟·慈之總名也."; 「自撰墓誌銘【集中本】」(『定本 與猶堂全書 3』, p. 273) "其爲『論語』, 則異義益夥. 曰: '孝·弟卽仁. 仁者, 總名也; 孝·弟者, 分目也. 仁自孝·弟始, 故曰: 「爲仁之本」也.'"

113 「孟子策」(『定本 與猶堂全書 2』, p. 79) "而孔子以孝·弟, 爲仁之本. ……"; 「觀雞雛說」(『定本 與猶堂全書 2』, p. 212) "孝·弟也者, 其爲仁之本歟!"; 「示二兒家誡」(『定本 與猶堂全書 4』, p. 30) "孝·弟爲行仁之本."; 「上弇園書【丙辰】」(『定本 與猶堂全書 4』, p. 89) "『孝經』: '孝者, 德之本', 「君陳」: '令德, 孝·恭'之類, 皆是也."; 「答李汝弘【載毅】」(『定本 與猶堂全書 4』, p. 144) "而諸仁之中, 親親爲大也. 故有子曰: '孝·弟也者, 其爲仁之本.'"; 「上仲氏」(『定本 與猶堂全書 4』, p. 202) "大抵此道, 本之以孝·弟, 文之以禮·樂, 兼之以鑑衡·財賦·軍旅·刑獄, 緯之以農圃·醫藥·曆象·筭數·工作之技, 庶乎其全德."; 「答二兒【以下康津謫中書】」(『定本 與猶堂全書 4』, p. 244) "學問宗旨, 本以孝·弟, 文之以禮·樂, 輔之以

국, 이와 같은 인식은 '인仁'과 '효·제'를 포함한 모든 덕德의 궁극적 원천이 다름 아닌 상제上帝[天]가 인간이 태어날 때 부여한바 영명한 본체本體 및 이것이 발한바 '도심道心'에 있음을 주장하고 있는 것이다.[114]

정약용의 '의'관: '의'란 "나를 착하게 함"이니, 곧 "선을 행하고 악을 버리는 것"이다

다음으로, 정약용은 '의義'를 해석함에 있어서도 첫째, '인仁'의 경우와 마찬가지로 우선 자의字義의 훈고에서부터 그 실마리를 찾았다. 즉, ① '의義'란 글자의 윗부분인 '양羊'은 '선善'의 뜻을 가지고 있으며, 또한 "'인仁'자는 인人을 따르고, '의義'자는 아我를 따르고 있다." ② 따라서 그가 보기에 '의義'자는 단적으로 "나를 착하게 한다[善我]"는 의미를 함축하였다. ㉠ 비로 이러한 맥락에서 '의義'란 덕德은 본질적으로 '자기중심적·이기적인 속성'을 내포하며, 이러한 점은 기본적으로 이타적 성격을 가진 '인仁'과는 대조적이었다. ㉡ 이 때문에 '의義'란 덕을 이룸에는 "옆 사람을 고려하지 않을 때도 있는 것이다. 단순히 옆 사람만 고려하지 않는 것이 아니라 심지어는 효자가 부모를 돌아보지 않기도 하고 자애로운 아버지[慈父]가 처자를 돌아보지 않는 경우도 있으니, 이는 소중히 여기는 것이 나에게 있기 때문이다."[115]

政·刑, 翼之以兵·農.【賦役貨財, 皆此門】"; 「寄二兒【壬戌十二月廿二日康津謫中】」(『定本 與猶堂全書 4』, p. 246) "志學必須先立根基. 根基謂何? 曰: '惟孝·弟是已'."; 『論語古今注 II』(『定本 與猶堂全書 9』, pp. 15~16) "○[案] ……仁之名, 必生於二人之間.【只一己, 則仁之名無所立】 近而五敎, 遠而至於天下萬姓, 凡人與人盡其分, 斯謂之'仁'.【卽所云'仁民'】 故有子曰: '孝·弟也者, 其爲仁之本.'【孝·弟爲仁民之本】"; 『論語古今注 II』(『定本 與猶堂全書 9』, p. 366) "○[補曰] 仁者, 人倫之至也. 能是四者[博學·篤志·切問·近思: 필자 주], 則孝·弟·忠·信, 不能不勉, 仁在其中矣."; 『大學講義』(『定本 與猶堂全書 6』, p. 157) "鏞曰: '嘗聞之「孝·弟也者, 其爲仁之本」, 可知「悌」亦屬仁矣.'"; 『中庸講義補』(『定本 與猶堂全書 6』, p. 344) "○[今案] ……○……君臣之義, 朋友之信, 牧民之慈, 皆人與人之本分. 然孝·弟爲爲仁之本. 故斷之曰: '親親爲大'."

114 보다 자세한 내용은 제3부 제1장 「다산 정약용의 이기론」에서의 【그림 3-1-3】이 참조된다.

둘째, 이처럼 '의義'는 비록 나름의 독자적인 의미를 가짐에도 여전히 "행사行事 이후에야 비로소 성립되는 것"이자 "성취한 바의 사공事功"임에는 마찬가지였다.[116] 이에 ① 단적으로 "나를 착하게 한[善我] 이후에야 '의義'라고 부를 수 있나니, 나를 착하게 하기 전에는 '의義'라는 명칭은 성립되지 않"[117]으며, ② 또한, '나를 착하게 한다[善我]'는 것의 요체이자 상기한바 '소중히 여기는 것'의 실상이란 다름 아닌 "하나의 삶[生]과 하나의 의義가 모두 저곳에 있음에 내가 그곳에 나아가 선택하여 단점은 버리고 장점은 취하는 것",[118] 곧 "선善을 행하고 악惡을 버리는 것"[119]일 뿐이었다.

정약용의 '예'관: '예'란 '중도를 추구하는 실천행위'이자 '효·제·충·신을 실행하는 규칙'이다

한편, 정약용이 보기에 첫째, '예禮'란 원래 '제례祭禮'를 의미하였다. 즉, '예禮'자의 "기示는 신神을 나타내고 곡曲은 죽기竹器를, 두豆는 목기木器를 각각 뜻한다. 이에 '신기神示 옆에 변두籩豆와 궤조簋俎를 진설한 것'이 되"

115 「答李汝弘【載毅】」(『定本 與猶堂全書 4』, p. 144) "義者, 善我也.【上'羊'是'善'字】 義之爲物, 所重在我, 與仁不同. 故應劭『風俗通』: '愛人曰: 「仁」, 善我曰: 「義」', 此詁訓之最善者也. ……義之爲物, 有時乎不顧傍人. 豈惟傍人耳? 孝子有時乎不顧父母, 慈父有時乎不顧妻子, 其所重在我而不在人. 故'仁'字從人, '義'字從我, 有淵味也."; 『孟子要義』(『定本 與猶堂全書 7』, p. 30) "○[鏞案] ……故古人謂: '愛人曰: 「仁」, 善我曰: 「義」.'"

116 『孟子要義』(『定本 與猶堂全書 7』, pp. 68~69) "○[鏞案] 仁·義·禮·智之名, 成於行事之後. ……豈有仁·義·禮·智四顆, 磊磊落落, 如桃仁·杏仁, 伏於人心之中者乎? ……仁·義·禮·智, 知可以行事而成之, 則人莫不俛焉孶孶, 冀成其德."; 『孟子要義』(『定本 與猶堂全書 7』, p. 254) "○[鏞案] ……○……毋論仁·義·禮·智, 本以行事得名."; 「答李汝弘【載毅】」(『定本 與猶堂全書 4』, pp. 145~150) "仁·義·禮·智, 皆以行事得名, 不可曰: '在心之理'. ……'仁·義·禮·智根於心'七箇字, 正是趙邠卿之大援確證. ……仁·義之爲行事之名, 昭若發矇. ……仁·義之德, 皆成於行事之後, ……本理不足以爲仁·義也."

117 『孟子要義』(『定本 與猶堂全書 7』, p. 68) "○[鏞案] ……善我而後謂之'義', 善我之先, 義之名未立也."

118 『孟子要義』(『定本 與猶堂全書 7』, p. 68) "○[鏞案] ……孟子曰: '舍魚而取熊, 舍生而取義', 明一生·一義, 皆在彼處, 我得就彼揀擇, 舍其短而取其長也."

119 『論語古今注 I』(『定本 與猶堂全書 8』, p. 232) "[補曰] 爲善·去惡曰: '義'.【制其宜以善我】"

니, 따라서 이러한 제례가 바로 '예禮의 원의原義'가 된다고 보았다.[120]

둘째, 정약용은 '예禮의 종류'와 관련하여 ① 상기한바 제례祭禮에서의 승강升降·배읍拜揖과 사양辭讓·진퇴進退의 절차를 '길吉·흉凶·빈賓·군軍·가嘉'의 인간사에 그대로 적용하면 곧 '오례五禮'가 되며, 이 가운데서도 으뜸이 되는 것은 다름 아닌 '길례吉禮'라고 보았다.[121] ② 또한, 이러한 예禮는 달리 두 가지로 구분되기도 하였으니, 즉 '전상典常의 법칙'인 '경례經禮[禮儀]'와 이러한 경례로부터 구분되어 나온 것인 '곡례曲禮[威儀]'가 바로 그것이다.[122]

셋째, 이처럼 '예禮'라는 덕목 역시 기본적으로 구체적인 인륜에 근본하며 동시에 그것의 실천을 통해서 비로소 생겨난 것일 뿐, 애당초 형이상의 '도道'니 '이理'니 '성性'이니 하는 것과 같이 고묘高妙하고 황홀恍惚한, 따라서 심오한듯히지만 기실 애매모호하기 짝이 없는 그 무엇과는 아무런 상관이 없었던 것이다.[123] 이에 ① 단적으로 "손님과 주인이 절[拜]하고 읍揖한 뒤에야 '예禮'라는 명칭이 성립하는 것"[124]인바, ② 정약용은 이미 젊어서부터[29세 무렵] 이와 같은 취지의 독특한 '예禮'관을 나름대로 발전시킨 바 있다. 즉 ㉠ '예禮'란 "천지天地의 정情으로서, 하늘

---

120 「答李汝弘【載毅】」(『定本 與猶堂全書 4』, pp. 144~145) "禮者, 祭禮也. 示, 其神也; 曲者, 竹器也; 豆者, 木器也. 神示之傍, 陳設籩豆·簋俎, 非祭禮乎? 故「堯典」曰: '典朕三禮', 三禮者, 天神·地示·人鬼之祭禮也. 祭禮之謂之'禮', 非其原義乎?"

121 「答李汝弘【載毅】」(『定本 與猶堂全書 4』, p. 145) "吉禮, 於五禮爲首, 而凶·賓·軍·嘉, 借名曰: '禮', 以其有升降·拜揖·辭讓·進退之節, 與祭禮同故耳."; 『論語古今注 II』(『定本 與猶堂全書 9』, p. 321) "○[補曰] 禮, 謂: '賓·祭·軍·嘉'."; 『中庸講義補』(『定本 與猶堂全書 6』, p. 379) "○[今案] 禮者, 吉·凶·賓·嘉之儀則也."

122 『中庸講義補』(『定本 與猶堂全書 6』, p. 374) "○[臣對曰] ……'經禮'者, 典常之則, 其節目固不可繁. '威儀', 則隨經而委曲生者, 故不免十之, ……"

123 『孟子要義』(『定本 與猶堂全書 7』, pp. 68~69) "○[鏞案] 仁·義·禮·智之名, 成於行事之後. ……豈有仁·義·禮·智四顆, 磊磊落落, 如桃仁·杏仁, 伏於人心之中者乎? ……仁·義·禮·智, 知可以行事而成之, 則人莫不俛焉孳孳, 冀成其德."; 『孟子要義』(『定本 與猶堂全書 7』, p. 254) "○[鏞案] ……○……毋論仁·義·禮·智, 本以行事得名."; 「答李汝弘【載毅】」(『定本 與猶堂全書 4』, pp. 145~146) "仁·義·禮·智, 皆以行事得名, 不可曰: '在心之理'. ……'仁·義·禮·智根於心'七箇字, 正是趙邠卿之大援確證."

124 『孟子要義』(『定本 與猶堂全書 7』, p. 68) "○[鏞案] ……賓·主拜揖而後, 禮之名立焉."

을 근본으로 삼고 땅을 본받아 그 사이에서 행해지는 것"으로서, "천리天理—이는 '자연스러운 음陰·양陽의 형세와 함께 바꿀 수 없는 건乾·곤坤의 이치'를 의미하는 것으로서, 주희가 이기론의 맥락에서 사용하는 '천리天理'라는 개념과는 그 의미가 기본적으로 다르다—에 비추어 헤아려 보아도 합당하고 사람에게 시행해도 인정人情에 화협和協하"는 내용으로 이루어져 있는데, 다만 성인聖人께서 그것을 절도 있게 하고 문식文飾하셨을 따름이다.[125] ㉡ 이에 '예禮'를 보다 구체적으로 논하자면, 그것은 행위와 감정의 양극단을 저울질하여 그 '중도中道를 추구하는 실천행위'로서,[126] 특히 자신의 사욕을 이김으로써 몸을 단속하고 외면적인 행동을 절제하는 것으로 나타난다.[127] 따라서 그 실상이란 다름이 아니라 '인仁·의義[孝·弟]를 절도 있게 하고 문식文飾하는 것'이 되는바,[128] 또한 이것이 구체적이고 물적인 형태로 전화되었을 때에는 곧 '효孝·제弟·충忠·신信을 실행하는 규칙'으로 등장하게 된다.[129]

마지막으로, 정약용이 보기에 결국은 예禮를 통해서만 비로소 상하上下의 지위를 결정하고 혐의嫌疑를 구별할 수 있기 때문에, 만약 이를 알지 못한다면 시視·청聽·언言·동動을 할 수 없게 되고, 따라서 몸도 바르게 할 수 없게 되는 것이다.[130]

---

125 「問東西南北」(『定本 與猶堂全書 2』, p. 101) "乖陰·陽自然之勢, 違乾·坤不易之理, 而古先王禮儀·節文, 不可按行者多矣."; 「『喪禮四箋』序」(『定本 與猶堂全書 2』, p. 393) "禮者, 天地之情, 本於天·殽於地, 而禮行於其間. 禮者, 天地之情, 聖人特於是爲之節文焉已."; 「『邦禮艸本』序」(『定本 與猶堂全書 2』, p. 399) "揆諸天理而合, 錯諸人情而協者, 謂之'禮'."

126 『論語古今注 I』(『定本 與猶堂全書 8』, pp. 97~98) "○[補曰] '禮本', 何爲而作也? 民生有欲, 不以禮節之, 則奢侈亡度, 故權於奢·檢之中, 爲之禮. 邪淫之人, 朝死而夕忘之, 故權於易·戚之中, 爲之喪禮."

127 『論語古今注 II』(『定本 與猶堂全書 9』, p. 263) "○[補曰] 禮, 所以克己約身.【子曰: '約之以禮, 亦可以弗畔矣.'】"; 「『樂書孤存』序」(『定本 與猶堂全書 2』, p. 395) "禮以節外, 樂用和衷. 節乃制行, 和則養德, 二者不可偏廢."; 『陶山私淑錄』(『定本 與猶堂全書 4』, p. 318) "禮者, 所以拘束筋骸, 禁其縱逸而生疾也."

128 『論語古今注 II』(『定本 與猶堂全書 9』, p. 310) "○[案] ……孟子曰: '仁之實, 事親是也; 義之實, 從兄是也; 禮之實, 節文斯二者是也; 樂之實, 樂斯二者是也.' 禮·樂之本起於人倫, 玉帛·鐘鼓未足以爲禮·樂也."

129 「五學論 1」(『定本 與猶堂全書 2』, p. 296) "禮者, 所以節文乎孝·弟·忠·信之行者也."

정약용의 '지'관: '지'란 '사물을 변별함이 분명함'이니, 곧 '사람을 알아보는 것'을 요체로 삼는다

끝으로, 정약용은 '지智'를 해석함에 있어서도 첫째, 상기의 경우와 마찬가지로 우선 자의字義의 훈고에서부터 시작하였다. 즉, '지智'란 "'흑黑·백白을 변별辨別할 수 있음'을 말함이니, ……『노자老子』에서 '백白을 알고 흑黑을 지킨다'라고 하였는데, 여기서 '백白을 아는 것'이 지智가 된다"131고 설명했던바, 이는 결국 "사물을 변별함이 분명함"132을 뜻하였다.

둘째, 이와 같은 '지智'라는 덕목 역시 기본적으로 구체적인 인륜에 근본하며 동시에 그것의 실천을 통해서 비로소 생겨난 것일 뿐, 애당초 형이상의 '이理'와는 아무런 상관이 없었다.133 이에 ① 단적으로 "사물을 변별함이 분명한 뒤에야 '지智'라는 명칭이 성립하는 것"134인바, ② 정약용은 바로 이 때문에 "'영무자甯武子는 나라에 도道가 있을 때는 지혜로웠다[知]'[『論語集註』「公冶長」篇 第20章]고 (孔子께서: 필자 주) 말씀하셨는데, 만약 태어날 때 부여받은 성性이 원래 이 지智를 지니고 있다면 나라에 도道가 없을 때는 또한 무슨 수로 그 지智를 뽑아버릴 수 있겠는가? 공자孔子께서는 '인자仁者는 근심하지 않고, 지자知者는 미혹되지 않는다'[『論語集註』「子罕」篇 第28章]고 말씀하셨는데, 만약 태어날 때 부여받은 성性으

---

130 『論語古今注 II』(『定本 與猶堂全書 9』, p. 263) "○[補曰] 禮, 所以定上下·別嫌疑. 不知禮, 則無以視·聽·言·動, 故不能植其身.【朱子云: '不知禮, 則耳目無所加, 手足無所措.'】"; 『中庸自箴』(『定本 與猶堂全書 6』, p. 271) "[箴曰] ……○……禮, 所以辨上下, 則其用亦不過正其倫而已."

131 「答李汝弘【載毅】」(『定本 與猶堂全書 4』, p. 145) "智者, 謂: '能辨別黑白', 可云: '有知'耳. 『老子』曰: '知其白, 守其黑', '知其白'者, 智也."

132 『孟子要義』(『定本 與猶堂全書 7』, p. 68) "○[鏞案] ……事物辨明而後, 智之名立焉."

133 『孟子要義』(『定本 與猶堂全書 7』, pp. 68~69) "○[鏞案] 仁·義·禮·智之名, 成於行事之後. ……豈有仁·義·禮·智四顆, 磊磊落落, 如桃仁·杏仁, 伏於人心之中者乎? ……仁·義·禮·智, 知可以行事而成之, 則人莫不俛焉孶孶, 冀成其德."; 『孟子要義』(『定本 與猶堂全書 7』, p. 254) "○[鏞案] ……○……毋論仁·義·禮·智, 本以行事得名."; 「答李汝弘【載毅】」(『定本 與猶堂全書 4』, pp. 145~146) "仁·義·禮·智, 皆以行事得名, 不可曰: '在心之理'. ……'仁·義·禮·智根於心'七箇字, 正是趙邠卿之大援確證."

134 『孟子要義』(『定本 與猶堂全書 7』, p. 68) "○[鏞案] ……事物辨明而後, 智之名立焉."

로 하여금 원래부터 인仁과 지智를 지니도록 한다면 사람마다 모두 근심하지 않고 미혹되지 않을 것인데 어찌 인자仁者와 지자知者라는 별도의 구별이 있단 말인가?"[135]라고 강하게 비판을 제기한 바 있다.

마지막으로, 정약용이 보기에 ① 지知[智]에 있어서는 '사람을 알아보는 것[知人]'보다 더 큰 것은 없기 때문에, 일례로 번지樊遲가 공자孔子에게 '지知'에 대해 묻자 공자께서는 곧 '지인知人'이라고 대답하셨던 것이다.[136] ② 그런데 이러한 '지인知人'이야말로 실로 '국가를 다스리는 자의 두 가지 커다란 정책' 가운데 하나이기도 하였다. 즉, ㉠ 정약용은 "지인知人은 인仁하고 어진 이를 보물로 여김을 요무要務로 삼으며, 안민安民은 세금을 적게 거둠을 요지要旨로 삼는다. ……천하를 다스리는 대경大經과 대법大法이란 오직 이 두 가지뿐이다"[137]라고 주장함으로써 곧 '천

---

135 『孟子要義』(『定本 與猶堂全書 7』, pp. 68~69) "○[鏞案] ……'甯武子, 邦有道則知[智]', 若其天賦之性, 原有此智, 則邦無道時, 又惡能拔其智而去之乎? 孔子曰: '仁者不憂, 知者不惑', 苟使天賦之性, 原有仁·智, 則人人皆不憂·不惑, 仁者·知[智]者, 顧何以別有色目乎?"

136 『論語古今注 II』(『定本 與猶堂全書 9』, p. 49) "○[引證] ……○純曰: '……夫樊遲問仁·知, 而夫子但云: 「愛人·知人」, 是其意正在愛人爲仁·知人爲智, 何得更著「之施」·「之務」字?'"; 『論語古今注 II』(『定本 與猶堂全書 9』, p. 49) "○[引證] 『淮南子』曰: '……所謂「仁」者, 愛人也; 所謂「知」者, 知人也. ……故仁莫大於愛人, 知莫大於知人. ……'"

137 『尙書古訓 I』(『定本 與猶堂全書 11』, p. 245) "○[論曰] ……知人以寶仁賢爲要務, 安民以薄賦斂爲要旨. ……治天下之大經·大法, 唯斯二者."

또한, 정약용은 다음과 같이 말한 바 있다: "치국治國·평천하平天下의 방법은 구경九經과 팔통八統에도 나와 있듯이 그 항목이 매우 광범한데도, 하필이면 이 두 가지['知人'과 '安民': 필자 주]가 큰 항목이 되는 것인가?【정조正祖께서 내각內閣에서 강講하실 때에 매번 이것으로써 강관講官에게 하문下問하셨으나, 한 사람도 대답할 수 있는 자가 없었다.】 원래 인간에게는 욕심이 있는데, 그 중 큰 욕심으로는 두 가지가 있으니, 하나는 '부富'이고, 다른 하나는 '귀貴'이다. 무릇 군자君子의 족속이란 왕의 조정에서 벼슬하는 자이니, 그 바라는 바가 귀貴에 있다. 소인小人의 족속이란 왕의 땅에서 경작하는 자이니, 그 바라는 바가 부富에 있다. 관직에 사람을 임용함에 그 마땅함을 잃게 되면 원망과 저주가 귀족貴族 사이에서 일어나며, 백성에게 은혜를 베풂에 고르지 아니함이 있게 되면 원망과 저주가 소민小民 사이에서 일어나니, 이 두 가지는 모두 나라를 잃게 만들기에 족하다. 어떤 사람의 나라가 다스려지고 어지러워지며 흥하고 망하는 까닭과 인심人心의 향배向背와 (天命의: 필자 주) 거취去就가 결정되는 이유를 묵묵히 생각해보면, 이 두 가지에서 벗어나지 않는다. 참으로 그러하도다! 성인聖人의 말씀이란 모두가 신사愼思와 명변明辨에서 나온 것이니, 중인衆人의 거친 마음을 가진 자가 알 수 있는 것이 아니다. 인재의 선발을 공정히 함과 세금을 적게 거둠은

천명天命이 영원하도록 기원하는 근본인 것이다.【정조正祖께서 매번 치도治道를 논하시면서 '거당去黨·징탐懲貪[당파를 제거하고 탐관오리를 징계한다]'이라는 네 글자로써 요지要旨를 삼으셨던바, 대개 이는 일면 관직에 사람을 임용함의 요지이자 일면 백성을 편안케 함의 요지이기도 하다】(○[論曰]……治·平之術, 九經·八統, 其目甚廣, 奚必斯二者之爲大乎?【先朝閣講, 每以是下問講官, 無一人能對者】 原夫生民有欲, 其大欲有二, 一曰: '富', 二曰: '貴'. 凡君子之族, 仕於王朝者, 其所欲在貴. 小人之族, 耕於王野者, 其所欲在富. 官人失其宜, 則怨詛興於貴族; 惠民有不周, 則怨詛興於小民, 二者皆足以失國. 默思人國之所以治亂·興亡, 人心之所以向背·去就, 不出此二者之外. 信乎! 聖人之言, 皆自愼思·明辨中出來, 非衆人麤心者之所能知也. 公選擧·薄賦斂, 爲祈天永命之本.【先朝每論治道, 以'去黨·懲貪'四字爲要旨, 蓋此一是官人之要, 一是安民之要】)" 『尙書古訓 I』(『定本 與猶堂全書 11』, pp. 245~246); "'지인知人과 안민安民은 제帝께서도 어렵게 여기셨습니다. 지인知人한다면 지혜로워 관직에 사람을 임용할 수 있으며, 안민安民한다면 은혜로워 백성이 잘 따를 것이다'라는 이 말씀은 『대학大學』의 치국治國과 평천하平天下의 종지宗旨입니다. ……『대학』의 궁극적인 귀착점은 반드시 평천하에 있는바, 이에 '평천하' 한 단락에는 오직 두 가지 대의大義가 있나니, 하나는 '관인官人[관직에 사람을 임용함: 필자 주]'이요, 다른 하나는 '혜민惠民[백성에게 은혜를 베풂: 필자 주]'입니다. ……지난날 정조正祖께서 매번 문신文臣[抄啓文臣: 필자 주]을 새롭게 선발하시어 『대학』을 진강하도록 하실 때마다 반드시 이 뜻을 물어 말씀하시기를 '어진 이를 등용하고 세금을 적게 거두어들이는 일은 진실로 국가國家의 대정大政이 되기는 하지만, 구경九經[修身·尊賢·親親·敬大臣·體羣臣·子庶民·來百工·柔遠人·懷諸侯: 필자 주]과 오전五典[君臣·父子·兄弟·夫婦·朋友: 필자 주]의 절목節目이 매우 많음에도 어찌하여 유독 이 두 가지 일만을 거듭 반복하여 말하고 다른 일은 생략하여 언급하지 않는 것인가?'라고 하셨습니다. 여러 신하들이 대답한 것에 모두 적확的確한 견해가 없었으며, 임금의 가르침 또한 일찍이 본지本旨를 부연설명하지 않으시고 단지 물러가라고 명하실 뿐이어서, 무슨 까닭인지 알지 못했습니다. 이후에 깊은 산속에 물러나 있으면서 밤낮으로 생각하다가 황연怳然히 깨달음이 있는 것 같았는데, 국가의 치란治亂과 흥망興亡이 단지 이 두 가지 일[官人과 惠民: 필자 주]에 달려있으며, 인심人心의 향배向背와 천명天命의 거취去就가 단지 이 두 가지 일에서 연유함을 알게 되었습니다. 왜 그럴까요? 원래 인간이 이 세상에 태어나면 두 가지 큰 욕심을 갖게 되는데, 하나는 '부富'이고 다른 하나는 '귀貴' 이것일 뿐입니다. 이에 군자君子가 조정朝廷에 있으면서 바라는 바는 귀에 있으며, 소인小人이 들판[野]에 있으면서 바라는 바는 부에 있습니다. 무릇 조정에서는 인심의 향배가 오로지 관직에 사람을 임용함에 있어서의 공정과 편파에 달려있다면, 무릇 전야田野에서는 인심의 향배가 오로지 백성에게 은혜를 베풂에 있어서의 얕음과 두터움에 달려있습니다. 처음 인재를 뽑아 직임職任을 맡길 때까지 그리고 크게는 부세賦稅와 작게는 요역徭役에 이르기까지, 그 울분과 원망이 위로 천天의 화기和氣를 건드리게 되면 마침내 천명天命이 바뀌고 천하는 망하게 됩니다. 조용히 국가의 치란과 흥망의 근본을 생각해봄에 과연 이 두 가지 일에 있을 따름입니다.('知人·安民, 唯帝其難之. 知人則哲, 能官人; 安民則惠, 黎民懷之', 此『大學』治·平之宗旨也. ……『大學』之究竟·歸趣, 必在乎平天下, 而乃'平天下'一段, 唯有兩大義, 一曰: '官人', 二曰: '惠民'. ……昔在先朝, 每新選文臣, 進講『大學』, 必問斯義, 曰: '進賢·薄賦, 固爲有國之大政, 而九經·五典, 節目尙多, 奚獨此二事重言復言, 而略不及於他事也?' 諸臣所對, 皆無的確之見, 上諭亦未嘗敷宣本旨, 而但命黜退, 不知何故. 其後屛居洌山之中, 蚤夜以思, 怳然若有悟者, 知國之所以治亂·興亡, 只此二事; 人心向背, 天命去就, 只此二事. 何也? 原夫人生斯世, 有兩

하를 다스리는 대경과 대법'으로서 특히 '지인知人'과 '안민安民', 또는 '관인官人[관직에 사람을 임용함]'과 '혜민惠民[백성에게 은혜를 베풂]'을 강조한 바 있으며, ㉡ 이러한 그의 입장은 다시금 인간이 세상에 태어남에 두 가지 큰 욕심, 즉 '귀하게 되는 것[貴]'과 '부유하게 되는 것[富]'을 바라는 마음을 가지고 있다는 전제 하에, 곧 '치국治國·평천하平天下의 종지宗旨'로서 무엇보다 '용인用人'과 '이재理財'를 강조하기도 하는 것으로 연결되기도 하였던바,[138] ③ 이로써 그는 '지인知人=관인官人=용인用人'이라는 등식을 제시하기에 이른다.

정약용이 주희의 '사덕' 개념에 이의를 제기한 주요논거

이상에서 기술한 바처럼, 정약용이 보기에 결국 "인仁·의義·예禮·지智라는 사덕四德은 모두 행사行事로써 이름을 얻은 것이며, 따라서 '마음에 내재하는 이理[在心之理]'라고 말할 수는 없는 것"이었다.[139] 그럼에도 주희가

大欲存焉, 一曰: '富', 一曰: '貴', 斯而已矣. 乃君子在朝, 其所欲在貴; 小人在野, 其所欲在富. 凡朝廷之上, 其人心向背, 專係乎官人之公偏; 凡田野之間, 其人心向背, 專係乎惠民之薄厚. 始自選擧, 終於授任, 大如賦稅, 小則徭役, 其拂鬱冤悶之情, 上干天和, 則天命遂改, 九有以亡. 靜思人國治亂·興亡之本, 果然此二事而已.)" 『讀『尙書補傳』』, 「皐陶謨」(『定本 與猶堂全書 37』[與猶堂全書補遺 III], pp. 244~245)

138 『大學公議』(『定本 與猶堂全書 6』, p. 139) "○[議曰] 爲國者, 其大政有二, 一曰: '用人', 二曰: '理財'. 大凡人生斯世, 其大欲有二, 一曰: '貴', 二曰: '富'."

또한, 정약용은 다음과 같이 말한 바 있다: "『대학大學』의 「평천하平天下」장에서 용인用人과 이재理財의 도道를 극론極論하면서 반복하여 그치지 않으니, 이 두 가지가 치국治國·평천하平天下의 대강大綱이 됨을 알 수 있겠다.(『大學』「平天下」章, 極論用人·理財之道, 反復不已, 二者之爲治·平之大綱, 居可知矣.)" 「用人·理財說」(『定本 與猶堂全書 2』, p. 212); "인간의 큰 욕심은 '부富·귀貴' 두 가지를 벗어나지 않는다. 군자君子가 크게 바라는 바는 귀貴에 있으며, 소인小人이 크게 바라는 바는 부富에 있다. '용인用人과 이재理財'란 두 가지 일은 이러한 두 가지 정情을 다스리는 바이다.【동원東園은 "『주역周易』에 이르기를 '무엇으로 지위를 지키는가? 인仁이다. 무엇으로 백성을 모이게 하는가? 재물이다'라고 했는데, '인仁'은 의당 '인人'으로 써야 한다"고 말했다】(○[今案] 生民之所大欲, 不出於'富·貴'二物. 君子之所大欲在貴, 小人之所大欲在富. '用人·理財'二事, 所以馭此二情也.【東園云: "『易』曰: '何以守位? 曰仁; 何以聚民? 曰財', '仁'當作'人'."】)" 『大學講義』(『定本 與猶堂全書 6』, p. 161)

139 『孟子要義』(『定本 與猶堂全書 7』, p. 68) "○[鏞案] 仁·義·禮·智之名, 成於行事之後."; 『孟子要義』(『定本 與猶堂全書 7』, p. 134) "○[乾隆庚戌十月內閣課講] ……臣對曰:

이체기용론理體氣用論의 사고범주와 질서감각에 의거하여 '사덕四德[仁·義·禮·智]'을 '형이상形而上의 도道'이자 '성性'으로 규정하는 동시에, 이를 '형이하形而下의 기器'이자 '정情'인 '사단四端[惻隱·羞惡·辭讓·是非之心]'—이를 '사심四心'이라고도 한다—을 촉발시키는 궁극적 원인이자 내면적 원리로 인식·주장했던 사실과 관련하여, 정약용은 주로 다음과 같은 두 가지 논거에서 이에 대한 이의를 제기한 바 있다.

첫째, 주희의 이와 같은 주장—이를 '내덕외단설內德外端說'이라고 한다—은 '원인과 결과를 전도시킨 오류'를 범하고 있었다. 즉, ① '사덕四德'을 포함한 모든 덕은 기본적으로 구체적인 실천행위를 통하여 결과적으로 성취한 바의 사공事功이며, 따라서 '행사行事 이후에야 비로소 성립되는 명칭'일 뿐이었다. 그러면 이러한 덕을 야기한 궁극적 원인은 무엇일까? 이는 곧 인간이 태어날 때 상제上帝[天]의 명命에 따라 부여받은 영명한 본체本體, 보다 정확하게 말하면 이 본체—이것은 선善을 좋아하고 악惡을 부끄럽게 여기는[好善恥惡] '기호嗜好'로서의 '성性'을 가지고 있다—가 발한바 '영명한 심心'으로서의 '도심道心'이었다. ② 이러한 전제 위에서 ㉠ '사덕四德과 사단四端 간의 관계'를 살펴본다면 "맹자孟子께서 '인仁·의義·예禮·지智는 마음

'孔·孟言仁·義, 皆主行事而言, 不以爲在心之理. ……'"; 『孟子要義』(『定本 與猶堂全書 7』, p. 187) "○[鏞案] ……爲仁者, 行仁也; 爲義者, 行義也. 行之·爲之而後, 仁·義之名立焉. 若云: '人性之中, 本有仁·義', 則兩箇'爲'字, 不可解也."; 『孟子要義』(『定本 與猶堂全書 7』, p. 196) "○[鏞案] ……若其仁·義·禮·智之名, 必成於行事之後."; 『孟子要義』(『定本 與猶堂全書 7』, p. 208) "○[鏞案] ……實行既著, 乃稱爲德, 心體之湛然虛明者, 安有德乎? 心本無德, 況於仁乎?"; 『孟子要義』(『定本 與猶堂全書 7』, p. 254) "○[鏞案] ……○程子原以仁·義·禮·智, 爲在心之理. 故乃曰: '所稟有厚薄·淸濁'. 毋論仁·義·禮·智, 本以行事得名. 既稱聖人, 則所稟必無薄·濁. 其義自不可立."; 『中庸講義補』(『定本 與猶堂全書 6』, p. 284) "○[今案] ……仁·義·禮·智之名, 本起於吾人行事, 並非在心之玄理."; 『中庸講義補』(『定本 與猶堂全書 6』, p. 348) "[臣對曰] 仁·義·禮·智之名, 成於行事之後. 此是人德, 不是人性."; 「上弇園書【丙辰】」(『定本 與猶堂全書 4』, p. 90) "而乃以仁·義·禮·智, 認爲在內之性, 反以惻隱·羞惡·辭讓·是非, 爲發於仁·義·禮·智者, 此皆看心·性太重, 與孔子以四勿答顔淵問仁之義, 不同矣."; 「答李汝弘【載毅】」(『定本 與猶堂全書 4』, p. 145) "由是觀之, 仁·義·禮·智, 皆以行事得名, 不可曰: '在心之理'."; 『西巖講學記』(『定本 與猶堂全書 4』, p. 298) "○[鏞案] 惻隱之心, 行之則爲仁; 羞惡之心, 行之則爲義; 辭讓之心, 行之則爲禮; 是非之心, 行之則爲智, 今云: '仁·義·禮·智, 伏於人心之中', 可疑也."

에 뿌리를 내리고 있다'[『孟子集註』「盡心章句上」篇 第21章: 필자 주]고 하셨으니, 이는 비유하자면 인·의·예·지는 꽃이나 열매와 같은 것이요, 그 근본[뿌리: 필자 주]은 심心인 것이다. 측은惻隱·수오지심羞惡之心이 안에서 발함에 인·의는 밖에서 이루어지며, 사양辭讓·시비지심是非之心이 안에서 발함에 예·지가 밖에서 이루어지는 것이다. 그런데도 지금의 유학자들은 (주희의 입장을 따라: 필자 주) 인·의·예·지 네 개를 마치 사람의 뱃속에 있는 오장五臟처럼 인식하면서 사단四端을 모두 이것[仁·義·禮·智: 필자 주]에서 나온 것으로 생각하고 있으니, 이는 잘못된 것"140이 아닐 수 없었다. ㉡ 이에 정약용의 이러한 입장을 주희의 것과 대비시키는 맥락에서 본다면 곧 '내단외덕설內端外德說'이라고 부를 수 있을 것이다.

둘째, 정약용은 이처럼 '사덕[仁·義·禮·智]과 사단[惻隱·羞惡·辭讓·是非의 四心] 간의 인과발생적 관계'를 주희와는 정반대로 생각했을 뿐만 아니라, 나아가 '사덕과 사단 각각의 범주적 성격'에 대한 이해에 있어서도 나름의 독자적인 길을 걸었다. 즉, ① 정약용이 보기에, 단적으로 인간의 '심心'이란 "그 활동이 신묘神妙하여 사물의 이치[物理]를 궁구하고 미루어나갈 수 있는 것"141이요, 또한 이러한 "심心의 본체本體[心體]는 허령虛靈하

140 『論語古今注 I』(『定本 與猶堂全書 8』, p. 34) "[質疑] 孟子曰: '仁·義·禮·智根於心.' 仁·義·禮·智, 譬則花實, 惟其根本在心也. 惻隱·羞惡之心發於內, 而仁·義成於外; 辭讓·是非之心發於內, 而禮·智成於外. 今之儒者, 認之爲仁·義·禮·智四顆, 在人腹中如五臟然, 而四端皆從此出, 此則誤矣."; 『孟子要義』(『定本 與猶堂全書 7』, p. 68) "○[鏞案] 仁·義·禮·智之名, 成於行事之後. 故愛人而後謂之'仁', 愛人之先, 仁之名未立也. 善我而後謂之'義', 善我之先, 義之名未立也. 賓·主拜揖而後, 禮之名立焉; 事物明辨而後, 智之名立焉. 豈有仁·義·禮·智四顆, 磊磊落落, 如桃仁·杏仁, 伏於人心之中者乎?"; 「答李汝弘【載毅】」(『定本 與猶堂全書 4』, p. 146) "'仁·義·禮·智根於心'七箇字, 正是趙邠卿之大援確證. ……根者, 草木之本也. 其枝葉華實, 猗儺蕃廡, 在土壤之外, 而其根在內, 故曰: '枝葉華實根於土'也. 仁·義·禮·智之根於心, 猶枝葉華實之根於土, 故孟子借根字以喩之. 若云: '仁·義·禮·智, 爲在內之根', 則此根之所發育, 竟是何物? 趙岐註此云: '四者, 根生於心, 色見於面', 此註甚精, 非今人之所能及也."; 『心經密驗』(『定本 與猶堂全書 6』, p. 214) "惻隱者, 仁之始也. ……端者, 始也, 非內出之緖."

141 『心經密驗』(『定本 與猶堂全書 6』, p. 216) "○[案] 心之爲物, 活動神妙, 窮推物理. 卽日·月·星辰之運, 天·地·水·火之變, 遠而萬里之外, 邃而千古之上, 可以放遣此心任其窮."

여 신묘神妙하게 만물에 응하기 때문에 (그 작용을 일일이: 필자 主) 무어라 명시하여 말할 수는 없고, 다만 그 성性—이는 '기호嗜好'이다—이 '선善을 즐거워하고 악惡을 부끄럽게 여긴다[樂善恥惡]'고만 말할 수 있을 따름"[142]이다. ㉠ 따라서 허령한 본체本體[大體]에서 발한 바의 심心, 즉 '도심道心'은 결코 이러한 사심四心에만 한정되지 않는다. "(영명한 본체로서의: 필자 주) 심心은 하나일 뿐이지만 그것이 발하여 (구체적인: 필자 주) 심心으로 나타난 것은 천 가지도 될 수 있고 만 가지도 될 수 있는 것이다. 즉 ㉮ 맹자孟子께서 우연히 '측은지심惻隱之心은 인仁의 단端이 된다'고 말씀하셨을 뿐이지, 반드시 측은지심만이 일정불변하게 인仁의 단端이 된다는 의미로 말씀했던 것을 결코 아니었다. 따라서 만약 어떤 사람이 다시 '해열지심孩悅之心은 인仁의 단端이다'라고 할지라도 이 말 역시 이치에 합당한 것이다.【어린아이가 부모를 보면 밝게 웃는데, 이 마음을 미루어 나간다면 효孝가 될 수 있다】 ㉯ 맹자께서 우연히 '수오지심羞惡之心은 의義의 단端이 된다'고 말씀하셨던 것이지 반드시 수오지심만이 일정불변하게 의義의 단端이 된다는 의미로 말씀했던 것은 결코 아니었다. 만약 어떤 사람이 다시 '취사지심取舍之心은 의義의 단端이다'라고 말할지라도 이 말 역시 이치에 맞는 것이다.【어린아이도 물건을 보면 취사선택을 하니, 이 마음을 미루어 나간다면 생生을 버리고 의義를 취할 수도 있는 것이다】 ㉡ 이처럼 인仁·의義·예禮·지智는 비록 네 가지에 불과하지만 인간의 심心 가운데에 인·의·예·지의 단端이 될 수 있는 것은 백 가지도 될 수 있고 천 가지도 될 수 있는 것이지, 단지 사심四心[四端: 필자 주]에만 그치는 것은 아니다."[143] ㉢ 이처럼 정약용이 보기에 인간의

---

142 「答李汝弘【載毅】」(『定本 與猶堂全書 4』, p. 147) "竊謂 心體虛靈, 妙應萬物, 不可名言, 惟其性樂善恥惡而已.【有私諱, 故言: '樂善'】 ……"

143 「答李汝弘【載毅】」(『定本 與猶堂全書 4』, p. 148) "○心一而已, 其發而爲心者, 可千可萬. 孟子偶以惻隱之心爲仁之端, 非必側隱爲搼定不易之物. 若有人復曰: '孩悅之心, 仁之端', 亦復合理.【孩兒見父母, 孩然以悅, 推此心, 可以爲孝】 孟子偶以羞惡之心爲義之端, 非必羞惡爲搼定不易之物. 若有人復曰: '取舍之心, 義之端', 亦復合理.【孩兒遇物, 亦有取捨, 推此心, 可以舍生取義】 仁·義·禮·智, 雖止四件, 此心之可以爲仁·義·禮·智之端者, 可百可千, 不但四心而已."

심心은 그 작용이 매우 유동적이고 개방된 것임으로 하여 비록 그 본체本體는 하나에 지나지 않지만 만물과 만사에 응함에 있어서는 그 신묘함이 무궁무진한 것이었다. ② 또한, 심心의 묘응妙應함이 이처럼 다양하고 무궁무진하기 때문에 그것에 근본하면서 구체적인 실천행위[行事]를 매개로 나타나는 결과물로서의 덕德이란 것 역시 결코 인·의·예·지라는 사덕四德에만 한정되지 않았다. 즉, 덕에는 '인·의·예·지' 이외에도 '신信·용勇·락樂' 등등 여타 무수히 많은 덕이 있었던 것이다.[144]

정약용의 '사덕' 개념이 함축하는 경학적 의미: '현실개혁적 관심'

결국, '사덕四德'과 '사단四端' 간의 관계 및 그 범주적 성격에 대한 이상과 같은 정약용의 견해는 ① 맹자孟子가 설파한 '사덕'과 '사단'의 개념을 이 체기용론의 사고범주와 질서감각 하에서 도식적으로 인식하는 가운데 이들을 독단적이고도 경직된 방식으로 특권화하려는 경향에 대한, 즉

한편, 정약용은 이러한 자신의 입장이 맹자孟子의 본지本旨에 부합하는 것으로 확신했는데, 이에 대한 증거로서 그는 『맹자孟子』의 경문을 인용하면서 다음과 같이 말한 바 있다: "만약 '그렇지 않다'고 말한다면, 왜 맹자께서 일찍이 측은지심惻隱之心이 인仁의 단端이라고 말씀해 놓고서 홀연히 다른 날에는 남을 해치고자 하지 않는 마음[無欲害人之心]을 인仁의 단端이라 하셨겠으며,【『孟子集註』「盡心章句下」篇 第31章】 일찍이 수오지심羞惡之心이 의義의 단端이라고 해 놓으시고는 홀연히 다른 날에는 담을 뚫거나 넘어 들어가 도둑질하지 않으려는 마음[無穿踰之心]을 의義의 단端이라 하셨겠으며,【『孟子集註』「盡心章句下」篇 第31章】 일찍이 사양지심辭讓之心이 예禮의 단端이라고 해 놓으시고는 홀연히 다른 날에는 공경하는 마음[恭敬之心]을 예禮의 단端이라고 하셨겠는가?【『孟子集註』「告子章句上」篇 第6章】 이 어찌 한 가지 심心을 한 가지 덕德에만 배분한 것이겠는가?(如云: '不然', 孟子嘗以惻隱之心爲仁之端, 忽於他日, 又以無欲害人之心爲仁之端?【語見「盡心」篇】 孟子嘗以羞惡之心爲義之端, 忽於他日, 又以無穿踰之心爲義之端?【「盡心」篇】 孟子嘗以辭讓之心爲禮之端, 忽於他日, 以恭敬之心爲禮之端?【「告子」篇】 豈必一心配一德乎?)" 「答李汝弘【載毅】」(『定本 與猶堂全書 4』, p. 148)

144 『孟子要義』(『定本 與猶堂全書 7』, p. 135) "○[鏞案] ……○四德或竝信爲五, 而此獨竝樂爲五. 古者, 四德本無分排對配如後世也. 知斯·節文斯·樂斯, 斯者, 仁·義也; 仁·義者, 孝·弟也."; 「答李汝弘【載毅】」(『定本 與猶堂全書 4』, p. 147) "故孟子言仁·義·禮·智, 兼言禮之實·樂之實, 朱子以知·仁·勇三達德爲天下同得之理, 而信於四德, 本與爲五. 今必曰: '心體裏面, 唯有仁·義·禮·智四顆, 磊磊落落, 伏爲奧根, 可四而不可三, 可四而不可五', 非通儒之慧識也."

주희의 입장에 대한 강력한 비판과 거부를 함축하고 있었다. ② 그리고 이는 다름 아닌 실제를 중시하고 즉각적 실천을 강조·지향했던 정약용의 '현실개혁적 관심의 경학적 표현'이었던 것이다.

4. '예·악'의 재해석

주희의 '예·악' 개념: '차례를 구현하는 수단'이자 '조화로움을 드러내는 방법'이다

우선, 주희朱熹가 보기에 첫째, '예禮·악樂'이란 기본적으로 형이상形而上의 도道로서의 '천리天理'에 그 근원을 두고 있었다. 즉, ① '예禮'란 ㉠ 일반적으로 인간이 태어날 때 이 천리를 부여받음으로써 비로소 '성性'을 가지게 되고, 이 성性은 또한 인간의 마음에 본래부터 내재하는 형이상의 순선純善한 법칙·원리로서의 '심덕心德'—'인仁·의義·예禮·지智'의 사덕四德—으로 존재하게 되는데, 바로 이러한 심덕 가운데서 특히 천리를 절도 있게 하고 문식文飾하여 인간사회에서의 중정中正한 의식儀式과 규칙規則으로 구현하는 '원리'가 되는 것이다. ㉡ 이처럼 '참되고 고요한 상태[眞而靜]'로서의 미발未發인 '예禮'가 사양지심辭讓之心이라는 '정情'으로 발현되면서부터 비로소 그것은 구체적이고 물적인 형태로 전화되기 시작하는데, ㉮ 그 최종적 결과가 바로 '경례삼백經禮三百·곡례삼천曲禮三千'이다. ㉯ 결국 이와 같이 제도制度와 품절品節로 구현된 예禮는 '차례[序]를 드러내는 수단'이 되나니, 따라서 만약 이것이 없다면 이목耳目을 가할 데가 없고 수족手足을 둘 곳도 없게 될 뿐 아니라 정령政令[法制禁令] 역시 낼 수 없게 되는 것이다.[145] ② 한편, '악樂'이란 기본적으로 "사람의 성정性情을 함양

145 『論語集註』, 「爲政」篇 第3章의 註 "禮, 謂: '制度·品節'也. ……○愚謂: '……德·禮, 則所以出治之本, 而德又禮之本也.'"; 『論語集註』, 「陽貨」篇 第11章의 註 "禮只是一箇序, 樂只是一箇和."; 『論語集註』, 「堯曰」篇 第3章의 註 "不知禮, 則耳目無所加, 手足無所措."

하여 간사하고 더러운 것을 씻어내고 그 찌꺼기를 말끔히 정화시킴"으로써 결국은 배우는 사람의 "의義가 정긴精緊해지고 인仁이 완숙完熟해지도록 하여 저절로 도덕道德에 화순和順하도록 하"[146]는 것인바, 이에 궁극적으로는 인간관계에 있어 '조화로움[和]를 드러내는 방법'이 되기도 하였다.[147]

둘째, 주희는 이와 같은 '예禮·악樂'은 아무나 제정할 수 있는 것이 아니라고 보았다. 즉, 이는 오직 '성인聖人이면서 동시에 천자天子의 지위에 있는 사람'만이 제정할 수 있는 것이며, 따라서 기본적으로 '다스리는 법法'으로서의 성격을 가진다.[148]

마지막으로, 주희는 '구체적인 제도로서의 예·악'을 인식·설명함에 있어서도 이 세계를 구성하는 근본원리로서의 형이상의 '천리天理'에다 이것을 연결시킴으로써 여기에다 나름의 중후하고 심오한 철학적 의미를 부여하는 동시에 결과적으로 그 정당화를 위한 절대적이고도 특권적인 기반을 확보하게 되었던 것이다.

정약용의 '예'관①: '예'란 '천리에 따르고 인정에 합하는 것'으로서, 곧 '효·제·충·신을 실행하는 규칙'이다

한편, 정약용丁若鏞은 이상과 같은 주희의 '예禮·악樂'론에 대해서도 나름의 관점에서 이를 차례대로 비판하는 가운데 자신만의 독자적 입장을 명확히 정립·개진한 바 있다. 먼저 '예禮'의 경우를 살펴보면, 정약용은 '예'의 개념을 새롭게 규정하는 데서부터 출발하였다. 첫째, 그가 보기

---

146 『論語集註』, 「泰伯」篇 第8章의 註 "樂有五聲·十二律, 更唱迭和, 以爲歌舞·八音之節, 可以養人之性情, 而蕩滌其邪穢, 消融其查滓. 故學者之終, 所以至於義精·仁熟而自和順於道德者, 必於此而得之, 是學之成也."

147 『論語集註』, 「陽貨」篇 第11章의 註 "禮只是一箇序, 樂只是一箇和."

148 『中庸章句』, 「第28章」의 註 "(言)作禮·樂者, 必聖人在天子之位."; 『論語集註』, 「衛靈公」篇 第10章의 註 "禮·樂, 治之法也."

에 '윤리적 덕목'으로서의 '예'란 ① 원래 '구체적인 인륜에 근본하고 있는 것'이자, 또한 그것의 '실천을 통해 결과적으로 성취한 사공事功'일 뿐이었으니, ② 따라서 주희의 주장처럼 고묘高妙하고 황홀恍忽한 그 무엇—'천리天理'·'성性'·'심덕心德'—과는 하등 상관이 없었다.

둘째, '제도制度와 품절品節'로 구현된 바로서의 '예禮'의 경우, 이는 곧 ① '천지天地의 정情—자연스러운 음陰·양陽의 형세 및 바꿀 수 없는 건乾·곤坤의 이치—과 인정人情에 화협和協하는 바'이자 "천리天理에 따르고 인정人情에 합하는 바"를 성인聖人께서 절도 있게 하고 문식文飾하여 제정한 것[149]에서

149 「『喪禮四箋』序」(『定本 與猶堂全書 2』, p. 393) "禮者, 天地之情, 本於天·殽於地, 而禮行於其間. 禮者, 天地之情, 聖人特於是爲之節文焉已."; 「『邦禮艸本』序」(『定本 與猶堂全書 2』, p. 399) "揆諸天理而合, 錯諸人情而協者, 謂之'禮'."; 『喪禮四箋 III』, 「喪期別 5」(『定本 與猶堂全書 20』, p. 62) "○[鏞案] ……聖人制禮, 皆順天理而合人情."; 『喪禮四箋 III』, 「喪期別 8」(『定本 與猶堂全書 20』, p. 123) "○[鏞案] 義有不通, 行有窒礙者, 聖人不以爲禮也."; 『喪禮四箋 III』, 「喪期別 4」(『定本 與猶堂全書 20』, p. 31) "○[鏞案] ……此法本出於天子·諸侯之家, 三代以來, 未之或改, 合於天經, 協於人紀, 不可以變易者也."; 『喪禮四箋 III』, 「喪期別 7」(『定本 與猶堂全書 20』, p. 103) "○[鏞案] ……傷天地之正理, 而可爲禮乎?"; 『喪禮四箋 III』, 「喪期別 10」(『定本 與猶堂全書 20』, p. 188) "○[鏞案] ……且禮者, 緣情而起者也."; 『喪禮外編』, 「檀弓箴誤 2」(『定本 與猶堂全書 21』, p. 70) "○[箴曰] ……○……古聖人精義妙旨, 孝子慈孫惻怛至切之意, 皆寓於此等禮節, 不可以不知也.; 『喪禮外編』, 「檀弓箴誤 3」(『定本 與猶堂全書 21』, p. 86) "○[箴曰]……蓋以訃於君, 則主人親命之; 訃於親戚·僚友, 則父兄分命之, 亦天理·人情之自然也."; 『喪禮外編』, 「檀弓箴誤 6」(『定本 與猶堂全書 21』, p. 164) "○[箴曰] 曾子之七日不食, 出於自然之天性, 故不自知其爲過.【以語子思, 見上篇】"; 『喪禮外編』, 「古禮零言 1」(『定本 與猶堂全書 21』, p. 200) "吾觀三代之禮, 皆揆諸天理而合, 錯諸人倫而正."; 『喪禮外編』, 「正體傳重辨 2」(『定本 與猶堂全書 21』, pp. 241~242) "○[鏞案] 禮者, 所以別嫌疑·定親疏, 以之協天理而順人情者也. ……疏者以親, 親者以疏, 薄者以厚, 厚者以薄, 則乖天理而拂人情, 未有甚於是者. 故先聖制禮, 立大經·陳大紀, 爲簡嚴不易之法, 以昭示萬世."; 『喪禮外編』, 「正體傳重辨 2」(『定本 與猶堂全書 21』, p. 255) "主人曰: '……聖人制禮, 實本乎天理·人情, 則上自帝王, 下至委巷, 宜無異同. ……'"; 『喪禮外編』, 「國朝典禮考 1」(『定本 與猶堂全書 21』, p. 284) "[臣謹案] ……聖人者制禮立名, 必深思·靜究, 期使之博通·無礙. 凡窒而不通, 行而有窮者, 非聖人之法也."; 『喪禮外編』, 「國朝典禮考 1」(『定本 與猶堂全書 21』, p. 294) "[臣謹案] ……誠以不稱'父'·不稱'考', 其在天理·人情, 終有不能安者, 故其驗如是也."; 『喪禮外編』, 「國朝典禮考 2」(『定本 與猶堂全書 21』, p. 311) "[臣謹案] ……'皇伯'之稱, 揆之天理而不然, 揣之人情而不協."; 『喪儀節要』, 「禮書箚記」(『定本 與猶堂全書 22』, p. 148) "蓋親始死, 失聲啼哭, 未暇爲位, 旣正尸, 始整頓位次, 此所謂'天理之節文'也."; 『喪儀節要』, 「禮書箚記」(『定本 與猶堂全書 22』, p. 151) "悲哀踊疾, 自然拊心, 自然頓足, 此之謂'擗踊'. 其制之爲節者, 矯也. 蓋古之孝子擗踊過度, 故聖人爲之節制, 令不傷生."; 『喪儀節要』, 「祭禮考定 1」(『定本

유래하였나니, ② 이에 그 실상이란 곧 '인仁·의義[孝·弟]를 절도 있게 하고 문식하는 것'[150]인바, 결국 이는 '효孝·제弟·충忠·신信을 실행하는 규칙'[151] 그 이상도 이하도 아니었다.

정약용의 '예'관②: '예'란 '상하의 지위를 결정하고 혐의를 구별하는 수단'이자, '존비와 귀천을 구별하는 기준'이다

이어, 정약용은 상기한바 '제도制度와 품절品節'로 구현된 '예禮'의 경우, 그 기능은 다시금 '미시적인 개인의 차원'에서부터 '거시적인 국가의 차원'에 이르기까지 확대·관철된다—이는 주희의 경우에도 마찬가지다—고 보았다. 첫째, '개인적 차원'에서의 예禮란 ① 우선 "외면外面을 절제하고, ……이러한 절제를 통해 행동을 제어하"[152]며, 나아가 '상하上下의 지위地位와 친소親疏를 결정하고 혐의嫌疑를 구별'하는 기능을 가지기 때문에 "예禮를 알지 못하면 시視·청聽·언言·동動을 할 수 없고, 따라서 몸도 바르게 세울 수 없게 된다."[153] ② 바로 이러한 맥락에서 ㉠ 예禮란 "잠시도

與猶堂全書 22』, p. 182) "○[鏞案] 人情無限, 禮制有防. 苟不防之, 將千歲矣."; 『喪儀節要』, 「祭禮考定 2」(『定本 與猶堂全書 22』, p. 214) "生日之祭, 在古無徵. 然揆之人情, 不能無饋也."; 『嘉禮酌儀』, 「婚禮」(『定本 與猶堂全書 22』, p. 250) "○[按] 禮者, 節文也."; 『禮疑問答』, 「書牘禮問」(『定本 與猶堂全書 22』, p. 286) "[答] 三寸·四寸, 果是東俗. 然且極妙至精, 當於情理, 不可以東俗而少之也."; 『禮疑問答』, 「書牘禮問」(『定本 與猶堂全書 22』, p. 287) "[答] ……古經, 凡爲人後者之降其本親, 非以貳本也. ……後世立後, 既是庶人者也, 既是支子者也, 又無尊祖·敬宗之義, 而降其本親, 絶奇劬勞之恩, 甚傷天理."; 『禮疑問答』, 「君喪廢私祭論 2」(『定本 與猶堂全書 22』, p. 307) "○[鏞案] ……堂上·堂下官服斬衰三年·齊衰期者, 二祥自然過時, 天理也."

150 『論語古今注 II』(『定本 與猶堂全書 9』, p. 310) "○[案] ……孟子曰: '仁之實, 事親是也; 義之實, 從兄是也; 禮之實, 節文斯二者是也; 樂之實, 樂斯二者是也.' 禮·樂之本起於人倫, 玉帛·鐘鼓未足以爲禮·樂也."

151 「五學論 1」(『定本 與猶堂全書 2』, p. 296) "禮者, 所以節文乎孝·弟·忠·信之行者也."

152 「『樂書孤存』序」(『定本 與猶堂全書 2』, p. 395) "禮以節外, ……節乃制行, ……"; 『陶山私淑錄』(『定本 與猶堂全書 4』, p. 318) "禮者, 所以拘束筋骸, 禁其縱逸而生疾也."

153 『論語古今注 II』(『定本 與猶堂全書 9』, p. 263) "○[補曰] 禮, 所以定上下·別嫌疑. 不知禮, 則無以視·聽·言·動, 故不能植其身.【朱子云: '不知禮, 則耳目無所加, 手足無所指.'】"; 『中庸自箴』(『定本 與猶堂全書 6』, p. 271) "[箴曰] ……○……禮, 所以辨上下, 則其用亦不過正其倫而已."; 『喪禮四箋 III』, 「喪期別 21」(『定本 與猶堂全書 20』, p. 449) "○[鏞案] 如其

떠날 수 없는 것"[154]이 되며, ㉡ 또한 기본적으로 "지위를 가진 자를 위해서 만들어진 것"[155]이기도 하였다.

둘째, '국가적 차원'에서의 예禮란 ① 기본적으로 한 사회의 전반적인 문물제도를 조직·운용하는 질서감각을 제공하고 이를 정당화하는 동시에, 거꾸로 이러한 문물제도 속에서 자신의 구체적인 모습을 드러내는 것이다. ② 바로 이러한 맥락에서 ㉠ "원래 거車·복服이라는 것도 공로가 있는 자에게 상賞을 주고 벼슬을 올려주어 이것을 통해서 존비尊卑와 귀천貴賤을 구별하는 것이었다. 따라서 비록 당唐·우虞의 시대라 하더라도 많은 등급을 두지 않을 수 없었으"[156]며, ㉡ 또한 "옛사람들이

倫者, 親有遠近, 爵有尊卑也."; 『喪禮外編』, 「正體傳重辨 2」(『定本 與猶堂全書 21』, p. 241) "○[鏞案] 禮者, 所以別嫌疑·定親疏."; 『喪禮外編』, 「正體傳重辨 2」(『定本 與猶堂全書 21』, p. 244) "○[鏞案] ……禮也者, 所以別嫌疑而定親疏者也."; 『喪禮外編』, 「正體傳重辨 2」(『定本 與猶堂全書 21』, p. 246) "○[鏞案] ……別嫌疑·定親疏, 乃禮家之精義."; 『喪禮外編』, 「正體傳重辨 2」(『定本 與猶堂全書 21』, p. 248) "○[鏞案] ……使尊者尙輕, 卑者尙重; 本幹者尙輕, 旁支者尙重; 親者以疏, 疏者以親, 豈聖人制禮之義乎?"; 『喪禮外編』, 「正體傳重辨 2」(『定本 與猶堂全書 21』, p. 254) "○[鏞案] ……諸臣皆斬, 故親者不得不斬. 玆所謂'決嫌疑而定親疏'也."; 『喪儀節要』, 「祭禮考定 2」(『定本 與猶堂全書 22』, p. 201) "○[鏞案] ……禮也者, 所以別上下而殊貴賤, 以納民於軌度者也."

또한, 정약용은 다음과 같이 말하기도 하였다: "성인聖人께서 예禮를 말씀하심에 현자賢者는 구부려 이에 나아가도록 하시고, 불초자不肖者는 발돋움하여 이에 미치도록 하신다. 사람을 가르침에 있어서는 지나친 자는 억제하시고, 미치지 못하는 자는 진작시키신다. 이것이 성문聖門의 통의通義인 것이다.(○[箴曰] 聖人之言禮也, 使賢者俯而就之, 不肖者跂而及之. 其敎人也, 過者抑之, 不及者進之. 此聖門之通義也.)" 『喪禮外編』, 「檀弓箴誤 2」(『定本 與猶堂全書 21』, p. 71)

154 「樂論 2」(『定本 與猶堂全書 2』, p. 279) "故曰: '禮·樂, 不可斯須去身.'"

155 「題『檀弓箴誤』」(『定本 與猶堂全書 3』, p. 155) "禮也者, 爲有位者而作. 其無位者, 亦復無財, 無位·無財而欲備禮者, 非禮也."; 『喪儀節要』, 「節要問答」(『定本 與猶堂全書 22』, p. 112) "[答] 禮, 不爲貧賤者設也. 古禮旣然, ……孔子曰: '有毋過禮. 無則斂首足形, 縣棺而封.' 是編之作, 誠欲使富厚之家有毋過禮, 非欲使貧窶之人黽勉備文也. 不唯朝廟爲然."

156 『論語古今注 II』(『定本 與猶堂全書 9』, p. 194) "○[案] ……原夫車·服爲物, 所以賞功·進秩,【「虞書」云: '車·服以庸'】 以別尊卑, 以表貴賤, 故雖在唐·虞之時, 不得不多其等級."; 『喪儀節要』, 「祭禮考定 2」(『定本 與猶堂全書 22』, p. 201) "○[鏞案] ……禮也者, 所以別上下而殊貴賤, 以納民於軌度者也. 故'天子裘冕, 上公袞冕, 侯伯鷩冕, 孤卿希冕, 大夫玄冕',【「司服」文】 有敢踰者乎? ……旗旐有數, 樊纓有差, 舞佾有等, 屋霤有度, 百體森整, 萬民以正."; 『喪禮四箋 I』, 「喪儀匡 4」(『定本 與猶堂全書 18』, pp. 144~146) "○[鏞案]

연향燕饗을 베풀고 제사祭祀를 지낼 때에 모두 (禮에 맞게: 필자 주) 품급品級을 두어, 매번 대뢰大牢·소뢰少牢·특생特牲·특돈特豚·일정一鼎·포해脯醢의 여섯 가지 중에서 선택하여 사용하였고, 나물 하나 과일 하나도 마음대로 더하고 빼지 못하였으니, 선왕先王의 법제法制의 엄격하고 세밀함이 이와 같았던 것이다."157

'孤某須'者, 諸侯之禮也. 士之子稱孤, 則司敗其赦之乎? ……諸侯之稱孤而不稱君, 以有斯義也. ……士之稱孤, 名義之所不敢也. ……然名不可假借也."; 『喪禮四箋 I』, 「喪儀匡 6」(『定本 與猶堂全書 18』, p. 180) "○[鏞案] ……聖人之禮嚴矣."; 『喪禮四箋 I』, 「喪儀匡 9」(『定本 與猶堂全書 18』, p. 269) "○[鏞案] 古者, 天子葬以隧, 諸侯以下葬以羡道, 庶人縣棺而封. 禮級森然, 不可相亂也."; 『喪禮四箋 II』, 「喪具訂 5」(『定本 與猶堂全書 19』, p. 133) "○[鏞案] 振容者, 君之物也. 揄絞者, 士之物也. 大夫上不僭君, 故不振容; 下不偪士, 故不揄絞也."; 『喪禮四箋 II』, 「喪具訂 5」(『定本 與猶堂全書 19』, p. 136) "○[鏞案] 今世庶人, 皆用黼翣·雲翣, 宜禁之."; 『喪禮四箋 III』, 「喪期別 21」(『定本 與猶堂全書 20』, p. 449) "○[鏞案] 如其倫者, 親有遠近, 爵有尊卑也."; 『喪禮外編』, 「正體傳重辨 1」(『定本 與猶堂全書 21』, p. 226) "○[又按] ……○……若夫天子·諸侯之禮, 其尊嚴隆重, 又截然不同. ……故古者制禮, 與大夫·士之禮, 特特自別."; 『喪禮外編』, 「正體傳重辨 1」(『定本 與猶堂全書 21』, p. 232) "[總義] 天子·諸侯之禮, 豈可以士禮折之乎?"; 『喪儀節要』, 「節要問答」(『定本 與猶堂全書 22』, p. 117) "[答] ……然后土之神, 唯天子諸侯得祭之, 非匹夫之所敢爲也. ……然山林之神, 亦唯國君祭之, 子將奈何?"; 『喪儀節要』, 「祭禮考定 1」(『定本 與猶堂全書 22』, p. 171) "○[鏞案] ……『書儀』者, 溫國公 司馬光之作. 彼固天子之上相得用上公之禮者也. 藩邦之士·庶人, 其敢倚是乎?"; 『喪儀節要』, 「祭禮考定 1」(『定本 與猶堂全書 22』, p. 179) "○[鏞案] 『書儀』·『家禮』, 全擧四時之祭者, 天子之卿得用諸侯之禮也. 諸侯之大夫·士, 其敢爲是乎?"; 『喪儀節要』, 「祭禮考定 1」(『定本 與猶堂全書 22』, p. 183) "○[鏞案] ……山川之祭, 唯諸侯擧之, 必非尋常百姓所敢爲也. ……若云: '大地之示', 則是又天子之所能祭, 尤所不敢也."

157 「寄兩兒」(『定本 與猶堂全書 4』, p. 274) "古人燕饗·祭祀, 皆有品級, 每於大牢·少牢·特牲·特豚·一鼎·脯醢六者之中, 揀而用之, 其一菜一果, 不敢任意增損, 先王法制之嚴且密, 如是也."; 『喪儀節要』, 「祭禮考定 2」(『定本 與猶堂全書 22』, pp. 192~193) "祭饌之有五等, 猶喪服之有五等.【曰: '斬衰', 曰: '齊衰', 曰: '大功', 曰: '小功', 曰: '三月', 其不能月者, 袒免而已】……饌於是五者乎無當者, 非禮之饌也. 今人第知有二牢·特牲之名, 而其籩·豆·簋·鉶之數, 尙多昧昧, 至於三鼎·一鼎之品, 竝其名而泯焉. 於是, 人自爲制, 紛淪潰裂, 踰分越法, 務尙華靡, 而先王節約之制, 與孝子哀敬之文, 掃地盡矣. 古者, 祭祀之禮, 原倣燕饗之儀. 生則燕饗以致歡, 死則祭祀以致敬, 其義一也, 而其隆殺之等, 一以其牲·鼎多少, 立制·立名. ……鼎爲之統, 而籩·豆·簋·鉶之屬, 隨之爲豐約, 皆著之經禮, 秩然有別. 此先王之大典, 聖人之至訓, 千世之所宜遵. 凡有祭奠, 宜於是五者之中, 揀而用之, 不宜率情徇物, 有所增損也."; 『喪儀節要』, 「祭禮考定 2」(『定本 與猶堂全書 22』, p. 193) "○[按] ……古禮雖殘缺, 考之三禮, 其庶品之數, 至今磊落, 秩然有別."; 『喪儀節要』, 「祭禮考定 2」(『定本 與猶堂全書 22』, p. 201) "○[鏞案] ……顧獨於祭祀·燕饗之節, 漫然無級哉! 太牢·少牢者, 君·大夫之所用也. 特牲·豚·魚者, 士·庶人之所安也. 一有踰越, 遂陷大戾. 故古

정약용의 '예'관③: '예'란 '통서를 엄격히 하고 화란을 방지하는 수단'으로서, 그 결과적 공용은 '안상치민'과 '이풍역속'으로 나타난다

다음으로, 정약용이 보기에 첫째, 이처럼 '인륜을 실행하는 규칙'으로서 출발하여 연이어 '상하上下의 지위地位를 결정하고 혐의嫌疑를 구별하는 수단'이자 '존비尊卑와 귀천貴賤을 구별하는 기준'으로 기능하는 예禮란 또한 바로 이러한 의미에서 한 사회 및 국가의 '통서統緖를 엄격히 하고 화란禍亂을 방지하는 핵심적 수단'[158]이 되기도 하였다.

둘째, 이와 같은 예禮가 강구講究되어 그 본래의 목적을 제대로 구현했을 때, 그 결과적 공용功用은 '안상치민安上治民'과 '이풍역속移風易俗'으로 나타나게 되는바,[159] 이는 곧 정약용이 궁극적으로 꿈꾸었던 '왕도정치와 덕치의 실현'이기도 하였다. 반면, 이러한 예禮가 제대로 강구되지 않으면 천하에 참혹한 화를 끼치게 됨은 물론이다.[160]

정약용의 '예'관④: '예'란 결코 만고불변의 것이 아니다

끝으로, 정약용은 예禮를 구현하고 있는 선왕先王의 법제法制가 이처럼 엄격하고 세밀하여 함부로 바꿀 수 없는 것임에는 틀림없지만, 그렇다

者大夫聘於鄰國, 其籩·豆·酒·醴之數, 一或差濫, 則恐懼逡巡, 不敢寧受.";『嘉禮酌儀』,「婚禮」(『定本 與猶堂全書 22』, p. 250) "○[按] 禮者, 節文也. 太牢·少牢·特豕·特豚·三鼎·一鼎, 其節級森然."

158『喪禮外編』,「正體傳重辨 3」(『定本 與猶堂全書 21』, p. 263) "○[鏞案] 論聖人制禮之本義, 則或以之嚴其統緖, 或以之防其禍亂."

159『論語古今注 I』(『定本 與猶堂全書 8』, p. 97) "[補曰] ……仁爲之本, 而禮·樂由之以生.【「儒行」云: '禮節者, 仁之貌也; 歌樂者, 仁之和也.'】不仁則其本亡矣,【孟子以孝·弟爲仁·義, 曰: '禮之實, 節文斯二者; 樂之實, 樂斯二者.'】奈此禮·樂何?";『論語古今注 I』(『定本 與猶堂全書 8』, p. 97) "○[案] 仁者, 忠·孝之成名. 禮, 自履此而生; 樂, 自樂此而生, 仁爲之質, 而禮·樂爲之文也.【曾子曰: '仁者, 仁此者也; 禮者, 履此者也. 樂自順此生, 刑自反此作.'】";『論語古今注 II』(『定本 與猶堂全書 9』, p. 310) "○[案]『孝經』云: '移風易俗, 莫善於樂. 安上治民, 莫善於禮.' 馬·鄭取之以解此章. 然安上治民·移風易俗, 皆禮之功用. 豈禮·樂之本哉? 禮·樂本於孝·悌·忠·信, 故子曰: '人而不仁, 如禮·樂何?'"

160『喪禮外編』,「國朝典禮考 2」(『定本 與猶堂全書 21』, p. 331) "[臣謹案] 此, 慘禍也. 禮之不講, 其禍天下如是矣."

고 이것이 결코 만고불변의 것은 아님 또한 역설한 바 있다. 즉, 그는 예禮의 근거와 유래를 기본적으로 '인정人情(에 화협和協하는 바)'에 두었기 때문에 만약 인정人情이 바뀌고 세도世道가 변하게 되면 예禮 또한 이에 따라 변동될 수밖에 없다는 점 역시 분명히 인식·강조했던 것이다.[161]

161 이러한 정약용의 입장은, 특히 예禮·악樂에 대한 정당화의 근거를 만고불변의 몰역사적인 범주인 '천리天理'에 둠으로써 은연중 그러한 예·악이 구현하고 있다고 상정되는 문물제도의 절대성과 고정불변성을 결과적으로 함축·강조하는 측면이 강했던 주희의 입장과 대비된다. 이러한 맥락에서 정약용은 다음과 같이 말한 바 있다: "하후씨夏后氏의 예禮는 하후씨가 홀로 제정한 것이 아니다. 곧 요堯·순舜·우禹·직稷·설契·익益·고요皐陶 등이 마음을 합하고 정성과 지혜를 다해서 만세萬世를 위해 법法을 제정한 것이다. 그 한 조목條目 한 조례條例인들 어찌 사람들이 바꿀 수 있는 것이겠는가! 그러나 은殷 나라 사람들이 하夏 나라를 대신하게 되어서는 줄이거나 보태지 않을 수 없었고, 주周 나라 사람들이 은 나라를 대신하게 되어서도 줄이거나 보태는 것이 없을 수 없었다. 왜냐하면 세도世道라는 것은 강하江河의 흐름과 같아서 한번 정한 것이 만세토록 변동하지 않는다는 것은 이치상 그럴 수 없는 것이기 때문이다.(夏后氏之禮, 非夏后氏之所獨制也. 卽堯·舜·禹·稷·契·益·皐陶之等, 所聚精會神, 竭誠單智, 爲萬世立法程者也. 其一條一例, 豈人之所能易哉? 然殷人代夏, 不能不有所損益; 周人代殷, 不能不有所損益. 何則? 世道如江河之推移, 一定而萬世不動, 非理之所能然也.)" 「『邦禮艸本』序」(『定本 與猶堂全書 2』, p. 401); "비록 옛날의 논의를 상고하더라도 매번 넘치고 난잡함을 원망하니, 때에 맞게 마땅함을 제정하고 고금古今의 차이를 참작한다면 거의 명의名義의 정해진 분수에서 크게 어긋나지는 않을 것이다.(雖考古之論, 每譏濫雜, 而因時制宜, 參古酌今, 庶不大悖於名義之定分也.)" 『喪儀節要』, 「祭禮考定 1」(『定本 與猶堂全書 22』, p. 172); "예禮에는 불편함이 많으니, 고례古禮가 비록 아름다우나 모두 준수遵守할 수는 없다.(禮多不便, 古禮雖美, 無以悉遵也.)" 『喪儀節要』, 「祭禮考定 1」(『定本 與猶堂全書 22』, p. 184); "고례古禮는 지나치게 번잡하고, 지금의 예禮는 지나치게 간략하여, 그 중도中道를 취하기가 쉽지 않다. 그러나 또한 천자天子와 제후諸侯의 예禮는 서로 뒤섞인 것이 많아 익혀서 분변分辨하지 않으면 분수를 범하는 일이 많다. 이에 「소뢰小牢」·「특생特牲」의 예禮와 『주문공가례朱文公家禮』를 가져다가 그 출입出入을 참작하여 아래와 같이 채록採錄한다.(古禮太繁, 今禮太簡, 未易中也. 然且天子·諸侯之禮, 多相參錯, 習而不辨, 犯分多矣. 玆取「小牢」·「特牲」之禮及『朱文公家禮』, 參伍出入, 採錄如左.)" 『喪儀節要』, 「祭禮考定 1」(『定本 與猶堂全書 22』, p. 184); "지금 연기燕器와 연찬燕饌은 모두 옛날과 다른데, 제기祭器와 제찬祭饌에 있어서만 한결같이 고제古制를 준수하기를 바란다면 또한 통하지 않는 논의이다. 군자君子가 예禮를 행함에 시속時俗을 변화시키기를 구하지 않고 다만 고인古人이 제재制裁한 명분名分의 근본을 구하여 삼가 그 뜻을 지켜 감히 넘어서지 않는다면, 비록 소소한 덕德은 출입出入이 있더라고 괜찮다.(今燕器·燕饌, 皆與古殊, 而欲于祭器·祭饌, 一遵古制, 亦不通之論也. 君子行禮, 不求變俗, 但求古人制裁名分之本, 而謹守其意, 罔敢踰越焉, 則小德雖出入, 可也.)" 『喪儀節要』, 「祭禮考定 2」(『定本 與猶堂全書 22』, p. 203)

한편, 이상에서 소개한바 정약용의 '예禮' 개념은 그 취지 및 내용에 있어 순자荀子 및 순자학파荀子學派의 '예禮'설과 기본적으로 상통하는 바가 크다. 즉, ① '예禮의 기원'과 관련하여 ㉠ 순자는 일찍이 "예禮는 어디서 기원하였는가? 말하자면 사람은 나면서 욕망을 가지는데, 욕망하면서도 얻지 못하면 구하지 않을 수 없고, 구하면서 양量을 헤아리고 한계를 짓지 않는다면 다투지 않을 수 없다. 다투면 어지러워지고, 어지러워지면 궁窮해진다. 선왕先王은 그 어지러움을 싫어하여, 이에 예의禮義를 제정하여 구분을 지었다(禮起於何也? 曰: '人生而有欲, 欲而不得則不能無求, 求而無度量·分界則不能不爭. 爭則亂, 亂則窮. 先王惡其亂也, 故制禮義以分之')"[『荀子集解』, 「禮論」篇]고 보는 가운데, 또한 이러한 예禮란 "위로는 하늘[天]에서 그 모양을 취하고, 아래로는 땅[地]에서 그 모양을 취하며, 가운데로는 사람[人]에게서 취한 것이니, 사람이 모여 살아 하나로 화합하는 원리가 여기서 다한다(○……上取象於天, 下取象於地, 中取則於人, 人所以群居和一之理盡矣)"[『荀子集解』, 「禮論」篇]고 보았으며, ㉡ 순자학파의 경우에도 "예禮는 인심人心에 따르는 것을 근본으로 삼는다(○禮以順人心爲本)"[『荀子集解』, 「大略」篇]고 주장함으로써, 결국 '예禮'란 기본적으로 '선왕先王이 천지天地의 법칙과 인심人心에 따라 인간사회에 질서를 확보하기 위하여 인위적으로 제정한 것'으로 인식하였다. ② '예禮의 기능'과 관련해서도 ㉠ '개인적 차원에서의 예禮'를 ㉮ 순자는 "몸을 바르게 하는 수단"이자, "기질을 다스리고 마음을 기르는 방법[治氣養心之術]"의 핵심으로서, 이러한 의미에서 단적으로 "사람은 예禮가 없으면 살아갈 수 없으며, 일에 예禮가 없으면 이루어지지 못하(○……故人無禮則不生, 事無禮則不成. 國家無禮則不寧. ……○……凡治氣·養心之術, 莫徑由禮, ……○禮者, 所以正身也)"[『荀子集解』, 「脩身」篇]게 된다고 보았고, ㉯ 순자학파 역시 동일한 맥락에서 "예禮란 사람이 밟고 나가는 길(○……禮者, 人之所履也)"[『荀子集解』, 「大略」篇]로 정의하였으며, ㉡ '국가적 차원에서의 예禮'를 ㉮ 순자는 "귀천貴賤에 등급이 있고 장유長幼에 차별이 있으며 빈부貧富와 경중輕重에 모두 알맞은 바가 있는 것(○……禮者, 貴賤有等, 長幼有差, 貧富輕重, 皆有稱者也)"[『荀子集解』, 「富國」篇]으로서, 즉 이러한 예禮를 통해 인간사회에서 "귀천貴賤의 등급과 장유長幼의 차이를 두며, 슬기로운 자와 어리석은 자, 유능한 자와 그렇지 못한 자를 구분하여 모든 사람들로 하여금 일을 행함에 각자 마땅함을 얻도록 하고, 이러한 연후에 봉록俸祿의 다소多少와 후박厚薄에 알맞음이 있도록 하는 것(○……故先王案爲之制禮義以分之, 使有貴賤之等·長幼之差, 知賢愚·能不能之分, 皆使人載其事而各得其宜, 然後使慤祿多少·厚薄之稱)"[『荀子集解』, 「榮辱」篇]으로 설명하였고, ㉯ 순자학파의 경우에도 "예禮라는 것은 귀한 자에게는 공경하고 노인에게는 효도하고 연장자에게는 공손하고 어린이에게는 자애롭고 미천한 자에게는 은혜로운 것(○……禮也者, 貴者敬焉, 老者孝焉, 長者弟焉, 幼者慈焉, 賤者惠焉)"[『荀子集解』, 「大略」篇]이라 하여, 결국 '예禮의 기능적 요체'를 어디까지나 사회적 '구별[分·別]'(禮者, 養也. 君子旣得其養, 又好其別. 曷謂'別'? 曰: '貴賤有等, 長幼有差, 貧富輕重, 皆有稱者也')[『荀子集解』, 「禮論」篇]과 '위계[節·序]'(○……行之得其節, 禮之序也. ……禮, 節也. 故成)[『荀子集解』, 「大略」篇] 및 치란治亂의 '표시[表]'(○……治民者表亂, 使人無失. 禮者, 表也)[『荀子集解』, 「天論」篇]의 측면에서 찾은 바 있다. ③ 순자는 '예禮의 효과'에 대해서도 "귀천貴賤의 구별이 분명하고, 융쇄隆殺의 차이가 구별되며, 화락和樂하면서도 방종에 흐르지 않고, 연장자에게 공손하면서도 빠트림이 없고, 잔치를 즐기면서도 어지럽지 않다는 이 다섯 가지 행위는 몸을 바르게 하고 나라를 안정시킬 수 있는 요건이다. 저 나라가 안정된다면 천하도 편안해질

정약용의 '악'관①: '악'이란 원래 '인륜에 근본하고 있는 것'으로서, 핵심적인 '교화의 수단' 가운데 하나이다

한편, '악樂'의 경우를 살펴보면, 정약용은 '구체적인 제도'로서의 '악樂'이란 것 역시 원래 인륜人倫[仁]에 근본하고 있는 것[162]으로서, 또한 핵심적인 '교화의 수단' 가운데 하나로서 인식하였다. 즉, "성인聖人의 도道도 악樂이 아니면 시행되지 못하고, 제왕帝王의 다스림도 악樂이 아니면 성공하지 못하며 천지만물의 정情도 악樂이 아니면 조화되지 않으니, 악樂의 덕德이란 이처럼 넓고 높고 깊은 것이다."[163]

것이다(○……貴賤明, 隆殺辨, 和樂而不流, 弟長而無遺, 安燕而不亂, 此五行者, 是足以正身·安國矣. 彼國安而天下安)"[『荀子集解』, 「樂論」篇]라고 하여, 자신이 지향했던 예禮의 실현은 궁극적으로 '치세治世'로서의 '왕도정치王道政治의 구현'과 '천하의 편안함[天下安]'으로 이어짐을 역설한 바 있다. ④ '예禮의 변화'와 관련하여 ㉠ 순자는 비록 "예禮라는 것은 바뀔 수 없는 이치(禮也者, 理之不可易者也)"[『荀子集解』, 「樂論」篇]라 강조하기도 하였지만, ㉡ 동시에 순자학파의 경우에는 "비록 예禮의 규정에는 없더라도 인심人心에 순응하는 것은 모두 예禮가 된다(○禮以順人心爲本. 故亾於禮經而順人心者, 皆禮也)"[『荀子集解』, 「大略」篇]라고도 주장하고 있는바, 이러한 입장은 곧 예禮의 규정에 형식적으로 매몰·고착되기보다는 어디까지나 '예禮의 정신', 즉 '인심人心에의 순응'을 우선시하는 가운데, 또한 인심人心의 변화에 따라 예禮의 구체적 내용은 역사적으로 얼마든지 변화될 수 있음을 논리적으로 함축·주장하고 있는 것으로 볼 수 있을 것이다.

또한, 순자荀子의 '예禮·법法'관에 대한 보다 자세한 내용은 박동인(2012)이 참조된다. 나아가 '예禮'를 유교적 전통사회를 구성하는 일종의 '종교문화체계'로 보면서, 정약용의 '예禮'론을 유교전통의 연속성이라는 맥락에서 종합적으로 고찰한 대표적 연구물로는 박종천(2008)이 있다.

162 『論語古今注 I』(『定本 與猶堂全書 8』, p. 97) "[補曰] ……仁爲之本, 而禮·樂由之以生.【「儒行」云: '禮節者, 仁之貌也; 歌樂者, 仁之和也.'】不仁則其本亡矣,【孟子以孝·弟爲仁·義, 曰: '禮之實, 節文斯二者; 樂之實, 樂斯二者.'】奈此禮·樂何?"; 『論語古今注 I』(『定本 與猶堂全書 8』, p. 97) "○[案] 仁者, 忠·孝之成名. 禮, 自履此而生; 樂, 自樂此而生, 仁爲之質, 而禮·樂爲之文也.【曾子曰: '仁者, 仁此者也; 禮者, 履此者也. 樂自順此生, 刑自反此作.'】"; 『論語古今注 II』(『定本 與猶堂全書 9』, p. 310) "○[案] 『孝經』云: '移風易俗, 莫善於樂. 安上治民, 莫善於禮.' 馬·鄭取之以解此章. 然安上治民·移風易俗, 皆禮之功用. 豈禮·樂之本哉? 禮·樂本於孝·悌·忠·信, 故子曰: '人而不仁, 如禮·樂何?'"

163 「樂論 1」(『定本 與猶堂全書 2』, p. 278) "聖人之道, 非樂不行; 帝王之治, 非樂不成; 天地萬物之情, 非樂不該. 樂之爲德, 若是其廣博崇深, 而三代之後, 獨樂全亡, 不亦悲哉!"

정약용의 '악'관②: '악'이란 '기쁜 마음으로 인륜을 실천하게 하는 수단'이자 '천지의 조화를 이루는 도구'이다

그렇다면, 이처럼 넓고 높고 깊다는 '악樂의 덕德[효과]'이란 정약용이 보기에 구체적으로 어떤 기제를 통해서 나타나는 것일까? 첫째, '미시적인 개인의 차원'의 경우, ① "인간이란 저절로 선善하게 될 수는 없고 반드시 가르침을 받은 연후에야 선하게 되는 것이다. 왜냐하면 (가르침을 받지 않으면: 필자 주) 칠정七情[喜·怒·哀·懼·愛·惡·欲: 필자 주]이 마음속에서 헝클어져 화평和平함을 얻지 못하기 때문이다. ……마음이 화평하지 못하면 몸가짐도 따라서 어긋나게 되고 동작動作과 주선周旋이 모두 그 정도正道를 잃게 된다."[164] ② 그런데 '악樂'이 바로 이러한 인간의 마음을 화평하게 함으로써 그를 선善하게 만드는 가르침인 것이다. 즉, ㉠ '악樂'이란 인간의 혈맥血脈을 움직여 그것이 막힘으로써 병病이 되는 일이 없도록 소통시키는 동시에 화평하게 즐거운 뜻이 내면에서 고동치게 함으로써 기쁜 마음으로 효孝·제弟·충忠·신信의 인륜을 실천하도록 하는 것이요,[165] 또한 이는 내면[마음]을 화평하게 하여 근본인 덕德을 기르게 함으로써 중中·화和·지祗·용庸의 덕이 내면에 갖추어짐에 결과적으로 효孝·우友·목睦·인婣의 행동이 외면에 이루어지도록 하는 것이니,[166] ㉡ 바로 이러한 의미에서 '악樂'이란 "인간을 가르침에 우선적으로 힘써야 할 것"이자, 또한 "잠시도 떠날 수 없는 것"[167]이 되기도 한다. ③ 결국, 정약용이 생각하

---

164 「樂論 1」(『定本 與猶堂全書 2』, p. 278) "嗟乎! 人不能自然而善, 必敎而後善. 何則? 七情交於中, 而不得其和也. ……心不和則百體從而乖, 而動作·周旋皆失其道."

165 「樂論 1」(『定本 與猶堂全書 2』, p. 278) "(故聖人爲之琴·瑟·鍾·鼓·磬·管之音, 使朝夕灌乎耳而漑乎心,) 得以動湯其血脈, 而鼓發其和平·愷悌之志."; 「五學論 1」(『定本 與猶堂全書 2』, p. 296) "樂者, 所以悅樂乎孝·弟·忠·信之行者也."; 「『樂書孤存』序」(『定本 與猶堂全書 2』, p. 395) "禮以節外, 樂用和衷."; 『陶山私淑錄』(『定本 與猶堂全書 4』, p. 318) "樂者, 所以動盪血脉, 疏其壅遏而致病也."

166 「『樂書孤存』序」(『定本 與猶堂全書 2』, p. 395) "樂用和衷, ……和則養德, ……抑德, 內也·本也. 存乎內者中·和·祗·庸, 斯孝·友·睦·婣成於外, 則樂之於以敎人所先務也."

167 「樂論 2」(『定本 與猶堂全書 2』, p. 279) "……故曰: '禮·樂, 不可斯須去身.'"

는 '악樂'이란 것 또한 '예禮'의 경우와 마찬가지로 구체적인 인륜人倫[孝·弟·忠·信, 孝·友·睦·婣]의 실천과 관련해서만 그 중요성과 의미가 진지하게 음미·인정되고 있는 셈이다.

둘째, '거시적인 국가의 차원'의 경우, ① 정약용은 '악樂'이 흥작興作되지 않으면 교화도 끝내 시행될 수 없으며 풍속도 끝내 변화시킬 수 없음에 결국 천지天地의 조화 또한 끝내 이룰 수 없게 되는 것으로 보았다. 따라서 옛 성인聖人의 악樂이 없어지고 나서야 비로소 형벌刑罰이 가중苛重되었고 병혁兵革[전쟁]이 자주 일어났으며, 원망怨望이 일고 사기詐欺가 성하게 되었던 것이다.[168] ② 바로 이러한 맥락에서 "삼대三代 이래, ……백세토록 선한 정치가 없고 사해四海에 선한 풍속이 없게 된 것은 모두가 악樂이 망실亡失되었기 때문"인바, 이에 무엇보다 "천하를 다스리는 자들이 마땅히 유의해야 할 바"[169]이기도 하였다.

또한, 정약용은 동일한 맥락에서 다음과 같이 말하기도 하였다: "팔음八音 가운데서 금琴·슬瑟이 가장 귀하다. 종鍾·고鼓·경磬·관管은 모두 당하堂下에 진설하지만 오직 금琴·슬瑟만은 당상堂上에 설치하고 방중房中에서 사용한다. 군자君子는 까닭 없이 금琴·슬瑟을 물리치지 않으니, 이는 일찍이 잠시라도 몸을 떠나지 않게 함으로써 사악한 마음이 일어나지 않도록 함을 보여주는 것이다.(八音之中, 琴·瑟最貴. 鍾·鼓·磬·管, 皆陳堂下, 唯琴·瑟, 設於堂上, 用於房中. 君子無故, 不徹琴·瑟, 示未嘗斯須去身, 以禁其非辟之心者也.)" 『樂書孤存』(『定本 與猶堂全書 23』, p. 226)

168 「樂論 2」(『定本 與猶堂全書 2』, p. 279) "樂亡而刑罰重, 樂亡而兵革頻, 樂亡而怨懟興, 樂亡而欺詐盛. ……樂不作, 敎化終不可行也, 風俗終不可變也, 而天地之和終不可得而致之也."

또한, 정약용은 동일한 맥락에서 다음과 같이 말하기도 하였다: "성인聖人께서 악樂을 만드실 적에는 미미靡靡한 음音을 가지고 귀를 즐겁게 하고 마음을 방탕하게 함을 원하셨던 것이 아니요, 이에 군덕君德의 궐실闕失을 관현管絃에 의탁해서 귀와 눈에 전파함으로써 군주君主로 하여금 각성하고 분발하여 그 악惡을 고치도록 하시기를 원하셨던 것이다. 이는 우虞·하夏·은殷·주周 나라에서 서로 전하며 고치지 않았던 훌륭한 법이었는데, 주周 나라가 쇠함에 미쳐 이 법이 마침내 폐지됨에 인주人主들은 징창懲刱되어 두려워할 바가 없게 되었다. 이에 공자孔子께서 두려워하여 『춘추春秋』를 지어 이것으로 권면하고 징계하셨으니, 이것이 이른바 '『시詩』가 없어지면서 『춘추春秋』가 지어졌다'는 것이다.(○[鏞案]) ……聖人作樂, 非欲以靡靡之音, 悅耳蕩心, 乃欲以君德闕失, 被之管絃, 播諸耳目, 使之懲刱奮發, 以改其惡. 此虞·夏·殷·周, 相傳不改之良法, 及周之衰, 此法遂廢, 人主無所懲畏. 於是孔子懼而作『春秋』, 以袞以鉞以勸以懲, 所謂'『詩』亡而『春秋』作'也.)" 『樂書孤存』(『定本 與猶堂全書 23』, p. 293)

정약용의 '예·악' 개념이 함축하는 경학적 의미: '시의에 적절한 변화와 개혁의 강조'

이상에서 살펴본 바대로, 정약용은 '제도制度와 품절品節로서의 예禮·악樂'을 주로 교화와 통치의 수단으로 보는 '도구론적 관점'을 주희와 공유하고 있다. 그럼에도 정약용은 주희가 주장한바 '천리天理'와 같은 일견 고원하고도 심오한 철학적 개념을 자신의 '예·악'론에 있어 일종의 절대적인 토대로 끌어들이는 시도 같은 것은 하지 않았다. 왜냐하면 이러한 시도는 자칫하면 '예·악'에 대한 절대화·신비화 및 만고불변성의 주장으로 흘러갈 소지가 있는 것—사실 그렇게 흘러갔다—인바, 이는 또한 특정 예·악에 근거하여 구축된 기존의 지배체제와 신분질서에 대한 독단적이고 배타적인 옹호로 이어질 수 있다는 사실을 정약용은 나름대로 꿰뚫어 보고 있었기 때문이다.[170] 이미 젊어서부터 자신의 학문방향을 강력한

---

169 「樂論 1」(『定本 與猶堂全書 2』, p. 278) "而三代之後, 獨樂全亡, 不亦悲哉! 百世無善治, 四海無善俗, 皆以樂之亡耳. 爲天下者, 宜致意焉."

170 이러한 사실은 당시 조선사회에 있어 대부분의 지배계급 엘리트들이 드러내고 있었던 현실안주적·반개혁적 태도에 대한 정약용의 다음과 같은 비판과 탄식에서 잘 드러나고 있다: "무릇 시행하거나 동작動作하는 바가 있으면 그 때마다 번번이 당唐·우虞의 때를 이끌어다 이를 좌절시키고 만다. ……그리하여 인주人主[임금: 필자 주]가 일을 하고자 할 때마다 매번 인주로 하여금 요堯·순舜의 때를 기억하도록 만들어 스스로 그만두게 만드니, 이것이 바로 천하가 나날이 썩어 가는 데도 새롭게 만들 수 없게 된 까닭이다.(凡有施爲動作, 輒引唐·虞以折之. ……使人主每欲有爲, 必憶堯·舜以自沮, 此天下之所以日腐而不能新也.)" 「『邦禮艸本』序」(『定本 與猶堂全書 2』, p. 400); "만약 '우리의 선조先祖는 성인聖人이시므로 그가 정하신 것은 모두 천지天地가 정한 것과 같은 (만고불변의: 필자 주) 것이다'라고 하면서, 그것에 신성하고 남달라 헤아릴 수 없는 기묘한 그 무엇이 있는 양 생각하면서 감히 바꾸지 못한다면, 그런 나라 중에서 부패하고 위축되어 망하지 않는 경우는 하나도 없다. 의당 지켜야 할 것은 (조상의: 필자 주) 큰 훈계訓戒 뿐인 것이다. ……조종祖宗의 법法에 대해서는 좋으면 그대로 따르고, 폐단이 있으면 고치고 윤색해야 하는 것이다. 경세제민經世濟民에 밝은 선비가 일을 좀 하려고 하면, 그 때마다 용렬하고 무식한 사람들이 번번이 나서서 조종의 법임을 빙자하여 (일을 못하도록: 필자 주) 호령하니, 이 때문에 백세百世에 이르도록 잘된 정치가 없게 되었다.(若但曰: '吾祖, 聖人也. 其所爲, 皆天成地定也', 疑其有神詭不測之妙, 而莫敢遷動焉, 則其國未有不腐壞委頓而亡者也. 所宜守者, 其大訓大戒而已. ……祖宗之法, 善則因之, 敝則修潤之, 可也. 經濟識務之士, 每有所欲爲, 庸劣不學者, 輒引祖宗, 以號令之, 使百世無善治者, 未必非汲黯之言啓之

'현실개혁적 관심'에 두었던 그로서는 이에 자신의 '예·악'론을 입론·개진함에 있어서도 그 기반을 역사적 시대에 따라 가변적일 수밖에 없는 '인정人情(에 화협和協하는 바)'에 둠으로써 어디까지나 시의時宜에 적절한 예·악의 변화와 개혁의 가능성을 논리적으로 옹호·확보했던 것이다.

5. 소결

이상에서의 논의는 정약용丁若鏞이 자신의 사서경학四書經學을 통해 이체기용론理體氣用論에 근거한 주희朱熹의 윤리론倫理論을 독자적인 철학적 기반 위에서 비판·거부하는 가운데 자기 나름의 독특하고도 체계적인 윤리론을 구성했던 주요내용이다. 그러면 지금부터 정약용의 이러한 윤리론이 함축하고 있는 경학적 의미를 '대안적 세계관의 모색과 구성'이라는 맥락에서 간단하게 음미해 보기로 하자.

주희의 윤리론은 일반적으로 '하나의 세계관'이 필수적으로 포괄하고 있는 일 국면, 즉 '총체적인 정당화—'진리'의 문제에서 '윤리'의 문제, 또는 '존재[Sein]'의 문제에서 '당위[Sollen]'의 문제에 이르기까지—의 궁극적인 원천·기반으로서 기능하는 국면'에 대한 집중적인 해명과 관련된다. 이에 그 핵심적 내용을 요약하자면, ① '형이상形而上의 실체實體[理]'로서의 도道, 따라서 영원한 실재實在이자, 만물에 있어서는 완전한 형상, 최고의 표준[極]과 조리條理가 되며 특히 인간에게 있어서는 '모든 선행善行의 근본원리이자 원인'이 되는 존재로서의 도道, ② 역시 '형이상의 이理'로서의 덕德, 따라서 인간이 태어날 때부터 '본디 가지고 있었던 선善'이자 '천리天理'이기도 하며[內德外端說], 또한 '인仁·의義·예禮·지智'로 대표되는 '심덕心德'이 되기도 하는 존재로서의 덕德, ③ 기본적으로 '다스리는 법法'으로서의 예禮·악樂, 즉 '차례[序]를 구현하는 수단'이자 '조화로움[和]을 드러내는

也.)" 「汲黯論」(『定本 與猶堂全書 2』, p. 337)

방법'으로 각각 현현顯現하면서도 그 근원을 영원한 형이상의 도道로서의 '천리天理'에 두고 있는 존재로서의 예禮·악樂 개념이 바로 그것이다.

이에 대하여 정약용은 ① 상제上帝[天]가 인간에게 부여한 도의지성道義之性을 구현하는 데에 필요한 '구체적인 실천지침'으로서의 도道, 따라서 주희의 경우처럼 중후하고 심오한 철학적 의미—형이상의 실체로서의 '이理'—를 함축하지 않는 개념으로서의 도道, ② '행사行事 뒤에 얻어지는 명칭'이자 사실상 '효孝·제弟·자慈'로서의 덕德[內端外德說], 따라서 궁극적으로는 인간을 '도덕적 결정주의'란 질곡으로부터 해방시키는 개념으로서의 덕德, ③ '인륜人倫[孝·弟·忠·信]을 실천하는 규칙·수단'이자 그 근원을 모두 '인정人情(에 화협和協하는 바)'에 두고 있는 것으로서의 예禮·악樂, 따라서 시의時宜에 적절한 변화와 개혁의 가능성을 자체 내에 논리적으로 확보하고 있는 존재로서의 예禮·악樂 개념을 각각 제출한 바 있다.

이상의 논의를 통하여 우리는 정약용이 자신의 윤리론에 있어서도 주희와는 완전히 상이한 독자적인 길을 걸었음을 살펴볼 수 있다. 특히, 정약용의 윤리론은 자신의 전체 경학經學에 있어서도 가장 중요한 이중적 의미를 함축하고 있는바, 즉 ① 그 하나는 이를 통해서 정주성리학程朱性理學의 본체론本體論[理氣論]에 대한 근본적 비판을 완성하고 있다는 점이며, ② 다른 하나는 '행사行事 이후에야 비로소 얻어지는 명칭'으로서의 '덕德'과 '선善·악惡' 개념을 정립함으로써 ㉠ 일차적으로는 인간을 이른바 '도덕적 결정주의'로부터 해방시키고 있을 뿐만 아니라, ㉡ 나아가 이러한 도덕적 결정주의에 토대를 둔 기존의 신분적 계급질서를 와해시킬 수 있는 철학적·윤리적 근거와 토대를 논리적으로 마련하고 있다는 점이다. 결국, 바로 이러한 맥락에서 정약용의 이상과 같은 윤리론 역시 그의 인간론과 더불어 특정 세계관이 함축한바 포괄적인 정당화의 문제와 관련하여 특히 정주성리학에서의 '천인합일天人合一의 질서감각'을 해체하는 가운데, '진리眞理'[存在·物理·자연세계]의 영역과 '윤리

倫理'[當爲·道理·인간사회]의 영역을 명확하게 질적으로 구분하는 '인식론적 각성'을 성취함으로써 전통적인 '천인합일'의 윤리적 족쇄로부터의 '인간의 해방'을 내재적으로 지향하고 준비했던 '유교적 합리주의의 일 결정체'이자, 또한 이를 사상적으로 의미심장하게 뒷받침했던 '한국적 근대성의 일 선언'이라 할 것이다.

제5장

다산 정약용의 학문론

"옛날의 학문은 그 힘쓰는 바가 일을 행하는 데[行事]에 있어서
일을 행하는 것으로 마음도 다스렸는데,
오늘날의 학문은 그 힘쓰는 바가 마음을 기르는 데[養心]에만 있어서
마음을 기르다가 결국에는 일까지 폐하게 되었다.
자기 한 몸 선하게 하는 데에는 지금의 학문도 괜찮겠지만
천하를 아울러 구제하고자 한다면 옛날의 학문이라야 가능하다.":
『맹자요의孟子要義』

"군자君子의 학문은 체體와 용用이 구비된 것을 귀하게 생각하니,
만일 치민治民·변속變俗·이재理財의 일에 있어 볼 만한 것이 없다면
그것은 또한 헛된 학문일 뿐이다.": 「답이우答李友」

"비록 성명聲明과 문물文物은 중국中國에서 모방해 왔을지언정
도서圖書의 기록에 있어서는 마땅히 우리나라의 것에 밝아야 하는 것이다.
나라 밖의 신기한 것들을 탐색하여
연구할 수 없는 것을 연구하려 하기보다는
나라 안에 있는 가까운 것들부터 조사하여
밝혀야 할 것을 밝혀야 하는 것이다.": 「지리책地理策」

대저 “학문學問이란 무엇인가?”, 그리고 한 걸음 더 나아가 “학문은 의당 무엇이어야만 하는가?”라는 질문과 이것에 대한 체계적인 해명의 문제는 정약용丁若鏞에게 있어서 그 자신의 전 생애에 걸친 학문, 특히 그의 경학연구經學硏究를 추동하고 구체적으로 이끌었던 기본적 문제의식이자 출발점이었던 동시에 또한 그 결론적 귀착점이기도 하였다.

정약용은 28세 되는 기유년[1789년, 正祖 13]에 석갈釋褐[文科及第]한 때부터 40세 되는 신유년[1801년, 純祖 1]에 신유옥사辛酉獄事로 인해 강진康津으로 유배될 때까지 정조正祖의 남다른 신임과 총애를 받으며 관료—특히 경기암행어사京畿暗行御史[33세], 곡산부사谷山府使[36세~38세]—로 활약하는 가운데, 당시 조선사회 전반에 걸친 제도적 모순, 관리의 부패, 민생의 피폐상을 뼈아프게 목도·체험할 수 있었다. 이에 정약용은 당시부터 이미 현실개혁과 관련된 몇 가지 주목할 만한 문제의식과 아울러 다양하고도 구체적인 제도개혁안을 글로써 표명·개진한 바 있으며, 동시에 바로 이를 통해 자신의 학문론學問論의 근본적 지향과 대체적 내용을 이미 직·간접적으로 제시하고 있었다. 그런데 정약용의 이러한 초기 학문론은 중반기—특히 그가 42세 되는 계해년[1803년, 純祖 3]부터 54세 되는 을해년[1815년, 純祖 15]까지의 기간—의 집중적인 경학연구를 통해 그 사상적 깊이와 내용에 있어 한 차원 더 높은 수준을 획득하기에 이른다. 즉, 이때에야 비로소 그의 학문론은 독자적인 철학적 세계관의 확립 및 이것과의 조응성 하에서 보다 일관되고 체계적인 전개를 이루는 동시에 그 자체의 정당화의 기반 또한 확보하게 되었던 것이다.

그러면, 정약용은 특히 자신의 『시문집詩文集』과 사서경학四書經學을 통해 주로 ‘메타-이론적 성격’을 함축하는 학문론과 관련하여 구체적으로 어떠한 의견을 개진하고 있을까? 이러한 질문에 대한 답변이 본 장에서의 핵심적 주제인바, 여기서는 특히 정약용이 살았던 시대의 기존 학문에 대한 비판, 이를 토대로 그가 새롭게 전개했던 학문론의 내용 및 그 특징에 주로 관심의 초점이 맞추어질 것이다. 물론 논의의 실마리와 배경은 주로 당시 조선에서 지적·정치적 헤게모니를 장악하고 있었던 '정주성리학程朱性理學(의 폐단)에 대한 비판적 검토'에서부터 주어진다.

I. 주희의 학문론

유가의 학문론은 기본적으로 '수기·치인'이라는 양식의 학을 지향한다

주지하다시피, 공자孔子는 일찍이 "15세부터 학문에 뜻을 둔"[1] 이래 끊임없이 이에 정진함으로써 스스로 '호학好學'을 자처하는 가운데,[2] 주위에서 늘 만나는 "늙은이들을 편안하게 해주고 붕우朋友에게는 미덥게 해주며 어린이들은 감싸주"[3]는 따스한 인간애를 바탕으로 궁극적으로는 "백성에게 은혜를 널리 베풀어 많은 사람을 구제[博施濟衆]하"[4]는 '인정仁政'의 포부를 실현하기 위해서 한평생 고심한 바 있다. 한편, 맹자孟子 역시 이러한 정신을 계승하여 당시의 통치자에게 "학문의 방도[學問之道]란 다른 것이 아니라 잃어버린 마음[放心]을 되찾는 일일 뿐"임을 일관되게 강조함으로써 인仁·의義를 지향한 도덕적 각성을 우선적으로 촉구하는 가운데, 결국 천하를 얻는 비결로서 "내 노인을 노인으로 잘 섬겨 남의 노인에까지 미치며, 내 아이를 아이로 사랑하여 남의 아이에게까지 미치는 것",[5] 즉 인간이 본디 가지고 있는 "차마 남을 해치지 못하는

1 『論語集註』, 「爲政」篇 第4章 "子曰: '吾十有五而志于學, ……'"

2 『論語集註』, 「公冶長」篇 第27章 "子曰: '十室之邑, 必有忠信如丘者焉, 不如丘之好學也.'"

3 『論語集註』, 「公冶長」篇, 第25章 "……(子路曰: '願聞子之志.') 子曰: '老者安之, 朋友信之, 少者懷之.'"

4 『論語集註』, 「雍也」篇, 第28章 "子貢曰: '如有博施於民而能濟衆, 何如? 可謂仁乎?' 子曰: '何事於仁, 必也聖乎! 堯·舜其猶病諸. 夫仁者, 己欲立而立人, 己欲達而達人, 能近取譬, 可謂仁之方也已.'"

마음[不忍人之心]으로 차마 남을 해치지 못하는 정치[不忍人之政]를 행하"[6]는 '왕도정치王道政治'의 이념을 거듭하여 역설한 바 있다.

주희朱熹의 학문론學問論 역시 기본적으로 이와 같은 '수기修己·치인治人'이라는 유가儒家 일반의 전통적인 학문적 정신과 도식을 충실히 계승하고 있음은 물론이다. 그럼에도 주희는 자신의 독자적인 이기론적 세계관에 근거하여 나름의 독특한 학문론을 구성·개진하고 있는바, 이에 그 내용 및 특징을 간략하게 정리하면 다음과 같다.

주희는 '학문'의 중점과 근본을 어디까지나 '수신'에 두었다

우선, 주희는 나름의 '선후先後·본말本末'이라는 질서감각에 따라, 자신의 학문론의 중점 및 그 근본을 어디까지나 '수신修身'에다 두었다. 다시 말하자면, 첫째, 주희는 "성인聖人의 도道란 큰 것이지만 또한 그 근본이 있나니, 배우는 자는 반드시 점진적으로 하여야 이를 이룰 수 있게 되"[7]며, 또한 "천하와 국가의 근본[本]은 몸[身]에 있기 때문에 수신修身이 곧 구경九經[아홉 가지 떳떳한 법, 즉 修身·尊賢·親親·敬大臣·體群臣·子庶民·來百工·柔遠人·懷諸侯: 필자 주]의 근본이 된다"[8]고 강조하기도 했던바, ① 이로써 주희는 "대체로 도道의 근본은 수신修身하는 데에 있나니, 그런 뒤에야 치인治人하는 데에 미칠 수 있다"[9]는 견해를 도출하는 한편, ② 심지어는 "군자유君子儒는 위기爲己[道를 자신의 몸에 체득하기 위한, 즉 자신을 위한 공부: 필자 주]요, 소인유小人儒는 위인爲人[남에게 인정받기 위한, 즉 남으로부터 명예를 얻기 위한 공부: 필자

5 『孟子集註』, 「梁惠王章句上」篇, 第7章 "曰: '……老吾老, 以及人之老; 幼吾幼, 以及人之幼, 天下可運於掌.'"

6 『孟子集註』, 「公孫丑章句上」篇, 第6章 "孟子曰: '人皆有不忍人之心. ……以不忍人之心, 行不忍人之政, 治天下, 可運之掌上.'"

7 『孟子集註』, 「盡心章句上」篇 第24章의 註 "聖人之道, 大而有本, 學之者必以其漸, 乃能至也."

8 『中庸章句』, 「第20章」의 註 "呂氏曰: '天下·國家之本在身, 故修身爲九經之本.'"

9 『論語集註』, 「先進」篇 第24章의 註 "蓋道之本在於修身, 而後及於治人."

주]”[10]이라고 규정함으로써 학문에 있어서 ‘내면적 함양涵養의 공부’가 가지는 ‘우선성’에다 ‘도덕성’까지를 부여하기도 하였다.

둘째, 주희는 바로 이 때문에 배우는 자는 모름지기 학문에 있어서의 본本과 말末, 먼저 해야 할 바와 나중에 해야 할 바[先·後], 경輕과 중重의 순서를 우선적으로 알아야 한다[11]고 강조했으니, 즉 ① 여기서의 ‘본本·선先·중重’에 해당하는 것이 다름 아닌 ‘위기지학爲己之學’으로서의 ‘수신(기)修身(己)’이었던 것이다.[12] ② 나아가 이러한 의미에서 ‘덕행德行’이 본本이라면 ‘문예文藝’는 말末이 되며, 또한 사람의 ‘바탕[質]’이 본本이라면 ‘문식文飾[文]’은 말末이 되었던 것이다.[13]

주희는 ‘학문의 목표’를 ‘성인의 경지, 즉 구인과 진성’에 두었다

다음으로, 주희는 이처럼 학문의 궁극적 효능으로서의 ‘치인治人’, 즉 ‘은혜를 널리 베풀어 많은 사람을 구제함[博施濟衆]’을 달성하기 위한 ‘본本·선先·중重’으로서 어디까지나 ‘수기修己’를 설정하는 가운데, 또한 학문을 일반적으로 ‘성인聖人의 도道에 이르는 방법’[14]으로 인식하기도 하였다. 바로 이러한 맥락에서 주희는 ‘학문 일반의 가장 긴요한 목표’인 동시에, 특히 ‘수기修己[修身]’의 학문이 궁극적으로 도달해야 할 당위적 목표로서

---

10 『論語集註』, 「雍也」篇 第11章의 註 “君子儒爲己, 小人儒爲人.”; 『論語集註』, 「憲問」篇 第25章의 註 “爲己, 欲得之於己也; 爲人, 欲見知於人也. ……古之學者爲己, 其終至於成物; 今之學者爲人, 其終至於喪己.”; 『中庸章句』, 「第33章」의 註 “古之學者, 爲己.”

11 『論語集註』, 「學而」篇 第2章의 註 “君子凡事專用力於根本, 根本旣立, 則其道自生.”; 『論語集註』, 「學而」篇 第6章의 註 “窮其本·末, 知所先·後, 可以入德矣.”; 『論語集註』, 「述而」篇 第6章의 註 “學者於此, 有以不失其先後之序·輕重之倫焉, 則本·末兼該, 內·外交養, 日用之間, 無少間隙, 而涵泳從容, 忽不自知其入於聖賢之域矣.”

12 『論語集註』, 「學而」篇 第6章의 註 “爲弟子之職, 力有餘則學文, 不修其職而先文, 非爲己之學也.”; 『論語集註』, 「憲問」篇 第37章의 註 “(此但自言)其反己自修, 循序漸進耳.”

13 『論語集註』, 「學而」篇 第6章의 註 “德行, 本也; 文藝, 末也.”; 『論語集註』, 「八佾」篇 第8章의 註 “言人有此倩盼之美質, 而又加以華采之飾, 如有素地而加采色也. ……忠信之人, 可以學禮. 苟無其質, 禮不虛行.”

14 『論語集註』, 「雍也」篇 第2章의 註 “程子曰: ‘學以至乎聖人之道也.’”

무엇보다 '성인聖人의 경지'로서의 '구인求仁'과 '진성盡性'을 강조하기도 하였다.[15]

'성인의 경지에 이르는 방법'①: 주희는 '구인'의 방법으로 '거경'을 내세웠다

이처럼 학문 일반의 가장 긴요한 목표이자 '수기修己[修身]'의 학문이 궁극적으로 도달해야 할 당위적 목표로 설정된바 '구인求仁'과 '진성盡性'을 달성하는 구체적 방법론은 무엇일까? 여기서 주희는 다름 아닌 '거경居敬'과 '궁리窮理'를 각각 내세우고 있다.[16] 이에, 우선 '거경居敬'부터 살펴보면, 첫째, ① '경敬'이란 곧 "예禮를 행하는 근본"[17]이 되는 '내면[中]의 상태'[18]로서, 이에 "경례삼백經禮三百과 곡례삼천曲禮三千 또한 한 마디로 표현하자면 '공경하지 않음이 없다[毋不敬]'는 말이 된다."[19] ② 따라서 '거

15 주희는 일찍이 ① '구인求仁'에 대하여 "천리天理의 올바름에 합하고, 인심人心의 편안함에 나아간(蓋伯夷以父命爲尊, 叔齊以天倫爲重, 其遜國也, 皆求所以合乎天理之正而卽乎人心之安, ……)" 상태[『論語集註』, 「述而」篇 第14章의 註], 또는 "자신을 돌이켜보아 성실한(反身而誠)" 경지이자 "마땅히 모든 일에서 힘써 자기 마음을 미루어 남에게까지 미침에 심心은 공정하게 되고 이理가 얻어져서 인仁과 멀지 않은(當凡事勉强, 推己及人, 庶幾心公理得而仁不遠也.)"[『孟子集註』, 「盡心章句上」篇 第4章의 註] 상태로 설명한 바 있으며, ② '진성盡性'과 관련해서는 "성性이란 심心에 갖추어져 있는 이理이니, ……심心의 전체를 지극히 하여 다하지[盡] 않음이 없는 자는 반드시 이理를 궁구하여 알지 못함이 없는 자(性則心之所具之理, ……能極其心之全體而無不盡者, 必其能窮夫理而無不知者也.)"라고 설명하는 가운데, 또한 "심心과 성性과 천天은 똑같은 이理이다(心也, 性也, 天也, 一理也)"[『孟子集註』, 「盡心章句上」篇 第1章의 註]라고 주장함으로써 결국 '진심盡心=진성盡性'이란 도식을 제시한 바 있다.

16 『論語集註』, 「爲政」篇 第19章의 註 "然或無道以照之, 則以直爲枉·以枉爲直者多矣. 是以君子大居敬而貴窮理也."; 『朱子語類』, 卷9(「學 3」), p. 150.(中華書局, 1981) "學者工夫, 唯在居敬·窮理二事. 此二事互相發. 能窮理, 則居敬工夫日益進; 能居敬, 則窮理工夫日益密. ……其實只是一事. ……主敬·窮理, 雖二端, 其實一本."

17 『論語集註』, 「學而」篇 第12章의 註 "凡禮之體主於敬, ……敬者, 禮之所以立也."; 『論語集註』, 「八佾」篇 第15章의 註 "禮者, 敬而已矣."; 『論語集註』, 「八佾」篇 第26章의 註 "爲禮以敬爲本."

18 『論語集註』, 「子路」篇 第19章의 註 "恭主容, 敬主事. 恭見於外, 敬主乎中."

19 『論語集註』, 「爲政」篇 第2章의 註 "經禮三百·曲禮三千, 亦可以一言以蔽之, 曰: '毋不敬'."

경'이란 항상 이러한 '경敬'의 자세를 유지하여 매사에 전전긍긍 조심함으로써 밖으로부터 심心을 제재하고 바르게 하는 것[20]이자, 동시에 이를 통해 내면의 사사로운 인욕人欲—이는 '인심人心'이라고도 하며, '형이하의 기器', '정情(욕欲)'이기도 한바, 형기形氣의 사사로움에서 생겨나기 때문에 악惡한 것으로서, 기본적으로 도심道心과는 진퇴進退·소장消長하는 관계에 있다—을 남김없이 제거함으로써 기품氣稟에 구애되고 인욕人欲에 가려져 때때로 어두워진 (본연지本然之)성性—이는 '도심道心'이라고도 하며, '형이상의 도道', '(심心)덕德'이기도 한바, 성명性命의 올바름에서 생겨나기 때문에 순선純善한 것으로서, 곧 '천리天理로서의 인仁'이기도 하다—을 다시 밝혀 그 처음의 상태를 회복하고 보존하는 동시에 잠시도 이러한 상태에서 떠나지 않으려고 노력하는 것[21]이기도 하다.

둘째, 이러한 거경은 또한 '정심正心·양성養性'이기도 하다. 왜냐하면 주희가 보기에 학문이란 결국 '성인聖人의 경지에 이르는 방법[道]'이기도 한데, 이에 "반드시 먼저 심心을 밝혀 갈 곳을 안 연후에야 비로소 힘써 행하여 (성인의 경지에: 필자 주) 이르기를 구할 수 있"는바, 바로 이러한 '심心을 밝히는 활동'이란 것이 다름 아닌 '정심·양성'의 공부이기 때문이다. 다시 말하자면, "천지天地가 정기精氣를 쌓아 (만물을 낳음에: 필자 주) 오행五行 가운데 가장 빼어난 정기精氣를 받아 생겨난 존재가 곧 인간이니, 그 본체本體는 참되고도 고요하다. 이것이 발하지 않았을 때는 오성五性이 구비되어 있으니, '인仁·의義·예禮·지智·신信'이 바로 그것이다. 형체

---

20 『孟子集註』, 「告子章句上」篇 第8章의 註 "程子曰: '心豈有出入! 亦以操·舍而言耳. 操之之道, 敬以直內而已.'"

21 『論語集註』, 「述而」篇 第6章의 註 "仁, 則私欲盡去而心德之全也. 功夫至此而無終食之違, 則存養之熟, 無適而非天理之流行矣."; 『論語集註』, 「顔淵」篇 제1章의 註 "爲仁者, 所以全其心之德也. 蓋心之全德, 莫非天理, 而亦不能不壞於人欲. 故爲仁者, 必有以勝私欲而復於禮, 則事皆天理, 而本心之德, 復全於我矣."; 『論語集註』, 「憲問」篇 第2章의 註 "克去己私以復乎禮, 則私欲不留, 而天理之本然者得矣. 若但制而不行, 則是未有拔去病根之意, 而容其潛藏隱伏於胸中也. 豈克己求仁之謂哉!"; 『大學章句』, 「經1章」의 註 "明德者, 人之所得乎天, 而虛靈不昧, 以具衆理而應萬事者也. 但爲氣稟所拘, 人欲所蔽, 則有時而昏, 然其本體之明, 則有未嘗息者. 故學者當因其所發而遂明之, 以復其初也."

[形]가 이미 생겨나고 외물外物이 그 형체에 접촉하게 되면 내면[中]이 움직이게 된다. 그리고 내면이 움직이매 드디어 칠정七情이 생겨나게 되는데, '희喜·로怒·애哀·구懼·애愛·오惡·욕欲'이 바로 그것이다. 그런데 (이러한: 필자 주) 정情이 이미 성한데다 더욱 방탕하게 되면 그 본성本性을 잃게 된다. 따라서 깨달은 자는 그 정情을 단속하여 중도中道에 맞게 하고, 자신의 심心을 바르게 하고[正心] 본성本性을 기를[養性] 뿐"[22]인 것이다.

셋째, 주희가 보기에 이처럼 "심心이란 인간의 신명神明으로서, 중리衆理를 갖추어 만사에 응하는 것"[23]으로서, 또한 이러한 "심心이란 존재는 지극히 허虛하고 지극히 신령神靈스러워 그 신묘神妙함을 헤아릴 수 없음에, ……잠시라도 보존하지 않으면 안 되는 것"[24]이요, 또한 "심心이란 신명神明하고 측량할 길 없음에 얻었다가 잃기는 쉽지만 보존하여 지키기는 어려운 것이어서, 잠시라도 그 기름[養]을 잃어서는 안 되"는 것이다. 이에 끊임없는 정심正心·양성養性의 노력을 통해 자신의 "정신을 맑게 하고 기운을 안정되게 하여 항상 평단平旦의 때와 같게 함"[25]으로써 결국 심心을 한 점의 미동도 없이 잠잠하고 고요하게 하여 그 적연부동寂然不動하고 밝은 상태를 유지함이 마치 거울이 허공을 비추고 저울대가 평형을 유지하는 것—이것이 곧 '미발未發'이니, 즉 '텅 비고 고요하여 아무런 조짐도 없어[沖漠無朕]'[26] 결국 '어떠한 정의情意도 계탁計度도 조작造作도 없는 상태'이다[27]

---

22 『論語集註』, 「雍也」篇 第2章의 註 "'學之道奈何?' 曰: '天地儲精, 得五行之秀者爲人. 其本也眞而靜. 其未發也五性具焉, 曰: 「仁·義·禮·智·信」. 形既生矣, 外物觸其形而動於中矣. 其中動而七情出焉, 曰: 「喜·怒·哀·懼·愛·惡·欲」. 情旣熾而益蕩, 其性鑿矣. 故覺者約其情使合於中, 正其心·養其性而已. 然必先明諸心, 知所往, 然後力行以求至焉. ……'"

23 『孟子集註』, 「盡心章句上」篇 第1章의 註 "心者, 人之神明, 所以具衆理而應萬事者也."

24 『小學集註』, 「嘉言」篇 第64章의 註 "[集說] 朱子曰: '心之爲物, 至虛·至靈, 神妙不測, ……而不可有頃刻之不存者也. ……'"

25 『孟子集註』, 「告子章句上」篇 第8章의 註 "(孔子言: '心, 操之則在此, 舍之則失去, 其出入無定時, 亦無定處如此', 孟子引之, 以明)心之神明不測, 得失之易而保守之難, 不可頃刻失其養. (學者當無時而不用其力,) 使神淸氣定, 常如平旦之時, ……"

26 『周濂溪集』, 卷1(「太極圖說解」) "太極, 形而上之道也; 陰·陽, 形而下之器也. ……(而)太極無不在焉. 自其微者而觀之, 則沖漠無朕, 而動靜·陰陽之理, 已悉具於其中矣."

27 『朱子語類』, 卷1(「理氣 上」), p. 3.(中華書局, 1981) "理却無情意·無計度·無造作."

—처럼 하였을 때, 비로소 이러한 심心은 일신一身의 주재主宰가 되는 것[28]이다. ① 이것이 다름 아닌 성덕군자成德君子가 '심체心體의 본연本然[眞體]을 보존한다'는 이른바 '존심存心'설인바, 따라서 이처럼 존심한 성덕군자라야 마침내 "일호一毫의 사사로운 뜻[私意]에도 스스로 가리어지지 않고, 일호의 사욕私欲에도 스스로 얽매이지 않"을 뿐만 아니라 또한 "이미 아는 바를 함영涵泳하고 이미 능한 바를 돈독敦篤하게 할" 수 있게 되는 것이다.[29] ② 이처럼 주희가 보기에 ㉠ "학문의 일이란 진실로 한 가지에 그치는 것이 아니지만, 그 방법인즉슨 잃어버린 심心을 되찾음에 있을 뿐"이었으며, 나아가 "성현聖賢들의 천 마디 만 마디의 말씀이란 것도 다름이 아니라 다만 사람들로 하여금 이미 잃어버린 심心을 단속하여 몸으로 되찾아 오기를 바랐던 것"에 불과하였다.[30] ㉡ 이러한 의미에서 성인聖人의 가르침이란 설령 그 방법에 있어서는 다양한 것이라 할지라도 그 내용적 요체에 있어서는 결국 "사람들로 하여금 그들의 본심本心을 잃어버리지 않도록 하는 것"에 지나지 않았던 것이다.[31]

마지막으로, 그리하여 "이 심心이 항상 보존되어 가는 곳마다 인仁·의義 아님이 없게 된"[32] 상태에 이르렀을 때, 이것이 바로 '구인求仁'의 경지인 것이다.[33] 이에 ① "마음속에 존양存養된 것은 밖으로 드러나게

28 『大學公議』(『定本 與猶堂全書 6』, pp. 117~118) "[考訂] ……○『或問』: '人之有心, 本以應物. 有所喜·怒·憂·懼, 便爲不得其正, 則必如槁木死灰, 乃得其正耶?' 曰: '人心湛然虛明, 鑑空衡平, 以爲一身之主者, 固其眞體之本然. (喜·怒·憂·懼, 隨感而應, 感而中節, 則爲天下之達道. 惟其事物之來, 有所不察, 不能不與之俱往, 則其喜·怒·憂·懼, 必有動乎中者, 而此心之用, 不得其正耳.)'"

29 『中庸章句』, 「第27章」의 註 "不以一毫私意自蔽, 不以一毫私欲自累, 涵泳乎其所已知, 敦篤乎其所已能, 此皆存心之屬也."

30 『孟子集註』, 「告子章句上」篇 第11章의 註 "學問之事, 固非一端, 然其道則在於求其放心而已. ……聖賢千言萬語, 只是欲人將已放之心約之, 使反復入身來."

31 『論語集註』, 「爲政」篇 第4章의 註 "聖人之教, 亦多術, 然其要使人不失其本心而已."

32 『孟子集註』, 「告子章句上」篇 第8章의 註 "(則)此心常存, 無適而非仁·義矣."

33 『論語集註』, 「學而」篇 第3章의 註 "好其言, 善其色, 致飾於外, 務以悅人, 則人欲肆而本心之德亡矣."; 『論語集註』, 「里仁」篇 第2章의 註 "仁者心無內外遠近精粗之間, 非有所存而自不亡, 非有所理而自不亂, 如目視而耳聽, 手持而足行也."; 『論語集註』, 「里仁」

되"[34]는 것인바, 이처럼 내면적 '구인'의 공부가 외면으로 발현되었을 때, 다름 아닌 "경敬을 지극히 하는 것"이자 '예禮에 합당한 용모와 행동'으로서의 '공恭'으로 나타나게 된다.[35] ② 그리고 이처럼 "공손하면서도 편안[恭而安]"하여 그 "중中·화和의 기상氣象이 용모에 드러날" 때, 이것이 바로 덕성德性의 "전체가 혼연渾然하고 음陰·양陽이 덕德에 합치한다"는 '성인聖人의 경지'이기도 한 것이다.[36]

'성인의 경지에 이르는 방법'②: 주희는 '진성'의 방법으로 '궁리'를 내세웠다

한편, '궁리窮理'에 대해 살펴보면, 이 또한 '군자君子가 힘쓰는 바'[37]로서, 이것의 요체란 다름 아닌 '격물格物·치지致知'인 것이다. 첫째, 주희는 ① 이러한 '격물·치지'와 관련하여 ㉠ '격물'은 "격格이란 이름[至]이요 물物은 사事와 같으니, 사물의 이理를 궁구하여 그 극처에까지 이르지 않음이

篇 第6章의 註 "仁之成德, 雖難其人, 然學者苟能實用其力, 則亦無不可至之理."; 『論語集註』, 「里仁」篇 第11章의 註 "懷德, 謂存其固有之善."; 『論語集註』, 「述而」篇 第6章의 註 "仁則私欲盡去而心德之全也. 功夫至此而無終食之違, 則存養之熟, 無適而非天理之流行矣. ……依仁, 則德性常用而物欲不行."; 『論語集註』, 「泰伯」篇 第7章의 註 "仁者, 人心之全德, 而必欲以身體而力行之, 可謂'重'矣."; 『論語集註』, 「顔淵」篇 第1章의 註 "爲仁者, 所以全其心之德也. 蓋心之全德, 莫非天理, 而亦不能不壞於人欲. 故爲仁者, 必有以勝私欲而復於禮, 則事皆天理, 而本心之德, 復全於我矣."; 『論語集註』, 「憲問」篇 第2章의 註 "克去己私以復乎禮, 則私欲不留, 而天理之本然者得矣. 若但制而不行, 則是未有拔去病根之意, 而容其潛藏隱伏於胸中也. 豈克己求仁之謂哉!"; 『論語集註』, 「憲問」篇 第7章의 註 "君子志於仁矣. 然毫忽之間, 心不在焉, 則未免爲不仁也."; 『論語集註』, 「衛靈公」篇 第32章의 註 "學至於仁, 則善有諸己, 而大本立矣."; 『論語集註』, 「子張」篇 第6章의 註 "從事於此, 則心不外馳, 而所存自熟."; 『論語集註』, 「子張」篇 第7章의 註 "君子不學, 則奪於外誘而志不篤."

34 『論語集註』, 「泰伯」篇 第4章의 註 "養於中, 則見於外."; 『大學章句』, 「傳6章」의 註 "言富則能潤屋矣, 德則能潤身矣. 故心無愧怍, 則廣大寬平, 而體常舒泰, 德之潤身者然也. 蓋善之實於中而形於外者如此, ……"

35 『論語集註』, 「學而」篇 第10章의 註 "恭, 莊敬也."; 『論語集註』, 「學而」篇 第13章의 註 "恭, 致敬也."; 『論語集註』, 「子路」篇 第19章의 註 "恭主容, 敬主事; 恭見於外, 敬主乎中."

36 『論語集註』, 「述而」篇 第37章의 註 "人之德性, 本無不備, 而氣質所賦, 鮮有不偏. 惟聖人全體渾然, 陰·陽合德, 故其中·和之氣見於容貌之間者如此."

37 『論語集註』, 「公冶長」篇 第19章의 註 "君子務窮理, 而貴果斷."

없는 것"으로, ㉡ 또한 '치지'는 "치致란 미루어 지극히 함[推極]이요 지知는 식識과 같으니, 나의 지식을 미루어나감을 극진히 하여 내 아는 바가 다하지 않음이 없는 것"[38]으로 해석하면서, ② "치지재격물致知在格物[지식을 지극히 함은 사물의 이理를 궁구함에 달려 있다]"이라는 『대학장구大學章句』「경1장」의 경문經文을 자기 나름대로 다음과 같이 보충·풀이한 바 있다. 즉 "이른바 '치지재격물致知在格物'이라 하는 것은, 곧 나의 지식을 지극히 하고자 한다면 먼저 사물에 나아가 그 이理를 궁구해야 한다는 뜻이다. 인간의 마음[心]은 영특하여 알지 못하는 것이 없고 천하의 사물에는 모두 그 이理가 있건마는, 다만 이理에 대하여 궁구하지 않음이 있기 때문에 그 지식에 다하지 못함이 있게 되는 것이다. 이 때문에 태학大學에서 처음 가르칠 때에 반드시 배우는 자로 하여금 천하의 모든 사물에 나아가서 그가 이미 알고 있는 이理를 따라 더욱 궁구하게 하여 그 극極에 이름을 구하지 않음이 없도록 하는 것이다. 이처럼 힘쓰기를 오래하여 갑자기 하루아침에 활연豁然히 관통貫通함에 이르게 되면, 모든 사물의 표리表裏와 정조精粗가 이르지 않음이 없을 것이요, 또한 내 마음의 전체全體와 대용大用이 밝지 않음이 없을 것이니, 이것을 일러 '물격物格'이라 하며, 이것을 일러 '지지지知之至'라 한다."[39]

둘째, 주희가 보기에 이처럼 '격물·치지한 군자君子'라야 ① 비로소 "이理를 분석함에 있어서는 털끝만한 오차도 있지 않게 하고, 일을 처리함에는 과過·불급不及의 잘못이 없도록 하며, 의리義理에 대해서는 미처 알지 못했던 것을 날마다 알아나가고, 절문節文[禮: 필자 주]에 있어서는 미

---

38 『大學章句』, 「經1章」의 註 "致, 推極也. 知, 猶識也. 推極吾之知識, 欲其所知無不盡也. 格, 至也. 物, 猶事也. 窮至事物之理, 欲其極處無不到也."

39 『大學章句』, 「傳5章[補亡章]」 "所謂'致知在格物'者, 言欲致吾之知, 在卽物而窮其理也. 蓋人心之靈, 莫不有知, 而天下之物, 莫不有理. 惟於理, 有未窮, 故其知有不盡也. 是以『大學』始敎, 必使學者卽天下之物, 莫不因其已知之理而益窮之, 以求至乎其極. 至於用力之久, 而一旦豁然貫通焉, 則衆物之表裏·精粗無不到, 而吾心之全體·大用無不明矣. 此謂'物格', 此謂'知之至'也."

처 삼가지 못한 바를 날마다 삼갈 수 있게 되"[40]는 것이요, ② 나아가 격물·궁리窮理의 일단으로서 '고금인물古今人物의 현부賢否·득실得失' 또한 살필 수 있게 되는 것이다.[41]

마지막으로, 이처럼 격물·치지의 수준에 이르게 되면 천도天道가 유행流行하여 사물에 부여된 것이자 사물의 마땅히 그러해야 하는 까닭으로서의 천명天命을 알게 됨으로써 결과적으로 그 앎이 지극히 밝고 정밀하게 됨에 결국에는 편안히 행하고 힘쓰지 않아도 저절로 도道에 맞게 되는바, 이것이 바로 '진성盡性'의 경지이자 또한 "나면서부터 안다[生而知]"는 '성인聖人의 경지'이기도 한 것이다.[42]

II. 정약용의 학문론

앞에서 이미 살펴본 바대로, 이체기용론理體氣用論의 질서감각에 근거한 '정주성리학程朱性理學의 경전해석'과 함께 '거경居敬·궁리窮理'를 통한 '구인求仁·진성盡性'의 경지를 비록 학문의 최종적 효능은 아닐지라도 학문 일반의 가장 중요한 핵심적 관심사이자 또한 수기修己의 학문이 궁극적으로 도달해야 할 당위적 목표로 설정하고 있는 주희朱熹의 학문론은 적어도 정약용丁若鏞이 보기에 결코 건강한 것이 못되었다. 즉, 이것은 한마디로 '체體'만 있고 '용用'은 없는 꼴이 되기 십상이어서, 결과적으로 유가儒家의 실천에 중대한 차착을 야기했던 주요원인이었다. 그리고 바로 이

40 『中庸章句』, 「第27章」의 註 "析理則不使有豪釐之差, 處事則不使有過·不及之謬, 理義則日知其所未知, 節文則日謹其所未謹, 此皆致知之屬也."

41 『論語集註』, 「公冶長」篇 頭註 "此篇皆論古今人物賢否·得失, 蓋格物窮理之一端也."

42 『論語集註』, 「爲政」篇 第4章의 註 "天命, 卽天道之流行而賦於物者, 乃事物所以當然之故也. 知此, 則知極其精, ……安而行之, 不勉而中也. ○程子曰: '孔子, 生而知者也. ……知天命, 窮理·盡性也; ……從心所欲不踰矩, 則不勉而中矣.'"

러한 이유 때문에 결국 백세에 이르도록 잘된 정치가 없게 되었고, 천하는 나날이 썩어감에도 새롭게 할 수 없었던 것이다. 결국, 이러한 문제의식 하에서 정약용은 자기 나름의 독자적인 학문론을 제기·체계화하기에 이르렀던바, 이것의 특징은 곧 '지행겸진知行兼進'·'실용중시實用重視'·'민족중심民族中心'으로 요약될 수 있는 것이다.

1. 기존 학문에 대한 비판적 검토

정약용의 문제의식①: "공자의 도는 수기·치인일 따름"이요, 반드시 "경세를 용으로 삼았다"

정약용이 보기에 "공자孔子의 도道는 효孝·제弟일 따름"이요, 새삼 "공자의 도는 수기修己·치인治人일 따름"이었다. 즉, ① "공자의 도는 ㉠ 천하의 사람들 하나하나가 모두 효孝와 제弟의 덕德—이것은 물론 구체적인 인륜人倫의 실천實踐을 통하여 결과적으로 성취한 바의 '사공事功'이다—을 갖추도록 하는 것이었다." ㉡ 또한 "공자께서는 자로子路·염구冉求 등에 대해 매번 정사政事를 가지고 그 등급을 논하셨고, 안자顔子가 도道에 대해 물었을 때에도 반드시 나라를 다스리는 것으로써 대답하셨으며, 제자들에게 각자의 뜻을 물으셨을 때에도 역시 정사를 가지고 대답토록 하셨던 것이다. ② 이러한 사실을 통해서 볼 때, 공자의 도는 경세經世를 그 용用으로 삼았음을 알 수 있는바, 따라서 장구章句에 얽매이고 은일隱逸을 자칭하면서 사공事功에 힘쓰려고 하지 않는 자들은 모두 공자의 도를 따르는 자들이 아니었던 것이다."[43]

---

43 「爲盤山 丁修七贈言【字內則, 長興人】」(『定本 與猶堂全書 3』, pp. 395~396) "孔子之道, 孝·弟而已. ……孔子之道, 使天下之人, 一一皆孝·弟. ……孔子之道, 修己·治人而已. ……孔子於子路·冉求之等, 每從政事上論品; 顔子問道, 必以爲邦; 令各言志, 亦從政事上求對, 可見孔子之道, 其用經世也. 凡繳繞章句, 自稱隱逸, 不肯於事功上著力者, 皆非孔子之道也."

결국, 공자孔子의 도道를 제대로 구현하고 있는 "참된 선비의 학문이란 본디 나라를 다스려 백성들을 편안하게 하고, 오랑캐를 물리치고 재용財用을 넉넉하게 하며, 문文과 무武의 실력에 있어 모든 것에 합당하게 부응할 수 있는 그런 것이었다."[44] 다시 말하자면, 정약용이 생각한바 '이상적인 군자君子의 학문'이란 '수기修己의 학學으로서의 경학經學'과 '치인治人의 학學으로서의 경세학經世學'이 서로 유기적 관련성을 가지는 가운데 그 어느 쪽에도 치우침이 없이 균형을 유지하고 있는,[45] 따라서 고매하고도 자신감 넘치는 '정신문화'와 실용적이고도 넉넉한 '물질문명'을 동시에 구현할 수 있는 그런 것이었다.

정약용의 문제의식②: "양·묵의 학은 낡았고 불·노의 학은 우원하"며, '오학'은 이단에 불과하다

이상과 같은 정약용의 학문적 관점과 기준에서 조망하였을 때, ① 우선 "양주楊朱와 묵적墨翟의 학學은 이미 낡았고, 불교佛敎와 노장老莊의 학學은 너무 우원迂遠하였다."[46] ② 또한, 시선을 유가儒家 내로 돌려 당시 조선의 학계를 장악하고 있었던 현실의 다양한 학문조류들, 즉 '성리학性理學'·'훈고학訓詁學'·'문장학文章學'·'과거학科擧學'·'술수학術數學'을 두루 살펴보았을 때, 결국 "이 다섯 가지 학문이 번창하면서 주공周公과 중니仲尼의 도道가 황폐하게 됨"[47]으로써 심지어는 세도世道와 민생民生에 "홍수나 맹수에도 비길 수 없"는 커다란 해독을 끼치고 있었던 이단異端에 불과

44 「俗儒論」(『定本 與猶堂全書 2』, p. 340) "眞儒之學, 本欲治國安民·攘夷狄·裕財用, 能文能武, 無所不當."

45 『孟子要義』(『定本 與猶堂全書 7』, p. 239) "○[鏞案] ……君子之學, 不出二者. 一曰: '修己', 二曰: '治人'. 修己者, 所以善我也; 治人者, 所以愛人也. 善我爲義, 愛人爲仁. 仁·義相用, 不可偏廢. 二者各執其一, 不知變通, 是其謬也."

46 「爲盤山 丁修七贈言【字內則, 長興人】」(『定本 與猶堂全書 3』, p. 394) "楊·墨已古, 佛·老大迂, ……"

47 「五學論 5」(『定本 與猶堂全書 2』, p. 304) "五學昌而周公·仲尼之道, 榛榛然以莽, ……"

했던 것이다.[48]

정약용의 '오학' 비판①: 지금의 '성리학'은 주희를 무함하고 있다

우선, 정약용이 보기에 '성리학性理學'이란 원래 "도道를 알고 자신을 체인體認함으로써 본디 타고난 형색形色의 이理[天性]를 극진히 실천하는 데에 스스로 힘쓰"[49]는 학문이었다. 첫째, 정약용은 성리학 역시 그 정신을 계승·함축하고 있는 '유가儒家의 본령'에 대해 무엇보다 "인간의 본성은 천天에 근본하였고, 사물의 이치란 천天에서 나왔으며, 인륜이 곧 달도達道임을 알아, 이에 효孝·제弟·충忠·신信으로 천天을 섬기는 근본을 삼고, 예악禮樂·형정刑政으로 인간을 다스리는 도구를 삼으며, 성의誠意·정심正心으로 천天과 인간이 접할 수 있는 추뉴樞紐를 삼았던 것이다. 이를 총괄하여 '인仁'이라 하고, 이를 시행하는 방법을 '서恕'라 하며, 이를 시행하는 것을 '경敬'이라 하고, 스스로 지녀야 할 것을 '중화中和의 용庸'이라 하였다. 원래 이렇게만 말하였을 뿐 달리 많은 말이 없었던 것"[50]으로 인식·역설한 바 있다.

둘째, '유가의 본령' 및 '성리학의 정신'이 엄연히 이러함에도, ① 당시 조선에서 명색이 성리학을 한다는 자들은 하나같이 "'이理'니 '기氣'니, '성性'이니 '정情'이니, '체體'니 '용用'이니 하고 떠드는가 하면, '본연本然'이니 '기질氣質'이니, '이발理發'이니 '기발氣發'이니, '이발已發'이니 '미발未發'이니, 또는 '단지單指'니 '겸지兼指'니, '이동기이理同氣異'니 '기동리이氣同理

---

48 「爲盤山 丁修七贈言【字內則, 長興人】」(『定本 與猶堂全書 3』, p. 394) "科擧之學, 異端之最酷者也. ……至於科擧之學, 靜思其毒, 雖洪·猛不足爲喩也."

49 「五學論 1」(『定本 與猶堂全書 2』, p. 295) "性理之學, 所以知道認己, 以自勉其所以踐形之義也."

50 「五學論 1」(『定本 與猶堂全書 2』, p. 296) "(然古之爲學者,) 知性之本乎天, 知理之出乎天, 知人倫之爲達道, 以孝·弟·忠·信, 爲事天之本; 以禮樂·刑政, 爲治人之具; 以誠意·正心, 爲天·人之樞紐. 其名曰: '仁', 其所以行之曰: '恕', 其所以施之曰; '敬', 其所以自秉曰: '中和之庸', 如斯而已, 無多言也."

異'니, '심선무악心善無惡'이니 '심선유악心善有惡'이니 하면서 줄기와 가지와 잎사귀가 수천수만으로 갈라"져 하릴없이 서로 싸우고 대代를 이어 다투면서도 기실 "알맹이 없는 고고한 마음으로 스스로는 옳다고 오만을 떨고 있"을 뿐이었으니, 이는 정약용이 보기에 참으로 엉성한 작태에 지나지 않았다.[51] ② 한편, 주희는 "육경六經을 깊이 연구하여 진위眞僞를 판별하였고, 사서四書를 표장表章하여 깊은 뜻을 열어 보였다. 조정에 들어가 관각館閣의 벼슬에 임명되어서는 올바른 말과 격렬한 논쟁으로 자신의 생사를 돌보지 않은 채 임금의 숨겨진 과실을 공박하고 권신들의 기휘忌諱를 범했으며, 천하의 대세와 군사상의 기미에 대해서도 거침없이 논하면서 복수하여 부끄러움—남송南宋 때에 휘종徽宗과 흠종欽宗이 금金나라에 잡혀간 일을 말한다—을 씻음으로써 대의大義를 천추千秋에 펴고자 하였다. 나아가 주군州郡의 장관이 되어서는 인자한 규범을 세우고 백성의 은미한 고통을 속속들이 살펴 부역賦役을 공평하게 하고 흉년凶年과 역병疫病을 구제하였다. 그 큰 강령과 작은 조목은 충분히 나라라도 다스릴 수 있었으나, 출처出處가 반듯하여 조정에서 부르면 나아가고 파면하면 돌아와 은거하였다. 그러면서도 임금을 사랑하는 애틋한 정은 감히 잊은 적이 없었다."[52] 정작 주희의 행적은 이러했음에도, 후세에 그를 추종한다는 유자儒者들은 하나같이 '은사隱士'니 '산림山林'이니 자처하면서 임금과 주군州郡에서 충분한 예를 갖추어 누차 불러도 거드름을 피우며 나아가 벼슬하지 않고, 설령 벼슬을 하는 경우에도 경연經筵의 강

---

51 「五學論 1」(『定本 與猶堂全書 2』, pp. 296~298) "(今之爲性理之學者,) 曰: '理'·曰: '氣', 曰: '性'·曰: '情', 曰: '體'·曰: '用', 曰: '本然·氣質, 理發·氣發, 已發·未發, 單指·兼指, 理同氣異·氣同理異, 心善無惡·心善有惡', 三幹五椏, 千條萬葉, 毫分縷析, 交嗔互嚷, ……畢世而不能決其訟, 傳世而不能解其怨, ……豈不疎哉? ……而空腹高心, 傲然自是, ……"

52 「五學論 1」(『定本 與猶堂全書 2』, p. 297) "(嗚呼! 朱子何嘗然哉?) 硏磨六經, 辨別眞僞; 表章四書, 開示蘊奧. 入而爲館閣, 則危言激論, 不顧死生, 以攻人主之隱過, 犯權臣之忌諱, 談天下之大勢, 滔滔乎軍旅之機, 而復讎雪恥, 要以伸大義於千秋. 出而爲州郡, 則仁規慈範, 察隱察微, 以之平賦徭, 以之振凶札[扎]. 其宏綱細目, 有足以措諸邦國, 而其出處之正也, 召之則來, 捨之則藏, 拳拳乎君父之愛, 而莫之敢忘."

설관講說官이나 동궁東宮[世子: 필자 주]의 보도관輔導官 자리에나 나아가려고 할 뿐이요, 어쩌다 이들에게 전곡錢穀·갑병甲兵·송옥訟獄·빈상擯相 등의 일을 맡기면 '유현儒賢의 대우가 이래서는 안 된다'고 하며 떼를 지어 들고 일어나니, 정약용이 보기에 만약 "이러한 논리를 따라 미루어 본다면 장차 주공周公 같은 자는 태재太宰가 될 수 없을 것이요, 공자孔子 같은 자는 사구司寇가 될 수 없을 것이며, 자로子路 같은 자는 옥송獄訟을 판결할 수 없고, 공서화公西華 같은 자는 빈객賓客을 접대할 수 없을 것이다. 결국, 성인聖人께서 이런 사람들에게 정녕 무슨 학문을 가르쳐 주실 수 있겠으며, 임금 또한 이런 사람들을 데려다가 어디에다 쓸 수 있겠는가? 그런데도 이들은 짐짓 주희에게 귀의하고 있는 양 스스로 꾸며대기를 '나는 주자朱子를 높이 받드는 사람'이라 우기"고 있으니, 기실 이는 주희를 높이기는커녕 오히려 그를 무함誣陷하는 작태에 지나지 않았던 것이다.[53]

정약용의 '오학' 비판②: 지금의 '훈고학'은 의리를 몰각하고 있다

다음으로, '훈고학訓詁學'이란 원래 "경전經傳의 자의字義를 밝혀 도학道學과 명교名教의 지취旨趣를 알게 하"[54]는 학문이었다. 첫째, 정약용이 보기에 그럼에도 "한漢 나라 이래 전수되어온 훈고학의 내용이 모두 본지本旨에 맞는 것이라고 기필할 수 없으며, 설령 그 본지本旨를 얻은 것이라 하더라도 자의字義를 밝히고 구절句絶을 바로잡는 데에 지나지 않아, 결

53 「五學論 1」(『定本 與猶堂全書 2』, p. 297) "今爲性理之學者, 自命曰: '隱', ……雖三徵七辟, 禮無虧欠, 則勿士焉. 生長輦轂之下者, 爲此學則入山, 故名之曰: '山林'. 其爲官也, 唯經筵講說及春坊輔導之職, 是注是擬. 若責之以錢穀·甲兵·訟獄·擯相之事, 則群起而病之, 以爲待儒賢不然. 推是義也, 將周公不得爲太宰, 孔子不得爲司寇, 子路不得折獄, 公西華不得與賓客言. 聖人敎斯人, 將安授之; 國君致斯人, 將安用之? 乃其所自倚以文之, 則曰: '我尊尙朱子', 嗚呼! 朱子何嘗然哉? ……沈淪乎今俗之學, 而援朱子以自衛者, 皆誣朱子也."

54 「五學論 2」(『定本 與猶堂全書 2』, p. 298) "詁訓之學, 所以發明經傳之字義, 以達乎道·敎之旨者也."

국 이것만으로는 선성先聖과 선왕先王의 도학道學과 명교名敎의 근원에 대하여 그 깊은 뜻을 엿보아 규명할 수 없"었던 한계가 있었던바, 이에 올바른 학문을 위해서는 의당 "지금의 배우는 자들이 한漢 나라 학자들의 주해注解를 고증하여 훈고訓詁를 구하고, 송宋 나라 주희朱熹의 집전集傳을 가져다가 의리義理를 찾아야 했"[55]던 것이다.

둘째, 사정이 이러함에도 당시 훈고학을 한다는 자들은 비록 '한송절충漢宋折衷'이란 명분을 내세우고는 있었지만 실상은 오직 한漢 나라의 것만을 존숭하고 있을 뿐이었다. 이에 궁실宮室과 충어蟲魚에 대한 훈고를 달아 글자의 뜻은 통하게 하였지만 글귀의 뜻은 끊어지게 하였고, 이에 성명性命의 이치와 효제孝弟의 가르침과 예악禮樂·형정刑政의 문장에 대해서는 참으로 깜깜한 상태에 있었던 것이다. 또한 이들은 장구章句를 해석하면서 그 이동異同에 대한 연혁만을 고찰할 뿐, 여기에서 한 걸음 더 나아가 옳고 그름을 판별하고 정正과 사邪를 구별하여 이를 체행體行하는 방법은 찾으려 하지 않았다. 결국, 정약용이 보기에 이들은 기본적으로 한漢 나라의 학설만을 맹종하고 신봉하는 데 그칠 뿐이요, 가까이는 마음과 성품을 닦고 멀리는 세상을 교도하고 백성을 잘 다스리는 일에는 관심을 두지 않는 한계성을 드러내고 있었던 것이다.[56]

정약용의 '오학' 비판③: 지금의 '문장학'은 "오도의 커다란 해독"에 불과하다

한편, 당시의 '문장학文章學'이란 단지 "오도吾道[儒敎: 필자 주]의 커다란 해

55 「五學論 2」(『定本 與猶堂全書 2』, p. 298) "然其詁訓之所傳受者, 未必皆本旨, 雖其得本旨者, 不過字義明而句絶正而已, 于先王先聖道·敎之源, 未嘗窺其奧而溯之也. ……今之學者, 考漢注以求其詁訓, 執朱傳以求其義理, ……"

56 「五學論 2」(『定本 與猶堂全書 2』, pp. 298~299) "今之所謂詁訓之學, 名之曰: '折衷漢·宋', 而其實宗漢而已. 詁宮室·訓蟲魚, 以之通其字·絶其句而已. 于性·命之理, 孝·弟之敎, 禮樂·刑政之文, 固昧昧也. ……今也, 唯詁訓章句, 其異同沿革, 是考是察, 曾不欲辨是非·別邪正, 以求其體行之術, 斯又何法也? ……凡漢儒之說, 不問其要領, 不察其歸趣, 唯專心志以信之. 邇之, 不慮乎治心而繕性; 遠之, 不求乎輔世而長民, ……"

독"[57]에 지나지 않았다. 첫째, "대저 문장文章이란 원래 무엇인가?" 즉, 정약용이 보기에 "옛사람들은 중中·화和와 지祗·용庸으로 내면의 덕을 함양하고, 효孝·제弟와 충忠·신信으로 외면의 행동을 돈독하게 하며, 『시경詩經』·『서경書經』과 『예기禮記』·『악경樂經』으로 기본을 배양하고, 『춘추春秋』 및 『역경易經』의 「상사象辭」로 사변事變에 통달하여 천지의 올바른 이치와 만물의 갖가지 실정을 두루 알았다. 그리하여 마음속에 쌓인 지식이 마치 대지大地가 만물을 싣고 대해大海가 큰물을 담은 듯하고, 금방 쏟아질 것 같은 비구름과 터져나갈 것 같은 우레가 서린 듯하여, 끝내 그대로 쌓아두고 만은 있을 수 없는 그 무엇이 있었던 것이다. 이렇게 된 뒤라야 어떤 사물을 접함에 참으로 공감할 수도 있고 그렇지 않을 수도 있는 것이어서, 감동하고 격분하는 데에 따라 이를 서술하여 밖으로 드러냄이 마치 거대한 바닷물이 소용돌이치고 눈부신 태양이 찬란히 빛나는 것과 같아, 이에 가까이는 사람들을 감동시키고 멀리는 천지와 귀신도 감격시킬 수 있었던 것이니, 바로 이것을 일컬어 '문장'이라 하는 것이다. 따라서 문장이란 외적인 그 무엇에서 구할 수 있는 것이 아니요," 모름지기 가슴 깊은 곳에 축적되어 있는 것에서부터 발출되어야 하는 것이었다.[58]

둘째, 문장의 실체가 이러함에도, ① 후세의 문장가들이란 대개가 기이함을 좋아하고 의협義俠을 숭상하면서 스스로 예의禮義를 외면하거나, 도道를 모르거나, 참위讖緯에 빠지거나, 배우俳優처럼 스스로를 자랑하는 데에 그쳤을 뿐이요, 그 이하는 단편적인 아름다움이 있기는 해도

---

57 「五學論 3」(『定本 與猶堂全書 2』, p. 299) "文章之學, 吾道之鉅害也."

58 「五學論 3」(『定本 與猶堂全書 2』, pp. 299~300) "夫所謂文章者, 何物? ……古之人, 中·和·祗·庸, 以養其內德; 孝·弟·忠·信, 以篤其外行; 『詩』·『書』·『禮』·『樂』, 以培其基本; 『春秋』·『易』「象」, 以達其事變, 通天地之正理, 周萬物之衆情. 其知識之積於中也, 地負而海涵, 雲鬱而雷蟠, 有不可以終閟者. 然後有與之相遻者, 或相入焉, 或相觸焉, 撓之焉, 激之焉, 則其宣之而發於外者, 渤潏汪濊, 粲爛煜霅, 邇之可以感人, 遠之可以動天地而格鬼神, 斯之謂'文章'. 文章不可以外求也. ……文章, 不自內發, 迺皆外襲以自雄, 斯豈古所謂文章者哉?"

비평할 가치조차 없었던 것이다. 예를 들자면, 한유韓愈[昌黎, 768~824: 中國 唐 나라의 학자·문학가]·유종원柳宗元[字는 子厚, 773~819: 中國 唐 나라의 문학가]·구양수歐陽脩[醉翁, 1007~1072: 中國 北宋의 학자·문학가]·소식蘇軾[東坡居士, 1037~1101: 中國 北宋의 학자·문학가] 등이 지은 글들이란 거개가 화려하기는 해도 알맹이가 없고 기이하긴 해도 올바르지 못하였다. 따라서 이러한 글들로써는 안으로 몸을 수양하고 어버이를 섬길 수 없으며, 밖으로는 임금을 옳은 길로 보도輔導하고 백성을 잘 다스릴 수가 없었던 것이다. 이에 일생토록 읽어도 영락된 채 실의에 빠지게 할 뿐이요, 끝내는 이것으로 천하와 국가를 다스릴 수 없으니, 이야말로 오도吾道[儒敎: 필자 주]를 해치는 좀벌레들로서, 장차 그 해독이 양주楊朱·묵적墨翟이나 노장老莊·불교佛敎보다 더 심할 것이었다.[59] ② 더욱이 정약용이 살았던 시대의 문장가란 부류는 여기서 한 술 더 떠, 단지 님의 눈을 속이면서 유학儒學 같기도 하고 불학佛學 같기도 하여 기괴하고 음란하기 그지없는 글들로 유명한 나관중羅貫中[湖海散人, ?~?: 中國 元末明初의 문학가]이나 시내암施耐庵[名은 子安, ?~?: 中國 元末明初의 문학가] 등과 같은 부류를 스승으로 숭배하면서, 하나같이 쓸쓸한 듯, 슬픈 듯, 그윽한 듯, 오열하는 듯, 숨 막혀 비비꼬는 듯, 산의 기복이 극심한 듯한 글만을 일삼아, 결국 사람의 넋을 녹이고 창자를 끊어지게 한 다음에야 그만 두었던 것이다. 그러면서도 이들은 혼자서 기뻐하고 스스로를 높이면서 세월 가는 줄도 모르고 거드름을 피우고 있는 실정이었으니, 이들의 폐해라는 것은 단지 한유韓愈 등의 정도에 그치는 것이 아니었다.[60]

---

59 「五學論 3」(『定本 與猶堂全書 2』, p. 300) "太史遷好奇尙俠而自外乎禮義, 揚雄不知道, 劉向溺於讖緯, 司馬相如俳優以自衒, 下此以往, 破碎綺靡, 無譏焉. ……韓·柳·歐·蘇, 其所謂序記諸文, 率皆華而無實, 奇而不正. ……內之不可以修身而事親, 外之不可以致君而牧民, 終身誦慕而落魄牢騷, 卒之不可以爲天下國家, 此其爲吾道之蟊螣也, 將有甚乎楊·墨·老·佛."

60 「五學論 3」(『定本 與猶堂全書 2』, pp. 300~301) "今之所謂文章之學, ……祖羅【羅貫中】·祧施【施耐庵[菴]】·郊麟【金聖歎】·禘螺【郭青螺】, 而尤侗·錢謙益·袁枚·毛甡之等, 似儒似佛, 邪淫譎怪, 一切以求眩人之目者, 是宗是師. 其爲詩若詞, 又凄酸幽咽, 乖拗犖确, 壹是可以銷

정약용의 '오학' 비판④: 지금의 '과거학'은 "천하를 배우의 연기술로 통솔하는" 학문이다

이어, 정약용이 보기에 '과거학科擧學'이란 곧 "이 세상을 다스리면서 온 천하를 배우俳優의 연기술演技術로 통솔하"[61]는 학문에 불과하였다. 첫째, "그 실상을 살펴보면 글귀를 표절하여 아름답게 꾸며서 한때 사람의 눈을 현혹시킨 것일 뿐"이요 "마음을 다스리고 행동을 검속하는 법이나 임금의 잘못을 바로잡고 백성에게 은택을 베푸는 방도에 대해서는 생각조차 하지 않은 채" 단지 "허황한 말과 거짓된 글을 지어 스스로 자신의 풍부한 견문見聞을 자랑함으로써 과거보는 날 하루 급제及第의 요행을 도박"하는 것이 그 본질이었다.[62]

둘째, 정약용은 특히 당시의 과거학은 치명적인 문제점을 내포한 것으로 인식했으니, 즉 ① 천하의 총명하고 슬기로운 인재들을 한결같이 과거科擧라는 절구통에 집어넣어 본인의 재능이나 개성과는 상관없이 마구 짓이기고 있는데다가, ② 이 가운데 어쩌다 요행으로 과거에 급제한 자에게는 천하 사람들의 존대를 누리게 하면서도 역경에 빠져 뜻을 얻지 못한 대부분의 사람들은 비록 천하의 훌륭한 행실과 지혜를 가졌다 하더라도 실의에 빠진 채 한을 품고 죽어가도록 만들고 있었으니, 이는 참으로 불공평하고도 서글픈 일이었다. ③ 또한, 이러한 과거학은 예禮·악樂이나 형刑·정政과 같은 실용적이고 실무적인 일을 잡된 일

魂斷腸則止. 遂以是自怡自尊, 而不知老之將至, 其爲吾道之害, 又豈但韓·柳·歐·蘇之流而已."; 『陶山私淑錄』(『定本 與猶堂全書 4』, p. 317) "況可以霎時注眼於稗官小品等淫邪不經之書乎? 近世才士秀儒, 率未免拔跡於『水滸傳』·『西廂記』等書, 故其文皆靡曼淒酸, 刺骨鎖肌, 不惟道義理趣, 一無可觀, 甚至繁華富貴家口氣, 亦說不得出來, 甚妨福祿, 此皆喜觀雜書之害也."

61 「五學論 4」(『定本 與猶堂全書 2』, p. 301) "主斯世而帥天下, 以倡優演戲之技者, 科擧之學也."

62 「五學論 4」(『定本 與猶堂全書 2』, p. 301) "夷考其實, 剽字竊句, 抽朱擢綠, 以眩一時之目, ……治心檢身之法, 非所問也; 匡君澤民之術, 非所意也. ……吐虛吹假, 構幻織誕, 以自衒其瞻博之聞, 以賭一日之捷而已."

로 치부하게 만듦으로써 결과적으로 실무에 어둡고 무능하여 나라의 녹만 축내는 관리들을 양산하고 있는 실정이었으니, 이는 궁극적으로 나라를 쇠잔하게 만들고 백성을 괴롭히는 커다란 재앙에 불과했던 것이다.[63]

정약용의 '오학' 비판⑤: 지금의 '술수학'은 "학문이 아니라 혹술"에 불과하다

끝으로, 정약용이 보기에 '술수학術數學'이란 단적으로 "학문이 아니라 혹술惑術"[64]에 불과하였다. 첫째, 이러한 학문이란 곧 마술魔術[幻]이나 풍수설風水說 등을 위시하여 "복서卜筮·간상看相·성요星耀·두수斗數 등과 같이 술수術數로 부연敷衍하는 모든 것들"이 대표적인바, 기실 "이러한 내용은 역대로 견강부회牽强附會되어 왔지만 하나도 증험된 것이 없"는 말 그대로 "모두 혹술일 뿐 학문이 아니었다."[65]

둘째, 이러한 술수학을 하는 자들이란 그럼에도 하나같이 뭇 어리석은 사람들을 미혹하여 이들의 추대를 받음으로써 실상 없는 명예를 도둑질하고 무거운 명망을 짊어지고 있는 부류로서, 이들은 괴이한 일만 좋아하며 은연중 세상일을 미리 아는 성인聖人인 것처럼 자처하고 있으나 정작 자신들은 이것이 얼마나 수치스러운 일인지를 전혀 깨닫지 못하는 어리석기 짝이 없는 무리이기도 하였다. 더욱이 그들은 여기

63 「五學論 4」(『定本 與猶堂全書 2』, pp. 301~302) "有或徼幸而成名者, 父撫之曰: '孝子', 君慶之曰: '良臣', 宗族愛之, 朋舊尊之. 其落拓而不得志者, 雖行如曾·尾, 智如樗·犀, 率龍鍾蕉悴, 齎哀恨以死. 嗚呼! 此何法也? ……今也, 括天下聰慧之才, 壹皆投之於科擧之臼, 而春之撞之, 唯恐其不破碎靡爛, 豈不悲哉! 一陷乎科擧之學, 卽禮·樂爲外物, 刑·政爲雜事. 授之以牧民之職, 則蒙蒙然唯吏指是承; 入而爲財賦·獄訟之官, 則尸居素食而唯故例是問; 出而操甲兵·捍禦之權, 則曰: '軍旅, 未之學也', 推武人以居前列. 天下將安用矣? ……若天眷顧, 因其衰而遂變之, 則生民之福."

64 「五學論 5」(『定本 與猶堂全書 2』, p. 302) "術數之學, 非學也, 惑也."

65 「五學論 5」(『定本 與猶堂全書 2』, p. 303) "天文·五行之志, 歷世傅會, 無一驗者. ……燕市賣幻之人, ……象鞮歲語人甚悉, 又何惑焉? 徐乾學葬考, 斥風水之說, ……又何惑焉? 推是以往, 若卜筮·看相·星耀·斗數之等, 凡以術數衍者, 皆惑也, 非學也."

서 그치지 않고, 선왕先王의 도道를 강명하고 효孝·제弟를 근본으로 삼아 보이지 않는 일에 삼가는 한편 예禮·악樂과 형刑·정政의 글을 연구하고 있는 참되고 올바른 선비를 보면 오히려 그를 어리석다고 비웃기까지 하는 실정이었으니, 결국 정약용이 보기에 결단코 이러한 부류와 손잡고 같이 요堯·순舜의 문하로 들어갈 수는 없었던 것이다.[66]

2. '새로운 학문론'의 전개

그러면, 정약용丁若鏞은 상기한바 '기존 학문에 대한 비판적 검토'에 상응하여 그 자신이 구상했던 '이상적인 학문상學問像'과 관련해서는 구체적으로 어떤 입장을 정립·개진하고 있을까? 결론부터 이야기하자면, 이는 다름 아닌 '지행겸진知行兼進'의 학문, '실용중시實用重視'의 학문 및 '민

---

66 「五學論 5」(『定本 與猶堂全書 2』, pp. 303~304) "嗚呼! 竊虛名·負重望, 爲衆愚所歸嚮者, 悉此先生. 有眞正不僞之士, 講明先王之道, 本孝弟·愼微隱, 而究禮樂·刑政之文者, 則哂之, ……彼事魔好怪, 隱然自據乎前知之聖, 而莫之知恥也. 又惡能攜手同歸於堯·舜之門哉?"

또한, 정약용은 이처럼 혹술惑術을 부리는 자들에 대해서 직설적으로 강한 적개심을 토로하기도 하였다: "간肝을 베고도 죽지 않는 것은 마술[幻術]이다. 마술을 부리는 자는 이런 모양을 거짓으로 꾸며 사람의 눈을 현혹시키는 것인데, 이런 사정을 알지 못하는 사람들은 이런 자를 효자孝子로 여긴다. 이런 자는 왕법王法에 따라 반드시 죽이고 용서하지 말아야 하니, 어찌 의심할 나위가 있겠는가?(○[案] 割肝不死者, 幻術也. 幻者, 假作此狀以眩人目, 不知者, 以爲孝子也. 其在王法, 必誅無赦, 豈足疑乎?)" 「烈婦論」(『定本 與猶堂全書 2』, p. 324); "추연鄒衍이 율律을 불어 곡식을 자라게 했다는 것은 명백히 사술邪術이다. 이는 서역西域의 마술쟁이 부류로 놀랄 것이 못된다. 근래 북경의 거리에는 으레 마술을 파는 자가 있어 겨울에도 열매를 맺게 하였는데, 우리나라에도 이를 전습傳襲한 자가 있었다. 요망한 사람인 강생姜生이 제주도에 유배되었는데, 역시 겨울에 콩을 파종해서 순식간에 익게 했으니, 이는 모두 귀물鬼物을 옮겨 사람의 눈을 현혹시킨 것이다. 이처럼 사특하고 요망한 자는 죽여야 한다. ……율律을 불어 성姓을 정한다는 것 역시 사술邪術에 관계된 것이다. ……이 또한 망령된 말로서 마땅히 벌을 내려야 한다.(○[又按] 鄒衍吹律生黍, 明是邪術. 此西域幻人之類, 不足驚也. 近世北京街市, 例有賣幻者, 寒月能致蓏果, 吾東亦有傳襲者. 妖人姜生編配濟州, 亦寒月播菽, 頃刻成熟, 此皆鬼物般運以眩人目者. 淫邪妖罔, 可誅可殺, ……○[又按] 吹律定姓, 亦係邪術. ……此又妄言之當刑者.)" 『樂書孤存』(『定本 與猶堂全書 23』, pp. 65~66)

족중심民族中心'의 학문으로 요약될 수 있겠다.

1) '지행겸진'의 학문

정약용의 문제의식: '실천'이란 개념은 정약용 '학문'론의 사상적 요체이다

정약용의 세계관에 있어서 '실천實踐'이란 개념은 단지 그 필요성이 당위적으로만 인정되는 데에 그치는 일종의 부차적인 이론적 장식물이 결코 아니었다. 오히려 정반대로 이 개념은 정약용의 철학체계 일반, 특히 그 자신의 인간론과 윤리론을 구성함에 있어 논리적으로 필수불가결하게 요청되고 있는, 바로 이러한 의미에서 핵심적인 초석들 가운데 하나였다. 물론 정약용의 학문론에 있어서도 이 '실천'이란 개념은 바로 그의 시대적 문제의식을 총체적이자 집약적으로 함축·대변하고 있는 사상적 요체였던 것이다.

정약용의 '학·습'관: "'학'이란 지식을 넓혀 나가는 것이며, '습'이란 이것을 실행하는 것"이다

그렇다면 정약용의 학문론에 있어서 상기한바 '실천'이란 개념은 구체적으로 그의 문제의식을 어떻게 대변하고 있는 것일까? 우선, 학문론 일반에 있어서 가장 기본적인 범주라고도 할 수 있는 '학學'과 '습習'이란 개념에 대해서부터 정약용과 주희朱熹는 서로 간에 그 이해방향을 사뭇 달리하였다. 그리고 이 다름의 밑바닥에는 곧 '실천'이란 개념에 대한 이해의 상이함이 개재되어 있었음은 물론이다.

1

우선, 주희의 '학學·습習'론을 살펴보면, 첫째, 그에게 있어 ① "학學이란 말은 본받는다[效]"는 뜻이었다. 즉, "인간의 본성本性이란 모두가 선善한 것이지만 이것을 앎에 있어서는 (인간 사이에: 필자 주) 선先과 후後가 있나니, 나중에 깨닫는 자는 반드시 먼저 깨달은 자의 행한 바를 본받아야만 이에 선善을 밝게 알게 되고 (잃었던: 필자 주) 애초의 본성本性을 회복할 수 있는 것이다." ② 또한 "습習이란 거듭하여 익힘[重習]을 의미하나니, 때때로 다시 생각하고 궁구하여 마음속에 무젖게 하는 것"이요, 바로 이렇게 하였을 때 비로소 "마음속에는 기쁨[說]이 넘치게 되니, 따라서 공부에 있어서도 그 진전됨을 스스로도 그만둘 수 없게 되는 것이다."[67]

둘째, 이렇게 볼 때 주희의 '학·습'론은 '마음[心]'의 영역을 한 치도 벗어나지 않는다. 즉, ① '학學'이 무엇보다 '선善을 밝게 아는 과정'이요 '잃었던 본성本性을 회복하는 문제'로 나타난다면, 한편 '습習'이란 것 역시 '배운 바를 마음속에 무젖게 하는 일'이요 심지어 이때에 느끼는 '기쁨[說]'마저도 여전히 '마음의 문제'에 국한되고 있다.[68] ② 이러한 맥락에서 주희의 '학·습'론이 전제·강조하는 '실천'이란 결과적으로 인간의 내면적 수양에 초점을 두고 있는 '심학心學의 문제'로 귀결되고 있는 셈이다.

마지막으로, 이상과 같은 주희의 '학·습'론은 결국 ① 자신의 학문론에 있어서 가장 핵심적이자 우선적인 목표로 상정된바 '구인求仁·진성盡性'이란 내면적 수양의 문제와 정확하게 조우하고 있을 뿐만 아니라, ② 심지어는 하늘이 억조億兆 만백성萬百姓의 군사君師—군주이면서 동시에 스승인 자—를 세워 그들로 하여금 다스리고 하고 가르치게 한 궁극적인 목적

---

67 『論語集註』, 「學而」篇 第1章의 註 "學之爲言效也. 人性皆善, 而覺有先後, 後覺者必效先覺之所爲, 乃可以明善而復其初也. 旣學而又時時習之, 則所學者熟, 而中心喜說, 其進自不能已矣. ……習, 重習也. 時復思繹, 浹洽於中, 則說也."; 『大學章句』, 「經1章」의 註 "明德者, 人之所得乎天而虛靈不昧, 以具衆理而應萬事者也. 但爲氣稟所拘, 人欲所蔽, 則有時而昏. 然其本體之明, 則有未嘗息者. 故學者當因其所發而遂明之, 以復其初也."

68 주희는 "열說은 마음속에 있는 것이요, 낙樂은 발산하는 것을 위주로 하여 바깥에 드러난 것(說在心, 樂主發散在外)"[『論語集註』, 「學而」篇 第1章의 註]이라 설명하고 있다.

이기도 하였다.[69]

2

한편, 정약용이 보기에 이상과 같은 주희의 '학學·습習'론은 기실 배우는 자에게 진정한 기쁨을 주지 못한다. 첫째, 그에게 있어 ① "학學이란 스승의 가르침을 받는 것이요, 습習이란 이를 익히는 것이다." 다시 말하자면 "학學이란 지식을 넓혀 나가는 것이며, 습習이란 이것을 실행하는 것"을 뜻한다. ② 따라서 '때때로 익힌다[時習]'라는 말은 곧 '배운 것이 있으면 즉시 그것을 실행한다'는 의미인 것이다. 즉, "혼정신성昏定晨省을 배웠다면 즉시 그 날부터 혼정신성을 실행하는 것이며, 날마다 아침부터 저녁까지 두려워하고 삼가야 함을 배웠다면 바로 그 날부터 아침에서 저녁까지 두려워하고 삼가함을 실행하는 것이다." ③ 결국 '배우고 때때로 익힌다[學而時習]'라는 말은 다름이 아니라 "아는 것과 이것의 실행을 함께 닦아 나가는 것[知行兼進]"을 의미했던 것이다.

둘째, 이러한 의미에서 정약용의 '학·습'론은 곧 내면적인 '마음[心]'의 영역과 함께 외면적인 '행위[實踐]'의 영역을 동시에 포괄하고 있다. 다시 말하자면, ① '학學'이 '마음[心]'의 영역에 속한다면 '습習'은 '행위[實踐]'의 영역에 속하나니, 즉 ㉠ '학學'이란 것이 '스승의 가르침을 받는 일'이자 내면에서 '지식을 넓혀나가는 문제'로 나타난다면, ㉡ 반면 '습習'이란 어디까지나 행동으로 '실행하는 문제'이자 동시에 이를 통해 '배운 바를 익히는 일'에 해당한다. ② 따라서 정약용은 배움의 진정한 즐거움 또한 이처럼 '아는 것[知]'으로서의 '학學'과 '행하는 것[行]'으로서의 '습習'이 어우러질 때 비로소 느낄 수 있다고 생각하였다. 그럼에도 "후세

69 『大學章句』, 「大學章句序」 "蓋自天降生民, 則旣莫不與之以仁·義·禮·智之性矣. 然其氣質之稟, 或不能齊, 是以不能皆有以知其性之所有而全之也. 一有聰明睿智·能盡其性者, 出於其間, 則天必命之, 以爲億兆之君師, 使之治而敎之, 以復其性. ……"

의 학문[정주성리학: 필자 주]은 배우기만 할 뿐, (실행을 통해: 필자 주) 익히지 않았기 때문에 기쁨을 느낄 수 없었던 것이다."70

마지막으로, 이상과 같은 정약용의 '학·습'론은 한편 그가 자신의 윤리론을 통해서 평소 반복적으로 강조했던 '덕德' 개념, 즉 이는 구체적인 인륜의 실천[行事]을 통해 결과적으로 성취한 바의 '사공事功'이자 '인륜의 성덕成德'71이요, 따라서 오로지 심학心學을 통해서만 해명될 수 있는 성질의 것이 아님72을 역설했던 문제의식과도 동전의 양면을 이루고 있다.

정약용의 '존심'설 비판①: 주희는 '미발·이발' 개념을 잘못 이해하였다

이미 살펴본 바대로, 주희는 자신의 학문론을 통해 '구인求仁·진성盡性'이라는 내면적 수양의 최종목표를 달성하기 위한 방법론으로서 '거경居敬·궁리窮理'를 각각 강조했으며, 특히 전자의 방법론, 즉 '거경'과 관련해서는 그 결과적 공효이자 요체로서 곧 '존심存心'설을 제기한 바 있다. 즉,

---

70 『論語古今注 I』(『定本 與猶堂全書 8』, p. 31) "○[補曰] 學, 受教也. 習, 肄業也. 時習, 以時習之也."; 『論語古今注 I』(『定本 與猶堂全書 8』, p. 32) "○[駁曰] ……'時習'者, 時時習之也.【朱子云】學晨省昏定, 便自是日, 習晨省昏定; 學日乾夕惕, 便自是日, 習日乾夕惕. ……學, 所以知也; 習, 所以行也. '學而時習'者, 知行兼進也. 後世之學, 學而不習, 所以無可悅也."

71 『論語古今注 I』(『定本 與猶堂全書 8』, p. 97) "[補曰] 仁者, 人倫之成德. ……○[案] 仁者, 忠·孝之成名."; 『論語古今注 I』(『定本 與猶堂全書 8』, p. 142) "○[案] 仁者, 人倫之成德也."; 『論語古今注 I』(『定本 與猶堂全書 8』, p. 176) "[質疑] 仁者, 人倫之成德; 恕者, 所以成仁之方法."; 『論語古今注 I』(『定本 與猶堂全書 8』, p. 311) "[補曰] …… 仁者, 人倫之成德也."; 『論語古今注 II』(『定本 與猶堂全書 9』, p. 76) "○[又按] 仁者, 人倫之成德."; 『論語古今注 II』(『定本 與猶堂全書 9』, p. 133) "○[案] 仁者, 非本心之全德, 亦事功之所成耳."; 『論語古今注 II』(『定本 與猶堂全書 9』, p. 220) "○[案] …… 況仁者, 人倫之成德, 非所以養心, ……"; 『孟子要義』(『定本 與猶堂全書 7』, p. 208) "○[鏞案] ……實行旣著, 乃稱爲德."; 『大學公議』(『定本 與猶堂全書 6』, p. 83) "○[答曰] ……接物而後, 敬之名生焉; 應事而後, 義之名立焉, 不接不應, 無以爲敬·義也."; 『大學公議』(『定本 與猶堂全書 6』, p. 89) "○[答曰] ……然先聖之治心·繕性, 每在於行事, 行事不外於人倫."; 『大學公議』(『定本 與猶堂全書 6』, p. 105) "○[議曰] ……○…… 若馳心於空寂之地, 則無緣有德. 行事而后, 德之名立焉."

72 『論語古今注 II』(『定本 與猶堂全書 9』, p. 298) "○[案] ……先儒只以心學爲解, 恐本旨不然.【吳康齋云: '夫子論仁, 決不空寂, 論個「心」字, 以入于禪境.'】"

그는 '구인求仁'의 경지에 이르기 위해서는 무엇보다 끊임없는 정심正心·양성養性을 통해 심心을 한 점의 미동도 없이 잠잠하고 고요하게 하여 그 적연부동寂然不動하고 밝은 상태—이것이 곧 '미발未發'이니, 결국 '어떠한 정의情意도 계탁計度도 조작造作도 없는 상태'[73]이다—로 유지할 것을 일관되게 역설·요구했던 것이다.

한편, 정약용이 보기에 주희의 상기한바 '거경居敬' 개념이 논리적으로 함축하는 '존심存心'설이란 사실상 현실적으로 받아들이기 어려운, 바로 이런 의미에서 정녕 의혹투성이에 지나지 않았으니, 무엇보다 주희는 '미발未發·이발已發'이란 개념을 이해함에서부터 기본적으로 잘못을 저지르고 있었다. 첫째, 『중용中庸』의 경문經文 "희·로·애·락지미발, 위지 '중'; 발이개중절, 위지'화'喜·怒·哀·樂之未發, 謂之'中'; 發而皆中節, 謂之'和'[희喜·로怒·애哀·락樂이 발發하지 않은 것을 '중中'이라 이르고, 발하여 모두 절도節度에 맞은 것을 '화和'라 이른다]"[『中庸章句』「第1章」]에서의 '미발未發'이란 개념은 말 그대로 단지 '희喜·로怒·애哀·락樂의 미발'을 의미할 따름이지, 주희의 주장처럼 '심지사려心知思慮의 미발', 즉 '어떠한 정의情意도 계탁計度도 조작造作도 없는 상태'라던가 '텅 비고 고요하여 아무른 조짐도 없는[沖漠無朕] 형상'을 지칭하는 것은 결코 아니었다.[74] ① 만약 '미발'을 주희처럼 이해한다면 '심心의 진체眞體를 보존하여 성덕군자成德君子가 된다'는 것은 곧 '심心을 마치 말라죽은 나무[枯木]나 불 꺼진 재[死灰]처럼 유지해야 한다'는 것을 의미함이니, 정녕 심체心體가 이러한 상태에 있다면 이는 현실적으로 살아있는 사람의 경우로 볼 수가 없는 것이다.[75] ② 따라서 미발시未發時라 하더라

---

73 『朱子語類』, 卷1(「理氣 上」), p. 3.(中華書局, 1981) "理却無情意·無計度·無造作."

74 『中庸自箴』(『定本 與猶堂全書 6』, pp. 235~236) "[箴曰] ……○……未發者, 喜·怒·哀·樂之未發, 非心知思慮之未發."; 『中庸講義補』(『定本 與猶堂全書 6』, p. 290) "○[今按] ……○……經但曰: '喜·怒·哀·樂未發'而已, 何嘗曰: '一切思念都未發'乎?"; 『中庸講義補』(『定本 與猶堂全書 6』, p. 293) "○[今按] ……未發者, 喜·怒·哀·樂之未發, 豈心知思慮之未發乎?"; 『中庸講義補』(『定本 與猶堂全書 6』, pp. 393~394) "○[臣對曰] ……喜·怒·哀·樂未發, 非心知思慮之未發, 豈沖漠[漠]無朕之象乎?"; 『心經密驗』(『定本 與猶堂全書 6』, p. 209) "○[案] 喜·怒·哀·樂之未發, 非心知思慮之未發."

도 사람은 얼마든지 계신공구戒愼恐懼할 수 있고 궁리窮理할 수 있으며 의義를 생각하고 천하의 사변事變에 대하여 상량商量할 수 있는 것이다.[76]

둘째, 바로 이러한 맥락에서 ① 신독군자愼獨君子란 이미 '미발'의 때에도 반드시 자신의 심心을 지극히 공평하게 유지하고 덕德을 굳건하게 붙잡아 중정中正의 본체를 잃지 않는 자인바, 결국 이러한 노력 덕분에 창졸간에 희·로·애·락할 일을 당하더라도 그 대응에 절도를 잃지 않으며, 결과적인 '중中·화和'의 덕 또한 천지天地로 하여금 제자리를 얻게 하고 만물萬物을 기르는 효능을 가질 수 있게 되는 것이다.[77] ② 이처럼 "성인聖人의 법은 사색하지 않을 때에는 학습하고, 학습하지 않을 때에는 사색하여 잠시라도 끊이지 않는 것"이었으니, 이에 오히려 "심心 속

---

75 『大學公議』(『定本 與猶堂全書 6』, pp. 118~119) "○[鏞案] ……(忿懥等四情, 不歸於不合理之物, 而戒之以四有所,) 則槁木死灰, 乃保眞體. 心體如此, 定非活人."; 『中庸講義補』(『定本 與猶堂全書 6』, p. 292) "○[臣對曰] 未發者, 喜·怒·哀·樂未發而已, 豈遂枯木死灰, 無思無慮, 若禪家之入定然乎?"

76 『中庸講義補』(『定本 與猶堂全書 6』, p. 292) "○[臣對曰] 未發者, 喜·怒·哀·樂未發而已, ……喜·怒·哀·樂雖未發, 可以戒愼, 可以恐懼, 可以窮理, 可以思義, 可以商量天下之事變, 何謂未發時無工夫乎?"

한편, 정약용은 바로 이러한 맥락에서 상기한바 '궁리窮理'에 대해 다음과 같이 말한 바 있다: "이른바 '궁리窮理'란 '현묘玄妙하고 심오深奧한 이치를 탐색하여 만 가지 변화를 두루 섭렵함'을 말하는 것이 아니다. 무릇 우리가 일용日用하는 떳떳한 인륜人倫으로서 마땅히 행해야 할 것들을 모두 헤아리고 처리하여 말없는 가운데 내면에서 판별하는 것이니, 어버이께서 무슨 명命을 내리시면 나는 의당 어떻게 순종할 것인가, 임금께서 무슨 시키심을 내리시면 나는 의당 어떻게 받들 것인가를 헤아리는 것과 같이, 또한 전쟁이 일어나 어수선하거나 범과 이리나 도적이 날뛰는 등의 일이 있게 되면 나는 의당 어떻게 대응할 것인가를 헤아리는 것과 같이, 일일이 정해진 계책이 마음속에 있어야 한다. 이러한 연후에야 일을 당해 활용할 수 있어 일이 어그러지거나 어지럽게 되는 병폐가 생겨남을 면할 수 있는 것이다. 이것이 정존靜存이 곧 동찰動察이 되는 까닭인 것이다.(所謂'窮理', 非謂: '探玄索奧, 汎濫萬變'也. 凡吾日用彝倫之所當行者, 皆商度料理, 默然內辨, 如商度親有某命, 我當如何順之; 君有某使, 我當如何承之, 又如商度有干戈搶攘·虎狼盜賊等事, 我當如何應之, 一一有定計在中, 然後能臨事需用, 免有顚錯慌亂之病, 此靜存之所以爲動察也.)" 『陶山私淑錄』(『定本 與猶堂全書 4』, pp. 313~314)

77 『心經密驗』(『定本 與猶堂全書 6』, pp. 209~210) "○[案] ……必其未發之時, 秉心至平, 執德至固, 不失中正之體, 然後猝遇可喜·可怒·可哀·可樂之事, 其所以應之者, 能發而中節. 故曰: '中', 曰: '和', 皆得爲位天地·育萬物之大德. 此惟愼獨[德]之君子, 能有是德. 若寂然不動, 無思無慮, 爲未發之光景, 則少林面壁, 方可以位天地而育萬物, 其有是乎?"

에 한 가지 일도 없는 것을 성인께서는 경계하셨던 것이다."[78]

마지막으로, 동일한 의미에서 『대학大學』의 경문에 나오는 "심부재心不在[심心이 있지 않으면]"—『大學章句』 「傳7章」의 經文인 "**心不在**焉, 視而不見, 聽而不聞, 食而不知其味"에서의 '心不在'를 말한다—라는 말을 해석함에 있어서도, ① 주희처럼 "심心을 보존하지 못하면 그 신身을 검속할 수 없다"거나 "심心을 보존하지 못하면 곧 일신一身에 주재主宰가 없게 된다"고 해석하여 '심心의 진체眞體를 보존하지 못한 상태'로 인식할 것이 아니라, ② 오히려 "심心이 일삼아 하는 바가 없는 것", 또는 의도적으로 "뜻하는 바[志]가 없는 상태"[79]를 의미하는 것으로 보아야 한다.

정약용의 '존심'설 비판②: 정이의 '주경' 공부는 불가의 '좌선'에 지나지 않는다

한편, 정약용이 보기에, 정이程頤[伊川, 1033~1107: 中國 北宋의 학자]가 '경敬'을 '주일主一[한 가지만 주장함]'이라 하고 이때의 '일一'을 '무적無適[딴 데로 가지 않음]'으로 설명한 것에 대해서도 논리적으로 이해하기 어려웠다. 첫째, 일반적으로 고경古經에서 '일一'자를 말할 때는 모두 구체적으로 지적하여 말한 것이 있었다. 그럼에도 오직 정이의 '주일主一'에서의 '일一'자에 대해서는 당시에 명확한 설명이 없었고, 이후에도 분명한 정의가 내려지지 않았다. 이처럼 '일一'이란 것이 이미 무엇인지 제대로 인식할 수 없는 상황에서 어떻게 '주일主一'을 한다는 것인지 납득하기 어려웠다.[80]

둘째, 정이가 주장한바 '주경主敬' 공부는 "항상 마음속에 하나의 일

78 『心經密驗』(『定本 與猶堂全書 6』, p. 212) "○[案] ……聖人之法, 不思則學, 不學則思, 無一息之間斷. ……心中之無一事, 聖人方且戒之."

79 『大學公議』(『定本 與猶堂全書 6』, p. 116) "心不在者, 心不在所事也. (視思明·聽思聰, 而心不在, 則不能察. 百事皆然.)"; 『大學公議』(『定本 與猶堂全書 6』, p. 120) "○[鏞案] ……志不在者, 心不在也. 由是言之, 經之所戒, 豈在於腔子內乎?"

80 『心經密驗』(『定本 與猶堂全書 6』, pp. 204~205) "○[案] 孔子謂曾子曰: '一以貫之', 一者, 恕也; 『中庸』曰: '所以行之者, 一也', 一者, 誠也. 古經言: '一', 皆有指謂. 惟伊川'主一'之一, 當時未有明說, 後來遂無的論. '一'之爲何物, 旣不可認, 將如何主一耶?"

도 없을 것을 요구"하고 있으며, 또한 마음속에서 "딴 데로 향하여 감이 전혀 없는 상태", 또는 "마음을 수렴하여 어떠한 물物도 용납하지 않는 상태"를 의미하는바, ① 이는 주희가 '주일무적主一無適'을 '오로지 한 가지 일만 생각하는 것'으로 설명한 것과도 일치하지 않으며,[81] ② 이처럼 "만일 모든 사려思慮를 끊고 경계하거나 두려워하는 바도 없이 마치 연못의 물이 담연히 물결치지 않는 상태와 같은 경지만을 힘쓴다면 이는 '정靜'이지 '경敬'이라 할 수 없을 것"이요, 또한 '경敬'을 두고 마음에 "어떠한 물物도 용납하지 않는 것"이라 주장한다면, 이는 기실 불가佛家의 '좌선坐禪', 나아가 '좌망坐忘'에 지나지 않을 뿐이니,[82] 이는 정작 옛 성인聖人들께서도 깊이 경계하신 바였다.[83]

정약용의 '존심'설 비판③: '경'이란 "향하는 바가 있는 것을 가리키는 명칭"이자 "내면과 외면을 함께 닦은 공"을 함축한다

나아가, 정약용은 상기의 이유에서 정주성리학의 '주경主敬' 공부가 논리상 자칫하면 내면의 수양修養만을 중시하게 될 결과적 폐단에 대해서도 잊지 않고 주의를 환기시켰다. 이러한 폐단은 곧 정이 및 주희가 "오직 내면을 곧게 하지 못할까 두려우니, 내면이 곧으면 외면은 반드시 방정해진다"거나, "경이직내敬以直內가 가장 긴요하고 절실한 공부"라고 특별히 강조한 데서 그 단초를 찾을 수 있거니와,[84] 이에 대해 정약용은 내

---

81 『心經密驗』(『定本 與猶堂全書 6』, p. 205) "○[案] ……若如朱子說【或問: '主一無適'. 朱子曰: '只是莫走作. 如今人一事未了, 又要做一事, 心下千頭萬緒.'】, 是不拘何事, 硬執一事, 推究到底, 不以他事交亂此事也. 然伊川主敬之工, 每要心中都無一事, 不應以專想一事爲主一. 且無適者, 謂: '都無所適'. 若專想一事, 則豈可曰: '無適'? 此意極不可曉."

82 『心經密驗』(『定本 與猶堂全書 6』, pp. 204~205) "○……敬天, 若絶思絶慮, 不戒不懼, 惟務方塘一面湛然不波, 則此靜也, 非敬也. ……○[案] 不容一物, 何謂: '主一'? 敬天時, 容得一天; 敬兄時, 容得一兄; 敬圭璧時, 容得一圭璧. 若都無一物, 恐近坐禪."; 『心經密驗』(『定本 與猶堂全書 6』, p. 216) "○[案] '心中都無一物', 與坐忘相近. 所異者, 主敬也. 然此事極難分曉.○靜坐須有思量. 若絶無思量時, 亦是坐忘."

83 『心經密驗』(『定本 與猶堂全書 6』, p. 212) "○[案] ……心中之無一事, 聖人方且戒之."

면을 다스려 외면을 방정하게 하는 것도 중요하지만 이에 못지않게 외면을 절제하여 내면을 안정시키고 기르는 것 또한 긴요하다고 보았다.

바로 이러한 문제의식에서 정약용은 또한 "경敬의 마음에 거함[居敬]"이라든가, 『주역周易』에서의 "경敬으로써 내면을 곧게 함[敬以直內]"에서 언급되는 '경敬'이란 개념 역시 달리 인식·해석하였다. 첫째, '경敬'이란 주희를 위시한 성리학자들이 생각한 바처럼 "보는 것을 거두어들이고 듣는 것을 잠재우며 눈을 감고 정신을 모으면서 텅 빈 곳에 마음을 머무르게 하는 것"이기보다는 오히려 "향하는 바가 있는 것을 가리키는 명칭"으로 보아야 마땅하였으니, 왜냐하면 "향하는 바가 없으면 또한 공경할 바도 없"기 때문이었다.[85]

둘째, 이러한 '경敬'의 개념은 곧 ① "내면을 곧게 하여 외면을 방정하게 하는 것과 외면을 세재하여 내면을 편안하게 하는 것"으로서의 "내면과 외면을 함께 닦은 공功[內外交修之功]"을 지향·함축하고 있었던바, ② 이 때문에 외면적인 "위의威儀에 힘쓰는 것 역시 덕德을 진전시키는 방법이 되기도 하"나니, ㉠ 이에 일찍이 "『춘추전春秋傳』에서는 사람을 살피고 사람을 논하는 법이 위의威儀에서 벗어나지 않았고, ㉡ (『論語』의: 필자 주) 「향당鄕黨」편에서 성인聖人을 존경하고 성인을 배우는 방법 또한 위의威儀에서 벗어나지 않았던"바, 이로써 "옛날에 사람을 관찰할 때는 오로지 위의威儀만을 살피기도 했던 것"이요, ③ 한편, "외면을 제어하여 내면을 기르는 것은 고인古人이 심心을 다스리는 긴요한 법"이었으니, 이에 성인聖人께서 일찍이 의복제도를 짐짓 불편하게 제정하신 것도 기

---

84 『心經附註』, 卷1, 第5章(「敬以直內章」)의 附註 "程子曰: '有諸中者, 必形諸外, 惟恐不直內, 內直則外必方.'"; 『心經附註』, 卷1, 第5章(「敬以直內章」)의 附註 "朱子曰: '敬以直內, 最是緊切工夫.'"

85 『大學公議』(『定本 與猶堂全書 6』, p. 120) "○[鏞案] ……○『易』曰: '敬以直內'. 然敬者, 有所向之名. 無所向, 亦無所敬矣. ……若收視息聽, 瞑目凝神, 棲心於空寂之地, 而命之曰: '敬以直內', 則所差遠矣."; 『心經密驗』(『定本 與猶堂全書 6』, p. 204) "○敬之爲德, 必應事接物, 而後乃得施行."

실 경거망동을 방지하시고자 하는 은미한 뜻을 함축하고 있었던 것이다.[86]

정약용의 '존심'설 비판④: 맹자께서 말씀하신 '존심'과 '양성'은 주희의 것과는 그 취향이 다르다

다음으로, 정약용은 이와 같은 주희의 '존심存心'설이란 기실 고경古經, 즉 '수사洙泗의 구관舊觀'에 비춰보아도 근거가 없는 것으로 비판하였다. 첫

86 『詩經講義』(『定本 與猶堂全書 10』, pp. 300~301) "[臣對曰] ……直內方外, 制外安內, 是內外交修之功也. 故古者觀人, 專察威儀. ……『春秋傳』, 觀人·論人之法, 不外乎威儀; 「鄕黨」篇, 尊聖·學聖之術, 不出乎威儀. ……然則威儀是力, 亦所以進其德也."; 『心經密驗』(『定本 與猶堂全書 6』, p. 204) "敬之爲德, 束於內而施諸外; 義之爲德, 制於外而善其內. 表裏相須, 彼此胥發, 故曰: '德不孤'."; 『心經密驗』(『定本 與猶堂全書 6』, p. 205) "○[案] 「四勿箴」曰: '發禁躁妄, 內斯靜專.' 所謂制之於外, 以安其內者, 此也. 愚甚喜此語. 大抵表裏交修, 其德不孤, 不可作一偏說."; 『心經密驗』(『定本 與猶堂全書 6』, pp. 213~214) "○[案] 制之於外, 以養其中, 此是古人治心之要法. 冕有旒, 以制其視; 履有絇, 以制其動. 冠有緌, 帶有紳, 侈其袂, 長其裾, 皆令運動不便. 須端坐正立, 然後諸物歸順, 此聖人之微意也. 今以夾袖短襦尖鞋小帽, 以居以動, 雖欲勿悖, 得乎?"

또한, 정약용은 동일한 문제의식에서 다음과 같이 말하기도 하였다: "예禮로써 외면을 절도있게 하고, 악樂으로써 내면을 화평하게 한다. 절도는 행동을 제어함이요 화평은 덕德을 기름이니, 이 두 가지 중에 어느 하나도 폐할 수 없다.(禮以節外, 樂用和衷. 節乃制行, 和則養德, 二者不可偏廢.)" 「『樂書孤存』序」(『定本 與猶堂全書 2』, p. 395); "군자君子의 도道는 성誠일 따름이다. 이미 내면에서 그 성誠을 극진히 하면 외면에도 또한 그 성誠이 드러남이 있게 되니, 또한 혐의嫌疑를 멀리하는 바이기도 하다.(○[箴曰] ……君子之道, 誠而已. 旣內盡其誠, 外又有以表其誠, 亦所以遠嫌也.)" 『喪禮外編』, 「檀弓箴誤 1」(『定本 與猶堂全書 21』, p. 58); "그 중中이란 '중심中心'을 말한다. 중심이 겸양謙讓하면 따라서 외모外貌에도 드러나는 것이 마치 옷을 감당하지 못하는 것처럼 되는 것이다.(○[箴曰] ……其中, 謂: '中心'也. 中心謙讓, 故見於外貌者, 如不勝衣.)" 『喪禮外編』, 「檀弓箴誤 6」(『定本 與猶堂全書 21』, p. 162); "활달하여 자유스러움을 좋아하고 구속을 싫어하는 자는 '하필이면 꿇어앉은 뒤에야만 학문을 할 수 있는가?'라고 말하는데, 이 말 또한 틀린 것이다. 무릇 인간은 경敬의 마음을 지을 때에 그 무릎이 저절로 꿇어지며, 꿇어앉은 자세를 풀면 내면의 경敬도 역시 해이해짐을 알 수 있다. 안색을 바르게 하고, 말씨[辭氣]를 공손히 함은 꿇어앉지 않고서는 이루어지지 않는다. 또한 이 한 가지 일로 자신의 지기志氣가 증험되나니, 꿇어앉지 않으면 안 된다.(有樂放曠·厭拘束者曰: '何必跪而後爲學?', 此言亦非也. 凡人起敬時, 其膝自跪, 跪解, 知內敬亦懈. 正顏色, 恭辭氣, 非跪不成. 且從此一事, 驗自家志氣, 不可不跪.)" 「爲盤山 丁修七贈言【字乃則, 長興人】」(『定本 與猶堂全書 3』, p. 394)

째, 정약용이 보기에 일찍이 맹자孟子께서 말씀하신바 '존심存心'이란 개념은 주희가 주장한 것과는 자못 그 취향이 달랐다.[87] 즉, ① 주희는 매번 ㉠ "아무런 사려思慮도 없으며, 말도 하지 않고 웃지도 않으며, 눈을 감고 심心을 모아 오로지 그것이 발하기 이전의 기상氣象을 구하여 본체本體로 하여금 허명통철虛明洞澈하여 하나의 티끌도 물들지 않게 함으로써 생동감 넘치는 경지[活潑潑地]를 구한다"는 이른바 '묵존默存'이나 '정존靜存',[88] ㉡ 또는 "매양 정좌靜坐하여 시선을 거두고 경敬을 위주로 하며, 정신을 모으고 생각을 중지하여 이 조급하고 불안정한 심心을 보존한다"는 '주존住存'[89]을 역설했던바, ㉢ 이로써 주희는 오직 심心을 '텅 비고 고요하여 아무런 조짐도 없[冲漠無眹]'는 상태에 둠으로써 그 적연부동寂然不動함을 다시없는 묘법妙法으로 삼는 데로 귀결하고 말았다.[90] ② 반면, 맹자께서 주장하신 '존심'이란 ㉠ 단적으로 '심心 가운데 장차 없어지려 하는 것', 또는 '얼마 되지 않는 그 무엇'—이는 '인간과 금수 간의 차이'를 말한다—을 보존한다는 뜻이요, 또한 여기서 언급되고 있는 '장차 없어지려 하는 것'이나 '얼마 되지 않는 그 무엇'이란 곧 '도심道心'을 의미하였다.[91]

---

87 『大學公議』(『定本 與猶堂全書 6』, p. 119) "○[鏞案] ……存心之說, 起於孟子. 今詳孟子所言, 與先正所言, 其趣不同."; 『孟子要義』(『定本 與猶堂全書 7』, p. 228) "○[鏞案] ……惟有棲心冥漠, 寂然不動爲無上妙法而已, 斯豈洙·泗之舊觀哉?"

88 『孟子要義』(『定本 與猶堂全書 7』, p. 157) "○[鏞案] ……後世所云: '靜存·默存'者, 無思無慮, 不言不笑, 瞑目凝心, 專觀未發前氣象, 使本體虛明洞澈·一塵不染, 以求活潑潑地."

89 『孟子要義』(『定本 與猶堂全書 7』, p. 226) "○[鏞案] ……後世之所謂'存心'者, 每於靜坐之時, 收視而主敬, 凝神而息慮, 以存此躁擾不定之人心, 此所謂'住存'也."

90 『孟子要義』(『定本 與猶堂全書 7』, p. 228) "○[鏞案] ……惟有棲心冥漠, 寂然不動爲無上妙法而已, 斯豈洙·泗之舊觀哉?"

91 『孟子要義』(『定本 與猶堂全書 7』, p. 157) "○[鏞案] ……存心, 有古今之異. 古之所謂存心者, 心將亡而保之也; 今之所謂存心者, 心有工而不忘也. 上篇曰: '人之所以異於禽獸者, 幾希. 君子存之, 小人去之.' 凡所謂存心者, 皆'存幾希'之謂也. ……幾希者, 道心也. ……存者, 保其將亡之意.【讀之如'齊桓存衛'之存】"; 『小學枝言』(『定本 與猶堂全書 6』, p. 186) "[嘉言: 心要在腔子裏節]○存心, 有古今之異. 孟子曰: '人之所以異於禽獸者, 幾希. 君子存之, 小人去之', 所謂'幾希'者, 道心之惟微也. 古人言存心, 皆此說. 後世存心者, 要將此心捉住, 在腔子裏. 兩義皆好, 而其所指不同."

㉡ 이것이 바로 맹자께서 '존심'을 언급하셨을 때의 원의原義였던 것이다. 즉 "맹자의 이른바 '존심'이란 것은 매양 일을 행할 적에 사욕私欲을 버리고 천명天命을 따르며 악惡을 버리고 선善을 좇아서 이 미미하여 장차 없어지려고 하는 한 점의 도심道心을 보존하는 것"[92]이요, 또한 도심이란 원래 이처럼 미약한 것이기 때문에 이것이 없어지지 않도록 잘 간직하여 스스로를 금수와 구별할 따름이란 것이지, 심체心體란 원래 잘 흩어져 버리는 것이기에 이를 뱃속에다 붙잡아 두라는 뜻은 결코 아니었다.[93] 그리고 맹자께서 일생 동안 살피신 것도 바로 이 '행사行事를 통한 도심道心의 보존 여부', 즉 '동존動存'에 지나지 않았던 것이다.[94]

둘째, 정약용이 보기에 맹자께서 말씀하신바 '양성養性'이란 것 역시 주희가 설명한 "눈을 감고 소상塑像처럼 앉아서 오로지 심心이 발하기 이전의 기상氣象을 살펴보아 그 살아 움직이는 경지를 구한다"는 이른바 '정양靜養'으로서의 '함양涵養' 공부와는 아주 판이한 것이었다. 즉, 그것은 "오늘 한 가지 착한 일을 행하고 내일 한 가지 선한 일을 실천하여 의義를 모으고 선善을 쌓아 선을 좋아하고 악을 부끄럽게 여기는 본성本

---

92 『孟子要義』(『定本 與猶堂全書 7』, p. 226) "○[鏞案] ……孟子所謂'存心'者, 每於行事之時, 去私而循命, 棄惡而從善, 以存此幾希將亡之一點道心, 此所謂'保存'也."

93 『大學公議』(『定本 與猶堂全書 6』, pp. 119~120) "○[鏞案] ……存心之說, 起於孟子. ……『孟子』曰: '人之所以異於禽獸者, 幾希. 君子存之, 小人去之.' 又曰: '操則存, 舍則亡.' 其云: '存之'者, 謂道心微弱, 故存其將亡, 以自別於禽獸而已, 非謂心體善走, 故捉留之腔子之內也."

94 『孟子要義』(『定本 與猶堂全書 7』, p. 258) "○[鏞案] ……○孟子一生所察, 卽道心之存·亡也. 慾寡則道心亡者亦寡, 慾多則道心亡者亦多. 君子之所嚴省者, 只這存·亡而已."

한편, 정약용은 비슷한 맥락에서 다음과 같이 말하기도 하였다: "정존靜存과 동찰動察은 서로 보완하여 이루어진다. 대개 정존을 하지 못하면 동찰도 할 수 없다. ……모름지기 항상 주의를 환기하여 하나의 '경敬'자를 뭉쳐 쌓아 내면에 있도록 해야만 바야흐로 정존靜存의 참된 경지가 된다. 이것이 바로 선생先生[李滉: 필자 주]께서 담적무위湛寂無爲[깊고 고요하여 아무 하는 일이 없는 상태]를 정존의 완전한 공부로 삼으려하시지 않고 반드시 동찰의 측면도 겸해서 말씀하신 까닭이다.(靜存·動察, 相須而成. 蓋不能靜存, 無以動察.……須常常提醒, 團築一'敬'字在腔內, 方是靜存眞境. 此先生之不欲以湛寂無爲作靜存完工, 而必以動察邊兼言之者也.)" 『陶山私淑錄』(『定本 與猶堂全書 4』, pp. 313~314)

性을 기름으로써, 결국 호연지기浩然之氣를 가득 채워 줄어들지 않게 하는 것"이니, 물론 이는 기본적으로 구체적인 실천을 전제로 하는 '동양動養'이었던 것이다.[95]

정약용의 '존심'설 비판⑤: "천하를 아울러 구제함에는 오직 옛날의 학문이라야 가능하다"

끝으로, 이처럼 후세의 학문, 즉 정주성리학이 맹자孟子의 상기한바 '존심存心·양성養性'설을 한번 '묵존默存'이니 '정존靜存'이니 '주존住存'이니 '정양靜養'이니 하면서, 눈을 감고 단정히 앉아 보지도 듣지도 않으면서 회광반조回光反照하여 양성養性하는 '함양涵養의 공부'로 변질시키게 되자, 정약용이 보기에 당시 조선의 유자儒者들이란 부류도 한결같이 "깨끗하고 평화로운 세상에 살면서도 오히려 산 속으로 숨어들어 은인隱人의 복장을 하고 묵좌정존默坐靜存하는 공부로 소일하면서, 임금이 불러도 나아가지 않고 백성이 곤궁한 처지에 있어도 구제하려 들지 않았다. 관직에 주의注擬하여 직책을 맡김에 있어서도 군대軍隊·빈객賓客·재부財賦·옥송獄訟 등의 직책에 제수되면, 대신大臣들은 예禮가 아니라고 탄핵하고 언관言官들은 어진 이를 업신여긴다고 공격하면서, 오직 경연經筵에서 시강侍講하는 직책에 대해서만 마땅한 자리라고 지적할 따름이었다. 조정에서는 그를 도사道士로 우대하고, 도성의 백성은 그를 선망하여 이인異人으로 여겼으며, 설령 지위가 공경公卿과 재상宰相에까지 이르러도 오히려 '산림山林'이라고 칭"하는 형편으로 전락하고 말았던 것이다.[96]

---

95 『孟子要義』(『定本 與猶堂全書 7』, p. 226) "○[鏞案] ……養性亦然. 孟子之所謂養性者, 今日行一善事, 明日行一善事, 集義積善, 以養其樂善恥惡之性, 使浩然之氣充然不餒也. 後世之所謂養性者, 瞑目塑形, 專觀未發前氣象, 以求活潑潑地, 此所謂'涵養'也. ……後儒以古之存養爲動存·動養, 以今之存養爲靜存·靜養. 余謂: '二者皆善, 但古無主靜之說, 惟有「學而思, 思而學」諸語.'"

96 『孟子要義』(『定本 與猶堂全書 7』, p. 205) "○[鏞案] ……今之所謂學者, 淸平之世, 遯入山林, 山巾野服, 默坐靜存, 君召不赴, 民困不救. 其注官而任職也, 授之以軍旅·賓客·

이처럼 옛날의 학문, 즉 고학古學은 그 힘쓰는 바가 일을 행하는 데 있었기 때문에 일을 행함으로써 마음도 다스렸던 것에 반하여, 당시의 학문, 즉 정주성리학은 그 힘쓰는 바가 오직 마음을 기르는 데 있었기 때문에 마음을 기르다가 결국에는 일까지 폐하게 되었던 것이다. 이에 정약용이 보기에 자기 한 몸 선善하게 하는 데는 당시의 학문도 괜찮겠지만, 천하를 아울러 구제함에 있어서는 오직 옛날의 학문이라야 비로소 가능했던 것이다.[97]

정약용의 '격물·치지'론 비판①: '격물'이란 '물의 본·말을 잘 아는 것'이요, '치지'란 '사의 시·종을 분명히 인식하는 것'이다

앞에서도 언급한 바대로, 주희는 자신의 학문론을 통하여 '구인求仁·진성盡性'이라는 내면적 수양의 최종목표를 달성하기 위한 방법론으로서 '거경居敬·궁리窮理'를 각각 강조했으며, 특히 후자의 방법론, 즉 '궁리'와 관련해서는 그 요체로서 '격물格物·치지致知'론을 주장한 바 있다. 즉, ① 그는 '격물'을 "사물의 이理—이것은 '형이상形而上의 도道'이다—를 궁구하여 그 극처에까지 이르지 않음이 없는 것"으로, 또한 '치지'를 "나의 지식을 미루어나감을 극진히 하여 내 아는 바가 다하지 않음이 없는 것"[98]으로 규정하는 한편, ② 『대학장구大學章句』에서는 [**격물格物**] → [**치지致知**] → [성의誠意] → [정심正心] → [수신修身] → [제가齊家] → [치국治國] → [평천하平天下]에 이르는 장대한 학문단계[8條目]에 있어 '원초적 출발점'이자 또한 '가장 중요한 공부'로 상정한 바 있다.

財賦·獄訟之任, 則大臣彈之以非禮, 言官擊之以慢賢, 惟經筵侍講之職, 指爲當窠. 朝廷待之以道士, 都民望之爲異人, 位至卿相, 猶稱: '山林'."

97 『孟子要義』(『定本 與猶堂全書 7』, pp. 205~206) "○[鏞案] ……(苟究其故, 蓋其學術, 大與古異.) 古學用力在行事, 而以行事爲治心; 今學用力在養心, 而以養心至廢事故也. 欲獨善其身者, 今學亦好, 欲兼濟天下者, 古學乃可. 此又不可以不知也."

98 『大學章句』, 「經1章」의 註 "致, 推極也. 知, 猶識也. 推極吾之知識, 欲其所知無不盡也. 格, 至也. 物, 猶事也. 窮至事物之理, 欲其極處無不到也."

한편, 정약용이 보기에 이처럼 '궁리窮理'의 요체로 거론되고 있는 주희의 '격물格物·치지致知'론 역시 문제투성이에 지나지 않았다. 첫째, 정약용에게 있어 ① '격물'이란 단적으로 '물物[意·心·身·家·國·天下]에 본本·말末이 있음에 이를 잘 헤아려 아는 것'이요, '치지致知'란 '사事[誠·正·修·齊·治·平]에 시始·종終이 있음에 먼저 할 것과 나중에 할 것을 명확하게 인식하는 것'일 뿐이다. ② 무릇 천하만사에 있어서 어떤 일을 시작하려고 한다면, 먼저 멈출 바를 알아야 할 것—지지知止, 즉 지선至善이 소재하는 곳을 앎—이고, 그런 다음 뜻[志]을 정해야 할 것이며, 뜻이 정해지면 이에 하고자 하는 사事를 생각함에 부득불 경영해야 할 물物의 본本·말末을 미리 잘 헤아려 보아야 할 것이요 또한 그 사事의 시始·종終이 어떻게 될 것인가도 미리 계산해 보아야 하는 법—능득能得, 즉 마땅히 먼저 해야 할 바를 얻음—이다. 그런데 '격물·치지'란 바로 이러한 활동에 해당될 따름이요 그 이상도 그 이하도 아닌 것이다.

둘째, 이러한 맥락에서 ① '격물·치지'란 주희가 인식하듯 '천하의 물物에 나아가 천하의 이理를 안다'는 것과는 기실 아무 상관이 없으며, ② 또한 이것은 기본적으로 '사事[誠·正·修·齊·治·平]가 시작되기 이전의 상황'인 것이다.[99]

---

99 『大學公議』(『定本 與猶堂全書 6』, p. 94) "極知其所先後, 則致知也. 度物之有本末, 則格物也. ○[議曰] ……惟是天下萬事, 不得不先有慮度, 慮度詳審, 然後始乃起功法也. ……故旣知所止, 乃定其志, 旣定其志, 乃慮其事, 通執所經營之物事, 度其本末, 算其終始. ……特以量度揣摩, 在始事之前, 故上面又安著致知·格物二件? 物仍是此物, 知仍是此知, 卽凡天下之物, 及其所知天下之理, 何與於是哉?"; 『大學公議』(『定本 與猶堂全書 6』, p. 96) "意·心·身·家·國·天下, 明見其有本末, 則物格也. 誠·正·修·齊·治·平, 明認其所先後, 則知至也. 夫然後始事, 故曰: '知至而后意誠'."; 『大學公議』(『定本 與猶堂全書 6』, p. 98) "[考訂] (宋 黎立武『大學發微』云: '格物, 卽「物有本末」之物; 致知, 卽「知所先後」之知.) 蓋通量物之本末·事之終始, 而爲用力之先後耳. ……'……○[鏞案] 黎氏, 宋儒也. 此論之發, 蓋久矣. 其言甚粹, 但以'知所先後'爲'知止', 小誤."; 『大學公議』(『定本 與猶堂全書 6』, p. 100) "[考訂] ……○湛甘泉『視學』云: '『大學』古本, 卽以知本爲格物. 知本者, 知修身也. 然則格物亦第知修身爲『大學』要功耳. 安有從修身外·求致知者?' ○[鏞案] 海內之有公議如此."

정약용의 '격물·치지'론 비판②: '수신'은 원래 '성의'로부터 시작된다

다음으로, 정약용이 보기에 첫째, "『중용中庸』에서는 '성誠이란 물物의 종終과 시始'라 하였으니, 곧 시始는 성기成己요 종終이란 성물成物이다. 또한 성기는 수신修身이며 성물이란 화민化民—'치인治人'이라고도 한다—이다. 그렇다면 수신修身은 원래 성의誠意를 가장 으뜸가는 공功으로 여기어 이를 따라 시작해 들어가고 이를 따라 착수할 뿐인 것이다."

둘째, 사실이 이러함에도 '성의誠意' 앞에다 또다시 두 층의 공부, 즉 '격물格物'과 '치지致知'를 설정하는 주희의 설명도식은 이해하기 힘든 억설에 지나지 않았다.[100]

정약용의 '격물·치지'론 비판③: "'지'와 '행'은 하나다"

끝으로, 정약용이 보기에 설령 백 번 양보하여 '격물格物·치지致知'의 공부를 인정한다고 하더라도 여전히 문제는 또 있었다. 그리고 이 문제는 정주성리학이 내포한바 가장 치명적인 약점인 동시에 폐단이기도 하였다. 첫째, "천하의 물物이란 한량없이 많아서 교묘巧妙한 역산가曆算家도 그 수를 다 셀 수 없을 것이고 만물에 박식博識한 사람도 그 이理를 다 통달할 수 없을 것이매, 비록 요堯·순舜과 같은 성인聖人에게 팽조彭祖와 같은 수명을 준다고 하더라도 반드시 그 까닭을 다 알아낼 수는 없을 것이다. 이처럼 만물의 이理를 다 헤아리고 이처럼 아는 것이 투철해지기를 기다린 다음에야 비로소 성의誠意하려 하고 수신修身하려 한다면 결국 늦어지고 마는 것이다. ……어느 틈에 천하만물의 이理를 다 캐낼

---

100 『大學公議』(『定本 與猶堂全書 6』, p. 94) "○[議曰] 『中庸』曰: '誠者, 物之終·始.' 始者, 成己也; 終者, 成物也. 成己者, 修身也; 成物者, 化民也. 然則修身原以誠意爲首功, 從此入頭, 從此下手, 誠意之前, 又安有二層工夫乎?"; 「誠字說」(『定本 與猶堂全書 2』, p. 208) "余謂: '「誠」者, 物之終始', 始於修身, 終於治人. 不誠無物, 斯之謂'物之終始'也. 『易』曰: '終萬物·始萬物者, 莫盛乎艮.' 又曰: '成言乎艮.' 誠者, 成言也. 成言者, 物之終始也. 斯其義也."

수 있을 것인가? 격물格物·치지致知에서만 시간을 허비해서는 안 되는 것이 아니라, 바로 저 소위 '성의誠意·정심正心'이란 것도 모름지기 강론할 자리를 마련해 놓고 시간을 끌어가면서 공부해야 할 필요가 없다. 단지 닭 울 무렵에 일어나 성의를 다해 부모님 잠자리에 문안을 드린다면 곧 부모에게 효도하는 자가 되는 것이다. 먼동이 떠오르는 이른 아침에 조정에 나아가 성의를 다해 군왕의 잘못을 바로 잡는다면 곧 군왕에게 충성하는 자가 되는 것이다. ……선성先聖과 선왕先王의 도道란 본래 이와 같았는데, 요즘 학자들은 텅 비어 아무 것도 없는 곳에서 성의하려하고 정심하려고도 한다. 깊고 넓어 눈이 아찔하고 휑하니 비어 있어 어둡고 적막하기만 하여 머리도 찾을 수 없고 꼬리도 붙잡을 길이 없는데, 하물며 성의 위에다 격물·치지라는 두 층까지 덧붙여 놓으니 더욱 어지럽게 뒤섞여 그 단서를 찾을 길이 없다. 이리하여 평생토록 공부한다 한들 아는 것조차 오히려 부족한데 하물며 실행할 겨를이 어디에 있겠는가? ……'수신修身을 안다'는 것은 곧 '수신을 행한다'는 것이니, 따라서 '지知'와 '행行'은 하나인 것이다."[101]

둘째, 정약용은 이처럼 옛 성인聖人의 법法에는 '지知'와 '행行'이 으레 서로 함축되어 있다고 보았으니,[102] 다시 말하자면 '행하면 반드시 알게 되고, 알면 또한 반드시 행'하게 되어 있었던 것이다.[103]

---

101 『大學公議』(『定本 與猶堂全書 6』, pp. 102~103) "○[答曰] 天下之物, 浩穰汗漫, 巧歷不能窮其數, 博物不能通其理, 雖以堯·舜之聖, 予之以彭籛之壽, 必不能悉知其故. 欲待此物之格, 此知之至, 而后始乃誠意, 始乃修身, 則亦以晚矣. ……奚暇窮天下萬物之理哉! 不惟格物·致知, 不費時刻, 卽其所謂'誠意·正心', 亦不須肆筵設席, 聽漏課功. 惟是鷄鳴而起, 誠意以問寢, 則孝於親者也; 辨色而朝, 誠意以匡拂, 則忠於君子也. ……先聖·先王之道, 本自如此, 而今之學者, 於空蕩蕩地, 欲誠其意; 於空蕩蕩地, 欲正其心. 滉瀁眩瞀, 虛廓幽寂, 沒頭可摸, 沒尾可捉, 况於誠意上面, 又加之以格物·致知二層, 棼然淆亂, 莫知端緖. 一生用功, 而所知猶不足, 而況於行乎! 張仲誠曰: '知修身, 卽行修身, 則知與行一. ……' 此言甚精, 不可以近儒而忽之也."

102 『中庸講義補』(『定本 與猶堂全書 6』, p. 378) "○[臣對曰] (王守仁之學, 行先於知, 異乎此章之義. 若此章則'溫故'之知在先, '敦禮'之行在後,) 知·行相涵, 古聖之法也."

103 『孟子要義』(『定本 與猶堂全書 7』, p. 224) "○[鏞案] ……○……盡心者, 行也. 行則必知, 知則必行, 互發而交修者也."

정약용의 '무위이치'론 비판①: 후세의 "'무위이치'란 말은 모두가 이단사설이요, 우리 유가의 말이 아니다"

1

이미 살펴본 바처럼, 주희의 학문론 역시 기본적으로 '수기修己·치인治人'이라는 양익兩翼의 학學의 구도 위에서 출발하고 있다. ① 그럼에도 이는 어디까지나 '수기[修身]'에다 '본本·선先·중重'의 가치를 부여함으로써 결과적으로 그 핵심적 관심사는 '수신修身'의 문제, 보다 구체적으로는 '내면적 수양'의 문제에 고착되기에 이르렀고, 이에 따라 결국 치인治人과 관련된 실천의 문제에 있어서는 기실 볼 만한 것이 없게 되었던 것이다. ② 그렇다면 이 '볼 만한 것이 없게 된' 실상이란 과연 무엇일까? 즉, 지난한 '수신'의 과정—'격물格物·치지致知'에서 출발하여 '성의誠意·정심正心'의 과정을 돌파하고 '수신修身'의 단계를 완성한 경지—을 훌륭하게 성취하고 '제가齊家'를 한 고매한 성덕군자成德君子가 드디어 '치국治國'의 현장에 출현했을 때, 주희가 그를 위해 제시한, 그것도 가장 '이상적인 통치방법'은 어떤 것이었을까? 그것은 한 마디로 '무위이치無爲而治'론이었다. 즉, 북극성이 움직이지 않고 제자리에 머물러 있음에 뭇별들이 사면에서 이를 둘러싸고 향하는 모습처럼, "정사政事를 덕德으로써 하면, 하는 일이 없어도 천하天下가 돌아오는 것이다. ……움직이지 않아도 교화되고, 말하지 않아도 믿고, 하는 일이 없어도 이루어진다. 지키는 것이 지극히 간략하면서도 번거로운 것을 제어할 수 있으며, 처處하는 것이 지극히 고요하면서도 움직이는 것을 제어할 수 있으며, 일삼는 것이 지극히 적으면서도 여러 사람들을 복종시킬 수 있다"104는 것이다.

104 『論語集註』, 「爲政」篇 第1章의 註 "爲政以德, 則無爲而天下歸之. ……(爲政以德, 則)不動而化, 不言而信, 無爲而成. 所守者至簡而能御煩, 所處者至靜而能制動, 所務者至寡而能服衆."

2

한편, 정약용이 주희의 이러한 '무위이치無爲而治'론에 접하게 되는 순간, 갑자기 그의 목소리는 격앙되기 시작한다. 즉, "청정무위淸淨無爲는 한유漢儒의 황로학黃老學이며 진대晋代의 청허설淸虛說이니, 이는 천하를 어지럽히고 만물을 파괴하는 것으로, 이단사술異端邪術 가운데서도 가장 (그 해독이: 필자 주) 심한 것이다. 한漢 나라의 문제文帝는 이러한 도道를 썼다가 칠국七國의 난亂을 생기게 하였고 진晋 나라의 혜제惠帝는 이러한 술수術數를 숭상했다가 오호五胡의 화란禍亂을 불러들였던 것이다. 어찌 우리 유가儒家의 큰 성인聖人이 또한 무위無爲로써 법法을 삼았다고 말할 수 있겠는가? 무위無爲란 정치를 하지 않는 것이다. 공자孔子께서는 분명히 '위정爲政'이라 말씀하셨는데 지금의 유자儒者들은 '무위'라고 떠벌리고 있으니, 이것이 가하겠는가, 불가하겠는가? ……무릇 '무위이치無爲而治'란 말은 모두가 이단사설異端邪說이요, 우리 유가儒家의 말이 아니다. ……'무위'라는 두 글자를 덧붙임으로써 마침내 '위정'이란 두 글자도 순전히 공리공담으로 떨어지고 말았으니, 결국 주하柱下·칠원漆園[老·莊: 필자 주]의 논지에 가까운 것이 아니겠는가? ……북신北辰[北極星]의 비유는 법法[極]을 세우는 것을 말했을 따름이다. 어디에서 '무위無爲로써 다스리면 백성이 돌아온다'는 말을 찾아볼 수 있단 말인가?"[105]

105 『論語古今注 I』(『定本 與猶堂全書 8』, pp. 53~54) "○[駁曰] ……淸淨無爲, 則漢儒黃·老之學, 晋代淸虛之談, 亂天下·壞萬物, 異端邪術之尤甚者也. 文帝用此道, 釀成七國之亂, 惠帝崇此術, 召致五胡之禍. 曾謂吾家大聖, 亦以無爲爲法乎? 夫無爲, 則無政. 夫子明云: '爲政', 儒者乃云: '無爲', 可乎, 不可乎? ……凡言'無爲而治'者, 皆異端邪說, 非吾家之言也."; 『論語古今注 I』(『定本 與猶堂全書 8』, p. 56) "許石城云: '說者泥注「無爲」二字, 遂謂「爲政」二字純落空, 不幾柱下·漆園之致乎?' ……○方孟旋云: '北辰之譬, 謂其建極. 何有無爲民歸的說話?' ……○[案] 明儒之論, 已如此矣."; 『論語古今注 II』(『定本 與猶堂全書 9』, pp. 182~183) "○[案] 淸淨[靜]無爲者, 老氏之說也. 自漢以前, 『書傳』無此說. 漢氏初壹天下, 君臣皆椎鹵無文, 不知所以治之, 第欲順民之心, 創爲此說, 以與之休息. 所謂文·景之治, 有名於三代之後者也. 然以此之故, 禮樂文物不復興於斯世, 而釀成七國之亂, 幾覆漢祚, 則其爲亂亡之術, 亦已驗矣."

정약용의 '무위이치'론 비판②: 원래 "'무위'란 말은 훌륭한 인재를 얻어 편안하게 되었음을 공자께서 찬양하신 말씀이다"

그렇다면, 주희가 일찍이 '무위이치無爲而治'를 "성인聖人의 덕德이 융성하심에 백성이 저절로 교화되어 작위作爲하는 바가 있기를 기다리지 않는 것"106으로 해석했던 『논어論語』의 경문經文, 즉 "공자孔子께서 말씀하셨다: '무위無爲로 다스리신 자는 순舜 임금이실 것이다! 무엇을 하셨겠는가? 몸을 공손히 하시고 바르게 남면南面을 하셨을 뿐이었다'[子曰: "無爲而治者, 其舜也與! 夫何爲哉, 恭己正南面而已矣"]"[『論語集注』「衛靈公」篇 第4章]라는 경문을 정약용은 어떻게 해석하고 있을까?

정약용이 보기에, 이 경문에서 말하는 "'무위無爲'란 훌륭한 인재를 얻어 편안하게 되었음을 (공자께서: 필자 주) 찬양하신 말씀이었다." 기실, 순舜 임금만큼 꼼꼼하고 열심히 일을 하신 사람은 실로 드물었다. "순 임금께서 섭정攝政하실 당시 사공事功에 분발하셨던 사실이 모두 전적典籍에 기록되어 있다. 그가 관리를 임명하신 이후의 일이 『서경書經』에 언급된 바 없는 것은 다스림이 이루어지고 제도가 정비됨에 법을 따라 시행하셨을 뿐이요, 이에 새삼스럽게 기록할 필요가 없었기 때문이다. 어떻게 이러한 사실을 두고 무위無爲함으로써 그렇게 되었다고 말할 수 있겠는가? 3년마다 일고一考, 삼고三考만에 한 차례의 출척黜陟을 시행하셨고, 5년마다 한 차례의 순수巡守와 그 사이에 여러 제후諸侯들의 네 차례의 조회朝會가 있었음에, 정사政事를 물으시고 그 말을 따져 보시며 그들이 아뢰는 말에 따라 그들의 실제 공적을 시험하시는 등, 해마다 법제에 따라 다스림을 시행하셨던 것이니, 이는 이미 헤아릴 수 없이 많은 일들을 부지런히 행하신 것이 아니겠는가? 군신群臣과 백공百工이 각자 맡은 일로 분주하지 않았던 자가 없었는데 순 임금께서만 혼자서

106 『論語集注』, 「衛靈公」篇 第4章의 註 "無爲而治者, 聖人德盛而民化, 不待其有所作爲也."

무위無爲하셨겠는가? 고적考績을 반드시 몸소 하셨고,【나의 『상서설尙書說』에 나온다】 반드시 몸소 순수巡守하셨으며, 형옥刑獄에 대해서 반드시 들으셨고, 가르침은 반드시 솔선하셨던 것이니, (이러한 순 임금을 두고: 필자 주) 어찌 무위無爲라고 말할 수 있겠는가? ……공자孔子께서 '무위無爲'라고 말씀하신 데에는 훌륭한 인재를 얻은 공효로 편안할 수 있었던 점을 극구 찬양하시려는 의지가 넘쳐흐르고 있다. 이는 성인聖人의 격앙된 말씀이니, 이 말을 그의 본심에 어긋나게 보아서는 안 될 것"107이었다.

---

107 『論語古今注 II』(『定本 與猶堂全書 9』, p. 182) "○[補曰] (舜雖得人, 未嘗無爲.) 此云: '無爲'者, 極言得人而逸, 贊歎揄揚也."; 『論語古今注 II』(『定本 與猶堂全書 9』, p. 183) "○[案] ……舜攝政之年, 奮發事功, 具載典冊. 其自命官以後, 『書』無所言者, 治成制定, 按法而行之, 故不復記載, 豈遂無爲而然哉? 三載一考, 三考一黜, 五載一巡, 羣后四朝, 詢事考言, 敷奏試功, 年年歲歲, 按法而行, 不旣紛紛然多事乎? 羣臣百工莫不奔走率職, 舜顧獨無爲乎? 考績必親,【見余『尙書說』】 巡守必親, 刑獄必聞, 敎訓必先, 舜何得無爲乎? ……孔子言: '無爲'者, 甚言得人之效可以寧謐, 贊歎揄揚. 意氣洋溢, 此聖人辭旨激昂處, 正不必以辭害意也."; 『尙書古訓 I』(『定本 與猶堂全書 11』, p. 193) "○[論曰] 唐·虞之治, 考績而已. 京官三年一考, 諸侯五年一考, 五載一巡, 良以是也. 奏績而後考績, 其法如試院考藝, 諸生納劵而主司爲之考校優劣, 定其黜陟也. 然其奏績之法, 嚴密峻烈, 不令以文字馳奏, 不令以使价替奏, 必令本身親至面前, 靦面相對, 自口說道, 此之謂'敷奏以言'也. 當其敷奏之時, 天子聽之而已, 史臣錄之而已. 及至巡守之年, 按其所奏, 驗其實跡, 曰: '田野闢, 誠如所奏乎?', 曰: '溝瀆修, 誠如所奏乎?', '敎化, 行乎?', '孤獨, 養乎?', '封疆, 固乎?', '祿秩, 平乎?', '制度, 一乎?', '禮俗, 成乎?' 誠如所奏, '車服以庸', 有敢僞冒者, 削地貶爵, 此之謂'明試以功'也. 此經有賞而無罰者, 堯化旣治, 萬邦雍協, 功賞者居多耳.【又詳「皐陶謨」】○今者, 不聞奏績, 但聞考績, 不知所考者何物."; 『尙書古訓 I』(『定本 與猶堂全書 11』, pp. 236~237) "○[論曰] 後世考績, 唯執微官·小吏·殘卑·可憐之人, 第其高下. 舜之考績, 雖元勳·大臣, 莫之饒焉. ……然猶三載必考, 三考必黜陟, 曾無絲髮之寬假者, 抑何以哉? 誠以天工不可以瘝曠也, 民事不可使縱弛也. 吾東之法, 大官姑舍, 凡京官三品以上, 稱爲下大夫者, 都不考績. 外官如觀察使·節度使者, 亦無考績之法. 貪虐唯意, 荒淫無度而人莫之誰何? 遂使百度廢壞, 萬姓顚連, 而無藥可救, 無法可施. 其視唐·虞之制, 豈不疎哉? 三公久已尊重, 未可輕議, 六卿以下, 不宜然也."; 『尙書古訓 I』(『定本 與猶堂全書 11』, p. 256) "此一節, 卽禹奏績之言, ……當時考績之法, 非如後世之疏略, 必令本人親至上前, 當面目口說道. 其惡者容不得飾詐, 其善者容不得謙晦. 旣奏, 有考言之法, 考言者, 考績也."; 『梅氏書平』(『定本 與猶堂全書 13』, p. 290) "○[平曰] ……唯三載考績, 三考黜陟, 幽明, 雖大臣, 勿之饒焉. 故堯謂舜曰: '乃言底可績.' 禹·稷自奏功行, 不避嫌羞.【「皐陶謨」】"

또한, 정약용은 일찍이 젊어서부터[30세] 다음과 같이 말한 바 있다: "임금의 도道가 분발된 이후에 신하의 도道가 빛나게 됩니다. (임금이: 필자 주) 스스로 한가하고 스스로 안일한데도 뭇 업적이 이루어지는 경우는 없습니다. '몸소 하지 않고 친히 하지 않으[弗躬弗親]'면 부녀자와 환관이 권세를 휘두르고 소인이 틈을 타게 되어

정약용의 '무위이치'론 비판③: 후세가 '무위'의 설에 오도됨으로써 옛날의 고적법은 폐지되었고, 이에 천하는 부패하고 말았다

끝으로, 정약용이 보기에 첫째, 상기한 바처럼 요堯·순舜·우禹 임금께서 시행하셨던 엄격한 고적법考績法은 이후 "주周 나라의 도道가 이미 쇠하여 전장문물典章文物이 점차 소멸됨에 춘추시대春秋時代부터는 아예 고적考績의 설이 완전히 없어지게 되었다. 한漢 나라의 고조高祖가 일어나 천자天子가 됨에 보필하는 신하들을 거만하게 흘겨보고 훈구대신勳舊大臣을 시기하기에 이르렀다. 이에 소하蕭何·조참曹參 이하의 무리가 시위尸位처럼 떼를 지어 그 앞에 나아가서도 감히 한마디 말도 못함에 천天의 다스림[天工]은 병들고 퇴폐하게 되었으면서도 구차하게 목숨을 보전하는 데에만 급급하였다. 이에 위상魏相과 병길丙吉 같은 부류는 스스로 '음양陰陽을 다스리고 사시四時를 순하게 한다'고 말하면서 손가락 하나 까딱하지 않은 채 만종萬鍾의 녹祿을 헛되어 먹어치웠고, 인주人主 역시 이러한 무리와 어울리기를 좋아하여 같이 놀아나고 게으름을 피우면서도 이를 '(大臣을: 필자 주) 공경하는 예禮'라 부르며 독책督責하는 바가 없게 되었다. 이에 온갖 법도가 해이해지고 만 가지 폐단이 어지러이 일어남에도 대신大臣 된 자들은 바야흐로 내면을 반성해도 잘못이 없다고 여겨 '나에

모든 법도가 어그러지고 백성은 임금을 믿지 않게 됩니다.([臣對曰] ……君道奮發, 而後臣道熙載. 未有自暇自逸而庶績其凝者也. '弗躬弗親', 則婦寺用事, 小人乘間, 百度愆乖, 民莫之信.)" 『詩經講義』(『定本 與猶堂全書 10』, p. 213); "이 편篇[「卷阿」詩: 필자 주] 또한 굽이진 언덕에서 노니는 일에 의거하여 마침내 제왕帝王이 인재를 얻어 편안해지는 이치를 진술한 것입니다. 이는 대체로 이미 인재를 얻었으면, 자신을 공손히 하고 무위無爲의 정치를 하여 장수하고 복록을 얻게 될 뿐임을 말한 것입니다.([臣對曰] ……此篇亦因卷阿之游, 遂陳帝王逸於得人之理. 蓋言旣得人, 則恭己無爲, 壽考福祿而已.)" 『詩經講義』(『定本 與猶堂全書 10』, p. 287); "임금이 현인賢人을 구해 관직에 임용하고 자신을 공손히 하여 무위無爲의 정치를 함은 마치 수레에 덧방나무가 있고 말에 마부가 있어 수레에 올라탄 사람이 익숙한 길을 여유롭게 달려 번거롭지도 수고롭지도 않은 것과 같습니다.([臣對曰] ……王者之求賢任官, 恭己無爲, 如車之有輔, 馬之有僕, 乘而坐上者, 熟路閒馳, 不煩不勞也.)" 『詩經講義』(『定本 與猶堂全書 10』, p. 288)

게 무슨 죄가 있는가?'라고 우기기에 이르렀으"니, 이에 그는 "당唐·우虞의 때에 비추어본다면 이는 과연 어떠한 인물이겠는가?"[108]라고 일갈하

---

108 『尙書古訓 I』(『定本 與猶堂全書 11』, p. 257) "○……周道旣衰, 典章夷滅, 春秋以降, 絶無考績之說. 漢 高祖崛起爲天子, 傲睨輔弼, 猜忌勳舊. 於是蕭·曹以下, 尸位旅進, 莫敢一言, 曠廢天工, 苟全性命. 魏相·丙吉之等, 自稱: '理陰陽, 順四時', 一指不動, 萬鍾徒饗, 而人主亦樂與此輩, 般樂怠敖, 名之曰: '敬禮', 無所督責. 於是百度解弛, 萬瘼紛興, 而爲大臣者, 方且內省不疚, 曰: '我有何罪?' 其視唐·虞之際, 斯果何如人也?"

또한, 정약용은 일찍이 젊어서부터[30세] 한평생 일관되게 다음과 같이 거듭하여 역설한 바 있다: "신臣이 생각건대, 후세에는 대신大臣이 지나치게 존귀하여 이 때문에 여러 공적이 이루어지지 않으니, 그 폐단을 바로잡지 않을 수 없습니다. ……대저 '음양陰陽을 다스리고 사시四時를 순하게 한다'는 말을 신臣은 믿을 수 없습니다. ……양운楊惲이 일식日食 때문에 죽은 것은 원통한 옥사獄事이며, 병길丙吉이 소가 헐떡이는 것을 보고 근심하였다는 것은 거짓말입니다. 진실로 '음양을 다스리고 사시를 순하게 한다'는 것으로 대신의 직분을 삼는다면 소인小人들이 교묘하게 거짓으로 재앙을 꾸며 어진 재상을 쫓아내고, 용렬한 자들은 대체大體를 지키기에 힘써 자기의 단점을 가리고자 할 것이니, 이는 현자賢者의 불행이요 불초자不肖者의 이로움입니다. 신臣이 다시금 생각건대, 제후의 나라를 영건營建함에는 의당 대신으로 하여금 주관하도록 해야 합니다. ……그 형세가 부득불 대신으로 하여금 주관하도록 하지 않을 수 없습니다. ……옛날에는 제왕帝王 역시 모두가 백성을 친애하였는데, 후세의 군도君道는 날로 높아져서 민정民情이 통하지 않으며, 대신된 자도 또한 오만하게 스스로 높여 재상의 관부에 깊숙하게 거처함에 백성이 그를 보기가 어려운 것이 귀신鬼神을 보는 것과 다르지 않으니, 이것이 바로 생민生民이 조락凋落하게 된 까닭이요 치도治道가 비루해지는 소이입니다. 삼가 성상聖上께서는 깊이 유의하시기 바랍니다.([臣對曰] 臣以爲, 後世大臣太尊, 故庶績不凝, 其弊不可以不矯也. ……夫'理陰陽, 順四時', 臣未之信. ……楊惲死於日食, 冤獄也; 丙吉憂在牛喘, 詐言也. 苟以'理陰陽, 順四時', 爲大臣之職, 則小人巧飾災眚, 擊去賢輔; 庸夫務持大體, 遮護己短, 此賢者之不幸, 不肖者之利也. 臣又思之, 營建侯國, 宜使大臣主之. ……其勢不得不使大臣主之也. ……古者, 帝王亦皆親民, 後世君道日亢, 民情不通, 而爲大臣者, 又傲兀自尊, 深居潭潭之府, 民之難見, 不異鬼神, 此生民之所以凋, 而治道之所以卑也. 伏惟聖明深留意焉.)" 『詩經講義』(『定本 與猶堂全書 10』, pp. 298~299); "'음양陰陽을 다스리고 사시四時를 순하게 한다'는 것으로 삼공三公의 직책을 삼은 것은 옛 경전에 근거가 없다. 한漢 나라 초기에 주발周勃이 승상丞相이 되어 결옥決獄과 전곡錢穀의 수數에 대해 대답할 수 없어 땀이 나서 등을 적시자, 진평陳平이 임기응변의 말[權辭]로써 위기를 모면하게 해주면서 이르기를 '재상宰相이란 위로 천자天子를 보좌하여 음양을 다스리고 사시를 순하게 하며, 아래로는 만물의 마땅함[宜]을 이룬다'고 하였다.【이하는 생략한다】 이는 간사한 늙은이가 동료 재상을 비호해주는 말이었거늘 어찌 반드시 금석金石 같은 법전法典이 될 수 있겠는가? 위상魏相이 ……승상이 되자 오직 고사故事만을 봉행奉行하여 자기의 단점을 엄호하면서, 마침내 '음양을 다스리고 사시를 순하게 한다'는 설을 주창하여 인주人主를 속이고 녹위祿位를 공고히 하였다. ……병길丙吉이 재상이 되자, 이 법을 이어 받들어 대체大體를 견지함에만 힘써 사람을 죽인 것은 묻지 않고 소가 헐떡이는 것은 물으면서 스스로 음양을 조화調和한다고 여겼으니, 매번 『한서漢書』를 읽을 때마다 박장대소

하게 만든다. 생각건대 영웅英雄이 사람을 속이는 술수로는 군주를 섬길 수 없거늘, 어찌 '주공周公께서 관직을 제정하실 때에 맨 먼저 이것으로써 삼공三公의 직책을 삼으셨다'고 떠드는 것인가? 순舜 임금께서 요堯 임금을 도우시고, 우禹 임금께서 순 임금을 도우시며, 익益과 직稷께서 순 임금과 우 임금을 도우시고, 이윤伊尹께서 탕湯 임금을 도우시며, 주공周公과 소공召公께서 무왕武王을 도우실 때에는 절대로 이런 설['음양을 다스리고 사시를 순하게 한다'는 설: 필자 주]이 없었다. ……후세에 삼공三公이 된 자들은 걸핏하면 이 뜻을 인용하여 공적을 세우는 일은 떠맡지 않음에, 백공百工이 게을러지고 만사萬事가 무너지는데도 바야흐로 거만스럽게 스스로 대단한 척하면서 그 용렬하고 무능한 자질을 가리려고 하니, 모두가 위상魏相과 병길丙吉의 유폐流弊이다. 지금 이 두 사람이 비열하게 사람을 속였던 술책을 훔쳐 엄연히 하나의 경經으로 만들어 명명하기를 '주공周公의 법法이다'라고 하면서 후세 사람들을 가르쳐서 정사를 해치고 국가를 좀먹게 하니, 장차 어떤 지경에 이르겠는가? 그 이른바 '사師·부傅·보保'란 것은 또한 군주의 덕德을 돕고 인도하는 것으로써 스스로의 임무를 삼는 것이데, 하는 일 없이 먹고 지내면서 스스로 편하고자 하니, 슬프다! 누가 이를 바로 잡을 것인가?(○[平曰] '理陰陽·順四時', 以爲三公之職, 於古典無據. 漢初, 周勃爲丞相, 不能對決獄·錢穀之數, 汗出沾背, 陳平以權辭救解之, 曰: '宰相者, 上佐天子, 理陰陽·順四時, 下遂萬物之宜.'【以下, 略之】 此是老奸調護僚相之言, 豈必爲金石之典? 魏相, ……及爲丞相, 唯奉行故事, 以護己短, 遂倡'理陰陽·順四時'之說, 以欺人主, 以固祿位. ……丙吉爲相, 紹述此法, 務持大體, 不問殺人, 而問牛喘, 自以爲調和陰陽, 每讀『漢書』, 爲之拊掌大笑. 以爲英雄欺人之術, 不可以事君, 曾謂: '周公制官, 首以是爲三公之職掌'乎? 舜相堯, 禹相舜, 益·稷相舜·禹, 伊尹相湯, 周·召相武王, 絶無此說. ……後世之爲三公者, 動引此義, 不任功績, 百工頹惰, 萬事隳壞, 而方且偃蹇自重, 以遮其庸陋·無能之質, 皆魏·丙之所流也. 今竊此二人鄙詐欺人之術, 儼作一經命之, 曰: '周公之法', 以詔後世, 其害於政, 而蠹人家國, 顧將如何? 其所云'師·傅·保'者, 又以輔導君德自命, 而尸位素餐以自便, 噫! 誰正之?)" 『梅氏書平』(『定本 與猶堂全書 13』, pp. 290~291); "『상서尙書』에서는 '내가 백성을 돕고자 한다'[「益稷」편: 필자 주]고 하였고, 『시경詩經』에서는 '탕湯 임금께서 그 몸을 낮추심을 게을리 하지 않으셨다'[「商頌」편 「長發」詩: 필자 주]고 하였으니, 이 모두는 백성에게 군주가 자신을 낮추는 것이다. 후세에는 군도君道가 지나치게 높아져 백성에게 자신을 낮추는 뜻을 알지 못하고 오만하고 뽐내며 사치함에, 백성에게 임하는 도리를 잃어버리게 되었다.(○[鏞案] ……『書』曰: '以左右有民', 『詩』曰: '湯降不遲', 皆所以下於民也. 後世君道太亢, 不知下民之義, 則驕溢泰侈, 而失其所以爲臨也.)" 『周易四箋 I』(『定本 與猶堂全書 15』, p. 248); "진震은 좌左가 되고 태兌는 우右가 되는데, 건乾의 군주君主가 곤坤의 백성에게 내려오니, 이를 일러 '백성을 돕는다[左右民]'는 것이다. (『尙書』의: 필자 주) 「우서虞書」에는 '내가 백성을 돕고자 한다'[「益稷」편: 필자 주]고 하였고, 「주서周書」에는 '우리 왕께서 받으신 백성을 돕는다'[「立政」편: 필자 주]고 하였으니, 이것 또한 선왕先王의 대의大義이다. 후세에는 군도君道가 지나치게 높아져 자기를 낮추어 백성을 돕지 않으니, 정치의 법도가 날로 비루해지게 되었다.(震爲左, 兌爲右, 而乾君降於坤民, 斯之謂'左右民'也. 「虞書」云: '予欲左右有民', 「周書」云: '相我受民', 此又先王之大義. 後世君道太亢, 不降己以輔民, 則治道日卑矣.)" 『周易四箋 II』, 「大象傳」(『定本 與猶堂全書 16』, p. 250)

한편, 정약용은 '바람직한 재상宰相의 모습'과 관련하여 다음과 같이 말한 바 있다: "백규百揆란 주周 나라의 대총재大冢宰이다. 백료百僚를 통솔하고, 백사百事를 헤아여, 특히 한대漢代 이래의 고적법의 문란상과 그 폐단을 통렬히 비판한 바 있다.

둘째, 정약용은 이처럼 후세에 '무위이치無爲而治'론이 유행하는 것과 궤를 같이 하여 옛날의 고적법考績法이 문란하게 된 결과적 폐단을 또한 당시 조선의 시대적 상황과 관련해서도 예리하게 분석·제시하고 있는바, 즉 "요즘 사람들은 치도治道를 논하면서 모두가 으레 인주人主[임금: 필자 주]를 단공端拱·현묵玄默의 상태로, 즉 일을 꾀하고 실행하는 바가 없는 상태로 유도하고 있는 실정이다. 그리하여 온갖 법도가 퇴락되어 정리되지 못한 상태로 방치되어 있으며, 만기萬機의 정사政事가 난잡해져 다스려지지 못하게 되었으니, 이에 10년이 채 못 되어 천하는 부패하고 말았던 것이다. 화난禍難이 끊이지 않고 피폐해진 정사政事가 다시는 일신되지 않고 있음에도 끝내 그 이유를 깨닫지 못하고 있는 것은 모두가 이러한 무위無爲의 설에 오도되어 있기 때문이다."[109]

리며, 팔법八法으로써 관부官府를 다스리고, 팔병八柄으로써 군신群臣을 제어하며, 팔통八統으로써 만민을 통어한다. 무릇 어진 이를 높이고 유능한 자를 부려 품계를 높여주고 직책을 수여함이 모두 태재太宰의 직분이다. 반드시 인재를 뽑아 씀에 밝으며, 편당偏黨의 사사로움을 절거絶去하여 이에 하민下民의 마음에 순응하나니, 제왕帝王이 구하는 자는 바로 이런 사람인 것이다.【이전 사람들은 매번 '채采'를 '사事'로 여겼던바, 이 때문에 경전經典의 취지趣旨를 놓치게 되었다】(○[鏞案] ……百揆者, 周之大冢宰也. 統率百僚, 揆度百事, 而以八法治官府, 以八柄馭群臣, 以八統馭萬民. 凡尊賢·使能, 進秩授職, 皆太宰之職. 必明於采擇之術, 絶去偏黨之私, 乃順其疇類之心, 帝所求者此人也.【前人每訓'采'爲'事', 以失經旨】)" 『尙書古訓 I』(『定本 與猶堂全書 11』, p. 216); "삼공三公의 직책은 도道를 논하고 나라를 경영하며 천天의 다스림[天工]을 공경하여 받든다.(三公之職, 論道·經邦, 寅亮天工.)" 『經世遺表』, 「天官吏曹」(『定本 與猶堂全書 24』, p. 36)

109 『論語古今注 II』(『定本 與猶堂全書 9』, p. 183) "○[案] ……今人論治道者, 率皆導人主, 端拱玄默, 無所猷爲. 百度頹墮而莫之整理, 萬機叢脞而莫之搜撥, 不十年而天下腐矣. 禍難相承, 凋獘不振, 而卒莫之開悟, 皆無爲之說有以誤之也."

한편, 정약용의 상기한바 '무위이치'론에 대한 비판적 태도는 이미 젊은 시절[30대]에 쓴 「玉堂進考課條例箚子」(『定本 與猶堂全書 2』, pp. 187~193), 「考績議」(『定本 與猶堂全書 2』, pp. 149~151) 등에서도 간접적으로 표명되고 있는바, 이러한 문제의식은 이후 그 자신의 『논어고금주論語古今注』를 비롯한 여타 경학적 저술을 통하여 확고한 세계관적 기반을 확보하면서 그의 후기의 저술에서 그대로 관철·구체화되고 있다. 이에 대해서는 「『邦禮艸本』序」(『定本 與猶堂全書 2』, pp. 399~404), 「『牧民心書』序」(『定本 與猶堂全書 2』, pp. 404~406), 「『欽欽新書』序」(『定本 與猶堂

'지행겸진'의 학문이란 정약용의 학문론의 첫 번째 기둥이다

이상에서 살펴본 바대로, 정약용은 당시 조선의 시대적 상황과 관련하여 무엇보다 '실천'을 지향·중시하는 문제의식에서 출발하여, 특히 주희의 ① '학學·습習'론, ② '존심存心·양성養性'설, ③ '격물格物·치지致知'론, ④ '무위이치無爲而治'론을 중심으로 이를 조목조목 비판·거부하는 가운데 자신만의 독자적인 세계관을 구축해나간 바 있다. 그리고 바로 이러한 토대 위에서 정약용은 '지행겸진知行兼進'의 학문이라는 자신의 학문론의 첫 번째 기둥을 세워나갔던 것이다.

2) '실용중시'의 학문

정약용의 '실용중시'의 학문론은 이익의 학풍을 계승하였다

정약용은 평소 "학문의 종지宗旨란 효孝·제弟로 근본을 삼아 예禮·악樂으로 문식文飾하며 정政·형刑으로 보충하고 병兵·농農으로 돕는 것"110이란 관점에서, 단적으로 '실용實用', 특히 '치민治民·변속變俗·이재理財'나 '개물성무開物成務—만물의 뜻을 개통시키고 천하의 사물을 성취시킴—의 업業'으로서의 '용用'을 '효孝·제弟'라는 '체體'에 못지않게 각별히 중시하는 '학문'관을 피력한 바 있다. 물론 이러한 정약용의 학문관은 무엇보다 세무실용世務實用에 대한 깊은 관심, 사회개혁의식, 주체적 민족의식을 강조했던 이익李瀷[星湖, 1681~1763]의 학풍111을 사숙私淑·계승한 것이기도 하였다. 즉, 정약용은 일

全書 2』, pp. 406~407)가 참조된다.

110 「答二兒【以下康津謫中書】」(『定本 與猶堂全書 4』, p. 244) "學問宗旨, 本之以孝·弟, 文之以禮·樂, 輔之以政·刑, 翼之以兵·農.【賦役貨財, 皆此門】"

111 이익은 일찍이 세무실용世務實用에 깊은 관심을 보이는 가운데 서학西學을 나름대로 적극 수용함으로써 당시 중국 중심의 성리학적 세계관에서 일정 정도 벗어나 자신만의 독자적인 학문론을 전개한 바 있다. 또한 그는 사회개혁에 대한 관심을 적극 표명하는 한편, 나아가 중화中華와 엄격히 구별되는 조선朝鮮을 찾고자 노력하는 가운데 특히 역사와 제도에서 조선의 독자적 부분을 찾아 연구할 것을 역설

찍이 16세 되는 정유년[1777년, 正祖 1]에 서울에서 처음으로 이익의 유고遺稿를 직접 접하게 되면서 흔연히 이를 준칙으로 삼아 학문을 하기로 결심했던바, 특히 그가 이익의 유고를 통해서 본 것은 유용성을 중시하는 호대한 학문세계, 그리고 열린 경학세계經學世界로서, 이에 비로소 "천지天地의 큼과 일월日月의 밝음을 알 수 있게 되었던" 것으로 알려져 있다.[112]

당연히 정약용의 이러한 입장은 이후에도 한평생 변함없이 견지했던 소신이기도 하였으니, 특히 그가 34세 되는 을묘년[1795년, 正祖 19]에는 금정도찰방金井道察訪으로 좌천되는 불우의 시기였음에도 오히려 다시 한 번 상기의 초심을 새롭게 환기하면서, "크게 두려운 것은 우리가 모두 글이나 외우고 시문詩文이나 짓는 것으로 업業을 삼는 것"인바 이 때문에 "반드시 본원本源이 혼탁해져 점차 밝음을 잃어감에 끝내는 유용한 학문이 되지 못하여 함께 요堯·순舜의 경지에 들어가기가 어렵게 될 것"[113]임을 새삼 스스로에게 경계한 바 있다.

정약용의 문제의식①: 주희의 학문론은 "체만 있고 용은 없는 데로 귀결되고 말았다"

이상과 같은 학문관을 견지했던 정약용에게 주희의 학문론은 무엇보다

한 바 있다. 보다 자세한 내용은 韓沽劤(1980: 46~61), 愼鏞廈(1987: 13~14), 金彩潤(1977)이 참조된다.

112 정약용은 이후에 다음과 같이 말한 바 있다: "성옹星翁[李瀷: 필자 주]의 저작은 거의 1백 권에 가깝습니다. 스스로 생각건대 우리가 천지天地의 큼과 일월日月의 밝음을 알 수 있었던 것은 모두 이 어르신의 힘이었습니다.(星翁文字, 殆近百卷. 自念吾輩能識天地之大·日月之明, 皆此翁之力.)" 「上仲氏【辛未冬】」(『定本 與猶堂全書 4』, p. 206); "박학하신 성호선생星湖先生, 우리의 백세사百世師이시다.(博學星湖老, 吾徒百世師.)" 「博學」(『定本 與猶堂全書 1』, p. 257); "성호선생星湖先生을 따라 사숙私淑하는 가운데 나는 커다란 꿈에서 대부분 깨어났다.(余之大夢, 多從星湖私淑中覺來.)" 丁奎英 編(1921/1992: 102) 및 송재소 역주(2014: 15)

113 「『鳳谷寺述志詩』序」(『定本 與猶堂全書 3』, p. 27) "所大懼者, 吾輩皆詞章·記誦之業也. ……必將本源混濁, 漸失開朗, 終不得爲有用之學, 而難與入於堯·舜之域矣. 豈足爲朱子之徒而星翁之後哉?"

유가儒家의 실천을 가로막는 하나의 커다란 폐막弊瘼으로 다가왔다. 즉, 주희 역시 애초 '수기修己·치인治人'이라는 유가 일반의 전통적 학문정신을 나름대로 충실히 계승·표방했음에도 그의 학문론은 점차 '치인'과 관련된 구체적 '실천'과는 동떨어진 채 어느덧 하나의 거대한 공리공담으로 변질·귀결되고 말았던바, 정약용이 보기에 이는 결코 우연이 아니었다. 곧 이러한 결과적 폐단은 기실 정주성리학의 이체기용론理體氣用論의 세계관적 구조 속에 그 필연적인 원인을 두고 있었던 것이다.

다시 말하자면, 본질적으로 구체적인 '실천의 문제', 즉 능동적인 '행사行事 이후에야 비로소 얻어지는 명칭'[114]으로서의 '인仁·의義·예禮·지智'를 위시한 모든 '덕德'을 정주성리학에서는 엉뚱하게도 형이상의 최고 원리인 '이理'로 변질시키고, 게다가 한 걸음 더 나아가 이를 '심덕心德'으로 만들어 마음속의 "가장 깊숙한 곳으로 밀어 넣어 감추어놓고는 '성性'이니 '심心'이니 '체體'니 '용用'이니 하고 있어, 이른 바 인·의·예·지의 체용體用·본말本末·두미頭尾란 것이 하나같이 마음속을 벗어나지 못하고 있는데도, 이를 두고 '본원本源을 끝까지 궁구하고 있는 것'이라 생각하고

114 『孟子要義』(『定本 與猶堂全書 7』, p. 68) "○[鏞案] 仁·義·禮·智之名, 成於行事之後. 故愛人而後謂之'仁', 愛人之先, 仁之名未立也. 善我而後謂之'義', 善我之先, 義之名未立也. 賓主拜揖而後禮之名立焉, 事物明辨而後智之名立焉, ……"; 『孟子要義』(『定本 與猶堂全書 7』, p. 134) "○[乾隆庚戌十月內閣課講] ……臣對曰: '孔·孟言仁·義, 皆主行事而言, 不以爲在心之理. ……'"; 『孟子要義』(『定本 與猶堂全書 7』, p. 187) "○[鏞案] ……爲仁者, 行仁也; 爲義者, 行義也. 行之爲之, 而後仁·義之名立焉. 若云: '人性之中, 本有仁·義', 則兩箇'爲'字, 不可解也."; 『孟子要義』(『定本 與猶堂全書 7』, p. 196) "○[鏞案] ……若其仁·義·禮·智之名, 必成於行事之後."; 『孟子要義』(『定本 與猶堂全書 7』, p. 254) "○[鏞案] ……○……毋論仁·義·禮·智, 本以行事得名."; 『中庸講義補』(『定本 與猶堂全書 6』, p. 284) "○[今案] ……仁·義·禮·智之名, 本起於吾人行事, 並非在心之玄理."; 『中庸講義補』(『定本 與猶堂全書 6』, p. 348) "○[臣對曰] 仁·義·禮·智之名, 成於行事之後. 此是人德, 不是人性."; 「上弇園書【丙辰】」(『定本 與猶堂全書 4』, p. 90) "仁·義·禮·智, 是見於行事. 已爲仁·爲義·爲禮·爲智者也."; 「答李汝弘【載毅】」(『定本 與猶堂全書 4』, p. 145) "由是觀之, 仁·義·禮·智, 皆以行事得名, ……"; 「答李汝弘【載毅】」(『定本 與猶堂全書 4』, pp. 150~152) "仁·義之德, 皆成於行事之後, ……故人莫不有此四心[四端: 필자주], 而不得爲仁人·義士, 行仁而後謂之'仁人', 行義而後謂之'義士'."; 「答李汝弘」(『定本 與猶堂全書 4』, p. 158) "孟子之時, 仁·義·禮·智爲行事之名."; 「示兩兒」(『定本 與猶堂全書 4』, p. 273) "仁·義·禮·智者, 施諸行事而後方有是名."

있음에 그 폐단이 결국 체體만 있고 용用은 없게 되는 데에 귀착될까 두려웠던 것”[115]인데, 이러한 정약용의 우려는 정작 기우가 아니라 그대로 당시 조선사회의 현실이었던 것이다. 즉, ‘덕德’이 한 번 형이상의 ‘이理’로 변질되자 유자儒者들은 “‘덕德’자를 인식함이 원래 명확하지 못하게 되어 경전을 읽다가 ‘덕’자에 마주칠 때마다 도대체 그것이 무엇을 의미하는지 막막히 알지 못하게 되었다. 이에 다만 순후淳厚하고 흐리멍덩하며 순박하기만 하여 청淸·탁濁도 구분하지 못하는 자를 덕이 있다 하며, 또한 이와 같은 몇 가지 기상으로 정좌靜坐한 채 천하를 다스리기만 하면 만물이 저절로 감화되어 돌아올 것이라 바랄 뿐, 정작 일에 임하는 국면에서는 도대체 어디서부터 손을 써야 하는지 전혀 모르게 되었던 것”[116]이다.

---

115 「答李汝弘【載毅】」(『定本 與猶堂全書 4』, p. 146) “(今反取仁·義·禮·智四顆), 納而藏之於最深之處, 曰: ‘性’·曰: ‘心’, 曰: ‘體’·曰: ‘用’, 所謂仁·義·禮·智之體之用之·本之末之·頭之尾之都不出於腔子之內·肚皮之中, 而名之曰: ‘極本窮源’, 恐其弊終歸於有體無用.”; 『論語古今注 I』(『定本 與猶堂全書 8』, p. 34) “[質疑] ……今之儒者, 認之爲仁·義·禮·智四顆, 在人腹中如五臟然, 而四端皆從此出, 此則誤矣. 然孝·弟亦修德之名, 其成在外, 又豈有孝·弟二顆, 在人腹中如肝肺然哉?”; 『孟子要義』(『定本 與猶堂全書 7』, p. 68) “○[鏞案] 仁·義·禮·智之名, 成於行事之後. ……豈有仁·義·禮·智四顆, 磊磊落落, 如桃仁·杏仁, 伏於人心之中者乎?”

또한, 정약용은 다음과 같이 말한 바 있다: “지금 성리학性理學을 하는 자들은 ‘이理’니 ‘기氣’니 ‘성性’이니 ‘정情’이니 ‘체體’니 ‘용用’이니 떠드는가 하면, ‘본연本然’이니 ‘기질氣質’이니 ‘이발理發’이니 ‘기발氣發’이니 ‘이발已發’이니 ‘미발未發’이니, 또는 ‘단지單指’니 ‘겸지兼指’니 ‘이동기이理同氣異’니 ‘기동리이氣同理異’니 ‘심선무악心善無惡’이니 ‘심선유악心善有惡’이니 하면서 줄기와 가지와 잎사귀가 수천수만으로 갈라”져 서로 다투면서도 “스스로는 은사隱士라고 자처하”며 거드름을 피우고 “알맹이 없는 고고한 마음으로 스스로 옳다고 오만을 떨고 있을 뿐(今之爲性理之學者, 曰: ‘理’·曰: ‘氣’, 曰: ‘性’·曰: ‘情’, 曰: ‘體’·曰: ‘用’, 曰: ‘本然·氣質, 理發·氣發, 已發·未發, 單指·兼指, 理同氣異·氣同理異, 心善無惡·心善有惡’, 三幹五椏, 千條萬葉, ……自命曰: ‘隱’, ……而空腹高心, 傲然自是, ……)”[「五學論 1」(『定本 與猶堂全書 2』, pp. 296~298)]이요, 정작 “자신들의 부모가 당장 추위를 호소하고 배고픔을 참으며 병들어 죽게 되었는데도 오히려 이를 태만히 여기고 보살피지 않을 뿐 아니라 아예 타성이 되어 노력조차 하려고도 하지 않는(而其父母方且呼寒忍飢, 疾病疴癢, 乃漫不省察, 恬不勞動)”[「諭谷山鄕校勸孝文」(『定本 與猶堂全書 4』, p. 325)] 한심한 지경에 이르고 말았던 것이다.

116 『論語古今注 I』(『定本 與猶堂全書 8』, pp. 58~59) “○[駁曰] ……道德何物? 今人認‘德’字, 元不淸楚, 讀聖經遇‘德’字, 茫然不知爲何物. 第以淳厚渾朴·不辨淸濁者爲有德,

정약용의 문제의식②: "군자의 학문이란 체와 용이 구비된 것을 귀하게 생각한다"

물론, 여기서 정약용이 말하는 '체體'란 '수기修己의 학문'이요 '용用'이란 '치인治人의 학문'을 의미하는바, 또한 '치인의 학문'이란 그 성격상 어디까지나 '실천적인 것'이자 동시에 '실용적인 것'이기도 하였다. 바로 이러한 맥락에서 그는 자신이 생각한바 진정한 '군자君子의 학문'에 대한 문제의식을 명확히 정립하기에 이르렀던바, 첫째, 정약용이 보기에 ① "군자의 학문이란 체體와 용用이 구비된 것을 귀하게 생각하니, 만일 치민治民·변속變俗·이재理財의 일에 있어 볼 만한 것이 없다면 그것 또한 헛된 학문일 뿐"[117]이었다. 따라서 "순舜 임금께서 신하를 명하실 때 직稷을 먼저, 설契은 나중—직稷은 농업을, 설契은 교육을 담당하였다—에 명하셨고, 기자箕子는 홍범구주洪範九疇에서 음식을 정사政事의 첫머리로 삼았던 것이다. 이에 『관자管子』에서는 정사를 논함에 의식衣食을 먼저 생각하고 예절禮節은 뒤로 하였으며, 맹자孟子께서 도道를 논하실 때도 백묘百畝의 전제田制를 먼저 말씀하시고 상서庠序의 교육敎育은 나중에 언급하셨던 것이다. 이는 모두가 군자가 힘써야 할 바(의 순서: 필자 주)를 알았기 때문이었다."[118] ② 바로 이러한 맥락에서 정약용은 군자의 학문이란 그 시

意欲以此箇氣象·坐理天下, 庶幾萬物自然歸化, 而當局臨事, 不知從何處著手, 豈不迂哉? ……"

한편, 정약용은 비슷한 맥락에서 다음과 같이 말하기도 하였다: "생각건대 사대부士大夫란 어려서부터 머리가 희어질 때까지 오직 시부詩賦나 잡예雜藝만 익혔을 뿐이므로 하루아침에 갑자기 목민관牧民官이 되면 어리둥절하여 손쓸 바를 모르니, 이에 차라리 간사한 아전에게 일임하고 감히 알아서 처리하지 못한다. 저 재화財貨만을 숭상하고 의리義理는 천시하는 간사한 아전이 어찌 다 법에 맞게 형벌을 처리할 수 있으리오? ……하물며 자신이 그 지위에 있으면서 그 직무를 걱정하지 않아서야 되겠는가?(顧士大夫, 童習白紛, 唯在詩賦·雜藝, 一朝司牧, 芒然不知所以措手, 寧任之奸胥而弗敢知焉. 彼崇貨賤義, 惡能咸中? ……況身都厥位, 不虞其職事哉?)" 「『欽欽新書』序」(『定本 與猶堂全書 2』, p. 407)

117 「答李友【泌淵○故監司義駿之子】」(『定本 與猶堂全書 4』, p. 114) "然君子之學, 貴有體·用, 苟於治民·變俗·理財之事, 全無可觀, 則亦徒學而已."

118 『論語古今注 II』(『定本 與猶堂全書 9』, pp. 70~71) "○[案] 舜之命官, 先稷後契, 箕子

행에 있어서는 오히려 '용用'이 앞서기까지 한다고 보기도 하였다.

둘째, 정약용은 동일한 문제의식에서 군자의 학문이란 반드시 "개물성무開物成務—만물의 뜻을 개통시키고 천하의 사물을 성취시킴—의 업業을 발휘하고 선양하는 공부가 있어야 한다"고 다짐·강조하기도 하였으니, 왜냐하면 "군자가 함양涵養을 귀하게 여기는 까닭은 장차 시조施措에 수용需用하기 위해서"이며, 또한 "이는 곧 동動·정靜을 통하고 체體·용用을 갖추어 빛나게 성기成己·성물成物하는 데 쓰임이 되는 것"[119]이기 때문이었다.

마지막으로 정약용은 상기의 맥락에서 '문文·무武의 병용竝用'을 강조하기도 하였다. 즉, 그는 젊어서부터[30세] "문文과 질質을 함께 갖추려 해도 매양 문文에 치우침이 걱정되며, 문文과 무武를 아울러 쓰려고 해도 매번 문文에 치우침이 걱정됩니다. 문文에 치우치면 한가하고 당장에는 편안함을 따르며 나약하고 쇠퇴해지는 폐단이 생깁니다. 그러므로 옛날의 성왕聖王께서는 반드시 이에 마음을 쓰셨습니다. 탕湯 임금과 무왕武王께서는 물론이려니와, 요堯·순舜의 시대에도 무력武力을 폐한 적이 없었습니다. ……고요皐陶의 직무는 오랑캐가 화하華夏를 침략하는 것을 경계하는 데에 있었습니다. 이러했기 때문에 그 시절은 태평성세가 되었던 것입니다. 주周 나라가 주 나라다움은 성왕成王과 강왕康王 때뿐이었습니다. 소왕昭王과 목왕穆王 이후에는 무사武事가 장려되지 않아서 오랑캐가 안으로 침략했습니다. ……성상聖上[正祖: 필자 주]께서는 이 점을 깊이 유념해주시기 바랍니다"[120]라고 간청함으로써 당시 조선이 노정

陳範, 食爲政首. 故『管子』論治, 先衣食而後禮節, 孟子論道, 先百畝而後庠序. 此, 君子之識務也."

119 「答方山 李【道溟】」(『定本 與猶堂全書 4』, p. 101) "然開物成務之業, 不得不有發揚·傳宣之功. 君子之所貴乎涵養, 將以需用於施措也. 此盖通動靜·具體用, 煥然爲成己·成物之用者也."

120 『詩經講義』(『定本 與猶堂全書 10』, p. 242) "[臣對曰] 文·質之欲具備, 而每患於文勝; 文·武之欲竝用, 而每患於文勝. 文勝之弊, 爲燕安·爲姑息, 爲委靡·爲頹墮. 故古之聖王, 必於是用心焉. 湯·武毋論, 堯·舜之世, 未嘗廢武. ……皐陶之職, 戒在於猾夏. 斯其所以爲盛世也. 周之爲周, 成·康而已. 昭·穆而降, 武事不競, 夷狄內侵. ……伏願聖上深留意

하고 있었던바 문약文弱의 폐단을 경계하는 한편 특히 무사武事의 장려가 당대의 급선무 가운데 하나임을 역설한 바 있다.

정약용의 '실용중시'의 학문론①: "이용과 후생은 정덕에 버금가는 것으로, 천지간의 세 가지 큰일이 된다"

한편, 상기한바 진정한 '군자君子의 학문', 즉 '치민治民·변속變俗·이재理財'나 '개물성무開物成務의 업業'을 '효孝·제弟'에 못지않게 각별히 중시·지향했던 정약용의 학문적 문제의식은 곧바로 그의 '이용후생利用厚生'론으로 연결되었다. 첫째, 정약용은 일찍이 사환초기仕宦初期부터 한강漢江에 주교舟橋를 설치하는 공사[28세]와 화성華城 축조공사[31세]에 규제規制를 지어 올려 공功을 세우는 등, 실무적인 일에 있어서도 이용후생의 관점에서 나름의 과학적 지식과 재능을 마음껏 발휘한 바 있다.[121]

둘째, 정약용은 뒤이어 규영부교서승奎瀛府校書承으로 재직하면서 정조正祖의 편찬사업에도 핵심적 역할을 담당했던바, 바로 이러한 과정에서 자연스럽게 박제가朴齊家[楚亭, 1750~1805]·유득공柳得恭[泠齋, 1749~?]·이덕무李德懋[雅亭, 1741~1793]와 같은 서얼庶孽 출신의 검서관檢書官들과 교유하게 됨으로써 결과적으로 이용후생학利用厚生學을 주창했던 박지원朴趾源[燕巖, 1737~1805]의 경세사상經世思想과도 지적 공감대를 넓힐 수 있었다.[122]

焉."

121 이와 관련된 정약용의 대표적인 저술을 들자면, 「城說」(『定本 與猶堂全書 2』, pp. 220~227), 「甕城圖說」(『定本 與猶堂全書 2』, p. 227), 「砲樓圖說」(『定本 與猶堂全書 2』, pp. 228~229), 「懸眼圖說」(『定本 與猶堂全書 2』, p. 230), 「漏槽圖說」(『定本 與猶堂全書 2』, p. 231), 「起重圖說」(『定本 與猶堂全書 2』, pp. 231~236), 「總說」(『定本 與猶堂全書 2』, pp. 237~238) 등이 있다.

122 정약용은 다음과 같이 말한 바 있다: "내가 선조先朝[正祖: 필자 주] 때에 규영부교서奎瀛府校書로 있었는데, ……이후에 또 규장각검서관奎章閣檢書官 박제가朴齊家가 지은 『북학의北學議』 6권을 보았으며, 그 뒤에도 지금[『經世遺表』를 저술한 당시: 필자 주]은 고인故人이 된 유신儒臣 박지원朴趾源이 저술한 『열하일기熱河日記』 20권을 보았는데, 여기에 실린 중국의 기용제도器用制度 중에는 보통 사람으로서는 추측할 수 없는 것이 많았다.([臣謹案] ……臣於先朝, 校書奎瀛府, ……其後又見奎章閣檢書官朴齊家所著『北

마지막으로, 이로써 정약용은 이후 "이용利用과 후생厚生은 정덕正德에 버금가는 것으로, 천지간의 세 가지 큰일이 된다"[123]는 전통적인 유가적 입장을 재확인하는 가운데, 특히 박지원이 『열하일기熱河日記』에서

學議』六卷, 其後又見故儒臣朴趾源所著『熱河日記』二十卷, 其載中國器用之制, 多非人意之所能測.)" 『經世遺表 I』, 「冬官工曹」(『定本 與猶堂全書 24』, p. 148)

123 『牧民心書 III』, 「工典六條」(『定本 與猶堂全書 29』, p. 198) "利用·厚生, 次於正德, 爲天地間三件大事, 聖人其知要矣."

또한, 정약용은 평소에도 '이용후생'에 대해 각별한 관심을 표명하는 가운데 다음과 같이 말한 바 있다: "(정약용이 제안한 考績法이 시행되면: 필자 주) 온갖 제도가 제대로 거행되어 안민安民·부국富國과 이용利用·후생厚生의 효과를 반드시 1년이면 목도하게 될 것입니다.(如是則百度修擧, 而安民富國·利用厚生之效, 必朞年而可覩矣.)" 「考績議」(『定本 與猶堂全書 2』, p. 150); "공公[李基讓: 필자 주]께서는 장차 어떠한 방법으로 나라에 보답하려 하십니까? 이 나라 백성을 위해 이용후생하여 만세토록 길이 힘입게 할 것을 생각하신다면 나라에 보답함이 적지 않을 것입니다. ……옛날 문익점文益漸께서 목화씨를 구해 돌아와 심으시고 아울러 씨아[攪車]와 물레[軠車]의 제도까지 얻어와 민간에 전하심에 민간에서는 이 잉거軠車를 '문래文來'라 부르며 그 공功을 잊지 않았으니, 위대하지 않습니까? 공께서 사신으로 가심에 오직 이것으로 권면하고자 합니다.(公將何術而報國也? 爲斯民思有以利用而厚生, 使萬世永賴焉, 則斯其爲報國, 不淺鮮矣. ……昔文益漸, 得棉之種而歸而種之, 竝得其攪車·軠車之制而傳之民間, 民間謂軠爲'文來'而不忘其功, 不其偉歟? 於公之行, 唯以是勉之.)" 「送李參判【基讓】使燕京序」(『定本 與猶堂全書 3』, p. 44); "편지를 잘 받았습니다. 아울러 씨아[攪車]의 제도까지 가르쳐주시니 아껴주시는 지극함에 기쁨을 감당하지 못하겠습니다. ……한번 임금께 아뢰어 제조방식을 온 나라에 반포한다면 이용후생의 정치에 보탬이 적지 아니할 것이니, 혜택을 만세에 전하는 것은 바로 이런 일에 있는 것입니다.(承書. 兼示攪車, 不勝欣荷之至. ……若得一番筵稟, 頒式八方, 其于利用厚生之政, 不云少補, 澤流萬世, 正在此等事矣.)" 「答茯菴」(『定本 與猶堂全書 4』, p. 57); "산은 어찌하여 거대한가? 바람을 막고 물을 저축하기 때문이요, 금金·은銀·동銅·철鐵과 미재美材·보석寶石을 생산하여 이용후생하기 때문이다.(山惡乎磅礴? 將以障風氣·蓄水泉, 生金銀銅鐵·美材·寶石, 以利用厚生也.)" 「送沈【奎魯】校理·李【重蓮】翰林游金剛山序」(『定本 與猶堂全書 3』, p. 46); "신臣이 삼가 살피건대, 『춘추전春秋傳』에서는 '정덕正德·이용利用·후생厚生은 임금이 다스림을 극진히 하는 큰 조목이 된다'고 하였고, 『중용中庸』에서는 '녹봉을 일에 맞게 하여 백공百工을 오게 한다'고 하였으며, 『주례周禮』의 「고인직槀人職」에서는 '활과 쇠뇌를 살펴 식록食祿을 올리기도 하고 내리기도 한다'고 하였고, (『禮記』의: 필자 주) 「월령月令」편에서는 '초겨울에 공사工師에게 명하여 사공事功을 조사하도록 하는데, 물건마다 이를 만든 공장工匠의 이름을 달고【만든 기구에다 이름을 새긴다】 그 정성을 살펴 만든 것이 합당하지 않으면 반드시 그 죄를 처벌한다'고 했던바, 선왕先王께서 백공百工을 권장하신 것이 이와 같았다.([臣謹案] 『春秋傳』: '正德·利用·厚生, 爲王者致治之大目', 『中庸』曰: '旣廩稱事, 以來百工', 『周禮』「槀人職」曰: '考其弓弩, 上下其食', 「月令」曰: '孟冬命工師效功, 物勒工名,【刻名於其器】 以考其誠, 工有不當, 必行其罪', 先王之勸百工如是也.)" 『經世遺表 I』, 「冬官工曹」(『定本 與猶堂全書 24』, p. 147)

소개하고 있는 중국의 기용제도器用制度에 대해서도 지대한 관심을 보이면서 차후 자신의 경세학을 구성하는 데 있어서도 다방면으로 이를 참조·활용한 바 있다.[124]

정약용의 '실용중시'의 학문론②: "따로 한 관아를 설치하여 명칭을 '이용감'이라 부르고, 오로지 북학으로 그 직책을 삼아야 한다"

이처럼 '이용후생利用厚生'을 중시했던 정약용의 학문적 입장은 다시금 당시 조선의 현실과 관련하여 자연스럽게 '북학론北學論'으로 이어졌다. 첫째, 정약용은 상기한바 평소의 경험과 안목을 바탕으로 "우리나라에 있는 백공百工의 기예技藝는 모두 옛날에 중국에서 배워온 법法인데도, 지금은 수백 년 이래로 딱 잘라 끊듯이 다시는 중국에 가서 배워올 계책을 세우지 않고 있다. 그러나 중국의 신식묘제新式妙制는 날로 증가하고 달로 많아져서 다시는 수백 년 전의 중국이 아닌데도, 우리는 또한 막연하게 서로 모르는 것을 묻지도 않고 오직 옛것만을 편안하게 여기고 있으니, 어찌 이리도 게으르단 말인가!"[125]라고 하여, 당시 조선의 기

---

124 이에 대한 보다 자세한 내용은 『牧民心書 I』, 「吏典六條」(『定本 與猶堂全書 27』, p. 274), 『牧民心書 II』, 「刑典六條」(『定本 與猶堂全書 28』, p. 409), 『牧民心書 III』, 「工典六條」(『定本 與猶堂全書 29』, pp. 198~199)가 참조된다.

한편, 정약용의 이용후생학利用厚生學에 대한 전반적 고찰로는 대표적으로 조성을(2012)이 참조된다.

125 「技藝論 1」(『定本 與猶堂全書 2』, p. 282) "我邦之有百工技藝, 皆舊所學中國之法, 數百年來, 截然不復有往學中國之計. 而中國之新式妙制, 日增月衍, 非復數百年以前之中國, 我且漠然不相問, 唯舊之是安, 何其懶也!"

또한, 정약용은 다음과 같이 말하기도 하였다: "연경燕京이 한양漢陽에서 3천여 리나 떨어져 있는데, 사신의 왕래가 길에 끊이지 않고 잇따랐건만 이용후생이 되는 물건으로는 일찍이 한 가지도 얻어와 전한 이가 없으니, 사람들이 태연하게 사물에 혜택을 베풀 뜻이 없음이 어찌 이처럼 극심하단 말인가!(燕之距漢陽, 三千餘里, 而冠蓋之往復徠去者, 繹繹乎織於路矣, 而所以利用厚生之物, 曾未有得其一而歸傳之者, 何人之恝然無澤物之志, 若是其極哉!)" 「送李參判【基讓】使燕京序」(『定本 與猶堂全書 3』, p. 44); "하물며 지금은 기묘한 기용器用이 뒤에 나오는 것일수록 더욱 정교한데, 유독 우리나라의 백성만이 막연히 전해 듣지 못하고 있다. 수령이 정사政事하는 여가에 사물의 법칙을 연구하고 생각을 운용하여 농기農器·직기織器를 만

술적 낙후상과 이에 대한 지배층의 무관심에 대해 심히 개탄한 바 있다.

둘째, 정약용은 바로 이러한 문제의식에서 특히 연암학파燕巖學派의 기술혁신론에 적극 공감하는 가운데, 농기農器·직기織器·병기兵器 등에 걸친 다양한 신기술의 개발과 도입을 자신의 경세학에서 무엇보다 중시·역설하기에 이른다. 이러한 의도에서 정약용은 ① 수령의 중요한 직무 가운데 하나로서 농기나 직기와 같은 생산성 높은 기구의 제작·보급을 각별히 강조한 바 있고, ② 또한 이를 위해 중국에서 편찬된 『의상지儀象志』, 『무비지武備志』, 『기기도설奇器圖說』 등의 서적을 적극 참조·활용할 것을 강조하는 한편, ③ 이기양李基讓[伏菴, 1744~1802]이 중국에서 도입했던 '박면교거剝棉攪車'—면화를 씨아질하는 기구—와 박지원朴趾源의 『열하일기熱河日記』에 나오는 '소거繅車'—고치에서 실을 켜는 물레—를 특별히 중시하여 소개하기도 하였다.[126]

마지막으로, 정약용의 이러한 문제의식과 관심은 북학北學을 위한 보다 체계적이고도 본격적인 정책적 구상으로 이어졌던바, 이는 곧 "따로 한 관아官衙를 설치하여 명칭을 '이용감利用監'[127]이라 부르고, 오로지

들고, 이를 백성을 가르쳐서 그들의 노력을 절감한다면 또한 좋지 않겠는가?(況今奇器妙用, 後出者益巧, 而唯獨吾東之民, 漠然不聞. 牧於爲政之暇, 按法運思, 作爲農器·織器, 以教民省力, 不亦善乎?)" 『牧民心書 III』, 「工典六條」(『定本 與猶堂全書 29』, p. 198)

126 이에 대한 보다 자세한 내용은 『牧民心書 III』, 「工典六條」(『定本 與猶堂全書 29』, pp. 198~199)이 참조된다.

127 정약용은 『경세유표經世遺表』에서 '이용감利用監'의 직제職制와 관련하여 ① '동관공조冬官工曹'에 소속된 관아官衙로서, ② 관원官員은 ㉠ 제조提調 중대부中大夫 1인人, ㉡ 첨정僉正 상사上士 2인, ㉢ 별제別提 중사中士 2인, ㉣ 학관學官 하사下士 4인으로 구성되고 ㉤ 이외에 서리書吏 2인, 조례皁隸 8인을 배치하며, ③ 이용감에 소속된 공장工匠으로 기구器具의 제조에 공적이 있는 자는 제조提調와 공조판서工曹判書가 고과考課하여 그 공에 따라 목관牧官이나 찰방察訪에서부터 남·북한부사南·北漢副使에 이르기까지의 관직에 등용하며 그 자손 역시 공로로 채용해 쓸 것을 구상·제안하고 있다. 보다 자세한 내용은 『經世遺表 I』, 「冬官工曹」(『定本 與猶堂全書 24』, pp. 147~149)이 참조된다.

한편, 정약용은 『경세유표』에서 상기한바 이용감 이외에도 선공감繕工監[나라의 각종 토목공사와 건축을 담당한 관아]·전궤사典軌司[수레의 제작을 담당한 관아]·견와서甄瓦署[기와와 벽돌의 제작을 담당한 관아] 등을 "지혜를 창출하고 교묘한 기구를 만들어서 이용후생하

북학北學—중국中國에서 배워옴—으로 그 직책을 삼아야 한다"[128]는 제도개혁론으로 연결·구체화되기에 이른다. 이에 그는 ① 이용감의 관원을 해마다 북경北京으로 파견하여 다양한 기술[法]과 기기器機를 구득購得하고 전습傳習할 것을 강조하는 한편, ② 그 구체적 항목으로는 "무릇 구들놓기·벽돌굽기·수레만들기·그릇만들기·쇠불리기·구리불리기·기와굽기·자기굽기에서부터 인중기引重機·기중기起重機·나무켜기·돌켜기·맷돌·물레방아·취수取水·대경代耕·풍차風車·수차水車의 법과 홍흡虹吸[일종의 吸水器로 소방기구임: 필자 주]·학음鶴飮[虹吸과 비슷한 소방기구로 추측됨: 필자 주]의 제도 및 모든 농기·직기·병기·화기·풍선風扇·물총[水銃]에서 천문天文과 역법曆法에 소용되는 의기儀器·측기測器 등 실용에 관계되는 일체의 모든 기기器機"를 적시한 바 있다.[129]

는 것으로써 공적을 삼는(○繕工監·利用監·典軌司·甄瓦署之等, 以創智·設巧, 利用厚生爲功績)" 관아로서 매우 중시하였다. 보다 자세한 내용은 『經世遺表 I』, 「天官修制: 考績之法」(『定本 與猶堂全書 24』, p. 274)이 참조된다.

128 『經世遺表 I』, 「冬官工曹」(『定本 與猶堂全書 24』, p. 148) "[臣謂] 別設一司, 名之曰: '利用監', 專以北學爲職."

또한, 정약용은 다음과 같이 말하기도 하였다: "이용감利用監을 개설하고, 북학北學의 법을 의논하여 부국강병富國强兵을 도모하는 일은 변경할 수 없다.(開利用之監, 議北學之法, 以圖其富國强兵, 斯不可易也.)" 「『邦禮艸本』序」(『定本 與猶堂全書 2』, p. 404)

한편, 정약용은 '북학北學의 효과'에 대해 다음과 같이 말하기도 하였다: "근세에는 유구국流球國 사람들이 중국의 태학太學에 십년 동안이나 머물면서 전적으로 그 문물文物과 기능技能만을 배워갔으며,【『지봉집芝峰集』】 일본日本 사람들은 중국의 강소성江蘇省과 절강성浙江省을 왕래하면서 오직 백공百工의 섬세하고 정교한 기술만을 배워오는 데에 힘썼다. 이 때문에 유구와 일본은 바다 한가운데 멀리 떨어진 지역에 위치하고 있으면서도 그 기능은 중국과 대등하게 됨에 백성은 부유하고 군대는 막강해져 이웃나라가 감히 침략하지 못하게 되었으니, 그 이미 이렇게 된 효과가 이와 같았던 것이다.(近世琉球人處太學十年, 專學其文物·技能,【『芝峰集』】 日本往來江·浙, 唯務移百工纖巧. 故琉球·日本在海中絶域, 而其技能與中國抗, 民裕而兵强, 鄰國莫敢侵擾, 其已然之效如是也.)" 「技藝論 3」(『定本 與猶堂全書 2』, p. 283)

129 『經世遺表 I』, 「冬官工曹」(『定本 與猶堂全書 24』, p. 148) "[臣謂] ……歲入北京, 或行貨以購其法, 或厚價以購其器. 凡安炕·燒甓·造車·造器·鍊鐵·鍊銅·燔瓦·塼瓷, 以至引重·起重·解木·解石·轉磨·轉碓·取水·代耕·風磑·輪激之法, 虹吸·鶴飮之制, 諸凡農器·織器·兵器·火器·風扇·水銃, 以至天文·曆法所需儀器·測器, 凡係實用之器, 無不傳學, 歸而獻之於本監."

또한, 정약용은 일찍이 젊어서부터[38세] "성인聖人의 정치와 성인의 학문 같은 것은 우리나라[東國]가 이미 얻어서 옮겨왔으니, 어찌 다시금 멀리서부터 구해올

정약용의 '실용중시'의 학문론③: "백공의 교묘한 기예란 세대가 내려올수록 더욱 공교롭게 되"며, "이 모두는 수리에 근본을 두고 있다"

끝으로, 정약용의 이상과 같은 북학론北學論은 기실 그의 '사회변동'관 및 '인식론적 입장'을 함축하고 있었던 의미심장한 사안이기도 하였다. 첫째, 정약용은 일찍이 "사람이 많이 모일수록 그 기예技藝가 더욱 정교하게 되고, 세대가 아래로 내려올수록 그 기예가 더욱 공교롭게 되니, 이는 사세事勢가 그렇지 않을 수 없는 것"130이요, "대저 효제孝弟는 천성天性에 근본 하는 것으로서, 성현聖賢의 글에 이미 밝혀져 있으니, 진실로 이를 넓혀서 충실하게 하고 닦아서 밝힌다면 곧 예의禮義가 풍속을 이루게 될 것이다. 이는 진실로 밖으로부터 기대할 필요가 없는 것이요, 또한 후세에 나온 것에 힘입을 필요도 없는 것이다. 반면 이용후생利用厚生에 필요한 자료와 백공기예百工技藝의 재능과 같은 것은 후세에 나온 제도에 나아가 구하지 않는다면, 그 몽매하고 고루함을 타파하여 이익과 혜택을 일으킬 수 없을 것이다. 이는 국가를 도모하는 사람으로서 마땅히 강구해야 할 일이다"131라고 주장했던바, 이로써 정약용은 ① 적어도 기술의 영역, 즉 '이용후생에 필요한 자료와 백공기예의 재능'은 후

필요가 있겠는가? 오직 전주田疇와 종식種植에 편리한 방법이 있어 오곡五穀이 무성하게 자라도록 하는 것은 옛날의 양리良吏가 남겨준 은혜이고, 문사文詞와 예술藝術에 해박하고 고아한 재능이 있어 비루하지 않게 된 것은 옛날의 명사名士가 남겨준 영향이다. 지금 의당 중국으로부터 이익을 취해야 할 것은 이것일 뿐이다(若聖人之治·聖人之學, 東國既得而移之矣, 復何必求諸遠哉? 唯田疇·種植之有便利之法, 而使五穀茁茂焉, 則是古良吏之遺惠也; 文詞·藝術之有博雅之能, 而不爲鄙俚焉, 則是古名士之餘韻也. 今所宜取益於中國也者, 斯而已)"[「送韓校理【致應】使燕序【時爲書狀官】」(『定本 與猶堂全書 3』, p. 45)]라고 주장함으로써 상기한바 '북학北學'의 대상을 어디까지나 '전주田疇·종식種植의 방법'이나 '문사文詞·예술藝術의 재능'과 같이 이용후생에 우선적으로 긴요한 문물제도에 한정하는 태도를 견지한 바 있다.

130 「技藝論 1」(『定本 與猶堂全書 2』, p. 282) "故人彌聚則其技藝彌精, 世彌降則其技藝彌工, 此勢之所不得不然者也."

131 「技藝論 3」(『定本 與猶堂全書 2』, p. 284) "夫孝弟根於天性, 明於聖賢之書, 苟擴而充之, 修而明之, 斯禮義成俗. 此固無待乎外, 亦無藉乎後出者. 若夫利用厚生之所須·百工技藝之能, 不往求其後出之制, 則未有能破蒙陋而興利澤者也. 此謀國者所宜講也."

세로 올수록 더욱 발전하게 된다는 '진보론적 사회변동'관을 표명하는 한편, ② 나아가 효제와 예의로 표상되는 '도리道理'[도덕학, Sollen]와 이용후생과 백공기예로 대변되는 '물리物理'[자연학, Sein]를 명확히 구분하여 인식한 바 있다.[132]

132 정약용이 일찍이 '도리道理'[Sollen]와 '물리物理'[Sein]를 준별하는 이른바 '인식론적 각성'의 사례를 들자면, 이외에도 ① '일식日蝕·월식月蝕'에 대한 이해와 관련하여 "달이 해를 가리면 일식日食이 되고, 지구가 해를 가리면 월식月食이 된다(月揜日爲日食, 地揜日爲月食, 吾旣得而聞之矣)"[「碗浮靑說」(『定本 與猶堂全書 2』, p. 211)]라거나 "달이 해를 가리면 일식이 되고 지구가 해를 가로막으면 월식이 되는 이것은 진실로 바른 이치입니다([臣對曰] 月掩日爲日食, 地隔日爲月食, 此固正理)"[『詩經講義』(『定本 與猶堂全書 10』, p. 216)]라는 전제 하에, "일식과 월식이 일어나는 것은 명백히 궤도상 그렇게 되게끔 되어 있는 것이니, 이것은 재앙이 아니다(日月交食, 明有躔次, 此非災也.)"[「上仲氏【辛未冬】」(『定本 與猶堂全書 4』, p. 210)]라거나 "일월日月이 번갈아 먹는 것[食]은 모두 궤도상 그렇게 되게끔 되어 있어서이지, 요堯 덕분에 줄거나 걸桀 때문에 늘어나는 것이 아니다([補曰] 日月交食, 皆有躔次, 不以堯減, 不以桀增)"[『詩經講義補遺』(『定本 與猶堂全書 10』, p. 378)]라고 주장함으로써 종래 천인합일의 질서감각에 근거한 전통적 '재이災異'관을 비판·거부한 점, ② 자연현상과 정치의 기운이 서로 감응한다는 이른바 '기수설氣數說'과 관련해서도 "신臣이 생각하기에 천지天地 사이에는 본디 기수氣數가 없으며, 성하고 쇠하며 흥하고 망하는 것은 오직 덕德이 초래하는 바입니다. (『中庸』에서: 필자 주) '중中과 화和를 지극히 하면 천지天地가 제자리를 잡고 만물萬物이 생육한다'고 하였으니, 덕德이 미쁜 곳에는 초목草木과 조수鳥獸 및 어별魚鼈이 모두 좇아서 감응하는 이치가 그림자나 메아리보다 빠를 것이니, 어찌 이를 기수氣數에 돌릴 수 있겠습니까? 참으로 쇠락한 주周 나라의 군주가 분발하고 떨쳐 일어나면 덕화德化가 널리 충만하여 천지와 만물이 자리를 잡고 길러지는 조화로 함께 돌아가지 않겠습니까?([臣對曰] ……臣則以爲天地之間, 本無氣數, 盛衰興亡, 唯德所召. '致中和, 天地位焉, 萬物育焉', 德之所孚, 草木·鳥獸·魚鼈咸若, 感應之理, 捷於影響, 豈可歸之於氣數乎? 誠使衰周之君, 奮發振作, 德化洋溢, 則天地·萬物, 其不同歸於位·育之化乎?)"[『詩經講義』(『定本 與猶堂全書 10』, p. 259)]라고 주장함으로써 전통적인 천인합일론에 근거한 '기수설'을 부인·거부한 점, ③ '땅이 좋아야 훌륭한 사람이 난다'는 이른바 '인걸지령설人傑地靈說'과 관련해서도 "인걸지령설은 예로부터 있었는데, 풍기風氣가 다르면 이로써 습속習俗도 구별된다는 것입니다. ……신臣이 살펴보건대 (『禮記』의: 필자 주) 「공자한거孔子閒居」편에서 '하늘이 때맞추어 비를 내리고자 하면 산천이 구름을 일게 한다'는 이치를 논하면서 보후甫侯와 신후申侯를 낳은 것을 문왕文王과 무왕武王의 덕德으로 돌린 것은 '문왕과 무왕께서 배양하신 공功이 오래도록 멀리 미침에 이러한 인재人才가 배출될 수 있었다'는 것을 말함입니다. 신臣은 '산하山河의 기氣에는 고금古今도 없고 성쇠盛衰도 없음에, 문왕과 무왕과 같은 덕을 닦을 수 있다면 저절로 신후申侯와 보후甫侯와 같은 인물을 낳을 수 있다'고 말하고자 합니다.([臣對曰] 人傑地靈之說, 自古有之, 而風氣之異, 習俗以別. ……臣按, 「孔子閒居」論'天降時雨, 山川出雲'之理, 以生甫及申, 歸之文·武之德, 謂: '文·武培養之功, 及於久遠, 有此人才之輩出也.' 臣謂: '山河之氣, 無古無今, 無盛無衰, 有能修文·武之德, 自能致申·甫之生.')"[『詩經講義』(『定本

둘째, 정약용은 ① "상고시대上古時代의 개물성무開物成務와 제기制器·이용利用은 모름지기 물리物理에 밝고 수리數理에 통달하여 사물의 곡직曲直[曲]·방면方面[面]·형세形勢[勢]를 소상히 살핌"[133]으로써 비로소 가능했으

與猶堂全書 10』, p. 297)]라고 주장함으로써 기존의 천인합일론적 '인걸지령설'을 비판하고 있는 점, ④ 주희의 존재론이 논리적으로 함축하고 있는바 '도덕적 결정주의', 즉 인간과 여타 만물 간의 존재론적 차이뿐만 아니라 나아가 인간 간의 '지적 등급[Sein]' 및 '도덕적 선善·악惡[Sollen]'까지도 한결같이 인간이 태어날 때 선천적으로 부여받은 '기氣의 혼명昏明·청탁淸濁의 차등'에서 생겨난다고 보는 입장 역시 거부한 점, 다시 말하자면, 정약용이 보기에 한 인간의 '도덕적 선·악'의 여부는 단적으로 후천적인 노력과 실천[行事]의 결과로 나타난 사공事功을 통해 판별·결정되는 것이라면, 반면 한 인간의 '지적 등급', 즉 그의 지知·우愚와 혜慧·둔鈍 및 재주와 식견에 있어서의 다양한 차이는 오로지 산천山川의 풍기風氣가 간직한 강剛·유柔와 부모父母의 정혈精血이 지닌 청淸·탁濁의 정도에 따라 선천적으로 생겨난다고 본 점, 나아가 그는 그 근거로서 "지금 여항의 미천한 백성 중에 소처럼 노둔하면서도 능히 효자孝子의 덕행을 이룬 자가 헤아릴 수 없이 많으며, ……누른 머리에 검은 얼굴을 한 어리석고 비루한 여자들 가운데서도 열녀烈女의 절개를 지킨 사람이 수없이 많은(○[鏞案] ……今閭巷卑微之民, 椎鹵如牛而能成孝子之行者, 不可勝數. 婦人, ……而黃首黑面, 恂愗陋劣者, 多辦烈女之節)"[『孟子要義』(『定本 與猶堂全書 7』, pp. 197~198)] 사실을 거론하는 가운데, 만약 "천天[上帝]께서 부여해주신 것이 애초 고르지 못하여 어떤 인간에게는 순전히 아름답고 깨끗한 기질氣質을 몰아주어 (저절로: 필자 주) 요堯·순舜처럼 되게 하고, 어떤 인간에게는 순전히 악하고 탁한 기질氣質을 주어 (어쩔 수 없이: 필자 주) 걸桀이나 도척盜蹠처럼 되게 하였다"면, 천天의 불공평함이 이보다 심할 수는 없을 것(○[鏞案] ……○……天之賦予, 原自不均, 或予之以純美·純淸之氣質, 使之爲堯·爲舜; 或予之以純惡·純濁之氣質, 使之爲桀·爲蹠[跖], 天之不公, 胡至是也?)[『孟子要義』(『定本 與猶堂全書 7』, p. 200)]이라 일갈하고 있는 점 등이 바로 그것이다. 물론, 정약용의 이상과 같은 인식론적 입장은 유교적 전통에서 나타난 미증유의 성과이거나 또는 서학西學과 같은 외부로부터의 충격에서 유래한 배타적 소산이기보다는 오히려 순자荀子의 '천인지분天人之分'설의 인식론적 전통과 함께 조선후기의 탈성리학적脫性理學的 경학전통經學傳統에서 표명된 바 동일한 인식론적 문제의식의 유산을 정약용이 당시 조선사회의 역사적·사회적 조건과의 관련성 하에서 창조적으로 계승하여 재활용한 결과로 봄이 타당할 것으로 사료된다. 왜냐하면 정약용이 접했던 서학이란 기본적으로 서구의 르네상스기에 개화되었던 과학·기술에 토대를 둔 것으로서, 이후 서구에서 이른바 '과학혁명'을 거치며 정식화된 서구 근대철학에서의 인식론적 각성의 성과와는 기실 거리가 멀기 때문이다.

한편, 정약용이 상기한바 주희의 도덕적 결정주의를 비판한 보다 상세한 내용은 제3부 제3장 「다산 정약용의 인간론」에서의 해당부분이 참조되며, 또한 조선후기의 실학實學에서의 '도리道理와 물리物理의 분리'로 대표되는 '자연自然'에 대한 인식의 변화 및 이에 따른 실증적實證的 우주론宇宙論의 등장과 세계관世界觀의 전회轉回에 대한 보다 자세한 내용은 대표적으로 具萬玉(2004: 351~473) 및 구만옥(2007: 171~201)이 참조된다.

며, 또한 "백공百工의 교묘한 기예技藝란 모두가 수리數理에 근본을 두고 있기 때문에, 반드시 구句[직각 부등변 삼각형에서 직각을 낀 두 변 중에 길이가 짧은 것: 필자 주]·고股[직각을 낀 두 변 중에 길이가 긴 것: 필자 주]·현弦[직각과 마주한 변: 필자 주] 및 예각銳角과 둔각鈍角이 서로 들어맞고 서로 어긋나는 근본 원리에 밝은 다음에라야 이에 그 방법을 얻을 수 있다. 참으로 스승이 전수하고 익힘을 동반하여 오랜 세월 쌓음이 있지 아니하면 끝내 이를 이어받아 취할 수 없다"[134]고 역설한 바 있다. ② 이로써 정약용은 ㉠ 상기한바 '이용후생에 필요한 자료와 백공기예의 재능'의 토대를 이루는 것은 다름 아닌 '물리物理'와 '수리數理'임을 분명히 인식하는 동시에, ㉡ 특히 모든 기예의 기초가 되는 이러한 '물리'와 '수리'의 학문적 중요성 및 그 연구·학습의 필요성 또한 일관되게 강조한 바 있다.

'실용중시'의 학문이란 정약용의 학문론의 두 번째 기둥이다

이처럼 정약용은 성호학파星湖學派의 영향 아래에서 주희의 학문론이 함축·노정했던 결과적 폐단의 필연성을 바로 그 이체기용론理體氣用論의 세계관적 구조에까지 소급하여 확인·비판하는 가운데, 자신의 학문적 기

133 『尙書古訓 I』(『定本 與猶堂全書 11』, p. 226) "○[鏞案] 上古之世, 開物成務, 制器·利用, 須明於物理, 通於數理, 審曲·面·勢, 以詔百工者, 可居此職."

또한, 정약용은 다음과 같이 말하기도 하였다: "인정人情과 물리物理는 고금古今에 차이가 없다.(○[鏞案] ……人情·物理, 古今不殊.)" 『喪禮四箋 III』, 「喪期別 19」(『定本 與猶堂全書 20』, p. 401)

134 『經世遺表 I』, 「冬官工曹」(『定本 與猶堂全書 24』, pp. 147~148) "[臣謹案] ……然百工之巧, 皆本之於數理, 必明於句·股·弦, 銳·鈍角相入·相差之本理, 然後乃可以得其法. 苟非師傅曹習, 積有歲月, 終不可襲而取之也."

한편, 정약용은 이러한 문제의식에 따라 『경세유표經世遺表』에서는 '산학서算學署'를 별도의 관아로 설치할 것을 구상한 바 있다. 이러한 '산학서'의 직제職制로는 ① '지관호조地官戶曹'에 소속된 관아官衙로서, ② 관원官員은 ㉠ 제조提調 경卿 1인人, ㉡ 교수敎授 중사中士 2인, ㉢ 훈도訓導 하사下士 4인으로 구성되고, ㉣ 이외에 조례皁隸 4인을 배치하며, ③ 제조提調는 호조판서戶曹判書가 으레 겸직하도록 할 것을 제안하고 있다. 보다 자세한 내용은 『經世遺表 I』, 「地官戶曹」(『定本 與猶堂全書 24』, pp. 65~66)이 참조된다.

본방향을 명확히 '체體와 용用이 구비된 군자君子의 학문'에 설정한 바 있다. 나아가 정약용은 이러한 바탕 위에서 자신이 지향한바 '유용한 학문'론의 요체로서 ① '이용후생利用厚生'론, ② '북학北學'론, ③ '도리道理'와 '물리物理' 간의 준별로 표명되는 '인식론적 각성' 및 기예技藝의 바탕으로서의 '물리物理·수리數理'관을 정립·설파해 나갔던바, 이로써 그는 '실용중시實用重視'의 학문이라는 자신의 학문론의 두 번째 기둥을 세워나갔던 것이다.

3) '민족중심'의 학문

정약용의 '민족중심'의 학문론은 이익의 학풍을 계승하였다

이미 기술한 바대로, 정약용은 일찍이 세무실용世務實用에 대한 깊은 관심, 사회개혁의식, 주체적 민족의식을 그 특징으로 하는 이익李瀷의 학풍을 계승하였다. 특히 중화中華와 엄격히 구별되는 조선朝鮮을 찾고자 노력하는 가운데 역사와 제도에서 조선의 독자적 부분을 찾아 연구할 것을 강조했던 이익의 학문적 입장을 사숙私淑했던 정약용으로서는 이후 자신의 학문론을 상기한바 '지행겸진知行兼進·실용중시實用重視'의 방향에서 명확하게 정립·실천하는 동시에, 또한 이를 '민족중심民族中心'의 입장에서도 진지하게 모색·발전시켜 나간 바 있다.

바로 이러한 맥락에서 정약용은 28세 되는 기유년[1789년, 正祖 13]에는 조선의 풍속—보다 구체적으로는 '학문풍토'—과 관련하여 "아! 멀리 있는 것[중국: 필자 주]에만 힘쓰고 가까운 것은 소홀히 하는 행태는 옛날이나 지금이나 공통된 병폐이기는 하지만, 유독 우리나라가 더욱 심각하다"[135]고 깊이 개탄한 바 있다. 이러한 문제의식 하에서 정약용은 이후

---

135 「地理策【乾隆己酉閏五月, 內閣親試. 御批居首】」(『定本 與猶堂全書 2』, p. 31) "噫! 務遠忽近, 古今之通患, 惟我東爲甚."; 「地理策【乾隆己酉閏五月, 內閣親試. 御批居首】」(『定本 與猶堂全書

전통적 '화이사상華夷思想'을 비판적으로 검토하는 가운데 나름의 '독자적인 화이관華夷觀'을 정립하는 한편, 역시 이를 토대로 당시 조선사회의 구체적인 역사적·사회적 조건과 밀착된, 바로 이러한 의미에서 무엇보다 '조선의 중심성과 자주성'이 강조된 자신의 학문론 및 경세학을 활발하게 전개시켜 나갔던 것이다.

전통적 '화이사상'의 본질과 우주론적 전개양상

일반적으로 '화이사상華夷思想'이란 오직 중국만을 '세계의 중심'이자 '화華'[문명국]로 보는 반면 여타 주변의 모든 민족은 '이夷'[야만국]로 인식하는, 이러한 의미에서 다분히 '중화민족中華民族 중심의 주관적 세계관'인 '중화사상中華思想'의 일면이자 또한 그 논리적 귀결이기도 하였다. 첫째, 이러한 '화이사상'은 본디 고대 이래 중국의 광대한 영토, 선진적 농경에 기반을 둔 풍요한 경제생활, 고도로 발달된 동아시아 유일의 선진문화라는 절대적 자신감과 우월의식을 바탕으로 마침내 중국을 '세계의 중심'이요, '정치적·군사적 최강국'이자 '유일한 문화선진국'으로 자처하는 한편 주변의 민족들은 모조리 미개한 오랑캐[東夷·西戎·南蠻·北狄]로 치부하여 절대적으로 차별·멸시했던 '자민족중심주의ethnocentrism'의 일 형태이자, 강력한 '정치적·군사적·문화적 민족주의nationalism'를 그 본질로 하는 것이기도 하였다.[136]

둘째, 이러한 '화이사상'은 곧 ① 서주시대西周時代 이래 중국의 전통문화를 가장 충실하게 옹호·전승했던 '유교사상의 일 요체'이기도 하였던바, 특히 송대宋代의 정주성리학에 이르면 이는 하나의 독특한 '우주론'의 형태로 전화·표명되기도 하였다. 대표적으로, ㉠ 주희는 우선 "천

2』, p. 44) "此, 臣所以深嘅乎東方之鶩遠, 而竊有望於聖朝之察邇者也."

136 이러한 '화이사상華夷思想' 및 '중화사상中華思想'에 대한 보다 자세한 내용은 대표적으로 李春植(1998: 161~176), 李春植(2002: 137~151)이 참조된다.

지天地가 처음 생겼을 때는 단지 음陰·양陽이란 기氣만이 있었다. 이 한 개의 기氣가 운행하여 (맷돌처럼: 필자 주) 갈고 가는데, 점점 빨리 갈수록 더욱 많은 찌꺼기가 생겨나지만 안쪽에는 (밖으로: 필지 주) 나갈 곳이 없기 때문에 뭉쳐져서 중앙에 땅[地]이 만들어진다. 맑은 기氣는 하늘이 되고 일월日月이 되고 성신星辰이 되는데, 단지 (땅의: 필자 주) 바깥에 있으면서 언제나 빙빙 돌며 두루 회전한다. 땅은 중앙에 있으면서 움직이지 않으니, (하늘: 필자 주) 아래에 있는 것이 아니다"137라고 하여, 이른바 '혼천설渾天說'에 근거한 나름의 우주론을 설파한 바 있다. ㉮ 물론 이러한 주희의 우주론은 고대 이래 중국의 전통적 우주론이었던 '개천설蓋天說'에 비하여 진일보한 것이기는 하지만, ㉯ 그럼에도 여전히 '지구地球'라는 관념은 부재한 상태에서 '천원지방天圓地方[하늘은 둥글고 땅은 네모지다]'과 함께 '천동지정天動地靜[하늘은 움직이고 땅은 고요하다]'이란 전통적 관념을 견지하고 있었다.138 ㉡ 또한, 주희는 일례로 "형체가 있는 사물은 비록 천지天地처럼 큰 것이라 할지라도 또한 일정한 중심이 있다. 이천선생伊川先生[程頤: 필자 주]께서는 '천지는 어디를 가더라도 중심[中]이 아닌 곳이 없다'고 말씀하셨는데, 이는 옳지 않다"139고 비판하면서 이에 "숭산嵩山

---

137 『朱子語類』, 卷1(「理氣 上」), p. 6.(中華書局, 1981) "天地初間只是陰陽之氣. 這一箇氣運行, 磨來磨去, 磨得急了, 便拶許多渣滓; 裏面無處出, 便結成箇地在中央. 氣之淸者便爲天·爲日月·爲星辰, 只在外, 常周環運轉. 地便只在中央不動, 不是在下."

138 고대 이래 중국의 우주론 및 천문학의 중요한 두 입장, 즉 '개천설蓋天說'과 '혼천설渾天說'의 구체적 내용에 대해서는 대표적으로 야마다 케이지[山田慶兒](1978/1991: 33~40)가 참조된다. 즉, 우주구조와 관련하여, ① '개천설'은 하늘은 둥글고 땅은 네모지며 각각 위아래에 위치하면서 북극北極을 그 중심으로 한다. 고정된 물체[固體]로서의 하늘은 북극을 중심으로 동에서 서로 돌고, 해와 달은 서에서 동으로 돈다고 설명하였다. ② 이에 반해 '혼천설'은 달걀의 비유를 통하여 껍질은 하늘에 해당하고 노른자는 땅에 해당하며, 하늘의 형태는 둥글면서 땅을 둘러싸고 있다. 하늘의 외부와 내부에는 물이 있으며, 하늘과 땅은 모두 물위에 떠있다. 땅은 정지되어 있고, 하늘은 남·북극을 축으로 하여 끊임없이 회전하고 있는 것으로 인식하였다.

한편, 이른바 '상관적 사유체계'로서의 정주학파의 우주론에 대한 개괄적 소개로는 John B. Henderson(1984/2004: 151~156)이 참조된다.

139 『朱子語類』, 卷2(「理氣 下」), p. 19.(中華書局, 1981) "形器之物, 雖天地之大, 亦有一定

이 땅의 중심"[140]임을 주장하기도 했던바, 이로써 그는 '중국이 곧 세계의 중심'이라는 중국인의 전통적 인식을 답습·보강한 바 있다.[141] ② 이처럼 '화이사상'은 정주성리학을 통해 보다 세련된 우주론의 형태로 정교화되면서 이후 동아시아 유교사회에서 일종의 보편이론으로 인정·통용되기에 이르렀던바, 이러한 사정은 조선의 경우에도 물론 예외가 아니었다.

정약용의 '독자적 화이관'의 정립①: '천원지방'설과 '천동지정'설은 근거가 없다

상기한 바대로, 정약용은 '민족중심'의 학문론을 정립하기 위한 사상적 토대이자 그 출발점으로서 무엇보다 기존의 화이사상華夷思想에 대한 비판적 검토를 통해서 나름의 '독자적인 화이관華夷觀'을 구성하는 데에 우선적으로 착목했던바, 이에 그 첫걸음으로서 정주성리학적 우주론의 기본전제이기도 했던 이른바 '천원지방天圓地方'설과 '천동지정天動地靜'설에 대한 비판에 각각 착수하였다. 첫째, 정약용은 일찍이 28세 되는 기유년[1789년, 正祖 13]에 저술한 「지리책地理策」을 통해 이미 상기한바 '천원지방'설이 근거 없는 것임을 분명히 간파·설명하고 있었다. 즉, ① 그는 "제가諸家에서 땅이 네모지다고 한 설은 기실 『주비경周髀經』 끝에 실려 있는 '하늘은 둥글고 땅은 네모지다[天圓地方]'라는 말에 근거하고 있는 것입니다. 그러나 '주비周髀'란 하늘과 땅을 측량하는 법法을 이르는바,

---

中處. 伊川謂: '天地無適而非中', 非是."

140 『朱子語類』, 卷2(「理氣 下」), p. 19.(中華書局, 1981) "曰: '嵩山不是天之中, 乃是地之中. ……'"

141 중국인은 전통적으로 '중국이 땅 표면의 중심에 있다'고 믿었고, 심지어 '땅의 중심[地中]'의 정확한 위치에 대하여 논하면서 이를 결정하는 방법, 즉 '토규土圭'의 법도 운용한 바 있다. 주희 역시 이러한 '토규'의 법에 대해 구체적으로 논하면서, 또한 이 방법을 통해 '땅의 중심'으로 준의浚儀·숭산嵩山·영천潁川 등을 언급하기도 하였다. 한편, 그는 '천지의 중심[天地之中]'으로 곤륜산崑崙山·기주冀州, 심지어는 자신이 살았던 복건福建과 절강浙江 지역을 거론하기도 하였다. 이에 대한 보다 자세한 내용은 대표적으로 김영식(2005: 249~255)이 참조된다.

땅을 측량하는 법은 네모가 아니면 시행할 수 없기 때문에 우선 네모로써 (땅을: 필자 주) 비유한 것일 뿐입니다. 땅의 본래 모양은 참으로 둥근 것"[142]이라고 주장한 바 있다. ② 나아가 정약용은 이러한 자신의 주장과 관련하여 「지구도설地毬圖說」에서도 "지금 남극南極과 북극北極의 땅에 따른 도수度數(의 변화: 필자 주) 및 동요東徼와 서요西徼가 만나는 정오亭午의 분수分數(의 길이: 필자 주)를 따져 논한다면, 땅의 형세가 둥글어서 구毬와 같다는 사실은 분명하여 의심의 여지가 없다"[143]고 재확인하면서, 나름의 구체적 설명을 통해 이를 증명하기도 하였다.

둘째, 정약용은 상기한바 '천동지정'설에 대해서도 "땅은 만물을 싣고 있는 큰 수레와 같다. ……다만 동쪽과 서쪽은 가는 데마다 지형이 바뀌어 그 분포가 넓은 반면, 남쪽과 북쪽에는 고정된 극極이 있어 그 회전하는 것이 바치 바퀴와 같다"[144]는 주장으로 일축한 바 있다.

정약용의 '독자적 화이관'의 정립②: "이미 동·서·남·북의 중앙을 얻었으면 어디를 가도 중국 아님이 없다"

다음으로, 정약용은 이처럼 화이사상華夷思想에 있어 가장 중요한 전제이자 정당화의 기반이기도 했던 '천원지방天圓地方'설과 '천동지정天動地靜'설을 차례로 비판·거부한 바탕 위에서, 비로소 "대저 해가 정수리 위에 있는 것을 '정오亭午'라 한다. 그런데 정오를 기준으로 해가 뜨고 지는 시각(의 길이: 필자 주)이 서로 같다면, 내가 서있는 곳이 곧 동東·서西의 중앙이라는 것을 알 수 있다. ……이미 동東·서西·남南·북北의 중앙을 얻었으

142 「地理策【乾隆己酉閏五月, 內閣親試. 御批居首】」(『定本 與猶堂全書 2』, p. 33) "諸家地方之說, 實本『周髀經』之未·有'天圓地方'之語. 雖然'周髀'所以測量天·地, 而量地之法, 非方不立, 故姑喩以方. 若其本體, 則固莫不圓也."

143 「地毬圖說」(『定本 與猶堂全書 2』, p. 213) "今論南極·北極出地之度, 及東徼·西徼亭午之分, 地勢之圓而毬者, 瞭然無疑."

144 「地理策【乾隆己酉閏五月, 內閣親試. 御批居首】」(『定本 與猶堂全書 2』, p. 31) "(臣竊以爲)地者, 萬物之大輿. ……但東·西隨往易所, 其施在廣也; 南·北原有定極, 其轉似輪也."

면 어디를 가도 중국中國 아님이 없으니, 어디에서 이른바 '동국東國'이란 것을 찾아볼 수 있겠는가? 이미 어디를 가도 중국 아님이 없으니, 어디에서 이른바 '중국'이란 것을 찾아볼 수 있단 말인가?"[145]라고 일갈할 수 있었으니, 이로써 정약용에게 있어서는 적어도 공간적 의미에서의 중국은 완전히 상대화되고 말았다.

정약용의 '독자적 화이관'의 정립③: "'화'와 '이'의 구분은 '도의와 정치'에 달려 있다"

이상과 같은 논리적 근거 위에서 정약용은 '문화', 즉 '도의道義와 정치政治의 수준'에 따라 '화華'와 '이夷'를 구분하는 나름의 '독자적인 화이관華夷觀'을 정립하게에 이른다. 첫째, 정약용이 보기에 원래 "성인聖人의 법法은 중국이면서도 오랑캐와 같은 행동을 하면 오랑캐로 대우하고, 오랑캐이면서도 중국과 같은 행동을 하면 중국으로 대우할 뿐인 것이다. 결국 중국[문명국]과 오랑캐[야만국]의 구분은 도의와 정치에 달려 있는 것이지 지역 여하에 달려 있는 것이 아니었다."[146] 따라서 ① "임금이 임금답지 못하고 신하가 신하답지 못하면 이 또한 오랑캐일 따름"[147]이요,

---

145 「送韓校理【致應】使燕序【時爲書狀官】」(『定本 與猶堂全書 3』, p. 45) "夫以日在頂上爲午, 而午之距日出入, 其時刻同焉, 則知吾所立得東·西之中矣. ……夫旣得東·西·南·北之中, 則無所往而非中國, 烏覩所謂'東國'哉? 夫旣無所往而非中國, 烏覩所謂'中國'哉?"

146 「拓跋魏論」(『定本 與猶堂全書 2』, p. 338) "聖人之法, 以中國而夷狄則夷狄之, 以夷狄而中國則中國之. 中國與夷狄, 在其道與政, 不在乎疆域也."

한편, 고대중국의 '화이사상華夷思想의 성격'으로서 ① '양이사상攘夷思想', ② '이적夷狄에 대한 수용성', ③ '권계주의勸戒主義'가 거론되기도 하는바, 특히 여기서의 '권계주의'란 원래 중국에 속했던 국가라 할지라도 인륜人倫과 예법禮法에 어긋나는 행위를 저지를 경우에는 가차 없이 이를 이적夷狄으로 폄하했던 원칙 내지는 정신을 말한다. 이러한 맥락에서 본다면, 정약용의 상기한바 '독자적 화이관'이란 기실 전통적 화이사상이 내포했던 권계주의의 정신을 특별히 강조·회복하고자 했던 것으로 이해할 수도 있겠다. 고대중국의 화이사상의 성격에 대한 보다 자세한 설명은 李春植(2002: 146~149)이 참조된다.

147 『論語古今注 I』(『定本 與猶堂全書 8』, p. 99) "○[補曰] (夷狄, 謂: '用夷狄之道'也; 諸夏, 謂: '用諸夏之法'也.) 君不君, 臣不臣, 是亦夷狄而已."

반면에 요堯·순舜·우禹·탕湯의 정치가 있고 공자孔子·안자顔子·자사子思·맹자孟子의 학문이 있는 곳이면 그 어디든지 곧 중국인 것이다.[148] ② 물론, 정약용의 이러한 화이관은 "서해西海나 동해東海의 모든 사람들이 그 마음만은 똑같으며 이치에 있어서 한결같다"[149]는 관점을 기본적으로 전제하고 있었다.

둘째, 이러한 맥락과 기준에서 보았을 때, 당시 조선朝鮮은 이미 '중국'[문명국]이었으니, 왜냐하면 조선에는 처음부터 '성인聖人의 정치'와 '성인의 학문'이 전수·시행되고 있었기 때문이다.[150] 이에 정약용은 "유독 동방東方에 있는 오랑캐[夷狄]만은 모두 인후仁厚하고 성실하며 신중하여 칭찬할 만함"에 "역사에서 동이東夷를 인선仁善하다고 칭찬함은 진실로 그 이유가 있었던 것"[151]인바, 그 중에서도 특히 "조선은 정동正東 쪽의 땅에 위치하여 그 풍속이 예절을 좋아하고 무력을 천하게 여김은 물론 차라리 유약할지라도 난폭하지 않았으니, 군자君子의 나라임에 틀림없다"고 인식하면서 "아아! 이미 중국에 태어날 수 없을진댄 살 곳은 동이東夷뿐"[152]이라는 민족적 자부심을 당당히 표명한 바 있다.

---

148 「送韓校理【致應】使燕序【時爲書狀官】」(『定本 與猶堂全書 3』, p. 45) "(卽所謂'中國'者, 何以稱焉?) 有堯·舜·禹·湯之治之謂中國, 有孔·顏·思·孟之學之謂中國."

149 『論語古今注 II』(『定本 與猶堂全書 9』, p. 85) "○[案] (端坐正容, 雖夷狄愛之矣; 承事如祭, 雖夷狄慕之矣; 爲人謀忠, 雖夷狄信之矣.) 西海·東海, 心同理同."; 「東胡論」(『定本 與猶堂全書 2』, p. 339) "陸象山曰: '東海·西海, 心同理同', 此儒者之言."

또한, 정약용은 다음과 같이 말하기도 하였다: "인정人情과 물리物理는 고금古今에 차이가 없다.(○[鏞案] ……人情·物理, 古今不殊.)" 『喪禮四箋 III』, 「喪期別 19」(『定本 與猶堂全書 20』, p. 401)

150 「送韓校理【致應】使燕序【時爲書狀官】」(『定本 與猶堂全書 3』, p. 45) "若聖人之治·聖人之學, 東國旣得而移之矣, 復何必求諸遠哉?"

151 「東胡論」(『定本 與猶堂全書 2』, p. 339) "獨夷狄之在東方者, 皆仁厚愿謹, 有足稱者. ……史稱東夷爲仁善, 眞有以哉!"

152 「東胡論」(『定本 與猶堂全書 2』, pp. 339~340) "况朝鮮處正東之地, 故其俗好禮而賤武, 寧弱而不暴, 君子之邦也. 嗟乎! 旣不能生乎中國, 其唯東夷哉!"

또한, 정약용은 젊어서부터[28세] "우리나라는 중국의 법도를 이용하여 오랑캐의 풍속을 변혁시킴으로써 문물제도에서 찬란한 아름다움을 이루었으니, '소중화小中華'라는 칭호는 참으로 마땅한 것(臣伏惟我東方, ……用夏變夷, 文物致煥爛之美, '小華'之號, 洵其宜矣.)"[「地理策【乾隆己酉閏五月, 內閣親試. 御批居首】」(『定本 與猶堂全書 2』,

정약용의 '독자적 화이관'의 실천①: "걸핏하면 중국의 고사를 인용하곤 하는데 이는 비루한 품격"이요, "나는 조선 사람이니 즐겨 조선의 시를 지으리라"

한편, 이상에서 살펴본바 정약용의 독특한 화이관華夷觀은 우선 그의 학문론을 통해서도 그대로 관철되고 있다. 첫째, 정약용이 보기에 우리나라 사람들은 학문을 논하면서 "걸핏하면 중국의 고사故事를 인용하곤 하는데 이는 비루鄙陋한 품격"[153]으로서, "비록 성명聲明과 문물文物은 중국에서 모방해 왔을지언정 도서圖書의 기록에 있어서는 마땅히 우리나라의 것에 밝아야 하는 것입니다. 나라 밖의 신기한 것들을 탐색하여 연구할 수 없는 것을 연구하려고 하는 것보다는 나라 안의 가까운 것들부터 조사하여 밝혀야 할 것을 밝혀야 하는 것"[154]이었다. 그럼에도 당시 조선의 학문계에는 "수십 년 이래 일종의 괴이한 의논이 나돌아, 우리나라의 문학文學을 심하게 배척하면서 무릇 선현先賢들의 문집文集에는 눈길조차 돌리려고 하지 않"으니, 이는 실로 "커다란 병통"이었다. 즉 "사대부士大夫의 자제로서 국조國朝의 고사故事를 알지 못하고 선배의 논의를 읽지 않았다면 비록 그의 학문이 고금古今을 꿰뚫었다 하더라도 자연 조잡하게 될"[155] 뿐인데도, 당시 조선의 선비들은 자기나라에 대하여, 특히 자기나라의 역사에 대하여 너무나도 무지하였으니, 바로 이러한 현실 앞에서 정약용은 실로 크게 탄식하기를 마지않았던 것이다.[156]

---

p. 37)]이라 주장하기도 하였다.

153 「寄淵兒【戊辰冬】」(『定本 與猶堂全書 4』, p. 256) "○(雖然,) 我邦之人, 動用中國之事, 亦是陋品."

154 「地理策【乾隆己酉閏五月, 內閣親試. 御批居首】」(『定本 與猶堂全書 2』, p. 31) "雖聲明·文物, 摹擬於中華, 而圖書記載, 宜明乎本國. 與其探奇搜神於方域之外, 欲窮其不可窮之理, 曷若察邇覈實於方域之內, 以明其不可不明之事哉?"

155 「寄二兒【壬戌十二月卄二日, 康津謫中】」(『定本 與猶堂全書 4』, p. 248) "數十年來, 怪有一種議論, 盛斥東方文學, 凡先獻文集, 至不欲寓目, 此大病痛. 士大夫子弟, 不識國朝故事, 不見先輩議論, 雖其學貫穿今古, 自是鹵莽."

156 「上仲氏【辛未冬】」(『定本 與猶堂全書 4』, p. 208) "(弁辰之跡, 分明如此,) 而東儒至今昧

둘째, 동일한 맥락에서 정약용은 단적으로 "나는 조선 사람이니, 즐겨 조선의 시詩를 지으리라"[157]는 '조선시朝鮮詩'에 대한 문제의식을 일관되게 견지·실천하기도 하였던바, 즉 '시詩'를 지음에 있어서는 "모름지기 『삼국사三國史』·『고려사高麗史』·『국조보감國朝寶鑑』·『여지승람輿地勝覽』·『징비록懲毖錄』·『연려술燃藜述』【이도보李道甫의 찬집纂輯임】 및 여타 우리나라의 문헌들을 가져다가 사실事實을 채집하고 지방地方을 고찰하여 이를 시詩에서 활용한 뒤에라야 비로소 세상에 이름이 나고 후세에도 전해질 수 있을 것"[158]임을 거듭하여 훈계한 바 있다.

味. ……惟此十卷之書, 亦吾東必不可少之物, 而能別其是非者, 亦萬不可得, 畢竟歸於塵土耳."

157 「老人一快事六首, 效香山體(其五)」(『定本 與猶堂全書 1』, p. 569) "我是朝鮮人, 甘作朝鮮詩"

한편, 정약용의 이와 같은 '조선시朝鮮詩 선언'은 ① 일반적으로 "중국中國 문단文壇의 변화와는 결별한 조선 독자의 문단 내지 문풍文風이 성립될 필연성"을 상징·구현하는 사건이자 "정약용 시론詩論의 궁극적 귀납처"로 평가되기도 하거니와, ② 또한, 이러한 '조선시 선언'은 ㉠ 그 사상적 배경으로서 '경험적 세계관의 확대', '기수론氣數論에 근거한 상대주의적 역사관의 등장' 및 이에 따른 '민족적 자각' 등이, ㉡ 시론詩論의 경향으로는 '모방주의에 반대하는 개성주의'와 '형식주의에 반대하는 내용주의'가 대표적으로 거론되고 있다. 이에 대한 보다 자세한 내용은 박무영(2002: 92~100, 292, 302~310)이 참조된다. 또한, 이러한 '조선시 선언'을 정약용의 '주체적 문학정신'이란 맥락에서, 특히 그의 '시어詩語' 및 '용사론用事論'에 초점을 맞추어 조명·분석하고 있는 선구적 업적으로는 宋載卲(1986: 33~47)와 송재소(2014: 42~60)가 있다.

158 「寄淵兒【戊辰冬】」(『定本 與猶堂全書 4』, p. 256) "須取『三國史』·『高麗史』·『國朝寶鑑』·『輿地勝覽』·『懲毖錄』·『燃藜述』【李道甫所輯】, 及他東方文字, 採其事實, 考其地方, 入於詩用, 然後方可以名世而傳後."

또한, 정약용은 동일한 문제의식에서 다음과 같이 말하기도 하였다: "서예書藝를 배워 미불米芾[중국 宋 나라의 名筆: 필자 주]이나 동기창董其昌[중국 明 나라의 명필: 필자 주]처럼 글씨를 잘 쓰는 사람이 있으면 '왕희지王羲之[중국 東晉의 명필: 필자 주]의 순수함만 못하다'라고 하고, 의술醫術을 배워 설기薛己[중국 명 나라의 名醫: 필자 주]나 장개보張介賓[중국 명 나라의 명의: 필자 주]처럼 훌륭한 기술을 가진 자가 있으면 '단계丹溪[중국 元 나라의 명의인 朱震亨의 號: 필자 주]와 하간河間[중국 金 나라의 명의인 劉完素의 호: 필자 주]의 예스러움만 못하다'라고 하여 은연중 옛사람에 기대어 성세聲勢를 삼아 일세一世를 호령하려고 한다. 저 왕휘지·단계·하간의 부류가 과연 우리나라의 안동부安東府 사람이나 된단 말인가?【세간에서 말하는 '왕희지王羲之'란 곧 우리나라에서 새긴 목판본 『필진도筆陣圖』이다. 따라서 도리어 미불이나 동기창의 진적眞蹟만 못하다】(學書而有爲米·董者, 曰: '不如羲之之純也'; 學醫而有爲薛·張者, 曰: '不如丹溪·河間之古也', 隱然倚之爲聲勢, 而欲號令一世. 彼羲之·丹溪·河間之屬, 果雞林之安東府人耶?【俗所云'羲之', 卽鄉刻木板『筆陣圖』也. 故反不如米·董眞蹟】)" 「技藝

정약용의 '독자적 화이관'의 실천②: '지리학'에 대한 관심 및 『아방강역고』와 『대동수경』의 저술

또한, 정약용의 '독자적인 화이관華夷觀'이 함축한바 '민족중심'의 학문론은 기실 그가 한평생 충신忠臣·지사志士를 자임하며 나름대로 치열하게 실천해왔던 '시대적 우환의식憂患意識의 일 표현'이기도 하였던바, 이는 또한 이후에 일련의 중요한 경세학적 저술로 구체화되었음은 물론이다. 바로 이러한 측면에서 주목할 만한 사례를 들자면, 특히 『아방강역고我邦疆域考』[1811년, 純祖 11]와 『대동수경大東水經』[1814년, 純祖 14]이 대표적인바, 즉 전자가 '한국의 고대 및 중세의 역사지리지歷史地理志'에 해당한다면, 후자는 곧 '한국의 중북부지역의 6대 강江에 대한 자연지리지自然地理志'에 해당한다고 하겠다.

첫째, 정약용은 이미 젊어서부터[28세] ① "지리학地理學은 유자儒者가 반드시 힘써야 할 바요 왕자王者가 반드시 이용해야 할 바인바, 이에 성야星野가 점유하고 곤여坤輿가 싣고 있는 것에 대하여 빠짐없이 그 강역疆域을 구분하고 풍속風俗을 기록해야 할 것"임을 역설함으로써 일찍이 지리학의 본령 및 그 경세학적 의의에 대한 탁월한 안목을 보여준 바 있다. ② 이어 그는 "유독 우리나라의 유자儒者들은 지리서를 상고하고 조사하는 데에 무능하여 지리에 소홀하고 어두운 점이 많아 광대한 천하는 고사하고 나라 안의 사정조차 망연히 분별하지 못하는 지경"이라 "지금까지도 세간에 정평 있는 지리서는 1부도 없는 상황"임을 개탄하면서, 이에 정조正祖에게 『대명일통지大明一統志』를 모방한 지리서 1부와 상흠桑欽[字는 君長, ?~?: 中國 前漢의 학자]의 『수경水經』을 본뜬 『동국수경東國水經』 1부를 각각 편찬하여 국가의 경영에 적극 활용할 것을 강력히 요청하기도 하였다.[159]

論 2」(『定本 與猶堂全書 2』, p. 283)

159 「地理策【乾隆己酉閏五月, 內閣親試. 御批居首】」(『定本 與猶堂全書 2』, pp. 52~53) "臣伏惟地

둘째, 이와 같은 정약용의 경세학적 문제의식과 경륜은 이후에도 변함없이 관철·성숙되다가 마침내 상기의 『아방강역고我邦疆域考』와 『대동수경大東水經』으로 결실을 맺게 되었던 것이다. ① 우선, 『아방강역고』에서 정약용은 ㉠ "김태사金太師[金富軾: 필자 주]의 『삼국사기三國史記』 「지리지地理志」에는 확실한 증거가 있는 것도 모두 '미상未詳'이라 하였고, 정인지鄭麟趾[學易齋, 1396~1478]의 『고려사高麗史』 「지리지地理志」에는 오류가 많아 이루 다 셀 수도 없으며, 『여지승람輿地勝覽』은 연혁沿革에 대한 사실을 싣지 않았고, 『문헌비고文獻備考』에는 빠뜨린 명론名論이 허다하다"[160]는 초기의 비판적 문제의식을 재확인·전제하는 가운데, ㉡ 이어 '조선朝鮮'을 필두로 한 여러 고대국가의 기원과 역사, 고대의 주요 성읍城邑의 유래와 위치, 팔도八道의 연혁, '패수浿水[大同江]'와 '백산白山[白頭山]'을 비롯한 한반도의 산천에 대한 고증, 고려 이래의 북로北路와 서북로西北路의 연혁에 대하여 차례대로 상세하게 정리·소개하고 있다.[161] ② 한편, 『대동수경』에서는 녹수淥水[鴨綠江]·만수滿水[豆滿江]·살수薩水[淸川江]·패수浿水[大同江]·저수瀦水[禮成江]·대수帶水[臨津江]의 발원지와 경유지에 대한 고증 및 관련 사적史蹟을 체계적으로 수집·고찰하고 있다.[162]

결국, 정약용은 이러한 저술들과 여타 방대한 경세학적 저작을 통해 누구보다도 우리나라의 역사와 국토에 대한 자부심과 애정을 학문

理之學, 儒者之所必務, 王者之所必需, 星野所占·坤輿所載, 莫不別其疆域·紀其風俗. ……唯是我東儒者, 艱於考檢, 理多疎暗, 普天之下, 遝矣姑舍, 方域之內, 茫然不辨. ……玆所以地理書一部, 尙無名世之編也. ……今宜別降明旨, ……取『大明一統志』, 倣其義例, 正其疎失, 纂成一書, ……又倣桑欽之『經』, ……撰次『東國水經』一部, ……亦殿下文治之一助也."

160 「地理策【乾隆己酉閏五月, 內閣親試. 御批居首】」(『定本 與猶堂全書 2』, p. 52) "金太師「地理」之志, 其有確據者, 皆云: '未詳'; 鄭麟趾『高麗』之「志」, 其有紕繆者, 不可勝數, 『輿地勝覽』不載沿革之事實, 『文獻備考』却多遺漏之名論, ……"

161 『我邦疆域考』(『定本 與猶堂全書 32』) 이 책의 내용에 대한 보다 자세한 소개는 서두에 실려 있는 「『아방강역고』 해제」(조성을)가 참조된다.

162 『大東水經』(『定本 與猶堂全書 33』) 이 책의 내용에 대한 보다 자세한 소개는 서두에 실려 있는 「『대동수경』 해제」(양보경)가 참조된다.

적으로 수준 높게 승화·체계화시켜 나갔던바, 지금까지도 그 사상적 의의와 가치는 실로 불후의 것으로 남아있다 할 것이다.

'민족중심'의 학문이란 정약용의 학문론의 세 번째 기둥이다

이처럼 정약용은 일찍부터[28세] 중국의 전통적 화이사상華夷思想 및 이에 토대를 둔 정주성리학의 우주론에 대항하여 특히 '천원지방天圓地方'설과 '천동지정天動地靜'설을 부정하는 가운데, 어디까지나 '도의道義와 정치政治에 따라 화이華夷가 구분된다'는 자신만의 독자적인 '화이華夷'관을 확립해 나간 바 있다. 나아가 정약용은 바로 이러한 논거 위에서 대표적으로 ① '학문의 주체성' 및 '조선시朝鮮詩'의 주장을 통해 우리나라의 역사와 문화 및 제도에 대한 애정을 표명·구현하는 한편, ② 특히 『아방강역고我邦疆域考』와 『대동수경大東水經』이란 저술을 통해서 평소 그가 '우리나라의 지리학'에 대해 견지했던 학문적 관심과 문제의식을 성실하게 실천해 나갔던바, 이로써 그는 '민족중심民族中心'의 학문이라는 자신의 학문론의 세 번째이자 마지막 기둥을 정립鼎立시켰던 것이다.

3. 소결

이상에서의 논의는 정약용丁若鏞이 자신의 『시문집詩文集』과 사서경학四書經學을 통해 이기론理氣論에 근거한 주희朱熹의 학문론學問論을 비판적으로 검토하는 가운데, 자기 나름의 강렬한 개혁지향적 문제의식을 투사시킨 '독자적이고도 메타-이론적인 학문론'을 구성했던 주요내용이다. 그리고 이는 어떤 의미에서 정약용의 '경학經學에 있어서의 결론'이자, 또한 앞으로의 '경세학經世學을 본격적으로 전개하기 위한 서론'으로서의 성격을 가지는 것이기도 하였다. 그러면 지금부터 정약용의 이러한 학문론이 함축하고 있는 경학적 의미를 '대안적 세계관의 모색과 구성'이라는 맥락에서 간단하게 음미해 보기로 하자.

주희의 학문론은 일반적으로 '하나의 세계관'이 필수적으로 포괄하고 있는 일 국면, 즉 '총체적인 정당화—'진리'의 문제에서 '윤리'의 문제, 또는 '존재[Sein]'의 문제에서 '당위[Sollen]'의 문제에 이르기까지—의 궁극적인 원천·기반으로서 기능하는 국면'에 대한 집중적인 해명과 관련된다. 이에 그 주요특징을 요약하자면, ① 주희 역시 자신의 학문론을 '수기修己와 치인治人'이라는 유가儒家 일반의 전통적 학문정신으로서의 '양익兩翼의 학學'이란 구도 위에서 출발시켰음에도, 또한 그는 나름의 이체기용론理體氣用論의 질서감각에 따라 학문의 '본本·선先·중重'이란 범주에다 어디까지나 '수기修己의 학學'을 배속시켰다는 점이다. 바로 이러한 까닭에 주희의 학문론의 핵심적 관심사는 결과적으로 인간의 내면적 수양의 문제에 고착되기에 이른 반면, 치인과 관련된 구체적 실천의 문제에 있어서는 상대적으로 볼 만한 것이 없게 되었던 것이다. ② 주희가 학문을 일반적으로 '성인聖人의 경지에 이르는 방법[道]'으로 인식했던 관점이나, 특히 '격물格物·치지致知'와 관련하여 인간의 지식을 이른바 '덕성지德性知'와 '인식지認識知'로 구분하지 않고 오로지 하나의 논리로써 관통·설명했던 입장에서 확인할 수 있듯이, 그의 학문론에서는 '도덕적 수양'의 문제—도리道理·윤리倫理의 영역—와 사물에 대한 '객관적인 인식'의 문제—물리物理·진리眞理의 영역—는 분리되지 않은 채 동일한 논리선상에서 통일·이해되고 있었다는 점이다.

한편, 정약용이 보기에 이와 같은 주희의 학문론은 결코 건강한 것이 못되었다. 왜냐하면 주희가 표방했던 학문이란 기실 '수기修己의 학'으로서의 '체體'만 있을 뿐 '치인治人의 학'으로서의 '용用'은 없는 꼴이어서, 결과적으로 유가의 실천에 중대한 차착을 야기함으로써 치인과 관련해서는 백세토록 잘된 정치가 없게 되어 천하가 나날이 썩어감에도 새롭게 할 수가 없었기 때문이었다. 바로 이러한 문제의식에서 정약용은 자신이 지향한바 '체體와 용用이 구비된 군자君子의 학문'의 필수적 구성요소로서 ① 주희의 '학學·습習'론, '존심存心·양성養性'설, '격물格物·치지致知'론, '무위이치無爲而治'론에 대한 비판을 통해 '지행겸진知行兼進'의 학문을, ② '이용후생利用厚生'론, '북학北學'론, '도리道理'와 '물리物理' 간의 준별로 표명되는 '인식론적 각성' 및 기예技藝의 바탕으로서의 '물리物理·수리數理'관을 정립·설파함으로써 '실용중시實用重視'의 학문을, ③ 중국의 전통적 화이사상華夷思想과 이에 토대를 둔 정주성리학程朱性理學의 우주론宇宙論에 대한 비판 및 자신만의 독특한 화이관華夷觀의 재구성, 이를 논거로 한 조선에서의 '학문의 주체성'과 '조선시朝鮮詩'의 주장, 『아방강역고我邦疆域考』와 『대동수경大東水經』의 저술로 대표되는 '민족중심民族中心'의 학문을 제기·정립鼎立시킨 바 있다. 특히 정약용은 '새로운 격치론格致論'—'경영해야 할 사물事物들의 본本·말末을 미리 헤아려보는 것'과 '일[事]의 시始·종終을 미리 계산해보는 것'을 각각 의미하는 '격물格物·치지致知'론—을 제출함으로써 자신의 학문론을 또한 '실천·실용'을 중시하는 태도와 함께 일면 학문의 '탈윤리성'을 지향·모색하는 맥락에서도 전개한 바 있다.

결국, 정약용이 궁극적으로 꿈꾸었던 '이상적인 군자의 학문'이란 어디까지나 '수기修己의 학學'과 '치인治人의 학'이 서로 유기적인 관련성을 가지는 가운데 그 어느 한 쪽으로도 치우치지 않는 균형 잡힌 학문, 그리하여 종국에는 이 땅에 고매하고도 자신감 넘치는 '정신문화'와 실용적이고도 넉넉한 '물질문명'을 동시에 찬란하게 꽃피울 수 있는 바로 그러한 학문이었다.

제6장 결론

"육경六經과 사서四書로써 자기 몸을 닦고
일표이서一表二書로써 천하天下·국가國家를 다스린다면,
본말本末이 이로써 갖추어지게 된다":「자찬묘지명自撰墓誌銘【집중본集中本】」

정약용은 자신의 사서경학을 통해 '하나의 독자적인 세계관'을 구성·제시하였다

이상의 본문에서 상세하게 추적·고찰해본 바대로, 정약용丁若鏞은 자신의 사서경학四書經學을 통해 나름의 독자적이고도 완결된 하나의 세계관世界觀을 보여주고 있다. 물론 ① 이것은 정주성리학程朱性理學과는 완전히 상이한 '하나'의 세계관으로서, ② 또한 그 자신이 구체적으로 발을 딛고 서 있었던 현실에 대한 예민하고도 생생한 문제의식을 바탕으로 정주성리학적 세계관을 그 가장 근본적인 수준에서부터 철저하게 해체·재구성하는 힘든 작업을 통해 비로소 구축할 수 있었던 세계관이다. ③ 나아가 이는 "대개 털끝만큼 작은 일 하나에까지도 병폐가 아닌 것이 없어 지금에 이르러서도 고치지 않는다면 반드시 나라가 망한 이후에야 그칠"[1] 것이라는 그의 충신忠臣·지사志士로서의 애타는 시대적 우환의식을 탄탄한 철학적 토대 위에서 수준 높은 경세학經世學으로 승화시킬 수 있도록 만들었던 세계관이기도 하다.

정약용의 세계관의 요체

그러면 이상과 같은 의미를 가진 '정약용의 세계관의 요체'는 과연 무엇인가? 일반적으로 하나의 세계관은 최소한 세 가지의 중요한 국면을 필수적으로 포괄하고 있는바, 즉 ① 이 세계를 바라보는 '하나'의 근본적인 질서감각을 형성함—존재론적 분절l'articulation ontologique의 문제에 대한 일차적 해명—으로써 존재와 인식의 기본범주를 정립하는 동시에, 그것들을 어떤 '하나'의 일관된 방식으로 배치할 수 있도록 하고, ② 세계 내 인간 주체human subject를 호명interpellation—인간 자신의 자아정체성에 대한 포괄적인 이데올로기적 해명—하며, ③ 총체적인 정당화—'진리'의 문제에서 '윤리'의 문제, 또는

---

1 「『邦禮艸本』序」(『定本 與猶堂全書 2』, p. 403) "竊嘗思之, 蓋一毛一髮, 無非病耳, 及今不改, 其必亡國而後已. 斯豈忠臣·志士所能袖手而傍觀者哉?"

‘존재[Sein]’의 문제에서 ‘당위[Sollen]’의 문제에 이르기까지—의 궁극적인 원천·기반으로서 기능하는 국면이 바로 그것이다.

1

정약용은 상기한바 ‘세계관의 첫 번째 국면’에 대한 집중적인 해명으로서의 본체론本體論[理氣論] 및 생성론生成論과 관련하여 정주성리학과는 완전히 다른 길을 걸었다. 우선, 주희朱熹는 자신의 본체론의 핵심인 ‘이기론理氣論’을 통해서 ① ‘형이상形而上의 도道’로서의 ‘이理’와 ‘형이하形而下의 기器’로서의 ‘기氣’로 대표되는 존재와 인식의 근본범주의 정립, ② ‘본말本末·체용體用’론이라는 질서감각의 구성, ③ 이에 따른 일련의 기본범주들—‘이理·기氣’, ‘형이상形而上·형이하形而下’, ‘도道·기器’, ‘태극太極·음양陰陽’, ‘성性·형形’ 등—의 일관된 방식으로의 논리 정합적인 배치를 시도했다면, 또한 자신의 ‘생성론’을 통해서는 ① 만물의 최초원인이자 원리적 주재자主宰者인 ‘이理’로서의 ‘태극太極’, ② ‘이理’이자 ‘태극太極’과 같은 개념으로서의 ‘천天’, ③ ‘이기二氣의 양능良能’·‘천지天地의 공용功用’·‘조화造化의 흔적痕迹’으로서의 ‘귀신鬼神’ 개념 등을 각각 주장하였다.

한편, 정약용은 이상과 같은 주희의 입장에 대해 나름의 의미 있는 비판과 대안적 견해를 빠짐없이 제기한 바 있다. 즉, 그는 먼저 주희의 이기론과 관련해서는 ① ‘체용론體用論에 대한 거부’, ② ‘이理의 선재성先在性과 주재성主宰性에 대한 부정’으로 요약되는 ‘이理·기氣 개념의 재해석’, ③ ‘인仁과 효孝·제弟와의 관계의 재정립’을 통해 도출되는 ‘내단외덕설內端外德說의 주장’, ④ ‘일이관지一以貫之의 재해석’에 의한 ‘유교관의 재정립’, ⑤ ‘본연지성本然之性 개념과 인물성동론人物性同論의 거부’를 전제한 새로운 존재관으로서의 ‘성사등급설性四等級說의 정립’ 등을 모색했다면, 또한 주희의 생성론과 관련해서는 ① ‘유형적 존재의 근원적 실체’라는 의미만을 가지는 ‘기氣로서의 태극太極’, ② 유·무형의 모든 존재를 자신

속에 포괄하고 있는 '유일자唯一者'이자 인간사를 포함한 만사만물을 조화造化하고 재제宰制하며 안양安養해주는 '무형의 영적 존재'이며, 나아가 인간의 선善·악惡에 따라 각각 복福과 화禍를 내리는 지극히 '도덕적 존재'이기도 한 '상제上帝'로서의 '천天', ③ 기본적으로 천天[上帝]과 같은 덕德[작용력]을 가지면서 동시에 천하의 만사만물에 대한 '상제上帝의 주재활동을 보좌하는 역할을 맡고 있는 무형의 존재'로서의 '귀신鬼神' 개념을 주장한 바 있으며, 나아가 이를 근거로 독자적인 '신독愼獨' 개념, 즉 바로 상기한 바와 같은 '진실한 마음으로 천天과 귀신을 섬기는 공부'를 제시하였다.

결국, 이상과 같은 논의만을 통해서도 우리는 정약용이 정주성리학과는 완전히 상이한 질서감각 위에서 이 세계를 인식하고 설명하는 가운데, 이미 자신의 독자적인 세계관의 골격을 의미심장하게 완성시켜 나가고 있음을 충분히 간취할 수 있을 것이다. 특히 그가 보기에 이 세계 내의 모든 존재를 '이理'와 '기氣'라는 두 개의 존재론적 범주로 환원시키는 동시에, 그것들을 '본말本末·체용體用'의 질서감각 속에서 이분법적으로 서열화하는 주희의 이기론적 설명도식은 기실 매우 폭력적인 것이자 동시에 실상과도 거리가 멀었다. 또한 '태극'이란 개념을 유형의 존재[氣, 形而下의 器]에 선재先在·우선하는 무형의 존재[理, 形而上의 道]로 규정하는 것에서부터 출발하는 주희의 생성론은 애초 불가佛家와 도가道家의 고원한 형이상학을 따라잡으려는 나름의 충정과 고심에서 나온 소산일지는 모르겠지만, 이는 결과적으로 경전의 본지를 제대로 파악하지 못하게 함으로써 종국에는 유가儒家의 '실천'에 중대한 차착을 야기했던 엄중한 사안이기도 하였다. 나아가 이러한 설명도식이 자체의 이론적 심오성과 포괄성 및 체계성이란 외피 하에 은폐하고 있던 이러한 폭력성과 비현실성의 측면은 일차적으로 '이론[哲學·經學]의 문제'임에 분명하지만 그럼에도 사안이 단순히 여기에서 그치지 않는다는 점 또한 그는 이미 잘 간파하고 있었다. 즉 이는 구체적인 현실에서의 '제도의 문제'이자 '권력의 문제'이기도 했던 것이다. 바로 이러한 맥락에서 정약용의 강력한 현실개혁적 의지는 그 자신의 정력적인 경학연구經學硏究와 의미 있게 조우할 수 있었던 것인바, 이는 일차적으로 정주성리학적 세계관이 근거하고 있었던 근본적 사고범주와 질서감각에 대한 과격한 해체와 재구성으로 나타났던 것이다. 그리고 이처럼 상이한 질서감각의 근저에는 일견 정주성리학의 우주론적 보편성과 형이상학적 심오성이란 위세 앞에서도 결코 주눅 들지 않는 당당하고도 강렬한 '실제·실천 지향'이란 수사학洙泗學의 학문정신과 함께 무엇보다 즉각적이고도 성실한 실천을 요구하는 '밝게 상제를 섬기는 학문[昭事上帝之學]'의 전통이 약동하고 있었다.

2

다음으로, 정약용은 '세계관의 두 번째 국면'에 대한 집중적인 해명으로서의 인간론人間論과 관련해서도 자신만의 독자적이고도 체계적인 견해를 제시하였다. 우선, 주희는 자신의 인간론을 통해서 특히 ① '이理[性]와 기氣[形]의 복합체'로서의 인간, ② 천지간天地間의 오행五行[水·火·木·金·土] 가운데 '가장 빼어난 정기精氣—정밀하고[精], 바르고[正], 두루 통하는[通] 것—를 받아 생겨난 존재'로서의 인간, 따라서 그 자신의 몸조차도 천지天地의 모양을 체현하고 있을 뿐만 아니라, 또한 '유일하게 도리道理를 알고 지식知識을 가진 존재'로서의 인간, ③ 선천적으로 타고난 기질氣質의 혼명昏明·청탁淸濁의 차이에 따라 자신의 윤리적 선善·악惡 역시 결정되는 존재로서의 인간, ④ 현실적인 존재이기보다는 오히려 '이념형理念型에 가까운 존재'로 상정되고 있는 '성인聖人'의 개념 등을 주장한 바 있다.

한편, 정약용은 상기한바 주희의 이기론에 대한 자신의 비판 및 독자적인 생성론의 철학적 기반 위에서 나름대로의 대안적 인간론을 전개시켜 나갔다. 즉, 그는 ① 상제上帝[天]로부터 부여받은 영명靈明한 '본체本體[神]'와 부모로부터 받은 '몸[形]'이 오묘하게 결합된 존재, 즉 '신형묘합神形妙合의 존재'로서의 인간, ② 유형의 세계와 관련해서는 '유일하게 도의지성道義之性을 가진 존재'이며, 따라서 이러한 세계에 있어서는 당연히 '주권적 지위를 점유하고 있는 존재'로서의 인간, ③ 한 인간의 윤리적 선善·악惡의 여부는 반드시 구체적인 실천행위[行事] 이후에야 비로소 판정되는 것이요, 선천적으로 타고난 기질氣質의 차이는 단지 그의 지우知愚·혜둔慧鈍의 등급을 결정할 뿐이라는 맥락에서 결국 '도덕적으로 열린 존재'로 상정되는 인간, ④ 참으로 '높고 신비한 인물'임에는 틀림없지만 그럼에도 기본적으로 '보통 사람과 다름이 없는 존재', 따라서 후천적인 '오랜 노력과 끊임없는 정진을 통해 누구나 도달할 수 있는 경지'로서의 '성인聖人' 개념 등을 제시한 바 있다.

결국, 이상의 논의를 통해 우리는 정약용이 주희와는 그 전제와 내포를 완전히 달리하는 독자적인 인간론을 전개·완성시키고 있음 또한 목도할 수 있다. 특히, 정약용의 인간론을 주희의 입장과 대비할 때 가장 두드러지는 특징은 무엇보다 윤리적 실천과 관련하여 인간이 가진 '자주적 권능'을 강조함으로써 결과적으로 후자가 함축한바 '도덕적 결정주의'를 결정적으로 타파하고 있다는 점이다. 즉, 인간이 선천적으로 타고난 기질氣質의 차이를 인성人性의 품계와 바로 연결시키고 나아가 인성의 품계를 다시금 윤리적 선善·악惡의 문제로 직접 비화시키는 주희의 인성론人性論은 기실 '천인합일天人合一'의 유기체론적 질서감각과 아울러 당시 사회의 폐쇄적이고 위계적인 신분질서 및 통치제도의 정당성을 학문적으로 반영하고 보증하는 이데올로기성을 함축하고 있었던 것인바, 정약용의 이상과 같은 새로운 인간론은 바로 이러한 전통적인 제도적·이데올로기적 족쇄로부터의 '인간의 해방'을 내재적으로 지향하고 준비했던 한국적 근대성의 의미심장한 일 선언이라 할 것이다.[2]

3

마지막으로, 정약용은 '세계관의 세 번째 국면'에 대한 집중적인 해명에

---

2 정약용의 인간론 및 윤리론의 근대적 함의에 대한 이상과 같은 필자의 평가는 어디까지나 정약용의 경학經學이 내포하고 있는 논리적 가능성 및 사상적 지향성에 주목한 것이다. 물론 정약용이 당시 조선사회의 신분제도가 전반적으로 해체되어 가는 양상에 대해 취한 태도는 복합적이다. 즉, ① 정약용은 일찍이 관료로서 활약할 때부터 당색黨色·출신지역·문벌·신분에 따라 인재등용에 사실상 제한을 두었던 폐단에 대하여 "온 나라의 훌륭한 영재英才를 다 뽑아 발탁하더라도 오히려 부족할까 염려되는데, 하물며 8, 9할을 버린단 말입니까?(盡一國之精英而拔擢之, 猶懼不足, 況棄其八九哉?)"라고 맹비판하는 가운데, 이에 대한 근본적인 해결책으로서 10년마다 한 차례씩 '무재이능과茂才異能科'를 시행하여 "서북지방과 양도兩都[開城과 江華島: 역자 주] 및 중인中人·서류庶流로부터 일반 천민賤民에 이르기까지 무릇 경학經學에 밝고 행실行實을 닦으며 문학文學과 정사政事에 특별히 뛰어난 자가 있으면 묘당廟堂·관각館閣·대성臺省의 신하들로 하여금 각자 들은 대로 천거하게 하고, 또한 방백方伯과 같이 외방에 거류하는 신하들도 각자 아는 대로 천거하게 합니다. 이렇게 하여 대략 1백 명을 천거한 다음 서울에 모이게 하여 경학經學과 시부詩賦 및 논책論策을 시험하고 옛날 국가가 흥하고 망한 자취를 물으며 당세의 경세제민經世濟民의 시무時務를 문의하여 10명을 뽑아서 과거科擧의 명목을 주는 것입니다. 무릇 이 과거에 합격한 자는 아래로는 대성臺省·관각館閣으로부터 위로는 의정부議政府와 이조吏曹에 이르기까지 임명하는 데 구애됨이 없도록 하여 소위 벌열가閥閱家란 집안과 똑같이 대우하여 그 자손들도 영원토록 청명淸明한 집안이 되게 하는 것입니다. 이렇게 하면 나라의 풍속을 개혁함이 없이도 막혀있는 인재를 진작시키고 답답한 울분을 소통시킬 것이니, 이 방법보다 좋은 것은 없습니다(抑有一法可以行之者, 每十年一次設茂才異能科, 西北·兩都, 中人·庶流, 以至凡民之賤, 凡有經明·行修·文學·政事之拔類超群者, 令廟堂·館閣·臺省之臣各薦所聞, 又令方伯居留之臣各薦所知. 大約薦百人, 聚之京師, 試其經學, 試其詩賦, 試其論策, 詢之以往古興敗之跡, 訪之以當世經濟之務, 取十人賜之以科目. 凡登是科者, 下自臺省·館閣, 上至政府·銓部, 無所拘礙, 與所謂閥閱家等之, 使其子子孫孫永作淸明之族, 則其于國俗, 無所改易, 而振淹滯·疏幽鬱, 無出此右者也)"[「通塞議」(『定本 與猶堂全書 2』, pp. 148~149)]라고 정조正祖에게 강력히 건의한 바 있으며, 심지어는 서얼庶孼의 등용과 관련해서도 "무엇 때문에 서얼의 등용을 막는단 말인가? ……(옛날 우리 英宗大王께서 成大中[靑城, 1732~1812] 등 서얼들에게: 필자 주) 대간臺諫의 직을 제수除授하신 것은 작은 일이다. 반드시 재상宰相에 임명해야 옳다(庶孼何枳哉? ……臺諫其小者也, 必相而后可者也)"[「庶孼論」(『定本 與猶堂全書 2』, p. 341)]라고까지 역설하기도 하였다. ② 반면, 정약용은 이후 자신의 '예禮'관을 통해 '상하의 지위를 결정하고 혐의嫌疑를 구별하는 수단'이자 '존비와 귀천을 구별하는 기준'으로서의 '예' 개념을 강조한 바 있으며, 또한 이처럼 '변등辨等'을 중시하는 입장에서 그가 살았던 시대의 사회신분제도가 해체되어 가는 양상에 대해서도 "신해년[1731년, 英祖 7: 역자 주] 이래로 한결같이 귀족貴族은 날로 시들어가고 천민賤民은 날로 횡포해짐에, 상하의 기강이 문란하게 되어 교령敎令이 시행되지 않는다(一自辛亥以來, 貴族日彫, 賤類日橫, 上下以紊, 敎令不行)"[『牧民心書 II』, 「禮典六條」(『定本 與猶堂全書 28』, p. 279)]라고 비판적으로 인식하기도 하였다.

있어서도 자신의 사서경학四書經學 전반, 특히 윤리론倫理論과 학문론學問論을 중심으로 독자적인 견해를 제출하였다. 우선, 주희는 자신의 '인식론'—'진眞·위僞'의 문제—과 관련하여 ① 이체기용론理體氣用論의 세계관에 근거하여 '물리物理'와 '도리道理', '존재'와 '당위', '자연세계'와 '인간사회'를 통일적으로 이해·설명하는 근거로서의 '이理'—이는 곧 '형이상形而上의 도道'로서, 곧 '소이연지고所以然之故'이자 '소당연지칙所當然之則'이다—라는 개념, ② 동일한 맥락에서 '천하의 물物에 나아가 천하의 이理를 안다'는 취지의, 바로 이러한 의미에서 인간사회의 원리와 자연세계의 법칙을 구분하지 않고 통일적으로 파악하는 '격물格物·치지致知'라는 개념, ③ 덕성지德性知—선험적 또는 후천적 도덕지식—와 견문지見聞知—후천적 경험지식으로, 또한 '학문지學問知'·'인식지認識知'라고도 한다—가 분리되지 않은 채 기본적으로 '성인聖人의 도道[경지]에 이르는 방법'으로 포괄적으로 정의되는 '학문' 개념 등을 주장한 바 있다면, 또한 '윤리론'—'선善·악惡'의 문제—과 관련해서는 ① 인간이 태어날 때부터 '본디 가지고 있었던 선善'이자 '천리天理'인, 또한 이러한 의미에서 형이상자形而上者로서의 '이理'이자 동시에 '(본연本然의) 성性'이기도 한 '덕德' 개념[內德外端說], ② 인간이 선천적으로 타고난 기질氣質(지성之性)의 차이, 즉 기氣의 혼명昏明·청탁淸濁의 상이함에 따라 결정되는 도덕적 '선善·악惡' 개념 등을 제기한 바 있다.

한편, 정약용은 이상과 같은 주희의 입장에 대해서도 나름의 의미 있는 비판과 대안적 견해를 차례대로 제시한 바 있다. 즉, 그는 먼저 주희의 인식론과 관련해서는 ① 기본적으로 '물리物理'와 '도리道理'를 준별하는 관점[3]에 의거하여, 적어도 유형의 세계에서는 '자유적自有的 사물

3 정약용은 일찍이 자신의 '지식'론 및 '윤리'론의 일단을 통해 기존의 정주성리학이 표방한바 '천인합일天人合一'의 질서감각을 비판하는 가운데, 명확히 효제孝弟와 예의禮義로 표상되는 '도리道理[도덕학, Sollen]'와 이용후생利用厚生과 백공기예百工技藝로 대변되는 '물리物理[자연학, Sein]'를 준별하는 이른바 '인식론적 각성'을 표명한 바 있다. 그 하나의 사례로서 정약용은 다음과 같이 말한 바 있다: "대저 효제孝弟는 천성天性에 근본 하는 것이요, 성현聖賢의 글에 이미 밝혀져 있으니, 진실로 이를 넓혀서

[物]'인 '기氣'로부터 파생된 '속성', 즉 '의부적依附的 물건[品]'으로 상정되는 '이理' 개념, 따라서 주희의 경우와는 달리 어떠한 형태의 존재론적·인식론적 특권성도 부여·인정되지 않는 '이理' 개념, ② '격물格物'이란 단적으로 '물物[意·心·身·家·國·天下]에 본本·말末이 있음에 이를 잘 헤아려 아는 것'이요, '치지致知'란 '사事[誠·正·修·齊·治·平]에 시始·종終이 있음에 먼저 할 것과 나중에 할 것을 명확하게 인식하는 것'인바, 따라서 구체적인 실천성과 탈윤리성을 지향하는 맥락에서 제기된 '격물·치지' 개념, ③ '체體로서의 덕성지德性知와 수기修己' 및 '용用으로서의 견문지見聞知와 치인治人'이 공히 구비된 '학문', 특히 후자와 관련하여 실용적인 '이용후생利用厚生'과 '백공기예百工技藝' 및 '북학北學'이 '물리物理'와 '도리道理'를 구분하는 전제하에 강조된 '학문' 개념을 주장했다면, 또한 주희의 윤리론과 관련해서는 ① 구체적인 실천행위[行事] 이후에야 비로소 얻어지는 명칭이자 '효孝·제弟·자慈'로서의 '덕德' 개념[內端外德說], ② 동일한 맥락에서 구체적인 실천행위 이후에야 비로소 결정되는 '선善·악惡' 개념을 역설한 바 있다.

결국, 이상의 논의를 통해 우리는 정약용이 세계관의 총체적 정당화의 문제와 관련해서도 특히 자신의 윤리론과 학문론을 중심으로 주희와는 완전히 다른 독자적인 길을 걸었음을 살펴볼 수 있다. 우선, 정약용의 윤리론은 특히 자신의 전체 경학經學에 있어서도 가장 중요한 이중적 의미를 함축하고 있는바, ① 그 하나는 이를 통해 정주성리학의 본체론本體論[理氣論]에 대한 근본적 비판을 완성하고 있다는 점이며, ②

충실하게 하고 닦아서 밝힌다면 곧 예의禮義가 풍속을 이루게 될 것이다. 이는 진실로 밖으로부터 기대할 필요가 없는 것이요, 또한 후세에 나온 것에 힘입을 필요도 없는 것이다. 이용후생利用厚生에 필요한 자료와 백공기예百工技藝의 재능과 같은 것은 후세에 나온 제도에 나아가 구하지 않는다면, 그 몽매하고 고루함을 타파하여 이익과 혜택을 일으킬 수 없을 것이다. 이는 국가를 도모하는 사람으로서 마땅히 강구해야 할 일이다(夫孝弟根於天性, 明於聖賢之書, 苟擴而充之, 修而明之, 斯禮義成俗. 此固無待乎外, 亦無藉乎後出者. 若夫利用厚生之所須·百工技藝之能, 不往求其後出之制, 則未有能破蒙陋而興利澤者也. 此謀國者所宜講也.)" 「技藝論 3」(『定本 與猶堂全書 2』, p. 284)

다른 하나는 '행사行事 이후에야 비로소 얻어지는 명칭'으로서의 '덕德'과 '선善·악惡' 개념을 통해서 일차적으로 인간을 도덕적 결정주의로부터 해방시켰을 뿐만 아니라, 나아가 이러한 도덕적 결정주의에 토대를 둔 기존의 신분적 계급질서를 와해시킬 수 있는 철학적·윤리적 근거를 마련하고 있다는 점이다. 한편, 정약용은 이러한 윤리론과 학문론을 통해서 자신의 인식론의 골간 또한 명확히 정립해나간 바 있다. 즉, 그는 당시의 조선사회가 더 이상 정주성리학이 표방한바 '천인합일天人合一'의 윤리적 명분론에만 고착되기 어려워진 시대적 상황 하에서, 바로 이러한 질서감각을 거부하는 가운데 물리物理[존재, 자연세계]와 도리道理[당위, 인간사회]를 분명하게 질적으로 구분하는 '천인지분天人之分'의 '인식론적 각성'을 성취함으로써 전통적인 윤리적 족쇄로부터의 '인간의 해방'과 아울러 이용후생利用厚生을 지향하는 '사연학自然學의 개화'를 내재적으로 지향하고 준비해나갔던바, 바로 이러한 맥락에서 이는 실로 '유교적 합리주의의 일 결정체'이자, 또한 이를 사상적으로 의미심장하게 뒷받침했던 '한국적 근대성의 일 선언'이라 할 것이다.

정약용의 세계관의 주요특징

이상에서 그 내용을 요약한바 정약용의 세계관은 또한 특히 정주성리학과 비교할 때 과연 어떤 사상적 특징을 보이고 있는가?

1

우선, 정약용의 세계관은 무엇보다 강렬한 '실천 지향성'을 그 특징으로 한다. 다시 말하자면, 정약용의 세계관에 있어 '실천'이란 개념은 단순히 당위론적인 맥락에서 부차적으로 그 필요성이 인정되고 있는 일종의 장식물이 결코 아니었다. 오히려 이와는 정반대로 '실천'이란 개념은 정약용의 세계관 일반의 구성에 있어 전제적 요건이자 동시에 논리적으로 필수불가결하게 요청되고 있는, 바로 이러한 의미에서 핵심적 초석들 가운데 하나였던 것이다.

물론 이와 같은 특징은 무엇보다 정약용이 살았던 시대의 조선성리학朝鮮性理學이 노정하고 있었던 일반적 폐단, 즉 성리학 본연의 실천적 계몽성을 소진한 채 어느덧 당파의 이해관계를 둘러싼 지리하고도 현학적인 논변으로 전락해갔던 당시의 학문적 상황에 대한 심각하고도 근본적인 문제의식의 소산이었다. 정약용이 보기에 당시 성리학자를 자처하는 자들은 거개가 "'이理'니 '기氣'니, '성性'이니 '정情'이니, '체體'니 '용用'이니 떠드는가 하면, '본연本然'이니 '기질氣質'이니, '이발理發'이니 '기발氣發'이니, '이발已發'이니 '미발未發'이니, 또는 '단지單指'니 '겸지兼指'니, '이동기이理同氣異'니 '기동리이氣同理異'니, '심선무악心善無惡'이니 '심선유악心善有惡'이니 하면서 줄기와 가지와 잎사귀가 수천수만으로 갈라"져 서로 다투면서도 "스스로는 은사隱士라고 자처하"며 거드름을 피우고 "알맹이 없는 고고한 마음으로 스스로 옳다고 오만을 떨고 있을"[4] 뿐, 정작 "자신들의 부모가 당장 추위를 호소하고 배고픔을 참으며 병들어 죽게 되었는데도 오히려 이를 태만히 여기고 보살피지 않을 뿐 아니라 아예 타성이 되어 노력조차 하려고도 하지 않"[5]는 한심한 지경에 이르고 말았다. 이로써 정약용이 보기에 "나날이 천하는 부패되고 새로워질 수

---

4 「五學論 1」(『定本 與猶堂全書 2』, pp. 296~298) "今之爲性理之學者, 曰: '理'·曰: '氣', 曰: '性'·曰: '情', 曰: '體'·曰: '用', 曰: '本然·氣質, 理發·氣發, 已發·未發, 單指·兼指, 理同氣異·氣同理異, 心善無惡·心善有惡', 三幹五椏, 千條萬葉, ……自命曰: '隱', ……而空腹高心, 傲然自是, ……"

5 「諭谷山鄕校勸孝文」(『定本 與猶堂全書 4』, p. 325) "(近世學者, 纔名爲學, 便自矜重, 談天說理, 曰: '陰'·曰: '陽', 壁上圖畫太極·八卦·「河圖」·「洛書」之屬, 自稱玩索, 以欺愚蒙,) 而其父母方且呼寒忍飢, 疾病疴癢, 乃漫不省察, 恬不勞動, (卽其玩索彌勤而彌與學遠矣. 苟於父母能孝者, 雖曰: '不學', 吾必謂之學矣.)"; 『論語古今注 II』(『定本 與猶堂全書 9』, p. 177) "○[駁曰] ……終日儼然危坐, 究得萬殊一理, 不念父母妻子在傍訕己·鄕黨賓友歸而議己, 其與'庭前柏樹子', 相去未遠. 此學道者, 所宜戒也.'

없었던 것이다."[6]

이에 정약용은 "무릇 장구章句에 얽매이고 은일隱逸을 자칭하면서 사공事功에 힘쓰려고 하지 않는 것은 모두가 공자孔子의 도道가 아니라"[7]는 결연한 문제의식 하에, 현실개혁의 첫걸음이자 가장 중요한 작업으로서 당시 조선성리학이 노정하고 있었던 폐단, 나아가 그것의 사상적 원천으로서의 정주성리학의 경전해석을 비판하는 데에 온갖 심혈을 기울였던 것이다. 그리고 이러한 정약용의 고투는 대표적으로 주희가 표방한바 '학學·습習'론, '존심存心'설, '격물格物·치지致知'론 및 '무위이치無爲而治'론에 대한 일련의 비판으로 나타났고, 이는 다시금 '지행겸진知行兼進'을 강조·중시하는 학문론으로 귀결되기에 이르렀던 것이다.

2

다음으로, 정약용의 세계관은 경건한 철학적 '종교성宗敎性'을 그 특징으로 한다. 물론 이러한 종교성은 일견 공자孔子 이래 인본주의적 각성을 토대로 인격적인 초월적 존재를 배제하는 가운데 어디까지나 인간의 주체적이고도 자율적인 윤리적 고양과 실천을 지향해왔던 사상적 경향, 특히 정주성리학에서 자연세계와 인간사회를 통일적 논리를 통해 합리적으로 설명함으로써 고대유가古代儒家의 경전에서 산견되는 '천天·천명天命·상제上帝'와 같은 외재적인 초월적 절대자의 관념을 곧 '이理·태극太極·도道'와 같은 내재적인 형이상학적 개념으로 대체해왔던 유교적 계몽의 흐름과는 명백히 배치되는 것처럼 보이기도 한다. 그럼에도 이러한 성리학적 세계관에서조차 초월적 절대자의 관념 또는 그 흔적이 특히 수양론修養論 내지는 심학心學의 부분에서 완전히 삼제芟除된 것은

---

6 『論語古今注 I』(『定本 與猶堂全書 8』, p. 59) "○[駁曰] ……此, 天下所以日腐爛而莫之新也."

7 「爲盤山 丁修七贈言【字乃則, 長興人】」(『定本 與猶堂全書 3』, p. 396) "凡繳繞章句, 自稱隱逸, 不肯於事功上著力者, 皆非孔子之道也."

결코 아니었던바, 당연히 이는 조선성리학에서도 마찬가지였다. 즉, 정약용의 세계관이 보여주는 종교성이란 기실 종적으로는 이황李滉[退溪, 1501~ 1570]을 선하先河로 특히 근기남인近畿南人 사이에서 전승되었던 '사천학事天學'이란 경학적 전통의 직접적 소산이라면, 횡적으로는 서교西敎[天主敎]의 영향으로 그 확신과 표현에서 보강된 성과라고 할 것이다. 즉, ① 이황은 일찍이 이기론理氣論 체계에서 '이발理發·이동理動·이자도理自到'의 명제를 통해 이理의 활물活物로서의 성격을 강조하는 한편 특히 심학적 수양론의 체계에서는 천天 또는 상제上帝에 대한 경외敬畏를 강조한 바 있으며, ② 이러한 문제의식은 뒤이어 허목許穆[眉叟, 1595~1682]과 윤휴尹鑴[白湖, 1617~1680]에 이르러서는 이理 및 그것의 근원으로서의 천天을 성誠·경敬에 기반을 둔 감통感通의 대상으로 인식하는 종교적 정동성情動性의 요소, 곧 '사천事天'이 강조되기에 이르렀고, ③ 이러한 사천학의 전통은 다시금 성호좌파星湖左派를 중심으로 계승되어 마침내 정약용에 이르면 서교와의 접촉을 매개로 이理의 근원적 실재성이 결정적으로 부정되는 동시에 초월적 상제上帝로서의 천天 개념을 중심으로 자신의 수양론의 체계를 재구성하기에 이른다.[8]

물론 이상과 같은 정약용의 세계관의 특징은 무엇보다 바로 그가 살았던 시대의 조선성리학이 노정하고 있었던 또 다른 일련의 역설적 폐단에 대한 강렬한 비판의식의 소산이었다. 첫째, 정약용은 정주성리학이 본래 지향했던 윤리적 계몽성, 즉 최고의 도덕적 자율성과 양심을 지향했던 이상주의적 윤리론이 어느덧 형해화되면서 당시 조선사회에 미만彌滿했던 위군자僞君子와 가도학假道學의 행태를 생생히 목도하는 가운데, 바로 이러한 현실의 궁극적 원인을 다름 아닌 정주성리학이 제시

---

8 이상과 같이 이황李滉으로부터 근기남인近畿南人으로 연결되는 '사천학事天學'의 경학적 전통 및 그 계승관계에 대한 보다 자세한 내용은 대표적으로 李東歡(1990), 李東歡(1996), 李光虎(1996), 김형찬(2009), 김형찬(2010)이 참조된다. 또한, 이황의 사상 전반이 함축하고 있는 종교성에 대해서는 황상희(2017)도 참조된다.

한바 '천天'과 '귀신鬼神' 개념의 오도에서 찾았다. 즉, 그가 보기에 "요즘 사람들은 천天을 이理로 여기고, 귀신鬼神을 천지天地의 공용功用이니 조화造化의 흔적痕跡이니 이기二氣의 양능良能이니 하여 마음으로 이를 인식함이 아득하고 어두워서 한결같이 지각이 없는 자처럼 되고 말았다. 이에 어두운 방[暗室]에서는 마음을 속여 방자하게 아무런 거리낌이 없다. 종신토록 도道를 배워도 끝내 더불어 요堯·순舜의 경지로 들어가지 못함은 모두가 귀신의 설에 밝지 못하기 때문"[9]이요, 이에 "대저 어두운 방에서 마음을 속여 사특하고 망령된 생각을 하고 간음과 도적질을 행하고서도 그 다음날 의관을 정제하고 단정하게 앉아 용모를 꾸미고 있으면 순수하게 흠 없는 군자君子이다. 관장官長도 알지 못하고 군왕君王도 살피지 못함에, 종신토록 거짓을 행하고도 당세의 미명美名을 잃지 않으며 거리낌 없이 악惡을 지지르고도 후세의 숭앙을 받을 수 있는 자가 천하에 널려있"[10]는 상태였으니, 이에 결과적으로 "요즘 사람들은 '신독愼獨'이란 두 글자를 인식함에도 본디 분명하지 않기 때문에 어두운 방에 있을 때는 어쩌다 옷깃을 가지런히 하고 단정하게 앉아 있다가도, 매번 다른 사람과 서로 접촉하는 지경에 이르면 비루한 거짓말과 험악한 모함을 베풀면서도, '남이 알지 못한다'느니 '천天은 듣지 못한다'고 말하"[11]며 조금도 부끄러워하거나 두려워하지 않는 지경으로 전락하고

---

9 『中庸講義補』(『定本 與猶堂全書 6』, p. 316) "○[今按] ……今人以天爲理, 以鬼神爲功用·爲造化之迹·爲二氣之良能, 心之知之, 杳杳冥冥, 一似無知覺者然. 暗室欺心, 肆無忌憚, 終身學道, 而不可與入堯·舜之域, 皆於鬼神之說, 有所不明故也."

10 『中庸自箴』(『定本 與猶堂全書 6』, p. 232) "○[箴曰] ……夫暗室欺心, 爲邪思妄念, 爲奸淫, 爲竊盜, 厥明日正其衣冠, 端坐修容, 粹然無瑕君子也. 官長莫之知, 君王莫之察, 終身行詐而不失當世之美名, 索性造惡而能受後世之宗仰者, 天下蓋比比矣."

11 『心經密驗』(『定本 與猶堂全書 6』, p. 203) "○[案] 不顯者, 謂: '鬼神無形, 其跡隱微而不顯'也. 『中庸』'顯·微'之說, 皆論鬼神之體, 似微而實顯. 先儒以群居爲顯, 獨處爲微, 恐非本旨.【義見余『中庸說』】 只此'不顯亦臨'四字, 原是確證, 不可以隱暗處爲不顯. ○原來'愼獨'云者, 謂: '致愼乎己所獨知之事', 非謂: '致愼乎己所獨處之地'也. ……人之行惡, 每在於與人相接之處. ……今人認'愼獨'二字, 原不淸楚, 故其在暗室, 或能正襟危坐, 而每到與人相接之處, 施之以鄙詐·險詖, 謂: '人罔覺', 謂: '天罔聞', 所謂'愼獨', 豈如是乎?"

말았던 것이다.

둘째, 정약용은 특히 자신의 적거기謫居期에 횡행했던 세도정치勢道政治의 난맥상을 직접 목도하면서, 바로 이러한 현실의 궁극적 원인 역시 다름 아닌 정주성리학이 제시한바 '천天'과 '귀신鬼神' 개념의 오도에서 찾았다. 즉, ① 정약용이 보기에 후세의 성리학자들이 한번 천天을 지각이 없는 형이상의 '이理'로 변질시키고, 귀신에 대해서는 '천지天地의 공용功用'이니 '조화造化의 흔적痕迹'이니 '이기二氣의 양능良能'이니 하여 오로지 기氣의 내재적 작용인 것처럼 만들어 버리자, 이것에 대한 인식이 하나같이 아득하게 모호해지고 말았다.[12] 이에, 그가 보기에 "요즘 사람들은 귀신이란 것이 있는 것인가 없는 것인가 의심하면서 아득한 곳에다 버려둔 까닭에 인주人主[君主: 필자 주]의 경외敬畏하는 공부와 학자學者의 신독愼獨하는 뜻이 모두 불성실한 곳으로 귀착되고 말았"고, 문왕文王에서부터 『중용中庸』의 계신공구戒愼恐懼에 이르기까지 한결같이 전수되어 오던 '밝게 상제上帝를 섬기는 학문[昭事上帝之學]'의 맥도 드디어 끊어지고 말았던 것이다.[13] ② 이처럼 귀신을 두려워하는 마음이 신독공부의 바탕이 되고, 이러한 신독공부는 또다시 '중용中庸'의 덕을 성취하는 전제가 되는 것인바, 결국 정약용이 보기에 귀신의 덕德[작용력]이란 사실상 유가儒家의 도道에 있어 근본이 되는 것임에도 불구하고,[14] 정주성리학에서의 귀신설이란 도대체 귀신이란 존재가 무엇인지도 모르는 '무식한 단계'를 넘어 아예 귀신 나아가 천의 덕[작용력]을 폄하하는 '죄악'이 되기에 이르렀다. ③ 결국, 이러한 잘못은 "선왕先王들께서 (天을: 필자 주)

12 『中庸講義補』(『定本 與猶堂全書 6』, p. 316) "○[今按] ……或疑爲造化之遺跡, 或疑爲二氣之良能, 歸之於有無之間, 置之於恍惚之域, ……今人以天爲理, 以鬼神爲功用·爲造化之迹·爲二氣之良能, 心之知之, 杳杳冥冥, 一似無知覺者然."

13 『中庸講義補』(『定本 與猶堂全書 6』, p. 320) "○[臣對曰] ……文王小心翼翼, 昭事上帝, 『中庸』之戒愼·恐懼, 豈非昭事之學乎? 今人於此, 疑之於有無之間, 置之於杳茫之地, 故人主敬畏之工, 學者愼獨之義, 皆歸於不誠."

14 『中庸講義補』(『定本 與猶堂全書 6』, p. 320) "○[臣對曰] 中庸之德, 非愼獨不能成; 愼獨之功, 非鬼神無所畏, 則鬼神之德, 卽吾道之所本也."

밝게 섬기시던 도道를 후세에 증험할 수 없게 만드"는 현상을 야기했던 바, 이는 다시금 ㉠ 작게는 사람들로 하여금 "어두운 방에서 자신의 마음을 속이고 방자하게 지내면서도 거리끼는 바가 없도록 함으로써 종신토록 도道를 배우지만 더불어 요堯·순舜의 경지에 들어가지 못하도록"15하는 폐단을 만들었다면, ㉡ 크게는 '천天의 다스림을 현세에 구현하는 인주人主의 통치',16 즉 "인간이 천권天權을 대행"하고 "천권天權을 드러내 보이는 것"으로서의 유교정치의 본질을 흐리게 하는 엄중한 죄악[深孼]으로 귀결되고 말았던 것이다.17

---

15 『中庸講義補』(『定本 與猶堂全書 6』, p. 316) "○[今按] ……安得舍此經文, 別立新義, 或疑爲造化之遺跡, 或疑爲二氣之良能, 歸之於有無之間, 置之於恍惚之域, 使先王昭事之典, 無所徵於後世乎? ……暗室欺心, 肆無忌憚, 終身學道, 而不可與入堯·舜之域, (皆於鬼神之說, 有所不明故也.)"

16 『中庸講義補』(『定本 與猶堂全書 6』, p. 315) "○[今按] ……天以天神, 各司水·火·金·木·土·穀·山·川·林·澤, 人主亦使人臣分掌是事."

17 정약용은 다음과 같이 말한 바 있다: "오직 천天만이 사람을 살리기도 하고 또 죽이기도 하니, 인명人命은 천天에 달려있는 것이다. 그런데 목민관牧民官이 또한 그 중간에서 선량한 사람은 편안히 살게 해주고, 죄지은 사람은 잡아다 죽이니, 이는 천권天權을 드러내 보이는 것일 뿐이다. 사람이 천권天權을 대신 쥐고서 삼가고 두려워할 줄 몰라 털끝만한 일도 세밀히 분석해서 처리하지 않고 소홀히 하고 흐릿하게 해서 혹 살려야 할 사람은 죽게 하고 또한 죽여야 할 사람은 살게 하면서도 오히려 태연히 편안하게 여긴다. 또는 부정한 방법으로 재물을 얻고 부인婦人을 호리기도 하면서도 정작 백성이 비참하게 절규하는 소리를 듣고서는 구휼救恤할 줄 모르니, 이는 엄중한 죄악[深孼]이 된다.(惟天生人而又死之, 人命繫乎天. 迺司牧又以其間, 安其善良而生之, 執有辜者而死之, 是顯見天權耳. 人代操天權, 罔知兢畏, 不剖豪·析芒, 迺漫·迺昏, 或生而致死之, 亦死而致生之, 尙恬焉·安焉. 厥或黷貨·媚婦人, 聽號叫慘痛之聲, 而莫之知恤, 斯深孼哉?)" 「『欽欽新書』序」(『定本 與猶堂全書 2』, p. 406); "옛사람들이 천天을 섬김에는 모두가 정성으로 믿고 참마음으로 두려워했으니, 후세에 왕권王權을 다투는 자들이 천天을 빗대어 가탁하면서 이를 일컫는 것과는 같지 않았다. 경건한 마음으로 밝게 상제上帝를 섬기는 사람이 있음에 그 정성이 상제에까지 닿아 몸소 은밀한 가르침을 받들어 천명天命을 밝게 알 수 있었으니, 제왕帝王 된 자가 이런 인물을 얻지 못하면 감히 나라를 다스리지 못했다. 조고祖考의 통서統緖를 계승한 자는 이런 사람을 얻은 연후에야 다스림을 지극히 하여 국가를 중흥시킬 수 있었고, 혁명의 시기를 만난 자도 이런 사람을 얻은 연후에야 천명天命을 받아 창업할 수 있었다.([辨曰] ……古人事天, 皆誠信而忱畏之, 非如後世爭王之人, 憑依假託而稱天也. 厥有虔心昭事之人, 格于上帝, 能躬承密訓, 灼知天命, 爲帝王者, 不得此人, 不敢以爲國. 承祖考之緖者, 得此人然後, 能致治以中興; 値鼎革之際者, 得此人然後, 能受命而肇業.)" 『梅氏書平』, 「逸「周書克殷篇」辨」(『定本 與猶堂全書 13』, p. 329); "삼공三公의 직책은 도道를 논하고 나라를 경영하며 천天의 다스림[天工]을

바로 이상과 같은 비판적 현실인식에서 정약용은 특히 자신의 독자적인 생성론生成論, 즉 '기氣로서의 태극太極', '상제上帝로서의 천天', '귀신鬼神' 개념의 재해석 및 이로부터 도출되는 새로운 '신독愼獨' 개념으로서 곧 진실한 마음으로 천과 귀신을 섬기는 공부를 강력히 제기하기에 이르렀던 것이다.

한편, 정약용의 세계관이 표방한바 이상과 같은 철학적 '종교성'에는 반드시 유의해야 할 사항이 하나 있다. 즉, 정약용은 평소 상기한바 정주성리학의 윤리적 계몽성을 숙지했을 뿐만 아니라 또한 그 공로를 높이 평가하는 데에 조금도 인색하지 않았다.[18] 그럼에도 그는 외재적인 초월적 절대자이자 무형의 영적 존재인 상제를 복원·도입함으로써 일견 자율적인 이상주의적 윤리관으로부터 타율적인 현실주의적 윤리

공경하여 받든다.(三公之職, 論道經邦, 寅亮天工.)" 『經世遺表』, 「天官吏曹」(『定本 與猶堂全書 24』, p. 36)

18 정약용은 일찍이 다음과 같이 말한 바 있다: "본연本然·기질지성氣質之性에 대한 설은 심체心體를 직지直指하여 은미한 이치를 드러낸 이론으로서, 우리로 하여금 자기 자신을 인식하도록 해준 공로가 지대하다.(○[案] 本然·氣質之說, 直指心體, 發明隱微, 使吾人得以認己, 其功大矣.)" 『論語古今注 II』(『定本 與猶堂全書 9』, p. 277); "한유漢儒들은 경전을 해설하면서 모두가 문자 상으로만 뜻풀이를 하여 '고詁'니 '훈訓'이니 하였으므로, 인심人心과 도심道心, 대체大體와 소체小體의 분별에 있어 무엇이 인성人性이며 무엇이 천도天道가 되는지에 대해서는 막연하고 어두웠던 것이다. ……주자朱子께서 오도吾道[儒敎: 필자 주]의 중흥조中興祖가 될 수 있었던 것 또한 다른 이유가 있어서가 아니라, 그가 『중용中庸』의 「서序」[「中庸章句序」: 필자 주]를 지으면서 이러한 의리義理를 밝힐 수 있었기 때문이다.(○[案] ……漢儒說經, 皆就文字上, 曰: '詁'·曰: '訓', 其於人心·道心之分, 小體·大體之別, 如何而爲人性, 如何而爲天道, 皆漠然聽瑩. 馬融以克己爲約身, 卽其驗也. ……朱子之爲吾道中興之祖者, 亦非他故, 其作『中庸』之「序」, 能發明此理故也.)" 『論語古今注 II』(『定本 與猶堂全書 9』, p. 13); "주자朱子께서 이를 근심하시어 한漢·위魏 때의 훈고訓詁 이외에 별도로 올바른 의리義理[正義]를 찾아 『집전集傳』[『詩經集傳』: 필자 주]·『본의本義』[『周易本義』: 필자 주]·『집주集注』[『論語集注』와 『孟子集注』: 필자 주]·『장구章句』[『大學章句』와 『中庸章句』: 필자 주] 등을 지어 사도斯道[儒敎: 필자 주]를 중흥시키셨으니, 그 위대하고 성대한 공렬功烈은 한유漢儒들에 비길 바가 아니다.(朱子爲是之憂之. 於是就漢·魏詁訓之外, 別求正義, 以爲『集傳』·『本義』·『集注』·『章句』之等, 以中興斯道, 其豐功盛烈, 又非漢儒之比.)" 「五學論 2」(『定本 與猶堂全書 2』, p. 298); "성리학性理學이란 도道를 알고 자신을 체인體認함으로써 본디 타고난 형색形色의 이理[天性]를 극진히 실천하는 데에 스스로 힘쓴다.(性理之學, 所以知道認己, 以自勉其所以踐形之義也.)" 「五學論 1」(『定本 與猶堂全書 2』, p. 295)

관으로 일종의 후퇴를 감행한 것처럼 보인다. 그렇지만 이러한 후퇴에는 분명한 제한이 있었으니, 즉 정약용의 상제는 서교西教[天主教]의 천주天主에 비해 현격히 그 세계관적 위상과 권능이 격하·축소되고 있다는 점이다.[19] 바로 이러한 맥락에서 정약용이 인격적 상제를 복원·도입했

---

19 정약용의 '상제上帝' 개념과 서교의 '천주天主' 개념을 비교해보면 대략 다음과 같다: 첫째, '상제' 개념과 관련하여 ① "상제란 무엇인가? 이는 천지天地와 귀신鬼神 및 인간人間의 바깥에 위치하면서 천지, 귀신, 인간 및 만물의 부류를 조화造化하고 재제宰制하며 안양安養해주는 존재이다(○[鏞案] ……上帝者何? 是於天地·神人之外, 造化天地·神人·萬物之類, 而宰制·安養之者也.)"[『春秋考徵』, 「先儒論辨之異」(『定本 與猶堂全書 14』, p. 301)]라는 정약용의 정의는 기실 "천주天主께서는 시초에 천지天地와 만물萬物을 창조하시고 이를 주재主宰하시며 안양安養하신다(天主始制天地萬物而主宰·安養之)"[『天主實義』, 上卷, 「首篇」]라는 『천주실의天主實義』에서의 마테오 리치 Matteo Ricci[利瑪竇, 1552~1610]의 설명과 그 내용과 어휘 및 개념규정의 방식에 있어 매우 유사한 양상을 보이고 있으며, ② 상제의 권능으로서 '무소부재無所不在[日監在茲]'하고 '무소불능無所不能'함을 인정하고 있는바, 이로써 정약용의 상제관의 형성에 있어 서교의 영향을 일정 정도 확인·인정할 수 있을 것이나.

둘째, 그럼에도 정약용의 '상제'와 서교의 '천주'는 각각의 세계관적 구조 및 그 위상에 있어 서로 부합되지 않는 측면이 오히려 더 많다는 사실 또한 간과하기 어렵다. 보다 구체적으로 ① 정약용의 '상제'관에는 아주 단편적인 '인귀人鬼' 개념 이외에는 내세에 대한 관념이 거의 표명되고 있지 않다는 점이다. 적어도 서교의 신학체계 및 신앙생활에서 '내세에서의 구원'의 문제가 가장 핵심적이자 궁극적인 관심사임을 고려할 때, 이 점은 결정적인 차이라 할 것이다. ② 이러한 맥락에서 정약용의 '상제'가 행하는 주재활동主宰活動 역시 어디까지나 현세에서의 인간에 대한 도덕적 감시의 권능, 즉 '선善을 행한 자에게 복福을 내리고 악惡을 행한 음탕한 자에게는 화禍를 내리는[福善禍淫]' 측면으로 국한·축소되어 있다는 점이다. ③ 정약용의 '상제'가 내리는 명령, 즉 '천명天命' 역시 외재적 초월자의 엄중하고도 포괄적인 신앙적 계시로 나타나기보다는 오히려 상제가 인간에게 부여한바 덕德을 좋아하고 악惡을 부끄럽게 여기는 '기호嗜好로서의 성性'과 여기에서 발로된 '도심道心'으로 그 의미가 극히 제한되고 있다는 점이다. ④ 이는 연쇄적으로 '천天을 섬긴다[事天]'거나 '밝게 상제를 섬긴다[昭事上帝]'로 표현되는 이른바 '신앙활동의 의미와 내용' 또한 서교와는 아주 상이하게 나타나는바, 즉 정약용이 주장한바 신앙활동이라 한다면 이는 기실 전적으로 현세에서의 '유교적 인륜의 실천'으로 환원·귀결되고 있다는 점이다. ⑤ 바로 이러한 맥락에서 정약용은 또한 "인간의 박복薄福함에는 악행惡行으로 세상에 이름이 나는 것보다 심한 것은 없다(○[案] 人之薄福, 未有甚於以惡名世)"[『尙書古訓 II』(『定本 與猶堂全書 12』, p. 103)]라고 역설함으로써 다분히 현세주의적인 일종의 유교적 '사후死後[來世]'관을 피력하고 있다는 점이다. ⑥ 물론 정약용이 제시한바 이와 같은 상제 개념은 결코 돌연하거나 완전히 새로운 그 무엇이 아니라 유교사회에서의 엄연한 '역사적 실체'이기도 하였으니, 곧 고대 중국, 특히 은殷·주대周代에 천자天子가 '교제郊祭의 대상'으로서 밝게 섬기던 지상신至上神이었음을 정약용은 명확히 인식하는 가운데 이를 누누이 거론·강조하고 있다는 점이다. ⑦ 한편, 상제와 마찬가지로 '무형의 영적 존재'이면서 동시에 천하의

던 일차적 동인이자 궁극적 관심사는 결코 내세에서의 구원과 같은 서교 식의 본격적인 신앙적 문제에 있었던 것이 아니었다. 오히려 이는 그가 반복적으로 천명한 바처럼 어디까지나 당시 조선성리학이 노정하고 있었던 현실적 폐단, 즉 ① 위군자僞君子와 가도학假道學이 횡행하는 현실에서 참으로 계신공구戒愼恐懼하는 도덕적 진정성을 이끌어내기 위한 '새로운 윤리학'의 모색이란 의미에서 하나의 '문화적 기획'이었던바, 이에 그 일차적 관심사는 바로 이러한 현실을 광정匡正하기 위한 '현세지향적인 수양론적 문제의식'에 있었음은 물론이요, ② 동시에 세도정치로 대표되는 당시의 정치적 난맥상을 근본적으로 개혁하기 위한 경세학적 기본관심, 즉 상제를 중심으로 한 초월적 질서와 군주를 정점으로 한 인륜적 질서 간의 상응관계를 새롭게 정립하는 방식을 통해서 '천권天權의 대행'으로서의 유교정치의 본질과 정신을 재구성·천명하고자 했던 맥락에서 '정치적 기획'이기도 하였던바, 물론 그 궁극적 관심사는 '현세지향적인 경세학적 문제의식'에 있었다고 할 것이다. 결국, 이러한 의미에서 정약용은 일찍이 유교사상이 본원적으로 함축한바 인본주의적 각성의 성과와 전통을 나름대로 면면히 계승하고 있었던바, 이에 그는 결코 이러한 인본주의적 각성의 성과와 전통을 아주 망각·방기하거나 여기로부터 완전히 탈각한 적은 한 번도 없었다고 할 것이다.[20]

만사만물에 대한 상제의 주재활동을 보좌하는 역할을 맡고 있는 존재로 상정되는 정약용의 '귀신鬼神' 개념 역시 일견 서교의 '천사天使'와 개념적으로 비견되는 점이 없지 않으나, 그 실체에 대한 인식과 설명에 있어서 상제의 경우와 마찬가지로 전적으로 유교경전의 틀과 내용에 의거하고 있다는 점에서 이들 간의 유사성을 논하기가 오히려 어렵다는 점 등이 바로 그것이다.

20 바로 이러한 맥락에서 김선희(2012: 542~544)는 "정약용이 상제를 복권시키면서 추구했던 것은 초월자에 대한 경배와 신앙이 아니었다. 인격의 변화였고, 더 나아가 이 인격의 변화를 통한 사회의 변화였다. ……유학-신유학은 궁극적으로 존재의 근원으로서의 하늘을 자신 안에 품은 위대한 인격을 위한 인간학이라 할 수 있다. 정약용이 수용하고 변용하고 체화한 학문 역시 위대한 근원을 내면에 체화한 성실하고 능동적인 인격을 위한 인간학으로 귀결된다. ……정약용이 요청한

3

끝으로, 정약용의 세계관은 도리道理[Sollen]와 물리物理[Sein]를 준별하는 이른바 '인식론적 각성'을 그 특징으로 한다. 대표적으로 정약용은 주희의 이기론적 존재론이 논리적으로 함축한바 '천인합일天人合一'의 질서감각과 함께 여기서 도출되는 '도덕적 결정주의', 즉 인간과 여타 만물 간의 존재론적 차이뿐만 아니라 나아가 인간 간의 '지적 등급'[Sein] 및 '도덕적 선善·악惡'[Sollen]까지도 한결같이 인간이 태어날 때 선천적으로 부여받은 '기氣의 혼명昏明·청탁淸濁의 차등'에서 생겨난다고 보는 입장을 거부한 바 있다. 즉, 그가 보기에 한 인간의 '도덕적 선·악'의 여부는 단적으로 후천적인 노력과 실천[行事]의 결과로 나타난 사공事功을 통해 판별·결정되는 것이라면, 반면에 한 인간의 '지적 등급', 즉 그의 지知·우愚와 혜慧·둔鈍 및 재주와 식견에 있어서의 다양한 차이는 오로지 산천의

유교적 유신론은 신을 위한 것이 아니라 '인간'을 위한 자기 극복과 세계 구원의 의지이자 신념이었을 것이다. ……그의 철학을 관통하는 경세의 의지와 국가 개혁의 장대한 구상 역시 이러한 인간학의 연장이자 완성이었을 것이다"라고 분석·설명하고 있는바, 이는 적어도 필자의 관점에서는 정곡을 찌른 것으로서 적극 평가할 만하다고 하겠다.

한편, 이처럼 정약용이 자신의 세계관에서 외재적인 초월적 절대자, 곧 인격적 상제를 복원·도입한 것과 관련하여 비판적 견해 또한 제기되기도 하였으니, 즉 ① 이상익(2003)은 상제를 전제한 정약용의 윤리학은 어디까지나 도덕을 보상과 결부시키는 타율적인 '가언명령假言命令의 체계'로서 이는 자율적인 '정언명령定言命令의 체계'인 주자의 윤리학과 대비되며, 이러한 의미에서 인간의 자기진실성自己眞實性과 자기존엄성自己尊嚴性을 결과적으로 훼손·왜곡시켰다고 비판한 바 있으며, ② 한자경(2005) 역시 정약용이 서교의 영향 하에 동양인의 보편적 심성이자 유학의 본질이기도 한 내재주의로부터 탈각하여 탈성리학·탈유학의 외재주의로 이행함으로써 성리학이 기반을 둔 공맹의 정신으로부터 멀어졌을 뿐만 아니라 결국 동양 정신사의 역사성을 부정하는 우를 범하기에 이르렀다고 혹평한 바 있다. 그러나 이러한 주장들은 물론 몇 가지 유의할 만한 지적에도 불구하고 기본적으로 기계적인 이분법적 도식에 근거한 단순한 논리적 분석으로 일관하고 있는바, 이로써 정약용이 한편으로는 유교사상이 본원적으로 함축한바 인본주의적 각성의 성과와 전통을 결코 간과하거나 소홀히 하지 않으면서도 동시에 다른 한편으로는 현실에 대한 자신의 강렬한 개혁론적 문제의식을 구현하고 보증할 인격적 초월자를 일종의 '배후구도'로서 요청·도입하는 일견 모순적이고 난해한 과제를 자임할 수밖에 없었던 당시의 시대적 상황과 그의 실존적 고심처 및 사상적 복합성의 양상을 지나치게 단순화하거나 간과한 흠결이 없지 않은 것으로 보인다.

풍기風氣가 간직한 강剛·유柔와 부모의 정혈精血이 지닌 청淸·탁濁의 정도에 따라 선천적으로 생겨난다고 보았다.[21] 이에 정약용은 그 근거로서 "지금 여항閭巷의 미천한 백성 중에 소처럼 노둔하면서도 능히 효자孝子의 덕행을 이룬 자가 헤아릴 수 없이 많으"며, "누른 머리에 검은 얼굴을 한 어리석고 비루한 여자들 가운데서도 열녀烈女의 절개를 지킨 사람이 수없이 많"[22]은 사실을 거론하는 가운데, 만약 "천天[上帝]께서 부여해주신 것이 애초 고르지 못하여 어떤 인간에게는 순전히 아름답고 깨끗한 기질氣質을 몰아주어 (저절로: 필자 주) 요堯·순舜처럼 되게 하고, 어떤 인간에게는 순전히 악하고 탁한 기질을 주어 (어쩔 수 없이: 필자 주) 걸桀이나 도척盜蹠처럼 되게 하였다"면, 참으로 천天의 불공평함이 이보다 더 심할 수는 없을 것[23]이라 일갈하기도 하였다.

물론 이처럼 도리와 물리를 준별하는 정약용의 세계관의 특징[24]은

---

21 『論語古今注 II』(『定本 與猶堂全書 9』, p. 278) "○[案] ……但其山川風氣·父母精血, 受之爲氣質, 不能無淸濁·厚薄之差. 故大體之囿於是者, 隨之有慧鈍·通塞之異."; 『論語古今注 II』(『定本 與猶堂全書 9』, p. 286) "○[案] ……若夫山川風氣之剛柔, 父母精血之淸濁, 所以爲慧鈍, 非所以爲善惡, ……慧者多惡, 鈍者多善, 何得咎氣質哉?"; 『孟子要義』(『定本 與猶堂全書 7』, pp. 197~198) "○[鏞案] 人之善·惡, 不係氣稟之淸·濁. ……豈必淸者爲賢, 濁者爲惡? ……善·惡之不係乎淸·濁也如此."

22 『孟子要義』(『定本 與猶堂全書 7』, pp. 197~198) "○[鏞案] ……今閭巷卑微之民, 椎鹵如牛而能成孝子之行者, 不可勝數. 婦人, ……而黃首黑面, 恂愗陋劣者, 多辦烈女之節."

23 『孟子要義』(『定本 與猶堂全書 7』, p. 200) "○[鏞案] ……○……天之賦予, 原自不均, 或予之以純美·純淸之氣質, 使之爲堯·爲舜; 或予之以純惡·純濁之氣質, 使之爲桀·爲蹠[跖], 天之不公, 胡至是也?"

24 이외에도 정약용이 기존의 정주성리학이 표방한바 '천인합일天人合一'의 질서감각을 비판하는 가운데, 명확히 '도리道理[Sollen]'와 '물리物理[Sein]'를 준별하는 이른바 '인식론적 각성'을 표명했던 대표적 사례를 들자면, ① 효제孝弟와 예의禮義로 표상되는 '도리道理[도덕학, Sollen]'와 이용후생利用厚生과 백공기예百工技藝로 대변되는 '물리物理[자연학, Sein]'를 분명히 구분하여 인식한 점,[「技藝論 3」(『定本 與猶堂全書 2』, p. 284)] ② '일식日蝕·월식月蝕'에 대한 이해와 관련하여 "달이 해를 가리면 일식日食이 되고, 지구가 해를 가리면 월식月食이 된다(月揜日爲日食, 地揜日爲月食, 吾旣得而聞之矣)"[「碗浮靑說」(『定本 與猶堂全書 2』, p. 211)]거나 "달이 해를 가리면 일식이 되고 지구가 해를 가로막으면 월식이 되는 이것은 진실로 바른 이치입니다([臣對曰] 月掩日爲日食, 地隔日爲月食, 此固正理)"[『詩經講義』(『定本 與猶堂全書 10』, p. 216)]라는 전제 하에 "일식과 월식이 일어나는 것은 명백히 궤도상 그렇게 되게끔 되어있는 것이니, 이것은 재앙이 아니다(日月交食, 明有躔次, 此非災也.)"[「上仲氏【辛未

무엇보다 정약용이 살았던 시대의 조선사회가 경제·사회·문화 등 모든 부문에 걸쳐 바야흐로 경험하고 있었던 심각한 질적 변화, 특히 이전에는 볼 수 없었던 이질적 요소로서의 '상품화폐경제의 발전'과 이에 따른 '새로운 사회세력의 등장'이라는 시대적 현실, 따라서 더 이상 종래의 '천인합일天人合一'의 윤리적 명분론名分論에만 고착될 수 없었던 전환기적 시대양상을 적극 수용·반영하는 것이기도 하였다. 이에 정약용은 당시 백성의 달라진 욕구와 관련해서도 전진적 태도를 취했던바, 즉 인

冬】」(『定本 與猶堂全書 4』, p. 210)]라거나 "일월日月이 번갈아 먹는 것[食]은 모두 궤도상 그렇게 되게끔 되어 있어서이지, 요堯 덕분에 줄거나 걸桀 때문에 늘어나는 것이 아니다([補曰] 日月交食, 皆有躔次, 不以<u>堯</u>減, 不以<u>桀</u>增)"[『詩經講義補遺』(『定本 與猶堂全書 10』, p. 378)]라고 주장함으로써 종래 천인합일의 질서감각에 근거한바 전통적 '재이災異'관을 비판거부한 점, ③ 자연현상과 정치의 기운이 서로 감응한다는 이른바 '기수설氣數說'과 관련하여 "신臣이 생각하기에 천지天地 사이에는 본디 기수氣數가 없으며, 성하고 쇠하며 흥하고 망하는 것은 오직 덕德이 초래하는 바입니다. (『中庸』에서: 필자 주) '중中과 화和를 지극히 하면 천지天地가 제자리를 잡고 만물萬物이 생육한다'고 하였으니, 덕德이 미쁜 곳에는 초목草木과 조수鳥獸 및 어별魚鼈이 모두 좇아서 감응하는 이치가 그림자나 메아리보다 빠를 것이니, 어찌 이를 기수氣數에 돌릴 수 있겠습니까? 참으로 쇠락한 주周 나라의 군주가 분발하고 떨쳐 일어나면 덕화德化가 널리 충만하여 천지와 만물이 자리를 잡고 길러지는 조화로 함께 돌아가지 않겠습니까?([臣對曰] ……臣則以爲天地之間, 本無氣數, 盛衰興亡, 唯德所召. '致中和, 天地位焉, 萬物育焉', 德之所孚, 草木·鳥獸·魚鼈咸若, 感應之理, 捷於影響, 豈可歸之於氣數乎? 誠使衰<u>周</u>之君, 奮發振作, 德化洋溢, 則天地·萬物, 其不同歸於位·育之化乎?)"[『詩經講義』(『定本 與猶堂全書 10』, p. 259)]라고 주장함으로써 전통적인 천인합일론에 근거한 '기수설'을 부인하고 있는 점, ④ '땅이 좋아야 훌륭한 사람이 난다'는 이른바 '인걸지령설人傑地靈說'과 관련해서도 "인걸지령설은 예로부터 있었는데, 풍기風氣가 다르면 이로써 습속習俗도 구별된다는 것입니다. …… 신臣이 살펴보건대 (『禮記』의: 필자 주) 「공자한거孔子閒居」편에서 '하늘이 때맞추어 비를 내리고자 하면 산천이 구름을 일게 한다'는 이치를 논하면서 보후甫侯와 신후申侯를 낳은 것을 문왕文王과 무왕武王의 덕德으로 돌린 것은 '문왕과 무왕께서 배양하신 공功이 오래도록 멀리 미침에 이러한 인재人才가 배출될 수 있었다'는 것을 말함입니다. 신臣은 '산하山河의 기氣에는 고금古今도 없고 성쇠盛衰도 없음에, 문왕과 무왕과 같은 덕을 닦을 수 있다면 저절로 신후申侯와 보후甫侯와 같은 인물을 낳을 수 있다'고 말하고자 합니다.([臣對曰] 人傑地靈之說, 自古有之, 而風氣之異, 習俗以別. ……臣按, 「孔子閒居」論'天降時雨, 山川出雲'之理, 以生<u>甫</u>及<u>申</u>, 歸之<u>文</u>·<u>武</u>之德, 謂'<u>文</u>·<u>武</u>培養之功, 及於久遠, 有此人才之輩出也.' 臣謂: '山河之氣, 無古無今, 無盛無衰, 有能修<u>文</u>·<u>武</u>之德, 自能致<u>申</u>·<u>甫</u>之生.')"[『詩經講義』(『定本 與猶堂全書 10』, p. 297)]라고 주장함으로써 기존의 천인합일론적 '인걸지령설'을 비판한 점 등이 바로 그것이다.

간이 세상에 태어나면서 두 가지 큰 욕심, 곧 '귀하게 되는 것[貴]'과 '부유하게 되는 것[富]'을 바라는 마음을 가지고 있다는 전제 하에, 특히 국가를 다스리는 자의 두 가지 커다란 정책으로서 무엇보다 '용인用人'과 '이재理財'를 강조하기도 하였다.[25] 즉, 그는 ① "군자君子는 조정朝廷에서 귀하게 될 것을 기대하고, 소인小人은 초야草野에서 부유하게 될 것을 원한다. 따라서 군자의 경우에는 용인用人에 공정하지 못하여 어진 이를 어질게 여기지[賢賢] 않고 가까운 이를 가깝게 여기지[親親] 않으면 떠나가며, 소인의 경우에는 재부財賦를 거두어들임에 절도가 없고 그들의 즐거움을 자신의 즐거움으로 삼지 않고 그들의 이익을 자신의 이익으로 여기지 않는다면 이반하게 되니, 이에 국가는 망하게 된다"[26]고 역설하는 가운데, ② 무엇보다 "사람을 천거하여 쓸 때에는 그들의 현우賢愚·사정邪正에 따라 승강升降·출척黜陟하면서 민중의 마음[衆心]에 어긋나지 않도록 하고, 또한 세금을 징수하여 거둘 때에는 부세賦稅·재회財賄를 출납出納·수발收發하면서 민중의 마음에 어긋나지 않도록 한다면, 이에 물정物情이 고르고 미더워지며 나라 역시 이로 인해 안정될 것임"[27]을 강조한 바 있다.

바로 이상과 같은 질서감각 및 현실인식을 정약용은 자신의 독자적인 존재론과 인간론 및 윤리론을 통해서는 대표적으로 '본연本然·기질지성氣質之性' 개념의 거부와 '성사등급性四等級'설의 제기, '열린 도덕적 존재'로서의 인간관, '실천적 노력의 결과적 존재'로서의 성인관聖人觀, '행사行事의 명칭'으로서의 덕德 개념 등으로 표명·역설한 바 있다.

---

25 『大學公議』(『定本 與猶堂全書 6』, p. 139) "○[議曰] 爲國者, 其大政有二, 一曰: '用人', 二曰: '理財'. 大凡人生斯世, 其大欲有二, 一曰: '貴', 二曰: '富'."

26 「自撰墓誌銘【集中本】」(『定本 與猶堂全書 3』, pp. 276~277) "曰: '民生有欲, 曰: 「富與貴」, 君子在朝, 期乎貴; 小人在野, 期乎富. 故用人不公, 不賢賢·親親, 則君子離; 斂財無節, 不樂樂·利利, 則小人畔, 而國隨以亡. (故篇末申申戒此二事也.)'"

27 『大學公議』(『定本 與猶堂全書 6』, p. 139) "○[議曰] ……惟其擧用之際, 其賢愚·邪正之升降·黜陟, 不違於衆心; 其徵斂之日, 賦稅·財賄之出納·收發, 不違於衆心, 則物情平允, 邦國以安."

결국 이와 같은 정약용의 일련의 경학적 입장은 당시 조선사회의 질적으로 변화된 역사적·사회적 조건에 대한 예민한 감수성 하에서 특히 순자荀子의 '천인지분天人之分'설의 인식론적 전통[28]과 함께 조선후기의 탈성리학적脫性理學的 경학전통經學傳統에서 표명된바 동일한 인식론적 문제의식의 유산[29]을 창조적으로 계승하여 활용한 결과로 사료되는바,

---

28 순자荀子는 일찍이 '천인지분天人之分'의 인식론적 입장을 나름대로 명확히 정립·천명한 바 있다. 즉 그는 ① "자연[天]의 운행은 일정한 법칙성을 가진다. 요堯 때문에 있는 것도 아니요, 걸桀 때문에 없어지는 것도 아니다. 이에 부응하여 잘 다스리면 길하고, 이에 부응하여 어지럽히면 흉할 뿐이다. ……(자연[天]의: 필자 주) 앙화殃禍와 치세治世는 별개이다. 자연[天]을 원망할 것이 아니니, 그 도道가 그러했을 뿐이다. 그러므로 자연[天]과 인간사[人]를 명확히 구분할 수 있다면, '지인至人'이라 말할 수 있을 것이다. ……치治와 난亂은 자연[天]에 의한 것인가? 말하자면, 해와 달과 별들이 순환하니, 이는 우禹와 걸桀 때도 똑같은 바였다. 그럼에도 우의 때는 다스려졌고 걸의 때는 어지러웠다. 치治와 난亂은 자연[天]에 의한 것이 아니다(天行有常. 不爲堯存, 不爲桀亡. 應之以治則吉, 應之以亂則凶. …… 殃禍與治世異. 不可以怨天, 其道然也. 故明於天人之分, 則可謂'至人'矣. ……○治亂天邪? 曰: '日月星辰瑞厤, 是禹·桀之所同也. 禹以治, 桀以亂. 治·亂非天也. ……')"[『荀子集解』, 「天論」篇]라거나 "무릇 별이 떨어지거나 나무가 울어대는 것은 천지天地의 변화이자 음양陰陽의 조화요 드물게 일어나는 사물의 현상이니, 이를 괴이하게 여김은 괜찮으나 두려워함은 잘못이다. 그러나 이미 일어난 사물의 현상 가운데 인요人祅의 경우는 두려워할 만한 것이다. ……인요는 사회의 혼란에서 생기는 것이다(○……夫星之隊·木之鳴, 是天地之變·陰陽之化·物之罕至者也. 怪之可也, 而畏之非也. 物之已至者, 人祅則可畏也. ……祅是生於亂)"[『荀子集解』, 「天論」篇]라고 주장함으로써 이른바 '자연[天]'[Sein]과 '치治·란亂'[Sollen], '천지天地의 변화'[Sein]와 '인요人祅'[Sollen]를 인식론적으로 준별한 바 있으며, ② 또한, "사람의 관상을 보는 일은 옛사람에게는 없었고 학문하는 자는 말하지 않았다. ……따라서 생김새로 관상을 보는 것[相形]은 마음을 따짐[論心]만 못하고, 마음을 따짐은 도술道術을 택함[擇術]만 못하다. 생김새는 마음을 이기지 못하고, 마음은 도술을 이기지 못한다. 도술이 올바르고 마음이 순順하다면 비록 생김새가 추악하더라도 마음과 도술은 아름다울 것이니, 군자君子가 되는 데에 방해가 되지 않는다. 생김새가 비록 아름답더라도 마음과 도술이 추악하다면, 소인小人이 되는 데에 방해가 되지 않는다. 군자는 '길吉하다'고 말하고 소인은 '흉凶하다'고 말한다. 따라서 키가 크고 작거나 생김새가 아름답거나 추악한 것은 길吉·흉凶이 아니다(相人, 古之人無有也, 學者不道也. ……故相形不如論心, 論心不如擇術. 形不勝心, 心不勝術. 術正而心順, 則形相雖惡而心術善, 無害爲君子也. 形相雖善而心術惡, 無害爲小人也. 君子之謂'吉', 小人之謂'凶', 故長短大小·善惡形相, 非吉·凶也)"[『荀子集解』, 「非相」篇]라고 역설함으로써 선천적인 '생김새'[Sein]와 후천적인 '군자君子·소인小人'[Sollen]을 명확히 구분하기도 하였다.

29 조선후기의 탈성리학적脫性理學的 경학전통經學傳統에서 '도리道理와 물리物理의 분리[天人分離]'를 지향했던 인식론적 유산의 대표적 사례를 들자면 '박세당朴世堂[西溪, 1629~ 1703]'과 '정제두鄭齊斗[霞谷, 1649~1736]'의 입장을 들 수 있을 것이다. 즉, ① 박세

이로써 '천인합일'의 유기체론적 질서감각에 기반을 둔 전통적인 신분질서와 윤리적 족쇄로부터의 '인간의 해방'과 아울러 이용후생利用厚生을 지향하는 본격적인 '자연학自然學의 개화'를 내재적으로 지향하고 준비했던 '유교적 합리주의의 일 결정체'이자, 또한 이를 사상적으로 의미심장하게 뒷받침했던 '한국적 근대성의 일 선언'이라 적극 평가할 수 있을 것이다.

정약용의 사서경학과 이를 통해 표명된 세계관은 그의 경세학의 토대를 이룬다

이상에서 그 요체와 주요특징을 일별한바 정약용의 세계관 및 이를 구성·제시했던 그의 사서경학四書經學, 나아가 그의 경학체계 일반은 당연히 '수기修己의 학문'이란 소극적 의미를 넘어 또한 그 자신이 구체적으로 발을 딛고 서 있었던 현실에 대한 생생한 문제의식을 제도적으로 구현하기 위한 보다 적극적인 사상적·실천적 함의를 내포하는 것이었다. 이에 정약용은 육경六經과 사서四書에 걸친 자신의 방대한 경학연구를 토대로 마침내 '일표이서一表二書', 즉 『경세유표經世遺表』[1817년]·『목민

당은 "대개 천지天地의 마음[心][자연법칙: 필자 주]은 걸桀과 주紂를 위해서 바르지 못한 것도 아니었고, 탕湯과 무武를 위해서 비로소 바르게 된 것도 아니었다. 걸과 주는 천지의 마음에 합하지 않았던 까닭에 천토天討가 그들에게 행해졌고, 탕과 무는 천지의 마음에 합했던 까닭에 천명天命이 그들에게 돌아갔다. 이러한 의미에서 천지의 마음은 항상 한결같을 따름이요, 애초 인간 때문에 일찍이 바르기도 하고 바르지 않기도 하는 것이 아님을 알 수 있다(若夫天地之心, 則不爲桀·紂而不得其正, 不爲湯·武而始得以正. 桀·紂以不合於天地之心, 故天討行焉; 湯·武以克合於天地之心, 故天命歸焉. 由是則天地之心常於一, 初未嘗由人而有正·不正者, 卽可見也)"[『思辨錄【『中庸』】』, 「第1章」의 註]라고 주장한 바 있으며, ② 정제두 또한 "군주의 어짊과 아버지의 자애로움은 소당연지칙所當然之則이자 심心의 당연한 이치[理]로서, 이는 천지만물天地萬物이 일체一體가 되는 것이자 의리義理로서 나면서부터 아는 것이다. 하늘이 높고 땅이 두터운 것은 소이연지리所以然之理이자 사물[物]의 당연한 이치로서, 이는 지식知識과 기능技能 및 기예技藝가 나오는 것이다.(○君之仁·父之慈, 所當然之則, 心所以當然之理, 是天地萬物一體者, 義理生而知之者. 天之高·地之厚, 所以然之理, 物所以當然之理, 是知識·技能·藝之出者)"[『存言【中】』(『霞谷集』, 卷9, p. 256)]라고 역설한 바 있다.

심서牧民心書』[1818년~1821년]·『흠흠신서欽欽新書』[1819년]라는 불후의 경세학 저술經世學著述을 완성하기에 이르렀던 것인데, 이는 무엇보다 자신의 독자적인 철학적 세계관이 제공하는 질서감각과 정당화의 기반 위에서 수준 높게 그리고 본격적으로 전개된 정법론政法論이자 전면적인 제도 개혁론이기도 하였다.

이로써 정약용은 경학과 경세학의 양 측면에 걸쳐 '경집經集 232권卷', 경세학저술을 포함한 '문집文集 260여 권'으로 구성된 실로 방대한 학문세계를 구축하기에 이르렀던바, 이는 또한 동아시아 유교사회에서 단연 최고봉 가운데 하나를 이루었음은 물론이다. 그리고 이러한 학문적 성취와 관련하여 정약용 스스로도 회갑년을 맞아 당시까지의 자신의 일생과 학문적 업적을 회고·정리하는 가운데 "육경六經·사서四書로써 자기 몸을 닦고 일표一表·이서二書로써 천하와 국가를 다스린다면 본本·말末이 이로써 갖추어지게 된다"[30]고 총괄하여 자평함으로써 이에 대한 자부심을 숨기지 않은 바 있다.

비록 정약용은 자신이 처했던 정치적 상황의 구조적 제약 때문에 이상과 같은 학문적 경륜을 본격적으로 현실에 적용해볼 기회를 끝내 얻지 못하고 말았으나, 그럼에도 하나의 시대적 전환기를 살았던 양심적 지식인으로서 그는 자신이 할 수 있었던 최대한의 실천, 즉 '이론적 실천'을 누구보다 성실하게 수행해 나갔던 것이다.

정약용의 학문세계는 그가 살았던 '시대의 산물'로서, 곧 '제도의 문제'와 '철학의 문제'를 자유자재로 변환하여 이해·설파할 수 있었던 사상적 대가의 결정체이다

이처럼 호대하고도 수준 높은 정약용의 학문세계는 물론 그가 살았던

30 「自撰墓誌銘【集中本】」(『定本 與猶堂全書 3』, p. 278) "六經·四書, 以之修己; 一表·二書, 以之爲天下·國家, 所以備本·末也."

‘시대의 산물’이기도 하다. 즉, 정약용의 학문은 ① ‘개인적 배경’으로는 특히 정조조正祖朝의 초계문신抄啓文臣 및 중앙과 지방의 관료로 활약하며 체득했던 풍부한 학문적·행정실무적 경험, ② ‘지적 배경’으로는 ㉠ 안으로 조선후기의 탈주자학적脫朱子學的 경학사상經學思想 및 세무실용世務實用 중시의 경세사상經世思想의 흐름, 동시대인의 영향으로서 가학家學의 전통, 성호학파星湖學派의 학통, 정조正祖의 제왕학帝王學 및 연암학파燕巖學派의 사상, ㉡ 바깥으로는 중국의 경학적 유산과 순자학荀子學 및 청대의 고증학考證學, 일본의 고학古學 및 서학사상西學思想 등, 실로 국내외의 다양한 사상적 조류에 대한 섭렵, ③ ‘사회적 배경’으로는 당시 수취제도의 문란과 모순이 극에 달하여 정약용으로 하여금 “그 폐단이 크고 넓어 백성의 뼈를 깎는 병病으로 되었으니, 이 법法이 고쳐지지 않는다면 백성은 모조리 죽어갈 것”[31]이라 탄식하도록 만들었던 ‘세도정치勢道政治’의 난맥상에 대한 애타는 시대적 우환의식 등이 복합적으로 융합되어 구성된 하나의 거대한 체계이다.

바로 이러한 맥락에서 정약용의 학문체계는 곧 【사환기仕宦期의 경세학】[32] ➡【적거기謫居期 초·중반의 경학】[33] ➡【적거기 후반의 경세학】[34]

---

31 『牧民心書 II』(『定本 與猶堂全書 28』, p. 291) “(簽丁收布之法, 始於梁淵, 至于今日,) 流波浩漫, 爲生民切骨之病, 此法不改, 而民盡劉矣.”

32 이 시기에 정약용이 정조正祖를 상대로 제출했던 다양한 경세학적 제도개혁안으로서 그 대표적인 것을 들자면, ① 조세·수취제도 개혁안으로는 「지리책地理策」[28세], 「농책農策」[29세], 「경기암행어사론수령장부계京畿暗行御史論守令臧否啓」[33세], 「의엄금호남제읍전부수조지속차자擬嚴禁湖南諸邑佃夫輸租之俗箚子」[34세경], 「논각양가포이전상납사장論各樣價布以錢上納事狀」[37세], 「신포의身布議」[38세경], 「환향의還餉議」[38세경]가, ② 농정·토지제도 개혁안으로는 「지리책」, 「응지론농정소應旨論農政疏」[37세 경], 「전론田論 1~7」[38세]이, ③ 국방·병역제도 개혁안으로는 「지리책」, 「논문성진아병사장論文城鎭牙兵事狀」[37세], 「논각양가포이전상납사장論各樣價布以錢上納事狀」[37세], 「응지론농정소」, 「수인산축성의修因山築城議」[38세 경]가, ④ 인사고과제도 개혁안으로는 「인재책人才策」[28세경], 「옥당진고과조례차자玉堂進考課條例箚子」[33세경], 「고적의考績議」[38세 경]가, ⑤ 과거제도 개혁안으로는 「사정언겸진과폐소辭正言兼陳科弊疏」[29세], 「사지평겸진과폐소辭持平兼陳科弊疏」[29세]가, ⑥ 신분제도 개혁안으로는 「전론 1~7」, 「통색의通塞議」[38세경]가, ⑦ 의복제도 개혁안으로는 「공복의公服議」[38세경], 「서인복의庶人服議」[38세경]가, ⑧ 호적제도 개혁안으로는 「호적의戶籍議」[38세경]가, ⑨ 도량형제도 개혁안

으로 이어지는 순환적 계기를 통하여 형성된 중층적 구조물로서, 또한 이는 현실의 구체적인 '제도의 문제'를 '철학의 문제'로, 다시금 '철학의 문제'를 '제도의 문제'로 자유자재 변환하여 이해·설파할 수 있었던 사상적 대가의 결정체이기도 하였다.

으로는 「도량형의度量衡議」[38세경]가, ⑩ 화폐제도 개혁안으로는 「전폐의錢幣議」[38세경]가, ⑪ 궁중宮中의 누습陋習 개혁안으로는 「옥당청알성방방물이무동사신은차자玉堂請謁聖放榜勿以舞童賜新恩箚子」[33세경]가, ⑫ 한층 강력하고 일관된 개혁정치를 정조에게 촉구한 글로서는 「옥당우동뢰진계차자玉堂遇冬雷陳戒箚子」[33세경]가 있다.

33 이 시기에 정약용이 완성했던 경학저술을 들자면, 우선 '육경六經'과 관련하여 ①『시경詩經』에 대한 연구로는 『시경강의詩經講義』[1809년: 1791년에 정조正祖에게 제출했던 것을 재정리한 것임]와 『시경강의보유詩經講義補遺』[1810년: 『시경강의』에서 미처 밝히지 못했던 사실들을 추가정리한 것임]가 있다. ②『상서尙書』에 대한 연구로는 『매씨상서평梅氏尙書平』[1810년], 『고훈수략古訓蒐略』[1810년], 『상서지원록尙書知遠錄』[1811년]이 있다. ③『주역周易』에 대한 연구로는 『주역사전周易四箋』[1803년~1808년], 『역학서언易學緖言』[1808년~1821년: 여기에는 정약전丁若銓의 「자산역간茲山易柬」, 정약용의 「다산문답茶山問答」도 함께 실려 있음]이 있다. ④『예기禮記』 및 예학禮學에 대한 연구로는 『상례사전喪禮四箋』[1803년~1811년: 「상의광喪儀匡」[1803년], 「상구정喪具訂」[1807년], 「상복상喪服商」[1809년], 「상기별喪期別」[1811년]로 구성되어 있음], 『상례외편喪禮外編』[1803년~1821년: 『단궁잠오檀弓箴誤』[1803년], 『조전고弔奠考』[1803년], 『고례영언古禮零言』[1804년], 『예고서정禮考書頂』[1811년~1821년], 『정체전중변正體傳重辨 1~3』[1805년, 1819년], 『국조전례고國朝典禮考』[1818년]로 구성되어 있음], 『사례가식四禮家式』[1808년~1817년: 『상의절요喪儀節要』[1817년], 『제례고정祭禮考定』[1808년], 『가례작의嘉禮酌儀』[1810년]로 구성되어 있음]이 있으며, 이외에도 『예의문답禮疑問答』[「승암예문僧菴禮問」[1805년], 「서독예문書牘禮問」, 「손암예의巽菴禮疑」, 「군상폐사제론君喪廢私祭論 1~2」, 「가순궁상례문답嘉順宮喪禮問答」으로 구성되어 있음]과 『풍수집의風水集議』[1825년: 본문의 말미에 「사암풍수론俟菴風水論」이 부기되어 있음]가 있다. ⑤『춘추春秋』에 대한 연구로는 『춘추고징春秋考徵』[1808년~1833년: 전체적 체제를 갖춘 재고본再稿本은 1812년에 이루어짐]이 있고, ⑥『악경樂經』에 대한 연구로는 『악서고존樂書孤存』[1816년]이 있다. 한편, 뒤이은 '사서四書'에 대한 연구로는 『논어고금주論語古今注』[1813년], 『맹자요의孟子要義』[1814년], 『대학공의大學公議』[1814년], 『대학강의大學講義』[1814년: 본래 제목은 『희정당대학강의熙政堂大學講義』로서, 1789년 당시 초계문신抄啓文臣이던 정약용이 창덕궁昌德宮의 희정당熙政堂에서 정조正祖와 홍문관제학弘文館提學 서유린徐有隣, 규장각직제학奎章閣直提學 김희金憙의 『대학大學』에 관한 질문에 답한 내용을 정리한 것인데, 이후 내용을 보완하였음], 『중용자잠中庸自箴』[1814년], 『중용강의보中庸講義補』[1814년: 이 책은 원래 1784년에 정약용이 성균관생원成均館生員으로 있으면서 정조의 「중용강의조문中庸講義條問」에 대해 답변한 내용을 정리한 것인데, 이후 내용을 수정·보완하였음], 『논어수차論語手箚』를 완성하였다. 그리고 정약용은 상기한바 '육경과 사서'에 대한 경학연구를 마무리 지은 다음, 여기서 터득한 바를 실천하고자 하는 관심에서 『심경밀험心經密驗』[1815년]과 『소학지언小學枝言』[1815년]을 완성함으로써 마침내 그 자신의 방대한 경학연구를 마감하기에 이른다.

34 이 시기에 정약용이 완성했던 경세학저술을 들자면, 그의 대표적인 제도개혁론인 '일표一表·이서二書'가 있는바, 즉 『경세유표經世遺表』[1817년], 『목민심서牧民心書』[1818년], 『흠흠신서欽欽新書』[1819년]가 바로 그것이다.

다산학의 학문적 위상: '다산학'은 유교의 특정 학파나 전통으로 완전히 환원·포섭되지 않는 '하나의 독자적인 사상체계'이다

이처럼 하나의 중층적 체계로서 구성된 정약용의 학문세계, 즉 이른바 '다산학茶山學'이란 기본적으로 '유교적 사상전통'이 '조선후기의 역사적·사회적 조건'과 나름대로 조응하며 비로소 구성·출현할 수 있었던, 따라서 유교의 특정 학파나 전통으로 결코 완전히 환원·포섭되지 않는 '하나의 독자적인 사상체계'라는 사실이 새삼스럽게 강조될 필요가 있을 것이다. 앞서 본문에서 누누이 살펴본 바처럼, 정약용은 주로 정주성리학程朱性理學을 비판적으로 검토하는 맥락에서 자신만의 독자적 경학經學, 나아가 다산학의 새로운 경지를 추구·개척해 나갔던바, 물론 이러한 과정에서 그는 자신의 학문적 기본방향을 어디까지나 선진유가先秦儒家의 본래적 학문정신, 즉 구체적인 실천성을 지향하는 '공孔·맹孟의 도道'로서의 '수사학洙泗學'—이를 정약용은 '수사洙泗의 고의古義'·'진원眞源'·'구관舊觀'·'구론舊論'·'구로舊路' 등으로 표현한 바 있다—에 두었음을 거듭 표방한 바 있다. 그러나 이러한 표방에도 불구하고 정약용은 기실 자신의 학문을 말 그대로 '공·맹의 도'에만 국한시킨 적은 일찍이 없었다. 다시 말하자면, 정약용은 어디까지나 자신의 독립적인 학문적 관점과 내용을 구축·견지하는 가운데, 이에 부합하는 주장이라면 위서僞書나 유가儒家의 책이 아닌 경우이거나 심지어는 믿을 수 없는 소인小人이나 요탄妖誕한 사람의 말인 경우라 할지라도 그 이치가 참으로 옳은 것이라면 오히려 흔쾌히 수용하고자 하는 개방적인 태도 역시 취하면서[35] 두루 제가諸家의 견해를 탄력

---

35 『論語古今注 II』(『定本 與猶堂全書 9』, p. 194) "○[案] 『孔叢子』僞書, 然其所言則極是."; 『論語古今注 II』(『定本 與猶堂全書 9』, p. 282) "○[案] ……'本然'之說, 本出佛書. ……本然之性, 明是佛語, 豈可以此解孔·孟之言乎? ……苟其理眞是, 則豈以其異乎吾所聞而廢之? 但其言有必不可通者, ……"; 『中庸講義補』(『定本 與猶堂全書 6』, p. 313) "○[今案] ……至於論理之言, 雖佛氏所言, 如其合理, 何必曲避?"; 『心經密驗』, 「心性總義」(『定本 與猶堂全書 6』, p. 197) "先儒苦心眞情, 欲明此道, 雖孟子之言, 如有未備, 則不敢强從; 雖告子·揚子之言, 如有所長, 則不嫌其暗合."; 『喪禮外編』, 「檀弓箴誤

적으로 취사선택한 바 있다.[36] 결국, 이러한 사실은 아마도 다산학의 입

3」(『定本 與猶堂全書 21』, p. 85) "○[箴曰] 『孔叢子』, 贋書也. 然其言不非也."; 『喪禮外編』, 「國朝典禮考 2」(『定本 與猶堂全書 21』, p. 327) "[臣謹案] 彼雖小人, 言禮或有可採; 此雖君子, 言禮無不所失, 不當但以君子·小人決斯訟也. ……德與藝, 不同也."; 『樂書孤存』(『定本 與猶堂全書 23』, p. 54) "○[鏞案] 後世言樂, 皆無經據, 唯張氏此法, 最合經例. ……不可以其人之妖誕, 而遂廢其言也."

한편, 정약용은 이상과 동일한 문제의식에서 이른바 '16자 심법心法'과 관련해서도 다음과 같이 말한 바 있다: "원래 대저 '진실로 그 중中을 잡는다[允執厥中]'는 것은 요堯·순舜·우禹 임금께서 덕德을 잡으시고 도道를 전하신 요지이며, '인심人心·도심道心'이란 오제五帝 이래 심心·성性을 성찰하는 오묘한 비결이다. 『논어論語』에서 나왔다고 더 존중할 것도 아니고, 『순자荀子』에서 나왔다고 반드시 업신여길 것도 아니며, 『상서尙書』에 실렸다고 반드시 위엄과 무게가 있는 것도 아니고, 『도경道經』에서 따왔다고 반드시 황당한 것도 아니다. 오직 그 지극한 이치가 인도人道에 화협和協하고 오묘한 깨달음은 천天의 주재主縡에 부합함에 이에 마땅히 이를 받들어 천구天球와 홍벽弘璧으로 삼아야 할 것이거늘, 어찌 매색梅賾의 『상서』가 위서僞書라는 이유로 아울러 이 아름답고 성대한 성인聖人의 말씀을 버리겠는가? ……지금 매색이 패하였다고 순자荀子를 아울러 치고, 순자가 업신여김을 받는다고 아울러 『도경道經』을 의심스럽다고 배척하며, 아울러 인심人心·도심道心의 설까지 배척한다면 자신의 심心의 권형權衡에 마침내 주장하는 바가 없게 된다. ……인심·도심의 요지는 우리가 자기를 인식하고 자신을 살피는 큰 가르침이요, 성인聖人이 되고 범인凡人을 초월하는 오묘한 비결이다. 위서僞書가 비록 훼손해 놓았어도 그 진전眞詮은 자재自在하니, 더욱 존신尊信하고 표장表章하여 돕고 보호하기를 배가함이 마땅하다.(原夫'允執厥中'者, 堯·舜·禹秉德·傳道之要旨也; '人心·道心', 五帝以來省心·察性之玄訣也. 出於『論語』而未必加尊, 出於『荀子』而未必可侮, 揭於『尙書』而未必威重, 採於『道經』而未必荒唐. 唯其至理協於人道, 妙悟符於天縡, 斯當奉之爲天球·弘璧, 豈得以梅『書』之歸僞, 而並棄此皇皇聖言乎? ……今以梅氏之敗, 而並擊荀子, 荀子之侮, 而並斥『道經』之疑, 而並斥人心·道心之說, 則自心之權衡, 遂無主張. ……人心·道心之旨, 是吾人認己·省身之大訓, 作聖·超凡之玄訣. 僞書雖毁, 眞詮自在, 益宜尊信·表章, 倍加翼護.)" 『梅氏書平』, 「閻氏『古文疏證』鈔 1」(『定本 與猶堂全書 13』, pp. 353~ 354); "비록 그러한 뜻이 노자老子에게서 처음 나왔다고 하더라도 오히려 마음에 간직함이 마땅하거늘, 하물며 주공周公·공자孔子·맹자孟子의 말씀에 이것을 상고해볼 때 확실히 서로 합치되는데 어찌 그것을 도외시하겠는가?(○[按] ……雖其義始發於老聃, 尙當服膺, 況稽之於周公·仲尼·孟氏之言, 鑿然相合, 何爲而外之乎?)" 『梅氏書平』, 「閻氏『古文疏證』鈔 1」(『定本 與猶堂全書 13』, p. 355)

36 정약용의 이러한 태도를 단적으로 잘 보여주는 대표적 사례를 들자면, ① 정약용은 주지하다시피 자신의 인간론을 구성해나가는 과정에서 정주성리학의 '심성론心性論'의 기본골간, 특히 '본연本然·기질지성氣質之性' 개념 및 이것이 함축한바 '인물성동론人物性同論'의 입장을 명백히 비판거부하는 가운데, 곧 인물성이론人物性異論의 맥락에서 자신의 '성사등급설性四等級說'과 '성기호설性嗜好說'을 제기한 바 있다. 그럼에도 그는 자신의 이러한 독자적인 심성론, 특히 '인심人心·도심道心'관에 근거하여 주희가 「중용장구서中庸章句序」에서 제시한 '인심·도심'에 관한 설명 '135자'에 대해서만은 선별적으로 "이 경經[『道經』: 필자 주]과 이 해석[朱熹의 「中庸章句序」에서의 135자: 필자 주]은 우리 성명性命의 공안公案으로서, 천지天地에 세워도 어그러지지 아니하고 백

지점이란 곧 '선진유교先秦儒敎[공맹학孔孟學으로서의 수사학洙泗學과 순자학荀子學]'와 '성리학性理學[주자학朱子學과 양명학陽明學]' 및 '서학西學'뿐만 아니라, 나아가 동시대의 다양한 학문적 조류—대내적으로는 대표적으로 가학家學의 유산, 성호학파星湖學派의 영향, 정조正祖의 제왕학帝王學, 연암학파燕巖學派의 사상을 들 수 있다면, 대외적으로는 청대淸代의 고증학考證學과 일본日本의 고학古學을 거론할 수 있을 것이다—의 자장이 동시에 서로 겹치는 어느 지점에 위치하고 있었음을 함축하는 것이기도 할 것이다.

'다산학의 학문적 위상 및 그 성격'을 둘러싼 현금의 연구경향들에 대해 다시 한 번 성찰할 필요성이 제기된다

한편, 바로 이러한 사실은 '다산학의 학문적 위상 및 그 성격'을 둘러싼 현금의 연구경향들[37]에 대해서도 다시 한 번 전반적으로 성찰할 필요

세百世토록 성인聖人을 기다려도 의혹됨이 없다. 무릇 인간의 모습을 갖추고 천성天性을 가진 자는 마땅히 시시각각 외우고 익혀서 항상 자신을 성찰할 것이다. …… 따라서 주자朱子의 「중용장구서」에서의 135자【앞에 기록되어 있다】는 땅에 던지면 쇳소리가 나듯이 오묘한 해석이 이처럼 정밀하고 달통하였다. ……매색梅賾의 『상서尙書』가 비록 거짓으로 판명되었다고 하더라도 『도경道經』의 20자와 주자의 「서序」에서의 135자는 이에 마땅히 큰 비에 새기고 태학太學에 세워서 만세를 위한 큰 가르침으로 확립함을 소홀히 해서는 안 될 것이다(『道經』曰: '人心之危, 道心之微, 危·微之幾, 唯明君子而後知之.'【危·微·幾·之, 皆叶韻】○朱子曰: '心之虛靈知覺, 一而已矣. 而以爲有人心·道心之異者, 則以其或生於形氣之私, 或原於性命之正, 而所以爲知覺者不同. 是以或危殆而不安, 或微妙而難見耳. 然人莫不有是形, 故雖上智, 不能無人心; 亦莫不有是性, 故雖下愚, 不能無道心. 二者雜於方寸之間, 而不知所以治之, 則危者愈危, 微者愈微, 而天理之公, 卒無以勝夫人欲之私矣.'○[按] 此經·此解, 爲吾人性命之公案, 建諸天地而不悖, 百世以俟聖人而不惑. 凡具人形而含天性者, 當時刻誦習, 常常自省. ……故朱子『中庸』之「序」一百三十五字,【上所錄】擲地金聲, 妙解精通如此. ……梅『書』雖敗, 『道經』之二十字, 朱子「序」之一百三十五字, 仍當刻于大碑, 建之太學, 爲萬世立大訓, 不可忽也)"[『梅氏書平』, 「閻氏『古文疏證』鈔 1」(『定本 與猶堂全書 13』, pp. 354~359)]라고 높이 평가하며 적극 수용한 바 있다. 그러면서도 동일한 곳에서 주희가 함께 제시했던 '유정惟精·유일惟一'과 '윤집궐중允執厥中'에 대한 설명은 수용하지 않았음은 물론이다. ② 또한 정약용은 자신의 경학연구에서 "매색梅賾의 위작僞作은 매색의 위작 그대로인 것이고, 순자荀子의 진실은 순자의 진실 그대로인 것(梅僞自梅僞, 荀眞自荀眞)"[「答金德叟」(『定本 與猶堂全書 4』, p. 222)]이라는 평소의 해석학적 소신에 따라 종래 흔히 이단異端으로 치부되던 '순자의 사상' 역시 자신의 관점에서 타당하다고 판단되는 부분에 대해서는 과감하게 수용·활용한 바 있다.

37 현재, '다산학으로 대표되는 실학實學의 성격 및 그 현대적 함의'와 관련하여 크게 세 가지의 상이한 입장이 병존하고 있는 것으로 보인다. 이를 간략히 개관하면, 첫째, 기존의 '주류적 입장'이 있다. 이러한 입장은 해방 이래, 특히 1960년대 이후부터 '자본주의맹아론資本主義萌芽論' 또는 '내재적 발전론'의 도식 위에서 조선후기의 사회변동과 실학을 인식하려는 흐름으로서, 여기서는 실학적 사유체계로부터 곧바로 한국적 근대성의 요소, 또는 근대정신의 내재적 태반을 읽어 내거나 확인하려는 독법으로 구체화되었다. 이러한 독법의 주요특징으로는 ① 일차적으로 일제 식민사학의 정체성론停滯性論과 타율성론他律性論을 극복하려는 학문외적인 이데올로기적 문제의식에서 출발하여, ② 이른바 서구적 사회변동의 보편적 도식에 기반을 둔 '근대화론'의 발상, 즉 '전통과 근대'라는 이분법적 도식을 전제·수용하고 있고, ③ 이러한 맥락에서 실학과 성리학 간의 불연속성을 강조함으로써 실학의 '탈성리학적 특징'을 일면적으로 부각시키고 있으며, ④ 실학적 사유체계의 성격으로서 '근대정신', 실증 및 실용으로 요약되는 '과학정신', 화이사상의 극복으로 대표되는 '민족정신' 등을 강조하는 가운데, ⑤ 구한말의 개화사상이나 계몽사상과의 연계성에 주목하거나 그 현대적 의의를 강조하는 태도 등을 들 수 있다. 이러한 입장에 대해서는 대표적으로 千寬宇(1974: 96~106, 107~185), 千寬宇(1979: 227~336, 379~383, 384~391, 392~410), 李佑成(1957), 李佑成(1963/1982), 李佑成(1966), 李佑成(1973)이 참조된다.

둘째, 이러한 '주류적 흐름에 대한 비판적 재평가의 입장'이 있다. 이러한 입장은 1990년대 이래 '자본주의맹아론'에 대한 학계의 비판이 국내외적으로 제기되는 흐름과 궤를 같이 하면서 등장했는데, 이는 특히 조선후기의 사회성격에 대한 대안적 견해에 근거하여 '실학의 근대성'이라는 명제를 부정하는 독법으로 구체화되었다. 이러한 독법의 주요특징으로는 ① 대체로 조선후기의 사회변동에 대한 대안적 인식체계로서 이른바 '소농사회론小農社會論'을 전제하는 가운데, ② 조선후기의 사회변동에서 곧바로 일련의 내재적인 자본주의적 발전경향[상품화폐경제의 획기적 진전, 사회적 계층분화의 심화 및 이에 따른 사회신분제도의 해체, 민족문화에 대한 주체적 인식의 제고 등]을 확인·추출하고자 하는 기존의 인식틀에 대하여 비판적 거리를 공유하며, ③ 그럼에도 성리학적 세계관으로부터 서구적 근대의 가능성을 원천적으로 부정하는 시각에 대해서도 부정적인 태도를 견지함으로써 여전히 어떤 형태로건 '전통과 근대' 또는 '중세와 근대'라는 이분법적인 보편적 발전도식을 상정·수용하고 있다는 점이 바로 그것이다. 이러한 입장에 대해서는 대표적으로 李榮薰(2000), 李榮薰(2002), 이영훈(2003)이 참조된다.

마지막으로, 상기한바 '두 가지 상이한 흐름에 대한 최근의 대안적 입장'이 있다. 이러한 입장은 대략 2000년대 이후 등장하기 시작하였는데, 이는 이른바 '근대론의 시각'에 기반을 둔 상기의 두 흐름을 비판적으로 재검토하는 가운데 향후 실학연구의 심화를 위해 시급히 해결해야 할 학문적 과제를 모색하려는 독법으로 구체화되었다. 이러한 독법의 주요특징으로는 ① 실학연구와 관련하여 서구로부터 주어진 특정 경로의 역사발전론이나 세계체제는 더 이상 우리의 대안이 될 수 없음에 이로부터 자유로워질 필요가 있다는 문제의식에서 출발하여 유교사회의 수천 년에 걸친 역사적 경험을 활용하여 인간공동체에 대한 새로운 전망을 창조적으로 수립할 당위성과 아울러 실학을 동아시아 사상사의 흐름과 연관해서 조명할 필요성을 강조하는 가운데, ② 실학에서 어떤 형태로건 근대를 예견하는 사유를 발견적으로 읽어내려는 일련의 연구경향은 기실 근거 없는 것으로서, 오성 또한 제기하고 있는 것으로 보인다. 물론 이러한 주요 연구경향들은 각자 나름의 이론적 한계성에도 불구하고, 또한 다산학의 다면적 성격을 규명하는 데에 저마다 일정 정도 의미 있는 기여를 한 것은 분명하다.

1

그럼에도 여기서 '다산학의 성격'과 관련하여 우선 특별히 주목되는 사실은 기존의 연구경향들 간의 중요한 이론적 쟁점이 여전히 '다산학과 주자학朱子學 간의 관계'의 문제, 즉 '다산학과 주자학 간의 관계가 연속적인 것인가, 아니면 불연속적인 것인가?'의 질문에 주로 한정·고착되어 있다는 점이다. 그런데 기존의 연구경향들이 대체로 공유한바 이처럼 협애한 인식틀은 기실 다산학의 성격을 종합적으로 포착·이해함에 있어 그 기여한 바에 못지않게 오도할 위험성 또한 동시에 내포하고 있는 것으로 보인다. 다시 말하자면, '전통과 근대'라는 이분법적 도식 하에 다산학과 주자학 간의 불연속성을 평면적으로 강조하면서 다산학에서

히려 18~19세기 동아시아 사상공간의 풍부한 개성을 근대와 비근대의 2차원으로 단조롭게 착색하도록 유도하는 문식文飾에 불과한 것으로 비판하고 있으며, ③ 이런 맥락에서 실학을 오히려 전통적인 주자학朱子學과 공맹학孔孟學의 입장과 연속되는 것으로 인식하는 가운데, 나아가 '성리학性理學에서 한층 진전된 실학적 견지'가 발견된다는 결론을 내리고 있다. 이러한 입장에 대해서는 대표적으로 이봉규(2005a), 이봉규(2005b), 이봉규(2007), 이봉규(2012)가 참조된다. 또한, 이러한 연구경향과는 맥락을 달리하지만 김영식(2014: 55~89) 역시 주로 '주희에 대한 정약용의 존경심'과 '주희의 학문과 사고의 틀의 폭넓음과 유연함'을 논거로 "정약용이 여러 가지 점에서 주희의 견해를 비판하거나 주희와 다른 견해를 지녔음"에도 불구하고 "그가 주자학의 체계를 버리거나 주자학 체계로부터 벗어난 것은 아니었"던바, 결국 "정약용이 한 일은 기존 주자학의 틀을 벗어나려고 하기보다는 그것을 변형, 개선, 보완하려는 시도였다고 보는 것이 타당하다. ……그 같은 작업을 추진함으로써 정약용은 변화된 지적 풍토 속에서 지탱할 수 있는, 보다 더 완전한 주자학 체계를 세우려고 노력했던 것이다"라고 주장함으로써 나름대로 다산학과 주자학 간의 연속성의 측면을 강조하고 있다.

한편, 해방 이후 실학연구에 있어 이상과 같은 기존의 연구경향들에 대한 보다 자세한 내용은 정일균(2009b: 43~145)이 참조된다.

이른바 '근대성'을 직접 도출·증명하고자 했던 기존의 '주류적 입장'[38]은 물론이려니와, 이와는 정반대로 다산학의 성격을 특히 주자학과 공맹학孔孟學과의 연속성 속에서 파악하면서 오히려 '주자학 속에서 한층 진전된 실학적 요소'를 발견·인식하고자 하는 '최근의 대안적 입장' 역시 전자의 경우에 못지않은 오류 내지는 편향의 가능성을 함축하고 있는 것이 아닐까 한다. 특히, 후자의 경우는 자칫하면 다산학을 주자학이나 공맹학의 전통 속으로 환원·해소시킴으로써 결과적으로 다산학이 함축한바 고유한 문제의식과 독자적 사상내용의 특징을 부당하게 희석시킬 위험성 또한 내포한다 할 것이다.

2

한편, 상기의 연구경향들과는 비록 맥락을 달리하지만 역시 '다산학의 성격'과 관련하여 여전히 주목되는 또 하나의 쟁점으로는 '다산학과 서교西敎[天主敎] 간의 관계'의 문제가 있다. 그리고 이는 대체로 '다산학이 선진유학, 즉 수사학洙泗學의 전통을 계승하고 있는 것인가, 아니면 주로 서교의 영향을 받은 것인가?'라는 질문으로 나타났던바, 이러한 이분법적 논의틀 역시 다산학의 성격을 종합적으로 포착·이해함에 있어 그 기여한 바에 못지않게 오도할 위험성 또한 동시에 내포하고 있는 것으로 판단된다. 왜냐하면 다산학은 일찍이 거듭된 표방에도 불구하고 기실 한 번도 수사학에만 한정된 적이 없었으며, 또한 동일한 맥락에서 서교 역시 어디까지나 다산학이 활용했던 '하나의 방법론적 방편'이었을 따름이지 결코 그것의 궁극적 지향점은 아니었기 때문이다. 특히 정약용의 경학經學을 구성하는 핵심개념들, 즉 존재·생성론에 있어서의 '상제上

38 해방 이후, 특히 1950~60년대에 본격적으로 전개된 기존의 '주류적 입장'의 담론적 특징과 그 문제점에 대한 자세한 분석과 소개는 정일균(2012d: 103~153)이 참조된다.

帝' 개념, '이理·기氣'관, '사행四行'설과 아울러, 인간론에 있어서의 '신형묘합神形妙合'론, '성삼품性三品'설, '성기호性嗜好'설, '권형權衡' 개념 및 윤리론에 있어서의 '본선本善·행선行善' 개념 등에서 서교, 특히 보유론補儒論을 표방했던 『천주실의天主實義』의 영향 내지는 상호간의 유사성은 분명히 확인된다. 그럼에도 여기서 언급한바 '서교의 영향'이란 어디까지나 ① 정약용 자신이 젊은 시절[21세]부터 견지했던 학문적 문제의식과 내용 및 그 방향에 대한 확신을 재확인하고 보강하는 동시에 이를 구현할 몇 가지 새로운 표현을 발견하는 계기이자, ② 무엇보다 이를 통해 그 자신이 몸담고 있었던 유교적 전통을 대자적으로 조망할 수 있는 객관적 안목을 획득함으로써 자신의 문제의식에 따라 이것이 함축한바 사상적·이론적 가능성을 새롭게 발굴하고 재해석할 단서적 통찰력을 제공받은 데에서 크게 벗어나지 않았던 것으로 사료된다.[39] 그리고 바로

39 이러한 사실은 정약용의 다음과 같은 일련의 경학적 입장에서 확인된다: 첫째, '상제上帝' 개념과 관련하여 정약용은 이미 젊은 시절[23세]부터 "신臣이 생각건대, 천지귀신天地鬼神이 밝고 삼엄하게 벌려 있는데, 그 가운데 지극히 존귀하고 지극히 위대하신 존재로는 상제上帝가 바로 그것입니다. 문왕文王께서 조심조심하는 마음으로 밝게 상제를 섬기셨던 일과 『중용中庸』에서의 계신공구戒愼恐懼가 어찌 밝게 상제를 섬기는 학문이 아니겠습니까?(○[臣對曰] ……臣謂, 天地鬼神, 昭布森列, 而其至尊·至大者, 上帝是已. 文王小心翼翼, 昭事上帝, 『中庸』之戒愼恐懼, 豈非昭事之學乎?)"[『中庸講義補』(『定本 與猶堂全書 6』, p. 320)]라고 천명한 이래, 이후 "상제란 무엇인가? 이는 천지天地와 귀신鬼神 및 인간人間의 바깥에 위치하면서 천지, 귀신, 인간 및 만물의 부류를 조화造化하고 재제宰制하며 안양安養해주는 존재이다(○[鏞案] ……上帝者何? 是於天地·神人之外, 造化天地·神人·萬物之類, 而宰制·安養之者也)"[『春秋考徵』, 「先儒論辨之異」(『定本 與猶堂全書 14』, p. 301)]라고 정의하고 있는바, ① 이러한 입장은 또한 『천주실의天主實義』에 나오는 마테오 리치Matteo Ricci[利瑪竇, 1552~1610: 예수회 선교사]의 "천주天主께서는 시초에 천지天地와 만물萬物을 창조하시고 이를 주재主宰하시며 안양安養하신다(天主始制天地萬物而主宰·安養之)"[『天主實義』, 上卷, 「首篇」]라는 설명과 그 내용과 어휘 및 개념규정의 방식이란 측면에서 매우 유사한 양상을 보임으로써 그 직접적 영향관계를 확인할 수 있다. ② 그럼에도 ㉠ 정약용의 '상제'와 서교西敎[天主敎]의 '천주'는 그 각각의 세계관적 구조와 위상, 특히 내세에 대한 관념, 주재활동, 명령의 성격, 신앙활동의 내용 및 역사적 기원 등에 있어 서로 부합되지 않는 측면이 오히려 더 많다는 사실과 더불어, ㉡ '천天'을 우주만물을 주재하는 전지전능한 인격적 존재이자 모든 도덕의 근원으로서 인간에게 도덕의 실천을 요구하고 인간행위에 대한 상벌권을 행사하는 초월적 존재로 인식하는 사상적 전통과 유산이 특히 묵가墨家를 중심으로 이미 선진시대

부터 제기·계승되어 왔던바, 이로써 동아시아 유교사회에서 『천주실의』에 나오는 천주와 같은 유의 개념이 결코 미증유의 것이거나 경천동지할 그 무엇이 아니었다는 점 또한 유의할 필요가 있을 것이다.

둘째, '이理·기氣'관에 있어서도 정약용은 젊은 시절[23세]부터 "기氣가 자유적自有的인 사물[物]이라면 이理란 의부적依附的인 물건[品]인데, 의부적인 것은 반드시 자유적인 것에 의지하는 까닭에 기氣가 발하면 곧 거기에 이理가 있게 되는 것입니다(○[臣對曰] ……盖氣是自有之物, 理是依附之品, 而依附者必依於自有者, 故纔有氣發, 便有是理)"[『中庸講義補』(『定本 與猶堂全書 6』, p. 396)]라고 주장한 바 있는데, ① 이러한 입장은 일차적으로 『천주실의』에 나오는 마테오 리치의 "사물의 범주에는 두 가지가 있으니, 즉 자립자自立者가 있고 의뢰자依賴者가 있습니다. ……이 두 가지 사물의 범주를 비교해보면, 자립자가 우선이고 귀하며 의뢰자는 나중이고 천합니다. ……만약 태극太極이라는 것을 단지 이른바 이理라는 것으로만 해석한다면, 그 태극은 천지만물의 근원이 될 수 없을 것입니다. 아마도 이理 또한 의뢰자의 부류여서 자립할 수 없는데, 어찌 다른 사물을 존재하도록 할 수 있겠습니까?(夫物之宗品有二, 有自立者, 有依賴者. ……比斯兩品, 凡自立者, 先也貴也; 依賴者, 後也賤也. ……若太極者止解之以所謂理, 則不能爲天地萬物之原矣. 盖理亦依賴之類, 自不能立, 曷立他物哉?)"[Matteo Ricci(1603/1999: 84~89)]라는 주장에서 영향을 받은 것으로 보인다. ② 그러나 정약용은 여기에서 그치지 않고 자신의 '이理·기氣'관을 뒷받침하는 구체적 사례를 『맹자孟子』·『중용中庸』·『시경詩經』·『주역周易』·『예기禮記』·『춘추좌씨전春秋左氏傳』과 같은 유교경전을 비롯하여 『한서漢書』·『당서唐書』와 같은 역사서나 『회남자淮南子』·『황제내경黃帝內經』·『창씨족보創氏族譜』 등과 같은 저술에서의 다양한 사례를 들어 고증함[『孟子要義』(『定本 與猶堂全書 7』, pp. 202~203)]으로써 결과적으로 『천주실의』에 나오는 '속성으로서의 이理' 개념을 상대화하고 있다.

셋째, '사행四行'설과 관련해서도 정약용은 "천天·지地·수水·화火는 『역易』의 네 기둥이다.(天·地·水·火, 『易』之四柱也.)"[『周易四箋 I』(『定本 與猶堂全書 15』, p. 47)]라거나 "『역易』에는 사유四維가 있으니, 건乾·곤坤·감坎·리离가 이것이다.(○『易』有四維, 乾·坤·坎·离, 是也.)"[『周易四箋 I』(『定本 與猶堂全書 15』, p. 58)]라고 주장함으로써 특히 '사상四象[天·地·水·火]'과 '사정괘四正卦[乾·坤·坎·离]'의 개념을 통해 전통적인 '오행五行'설을 부정하는 한편 이를 자신의 『주역周易』론의 기틀로 삼은 바 있는데, ① 이러한 입장 역시 『천주실의』에 나오는 마테오 리치의 "천하의 모든 사물은 불[火]·공기[氣]·물[水]·흙[土]이라는 네 원소[四行]가 서로 결합하여 생성되지 않은 것이 없습니다(凡天下之物, 莫不以火·氣·水·土, 四行相結以成)"[Matteo Ricci(1603/1999: 128)]라는 주장에서 그 단서와 통찰력을 얻었을 가능성이 없지 않다. ② 그럼에도 정약용의 '사상四象'과 '사정괘四正卦'의 개념은 결코 그의 주관적 선택이나 창작의 소산이 아니라, 어디까지나 『주역』의 「계사상전繫辭上傳」에 나오는 경문의 도식[『易』有太極, 是生兩儀, 兩儀生四象, 四象生八卦]에 충실히 의거하는 가운데 그 의미를 적극 부연·재해석한 산물이었다는 점 역시 거론될 필요가 있을 것이다.

넷째, '신형묘합神形妙合'론에 있어서도 정약용은 단적으로 "인간이란 신神과 형形이 오묘하게 결합된 혼연한 한 덩어리(○[案] ……人者, 妙合神·形而混然爲一者也)"[『論語古今注 II』(『定本 與猶堂全書 9』, p. 287)]라고 정의한 바 있는데, ① 이러한 입장은 우선 『천주실의』에 나오는 마테오 리치의 "인간은 형形과 신神의 양단兩端이 서로 결합하여 이루어집니다. 그러나 신神의 정밀함은 형形을 초월하기 때문에 지혜로운 자는 신神을 참된 자아로 삼고 형形은 자아를 담는 그릇으로 여깁니다(人以形神·兩端, 相結成人. 然神之精, 超于形, 故智者以神爲眞己, 以形爲藏己之器)"[Matteo Ricci(1603/1999: 350)]라는 주장이나 "인간은 혼魂과 백魄으로 이루어져 있습니다. 이 둘이 온전히 갖추어져 있으면 살아있는 것입니다. 죽게 되면 '백魄'은 흩어져 흙으로 돌아가고, '혼魂'은 늘 있으면서 없어지지 않습니다(人有魂·魄. 兩者全而生焉. 死則其魄化散歸土, 而魂常在不滅)"[Matteo Ricci(1603/1999: 123)라는 주장과 일견 상통하는 측면이 발견된다. ② 그런데 이처럼 인간을 '신神과 형形의 결합체'로 파악하는 관점은 그 기본구도 상 순자荀子의 인간관에서도 발견되는바, 즉 순자는 일찍이 인간이란 "천직天職[자연법칙: 필자 주]이 확립되어 천공天功[자연법칙의 결과: 필자 주]이 완성됨에 (인간의: 필자 주) 형체[形]가 갖추어지고 정신[神]이 형성되어(天職旣立, 天功旣成, 形具而神生)"[『荀子集解』, 「天論」篇] 생겨난 존재로 인식한 바 있으며, 심지어 주희朱熹조차도 인간은 '심心과 신身의 결합체'이며 '심心이 신身을 주재主宰한다'고 말함으로써 비록 그 전제와 내포가 상이함에도 인간을 '신神과 형形의 결합체'로 보는 인식틀을 기본적으로 공유하고 있다. 바로 이러한 맥락에서 정약용이 주장한바 '신형묘합神形妙合의 존재'로서의 인간관은 기실 어느 일방의 배타적 영향에 의한 소산이기보다는 이 양쪽의 견해를 모두 섭렵하는 가운데 나름의 관점에서 독자적으로 재해석·종합한 결과물로 인식함이 보다 타당할 것으로 사료된다.

다섯째, '성삼품설性三品'설과 관련해서도 정약용은 이미 젊은 시절[23세]부터 "성性에는 3등급이 있습니다. 초목의 성性은 생명[生]은 있으나 지각[覺]이 없으며, 금수의 성性은 이미 생명도 있고 지각도 있으며, 우리 인간의 성性은 이미 생명이 있고 지각도 있으며 또한 영혼[靈]이 있고 또한 선善합니다. 이처럼 상·중·하 3등급은 확연히 다르며, 이런 까닭에 그 성性을 다하는 방법 또한 전혀 다릅니다. 초목은 그 생명의 성性[生性]을 이루도록 함에 불과하니 그러면 그 성性을 다한 것입니다. 금수는 새끼와 알을 배고 날고 달리는 성性을 이루도록 함에 불과하니 그러면 그 성性을 다한 것입니다(○[臣對曰] 性有三品. 草木之性, 有生而無覺; 禽獸之性, 旣生而又覺; 吾人之性, 旣生旣覺, 又靈又善. 上·中·下三級, 截然不同, 故其所以盡之之方, 亦復懸殊. 草木, 不過使遂其生性, 則其性斯盡矣. 禽獸, 不過使遂其胎卵·飛走之性, 則其性斯盡矣.)"[『中庸講義補』(『定本 與猶堂全書 6』, p. 364)]라고 역설했던바, ① 이러한 입장 또한 『천주실의』에 나오는 마테오 리치의 "저 세계의 혼魂에는 3가지 품격品格이 있습니다. 하품下品은 '생혼生魂'이라 하니, 곧 '초목의 혼魂'이 이것입니다. 이 혼은 초목을 도와 생장하게 하며, 초목이 말라비틀어지면 이 혼 또한 소멸합니다. 중품中品은 '각혼覺魂'이라 하니, 곧 '금수의 혼魂'입니다. 이 혼은 금수에 붙어 성장과 발육을 돕고 또한 이목구비로 보고 듣고 맛보고 냄새 맡게 하며, 사지와 몸체로 사물의 실정을 지각하게 합니다. 다만 도리道理를 추론推論하지는 못하며, (금수가: 필자 주) 죽으면 같이 소멸합니다. 상품上品은 '영혼靈魂'이라 하니, 곧 '인간의 혼魂'입니다. 이는 생혼生魂과 각혼覺魂을 겸하고 있으며, 인간의 성장과 발육을 돕고 또한 그로 하여금 사물의 실정을 지각하고 또 사물을 추론하며 이치[理]와 도의[義]를 명확히 구분하도록 합니다. 인간의 몸이 죽어도 영혼은 죽지 않으니, 대개 영원히 존재하며 불멸하는 것입니다. ……그러므로 인간은 초목이나 금수와 같지 않습니다(彼世界之魂, 有三品. 下品名曰: '生魂', 卽'草木之魂'是也. 此魂扶草木以生長, 草木枯萎, 魂亦消滅. 中品名曰: '覺魂', 則'禽獸之魂'也. 此能附禽獸長育, 而又使之以耳目視聽·以口鼻啖嗅·以肢體覺物情. 但不能推論道理, 至死而魂亦滅焉. 上品名曰: '靈魂', 卽'人魂'也. 此兼生魂·覺魂, 能扶人長養, 及使人知覺物情, 而又使之能推論事物·明辨理義. 人

身雖死, 而魂非死, 盖永存不滅者焉. ……故人與草木·禽獸不同也)"[Matteo Ricci(1603/1999: 124~125)]라는 주장에서 일차적으로 영향을 받은 것으로 보인다. ② 그럼에도 ㉠ 정약용은 동시에 "'수水·화火[무생물: 필자 주]'는 기氣는 있으나 생명生命이 없고, '초목'은 생명은 있으나 지각知覺이 없으며, '금수'는 지각은 있으나 의義가 없는데, '인간'은 기氣도 있고 생명도 있고 지각도 있고 의義도 가지고 있다. 따라서 인간이 천하에서 가장 존귀하다(○水火有氣而無生. 草木有生而無知. 禽獸有知而無義. 人有氣·有生·有知·亦且有義. 故最爲天下貴也.)"[『荀子集解』, 「王制」篇]라는 순자荀子의 주장 역시 "합리적인 말(○[案] ……荀子曰: '水火有氣而無生, 艸木有生而無知, 禽獸有知而無義, 人有氣·有生·有知·有義.' 此合理之言也.)"[『論語古今注 II』(『定本 與猶堂全書 9』, p. 281)]로 적극 평가하는 가운데 이를 명시적이자 반복적으로 인용하고 있으며, ㉡ 나아가 정약용에 앞서 이익李瀷[星湖, 1681~1763] 또한 상기한바 순자의 '존재론적 견해'를 "전성前聖이 발명하지 못한 말을 발명한 것이니, 마음을 다스리는 학문에 큰 도움이 될 것(此發前未發, 於心術之學, 大益)"[「荀子」(『星湖僿說』, 卷19, 「經史門」, pp. 66a~67a)]으로 적극 평가하면서, 이를 '인심人心·도심道心'설과 관련지어 해석·이해한 바 있다. 결국 이러한 사실을 종합해볼 때, 정약용이 제시한바 '성삼품설'설 내지는 '성사품性四品'설 역시 기실 어느 일방의 배타적 영향에 따른 결과물이기보다는 일찍부터 그가 성호학파星湖學派의 영향 하에 이 양쪽의 견해를 모두 섭렵하는 가운데 나름의 관점에서 독자적으로 재해석·종합한 결과물로 인식함이 보다 적절할 것으로 판단된다.

여섯째, '성기호性嗜好'설에 있어서도 정약용은 "기질지성氣質之性이 이미 기호嗜好로써 이름을 얻었다면, 천명지성天命之性 또한 마땅히 기호嗜好로써 그 의미를 구해야 할 것이다. ……기질지성이 단 것을 좋아하고 쓴 것을 싫어하며 향기를 좋아하고 악취를 싫어한다면, 천명지성은 선善을 좋아하고 악惡을 미워하며 의義를 좋아하고 탐욕貪慾을 미워하니, 비록 기호嗜好란 명칭은 동일하나 그 기호嗜好하는 바는 같지 않다. ……이른바 기질지성과 천명지성이 모두 기호嗜好로써 이름을 얻은 것이 아니겠는가? ……무릇 성性이란 모두 기호嗜好이다.(○[按] ……氣質之性, 既以嗜好而得名, 則天命之性, 亦當以嗜好求之. ……氣質之性, 嗜甘而惡苦, 嗜香而惡臭; 天命之性, 嗜善而惡惡, 嗜義而惡貪, 嗜好之名雖同, 乃其所嗜好不同. ……所謂氣質之性·天命之性, 非皆以嗜好得名者乎? ……凡性皆嗜好也)"[『梅氏書平』, 「閻氏『古文疏證』鈔 1」(『定本 與猶堂全書 13』, pp. 359~360)]라고 주장했던바, ① 이러한 입장은 또한 『천주실의』에 나오는 마테오 리치의 "사물의 종류마다 좋아하고 싫어하는 것은 항상 그 (사물의: 필자 주) 성性과 서로 걸맞습니다. 그러므로 형체를 가진 것의 성性은 오직 형체를 가진 사물을 좋아하거나 싫어합니다. 그리고 형체를 초월하는 것의 성性은 형체가 없는 사물을 사랑하거나 싫어합니다. ……인간이 기뻐하고 싫어하는 것에는 비록 형체를 가진 사물도 있으나, 선善을 덕德으로 여기고 악惡을 죄罪로 여기는 일에 더욱 심하니, 이는 모두 형체가 없는 것들입니다. 이 때문에 '인간의 성性은 유형의 것과 무형의 것 양쪽을 다 겸하여 가지고 있는데, 여기서 영혼靈魂은 신神이다'라고 단언합니다(物類之所好惡, 恒與其性相稱焉. 故着形之性, 惟着形之事爲好惡, 而超形之性, 以無形之事爲愛惡. ……若人之所喜惡, 雖亦有形之事, 然德善罪惡之事爲甚, 皆無形者也. 是以斷曰: '人之性兼得有形無形兩端者也, 此靈魂之爲神也')"[Matteo Ricci(1603/1999: 131~132)]라는 주장과 상호간에 유사성이 발견된다. ② 그러나 정약용은 여기서 그치지 않고 한 걸음 더 나아가 "초연히 옛 성현聖賢들의 말씀을 조감해보면 '성性'이란 글자는 본디 '기호嗜好의 욕심'을 가리키고 있으(○[按] ……

超然上觀乎先古聖賢之言, 則'性'之爲字, 本指'嗜好之欲')"[『梅氏書平』, 「閻氏『古文疏證』鈔 1」(『定本 與猶堂全書 13』, p. 359)]며, 바로 이러한 맥락에서 "기호嗜好를 버리고 성性을 말하는 것은 수사洙泗의 구관舊觀이 아니다([箴曰] ……舍嗜好而言性者, 非洙·泗之舊也)"[『中庸自箴』(『定本 與猶堂全書 6』, p. 229)]라고 역설하는 가운데, 또한 이를 뒷받침하는 구체적 실례로서 『맹자孟子』, 『상서尙書』, 『예기禮記』 등의 유교경전과 공자孔子와 맹자孟子의 말씀 및 심지어는 다반사의 이야깃거리까지를 그 사례로 들어 나름대로 증명함[『梅氏書平』, 「閻氏『古文疏證』鈔 1」(『定本 與猶堂全書 13』, pp. 359~360)]으로써 『천주실의』에서의 설명을 상대화하고 있다.

일곱째, '권형權衡' 개념과 관련해서도 정약용은 "천天[上帝: 필자 주]께서 이미 '덕德을 좋아하고 악惡을 부끄럽게 여기는[好德恥惡]' 성性을 부여하신 바 있지만, (인간이: 필자 주) 선善을 행할 것인가 악惡을 행할 것인가는 유동적일 수 있게 하시어 그 자신의 행위에 맡겨 두시니, 이것이 바로 상제上帝의 엄한 신권묘지神權妙旨로서 크게 두려운 것이다. 왜 그러한가? 덕을 좋아하고 악을 부끄럽게 여김은 이미 분명해졌으니, 이로부터 이후에 선으로 향하는 것은 너의 공功이요 악으로 향하는 것은 너의 죄罪이니, 두려워하지 않을 수 없을 수 있겠는가?(○[案] ……天旣賦之以好德恥惡之性, 而若其行善·行惡, 令可游移, 任其所爲, 此其神權妙旨之凜然可畏者也. 何則? 好德·恥惡, 其分明矣, 自此以往, 其向善, 汝功也; 其趨惡, 汝罪也, 不可畏乎?)"[『論語古今注 II』(『定本 與猶堂全書 9』, p. 279)]라거나 "천天께서 이미 인간에게 선善할 수도 있고 악惡할 수도 있는 권형權衡을 부여하셨다(○天旣予人以可善·可惡之權衡)"[『心經密驗』, 「心性總義」(『定本 與猶堂全書 6』, p. 199)]라고 강조했던바, ① 이처럼 인간의 '권형', 즉 선·악에 대한 '자유의지free will'와 이에 따른 '윤리적 책임'을 강조한 정약용의 입장 또한 『천주실의』에 나오는 마테오 리치의 "저는 (인간의: 필자 주) 성性이란 선善과 악惡을 다 행할 수 있다고 봅니다만, 그렇다고 참으로 성性 자체에 본래 악이 있다고 말할 수는 없습니다. ……만약 세상 사람들이 태어나면서부터 선을 행할 수밖에 없다면, 무엇에 근거하여 '선을 이룬다[成善]'라고 말할 수 있겠습니까? 천하天下에 선을 행하려는 '의지[意]'가 없으면서 선을 행할 수 있는 법은 없습니다. 우리는 나에게 선을 행하라고 강제하지 않아도 스스로 나아가 그것을 행할 수 있다면, 바야흐로 선을 행하는 군자君子라 말할 수 있습니다. 천주天主께서 이러한 성性을 인간에게 부여하시어 (선과 악: 필자 주) 두 가지를 행하도록 하신 것은 인류를 도탑게 사랑하시기 때문입니다. 인간이 이러한 선을 취하거나 버릴 수 있게 하신 것은 선을 행한 공功을 늘려줄 뿐만 아니라 더욱이 그 공을 우리 인간의 공으로 삼고자 하시려는 것입니다(吾以性爲能行善惡, 固不可謂性自本有惡矣. ……苟世人者生而不能不爲善, 從何處可稱'成善'乎? 天下無無'意'于爲善而可以爲善也. 吾能無强我爲善, 而自往爲之, 方可謂爲善之君子. 天主賦人此性, 能行二者, 所以厚人類也. 其能取捨此善, 非但增爲善之功, 尤俾其功爲我功焉)"[Matteo Ricci(1603/1999: 343~344)]라거나, "금수의 일상적 행동은 욕망[欲]의 부림에 바탕을 두고 정욕[情]이 이끄는 대로 좇아가는 것이기에 스스로 (자신의 행동을: 필자 주) 검속하지 못합니다. 오직 인간의 혼魂만은 육신[身]의 주재자가 되어 우리 인간의 의지[자유의지: 필자 주]가 선택하느냐 그만두느냐에 따를 수 있습니다(禽獸常行, 本欲之役, 狥其情之所導, 而不能自檢. 獨人之魂能爲身主, 而隨吾志之所縱止)"[Matteo Ricci(1603/1999: 129)]라는 주장으로부터 일차적으로 그 단서와 통찰력을 얻었을 것으로 추측된다. ② 그럼에도 정약용은 단순이 여기서 그치지 않고 이러한 관점을 대표적으로 『서경書經』 「대우모大禹謨」 편의 경문에 나오는 "인심유위, 도심유미, 유정유일, 윤집궐중人心惟危, 道

이러한 맥락에서 정약용의 배교背教 이후의 삶을 이른바 '외유내야外儒內耶'로 주장하는 입장 역시 재고될 필요가 있지 않을까 한다.[40]

心惟微, 惟精惟一, 允執厥中[인심人心은 위태롭고 도심道心은 은미隱微하니, 정밀精密하게 하고 한결같이 하여야 진실로 그 중中을 잡을 수 있다]"이라는 이른바 '16자 심법心法'에 대한 새로운 고증考證[『梅氏書平』, 「閻氏『古文疏證』鈔 1」(『定本 與猶堂全書 13』, p. 354); 『心經密驗』(『定本 與猶堂全書 6』, pp. 200~201)]과 재해석[『梅氏書平』, 「閻氏『古文疏證』鈔 1」(『定本 與猶堂全書 13』, pp. 354~359)]이란 맥락에서 적극 활용했던바, 특히 그는 이를 통해 자신만의 독특한 '인심人心·도심道心'설의 체계화함으로써 결국 그의 독자적인 인간론을 구축하는 초석들 가운데 하나를 마련하기에 이른다.

마지막으로, '본선本善·행선行善' 개념에 있어서도 정약용은 "성性이 선善하다[性善]는 것과 인간이 선善하다[人善]는 것은 같지 않다. '성이 선하다'는 것은 '천부天賦의 성性이 덕德을 좋아하고 악惡을 부끄럽게 여김'을 이름이다. ……이는 분명히 본성本性이 순선純善한 것임을 말해주는 것이다. '인간이 선하다'는 것은 이 선善한 성性을 따라 정심正心하고 수신修身하여 마침내는 의義를 행하여 인仁을 이룸으로써 그 덕德을 온전히 하는 것이다. 사흉四凶[共工·驩兜·三苗·鯀: 필자 주]에게는 의를 행하여 인을 이루는 선善[行義成仁之善]이 없었던 것이지, 돌아보건대 유독 덕을 좋아하고 악을 부끄럽게 여기는 본선本善[好德恥惡之本善]이 없었겠는가?(○[又按] ……性善與人善不同. '性善'者, 謂: '天賦之性, 好德而恥惡.' ……明本性純善也. '人善'者, 率此善性, 正心·修身, 畢竟行義而成仁, 以全其德者也. 四凶無行義成仁之善, 顧獨無好德恥惡之本善乎?)"[『論語古今注 II』(『定本 與猶堂全書 9』, p. 288)]라고 주장했던바, ① 이처럼 인간의 선善을 이른바 선천적인 '호덕치악지본선好德恥惡之本善'과 후천적인 '행의성인지선行義成仁之善'을 구별했던 정약용의 관점 또한 『천주실의』에서 마테오 리치가 "우리는 진실로 두 종류의 '선善'을 반드시 인정해야 합니다. 성性의 선善은 '양선良善'이고, 덕행德行의 선善은 '습선習善'입니다. 대저 양선이란 것은 천주天主께서 원래 조화한 성명性命의 덕德이니, 우리에게 공功이 없습니다. 제가 말씀드리는 공功이란 스스로 배워서 덕德을 쌓아올려 이룬 선善입니다. ……우리 성性의 바탕이 비록 곱더라도, 만약 그것을 꾸며줄 (자기가 쌓은: 필자 주) 덕德이 없다면 어떻게 칭찬할 만하겠습니까?(則固須認二善之品矣. 性之善爲良善, 德之善爲習善. 夫良善者, 天主原化性命之德, 而我無功焉. 我所謂功, 止在自習積德之善也. ……吾性質雖妍, 如無德以飾之, 何足譽乎?)"[Matteo Ricci(1603/1999: 346~348)]라고 하여 인간의 선善을 선천적인 '양선良善'과 후천적인 '습선習善'으로 구분했던 입장으로부터 일차적으로 영향을 받은 것으로 추측된다. ② 그럼에도 정약용은 여기서 그치지 않고 이러한 관점을 단서로 자신의 '실천행위의 결과적 사공事功'으로서의 '선善·악惡' 개념을 정교화함으로써 자신의 윤리론의 출발점을 마련하는 한편, 또한 자신의 '성性' 개념을 체계화함으로써 종래 제가諸家의 성론性論, 즉 맹자孟子·순자荀子·고자告子·양자揚子·공손자公孫子의 입장을 자신의 틀 내에서 논리정합적으로 종합하기에 이른다.

40 정약용을 기본적으로 '천주교 신자'로 보면서, 그가 천주교 신앙을 받아들인 이후의 삶을 이른바 '외유내야外儒內耶'로 주장하는 일부의 입장은 곧 달레Ch. Dallet 신부가 "丁若鏞 요한은 박해 중에 마음이 약해져서 배교했으나, 진실히 뉘우치는 마음이 생겨, 온 힘을 기울여 공동사업에 헌신함으로써 자기 죄를 씻기에 힘썼다"[Ch. Dallet/安應烈·崔奭祐 譯註(2000b: 17)]라거나 "귀양이 풀려 돌아온 뒤, 丁(若鏞) 요한은 이전보다도 더 열심으로 모든 교회 본분을 지키기 시작하였다. 1801년에 예

수 그리스도의 신앙을 입으로 배반한 것을 진심으로 뉘우쳐 세상과 떨어져 살며, 거의 언제나 방에 들어앉아 몇몇 친구들 밖에는 만나지 않았다. 그는 자주 大齋를 지키고, 그 밖에 여러 가지 克己를 행하며 몹시 아픈 쇠사슬 허리띠를 만들어 띠고 한 번도 그것을 끌러 놓지 않았다. 그는 자주 오랫동안 묵상을 하였다. 丁(若鏞) 요한은 그의 묵상의 일부를 적어 놓았고 또 외교인들의 미신을 반박하고 신입교우들을 가르치기 위하여 지은 여러 가지 다른 서적들을 남겼다. 그의 저서 여러 권이 박해 때에 땅 속에 감추어졌다가 벌레에 갉아 먹히고 썩고 하였으나, 많은 저서가 그의 집안에 보존되었다. 완전히 復權이 된 뒤에도 丁(若鏞) 요한은 생활태도를 조금도 바꾸지 아니하였고, 날로 더해가는 그의 열심은 전에 그가 배교함으로 인하여 나쁜 모범을 보였던 모든 신자들을 기쁘게 하고 감화시켰다. 丁(若鏞) 요한은 1835년 (劉方濟) 빠치피꼬 神父가 조선에 들어온 뒤 그의 손으로 마지막 성사를 받은 후 세상을 떠났다"[Ch. Dallet/安應烈·崔奭祐 譯註(2000b: 185~186)]라는 기록에 주로 근거를 두고 있다.

그러나 만약 정약용이 배교背敎 이후에도 참으로 '외유내야'의 삶을 살았다고 한다면, ① 우선 알려진 정약용의 생애를 통관해 볼 때 상기한바 달레 신부의 진술은 전반적으로 그 근거가 매우 박약하다는 점 이외에도, ② 특히 다음과 같은 사실 역시 반드시 해명될 필요가 있을 것으로 보인다. 즉, ㉠ 정약용의 천주교[서교] 신앙 여부를 가늠·평가할 핵심개념으로서의 '상제上帝'관에는 아주 단편적인 '인귀人鬼' 개념 이외에는 내세來世, 또는 '내세에서의 구원'에 대한 관념이 표명되고 있지 않다는 점, ㉡ 바로 이러한 맥락에서 정약용은 또한 "인간의 박복함에는 악행으로 세상에 이름이 나는 것보다 심한 것은 없다(○[案] 人之薄福, 未有甚於以惡名世)"[『尙書古訓 II』(『定本 與猶堂全書 12』, p. 103)]라고 역설함으로써 다분히 현세주의적인 일종의 유교적 '사후死後[내세]'관을 피력하고 있다는 점, ㉢ 정약용의 방대한 '상례喪禮' 관련 경학저술 및 특히 자신의 장례절차로서 특별히 강조·제시했던 「유령遺令」과 『상의절요喪儀節要』의 내용이 기실 서교[천주교] 식의 의례와는 아무런 관계가 없다는 점 등이 바로 그것이다.

제4부

『사암선생연보』

【일러두기】

『사암선생연보俟菴先生年譜』는 다음과 같은 요령으로 작성하였다.

◇ '생평사략生平事略'은 주로 『사암선생연보俟菴先生年譜』[정규영丁奎英 편], 정약용丁若鏞의 「자찬묘지명自撰墓誌銘【광중본壙中本】·【집중본集中本】」과 『시문집詩文集』에 나오는 시문詩文 및 여타 연구자료를 참조하여 작성하였다.

◇ '저작물著作物'은 '시詩'·'문文'·'경집經集'·'기타'로 분류하여 실었으며, '기타' 항목에는 '정법집政法集'·'지리집地理集'·'의학집醫學集'·'소학집小學集' 등에 해당하는 저술들을 포괄하여 실었다.

◇ '저작물'에 있어서는 그 저술연대가 확실한 것만 싣는 것을 원칙으로 하였다. 따라서 이 『연보』는 정약용의 전체 저작물을 망라하지 않는다.

- '시詩'의 경우에는 정약용의 생평사生平事와 행적을 구체적으로 추적·이해하는 데에 매우 긴요한 일차적 자료임으로 하여 비록 편수가 많더라도 모두 싣는 것을 원칙으로 하였다.
- '시詩'·'문文'·'경집經集'·'기타'에 속하는 글들 가운데서 비록 그 정확한 저술연대는 알 수 없으나, 다만 그 내용과 여타 사항 등을 미루어볼 때 당해년에 쓰여진 것으로 추측되는 저작물들의 경우에는 '○' 표시를 하여 '기타' 항목에 별도로 부기하여 두었다.

◇ 이 『연보』에 소개되고 있는 저작물의 체제는 다산학술문화재단茶山學術文化財團의 『정본定本 여유당전서與猶堂全書』를 기준으로 하였다.

◇ 이 『연보』에 소개되고 있는 저술에 대한 소개는 『정본 여유당전서』에 소개되어 있는 「해제解題」를 주로 참조하였다.

『사암선생연보俟菴先生年譜』

<table>
<tr><td colspan="2">연 대</td><td>1762년 [영조英祖 38: 임오壬午]</td><td>나 이</td><td>1세 No. 1</td></tr>
<tr><td colspan="2">생평사략</td><td colspan="3">●6월 16일에 공公이 경기도京畿道 광주군廣州郡 초부면草阜面 마현리馬峴里 [현재 경기도京畿道 남양주시南楊州市 조안면鳥安面 능내리陵內里] 옛집에서 넷째 아들로 태어남.
●공이 어렸을 때의 자字는 '귀농歸農'임. 이해에는 영조英祖가 자신의 아들이자 정조正祖의 생부生父이기도 한 사도세자思悼世子를 죽인 변고, 즉 임오화변壬午禍變이 일어났었는데, 이때 부친 진주공晉州公께서는 진사進士로서 연석筵席에 올라 『예기禮記』의 「제의祭義」편을 강론하시어 특지特旨로써 관직을 제수받으셨으나, 이러한 화변이 일어나자 당시 남인시파南人時派로서 관직을 그만두고 시골로 돌아가기로 결심하고 계셨는데, 마침 그때 공이 태어났으므로 이렇게 자字를 지어주심.</td></tr>
<tr><td rowspan="4">저작</td><td>시</td><td colspan="3"></td></tr>
<tr><td>문</td><td colspan="3"></td></tr>
<tr><td>경집</td><td colspan="3"></td></tr>
<tr><td>기타</td><td colspan="3"></td></tr>
<tr><td colspan="2">비 고</td><td colspan="3"></td></tr>
</table>

연 대	1763년 [영조英祖 39: 계미癸未]	나 이	2세 No. 2
생평사략	● 공公이 완두창豌豆瘡[천연두]을 가볍게 앓음.		
저작 시			
저작 문			
저작 경집			
저작 기타			
비 고			

<table>
<tr><td>연 대</td><td>1765년 [영조英祖 41: 을유乙酉]</td><td>나 이</td><td>4세 No. 3</td></tr>
<tr><td colspan="2">생평사략</td><td colspan="2">● 공公이 『천자문千字文』을 배우기 시작함.</td></tr>
<tr><td rowspan="4">저작</td><td>시</td><td colspan="2"></td></tr>
<tr><td>문</td><td colspan="2"></td></tr>
<tr><td>경집</td><td colspan="2"></td></tr>
<tr><td>기타</td><td colspan="2"></td></tr>
<tr><td colspan="2">비 고</td><td colspan="2"></td></tr>
</table>

<table>
<tr><td colspan="2">연 대</td><td>1767년 [영조英祖 43: 정해丁亥]</td><td>나 이</td><td>6세　　No. 4</td></tr>
<tr><td colspan="2">생평사략</td><td colspan="3">●부친 진주공晉州公께서 지난해인 병술년丙戌年[1766년, 英祖 42] 12월에 연천현감漣川縣監에 제수됨.
●공公이 부친 진주공을 모시고 연천漣川의 임소로 따라감.
●공의 덕기德器가 관후寬厚하고 경학經學이 정미精微했던 것은 오로지 가정에서 양육을 잘 받았기 때문임.</td></tr>
<tr><td rowspan="4">저작</td><td>시</td><td colspan="3"></td></tr>
<tr><td>문</td><td colspan="3"></td></tr>
<tr><td>경집</td><td colspan="3"></td></tr>
<tr><td>기타</td><td colspan="3"></td></tr>
<tr><td colspan="2">비 고</td><td colspan="3"></td></tr>
</table>

<table>
<tr><td colspan="2">연 대</td><td>1768년 [영조英祖 44: 무자戊子]</td><td>나 이</td><td>7세 No. 5</td></tr>
<tr><td colspan="2">생평사략</td><td colspan="3">● 공公이 오언시五言詩를 짓기 시작함. 당시 공의 시詩에 “작은 산이 큰 산을 가렸으니, 멀고 가까움이 다르기 때문이로다(小山蔽大山, 遠近地不同)”라는 구절이 있었는데, 부친 진주공晉州公께서 크게 기특하게 여기시어 “분수分數에 밝으니, 자라면 반드시 역법曆法과 산수算數에 통달할 것이다”라고 칭찬하심.
● 공이 스스로 호號를 ‘삼미자三眉子’라 일컬음. 공은 천연두를 순조롭게 앓아 한 점의 흔적도 없었는데, 오직 오른쪽 눈썹 위에 흔적이 남아 눈썹이 세 개로 나뉘었으므로 호를 이렇게 지었다고 함.</td></tr>
<tr><td rowspan="4">저작</td><td>시</td><td colspan="3"></td></tr>
<tr><td>문</td><td colspan="3"></td></tr>
<tr><td>경집</td><td colspan="3"></td></tr>
<tr><td>기타</td><td colspan="3"></td></tr>
<tr><td colspan="2">비 고</td><td colspan="3"></td></tr>
</table>

<table>
<tr><td colspan="2">연 대</td><td>1770년 [영조英祖 46: 경인庚寅]</td><td>나 이</td><td>9세 No. 6</td></tr>
<tr><td colspan="2">생평사략</td><td colspan="3">●11월 9일에 모친 숙인淑人 해남윤씨海南尹氏께서 돌아가심. 모친은 윤선도尹善道[孤山, 1587~1671]의 후손으로, 윤두서尹斗緖[恭齋, 1668~?]의 손녀이자 윤덕렬尹德烈의 따님이심.
●공公의 외증조부가 되시는 윤두서란 분은 진사進士로서 글을 널리 배우고 옛것을 좋아하시어 집에 소장하시고 있었던 책이 모두 경세실용經世實用에 관한 것이었으며, 이 분의 초상화가 지금까지도 남아있음. 공의 얼굴 모습과 수염이 이 분을 많이 닮았다고 전함.</td></tr>
<tr><td rowspan="4">저작</td><td>시</td><td colspan="3"></td></tr>
<tr><td>문</td><td colspan="3"></td></tr>
<tr><td>경집</td><td colspan="3"></td></tr>
<tr><td>기타</td><td colspan="3"></td></tr>
<tr><td colspan="2">비 고</td><td colspan="3"></td></tr>
</table>

<table>
<tr><td colspan="2">연 대</td><td>1771년 [영조英祖 47: 신묘辛卯]</td><td>나 이</td><td>10세 No. 7</td></tr>
<tr><td colspan="2">생평사략</td><td colspan="3">● 공公이 경서經書와 사서史書를 수학受學함. 이때 부친 진주공晉州公께서 벼슬을 그만두시고 집에 머물면서 친히 공을 가르치심. 공은 타고난 자질이 매우 총명한데다가 매우 학구적이어서 독책督責함을 기다리지 않았다고 함. 또한, 경전經典과 사서史書를 본떠 글을 지었는데 그 체體가 매우 비슷했으며, 1년 동안 지은 글이 자기의 키만큼이나 되었다고 전함.
● 진주공께서 공의 서모庶母 금화황씨金化黃氏를 측실側室로 맞이하심. 황씨는 혼인 후 곧바로 타계함. 이에 진주공께서는 계사년[1773년, 英祖 49]에 서울에서 다시 공의 두 번째 서모 잠성김씨岑城金氏를 측실로 맞이하심.
● 공이 『삼미자집三眉子集』①이란 시권詩卷을 편집함.</td></tr>
<tr><td rowspan="4">저작</td><td>시</td><td colspan="3">●『삼미자집三眉子集』</td></tr>
<tr><td>문</td><td colspan="3"></td></tr>
<tr><td>경집</td><td colspan="3"></td></tr>
<tr><td>기타</td><td colspan="3"></td></tr>
<tr><td colspan="2">비 고</td><td colspan="3">● ①『삼미자집三眉子集』: 이는 정약용이 7세부터 오언시五言詩를 짓기 시작하여 이때까지 지은 작품을 모아 편집한 시권詩卷임. 당시 문인文人이나 큰 선비들이 이를 보고 감탄하고 칭찬하지 않는 이가 없었으며, 반드시 대성大成할 것임을 알았다고 함.</td></tr>
</table>

연 대		1774년 [영조英祖 50: 갑오甲午]	나 이	13세 No. 8
생평사략		●공公이 두시杜詩를 뽑아 베껴놓고 그것을 모방하여 원운原韻에 따라 화답하는 운韻을 붙여 시詩를 지음. 공이 두시의 뜻을 깊이 체득했으며, 모두 수백 수首나 됨. 이에 부친의 친구들께서 크게 칭찬하셨다고 함.		
저작	시			
	문			
	경집			
	기타			
비 고				

<table>
<tr><td colspan="2">연 대</td><td>1775년 [영조英祖 51: 을미乙未]</td><td>나 이</td><td>14세　　No. 9</td></tr>
<tr><td colspan="2">생평사략</td><td colspan="3">● 부친 진주공晉州公께서 금강산金剛山 유람을 마치고 돌아오신 것을 계기로 공公이 고향 소내[苕川, 牛川]에서 금강산을 기리는 시詩를 지음.①
● 겨울에 공이 수종사水鍾寺를 유람하고 시를 지음.</td></tr>
<tr><td rowspan="4">저작</td><td>시</td><td colspan="3">●「회동악【을미, 재소천】懷東嶽【乙未, 在苕川】」:『정본定本 여유당전서與猶堂全書 1』, p. 163.(이하 『전서全書』로 표시함)
●「유수종사游水鍾寺」:『전서全書 1』, p. 163.</td></tr>
<tr><td>문</td><td colspan="3"></td></tr>
<tr><td>경집</td><td colspan="3"></td></tr>
<tr><td>기타</td><td colspan="3"></td></tr>
<tr><td colspan="2">비 고</td><td colspan="3">● ①「회동악懷東嶽」: 시詩의 말미에 "당시 가대인家大人께서 금방 금강산金剛山에서 돌아오셨기에 이 시를 짓게 되었다(時家大人新自金剛山而回, 故有是作)"는 원주가 달려 있음.</td></tr>
</table>

<table>
<tr><th colspan="2">연 대</th><th>1776년 [영조英祖 52: 병신丙申]</th><th>나 이</th><th>15세 No. 10</th></tr>
<tr><td colspan="2">생
평
사
략</td><td colspan="3">●2월 15일에 공公이 관례冠禮를 치르고,① 이튿날 계부季父[丁載進]를 모시고 서울에 올라와 22일에 풍산홍씨豊山洪氏에게 장가듦. 장인丈人은 무과武科 출신으로 승지承旨를 지내신 분인데, 함자는 화보和輔임.②
●3월 4일에 부친 진주공晉州公께서 판탁지判度支에 임명되고, 뒤이어 호조좌랑戶曹佐郞에 제수되심.
●3월 5일에 영종대왕英宗大王께서 승하昇遐하심.③ 공이 애도하는 「만사輓詞」를 지음.
●3월 10일에 부친 진주공께서 원릉도감元陵都監 낭청郎廳에 제수되심.
●6월에 부친 진주공께서 제용감판관濟用監判官에 제수되심.
●여름에 부친 진주공께서 서울 명례방明禮坊의 소룡동小龍衕에 집을 세내어 거처를 마련하심. 이때 공의 부부도 부친을 모시며 함께 삶.
●8월에 공이 운산雲山으로 귀양가시는 장인 홍공洪公을 전송하는 시詩를 지음.
●11월에 공이 시골집에서 병을 앓음. 이때 공은 이헌길李獻吉[字는 蒙叟]이 구해준 약을 먹고 30일 만에 쾌차함.</td></tr>
<tr><td rowspan="2">저
작</td><td>시</td><td colspan="3">●「춘일배계부, 승주부한양【병신이월십오일시관, 십육일부경, 입이일위금. 차기부경시주중지작】春日陪季父, 乘舟赴漢陽【丙申二月十五日始冠, 十六日赴京, 廿二日委禽. 此其赴京時舟中之作】」: 『전서全書 1』, p. 163.
●「회현방, 동홍운백음【홍진사영한, 자운백, 후개명인호】會賢坊, 同洪雲伯飮【洪進士英漢, 字雲伯, 後改名仁浩】」: 『전서全書 1』, p. 164.
●「하일읍청루, 배목정자【조영】제공음夏日挹淸樓, 陪睦正字【祖永】諸公飮」: 『전서全書 1』, p. 164.
●「원릉만사元陵輓詞」: 『전서全書 1』, p. 164.
●「송외구홍절도【화보】적운산【팔월십오일】送外舅洪節度【和輔】謫雲山【八月十五日】」: 『전서全書 1』, p. 164.
●「중추월야, 어홍원백【운백, 개기자】지상, 동홍복원【낙정】·최계장【수경】제공음中秋月夜, 於洪元伯【雲伯, 改其字】池上, 同洪復元【樂貞】·崔季章【粹絅】諸公飮」: 『전서全書 1』, p. 165.
●「전려와병【시이이헌길약, 득병삼순이유, 중동야】田廬臥病【時餌李獻吉藥, 得病三旬而愈, 仲冬也】」: 『전서全書 1』, p. 165.</td></tr>
<tr><td>문</td><td colspan="3"></td></tr>
</table>

<table>
<tr><td rowspan="2">저 작</td><td>경 집</td><td></td></tr>
<tr><td>기 타</td><td></td></tr>
<tr><td colspan="2">비 고</td><td>●① 정약용의 관명冠名은 ‘약용若鏞’, 자字는 ‘미용美庸’ 또는 ‘용보頌甫’, 호號는 ‘사암俟菴’ 또는 ‘다산茶山’임. 이 외에도 정약용이 한평생 사용했던 호號로는 ‘죽란정자竹欄靜者’, ‘철마산초부鐵馬山樵夫’, ‘철마산초鐵馬山樵’, ‘철마산인鐵馬山人’, ‘열초洌樵’, ‘열수산인洌水散人’, ‘열수노인洌水老人’, ‘열상노인洌上老人’, ‘열상옹洌上翁’, ‘열수옹洌水翁’, ‘열옹洌翁’, ‘열수洌叟’, ‘소상연파조수苕上烟波釣叟’, ‘문암일인門巖逸人’, ‘자하도인紫霞道人’, ‘자하산인紫霞山人’, ‘자하산초紫霞山樵’, ‘자하산방주인紫霞山房主人’, ‘품석정주인品石亭主人’, ‘여유당거사與猶堂居士’, ‘여유병옹與猶病翁’, ‘다산은자茶山隱者’, ‘다산병수茶山病叟’, 다산병부茶山病夫, ‘다산초부茶山樵夫’, ‘다산초자茶山樵者’, ‘다산노초茶山老樵’, ‘다초茶樵’, ‘다수茶叟’, ‘다종茶宗’, ‘다옹茶翁’, ‘죽옹竹翁’, ‘탁옹籜翁’, ‘탁피여인籜皮旅人’, ‘동호여인東湖旅人’, ‘촌오하인邨塢何人’, ‘동천東泉’, ‘태수苔叟’ 등이 있음.
●② 홍화보洪和輔[字는 景協, 1726~1791]: 본관本貫은 풍산豐山이며, 무과武科 출신으로 동부승지同副承旨, 황해도병마절도사黃海道兵馬節度使 등의 벼슬을 역임함.
●③ 영종대왕英宗大王께서는 3월 4일에 병세가 악화되어 3월 5일 묘시卯時에 경희궁慶熙宮의 집경당集慶堂에서 승하昇遐하심.[『英祖實錄』, 卷127, 52年 3月 5日(丙子)條]</td></tr>
</table>

연 대	1777년 [정조正祖 1: 정유丁酉]	나 이	16세	No. 11
생평사략	● 입춘일立春日에 공公이 서울 명례방明禮坊의 소룡동小龍衕 집 벽에다 제시題詩를 써 붙임.① ● 봄에 공이 최홍중崔弘重[稺度]의 계상초당溪上草堂을 방문하고, 뒤이어 주서注書 최현중崔顯重의 난곡서루蘭谷書樓에서 최홍중, 최양중崔養重[士舒]과 함께 술을 마시며 시詩를 지음. ● 봄에 공이 이벽李檗[曠菴, 字는 德操, 1754~1785]에게 주는 시를 지음.② ● 이 무렵부터 공이 처음으로 이익李瀷[星湖, 1681~1763]의 유고遺稿를 보고, 이를 준칙으로 삼아 학문을 하기로 결심함. 당시 일세一世의 후학들이 모두 이익의 학문을 조술祖述하였음. ● 봄에 공이 족부族父 정술조丁述祖[主簿公] 공을 종부시宗簿寺의 숙직宿直하시는 처소로 찾아뵘. ● 5월에 공이 장모丈母 이숙부인李淑夫人의 부음訃音을 듣고 「만사輓詞」를 지음. ● 7월에 공이 제용감濟用監의 연못가에서 부친 진주공晉州公을 위시한 제공諸公을 모시고 술을 마시며 시를 지음. ● 9월에 부친 진주공께서 화순현감和順縣監에 제수되심. ● 10월에 공이 부친 진주공을 모시고 화순和順 임소에 따라감. ● 겨울에 공이 화순현和順縣의 자사子舍인 금소당琴嘯堂에서 진사進士 조익현曹翊鉉과 함께 시를 지으며 교유함.			
저작 시	● 「입춘일, 제용동옥벽【정유○소룡동재명례방, 병신하, 가대인교거우자】立春日, 題龍衕屋壁【丁酉○小龍衕在明禮坊, 丙申夏, 家大人僑居于玆】」: 『전서全書 1』, p. 165.① ● 「춘일과최씨계상초당【최씨명홍중】春日過崔氏溪上草堂【崔氏名弘重】」: 『전서全書 1』, p. 165. ● 「최주서【현중】난곡서루, 동최치도【홍중】·사서【양중】제공음崔注書【顯重】蘭谷書樓, 同崔稺度【弘重】·士舒【養重】諸公飮」: 『전서全書 1』, p. 166. ● 「증이벽【자덕조】贈李檗【字德操】」: 『전서全書 1』, p. 166.② ● 「과족부주부공【술조】종부시직려過族父主簿公【述祖】宗簿寺直廬」: 『전서全書 1』, p. 166. ● 「외고이숙부인만사【오월입칠일몰】外姑李淑夫人輓詞【五月廿七日沒】」: 『전서全書 1』, p. 166. ● 「조추제용감지상, 배제공음【가대인시위판관】早秋濟用監池上, 陪諸公飮【家大人時爲判官】」: 『전서全書 1』, p. 166. ● 「장부화순, 배가군지소천, 유별제부·제형【시가대인위현감, 맹동야. 가인역수지소천】將赴和順, 陪家君至苕川, 留別諸父·諸兄【時家大人爲縣監, 孟冬也. 家人亦隨至苕川】」: 『전서全書 1』, p. 167. ● 「행차흥원창, 배한감찰【광전】장야화行次興元倉, 陪韓監察【光傳】丈夜話」: 『전서全書 1』, p. 167.			

<table>
<tr><td rowspan="4">저작</td><td>시</td><td>●「과족부승지공【범조】법천산거過族父承旨公【範祖】法泉山居」: 『전서全書 1』, p. 167.
●「숙하담宿荷潭」: 『전서全書 1』, p. 167.
●「비서원【노유청주, 기무신사】悲西原【路由淸州, 紀戊申事】」: 『전서全書 1』, pp. 167~168.
●「행차공주, 봉이장해행【이장위소암】行次公州, 逢李丈偕行【李丈謂蘇巖】」: 『전서全書 1』, p. 168.
●「과전주過全州」: 『전서全書 1』, p. 168.
●「차담양, 배이도호【인섭】장음次潭陽, 陪李都護【寅燮】丈飮」: 『전서全書 1』, p. 168.
●「금소당, 동조진사【익현】작【당시화순자사】琴嘯堂, 同曹進士【翊鉉】作【堂是和順子舍】」: 『전서全書 1』, pp. 168~169.</td></tr>
<tr><td>문</td><td></td></tr>
<tr><td>경집</td><td></td></tr>
<tr><td>기타</td><td></td></tr>
<tr><td colspan="2">비고</td><td>●①「입춘일, 제용동옥벽【정유○소룡동재명례방, 병신하, 가대인교거우자】立春日, 題龍衕屋壁【丁酉○小龍衕在明禮坊, 丙申夏, 家大人僑居于玆】」: 정약용이 입춘일立春日을 맞이하여 지은 시詩로, 한평생 학문에 힘쓸 것을 결심하는 내용임. 여기서 그는 "효孝·제弟는 인仁의 근본(孝·弟寔仁本)"이라 천명하여 이미 약관弱冠의 나이부터 정주성리학程朱性理學과는 구별되는 독자적인 경학적經學的 입장立場을 분명히 표명함.
●②「증이벽【자덕조】贈李檗【字德操】」: 정약용이 이벽李檗에게 지어준 시詩로, 서로 의기투합함에 도타운 정情을 쌓을 것과 한평생 부귀영달富貴榮達에 연연하지 말고 아름다운 덕德을 닦을 것을 다짐하는 내용임. 이벽은 백형伯兄 정약현丁若鉉[鋪淵, 字는 太玄, 1751~1821]의 처남으로서, 당시 정약용은 그와의 교유를 매개로 당시 서울에서 활동하던 쟁쟁한 남인계南人系 선배 학자들, 즉 이익李瀷을 조술祖述했던 권철신權哲身[鹿菴, 1736~1801], 이가환李家煥[貞軒, 1742~1801], 이기양李基讓[茯菴, 1744~1802], 이승훈李承薰[蔓川, 1756~1801]과의 학문적 교유를 시작했던 것으로 추측됨.</td></tr>
</table>

<table>
<tr><th>연 대</th><th colspan="2">1778년 [정조正祖 2: 무술戊戌]</th><th>나 이</th><th>17세 No. 12</th></tr>
<tr><td>생평사략</td><td colspan="4">● 봄에 공公이 화순현和順縣 일대의 봄 풍광을 노래하는 시詩를 지음.
● 봄에 공이 부친 진주공晉州公을 모시고 진사進士 조익현曹翊鉉의 계정溪亭을 찾아가 유람함.
● 여름에 공이 진사 조익현의 계정에서 조씨曹氏의 자제子弟들과 함께 연회를 열고 교유함.
● 가을에 공이 적벽강赤壁江에 있는 물염정勿染亭을 유람함. 시와 「기문記文」이 있음.
● 뒤이어 공이 서석산瑞石山[無等山]을 유람함. 시와 「기문」이 있음.
● 가을에 공이 이형李兄을 그리워하는 시를 지음.①
● 11월에 공이 화순 근방의 동림사東林寺에서 중형仲兄 정약전丁若銓[巽菴, 1758~1816]과 함께 경전經典을 읽음. 이때 정약전은 『상서尙書』를, 공은 『논어論語』와 『맹자孟子』를 읽었는데, 이때부터 공은 이미 약관弱冠의 나이임에도 독자적인 경전해석을 시도함. 시와 「기문」이 있음.
● 시기는 미상이나 부친 진주공께서 백련동白蓮洞을 유람하시면서 강진康津에 들러 윤광택尹光宅[字는 德仁, 1732~1804] 공의 별장을 방문하시어 즐겁게 교유하심. 진주공과 윤광택 공과의 막역한 친교는 이후 대를 이어 계속됨. 즉, 임술년[1802년, 純祖 2]에 공이 강진康津 읍내에서 귀양살이를 할 때 윤광택 공은 조카 윤시유尹詩有를 시켜 자주 물품을 공에게 보내주며 안부를 묻고 위로했으며, 또한 공은 윤공尹公의 아들인 윤서유尹書有[翁山, 1764~1821]와도 한평생 친밀하게 교유했던바, 이러한 인연으로 윤서유의 아들인 윤창모尹昌模[篪菴, 1795~1856]는 나중에 공의 사위가 됨.
● 겨울에 부친 진주공께서 화순 임지로 방문한 승려 유일有一[蓮潭, 1720~1799]과 교유하심. 이때 공은 아직 17세의 어린 소년이었지만 유일에게 증정贈呈하는 시 2편을 지음. 진주공과 유일 간의 교유는 앞서 승려 혜원慧苑[靑坡]이 소내[苕川]로 진주공을 방문하여 교유하며 유일의 명성을 전해줌으로써 그 계기가 마련됨. 한편, 진주공과 유일 간의 교유 또한 이후 대를 이어 지속되었던바, 즉 을축년[1805년, 純祖 5]에 공이 강진 읍내에서 귀양살이를 할 때 유일의 제자이자 당시 대둔사大芚寺의 승려였던 혜장惠藏[兒菴, 1772~1811]과 『주역周易』을 문답하며 교유하기 시작하였고 이러한 교유는 혜장이 입적入寂할 때까지 지속됨.
● 겨울에 공이 진사 조익현과 술을 마시며 교유함.</td></tr>
<tr><td>저작</td><td>시</td><td colspan="3">● 「춘일오성잡시【무술. 화순역명오성】春日烏城雜詩【戊戌. 和順亦名烏城】」: 『전서全書 1』, p. 169.
● 「배가군, 동심조씨계정陪家君, 同尋曹氏溪亭」: 『전서全書 1』, pp. 169~170.
● 「하일조씨계정연집夏日曹氏溪亭宴集」: 『전서全書 1』, p. 170.</td></tr>
</table>

저작	시	●「유적벽정자【물염정, 재동복현】遊赤壁亭子【勿染亭, 在同福縣】」: 『전서全書 1』, p. 170. ●「등서석산登瑞石山」: 『전서全書 1』, p. 170. ●「억이형憶李兄」: 『전서全書 1』, p. 171.① ●「차군정하, 유고송일주, 반굴가애. 여조사마, 송하음주, 잉부차송此君亭下, 有古松一株, 蟠屈可愛. 與曹司馬, 松下飮酒, 仍賦此松」: 『전서全書 1』, p. 171. ●「독서동림사【중동야. 시여중씨해】讀書東林寺【仲冬也. 時與仲氏偕】」: 『전서全書 1』, p. 171. ●「증유일상인【별호연담, 본계화순현인】贈有一上人【別號蓮潭, 本系和順縣人】」: 『전서全書 1』, p. 172. ●「「지리산승가」, 시유일「智異山僧歌」, 示有一」: 『전서全書 1』, p. 172. ●「설야동조사마음雪夜同曹司馬飮」: 『전서全書 1』, pp. 172~173.
	문	●「유물염정기【정재동복현. 정유추, 가대인지화순현, 현거적벽사십리. 궐명년, 여득왕유언】遊勿染亭記【亭在同福縣. 丁酉秋, 家大人知和順縣, 縣距赤壁四十里. 厥明年, 余得往遊焉】」: 『전서全書 3』, pp. 76~77. ●「유서석산기【산재광주동삼십리, 일명무등산】遊瑞石山記【山在光州東三十里, 一名無等山】」: 『전서全書 3』, pp. 77~78. ●「동림사독서기東林寺讀書記」: 『전서全書 3』, p. 78.
	경집	
	기타	
비고		●①「억이형憶李兄」: 이형李兄은 미상未詳으로, 조성을(2016: 43~44)은 정약용의 자형姊兄인 '이승훈李承薰'으로 추정하고 있음.

<table>
<tr><th>연 대</th><th colspan="2">1779년 [정조正祖 3: 기해己亥]</th><th>나 이</th><th>18세 No. 13</th></tr>
<tr><td colspan="2">생평사략</td><td colspan="3">
● 정월에 부친 진주공晉州公께서 관내를 순야巡野하시며 화순和順의 정곡鼎谷에 있는 조익은曹翊殷의 계정溪亭에서 연유讌游하셨는데, 이때 진주공을 모시고 따라갔던 공公이 부친의 명에 따라 부친께서 지으신 시詩에 「서문序文」을 씀.
●2월에 부친 진주공의 명에 따라 공이 중형仲兄 정약전丁若銓과 함께 고향 소내[苕川]로 되돌아왔다가, 3월에 다시 서울로 올라와서 공령문功令文[科文]의 여러 체體를 공부함.
● 여름에 장인 홍공洪公께서 경상우도병마절도사慶尙右道兵馬節度使에 제수되시어 진주晉州로 부임하심.
● 여름에 공이 아내와 함께 소내로 내려갔다가 얼마 후 다시 서울로 돌아옴.
●8월에 정조正祖의 대가大駕가 영릉英陵에 거둥했다가 돌아오는 길에 남한산성南漢山城에서 야간에 군대를 사열하시며 화전火箭과 화포火砲를 쏘았는데, 공이 이를 구경하고 느낀 소감을 시를 지어 기록함.①
●9월에 공이 감시監試에 낙방하고 아내와 함께 화순으로 내려감.
● 가을에 공이 화순의 만연사萬淵寺에 속한 나한산羅漢山 꼭대기의 성주암聖住菴을 유람함.
● 가을에 공이 부친 진주공의 운韻에 화답和答한 시를 지어 승려 유일有一[蓮潭, 1720~1799]에게 보냄.
● 겨울에 공이 성균관成均館에서 시행하는 승보시陞補試②에 뽑힘.
</td></tr>
<tr><td>저작</td><td>시</td><td colspan="3">
● 「과경양지【기해○시여중씨, 동부한양. 이월야】過景陽池【己亥○時與仲氏, 同赴漢陽. 二月也】」: 『전서全書 1』, p. 173.
● 「등순창지각登淳昌池閣」: 『전서全書 1』, p. 173.
● 「행차염암行次鹽巖」: 『전서全書 1』, p. 173.
● 「유용계판踰龍谿阪」: 『전서全書 1』, p. 173.
● 「연기도중작燕岐途中作」: 『전서全書 1』, p. 174.
● 「환소천거還苕川居」: 『전서全書 1』, p. 174.
● 「입한양【삼월야. 병미상견, 유성외작】入漢陽【三月也. 病未相見, 留城外作】」: 『전서全書 1』, p. 174.
● 「동심유첨제우, 약원만조同沈孺瞻諸友, 藥園晩眺」: 『전서全書 1』, p. 174.
● 「동제우유서원同諸友游西園」: 『전서全書 1』, pp. 174~175.
● 「하일환소천【시홍공출진영우, 여수영내부소상, 심부환경】夏日還苕川【時洪公出鎭嶺右, 余遂領內赴苕上, 尋復還京】」: 『전서全書 1』, p. 175.
● 「대가행영릉, 환지남한성, 열무, 방화전·화포, 공술소도【팔월야】大駕幸英陵, 還至南漢城, 閱武, 放火箭·火砲, 恭述所覩【八月也】」: 『전서全書 1』, p. 175.①
● 「동작도【시굴감시, 영내부화순, 구월야. 여삼동행】銅雀渡【時屈監試, 領內赴和順, 九月也.
</td></tr>
</table>

저작	시	汝三同行】」: 『전서全書 1』, p. 176. ●「행차성환行次成歡」: 『전서全書 1』, p. 176. ●「웅진회고【공산, 백제고도】熊津懷古【公山, 百濟古都】」: 『전서全書 1』, p. 176. ●「이잠도중尼岑道中」: 『전서全書 1』, p. 176. ●「차장성次長城」: 『전서全書 1』, pp. 176~177. ●「중과광주重過光州」: 『전서全書 1』, p. 177. ●「등성주암【재나한산절정, 속만연사】登聖住菴【在羅漢山絶頂, 屬萬淵寺】」: 『전서全書 1』, p. 177. ●「봉화가대인운, 간기유일상인奉和家大人韻, 簡寄有一上人」: 『전서全書 1』, p. 177.
	문	●「「정곡계정연유시」서「鼎谷溪亭讌游詩」序」: 『전서全書 3』, p. 24.
	경집	
	기타	
비고		●① 「대가행영릉, 환지남한성, 열무, 방화전·화포, 공술소도【팔월야】大駕幸英陵, 還至南漢城, 閱武, 放火箭·火砲, 恭述所覩【八月也】」: 정약용은 이 시詩에서 "화전火箭과 화포火礮 나온 지 그리 오래되지 않은데, 그 제도는 당초 서양西洋에서 얻어왔네. 네들란드 호준포虎蹲砲가 유별나게 매섭다면, 프랑스의 백자총百子銃은 더 한층 성능 좋네. 효종孝宗께서 청淸 나라 정벌하실 일념으로, 기발한 무기 제조하시어 무력武力을 증강시키셨네. 월越 나라 왕 구천句踐처럼 복수할 날 고대하심에, 덕이 높은 후대 임금 그 사업을 이어셨네. 온 성안 사람들은 장난삼아 구경할 뿐, 성인聖人께서 하시는 일 어리석어 알지 못하네(火箭·火礮出未久, 其制始由蠻邦得. 紅夷虎蹲特雄悍, 佛郞百子尤慘刻. 孝宗銳志思北淸, 製造奇器競武力. 日長之城如會稽, 文孫述事由至德. 滿城只作演戲看, 聖人所爲愚莫識)"라고 기록하여, 약관의 나이에도 이미 서학西學, 특히 서양의 과학기술科學技術에 대한 나름의 주목할 만한 지식과 안목을 보여주고 있음. ●② 승보시陞補試: 성균관대사성成均館大司成이 매달 유생儒生들에게 보이는 시험으로, 합격자에게는 생원生員·진사과進士科에 응시할 자격을 줌.

<table>
<tr><th colspan="2">연 대</th><th>1780년 [정조正祖 4: 경자庚子]</th><th>나 이</th><th>19세</th><th>No. 14</th></tr>
<tr><td colspan="2">생
평
사
략</td><td colspan="4">● 정월에 백형伯兄 정약현丁若鉉[醽淵, 字는 太玄, 1751~1821]이 공公의 부인 풍산 홍씨豐山洪氏를 데리고 진주晉州로 감.
● 정월에 공이 화순현和順縣의 정당政堂 앞에 붉은 매화梅花가 핀 것을 보고 시詩를 지어 감흥感興을 표현함.
● 2월에 공의 부인이 진주에서 홍일보洪日輔와 함께 화순으로 돌아옴.
● 2월에 부친 진주공晉州公께서 예천군수醴泉郡守로 전임됨.
● 3월에 공이 예천醴泉 임소로 진주공을 찾아뵙는 길에 아내와 함께 당시 경상우도병마절도사慶尙右道兵馬節度使로 진주에 주재하고 계시던 장인 홍공洪公을 방문하고 촉석루矗石樓를 유람함. 「서문序文」과 「기문記文」이 있음.
● 4월에 공이 아내와 함께 진주에서 예천 임소로 진주공을 찾아뵘.
● 4월에 공이 예천 임소에 도착하자마자 그때부터 예천 정당의 동쪽에 있는 반학정伴鶴亭에서 글을 읽음. 「기문」이 있음.
● 4월에 공이 부친 진주공과 함께 선몽대仙夢臺에 들름. 이때 진주공의 배려와 가르침을 통해 자기 가문에 대한 사랑과 자부심을 실천적으로 체득함. 「기문」이 있음.
● 4월 15일에 예천 임소에서 시아버지[진주공]를 간병하던 큰형수 공인恭人 경주이씨慶州李氏[李檗의 누이]가 돌림병으로 타계함. 충주忠州의 하담荷潭에 있는 선영先塋에 장사지냈으며, 공이 「묘지명墓誌銘」을 지음.
● 여름에 공이 부친 진주공을 모시고 금곡金谷에 은거하고 있던 동몽교관童蒙敎官 박손경朴孫慶 공을 방문함.
● 여름에 공이 부친 진주공을 모시고 족부族父 정재로丁載老[進士公] 공을 방문함.
● 가을에 공이 쾌빈루快賓樓에서 좌랑佐郎 박지경朴趾慶, 좌랑 변득룡邊得龍, 주서注書 신완申完 및 향중鄕中의 어른들을 모시고 연회를 베풂. 「서문」이 있음.
● 여름에 공이 부친 진주공을 모시고 문경聞慶에 가서 새재에서 장인 홍공께서 지휘하시는 군사훈련을 참관함.
● 겨울에 진주공께서 어사御史의 탄핵을 받아 벼슬을 그만두고 낙향하시게 되자 공이 먼저 아내와 함께 돌아옴.
● 겨울에 공이 고향 마재[馬峴]에서 글을 읽음.</td></tr>
<tr><td>저
작</td><td>시</td><td colspan="4">● 「부득당전홍매【경자】賦得堂前紅梅【庚子】」: 『전서全書 1』, p. 177.
● 「춘일영내부진주, 장리화순, 창연유작【조춘백씨령여실인왕진주, 이월홍일보배환. 시가 군이수예천, 여수영내선지진주. 외구홍공시위영우절도재진주】春日領內赴晉州, 將離和順, 悵然有作【早春伯氏領余室人往晉州, 二月洪日輔陪還. 時家君移守醴泉, 余遂領內先至晉州. 外舅洪公時爲嶺右節度在晉州】」: 『전서全書 1』, p. 178.
● 「차동복현次同福縣」: 『전서全書 1』, p. 178.</td></tr>
</table>

<table>
<tr><td rowspan="2">저작</td><td>시</td><td>●「모차광양暮次光陽」: 『전서全書 1』, p. 178.
●「두치진【재하동부십리】豆巵津【在河東府十里】」: 『전서全書 1』, p. 178.
●「촉석루회고【삼월야. 누재진주병마영. 임진지난, 삼장사순절어차】矗石樓懷古【三月也. 樓在晉州兵馬營. 壬辰之難, 三壯士殉節於此】」: 『전서全書 1』, p. 179.
●「배외구홍절도범주陪外舅洪節度汎舟」: 『전서全書 1』, p. 179.
●「「무검편」, 증미인「舞劍篇」, 贈美人」: 『전서全書 1』, pp. 179~180.
●「방박씨지담별업訪朴氏芝潭別業」: 『전서全書 1』, p. 180.
●「등합천계정【즉함벽정야. 시여영내부예천, 사월야】登陜川溪亭【卽涵碧亭也. 時余領內赴醴泉, 四月也】」: 『전서全書 1』, p. 180.
●「등월파정【재낙동지상, 즉선산지】登月波亭【在洛東之上, 卽善山地】」: 『전서全書 1』, p. 180.
●「배가군등선몽대【대재예천치남십리, 고좌상정공탁별관야】陪家君登仙夢臺【臺在醴泉治南十里, 故左相鄭公琢別館也】」: 『전서全書 1』, pp. 180~181.
●「배가군방박징사【손경】금곡유거陪家君訪朴徵士【孫慶】金谷幽居」: 『전서全書 1』, p. 181.
●「방족부진사공【재로】산거訪族父進士公【載老】山居」: 『전서全書 1』, p. 181.
●「하일지정절구【반학정재예천정당지동】夏日池亭絶句【伴鶴亭在醴泉政堂之東】」: 『전서全書 1』, pp. 181~182.
●「추일쾌빈루, 배박좌랑【지경】·신주서【완】급향중제장로연【시시사】秋日快賓樓, 陪朴佐郎【趾慶】·申注書【完】及鄕中諸長老宴【時試士】」: 『전서全書 1』, p. 182.
●「배가군부문경, 관외구홍공조령련병陪家君赴聞慶, 觀外舅洪公鳥嶺練兵」: 『전서全書 1』, p. 182.
●「동일영내부경, 유조령작【시가군위어사소함, 여내선행】冬日領內赴京, 踰鳥嶺作【時家君爲御史所陷, 余乃先行】」: 『전서全書 1』, p. 183.
●「도하담到荷潭」: 『전서全書 1』, p. 183.
●「고한행【시도광판점, 졸한. 가인우기곤지, 수지불행】苦寒行【時到廣阪店, 猝寒. 家人又忌昆池, 遂止不行】」: 『전서全書 1』, p. 183.
●「유이부령【십이월입칠일, 저장홍방】踰二婦嶺【十二月廿七日, 抵長興坊】」: 『전서全書 1』, p. 183.</td></tr>
<tr><td>문</td><td>●「촉석루연유시서矗石樓讌游詩序」: 『전서全書 3』, pp. 24~25.
●「쾌빈루연유서快賓樓讌游序」: 『전서全書 3』, pp. 25~26.
●「반학정기伴鶴亭記」: 『전서全書 3』, pp. 78~79.
●「선몽대기仙夢臺記」: 『전서全書 3』, pp. 79~80.
●「진주의기사기晉州義妓祠記」: 『전서全書 3』, pp. 80~81.
●「구수공인이씨묘지명丘嫂恭人李氏墓誌銘」: 『전서全書 3』, pp. 316~317.</td></tr>
</table>

저작	경집	
	기타	
비고		

<table>
<tr><td>연 대</td><td colspan="2">1781년 [정조正祖 5: 신축辛丑]</td><td>나 이</td><td>20세 No. 15</td></tr>
<tr><td>생평사략</td><td colspan="4">●2월에 부친 진주공晉州公과 장인 홍공洪公께서 다 문초를 받으시어, 진주공께서는 고신告身을 환수당하고 낙향하시게 되었고, 홍공께서는 숙천肅川으로 귀양가시게 됨. 이때 공公이 진주공을 모시고 고향 소내[苕川]로 돌아옴.
●3월부터 공의 부인이 임신 중 학질瘧疾에 걸려 7월까지 백여 일을 앓으며 고생함.
●이해에는 공이 서울 회현방會賢坊에 머물면서 과시科詩를 익힘. 4월까지 공은 성균관成均館의 과시課試에서 연이어 세 번씩 낙방함.
●여름에 공이 중부仲父 옥천공沃川公께서 미천尾泉으로 이사하심에 서울에서 이곳을 오가며 과시科詩를 익힘.
●여름에 공이 소내에 머묾.
●7월에 회현방에 머물던 부인의 병세가 위급하다는 소식을 듣고 공이 급히 서울로 돌아옴. 이때 부인이 병중에 딸을 조산早產했는데, 4일 만에 죽음.
●8월에 공이 성균관의 과시를 보고 소내로 돌아감. 이때 돌아가던 중 수촌水村에서 하룻밤을 묵었는데 새벽에 집에서 온 편지를 받고 과시에 뽑힌 것을 알게 됨.
●겨울에 공이 배를 타고 미음渼陰에 갔다가 피를 토하는 병에 걸려 서울로 돌아옴. 이후 소내에서 석 달 동안 머물며 치료했는데, 이때 장덕해張德海가 지어준 약을 먹고 병이 나음.</td></tr>
<tr><td>저작</td><td>시</td><td colspan="3">●「배가군환소천【신축○시가군여홍공병취리, 가군탈고신환향, 홍공적숙천. 이월야】陪家君還苕川【辛丑○時家君與洪公竝就理, 家君奪告身還鄉, 洪公謫肅川. 二月也】」: 『전서全書 1』, p. 184.
●「동우인이덕조【벽】승주입경【사월십오일】同友人李德操【檗】乘舟入京【四月十五日】」: 『전서全書 1』, p. 184.①
●「권유【시삼굴반궁지과, 유회현방】倦遊【時三屈泮宮之課, 留會賢坊】」: 『전서全書 1』, p. 184.
●「「절학사」, 시이의【시가인환자학백여일, 자삼월지칠월】「截瘧詞」, 示李醫【時家人患子瘧百餘日, 自三月至七月】」: 『전서全書 1』, p. 184.
●「미천가【시중부사거미천, 여역왕래습과시】尾泉歌【時仲父徙居尾泉, 余亦往來習科詩】」: 『전서全書 1』, p. 185.
●「하일소천잡시夏日苕川雜詩」: 『전서全書 1』, pp. 185~186.
●「입한양【시가인병급, 재회현방. 여기지, 경산생녀, 사일이요】入漢陽【時家人病急, 在會賢坊. 余既至, 徑産生女, 四日而夭】」: 『전서全書 1』, p. 186.
●「추일승주출두모포【장환소천, 팔월야. 야숙수촌, 효득가서, 지상과피초】秋日乘舟出豆毛浦【將還苕川, 八月也. 夜宿水村, 曉得家書, 知庠課被抄】」: 『전서全書 1』, p. 186.</td></tr>
</table>

저작	시	●「동일승주도미음, 득병입경【시토혈수승, 삼월이전】冬日乘舟到渼陰, 得病入京【時吐血數升, 三月而痊】」: 『전서全書 1』, p. 186. ●「「이어편」, 증장생【덕해○시복장생약일첩이전. 재소천, 범복이십첩. 십이월야】「鯉魚篇」, 贈張生【德海○時服張生藥一貼而痊. 在苕川, 凡服二十貼. 十二月也】」: 『전서全書 1』, pp. 186~187.
	문	
	경집	
	기타	
비고		●① 이 시詩는 기실 정약용이 23세 되는 갑진년[1784년, 正祖 8]에 지어진 작품인데, 여기서 신축년에 잘못 편입된 것으로 추측됨.

연 대	1782년 [정조正祖 6: 임인壬寅]	나 이	21세	No. 16
생평사략	●봄에 처음으로 공公이 서울 창동倉洞의 체천棣泉에 집을 사서 거주했는데, 이를 '체천정사棣泉精舍'라 이름붙임. 위치는 선혜창宣惠倉이 있던 곳으로, 숭례문崇禮門의 안쪽임. ●봄에 공이 「술지이수述志二首」라는 시詩를 지어 '수사학洙泗學'에의 의식적 지향, 당시 조선사회의 전반적 학문풍토에 대한 비판적 문제의식을 토로함. ●늦봄에 공이 고향 소내[苕川]로 돌아와 수종사水鍾寺를 유람하고 시를 지음. ●여름에 공이 한치응韓致應[徯山, 字는 徯父, 1760~1824] 등 친우親友들과 술을 마시며 시를 지음. ●여름부터 겨울까지 공이 체천 등지에서 한치응, 홍의호洪義浩[養仲] 등과 함께 과시科詩·여문儷文의 과문科文을 익힘. ●가을에 공이 중형仲兄 정약전丁若銓과 함께 봉은사奉恩寺에서 경의經義의 과문을 익힘. ●가을에 공이 봉은사에 머무는 동안 당시 선릉참봉宣陵參奉으로 재직 중이시던 숙부叔父 정재진丁載進[字는 晉吾, 1740~1812] 공을 재거齋居로 찾아뵘. ●9월에 공이 모인某人에게 편지를 보냄.① ●겨울에 장인 홍공洪公께서 사면되어 돌아오심. ●겨울에 공이 판서 홍명한洪名漢의 산정山亭을 찾아 석조夕照를 바라보며 시를 지음.			
저작 시	●「임인세중춘, 교거체천작【선혜창재숭례문내, 위지창동. 동유이정, 위지형제천. 임인춘매거우차, 위지체천정사. 사재간수지남, 시문북향】壬寅歲仲春, 僑居棣泉作【宣惠倉在崇禮門內, 謂之倉洞. 洞有二井, 謂之兄弟泉. 壬寅春買居于此, 謂之棣泉精舍. 舍在澗水之南, 柴門北向】」: 『전서全書 1』, p. 187. ●「술지이수述志二首」: 『전서全書 1』, pp. 187~188. ●「춘일체천잡시春日棣泉雜詩」: 『전서全書 1』, p. 188. ●「모춘유두모포환소천, 주중작莫春由豆毛浦還苕川, 舟中作」: 『전서全書 1』, pp. 189. ●「춘일유수종사春日游水鍾寺」: 『전서全書 1』, p. 189. ●「고공탄篙工歎」: 『전서全書 1』, p. 189. ●「고의古意」: 『전서全書 1』, pp. 189~190. ●「하일동한혜보【치응】제인음【시습과시○중씨시거야곡】夏日同韓徯父【致應】諸人飮【時習科詩○仲氏時居冶谷】」: 『전서全書 1』, p. 190. ●「동혜보음주同徯父飮酒」: 『전서全書 1』, p. 190. ●「「고열행」, 시혜보「苦熱行」, 示徯父」: 『전서全書 1』, p. 190.			

<table>
<tr><td rowspan="4">저
작</td><td>시</td><td>●「조추배중씨유봉은사【시습경의】早秋陪仲氏遊奉恩寺【時習經義】」: 『전서全書 1』, pp. 190~191.
●「숙사宿寺」: 『전서全書 1』, p. 191.
●「과숙부재거【중부시위선릉참봉】過叔父齋居【仲父時爲宣陵參奉】」: 『전서全書 1』, p. 191.
●「사거잡시寺居雜詩」: 『전서全書 1』, pp. 191~192.
●「체천동일, 동홍양중【의호】·한혜보회【시습여문】棣泉冬日, 同洪養仲【義浩】·韓傒父會【時習儷文】」: 『전서全書 1』, p. 192.
●「홍판서산정석조【홍공휘명한】洪判書山亭夕眺【洪公諱名漢】」: 『전서全書 1』, p. 192.</td></tr>
<tr><td>문</td><td>●「고추회상정근高秋懷想政勤」: 『《여유당전서》 미수록 다산茶山 간찰집簡札集』①</td></tr>
<tr><td>경
집</td><td></td></tr>
<tr><td>기
타</td><td></td></tr>
<tr><td colspan="2">비 고</td><td>●① 「고추회상정근高秋懷想政勤」: 정약용이 모인某人으로부터 편지를 받고 보낸 답서答書로, 모인의 상喪 소식에 매우 놀라며 조의弔意를 표하고, 부친의 병환이 추워지면서 심해지고 있고 부인의 병환도 달이 넘도록 위태로운 상태라 근심이 자심한 자신의 근황近況을 알리는 내용임. 모인은 미상未詳임. 이 편지는 정약용의 젊은 시절의 서간書簡으로서 희귀한 자료임.</td></tr>
</table>

연 대	1783년 [정조正祖 7: 계묘癸卯]	나 이	22세 No. 17
생평사략	●2월에 공公이 세자책봉世子冊封을 경축하기 위한 증광감시增廣監試①에서 경의초시經義初試에 합격하고, 4월에는 회시會試에서 생원生員으로 급제함. ●4월에 공이 회현방會賢坊으로 이사하며 재산루在山樓 아래에 거주하면서 이를 '누산정사樓山精舍'라 이름붙임. ●4월 사마시司馬試 방방일放榜日에 공이 창덕궁昌德宮의 선정전宣政殿에 들어가 사은謝恩할 때, 임금께서 특별히 얼굴을 들라 하시고 나이가 몇이냐고 하문하심. 이것이 공에게 있어 최초의 성군聖君과 현신賢臣의 만남[風雲之會]이었음. ●4월에 공이 사마시에 합격한 뒤 곧바로 고향 소내[苕川]로 돌아와 친우들과 함께 운길산雲吉山에 오르고 수종사水鍾寺를 유람함. 시詩와 「기문記文」이 있음. ●4월에 공이 부친 진주공晉州公과 좌랑佐郎 목만중睦萬中[餘窩, 1727~?] 어른을 모시고 배를 타고 소내로 출발함. 이때 광주목사廣州牧使가 악대樂隊를 보내 축하함. ●4월에 공이 진주공을 모시고 여주驪州로 가서 광주목사 권이강權以綱공을 뵙고 밤에 청심루淸心樓에서 연회를 즐김. ●4월에 공이 충주忠州의 하담荷潭에 도착하여 선영先塋을 참배함. ●4월에 공이 삼종조부三從祖父인 진천현감鎭川縣監 정지덕丁志德[鎭川公] 공을 관아官衙로 찾아뵘. 이때 진천공의 모친께서 아드님의 효성스런 봉양으로 95세가 되시도록 정정하심을 보고 이를 축하하는 「서문序文」을 지음. ●4월에 공이 용인龍仁의 포곡蒲谷으로 종조부從祖父를 찾아뵙고, 제시題詩를 지음. ●4월에 공이 안산安山의 선영先塋을 참배하고, 이익李瀷[星湖]의 구택舊宅을 방문함. ●4월에 공이 소내로 돌아왔다가 배를 타고 서울로 가서 태학太學[成均館]에 유학遊學함. ●8월에 중형仲兄 정약전丁若銓도 사마시司馬試에 응시하여 10월에 급제함. ●9월에 큰아들 학연學淵이 태어남. 어릴 때의 자字는 '무장武牂'임. ●10월에 공이 중형 정약전의 사마시 급제를 축하하기 위해 함께 배를 타고 소내로 출발함. 이때 공은 진주공과 함께 한광전韓光傳, 승지承旨 오대익吳大益 두 어른과 동행했으며, 오대익 공의 용나루 별장에서 한광전, 장령掌令 윤필병尹弼秉 어른을 모시고 밤에 연회를 즐김. ●겨울에 공이 누산정사에서 김수신金秀臣[士吉]과 함께 사륙문四六文을 익힘. ●12월에 공이 큰아들 학연의 백일을 맞아 이를 기뻐하는 시를 지음.		

저작	시	내용
저작	시	● 「국자감시방방일지희【계묘○원자정호, 증광감시초시, 백씨중양장, 중씨이시, 여이경의, 구점해액. 시공좌체천정사, 문희, 서보가군】國子監試放榜日志喜【癸卯○元子定號, 增廣監初試, 伯氏中兩場, 仲氏以詩, 余以經義, 俱占解額. 時共坐棣泉精舍, 聞喜, 書報家君】」: 『전서全書 1』, p. 192.
		● 「사마시방방일, 예창덕궁상알, 퇴이유작【시여매체천사, 이주회현방, 문희, 출야곡응객, 가군류야곡. 홍공이어전동유환○삼월야】司馬試放榜日, 詣昌德宮上謁, 退而有作【時余賣棣泉舍, 移住會賢坊, 聞喜, 出冶谷應客, 家君留冶谷. 洪公已於前冬宥還○三月也】」: 『전서全書 1』, p. 193.
		● 「배가군출두모포, 목좌랑【만중】역지, 동부소천, 광주윤위송관현일부. 주중차목장운陪家君出豆毛浦, 睦佐郞【萬中】亦至, 同赴苕川, 廣州尹爲送管絃一部. 舟中次睦丈韻」: 『전서全書 1』, p. 193.
		● 「등압구정, 화목공운【정재독도지남, 고상당부원군한명회별서】登狎鷗亭, 和睦公韻【亭在纛島之南, 故上黨府院君韓明澮別墅】」: 『전서全書 1』, p. 193.
		● 「숙봉은사宿奉恩寺」: 『전서全書 1』, pp. 193~194.
		● 「방선放船」: 『전서全書 1』, p. 194.
		● 「차광진次廣津」: 『전서全書 1』, p. 194.
		● 「괘범挂帆」: 『전서全書 1』, p. 194.
		● 「과고산정유허過孤山亭遺墟」: 『전서全書 1』, p. 194.
		● 「숙정촌宿汀村」: 『전서全書 1』, p. 195.
		● 「삼탄절구三灘絶句」: 『전서全書 1』, p. 195.
		● 「과분호정【윤장령필병정자】過分湖亭【尹掌令弼秉亭子】」: 『전서全書 1』, p. 195.
		● 「상운길산上雲吉山」: 『전서全書 1』, pp. 195~196.
		● 「숙수종사宿水鍾寺」: 『전서全書 1』, p. 196.
		● 「배가군행차여주, 어청심루, 배목사권공【이강】야연陪家君行次驪州, 於淸心樓, 陪牧使權公【以綱】夜宴」: 『전서全書 1』, p. 196.
		● 「도하담到荷潭」: 『전서全書 1』, p. 196.
		● 「행차진천현, 알삼종조부【지덕】관재行次鎭川縣, 謁三從祖父【志德】官齋」: 『전서全書 1』, p. 197.
		● 「차용인, 제종조부포곡신거次龍仁, 題從祖父蒲谷新居」: 『전서全書 1』, p. 197.
		● 「기행절구【동지충주, 역진천, 서지안산. 도중소득십이수, 금록육수】紀行絶句【東至忠州, 歷鎭川, 西至安山. 途中所得十二首, 今錄六首】」: 『전서全書 1』, pp. 197~198.
		● 「과섬촌이선생구택【시성안산구묘】過剡村李先生舊宅【時省安山丘墓】」: 『전서全書 1』, p. 198.
		● 「자소천승주저한양自苕川乘舟抵漢陽」: 『전서全書 1』, p. 198.
		● 「송윤상사送尹上舍」: 『전서全書 1』, p. 199.
		● 「하일루산잡시【시여사택우회현방지재산루하, 명지왈: '누산정사'. 사개북향, 문서향, 재간지동】夏日樓山雜詩【時余徙宅于會賢坊之在山樓下, 名之曰: '樓山精舍'. 舍蓋北向, 門西向, 在澗之東】」: 『전서全書 1』, pp. 199~200.

<table>
<tr><td rowspan="4">저작</td><td>시</td><td>●「중씨등사마시, 장부소천, 배가군출두모포, 한예안【광전】·오승지【대익】이장역해, 주중유작【팔월야】仲氏登司馬試, 將赴苕川, 陪家君出豆毛浦, 韓禮安【光傳】·吳承旨【大益】二丈亦偕, 舟中有作【八月也】」: 『전서全書 1』, p. 200.
●「배가군, 동한예안·윤장령【필병】이장, 어오승지용진별서야연陪家君, 同韓禮安·尹掌令【弼秉】二丈, 於吳承旨龍津別墅夜宴」: 『전서全書 1』, p. 200.
●「동일누산정사, 동김사길【수신】회【시습사륙】冬日樓山精舍, 同金士吉【秀臣】會【時習四六】」: 『전서全書 1』, pp. 200~201.
●「무아생백일지희【구월십이일, 생우누산】武兒生百日識喜【九月十二日, 生于樓山】」: 『전서全書 1』, p. 201.</td></tr>
<tr><td>문</td><td>●「족증왕모박숙부인구십오수서【계묘】族曾王母朴淑夫人九十五壽序【癸卯】」: 『전서全書 3』, pp. 53~55.
●「유수종사기游水鍾寺記」: 『전서全書 3』, p. 81.</td></tr>
<tr><td>경집</td><td></td></tr>
<tr><td>기타</td><td></td></tr>
<tr><td colspan="2">비고</td><td>●① 증광감시增廣監試: 나라에 경사慶事가 있을 때 이를 기념하여 생원生員·진사進士를 뽑는 과거시험을 말함.</td></tr>
</table>

연 대	1784년 [정조正祖 8: 갑진甲辰]	나 이	23세 No. 18
생평사략	●정월에 공公이 소내[苕川]에서 서울로 돌아옴. ●봄에 공이 『손자병법孫子兵法』을 읽고 느낀 소회所懷를 시詩를 지어 토로함. ●봄에 공이 당시 성균관成均館에 재학하면서 응교應敎하여 글을 지어 올려 임금으로부터 상을 받은 30여 명의 제공諸公들과 함께 송동宋洞으로 야유회를 가서 각자 임금의 은혜를 칭송하며 지은 시의 「서문序文」을 씀. 여기에는 김복인金復仁, 홍의호洪義浩[養仲], 한석민韓錫敏, 한석륜韓錫倫, 김수신金秀臣[士吉], 강현영姜顯永, 이기경李基慶[瘠菴], 홍낙흠洪樂欽, 한치응韓致應[徯父] 등이 참석하였음. ●봄에 공이 사우士友들과 함께 서교西郊로 나아가 향사례鄕射禮를 행했는데, 모인 자가 백여 인人이나 됨. ●4월에 공이 이벽李檗[曠菴, 1754~1786]을 따라 배를 타고 두미협斗尾峽을 내려가면서 처음으로 서교西敎[天主敎]에 관한 이야기를 듣고 서교서西敎書를 봄.① ●여름에 공이 『중용강의中庸講義』②를 지어 임금께 바침. 이때 임금께서 『중용中庸』에 관해 의심나는 질문 70여 조목을 내려주시고 태학생太學生들로 하여금 조목별로 답변하도록 하신 일이 있었는데, 이에 공이 부응한 것임. 이 일을 계기로 공은 성균관成均館의 과시課試에서 바로 임금의 비발批拔을 받게 되었으며, 공이 임금에게 알려지게 된 시초이기도 함. ●6월에 공이 반제泮製③에 뽑힘. 성균관에 재학하면서 응교應敎하여 「전箋」을 지어 올렸는데, 임금께서 보시고 삼하三下의 점수를 주시며 아울러 종이와 붓을 상으로 하사하심. ●여름에 공이 가난한 살림과 아직 경제적으로 무능한 가장家長인 자신의 처지를 탄식하는 「남과탄南瓜歎」이란 시를 지음. ●9월에 공이 오전五殿의 존호尊號를 올린 것을 경축하는 정시庭試④의 초시初試에 합격함. ●가을에 공이 홍낙정洪樂貞[復元]의 산재山齋에서 홍의호, 한치응과 함께 사륙문四六文을 익힘. ●겨울에 공이 세밑을 맞아 더러운 세상을 초달하여 학문에 침잠하리라는 결의를 다지며 「세모歲暮」라는 시를 지음. ●겨울에 공이 강계도호부사江界都護府使에 제수되어 임지로 떠나시는 장인 홍공洪公을 전송하는 시를 지음.		
저작 시	●「맹춘귀자소천【갑진】孟春歸自苕川【甲辰】」: 『전서全書 1』, p. 201. ●「독『손무자』讀『孫武子』」: 『전서全書 1』, pp. 201~202. ●「제「정석치화룡소장자」【명철조, 관정언】題「鄭石癡畫龍小障子」【名喆祚, 官正言】」:		

저작	시	『전서全書 1』, p. 202. ●「하일태학응교진전, 몽사지묵, 제생공판주찬, 이소성혜, 잉술십운【시 김복인·심봉석·한석민·석륜·김수신·이기양·홍의호·한치응·홍낙민제공병여언】夏日太學應敎進箋, 蒙賜紙墨, 諸生共辦酒饌, 以昭聖惠, 仍述十韻【時金復仁·沈鳳錫·韓錫敏·錫倫·金秀臣·李基讓·洪義浩·韓致應·洪樂敏諸公竝與焉】」: 『전서全書 1』, p. 202. ●「남과탄南瓜歎」: 『전서全書 1』, pp. 202~203. ●「추일홍복원【낙정】산재, 동홍양중·한혜보회【시습사륙】秋日洪復元【樂貞】山齋, 同洪養仲·韓徯父會【時習四六】」: 『전서全書 1』, p. 203. ●「세모歲暮」: 『전서全書 1』, p. 203. ●「송외구홍공강계도호지행送外舅洪公江界都護之行」: 『전서全書 1』, p. 203.
	문	●「「송동간화시」서【갑진춘】「宋洞看花詩」序【甲辰春】」: 『전서全書 3』, pp. 26~27.
	경집	●『중용강의中庸講義』
	기타	
비고		●① 앞서 3월에 이동욱李東郁이 동지정사冬至正使의 서장관書狀官으로 연경燕京을 다녀왔는데, 그의 아들 이승훈李承薰[蔓川]도 부친을 따라 연경에 가서 천주교당天主敎堂을 방문하여 세례洗禮를 받고 서교西敎[天主敎] 관계서적을 가지고 돌아왔음. 이어 이승훈은 이벽李檗[曠菴]을 만나 연경에서의 행적을 알리고 서교 관계서적을 전해주었음. 당시 이벽은 이를 계기로 신앙을 더욱 확고히 다지며 이후 본격적으로 서교의 전도傳道에 임했던 것으로 추측됨. ●② 『중용강의中庸講義』: 이 저술은 이후 정약용이 53세 되는 갑술년[1814년, 純祖 14]에 유배지인 강진康津의 다산茶山에서 『중용자잠中庸自箴 1~3』[『全書 6』, pp. 225~279]을 저술하면서 겸하여 원래의 본문에다 '금안今案'을 첨부함으로써 개정·증보되었는데, 이것이 바로 『중용강의보中庸講義補』[『全書 6』, pp. 281~400]임. 특히 '이발기발理發氣發'론의 문제에 대한 정약용의 입장과 관련해서는 「이발기발변理發氣發辨 1~2」[『全書 2』, pp. 357~359]도 아울러 참조됨. 이 『중용강의』로 하여 정약용은 처음으로 정조正祖에게 알려지게 됨. ●③ 반제泮製: '반궁제술泮宮製述'의 준말로, 성균관에서 유생儒生들에게 제술製述만으로 보이는 시험임. ●④ 정시庭試: 나라에 경사慶事가 있을 때 대궐 안에서 보이는 과거시험임.

연 대	1785년 [정조正祖 9: 을사乙巳]	나 이	24세 No. 19
생평사략	● 정월에 임금께서 창덕궁昌德宮의 춘당대春塘臺에서 성균관成均館의 도기유생到記儒生을 상대로 강론講論과 제술製述의 시험을 실시하고 잔치를 열었는데, 공公도 여기에 참석함. ● 2월에 공이 반제泮製에 두 번 뽑힘. 모두 임금의 비점批點과 격려를 받아 뽑혔으며, 상으로 종이와 붓을 하사받음. 공이 춘당대에서 임금을 뵘. ● 3월에 서제庶弟 정약횡丁若鐄이 태어남. ● 봄에 공이 누산정사樓山精舍에서 회현방會賢坊의 담연재澹然齋로 이사함. ● 봄에 공이 담연재에서 부친 진주공晉州公을 모시고 『주역周易』을 익힘. ● 4월에 공이 반제에 뽑힘. 상으로 종이와 붓을 하사받음. ● 여름에 공이 홍낙정洪樂貞[復元]의 산정山亭에서 피서避暑함. ● 여름에 공이 이기경李基慶[瘠菴, 字는 休吉, 1756~1819]의 용산정자龍山亭子에서 김수신金秀臣[士吉], 권영석權永錫[純百], 권복權宓[稺琴], 정탁鄭濯[季華], 정필동鄭弼東[殷賚]과 함께 사륙문四六文을 익힘. 이때 함께 공부하던 친우들과 함께 밤에 배를 타고 월파정月波亭을 유람함. ● 가을에 이벽李檗[曠菴, 1754~1785]이 타계함. 공이 「만사輓詞」를 지음. ● 10월에 공이 역적逆賊을 토벌한 것을 경축하는 정시庭試의 초시初試에 합격함. ● 11월에 공이 감제柑製①의 초시에 수석으로 합격함. 대궐에 들어가 창덕궁의 희정당熙政堂에서 임금을 뵘에 임금께서 공의 시험 답안지를 읽게 하시고 무릎을 치시며 칭찬하심. 승지承旨 홍인호洪仁浩[字는 元瑞, 1753~1799]가 "아무개 같은 자는 반드시 재상宰相이 될 것이다"라는 임금의 말씀을 전해줌. 다음 날에도 공이 임금의 부름을 받고 선정전宣政殿에서 입시入侍함. ● 12월 1일에 임금께서 춘당대에 나오시어 식당食堂에서 음식을 드시면서 유생들에게 「식당명食堂銘」을 짓도록 하셨는데, 공이 수석을 차지함. 다음날 임금께서 창덕궁의 성정각誠正閣에서 유생들을 불러 「비궁당명匪躬堂銘」을 짓도록 하셨는데, 공이 다시 수석을 차지함에 임금께서 공을 격려하시고 칭찬하심이 분에 넘칠 지경이었음. 4일에는 임금께서 창덕궁의 중희당重熙堂에서 공에게 특별히 『대전통편大典通編』 한 질을 하사하심에 다른 사람들이 모두 영광스럽게 생각함.		
저작 · 시	● 「맹춘동제생춘당대시연【을사○상친림식당】孟春同諸生春塘臺侍宴【乙巳○上親臨食堂】」: 『전서全書 1』, p. 204. ● 「춘일담재잡시【시자누산이주회현방, 홍공명기재왈: 「담연」】春日澹齋雜詩【時自樓山移住會賢坊, 洪公名其齋曰: '澹然'】」: 『전서全書 1』, p. 204. ● 「배가군, 어담재강『주역』陪家君, 於澹齋講『周易』」: 『전서全書 1』, p. 205. ● 「하야대월夏夜對月」: 『전서全書 1』, p. 205.		

<table>
<tr><td rowspan="4">저
작</td><td>시</td><td>●「홍복원산정피서洪復元山亭避暑」: 『전서全書 1』, p. 205.
●「이기경용산정자, 동김사길·권순백【영석】·권치금【복】·정계화【탁】·은뢰【필동】회【시습사륙문】李基慶 龍山亭子, 同金士吉·權純百【永錫】·權穉琴【宓】·鄭季華【濯】·殷賚【弼東】會【時習四六文】」: 『전서全書 1』, pp. 205~206.
●「하일용산잡시夏日龍山雜詩」: 『전서全書 1』, p. 206.
●「동제우승주지월파정범월同諸友乘舟至月波亭汎月」: 『전서全書 1』, pp. 206~207.
●「우인이덕조만사友人李德操輓詞」: 『전서全書 1』, p. 207.
●「추일서회秋日書懷」: 『전서全書 1』, p. 207.
●「동일희정당상알, 퇴이유작【시인황감시사, 입격승소】冬日熙政堂上謁, 退而有作【時因黃柑試士, 入格承召】」: 『전서全書 1』, p. 207.</td></tr>
<tr><td>문</td><td></td></tr>
<tr><td>경
집</td><td></td></tr>
<tr><td>기
타</td><td></td></tr>
<tr><td colspan="2">비 고</td><td>●① 감제柑製: '황감제黃柑製'의 약칭으로, 제주도의 특산물인 황감黃柑을 진상하면 이를 성균관成均館과 사학四學의 유생儒生들에게 나누어주고 보이는 시험임.</td></tr>
</table>

연대	1786년 [정조正祖 10: 병오丙午]	나이	25세 No. 20
생평사략	●2월에 공公이 작년 11월에 감제柑製에 합격함에 따라 대과大科의 별시別試① 초시初試에 응시할 자격이 부여됨. 이에 공이 응시하여 초시에는 합격했으나, 복시覆試에 불합격하여 결국 급제及第하지 못함. 이에 공이 당시 과거科擧의 폐단을 비판하면서도 과감하게 이를 포기하고 산림山林으로 돌아갈 결단을 내리지 못하는 자신의 우유부단함을 한탄하는 시詩를 지음. ●2월에 공이 고향 소내[苕川]로 돌아감. ●4월에 공이 처자를 거느리고 고향 소내로 돌아감. ●초여름에 공이 고향의 13경景을 노래한 「소천사시사苕川四時詞」를 지음. ●5월에 공이 문효세자文孝世子가 훙서薨逝하였다는 소식을 듣고 즉시 상경함. ●7월에 둘째아들 학유學游가 태어남. 어릴 때의 자字는 '문장文牂'임. ●8월에 공이 도기到記②의 초시에 합격함. 창덕궁昌德宮의 춘당대春塘臺에서 임금을 뵘에 임금께서 특별히 공의 문체文體가 근래의 속된 문체에 빠지지 아니하여 귀하게 여길 만하다고 칭찬하심. ●10월에 공이 학유의 백일을 기뻐하는 시를 지음. ●겨울에 공이 창덕궁의 성정각誠正閣에서 주명奏銘 시험에 응시하여 「명사銘詞」를 지어 올림.		
저작 / 시	●「춘일담재독서【병오○시인별시응강】春日澹齋讀書【丙午○時因別試應講】」: 『전서全書 1』, p. 207. ●「감흥이수【시하제】感興二首【時下第】」: 『전서全書 1』, p. 208. ●「춘일주환소천春日舟還苕川」: 『전서全書 1』, p. 208. ●「맹하령처자환소천孟夏領妻子還苕川」: 『전서全書 1』, p. 208. ●「「소천사시사」, 효장남호「상심낙사」「苕川四時詞」, 效張南湖「賞心樂事」」: 『전서全書 1』, pp. 208~209. ●「복문동궁훙서, 즉일승주부경伏聞東宮薨逝, 卽日乘舟赴京」: 『전서全書 1』, p. 210. ●「추일춘당대상알, 퇴이유작秋日春塘臺上謁, 退而有作」: 『전서全書 1』, p. 210. ●「문아생백일지희文兒生百日識喜」: 『전서全書 1』, p. 210. ●「동일과용산정자冬日過龍山亭子」: 『전서全書 1』, p. 211.		

저작	문	
	경집	
	기타	
비고		●① 별시別試: 나라에 경사慶事가 있거나 천간天干으로 '병丙'자가 든 해에 보이는 문文·무과武科 시험임. ●② 도기到記: 성균관成均館의 유생儒生이 식당에 출입한 횟수를 적은 장부임. 조석朝夕 두 끼를 1도到로 하여 50도가 되어야 반제泮製에 응시할 수 있었는데, 이에 '도기'가 곧 '반제'와 같은 뜻으로 사용되기도 하였음.

<table>
<tr><td>연 대</td><td>1787년 [정조正祖 11: 정미丁未]</td><td>나 이</td><td>26세 No. 21</td></tr>
<tr><td>생평사략</td><td colspan="3">●정월에 장인 홍공洪公께서 강계도호부사江界都護府使를 사직하시고 돌아오심.
●정월에 공公이 반제泮製에 뽑힘. 『팔자백선八子百選』을 상으로 하사받음.
●정월에 헌납獻納 김서구金敍九가 타계함. 공이 「만사輓詞」를 지음.
●3월에 공이 반제에 수석으로 뽑힘. 수석으로 뽑힌 날 밤에 창덕궁昌德宮의 성정각誠正閣에서 임금을 뵘에 임금께서 공으로 하여금 반제에서 바친 시권試券을 낭송하게 하시고 그 문체文體를 극구 칭찬하심. 『국조보감國朝寶鑑』 한 질과 백면지白綿紙 100장을 상賞으로 하사받음.
●4월에 공이 부친 진주공晉州公을 모시고 소내[苕川]로 돌아감.
●4월에 공이 중형仲兄 정약전丁若銓과 함께 토지土地를 구입하기 위해 양평楊平의 문암산장門巖山莊으로 유람을 감.
●5월에 부친 진주공께서 사도시주부司䆃寺主簿에 제수되고, 얼마 뒤 한성부서윤漢城府庶尹에 제수되심. 이때 서울 명례방明禮坊의 소룡동小龍衕에 다시 집을 구매함.
●여름에 공이 이기경李基慶[瘠菴, 字는 休吉]의 강정江亭에서 권영석權永錫[純百], 정필동鄭弼東[股賚]과 함께 변려문騈儷文①을 공부함. 이때 친우들과 함께 밤에 배를 타고 달빛 아래에서 월파정月波亭을 유람함. 「기문記文」이 있음.
●8월에 공이 반제에 연이어 고등高等으로 뽑힘. 중희당重熙堂에서 임금을 뵘에 임금께서 공에게 계당주桂餳酒를 권하심. 승지承旨 홍인호洪仁浩가 "네가 장수의 재주도 겸비하고 있음을 알기 때문에 특별히 이 책을 내려준다"는 임금의 교지敎旨와 함께 『병학통兵學通』 한 권을 전해줌.
●9월에 공이 문암산장에서 추수秋收를 보기 위해 수십 일간 머물다 10월에 서울로 돌아옴.
●12월에 공이 정미반회丁未泮會②에 참석함.
●12월에 공이 반제에 뽑힘. 임금께서 짐짓 낮은 등급에 두시면서 결실이 있기를 경계하심. 이에 공이 과거科擧 보는 일을 그만두고 은거하여 경전經典의 뜻을 궁구하려는 뜻을 가짐. 아마도 임금께서 공을 무인武人으로 등용할 뜻이 있으셨기 때문인 것으로 보임.</td></tr>
<tr><td>저작 시</td><td colspan="3">●「수춘서회【정미○시홍공신자강계환, 미전궐거】首春書懷【丁未○時洪公新自江界還, 未奠厥居】」: 『전서全書 1』, p. 211.
●「김헌납【서구】만金獻納【敍九】輓」: 『전서全書 1』, p. 211.
●「희정당야대, 퇴이유작【사월야. 시소지빈청진전, 대몽은장, 상사『국조보감』】熙政堂夜對, 退而有作【四月也. 時召至賓廳進箋, 大蒙恩奬, 賞賜『國朝寶鑑』】」: 『전서全書 1』, p. 211.</td></tr>
</table>

<table>
<tr><td rowspan="4">저
작</td><td>시</td><td>●「파당행【시배가군부소천, 야숙당정촌. 시와언대기, 촌려소연, 요기사실. 사월십오일】巴塘行【時陪家君赴苕川, 夜宿唐汀村. 時訛言大起, 村閭騷然, 聊紀事實. 四月十五日】」: 『전서全書 1』, p. 212.
●「배중씨, 동민생유문암장【시인구전, 사월야】陪仲氏, 同閔生游門巖莊【時因求田, 四月也】」: 『전서全書 1』, p. 212.
●「취용동거【오월야. 시가군위사도시주부, 수부매택경성, 개비여지야】就龍衕居【五月也. 時家君爲司渠寺主簿, 遂復賣宅京城, 蓋非余志也】」: 『전서全書 1』, p. 213.
●「중희당상알, 퇴이유작【육월야. 시사주일완, 우사병서, 영습진도】重熙堂上謁, 退而有作【六月也. 時賜酒一椀, 又賜兵書, 令習陣圖】」: 『전서全書 1』, p. 213.
●「동성음東城吟」: 『전서全書 1』, pp. 213~214.
●「추일문암산장잡시【구월야. 시인간예유수십일】秋日門巖山莊雜詩【九月也. 時因看刈留數十日】」: 『전서全書 1』, p. 214.
●「맹동, 자산장승주환경孟冬, 自山莊乘舟還京」: 『전서全書 1』, p. 215.
●「취가행醉歌行」: 『전서全書 1』, p. 215.</td></tr>
<tr><td>문</td><td>●「월파정야유기月波亭夜游記」: 『전서全書 3』, p. 82.</td></tr>
<tr><td>경
집</td><td></td></tr>
<tr><td>기
타</td><td></td></tr>
<tr><td colspan="2">비 고</td><td>●① 변(병)려문騈儷文: 수사修辭하는 데 4자와 6자의 대구對句를 많이 쓰고 음조音調를 맞추며 고사故事를 많이 사용하는 한문체漢文體임. 중국의 육조시대六朝時代에 성행했으며, 과문科文에 주로 이 문체를 많이 씀. '여문儷文'이라고도 함.
●② 정미반회丁未泮會: 이승훈李承薰과 정약용 등, 성호학파星湖學派의 소장학자들이 주동이 되어 은밀하게 개최했던 서교西教[天主教] 신앙집회임. 이 사건은 이듬해 홍낙안洪樂安[字는 仁伯, 1752~?]이 인일제人日製[1월 7일]에서 폭로함으로써 세상에 알려지게 됨. 한편 정약용은 이 해부터 4~5년간 서교에 몰두했던 것으로 「자찬묘지명【광중본】自撰墓誌銘【壙中本】」[『全書 3』, p. 250]에서 고백하고 있음. 이에 대한 보다 상세한 내용은 조성을(2016: 127~130)이 참조됨. 한편 정민(2019a: 214~218, 2019b: 374)은 이 사건에 앞서 병오년丙午年[1786년, 正祖 10] 가을에 이승훈이 정약용을 가성직제도假聖職制度 하의 신부神父로 임명했을 것으로 추정하고 있음.</td></tr>
</table>

연 대	1788년 [정조正祖 12: 무신戊申]	나 이	27세	No. 22
생평사략	● 정월에 공公이 반제泮製[人日製]①에 합격함. 희정당熙政堂에서 임금을 뵙고 지은 책문策文이 모두 20수라고 아룀. ● 정월에 홍낙안洪樂安[字는 仁伯, 1752~?]이 반제[인일제]의 「대친책문對親策文」에서 서교西敎[天主敎] 문제를 거론함. 이해에는 서교를 탄압하라는 상소가 빗발쳤고 서교에 관한 책을 압수해 불사르기도 했음. 채제공蔡濟恭[樊巖, 1720~1799]께서 정승으로 들어가신 해이며, 남인南人 자체 내에서 공서파攻西派가 분리해나가기 시작함. 홍낙안·목만중睦萬中[餘窩, 1727~?]·이기경李基慶[瘠菴, 字는 休吉, 1756~1819] 등이 한동아리가 됨. 여기서 목만중과 이기경은 남인임. ● 정월에 장인 홍공洪公께서 함경북도병마절도사咸鏡北道兵馬節度使[關北節度使]에 제수되시어 북영北營으로 부임하심. ● 2월에 교리校理 홍낙정洪樂貞이 타계함. 공이 「만사輓詞」를 지음. ● 3월에 공이 반제[三日製]②에 수석으로 합격하여 직부회시直赴會試를 허가받음. 희정당에서 임금을 뵙고, 회시會試를 보지 못한 것이 세 번임을 아룀. ● 3월에 공이 부인이 서울에 살면서도 누에치기를 좋아하여 해마다 고치실을 수확함에 이를 기뻐하는 시詩를 부인에게 지어줌. ● 3월에 공이 아들 학연學淵, 학유學游가 완두창豌豆瘡[천연두]을 무사히 이겨내자 이를 기뻐하는 시를 지음. ● 9월에 공이 추수秋收를 보기 위해 문암산장門巖山莊을 방문함. ● 9월에 공이 계산雞山으로 이승훈李承薰[蔓川, 1756~1801]을 방문하고 문암산장으로 돌아옴. ● 가을에 공이 관북진영關北陣營에 계시는 장인 홍공에게 건강을 염려하는 시를 지어 올림. ● 12월에 공이 마포麻浦에 있는 권영석權永錫[純百]의 수정水亭에서 친우들과 함께 사륙문四六文을 익힘.			
저작 시	● 「인일희정당상알, 퇴이유작【무신○시인대책】人日熙政堂上謁, 退而有作【戊申○時因對策】」: 『전서全書 1』, p. 215. ● 「홍교리【낙정】만洪校理【樂貞】輓」: 『전서全書 1』, pp. 215~216. ● 「삼월삼일희정당상알, 퇴이유작【시반시거수】三月三日熙政堂上謁, 退而有作【時泮試居首】」: 『전서全書 1』, p. 216. ● 「「원진사칠수」, 증내【가인벽어잠, 수재경성, 세수견사, 고유시작】「蚖珍詞七首」, 贈內【家人癖於蠶, 雖在京城, 歲收繭絲, 故有是作】」: 『전서全書 1』, pp. 216~217. ● 「완두가【시양아두완】豌豆歌【時兩兒痘完】」: 『전서全書 1』, p. 217. ● 「고우행苦雨行」: 『전서全書 1』, p. 217. ● 「제「김영장심하사적도」【김장군응하】題「金營將深河射敵圖」【金將軍應河】」: 『전서全書 1』, p. 217.			

<table>
<tr><td rowspan="4">저
작</td><td>시</td><td>●「추일유문암산장【구월야. 시간예】秋日游門巖山莊【九月也. 時看刈】」: 『전서全書 1』, pp. 217~218.
●「자남일원, 승주환문암장【시우계산, 방이형】自南一源, 乘舟還門巖莊【時于雞山, 訪李兄】」: 『전서全書 1』, p. 218.
●「정외구홍절도관북영중【공칠월부북영】呈外舅洪節度關北營中【公七月赴北營】」: 『전서全書 1』, p. 218.
●「동일권순백수정, 동제공집【시작사륙, 정재마포, 십이월야】冬日權純百水亭, 同諸公集【時作四六, 亭在麻浦, 十二月也】」: 『전서全書 1』, p. 218.</td></tr>
<tr><td>문</td><td></td></tr>
<tr><td>경집</td><td></td></tr>
<tr><td>기타</td><td>○「만어정기晩漁亭記」: 『전서全書 3』, pp. 82~83.
○「추수정기秋水亭記」: 『전서全書 3』, pp. 83~84.</td></tr>
<tr><td colspan="2">비고</td><td>●① 인일제人日製: 이 시험은 인일人日인 음력 초7일이 가절佳節이라고 하여 보이던 반제泮製로, 성균관유생成均館儒生이 주대상이었음.
●② 삼일제三日製: 이 시험은 음력 3월 3일에 보이던 반제泮製임.</td></tr>
</table>

<table>
<tr><td>연 대</td><td>1789년 [정조正祖 13: 기유己酉]</td><td>나 이</td><td>28세</td><td>No. 23</td></tr>
<tr><td>생
평
사
략</td><td colspan="4">●정월에 공公이 반제泮製[人日製]에 합격함. 창덕궁昌德宮의 성정각誠正閣에서 임금을 뵘에 임금께서 공이 대과大科의 초시初試만 거듭 합격할 뿐 오랫동안 급제及第하지 못함을 민망하게 여기시는 질문을 하심.
●정월에 임금께서 춘당대春塘臺에서 성균관成均館의 도기유생到記儒生을 상대로 강론講論과 제술製述의 시험을 실시함. 이때 공이 「표表」를 지어 제술시험에서 수석을 차지하고 대과大科에 직부전시直赴殿試됨. 다음날 공이 희정당熙政堂에서 임금을 뵘.
●3월 10일에 공이 인정전仁政殿에서 임금께서 친림親臨하신 전시殿試에 곧바로 나아가 '갑과제이인甲科第二人'으로 석갈釋褐①함.
●3월에 공이 탐화랑探花郞의 예로써 7품관品官에 부쳐져 희릉직장禧陵直長②에 제수됨. 공이 실제로 부임한 것은 5월임.
●3월에 공이 석갈 후 채제공蔡濟恭 상공相公을 인사차 댁으로 찾아뵙고, 채상공의 부탁에 따라 매선당每善堂의 「기문記文」을 지음.
●3월에 공이 판서判書 권엄權欕[葉西, 1729~1801] 공公에게 편지를 보냄.③
●3월에 공이 규장각奎章閣의 초계문신抄啓文臣에 임명됨.④
●4월에 부친 진주공晉州公께서 울산부사蔚山府使에 제수되심. 공이 충주忠州까지 진주공을 모시고 가서 전송하고, 충주의 하담荷潭에 있는 모친母親의 묘소에 참배함.
●4월에 공이 희정당에서 『대학大學』을 강의講義함. 임금께서 희정당에 친히 나오셔서 초계문신에게 명하여 『대학』을 강講하게 하심. 공이 돌아와 그 내용을 기록하여 『희정당대학강의熙政堂大學講義』⑤를 저술함.
●5월 4일에 공이 희릉직장禧陵直長으로 부임함. 같은 날에 공이 용양위부사정龍驤衛副司正에 이부移付되고, 다음날에는 승정원가주서承政院假注書에 제수됨.
●5월에 공이 가주서로서 성정각에서의 주강晝講과 춘당대에서의 시사試射에 연이어 입시入侍하고, 어가御駕를 수행하여 임금의 문희묘文禧廟 친제親祭에 시립侍立함.
●윤5월에 공이 사변가주서事變假注書에 제수됨.
●윤5월에 공이 내각內閣[奎章閣]의 친시親試에서 「지리책地理策」을 지어 올림.
●6월에 공이 다시 가주서에 제수됨. 공이 가주서로서 성정각, 승정원承政院, 중희당重熙堂에 연이어 입시入侍함.
●8월에 공이 각과문신閣課文臣으로 울산蔚山 임소로 부친 진주공을 찾아뵘. 이때 공이 중추절仲秋節에 울산의 남호南湖에서 배를 띄우고 유람함. 「기문」이 있음. 임금의 교지敎旨에 의한 내각의 독촉문이 있었으므로 열흘을 넘기지 못하고 서울로 돌아옴.
●9월에 공이 주교舟橋를 설치하는 공사에 규제規制를 만들어 공功을 이룸.</td></tr>
</table>

생평사략		●10월에 공이 사도세자思悼世子의 현륭원顯隆園 천봉遷奉을 수원水原 신읍新邑 현장에서 참관하고 「만사輓詞」를 지음. ●11월에 공의 족부族父 해좌공海左公[丁範祖]께서 이조참의吏曹參議에 제수됨. ●11월에 공이 내각에서 응교應敎하여 이후 모두 7번에 걸쳐 시詩를 지어올려 칭찬을 받음. ●11월에 공이 내각의 친시親試에서 「문체책文體策」을 지어 올림. ●12월에 공이 임금의 명에 따라 상의원尙衣院에서 독서讀書함. 이어 공이 눈 내리는 밤에 내각에서 숙직하다가 임금으로부터 음식을 하사받고 이에 감사하는 시를 지음. ●12월에 25일에 셋째아들 '구장懼牂'이 태어남. 이후 신해년[1791년]에 요절하였고, 「광명壙銘」⑥이 있음.
저작	시	●「인일성정각상알, 퇴이유작【기유○시반시입격】人日誠正閣上謁, 退而有作【己酉○時泮試入格】」: 『전서全書 1』, p. 218. ●「정월입칠월사제희정당상알, 퇴이유작【시반시거수】正月卄七月賜第熙政堂上謁, 退而有作【時泮試居首】」: 『전서全書 1』, pp. 218~219. ●「배가군환소천【사월야. 시여이갑과, 잉피각과초계, 승전부충주, 가군위울산부사, 수배행지충주】陪家君還苕川【四月也. 時余以甲科, 仍被閣課抄啓, 乘傳赴忠州, 家君爲蔚山府使, 遂陪行至忠州】」: 『전서全書 1』, p. 219. ●「방족부승지법천산거訪族父承旨法泉山居」: 『전서全書 1』, p. 219. ●「차하담次荷潭」: 『전서全書 1』, p. 219. ●「도금탄, 봉별가군부울산, 환지가흥숙到金灘, 奉別家君赴蔚山, 還至嘉興宿」: 『전서全書 1』, pp. 219~220. ●「탐화연【내각과시】探花宴【內閣課試】」: 『전서全書 1』, p. 220. ●「희릉산재작【오월오일야. 여이탐화랑, 위본릉직장, 일숙즉몽은체, 위가주서○석가군위본릉참봉】禧陵山齋作【五月五日也. 余以探花郎, 爲本陵直長, 一宿卽蒙恩遞, 爲假注書○昔家君爲本陵參奉】」: 『전서全書 1』, pp. 220~221. ●「원중대우【승정원야. 후동】院中對雨【承政院也. 後仝】」: 『전서全書 1』, p. 221. ●「내각동제강관퇴조內閣同諸講官退朝」: 『전서全書 1』, p. 221. ●「장부울산, 안발저남한성【팔월야】將赴蔚山, 晏發抵南漢城【八月也】」: 『전서全書 1』, p. 221. ●「차장호원次長湖院」: 『전서全書 1』, pp. 221~222. ●「유조령踰鳥嶺」: 『전서全書 1』, p. 222. ●「계림회고【노유비안·군위·신녕·영천, 지경주】雞林懷古【路由比安·軍威·新寧·永川, 至慶州】」: 『전서全書 1』, p. 222. ●「남포월야, 동제군범주【포재울산】南浦月夜, 同諸君汎舟【浦在蔚山】」: 『전서全書 1』, p. 222. ●「배가군지경주, 어주윤임공【제원】신루야연陪家君至慶州, 於州尹林公【濟遠】新樓夜宴」: 『전서全書 1』, p. 222.

저작	시	●「배가군지영천, 방이씨계정【즉호연정】陪家君至永川, 訪李氏溪亭【則浩然亭】」: 『전서全書 1』, p. 223. ●「배가군유은해사【영천지야. 지차분로, 여유안동부경, 가군부영】陪家君游銀海寺【永川地也. 至此分路, 余由安東赴京, 家君赴營】」: 『전서全書 1』, p. 223. ●「등안동영호루【노유의흥·의성】登安東 映湖樓【路由義興·義城】」: 『전서全書 1』, p. 223. ●「방김좌랑【한동】·전적【희직】, 잉어좌랑댁, 배계곡권장, 동김【희주·희락】·이씨제우야연【댁재춘양지호경, 시인이공유액, 유차행】訪金佐郞【翰東】·典籍【熙稷】, 仍於佐郞宅, 陪雞谷 權丈, 同金【熙周·熙洛】·李氏諸友夜宴【宅在春陽之虎坰, 時因李公有厄, 有此行】」: 『전서全書 1』, pp. 223~224. ●「영천줄파, 방족부진사【협조】·처사공【재종】산거永川 茁坡, 訪族父進士【協祖】·處士公【載鍾】山居」: 『전서全書 1』, p. 224. ●「유죽령【순흥·단양지계】踰竹嶺【順興·丹陽之界】」: 『전서全書 1』, p. 224. ●「단양절구오수丹陽絶句五首」: 『전서全書 1』, pp. 224~225. ●「등청풍한벽루登淸風 寒碧樓」: 『전서全書 1』, p. 225. ●「차경안역, 봉간사형次慶安驛, 奉柬舍兄」: 『전서全書 1』, p. 225. ●「현륭원개장만사顯隆園改葬輓詞」: 『전서全書 1』, p. 225. ●「내각응교【제운: '만국의관배면류'. 십일월야. 어비왈: '노의', 삼배획】內閣應敎【題云: '萬國衣冠拜冕旒'. 十一月也. 御批曰: '勞矣', 三倍畫】」: 『전서全書 1』, p. 226. ●「전편재하, 우명진시, 영승지흡금사연일단이위한.【제운: '태평만세자당중'】편기철, 어비왈: '흡죽지경, 조필입서, 기비기재!', 삼배획前篇纔下, 又命進詩, 令承旨吸金絲烟一團以爲限.【題云: '太平萬歲字當中'】 篇旣徹, 御批曰: '吸竹之傾, 操筆立書, 豈非奇才!', 三倍畫」: 『전서全書 1』, p. 226. ●「우응교진시【시일범주삼편, 공득이십칠분. 제운: '조조염한시군왕'】又應敎進詩【是日凡奏三篇, 共得二十七分. 題云: '朝朝染翰侍君王'】」: 『전서全書 1』, p. 226. ●「내각응교【십일월야. 제왈: '안용대랍장서류'】內閣應敎【十一月也. 題曰: '岸容待臘將舒柳'】」: 『전서全書 1』, pp. 226~227. ●「내각응교【제왈: '운근봉래상오색'】內閣應敎【題曰: '雲近蓬萊常五色'】」: 『전서全書 1』, p. 227. ●「내각응교【제운: '차향백화두상개'】內閣應敎【題云: '且向百花頭上開'】」: 『전서全書 1』, p. 227. ●「동서·이이료, 응교헌시, 병몽기재지포, 불승괴뉵, 위시차편【서즉서영보】同徐·李二僚, 應敎獻詩, 並蒙奇才之褒, 不勝愧恧, 爲示此篇【徐卽徐榮輔】」: 『전서全書 1』, p. 227. ●「봉지어상의원독서奉旨於尙衣院讀書」: 『전서全書 1』, p. 228. ●「설야각중사찬, 공술은례雪夜閣中賜饌, 恭述恩例」: 『전서全書 1』, p. 228.

<table>
<tr><td rowspan="3">저작</td><td>문</td><td>●「지리책【건륭기유윤오월, 내각친시. 어비거수】地理策【乾隆己酉閏五月, 內閣親試. 御批居首】」: 『전서全書 2』, pp. 30~53.
●「문체책【금산불록, 지록어비일절】文體策【今刪不錄, 只錄御批一節】」: 『전서全書 2』, p. 69.
●「문체책【기유십일월, 친시】文體策【己酉十一月, 親試】」: 『전서全書 2』, pp. 83~88.
●「송진택신공【광하】유백두산서【기유】送震澤申公【光河】游白頭山序【己酉】」: 『전서全書 3』, pp. 56~57.
●「매선당기每善堂記」: 『전서全書 3』, pp. 84~85.
●「남호범주기南湖汎舟記」: 『전서全書 3』, p. 96.
●「상권판서【엄】서上權判書【𥱧】書」: 『전서全書 4』, p. 50.③
●「답권판서答權判書」: 『전서全書 4』, pp. 50~51.</td></tr>
<tr><td>경집</td><td>●『희정당대학강의熙政堂大學講義』</td></tr>
<tr><td>기타</td><td></td></tr>
<tr><td colspan="2">비고</td><td>●① 석갈釋褐: '처음 벼슬하여 관직에 나가는 것'을 말함. 즉, '갈褐'이란 '신분이 낮은 사람이 입는 옷'으로, '석갈釋褐'은 곧 '천복賤服을 벗는다'는 뜻이며, 여기서는 '문과文科에 급제함'을 의미함.
●② 희릉직장禧陵直長: 『승정원일기承政院日記』에는 '의릉직장懿陵直長'으로 기록하고 있음. 조성을(2016: 139)은 정약용이 3월에는 의릉직장에 제수되었다가 5월에 부임할 때는 희릉직장으로 바뀌었을 가능성도 언급하고 있음.
●③「상권판서【엄】서上權判書【𥱧】書」: 정약용이 판서判書 권엄權𥱧[葉西] 공公의 편지를 받고 보낸 답서答書로, 지난번 과거급제를 축하하는 유희遊戲에서 관례慣例를 잘 따르지 않아 본의 아니게 공을 노엽게 한 데 대해 사과하는 내용임.</td></tr>
</table>

비 고	●④ 초계문신抄啓文臣: 『초계문신제명록抄啓文臣題名錄』에 따르면, 정약용은 기유년[1789년, 正祖 13]에 좌의정左議政 이성원李性源을 주선상신主選相臣으로 하여 서영보徐榮輔, 심규로沈奎魯, 서유문徐有聞, 윤인기尹寅基, 심능적沈能迪, 심상규沈象奎, 이동면李東冕, 김희순金羲淳, 이기경李基慶, 박륜수朴崙壽, 김이교金履喬, 안정선安廷善, 이래현李來鉉, 유한우兪漢寓와 함께 모두 15명으로 선발됨. 또한 『정조실록正祖實錄』에는 "의정부議政府에서 강제講製할 문신文臣으로 서영보·정약용·심규로·서유문·윤인기·심능적·심상규·이기경·박윤수·김이교·안정선·이래현·유한우를 뽑아 아뢰니, 김희순과 이동면을 더 뽑으라고 명하였다(議政府抄啓講製文臣徐榮輔·丁若鏞·沈奎魯·徐有聞·尹寅基·沈能迪·沈象奎·李基慶·朴崙壽·金履喬·安廷善·李來鉉·兪漢寓, 命金羲淳·李東冕加差)"[『正祖實錄』, 卷27, 13年 3月 20日(丁丑)條]라고 기록하고 있음. ●⑤ 『희정당대학강의熙政堂大學講義』는 이후 정약용이 53세 되는 갑술년[1814년, 純祖 14]에 유배지인 강진康津의 다산茶山에서 『대학공의大學公議』[『全書 6』, pp. 67~145]를 저술하면서 겸하여 보완·재정리되었는데, 이것이 바로 『대학강의大學講義』[『全書 6』, pp. 147~163]임. 정약용은 여기서 『희정당대학강의』의 본문을 재검토하며 느낀 소김을 '금안今案'의 형식으로 모두 '4번' 서술하여 해당 본문의 아랫부분에 부기하였음. ●⑥ 「광명壙銘」: 「유자구장광명幼子懼牂壙銘」[『全書 3』, pp. 324~325]을 말함.

연 대	1790년 [정조正祖 14: 경술庚戌]	나 이	29세 No. 24
생평사략	●입춘일立春日에 공公이 대궐의 기둥에 써 붙인 춘첩자春帖子를 보고 임금께서 성군聖君의 정치政治를 행하실 것을 기원하는 시詩를 지음. ●2월에 임금께서 성균관成均館의 문묘文廟를 참배하시고 이어 춘당대春塘臺에서 알성시謁聖試를 시행하심에 공이 수행함. ●2월에 공이 내각內閣[奎章閣]의 친시親試에서 「인재책人才策」을 지어 올림. ●2월에 공이 한림회권翰林會圈에서 뽑힘. 뒤이어 한림소시翰林召試에서도 뽑혀 그 날로 예문관검열藝文館檢閱에 단부單付됨. 이때 공이 여러 번의 패초牌招에도 불구하고 연이어 상소上疏를 올려 자퇴自退하고 출사하지 않음.① ●3월에 공이 위의 이유로 충청도忠淸道 해미현海美縣으로 정배定配됨. 유배지에서 남구만南九萬[藥泉, 1629~1711]의 사당祠堂을 참배하고, 「기문記文」을 지음. 이어 태안군수泰安郡守 유회柳誨[獻可]가 방문함에 함께 개심사開心寺를 유람함. ●3월에 공이 10일 만에 용서를 받고 유배지에서 풀려남. 공이 서울로 돌아오는 길에 온양온천溫陽溫泉에 들름. 일찍이 경진년[1760년, 英祖 36]에 장헌세자莊獻世子께서 온천을 찾았다가 이를 기념하여 온천 서쪽에 손수 홰나무 한 그루를 심고 단壇을 쌓아 보호하도록 명한 일이 있었는데, 당시 이 홰나무와 단이 황폐해진 것을 보고 공이 탕인湯人을 엄히 힐책하여 관官에서 보수하도록 조처함. ●4월에 공이 희정당熙政堂에서 『중용中庸』을 강의講義함. 임금께서 희정당에 친히 나오셔서 내각문신內閣文臣에게 명하여 『중용』을 강講하게 하심. 공이 돌아와 임금 및 내각제학內閣提學의 질문과 이에 대한 자신의 답변을 기록하여 「희정당중용강록熙政堂中庸講錄」②을 저술함. ●5월에 공이 예문관검열에 환부還付됨에 한림翰林을 사직辭職하는 세 번째 상소를 올림. 곧바로 육품六品으로 승진하고 용양위부사과龍驤衛副司果로 승부陞付됨. ●6월에 공이 상원군수祥原郡守로 부임하는 윤지눌尹持訥[小皐, 字는 无咎, 1762~1815]을 전송하는 시와 「서문序文」을 씀. ●6월에 부친 진주공晉州公의 회갑을 맞아 서울에서 회갑연을 열고, 공이 만년의 진주공께서 벼슬을 그만두고 귀향하실 것을 바라는 마음을 담은 시를 지어 축하드림. ●6월에 공이 순조純祖께서 창경궁昌慶宮의 집복헌集福軒에서 탄생하신 일을 기뻐하며 이를 기리는 시를 지음. ●7월에 공이 사간원정언司諫院正言에 제수됨. 곧바로 각과閣課의 일을 하도록 체임됨. ●7월에 공이 울산蔚山 임소로 부친 진주공을 찾아뵘. 공이 돌아오는 길에 단양丹陽의 산수山水를 유람하고 「기문」을 지음.		

생평사략		•8월에 공이 칠석제七夕製에 대독관對讀官으로, 연이어 증광별시增廣別試와 동당초시東堂初試에 참시관參試官으로 참여함. 이때 공이 김상집金尙集[字는 士能, 1723~?], 민종현閔鍾顯, 심환지沈煥之[晩圃, 1703~1802]와 함께 일소一所의 고관考官이 되어 제공諸公의 위촉에 따라 「문률도량형問律度量衡」이란 시험문제를 출제함. •9월에 공이 정언正言에 제수되어 잡과감대雜科監臺에 나아가고, 연이어 사헌부지평司憲府持平에 제수되어 무과감대武科監臺에 나아감. •9월에 임금께서 북한산성北漢山城의 연융대鍊戎臺에서 군대를 사열하심에 공이 수행함. •9월에 중형仲兄 정약전丁若銓이 증광문과별시增廣文科別試에서 병과丙科로 석갈釋褐함. •9월에 중형 정약전이 울산 임소로 부친 진주공을 찾아뵘에, 공이 축하와 아울러 전송하는 정情을 토로하는 시를 지음. •10월에 공이 부사과副司果에 제수됨. •11월에 부친 진주공께서 진주목사晉州牧使에 제수되심. •12월에 공이 각과친시閣課親試에 합격하여 상을 받은 것이 모두 세 번이나 됨. 한 번은 '내각內閣[奎章閣]으로 음식을 내려주신 것에 감사한다'는 내용에 견주어 「전箋」을 지어 올려 1등으로 뽑힘. 그 「전箋」에 "잘 익은 감귤은 멀리 바다 건너 봉래蓬萊에서 왔고, 옥소반의 진귀한 음식은 그대로 식전방장食前方丈이로세(霜柑老橘遜矣從海外蓬萊, 玉盤珍羞居然爲食前方丈)"라는 구절이 있었는데, 임금께서 특별히 이 구절을 칭찬하시며 가구佳句로 삼으심. 이때 내각친시內閣親試의 세말歲末 점수가 수석을 차지하여 특별히 구마廏馬를 하사받고 사은謝恩한 「전문箋文」을 지어 올림. •이때 임금께서 초계문신抄啟文臣에게 『논어論語』와 『중용中庸』을 강講하도록 하셨는데, 공도 여기에 참여함. •겨울에 공이 내각의 친시에서 「십삼경책十三經策」을 지어 올림. •겨울에 공이 「농책農策」을 지어 올림.
저작	시	•「대전춘첩자【경술】大殿春帖子【庚戌】」: 『전서全書 1』, p. 228. •「대가예태학알성, 공기소도大駕詣太學謁聖, 恭記所覩」: 『전서全書 1』, p. 229. •「한림소시피선, 취원중야직翰林召試被選, 就院中夜直」: 『전서全書 1』, p. 229. •「봉지적해미, 출도문작【삼월십일야】奉旨謫海美, 出都門作【三月十日也】」: 『전서全書 1』, p. 229. •「행차동작도行次銅雀渡」: 『전서全書 1』, p. 229. •「모차수원暮次水原」: 『전서全書 1』, p. 230. •「해미적중잡시海美謫中雜詩」: 『전서全書 1』, p. 230.

저작	시	●「태안군수유헌가【회】견방, 동지개심사동대조망, 일숙이별泰安郡守柳獻可【誨】見訪, 同至開心寺 東臺眺望, 一宿而別」: 『전서全書 1』, p. 230. ●「재적십일, 특몽사지在謫十日, 特蒙赦旨」: 『전서全書 1』, p. 231. ●「환지덕산, 동지현정공【후조】음還至德山, 同知縣鄭公【厚祚】飮」: 『전서全書 1』, p. 231. ●「온천지감溫泉志感」: 『전서全書 1』, p. 231. ●「온궁유장헌수식괴일주, 당시명축단, 이사기음, 세구옹종, 단역불견, 창연유술溫宮有莊獻手植槐一株, 當時命築壇, 以俟其陰, 歲久擁腫, 壇亦不見, 愴然有述」: 『전서全書 1』, pp. 231~232. ●「송윤무구부상원送尹无咎赴祥原」: 『전서全書 1』, p. 232. ●「가군수신, 배제공연집【회갑야. 시자울산래임】家君晬辰, 陪諸公宴集【回甲也. 時自蔚山來臨】」: 『전서全書 1』, p. 232. ●「유월십팔일복문경희, 도무유작六月十八日伏聞慶喜, 蹈舞有作」: 『전서全書 1』, p. 232. ●「「파옥탄」, 위백택신좌랑작「破屋歎」, 爲白澤 申佐郎作」: 『전서全書 1』, pp. 233~234. ●「제「도림자좌우장랑도」題「陶林子左右長廊圖」」: 『전서全書 1』, p. 234. ●「동김【상집】판서·민【종현】참판·심【환지】참의, 쇄원예부십일, 시사필, 봉시제공【시증광별시, 동당야】同金【尙集】判書·閔【鍾顯】參判·沈【煥之】參議, 鎖院禮部十日, 試事畢, 奉示諸公【時增廣別試, 東堂也】」: 『전서全書 1』, p. 234. ●「대가지연융대열무, 관마상재유술大駕至鍊戎臺閱武, 觀馬上才有述」: 『전서全書 1』, pp. 234~235. ●「중씨등제부울산, 봉증일시仲氏登第赴蔚山, 奉贈一詩」: 『전서全書 1』, p. 235. ●「내각응교【제왈: '염외춘한사금포'】內閣應敎【題曰: '簾外春寒賜錦袍'】」: 『전서全書 1』, p. 235. ●「내각응교【제왈: '희열호화서'】內閣應敎【題曰: '喜悅好禾黍'】」: 『전서全書 1』, p. 236. ●「내각응교【제왈: '지상우금유봉모'】內閣應敎【題曰: '池上于今有鳳毛'】」: 『전서全書 1』, p. 236. ●「내각응교【제왈: '만국의관배면류'】內閣應敎【題曰: '萬國衣冠拜冕旒'】」: 『전서全書 1』, p. 236. ●「내각응교【제왈: '천안유희근신지'】內閣應敎【題曰: '天顔有喜近臣知'】」: 『전서全書 1』, pp. 236~237. ●「내각응교【제왈: '만리가횡행'○두시, '방병조호마'】內閣應敎【題曰: '萬里可橫行'○杜詩, '房兵曹胡馬'】」: 『전서全書 1』, p. 237. ●「각과필, 외거제일, 몽사구마·문피閣課畢, 猥居第一, 蒙賜廐馬·文皮」: 『전서全書 1』, pp. 237~238.

<table>
<tr><td rowspan="3">저작</td><td>문</td><td>●「십삼경책【경술동, 내각친시】十三經策【庚戌冬, 內閣親試】」: 『전서全書 2』, pp. 53~69.
●「인재책【금산불록, 지록어비일절】人才策【今刪不錄, 只錄御批一節】」: 『전서全書 2』, pp. 69~70.
●「인재책人才策」: 『전서全書 2』, pp. 88~95.
●「농책農策」: 『전서全書 2』, pp. 112~123.
●「문률도량형問律度量衡」: 『전서全書 2』, pp. 123~125.
●「사한림소【경술】辭翰林疏【庚戌】」: 『전서全書 2』, pp. 154~155.
●「사한림재소辭翰林再疏」: 『전서全書 2』, pp. 155~156.
●「사한림삼소辭翰林三疏」: 『전서全書 2』, pp. 156~157.
●「사정언겸진과폐소辭正言兼陳科弊疏」: 『전서全書 2』, pp. 157~160.
●「사지평겸진과폐소辭持平兼陳科弊疏」: 『전서全書 2』, pp. 160~162.
●「송윤무구출수상원서【경술】送尹无咎出守祥原序【庚戌】」: 『전서全書 3』, pp. 57~58.
●「해미남상국사당기海美南相國祠堂記」: 『전서全書 3』, pp. 96~97.
●「단양산수기丹陽山水記」: 『전서全書 3』, pp. 97~98.
●「내각친시, 세초계획거수, 특사구마, 사상전內閣親試, 歲杪計畫居首, 特賜廐馬, 謝上箋」: 『전서全書 4』, pp. 341~342.</td></tr>
<tr><td>경집</td><td>●「희정당중용강록熙政堂中庸講錄」: 『전서全書 6』, pp. 398~400.</td></tr>
<tr><td>기타</td><td>○「문동서남북問東西南北」: 『전서全書 2』, pp. 98~101.
○「염책鹽策」: 『전서全書 2』, pp. 101~103.
○「폐책弊策」: 『전서全書 2』, pp. 103~105.
○「전선책戰船策」: 『전서全書 2』, pp. 105~107.
○「조운책漕運策」: 『전서全書 2』, pp. 107~109.
○「황정책荒政策」: 『전서全書 2』, pp. 109~112.
○「문전폐問錢幣」: 『전서全書 2』, pp. 126~128.
○「문죽問竹」: 『전서全書 2』, pp. 130~131.</td></tr>
</table>

비 고	●① 이 사건의 경위를 소개하면, 정약용이 한림회권翰林會圈에 피선被選될 때 채제공蔡濟恭이 우상右相으로 권점圈點을 주관했는데, 이때 김이교金履喬[竹里, 1764~1832]·서유문徐有聞[字는 鶴叟, 1762~?]·홍낙유洪樂游·윤지눌尹持訥이 함께 뽑힘. 그런데 한 대간臺諫이 이를 두고 "사정私情에 따라 법식法式을 어겼다"고 문제를 제기함에 한림권점翰林圈點에 뽑힌 사람들이 의리義理를 내세우며 한림소시翰林召試에 응시하지 않았음. 이에 정조正祖가 희정당熙政堂에 나와 엄한 교지敎旨를 거듭 내려 모두 한림소시에 응시하도록 명령함에 부득이 각자 시험답안을 제출하게 되었던바, 결국 정약용과 김이교가 선발되었음. 당시 정조의 하교下敎가 매우 엄하여 어쩔 수 없이 사은숙배謝恩肅拜를 하였으나, 이튿날 새벽에 한림翰林을 사직하는 상소를 올리고 곧바로 퇴궐하여 여러 번 임금의 패초牌招를 어기다가 끝내 죄를 얻어 3월 8일에 해미현海美縣으로 정배定配됨. 3월 13일에 배소配所에 이르렀는데, 19일에 용서를 받고 풀려남. 이 사건은 이미 영조조英祖朝에서 혁파되었던 한림천거제翰林薦擧制를 둘러싸고 그 복구를 주장했던 노론세력과 이를 거부하면서 참하직參下職의 최고요직인 한림翰林[藝文館檢閱]의 권점을 대신과 국왕의 주도 하에 시행했던 정조 간의 정치적 갈등을 상징적으로 보여주는 것으로서, 특히 한림을 선발하는 최종권한은 사실상 어시御試로 불리는 소시召試에 있었음. 이처럼 정조의 도당都堂 중심의 한림회권 운영에 반발하여 당시 한림회권에 선발된 노론세력은 소시에 응시하는 것을 집단적으로 거부하였고, 정조 또한 이에 대해 소시의 거부가 자신의 탕평蕩平의 대정大政을 거부하는 것으로 간주하겠다고 엄중 경고하였음. 그럼에도 끝내 소시에 응시하지 않자 정조는 직접 신문하겠다고 명령함에 비로소 글을 지어 바쳐 결국 정약용·김이교가 선발되기에 이름. 정조는 당시의 재하공론在下公論이 당파적으로 운영되고 있다는 부정적 인식에 따라 전랑권銓郎權과 한림천거제翰林薦擧制를 폐지함으로써 왕권의 강화를 도모한 바 있음. ●② 「희정당중용강록熙政堂中庸講錄」: 이 저술은 정약용이 유배지 해미현海美縣에서 돌아온 직후, 정조正祖가 희정당熙政堂에 친히 나와 내각문신內閣文臣으로 하여금 『중용中庸』을 강講하게 한 일이 있었는데, 이때 정조 및 내각제학內閣提學 오재순吳載純과 이병모李秉模가 『중용』의 경의經義와 관련하여 제기한 질문에 대해 정약용이 답변한 내용을 기록한 책으로서, 『중용강의보中庸講義補』[『全書 6』, pp. 281~400]의 말미에 「부록附錄」으로 첨부되어 있음.

연 대	1791년 [정조正祖 15: 신해辛亥]	나 이	30세 No. 25
생평사략	●정월에 임금께서 수원水原에서 현륭원顯隆園을 참배하고 돌아오심에 공公이 여러 학사學士와 함께 노량진露梁津 남안南岸에서 대가大駕를 맞이함. ●정월에 임금께서 창덕궁昌德宮의 희정당熙政堂에서 연회宴會를 베푸심에 공이 참석함. ●봄에 공이 홍인호洪仁浩[字는 元瑞, 1753~1799]에게 편지를 보냄.① ●2월에 좌의정左議政 채제공蔡濟恭[樊巖]께서 임금에게 시전市廛의 폐단을 개혁하는 일에 대해 아뢰었고, 임금께서는 채제공에게 조정朝廷에서 문체文體를 개혁한다는 사실을 알리도록 명하심.② ●2월에 장인 홍공洪公께서 황해도병마절도사黃海道兵馬節度使에 제수되심. ●2월에 공이 당시 진주목사晉州牧使로 재직하고 계시던 부친 진주공晉州公을 진주晉州 임소로 찾아뵙고, 지난 경자년[1780년, 正祖 4]에 이어 두 번째로 촉석루矗石樓를 유람함. 「기문記文」이 있음. ●이때 공이 부친 진주공과 함께 진주晉州 근방의 석갑산石岬山에 있다는 정씨丁氏의 여섯 무덤을 직접 답사하여 이 무덤들이 정씨의 장지葬地가 아님을 입증하는 「변증문辨證文」을 지음. ●4월에 공이 앞서 내각內閣[奎章閣]의 허락을 받지 않고 서울을 떠난 것이 문제가 되어 귀경한 뒤 의금부義禁府에 구금됨. ●4월에 공이 의금부에서 석방되자 곧바로 부사과副司果에 제수됨. ●4월에 셋째아들 '구장懼牂'이 종기로 요절함. 공이 아들의 죽음을 애도하는 「광명壙銘」과 시詩를 지음. ●4월 그믐날에 장인 홍공께서 황주黃州 임소에서 별세하심. 공이 「만사輓詞」를 지어 애도함. ●5월에 공이 사간원정언司諫院正言에 제수됨. ●6월에 공이 부사과에 단부單付됨. ●6월에 공이 친우親友들과 함께 세검정洗劍亭을 유람함. 「기문」이 있음. ●7월에 공이 다시 사간원정언에 제수됨. ●8월에 공이 조흘강照訖講에 시관試官으로 참여함. ●8월에 칠석제七夕製에서 임금께서 초계문신抄啓文臣들에게 『논어論語』의 내용에 대해 「책문策問」이란 형식을 빌려 월과月課로 친시親試하심. 당시 임금의 질문과 공의 답변을 기록하여 「논어대책論語對策」③을 저술함. ●9월에 공이 사간원정언에 제수됨. ●9월에 공이 부사과에 단부됨. ●9월에 임금께서 서총대瑞蔥臺에서 시사試射를 거행하심. 공이 시를 지음. ●10월에 임금께서 단풍정丹楓亭에서 초계문신에 대한 친시親試 및 시사試射를 거행하심에 공도 여기에 참여했는데, 임금의 명령을 받들어 북영北營에서 숙직하면서 활쏘기를 익힘. 「기문」이 있음.④ 아울러 「시경의詩經義」 800여 조⑤를 지어 올려 임금으로부터 크게 칭찬을 받음.		

생평사략		공은 이를 저본으로 하여 이후 기사년[1809년, 純祖 9]에 산록刪錄하여 『시경강의詩經講義』⑥를 완성함. 「서문序文」이 있음. ● 10월에 공이 「주교행舟橋行」을 지음. ● 10월에 호남湖南에서 권상연權尙然과 윤지충尹持忠이 서교西敎[天主敎]를 신앙하여 제사祭祀를 폐지하고 위패位牌를 불태운 일이 있었는데, 이로 인해 11월에 두 사람이 사형死刑에 처해지는 옥사獄事⑦가 발생함. 이를 기화로 목만중睦萬中·이기경李基慶·홍낙안洪樂安 등이 공모하여 선류善類를 다 제거하고자 채제공에게 투서하여 "총명하고 재지才智 있는 벼슬아치와 유생들 가운데 10 중 7~8명은 모두 서교西敎에 빠져 있으니, 장차 황건黃巾이나 백련白蓮과 같은 난리가 일어날 것입니다"라고 주장함. 이는 성호선생星湖先生의 후학들을 일망타진하기 위한 모략이었는데, 이로 인해 결국 악인 이기경이 경원慶源으로 유배됨. 곁에서 보던 자들은 모두 통쾌하게 여겼으나, 오직 공만은 "우리 당黨의 화禍가 이로부터 시작될 것이다"라고 말하면서 우려했는데, 과연 이기경은 이후 신유옥사辛酉獄事를 주모主謀함. ● 10월에 공이 사헌부지평司憲府持平에 제수됨. 공이 이 무렵부터 심한 감기에 걸려 건강상의 이유로 끝내 숙배肅拜하지 않음에 체직遞職되어 부사직副司直에 단부됨. ● 겨울에 공이 판서判書 이정운李鼎運[五沙, 1743~1800] 공公에게 편지를 보냄. ⑧ ● 12월에 공이 친시親試에서 7등, 과시課試에서 10등, 과강課講에서 6등을 차지하여 모두 상을 받음.
저작	시	● 「수춘대가자화성환, 동제학사, 어노량남안지후【신해】首春大駕自華城還, 同諸學士, 於露梁南岸祗候【辛亥】」: 『전서全書 1』, p. 240. ● 「희정당시연지작, 시제료熙政堂侍宴之作, 示諸僚」: 『전서全書 1』, p. 240. ● 「동채낭장부진주, 지과천도중작【시가군이지진주】同蔡郎將赴晉州, 至果川道中作【時家君移知晉州】」: 『전서全書 1』, p. 240. ● 「등남원광한루登南原 廣寒樓」: 『전서全書 1』, pp. 240~241. ● 「독「황산대첩비」讀「荒山大捷碑」」: 『전서全書 1』, p. 241. ● 「유팔량령踰八良嶺」: 『전서全書 1』, p. 241. ● 「중유촉석루重游矗石樓」: 『전서全書 1』, pp. 241~242. ● 「배가군행차성주陪家君行次星州」: 『전서全書 1』, p. 242. ● 「지중모현, 가군부봉산서원, 여여채랑전행, 봉시위별至中牟縣, 家君赴鳳山書院, 余與蔡郎前行, 奉詩爲別」: 『전서全書 1』, p. 242. ● 「유추풍령踰秋風嶺」: 『전서全書 1』, p. 242. ● 「도형수【재문의현】渡荊水【在文義縣】」: 『전서全書 1』, p. 242. ● 「억여행【곡유자구장이작야. 사월초, 이두옹절, 기유십이월생】憶汝行【哭幼子懼牂而作也. 四月初, 以痘瘟折, 己酉十二月生】」: 『전서全書 1』, p. 243.

저작	시	●「외구홍절도만사【사월회, 졸우황주】外舅洪節度輓詞【四月晦, 卒于黃州】」: 『전서全書 1』, p. 243. ●「예착행枘鑿行」: 『전서全書 1』, p. 243. ●「시원봉시심【환지】·안【정현】이장【시공쇄원십일】試院奉示沈【煥之】·安【廷玹】二丈【時共鎖院十日】」: 『전서全書 1』, pp. 243~244. ●「구월서총대시사일작九月瑞葱臺試射日作」: 『전서全書 1』, p. 244. ●「주교행舟橋行」: 『전서全書 1』, p. 244. ●「봉지취북영직숙, 영습사겸대『시경』조문, 시홍【수만】치성·송【지렴】주경·김【이교】공세제료역해奉旨就北營直宿, 令習射兼對『詩經』條問, 時洪【秀晩】穉成·宋【知濂】周卿·金【履喬】公世諸僚亦偕」: 『전서全書 1』, p. 244. ●「희작「전질가」, 시의사【시득한질, 열월내추, 중동지계동】戲作「巓疾歌」, 示醫師【時得寒疾, 閱月乃瘳, 中冬至季冬】」: 『전서全書 1』, p. 245.
	문	●「석갑산정씨육총변【산재진주치서십리역촌지북】石岬山丁氏六塚辨【山在晉州治西十里驛村之北】」: 『전서全書 2』, pp. 363~365. ●「『시경강의』서【신해동】『詩經講義』序【辛亥冬】」: 『전서全書 3』, pp. 30~31. ●「재유촉석루기再游矗石樓記」: 『전서全書 3』, p. 99. ●「유세검정기游洗劒亭記」: 『전서全書 3』, pp. 99~100. ●「북영벌사기北營罰射記」: 『전서全書 3』, pp. 100~101. ●「유자구장광명幼子懼牂壙銘」: 『전서全書 3』, pp. 324~325. ●「여이판서【정운○신해동】與李判書【鼎運○辛亥冬】」: 『전서全書 4』, pp. 52~53.⑧ ●「답홍원백【인호○신해춘】答洪元伯【仁浩○辛亥春】」: 『전서全書 4』, p. 76.①
	경집	●「논어대책論語對策」: 『전서全書 9』, pp. 402~410. ●『시경강의詩經講義』
	기타	○「논어책【금산불록, 지록어비일절】論語策【今刪不錄, 只錄御批一節】」: 『전서全書 2』, p. 70. ○「맹자책【금산불록, 지록어비일절】孟子策【今刪不錄, 只錄御批一節】」: 『전서全書 2』, pp. 70~71. ○「중용책中庸策」: 『전서全書 2』, pp. 71~78. ○「맹자책孟子策」: 『전서全書 2』, pp. 78~83. ○「홍절도어사각궁기洪節度御賜角弓記」: 『전서全書 3』, p. 98.

비 고	●① 「답홍원백【인호○신해춘】答洪元伯【仁浩○辛亥春】」: 정약용이 홍인호洪仁浩[字는 元瑞]에게서 편지를 받고 보낸 답서答書로, 원사爰詞[罪囚를 裁判하는 文書: 필자 주]에 가르침을 준 데 대해 감사하는 내용임. ●② 이 해에 채제공蔡濟恭의 건의에 따라 시행된 개혁안이 곧 '신해통공辛亥通共'이며, 한편 정조正祖는 '문체반정文體反正'을 표방하였음.[『正祖實錄』, 卷32, 15年 2月 12日(丁巳)條] 여기서 ㉮ 신해통공은 30년 이내에 설치된 시전市廛의 폐쇄와 육의전六矣廛 이외의 시전이 가졌던 금난전권禁亂廛權의 폐지를 요체로 하는 개혁안으로서, 당시 상업인구의 증가와 난전亂廛으로 통칭되는 사상인층私商人層의 성장이라는 시대적 추세를 반영하여 특히 금난전권의 강화로 나타난 물가고를 해소하고 생필품의 전매화로 빚어진 폐단을 더는 동시에 유통질서의 문란을 바로잡기 위한 획기적인 상업정책이었음. ㉯ 한편, 정조가 당시 문체문제文體問題를 제기했던 것은 노론세력이 천주교 신앙문제를 빌미로 남인세력을 공격하는 것에 대해 노론세력 내부에서 유행했던 패사소품류稗史小品類의 새로운 문체운동文體運動이 함축했던 급진성과 반체제성을 문제 삼음으로써 '이열치열以熱治熱' 방식의 대국적對局的 상호견제相互牽制를 의도했던 통치술統治術의 일환으로 판단됨. ●③ 「논어대책論語對策」: 이 저술은 내각內閣[奎章閣]의 월과月課에서 『논어論語』의 경의經義와 관련하여 정조正祖가 제기한 몇 가지 질문과 이에 대한 정약용의 답변으로 구성되어 있으며, 『논어고금주論語古今注』의 말미에 「부록附錄」의 하나로 실려 있음. ●④ 「북영벌사기北營罰射記」에서는 정약용이 9월에 임금께서 춘당대春塘臺에 납시어 규장각奎章閣의 여러 신하들에게 활을 10순巡씩 쏘라고 명하신 것으로 기록하고 있음. ●⑤ 「시경의詩經義」 800여 조: 이 저술의 경위에 대해서 정약용은 「『시경강의』서『詩經講義』序」[『全書 3』, pp. 30~31]에서 "신해년辛亥年 가을에 주상主上께서 「시경문詩經問」 8백여 조목을 친히 지으셔서 신臣에게 조대條對하도록 명하셨다. 신이 삼가 이를 받아서 읽어보니 아무리 큰 선비일지라도 대답할 수 없는 것인데, 신이 무슨 말을 할 수 있겠는가? 이에 구경九經·사서四書 및 고문古文의 제자백가서諸子百家書와 사서史書에서 극히 짧은 말 한 마디 글 한 구절이라도 『시詩』를 인용하거나 논한 것이 있을 경우에는 다 차례대로 초록鈔錄하고 이에서 끌어대어 대답했는데, 훈고訓詁가 분명해지니 의리義理는 별문제가 되지 않았다. 책을 올리자, 주상께서 어필御筆로 그 끝에 비평批評하시기를 '백가百家의 말을 두루 인증引證하여 그 출처出處가 무궁하니, 진실로 평소의 온축蘊蓄이 깊고 넓지 않다면 어찌 이렇게 할 수 있겠는가?'라고 하셨다. 아! 신이 어찌 학문이 깊고 넓은 데에 해당될 수 있겠는가? 신은 감히 사사로운 의견으로 성상聖上의 분부에 대답하지 못했을 뿐이다

비 고	(辛亥秋, 上親製「詩經問」八百餘條, 令臣條對. 臣敬受而讀之, 雖鉅儒宿學, 所不能答也. 臣何言哉? 於是取九經·四書及古文·諸子·史, 凡有一言·隻詞之引『詩』·論『詩』者, 咸序次鈔錄之, 於是援而對之, 蓋詁訓旣明, 而義理無所事矣. 書旣上, 御筆批其尾曰: '泛引百家, 其出無窮, 苟非素蘊之淹博, 安得有此?' 嗚呼! 臣豈能淹博哉! 臣唯不敢以私意對聖旨也)"라고 소개하고 있음. ●⑥『시경강의詩經講義』: 모두 3권으로, 정약용이 신해년[1791년, 正祖 15] 겨울에 정조正祖에게 지어 올린「시경의詩經義」800여 조를 바탕으로 이후 그가 48세 되는 기사년[1809년, 純祖 9]에 산록刪錄하여 완성한 저술임. 여기서 정약용은「시서詩序」를 중시하는 가운데, 특히『시경詩經』300편篇 가운데「송頌」을 제외한 모두가 풍간諷諫과 직간直諫으로 이루어져 있다는 독자적인『시경』론을 제시함. ●⑦ 권상연權尙然과 윤지충尹持忠의 옥사獄事: 이 옥사는 '신해사옥辛亥邪獄' 또는 '진산사건珍山事件'이라 불리기도 하며, 최초의 천주교도 박해사건임. 이 옥사는 11월에 권상연과 윤지충이 처형되고, 12월에 호서湖西의 천주교도 이존창李存昌[1752~1801]이 배교함에 따라 평민平民으로 신분이 격하되어 석방됨으로써 일단 마무리됨. 그러나 이존창은 이후 을묘년[1795년, 正祖 19]에 주문모周文謨 신부의 밀입국에 연루된 혐의로 다시 체포되어 감금생활을 하다가 신유옥사辛酉獄事[1801년, 純祖 1] 때에 처형됨. 한편, 윤지충은 '정약용의 외사촌'임. ●⑧「여이판서【정운○신해동】與李判書【鼎運○辛亥冬】」: 정약용이 판서判書 이정운李鼎運[五沙] 공公에게 보낸 편지로, 당시 황해도黃海道로 유람을 간 이정운 공에게 자신의 병을 고치기 위해 석종유石鍾乳 진품眞品을 구해줄 것을 부탁하는 내용임.

연 대	1792년 [정조正祖 16: 임자壬子]	나 이	31세 No. 26

생평사략

- 정월에 부친 진주공晉州公께서 공삼차사원貢蔘差使員으로 상경하셨다가 진주晉州로 되돌아가심에 공公이 동작銅雀 나루에서 송별했는데, 이 작별이 영원한 이별이 되고 말았음.
- 정월에 공이 부친 진주공을 모시고 남대문 밖의 청파동青坡洞에 있는 이만원李萬元[二憂堂, 1651~?] 공의 사당을 숙배肅拜하며 「화상찬畫像贊」을 지음.
- 정월에 임금께서 수원水原의 현륭원顯隆園을 참배하심에 공이 수행함.
- 2월에 유녀幼女 '효순孝順'이 태어남. 갑인년[1794년]에 요절하였고, 「광지壙志」①가 있음.
- 3월에 공이 「홍문관록弘文館錄」에 뽑혔으며, 연이어 도당회권都堂會圈에서 선발되어 홍문관수찬弘文館修撰에 제수됨. 공이 패초牌招에 응하지 않자 추고推考하라는 명이 내리고, 뒤이어 부사과副司果로 체직遞職됨.
- 봄에 임금께서 청주淸州에 사는 100세 된 신의청申義淸 공公을 궁궐로 인견하시어 벼슬과 술을 하사하시고 관각館閣의 신하들로 하여금 시문詩文을 지어 전송하도록 하신 일이 있었는데, 공이 왕명을 받아 이를 기리는 「전箋」②을 짓고 아울러 공이 신공申公의 백세수百歲壽를 축하하는 「서문序文」을 지음.
- 4월에 임금의 은밀한 지시에 따라 공이 채제공蔡濟恭, 이가환李家煥[貞軒, 1742~1801] 등 남인시파南人時派의 원로·중진들과 함께 남인의 대통臺通—司憲府·司諫院의 官員으로 천거되는 것—에 깊숙이 관여했는데, 이때 공이 모두 28인을 추천함.
- 4월에 공이 규장각奎章閣의 대유사大酉舍에서 김희순金羲淳[山木, 1757~1821], 김이교金履喬[竹里, 1764~1832], 이명연李明淵 등의 동료와 함께 어제시권御製詩卷을 필사함. 이때 공이 부친 진주공께서 위독하시다는 급보를 받고 진주로 출발함.
- 4월 초9일에 진주 임소에서 부친 진주공께서 서세逝世하심.
- 윤4월에 임금께서 사도세자思悼世子를 연모함을 은근히 비방하는 상소를 올린 유성한柳星漢을 처벌하라는 영남만인소嶺南萬人疏가 올라오고, 이후 5월에도 재차 만인소가 올라옴. 만인소를 위해 서울에 올라온 영남유생嶺南儒生들이 사도세자의 재일齋日인 5월 25일까지 장기 체류함. 이 무렵 공이 홍인호洪仁浩[字는 元瑞]에게 편지를 보냄.③
- 5월에 공이 충주忠州에 반장返葬하고, 마재[馬峴]으로 돌아가 곡哭함. 이후 광주廣州에 여막廬幕을 짓고 거처함.
- 6월에 임금의 순문詢問에 응하기 위해 서울의 명례방明禮坊에 거처를 마련하고 마재와 서울을 계속 왕래함.
- 겨울에 장흥長興 지방의 망족望族인 반산정씨盤山丁氏[靈光丁氏]의 후손 정

<table>
<tr><td colspan="2">생평사략</td><td>수익丁修翼[伯昇]이 명례방으로 공을 찾아와 선조 정경달丁景達[盤谷, 1542~1602], 정명열丁鳴說[霽岩, 1566~1627], 정남일丁南一[松隱] 3대의 『유집遺集』 2권과 『가승家乘』 1권을 합편하여 '『반산세고盤山世稿』'라는 제목을 붙이고 「서문」을 써줄 것을 부탁함에 이에 공이 지어줌.
● 겨울에 공이 임금의 명을 받들어 화성華城의 규제規制를 지어 올림. 즉, 공이 윤경尹畊의 「보약堡約」과 유성룡柳成龍[西厓, 1542~1607]의 「성설城說」에서 좋은 제도만을 취하여 초루譙樓·적대敵臺·현안懸眼·오성지五星池 등의 여러 법도를 정리하여 바침. 또한, 공은 임금께서 내리신 『도서집성圖書集成』과 『기기도설奇器圖說』을 참조하여 「기중가도설起重架圖說」을 지어 바침. 성 쌓는 일이 끝나자, 임금께서 "다행히 기중기를 이용하여 경비가 4만 꿰미나 절약되었다"고 하시면서 크게 칭찬하심.</td></tr>
<tr><td rowspan="4">저작</td><td>시</td><td>● 「동작도, 송별가군환부진주【임자○시인공삼차원지행. 정월야. 차별수위영결】銅雀渡, 送別家君還赴晉州【壬子○時因貢蔘差員之行. 正月也. 此別遂爲永訣】」: 『전서全書 1』, p. 245.
● 「과주교過舟橋」: 『전서全書 1』, p. 245.
● 「옥당위소술회玉堂違召述懷」: 『전서全書 1』, p. 245.
● 「강연퇴유작講筵退有作」: 『전서全書 1』, p. 246.
● 「대유사동김【희순】·김【이교】·이【명연】제료, 봉지사어제시권大酉舍同金【羲淳】·金【履喬】·李【明淵】諸僚, 奉旨寫御製詩卷」: 『전서全書 1』, p. 246.</td></tr>
<tr><td>문</td><td>● 「성설城說」, 「옹성도설甕城圖說」, 「포루도설【적루, 적대, 포루, 노대】砲樓圖說【敵樓, 敵臺, 鋪樓, 弩臺】」, 「현안도설懸眼圖說」, 「누조도설漏槽圖說」, 「기중도설起重圖說」, 「총설總說」: 『전서全書 2』, pp. 220~238.
● 「고평안도관찰사연릉군이공화상찬【휘만원】故平安道觀察使延陵君李公畵像贊【諱萬元】」: 『전서全書 2』, p. 386.
● 「지중추부사신공【의청】백세수서【임자춘】知中樞府事申公【義淸】百歲壽序【壬子春】」: 『전서全書 3』, pp. 52~53.
● 「『반산정씨세고』서『盤山丁氏世稿』序」: 『전서全書 3』, p. 62.
● 「답홍원백答洪元伯」: 『전서全書 4』, p. 77.③</td></tr>
<tr><td>경집</td><td></td></tr>
<tr><td>기타</td><td></td></tr>
</table>

비 고	●① 「광지壙志」: 「유녀광지幼女壙志」[『全書 3』, p. 325]를 말함. ●② 「전箋」: 정약용이 왕명을 받아 지은 글로, 정조正祖가 이 「전」에다 「본조本朝 백세 노인 신의청申義淸이 수복壽福을 바치기를 청請하는 전箋(本朝百歲老人申義淸請獻壽福箋)」이란 제목을 붙임. ●③ 「답홍원백答洪元伯」: 정약용이 홍인호洪仁浩[字는 元瑞]에게서 편지를 받고 보낸 답서答書로, 당시 만인소萬人疏를 위해 서울에 올라온 영남유생嶺南儒生들이 사도세자思悼世子의 재일齋日인 5월 25일까지 장기 체류하는 사태에 우려를 표명하면서, 상중喪中에 있는 자신을 내세우지 말고 홍인호가 직접 서울 선비를 통해 영남유생들에게 성교聖敎가 전해지도록 해서 그들이 무턱대고 서울에 머무는 일이 없도록 조처할 것을 촉구하는 내용임.

연 대		1793년 [정조正祖 17: 계축癸丑]	나 이	32세 No. 27
생평사략		●4월에 공公이 소상小祥을 지내고 연복練服으로 갈아입음. ●4월에 공이 화성華城의 성제城制와 관련한 임금의 추가 순문詢問에 응하여 서울에 올라와 20조條를 아룀. ●5월에 화성유수華城留守로 계시던 채제공蔡濟恭께서 들어오시어 영의정領議政이 되셨고, 상소하시어 다시 임오년[1762년, 英祖 38]에 참소했던 사람들에 대해 논하심.① ●여름에 공이 승지承旨 김한동金翰東[臥隱, 1740~1811]에게 편지를 보냄.② ●8월에 채제공이 앞서 임오년에 참소했던 사람들에 대해 상소를 올린 일과 관련하여 김종수金鍾秀[夢梧, 1728~1799]가 "임오년에 연명으로 올린 차자箚子 후에 다시 이 일에 대하여 문제를 제기하는 사람은 역적이다"라고 말하며 심하게 공격했으며, 이에 임금께서 영조대왕英祖大王의 '금등金縢의 말씀[金縢之詞]'을 꺼내 보이시면서 장헌세자莊獻世子의 뛰어난 효도를 명확하게 밝혀주심에 일이 끝나게 되었음.		
저작	시			
	문	●「답김승지【계축】答金承旨【癸丑】」: 『전서全書 4』, pp. 65~66.②		
	경집			
	기타	○「여김승지【한동】與金承旨【翰東】」: 『전서全書 4』, pp. 64~65.		
비 고		●① 이 일이 발단이 되어 이듬해에 일어난 사건을 이른바 '갑인년[1794년, 正祖 18] 사건'이라고 하며, 정약용 일파가 당한 참혹한 화란은 대개 이 사건으로부터 비롯되었음. ●② 「답김승지【계축】答金承旨【癸丑】」: 정약용이 승지承旨 김한동金翰東[臥隱]에게서 편지를 받고 보낸 답서答書로, 사도세자思悼世子의 문제와 관련하여 의리義理를 논하는 올바른 자세에 대해 충고하는 내용임.		

연 대	1794년 [정조正祖 18: 갑인甲寅]	나 이	33세 No. 28
생평사략	● 정월 초하룻날에 지난 임자년[1792년, 正祖 16]에 태어났던 유녀幼女 '효순孝順'이 완두창豌豆瘡[천연두]을 앓다가 요절함. 공公이 애통해하는 「광지壙志」를 지음. ● 정월에 공이 서울의 명례방明禮坊 거처에 머물면서 승지承旨 김한동金翰東[臥隱]에게 편지를 보냄.① ● 2월에 공이 감원弇園에게 『대학大學』을 논한 편지를 올림.② ● 6월에 공이 선친先親의 담제禫祭를 지내고 삼년상三年喪을 마침. ● 여름에 홍인호洪仁浩[字는 元瑞, 1753~1799]가 한광전韓光傳 공公에 대항하여 역시 채제공蔡濟恭의 지난해 상소문을 공격했는데, 그 말 중에 망발이 많아 친하게 지내던 관료나 선비들이 모두 입을 모아 홍인호를 비난했으니, 이것이 이른바 '갑인년甲寅年 사건'으로서, 공 일파의 참혹한 화란은 대개 이 사건에서부터 움트기 시작하였음. ● 7월에 공이 명례방의 죽란竹欄 거처에서 한밤의 정취와 세월의 빠름을 노래하는 시詩를 지음. ● 7월에 공이 성균관직강成均館直講에 제수됨. 뒤이어 성균관成均館에서 김달순金達淳[一靑, 字는 道以, 1760~1806], 정동관鄭東觀[文瞻], 이상황李相璜[桐漁, 字는 周玉, 1763~1841], 홍수만洪秀晩[稺成] 등 여러 학사學士와 함께 조흘강照訖講의 고관考官으로 참여하고, 이어 조흘강을 논하는 상소上疏를 올림. ● 7월에 공이 관서關西의 시관試官으로 가는 도사都事 이유수李儒修[錦里, 字는 周臣, 1758~1822]를 전송하는 시를 지음. ● 8월에 공을 비변랑備邊郞에 임명하는 계啓가 내림. ● 8월에 공이 전달에 조흘강의 시관으로 처리한 일이 문제가 되어 고신告身을 추탈追奪당하고 방송放送됨. ● 9월에 공이 흑산도黑山島로 유배 가는 승지承旨 이익운李益運[鶴鹿, 1748~1817]을 전송하는 시를 지음. ● 9월 15일에 공이 채제공蔡濟恭 댁의 연회에 초대되었으나 참석하지 않음. ● 9월에 공이 헌납獻納 한치응韓致應[專山, 字는 徯父, 1760~1824]에게 시를 지어 줌. ● 9월에 공이 중형仲兄 정약전丁若銓 및 윤지범尹持範[南皐, 字는 彝敍], 윤지눌尹持訥[无咎], 이중련李重蓮[輝祖]과 함께 북한산성北漢山城을 유람함. ● 9월에 공이 참판參判 이정운李鼎運[五沙, 1743~1800] 댁을 방문함. 이정운 공公은 이익운의 형님임. ● 9월에 공이 남한산성南漢山城을 유람함. ● 9월에 공이 초야의 신분으로 서릉西陵을 다녀오시는 대가大駕를 영은문迎恩門[郊門]에서 맞이함.		

생평사략		● 10월에 공이 박학博學하신 이익李瀷[星湖, 1681~1763]의 학문을 기리는 시를 지음. ● 10월 27일에 공이 홍문관교리弘文館校理에 제수됨. 공이 사직소辭職疏를 올림. 이튿날 공이 홍문관부수찬弘文館副修撰에 제수됨. 공이 사직소를 썼으나 미처 올리지 못하고 홍문관弘文館에 숙직함. 그날 밤 2경更에 연이어 노량별장겸장용영별아병장露梁別將兼壯勇營別牙兵將에 제수되어 연영문延英門에 나아가 숙배하고 영춘헌迎春軒 밖에서 투자례投刺禮를 행함. 이날 공이 내각학사內閣學士 정동준鄭東浚을 탄핵하는 상소를 준비했다가 암행어사暗行御史의 명命을 받는 바람에 결국 올리지 못함. ● 10월 29일에 공이 창덕궁昌德宮의 성정각誠正閣에 입시入侍하여 경기암행어사京畿暗行御史에 명命하는 봉서封書를 받음. 11월 15일에 복명復命하여 관찰사觀察使 서용보徐龍輔[心齋, 1757~1824]의 가인家人을 처벌하고, 또한 서용보의 비행非行을 상주上奏함. 연천漣川 전 현감縣監 김양직金養直, 삭녕朔寧 전 군수郡守 강명길康命吉[字는 君錫, 1737~1801: 醫官]을 논죄하여 법에 따라 처벌하게 함. ● 11월에 공이 경기암행어사로 염찰廉察하면서 적성촌積城村에서 민생의 피폐상을 고발하는 시를 지음. ● 11월에 공이 경기암행어사로 염찰하면서 삭녕군朔寧郡에 있는 우화정羽化亭을 유람함. 시와 「기문記文」이 있음. ● 11월에 공이 부사직副司直에 단부單付됨. ● 12월에 경모궁景慕宮에 존호尊號를 추존해 올릴 때 공이 도감都監의 도청都廳에 계하啓下됨. 이때 공이 좋은 의견을 냄. ● 12월에 공이 홍문관부교리弘文館副校理에 제수됨. 공이 사직소를 올림. ● 12월에 공이 부사과副司果로 체직遞職됨.
저작	시	● 「칠월팔일야【갑인】七月八日夜【甲寅】」: 『전서全書 1』, p. 246. ● 「차운봉기족부이부공서지석상次韻奉寄族父吏部公西池席上」: 『전서全書 1』, p. 246. ● 「이참판【정운】댁차운유제李參判【鼎運】宅次韻留題」: 『전서全書 1』, p. 247. ● 「기사정【한】증산다일본寄謝鄭【澣】贈山茶一本」: 『전서全書 1』, p. 247. ● 「추야秋夜」: 『전서全書 1』, p. 247. ● 「기증윤좌랑【지범】寄贈尹佐郎【持範】」: 『전서全書 1』, p. 247. ● 「제국자직강부관除國子直講赴館」: 『전서全書 1』, p. 247. ● 「첨가환가작沾暇還家作」: 『전서全書 1』, p. 248. ● 「송이도사【유수】장시관서送李都事【儒修】掌試關西」: 『전서全書 1』, p. 248. ● 「국자감, 동김도이【달순】·정문첨【동관】·이주옥【상황】·홍치성【수만】제학사고강, 고열희위차편【칠월야. 시인감시조흘강고관】國子監, 同金道以【達淳】·鄭文瞻【東觀】·李周玉【相璜】·洪穉成【秀晩】諸學士考講, 苦熱戱爲此篇【七月也. 時因監試照訖講考官】」: 『전서全書 1』, p. 248.

저작	시	●「추야절구【동남고작】秋夜絶句【同南皐作】」: 『전서全書 1』, pp. 248~249.
		●「「추풍팔수」, 차두운「秋風八首」, 次杜韻」: 『전서全書 1』, pp. 249~250.
		●「추심오수秋心五首」: 『전서全書 1』, pp. 250~251.
		●「교행우음郊行偶吟」: 『전서全書 1』, p. 251.
		●「송이승지【익운】적흑산도送李承旨【益運】謫黑山島」: 『전서全書 1』, p. 251.
		●「추우기남고, 부지간료【전차치우필상회, 취유적야】秋雨期南皐, 不至簡邀【前此値雨必相會, 取幽寂也】」: 『전서全書 1』, p. 251.
		●「번옹댁연집, 견초불부【구월십오야】樊翁宅讌集, 見招不赴【九月十五夜】」: 『전서全書 1』, p. 251.
		●「파관罷官」: 『전서全書 1』, p. 252.
		●「「명봉편」, 증한헌납【치응】「鳴鳳篇」, 贈韓獻納【致應】」: 『전서全書 1』, p. 252.
		●「구월십팔일배중씨여윤이서·무구·이휘조, 유북한산성九月十八日陪仲氏與尹彝叙·无咎·李輝祖, 游北漢山城」: 『전서全書 1』, p. 252.
		●「산영루山映樓」: 『전서全書 1』, p. 252.
		●「숙중흥사宿中興寺」: 『전서全書 1』, p. 253.
		●「등백운대【즉삼각중봉】登白雲臺【卽三角中峰】」: 『전서全書 1』, p. 253.
		●「영홍엽절구詠紅葉絶句」: 『전서全書 1』, p. 253.
		●「영수석절구詠水石絶句」: 『전서全書 1』, p. 254.
		●「계상야좌溪上夜坐」: 『전서全書 1』, p. 254.
		●「망행궁【북한산성, 자백제시유지, 지숙종조말년, 상신이유건언증축지. 유내·외성】望行宮【北漢山城, 自百濟時有之, 至肅宗朝末年, 相臣李濡建言增築之. 有內·外城】」: 『전서全書 1』, p. 254.
		●「역승가사歷僧伽寺」: 『전서全書 1』, p. 254.
		●「자북한, 회지세검정, 희위육언自北漢, 回至洗劍亭, 戲爲六言」: 『전서全書 1』, p. 255.
		●「오사이참판【정운】원정작五沙李參判【鼎運】園亭作」: 『전서全書 1』, p. 255.
		●「남성석조南城夕眺」: 『전서全書 1』, p. 255.
		●「추야동남고秋夜同南皐」: 『전서全書 1』, p. 255.
		●「대가행서릉일, 교문지후大駕幸西陵日, 郊門祗候」: 『전서全書 1』, pp. 255~256.
		●「홍내한【시보】댁소집【구월입구일】洪內翰【時溥】宅小集【九月廿九日】」: 『전서全書 1』, p. 256.
		●「간기남고, 겸공시장簡寄南皐, 兼貢豉醬」: 『전서全書 1』, p. 256.
		●「죽서유작, 봉시정곡【시월일일】鬻書有作, 奉示貞谷【十月一日】」: 『전서全書 1』, p. 256.
		●「야여윤이서·한혜보음주, 부국화【시월이일】夜與尹彝叙·韓徯父飮酒, 賦菊花【十月二日】」: 『전서全書 1』, pp. 256~257.
		●「동수자유서원【오일】同數子游西園【五日】」: 『전서全書 1』, p. 257.
		●「박학博學」: 『전서全書 1』, p. 257.

<table>
<tr><td rowspan="3">저작</td><td>시</td><td>●「동일부오교, 출동문작【입삼일】冬日赴午嶠, 出東門作【廿三日】」: 『전서全書 1』, p. 257.
●「옥당야직, 영고사玉堂夜直, 詠故事」: 『전서全書 1』, pp. 257~258.
●「봉지염찰, 도적성촌사작奉旨廉察, 到積城村舍作」: 『전서全書 1』, pp. 258~259.
●「등우화정【재삭녕군】登羽化亭【在朔寧郡】」: 『전서全書 1』, p. 259.
●「모저삭녕군暮抵朔寧郡」: 『전서全書 1』, p. 259.
●「연천현각漣川縣閣」: 『전서全書 1』, p. 259.
●「환저노량후지, 동별장음주, 상설유작. 시정교리【이수】, 역이어사후지【시여겸보별장】還抵露梁候旨, 同別將飮酒, 賞雪有作. 時鄭校理【履綏】, 亦以御史候旨【時余兼補別將】」: 『전서全書 1』, p. 260.
●「「단인행」, 봉시도감제공【시여위도청랑】「鍛人行」, 奉示都監諸公【時余爲都廳郎】」: 『전서全書 1』, p. 260.</td></tr>
<tr><td>문</td><td>●「사부교리소辭副校理疏」: 『전서全書 2』, p. 163.
●「성균관직강시론조흘강소【갑인】成均館直講時論照訖講疏【甲寅】」: 『전서全書 2』, pp. 163~164.
●「사교리겸진소회소辭校理兼陳所懷疏」: 『전서全書 2』, pp. 165~166.
●「경기어사복명후론사소京圻御使復命後論事疏」: 『전서全書 2』, pp. 166~167.
●「경기암행어사론수령장부계京畿暗行御史論守令臧否啓」: 『전서全書 2』, pp. 239~245.
●「우화정기羽化亭記」: 『전서全書 3』, pp. 102~103.
●「유녀광지幼女壙志」: 『전서全書 3』, p. 325.
●「여김승지【갑인정월십삼일】與金承旨【甲寅正月十三日】」: 『전서全書 4』, pp. 66~67. ①
●「상감원서【갑인이월초십일】上弇園書【甲寅二月初十日】」: 『전서全書 4』, pp. 88~89. ②</td></tr>
<tr><td>경집</td><td></td></tr>
</table>

<table>
<tr><td rowspan="1">저작</td><td>기타</td><td>○「옥당진고과조례차자玉堂進考課條例箚子」: 『전서全書 2』, pp. 187~193.
○「옥당우동뢰진계차자玉堂遇冬雷陳戒箚子」: 『전서全書 2』, p. 194.
○「옥당청알성방방물이무동사신은차자玉堂請謁聖放榜勿以舞童賜新恩箚子」: 『전서全書 2』, p. 195.
○「「국영시」서「菊影詩」序」: 『전서全書 3』, pp. 29~30.
○「망하루기望荷樓記」: 『전서全書 3』, pp. 89~90.
○「답김승지答金承旨」: 『전서全書 4』, pp. 67~68.
○「답한혜보答韓傒父」: 『전서全書 4』, p. 80.</td></tr>
<tr><td colspan="2">비고</td><td>●① 「여김승지【갑인정월십삼일】與金承旨【甲寅正月十三日】」: 정약용이 승지承旨 김한동金翰東[臥隱]에게 보낸 편지로, 김한동이 자신의 본심을 제대로 헤아려주지 않는 섭섭한 마음을 토로하고, 아울러 사우士友로서 몇 가지 그의 언행에 대해 충고함.
●② 「상감원서【갑인이월초십일】上弇園書【甲寅二月初十日】」: 정약용이 감원弇園에게 올린 편지로, 『대학大學』의 수장首章에 나오는 '명명덕明明德'과 '신민新民' 개념에 대한 질문에 대해 자신의 경학적 입장을 조목조목 제시하고 있는 내용임. 여기서 '감원'이 누구인지는 미상未詳으로, 조성을(2016: 252~253)은 이 감원을 '감원鑑園'으로 보아 '권철신權哲身[鹿菴, 1736~1801]'으로 추정하고 있음.</td></tr>
</table>

<table>
<tr><td>연 대</td><td>1795년 [정조正祖 19: 을묘乙卯]</td><td>나 이</td><td>34세 No. 29</td></tr>
<tr><td>생
평
사
략</td><td colspan="3">
●정월에 공公이 사간원사간司諫院司諫에 제수되고, 품계가 통정대부通政大夫에 승자陞資됨.
●정월에 공이 동부승지同副承旨에 제수되니 도감都監의 공로 때문임. 공이 사직소辭職疏를 올림.①
●2월에 공이 병조참의兵曹參議에 제수되었다가 좌차座次로 병조참지兵曹參知로 임명됨.
●2월에 공이 참판參判 이익운李益運[鶴鹿, 字는 季受]에게 편지를 보냄.②
●2월에 임금께서 경모궁景慕宮에 행차하시어 친히 강신례降神禮를 행하심. 공이 그 전날 저녁 병조兵曹에서 숙직할 때 군호軍號를 잘못 지은 일 때문에 그 벌罰로 새벽까지 칠언배율七言排律 100운韻을 지어 올리라는 임금의 명을 받고 과연 공이 지어 올렸더니, 임금께서 칭찬과 함께 큰 사슴가죽 한 장을 상으로 내리심.
●2월에 공이 굶주리는 백성의 참상을 고발한 「기민시飢民詩」를 지음.
●2월에 공이 식년감시式年監試 복시覆試[會試]에 일소一所의 참시관參試官으로 임명되고, 이어 윤2월 1일에 시행된 시험에 참여함.
●윤2월에 공이 병조참의兵曹參議에 제수되어 9일부터 16일까지 임금께서 화성華城에 행차하실 때 시위侍衛로서 따름. 임금께서 현륭원顯隆園에 배알하시고 봉수당奉壽堂에서 장헌세자莊獻世子와 자궁慈宮[惠慶宮]의 회갑을 기념하는 잔치를 베푸심에 공이 어제시御製詩에 봉화奉和하는 시詩를 지음.
●이때 공이 화성의 성제城制를 살펴봄에 오성지五星池가 잘못 시공된 것을 발견하고 이를 지적하면서 『전수기의戰守機宜』의 「발문跋文」을 지음.
●윤2월에 공이 식년감시에서 일소의 참시관으로 부정을 저질렀다는 모함을 받아 의금부義禁府에 구금되었으나, 곧 의혹이 해소됨. 이때 공은 융복사戎服事[숙직 때 군복을 제대로 입지 않았다]를 이유로 본직인 병조참의에서 체직됨.
●3월에 공이 의궤청찬집문신儀軌廳纂輯文臣으로 계하啓下됨. 공이 규영부교서승奎瀛府校書承③으로 부임할 것을 명받고, 『화성정리통고華城整理通攷』④를 찬술撰述함. 이때 공이 「식목연표植木年表」를 작성했으며, 「발문」이 있음.
●봄에 공이 『을묘책보첩乙卯冊寶帖』⑤을 편찬하고 「발문」을 지음.
●3월에 공이 춘당대春塘臺에 있었던 삼일제三日製에 대독관對讀官으로 참여함.
●3월에 공이 부사직副司直에 임명되어 임금께서 육상궁毓祥宮과 세심대洗心臺로 행차하심에 수행함. 임금께서 세심대에서 꽃을 감상하시며 지으신 어제시에 공이 봉화하는 시를 지음. 이때 임금께서 공을 포함한 신구 초계문신抄啓文臣들에게 화성華城 진찬일進饌日의 악장樂章을 1부씩
</td></tr>
</table>

생평사략	
생평사략	필사하여 대신大臣들에게 나누어주어 갱화시賡和詩를 지어 올리도록 하라는 명을 내리심. ●3월에 임금께서 부용정芙蓉亭에서 연회를 베푸심에 공이 참여하여 봉화하는 시를 지음. 「기문記文」이 있음. ●3월에 공이 이익운에게 편지를 보냄.⑥ ●봄에 공이 『갱재첩賡載帖』⑦이 인쇄되어 나옴에 「발문」을 지음. ●3월에 공이 우부승지右副承旨와 부사직에 연이어 제수됨. ●4월에 공이 규영부교서직奎瀛府校書職에서 정직停職됨. 정적政敵의 모함 때문이었으며, 이때부터 공의 가슴 속에 우울한 마음이 있었음. ●5월에 주문모周文謨[세례명은 야고보, 1752~1801: 中國人 神父] 사건이 발생함. 주문모 신부에 대한 조정의 체포명령이 떨어졌으나 피신하였고, 그를 숨겨준 지황池璜, 윤유일尹有一, 최인길崔仁吉 등이 처형됨. 주문모 신부는 앞서 갑인년[1794년, 正祖 18] 12월에 지황과 윤유일의 안내로 밀입국하여 서울 북촌의 최인길의 집에 도착하여 미사를 집전함을 시작으로 조선에서의 선교활동을 전개한 바 있음. ●6월에 공이 친우親友들과 세검정洗劍亭을 유람함. ●6월에 공이 자궁慈宮[惠慶宮]의 회갑 진찬일進饌日에 광정문光政門 안에서 열린 회식會食에 참여함. 이때 공이 자궁의 회갑을 기리는 어제시에 봉화하는 시를 지음. ●7월에 공이 금정도찰방金井道察訪에 외보外補됨. 이때 이승훈李承薰[蔓川, 1756~1801]은 충청도忠淸道 예산현禮山縣으로 유배됨. 공이 금정金井에 도착하여 그곳의 세력가들을 불러다가 조정朝廷의 금령禁令을 설명하고 제사祭祀지내는 일을 권고함. 찰방으로 외보된 첫날인 7월 26일부터 『금정일록金井日錄』⑧을 지음. ●7월에 공이 금정으로 가는 길에 화성을 지나면서 지난 윤2월에 대가大駕를 모시고 시위侍衛로서 따라갔을 때와 마찬가지로 옹성문甕城門의 시공이 잘못된 것을 거듭 지적하는 「기문」을 씀. ●가을에 공이 금정도찰방이 거처하는 오죽헌梧竹軒에서 3품에서 7품으로 좌천左遷된 것을 오히려 복으로 생각하고 찰방직察訪職 본연의 직무에 충실할 것을 스스로에게 면려勉勵하는 「기문」을 지음. ●가을에 공이 충주목사忠州牧使로 좌천된 이가환李家煥[貞軒, 字는 少陵]에게 편지를 올림.⑨ ●가을에 공이 충청도관찰사忠淸道觀察使 유강柳焵에게 편지를 연이어 보냄.⑩ ●가을부터 겨울까지 공이 이삼환李森煥[木齋, 1735~1813] 선생에게 편지를 연이어 올림.⑪ ●8월에 공이 해미海美의 수영水營에서 관찰사 유강을 만나 백성을 안집安集할 방안을 논의함. 이어 공이 수군절도사水軍節度使 유심원柳心源, 진

생평사략		사進士 신종수申宗洙와 함께 영보정永保亭을 유람하고 달밤에 배를 띄워 한산사寒山寺에 이름. 「기문」이 있음. ●8월에 공이 예산禮山으로 가 천방산天方山의 처사處士 이도명李道溟[方山, ?~?], 장천長川의 이삼환 선생을 차례로 방문함. 공이 목재선생木齋先生을 뵐 때 성호문집星湖文集의 교정에 대해 다시 논의함. ●9월에 공이 오서산烏棲山 및 부여扶餘와 공주公州의 백제百濟 유적지를 유람하고, 이어 윤취협尹就協[北溪, ?~?]을 방문함. 「기문」이 있음. ●10월에 공이 허적許積[默齋, 1610~1680]의 관작官爵이 복권되었다는 소식을 듣고 이를 기뻐하는 시를 지음. ●10월에 공이 예산에서 이삼환 선생을 다시 만나 학문을 논하고, 이어 이문달李文達을 방문함. ●10월 27일부터 11월 4일까지 공이 이삼환 선생을 청하여 온양溫陽의 석암사石岩寺⑫에서 모임을 가짐. 이때 목재선생 및 내포內浦의 명문가 자제 10여 명과 함께 날마다 수사洙泗의 학學을 강講하고 사칠四七의 뜻과 정전井田의 제도에 대해 문답하여 『서암강학기西巖講學記』를 저술함. 이어 성호유고星湖遺稿를 가져다가 먼저 『가례질서家禮疾書』를 교정함. 이때 모인 사우士友들이 지은 시를 모아 「봉곡사술지시鳳谷寺述志詩」라는 제목의 시첩詩帖을 만들고 공이 「서문序文」을 지음. 또한, 공이 『퇴계집退溪集』에 실려 있는 편지를 읽으며 스스로 경계하고 성찰했는데, 이를 기록하여 『도산사숙록陶山私淑錄』을 지음. ●11월부터 서울로 가기 전까지 공이 예산에 유배 와 있던 이승훈[蔓溪]과 편지를 연이어 주고받음.⑬ ●겨울에 공이 첨지중추부사僉知中樞府事 한광전韓光傳 공公의 74세 향수享壽를 축하하는 「서문」을 지음. ●겨울에 공이 이익운에게 연이어 편지를 보냄.⑭ ●겨울에 공이 상공相公 채제공蔡濟恭[樊巖]에게 편지를 올림.⑮ ●12월 22일에 공이 내직內職으로 전보하라는 명을 받고 금정역金井驛을 출발함. ●12월에 공이 용양위부사직龍驤衛副司直으로 옮김. ●12월에 공이 서울에서 승지承旨 이익운의 방문을 받아 임금의 의중을 전달받고, 그의 형인 이정운李鼎運[五沙]의 편지에도 답서答書를 보냄.⑯
저작	시	●「기성작【을묘이월십구일, 이병조참의입직】騎省作【乙卯二月十九日, 以兵曹參議入直】」: 『전서全書 1』, pp. 260~261. ●「기민시飢民詩」: 『전서全書 1』, pp. 261~262. ●「기성응교, 부득왕길「석오사」일백운【제왈: '폐하수만년, 신위이천석'○시인군호사피엄교, 영부시속죄, 삼경일점수제, 지오경삼점, 사권득필】騎省應教, 賦得王吉「射烏詞」一百韻【題曰: '陛下壽萬年, 臣爲二千石'○時因軍號事被嚴教, 令賦詩贖罪, 三更一點受題, 至五更三點, 寫卷得畢】」: 『전서全書 1』, pp. 262~266.

저작	시	내용
저작	시	●「봉화성제「봉수당진찬」【병서】奉和聖製「奉壽堂進饌」【竝序】」: 『전서全書 1』, pp. 266~267.
		●「봉화성제「장대열무」奉和聖製「將臺閱武」」: 『전서全書 1』, p. 267.
		●「봉화성제「낙남헌양로」奉和聖製「洛南軒養老」」: 『전서全書 1』, p. 267.
		●「봉화성제「내원상화」【병서】奉和聖製「內苑賞花」【竝序】」: 『전서全書 1』, pp. 267~268.
		●「봉화성제「야등부용정소루, 부신갑인시, 영여주중·서중인분운구호」奉和聖製「夜登芙蓉亭小樓, 復申甲寅詩, 令與舟中·嶼中人分韻口呼」」: 『전서全書 1』, p. 268.
		●「봉화성제「세심대상화」奉和聖製「洗心臺賞花」」: 『전서全書 1』, p. 268.
		●「봉화성제「주갑탄신지희」【육월십팔일야. 동시갱운, 고록지어차】奉和聖製「周甲誕辰識喜」【六月十八日也. 同是賡韻, 故錄之於此】」: 『전서全書 1』, p. 268.
		●「춘운春雲」: 『전서全書 1』, p. 268.
		●「송이호군【격】위진양절도사送李護軍【格】爲晉陽節度使」: 『전서全書 1』, p. 269.
		●「이계수댁, 여남고공부李季受宅, 與南皐共賦」: 『전서全書 1』, p. 269.
		●「대우기남고【이월십칠일】對雨寄南皐【二月十七日】」: 『전서全書 1』, pp. 269~270.
		●「「회전원」오수, 수남고운「懷田園」五首, 酬南皐韻」: 『전서全書 1』, p. 268.
		●「「회강거」이수, 차두운「懷江居」二首, 次杜韻」: 『전서全書 1』, pp. 270~271.
		●「회하구懷荷丘」: 『전서全書 1』, p. 271.
		●「탄빈歎貧」: 『전서全書 1』, p. 271.
		●「제「협접도」題「蛺蝶圖」」: 『전서全書 1』, p. 271.
		●「야좌억남고희정夜坐憶南皐戲呈」: 『전서全書 1』, p. 272.
		●「등북악登北嶽」: 『전서全書 1』, p. 272.
		●「동남고, 행단소음【오월십오일】同南皐, 杏壇小飮【五月十五日】」: 『전서全書 1』, p. 272.
		●「행단음杏壇吟」: 『전서全書 1』, pp. 272~273.
		●「「단양산수가」, 시남고「丹陽山水歌」, 示南皐」: 『전서全書 1』, p. 273.
		●「고열삼십운苦熱三十韻」: 『전서全書 1』, p. 274.
		●「대릉삼로가大陵三老歌」: 『전서全書 1』, pp. 274~275.
		●「대릉삼로학화가大陵三老學畵歌」: 『전서全書 1』, pp. 275~276.
		●「「고우탄」, 시남고「苦雨歎」, 示南皐」: 『전서全書 1』, p. 276.
		●「유세검정游洗劍亭」: 『전서全書 1』, pp. 276~277.
		●「수역愁亦」: 『전서全書 1』, p. 277.
		●「취가행醉歌行」: 『전서全書 1』, p. 277.
		●「제화오수題畵五首」: 『전서全書 1』, pp. 277~278.
		●「「대우」, 기남고「對雨」, 寄南皐」: 『전서全書 1』, p. 278.
		●「추지秋至」: 『전서全書 1』, p. 278.
		●「유서지游西池」: 『전서全書 1』, p. 279.

저작	시	목록
저작	시	●「중유서지重游西池」: 『전서全書 1』, p. 279. ●「이씨임정동제우李氏林亭同諸友」: 『전서全書 1』, p. 279. ●「송별이지평환단산送別李持平還丹山」: 『전서全書 1』, p. 279. ●「이좌윤【명준】만사【대인작】李左尹【命俊】輓詞【代人作】」: 『전서全書 1』, pp. 279~280. ●「사륙팔언四六八言」: 『전서全書 1』, p. 280. ●「치자穉子」: 『전서全書 1』, p. 280. ●「제화題畫」: 『전서全書 1』, p. 280. ●「고시이십사수古詩二十四首」: 『전서全書 1』, pp. 280~284. ●「유엄지출보금정도찰방, 만도동작진작【건륭을묘칠월이십육일】有嚴旨出補金井道察訪, 晩渡銅雀津作【乾隆乙卯七月二十六日】」: 『전서全書 1』, p. 285. ●「행차화성, 공억춘일배호지사, 창연유작行次華城, 恭憶春日陪扈之事, 悵然有作」: 『전서全書 1』, p. 285. ●「차평택현次平澤縣」: 『전서全書 1』, p. 285. ●「도금정역【역재홍주남사십리】到金井驛【驛在洪州南四十里】」: 『전서全書 1』, pp.285~286. ●「금정회고【금정재청양현북, 즉백제어정야】金井懷古【金井在靑陽縣北, 卽百濟御井也】」: 『전서全書 1』, p. 286. ●「역루전유식물사종, 희위절구驛樓前有植物四種, 戲爲絶句」: 『전서全書 1』, p. 286. ●「영보정우신진사【종수】永保亭遇申進士【宗洙】」: 『전서全書 1』, p. 286. ●「등영보정登永保亭」: 『전서全書 1』, p. 287. ●「정전범월亭前汎月」: 『전서全書 1』, p. 287. ●「장환역사, 유별유절도【심원】將還驛舍, 留別柳節度【心源】」: 『전서全書 1』, p. 287. ●「기제채이순옥벽【명홍규】寄題蔡而順屋壁【名弘逵】」: 『전서全書 1』, p. 287. ●「형螢」: 『전서全書 1』, p. 288. ●「과방산이일인【도명】過方山李逸人【道溟】」: 『전서全書 1』, p. 288. ●「봉시목재이선생【삼환】奉示木齋李先生【森煥】」: 『전서全書 1』, p. 288. ●「과용봉사【재홍주북십리】過龍鳳寺【在洪州北十里】」: 『전서全書 1』, pp. 288~289. ●「신진사【종수】지申進士【宗洙】至」: 『전서全書 1』, p. 289. ●「자소自笑」: 『전서全書 1』, p. 289. ●「이문달별거, 우우재지李聞達別去, 遇雨再至」: 『전서全書 1』, p. 289. ●「구월삼일동신진사유오서산, 과화창작九月三日同申進士游烏棲山, 過花廠作」: 『전서全書 1』, p. 290. ●「등천정암【재오서산】登天井菴【在烏棲山】」: 『전서全書 1』, p. 290. ●「관일입觀日入」: 『전서全書 1』, p. 290. ●「등오서산절정登烏棲山絶頂」: 『전서全書 1』, p. 290.

저작	시	●「산중절구山中絶句」: 『전서全書 1』, pp. 290~291. ●「사야동석문신진사련구寺夜同石門申進士聯句」: 『전서全書 1』, pp. 291~292. ●「용연오게龍淵午憩」: 『전서全書 1』, p. 292. ●「산루석좌山樓夕坐」: 『전서全書 1』, p. 292. ●「증김생【광갑】贈金生【光甲】」: 『전서全書 1』, p. 292. ●「세모歲暮」: 『전서全書 1』, p. 293. ●「행차청양현行次靑陽縣」: 『전서全書 1』, p. 293. ●「마상희음馬上戲吟」: 『전서全書 1』, p. 293. ●「헐계전촌사【재청양현남삼십리】歇雞田村舍【在靑陽縣南三十里】」: 『전서全書 1』, p. 293. ●「방북계윤진사【취협】訪北溪 尹進士【就協】」: 『전서全書 1』, pp. 293~294. ●「독소정방「평백제탑」讀蘇定方「平百濟塔」」: 『전서全書 1』, p. 294. ●「부여회고扶餘懷古」: 『전서全書 1』, pp. 294~295. ●「조룡대釣龍臺」: 『전서全書 1』, p. 295. ●「과정씨정자過鄭氏亭子」: 『전서全書 1』, p. 295. ●「방고란사【사이훼】訪皐蘭寺【寺已毁】」: 『전서全書 1』, pp. 295~296. ●「동부여현감한원례【백원】, 자고란사하범주지자온대, 주중희음시원례同扶餘縣監韓元禮【百源】, 自皐蘭寺下汎舟至自溫臺, 舟中戲吟示元禮」: 『전서全書 1』, p. 296. ●「자온대하범월自溫臺下汎月」: 『전서全書 1』, p. 296. ●「등공주공북루登公州 拱北樓」: 『전서全書 1』, p. 296. ●「증오우【국진】贈吳友【國鎭】」: 『전서全書 1』, p. 296. ●「증권우【기】贈權友【夔】」: 『전서全書 1』, p. 297. ●「동일오·권이우과역사, 시초설대지, 임아일색. 자술구양공취성당고사, 부시견회, 금용'옥·염·은·화'자冬日吳·權二友過驛舍, 時初雪大至, 林阿一色. 玆述歐陽公 聚星堂故事, 賦詩遣懷, 禁用'玉·鹽·銀·花'字」: 『전서全書 1』, p. 297. ●「맹화·요신【즉오·권이우】성언공주창곡위폐정·민불료생, 시술기언, 위장편삼십운孟華·堯臣【卽吳·權二友】盛言公州倉穀爲弊政·民不聊生, 試述其言, 爲長篇三十韻」: 『전서全書 1』, pp. 297~298. ●「문묵재허상국【적】복기관작聞默齋 許相國【積】復其官爵」: 『전서全書 1』, pp. 298~299. ●「십일월일일어서암봉곡사, 배목재이선생교성옹유서. 시인군사우다회자, 각부시일편十一月一日於西巖 鳳谷寺, 陪木齋 李先生校星翁遺書. 時鄰郡士友多會者, 各賦詩一篇」: 『전서全書 1』, pp. 299~300. ●「증강사빈【초사일장하산, 작시유별제우】贈姜士賓【初四日將下山, 作詩留別諸友】」: 『전서全書 1』, p. 300. ●「증심중심贈沈仲深」: 『전서全書 1』, p. 300. ●「증이여앙贈李汝昻」: 『전서全書 1』, p. 300.

<table>
<tr><td rowspan="2">저작</td><td>시</td><td>● 「증이패겸贈李佩謙」: 『전서全書 1』, p. 301.
● 「증강용민贈姜用民」: 『전서全書 1』, p. 301.
● 「증강백휘贈姜伯徽」: 『전서全書 1』, p. 301.
● 「「영분매」, 기대릉사로「詠盆梅」, 寄大陵四老」: 『전서全書 1』, p. 301.
● 「독퇴도유서讀退陶遺書」: 『전서全書 1』, p. 301.
● 「역루사면개산야. 기남유구봉산최고, 당전옹색, 시래시파불감, 희작절구, 시반객운驛樓四面皆山也. 其南有九峰山最高, 當前擁塞, 始來時頗不堪, 戲作絶句, 示伴客云」: 『전서全書 1』, p. 302.
● 「근일습정점구, 매일석각산기익가. 시송차시, 불승괴작, 수갱작이절구, 이사구봉산운近日習靜漸久, 每日夕覺山氣益佳. 時誦此詩, 不勝愧怍, 遂更作二絶句, 以謝九峰山云」: 『전서全書 1』, p. 302.
● 「의고이수擬古二首」: 『전서全書 1』, p. 302.
● 「시일풍일훤창, 만여일객, 기마도금계, 망서남제봉, 설중삼수, 상고심락야. 지어곡, 방채일인이환【십이월십팔일】是日風日暄暢, 晩與一客, 騎馬度錦溪, 望西南諸峯, 雪中森秀, 相顧甚樂也. 至漁谷, 訪蔡逸人而還【十二月十八日】」: 『전서全書 1』, p. 303.
● 「복문내이유명, 만발리금정역【십이월이십삼일】伏聞內移有命, 晩發離金井驛【十二月二十三日】」: 『전서全書 1』, p. 303.</td></tr>
<tr><td>문</td><td>● 「인혐사동부승지소【을묘춘】引嫌辭同副承旨疏【乙卯春】」: 『전서全書 2』, p. 167.①
● 「「봉곡사술지시」서「鳳谷寺述志詩」序」: 『전서全書 3』, p. 27.
● 「첨지중추부사한공【광전】칠십사수서【을묘동】僉知中樞府事韓公【光傳】七十四壽序【乙卯冬】」: 『전서全書 3』, p. 52.
● 「부용정시연기芙蓉亭侍宴記」: 『전서全書 3』, pp. 103~104.
● 「오죽헌기梧竹軒記」: 『전서全書 3』, pp. 104~105.
● 「영보정연유기永保亭宴游記」: 『전서全書 3』, pp. 105~106.
● 「조룡대기釣龍臺記」: 『전서全書 3』, pp. 106~107.
● 「유오서산기游烏棲山記」: 『전서全書 3』, p. 107.
● 「화성오성지기華城 五星池記」: 『전서全書 3』, p. 122.
● 「발『전수기의』跋『戰守機宜』」: 『전서全書 3』, p. 136.
● 「발「식목연표」跋「植木年表」」: 『전서全書 3』, pp. 141~142.
● 「발『을묘책보첩』跋『乙卯冊寶帖』」: 『전서全書 3』, pp. 142~143.
● 「발『갱재첩』跋『賡載帖』」: 『전서全書 3』, p. 145.
● 「상번암채상공【제공】서【을묘동. 재금정】上樊巖 蔡相公【濟恭】書【乙卯冬. 在金井】」: 『전서全書 4』, p. 45.⑮
● 「상해좌서上海左書」: 『전서全書 4』, pp. 48~49.
● 「상이소릉【을묘추. 여재금정, 이장재충주】上李少陵【乙卯秋. 余在金井, 李丈在忠州】」: 『전서全書 4』, p. 51.⑨
● 「답오사【을묘동. 재경】答五沙【乙卯冬. 在京】」: 『전서全書 4』, pp. 53~54.⑯</td></tr>
</table>

저작	문	●「여이참판【익운】與李參判【益運】」: 『전서全書 4』, p. 59.② ●「답이계수答李季受」: 『전서全書 4』, p. 59.⑥ ●「답이계수【을묘동. 재금정】答李季受【乙卯冬. 在金井】」: 『전서全書 4』, p. 60.⑭ ●「답이계수答李季受」: 『전서全書 4』, pp. 60~61.⑭ ●「답이계수答李季受」: 『전서全書 4』, p. 61.⑭ ●「여유관찰【강○을묘추. 재금정】與柳觀察【烱○乙卯秋. 在金井】」: 『전서全書 4』, p. 70.⑩ ●「여유관찰與柳觀察」: 『전서全書 4』, p. 71.⑩ ●「여유관찰與柳觀察」: 『전서全書 4』, p. 71.⑩ ●「여유홍주【의】與柳洪州【誼】」: 『전서全書 4』, pp. 71~72. ●「여성광주【정진○재금정】與成光州【鼎鎭○在金井】」: 『전서全書 4』, p. 78. ●「답홍박여【시보】答洪博汝【時溥】」: 『전서全書 4』, p. 78. ●「답채이숙答蔡邇叔」: 『전서全書 4』, pp. 80~81. ●「답신경보【성모○재금정】答申景甫【星模○在金井】」: 『전서全書 4』, pp. 83~84. ●「상목재서【이선생삼환, 호목재○을묘추. 재금정】上木齋書【李先生森煥, 號木齋○乙卯秋. 在金井】」: 『전서全書 4』, pp. 94~95.⑪ ●「상목재서上木齋書」: 『전서全書 4』, pp. 95~96.⑪ ●「상목재서上木齋書」: 『전서全書 4』, pp. 96~97.⑪ ●「상목재서上木齋書」: 『전서全書 4』, p. 97.⑪ ●「상목재서上木齋書」: 『전서全書 4』, pp. 97~98.⑪ ●「상목재서上木齋書」: 『전서全書 4』, pp. 98~99.⑪ ●「답방산이【도명】答方山李【道溟】」: 『전서全書 4』, pp. 100~101. ●「답방산答方山」: 『전서全書 4』, pp. 101~102. ●「여북계윤진사【취협】與北溪尹進士【就協】」: 『전서全書 4』, pp. 102~103. ●「답이문달答李文達」: 『전서全書 4』, pp. 103~105. ●「답이문달答李文達」: 『전서全書 4』, p. 105. ●「여이문달與李文達」: 『전서全書 4』, p. 105. ●「여강인백【이원】與姜仁伯【履元】」: 『전서全書 4』, pp. 108~109. ●「여조진사【익현○화순인】與曺進士【翊鉉○和順人】」: 『전서全書 4』, pp. 109~110. ●「답만계【을묘십일월입칠일】答蔓溪【乙卯十一月卄七日】」: 『전서全書 4』, pp. 110~111.⑬ ●「답만계答蔓溪」: 『전서全書 4』, pp. 111~112.⑬ ●「여만계與蔓溪」: 『전서全書 4』, pp. 112~113.⑬ ●「여만계與蔓溪」: 『전서全書 4』, p. 113.⑬ ●『서암강학기西巖講學記』: 『전서全書 4』, pp. 279~304. ●『도산사숙록陶山私淑錄』: 『전서全書 4』, pp. 306~323. ●『금정일록金井日錄』: 『전서全書 37』, pp. 59~76.[『與猶堂全書補遺 III』에 수록되어 있음]

<table>
<tr><td rowspan="2">저
작</td><td>경
집</td><td></td></tr>
<tr><td>기
타</td><td>○「의엄금호남제읍전부수조지속차자擬嚴禁湖南諸邑佃夫輸租之俗箚子」: 『전서全書 2』, pp. 195~198.
○「여이계수與李季受」: 『전서全書 4』, p. 59.
○「여이계수與李季受」: 『전서全書 4』, p. 60.
○「여신여로與申汝魯」: 『전서全書 4』, p. 103.
○「여채이순【홍규】與蔡而順【弘逵】」: 『전서全書 4』, p. 107.
○「답채백륜【서공】答蔡伯倫【敍恭】」: 『전서全書 4』, p. 107.</td></tr>
<tr><td colspan="2">비 고</td><td>●① 「인혐사동부승지소引嫌辭同副承旨疏」: 본문本文이 전하지 않음.
●② 「여이참판【익운】與李參判【益運】」: 정약용이 참판參判 이익운李益運[鶴鹿, 字는 季受]에게 보낸 편지로, 자신이 병조참의兵曹參議에 제수된 연유, 임금께서 화성華城에 행차하실 날이 박두했는데도 군사들의 장비가 대부분 갖추어지지 않은 데에 대한 걱정, 이익운이 정약용을 두둔하여 당론黨論을 편 일에 대한 경계 등을 토로하고 있는 내용임.
●③ 규영부奎瀛府: '규장각奎章閣'의 별칭임.
●④ 『화성정리통고華城整理通攷』: 이 책은 사도세자思悼世子의 침원寢園인 현륭원顯隆園 및 용주사龍珠寺, 배봉진拜峯鎭의 유래와 제도 등을 기록하여 편찬한 저술임. 이에 대해서는 "을묘년乙卯年 봄에 서국書局을 열도록 명하시어 『정리통고整理通攷』를 찬술撰述하게 하셨는데, 비궁閟宮·침원寢園 및 용주사龍珠寺·배봉진拜峯鎭의 여러 유래와 제도 등을 신臣 정약용에게 편찬하도록 명하셨다(乙卯春, 命開書局, 撰『整理通攷』, 而閟宮·寢園及龍珠寺·拜峯鎭諸緣起·規制, 命臣鏞撰次)"[「跋「植木年表」」(『全書 3』, p. 141)]라거나, "규영부奎瀛府에 들어가 이만수李晩秀·이가환李家煥·이익운李益運·홍인호洪仁浩·서준보徐俊輔·김근순金近淳·조석중曺錫中 등과 함께 『화성정리통고』를 짓게 하셨는데, 정약용이 맡은 바가 특히 많았다(令入處奎瀛府, 與李晩秀·李家煥·李益運·洪仁浩·徐俊輔·金近淳·曺錫中等, 共撰『華城整理通攷』, 鏞所掌特多)"[「自撰墓誌銘【集中本】」(『全書 3』, pp. 258~259)]라고 전함.
●⑤ 『을묘책보첩乙卯冊寶帖』: 정약용이 갑인년[1794년, 正祖 18] 12월부터 경모궁景慕宮에 존호尊號를 추존해 올리는 도감都監의 일을 보면서 수집한 옥책玉冊, 옥인玉印, 금인金印 등의 제본諸本을 떠서 편집한 첩책帖冊임.</td></tr>
</table>

비 고	●⑥「답이계수答李季受」: 정약용이 이익운에게서 편지를 받고 보낸 답서答書로, 어제 부용정芙蓉亭에서 임금에게 봉화奉和하여 올린 시詩는 취중에 지은 작품이어서 기억이 나지 않아 적어 보낼 수가 없으며, 보내온 시는 곱고 아름다워 기뻐할 만하다는 평評을 전하는 내용임. ●⑦『갱재첩賡載帖』: 윤2월에 임금께서 화성華城에 행차하실 때부터 3월에 세심대洗心臺에서 꽃을 감상하시며 지으신 어제시御製詩에 봉화奉和하여 신하들이 지은 갱화시賡和詩를 모아 모두 2권卷의 활자본活字本으로 출간한 시첩詩帖임. 정약용이 이 시첩의 출간경위와 그 내용을 기술한 「발문跋文」을 지음. ●⑧『금정일록金井日錄』: 정약용이 금정도찰방金井道察訪으로 재직하면서 쓴 일기로서, 7월 26일부터 12월 25일까지 모두 42일분의 일기가 수록되어 있음. 여기에는 정약용이 당시 『도산사숙록陶山私淑錄』을 쓰게 된 동기와 『서암강학기西巖講學記』가 이루어진 배경이 상세하게 소개되어 있음. ●⑨「상이소릉【을묘추. 여재금정, 이장재충주】上李少陵【乙卯秋. 余在金井, 李丈在忠州】」: 정약용이 당시 충주목사忠州牧使로 좌천左遷된 이가환李家煥[貞軒, 字는 少陵]에게 올린 편지로, 두 사람이 함께 좌천된 연유가 동뢰冬雷에 대한 구언求言에 있었다는 사실을 전해 듣고 착잡한 심경을 토로하는 한편, 난보자爛報子[朝報]를 통해 이가환의 집안일이 잘 해결된 것을 축하하는 내용임. ●⑩「여유관찰【강○을묘추. 재금정】與柳觀察【烱○乙卯秋. 在金井】」, 「여유관찰與柳觀察」, 「여유관찰與柳觀察」: ㉮「여유관찰【강○을묘추. 재금정】」은 정약용이 충청도관찰사忠清道觀察使 유강柳烱에게 보낸 편지로, 임금께서 자신을 금정도찰방金井道察訪으로 외보外補하신 뜻을 잘 알고 있음에 비록 찰방察訪이라는 직책이 백성을 교화하는 책임이 없음에도 조정朝廷의 금령禁令을 알리고 백성을 안집安集할 방안을 듣고자 부임 즉시 해미海美의 수영水營으로 찾아뵈러 가다가 병이 나서 지체되고 있음을 알리는 내용이고, ㉯「여유관찰」은 정약용이 해미의 수영에서 유관찰사를 뵙고 돌아와 일전의 보첩報牒을 재가裁可해주시며 지도指導하신 대로 준행遵行할 것임을 알리는 내용이며, ㉰「여유관찰」은 정약용이 요즘 서울에서의 물의物議가 「장계狀啓」로 현지의 사정을 즉시 보고하지 않은 것 때문에 대단한 의혹이 있는 것처럼 알려져 있다는 소문을 듣고 유관찰사에게 잘 헤아려 처리해줄 것을 부탁하는 내용임. ●⑪「상목재서【이선생삼환, 호목재○을묘추. 재금정】上木齋書【李先生森煥, 號木齋○乙卯秋. 在金井】」, 「상목재서上木齋書」, 「상목재서上木齋書」, 「상목재서上木齋書」, 「상목재서上木齋書」, 「상목재서上木齋書」: ㉮「상목재서【이선생삼환, 호목재○을묘추. 재금정】」는 정약용이 이삼환李森煥[木齋] 선생에게 올린 편지로, 이익李瀷[星湖]의 학문적 업적을 찬양하고 가까운 시일에 절에서 사우士

비 고	友들이 회합하여 성호유고星湖遺稿를 교정할 계획에 대해 상의하는 내용이고, ㉯「상목재서」는 정약용이 일전에 선생 댁을 방문하여 가르침을 받은 것에 감사하고 선생의 환후에 인삼 몇 돈을 보내드릴 것을 약속하는 한편, 이미 마땅한 절을 답사하여 물색해두었고 일체의 비용은 본인이 부담할 예정이니 환후가 쾌차하시면『가례질서家禮疾書』와 여타 서적을 지참하시고 절에 가셔서 자신에게 기별해주실 것을 부탁하는 내용이며, ㉰「상목재서」는 정약용이 성호유고를 교정하는 일이 지연되고 있음을 걱정하면서 선생께서 용단을 내려 시행해주실 것을 부탁드리는 내용이고, ㉱「상목재서」는 정약용이 성호유고를 교정한 회합에 대해 근래 비방하는 말이 있다는 소문을 듣고 염려하실 필요가 없음을 알리는 내용이며, ㉲「상목재서」는 정약용이 보낸 답서答書로, 폭건幅巾,『시경詩經』의「관저關雎」장의 의미 등에 대해 자신의 견해를 부기하고 있는 내용이고, ㉳「상목재서」는 정약용이 서울로 올라오며 제대로 인사를 드리지 못했음에 사죄하면서, 서암西巖에서의 강학講學 모임은 매우 드문 일임에 이를 계기로 이후에도 편지로 계속 가르침을 받을 수 있기를 바라는 내용임. ●⑫ 온양溫陽의 석암사石岩寺: 정약용은 '석암사'에 대해「「봉곡사술지시」서「鳳谷寺述志詩」序」[『全書 3』, p. 27]에서는 '봉곡사鳳谷寺'로,「답이계수【을묘동. 재금정】答李季受【乙卯冬. 在金井】」[『全書 4』, p. 60]에서는 '서암사西巖寺'로 소개하고 있음. ●⑬「답만계【을묘십일월입칠일】答蔓溪【乙卯十一月廿七日】」,「답만계答蔓溪」,「여만계與蔓溪」,「여만계與蔓溪」: ㉮「답만계【을묘십일월입칠일】」는 정약용이 이승훈李承薰[蔓川, 蔓溪]에게서 편지를 받고 보낸 답서答書로, 광주光州의 일과 온양溫陽에서의 강학講學을 둘러싼 정적政敵의 유언비어에는 걱정하지 말 것과 이러한 괴상한 말이 한강漢江을 건너지 못하도록 할 것을 부탁하는 한편, 관찰사觀察使가 왔다고 찰방察訪의 직무인 순찰巡察을 폐하지 않은 것은 충분히 생각하고 한 일이니 크게 염려하지 말 것을 알리는 내용이고, ㉯「답만계」는 정약용이 이승훈이 부동심不動心에 대해 해설한 내용에 적극 공감하면서 부동심에 마음을 두면서도 온순하고 겸손한 자세를 취함이 유가儒家의 양용養勇하는 요법要法임을 강조하는 내용이며, ㉰「여만계」는 정약용이 이승훈에 대한 첨모瞻慕의 정情을 토로하면서 자신은 안심하기安心下氣에 노력하는 중임을 알리는 내용이고, ㉱「여만계」는 혼자 서울로 돌아가게 되어 이승훈에 대한 그리움과 민망한 심정을 전하는 내용임. ●⑭「답이계수【을묘동. 재금정】答李季受【乙卯冬. 在金井】」,「답이계수答李季受」,「답이계수答李季受」: ㉮「답이계수【을묘동. 재금정】」는 정약용이 이익운에게서 편지를 받고 보낸 답서答書로, 자신이 마음에 일어나는 울화증鬱火症을 다스리기가 어려운 사정과 함께 최근 이삼환李森煥[木齋] 선생을 모

비 고	시고 온양溫陽의 서암사西巖寺[鳳谷寺]에서 가졌던 모임을 소개하고 한편, 세모歲暮에 찾아오는 빈객賓客이 많아 독서讀書에 어려움이 있음을 토로하는 내용이고, ㉯ 「답이계수」는 정약용이 이황李滉[退溪]의 『유집遺集』을 읽으며 마음을 다스리고 있는 근황과 함께 서울로 돌아가는 문제는 오로지 임금의 처분을 기다릴 뿐이니 자신을 돕자고 섣불리 개입하지 말 것을 알리는 내용이며, ㉰ 「답이계수」는 정약용이 세모를 당해 더욱 수졸守拙하고 있는 근황과 함께 본인의 마음은 오직 지성至誠으로 임금의 뜻을 널리 천양闡揚하는 데에 있을 뿐이니 이러한 본인의 진심을 헤아려 자신을 구제하려고 서두르지 말 것을 거듭 부탁하는 내용임. ● ⑮ 「상번암채상공【제공】서【을묘동. 재금정】上樊巖蔡相公【濟恭】書【乙卯冬. 在金井】」: 정약용이 채제공蔡濟恭[樊巖]에게 올린 편지로, 천주교인天主敎人들을 바른 길로 인도하라는 가르침과 관련하여 현재는 지난 경술년[1790년, 正祖 14]이나 신해년[1791년, 正祖 15] 간에 비하면 대부분 해결된 상태이며, 혹 1~2명이 미혹되어 옳게 돌아올 줄 모르는 자가 숨어서 출몰하고 있으나 순찰사巡察使와 함께 조사해서 붙잡기로 의논하고 가볍게 석방시키지 않도록 신칙申飭하고 있음을 보고하는 내용임. ● ⑯ 「답오사【을묘동. 재경】答五沙【乙卯冬. 在京】」: 정약용이 이정운李鼎運[五沙]에게서 편지를 받고 보낸 답서答書로, 정조正祖가 정약용이 이존창李存昌[天主敎信者, 1752~1801]을 체포하는 데 공功을 세웠다는 보고를 듣고 정약용을 포장褒獎하여 발탁拔擢하려는 의도에서 이듬해 정월에 충청도관찰사忠淸道觀察使로 부임할 예정인 이정운에게 임지에 도착하면 정약용이 이존창을 체포하는 데 큰 공을 세운 연유와 정황을 상세히 기록한 「장계狀啓」를 올리도록 명하고, 또한 「장계」의 초안은 정약용과 상의하여 만들도록 은밀하게 지시함. 이러한 정조의 뜻을 승지承旨 이익운李益運[鶴鹿]이 정약용에게 찾아와 전했고, 이정운 또한 정약용에게 편지를 보내 정조의 뜻에 따를 것을 종용했으나, 정작 정약용은 도적을 잡았다고 상을 받는 일은 천하에 부끄러운 일이라는 이유를 들어 정조의 뜻을 강하게 거절하는 내용임.

<table>
<tr><td>연 대</td><td>1796년 [정조正祖 20: 병진丙辰]</td><td>나 이</td><td>35세 No. 30</td></tr>
<tr><td>생
평
사
략</td><td colspan="3">● 정월에 이정운李鼎運[五沙]이 충청도관찰사忠淸道觀察使로 부임하게 되었는데, 임금께서 전 관찰사觀察使 유강柳焵이 공公과 함께 모의하여 이존창李存昌[天主敎信者, 1752~1801]을 체포했다는 보고를 들으시고 공을 포장褒奬하여 발탁拔擢하시려는 의도에서 이정운에게 임지에 도착하면 공이 이존창을 체포하는 데 큰 공功을 세운 연유와 정황을 상세히 기록한 「장계狀啓」를 올리도록 명하시고, 또한 「장계」의 초안은 공과 상의하여 만들도록 지시하심. 승지承旨 이익운李益運[鶴鹿]이 공에게 와서 이러한 임금의 하교下敎를 전했으나 공이 도적을 잡았다고 상을 받는 일은 천하에 부끄러운 일이라는 이유로 끝내 임금의 뜻을 어김.①
● 정월에 공이 윤지범尹持範[南皐, 字는 彝敍]에게 편지를 보냄.②
● 정월 17일부터 3월 30일까지 공이 『죽란일기竹欄日記』③를 지음.
● 2월에 윤지범이 임금의 특지로 정언正言에 제수되었으나 서울에 도착하자마자 체직遞職됨에 공을 방문함. 공이 그를 위로하는 시詩를 지음.
● 2월에 공이 금정金井에 있었을 때 백성을 일깨워 교화시킨 공로로 임금께서 공에게 중화척中和尺과 어시御詩를 내려주시며 갱화시賡和詩를 지어 올리라고 명하심. 6일에 공이 갱화시를 지어 올림.
● 봄에 공이 충청도관찰사로 나가는 이정운 공을 송별하는 시를 지음.
● 봄에 공이 임금의 명에 따라 채제공蔡濟恭의 시에 화답한 어제시에 봉화奉和하는 갱화시를 지어 올림.
● 봄에 공이 허목許穆[眉叟, 1595~1682]의 「화상찬畫像贊」을 지음.
● 3월에 이승훈李承薰[蔓川]이 해배됨.
● 4월에 공이 고향 마재[馬峴]에서 배를 타고 충주忠州의 하담荷潭에 있는 선영先塋을 찾아 선친 진주공晉州公의 묘소를 참배함. 이때 공이 우담선생愚潭先生[丁時翰]의 서원인 도동사道東祠를 참배하고, 당숙부堂叔父, 족부族父 해좌옹海左翁[丁範祖], 이부공吏部公, 예산공禮山公 등 인근에 사는 친척을 두루 방문하여 문안인사를 드림. 당시 족부 해좌옹이 만년에 초야에 은거할 목적으로 청시야초당淸時野草堂을 새로 지었는데, 이때 공이 초당을 방문하고 새삼 느낀 바가 있어 「기문記文」을 지음. 돌아오는 길에 신륵사神勒寺를 유람함.
● 5월에 공이 충주忠州로 돌아가는 허복許澓[許穆의 孫子]을 전송하는 시를 지음.
● 5월에 공이 죽란시사竹欄詩社④를 공식적으로 결성함. 공이 죽란시사의 회원會員과 약조約條를 적은 『죽란시사첩竹欄詩社帖』의 「서문序文」을 지음.
● 6월에 승지承旨 신광하申光河가 타계함. 공이 「만사輓詞」를 지음.
● 7월에 공이 윤지범, 이유수李儒修[錦里, 字는 周臣], 한치응韓致應[甹山, 字는 徯</td></tr>
</table>

생평사략	父], 채홍원蔡弘遠[邇叔], 심규로沈奎魯[字는 華五], 이중련李重蓮[輝祖] 등 죽란시사의 친우들과 함께 용산정자龍山亭子에 모여 밤에 뱃놀이를 하며 즐김. 이후에도 공이 죽란시사의 친우들과 주기적으로 모여 술을 마시고 서로 화답하는 시를 지어 친목을 다짐. ●가을에 임금께서 검서관檢書官 유득공柳得恭[冷齋, 1749~?]을 이가환李家煥과 공에게 보내시어 『규장전운옥편奎章全韻玉篇』의 의례義例에 관하여 자문하도록 하심. ●가을에 공이 화성華城으로 돌아가는 윤지범을 전송하는 시를 지음. ●가을에 공이 금정金井에서 교유했던 진사進士 신종수申宗洙의 부고訃告를 듣고 「만사」를 지음. ●가을에 참의參議 채홍원이 영월寧越에 있는 단종릉端宗陵을 배알하러 감에 공이 송별하는 시를 지음. ●가을에 공이 평생 어려움을 같이 했던 친우 이우춘李遇春[春甫]이 서거함에 이를 애도하는 「제문祭文」을 지음. ●10월 1일에 공이 선친 진주공의 친우였던 첨지중추부사僉知中樞府事 남거南居 한공韓公의 서거 1주기를 맞아 「제문」을 지어 올림. ●11월 5일에 넷째아들 '삼동三童'이 태어남. 무오년[1798년]에 요절하였고, 「예명瘞銘」⑤이 있음. ●11월에 공이 명을 받고 규영부교서奎瀛府校書가 됨. 이만수李晩秀[屐翁, 1752~1820]·이재학李在學[芝浦, 1745~1806]·이익진李翼晉[晩香, 1750~1819]·박제가朴齊家[楚亭, 1750~?] 등과 함께 『사기영선史記英選』을 교정校正함. 이때 『규영일기奎瀛日記』⑥와 「기문」을 지음. ●겨울에 공이 규영부교서로 근무하며 『사기史記』의 「화식열전주貨殖列傳注」⑦를 편찬하고 「발문跋文」을 지음. ●겨울에 공이 규영부교서로 근무하며 내고內庫에 소장된 『기기도奇器圖』를 김생金生으로 하여금 옮겨 그리도록 하여 『기기도첩奇器圖帖』을 만들고 「발문」을 지음. ●겨울에 임금께서 공에게 화성華城에 내려가 여러 궁실宮室의 「상량문上梁文」을 지어 올리도록 명하시고, 이어 『어람오경御覽五經』 100편과 『팔자백선八子百選』 등의 여러 책을 내려주시며 제목을 써서 올리라고 명하심. 이날 밤에 임금께서 공의 필체筆體를 칭찬하시고, 이로부터 상을 내려주시는 은혜가 두터웠음. 또한, 공에게 내장內藏의 서적을 열람할 수 있도록 허락하시어 각신閣臣의 예와 같게 하셨으니, 특별한 배려였음. ●겨울에 공이 경흥부慶興府에서 발견된 송제宋帝 때 만들어진 화로火爐를 둘러싼 소문 및 제주濟州의 기녀妓女 만덕萬德이 중동重瞳이라는 소문이 모두 근거 없는 낭설임을 논증한 「변증문辨證文」을 지음.

생평사략		●11월 21일에 공이 병조참지兵曹參知에 제수됨. ●12월 초2일에 공이 우부승지右副承旨에 낙점되었다가 좌부승지左副承旨로 승진함. 다음날 공이 부호군副護軍에 단부單付되고, 연이어 병조참지에 제수됨. ●12월 25일에 교정이 완료된 『사기영선』을 올려 공이 상을 받았으나, 곧바로 오자誤字가 발견되어 이익진과 함께 파직됨. ●12월 30일에 공이 다시 부호군에 제수됨.
저작	시	●「윤이서이특지위정언, 기지경체직, 과여우명례방, 희위일편尹彝敍以特旨爲正言, 旣至京遞職, 過余于明禮坊, 戲爲一篇」: 『전서全書 1』, p. 303. ●「갱화내사중화척겸간어시운【병진이월초육일】賡和內賜中和尺兼簡御詩韻【丙辰二月初六日】」: 『전서全書 1』, pp. 303~304. ●「화사곡윤일인【용겸】유별운이수和沙谷尹逸人【用謙】留別韻二首」: 『전서全書 1』, p. 304. ●「송이공【정운】관찰호서送李公【鼎運】觀察湖西」: 『전서全書 1』, p. 304. ●「채상국매지화성, 첩부시영권, 상징기권, 화기사시. 기중「가순홍범산, 야환행궁」시, 영신용갱진, 신공화이진蔡相國每至華城, 輒賦詩盈卷, 上徵其卷, 和其四詩. 其中「駕巡洪範山, 夜還行宮」詩, 令臣鏞賡進, 臣恭和以進」: 『전서全書 1』, pp. 304~305. ●「봉화성제「지지대주필」운奉和聖製「遲遲臺駐蹕」韻」: 『전서全書 1』, p. 305. ●「봉화성제「친향대보단」운奉和聖製「親享大報壇」韻」: 『전서全書 1』, p. 305. ●「장부충주, 출국동문작【사월초육일】將赴忠州, 出國東門作【四月初六日】」: 『전서全書 1』, p. 305. ●「도구려술감到舊廬述感」: 『전서全書 1』, p. 306. ●「소천우윤일인【용겸】苕川遇尹逸人【用謙】」: 『전서全書 1』, p. 306. ●「행차남자주行次藍子洲」: 『전서全書 1』, p. 306. ●「방당숙부옥천산거【즉양근구읍】訪堂叔父玉泉山居【卽楊根舊邑】」: 『전서全書 1』, p. 306. ●「숙자진포宿紫眞浦」: 『전서全書 1』, p. 306. ●「등청심루登淸心樓」: 『전서全書 1』, p. 307. ●「제윤일인지정題尹逸人池亭」: 『전서全書 1』, p. 307. ●「알도동사【즉우담선생서원】謁道東祠【卽愚潭先生書院】」: 『전서全書 1』, p. 307. ●「유제족부해좌옹산거留題族父海左翁山居」: 『전서全書 1』, pp. 307~308. ●「도하담【사월십사일】到荷潭【四月十四日】」: 『전서全書 1』, pp. 308~309. ●「증박군【두채】贈朴君【斗采】」: 『전서全書 1』, p. 309. ●「목계방김좌랑【상우】불우木溪訪金佐郎【商雨】不遇」: 『전서全書 1』, p. 309. ●「이하담【십육일】離荷潭【十六日】」: 『전서全書 1』, p. 309. ●「「의란」, 미우인야「猗蘭」, 美友人也」: 『전서全書 1』, pp. 309~310. ●「가흥강방선【병진사월십육일】嘉興江放船【丙辰四月十六日】」: 『전서全書 1』, p. 312.

저작	시	●「족부이부공산장, 부득정전괴석族父吏部公山莊, 賦得庭前怪石」: 『전서全書 1』, p. 312. ●「유제족부예산공산거留題族父禮山公山居」: 『전서全書 1』, p. 313. ●「증숙윤贈叔胤」: 『전서全書 1』, p. 313. ●「범주지섬강구, 회족부해좌【범조】댁汎舟至蟾江口, 懷族父海左【範祖】宅」: 『전서全書 1』, p. 313. ●「간기황진사【덕정】은거簡寄黃進士【德正】隱居」: 『전서全書 1』, p. 313. ●「등신륵사동대登神勒寺 東臺」: 『전서全書 1』, p. 313. ●「주중작舟中作」: 『전서全書 1』, p. 314. ●「체우숙이애滯雨宿梨厓」: 『전서全書 1』, p. 314. ●「조발이애早發梨厓」: 『전서全書 1』, p. 314. ●「과어가過漁家」: 『전서全書 1』, p. 314. ●「체풍숙대탄滯風宿大灘」: 『전서全書 1』, p. 314. ●「양강우어자楊江遇漁者」: 『전서全書 1』, p. 315. ●「주과월계舟過粵谿」: 『전서全書 1』, p. 315. ●「망용문산望龍門山」: 『전서全書 1』, pp. 315~316. ●「간기윤남고【윤이서】簡寄尹南皐【尹彝敍】」: 『전서全書 1』, p. 316. ●「박치옥【두채】지, 차김좌현사군유람지작朴穉玉【斗采】至, 次金佐賢四郡游覽之作」: 『전서全書 1』, p. 316. ●「송허자옹귀충주【명복, 허상공적지손】送許子翁歸忠州【名馥, 許相公積之孫】」: 『전서全書 1』, p. 316. ●「증별이사원【정모】귀영천贈別李士元【廷模】歸永川」: 『전서全書 1』, pp. 316~317. ●「억남고대우憶南皐對雨」: 『전서全書 1』, p. 317. ●「제이주신산정【주신시주장흥방】題李周臣山亭【周臣時住長興坊】」: 『전서全書 1』, p. 317. ●「산정치우山亭値雨」: 『전서全書 1』, p. 317. ●「수홍칠【낙진】酬洪七【樂眞】」: 『전서全書 1』, pp. 317~318. ●「수김좌랑【상우】酬金佐郞【商雨】」: 『전서全書 1』, p. 318. ●「중기홍칠重寄洪七」: 『전서全書 1』, p. 318. ●「화채이숙【홍원】세검정지작和蔡邇叔【弘遠】洗劍亭之作」: 『전서全書 1』, p. 318. ●「수김좌현【상우】酬金佐賢【商雨】」: 『전서全書 1』, p. 319. ●「봉간번암상공북원연석奉簡樊巖相公北垣宴席」: 『전서全書 1』, p. 319. ●「죽란사회, 부득「신청」竹欄社會, 賦得「新晴」」: 『전서全書 1』, p. 319. ●「봉간해좌옹奉簡海左翁」: 『전서全書 1』, p. 320. ●「봉간종려윤참판【필병】奉簡棕廬 尹參判【弼秉】」: 『전서全書 1』, p. 320. ●「봉간기천채판서【홍리】奉簡岐川 蔡判書【弘履】」: 『전서全書 1』, p. 320. ●「봉간오사이참판【정운】奉簡五沙 李參判【鼎運】」: 『전서全書 1』, p. 320. ●「봉간학록이승지【익운】奉簡鶴麓 李承旨【益運】」: 『전서全書 1』, p. 321.

저작	시	●「대월주필, 기남고對月走筆, 寄南皐」: 『전서全書 1』, p. 321. ●「중기남고重寄南皐」: 『전서全書 1』, p. 321. ●「기무구【신승지광하, 호진택. 무구, 기생야】寄无咎【申承旨光河, 號震澤. 无咎, 其甥也】」: 『전서全書 1』, p. 321. ●「우기남고오절구又寄南皐五絶句」: 『전서全書 1』, p. 322. ●「음주이수飮酒二首」: 『전서全書 1』, p. 322. ●「신승지【광하】만사【육월삼십일졸】申承旨【光河】輓詞【六月三十日卒】」: 『전서全書 1』, p. 322. ●「동제우유용산정자【윤이서·이주신·한혜보·채이숙·심화오·이휘조제인야. 칠월십육일】同諸友游龍山亭子【尹彝敍·李周臣·韓徯甫·蔡邇叔·沈華五·李輝祖諸人也. 七月十六日】」: 『전서全書 1』, pp. 322~323. ●「전호범월前湖汎月」: 『전서全書 1』, p. 323. ●「봉간해좌奉簡海左」: 『전서全書 1』, p. 323. ●「봉간백씨奉簡伯氏」: 『전서全書 1』, p. 323. ●「죽란소집, 여자오인, 각부사시, 위사인월조지평, 부득자찬竹欄小集, 與者五人, 各賦四詩. 爲四人月朝之評, 不得自贊」: 『전서全書 1』, p. 324. ●「월야회이형月夜懷李兄」: 『전서全書 1』, p. 324. ●「이계수댁, 동제공부【윤참판필병·채판서홍리·이참판정운형제제인야】李季受宅, 同諸公賦【尹參判弼秉·蔡判書弘履·李參判鼎運兄弟諸人也】」: 『전서全書 1』, pp. 324~325. ●「월야우회이형月夜又懷李兄」: 『전서全書 1』, p. 325. ●「죽란소집, 부득「적우신청」, 봉시번암대로竹欄小集, 賦得「積雨新晴」, 奉示樊巖大老」: 『전서全書 1』, p. 325. ●「이주신댁소집李周臣宅小集」: 『전서全書 1』, p. 325. ●「주신댁, 부득「퇴조화저산」, 봉시번암대로周臣宅, 賦得「退朝花底散」, 奉示樊巖大老」: 『전서全書 1』, p. 325. ●「봉화백씨망하루지작奉和伯氏望荷樓之作」: 『전서全書 1』, p. 326. ●「증별유사현【태좌】귀안동【유시위승문원정자】贈別柳士鉉【台佐】歸安東【柳時爲承文院正字】」: 『전서全書 1』, p. 326. ●「추일죽란견흥秋日竹欄遣興」: 『전서全書 1』, p. 326. ●「남고지南皐至」: 『전서全書 1』, pp. 326~327. ●「이계수댁, 배대릉제로음【윤참판필병·채판서홍리·이참판정운형제야】李季受宅, 陪大陵諸老飮【尹參判弼秉·蔡判書弘履·李參判鼎運兄弟也】」: 『전서全書 1』, p. 327. ●「동남고죽란소음同南皐 竹欄小飮」: 『전서全書 1』, p. 327. ●「계각溪閣」: 『전서全書 1』, p. 328. ●「추야죽란소집, 매득일편, 남고위여낭송, 기성청절애완, 영인읍하. 요문기성, 희위절구, 의부재시, 수다무졸. 본십구수, 금산지, 녹십수秋夜竹欄小集, 每得一篇, 南皐爲余朗誦, 其聲淸切哀婉, 令人泣下. 要聞其聲, 戲爲絶句, 意不在詩, 遂多蕪拙. 本十九首, 今刪之, 錄十首」: 『전서全書 1』, pp. 328~329.

<table>
<tr><td rowspan="3">저
작</td><td>시</td><td>●「죽란월야, 동남고음【구월】竹欄月夜, 同南皐飮【九月】」: 『전서全書 1』, p. 329.
●「송남고, 환화성送南皐, 還華城」: 『전서全書 1』, pp. 329~330.
●「죽란국화성개, 동수자야음【주신·혜보·무구야】竹欄菊花盛開, 同數子夜飮【周臣·傒甫·无咎也】」: 『전서全書 1』, p. 330.
●「화하독작花下獨酌」: 『전서全書 1』, p. 330.
●「허거비【시】선생천장만사許去非【是】先生遷葬輓詞」: 『전서全書 1』, p. 330.
●「신진사【종수】만사申進士【宗洙】輓詞」: 『전서全書 1』, pp. 330~331.
●「억김좌현, 간기이수憶金佐賢, 簡寄二首」: 『전서全書 1』, p. 331.
●「송별채이숙참의영월알릉지행送別蔡邇叔參議寧越謁陵之行」: 『전서全書 1』, p. 331.
●「동일봉지직규영부교서, 동이【만수】직학·이【익진】승지, 몽사내찬, 공술은례冬日奉旨直奎瀛府校書, 同李【晚秀】直學·李【翼晋】承旨, 蒙賜內饌, 恭述恩例」: 『전서全書 1』, pp. 331~332.
●「중희당사대, 논『사기』·『한서』, 퇴술옥음, 위「영사시」오수重熙堂賜對, 論『史記』·『漢書』, 退述玉音, 爲「詠史詩」五首」: 『전서全書 1』, p. 332.
●「불역쾌재행이십수不亦快哉行二十首」: 『전서全書 1』, pp. 333~334.
●「시사언詩四言」: 『전서全書 1』, p. 335.</td></tr>
<tr><td>문</td><td>●「경흥송제로변慶興宋帝爐辨」: 『전서全書 2』, pp. 349~350.
●「중동변重瞳辨」: 『전서全書 2』, p. 362.
●「고우의정미수허공화상찬故右議政眉叟許公畵像贊」: 『전서全書 2』, p. 385.
●「『죽란시사첩』서『竹欄詩社帖』序」: 『전서全書 3』, pp. 28~29.
●「청시야초당기淸時野草堂記」: 『전서全書 3』, p. 108.
●「규영부교서기奎瀛府校書記」: 『전서全書 3』, pp. 108~109.
●「발『기기도첩』跋『奇器圖帖』」: 『전서全書 3』, p. 133.
●「발동산자『화식전주』跋東山子『貨殖傳注』」: 『전서全書 3』, pp. 136~137.
●「승문원부정자윤공【명상】묘지명【병진】承文院副正字尹公【命相】墓誌銘【丙辰】」: 『전서全書 3』, pp. 311~312.
●「제첨지중추부사남거한공문祭僉知中樞府事南居韓公文」: 『전서全書 3』, pp. 332~333.
●「제춘보문【이우춘, 자춘보】祭春甫文【李遇春, 字春甫】」: 『전서全書 3』, p. 335.
●「여윤이서【병진정월】與尹彝叙【丙辰正月】」: 『전서全書 4』, pp. 86~87.②
●「상감원서【병진】上弇園書【丙辰】」: 『전서全書 4』, pp. 89~91.
●『죽란일기竹欄日記』: 『전서全書 37』, pp. 77~79.[『與猶堂全書補遺 III』에 수록되어 있음]
●『규영일기奎瀛日記』: 『전서全書 37』, pp. 80~82.[『與猶堂全書補遺 III』에 수록되어 있음]</td></tr>
<tr><td>경
집</td><td></td></tr>
</table>

<table>
<tr><td>저작</td><td>기타</td><td>○「죽란화목기竹欄花木記」: 『전서全書 3』, pp. 110~111.
○「답복암答茯菴」: 『전서全書 4』, pp. 56~57.
○「여윤이서與尹彝叙」: 『전서全書 4』, p. 87.
○「여윤이서與尹彝叙」: 『전서全書 4』, p. 87.</td></tr>
<tr><td colspan="2">비고</td><td>●① 이 일과 관련하여 조성을(2016: 356~357)은 "1월 2일: 『사금영장계辭錦營狀啓』를 올렸다"고 소개하고 있는데, 이는 오류임. 『다산연보茶山年譜』에는 "병진년丙辰年 정월正月 초2일에 금영장계錦營狀啓에 관한 일을(정약용이: 필자 주) 사양하였다(丙辰正月【初二日】, 辭錦營狀啓事)"라고 소개하고 있음. 여기서 '금영장계사錦營狀啓事'란 정조正祖가 정약용이 금정도찰방金井道察訪으로 재직하며 천주교도 이존창李存昌을 체포하는 데 큰 공을 세웠다는 보고를 받고 이를 명분으로 다시 그를 발탁拔擢하여 중용重用하려는 정치적 의도에서 마침 충청도관찰사忠淸道觀察使로 부임하는 이정운李鼎運[五沙]에게 임지에 도착하면 정약용이 공을 세운 연유와 정황을 상세히 기록한 「장계狀啓」를 올리도록 명하고, 또한 「장계」의 초안은 정약용과 상의하여 만들도록 지시한 사건을 말함. 물론 정약용은 이러한 정조의 의도를 승지承旨 이익운李益運[鶴鹿]을 통해 은밀히 전달받고 일면 감읍感泣하면서도 또한 이 일이 염치廉恥없는 일이라 판단하여 「장계」의 초안을 만드는 데 협조하지 않았을 뿐만 아니라 나아가 관찰사 이정운에게도 편지를 보내 자신에게 공을 돌리는 「장계」를 올리지 말 것을 강력하게 종용한 바 있음.
●② 「여윤이서【병진정월】與尹彝叙【丙辰正月】」: 정약용이 죽란시사竹欄詩社의 친우인 윤지범尹持範[南皐, 字는 彝敍]에게 보낸 편지로, 작년 연말에 화성華城을 지나가면서도 찾아보지 못한 일을 사과하는 한편, 평상시에 사부詞賦를 짓는 데만 골몰하지 말고 본원本源과 실지實地 상에 나아가 함양涵養하는 공부에 더욱 힘쓸 것을 충고하는 내용임.
●③ 『죽란일기竹欄日記』: 이 글은 정약용이 금정金井에서 돌아온 직후인 병진년[1796년, 正祖 20] 정월부터 3월까지 기록한 일기로서, 말미에 「조기감회【금정귀후】早起感懷【金井歸後】」란 시詩가 부기되어 있으며, 『금정일록金井日錄』의 「부록附錄」으로 수록되어 있음. 일기는 정월 17일, 3월 7일, 12일, 15일, 16일, 19일, 28일, 30일에 걸쳐 모두 8일분의 내용으로 구성되어 있으며, 부기된 「조기감회【금정귀후】」란 시는 을묘년[1795년, 正祖 19]에 지은 「독퇴도유서讀退陶遺書」[『全書 1』, p. 301]란 시를 개제改題한 것임.
●④ 죽란시사竹欄詩社: '죽란竹欄'은 '죽란서옥竹欄書屋'이라고도 하며, 명례방明禮坊에 있던 정약용의 거처를 말함. 당시 정약용이 뜰 한쪽에 안석류安石榴·매화梅花·치자梔子·산다山茶·금잔화金盞花·은대화銀臺花·파초芭蕉·벽오</td></tr>
</table>

비 고	동碧梧桐·만향蔓香·국화菊花·부용芙蓉 등을 심은 화분을 배치하여 화단을 만들고 대나무로 난간을 세운 데서 그 명칭이 유래함. 여기서 정약용은 채홍원蔡弘遠과 함께 의논하여 시사詩社를 결성하고 이를 '죽란시사'라고 부름. 처음에 모두 15인으로 구성되었는데, 채홍원蔡弘遠[邇叔, 1762~?], 정약용丁若鏞, 정약전丁若銓[巽菴, 1758~1816], 이유수李儒修[錦里, 字는 周臣, 1758~1822], 홍시제洪時濟[字는 約汝, 1758~?], 이석하李錫夏[聖勖, ?~?], 이치훈李致薰[子和, ?~?], 이주석李周奭[良臣, ?~?], 한치응韓致應[粤山, 字는 徯父, 1760~1824], 유원명柳遠鳴[振玉, ?~?], 심규로沈奎魯[字는 華五, 1761~?], 윤지눌尹持訥[小皐, 字는 无咎, 1762~1815], 신성모申星模[景甫, ?~?], 한백원韓百源[元禮, ?~?], 이중련李重蓮[輝祖, ?~?]임. 이 외에 윤지범尹持範[南皐, 字는 彝敍, 1752~1821] 등도 참여하였음. ● ⑤ 「예명瘞銘」: 「유자삼동예명幼子三童瘞銘」[『全書 3』, pp. 325~326]을 말함. ● ⑥ 『규영일기奎瀛日記』: 정약용이 병진년[1796년, 正祖 20] 11월 16일에 규영부교서奎瀛府校書에 임명되어 『사기영선史記英選』을 교정校正하고 12월 1일에 병조참지兵曹參知에 제수되어 떠날 때까지 지은 일기로서, 11월 16일과 17일 이틀의 기록이 남아있음. 여기에는 이때 교정한 책의 이름으로 '반마문선班馬文選', '마반문선馬班文選', '곤륜정척昆侖正脊'과 같은 안이 제기되었다가 최종적으로 '사기영선'으로 결정된 사정이 소개되어 있음. ● ⑦ 「화식열전주貨殖列傳注」: 정약용이 쓴 「발문跋文」에 따르면, 이 책은 원래 선친 진주공晉州公의 친우였던 정양흠鄭亮欽[東山子]이 편찬했던 것인데, 정약용이 규영부교서奎瀛府校書로서 『사기史記』를 교정校正하면서 이를 저본으로 하여 완성한 저술로 추측됨.

<table>
<tr><th>연 대</th><th>1797년 [정조正祖 21: 정사丁巳]</th><th>나 이</th><th>36세</th><th>No. 31</th></tr>
<tr><td>생평사략</td><td colspan="4">●정월 1일에 임금께서 공公을 비궁閟宮①으로 특별히 불러 음식을 대접하시면서 토란의 별명과 속명, 두시杜詩와 「원앙전袁盎傳」의 구절에 대해 질의하시고, 또한 사한제의史漢諸義에 대해서도 토론하심.
●정월에 윤지범尹持範[南皐, 字는 彝敍]이 공을 방문함. 당시 윤지범은 충청도忠淸道 임천군수林川郡守에 제수됨.
●3월 6일에 공이 절제節製②의 대독관對讀官으로 명을 받고 희정당熙政堂에 입시入侍함.
●3월 6일에 공이 대유사大酉舍③에서 음식을 베풀어주신 데 나아가 참석하고, 임금의 명命을 받들어 교서관校書館에 입직入直하면서 이서구李書九[惕齋, 1754~1825]·윤광안尹光顔[盤湖, 1757~1815]·이상황李相璜[桐漁, 1763~1841]과 함께 『주자강목朱子綱目』의 예에 따라 『춘추좌씨전春秋左氏傳』을 교정校正함.
●봄에 선성宣城에 기린麒麟이 나타났다는 소문을 듣고 공이 임금의 치적治績과 아름다운 덕德을 칭송하는 「송頌」을 지음.
●봄에 탐라耽羅의 기생 만덕萬德이 금강산金剛山 유람을 마치고 고향으로 돌아갈 때 얻은 「진신대부증별시권搢紳大夫贈別詩卷」에 공이 「제사題詞」를 지음.
●봄에 공이 이익진李翼晉[晩香, 字는 穉明, 1750~1819] 공公에게 편지를 보냄.④
●4월에 공이 소유사小酉舍③에서 임금을 모시고 연회에 참석하고, 이를 기리는 시詩를 지음.
●4월에 공이 임금의 명命을 받들어 이문원摛文院⑤에 들어가 이서구李書九·김조순金祖淳[楓皐, 1765~1831]·이상황李相璜·김이교金履喬[竹里, 1764~1832]와 함께 두보杜甫의 시詩를 교정함. 이때 이의준李義駿[字는 仲命, 1738~1798]·이만수李晩秀[屐翁, 1752~1820]·남공철南公轍[金陵, 1760~1840]은 규영부奎瀛府⑤에서 육방옹陸放翁의 시詩를 교열校閱했는데, 어느 쪽이 빠른지 내기를 함.
●5월 초하룻날에 공이 고향 소내[苕川]로 나가 단옷날에 두 분 형님을 모시고 천진암天眞庵을 유람함. 「기문記文」이 있음.
●5월에 윤지눌尹持訥[小皐, 字는 无咎]이 철원鐵原으로 유배감에 공이 전송하는 시를 지음. 윤지눌이 10일 만에 해배되어 돌아옴에 공이 다시 이를 기뻐하는 시를 지음.
●5월에 명례방明禮坊의 죽란서옥竹欄書屋에서 윤지범, 이유수李儒修[錦里, 字는 周臣], 한치응韓致應[粤山, 字는 徯父]과 함께 모여 「전가하사田家夏詞」 80운韻을 지음.
●여름에 공이 당시 이조참판吏曹參判으로 재직 중인 족부族父 해좌공海左公[丁範祖]에게 장문의 시를 지어 올려 본인의 심회心懷를 개진함.
●6월 20일에 공이 동부승지同副承旨에 제수되었으나 상소하여 사직하면서 마음속에 품고 있던 생각을 진술함. 이를 일컬어 일명 '자명소自明</td></tr>
</table>

생평사략	疏'라고도 함. 이때 『함주일록含珠日錄』⑥도 지음. ●6월 25일에 공이 두시杜詩를 교정한 공로로 임금으로부터 청심환淸心丸 등을 상으로 받음. 같은 날에 공이 박제가朴齊家를 방문하여 『북학의北學議』를 처음으로 봄. ●윤6월 1일에 공이 임금의 명을 받아 『사기찬주史記纂註』의 편찬을 시작함. ●윤6월 2일에 공이 곡산부사谷山府使에 제수됨. 공이 부임한 이래, 아전의 농간에 항의하다 죄인으로 몰린 이계심李啓心이 자수해옴에 그를 방면하고, 고마고雇馬庫의 가하전加下錢을 조사하고, 벌꿀에 지나치게 부세賦稅하는 것을 바로잡고, 검지법檢地法을 시행하여 살인한 도적을 엄습해 잡고, 겸제원兼濟院을 설립하여 귀양살이하는 사람들의 거처를 편안하게 해주고, 정당政堂을 새로 건립하고, 호적戶籍·관고官庫·과사課士를 위시한 여덟 가지 행정行政을 시행하는 법규法規[八規]를 새로 제정하는 등의 여러 가지 치적治績을 남김. ●가을에 공이 판서判書 이조원李祖源[板橋, 1735~1806] 공에게 편지를 보냄.⑦ ●9월에 공이 문성보文城堡를 유람하고, 여기서 배를 타고 오연산烏淵山을 오름. ●9월에 공이 문성진文城鎭[문성보]의 아병牙兵 문제와 관련하여 두 차례 「장계狀啓」를 올림. ●9월에 공이 재령군載寧郡에 연군鉛軍을 파견하라는 공문을 받고 보내기 어렵다는 내용의 「장계」를 올림. ●9월에 공이 해주海州에서 성시고관省試考官을 수행한 다음 곡산谷山으로 돌아와 용연龍淵[神德王后의 故宅], 치마곡馳馬谷, 조음동鳥吟洞을 차례로 유람함. ●10월에 군사軍士를 동원하여 토산兎山의 도적을 토벌하라는 황해도관찰사黃海道觀察使의 공문이 옴. 이에 공이 소리小吏와 소교小校를 동원하여 도적의 우두머리 10여 명을 잡아와 조사함에 모두 양민良民임이 밝혀져 석방하고, 대신 양민을 도적으로 모함한 토산의 장교將校를 잡아다 징치懲治함. ●겨울에 공이 황해도관찰사黃海道觀察使 이의준李義駿[字는 仲命, 1738~1798] 공公에게 편지를 보냄.⑧ ●겨울에 공이 『마과회통麻科會通』⑨ 초고본을 완성함. ●겨울에 공이 황해도관찰사 이의준 공에게 편지를 보냄.⑩ ●겨울에 공이 상공相公 채제공蔡濟恭[樊巖]에게 편지를 올림.⑪ ●겨울에 공이 황해도관찰사 이의준 공에게 편지를 보냄.⑫ ●겨울에 공이 윤지익尹持翼[季軫]에게 편지를 보냄.⑬ ●12월에 공이 지난 3월에 교정에 참여했던 『춘추좌씨전』이 주자소鑄字所에서 새로 인쇄되어 나옴에 임금께서 공에게 아마兒馬 1필을 상으로 내림.

저작	시	●「남고지【정사정】南皐至【丁巳正】」: 『전서全書 1』, p. 335. ●「봉지동이【서구】승지·윤【광안】·이【상황】제료, 취외각교『춘추』【명방『주자강목』, 합경전위서】奉旨同李【書九】承旨·尹【光顔】·李【相璜】諸僚, 就外閣校『春秋』【命倣『朱子綱目』, 合經傳爲書】」: 『전서全書 1』, p. 335. ●「춘일소유사시연春日小酉舍侍宴」: 『전서全書 1』, p. 336. ●「이문원동제학사교『두시』【이서구·김조순급이상황·김이교】摛文院同諸學士校『杜詩』【李書九·金祖淳及李相璜·金履喬】」: 『전서全書 1』, p. 336. ●「하일독좌, 간기채이숙夏日獨坐, 簡寄蔡邇叔」: 『전서全書 1』, p. 336. ●「장유소천, 배백씨만출독주작【오월일일】將游苕川, 陪伯氏晩出纛洲作【五月一日】」: 『전서全書 1』, p. 336. ●「과몽동주, 주중희위절구삼수過甏甋洲, 舟中戲爲絶句三首」: 『전서全書 1』, p. 337. ●「상뢰上瀨」: 『전서全書 1』, p. 337. ●「승소정소류, 숙미음촌乘小艇泝流, 宿渼陰村」: 『전서全書 1』, p. 337. ●「단오일, 배이형유천진암【초사일숙사】端午日, 陪二兄游天眞庵【初四日宿寺】」: 『전서全書 1』, pp. 337~338. ●「사석寺夕」: 『전서全書 1』, p. 338. ●「조기【단오일작】早起【端午日作】」: 『전서全書 1』, p. 338. ●「산중감회山中感懷」: 『전서全書 1』, p. 339. ●「이주신산정치우, 동제우견흥삼십운【용점운법】, 기자삼십, 매서일운, 저지병중, 임사일기, 점철성문李周臣山亭値雨, 同諸友遣興三十韻【用拈韻法】, 棋子三十, 每書一韻, 貯之甁中, 任𤁡一棋, 點綴成文」: 『전서全書 1』, p. 339. ●「송윤무구적철원送尹无咎謫鐵原」: 『전서全書 1』, p. 340. ●「재십일무구유환, 부차전운纔十日无咎有還, 復次前韻」: 『전서全書 1』, p. 340. ●「죽란소집, 여윤이서·이주신·한혜보, 부득「전가하사」팔십운【용기자점운법】竹欄小集, 與尹彝叙·李周臣·韓徯父, 賦得「田家夏詞」八十韻【用棋子拈韻法】」: 『전서全書 1』, pp. 340~342. ●「하일술회, 봉간족부이조참판夏日述懷, 奉簡族父吏曹參判」: 『전서全書 1』, pp. 342~350. ●「장부곡산, 사전일창연유작將赴谷山, 辭殿日悵然有作」: 『전서全書 1』, p. 350. ●「임진성루피서, 시남【속】수안臨津城樓避暑, 示南【涑】遂安」: 『전서全書 1』, p. 350. ●「송경회고오수松京懷古五首」: 『전서全書 1』, p. 351. ●「청석곡행靑石谷行」: 『전서全書 1』, pp. 351~352. ●「해주부용당, 동정【술인】판관음海州 芙蓉堂, 同鄭【述仁】判官飮」: 『전서全書 1』, p. 352. ●「지금천, 영처자환부, 도중유작至金川, 領妻子還府, 途中有作」: 『전서全書 1』, p. 352.

저작	시	● 「「적기행」, 시최생「赤驥行」, 示崔生」: 『전서全書 1』, pp. 352~353. ● 「구일유문성보九日游文城堡」: 『전서全書 1』, p. 353. ● 「오연범주오수烏淵汎舟五首」: 『전서全書 1』, pp. 353~354. ● 「홀곡행, 정수안수笏谷行, 呈遂安守」: 『전서全書 1』, p. 354. ● 「희증서흥도호임군【성운○시여수안수, 동지해주, 고성시회】戲贈瑞興都護林君【性運○時與遂安守, 同至海州, 考省試回】」: 『전서全書 1』, p. 354. ● 「용연【신덕왕후고택야. 재부남삼리】龍淵【神德王后故宅也. 在府南三里】」: 『전서全書 1』, p. 355. ● 「치마곡【재부북팔십리】馳馬谷【在府北八十里】」: 『전서全書 1』, p. 355. ● 「조음동【재부북동육십리】鳥吟洞【在府北東六十里】」: 『전서全書 1』, p. 355. ● 「노인령老人嶺」: 『전서全書 1』, p. 356.
	문	● 「변방사동부승지소【정사】辨謗辭同副承旨疏【丁巳】」: 『전서全書 2』, pp. 167~174. ● 「논문성진아병사장論文城鎭牙兵事狀」: 『전서全書 2』, pp. 252~253. ● 「청문성진아병취점퇴정사장請文城鎭牙兵聚點退定事狀」: 『전서全書 2』, p. 255. ● 「재령군소언시연군부득기송사장載寧郡疏堰時鉛軍不得起送事狀」: 『전서全書 2』, p. 256. ● 「선성획린송【병서】宣城獲麟頌【并序】」: 『전서全書 2』, pp. 381~382. ● 「유천진암기游天眞菴記」: 『전서全書 3』, pp. 109~110. ● 「발방어사박공【진영】가소장「진강유격부패」跋防禦使朴公【震英】家所藏「鎭江遊擊府牌」」: 『전서全書 3』, pp. 146~147. ● 「제탐라기만덕소득「진신대부증별시권」【을묘, 탐라기, 만덕연진지. 순기원, 금강산야. 유성지령여원】題耽羅妓萬德所得「搢紳大夫贈別詩卷」【乙卯, 耽羅饑, 萬德捐振之. 詢其願, 金剛山也. 有聖旨令如願】」: 『전서全書 3』, p. 168. ● 「제「겸제원절목」후題「兼濟院節目」後」: 『전서全書 3』, pp. 168~169. ● 「상번암상공서【정사동. 재곡산】上樊巖相公書【丁巳冬. 在谷山】」: 『전서全書 4』, p. 45. ⑪ ● 「여오사【이공시위함경도관찰사】與五沙【李公時爲咸鏡道觀察使】」: 『전서全書 4』, pp. 54~55. ● 「여이관찰【의준○정사동. 여재곡산, 이공위황해감사】與李觀察【義駿○丁巳冬. 余在谷山, 李公爲黃海監司】」: 『전서全書 4』, pp. 72~73.⑫ ● 「답이관찰答李觀察」: 『전서全書 4』, pp. 73~74.⑧ ● 「답이관찰答李觀察」: 『전서全書 4』, pp. 74~75.⑩ ● 「답이판서【조원○정사추. 재곡산】答李判書【祖源○丁巳秋. 在谷山】」: 『전서全書 4』, p. 75.⑦ ● 「답홍원백【정사】答洪元伯【丁巳】」: 『전서全書 4』, p. 77. ● 「여이치명【익진○정사】與李稚明【翼晋○丁巳】」: 『전서全書 4』, p. 78.

저작		●「여윤계진【지익○재곡산】與尹季軫【持翼○在谷山】」: 『전서全書 4』, p. 115.⑬ ●『함주일록含珠日錄』: 『전서全書 37』, pp. 83~94.[『與猶堂全書補遺 III』에 수록되어 있음]
	경집	
	기타	●『마과회통麻科會通』: 『전서全書 34』, pp. 43~398. ○「착호장리포수등부득착상장捉虎將吏砲手等不得捉上狀」: 『전서全書 2』, pp. 254~255. ○「답복암【보유】答茯菴【補遺】」: 『전서全書 4』, p. 69. ○「답이판서【시수】答李判書【時秀】」: 『전서全書 4』, p. 69. ○「여홍원백與洪元伯」: 『전서全書 4』, pp. 77~78. ○「답이기경答李基慶」: 『전서全書 4』, p. 85. ○「답만계答蔓溪」: 『전서全書 4』, p. 113. ○「유곡산향교권효문諭谷山鄕校勸孝文」: 『전서全書 4』, pp. 324~328.
비고		●① 비궁閟宮: '종묘宗廟'의 별칭임. ●② 절제節製: '절일제節日製'의 준말로, 성균관유생成均館儒生에게 보이던 시험임. 매년 인일人日[1월 7일], 상사上巳[3월 3일], 칠석七夕[7월 7일], 중양重陽[9월 9일]에 실시하였음. ●③ 대유사大酉舍, 소유사小酉舍: 규장각奎章閣의 부속 건물임. ●④ 「여이치명【익진○정사】與李稚明【翼晋○丁巳】」: 정약용이 이익진李翼晉[晩香, 字는 穉明] 공公에게 보낸 편지로, 정약용이 조보朝報를 보고 공이 밀부密符의 일로 엄한 견책譴責을 당했음을 알고 송구스런 마음을 전하는 내용임. ●⑤ 이문원摛文院, 규영부奎瀛府: '규장각奎章閣'의 별칭임. ●⑥ 『함주일록含珠日錄』: 모두 1권으로, 정약용이 정사년[1797년, 正祖 21] 6월 20일에 동부승지同副承旨에 임명된 날로부터 윤閏6월 초2일에 곡산부사谷山府使에 제수되고 동월 초6일에 정조正祖에게 사은숙배謝恩肅拜하고 임지로 떠나는 날까지 모두 17일간의 일을 기록한 글임. '함주含珠'란 죽은 자의 입에 물리는 구슬을 말하는바, 이 『함주일록』이란 곧 '할 말이 아무리 많아도 시체처럼 입을 봉하고 지낼 때의 기록'이란 뜻을 가짐. 정약용은 동부승지에 제수된 다음날인 6월 21일에 「변방사동부승지소【정사】辨謗辭同副承旨疏【丁巳】」를 올렸는데, 이 『일록』에는 이 상소문에 대한 당시 조정대신들의 반응도 소개되어 있음. ●⑦ 「답이판서【조원○정사추. 재곡산】答李判書【祖源○丁巳秋. 在谷山】」: 정약용이 판서判書 이조원李祖源[板橋] 공에게서 편지를 받고 보낸 답서答書로, 임

비 고	진성臨津城에 거주하던 고故 지평持平 노성중盧聖中의 권속眷屬을 찾아봐 달라는 부탁을 받고 수소문했으나 이미 이거移居해서 소재를 알 수 없음을 알리는 내용임. ●⑧ 「답이관찰答李觀察」: 정약용이 황해도관찰사黃海道觀察使 이의준李義駿[字는 仲命] 공에게서 편지를 받고 보낸 답서答書로, 금천金川과 토산兎山의 사건에 대해서 본인이 함부로 평의評議할 일은 아니지만 본인이 보기에는 토산 쪽에서 한 일은 모두 착오錯誤이고 금천 쪽에서 한 일은 잘못이 없는 것으로 판단되는바, 토산의 수령守令이 반성하는 것이 좋겠다는 의견을 제시하고 있는 내용임. ●⑨ 『마과회통痲科會通』: 이 책은 정약용이 '홍역紅疫[痲疹]'을 치료하는 여러 가지 처방을 수집하여 기록한 의학서醫學書임. 정약용이 이 책을 저술한 동기는 일찍이 자신도 마진痲疹을 앓은 적이 있었는데 마침 이헌길李獻吉[字는 蒙叟]의 도움으로 목숨을 구했기 때문에 그의 뜻을 잇기 위해서였다고 함. ●⑩ 「답이관찰答李觀察」: 정약용이 황해도관찰사 이의준 공에게서 편지를 받고 보낸 답서答書로, 정약용이 『마과회통痲科會通』 초고본草稿本이 완성되어 관찰사에게 봉정奉呈함을 알리는 한편, 해주海州와 서흥瑞興 두 곳의 수령守令도 간행할 의사가 있는데 옛날 규장각奎章閣에서도 생생자生生字로 인출印出할 의사가 있었음에 먼저 규장각에 연락을 취하여 인출 여부를 확인해드리고자 하니 지레 간행을 서두를 필요는 없음을 알리는 내용임. ●⑪ 「상번암상공서【정사동. 재곡산】上樊巖相公書【丁巳冬. 在谷山】」: 정약용이 상공相公 채제공蔡濟恭[樊巖]에게 올린 편지로, 선친先親의 「묘갈문墓碣文」을 청하는 내용임. ●⑫ 「여이관찰【의준○정사동. 여재곡산, 이공위황해감사】與李觀察【義駿○丁巳冬. 余在谷山, 李公爲黃海監司】」: 정약용이 황해도관찰사 이의준 공에게 보낸 편지로, 『사기찬주史記纂註』의 편찬에 필요한 자료를 부탁하는 한편, 유약눌柳若訥을 천거한 일이 임금에게까지 천문薦聞되고 이로 인해 본인 또한 선배어른들에게 성실하다는 믿음을 받게 됨에 감사하는 내용임. ●⑬ 「여윤계진【지익○재곡산】與尹季軫【持翼○在谷山】」: 정약용이 윤지익尹持翼[季軫]에게 보낸 편지로, 세모歲暮에 근래 그가 아들을 낳았다가 이내 잃었다는 소식을 듣고 부부에게 심심한 위로의 말을 전하면서, 아울러 형님 윤욱경尹燠卿의 안부도 묻는 내용임. 윤지익은 정약용이 곡산谷山으로 부임하기 전에 서울에서 서로 종유從遊하며 가르침을 주고받았던 해남海南 출신의 후배로서, 이듬해인 무오년[1898년, 正祖 22]에 28세의 나이로 요절했으며, 이때 정약용은 그를 위해 애도하는 「묘지명墓誌銘」[『全書 3』, pp. 315~316]을 지었음.

연 대	1798년 [정조正祖 22: 무오戊午]	나 이	37세 No. 32

생평사략

- 봄에 공公이 고려高麗 공민왕恭愍王이 축조했던 북소궁北蘇宮을 유람함.
- 봄에 공이 두 아들 및 두 손님을 대동하고 고달굴高達窟을 유람하고, 「기문記文」을 지음.
- 봄에 공이 지난해에 착공했던 곡산정당谷山政堂을 완공하고, 정당을 새로 건립하게 된 전말을 기록한 「기문」을 지음. 이어 정당을 건립하며 흙을 파내 생긴 웅덩이를 연못으로 조성하고 그 옆에 남은 목재와 석재를 이용해서 누각을 지어 '서향묵미각書香墨味閣'이라 이름 붙이고 두 아들을 거처하게 함. 역시 「기문」이 있음.
- 3월에 공이 관내에 있는 북창北倉과 동창東倉을 차례로 방문하여 백성에게 식량食糧을 방출하고, 배를 타고 인근의 산천山川을 두루 유람함. 중간에 병이 심해져 서창西倉은 방문하지 못하고 곡산 관아로 돌아옴. 「기문」이 있음.
- 4월에 공이 지난해에 편찬을 시작했던 『사기찬주史記纂註』를 완성하여 범례凡例와 유의사항을 적은 「장계狀啓」와 함께 각신閣臣 이만수李晩秀[展翁, 字는 成仲, 1752~1820]를 통해 임금에게 올림. 임금의 답보答報에 "글로 올린 것이 뜻에 적합하니, 매우 다행스러운 일이다"라고 말씀하심. 공이 「장계」를 올리기 전에 이만수에게 편지를 보냄.①
- 여름에 공이 자효사資孝寺를 유람함.
- 여름에 황해도관찰사黃海道觀察使 이의준李義駿[字는 仲命] 공公이 해주海州의 부용당芙蓉堂에서 관내 수령守令들을 초청하여 잔치를 벌였는데, 이에 공도 참석함. 「기문」이 있음. 이때 공은 마침 사관査官으로 해주에 갔었는데, 곡산谷山에서 출발하여 수안遂安을 거쳐 해주에 당도하고, 다시 해주에서 청단역青丹驛, 강서사江西寺, 벽란도碧瀾渡, 연안延安을 거쳐 곡산으로 돌아옴.
- 여름에 공이 상산정사당象山政事堂②의 「상량문上梁文」을 지음.
- 8월 15일에 공이 황해도관찰사 이의준 공과 함께 배를 타고 자하담紫霞潭과 오연烏淵을 유람하고 문성교文城橋로 돌아옴. 시詩와 「기문」이 있음.
- 9월에 지난 병진년[1796년, 正祖 20]에 태어난 넷째아들 삼동三童이 천연두天然痘로 요절함. 공이 「예명瘞銘」을 지어 애도함. 슬픔 중에 연이어 다섯째아들이 태어났으나, 그 역시 태어난 지 열흘 만에 천연두를 앓다가 요절함.③
- 겨울에 공이 곡산부谷山府의 좁쌀을 돈으로 바꾸어 올리라는 영令을 철회하여 주도록 요청하여 허락을 받음.④
- 겨울에 공이 『마과회통麻科會通』 최종본을 완성하고, 「서문序文」을 지음.
- 12월에 공이 「응지론농정소應旨論農政疏」를 지어 올림.

<table>
<tr><td colspan="2">생평사략</td><td>● 이 해에 목화농사가 흉년이 들어 면포綿布가 귀했는데, 공이 칙수전勅需錢⑤과 관봉전官俸錢⑥ 2천여 냥을 활용하여 패서浿西[平安道]지방에서 면포를 사들여 서울로 납부하는 데 우선 충당하고 그 값을 나중에 백성에게 징수하여 갚음으로써 백성의 부담을 대폭 절감함. 또한, 공은 군포軍布는 백성으로 하여금 관청의 뜰에 와서 친히 바치도록 하고, 「오례의도五禮儀圖」에 의거하여 자[尺]를 만들어 백성의 군포를 받으니 군역을 진 백성이 편리하게 여김. 호적戶籍을 작성함에도 침기부砧基簿⑦를 가져다가 종횡표縱橫表를 만드는 동시에 지도地圖를 만들되 경위선經緯線을 그려넣어서 백성의 허실·강약과 땅의 넓고 좁음 및 멀고 가까움을 두루 알 수 있게 함으로써 마을의 호수戶數를 실정에 맞게 조정하는 한편, 적감籍監·적색籍色·적헌籍憲⑧의 규정을 없애버림으로써 기존의 폐단을 척결함. 이와 같이 군포와 호적의 작성 등을 실정에 맞게 잘 처리함으로써 곡산부谷山府의 쇠잔한 백성이 큰 은덕을 입음.⑨</td></tr>
<tr><td>저작</td><td>시</td><td>● 「북소궁춘감【무오○궁재신계현동칠십리, 고려공민왕소축】北蘇宮春感【戊午○宮在新溪縣東七十里, 高麗 恭愍王所築】」: 『전서全書 1』, p. 356.
● 「증박생贈朴生」: 『전서全書 1』, p. 356.
● 「정각성, 만제오수政閣成, 漫題五首」: 『전서全書 1』, pp. 356~357.
● 「천용자가天慵子歌」: 『전서全書 1』, pp. 357~358.
● 「우제동각偶題東閣」: 『전서全書 1』, p. 358.
● 「지각절구池閣絶句」: 『전서全書 1』, pp. 358~359.
● 「지각치우견회池閣値雨遣懷」: 『전서全書 1』, p. 359.
● 「지각야좌池閣夜坐」: 『전서全書 1』, p. 359.
● 「하일교행夏日郊行」: 『전서全書 1』, p. 360.
● 「유자효사游資孝寺」: 『전서全書 1』, p. 360.
● 「부수안도중작赴遂安途中作」: 『전서全書 1』, p. 360.
● 「시신계·서흥이읍재【신계박성규, 서흥임성운】示新溪·瑞興二邑宰【新溪 朴性圭, 瑞興 林性運】」: 『전서全書 1』, pp. 360~361.
● 「부용당야좌芙蓉堂夜坐」: 『전서全書 1』, p. 361.
● 「효발청단역曉發青丹驛」: 『전서全書 1』, p. 361.
● 「자강서사승주지벽란도自江西寺乘舟至碧瀾渡」: 『전서全書 1』, p. 361.
● 「과연안성過延安城」: 『전서全書 1』, pp. 361~362.
● 「금교이찰방【한교】지정유별金郊 李察訪【漢喬】池亭留別」: 『전서全書 1』, p. 362.
● 「독유고달사, 회이찰방, 재용전운獨游高達寺, 懷李察訪, 再用前韻」: 『전서全書 1』, p. 362.
● 「팔월십오일배이관찰【의준】범주자하담, 지오연후월, 범지문성교야환. 차간산수절승, 이전차무인래유, 여여이공실창위지八月十五日陪李觀察【義駿】汎舟紫霞潭, 至烏淵候月, 泛至文城橋夜還. 此間山水絶勝, 而前此無人來游, 余與李公實刱爲</td></tr>
</table>

저작	시	之」: 『전서全書 1』, pp. 362~363. ●「화최사문「유렵편」和崔斯文「游獵篇」」: 『전서全書 1』, p. 363. ●「종응편縱鷹篇」: 『전서全書 1』, pp. 363~364. ●「야유자효사夜游資孝寺」: 『전서全書 1』, p. 364.
	문	●「응지론농정소【무오, 재곡산】應旨論農政疏【戊午, 在谷山】」: 『전서全書 2』, pp. 176~187. ●「진『사기선찬주』계【무오춘, 재곡산】進『史記選纂註』啓【戊午春, 在谷山】」: 『전서全書 2』, pp. 245~247. ●「논문성진아병사장論文城鎭牙兵事狀」: 『전서全書 2』, pp. 252~253. ●「논각양가포이전상납사장論各樣價布以錢上納事狀」: 『전서全書 2』, pp. 253~254. ●「관서소미부득작전사장關西小米不得作錢事狀」: 『전서全書 2』, pp. 259~261. ●「『사림제명록』서【무오】『詞林題名錄』序【戊午】」: 『전서全書 3』, pp. 39~40. ●「『마과회통』서『痲科會通』序」: 『전서全書 3』, pp. 41~42. ●「곡산정당신건기谷山政堂新建記」: 『전서全書 3』, p. 111. ●「서향묵미각기書香墨味閣記」: 『전서全書 3』, p. 112. ●「부용당기芙蓉堂記」: 『전서全書 3』, pp. 112~113. ●「자하담범주기紫霞潭汎舟記」: 『전서全書 3』, pp. 113~114. ●「고달굴기高達窟記」: 『전서全書 3』, pp. 114~115. ●「곡산북방산수기谷山北坊山水記」: 『전서全書 3』, pp. 122~125. ●「윤계진묘지명【무오】尹季軫墓地銘【戊午】」: 『전서全書 3』, pp. 315~316. ●「여김승지【무오, 여재곡산, 김공재성천】與金承旨【戊午, 余在谷山, 金公在成川】」: 『전서全書 4』, p. 68. ●「여이성중【만수】與李成仲【晩秀】」: 『전서全書 4』, p. 70.① ●「상산정사당상량문【무오하】象山政事堂上樑文【戊午夏】」: 『전서全書 4』, pp. 342~344.
	경집	
	기타	○「문유【곡산부향교시사】問儒【谷山府鄕校試士】」: 『전서全書 2』, pp. 128~129. ○「이인화·인번등위보정절론보장李仁華·仁蕃等僞譜情節論報狀」: 『전서全書 2』, pp. 256~258. ○「이인화등취초장李仁華等取招狀」: 『전서全書 2』, p. 258. ○「답복암【여재곡산, 복암재의주】答茯菴【余在谷山, 茯菴在義州】」: 『전서全書 4』, pp. 55~56. ○「여심판서與沈判書」: 『전서全書 4』, p. 72. ○「여이관찰與李觀察」: 『전서全書 4』, p. 73.

비 고	●① 「여이성중【만수】與李成仲【晚秀】」: 정약용이 각신閣臣 이만수李晚秀[屐翁, 字는 成仲] 공에게 보낸 편지로, 『사기찬주史記纂註』가 완성됨에 삼가 공에게 먼저 봉진封進하니 한번 열람하시고 타당하지 못한 곳이 있으며 삭제하고 윤색한 다음 임금께서 보시도록 조처해줄 것을 부탁하는 내용임. ●② 상산象山: '곡산谷山'의 별칭임. ●③ 다섯째아들: 조성을(2016: 440~441)은 이 아이를 '농아農兒'로 보고 있는데, 이는 오류임. 농아는 여섯째아들임. ●④ 보다 자세한 내용은 「관서소미부득작전사장關西小米不得作錢事狀」[『全書 2』, pp. 259~261]이 참조됨. ●⑤ 칙수전勅需錢: 중국 사신을 접대하기 위해 마련해두었던 돈을 말함. ●⑥ 관봉전官俸錢: 국가에서 관원에게 지급하는 보수를 말함. ●⑦ 침기부砧基簿: 가좌책家坐册과 비슷한 장부를 말함. ●⑧ 적감籍監·적색籍色·적헌籍憲: 호적의 실무를 맡아 처리하는 관원을 말함. ●⑨ 이에 대해서는 「호적의戶籍議」[『全書 2』, pp. 132~135]와 「신포의身布議」[『全書 2』, pp. 135~136]가 참조됨.

연 대	1799년 [정조正祖 23: 기미己未]	나 이	38세 No. 33
생평사략	● 작년[戊午年] 늦겨울에 역질疫疾이 서로西路로부터 들어와 공公도 이 병을 앓았는데, 새해 들어 칙수감리勅需監吏로 하여금 배천[白川]의 강서사江西寺에서 용수석龍鬚席을 미리 사오도록 하여 칙사勅使를 맞이하는 일에 낭패가 없도록 함. ● 정월에 역질이 퍼져 팔도八道에 걸쳐 많은 사람들이 사망했는데,① 공이 임금의 명을 받들어 곡산谷山의 백성을 사랑으로 돌보는 한편, 곡산의 여제단厲祭壇에 제사祭祀를 지내 무사귀신無祀鬼神들을 위로함. 「제문祭文」이 있음. ● 정월 무렵부터 공이 「전론田論 1~7」의 저술에 착수한 것으로 추측됨. ● 정월에 공이 임시 직함인 호조참판戶曹參判으로 황주영위사黃州迎慰使에 임명되고, 2월에는 황주黃州에 가서 50일간 머묾. ● 봄에 공이 영위사迎慰使로 황주黃州에 머물면서 황주목사黃州牧使 조영경趙榮慶 공公이 월파루月波樓에서 베푼 연회에 참석함. 시詩와 「기문記文」이 있음. ● 2월에 북사北使가 늦게 옴으로 인해 임금께서 지패紙牌와 목패木牌의 예例를 상고하라고 공에게 명하시고, 아울러 『동문휘고同文彙考』와 『통문관지通文館志』에서 내용을 따로 추려 사대事大와 관계된 사실을 고검考檢하기 편하도록 별도로 한 권의 책을 만들 것을 명하심. 이에 공이 『사대고례事大考例』의 편찬에 착수했으나, 이듬해에 임금께서 갑자기 승하昇遐하심으로 인해 완성하지 못함. ● 2월에 공이 채제공蔡濟恭[樊巖]의 부음訃音②을 듣고 「만사輓詞」를 지음. ● 3월에 공이 임금으로부터 본도本道를 안렴按廉하라는 밀지密旨를 받음. ● 4월에 공이 두 아들과 함께 마하탄摩訶灘과 창옥동蒼玉洞을 유람함. 「기문」이 있음. 연이어 공이 두 아들 및 이진대李震大, 최명봉崔命鳳, 조가목趙嘉木과 함께 관적사觀寂寺를 유람함. 시와 「기문」이 있음. ● 4월에 공이 다시 고달굴高達窟을 유람함. ● 4월 24일에 공이 내직內職으로 옮겨져 병조참지兵曹參知에 제수되고, 27일에는 부호군副護軍에 단부單付됨. ● 5월 4일에 공이 상경 도중 동부승지同副承旨에 제수되고, 부호군에 단부됨. 입성한 6일에는 또다시 형조참의刑曹參議에 제수되어 입시入侍함. ● 5월 12일 밤에 임금의 특별한 소명이 있어 공이 중희당重熙堂으로 입대入對하여 황해도黃海道 각 읍邑의 폐단과 백성이 고질로 여기는 점에 대한 임금의 하문下問에 대답함. 이에 초도둔우사椒島屯牛事와 지칙감부사支勅勘簿事에 대해 「장계狀啓」를 올림. ● 5월 이후 공이 이창린李昌麟의 공금횡령사건, 함봉련咸奉連의 옥사사건, 신착실申著實의 살인사건 등 여러 옥사獄事를 처리함에 평번[平反]한 바가 많아 매번 칭찬을 받음.		

<table>
<tr><td colspan="2">생평사략</td><td>●6월에 공이 임금에 하문에 응하여 신덕왕후神德王后의 곡산본궁谷山本宮에 대해 진술하는 「장계」를 올려 여기에 특별히 비각碑閣을 세우라는 명을 받음.③
●6월에 공이 대각臺閣의 탄핵을 당함에 임금에게 상소하여 자신의 입장을 밝히고 체임遞任해주시기를 빎.
●여름에 공이 심규로沈奎魯[華五, 1761~?]에게 편지를 보냄.④
●7월 26일에 공이 형조참의에서 체직되고, 다음날 부호군에 단부됨.
●8월 2일에 공이 솔가하여 낙향하는 중형仲兄 정약전丁若銓과 동행함. 이때 중형이 자신의 재실齋室을 '매심재每心齋'라 명명하고 공에게 「기문」을 짓도록 함.
●8월 중추仲秋에 공이 사헌부감찰司憲府監察 벼슬에서 파직되어 낙향하는 이인행李仁行[晩聞齋, 1758~1833]을 전송하면서 파직을 계기로 오히려 향리에서 학문과 덕행을 닦아 장차 후세에 아름다운 행적을 남기는 큰 성취를 거둘 것을 기원하는 글을 친필로 써서 줌.
●9월에 공이 선친 진주공晉州公께서 편찬하신 『압해가승押海家乘』을 읽고 「서문序文」을 지음.
●가을에 공이 연경燕京에 진하사進賀使의 사신使臣으로 가는 참판參判 이기양李基讓[茯菴], 교리校理 한치응韓致應[專山, 字는 徯父], 교리 박종순朴鍾淳[字는 兼善] 및 한치응을 따라 연행燕行하는 진사進士 한치윤韓致奫[玉蕤堂, 字는 大淵, 1765~1814]을 각각 전송하는 시와 「서문」을 지어줌.
●가을에 공이 낙향하는 간의대부諫議大夫 김한동金翰東[臥隱, 1740~1811]을 송별하는 시를 지음.
●10월에 공이 조화진趙華鎭의 무고誣告를 받았으나 사실이 아님이 밝혀짐.
●10월에 공이 진주晉州에 사는 하진백河鎭伯[菊潭, 1741~1807]에게 편지를 보냄.⑤
●12월에 임금께서 『춘추좌전春秋左傳』을 다 읽으심에 태빈太嬪[惠慶宮]께서 베푸신 세서례洗書禮 때에 공이 특별한 교지에 따라 어제시御製詩에 봉화奉和하는 시를 지어 올림. 이어 공이 『세서첩洗書帖』을 만들고 「제사題詞」를 씀.
●12월에 여섯째아들 '농장農牂'이 태어남.⑥ 임술년[1802년]에 요절하였고, 「광지壙志」⑦가 있음.
●겨울에 공이 『동원유고東園遺稿』⑧의 「서문」을 지음.</td></tr>
<tr><td>저작</td><td>시</td><td>●「황주월파루, 동조【영경】목사음【기미○시이칙사영위사부황주】黃州 月波樓, 同趙【榮慶】牧使飮【己未○時以勅使迎慰使赴黃州】」: 『전서全書 1』, p. 365.
●「태백산성동루, 동풍천【이민수】·장연【구강】이도호음太白山城 東樓, 同豐川【李民秀】·長淵【具綘】二都護飮」: 『전서全書 1』, p. 365.
●「번암채상공만樊巖 蔡相公輓」: 『전서全書 1』, p. 365.</td></tr>
</table>

저작	시	●「춘일지각, 여제생음春日池閣, 與諸生飮」: 『전서全書 1』, p. 366. ●「사월삼일유관적사, 이아수지【이진대·최명봉·조가목역종언】四月三日游觀寂寺, 二兒隨之【李震大·崔命鳳·趙嘉木亦從焉】」: 『전서全書 1』, p. 366. ●「확연폭포가鑊淵瀑布歌」: 『전서全書 1』, p. 366. ●「자확연동견, 준벽하개, 계류분출, 자내오륜동구야. 연계전입, 각과관적사동구, 종사후준령상사, 근력수권, 일색이만自鑊淵東見, 峻壁呀開, 溪流噴出, 玆乃五倫洞口也. 緣溪轉入, 却過觀寂寺洞口, 從寺後峻嶺上寺, 筋力邃倦, 日色已晩」: 『전서全書 1』, pp. 366~367. ●「계행절구사수溪行絶句四首」: 『전서全書 1』, p. 367. ●「제장일인계정【재봉명방조양리】題張逸人溪亭【在鳳鳴坊 朝陽里】」: 『전서全書 1』, p. 367. ●「산행서회山行書懷」: 『전서全書 1』, p. 368. ●「만박월현령하晩泊月峴嶺下」: 『전서全書 1』, p. 368. ●「관제생시고觀諸生施罛」: 『전서全書 1』, p. 368. ●「중유고달굴重游高達窟」: 『전서全書 1』, p. 368. ●「입갈현동入葛玄洞」: 『전서全書 1』, p. 369. ●「하령방입암사치우下嶺訪立巖寺値雨」: 『전서全書 1』, p. 369. ●「승소부경, 어정당연집, 유별제생承召赴京, 於政堂宴集, 留別諸生」: 『전서全書 1』, p. 369. ●「중희당야대, 퇴이유작【오월십이일】重熙堂夜對, 退而有作【五月十二日】」: 『전서全書 1』, p. 370. ●「조대탄, 진소걸해일서회遭臺彈, 陳疏乞解日書懷」: 『전서全書 1』, p. 370. ●「죽란견흥竹欄遣興」: 『전서全書 1』, p. 370. ●「차운봉간백씨次韻奉簡伯氏」: 『전서全書 1』, p. 370. ●「팔월이일인중씨설권동환, 동윤무구상주해행, 차주죽타「원앙호도가」제운八月二日因仲氏挈眷東還, 同尹无咎上舟偕行, 次朱竹坨「鴛鴦湖櫂歌」諸韻」: 『전서全書 1』, pp. 370~371. ●「숙평구宿平邱」: 『전서全書 1』, p. 372. ●「화하독작, 억김정언【상우】간기花下獨酌, 憶金正言【商雨】簡寄」: 『전서全書 1』, p. 372. ●「차운기하진사【진백】次韻寄河進士【鎭伯】」: 『전서全書 1』, p. 37. ●「국화동혜보·무구, 죽란연집菊花同傒父·无咎, 竹欄宴集」: 『전서全書 1』, p. 372. ●「송별한혜보서장·대연진사부연送別韓傒父書狀·大淵進士赴燕」: 『전서全書 1』, p. 373. ●「송별간의대부김공【한동】환산送別諫議大夫金公【翰東】還山」: 『전서全書 1』, p. 373. ●「만이승지【경명】輓李承旨【景溟】」: 『전서全書 1』, p. 373.

저작	시	●「우군【문섭】발험원방, 고도불민, 위지감열, 증시견지禹君【文燮】跋險遠訪, 古道不泯, 爲之感悅, 贈詩遣之」: 『전서全書 1』, p. 373. ●「봉화성제「세서례【방언으로는 '책씻이'라고 한다】지희」奉和聖製「洗書禮【方言謂之'冊施時'】識喜」」: 『전서全書 1』, pp. 373~374.
	문	●「사형조참의소【기미육월입이일, 민명혁소출지익일】辭刑曹參議疏【己未六月卄二日, 閔命爀疏出之翼日】」: 『전서全書 2』, pp. 174~176. ●「논초도둔우사계【기미오월】論椒島屯牛事啓【己未五月】」: 『전서全書 2』, p. 248. ●「논지칙감부사계論支勅勘簿事啓」: 『전서全書 2』, pp. 248~249. ●「논함봉련옥사계論咸奉連獄事啓」: 『전서全書 2』, pp. 249~250. ●「신덕왕후강씨곡산본궁형지계神德王后 康氏 谷山本宮形止啓」: 『전서全書 2』, pp. 250~251. ●「전론田論 1~7」: 『전서全書 2』, pp. 267~275. ●「『압해가승』서【기미추】『押海家乘』序【己未秋】」: 『전서全書 3』, pp. 33~34. ●「『동원유고』서【기미동】『東園遺稿』序【己未冬】」: 『전서全書 3』, p. 35. ●「『영남인물고』서『嶺南人物攷』序」: 『전서全書 3』, p. 36. ●「송이참판【기양】사연경서送李參判【基讓】使燕京序」: 『전서全書 3』, p. 44. ●「송한교리【치응】사연서【시위서장관】送韓校理【致應】使燕序【時爲書狀官】」: 『전서全書 3』, p. 45. ●「송박교리【종순】사연서【시위서장관】送朴校理【鍾淳】使燕序【時爲書狀官】」: 『전서全書 3』, p. 46. ●「병조참판오공【대익】칠십일수서【기미】兵曹參判吳公【大益】七十一壽序【己未】」: 『전서全書 3』, pp. 47~48. ●「병조판서섭서권공【엄】칠십일수서【기미】兵曹判書葉西 權公【𥕑】七十一壽序【己未】」: 『전서全書 3』, pp. 48~49. ●「우부승지경오한공【광식】칠십일수서【기미】右副承旨庚塢 韓公【光植】七十一壽序【己未】」: 『전서全書 3』, p. 50. ●「송영천이감찰【인행】환산서送榮川 李監察【仁行】還山序」: 『전서全書 3』, pp. 58~59. ●「매심재기每心齋記」: 『전서全書 3』, pp. 86~87. ●「황주월파루기黃州 月波樓記」: 『전서全書 3』, p. 115. ●「창옥동기【재봉명방조양리지남】蒼玉洞記【在鳳鳴坊 朝陽里之南】」: 『전서全書 3』, pp. 115~116. ●「관적사기觀寂寺記」: 『전서全書 3』, pp. 116~117. ●「제『세서첩』題『洗書帖』」: 『전서全書 3』, pp. 157~158. ●「유자삼동예명幼子三童瘞銘」: 『전서全書 3』, pp. 325~326. ●「곡산여제단위제문【기미정월. 팔도유독려지질, 인다사망, 성상특수애련, 영각읍자목, 특사무사귀신이위지】谷山厲祭壇慰祭文【己未正月. 八道有毒沴之疾, 人多死亡, 聖上特垂哀憐, 令各邑字牧, 特祀無祀鬼神以慰之】」: 『전서全書 3』, p. 334.

<table>
<tr><td rowspan="3">저
작</td><td>문</td><td>●「장천용전張天慵傳」: 『전서全書 3』, pp. 378~379.
●「답이관찰答李觀察」: 『전서全書 4』, p. 74.
●「답심화오【규로○기미하】答沈華五【奎魯○己未夏】」: 『전서全書 4』, pp. 82~83.④
●「여김절도사【후○재곡산】與金節度使【㷧○在谷山】」: 『전서全書 4』, p. 91.
●「하진사정헌회납河進士靜軒回納」: 『《여유당전서》 미수록 다산茶山 간찰집簡札集』⑤</td></tr>
<tr><td>경
집</td><td></td></tr>
<tr><td>기
타</td><td>○「호적의戶籍議」: 『전서全書 2』, pp. 132~135.
○「신포의身布議」: 『전서全書 2』, pp. 135~136.
○「도량형의度量衡議」: 『전서全書 2』, pp. 137~138.
○「환향의還餉議」: 『전서全書 2』, pp. 139~143.
○「전폐의錢幣議」: 『전서全書 2』, pp. 143~144.
○「공복의公服議」: 『전서全書 2』, pp. 144~146.
○「서인복의庶人服議」: 『전서全書 2』, pp. 146~147.
○「통색의通塞議」: 『전서全書 2』, pp. 148~149.
○「고적의考績議」: 『전서全書 2』, pp. 149~151.
○「수인산축성의修因山築城議」: 『전서全書 2』, pp. 151~153.
○「원목」: 『전서全書 2』, pp. 206~207.
○「발「용씨묘갈명」跋「龍氏墓碣銘」」: 『전서全書 3』, pp. 132~133.
○「제채상국번암선생문祭蔡相國樊巖先生文」: 『전서全書 3』, p. 333.
○「가승유사【역명「승승록」】家乘遺事【亦名「繩繩錄」】」: 『전서全書 3』, pp. 342~349.
○「선인유사先人遺事」: 『전서全書 3』, pp. 349~352.
○「방친유사旁親遺事」: 『전서全書 3』, pp. 352~356.
○「번옹유사樊翁遺事」: 『전서全書 3』, pp. 357~361.
○「병조참판유공【의】유사兵曹參判柳公【誼】遺事」: 『전서全書 3』, pp. 361~362.
○「상해좌서上海左書」: 『전서全書 4』, p. 49.
○「답이관찰答李觀察」: 『전서全書 4』, p. 74.
○「답채이숙答蔡邇叔」: 『전서全書 4』, p. 81.</td></tr>
</table>

비 고	●① 『정조실록正祖實錄』에는 “이해에 전염병이 유행하여 경외京外의 사망자가 모두 12만 8천여 인人이었다(是歲, 有輪行之疾, 京外死亡, 凡十二萬八千餘人)”[『正祖實錄』, 卷51, 23年 1月 13日(壬申)條]라고 기록하고 있음. ●② 채제공蔡濟恭은 기미년[1799년, 正祖 23] 1월 18일에 서세逝世하였음. ●③ 이 일의 전말은 「발「신덕기적비첩」跋「神德紀蹟碑帖」」[『全書 3』, p. 132]에 상세하게 소개되어 있음. 다만 이 「발문」은 정조正祖께서 승하昇遐한 이후 한참 뒤에 저술한 글임. ●④ 「답심화오【규로○기미하】答沈華五【奎魯○己未夏】」: 정약용이 심규로沈奎魯[華五, 1761~?]에게서 편지를 받고 보낸 답서答書로, 황주목사黃州牧使 조영경趙榮慶 공이 저보邸報를 보고 채제공蔡濟恭[樊巖]의 ‘문숙文肅’이란 시호諡號를 두고 심규로가 취한 처사를 해학으로 조롱한 이야기를 알리는 내용임. ●⑤ 「하진사정헌회납河進士靜軒回納」: 정약용이 진주晉州에 사는 진사進士 하진백河鎭伯[菊潭]이 그의 조카를 통해 보낸 편지를 받고 보낸 답서答書로, 멀리서 편지 및 「경회루기慶會樓記」와 함께 꿩고기와 진미를 보내준 데 대해 감사하고, 임금의 특별한 은혜를 입어 하륜河崙[浩亭, 諡號는 文忠, 1347~1416] 공公의 성덕盛德과 대업大業이 400년 후에 다시 드날리게 된 것을 축하하는 한편, 조언을 구한 일에 대해서는 조카에게 자세하게 일러주었으며 답례로 박하전薄荷煎 3환丸도 함께 보냄을 알리는 내용임. ●⑥ 『사암선생년보俟菴先生年譜』[정규영丁奎英 편]에는 ‘농장農牂’이 넷째아들로 소개되어 있으나, 기미년[1799년]에 지은 「유자삼동예명幼子三童瘞銘」[『全書 3』, pp. 325~326]에 따르면, 병진년[1796년]에 넷째아들 ‘삼동三童’이 태어난 것으로 소개되고 있으며, 또한 「농아광지農兒壙志」[『全書 3』, pp. 326~327]에는 무오년[1798년]에 다섯째아들이 태어났으나 태어난 지 열흘 만에 천연두로 요절한 것으로 소개되어 있음. ●⑦ 「광지壙志」: 「농아광지農兒壙志」[『全書 3』, pp. 326~327]를 말함. ●⑧ 『동원유고東園遺稿』: 정호선丁好善[東園, 1571~1632]의 유고遺稿임. 정호선은 강원도관찰사江原道觀察使를 역임하였고, 영의정領議政에 추증追贈됨.

연 대	1800년 [정조正祖 24: 경신庚申]	나 이	39세 No. 34

생평사략

- 정월(봄)에 공公이 종두법種痘法에 대해 박제가朴齊家의 소장본所藏本을 종합하여 『종두방種痘方』①을 저술함.
- 정월에 공이 화성華城에서 돌아오는 대가大駕를 주교舟橋의 북쪽에서 맞이함.
- 2월에 공이 창경궁昌慶宮의 집복헌集福軒에서 거행된 동궁東宮[純祖]의 책봉의식冊封儀式을 영춘헌迎春軒에서 참관함.
- 봄에 공이 청송심씨靑松沈氏[丁學游의 妻]를 둘째며느리로 맞이함.
- 3월에 작년 가을에 진하사進賀使의 부사副使로 연경燕京에 갔던 이기양李基讓[茯菴]이 귀국함. 이때 이기양이 연경에서 박면교거剝棉攪車를 구매해왔는데, 이는 공의 강력한 권유에 따른 것임.
- 3월에 공이 이기양에게 편지를 연이어 보냄.②
- 3월에 공이 이기양, 이중련李重蓮[輝祖]과 함께 이중식李重植을 문병함.
- 3월에 공이 진주晉州에 사는 하진백河鎭伯[菊潭]에게 편지를 보냄.③
- 봄에 판서判書 홍주만洪舟萬 공公이 타계함. 공이 애도하는 「만사輓詞」를 지음.
- 봄에 공이 결성현감結城縣監으로 부임하는 사헌부장령司憲府掌令 정한鄭瀚을 전송餞送하는 「서문序文」을 지음.
- 봄에 공의 선영先塋이 있는 하담荷潭의 토질이 돌이 많아 수목이 무성하지 못함에 같은 지역에 선영을 두고 있는 홍성장洪聖長의 집안과 함께 각기 돈을 염출하여 소나무를 심고 북돋우기로 의논하고 아래 마을의 주민과도 심은 소나무를 보호하기로 약속을 한 「하담금송첩荷潭禁松帖」을 만들고 공이 「서문」을 지음.
- 4월 7일에 공이 선친 진주공晉州公의 제사와 성묘를 위해 고향 소내[苕川]—일명 '마재[馬峴]'라고도 함—로 내려감. 공이 선친의 성묫길에 윤용겸尹用謙, 족부族父 해좌옹海左翁[丁範祖], 홍낙일洪樂一, 이지겸李之謙, 정언正言 김상우金商雨, 홍낙안洪樂顔·홍낙진洪樂眞 댁을 차례로 방문한 다음, 배를 타고 신륵사神勒寺와 광릉廣陵을 거쳐 귀경함. 이때 공은 벼슬에 연연하지 않고 고향에서 은거할 것을 새삼 결심함. 특히 족부 해좌옹께서는 이해에 78세가 됨에 공이 향수享壽를 축하하는 「서문」을 지음.
- 4월에 공이 세로世路가 위험하다고 느껴 전원田園으로 돌아갈 것을 결정하고, 처자와 함께 낙향함. 이때 공은 계부季父 처사공處士公의 자질子姪들과 함께 배를 타고 석림石林 일대에 가서 물고기를 잡으며 즐겁게 유람함. 「기문記文」이 있음.
- 4월에 친우 윤지눌尹持訥[小皐, 字는 无咎]이 소내로 공을 방문함.
- 4월에 족부 직산공稷山公께서 타계하심. 공이 문상問喪하여 곡哭하면서 「제문祭文」을 지음.

생평사략

- 4월에 공이 고향에서 은거하며 배를 타고 고향의 종산鍾山과 소수苕水 사이를 왕래하며 은거하려는 뜻에서 '소상연파조수지가苕上煙波釣叟之家'란 방牓을 단 부가범택浮家汎宅[물에 떠다니면서 살림을 하며 사는 집: 필자 주]을 지으려고 착수함. 「기문」이 있음.
- 며칠 뒤 임금께서 공이 전원으로 돌아갔다는 사실을 아시고 내각內閣[奎章閣]에 영을 내려 재촉하시는 소명召命이 있음. 이에 공이 부득이 윤지눌과 함께 서울로 돌아옴. 임금께서 승지承旨를 시켜 공에게 유시諭示하시기를 "규영부奎瀛府가 이제 춘방春坊④이 되었으니, 처소를 정한 뒤에 들어와 교서校書하는 것이 좋겠다. 내가 어찌 너를 버리겠는가?"라고 말씀하심.
- 여름에 공이 참판參判 윤필병尹弼秉[無號堂, 1730~1810] 댁에서 판서判書 권엄權欕[葉西, 1729~1801], 판윤判尹 이정운李鼎運[五沙, 1743~1800] 제공諸公이 모인 잔치모임에 참석함. 이 무렵 연이어 공이 판서 권엄 댁에서 제공이 모인 잔치모임에도 참석함.⑤
- 여름에 공이 명례방明禮坊의 죽란서옥竹欄書屋에서 죽란시사竹欄詩社의 모임을 가지고, 활 쏘는 것을 주제로 시詩를 지음.⑤
- 5월 30일에 임금께서 오회연교五晦筵敎⑥를 내리심.
- 여름에 공이 고향 소내를 다녀옴.
- 6월에 공이 윤지범尹持範[南皐, 字는 彝敍]에게 편지를 보냄.⑦
- 6월 12일에 임금께서 내각의 서리胥吏를 통해 공에게 『한서선漢書選』 10질을 내리시어 5질은 제목을 써서 도로 들여보내고 나머지 5질은 전가傳家의 물건으로 삼도록 하시면서 공의 안부를 묻고 위로하시는 하유下諭를 전하셨는데, 이것이 결국 영결永訣의 은전恩典이 되고 말았음.
- 6월에 공이 『문헌비고간오文獻備考刊誤』⑧를 완성함.
- 6월 28일에 정조선황제正祖宣皇帝께서 창경궁의 영춘헌에서 승하昇遐하심. 공이 홍화문弘化門 앞에 나아가 실성통곡함.
- 7월 30일에 대상大喪의 공제公除[公式的 居喪期間]가 끝남.
- 8월에 공이 해남海南으로 돌아가는 윤상현尹尙玄 형제[持初, 持夏, 鍾河]를 송별하는 시를 지음.
- 가을에 공이 족부族父 해좌옹海左翁[丁範祖]에게 편지를 올림.⑨
- 8월에 공이 처자를 고향 소내로 내려 보냄.
- 가을에 판서 이정운 공이 타계함. 공이 애도하는 「만사」를 지음.
- 9월에 공이 재령이씨載寧李氏 집안의 모인某人에게 편지를 보냄.⑩
- 9월 이후 공이 「발『어사번암시첩』跋『御賜樊巖詩帖』」과 「발『상형고』초본』跋『祥刑攷』艸本」을 차례로 저술하여 평소 자신을 정치적으로 보호해주었던 정조正祖와 채제공蔡濟恭을 그리워하는 마음을 눈물을 흘리며 기록함.

생평사략		●10월에 공이 남현南縣에 수령守令으로 부임한 모인某人에게 편지를 보냄.⑪ ●11월 3일 공이 정조의 인산일因山日에 수원水原의 능소陵所까지 영가靈駕를 수행함. ●11월 18일에 공이 대상의 졸곡卒哭을 지낸 뒤 낙향하여 오직 초하루와 보름에만 곡반哭班에 나아감. ●11월 20일에 공이 『병학통兵學通』⑫의 「발문跋文」을 지음. ●이때 정적政敵들이 날마다 유언비어와 위태로운 말을 퍼뜨려 당시 사람들을 현혹시킴. 이에 공이 화색禍色이 날로 급해짐을 헤아리고는 고향으로 돌아가 형제들과 함께 날마다 경전을 강講하는 한편, 그 당堂에 '여유與猶'라는 편액을 달고 「기문」을 지음. ●겨울에 소내에 사는 공의 종친宗親들이 돈을 추렴하여 이자를 받아 종족의 가난한 자제들에게 필상筆牀[붓을 걸어두는 기구]을 제공하기로 의논하고 '중서사中書社'를 결성함에 공이 전말을 기록한 「서문」을 지음.
저작	시	●「대가회자화성, 공후주교지북【경신】大駕回自華城, 恭候舟橋之北【庚申】」: 『전서全書 1』, p. 374. ●「동궁책봉일, 영춘헌공도성의東宮冊封日, 迎春軒恭覩盛儀」: 『전서全書 1』, p. 374. ●「동복암방이랑중식병려, 잉부옥류동화, 휘조역지同茯菴訪李郎重植病廬, 仍賦玉流洞花, 輝祖亦至」: 『전서全書 1』, p. 374. ●「홍판서【주만】만사洪判書【周萬】輓詞」: 『전서全書 1』, p. 374. ●「사월칠일조출흥인문작四月七日早出興仁門作」: 『전서全書 1』, p. 375. ●「상협上峽」: 『전서全書 1』, p. 375. ●「소천조발苕川早發」: 『전서全書 1』, p. 375. ●「방윤일인【용겸】訪尹逸人【用謙】」: 『전서全書 1』, p. 375. ●「도법천판서댁차운到法泉判書宅次韻」: 『전서全書 1』, p. 376. ●「강변도중작江邊道中作」: 『전서全書 1』, p. 376. ●「목계증홍장【낙일】木溪贈洪丈【樂一】」: 『전서全書 1』, p. 376. ●「증이장【지겸】贈李丈【之謙】」: 『전서全書 1』, p. 376. ●「증김정언【상우】贈金正言【商雨】」: 『전서全書 1』, p. 376. ●「증홍장【낙안·낙진】贈洪丈【樂顏·樂眞】」: 『전서全書 1』, p. 377. ●「범주하섬강구汎舟下蟾江口」: 『전서全書 1』, p. 377. ●「야박신륵사, 등동대夜泊神勒寺, 登東臺」: 『전서全書 1』, p. 377. ●「주발광릉舟發光陵」: 『전서全書 1』, p. 377. ●「추화계부「산장소집」운追和季父「山莊小集」韻」: 『전서全書 1』, pp. 377~378. ●「만출강고晩出江皐」: 『전서全書 1』, p. 378. ●「차계부「견수」운次季父「遣愁」韻」: 『전서全書 1』, p. 378. ●「강정만집江亭晩集」: 『전서全書 1』, p. 378.

<table>
<tr><td rowspan="2">저작</td><td>시</td><td>●「고풍苦風」: 『전서全書 1』, p. 378.
●「시무구示无咎」: 『전서全書 1』, p. 378.
●「중집강정重集江亭」: 『전서全書 1』, p. 379.
●「봉화계부운奉和季父韻」: 『전서全書 1』, p. 379.
●「승소주포어, 득아서지유소명, 명일하협, 공술미침乘小舟捕魚, 得兒書知有召命, 明日下峽, 恭述微忱」: 『전서全書 1』, p. 379.
●「출협동무구出峽同无咎」: 『전서全書 1』, p. 379.
●「윤【필병】참판댁, 배섭서권【엄】판서·오사이【정운】판윤제공연집【경신하】尹【弼秉】參判宅, 陪葉西 權【𢢝】判書·五沙 李【鼎運】判尹諸公宴集【庚申夏】」: 『전서全書 1』, p. 382.
●「권【엄】판서댁, 배제공연집權【𢢝】判書宅, 陪諸公宴集」: 『전서全書 1』, p. 382.
●「하일죽란소집사운夏日竹欄小集射韻」: 『전서全書 1』, pp. 382~383.
●「고의【차검남운】古意【次劍南韻】」: 『전서全書 1』, p. 383.
●「신자소천환, 간윤무구新自苕川還, 簡尹无咎」: 『전서全書 1』, pp. 383~384.
●「이【정년】학관견방李【廷年】學官見訪」: 『전서全書 1』, p. 384.
●「육월십이일몽사『한서』, 공술은념【병서】六月十二日蒙賜『漢書』, 恭述恩念【竝序】」: 『전서全書 1』, pp. 384~385.
●「송윤상현형제【지초·지하급종하】귀해남送尹尙玄兄弟【持初·持夏及鍾河】歸海南」: 『전서全書 1』, p. 385.
●「송처자주환소천送妻子舟還苕川」: 『전서全書 1』, p. 385.
●「오사이【정운】판서만사五沙 李【鼎運】判書輓詞」: 『전서全書 1』, pp. 385~386.
●「계인일술애啓引日述哀」: 『전서全書 1』, p. 386.
●「졸곡일귀소천卒哭日歸苕川」: 『전서全書 1』, p. 386.
●「차운사형술회次韻舍兄述懷」: 『전서全書 1』, pp. 386~387.
●「영목빙詠木氷」: 『전서全書 1』, p. 387.</td></tr>
<tr><td>문</td><td>●「「중서사약」서【경신동】「中書社約」序【庚申冬】」: 『전서全書 3』, pp. 38~39.
●「「하담금송첩」서【경신춘】「荷潭禁松帖」序【庚申春】」: 『전서全書 3』, p. 41.
●「형조판서홍문관제학정공칠십팔수서【경신】刑曹判書弘文館提學丁公七十八壽序【庚申】」: 『전서全書 3』, p. 51.
●「송정한부결성서【경신춘】送鄭瀚赴結城序【庚申春】」: 『전서全書 3』, pp. 59~60.
●「여유당기與猶堂記」: 『전서全書 3』, pp. 90~91.
●「유석림기游石林記」: 『전서全書 3』, p. 117.
●「소상연파조수지가기苕上烟波釣叟之家記」: 『전서全書 3』, p. 119.
●「발『어사번암시첩』跋『御賜樊巖詩帖』」: 『전서全書 3』, p. 143.
●「발『상형고』초본』跋『祥刑攷』艸本」: 『전서全書 3』, pp. 143~144.
●「발『병학통』跋『兵學通』」: 『전서全書 3』, pp. 145~146.
●「제족부직산공문【경신사월】祭族父稷山公文【庚申四月】」: 『전서全書 3』, p. 335.
●「상해좌서【경신추】上海左書【庚申秋】」: 『전서全書 4』, pp. 49~50.⑨</td></tr>
</table>

저작	문	●「답복암答茯菴」: 『전서全書 4』, p. 57.② ●「답복암答茯菴」: 『전서全書 4』, p. 58.② ●「답윤이서【경신육월】答尹彝叙」【庚申六月】: 『전서全書 4』, p. 88.⑦ ●「국담경안하회경菊潭經案下回敬」: 『《여유당전서》 미수록 다산茶山 간찰집簡札集』③ ●「안릉정헌하집사安陵靜軒下執事」: 『《여유당전서》 미수록 다산茶山 간찰집簡札集』⑩ ●「소천폐려苕川弊廬」: 『《여유당전서》 미수록 다산茶山 간찰집簡札集』⑪
	경집	
	기타	●『문헌비고간오文獻備考刊誤』: 『전서全書 5』, pp. 28~63. ○「자설字說」: 『전서全書 2』, p. 216.⑬ ○「의설醫說」: 『전서全書 2』, p. 216.⑬ ○「품석정기品石亭記」: 『전서全書 3』, pp. 91~92. ○「임청정기臨清亭記」: 『전서全書 3』, p. 118.
비고		●①『종두방種痘方』: 이 책은 현재 전해지지 않으며, 정약용이 '천연두天然痘'를 예방하는 처방을 수집하여 기록한 의학서醫學書임. 그 저술경위에 대해서는 「종두설種痘說」[『全書 2』, pp. 216~218]에 자세히 나옴. 즉, 정약용은 당시 의주義州 사람이 연경燕京에서 얻어온 처방處方과 박제가朴齊家의 소장본所藏本을 종합하여 한 편編으로 저술했는데, 이해하기 어려운 내용에는 전석箋釋을 달고 기존 술가術家의 올바르지 못한 설說은 모두 삭제하여 완성함. 이 책은 이후 신유옥사辛酉獄事[1801년, 純祖 1] 때에 분실함. ●②「답복암答茯菴」과 「답복암答茯菴」: 정약용이 이기양李基讓[茯菴]에게서 편지를 받고 연이어 보낸 답서答書로, ㉮「답복암」은 이기양이 연경燕京에서 박면교거剝棉攪車를 구입해와 정약용에게 알림에 정약용이 이를 크게 기뻐하면서 임금에게 아뢰어 제조방법을 온 나라에 반포한다면 이용후생利用厚生의 정치에 큰 보탬이 될 것임을 강조하는 내용이며, ㉯「답복암」은 이기양이 연경에서 수선화水仙花를 사와 정약용에게 선물함에 정약용이 박면교거를 구입해 온 뜻과 서로 맞지 않는다고 오히려 비판하는 내용임. ●③「국담경안하회경菊潭經案下回敬」: 정약용이 진주晉州에 사는 진사進士 하진백河鎭伯[菊潭]이 그의 막냇동생을 통해 보낸 편지를 받고 보낸 답서答書로, 편지와 함께 그가 지어 보내준 시詩를 적극 평가하고 주자朱子의 시[「醉下祝融峯作」]를 해석하는 문제에 대해서도 의견을 개진하면서 그럼에도 사율詞律에만 마음을 쓰지 말고 실지공부實地功夫에도 힘쓸

| 비 고 | 것을 조언하는 한편, 지금 우리나라 선현先賢들의 의례문답疑禮問答에 관한 글을 수집하고 있음에 영남우도嶺南右道 선배들의 글을 초록抄錄해 보내줄 것을 부탁하는 내용임.
●④ 춘방春坊: '세자시강원世子侍講院'의 별칭임.
●⑤ 당시 참판參判 윤필병尹弼秉[無號堂] 댁과 판서判書 권엄權欕[葉西] 댁에서 가졌던 모임 및 연이어 정약용의 거처인 죽란서옥竹欄書屋에서 가졌던 모임은 단순한 사교모임이 아니라 채제공蔡濟恭의 사후 급변하고 있었던 정국政局에 대응하여 당시 근기남인近畿南人의 결속을 다지고 진용을 재정비하기 위한 다분히 정치적 성격을 지닌 모임이었던 것으로 추측됨. 여기서 전자가 권엄, 윤필병, 이정운李鼎運[五沙] 등을 중심으로 한 원로파의 모임으로서 여기에는 채제공이 조직했던 '풍단시회楓壇詩會'가 근간을 이루고 있었다면, 후자는 정약용을 중심으로 한 소장파의 모임으로서, 여기에는 정약용이 조직한 '죽란시사竹欄詩社'가 중심을 이루었음. 정약용이 전자의 모임에도 참석했던 것으로 보아 당시 정약용은 근기남인의 원로집단과 소장집단을 매개하는 역할을 했던 것으로 판단됨.
●⑥ 오회연교五晦筵教: 정조正祖는 기미년[1799년, 正祖 23] 3월에 경모궁景慕宮을 참배한 후 처음으로 전교傳敎의 형식을 통해 임오의리壬午義理—임오화변壬午禍變의 잘못을 주장하는 정치적 입장—를 공식적으로 천명했던바, 이에 출사出仕를 거부하며 정조의 정국주도에 강하게 반발하던 노론벽파老論僻派에 대해 경신년[1800년, 正祖 24] 5월 그믐의 연석筵席에서 하교下教를 발표함으로써 임오년[1762년, 英祖 38]의 잘못에 대해 자작自作의 논리를 내세우며 자신과 맞서지 말 것을 강하게 신칙申飭한 바 있으니, 이것이 바로 '오회연교'임. 여기서 정조는 대략 ㉮ 임오화변—사도세자思悼世子의 죽음—에 대한 노론老論의 책임, 즉 임오의리를 주장하되, 이를 노론의 신임의리辛壬義理와는 별개로 구분하겠다는 점, ㉯ 8년을 주기로 정승을 번갈아 임명한 것은 그 진의가 어느 당파를 미워하거나 좋아해서가 아니라 오히려 그들을 쉬게 하여 신망信望을 기르도록 하는데 있었다는 점, ㉰ 비록 노론벽파를 교속矯俗의 대상으로 삼은 것은 사실이나 그 본의는 어디까지나 자신의 의리주도에 참여할 것을 요구하는 데 있었으니, 지금이라도 그 본의를 십분 이해하여 동참한다면 배제하지 않겠다는 점, ㉱ 이렇게 하는데도 끝내 자신의 정국운영에 동참하지 않는다면, 비록 정신과 근력이 날로 쇠약해져 있지만 결코 용서하지 않겠다는 점 등을 강조하였음.[『正祖實錄』, 卷54, 24年 5月 30日(辛亥)條]
●⑦ 「답윤이서【경신육월】答尹彝叙【庚申六月】」: 정약용이 윤지범尹持範[南皐, 字는 彝敍]에게서 편지를 받고 보낸 답서答書로, 그가 예禮의 의미를 깊이 밝혀내지 못하고 기해복제논쟁己亥服制論爭에서 윤선도尹善道[海翁, 1587~1671] |

비 고

와 허목許穆[眉叟, 1595~1682]이 제기했던 삼년설三年說을 지금도 묵수하며 '정正'뿐만 아니라 '체體'를 가지고서 복제服制를 논하려는 태도를 신랄하게 비판하는 내용임.

- ⑧ 『문헌비고간오文獻備考刊誤』: 모두 1권으로, 『문헌비고文獻備考』에 대한 홍명한洪名漢[字는 君平, 1724~?]의 「차기箚記」를 바탕으로 정약용이 자신의 관점에서 이 책의 잘못된 내용을 바로잡고 차서次序를 매겨 완성한 저술임. 정조正祖에게 올리려고 하였다가 마침 승하昇遐하시는 바람에 뜻을 이루지 못했음.
- ⑨ 「상해좌서【경신추】上海左書【庚申秋】」: 정약용이 족부族父 해좌옹海左翁[丁範祖]에게 올린 편지로, 국상國喪에 곡哭하시는 일로 체력에 문제가 없는지 안부를 묻고 자신은 처자와 함께 낙향落鄕할 계획임을 알리는 한편, 「가장家狀」의 초고草稿는 이미 준비되었으며 『우담문고愚潭文稿』의 편집은 아직 끝나지 못했으니 내년 봄까지 기다려주실 것을 간청하는 내용임.
- ⑩ 「안릉정헌하집사安陵靜軒下執事」: 정약용이 재령이씨載寧李氏 집안의 모인某人에게 보낸 편지로, 국상國喪의 슬픔을 토로하고 아직까지는 자신의 집안이 무탈한 근황을 알리는 가운데, 일전에 그가 부탁받은 재령이씨 집안 선조先祖의 문집文集을 교정 내지는 간행하는 작업은 국상과 개인적 용무로 아직 마무리하지 못했으니 시간을 더 넉넉히 줄 것을 부탁하는 내용임.
- ⑪ 「소천폐려苕川弊廬」: 정약용이 남현南縣에 수령守令으로 부임한 모인某人에게 보낸 편지로, 모인의 부임을 축하하고 평소 정약용이 잘 알고 지내는 김동지金同知의 부탁을 들어줄 것을 소지小紙를 함께 보내 간청하는 내용임.
- ⑫ 『병학통兵學通』: 『병학통』은 '『어정병학통御定兵學通』'으로서, 정조가 척계광戚繼光[南塘, 1528~1587: 中國 明 나라의 將帥]이 왜구倭寇를 방어하면서 진陣을 치고 군사를 훈련시키던 방법을 손수 정리하여 각 군영軍營에 하사했던 저술임. 정약용은 과거 26세 되는 해인 정미년[1787년, 正祖 11]에 반제泮製에서 고등으로 뽑혔는데, 이때 정조가 중희당重熙堂에서 상으로 그에게 계당주桂餳酒를 권하고 『병학통』 한 권을 하사한 일이 있었음. 정약용이 정조의 인산因山을 마친 후 18일 되는 날에 과거 하사받았던 『병학통』을 꺼내 새삼 어루만지며 더 이상 나라를 위해 목숨을 바칠 기회조차 없어진 당시 자신의 처지를 한탄하면서 「발문跋文」을 지음.
- ⑬ 「자설字說」과 「의설醫說」에서 표명되고 있는 정약용의 독자적인 '소학小學'론, 즉 문자교육에서 '자서字書'와 '자의字義'의 학습을 우선적으로 중시하는 입장에 대해서는 「『몽학의휘』서『蒙學義彙』序」[『全書 3』, p. 63]와 「복암이【기양】묘지명茯菴 李【基讓】墓誌銘」[『全書 3』, pp. 225~232]도 참조됨.

연 대	1801년 [순조純祖 1: 신유辛酉]	나 이	40세 No. 35

생평사략

- 정월 10일에 대왕대비大王大妃[貞純王后]가 차후 서교西敎를 엄금한 이후에도 개전改悛하지 않는 무리가 있으면 마땅히 의벌劓罰을 시행하여 진멸殄滅함[劓殄滅之]으로써 유종遺種이 없도록 하라는 엄한 하교下敎를 경외京外에 내림.
- 정월 그믐날에 공公이 책롱사건冊籠事件①으로 인해 이유수李儒修[錦里, 字는 周臣]와 윤지눌尹持訥[小皐, 字는 无咎]의 편지를 받고 급히 서울로 들어와 명례방明禮坊에 머묾.
- 정월에 아이들이 『소학小學』을 읽었는데, 공이 그 강독에 대비하여 『소학보전小學補箋』②을 지음. 「발문跋文」이 있음. 뒤이어 공은 투옥되는 와중에서도 명의名義를 몇 가지 터득하여 보충해나감.
- 봄에 공이 이익운李益運[鶴鹿, 字는 季受]에게 연이어 편지를 보냄.③
- 2월에 원계院啓로 인해 이가환李家煥[貞軒, 1742~1801], 이승훈李承薰[세례명은 베드로, 1756~1801: 한국 최초의 영세자]과 함께 공이 투옥되었고, 공의 형인 정약전丁若銓과 정약종丁若鍾[세례명은 아우구스티노, 1760~1801] 및 이기양李基讓[茯菴, 1744~1802], 권철신權哲身[鹿菴, 1736~1801], 오석충吳錫忠[梅丈, ?~1806], 홍낙민洪樂敏[세례명은 루가, 1740~1801], 김건순金健淳[세례명은 요사팟, 1776~1801], 김백순金伯淳[세례명은 미상, ?~1801] 등도 차례로 투옥됨.
- 2월에 근기남인近畿南人의 원로 권엄權𢑴[葉西], 윤필병尹弼秉[無號堂] 등 63인이 이가환, 이승훈, 권철신, 공의 형제 등을 격렬하게 비판하는 상소上疏를 올림.④
- 2월에 경기도관찰사京畿道觀察使 이익운이 이가환, 이승훈, 권철신, 공 등을 사학죄인邪學罪人으로 성토하는 상소를 올림.④
- 2월에 대사간大司諫 목만중睦萬中[餘窩, 字는 公兼, 1727~?]이 이가환, 이승훈, 공 등을 성토하는 상소를 올림.④
- 2월 말에 공은 장기長鬐로 유배되고 중형仲兄 정약전은 신지도薪智島로 유배되었으나, 삼형三兄 정약종과 이가환, 이승훈, 권철신, 홍낙민 등은 끝내 살아남지 못함.
- 3월 2일에 공이 유배길에 충주忠州의 하담荷潭에 있는 선영先塋에 도착하여 부모님의 묘소에 통한痛恨의 하직을 고하고, 두 아들에게 편지를 보냄.⑤
- 3월 9일에 공이 장기에 도착하고, 그 다음날 마산리馬山里에 안치安置됨.⑥ 한편, 10일에는 서교와 관련이 없는 이기양은 단천부端川府로, 오석충은 영광군靈光郡 임자도荏子島로 유배됨.
- 3월 15일에 중국인 신부 주문모周文謨[세례명은 야고보, 1752~1801]가 자수해 옴. 주문모 신부는 5월 31일에 새남터에서 군문효수형軍門梟首刑으로 순교함.

<table>
<tr><td colspan="2">생평사략</td><td>●4월 26일에 공이 서울 집을 떠난 지 58일 만에 처음으로 가서家書를 받음.
●5월 단옷날에 공이 유배지에서의 감회를 토로하고 어린 딸을 생각하는 시詩를 지음.
●6월 초순경에 공이 가서를 받고 17일에 두 아들에게 편지를 보냄.⑦
●여름에 공이 『이아爾雅』·『운서韻書』 등의 소학서小學書를 참고하여 『이아술의爾雅述意』⑧를 저술함.
●여름에 공이 「기해방례변己亥邦禮辨」⑨을 지음.
●여름에 공이 「이발기발변理發氣發辨 1~2」⑩을 지음.
●여름에 공이 『백언시百諺詩』⑪를 완성함.
●여름에 공이 『촌병혹치村病或治』⑫를 편찬함. 「서문序文」이 있음.
●여름에 공이 「석지부惜志賦」⑬를 지음.
●초가을에 공이 지난 2월에 중형 정약전이 신지도에서 보낸 편지를 받음.
●가을에 공이 「정효자전鄭孝子傳」⑭을 지음.
●가을에 공이 「수오재기守吾齋記」⑮를 지음.
●9월 초에 공이 가서를 받고 3일에 두 아들에게 편지를 보냄.⑯
●10월 3일에 황사영黃嗣永[字는 德昭, 1775~1801]이 체포되어 의금부義禁府에 압송되었고, 그가 지니고 있던 『황사영백서黃嗣永帛書』도 함께 압수됨. 그는 23일에 사형死刑이 결정되고, 11월 5일에 서소문西小門 밖에서 능지처참에 처해짐.⑰
●10월에 공이 두 아들에게 편지를 보냄.⑱
●10월 20일에 공이 중형 정약전 등과 함께 다시 유배지에서 체포됨. 이어 서울로 압송되고 다시 의금부에 투옥되어 추국推鞫을 받았으나, 결국 무죄임이 밝혀짐.
●10월에 사헌부장령司憲府掌令 이기경李基慶[瘠菴, 字는 休吉, 1756~1819]이 임금께서 정심正心으로 조정을 바로잡으라는 명분 하에 사학邪學을 엄단嚴斷할 것을 요구하는 취지의 상소를 올림.④
●11월에 공은 강진현康津縣으로, 중형 정약전은 흑산도黑山島로 유배됨. 공이 나주羅州의 율정栗亭에서 중형과 이별함.
●11월 말에 공이 강진康津의 성城 동문 밖 주막의 뒷골방에 거처를 정함.⑲</td></tr>
<tr><td>저작</td><td>시부</td><td>●「석지부【신유하, 재장기작】惜志賦【辛酉夏, 在長鬐作】」: 『전서全書 1』, p. 160.
●「석우별【석우촌재숭례문남삼리】石隅別【石隅村在崇禮門南三里】」: 『전서全書 1』, p. 387.
●「사평별【별처자야. 사평촌재한강지남】沙坪別【別妻子也. 沙坪村在漢江之南】」: 『전서全書 1』, pp. 387~388.</td></tr>
</table>

저작	시부	목록
저작	시부	●「하담별【사영역야. 하담재충주지서이십리】荷潭別【辭塋域也. 荷潭在忠州之西二十里】」: 『전서全書 1』, p. 388. ●「과탄금대【재충주남】過彈琴臺【在忠州南】」: 『전서全書 1』, p. 388. ●「무교【재연풍현북】蕪橋【在延豐縣北】」: 『전서全書 1』, p. 388. ●「조령鳥嶺」: 『전서全書 1』, p. 389. ●「토천【재문경현남】兎遷【在聞慶縣南】」: 『전서全書 1』, p. 389. ●「공골피【재함창현】空骨陂【在咸昌縣】」: 『전서全書 1』, p. 389. ●「기성잡시이십륙수鬐城雜詩二十六首」: 『전서全書 1』, pp. 390~392. ●「유림만보이수楡林晚步二首」: 『전서全書 1』, p. 392. ●「자소自笑」: 『전서全書 1』, pp. 393~394. ●「부용정가芙蓉亭歌」: 『전서全書 1』, pp. 394~396. ●「아사고인행삼장장육구我思古人行三章章六句」: 『전서全書 1』, p. 396. ●「고시이십칠수古詩二十七首」: 『전서全書 1』, pp. 396~401. ●「독좌이수【신유삼월. 재장기】獨坐二首【辛酉三月. 在長鬐】」: 『전서全書 1』, p. 401. ●「제상堤上」: 『전서全書 1』, p. 401. ●「연煙」: 『전서全書 1』, p. 402. ●「야夜」: 『전서全書 1』, p. 402. ●「견민遣悶」: 『전서全書 1』, p. 402. ●「수愁」: 『전서全書 1』, p. 402. ●「견흥遣興」: 『전서全書 1』, pp. 402~403. ●「천거팔취【『금호자고』운: '천인, 적객야'】遷居八趣【『金壺字考』云: '遷人, 謫客也'】」: 『전서全書 1』, p. 403. ●「고우탄苦雨歎」: 『전서全書 1』, p. 403. ●「아가사【토인위기자부왈: '아가'】兒哥詞【土人謂其子婦曰: '兒哥'】」: 『전서全書 1』, pp. 403~404. ●「해랑행【해랑, 방언왈: '솔피'】海狼行【海狼, 方言曰: '率皮'】」: 『전서全書 1』, p. 404. ●「희작「소계도」戲作「苕溪圖」」: 『전서全書 1』, pp. 404~405. ●「전원田園」: 『전서全書 1』, p. 405. ●「별가오십유팔일, 시득가서, 지희기아別家五十有八日, 始得家書, 志喜寄兒」: 『전서全書 1』, p. 405. ●「득사형서【중씨시재강진신지도적중】得舍兄書【仲氏時在康津薪智島謫中】」: 『전서全書 1』, p. 405. ●「가동귀家僮歸」: 『전서全書 1』, p. 406. ●「유탄有歎」: 『전서全書 1』, p. 406. ●「적력寂歷」: 『전서全書 1』, p. 406. ●「치자기율지稚子寄栗至」: 『전서全書 1』, p. 406. ●「문가인양잠聞家人養蠶」: 『전서全書 1』, pp. 406~407. ●「추록마행追鹿馬行」: 『전서全書 1』, p. 407.

저작	시부	● 「단오일술애端午日述哀」: 『전서全書 1』, p. 407. ● 「억유녀憶幼女」: 『전서全書 1』, p. 407. ● 「박취薄醉」: 『전서全書 1』, p. 408. ● 「「채갈」, 천인자상야. 부자형제리석언「采葛」, 遷人自傷也. 父子兄弟離析焉」: 『전서全書 1』, p. 408. ● 「「유산」, 천인지사야. 이기실가, 불능안토언「酉山」, 遷人之思也. 離其室家, 不能安土焉」: 『전서全書 1』, pp. 408~409. ● 「「동문」, 천인자도야「東門」, 遷人自悼也」: 『전서全書 1』, p. 409. ● 「미원은사가【윤교리영희, 상위여언차사. 심, 기인가야】薇源隱士歌【尹校理永僖, 嘗爲余言此事. 沈, 其姻家也】」: 『전서全書 1』, pp. 409~410. ● 「오즉어행烏鰂魚行」: 『전서全書 1』, p. 410. ● 「장기농가십장長鬐農歌十章」: 『전서全書 1』, pp. 410~411. ● 「봉화백씨「차두운이수」【월야억사제】奉和伯氏「次杜韻二首」【月夜憶舍弟】」: 『전서全書 1』, p. 412. ● 「죽취일竹醉日」: 『전서全書 1』, p. 412. ● 「하지夏至」: 『전서全書 1』, p. 412. ● 「기아寄兒」: 『전서全書 1』, p. 412. ● 「야기이수夜起二首」: 『전서全書 1』, pp. 412~413. ● 「동문관일출東門觀日出」: 『전서全書 1』, p. 413. ● 「독립獨立」: 『전서全書 1』, p. 413. ● 「불식不識」: 『전서全書 1』, p. 413. ● 「만청晚晴」: 『전서全書 1』, p. 414. ● 「부음復陰」: 『전서全書 1』, p. 414. ● 「우지계상, 견매괴일수언연독개, 인억동파어정혜원부해당화, 수차기운偶至溪上, 見玫瑰一樹嫣然獨開, 因憶東坡於定惠院賦海棠花, 遂次其韻」: 『전서全書 1』, p. 414. ● 「수선화가, 부차소운水仙花歌, 復次蘇韻」: 『전서全書 1』, p. 415. ● 「타맥행打麥行」: 『전서全書 1』, p. 415. ● 「백발白髮」: 『전서全書 1』, p. 416. ● 「쾌우행快雨行」: 『전서全書 1』, p. 416. ● 「득신과서회得新瓜書懷」: 『전서全書 1』, pp. 416~417. ● 「유회천고, 부연전운, 봉간백씨有懷薦苽, 復衍前韻, 奉簡伯氏」: 『전서全書 1』, p. 417. ● 「부차전운, 기이자復次前韻, 寄二子」: 『전서全書 1』, pp. 417~418. ● 「하일견흥팔수夏日遣興八首」: 『전서全書 1』, pp. 418~419. ● 「추회팔수【신유추. 재장기】秋懷八首【辛酉秋. 在長鬐】」: 『전서全書 1』, pp. 419~420. ● 「추일억사형秋日憶舍兄」: 『전서全書 1』, pp. 420~421.

저작	시부	●「추야독좌, 인인궤어갱이유주, 흔연일취秋夜獨坐, 鄰人餽魚羹以侑酒, 欣然一醉」: 『전서全書 1』, p. 421. ●「백운白雲」: 『전서全書 1』, p. 421. ●「몽득둔지복, 요제일시夢得屯之復, 聊題一詩」: 『전서全書 1』, p. 421. ●「옥중화동파「서대」시운獄中和東坡「西臺」詩韻」: 『전서全書 1』, p. 422. ●「출옥부화전운出獄復和前韻」: 『전서全書 1』, p. 422. ●「야과동작도夜過銅雀渡」: 『전서全書 1』, p. 423. ●「경안【도과천작】驚雁【到果川作】」: 『전서全書 1』, p. 423. ●「도금수【기내】渡錦水【寄內】」: 『전서全書 1』, p. 423. ●「율정별【정재나주북오리】栗亭別【亭在羅州北五里】」: 『전서全書 1』, pp. 423~424. ●「객중서회客中書懷」: 『전서全書 1』, p. 424.
	문	●「이발기발변理發氣發辨 1~2」: 『전서全書 2』, pp. 357~359. ●「기해방례변【장기작】己亥邦禮辨【長鬐作】」: 『전서全書 2』, pp. 365~366. ●「『촌병혹치』서『村病或治』序」: 『전서全書 3』, p. 40. ●「수오재기守吾齋記」: 『전서全書 3』, pp. 92~94. ●「발『소학보전』跋『小學補箋』」: 『전서全書 3』, p. 149. ●「정효자전鄭孝子傳」: 『전서全書 3』, pp. 380~381. ●「여이계수【신유춘】與李季受【辛酉春】」: 『전서全書 4』, p. 63.③ ●「답이계수答李季受」: 『전서全書 4』, p. 63.③ ●「기이아【신유삼월초이일, 도하담서】寄二兒【辛酉三月初二日, 到荷潭書】」: 『전서全書 4』, p. 242.⑤ ●「기이아寄二兒【六月十七日】」: 『전서全書 4』, p. 242.⑦ ●「기이아寄二兒【九月三日】」: 『전서全書 4』, p. 242.⑯ ●「기이아寄二兒」: 『전서全書 4』, pp. 242~243.⑱
	경집	
	기타	●『소학보전小學補箋』 ●『이아술의爾雅述意』 ●『백언시百諺詩』 ●『촌병혹치村病或治』 ○「입후론立後論 1~2」: 『전서全書 2』, pp. 288~291.

비 고	●① 책롱사건冊籠事件: 정조正祖의 승하昇遐 후 시국이 점차 흉흉해지자 탄압의 빌미를 주지 않기 위해 서교西敎와 관련된 5~6인의 문서와 편지가 담긴 책롱冊籠을 한성부漢城府에서 몰래 옮기다 관官에 적발된 사건을 말함. 여기에는 정약용 집안의 서찰書札도 포함되어 있었음. ●②『소학보전小學補箋』: 이 책은 현재 전해지지 않으며, 정약용이 이 해 정월에 아이들이『소학小學』을 강독하는 데 도움을 주기 위해서 기존의 전주箋注와 해석의 미비점을 보완하고 자신의 견해를 서술하여 완성한 저술임. 다만 정약용이「자찬묘지명自撰墓誌銘【집중본集中本】」[『全書 3』, p. 269]에서 자신의 한평생에 걸친 연구성과[經集]를 소개하는 가운데『소학보전』만을『심경밀험心經密驗』과 함께 나란히 거론하고 있는 점, 이후 54세 되는 을해년[1815년, 純祖 15]에 저술한『소학지언小學枝言』[『全書 6』, pp. 165~191]의 내용에 대해 구주舊注의 보충에 주력했다고 설명하고 있는 점 등을 미루어볼 때, 이 저술은 아마도『소학지언』과 사실상 동일한 책이거나, 또는 그 초고본草稿本의 성격을 띠는 것이 아닐까 추측됨. ●③「여이계수【신유춘】與李季受【辛酉春】」,「답이계수答李季受」: ㉮「여이계수【신유춘】」는 정약용이 이익운李益運[鶴鹿, 字는 季受]에게 보낸 편지로, 정약용이 이익운에게 봄에 나오는 정목政目의 내용이 어떻게 결정될지를 미리 알아봐줄 것을 부탁했는데, 그가 전날 알려준 대로 정약용의 중부仲父는 형조정랑刑曹正郎으로, 유원명柳遠鳴[振玉]은 정언正言으로, 윤행임尹行恁[方是閑齋, 字는 聖甫, 1762~1801]은 지의금知義禁[知義禁府事]에 제수된 것을 확인하고 감사하는 내용으로서, 정약용이 당시의 정국政局이 자신에게 조금이라도 유리하게 전개되기를 간절히 바라는 절박한 심정, 특히 정약용에게 동정적인 입장을 가졌던 윤행임의 도움을 받아 어려움을 모면해보고자 하는 의도가 잘 나타나 있으며, ㉯「답이계수」는 정약용이 이익운에게서 편지를 받고 보낸 답서答書로, 그의 충고에 감사하면서 이미 박두한 화색禍色은 순순히 받아들여야 할 것 같다는 체념의 심경을 토로하고 있는 내용임. ●④ 이상의 4가지 상소사건上疏事件은 신유옥사辛酉獄事 이후 근기남인近畿南人 내에서 나타난 동향의 일단을 잘 보여주고 있음. 근기남인의 경우에도 기실 신유옥사 이전부터 이미 내부적으로 정치적政治的 분파分派를 경험한 바 있는데, 즉 임인년[1782년, 正祖 6] 이래 이른바 '대채大蔡·소채小蔡'로 분열된 데 이어 '채당蔡黨·홍당洪黨'의 대립이 계속되었고, 정미년[1787년, 正祖 11] 이후에는 일련의 서교西敎[天主敎] 관련사건들을 계기로 다시금 '친서계親西系·공서계攻西系'로 분열된 바 있음. 여기서 ㉮ 권엄權𧟌[葉西], 윤필병尹弼秉[無號堂] 등은 채제공蔡濟恭[樊巖]의 사후 근기남인의 원로로서 활동했던 인물들이었는데, 신유옥사를 계기로 정약용을 포함한 친서계를 버리면서 정치적으로 살아남고자 노력했던

비 고	것으로 보임. ㉯ 이익운李益運[鶴鹿]은 경신년[1800년, 正祖 24]에 타계한 이정운李鼎運[五沙]의 아우로서, 그 역시 정조 생존 시에는 형과 더불어 정약용과 친밀한 관계를 유지한 바 있음에도 신유옥사 이후에는 정치적으로 살아남기 위해 상기의 원로들과 같은 태도를 취했던 것으로 판단됨. ㉰ 목만중睦萬中[餘窩]은 이기경李基慶[瘠菴, 字는 休吉]과 함께 근기남인 내에서의 대표적인 공서계 인물로서, 특히 정미년에 있었던 '정미반회丁未泮會' 사건을 계기로 공서파攻西派로 분리해나가면서 이때부터 이미 친서계 인물들, 특히 이가환, 이승훈, 정약용 등을 맹렬하게 비판한 바 있으며, 신유옥사 이후에도 그 연장선상에서 더욱 강경하게 비판적 입장을 견지한 바 있음. ㉱ 이기경 역시 '『황사영백서黃嗣永帛書』 사건'을 계기로 상소를 올려 임금에게 사학邪學을 엄단할 것을 촉구하면서 어떻게든 정약용을 죽이고자 획책한 바 있음. ●⑤ 「기이아【신유삼월초이일, 도하담서】寄二兒【辛酉三月初二日, 到荷潭書】」: 정약용이 유배길에 충주忠州의 하담荷潭에 있는 선영先塋을 참배하고 두 아들에게 보낸 편지로, 어머니를 모시고 고향에 가 조용히 있기를 바라며 특히 어머니의 건강이 염려되니 영양가 있는 음식과 약으로 잘 다스려 보살펴드릴 것을 당부하는 내용임. ●⑥ 정약용이 유배지 장기長鬐에 도착하여 처음으로 지은 시詩 작품인 「기성잡시이십륙수鬐城雜詩二十六首」의 「서문」에 "3월 9일 장기현長鬐縣에 도착하였다. 그 다음날 마산리馬山里에 있는 늙은 군교軍校 성선봉成善封의 집에 안치安置되었다(三月初九日, 到長鬐縣. 厥明日, 安插于馬山里老校成善封之家)"[『全書 1』, p. 390]라고 기록하고 있음. ●⑦ 「기이아寄二兒【六月十七日】」: 정약용이 6월 초순경에 가서家書를 받고 17일에 두 아들에게 보낸 답서答書로, 큰아들 학연學淵과 어린 딸의 건강을 염려하면서 자신의 건강은 약을 복용한 이후 점차 좋아지고 있음을 알리는 한편, 작년의 국상國喪과 올해의 중형仲兄 정약전丁若銓과 삼형三兄 정약종丁若鍾의 애통한 일로 밤낮으로 통곡하고 있는 신세를 한탄하는 내용임. 이때 정약용이 가서와 함께 아들이 보낸 의서醫書 수십 권과 약초藥草 한 상자를 전달받았던 것으로 추측됨.[「『村病或治』序」: 『全書 3』, p. 40] ●⑧ 『이아술의爾雅述意』: 모두 8권으로, 이 책은 현재 전해지지 않음. 이 저술은 정약용이 『이아爾雅』, 『운서韻書』 등의 책에서 일용에 요긴한 한자漢字 6천 5백여 자를 뽑아 의미에 따라 부문을 나누고 간략하게 해석하여 편집한 '한자학습서漢字學習書'임. 이 책은 이후 갑자년[1804년, 純祖 4]에 중형仲兄 정약전丁若銓이 저술한 『몽학의휘蒙學義彙』의 저본이 되었음. 「자찬묘지명自撰墓誌銘【집중본集中本】」[『全書 3』, p. 267]에서는 서명이 『이아술爾雅述』로, 권수는 '6권'으로 소개되어 있음. ●⑨ 「기해방례변己亥邦禮辨」: 이 글은 정약용이 유배지 장기에서 저술한

비 고	예론禮論으로서, 『의례儀禮』의 「상복喪服」편에 의거하여 아버지가 죽은 장자長子를 위해 삼년복三年服을 입는 까닭은 장차 조종祖宗을 전할 중重을 높이기 때문이라는 기본적 관점에서 조선의 기해복제논쟁己亥服制論爭을 평가하고 있는바, 기해년의 복제는 '어머니가 장자를 위해 복服을 입는 경우'로서 상기의 '장차 전중傳重할 아들에 대한 아버지의 예禮'와는 맥락을 달리함에도 당시의 논쟁은 이를 간과함으로써 송시열宋時烈[尤菴, 1607~1689], 허목許穆[眉叟, 1595~1682], 윤휴尹鑴[白湖, 1617~1680]가 모두 오류를 저질렀음을 비판하는 내용임. 이 글은 앞서 경신년[1800년, 正祖 24] 6월에 정약용이 편지로 기해복제논쟁에 대한 윤지범尹持範[南皐, 字는 彝敍]의 주장을 비판했던 것이 계기가 되어 자신의 입장을 분명히 정리하기 위해 저술한 것으로 추측됨. 또한 이 글은 신유옥사辛酉獄事를 거치는 과정에서 망실亡失되었는데, 현재 전하는 글은 이후 정약용이 57세 되는 무인년[1818년, 純祖 18] 가을에 다시 저술한 것임. ●⑩「이발기발변理發氣發辨 1~2」: 이 글은 정약용이 유배지 장기에서 사칠논쟁四七論爭에 대한 자신의 입장을 정리한 저술로서, ㉮「이발기발변 1」에서는 이른바 '이발理發'과 '기발氣發'의 문제에 대한 이황李滉[退溪]과 이이李珥[栗谷]의 입장이 갈라지게 된 연유를 검토하는 가운데 두 분의 주장하신 뜻이나 가리켜 말씀하신 것이 각각 다를 뿐이지 어느 한쪽이 잘못된 것은 아니라는 결론을 내리고 있으며, ㉯「이발기발변 2」에서는 사단四端의 대체大體는 이理가 발한 것[本然之性에서 發함: 原註]이라면 칠정七情의 대체는 기氣가 발한 것[氣質之性에서 발함: 原註]이요, 사단과 칠정은 모두 같은 마음[心]에서 말미암아 나온다는 기본입장에서 출발하여 이황께서는 일생동안 치심治心·양성養性의 공부功夫에만 힘쓰셨기 때문에 이발과 기발을 나누어 말씀하시면서 오직 그것이 밝지 못할까 염려하셨다는 해석을 제시하고 있음. ●⑪『백언시百諺詩』: 이 책은 현재 전하지 않으며, 원래 이익李瀷이 우리나라의 속담俗談을 수집하고 한문으로 번역하여 『백언해百諺解』[『星湖全書 7』, pp. 431~443]를 저술한 바 있는데, 정약용은 이익의 기존 번역이 운韻에 맞지 않음을 보고 이를 운을 달아 재번역한 저술임. 이 저술은 이후 그가 59세 되는 경진년[1820년, 純祖 20]에 왕동궤王同軌의 『이담耳談』, 신작申綽[石泉, 1760~1828]과 정약전丁若銓의 도움 및 정약용 자신이 직접 경전經傳과 사서史書에서 수집한 속담과 함께 집대성되어 중국의 속담 177개, 우리나라의 속담 214개로 모두 '391개'로 구성된 본격적인 속담집俗談集인 『이담속찬耳談續纂』[『全書 5』, pp. 151~176]으로 증보·완성됨. ●⑫『촌병혹치村病或治』: 이 책은 현재 전하지 않으며, 정약용이 장기長鬐에서 귀양살이를 하면서 그곳의 백성이 병들었을 때에 손쉽게 활용할 수 있도록 기존의 의서醫書 가운데 비교적 간편한 처방을 뽑아 상·

비 고	하편으로 편찬한 저술임. ●⑬ 「석지부【신유하, 재장기작】惜志賦【辛酉夏, 在長鬐作】」: 정약용이 여름에 유배지 장기長鬐에서 지은 「부賦」로, 자신이 비록 서교西教를 신봉했다는 혐의로 현재 고초를 받고 있지만 곧 무죄無罪로 방면放免될 것임을 기대하는 내용임. ●⑭ 「정효자전鄭孝子傳」: 정약용이 도강현道康縣 사람인 효자孝子 정관일鄭寬一의 한평생에 걸친 효행孝行을 기록하고 이를 평가하고 있는 글로서, 여기에는 진정한 효孝와 부자父子 간의 정情에 대한 정약용의 견해가 표명되어 있음. ●⑮ 「수오재기守吾齋記」: 정약용이 유배지 장기에서 백형伯兄 정약현丁若鉉[黼淵, 字는 太玄, 1751~1821]의 당호堂號인 '수오재守吾齋'의 의미를 새삼 반추하며 자신이 지금까지 살아온 행적行蹟을 전반적으로 성찰하고 있는 글로서, 자신이 지금과 같이 어려운 처지로 전락하게 된 것은 젊은 시절 오로지 세상의 부귀영달富貴榮達과 같은 외물外物에만 마음을 빼앗겨 그곳으로 치달리다가 정작 가장 중요한 자기 자신은 지키지 못한 데에 그 이유가 있음을 깊이 반성하고 있는 내용임. ●⑯ 「기이아寄二兒【九月三日】」: 정약용이 9월초에 가서家書를 받고 3일에 두 아들에게 보낸 답서答書로, 부인과 맏며느리[伯婦]의 건강을 염려하고 신지도薪智島에 유배된 중형仲兄이 반년이나 연락이 두절된 채 외로운 섬에서 겪을 고초를 가슴 아파하는 가운데, 중형의 부인과 조카 봉륙封六에 대해서도 친어머니와 친형제처럼 대하고 마음을 다해 무휼撫恤해줄 것을 간곡히 부탁하는 한편 무엇보다 둘째아들 학유學游가 독서讀書에 힘써 선비가 되기를 간절히 축원祝願하는 내용임. ●⑰ 이 사건이 이른바 '『황사영백서黃嗣永帛書』 사건'임. ●⑱ 「기이아寄二兒」: 정약용이 10월 무렵에 두 아들에게 보낸 편지로, 두 아들이 당해년 겨울에 『상서尙書』, 『예기禮記』, 사서四書 및 『사기史記』와 같은 경전經典과 사서史書를 익숙하게 읽고 사론史論 역시 지을 것과 함께 어디까지나 학문의 근본根本과 내면적 온축蘊蓄에 힘쓸 것을 권고하는 가운데, 본인이 저술著述에 전념하고 있는 까닭은 무엇보다 부형父兄으로서 집안에 누를 끼친 것에 대해 속죄하기 위해서임을 고백하는 내용임. ●⑲ 처음에는 이를 '동천여사東泉旅舍'라 부르다가 계해년[1803년, 純祖 3]의 동짓날에 학문에 대한 결의를 새롭게 하면서 이를 '사의재四宜齋'라 고쳐 불렀음.

<table>
<tr><td>연 대</td><td colspan="2">1802년 [순조純祖 2: 임술壬戌]</td><td>나 이</td><td>41세 No. 36</td></tr>
<tr><td colspan="2">생평사략</td><td colspan="3">●2월에 공公이 가서家書를 받고 두 아들에게 연이어 편지를 보냄.①
●봄에 공이 숙부叔父[丁載進]에게 큰 근심을 끼쳐드려 송구한 조카의 마음을 전하는 시詩를 지어 올림.
●봄에 공이 작년 겨울에 중형仲兄 정약전丁若銓과 함께 귀양 갈 때 죽란시사竹欄詩社의 친우인 이유수李儒修[錦里, 字는 周臣]와 윤지눌尹持訥[小皐, 字는 无咎]이 공의 두 아들을 극진히 위로하고 보살펴주었는데, 이로 인해 이유수가 공에게 아첨을 부리고 중형에게 노잣돈을 주었다는 소문으로 사간원헌납司諫院獻納 강세륜姜世綸의 탄핵을 받아 무산부茂山府로 유배 가게 되었다는 소식을 듣고 두 친우의 변함없는 우정을 기리는 시를 지음.
●이 무렵 윤광택尹光宅② 공公께서 자기 조카 윤시유尹詩有를 시켜 공에게 자주 물품을 보내주시며 공의 안부를 묻고 위로하심.
●4월에 큰아들 학연學淵이 와서 근친覲親함.
●4월 말부터 공이 『예고서정禮考書頂』③의 저술을 시작함.
●5월에 윤필병尹弼秉[無號堂] 등이 상소를 올려 이가환李家煥[貞軒], 권철신權哲身[鹿菴], 이승훈李承薰[蔓川, 세례명은 베드로], 홍낙민洪樂敏[세례명은 루가, 1740~1801]에게 노적孥籍을 내릴 것을 청함.④
●여름에 강진현감康津縣監 이안묵李安默이 하찮은 일로 공을 무고했으나 사실이 없어 끝나버림.
●7월에 공이 「입후론立後論 3」⑤을 완성함.
●10월에 공이 황상黃裳[巵園處士, 小字는 山石, 1788~1870]을 제자弟子로 받아들임. 이를 계기로 '읍중제생邑中諸生'⑥을 차례대로 맞이하여 가르침.
●10월 무렵에 공이 두 아들에게 편지를 보낸 것으로 추측됨.⑦
●12월에 여섯째아들 농장農牂이 요절했다는 소식이 전해옴. 공이 「광지壙志」를 짓고, 두 아들에게 편지를 보냄.⑧
●12월 22일에 공이 두 아들에게 편지를 보냄.⑨</td></tr>
<tr><td>저작</td><td>시</td><td colspan="3">●「신년득가서【임술춘. 재강진】新年得家書【壬戌春. 在康津】」: 『전서全書 1』, p. 424.
●「봉간숙부奉簡叔父」: 『전서全書 1』, p. 424.
●「「아롱곡」사수, 의증이【주신○화우산】「鵝籠曲」四首, 擬贈李【周臣○和虞山】」: 『전서全書 1』, p. 425.
●「탐진촌요십오수耽津村謠十五首」: 『전서全書 1』, pp. 425~427.
●「독『상서』오수讀『尙書』五首」: 『전서全書 1』, p. 427.
●「탐진농가십수耽津農歌十首」: 『전서全書 1』, pp. 427~428.
●「탐진어가십장耽津漁歌十章」: 『전서全書 1』, pp. 429~430.
●「오잡조【기처자】五雜組【寄妻子】」: 『전서全書 1』, p. 430.
●「양두섬섬【기처자】兩頭纖纖【寄妻子】」: 『전서全書 1』, p. 430.</td></tr>
</table>

저작	시	●「삼성사三聲詞」: 『전서全書 1』, pp. 430~431. ●「봉간백씨奉簡伯氏」: 『전서全書 1』, p. 431. ●「벽력행霹靂行」: 『전서全書 1』, p. 431.
	문	●「입후론 3【차론, 임술칠월작】立後論 3【此論, 壬戌七月作】」: 『전서全書 2』, pp. 291~293. ●「농아광지農兒壙志」: 『전서全書 3』, pp. 326~327. ●「답이아【이하강진적중서】答二兒【以下康津謫中書】」: 『전서全書 4』, p. 243.① ●「답이아【이하강진적중서】答二兒【以下康津謫中書】」: 『전서全書 4』, pp. 244~245.⑦ ●「기이아【임술십이월입이일, 강진적중】寄二兒【壬戌十二月廿二日, 康津謫中】」: 『전서全書 4』, pp. 245~248.⑨ ●「답양아【임술십이월】答兩兒【壬戌十二月】」: 『전서全書 4』, pp. 257~258.⑧
	경집	●『예고서정禮考書頂』: 『전서全書 21』, pp. 215~221. ●『『독례통고』전주『讀禮通考』箋註』: 『전서全書 37』, pp. 740~773.[『與猶堂全書補遺 III』에 수록되어 있음]
	기타	○「제서건학「상기표」題徐乾學「喪期表」」: 『전서全書 3』, pp. 172~173. ○「기이아寄二兒」: 『전서全書 4』, pp. 249~251. ○「기양아寄兩兒」: 『전서全書 4』, pp. 258~260. ○「기양아寄兩兒」: 『전서全書 4』, pp. 260~261. ○「기유아寄游兒」: 『전서全書 4』, pp. 275~278.
비고		●① 「답이아【이하강진적중서】答二兒【以下康津謫中書】」: 정약용이 두 아들에게 보낸 편지로, ㉮ 「답이아【임술이월칠일】」는 정약용이 연초年初에 종 석石이 가지고 온 가서家書를 받고 2월 7일에 두 아들에게 보낸 답서答書로, 둘째아들 학유學游의 필법筆法과 문리文理가 진전되고 있음을 칭찬하면서 폐족廢族이라 하여 절대로 자포자기하지 말고 범인凡人보다 백배의 공력功力으로 학문學問에 정진할 것을 독려하는 한편, 맏아들 학연學淵은 4월에 근친覲親을 올 것을 부탁하는 내용이며, ㉯ 「답이아【임술이월십칠일】」는 2월 17일에 연이어 보낸 편지로, 삼형三兄 정약종丁若鍾의 1주기週忌를 맞아 괴로운 심정을 토로하면서 다시 한 번 두 아들에게 폐족의 처지라 하여 낙담하지 말고 그럴수록 더욱 학문과 예의禮義를 닦는 데에 힘쓸 것을 간절히 부탁하는 한편, 작년 10월 1일 장기長鬐에서 옷을 갈아입은 이래 아직 옷을 갈아입지 못하고 있는 고충을 알리는 내용임. ●② 윤광택尹光宅[字는 德仁, 1732~1804]: 윤공尹公은 정약용의 부친인 진주공晉州公의 친구로서, 일찍이 무술년[1778년, 正祖 2]에 진주공께서 화순현감和順縣監으로 재직하실 때 강진康津에 있던 윤공의 별장을 방문하시어 즐겁게 환담하며 교유하신 적이 있음. 한편, 윤서유尹書有[翁山, 1764~1821]

| 비 고 | 는 윤공의 아들로서 사간원정언司諫院正言에 제수된 바 있으며, 또한 윤서유의 아들인 윤창모尹昌謨[爾菴, 1795~1856]는 나중에 정약용의 사위가 됨. 이에 대해서는 「사간원정언옹산윤공묘지명司諫院正言翁山尹公墓誌銘」[『全書 3』, pp. 298~301]이 참조됨.
●③ 『예고서정禮考書頂』: 모두 1권으로, 『상례외편喪禮外編』[『全書』 21]에 편차編次되어 있음. 이 저술은 정약용이 유배 중인 임술년[1802년, 純祖 2]부터 신미년[1811년, 純祖 11]까지 상사喪事에 대해 연구하면서 서건학徐乾學[健庵, 字는 原一, 1631~1694: 中國 淸 나라의 학자]의 『독례통고讀禮通考』에서 의심나거나 또는 생각해봐야 할 것이 있을 때마다 그에 관한 생각을 책 윗부분에 적어둔 글임. 해배 이후 신사년[1821년, 純祖 21]에 제자 이인영李仁榮이 그 내용을 기록하여 편집·완성함. 한편, 『여유당전서보유與猶堂全書補遺 III』[『全書』 37]에는 『『독례통고』전주『讀禮通考』箋註』가 따로 실려 있는데, 이 또한 원래의 『예고서정』의 일부로서, 이에 『상례외편』의 『예고서정』과 합쳐져야 비로소 완전한 『예고서정』이 이루어지게 됨.
●④윤필병尹弼秉[無號堂]은 채제공蔡濟恭[樊巖]의 사후 근기남인近畿南人의 원로로서 활동했던 인물이었는데, 위의 상소는 당시 근기남인의 일부가 신유옥사辛酉獄事를 계기로 집권세력인 노론벽파老論僻派보다 오히려 더 강경하게 친서계親西系[信西派]를 공격하는 행태를 보여주었던 사례로서, 이는 아마도 정치적으로 살아남기 위해 집권세력에게 아부했던 일종의 과잉충성으로 판단됨.
●⑤ 「입후론 3【차론, 임술칠월작】立後論 3【此論, 壬戌七月作】」: 이 글은 정약용이 유배지 강진康津에서 저술한 예론禮論으로서, 예禮란 고금古今의 마땅한 바를 참작하여 제도制度에 맞게 함이 옳으며, '남의 후사後嗣가 되는 예禮'의 경우에는 『예기禮記』에 나오는 원칙을 따라야 명칭과 도리에 모두 합당하게 된다는 기본입장에서 출발하여, '후사를 세우는 4가지 원칙'을 나름대로 제시하면서 이 원칙을 국가에서 법령法令으로 만들어 시행함이 가장 좋은 방법이나 현실적으로 가능하지 않기에 이를 훈령訓令으로 삼아 정씨丁氏 집안의 자손들만이라도 어기는 일이 없도록 신칙申飭하고 있는 내용임.
●⑥ 읍중제생邑中諸生: 정약용이 강진康津에 귀양 와서 무진년[1808년, 純祖 8] 봄에 다산초당茶山草堂으로 거처를 옮기기 전까지 읍내에 머물던 시기에 가르쳤던 초기의 제자들로서, 주로 아전의 자제들로 구성됨. 즉 황상을 위시하여 손병조孫秉藻[小字는 俊燁, ?~?], 황경黃褧[醉夢齋·囊圃, 小字는 安石, 1792~1867], 황지초黃之楚[硯菴, 小字는 完聃, 1793~1903], 이청李晴[小字는 鶴來, 字는 琴招, 1792~1861], 김재정金載靖[小字는 尙圭, ?~?]이 바로 이들임. 이 시기 제자들은 대부분 학업을 계속하지 못했지만, 오직 황상과 이청만은 다산초당에까지 따라가 학업을 계속하여 이후 상당한 학문적 성취를 |

비 고	이룬 바 있음. ●⑦ 「답이아【이하강진적중서】答二兒【以下康津謫中書】」: 정약용이 10월 무렵에 두 아들에게 보낸 것으로 추측되는 편지로, 자신이 예서禮書를 공부하는 이유, 독서讀書의 어려움, 초서鈔書의 방법, 『고려사高麗史』 공부의 권유, 학문學問의 종지宗旨 등에 대해 훈계하는 내용임. ●⑧ 「답양아【임술십이월】答兩兒【壬戌十二月】」: 정약용이 12월에 두 아들에게서 편지를 받고 보낸 답서答書로, 여섯째아들 농장農牂의 요절에 아버지로서 사무치는 슬픔을 전하면서 역시 슬픔에 빠져있을 어머니에게 더욱 효성孝誠을 다할 것을 훈계하는 내용임. ●⑨ 「기이아【임술십이월입이일, 강진적중】寄二兒【壬戌十二月卄二日, 康津謫中】」: 정약용이 12월 22일에 두 아들에게 보낸 편지로, 폐족廢族의 처지에 대한 각성과 노력의 필요성, 독서의 중요성과 방법, 올바른 문장文章의 조건, 사친事親의 요체와 효도孝道의 방법 등에 대해 차례대로 훈계하는 내용임.

연 대	1803년 [순조純祖 3: 계해癸亥]	나 이	42세 No. 37
생평사략	●정월 초하루에 공公이 두 아들에게 편지를 보냄.① ●봄에 공이 「예서차기禮書箚記」②를 완성함. ●봄에 공이 『단궁잠오檀弓箴誤』③를 완성함. ●여름에 공이 『조전고弔奠考』④를 완성함. ●9월 9일 중양절重陽節에 공이 보은산寶恩山 정상에 올라 멀리 우이도牛耳島[黑山島]를 바라보며 중형仲兄 정약전丁若銓을 그리워하는 시詩를 지음. 이어 공이 동행했던 승려僧侶에게도 시를 지어 보여줌. 이때 동행했던 승려는 해일海鎰로 추측되는데, 이 해 봄에 해일이 보시[布施]로 받은 돈을 모두 시주施主하여 백련사白蓮寺를 중수重修하였고, 중수가 끝난 뒤에는 영남嶺南으로 유람을 떠났는데, 이때 공이 그를 전송하는 「서문序文」을 지어준 바 있음. ●9월에 공이 시권詩卷을 만들고 『삼천첩三遷帖』⑤이라 이름붙임. 「발문跋文」이 있음. ●가을에 공이 「애절양哀絶陽」⑥이란 시를 지음. ●겨울에 공이 「예전상의광禮箋喪儀匡」⑦을 완성함. ●겨울에 대왕대비大王大妃[貞純王后]의 특명으로 공과 채홍원蔡弘遠[邇叔, 1762~?]을 함께 석방하려고 했는데, 상신相臣 서용보徐龍輔가 이를 극력 저지함. ●겨울 동짓날에 공이 학문에 대한 결의를 다시금 새롭게 하면서 거처하던 방을 '사의재四宜齋'라 고쳐 부르고, 갑자년[1804년, 純祖 4]이 시작되는 날이라 하여 『주역周易』의 「건괘乾卦」를 읽음. 이미 공은 봄부터 『주역周易』을 필두로 하여 경학연구經學硏究에도 본격적으로 착수한 바 있음. 「기문記文」이 있음.		
저작 시	●「춘청【계해춘. 재강진】春晴【癸亥春. 在康津】」: 『전서全書 1』, pp. 431~432. ●「애절양哀絶陽」: 『전서全書 1』, p. 432. ●「충식송蟲食松」: 『전서全書 1』, p. 432. ●「황칠黃漆」: 『전서全書 1』, p. 433. ●「전가만춘田家晩春」: 『전서全書 1』, p. 433. ●「화동파「문자유척」【득중씨서운: '불식육, 이세여, 훼척불가지', 심창연유작】和東坡「聞子由瘠」【得仲氏書云: '不食肉, 已歲餘, 毁瘠不可支', 心愴然有作】」: 『전서全書 1』, pp. 433~434. ●「만춘독좌晩春獨坐」: 『전서全書 1』, p. 434. ●「증보리자贈甫里子」: 『전서全書 1』, p. 434. ●「구일등보은산절정,【재강진현북오리】 망우이도九日登寶恩山絶頂,【在康津縣北五里】 望牛耳島」: 『전서全書 1』, pp. 434~435. ●「우위오언시승又爲五言示僧」: 『전서全書 1』, p. 435.		

저작	문	●「송부도해일유영남서送浮屠海鎰遊嶺南序」: 『전서全書 3』, p. 60. ●「사의재기四宜齋記」: 『전서全書 3』, p. 94. ●「발『삼천첩』跋『三遷帖』」: 『전서全書 3』, p. 153. ●「기양아【계해원일】寄兩兒【癸亥元日】」: 『전서全書 4』, pp. 261~264.①
	경집	●『단궁잠오檀弓箴誤』: 『전서全書 21』, pp. 40~175. ●『조전고弔奠考』: 『전서全書 21』, pp. 176~198. ●「예전상의광禮箋喪儀匡」: 『전서全書 18』, pp. 33~493.
	기타	○「기양아寄兩兒」: 『전서全書 4』, pp. 264~266; pp. 266~267; p. 267; pp. 268~269; pp. 269~270; pp. 270~271. ○「시양아示兩兒」: 『전서全書 4』, p. 271; pp. 272~273. ○「답양아答兩兒」: 『전서全書 4』, p. 274.
비고		●①「기양아【계해원일】寄兩兒【癸亥元日】」: 정약용이 새해의 원일元日을 맞아 두 아들에게 보낸 편지로, 그 동안 편지로 학문에 힘쓸 것을 여러 번 권면했음에도 여전히 학문에 관심을 보이지 않음에 대해 엄히 책망하고 폐족廢族이란 벼슬길에만 관계될 뿐 성인聖人이 되고 문장가文章家가 되고 선비가 되기에는 아무런 장애가 되지 않으니 학문에 더욱 정진함으로써 후일에 가문家門의 중흥中興을 기약할 것을 새삼 강조하는 가운데, 마지막으로 두 아들이 거처하는 서재書齋의 이름을 '삼사재三斯齋'라 명명하고 「기문記文」과 「삼사잠三斯箴」을 지어 차후 인편에 부칠 것을 간절하게 부탁하는 내용임. ●②「예서차기禮書箚記」: 정약용이 예서禮書를 읽으면서 상례喪禮와 관련하여 유의할 만한 내용을 차기箚記하고 자신의 견해를 덧붙여 완성한 저술임. '목용반沐用潘, 욕용향탕浴用香湯'에서 '상식지명上食之名'에 이르기까지 상의喪儀와 상구喪具에 대해 총 31조목으로 이루어져 있으며, 이후 병자년丙子年[1816년, 純祖 16] 늦은 봄에 『상의절요喪儀節要』의 본문 뒤에 첨부하였음. ●③『단궁잠오檀弓箴誤』: 모두 6권으로, 『상례외편喪禮外編』[『全書』 21]에 편차編次되어 있으며, 정약용이 상례喪禮의 경전적 근거와 역대 논의들을 충실하게 연구한 저술임. 『예기禮記』의 「단궁檀弓」 2편은 여러 편 중에서도 특히 의리義理가 정밀하고 문사文詞가 아름다워 평소 정약용이 가장 좋아하였음. 특히 「단궁」편에서 말하는 고례古禮는 대체로 간략하여 실상 『논어論語』에 나오는 공자孔子의 말씀과 서로 부합하는 점이 있다고 보고, 기존 주석의 잘못을 바로잡고 그 지취旨趣를 규명하였음. 원래의 내용 가운데 대부분은 중복을 피하기 위해 나중에 완성된 『상례사전喪禮四箋』[『全書』 18~20]에 편입시켰고, 현재의 것은 남은 내용만으로 구성됨.

비 고	●④『조전고弔奠考』: 모두 1권으로, 『상례외편喪禮外編』[『全書』 21]에 편차編次되어 있으며, 정약용이 다른 사람의 상喪에 조문하고 전奠을 올리는 의절儀節에 대해 논한 저술임. 모두 '16칙則'으로 구성되어 있으며,[『사암선생연보俟菴先生年譜』[정규영丁奎英 편]에는 모두 '23칙'으로 구성된 것으로 소개됨] 그 예절의 정신은 한결같이 경례經禮로 근거를 삼고, 세속의 습속에는 구애되지 않았음. ●⑤『삼천첩三遷帖』: 정약용이 앞서 병진년[1796년, 正祖 20]에 규영부교서奎瀛府校書로 있으면서 금정도찰방金井道察訪으로 재직할 때 지은 몇 편의 시詩와 정학년丁鶴年의 「오죽헌梧竹軒」시 1수를 기록해 시첩詩帖을 만들다가 공무公務로 바빠져서 미완성의 상태로 두었는데, 작년에 큰아들 학연學淵이 근친覲親 올 때 가지고 와서 완성해줄 것을 부탁함에 장기長鬐에서 귀양살이를 한 이후부터 당시까지 지은 시들을 추기하여 완성한 시첩으로, 첩의 양쪽 끝에는 이명기李命基가 그린 「초충도草蟲圖」 2폭이 함께 실려 있었음. 여기서 '삼천三遷'이란 정약용이 금정金井, 장기長鬐, 강진康津 3곳을 돌아다니며 귀양살이를 한 것을 뜻함. ●⑥「애절양哀絶陽」: 이 시詩를 쓰게 된 동기에 대해서 정약용은 "이는 가경嘉慶 계해년癸亥年 가을에 내가 강진康津에서 지은 것이다. 노전蘆田에 사는 한 백성이 아이를 낳은 지 사흘 만에 군보軍保에 편입되고 이정里正이 못 바친 군포軍布 대신 소를 빼앗아가니, 그 백성이 칼을 뽑아 자기 양경陽莖을 스스로 베면서 말하기를 '내가 이 물건 때문에 곤액困厄을 당한다'고 하였다. 그의 아내가 양경을 가지고 관문官門에 나아가니, 피가 아직 뚝뚝 떨어졌다. 울면서 하소연하였으나 문지기가 막아버렸다. 내가 소문을 듣고 이 시를 지었다(○此, 嘉慶癸亥秋, 余在康津作也. 時蘆田民, 有兒生三日, 入於軍保, 里正奪牛, 民拔刀自割其陽莖曰: '我以此物之故, 受此困厄.' 其妻持其莖, 詣官門, 血猶淋淋, 且哭且訴, 閽者拒之. 余聞而作此詩.)"[『牧民心書 II』, 「兵典六條」(『全書 28』, p. 295)]라고 소개하고 있음. ●⑦「예전상의광禮箋喪儀匡」: 모두 17권으로서, 『상례사전喪禮四箋 I』[『全書』 18]에 편차編次되어 있는 「상의광喪儀匡」을 말함. 이는 정약용이 『의례儀禮』의 「사상례士喪禮」·「기석례旣夕禮」·「사우례士虞禮」 편篇 등에 기록된 상례喪禮의 과정과 의식을 다루고 있는 저술로서, 널리 옛 서적을 고찰하여 경經으로 경經을 증명하여 성인聖人의 뜻을 얻고자 노력했으며, 나름의 관점에서 고주古注를 존중하고 성지聖旨와 경經의 본뜻에 어긋나는 내용은 바로잡음.

<table>
<tr><td>연 대</td><td>1804년 [순조純祖 4: 갑자甲子]</td><td>나 이</td><td>43세 No. 38</td></tr>
<tr><td colspan="2">생
평
사
략</td><td colspan="2">●봄에 공公이 『아학편兒學編』①을 완성함.
●4월에 공이 『탐진농가첩耽津農歌帖』②이란 시권詩卷을 엮음. 「발문跋文」이 있음.
●4월에 공이 강진읍康津邑에서 머리에 뿔이 난 말을 보고 이를 기록하는 시詩를 지음.
●4월에 공이 금곡金谷을 유람함.
●4월에 공이 강진康津의 읍중제자 황상黃裳[巵園處士, 小字는 山石]에게 편지와 함께, 「절학가截瘧歌」라는 시를 지어줌.③
●여름에 공이 「칠회七懷」라는 시를 지어, 중부仲父[沃川公], 계부季父[丁載進], 백형伯兄[丁若鉉], 중형仲兄[丁若銓], 서제庶弟[丁若鐄], 두 아들[丁學淵, 丁學游], 조카를 그리워하는 심정을 토로함.
●여름에 공이 「하일대주夏日對酒」라는 장편의 고시古詩를 지어 전정田政·군정軍政·환곡還穀과 같은 수취제도 및 과거科擧·인재등용책人材登用策 등에 걸쳐 당시 세도정치勢道政治의 난맥상과 모순을 통렬하게 풍자비판함.
●7월 7일 칠석七夕날에 공이 「아생蛾生」이란 시를 지어 부인에 대한 그리움과 미안한 심정을 토로함.
●8월 19일에 공이 꿈속에서 우연히 시 1수를 지음.
●9월 1일에 날씨가 너무 좋아 공이 금곡이나 북산北山으로 유람을 가려고 했으나 동행할 사람이 없어 서글픈 마음에 옛날 명례방明禮坊 시절에 함께 모여 놀던 죽란시사竹欄詩社의 친우들을 회상하며 시를 지음.
●9월에 공이 금곡을 다시 유람함.
●9월에 공이 『고례영언古禮零言』④을 완성함.
●10월에 공이 「『상례사전』서『喪禮四箋』序」를 지음. 이미 계해년[1803년, 純祖 3]에 완성한 『단궁잠오檀弓箴誤』·『조전고弔奠考』·「예전상의광禮箋喪儀匡」을 계기로 『상례사전喪禮四箋』 및 『상례외편喪禮外編』에 대한 전체구상을 마무리하고 이들의 저술에 본격적으로 착수함.
●겨울에 공이 「『몽학의휘』서『蒙學義彙』序」⑤를 지음.</td></tr>
<tr><td>저
작</td><td>시</td><td colspan="2">●「춘청【갑자춘. 재강진】春晴【甲子春. 在康津】」: 『전서全書 1』, p. 435.
●「송인유남원送人游南原」: 『전서全書 1』, pp. 435~436.
●「마생각馬生角」: 『전서全書 1』, p. 436.
●「사월이십육일, 유금곡작【금곡재현동오리】四月二十六日, 遊金谷作【金谷在縣東五里】」: 『전서全書 1』, p. 436.
●「오작午酌」: 『전서全書 1』, p. 437.
●「칠회七懷」: 『전서全書 1』, p. 437.
●「증문憎蚊」: 『전서全書 1』, p. 438.</td></tr>
</table>

<table>
<tr><td rowspan="4">저작</td><td>시</td><td>●「하일대주【갑자하. 재강진】夏日對酒【甲子夏. 在康津】」: 『전서全書 1』, pp. 440~442.
●「효좌曉坐」: 『전서全書 1』, p. 442.
●「칠월삼일사경七月三日寫景」: 『전서全書 1』, pp. 442~443.
●「독소獨笑」: 『전서全書 1』, p. 443.
●「아생【갑자칠석】蛾生【甲子七夕】」: 『전서全書 1』, p. 443.
●「우래십이장憂來十二章」: 『전서全書 1』, p. 444.
●「견우십이장遣憂十二章」: 『전서全書 1』, pp. 444~445.
●「구우久雨」: 『전서全書 1』, p. 445.
●「팔월십구일몽득일시, 유제칠·제팔구미형, 각이족지【몽중자이위효백향산체】八月十九日夢得一詩, 唯第七·第八句未瑩, 覺而足之【夢中自以爲效白香山體】」: 『전서全書 1』, p. 445.
●「구월일일천기심가, 장유금곡, 혹등북산, 기이무여공자, 창연회구. 수지불왕, 솔이성편九月一日天氣甚佳, 將遊金谷, 或登北山, 旣而無與共者, 悵然懷舊. 遂止不往, 率爾成篇」: 『전서全書 1』, p. 446.
●「구월오일부유금곡작九月五日復遊金谷作」: 『전서全書 1』, p. 447.
●「절학가【증황상】截瘧歌【贈黃裳】」: 『다산여황상서간첩茶山与黃裳書簡帖』③</td></tr>
<tr><td>문</td><td>●「『상례사전』서『喪禮四箋』序」: 『전서全書 2』, pp. 393~395.
●「『몽학의휘』서『蒙學義彙』序」: 『전서全書 3』, p. 63.
●「발『탐진농가』跋『耽津農歌』」: 『전서全書 3』, p. 154.
●「기상寄裳」: 『다산여황상서간첩茶山与黃裳書簡帖』③</td></tr>
<tr><td>경집</td><td>●『고례영언古禮零言』: 『전서全書 21』, pp. 200~214④.</td></tr>
<tr><td>기타</td><td>●『아학편兒學編』: 『전서全書 37』, pp. 261~310.[『與猶堂全書補遺 III』에 수록되어 있음]</td></tr>
<tr><td colspan="2">비고</td><td>●① 『아학편兒學編』: 모두 '2권 1책'으로 구성된 한자학습서漢字學習書로서, 「상권上卷」 1천 자字와 「하권下卷」 1천 자로 모두 '2천 글자'를 한도로 하여 「상권」에는 '형체가 있는 물건'[有形之物]의 글자를, 「하권」에는 '물정物情'과 '사정事情'[無形之物]에 관계되는 글자를 수록하고 있으며, 본문의 여덟 글자마다 『천자문千字文』의 예에 따라 1개의 운韻을 달아 편찬한 저술임. 이 책은 정약용의 '소학小學'저술 가운데 '소예小藝'에 관련되는 저술로서 대표적인 것임. 『사암선생연보俟菴先生年譜』[정규영丁奎英 편]에는 서명이 '『아학편훈의兒學編訓義』'로 소개되어 있음.</td></tr>
</table>

비 고	●② 『탐진농가첩耽津農歌帖』: 정약용이 임술년[1802년, 純祖 2]에 지은 「탐진농가십수耽津農歌十首」[『全書 1』, pp. 427~428]에다 당시 강진康津에 살던 황생黃生의 시詩 2수를 묶어 편집한 시첩詩帖으로 보임. ●③ 「기상寄裳」과 「절학가【증황상】截瘧歌【贈黃裳】」: 여기서 소개된 ㉮ 「기상」은 정약용이 황상黃裳에게 돌림감기에 걸린 증세를 묻는 편지로서, 원래는 제목이 따로 없으나, 일명 '『다산여황상서간첩茶山与黃裳書簡帖』'에 실린 사례에 따라 임시로 명명함. ㉯ 「절학가【증황상】」는 정약용이 제자 황상의 학질瘧疾이 끊어지기를 기원하고 병중에도 공부에 매진하는 그의 굳은 의지를 칭찬하고 격려하는 시임. ㉰ 『다산여황상서간첩』은 황상이 스승인 정약용이 강진 읍내에서 자신과 처음 만났을 때부터 세상을 떠날 때까지 자신에게 보낸 친필 편지 및 시를 모아 편찬한 서간첩書簡帖으로서, 원래는 제목이 없으나 이를 열람한 정민이 그 내용을 반영하여 상기의 제목을 붙임. 이에 대한 보다 자세한 내용은 정민(2011: 99~142)이 참조됨. ●④ 『고례영언古禮零言』: 모두 1권으로, 『예기禮記』와 『의례儀禮』로 대표되는 '고례古禮 가운데 자질구레한 것들을 모아 놓았다'는 뜻의 제목하에 「시변尸辯」·「시의尸義【중씨작仲氏作】」·「상제고殤祭考」·「굴적박屈狄駁」·「절족박絶族駁」·「솔조박率祖駁」·「대솔박帶率駁」·「메주박袂肘駁」·「좌임左袵」·「모도박冒韜駁」·「대하척박帶下尺駁」 등 11조목으로 구성되어 있는데, 주로 한漢 나라의 정현鄭玄과 원元 나라의 진호陳澔의 예설禮說을 비평적으로 검토한 저술임. ●⑤ 「『몽학의휘』서『蒙學義彙』序」: 『몽학의휘蒙學義彙』는 흑산도黑山島에 유배 중이었던 중형仲兄 정약전丁若銓이 편찬한 '한자학습서漢字學習書'로서, 정약용이 앞서 신해년[1801년, 純祖 1] 여름에 유배지 장기長鬐에서 저술한 『이아술의爾雅述意』를 저본으로 함. 한편 『이아술의』는 모두 8권으로 현재 전해지지 않으며, 정약용이 『이아爾雅』, 『운서韻書』 등의 책에서 일용에 요긴한 한자漢字 6천 5백여 자를 뽑아 의미에 따라 부문을 나누고 간략하게 해석하여 편집한 '한자학습서'로서, 「자찬묘지명自撰墓誌銘【집중본集中本】」[『全書 3』, p. 267]에는 서명이 『이아술爾雅述』로, 권수는 '6권'으로 소개되어 있음.

<table>
<tr><td colspan="2">연 대</td><td>1805년 [순조純祖 5: 을축乙丑]</td><td>나 이</td><td>44세 No. 39</td></tr>
<tr><td colspan="2">생평사략</td><td colspan="3">● 봄에 공公이 고성사高聲寺를 유람함. 여기서 공이 승려 유일有一[蓮潭, 1720~1799]의 시詩가 벽에 걸려 있는 것을 발견하고 옛날 그와의 교유를 회상하며 시를 지음.①
● 4월에 공이 만덕사萬德寺[白蓮寺]를 유람하고, 여기서 대둔사大芚寺[大興寺]의 승려 혜장惠藏[兒菴, 1772~1811]을 만나 『주역周易』에 대해 문답하며 교유하기 시작함.
● 6월 2일에 공이 고성사에서 혜장을 다시 만나 시를 지으며 교유하고, ② 안부를 묻는 편지를 주고받음.③ 이때 공이 지은 시와 혜장에게 보낸 편지를 친필로 써서 『견월첩見月帖』을 만들어 혜장에게 선물로 줌.
● 6월에 공이 보은산방寶恩山房[高聲寺의 僧房]에서 공부하고 있는 읍중제자 황상黃裳[巵園處士, 小字는 山石]을 생각하는 시와 함께 그의 시를 칭찬하는 짧은 편지글을 부기하여 보냄.④
● 여름에 공이 『정체전중변正體傳重辨 1~2』⑤를 완성함.
● 가을에 강진현康津縣 고금도古今島에서 해배되어 돌아가던 김이재金履載[江右, 字는 公厚, 1767~1847]가 공을 방문함에 공이 그를 송별하는 시를 지음.⑥
● 9월에 공이 강진康津 읍내의 제자인 김세준金世俊과 황상을 데리고 정수사淨水寺를 유람함.
● 10월에 공이 거처를 보은산방으로 옮김.
● 10월에 큰아들 학연學淵이 와서 근친覲親함. 이에 공이 학연을 데리고 보은산방에 가서 『주역』과 『예기禮記』를 밤낮으로 가르쳤는데, 이때 학연이 의심스러운 대목에 대해 질문함에 공이 답변한 내용을 기록하여 「승암예문僧菴禮問」⑦을 저술하니, 모두 '52칙'임.
● 이때 근친을 온 큰아들 학연과 함께 보은산방에서 같이 공부하던 제자 황상이 『주역』의 「이괘履卦」 구이九二의 효사爻辭에 나오는 '유인幽人'의 삶에 대해 공에게 묻자, 이에 공이 그에게 「제『황상유인첩』題『黃裳幽人帖』」⑧을 지어줌.
● 12월 입춘立春이 지난 지 사흘째 되는 날에 혜장이 보은산방으로 공을 방문함. 이에 공이 혜장, 학연과 함께 시를 지으며 교유함.
● 이튿날 학연이 황상과 함께 대둔사로 돌아가는 혜장과 동행하여 두륜산頭輪山을 유람함.⑨
● 12월 제야除夜에 공이 보은산방에서 유배살이 하는 서글픈 심사를 시로 읊어 학연에게 보여줌.</td></tr>
<tr><td>저작</td><td>시</td><td colspan="3">● 「춘일유보은산방【을축춘. 재강진】春日遊寶恩山房【乙丑春. 在康津】」: 『전서全書 1』, p. 447.</td></tr>
</table>

저작	시	●「과야인촌거過野人村居」: 『전서全書 1』, p. 447. ●「대우, 용전운對雨, 用前韻」: 『전서全書 1』, pp. 447~448. ●「사월십칠일유백련사四月十七日游白蓮寺」: 『전서全書 1』, p. 448. ●「증혜장상인贈惠藏上人」: 『전서全書 1』, p. 448. ●「차운기혜장次韻寄惠藏」: 『전서全書 1』, pp. 448~449. ●「기증혜장상인걸명寄贈惠藏上人乞茗」: 『전서全書 1』, p. 449. ●「장기위여제차, 적기도색성유증, 수지불여, 요치원사, 이요졸혜【용전운】藏既爲余製茶, 適其徒賾性有贈, 遂止不予, 聊致怨詞, 以徼卒惠【用前韻】」: 『전서全書 1』, p. 449. ●「사색성기차謝賾性寄茶」: 『전서全書 1』, p. 449. ●「산거잡흥이십수山居雜興二十首」: 『전서全書 1』, pp. 449~452. ●「「억석행」, 기혜장「憶昔行」, 寄惠藏」: 『전서全書 1』, p. 452. ●「화소장공동파팔수【차운】和蘇長公東坡八首【次韻】」: 『전서全書 1』, pp. 452~454. ●「「회회칠십운」, 기혜장【병서】「懷檜七十韻」, 寄惠藏【竝序】」: 『전서全書 1』, pp. 454~456. ●「혜장지고성사, 견기도상보, 여수왕역지, 치소우유사작惠藏至高聲寺, 遣其徒相報, 余遂往逆之, 值小雨留寺作」: 『전서全書 1』, p. 456 및 『견월첩見月帖』② ●「송혜장送惠藏」: 『전서全書 1』, p. 456 및 『견월첩見月帖』② ●「체사, 유월삼일치우滯寺, 六月三日值雨」: 『전서全書 1』, p. 457 및 『견월첩見月帖』② ●「병종病鍾」: 『전서全書 1』, p. 457. ●「만청晩晴」: 『전서全書 1』, p. 457 및 『견월첩見月帖』② ●「차운기황상보은산방次韻寄黃裳 寶恩山房」: 『전서全書 1』, p. 458 및 『다산여황상서간첩茶山与黃裳書簡帖』④ ●「구월십육일휴양소년【김세준·황상】유정수사, 과남성작九月十六日攜兩少年【金世俊·黃裳】游淨水寺, 過南城作」: 『전서全書 1』, p. 458. ●「과남당포過南塘浦」: 『전서全書 1』, p. 458. ●「모유가령작暮踰椵嶺作」: 『전서全書 1』, pp. 458~459. ●「저사抵寺」: 『전서全書 1』, p. 459. ●「절구絶句」: 『전서全書 1』, p. 459. ●「제석봉현장로방題石峯賢長老房」: 『전서全書 1』, p. 459. ●「학가래, 휴지보은산방유작學稼來, 攜至寶恩山房有作」: 『전서全書 1』, pp. 459~460. ●「제보은산방題寶恩山房」: 『전서全書 1』, p. 460. ●「입춘후삼일여재보은산방, 장상인견과. 소설초제, 산야청적, 희위연구, 이술기사, 학가여언立春後三日余在寶恩山房, 藏上人見過. 小雪初霽, 山夜淸寂, 戲爲聯句, 以述其事, 學稼與焉」: 『전서全書 1』, p. 461.

<table>
<tr><td rowspan="4">저
작</td><td>시</td><td>●「장학가재보은산원, 수치세제. 제지야심서초창, 솔이성편시아將學稼在寶恩山院, 遂值歲除. 除之夜心緖怊悵, 率爾成篇示兒」: 『전서全書 1』, pp. 461~462.
●「송별送別」: 『전서全書 1』, p. 446.⑥</td></tr>
<tr><td>문</td><td>●「제『황상유인첩』題『黃裳幽人帖』」: 『전서全書 3』, pp. 173~175.
●「답상인서答上人書」: 『견월첩見月帖』 및 『《여유당전서》 미수록 다산茶山 간찰집簡札集』③</td></tr>
<tr><td>경집</td><td>●『정체전중변正體傳重辨 1~2』: 『전서全書 21』, pp. 222~258.
●「승암예문僧菴禮問」: 『전서全書 22』, pp. 254~277.</td></tr>
<tr><td>기타</td><td>○「유거론幽居論」: 강진군康津郡 소장자료⑧</td></tr>
<tr><td colspan="2">비 고</td><td>●① 정약용이 17세 되는 무술년[1778년, 正祖 2]에 승려 유일有一[蓮潭]이 화순和順 임소로 선친 진주공晉州公을 방문하여 교유한 일이 있었는데, 이때 정약용도 시詩 2편을 지어 유일에게 증정하였고, 이듬해인 기해년[1779년, 正祖 3] 가을에도 다시 진주공의 운韻에 화답和答한 시를 지어 그에게 보낸 일이 있었음. 이처럼 진주공과 유일 간의 교유는 대를 이어 강진康津에서 유일의 제자인 혜장惠藏[兒菴]과 정약용 간의 교유로 이어짐.
●② 「혜장지고성사, 견기도상보, 여수왕역지, 치소우유사작惠藏至高聲寺, 遣其徒相報, 余遂往逆之, 值小雨留寺作」[『全書 1』, p. 456]·「송혜장送惠藏」[『全書 1』, p. 456]·「체사, 유월삼일치우滯寺, 六月三日值雨」[『全書 1』, p. 457]·「만청晚晴」[『全書 1』, p. 457]: 정약용이 6월 2일에 고성사高聲寺에서 혜장惠藏[兒菴]을 다시 만나 교유하면서 지은 일련의 시들임. 이에 대한 보다 상세한 내용은 정민(2011: 243~253)이 참조됨.
●③ 「답상인서答上人書」: 정약용이 6월 2일부터 고성사高聲寺에서 혜장惠藏[兒菴]을 만나 교유하던 중, 혜장이 이튿날인 3일에 다른 급히 볼 일이 있어 우중雨中에 하산했는데 뒤이어 혜장이 고성사에 홀로 남아있던 정약용에게 안부를 묻는 편지를 보내오자 7일에 고성사로부터 돌아와 쓴 답장임. 이 편지는 혜장이 정약용에게 『화엄경華嚴經』 제첨題簽을 친필로 써줄 것을 부탁한 것에 대해 날이 시원해지면 써서 부쳐주겠다는 약속, 이때 정약용이 지은 시들과 혜장에게 보낸 상기의 편지를 친필로 써서 『견월첩見月帖』을 만들어 혜장에게 주면서 이를 혼자만 보고 다른 사람들에게는 보여주지 말라는 부탁, 혜장에게 『능엄경楞嚴經』을 빌려달라는 부탁, 혜장이 부쳐온 시가 청아淸雅해서 기뻐할 만하다는 평 등이 그 주요 내용임. 이에 대한 보다 상세한 내용은 정민(2011: 243~253)이 참조됨.</td></tr>
</table>

비 고	●④「차운기황상보은산방次韻寄黃裳 寶恩山房」:『다산시문집茶山詩文集』에는 정약용의 시詩만 실려 있으나, 일명 '『다산여황상서간첩茶山与黃裳書簡帖』'에는 상기의 시와 함께 말미에 정약용이 제자 황상黃裳의 시를 칭찬하는 간단한 편지글이 함께 부기되어 있음. 이에 대한 보다 자세한 내용은 정민(2011: 99~142)이 참조됨. ●⑤『정체전중변正體傳重辨 1~2』:『정체전중변正體傳重辨』은 모두 3권으로 이루어져 있는데,『정체전중변正體傳重辨 3』은 이후 기묘년[1819년, 純祖 19]에 완성됨. 이로써『정체전중변正體傳重辨 1~3』은 모두 3권으로, 조선후기의 예송禮訟을 다룬 저술로서,『상례외편喪禮外編』[『全書』 21]에 편차編次되어 있음. 즉, ㉮『정체전중변 1』은 기해예송己亥禮訟[1659년, 孝宗 10]을 다루고 있는데, 기해년[1659년, 孝宗 10] 효종孝宗에 대한 계모繼母 조대비趙大妃[莊烈王后]의 복제服制와 갑인년[1674년, 顯宗 15] 효종비孝宗妃인 인선왕후仁宣王后에 대한 조대비의 복제를 논의하고 있고, ㉯『정체전중변 2』는 갑인예송甲寅禮訟[1674년, 顯宗 15]과 경신예송庚申禮訟[1800년, 正祖 24]을 다루고 있는데, 갑인년[1674년, 顯宗 15] 현종顯宗에 대한 조대비의 복제와 경신년[1800년, 正祖 24] 정조正祖에 대한 영조비英祖妃 정순왕후貞純王后와 장헌세자莊獻世子의 빈嬪이자 정조의 생모生母인 혜경궁惠慶宮의 복제를 차례대로 검토하고 있으며, ㉰『정체전중변 3』은 정약용의 예설禮說이 기해예송과 갑인예송에 대해서 '참최삼년복斬衰三年服'이란 결론을 내린 점에서는 윤휴尹鑴[白湖, 1617~1680]와 입장을 같이하지만 그러한 결론을 이끌어낸 근거와 논리는 아주 다름을 설명하고 있는데, 여기서 정약용은 일방적인 존존尊尊의 관점이 아니라 기본적으로 친친親親의 논점을 중시하면서도 동시에 존존의 논점도 고려하는 신중한 입장을 표명하고 있음. 이러한『정체전중변』은 신유년[1801년, 純祖 1]에 유배지 장기長鬐에서 지은「기해방례변己亥邦禮辨」[『全書 2』, pp. 365~ 366]을 바탕으로 자료를 보충하고 논리를 재정리하여 이해에 완성한 저술로서, 이외에「신사복제변辛巳服制辨」[『全書 2』, pp. 366~367] 및「팔대군변八大君辨」[『全書 2』, pp. 367~368]도 아울러 참조됨. ●⑥「송별送別」: 이 시는 신조선사본新朝鮮社本『여유당전서與猶堂全書』에는 누락되어 있음. 이 시는 강진현康津縣 고금도古今島에서 해배되어 돌아가던 김이재金履載[江右, 字는 公厚]가 정약용을 방문함에, 정약용이 역정驛亭까지 나가 그를 배웅하며 지은 작품임.『실록實錄』에 따르면 순조純祖의 즉위년인 신유년[1801년, 純祖 1] 12월에 김이재는 강진현 고금도로, 형인 김이교金履喬[竹里, 1764~1832]는 명천부明川府로 유배를 갔으며 [『純祖實錄』, 卷1, 卽位年 12月 29日(丁丑)條], 이후 김이재는 을축년[1805년, 純祖 5] 7월[『純祖實錄』, 卷7, 5年 7月 26日(丙子)條]에, 김이교는 같은 해 3월[『純祖實錄』, 卷7, 5年 3月 22日(丙午)條]에 각각 방면되었음. 한편, 조성을(2016: 579~580)에 따르면, 상기의 작품이 갑자년

비 고	[1804년, 純祖 4] 9월에 강진현 고금도에서 해배되어 돌아가던 김이교가 정약용을 방문했던 것으로 소개하고 있는데, 이는 명백히 재고의 여지가 있음. ●⑦ 「승암예문僧菴禮問」: 모두 52조로 구성되어 있으며, 『예의문답禮疑問答』[『全書 22』, pp. 254~321]에 편차編次되어 있음. 「승암예문」[『全書 22』, pp. 254~277]은 대체로 상례喪禮의 실행과정에서 논란이 될 만한 항목에 대해 고례古禮의 원칙과 시속時俗의 실행가능성을 기준으로 토론한 내용이 주를 이루고 있으며, 『사암선생연보俟菴先生年譜』[정규영丁奎英 편]에는 서명이 「승암문답僧菴問答」으로 소개되어 있음. 한편, 『예의문답』은 모두 '3권 1책'으로, 전체 「승암예문」 52조, 「서독예문書牘禮問」 34조, 「손암예의巽菴禮疑」 6조, 「군상폐사제론君喪廢私祭論 1~2」, 「가순궁상례문답嘉順宮喪禮問答」 24조로 구성되어 있는데, 그 핵심 내용은 「승암예문」 52조와 「서독예문」 34조를 합해 총 86조목의 문답에 담겨 있음. ●⑧ 「유거론幽居論」: 정약용이 친필로 쓴 필사본으로, 그가 꿈꾸었던 이상적인 주거론住居論의 일단을 제시하고 있는 내용임. 정민이 이 글의 내용을 참작하여 '유거론'이라 임시로 이름붙임. 이에 대한 보다 자세한 내용은 정민(2011: 331~360)이 참조됨. ●⑨ 「유두륜산기游頭輪山記」: 정학연丁學淵[酉山, 字는 穉箕, 1783~1859]이 지은 글로서, 여기에는 12월 24일부터 27일까지의 두륜산頭輪山의 기행일정紀行日程이 차례대로 자세하게 기록되어 있음.[『茶山學團 文獻集成 1』, pp. 583~616] 이때 그가 지은 시詩로는 「유두륜산대둔사, 방장상인游頭輪山大芚寺, 訪藏上人」, 「증망해대사하일贈望海大士 賀鎰」, 「제하상인경실題賀上人經室」, 「등가련봉절정登可憐峰絶頂」이 있음.[『三倉館集』, 「乙丑集」: 『茶山學團 文獻集成 1』, pp. 431~434] 「유두륜산기」의 내용을 날짜별로 정리하면 다음과 같음: ㉮ 12월 24일: 정학연이 황상黃裳과 함께 대둔사大芚寺로 돌아가는 혜장惠藏을 수행하여 따라감. 대둔사에 도착함에, 혜장은 대둔사의 상원上院으로 올라가고 정학연 일행은 대둔사에서 숙박함. ㉯ 25일: 새벽에 표충원表忠院으로 가서 영당影堂에 있는 서산대사西山大師와 사명대사泗溟大師의 영정影幀과 함께 서산대사의 옥 바리때, 가사袈裟, 신발 및 8폭의 일본 병풍 등을 구경했는데, 병풍은 영조英祖가 하사한 것으로 진귀한 것임. 향당享堂에서 윤지범尹持範[南皐]이 지은 「상량문」을 보고, 대사大寺로 되돌아옴. 혜장이 상원에서 색성賾性[袖龍, 1777~1806]을 보내 초청함에 신월암新月菴[菴主는 浩上人]을 거쳐 상원에 이르러 맛있는 점심을 대접받음. 이때 혜장의 종형從兄으로 진불암眞佛庵에서 참선參禪을 하던 망해대사望海大士 하일賀鎰이 정학연 일행이 왔다는 소식을 듣고 상원으로 옴. 정학연 일행이 하일을 따라 진불암을 유람하고 저녁 종소리를 들으며 상원으로 되돌아옴. 혜장은 밤에 불

비 고	을 켜고 가대인家大人[丁若鏞]에게서 받은 시와 간찰簡札을 보여줌. ㉰ 26일: 날씨가 매우 좋아 두륜산 정상을 오르기로 마음 먹음. 혜장이 색성으로 하여금 길을 안내하도록 함. 산 중턱의 북암北菴과 동탑東塔을 거쳐 만일암挽日菴에 도착함. 뒤이어 갈연봉葛緣峰[可憐峰] 정상을 올라 사방을 두루 구경하고 하산하여 상원으로 돌아와 점심을 먹음. 오후에는 혜장과 함께 성도암成道菴을 유람하고, 다시 진불암으로 돌아가 숙박함. ㉱ 27일: 혜장이 비가 올 조짐이 있다 하여 정학연에게 서둘러 돌아가도록 재촉함. 내려오는 길가에 예전의 명승名僧과 법사法師들의 비碑와 부도浮圖가 즐비하여 마치 통읍通邑·대도大都의 입구에 있는 덕정비德政碑와 같은 것을 보고 대둔사가 과연 사찰 가운데 종宗이 되는 이유를 깨닫게 됨. 석문石門에 이르러 비를 만나 옷이 다 젖음. 어둑해질 무렵에 고성암高聲菴에 도착함.

<table>
<tr><td>연 대</td><td>1806년 [순조純祖 6: 병인丙寅]</td><td>나 이</td><td>45세 No. 40</td></tr>
<tr><td>생평사략</td><td colspan="3">●2월 한식일寒食日 무렵까지 공公은 큰아들 학연學淵과 같이 지냄.
●2월에 공이 보은산방寶恩山房에서 『주역周易』의 「곤괘坤卦」 육효六爻를 차운하여 곧 떠나갈 학연에게 서글픈 소회를 적은 시詩를 지어 보여줌.
●3월에 공이 산음서옥山陰書屋을 방문함.
●3월에 공이 만덕사萬德寺 수도암修道菴에서 대둔사大芚寺의 승려 혜장惠藏[兒菴]을 만나 교유交遊함. 이때 공이 「산행잡구山行雜謳」 20수를 지음.
●5월에 이기경李基慶[瘠菴, 1756~1819]이 운산군雲山郡으로 유배됨.①
●5월 단오일端午日에 공이 최종적으로 『주역사전周易四箋』을 개정하면서 새로 「독역요지讀易要旨」 2장을 지어 책머리에 보충함. 공은 계해년[1803년, 純祖 3] 동지冬至 이래로 모두 다섯 차례에 걸쳐 『주역사전』을 개정함.
●5월 7일에 보은산방으로 혜장이 찾아옴에 공이 『주역』의 「감괘坎卦」 육사六四의 운韻을 따서 시를 지어 주고받으며 교유함. 이어 비가 계속되어 혜장이 체류함에 「규괘睽卦」 상구上九에 차운하여 유배객의 외로움과 당시 당로자들의 악정惡政을 비판하는 시를 지음.
●가을에 공이 대둔사 승려 하인賀鎰이 병이 나서 회복하지 못함을 위로하는 시를 지어줌.
●8월에 공이 월출산月出山을 유람함.
●가을에 공이 장흥長興에 세거世居하는 반산정씨盤山丁氏[靈光丁氏]를 위해 「영호정팔경映湖亭八景」이란 시를 지음.
●가을에 공이 거처를 읍내 남쪽 목리牧里에 있던 제자 이청李晴[小字는 鶴來, 字는 琴招, 1792~1861]의 집 사랑채로 옮김.②</td></tr>
<tr><td>저작</td><td>시</td><td colspan="2">●「병인세춘일, 산방술회시아【차운곤괘육효】丙寅歲春日, 山房述懷示兒【次韻坤卦六爻】」: 『전서全書 1』, p. 462.
●「과산음서옥過山陰書屋」: 『전서全書 1』, p. 463.
●「숙수도암, 혜장불기이지宿修道菴, 惠藏不期而至」: 『전서全書 1』, p. 463.
●「산행잡구이십수【삼월십팔일】山行雜謳二十首【三月十八日】」: 『전서全書 1』, pp. 463~464.
●「「영산」, 자실직야. 안찰지신유예비도, 노자불식언「靈山」, 刺失職也. 按察之臣游豫匪度, 勞者弗息焉」: 『전서全書 1』, p. 464.
●「「채근」, 구도야. 구도자불가사난언「采蘄」, 求道也. 求道者不可辭難焉」: 『전서全書 1』, p. 465.
●「만강홍【어부】滿江紅【漁夫】」: 『전서全書 1』, p. 465.③
●「낭도사【연궐】浪淘沙【戀闕】」: 『전서全書 1』, p. 465.④
●「장상사【억우】長相思【憶友】」: 『전서全書 1』, p. 466.⑤
●「보살만【기승】菩薩蠻【寄僧】」: 『전서全書 1』, p. 466.⑥</td></tr>
</table>

저작		
저작	시	●「완계사【춘경】浣溪沙【春景】」: 『전서全書 1』, p. 466.⑦ ●「수조가두【사향】水調歌頭【思鄕】」: 『전서全書 1』, p. 466.⑧ ●「여몽령【억을묘춘상화조어·연사】如夢令【憶乙卯春賞花·釣魚·宴事】」: 『전서全書 1』, p. 467.⑨ ●「우【기내】又【寄內】」: 『전서全書 1』, p. 467. ●「일반아【영홍도】一半兒【詠紅桃】」: 『전서全書 1』, p. 467.⑩ ●「우【영이화】又【詠梨花】」: 『전서全書 1』, p. 467. ●「우【부수양】又【賦垂楊】」: 『전서全書 1』, p. 467. ●「경루자【장서유일소원, 원옹희타뇌, 위지'뇌옹'. 이월회, 적유뇌옹원, 인인궤주효, 요술기사】更漏子【牆西有一小園, 園翁喜打腦, 謂之'腦翁'. 二月晦, 適游腦翁園, 鄰人饋酒殽, 聊述其事】」: 『전서全書 1』, p. 468.⑪ ●「오월칠일여재보은산방, 장공휴주상과, 후의야. 염『주역』「감」육사운, 여지수작五月七日余在寶恩山房, 藏公攜酒相過, 厚意也. 拈『周易』「坎」六四韻, 與之酬酌」: 『전서全書 1』, pp. 468~469. ●「구우, 차「규」상구운久雨, 次「睽」上九韻」: 『전서全書 1』, p. 469. ●「증하일상인贈賀鎰上人」: 『전서全書 1』, p. 469. ●「등월출산절정【팔월십칠일】登月出山絶頂【八月十七日】」: 『전서全書 1』, p. 470. ●「「영호정팔경」, 위장흥정씨작「映湖亭八景」, 爲長興丁氏作」: 『전서全書 1』, pp. 470~471.
저작	문	●「제「독역요지」후題「讀易要旨」後」: 『전서全書 3』, p. 165.
저작	경집	
저작	기타	○「매장오【석충】묘지명梅丈 吳【錫忠】墓誌銘」: 『전서全書 3』, pp. 238~241. ○「탐진대耽津對」: 『전서全書 4』, p. 336. ○「기이其二」: 『전서全書 4』, p. 337. ○「기삼其三」: 『전서全書 4』, pp. 337~338.

비 고	●① 이때 이기경李基慶[瘠菴]이 운산군雲山郡으로 유배된 사실은 앞서 노론벽파老論僻派의 정국 하에서 정치적으로 살아남기 위해 근기남인近畿南人의 친서계親西系[信西派]를 누구보다 앞장서 강경하게 공격했던 공서계攻西系가 결국 노론시파老論時派의 정국 하에서 최종적으로 몰락해가는 양상을 상징적으로 보여주는 사건임.[『純祖實錄』, 卷9, 6年 5月 4日(辛亥)條] 이후 기사년[1809년, 純祖 9] 9월에 해배되기는 했으나[『純祖實錄』, 卷12, 9年 9月 11日(戊辰)條], 이미 이 무렵을 전후하여 조야朝野간의 그에 대한 평가는 “흉험凶險하고 음휼陰譎하다”[『純祖實錄』, 卷9, 6年 7月 12日(丁巳)條]거나 “홍희운洪羲運·이기경·강준흠姜浚欽 등 일종의 추악한 무리들” 또는 “음휼한 이기경과 간사하고 악독한 강준흠·홍희운”[『純祖實錄』, 卷21, 18年 9月 20日(乙卯)條]이라는 평가를 받고 있었고, 결국 이듬해인 기묘년[1819년, 純祖 19]에는 사헌부司憲府의 탄핵을 받아 신문을 받던 도중에 물고物故로 생을 마감함.[『純祖實錄』, 卷23, 20年 1月 14日(辛未)條] ●② 사랑채의 이름은 ‘묵재墨齋’임. ●③ 「만강홍滿江紅」: 옛 사패詞牌 이름. 『사율詞律』, 권卷13. ●④ 「낭도사浪淘沙」: 옛 사패詞牌 이름. 『사율詞律』, 권1. ●⑤ 「장상사長相思」: 옛 사패詞牌 이름. 『사율詞律』, 권2. ●⑥ 「보살만菩薩蠻」: 옛 사패詞牌 이름. 『사율詞律』, 권4. ●⑦ 「완계사浣溪沙」: 옛 사패詞牌 이름. 『사율詞律』, 권3. ●⑧ 「수조가두水調歌頭」: 옛 사패詞牌 이름. 『사율詞律』, 권14. ●⑨ 「여몽령如夢令」: 옛 사패詞牌 이름. 『사율詞律』, 권2. ●⑩ 「일반아一半兒」: 옛 곡패曲牌 이름. 『곡해曲譜』. ●⑪ 「경루자更漏子」: 옛 사패詞牌 이름. 『사보詞譜』.

<table>
<tr><td>연 대</td><td colspan="2">1807년 [순조純祖 7: 정묘丁卯]</td><td>나 이</td><td>46세 No. 41</td></tr>
<tr><td colspan="2">생평사략</td><td colspan="3">●봄에 승려 혜장惠藏[兒菴]이 찾아옴에 공公이 기뻐하여 시詩를 지으며 교유함.
●봄에 혜장이 두륜산頭輪山에다 '일발암一鉢菴'이란 초가 암자 한 채를 짓자, 공이 이를 기리는 「기문記文」을 지어줌.
●2월에 공이 제자 황상黃裳[巵園處士, 小字는 山石]의 부친상을 애도하는 편지를 보냄.①
●2월에 공이 황상의 부친인 황인담黃仁聃의 「만사輓詞」를 지어 보내고, 이어 황상에게 5통의 편지를 연이어 보냄.②
●공이 황상의 득남得男을 축하하는 편지를 보냄.③
●4월에 공이 혜장과 함께 만덕사萬德寺[白蓮寺]를 유람함.
●4월 보름에 공이 읍중邑中 사람들과 함께 구십포九十浦로 뱃놀이를 감.
●봄에 공이 정수칠丁修七[烟菴生, 字는 乃則, 1768~1835]에게 시를 지어 보여줌.
●봄에 공이 당시 흑산도黑山島의 사미촌沙尾村에 거주하고 있는 중형仲兄 정약전丁若銓에게 율정栗亭에서의 이별의 슬픔, 신유년에서 을축년까지의 사연, 사미촌으로 이거해서 형님과 함께 살고 싶은 심정을 토로하는 시를 지어 올림.
●5월 1일에 공이 거처하던 묵재墨齋의 담장 안에 대나무를 심고 시를 지음.
●5월에 장손長孫 대림大林이 태어남.
●여름에 공이 중형 정약전이 흑산도에서 연 '사촌서실沙村書室'의 「기문」을 지음.
●7월에 중형 정약전의 아들 학초學樵의 부음訃音이 옴에 공이 「묘지명墓誌銘」④을 지음.
●8월 1일에 공이 가을을 맞이하는 심정을 시를 지어 표현함.
●가을에 공이 가는 비에 핀 국화를 보고 윤종하尹鍾河[公潤]에게 시를 지어줌.
●11월에 공이 반곡盤谷에 사는 모인某人에게 편지를 보냄.⑤
●겨울에 공이 「예전상구정禮箋喪具訂」⑥을 완성함.
●공이 「종두설種痘說」⑦을 지음.</td></tr>
<tr><td>저작</td><td>시</td><td colspan="3">●「혜장지【정묘춘. 재강진】惠藏至【丁卯春. 在康津】」: 『전서全書 1』, p. 471.
●「황상지부인담만사黃裳之父仁聃輓詞」: 『전서全書 1』, p. 471.
●「부득채화협접賦得菜花蛺蝶」: 『전서全書 1』, p. 471.
●「「대우」, 시규전【정수칠】「對雨」, 示逵典【丁修七】」: 『전서全書 1』, p. 471.
●「봉간손암【차자유·자첨상화제시운】奉簡巽菴【次子由·子瞻相和諸詩韻】」: 『전서全書 1』, pp. 471~472.
●「화동파「과령」운和東坡「過嶺」韻」: 『전서全書 1』, p. 472.</td></tr>
</table>

저작	시	●「화「기유합쇄병」운【여숙질창개, 근익치고, 수제신이고이료지, 분기자산】和「寄鎦合刷瓶」韻【余宿疾瘡疥, 近益熾苦, 手製神異膏以療之, 分寄茲山】」: 『전서全書 1』, pp. 472~473. ●「화자유「신수여주용흥사오화벽」운【관이도보제액백련사】和子由「新修汝州龍興寺吳畵壁」韻【觀李道甫題額白蓮寺】」: 『전서全書 1』, p. 473. ●「화자유「초추」운【송춘】和子由「初秋」韻【送春】」: 『전서全書 1』, p. 473. ●「화「기제자질」운【기자질】和「寄諸子姪」韻【寄子姪】」: 『전서全書 1』, p. 474. ●「사월일일혜장지, 욕해유백련사, 위념공구이지, 창연유작四月一日惠藏至, 欲偕游白蓮寺, 爲念供具已之, 悵然有作」: 『전서全書 1』, p. 474. ●「사월삼일유백련사四月三日游白蓮寺」: 『전서全書 1』, p. 474. ●「지상절구池上絶句」: 『전서全書 1』, pp. 474~475. ●「담박淡泊」: 『전서全書 1』, p. 475. ●「금호윤【규렴】지琴湖尹【奎濂】至」: 『전서全書 1』, p. 475. ●「희윤제체우喜尹弟滯雨」: 『전서全書 1』, p. 475. ●「「남포행」, 차두운【정묘사월지망, 읍중수인, 휴지구십포범주, 만박월고포, 승월이환】「南浦行」, 次杜韻【丁卯四月之望, 邑中數人, 攜至九十浦汎舟, 晩泊越姑浦, 乘月而還】」: 『전서全書 1』, pp. 475~476. ●「종죽【오월일일】種竹【五月一日】」: 『전서全書 1』, p. 476. ●「팔월일일작八月一日作」: 『전서全書 1』, p. 476. ●「「소우대국화」, 시공윤【윤종하】「小雨對菊花」, 示公潤【尹鍾河】」: 『전서全書 1』, pp. 476~477. ●「우증공윤又贈公潤」: 『전서全書 1』, p. 477. ●「제「서호부전도」題「西湖浮田圖」」: 『전서全書 1』, pp. 477~478. ●「제「동시효빈도」題「東施效顰圖」」: 『전서全書 1』, p. 478.
	문	●「종두설種痘說」: 『전서全書 2』, pp. 216~218. ●「사촌서실기沙村書室記」: 『전서全書 3』, p. 67. ●「일발암기一鉢菴記」: 『전서全書 3』, pp. 72~73. ●「형자학초묘지명兄子學樵墓誌銘」: 『전서全書 3』, pp. 307~308. ●「기상寄裳」: 『다산여황상서간첩茶山与黃裳書簡帖』① ●「언산석형제唁山石兄弟」·「기상寄裳」·「기상寄裳」·「기상寄裳」·「기상寄裳」: 『다산여황상서간첩茶山与黃裳書簡帖』② ●「기상寄裳」: 『다산여황상서간첩茶山与黃裳書簡帖』③ ●「반곡기복좌전盤谷朞服座前」: 『《여유당전서》 미수록 다산茶山 간찰집簡札集』⑤
	경집	●「예전상구정禮箋喪具訂」: 『전서全書 19』, pp. 24~182.
	기타	

비 고	●① 「기상寄裳」: 이 편지는 정약용이 제자 황상黃裳의 부친상父親喪을 애도하는 한편, 그에게 상중喪中에도 몰래 고기 국물을 타서 먹고 그늘진 곳을 피하여 건강을 돌볼 것을 부탁하는 내용임. 이 편지는 원래 제목은 따로 없으나, 일명 '『다산여황상서간첩茶山与黃裳書簡帖』'에 실린 사례에 따라 임시로 명명함. 이에 대한 보다 자세한 내용은 정민(2011: 99~142)이 참조됨. ●② 「언산석형제唁山石兄弟」·「기상寄裳」·「기상寄裳」·「기상寄裳」·「기상寄裳」: 이 다섯편의 편지는 정약용이 황상黃裳의 부친인 황인담黃仁聃의 「만사輓詞」를 지어 보내고, 이어 황상에게 산역山役을 잘 마쳤는지의 여부, 상례喪禮 및 황상이 시묘侍墓를 제대로 하지 않음을 나무라는 등의 내용임. 「기상寄裳」은 원래 제목이 따로 없으나, 일명 '『다산여황상서간첩茶山与黃裳書簡帖』'에 실린 사례에 따라 임시로 명명함. ●③ 「기상寄裳」: 이 편지는 정약용이 제자 황상黃裳의 득남得男을 축하하면서, 아이의 이름을 '천웅天雄'이라 지어준 내용임. 이 편지는 원래 제목은 따로 없으나, 일명 '『다산여황상서간첩茶山与黃裳書簡帖』'에 실린 사례에 따라 임시로 명명함. ●④ 「묘지명墓誌銘」: 이는 「형자학초묘지명兄子學樵墓誌銘」[『全書 3』, pp. 307~308]을 가리키는 것으로 보임. 다만 현재 전하는 「묘지명」은 최소한 정약전丁若銓의 서거[1816년] 이후에 정약용이 가필·완성한 글임. ●⑤ 「반곡기복좌전盤谷碁服座前」: 정약용이 반곡盤谷에 사는 모인某人에게 보낸 편지로, 모인이 상喪을 당했다는 소식을 듣고 심심하게 조의弔意를 표하는 내용임. 모인은 편지의 수신처가 반곡이고, 정약용이 스스로를 '누종累宗[유배 중의 집안사람]'이라 부른 것으로 보아 당시 장흥長興에 살던 반산정씨盤山丁氏[靈光丁氏] '정수칠丁修七[烟菴生, 字는 乃則]'로 추정됨. ●⑥ 「예전상구정禮箋喪具訂」: 모두 6권으로, 『상례사전喪禮四箋 II』[『全書』 19]에 편차編次되어 있는 「상구정喪具訂」을 말함. 이는 상례喪禮와 관련된 의금衣衾과 관곽棺槨의 상구제도喪具制度를 집중적으로 다루고 있는 저술로서, 널리 옛 서적을 고찰하여 경經으로 경經을 증명하여 성인聖人의 뜻을 얻고자 노력했으며, 나름의 관점에서 고주古注를 존중하고 성지聖旨와 경經의 본뜻에 어긋나는 내용은 바로잡음. ●⑦ 「종두설種痘說」: 이 글은 정묘년[1807년, 純祖 7]에 종두법種痘法이 경상도 상주尙州에서 성공리에 시행되고 있다는 소식을 접하고 저술했는데, 이에 따르면 정약용은 앞서 경신년[1800년, 正祖 24]에 '천연두天然痘'를 예방하는 처방을 수집하여 기록한 의학서醫學書로서 『종두방種痘方』을 저술한 바 있음. 즉, 그는 당시 의주義州 사람이 연경燕京에서 얻어온 처방處方과 박제가朴齊家의 소장본所藏本을 종합하여 한 편으로 편찬했는데, 이해하기 어려운 내용에는 전석箋釋을 달고 기존 술가術家의 올바르지 못한 설說은 모두 삭제하여 완성함. 이 책은 신유옥사辛酉獄事[1801년, 純祖 1] 때 분실함.

<table>
<tr><th colspan="2">연 대</th><th>1808년 [순조純祖 8: 무진戊辰]</th><th>나 이</th><th>47세 No. 42</th></tr>
<tr><td colspan="2">생평사략</td><td colspan="3">●3월에 공公이 제자 황상黃裳[巵園處士, 小字는 山石]에게 편지를 연이어 보냄. ①
●봄에 해남海南에 사는 윤성협尹聖協이 강진康津으로 공을 방문한 다음 돌아가서 선세先世의 유묵遺墨을 수집해서 보내옴에 공이 이를 서첩書帖으로 만들어 '『자하첩慈蝦帖』'이라 명명하고 「발문跋文」을 지음.
●3월 16일부터 공이 다산서옥茶山書屋에서 10일 넘게 머묾. 이때 공이 이곳으로 거처를 옮기고 싶다는 뜻을 시詩를 지어 윤종하尹鍾河[公潤]에게 보여줌.
●3월 말에 공이 거처를 다산서옥으로 옮김. 다산서옥은 강진현康津縣 남쪽에 위치한 만덕사萬德寺의 서쪽에 있는데, 처사處士 윤단尹慱[橘林處士, 1744~1821]의 산정山亭임. 공이 거처를 다산서옥으로 옮긴 뒤, 대臺를 쌓고 못을 파고 꽃나무를 열 지어 심고 물을 끌어다 폭포를 만들었으며, 동쪽과 서쪽에다 두 암자를 짓고, 서적書籍 천여 권을 쌓아놓고 글을 지으며 스스로 즐겼으며, 석벽에는 '정석丁石'이란 두 글자를 새김.
●이때 공이 다산서옥에서 학생들에게 『주역周易』을 가르치고, 이를 바탕으로 「다산문답茶山問答」②을 지음. 또한, 공이 여러 학생들에게 지어준 「증언贈言」이 있음.
●4월 20일에 둘째아들 학유學游가 와서 근친覲親함.
●5월에 공이 윤규로尹奎魯[橘園, 字는 文擧, 1769~1837] 등 여러 사람들과 함께 용혈龍穴을 유람했는데, 근친 온 학유도 함께 함.
●5월에 공이 「승발송행僧拔松行」과 「엽호행獵虎行」이란 시를 지음.③
●5월에 공이 두 아들에게 「가계家誡」를 지어줌.④
●5월에 공이 「김생서金生書」에 대한 「발문」을 지음.
●윤5월에 공이 또 두 아들에게 「가계」를 연이어 지어줌.⑤
●여름에 공이 김이재金履載[江右, 字는 公厚, 1767~1847]에게 편지를 보냄.⑥
●가을에 공이 정수사淨水寺와 수정사水精寺를 유람함.
●9월에 공이 중형仲兄 정약전丁若銓에게 편지를 보냄.⑦
●11월에 공이 김이재에게 편지를 보냄.⑧
●겨울에 공이 『제례고정祭禮考定』⑨을 완성함.
●겨울에 공이 『주역심전周易心箋』⑩을 완성함.
●겨울에 공이 『주역서언周易緖言』⑪을 완성함.
●겨울에 공이 맏아들 학연學淵에게 편지를 보냄.⑫</td></tr>
<tr><td>저작</td><td>시</td><td colspan="3">●「삼월십육일유윤문거【노규】다산서옥, 공윤조식재차. 인잉신숙, 수유순일, 점유종언지지, 요술이편시공윤三月十六日游尹文擧【魯奎】茶山書屋, 公潤調息在此. 因仍信宿, 遂踰旬日, 漸有終焉之志, 聊述二篇示公潤」: 『전서全書 1』, p. 479.
●「절구絶句」: 『전서全書 1』, p. 479.</td></tr>
</table>

저작	시	●「다산팔경사茶山八景詞」: 『전서全書 1』, pp. 479~480. ●「다산화사이십수茶山花史二十首」: 『전서全書 1』, pp. 480~482. ●「월연소어당상, 누도누훼, 퇴개옥려, 연이허지, 감작일시越鷰巢於堂上, 屢塗屢毁, 退丐屋梠, 憐而許之, 感作一詩」: 『전서全書 1』, p. 482. ●「사월이십일학포지, 상별이팔주의四月二十日學圃至, 相別已八周矣」: 『전서全書 1』, p. 482. ●「군보휴주상과群甫攜酒相過」: 『전서全書 1』, pp. 482~483. ●「지각월야池閣月夜」: 『전서全書 1』, p. 483. ●「용혈행【오월십일일, 여윤문거제인유, 포아종】龍穴行【五月十一日, 與尹文擧諸人游, 圃兒從】」: 『전서全書 1』, pp. 483~484. ●「승발송행僧拔松行」: 『전서全書 1』, p. 484. ●「엽호행獵虎行」: 『전서全書 1』, p. 485. ●「하일【무진하. 재다산】夏日【戊辰夏. 在茶山】」: 『전서全書 1』, p. 485. ●「채약사採藥詞」: 『전서全書 1』, pp. 485~486. ●「종련사種蓮詞」: 『전서全書 1』, p. 486. ●「우복동가牛腹洞歌」: 『전서全書 1』, p. 486. ●「유윤씨산장游尹氏山莊」: 『전서全書 1』, p. 487. ●「패하敗荷」: 『전서全書 1』, p. 487. ●「시보동림試步東林」: 『전서全書 1』, p. 487. ●「욱경지燠卿至」: 『전서全書 1』, p. 487. ●「장유정수사, 만과월고진將游淨水寺, 晩過粤姑津」: 『전서全書 1』, pp. 487~488. ●「전유수정사轉游水精寺」: 『전서全書 1』, p. 488. ●「독『제전』讀『帝典』」: 『전서全書 1』, p. 488.
	문	●「발「김생서」跋「金生書」」: 『전서全書 3』, p. 151. ●「발『자하첩』跋『慈蝦帖』」: 『전서全書 3』, pp. 151~152. ●「위다산제생증언爲茶山諸生贈言」: 『전서全書 4』, p. 24. ●「시이자가계示二子家誡」: 『전서全書 4』, pp. 27~29.④ ●「우시이자가계又示二子家誡」: 『전서全書 4』, pp. 29~30.⑤ ●「시이자가계示二子家誡」: 『전서全書 4』, pp. 35~38.⑤ ●「여김공후與金公厚」: 『전서全書 4』, pp. 119~120.⑥ ●「여김공후【무진십일월】與金公厚【戊辰十一月】」: 『전서全書 4』, p. 122.⑧ ●「상중씨서上仲氏書」: 『전서全書 4』, pp. 189~190.⑦ ●「기연아【무진동】寄淵兒【戊辰冬】」: 『전서全書 4』, pp. 255~256.⑫ ●「기상형제寄裳兄弟」: 『다산여황상서간첩茶山与黃裳書簡帖』① ●「답상答裳」: 『다산여황상서간첩茶山与黃裳書簡帖』①

<table>
<tr><td rowspan="2">저작</td><td>경집</td><td>●『제례고정祭禮考定』: 『전서全書 22』, pp. 167~226.
●『주역심전周易心箋』: 『전서全書 15』~『전서全書 16』
●『주역서언周易緖言』: 『전서全書 17』
●「다산문답茶山問答」: 『전서全書 17』, pp. 306~322.</td></tr>
<tr><td>기타</td><td>○「발「안평대군【용】서」跋「安平大君【瑢】書」」: 『전서全書 3』, p. 151.
○「여윤외심【영희】與尹畏心【永僖】」: 『전서全書 4』, pp. 126~132.
○「답중씨答仲氏」: 『전서全書 4』, pp. 196~197.
○「시이아示二兒」: 『전서全書 4』, p. 257.</td></tr>
<tr><td colspan="2">비고</td><td>●① 「기상형제寄裳兄弟」와 「답상答裳」: 정약용이 제자 황상黃裳에게 보낸 편지들로서, 즉 ㉮ 「기상형제」는 정약용이 황상에게 소상小祥이 끝난 것을 조문하는 한편, 형제 중 한 사람은 묵재墨齋로 와서 기거할 것을 당부하는 내용임. ㉯ 「답상」은 정약용이 황상에게 산역山役을 시작하지 않은 것을 걱정하고, 이청李晴[小字는 鶴來, 字는 琴招]은 계속 고성암高聲菴에 머물러 있도록 당부하는 내용임. 이에 대한 보다 자세한 내용은 정민(2011: 99~142)이 참조됨.
●② 「다산문답茶山問答」: 역학易學에 관련된 모두 47개 조항의 문답으로 구성되며, 『역학서언易學緖言』[『全書』 17]에 편차編次되어 있음. 담변자는 정약용이며, 질의자는 강진康津에서 가르친 제자들, 즉 이강회李綱會[3회], 윤응겸尹應謙[1회], 이청李晴[6회], 신대윤申大允[1회]과 아들인 학연學淵[12회]과 학유學游[2회]의 질문 총 25조항과 함께 질의자가 명시되지 않은 22조항이 실려 있음.
●③ 「승발송행僧拔松行」과 「엽호행獵虎行」: 이 시詩들은 정약용이 당시 세도정치勢道政治 하에서 일반 백성이 지방의 수령守令과 아전衙前의 무원칙한 가렴주구 하에 시달리던 현실을 고발한 대표적 작품들 가운데 하나임.
●④ 「시이자가계示二子家誡」: 정약용이 두 아들에게 지어준 「가계家誡」로, 자신의 학문이 가학家學으로 전수傳授되기를 간절히 바라는 염원, 『주역사전周易四箋』과 『시경강의詩經講義』에 대한 학문적 자부심, 우리나라의 비어備禦와 지리地理에 대한 경세학적 관심을 토로하고, 끝으로 저서방법著書方法 등에 대해 훈계하는 내용임.
●⑤ 「우시이자가계又示二子家誡」와 「시이자가계示二子家誡」: 정약용이 두 아들에게 지어준 「가계」로, ㉮ 「우시이자가계」는 정약용이 두 아들에게 올바른 시작법詩作法, 즉 시詩에 있어 시인詩人의 기상氣象을 중시했던 채제공蔡濟恭[樊巖, 1720~1799]의 시론詩論, 시에는 정신과 기맥氣脈이 있어야 하며, 반드시 감개感慨한 내용을 담되 이는 반드시 미묘하고 완곡婉曲하게 표현해야 한다는 점, 칠언고시七言古詩의 율법律法에 대한 설명, 시작법作詩法의 종지宗旨와 여타 유의사항을 소개하고 있는 내용이며, ㉯ 「시이자가계」는 정약용이 두 아들에게 비록 곤궁한 중에</td></tr>
</table>

비 고	도 문사文詞를 소홀히 할 수 없음을 강조하면서 차후 본인의 시상詩想이 확 트이게 되면 두보杜甫를 모방하여 시를 지을 계획, 근기남인近畿南人의 중심인물이었던 채제공의 지극한 효도와 탁월한 행실 및 기상, 이가환李家煥[貞軒, 字는 少陵, 1742~1801]의 학문과 풍류, 이기양李基讓[茯菴, 1744~1802]의 청렴, 집안의 방친傍親 어른이신 해좌옹海左翁[丁範祖]의 성품과 지조 등을 차례로 소개하며 이를 본받을 것을 훈계하는 내용임. ●⑥ 「여김공후與金公厚」: 정약용이 김이재金履載[江右, 字는 公厚]에게 보낸 편지로, 당시 호남지방湖南地方에 크게 근심스러운 두 가지 일로서 '백성百姓의 소요騷擾'와 '관리官吏의 탐학貪虐'을 들면서, 그럼에도 조정에서는 아무런 대책도 없이 적폐積弊를 답습하며 백성에 대한 침탈侵奪만을 가중시키는 현실에 대한 우국憂國의 충정衷情을 토로하는 내용임. 여기서 '백성의 소요'란 이 해에 왜倭가 곧 침략해올 것이란 유언비어가 나돌아 호남의 백성이 크게 동요했던 일을 말함. ●⑦ 「상중씨서上仲氏書」: 정약용이 중형仲兄 정약전丁若銓에게 보낸 편지로, 『예기禮記』에 나오는 '시尸'의 의미를 논하는 내용임. ●⑧ 「여김공후【무진십일월】與金公厚【戊辰十一月】」: 정약용이 김이재에게 보낸 편지로, 근래 조정에서 왜倭와 교대로 통신사通信使를 보내기로 한 문제와 관련하여 과거 임진왜란壬辰倭亂 때의 교훈을 잘 상고하여 대처해야 할 것이라는 의견을 개진하고, 한편 홍이배洪李輩[洪義運과 李基慶 등 攻西派: 필자 주]가 과거 경신년[1800년, 正祖 24] 이래 행했던 악행惡行을 소개하면서 이로써 그들은 가까이 해서는 안 될 '악물惡物'임에 결코 저들의 간계奸計에 다시는 빠지는 일이 없도록 새삼 경계하고 있는 내용임. ●⑨ 『제례고정祭禮考定』: 모두 2권으로, 『사례가식四禮家式』[『全書 22』, pp. 49~252]에 편차編次되어 있음. 이는 정약용이 이익李瀷[星湖, 1681~1763]의 『예식禮式』의 영향을 받아 사회적 신분과 경제적 능력의 차이, 조선과 중국의 차이 등을 고려하지 않은 채 지나치게 성대하게 치러지는 제례祭禮를 규모와 방식의 측면에서 적절하게 간소화하고 규제하기 위해 저술함. 한편, 『사례가식』 자체가 고례古禮의 원칙과 조선의 시속時俗을 절충한 실용적 가례서家禮書로서, 조선후기의 예학禮學이 『주자가례朱子家禮』의 수용과 이해를 넘어서서 독자적인 가례서를 만드는 단계로 발전했음을 보여주고 있음. ●⑩ 『주역심전周易心箋』: 『주역사전周易四箋』[『全書』, 15~16]을 말함. 한편, 『주역사전』은 정약용의 『주역周易』 주석서로서, '추이推移·물상物象·호체互體·효변爻變'이란 4가지 해석방법론을 통해 『주역』을 해석하였기 때문에 붙여진 이름임. 이 책은 계해년[1803년, 純祖 3] 동지冬至 무렵부터 저술에 착수하여 갑자본甲子本[1804년] 8권, 을축본乙丑本[1805년] 8권, 병인본丙寅本[1806년] 16권, 정묘본丁卯本[1807년] 24권, 무진본戊辰本[1808년] 24

비 고	권으로 모두 다섯 차례에 걸쳐 연차적으로 성립된 저술로서, 정약용이 각고의 노력 끝에 이룩한 『주역』에 대한 독창적인 저술임. ●⑪ 『주역서언周易緖言』: 『역학서언易學緖言』[『全書』, 17]을 말함. 한편, 『역학서언』은 정약용의 역학易學 관련 글을 모은 평론집으로서, 모두 21편의 독립된 글로 구성되어 있으며, 여기서 중형 정약전의 편지글을 정리한 「자산역간玆山易柬」 1편이 포함되어 있음. 이 저술은 『주역사전周易四箋』에 대해 보완적 성격을 가지며, 저술연대는 「내씨역주박來氏易註駁」편과 「이씨절중초李氏折中鈔」편이 신사년[1821년]에 완성된 것으로 명시되어 있음으로 보아 일단 무진년[1808년]에 체제가 갖추어진 다음 이후 계속 수정·보완되다가 최종적으로 신사년[1821년]에야 완결된 것으로 사료됨. ●⑫ 「기연아【무진동】寄淵兒【戊辰冬】」: 정약용이 맏아들 학연學淵에게 보낸 편지로, 근친覲親 온 학유學游가 고시古詩와 산부散賦를 짓는 것을 보니 좋은 작품이 나왔고 『좌전左傳』을 읽으면서 선왕先王의 전장典章과 대부大夫의 사령辭令의 법法을 배워 꽤 볼 만한 성취를 이루었음을 칭찬하면서 그보다 재주가 나은 학연이 뜻을 단단히 세우고 학문에 분발한다면 30살 이전에 큰 유학자로서 명성을 얻게 될 것임을 격려하는 가운데, 시율詩律은 그만두고 금년 겨울부터는 『상서尙書』와 『좌전』을 공부할 것, 학문할 수 있는 시기가 점점 지나가고 있음에 만사를 제쳐두고 내년 봄부터는 강진康津으로 와서 함께 공부할 것, 시율의 공부는 두공부杜工部[杜甫]를 모범으로 삼고 『시경詩經』 3백 편은 모두 충신, 효자, 열부烈婦, 양우良友들의 진실하고 충후한 마음의 발로임에 이러한 마음을 갖지 못한 자는 시를 지을 수 없음과 시는 반드시 용사用事[故事를 인용함: 필자 주]를 위주로 해야 할 것, 끝으로 시를 지음에 우리나라의 문헌과 고사에 밝아 반드시 이를 취해야만 세상에 명성을 얻을 수 있고 후세에 남길만한 작품이 될 것임을 강조하는 내용임.

<table>
<tr><th colspan="2">연 대</th><th>1809년 [순조純祖 9: 기사己巳]</th><th>나 이</th><th>48세 No. 43</th></tr>
<tr><td colspan="2">생평사략</td><td colspan="3">●2월에 공公이 매화梅花가 피자 윤종하尹鍾河[公潤] 형제를 그리워하며 시詩를 지어 보냄.
●봄에 공이 만덕사萬德寺[白蓮寺]를 연이어 유람함.
●봄에 공이 윤규로尹奎魯[橘園, 字는 文擧]·윤규은尹奎殷 형제와 함께 다산초당茶山草堂 주변에 석축石築을 쌓고, 연못을 넓혀 대오臺塢도 새로 만들고 아름다운 꽃과 나무를 심었으며, 연못 위쪽에 가산假山을 만들어 샘솟는 물이 그 구멍을 통해 흐르게 함. 이때 『다산사경첩茶山四景帖』①을 저술한 것으로 추측됨.
●봄에 윤지범尹持範[南皐, 字는 彝敍, 1752~1821]이 편지를 보내옴에 공이 고맙고도 그리운 마음을 담은 시를 지어 부침.
●봄에 공이 「예전상복상禮箋喪服商」②을 완성함.
●6월에 공이 김이재金履載[江右, 字는 公厚]에게 편지를 보냄.③
●7월에 승려 두운斗云[隱峯, ?~?]이 대둔사大芚寺의 시원암始原菴인 만일암挽日菴을 중수重修함에, 공이 부탁을 받고 「상량문上梁文」과 「기문記文」을 지어줌. 또한, 두운이 자신이 편찬한 『만일암실적挽日菴實蹟』과 「만일암제명挽日菴題名」을 가져와 공에게 친필로 서첩書帖에 써주기를 부탁함에 그대로 써주면서, 이를 알리고 여타 당부하는 내용을 담은 편지를 보냄.④
●이 무렵에 대둔사의 승려 의순意洵[草衣, 1786~1866]이 다산초당으로 공을 찾아 뵙고 제자로 입문한 것으로 추측됨. 이어 공이 대둔사를 방문함에 의순이 공을 스승으로 모시게 되어 이를 감격해하는 시를 지어 올림.⑤
●가을에 공이 김해金海에 유배 중인 이학규李學逵[惺叟]에게 시를 지어 부침.
●가을에 공이 『시경강의詩經講義』⑥를 산록刪錄함.
●가을에 공이 만덕사로 다산주인茶山主人 윤단尹慱[橘林處士] 및 두 집안의 자질子姪들과 함께 단풍구경을 감. 이 해는 흉년이어서 놀이는 못하고 단지 술만 마신 뒤에 각자 시를 지어 시축詩軸을 만들고 여기에다 공이 「서문序文」을 지음.
●가을에 공이 김이재에게 편지를 보냄.⑦
●11월 6일에 공이 다산동암茶山東菴 청재淸齋에서 혼자 잠을 자다가 꿈속에서 예쁜 여인을 만나 그녀를 보내며 시를 지어줌.</td></tr>
<tr><td>저작</td><td>시</td><td colspan="3">●「매화개, 억공윤,【이월초육일】 간기기형제【기사춘. 재다산】梅花開, 憶公潤,【二月初六日】 簡寄其兄弟【己巳春. 在茶山】」: 『전서全書 1』, p. 488.
●「매화삼수【이월십오일】梅花三首【二月十五日】」: 『전서全書 1』, pp. 488~489.
●「홀만忽漫」: 『전서全書 1』, p. 489.
●「춘일유백련사春日游白蓮寺」: 『전서全書 1』, p. 489.
●「재유백련사再游白蓮寺」: 『전서全書 1』, pp. 489~490.</td></tr>
</table>

저작	시	●「만춘晩春」: 『전서全書 1』, p. 490. ●「일일산보매하, 은기진무, 수지도삽, 작기전규, 체석위단, 인연침염어기상하, 위체구급, 이위채포, 수지동지, 척기광곽, 신기대오, 열식명화가훼. 인기암석 위가산일구, 이리만곡, 수천천사. 기공재수춘, 송춘이준, 문거형제실궁궐노, 여역조언. 수궁약비분, 관자탄자, 첨왈'순미', 위시지희, 범팔십운一日散步梅下, 隱其榛蕪, 手持刀臿, 斫其纏糾, 砌石爲壇, 因緣浸染於其上下, 爲砌九級, 以爲菜圃, 遂至東池, 拓其匡廓, 新其臺塢, 列植名花佳卉. 因其巖石爲假山一區, 迤邐彎曲, 水泉穿瀉. 起功在首春, 送春而竣, 文擧兄弟實躬厥勞, 余亦助焉. 雖窮約匪分, 觀者歎咨, 僉曰'洵美', 爲詩志喜, 凡八十韻」: 『전서全書 1』, pp. 490~492. ●「간기남고윤【지범】지평簡寄南皐 尹【持範】持平」: 『전서全書 1』, pp. 492~493. ●「기성수삼십운寄惺叟三十韻」: 『전서全書 1』, pp. 493~494. ●「십일월육일어다산동암청재독숙, 몽우일주래이희지. 여역정동, 소경사이견지, 증이절구, 각유료료. 시왈十一月六日於茶山東菴 淸齋獨宿, 夢遇一姝來而嬉之. 余亦情動, 少頃辭而遣之, 贈以絶句, 覺猶了了. 詩曰」: 『전서全書 1』, p. 495.
	문	●「「백련사관홍엽시」서「白蓮社觀紅葉詩」序」: 『전서全書 3』, pp. 64~65. ●「중수만일암기重修挽日菴記」: 『전서全書 3』, p. 73. ●「현파윤진사행장玄坡 尹進士行狀」: 『전서全書 3』, pp. 369~372. ●「여김공후【이재○기사육월】與金公厚【履載○己巳六月】」: 『전서全書 4』, pp. 117~118.③ ●「여김공후【기사추】與金公厚【己巳秋】」: 『전서全書 4』, pp. 120~121.⑦ ●「만일암중수상량문挽日菴重修上梁文」: 『전서全書 4』, pp. 347~348. ●「사은봉서謝隱峰書」: 『은봉집간隱峯集柬』④
	경집	●「예전상복상禮箋喪服商」: 『전서全書 19』, pp. 184~349. ●『시경강의詩經講義』: 『전서全書 10』, pp. 33~340.
	기타	○『다산사경첩茶山四景帖』①
비고		●① 『다산사경첩茶山四景帖』: 정약용이 윤규로尹奎魯[文擧] 형제와 함께 다산초당茶山草堂을 대대적으로 정비한 다음, 다산초당의 사경四景으로서 '다조茶竈'·'약천藥泉'·'석병石屛'·'석가산石假山'을 들면서 이를 시詩를 지어 소개하고 있는 시첩임. 여기서 ㉮ '다조'는 청석靑石을 반반하게 갈고 구멍을 내서 차를 끓일 수 있도록 만든 바위로서, 다산초당 앞에 설치하였음. ㉯ '약천'은 맑은 샘물이 돌 가운데서 솟아나오는 작은 샘으로서, '옥정玉井'이라 부르기도 했는데, 다산초당의 서북쪽 모퉁이에 위치함. ㉰ '석병'은 '정석丁石'이라 새겨진 글씨가 있는 바위로서, 다산초당 뒤 서쪽에 있음. ㉱ '석가산'은 바닷가에서 조수潮水가 침식하여

비 고	만들어진 기괴한 모양의 괴석怪石들을 수십 개나 주워 배로 싣고 와서 조성한 것으로서, 연못 위쪽에 위치함. 이에 대한 보다 상세한 내용은 정민(2011: 401~414)이 참조됨. ●② 「예전상복상禮箋喪服商」: 모두 6권으로, 『상례사전喪禮四箋 II』[『全書』 19]에 편차編次되어 있는 「상복상喪服商」을 말함. 이는 상례喪禮와 관련된 최관衰冠과 질대絰帶의 상복喪服과 그 부속기물을 집중적으로 다루고 있는 저술로서, 정약용이 널리 옛 서적을 고찰하여 경經으로 경經을 증명하여 성인聖人의 뜻을 얻고자 노력했으며, 나름의 관점에서 고주古注를 존중하고 성지聖旨와 경經의 본뜻에 어긋나는 내용은 바로잡음. ●③ 「여김공후【이재○기사육월】與金公厚【履載○己巳六月】」: 정약용이 김이재金履載[江右, 字는 公厚]에게 보낸 편지로, 이 해에 가뭄이 유례없이 극심하여 민생民生이 도탄에 빠짐에 6월 초순부터는 유민流民의 참상이 눈을 뜨고 볼 수 없는 실정이며, 그럼에도 사목司牧의 신하와 이족吏族의 침탈은 날로 가중되고 있는 현실에 대해 크게 통탄痛嘆하고 있는 내용임. ●④ 「사은봉서謝隱峰書」: 정약용이 7월 7일에 두운斗云[隱峯]에게서 부탁받아 지은 「중수만일암기重修挽日菴記」 및 친필로 쓴 『만일암실적挽日菴實蹟』과 「만일암제명挽日菴題名」을 보내면서, 아울러 몇 가지 당부를 덧붙인 편지임. 이에 대한 보다 상세한 내용은 정민(2011: 192~194)이 참조됨. ●⑤ 「봉정탁옹선생【기사, 재대둔사】奉呈籜翁先生【己巳, 在大芚寺】」[『艸衣詩藁』, 卷上]: 이때 의순意洵[草衣]은 정약용을 '탁옹선생籜翁先生'이라 부르면서, 자신이 정약용을 스승으로 모시게 된 것은 마치 자신을 "하늘이 맹자孟子의 어머니 곁에 있게 한(天降孟母隣)" 것과 같다고 감격해 마지않는 시詩를 지어 올린 바 있음. ●⑥ 『시경강의詩經講義』: 모두 3권으로, 정약용이 신해년[1791년, 正祖 15] 겨울에 정조正祖에게 지어올린 「시경의詩經義」 8백여 조를 바탕으로 이 해에 산록刪錄하여 완성한 저술임. 여기서 그는 「시서詩序」를 중시하는 가운데, 특히 『시경詩經』 3백 편 가운데 「송頌」을 제외한 모두가 풍간諷諫과 직간直諫으로 이루어져 있다는 독자적인 『시경』론을 제시함. ●⑦ 「여김공후【기사추】與金公厚【己巳秋】」: 정약용이 김이재에게 보낸 편지로, 정약용의 아들이 임금께서 능陵에 거둥하실 때 징[金]을 울려 부친의 억울함을 하소연할 계획을 가지고 이때 올릴 글의 초고草稿를 보내옴에 정약용이 명분名分이나 의리義理에 미안未安하다는 이유로 사양하고자 하는 생각을 토로하며 상의하는 한편, 이 해 호남湖南의 백성이 극심한 가뭄으로 다 죽게 되었는데도 관리官吏의 탐오貪汚함은 오히려 심해지고 있는 현실을 안타까워하면서, 또한 해랑적海浪賊과 명화적明火賊이 다시 횡행하는 현실에 대해서도 크게 근심하는 내용임.

연 대	1810년 [순조純祖 10: 경오庚午]	나 이	49세 No. 44
생평사략	●정월 초하루에 공公이 새해를 맞아 어느덧 49세가 됨에 유배지에서 느낀 소회所懷를 시詩를 지어 토로함. ●2월에 공이 앞서 무진년[1808년]에 근친覲親을 왔던 학유學游가 떠남에 노자路資 삼아 「가계家誡」를 「지어줌.①. ●2월[仲春]에 공이 학연學淵에게 주는「가계」를 지어줌.② ●봄에 공이 『시경강의보詩經講義補』③를 완성함. ●봄에 공이 『가례작의嘉禮酌儀』④를 완성함. ●봄에 공이 『매씨서평梅氏書平』 초고본⑤을 완성함. ●봄에 공이 주작산朱雀山 아래에 사는 윤서유尹書有[翁山, 字는 皆甫, 1764~1821]에게 시를 지어 보냄. 뒤이어 윤서유가 매실과 죽순을 보내옴에 공이 새로 난 오이로 답례함. ●6월에 공이 두보杜甫의 시에 차운次韻하여 「용산리龍山吏」·「파지리波池吏」·「해남리海南吏」⑥라는 시를 지음. ●6월에 공이 『전간기사田間紀事』⑦를 엮음. ●7월에 공이 「염우부鹽雨賦」⑧를 지음. ●7월에 공이 앞서 무진년[1808년, 純祖 8]에 쓴 「김생서金生書」의 「발문跋文」에다 「추기追記」를 씀. ●여름에 공이 「이노행貍奴行」⑨이란 우화시寓話詩를 지음. ●여름에 공이 「조승문弔蠅文」⑩을 지음. ●7월에 공이 두 아들에게 「가계」를 지어줌.⑪ ●7월[處暑]에 공이 학연에게 「가계」를 지어줌.⑫ ●7월에 공이 『석양정죽보石陽正竹譜』의 「발문」을 씀. ●초가을에 공이 부인이 보내온 다섯 폭짜리 낡은 치마를 잘라 『하피첩霞帔帖』⑬을 만듦. 「제사題詞」가 있음. ●8월에 공이 윤서유가 소장한 『난정진적蘭亭眞蹟』을 첩帖으로 만들고 여기에다 「발문」을 씀. ●8월에 공이 윤종하尹鍾河[公潤]가 타계함에 「제문祭文」을 지어 애도함. ●9월에 공이 두 아들에게 「가계」를 지어줌.⑭ ●9월에 공이 두 아들에게 연이어 「가계」를 지어줌.⑮ ●9월에 큰아들 학연이 바라를 두드려 공의 억울함을 하소연함에 특별히 용서해주시는 은총을 입었음에도, 결국 공은 석방되지 못함. ●10월에 공이 모인某人에게 편지를 보냄.⑯ ●가을에 공이 『고훈수략古訓蒐略』⑰을 완성함. ●가을에 공이 중형仲兄 정약전丁若銓에게 편지를 보냄.⑱ ●11월에 공이 모인에게 편지를 보냄.⑲ ●겨울에 공이 『소학주천小學珠串』⑳을 완성함.		

저작	시부	
저작	시부	●「염우부鹽雨賦」: 『전서全書 1』, pp. 161~162. ●「원일서회【경오. 재다산】元日書懷【庚午. 在茶山】」: 『전서全書 1』, p. 495. ●「간기개보簡寄皆甫」: 『전서全書 1』, p. 495. ●「개보궤매실죽순, 이산전신과사지皆甫餽梅實竹笋, 以山田新瓜謝之」: 『전서全書 1』, pp. 495~496. ●「이노행貍奴行」: 『전서全書 1』, p. 496. ●「산옹山翁」: 『전서全書 1』, p. 497. ●「기치교寄穉教」: 『전서全書 1』, pp. 497~498. ●「송풍루잡시松風樓雜詩」: 『전서全書 1』, pp. 498~500. ●「「채호」, 민황야. 미추이기, 야무청초, 부인채호위죽, 이당식언【기사세, 여재다산초암. 시세대한, 원자동춘, 지우입추, 적지천리, 야무청초. 유월지초, 유민색로, 상심참목, 여불욕생. 고부죄찬복, 미치인류, 오매지주무계, 은대지도막헌. 시기소견, 철위시가. 개여한장·냉공, 공작초간지애명, 요기성정지정, 불실천지지화기. 구이성편, 명지왈: '전간기사'】「采蒿」, 閔荒也. 未秋而饑, 野無靑草, 婦人采蒿爲鬻, 以當食焉【己巳歲, 余在茶山草菴. 是歲大旱, 爰自冬春, 至于立秋, 赤地千里, 野無靑草. 六月之初, 流民塞路, 傷心慘目, 如不欲生. 顧負 罪竄伏, 未齒人類, 烏昧之奏無階, 銀臺之圖莫獻. 時記所見, 綴爲詩歌. 蓋與 寒蟹·冷蛩, 共作草間之哀鳴, 要其性情之正, 不失天地之和氣. 久而成編, 名之曰: '田間紀事'】」: 『전서全書 1』, p. 501. ●「「발묘」, 민황야. 묘고불이, 농부발이거지, 발자필곡, 성만원야. 유부인원호극천, 원살일자, 이기일패언「拔苗」, 閔荒也. 苗槁不移, 農夫拔而去之, 拔者必哭, 聲滿原野. 有婦人寃號極天, 願殺一子, 以祈一霈焉」: 『전서全書 1』, p. 502. ●「「교맥」자현령야. 조정칙수교맥지종, 영불봉행, 도이엄형, 독민최종언「蕎麥」刺縣令也. 朝廷飭授蕎麥之種, 令不奉行, 徒以嚴刑, 督民催種焉」: 『전서全書 1』, p. 502. ●「「오거」, 민황야. 무소망추, 부인지가개식맥죽, 기경독자맥죽역간언.【거자, 맥죽야】 여재다산, 전촌개거취이식지, 강비사력상반, 기식이산, 불가안의「熬麩」, 閔荒也. 無所望秋, 富人之家皆食麥粥, 其煢獨者麥粥亦艱焉.【麩者, 麥粥也】余在茶山, 前村皆麩取而食之, 糠秕沙礫相半, 旣食而酸, 不可安矣」: 『전서全書 1』, p. 503. ●「「시랑」, 애민산야. 남유이촌왈: '용'·왈: '봉'. 용유모갑, 봉유모을, 우희상구, 을자병폐. 이촌지민, 외어관검, 영갑자재, 갑흔연자사, 이안촌리. 기수월이지지, 성죄이촌, 징전지삼만, 촌포·입속, 미유유자, 기독급어흉년. 이귀지일, 이촌즉류, 유일부소우현령, 영왈: '이출이색지'「豺狼」, 哀民散也. 南有二村曰: '龍'·曰: '鳳'. 龍有某甲, 鳳有某乙, 偶戲相毆, 乙者病斃. 二村之民, 畏於官檢, 令甲自裁, 甲欣然自死, 以安村里. 旣數月吏知之, 聲罪二村, 徵錢至三萬, 寸布·粒粟, 靡有遺者, 其毒急於凶年. 吏歸之日, 二村則流, 有一婦訴于縣令, 令曰: '爾出而索之'」: 『전서全書 1』, pp. 503~504. ●「「유아」, 민황야. 부기기처, 모기기자. 유칠세여자, 휴기제방황가로, 곡기실모언「有兒」, 閔荒也. 夫棄其妻, 母棄其子. 有七歲女子, 攜其弟彷徨街路, 哭其失母焉」: 『전서全書 1』, pp. 504~505. ●「용산리【차두운○경오육월】龍山吏【次杜韻○庚午六月】」: 『전서全書 1』, p. 505.

저작	시부	●「파지리波池吏」: 『전서全書 1』, p. 505. ●「해남리海南吏」: 『전서全書 1』, p. 506.
	문	●「발『석양정죽보』跋『石陽正竹譜』」: 『전서全書 3』, pp. 149~150. ●「발황명종실익왕소각정무본『난정진적』跋皇明宗室益王所刻定武本『蘭亭眞蹟』」: 『전서全書 3』, p. 150. ●「발「김생서」跋「金生書」」: 『전서全書 3』, p. 151. ●「제『하피첩』題『霞帔帖』」: 『전서全書 3』, p. 164. ●「제윤공윤【종하】문祭尹公潤【鍾河】文」: 『전서全書 3』, pp. 336~337. ●「시학연가계示學淵家誡」: 『전서全書 4』, pp. 25~27.⑫ ●「시이아가계示二兒家誡」: 『전서全書 4』, pp. 30~32.⑪ ●「시이자가계示二子家誡」: 『전서全書 4』, pp. 32~33.⑭ ●「우시이자가계又示二子家誡」: 『전서全書 4』, pp. 34~35.⑮ ●「신학유가계贐學游家誡」: 『전서全書 4』, pp. 39~41.① ●「시학연가계示學淵家誡」: 『전서全書 4』, pp. 41~44.② ●「상중씨上仲氏」: 『전서全書 4』, pp. 191~194.⑱ ●「조승문吊蠅文」: 『전서全書 4』, pp. 332~334. ●「순우지舜友至」: 『《여유당전서》 미수록 「다산茶山 간찰집簡札集』⑯ ●「초초수자서草草數字書」: 『《여유당전서》 미수록 다산茶山 간찰집簡札集』⑲
	경집	●『시경강의보詩經講義補』: 『전서全書 10』, pp. 341~420. ●『고훈수략古訓蒐略』 ●『매씨서평梅氏書平』: 『전서全書 13』, pp. 25~314. ●『가례작의嘉禮酌儀』: 『전서全書 22』, pp. 227~252.
	기타	●『소학주천小學珠串』: 『전서全書 5』, pp. 177~250. ○「발『택리지』跋『擇里志』」: 『전서全書 3』, pp. 137~138. ○「답중씨答仲氏」: 『전서全書 4』, pp. 214~215. ○「출동문黜僮文」: 『전서全書 4』, pp. 330~331. ○「격사해擊蛇解」: 『전서全書 4』, pp. 334~336. ○『의령醫零』: 『전서全書 34』, pp. 399~426.
비고		●①「신학유가계贐學游家誡」: 정약용이 앞서 무진년[1808년]에 근친覲親을 왔던 둘째아들 학유學游가 떠남에 노자路資 삼아 지어준 「가계家誡」로, '용勇'과 '서恕'란 윤리적 덕목의 강조, 집안을 거느리는 올바른 방법, 한때의 어려움으로 청운靑雲의 뜻을 포기해서는 안 됨, 자신의 학문적 포부, 군자君子의 올바른 처신법 등을 훈계하는 내용임. ●②「시학연가계示學淵家誡」: 정약용이 맏아들 학연學淵에게 지어준 「가계」로, 집안어른에 대한 마땅한 봉양법奉養法, 제가齊家의 올바른 방법, 사대부士大夫의 올바른 가계경영법家計經營法, 자신의 학문이 가학家學으

비 고	로 자식들에게 전수傳授될 것에 대한 강렬한 희망, 학연이 의원醫員이 된 것에 대한 경계, 유언遺言에 따라 자신의 장례葬禮를 치를 것 등을 훈계하는 내용임. ●③ 『시경강의보詩經講義補』: 모두 1권으로, 『시경강의보유詩經講義補遺』[『全書 10』, pp. 341~420]를 말함. 정약용이 기사년[1809년, 純祖 9]에 『시경강의詩經講義』를 산록刪錄한 다음, 뒤이어 이듬해에 『시경강의』가 오직 정조正祖의 조문條問에만 대답한 것이어서 자신의 견해를 다 밝힐 수 없었다는 문제의식에서 따로 이 책을 저술함. 한편, 『시경강의보유』의 끝에 부록된 「일시逸詩」 부분은 그가 『논어論語』·『좌전左傳』·『국어國語』·『예기禮記』·『대대례기大戴禮記』·『한서漢書』 등 7종의 책에 산포되어 있는 유제有題·무제無題의 일시逸詩 27종을 수집하고 여기에다 자신의 견해를 밝힌 매우 드문 저술임. ●④ 『가례작의嘉禮酌儀』: 모두 1권으로, 『사례가식四禮家式』[『全書 22』, pp. 49~252]에 편차編次되어 있음. 이는 「관례冠禮」와 「혼례婚禮」로 구성되며, 고례古禮의 번잡함과 『주자가례朱子家禮』와 이익李瀷[星湖, 1681~1763]의 『예식禮式』이 지닌 간략한 문제점을 극복하기 위한 문제의식에서 정약용이 『의례儀禮』와 『주자가례』를 바탕으로 당시 조선의 시속時俗을 참작하여 저술함. 특히 「관례」의 경우에는 정약용 자신의 경험을 담고 있으며, 「혼례」에서는 친영제도親迎制度가 온전히 시행되지 못하는 조선의 습속을 바로잡고 바람직한 혼례의절婚禮儀節을 정립하고자 노력함. 한편, 『사례가식』은 사대부가士大夫家에서 행하는 관冠·혼婚·상喪·제祭의 사례四禮를 논한 일련의 가례서家禮書로서, 그 자체가 고례의 원칙과 조선의 시속을 절충한 실용적 관점에서 저술됨으로써 조선후기의 예학禮學이 『주자가례』의 수용과 이해를 넘어서서 독자적인 가례서를 만드는 단계로 발전했음을 보여주고 있음. ●⑤ 『매씨서평梅氏書平』: 모두 9권으로, 초고본草稿本임. 이는 정약용이 해박한 고증考證을 통해 『상서尙書』의 위고문僞古文 25편이 매색梅賾의 위작僞作임을 논증한 저술로서, 진고문眞古文 33편에 대한 주석서인 『상서고훈尙書古訓』과는 상호보완적인 관계를 가짐. 『매씨서평』 초고본은 이후 그가 73세 되는 갑오년[1834년, 純祖 34]에 번잡한 것은 삭제하고 빠진 곳은 증보·수정해서 최종적으로 완성됨. ●⑥ 「용산리龍山吏」·「파지리波池吏」·「해남리海南吏」: 정약용이 이른바 '삼리三吏'로 일컬어지는 두보杜甫의 시詩 「석호리石壕吏」·「신안리新安吏」·「동관리潼關吏」에 차운次韻하여 지은 시임. 이 시는 당시 세도정치勢道政治하에서 재지사족在地士族의 몰락으로 향촌사회에 향론鄕論이나 공론公論이 부재한 상황에서 수령守令과 이향세력吏鄕勢力이 결탁하여 가혹한 수탈과 횡포를 일삼는 상황을 사실적으로 묘사·고발하고 있음. ●⑦ 『전간기사田間紀事』: 이는 「채호采蒿」·「발묘拔苗」·「교맥蕎麥」·「오거熬

비 고	魃」·「시랑豺狼」·「유아有兒」란 시를 모아 편집한 시권詩卷으로, 그 내용은 기사년[1809년, 純祖 9]부터 이듬해 입추立秋에 이르기까지 계속된 극심한 가뭄으로 흉년이 들어 민생이 도탄에 빠진 참상 및 이 와중에 자행된 수령과 아전의 수탈과 횡포를 묘사·고발하고 있음. ●⑧「염우부鹽雨賦」: 이해 7월에 심한 폭풍우가 불어 강진康津의 곡식과 초목이 혹독한 피해를 당한 참상을 목도하고 지은 작품임. ●⑨「이노행貍奴行」: 이는 당시 도둑을 잡는 토포군관討捕軍官이 모두 도둑의 우두머리라 말할 정도로 도둑과 아전이 한통속이 되어 백성을 괴롭히던 상황을 묘사·고발하고 있는 정약용의 대표적인 우화시寓話詩 가운데 하나임. 여기서 남산골 늙은이[南山村翁]는 백성에, 쥐는 도둑에, 고양이는 아전에 비유되고 있음. 한편, 정약용은 이후에도 "무릇 토포군관討捕軍官이란 모두 도둑의 두령頭領이다. 군관軍官을 끼지 않으면 도둑이 도둑질을 하지 못한다. ……진영鎭營·병영兵營의 모든 토포군관이란 자들은 모두 양산박梁山泊의 두령이다. 수령은 마땅히 이런 사정을 알아야 한다(凡討捕軍官, 皆盜之頭領也. 不挾軍官, 盜不盜也. ……鎭營·兵營, 凡所謂討捕軍官, 皆梁山泊頭領. 牧宜知此)"[『牧民心書 III』, 「刑典六條」(『全書 29』, pp. 89~90)]고 거듭 경고한 바 있음. ●⑩「조승문吊蠅文」: 기사년[1809년, 純祖 9]부터 큰 기근이 들고 그해 겨울에 혹한이 겹치면서 연이어 염병이 돌게 되었고 거기에다 가렴주구까지 횡행함에 병들고 굶어서 죽은 백성의 시체가 길에 즐비하여 이듬해 여름에는 유난히 파리가 극성을 떪. 정약용은 이러한 시물時物의 변괴變怪를 계기로 이 글을 지어 당시의 참혹한 사회상과 관리의 부패상을 통렬히 고발·풍자함. ●⑪「시이아가계示二兒家誡」: 정약용이 두 아들에게 지어준 「가계」로, 부모와 형제 간의 효孝·제弟를 넘어선 친족親族 간의 우애友愛의 강조, 『소학小學』의 실천, 사대부士大夫의 가법家法, 쓰러진 집안을 다시 일으킬 정신자세 등을 훈계하는 내용임. ●⑫「시학연가계示學淵家誡」: 정약용이 맏아들 학연學淵에게 지어준 「가계」로, 수신修身, 취우取友, 사군事君의 방법에 대해 훈계하는 내용임. ●⑬『하피첩霞帔帖』: 이해에 부인이 붉은 빛이 담황색으로 바랜 헌 치마 다섯 폭을 보내옴. 정약용이 이를 재단하여 조그만 첩帖을 만들고 두 아들에게 훈계하는 말을 써서 보내주면서, 이를 '하피첩'이라 명명함. ●⑭「시이자가계示二子家誡」: 정약용이 두 아들에게 지어준 「가계」로, 면학勉學의 강조, 자신의 저술著述이 전수傳授되기를 바라는 열망, 군자君子의 올바른 몸가짐과 공부의 중요성, 이재理財의 올바른 방법, 달관達觀의 경지에 이른 자신의 인생관人生觀, 집안의 옛 터전을 고수할 것을 훈계하는 내용임. ●⑮「우시이자가계又示二子家誡」: 정약용이 두 아들에게 연이어 지어준

비 고	「가계」로, 사대부士大夫의 올바른 마음가짐, 말의 조심, 파당派黨에 대한 경계, '근勤·검儉'의 강조 등을 훈계하는 내용임. ●⑯ 「순우지舜友至」: 정약용이 순우舜友를 통해 모인某人에게서 편지를 받고 보낸 답서答書로, 보내온 시詩에 대한 논평과 시에 화답和答하는 예禮를 말하고, 모인의 집안일과 관련해서는 윤종억尹鍾億[醉綠堂, 字는 輪卿]이 조만간 편지할 것임을 알리는 내용임. 여기서 모인이 누구인지는 미상未詳이나, 정약용이 자신을 '병척病戚'이라 칭하고 윤종억에 대한 언급이 있는 것으로 보아 정약용과 인척관계에 있는 해남윤씨海南尹氏로 추측됨. ●⑰ 『고훈수략古訓蒐略』: 모두 6권으로, 전한前漢의 학자 복생伏生의 집 담벼락에서 나왔다는 『상서尙書』의 진고문眞古文, 즉 『금문상서今文尙書』 28편에 대한 후한後漢의 여러 경학자經學者, 곧 구양생歐陽生·하후승夏侯勝·하후건夏侯建·마융馬融·정현鄭玄의 학설을 수집하여 연구한 저술임. ●⑱ 「상중씨上仲氏」: 정약용이 중형仲兄 정약전丁若銓에게 보낸 편지로, 요堯·순舜 시대의 통치하던 법法과 고적제도考績制度의 실상에 대하여 논하는 내용임. ●⑲ 「초초수자서草草數字書」: 정약용이 모인某人에게서 편지를 받고 보낸 답서答書로, 차茶를 지나치게 마시지 말 것과 윤종억이 차를 팔라고 한 부탁에 대해서는 정리상 팔 수는 없고 선물로 보냄을 알리는 한편, 근래 정약용이 의술醫術에 용하다는 소문이 나서 사람들이 자꾸 찾아와 괴로운 형편에 있으니 임삼任三이 아이를 보내 진찰을 받도록 하지 말고 증세症勢를 자세히 적어 다음 편지로 보내줄 것을 부탁하는 내용임. 여기서 모인은 상기 「순우지」의 수신인과 동일인물로 추측됨. ●⑳ 『소학주천小學珠串』: 모두 3권으로, 동몽童蒙의 학습 및 암기에 도움을 주기 위해서 고경古經 이래 여러 서적에 나오는 명물수목名物數目을 수집하고, 그중에서 실학實學에 도움이 되는 것을 뽑아 모두 '3백 조목條目'을 얻어 수목數目에 따라 편집한 저술임. 이 책은 정약용의 '소학小學' 관계저술 가운데 '소예小藝'에 관련되는 주요저술의 하나임.

<table>
<tr><td>연 대</td><td colspan="2">1811년 [순조純祖 11: 신미辛未]</td><td>나 이</td><td>50세</td><td>No. 45</td></tr>
<tr><td colspan="2">생 평 사 략</td><td colspan="4">●정월에 공公이 승려 두운斗云[隱峯]에게 편지를 보냄.①
●2월 그믐에 공이 흑산도黑山島의 모인某人에게 편지를 보냄.②
●봄에 공이 『상서지원록尙書知遠錄』③을 완성함.
●봄에 공이 『아방강역고我邦疆域考』 초고본④을 완성함.
●봄에 공이 윤서유尹書有[翁山, 字는 皆甫]의 서루書樓인 조석루朝夕樓의 「기문記文」을 지음.
●3월에 공이 「『소학주천』서『小學珠串』序」를 씀.
●4월에 공이 두운에게 편지를 보냄.⑤
●7월에 공이 『예고서정禮考書頂』⑥의 초고草稿를 완성함.
●9월에 승려 혜장惠藏[兒菴]이 입적入寂하자 공이 「제문祭文」을 지어 그의 제자 자홍慈弘[騎魚, ?~?]으로 하여금 곡하며 영전에 올리게 함.
●겨울에 공이 「예전상기별禮箋喪期別」⑦을 완성함.
●겨울에 공이 「오복도표五服圖表」⑧를 완성함.
●겨울에 공이 중형仲兄 정약전丁若銓에게 편지를 보냄.⑨
●겨울에 공이 윤영휘尹永輝[季容]에게 편지를 보냄.⑩
●겨울부터 공이 『악서고존樂書孤存』의 저술을 시작한 것으로 보임.⑪
●12월에 공이 두운에게 편지를 보냄.⑫</td></tr>
<tr><td rowspan="3">저 작</td><td>시</td><td colspan="4"></td></tr>
<tr><td>문</td><td colspan="4">●「『소학주천』서『小學珠串』序」: 『전서全書 2』, pp. 398~399.
●「조석루기朝夕樓記」: 『전서全書 3』, pp. 68~69.
●「제아암혜장문祭兒菴 惠藏文」: 『전서全書 3』, p. 339.
●「답윤계용【영휘○신미동】答尹季容【永輝○辛未冬】」: 『전서全書 4』, pp. 135~136.⑩
●「상중씨【신미동】上仲氏【辛未冬】」: 『전서全書 4』, pp. 203~214.⑨
●「답은봉答隱峯」: 『은봉집간隱峯集柬』①
●「여모인서與某人書」: 『《여유당전서》 미수록 다산茶山 간찰집簡札集』②
●「은봉경궤隱峯經几」: 『은봉집간隱峯集柬』⑤
●「답은봉선畣隱峰禪」: 『《여유당전서》 미수록 다산茶山 간찰집簡札集』⑫</td></tr>
<tr><td>경 집</td><td colspan="4">●『상서지원록尙書知遠錄』: 『전서全書 37』, pp. 567~739.[『與猶堂全書補遺 III』에 수록되어 있음]
●「예전상기별禮箋喪期別」: 『전서全書 19』, pp. 351~426 및 『전서全書 20』
●『예고서정禮考書頂』: 『전서全書 21』, pp. 215~221.
●『『독례통고』전주『讀禮通考』箋註』: 『전서全書 37』, pp. 740~773.[『與猶堂全書補遺 III』에 수록되어 있음]</td></tr>
</table>

저작	기타	●『아방강역고我邦疆域考』: 『전서全書 32』 ○「제『강역고』권단題『疆域考』卷端」: 『전서全書 3』, pp. 155~157. ○「시은봉선사示隱峰禪師」: 개인 소장자료 ○「기은봉선사寄隱峰禪師」: 개인 소장자료 ○「우은봉선寓隱峯禪」: 개인 소장자료
비고		●① 「답은봉答隱峯」: 승려 두운斗云[隱峯]이 작년 경오년[1810년, 純祖 10] 9월에 큰아들 학연學淵이 바라를 두드려 부친의 억울함을 하소연함에 특별히 용서해주시는 은총을 입은 일을 축하하는 편지를 정약용에게 보냄에, 이에 그가 은지恩旨에 감읍感泣한다는 내용으로 보낸 답장임. 그럼에도 정약용은 끝내 해배解配되지 못함. 이에 대한 보다 상세한 내용은 정민(2011: 194~195)이 참조됨. ●② 「여모인서與某人書」: 이 편지는 1월에 흑산도黑山島에서 모인某人이 정약용에게 보낸 편지에 대해 2월 그믐에 쓴 답서答書로, 여기서 정약용은 자신이 곧 해배解配되어 돌아갈 수 있을 것이라는 기대와 함께 홀로 남겨질 중형仲兄 정약전丁若銓의 처지를 슬퍼하면서 모인 형제에게 중형을 잘 돌봐줄 것을 간곡히 부탁하는 내용을 담고 있음. 원래 제목은 없으나, 편의상 '여모인서'로 부름. 이에 대한 보다 상세한 내용은 조성을(2016: 650~651)이 참조되며, 여기서 조성을은 상기의 모인을 '문순득文淳得'으로 추정하고 있음. ●③ 『상서지원록尙書知遠錄』: 모두 7권으로, 전한前漢의 학자 복생伏生의 집 담벼락에서 나왔다는 『상서尙書』의 진고문眞古文, 즉 『금문상서今文尙書』 28편에 대한 매색梅賾과 채침蔡沈의 설說을 고훈古訓과 비교하여 그 동이점同異點을 비평하고 필요한 경우 정약용 자신의 견해를 덧붙여 완성한 저술임. 또한, 말미에 부록으로 실려 있는 「『상서지원록』목차괄의『尙書知遠錄』目次括義」 130조는 정약용의 『상서』학의 핵심을 일목요연하게 보여주는 귀중한 자료임. 한편, 이 저술은 이후 그가 73세 되는 해인 갑오년[1834년, 純祖 34]에 앞서 경오년[1810년]에 저술했던 『고훈수략古訓蒐略』과 함께 개수改修·합편合編되어 『상서고훈尙書古訓』[『全書』 11~12]으로 재정리됨. ●④ 『아방강역고我邦疆域考』: 모두 10권으로, 초고본草稿本임. 이는 정약용이 치밀한 문헌고증文獻考證을 통해 우리나라의 고대역사지리古代歷史地理를 강목체綱目體의 형식으로 정리한 역사지리서歷史地理書로서, 한백겸韓百謙[久菴, 1552~1615] 이래 진전되어왔던 조선후기 역사지리학의 완결판에 해당함. 이 저술은 이후 그가 72세 되는 해인 계사년[1833년, 純祖 33]에 「속강역고續疆域考」 3권을 추술追述하여 모두 12권으로 최종 완성됨. 정약용은 이 책을 저술하면서 특히 문헌고증과 관련하여 "우리나라의 역사를 말하고자 하는 자는 반드시 중국의 역사를 널리 참고하

비 고	여 우리나라에 관계된 내용을 빠짐없이 찾아내어 종합하고 분류하여 연도에 따라 차례대로 편입시킨 이후에야 바야흐로 사건의 실상을 얻게 될 것이다. 단지 우리나라의 역사서에만 의거하여 구차하게 책을 만들려고 한다면 사실을 빠뜨리거나 연대가 어긋나는 일이 없을 수 없을 것이니, 이 점은 우리나라의 역사에 뜻을 둔 자로서는 의당 먼저 알아야 할 바이다(欲言東事者, 必博考中國之史, 凡屬於東方者, 搜括不遺, 參伍會通, 按年編入, 然後方有綜核之實. 但據東史, 苟欲成篇, 未有不缺漏事實·註舛年代者, 此留意東事者, 所宜先知也)"[「題『疆域考』卷端」(『全書 3』, p. 156)]라고 강조함. ●⑤「은봉경궤隱峯經几」: 정약용이 조만간 해배解配될 것을 기대하고 서울로 돌아가기 전에 두운斗云[隱峯]과 한 번 만나 회포를 풀 기회를 가질 것을 기대하는 내용의 편지임. 이에 대한 보다 상세한 내용은 정민(2011: 195~196)이 참조됨. ●⑥『예고서정禮考書頂』: 모두 1권으로, 초고草稿임. 『상례외편喪禮外編』[『全書』 21]에 편차編次되어 있으며, 이 저술은 정약용이 유배 중인 임술년[1802년]부터 신미년[1811년]에 이르는 기간 동안 상사喪事에 대해 연구하면서 서건학徐乾學[健庵, 字는 原一, 1631~1694: 中國 淸 나라의 학자]의 『독례통고讀禮通考』에서 의심나거나 생각해봐야 할 것이 있을 때마다 그에 관한 생각을 책 윗부분에 적어둔 글임. 해배 이후 신사년[1821년, 純祖 21]에 제자 이인영李仁榮이 그 내용을 기록하여 편집·완성함. 한편, 『여유당전서보유與猶堂全書補遺 III』[『全書』 37]에는 『『독례통고』전주『讀禮通考』箋註』가 실려 있는데, 이 또한 원래의 『예고서정』의 일부로서, 이에 『상례외편』의 『예고서정』과 합쳐져야 비로소 완전한 『예고서정』이 이루어지게 됨. ●⑦「예전상기별禮箋喪期別」: 모두 21권으로, 『상례사전喪禮四箋 II~III』[『全書』 19~20]에 편차編次되어 있는 「상기별喪期別」을 말함. 이는 상喪을 당했을 때 입는 오복五服과 상복喪服을 입는 대상을 집중적으로 다루고 있는 저술로서, 정약용이 널리 옛 서적을 고찰하여 경經으로 경經을 증명하여 성인聖人의 뜻을 얻고자 노력했으며, 나름의 관점에서 고주古注를 존중하고 성지聖旨와 경經의 본뜻에 어긋나는 내용은 바로잡음. ●⑧「오복도표五服圖表」: 상례喪禮를 행할 때 적합한 상복喪服과 상기喪期를 확인하기에 편리하도록 만든 도표圖表임. 「본종오복도本宗五服圖」와 「오복연혁표五服沿革表」로 구성되어 있으며, 이후 병자년丙子年[1816년, 純祖 16] 늦은 봄에 『상의절요喪儀節要』의 본문 뒤에 첨부하였음. ●⑨「상중씨【신미동】上仲氏【辛未冬】」: 정약용이 중형 정약전에게 보낸 편지로, 본인이 저술한 『아방강역고我邦疆域考』, 『소학주천小學珠串』, 『상서고훈尙書古訓』 등을 소개·설명하는 내용임.

비 고	●⑩ 「답윤계용【영휘○신미동】答尹季容【永輝○辛未冬】」: 정약용이 다산茶山을 방문하고 돌아간 윤영휘尹永輝[季容]에게 보낸 편지로, 관료로서 지나치게 실무적인 업무에만 매몰되지 말고 일면 여유를 가지고 소요하며 마음을 기를 것을 충고하는 내용임. ●⑪ 규장각본奎章閣本 『악서고존樂書孤存』에는 신미년[1811년] 겨울에 저술한 것으로 나와 있음. ●⑫ 「답은봉선答隱峰禪」: 정약용이 두운斗云[隱峯]에게서 편지를 받고 보낸 답서答書로, 사찰의 일로 화내지 말 것을 충고하고, 승려 혜장惠藏[兒菴]이 입적한 이후 서글픈 심정을 토로하는 내용의 편지임. 이에 대한 보다 상세한 내용은 정민(2011: 199~201)이 참조됨.

<table>
<tr><th colspan="2">연 대</th><th>1812년 [순조純祖 12: 임신壬申]</th><th>나 이</th><th>51세 No. 46</th></tr>
<tr><td colspan="2">생평사략</td><td colspan="3">●봄에 가정공稼亭公[丁載進, 字는 晉五: 公의 季父]의 부고를 받고 공公이 「묘지명墓誌銘」과 「행장行狀」을 지음.
●봄에 공이 『민보의民堡議』①를 완성함.
●봄에 작년 신미년[1811년, 純祖 11] 12월에 홍경래란洪景來亂이 일어남을 계기로 공이 일도一道의 사림士林으로 하여금 창의倡義하여 패서浿西[平安道]의 토적土賊을 치게 하려는 의도에서 「전라도창의통문全羅道倡義通文」을 지음.
●늦봄에 공이 「교치설敎稚說」②을 지음.
●가을에 공이 만일암挽日菴을 방문하여 「『만일암실적』추기『挽日菴實蹟』追記」③를 지음.
●9월에 공이 사문沙門의 제자 의순意洵[草衣]과 제자 윤동尹峒[尹鍾心]을 데리고 월출산月出山 아래 백운동白雲洞을 유람하고 돌아와 백운동의 12승勝을 노래한 시詩를 지어 『백운첩白雲帖』④을 만듦.
●11월에 공이 반곡盤谷에 사는 모인某人에게 편지를 보냄.⑤
●겨울에 공이 『춘추고징春秋考徵』 재고본⑥을 완성함.
●겨울에 공이 보은산방寶恩山房에 기거한 이래 교유해왔던 승려 혜장惠藏[兒菴]을 위해 「아암탑문兒菴塔文」⑦을 지음.</td></tr>
<tr><td rowspan="3">저작</td><td>시</td><td colspan="3">●『백운첩白雲帖』④</td></tr>
<tr><td>문</td><td colspan="3">●「계부가옹묘지명季父稼翁墓誌銘」: 『전서全書 3』, pp. 301~303.
●「아암장공탑명兒菴 藏公塔銘」: 『전서全書 3』, pp. 329~331.
●「계부가옹행장季父稼翁行狀」: 『전서全書 3』, pp. 363~369.
●「전라도창의통문全羅道倡義通文」: 『전서全書 4』, pp. 328~330.
●「교치설敎稚說」: 『전서全書 37』, pp. 259~260.[『與猶堂全書補遺 III』에 수록되어 있음]
●「『만일암실적』추기『挽日菴實蹟』追記」③
●「반곡효려전납盤谷孝廬傳納」: 『《여유당전서》 미수록 다산茶山 간찰집簡札集』⑤</td></tr>
<tr><td>경집</td><td colspan="3">●『춘추고징春秋考徵』: 『전서全書 14』</td></tr>
</table>

<table>
<tr><td rowspan="6">저
작</td><td rowspan="6">기
타</td><td>●『민보의民堡議』: 『전서全書 37』, pp. 352~404.[『與猶堂全書補遺 III』에 수록되어 있음]</td></tr>
<tr><td>○「『춘추고징』서『春秋考徵』序」: 『전서全書 2』, pp. 397~398.</td></tr>
<tr><td>○「윤면채뢰尹冕采誄」: 『전서全書 3』, pp. 340~341.</td></tr>
<tr><td>○「기고금도장씨여자사紀古今島張氏女子事」: 『전서全書 3』, pp. 386~387.</td></tr>
<tr><td>○「답중씨答仲氏」: 『전서全書 4』, pp. 215~217.</td></tr>
<tr><td>○「답중씨答仲氏」: 『전서全書 4』, pp. 217~218.</td></tr>
<tr><td colspan="2">비 고</td><td>●① 『민보의民堡議』: 모두 3권으로, 정약용이 백성이 외침外侵과 내란內亂이 있을 때 평소에 준비해둔 민보民堡를 중심으로 스스로를 방어하는 방책을 강구하고 있는 저술임. 특히 정약용은 중국 명明 나라 사람 모원의茅元儀의 『무비지武備志』에 실려 있던 윤경尹畊의 『새어塞語』 중의 「보약堡約」 12장을 취하여 우리나라의 실정에 맞게 재구성함으로써 평소 민간에 병사兵事에 관한 일을 환기·훈련시켜 유사시 이에 대처하는 계책으로 삼고자 하였음. 한편, 정약용은 「기양아寄兩兒」[『全書 4』, pp. 268~269]에서 『비어고備禦攷』의 예정 문목門目을 소개하는 한편, 「자찬묘지명【집중본】自撰墓誌銘【集中本】」[『全書 3』, p. 278]에는 자신의 저술 가운데 "『아방비어고我邦備禦考』 30권이 있는데 완성되지 않았다"고 진술하면서도 따로 『민보의』를 언급하고 있지 않고 있음으로 보아, 이 『민보의』는 『아방비어고』의 일부로 저술된 것으로 추측됨. 이외에도 『비어촬요備禦撮要』[『全書 37』, pp. 405~468]와 『일본고日本考』[『全書 37』, pp. 469~566] 역시 『아방비어고』의 일부로 저술된 것으로 추측됨. 이외에도 『여유당전서보유與猶堂全書補遺 3(『國防編』)』(景仁文化社)에 실려 있는 『군제고(가제)軍制考(假題)』와 『한병·외이·토적고(가제)漢兵·外夷·土賊考(假題)』 역시 정약용이 『아방비어고』의 일부로 저술했을 개연성이 있지 않을까 사료됨.
●② 「교치설敎穉說」: 이 글은 종인宗人 정수칠丁修七[烟菴生, 字는 乃則]이 그 아들이 배울 나이가 되자 가르치는 법에 대해 물음에 정약용이 동몽교육童蒙敎育과 관련된 주요 사항을 조언해준 글로서, 여기서 정약용은 『천자문千字文』보다는 차라리 『유합類合』을 가르칠 것, 『사략史略』과 『통감절요通鑑節要』는 읽히지 말 것, 항우項羽와 유방劉邦의 사적을 제목으로 내주고 무운시無韻詩를 짓게 하는 따위의 작문법作文法은 시키지 말 것, 글씨연습은 당각唐刻의 해서楷書를 밑에 놓고 그대로 따라 쓰게 할 것 등을 강조하고 있음. 또한, 이 글은 「위반산정수칠증언【자내칙, 장흥인】爲盤山丁修七贈言【字乃則, 長興人】」[『全書 3』, pp. 393~397]의 끝부분의 내용과도 일부 중첩되는 것으로 보아, 상기한바 「증언」의 초고草稿로 추측됨.</td></tr>
</table>

<table>
<tr>
<td>비 고</td>
<td>●③ 「『만일암실적』추기『挽日菴實蹟』追記」: 정약용이 앞서 기사년[1809년, 純祖 9]에 친필로 써준 승려 두운斗云[隱峯]의 『만일암실적挽日菴實蹟』이 일부 역사적 사실과 다름을 확인하고 이를 바로잡는 내용의 글임. 정약용은 이 해 추분秋分 다음날 만일암挽日菴을 방문하여 두운이 『만일암실적』에서 “살피건대, 만일암의 뜰에 칠층석탑이 서있는데, 「고기古記」에는 ‘아육왕阿育王이 세웠다’고 한다. 그러나 백제百濟에는 아육왕이 없으니, 의당 아신왕阿莘王의 오기誤記일 것이다([案] 菴有七層石塔于庭, 「古記」云: ‘阿育王之所建.’ 然百濟無阿育王, 當是阿莘王之誤也)”라고 기록한 내용과 관련하여 “아육왕은 인도印度에서 불탑佛塔을 세운 왕인데, 「고기」에서 잘못 인용한 것이다. 나는 불서佛書에 밝지 못해 예전에 은봉[두운]을 위해 고사古事를 고증할 때 백제의 아신왕의 와전譌傳으로 의심했으니, 부끄럽다. 가경嘉慶 17년 추분 다음날 내가 만일암에 들렀다(阿育王者, 西土建塔之君, 「古記」誤用之也. 余不嫺佛書, 舊爲隱峰考古, 疑其爲百濟 阿莘王之譌, 可愧也. 嘉慶十七年秋分翼日, 余過挽日菴)”라고 부기附記하고 있는바, 이러한 사실은 『만일암실적』이 사실상 정약용의 저술임을 함축함. 이에 대한 보다 상세한 내용은 정민(2011: 206~210)도 참조됨.
●④ 『백운첩白雲帖』: 정약용이 사문沙門의 제자 의순意洵[草衣]과 제자 윤동尹峒[尹鍾心]을 데리고 월출산月出山 아래 백운동白雲洞을 유람한 다음, 백운동 12승勝을 노래한 정약용의 친필 시詩에다가 의순이 그린 「백운동도白雲洞圖」와 「다산도茶山圖」를 첨부하여 만든 시첩詩帖임. 이에 대한 보다 상세한 내용은 정민(2011: 409~411)이 참조됨.
●⑤ 「반곡효려전납盤谷孝廬傳納」: 정약용이 반곡盤谷에 사는 모인某人에게 보낸 편지로, 자신이 보관하고 있는 『반곡유승盤谷遺乘』 3책冊을 가까운 시일 내에 찾아갈 것을 부탁하는 내용임. 모인은 편지의 수신처가 반곡이고, 정약용이 스스로를 ‘종말宗末[집안사람]’이라 부른 것으로 보아 당시 장흥長興에 살던 반산정씨盤山丁氏[靈光丁氏] ‘정수칠丁修七[烟菴生, 字는 乃則]’로 추정됨. 이때 정약용은 계부季父[丁載進]의 상喪을 당해 스스로를 ‘기복인朞服人’이라 칭하였고, 수신자를 ‘효려孝廬’라 부른 것은 수신자 역시 상중喪中임을 의미하는데, 정수칠은 신미년[1811년, 純祖 11] 7월에 모친상을 당한 바 있음. 한편, 『반곡유승』 3책은 정경달丁景達[盤谷, 1542~1602], 정명열丁鳴說[霽岩, 1566~1627], 정남일丁南一[松隱] 3대의 『유집遺集』 2책과 『가승家乘』 1책을 말함. 앞서 임자년[1792년, 正祖 16] 겨울에 정경달의 후손인 정수익丁修翼[伯昇]이 서울 명례방明禮坊으로 정약용을 찾아와 이 3책을 합편하여 ‘『반산세고盤山世稿』’라는 제목을 붙이고 「서문序文」을 써줄 것을 부탁함에 정약용이 이때 「서문」을 지어준 적이 있음. 정약용은 「서문」을 써준 이후에도 줄곧 이 책을 보관하고 있다가 강진康津으로 유배 올 때 가지고 왔음.</td>
</tr>
</table>

비 고	●⑥ 『춘추고징春秋考徵』: 모두 10권으로, 재고본再稿本임. 이는 정약용이 길례吉禮와 흉례凶禮를 중심으로 '오례五禮'를 고찰하고 있는 저술로서, 『춘추春秋』에서 선왕先王의 전례典禮인 주례周禮를 징험徵驗하여 정리하고 있는바, 이에 '책을 쓴 의도가 예禮에 있지 『춘추』에 있지 않음'을 밝히기 위해 제목을 '고징考徵'이라 칭했으며, 특히 경전적 역사인 『춘추』를 통해서 이상적인 전례의 원형을 탐색하고 이후 이러한 이상과 괴리된 역사적 현실을 비판적으로 검토하기 위한 목적에서 편찬함. 한편, 이 책은 무진년[1808년] 겨울에 처음 기초起草했다가 임신년[1812년] 겨울에 제자 이강회李綱會[字는 紘甫, 1789~?]의 도움을 받아 총 10권으로 편정編正했으며, 이후에도 모두 네 차례의 증보增補를 거쳐 계사년[1833년, 純祖 33] 가을에 총 12권으로 완성함. ●⑦ 「아암탑문兒菴塔文」: 「아암장공탑명兒菴藏公塔銘」[『全書 3』, pp. 329~331]을 말함.

연 대	1813년 [순조純祖 13: 계유癸酉]	나 이	52세 No. 47
생평사략	●3월에 공公이 흑산도黑山島의 모인某人에게 편지를 보냄.① ●6월에 공이 다산茶山에서 3년간 교유하던 도강병마우후道康兵馬虞候 이중협李重協이 체직遞職되어 돌아감에 절구絶句 10수를 지어 시권試卷을 만들어주며 작별의 아쉬움을 달램. 이때 공이 지어준 절구 10수는 현재 『다산시문집茶山詩文集』에는 실려 있지 않으나, 일명 '『여성화시첩與聖華詩帖』'에 그 전문全文이 전함.② ●7월 14일에 서모庶母 잠성김씨岑城金氏③께서 타계하심. 공이 나중 해배解配 이후에 고향 마재[馬峴]에서 서모의 묘소를 선산先山으로 이장移葬하면서 「묘지명墓誌銘」을 지음. ●7월 14일에 공이 사문沙門의 제자이자 종인宗人이기도 했던 시오始悟[縞衣, 1778~1868]에게 편지를 보냄.④ ●7월 14일에 공이 지난 경오년[1810년, 純祖 10]에 『하피첩霞帔帖』을 만들고 남은 천을 이용해서 사위 윤창모尹昌模[鴈菴, 1795~1856]에게 시집간 딸에게 작은 가리개로 쓰도록 「매조도梅鳥圖」⑤ 한 폭을 그려줌. ●8월에 공이 평소 총애하던 사문의 제자 의순意洵[草衣]에게 「증언贈言」⑥을 지어줌. ●8월에 공이 「다산만필茶山漫筆」⑦을 지음. ●8월에 공이 시오에게 2통의 편지를 연이어 보냄.⑧ ●8월 19일에 공이 종혜포옹種蕙圃翁에게 의증擬贈하는 또 다른 「매조도」⑨ 한 폭을 그림. ●8월에 공이 다산주인茶山主人 윤단尹慱[橘林處士]의 손자인 윤종심尹鍾心[일명 峒, 紺泉, 字는 公牧, 1793~1853]에게 「증언」을 지어줌. ●9월에 공이 시오에게 3통의 편지를 연이어 보냄.⑩ ●가을에 공이 「제『만일암지』題『挽日菴志』」⑪를 지음. ●10월에 공이 의순에게 「다옹시순독서茶翁示洵讀書」[일명 「示意洵讀書法」]⑫를 지어줌. ●11월에 공이 제자 이강회李綱會[字는 紘甫, 1789~?]의 이름으로 김정희金正喜[秋史, 字는 元春, 1786~1856]에게 편지를 보냄.⑬ ●겨울에 공이 해남현海南縣 민포당敏蒲堂의 「상량문上梁文」을 지음. ●겨울에 공이 『논어고금주論語古今注』⑭를 완성함.		
저작	시		

<table>
<tr><td rowspan="3">저
작</td><td>문</td><td>●「「증별이【중협】우후시첩」서「贈別李【重協】虞侯詩帖」序」: 『전서全書 2』, p. 409.
●「위윤종심증언【자공목, 호감천, 다산주인지제자】爲尹鍾心贈言【字公牧, 號紺泉, 茶山主人之諸子】」: 『전서全書 3』, pp. 398~399.
●「위초의승의순증언爲草衣僧意洵贈言」: 『전서全書 3』, pp. 401~403 및 『금당기주琴堂記珠』(『신헌전집申櫶全集 상上』, pp. 642~658)⑥
●「답김원춘【정희】答金元春【正喜】」: 『전서全書 4』, p. 136.⑬
●「해남현민포당상량문海南縣 敏蒲堂上梁文」: 『전서全書 4』, pp. 344~346.
●「다산만필茶山漫筆」: 『전서全書 37』, pp. 95~97.[『與猶堂全書補遺 III』에 수록되어 있음]
●「제『만일암지』題『挽日菴志』」: 『전서全書 37』, p. 333.[『與猶堂全書補遺 III』에 수록되어 있음]
●「사미沙尾」: 『《여유당전서》 미수록 다산茶山 간찰집簡札集』①
●「여호의與縞衣」: 『매옥서궤梅屋書匭』④
●「여호의【팔월십구일】與縞衣【八月十九日】」: 『매옥서궤梅屋書匭』⑧
●「답호의【구월십육일】答縞衣【九月十六日】」: 『매옥서궤梅屋書匭』⑩
●「호의선궤縞衣禪几」: 『매옥서궤梅屋書匭』⑩
●「답호의答縞衣」: 『매옥서궤梅屋書匭』⑩
●「다옹시순독서茶翁示洵讀書」: 『금당기주琴堂記珠』(『신헌전집申櫶全集 상上』, pp. 643~645)⑫
●「운곡야인이강회치서우소봉래선생경궤지하雲谷野人李綱會致書于小蓬萊先生經几之下」: 『《여유당전서》 미수록 다산茶山 간찰집簡札集』⑬</td></tr>
<tr><td>경
집</td><td>●『논어고금주論語古今注』: 『전서全書 8』~『전서全書 9』</td></tr>
<tr><td>기
타</td><td>○「해조론海潮論 1~5」: 『전서全書 2』, pp. 305~309.
○「위반산정수칠증언【자내칙, 장흥인】爲盤山 丁修七贈言【字乃則, 長興人】」: 『전서全書 3』, pp. 393~397.
○「우위정수칠증언又爲丁修七贈言」: 『전서全書 3』, pp. 397~398.
○「위기어승자홍증언爲騎魚僧慈弘贈言」: 『전서全書 3』, p. 403.
○「여호의【팔월십이일】與縞衣【八月十二日】」: 『매옥서궤梅屋書匭』⑧
○「위기어승자굉증언爲騎魚僧慈宏贈言」: 『다산유산양세묵보茶山 酉山兩世墨寶』⑮
○「선문답禪問答」: 『금당기주琴堂記珠』(『신헌전집申櫶全集 상上』, pp. 658~660)⑯</td></tr>
<tr><td colspan="2">비 고</td><td>●① 「사미沙尾」: 정약용이 흑산도黑山島에 사는 모인某人에게 보낸 편지로, 일전에 전복과 미역을 보내준 데 대해 감사하고 아울러 중형仲兄 정약전丁若銓의 건강을 염려하는 가운데, 답례로 비자榧子 2되를 보냄</td></tr>
</table>

| 비 고 | 을 알리는 내용임. 조성을(2016: 666~667)은 상기의 모인을 '문순득文淳得'으로 추정하고 있음. 한편, '사미'는 대흑산도大黑山島의 사미촌沙尾村을 말함. 정약전은 처음에 소흑산도小黑山島[牛耳島]에서 기거하다가 정묘년[1807년, 純祖 7] 봄에 대흑산도 사미촌으로 거처를 옮김. 정약전은 여기서 자신의 거처를 '복성재復性齋'라 명명하고 사촌서실沙村書室을 열어 학동을 가르침.
● ② 정약용이 이때 이중협李重協과 작별하면서 친필로 써주었던 시문詩文은 현재 상기의 「시첩서詩帖序」 이외에도 모두 3종류의 서첩書帖이 더 있었던 것으로 알려져 있음. 즉, 일명 '「송이성화장귀서送李聖華長歸序」', '『여성화「소천사시사」첩與聖華「苕川四時詞」帖』', '『여성화시첩與聖華詩帖』'이 바로 그것임. 여기서 ㉮ 「송이성화장귀서」는 정약용이 이중협에게 녹봉도 변변찮은 변방의 벼슬살이를 그만두고 자신의 고향 근처[龍門山 북쪽의 西終: 양평군 서종면]에 은거지를 마련하여 솔가해 이사할 것을 권하면서, 이로써 만년에 자신과 함께 풍류를 즐길 것을 제안하는 글임. ㉯ 『여성화「소천사시사」첩』은 정약용이 이중협을 위해 자신이 25세 되는 병오년[1786년, 正祖 10]에 고향의 12경景을 노래했던 「「소천사시사」, 효장남호「상심낙사」「苕川四時詞」, 效張南湖「賞心樂事」」[『全書 1』, pp. 208~209]란 시詩를 다시 적어주어 자신의 고향의 아름다운 풍광과 자신이 꿈꾸었던 만년의 삶의 모습을 보여주면서, 재차 그에게 자신의 고향에 은거할 것을 권유한 「발문跋文」을 덧붙인 시문임. ㉰ 『여성화시첩』은 정약용이 이중협에게 새로 자신의 고향의 풍광을 노래한 시 10수를 새로 지어주면서, 상기와 동일한 취지의 「발문」을 덧붙인 시문임. 상기의 '성화聖華'는 이중협의 자字·호號로 추정됨. 또한, 정약용은 이 무렵 이중협에게 「이우후전통명李虞候箭筒銘」[『全書 2』, p. 379]을 써주기도 함. 이에 대한 보다 상세한 내용은 정민(2011: 427~456)이 참조됨.
● ③ 서모庶母 잠성김씨岑城金氏: 정약용의 두 번째 서모임. 정약용이 9세 되는 해인 경인년[1770년, 英祖 46]에 모친母親 숙인淑人 해남윤씨海南尹氏께서 타계하심에 부친 진주공晉州公께서 가정형편상 이듬해인 신묘년[1771년, 英祖 47]에 정약용의 첫 번째 서모 금화황씨金化黃氏를 측실側室로 맞이하셨으나, 황씨는 불행하게도 혼인 후 곧바로 타계하심. 이에 진주공께서는 계사년[1773년, 英祖 49]에 서울에서 두 번째 서모 잠성김씨를 측실로 맞이하심. 김씨는 당시 12살이었던 어린 정약용을 장가들 때까지 지극한 정성으로 보살펴주었으며, 이 때문에 형제자매 중에서도 특별히 정약용과 모자母子의 정情이 도타웠음을 이후 「묘지명墓誌銘」에서 회고하고 있음.
● ④ 「여호의與縞衣」: 정약용이 사문沙門의 제자이자 종인宗人이기도 했던 시오始悟[縞衣]에게 보낸 편지로, 그에게 술을 조심하라고 권고하는 내 |

비 고	용임. 원래 제목은 없으나, 편의상 '여호의'로 부름. 이에 대한 보다 상세한 내용은 정민(2011: 211~242)이 참조됨. ●⑤「매조도梅鳥圖」: 꽃이 피기 시작한 매화 가지에 멧새 두 마리가 앉아 있는 그림으로, 밑에는 "펄펄 나는 저 새가 내 뜰 매화에 쉬네. 꽃다운 향기 매워 기꺼이 찾아왔지. 머물러 지내면서 집안을 즐겁게 하렴. 꽃이 활짝 피었으니 열매도 많겠구나.(翩翩飛鳥, 息我庭梅. 有烈其芳, 惠然其來. 爰止爰棲, 樂爾家室. 華之旣榮, 有蕡其實.)"라는 시가 부기되어 있음. 이에 대한 보다 상세한 내용은 정민(2011: 475~481)이 참조됨. ●⑥「위초의승의순증언爲草衣僧意洵贈言」: 『다산시문집茶山詩文集』에는 전문全文 29칙則 가운데 5칙만이 소개되어 있으나, 『금당기주琴堂記珠』에는 전문이 모두 소개되어 있음. 여기에는 정약용이 의순意洵[草衣]에게 특히 '학문의 요체'로서 '혜慧'·'근勤'·'적寂'을 제시하고, 또한 상기한바 이중협李重協의 경우와 마찬가지로 의순에게도 만년에 자신의 고향 근처 미원米原의 소설봉小雪峯에 있는 퇴락한 절집을 수리해 기거하면서 같이 풍류를 즐길 것을 권유하는 글도 포함되어 있으며, 이외에도 「증초의시贈草衣詩」 1수, 「다산시茶山詩」 2구, 「시작법詩作法」 5칙 등이 차례대로 부기되어 있음. 이에 대한 보다 상세한 내용은 정민(2011: 143~167)이 참조됨. ●⑦「다산만필茶山漫筆」: 이는 '가칭假稱'으로, 원래는 무제無題의 친필 서첩임. 정약용이 계유년[1813년, 純祖 13] 8월 5일에 다산초당茶山草堂에서 우중雨中에 떠오른 여러 감상을 시문으로 기록한 글임. 그 내용은 초야서생草野書生의 진정한 즐거움, 인생에는 반드시 영고성쇠榮枯盛 衰가 있음, 부지런히 무엇을 모으는 데 집착하다 큰 화를 초래하는 꿀벌보다는 오히려 무소유無所有의 즐거움을 누리는 나비가 지혜롭다는 생각, 땅에 떨어지면 미동도 하지 않아 재앙을 면하는 거미의 지혜, 작약芍藥의 생장을 점차 승급하는 벼슬자리에 비의比擬해본 단상, 인심人心과 도심道心의 구분에 대한 생각으로 구성되어 있음. ●⑧「여호의【팔월십이일】與縞衣【八月十二日】」와 「여호의【팔월십구일】與縞衣【八月十九日】」: 정약용이 시오始悟[縞衣]에게 보낸 편지로, 『대둔사지大芚寺志』 편찬에 필요한 서적과 자료를 요청하는 내용임. 원래 제목은 없으나, 편의상 '여호의'로 부름. 이에 대한 보다 상세한 내용은 정민(2011: 211~242)이 참조됨. ●⑨「매조도梅鳥圖」: 꽃이 피기 시작한 매화 가지에 멧새 한 마리가 앉아 있는 그림으로, 밑에는 "묵은 가지 다 썩어 그루터기 되려더니, 푸른 가지 뻗더니만 꽃을 활짝 피웠구나. 어디선가 날아든 채색 깃의 작은 새, 한 마리만 남아서 하늘가를 떠돌리.(古枝衰朽欲成槎, 擢出靑梢也放花. 何處飛來彩翎雀, 應留一隻落天涯.)"라는 시가 부기되어 있

| 비 고 | 음. 정민은 정약용이 초당생활 중에 얻은 소실小室에게서 '홍임弘任'이란 딸을 두었는데, 이 그림이 바로 이 딸을 위해 그린 것이 아닐까 추론하고 있음. 이에 대한 보다 상세한 내용은 정민(2011: 481~486)이 참조됨.
● ⑩ 「답호의【구월십육일】答縞衣【九月十六日】」, 「호의선궤縞衣禪几」 및 「답호의答縞衣」: 정약용이 시오始悟[縞衣]에게 보낸 편지로, ㉮ 「답호의【구월십육일】」는 자홍慈弘[騎魚] 편에 소식을 듣고 쓴 답장으로, 시오에게 게어偈語를 지어준 내용임. 원래 제목은 없으나, 편의상 '답호의'로 부름. ㉯ 「호의선궤」는 정약용이 혜장惠藏[兒菴]의 시문詩文의 교정을 끝내고 시오에게 혜장의 뒤를 이어 시율詩律을 익힐 것을 권면하는 내용임. ㉰ 「답호의」는 정약용이 다산초당茶山草堂에 샘물을 끌어들이고 즐거워하는 내용임. 이에 대한 보다 상세한 내용은 정민(2011: 211~242)이 참조됨.
● ⑪ 「제『만일암지』題『挽日菴志』」: 이 글은 앞서 기사년[1809년, 純祖 9]에 대둔사大芚寺의 승려 두운斗云[隱峯]이 자신이 편찬한 「만일암제명挽日菴題名」과 『만일암실적挽日菴實蹟』을 가지고 와서 이를 정약용에게 친필로 서첩에 써주기를 부탁함에 그대로 써준 일이 있었는데, 이후 두운의 글에서 만일암挽日菴의 창건연대에 대한 오류가 발견되어 이를 고증하여 바로잡은 전말을 소개하고 있는 「제사題詞」임. 즉, 「제『만일암지』」는 『만일암실적』에 만일암이 유송劉宋 문제文帝 원가元嘉 3년[426년]에 백제百濟의 승려 정관淨觀에 의해 창건되었고, 그 후 양무제梁武帝 천감天監 7년[508년]에 백제의 승려 선행善行에 의해 중건重建되었다고 기록하고 있는데, 4년 후 대둔사의 승려 제성濟醒이 채팽윤蔡彭胤이 지은 「대흥사사적비大興寺事蹟碑」에서의 기록과 다름을 발견하고 정약용을 찾아와 사실을 확인해줄 것을 부탁함에 여러 사적을 검토한 끝에 만일암이 원가 3년에 창건된 것이 아니라 당唐 나라 정관貞觀 8년[634년, 百濟 武王 35] 이후에 지어진 것임을 확인하고 그 전말을 기록한 글임. 이러한 사실은 또한 『만일암실적』이 사실상 정약용의 저술임을 함축함. 이에 대한 보다 상세한 내용은 정민(2011: 203~206)도 참조됨.
● ⑫ 「다옹시순독서茶翁示洵讀書」: 이 글은 정약용이 의순意洵[草衣]에게 친필로 「시의순독서법示意洵讀書法」이란 제목으로 써주기도 했음. 여기서 정약용은 우선 의순이 동작이 느리고 무거워서 일 년이 다 가도록 학문적 성과가 적음을 지적한 다음, 『논어論語』를 줌에 일순간도 태만하지 말고 열심히 매진할 것을 권고하면서 의리義理를 탐색할 때는 잠심潛心하여 정연精硏하면 진취眞趣를 얻게 될 것임을 강조하는 내용의 글임. 이에 대한 보다 상세한 내용은 정민(2011: 143~149)이 참조됨.
● ⑬ 「운곡야인이강회치서우소봉래선생경궤지하雲谷野人李綱會致書于小蓬萊先生經几之下」: 이 편지는 형식상 11월 20일에 이강회李綱會[字는 紘甫, 1789~?]가 |

<table>
<tr>
<td>비 고</td>
<td>김정희金正喜에게 보낸 편지로서, 그 내용은 이 해에 서울로 올라가 김정희를 대면한 사실, 두 사람 사이에 조수潮水 차에 대한 논의와 의견개진, 육경六經에 관한 몇 항목을 적어 보내니 본 후에 바로 불태워 버려 시비를 야기하지 말아달라는 부탁, 옹방강翁方綱[覃溪, 1733~1818: 中國 淸 나라의 학자 및 금석학자]의 『담계시집覃溪詩集』과 ‘소영은小靈隱’ 제액題額에 대한 감사의 표시, 『역전易箋』의 구본舊本을 보내니 남에게 절대 보여주지 말라는 당부로 구성됨. 그러나 전체 내용과 몇 가지 여타 사항을 고려해볼 때, 이 편지는 사실상 정약용이 쓴 편지로 판단됨. 이에 대한 보다 상세한 내용은 정민(2011: 549~558)이 참조됨. 한편, 「답김원춘【정희】答金元春【正喜】」[『全書 4』, p. 136]에도 조수潮水를 설명한 부분은 내용이 동일함.
●⑭ 『논어고금주論語古今注』: 모두 40권으로, 정약용이 『논어論語』에 대한 고금古今의 주석注釋을 광범위하게 수집하여 이를 논평하면서 자신의 독창적인 경학적 입장을 천명하고 있는 저술임. 그가 오랜 기간에 걸친 준비와 제자들[李綱會, 尹鍾心]의 도움을 받아 완성한 방대한 양의 이 저술은 그의 『논어』 관계저술의 실질적 대표작이자 핵심이요, 나아가 조선후기에 나타난 경학저술經學著述의 최고봉 가운데 하나로 평가됨. 이러한 『논어고금주』는 크게 세 부분으로 구성되어 있는바, 즉 ㉮ 책의 모두冒頭에는 자신의 『논어』 주석 가운데에서 특히 중요하고도 새로운 해석이라 자평한 것들로 ‘175개 조’를 따로 뽑아 정리해놓은 「원의총괄原義總括」이, ㉯ 그 다음에는 『논어』 본문의 전편全篇—「학이學而」편에서 「요왈堯曰」편까지—과 전장全章에 걸쳐 이루어진 체계적이고도 방대한 주석이, ㉰ 끝에는 「부록附錄」으로서 「논어대책論語對策」과 「『춘추』성언수『春秋』聖言蒐」가 차례대로 실려 있음.
●⑮ 「위기어승자굉증언爲騎魚僧慈宏贈言」: 이 글은 정약용이 아들 학연學淵과 함께 대둔사大芚寺 승려 자굉慈宏[일명 慈弘, 騎魚, ?~?]에게 친필로 써준 증언첩贈言帖인 『다산유산양세묵보茶山 酉山兩世墨寶』에 실려 있는 글 가운데 일부분으로서, 원래 제목은 따로 없으나 편의상 ‘위기어승자굉증언’으로 부름. 그 내용은 정약용이 자굉에게 돈오頓悟하는 비결을 선문답풍禪問答風으로 제시하고 있음. 이에 대한 보다 상세한 내용은 정민(2011: 183~185)이 참조됨.
●⑯ 「선문답禪問答」: 정약용이 의순意洵[草衣]과 주고받은 모두 4칙으로 구성된 대화로서, 먼저 한산寒山의 시詩를 인용한 다음 각각의 시의 의미에 대한 의순의 질문과 정약용의 답변이 선문답禪問答의 형식으로 제시되어 있는 글임. 본래 제목은 없으나 내용에 따라 일명 ‘선문답’으로 칭함. 이에 대한 보다 상세한 내용은 정민(2011: 177~183)이 참조됨.</td>
</tr>
</table>

연 대		1814년 [순조純祖 14: 갑술甲戌]	나 이	53세 No. 48
생평사략		●정월 5일에 공公이 승려 시오始悟[縞衣]에게 2통의 편지를 연이어 보냄.① ●3월에 큰아들의 임지인 영암靈巖에서 잠시 우거하던 이재의李載毅[文山·約菴, 字는 汝弘, 1772~1839]가 강진康津의 만덕사萬德寺로 공을 찾아와 처음으로 교유함. 이어 다산茶山으로 거처를 옮겨 학문에 대해 토론함. 또한, 공이 이때 주고받은 시詩들을 모아 『이산창화집二山唱和集』②이란 시권詩卷을 엮음. ●3월 25일에 이재의가 공이 지은 「다산십이승茶山十二勝」에 화운和韻하여 또 다른 『창화집唱和集』을 엮음.③ ●3월 25일에 공이 「다산만필茶山漫筆」④을 지음. ●4월에 장령掌令 조장한趙章漢[字는 幼文, 1743~?]이 사헌부司憲府에 나아가 대계臺啓를 처음으로 정지시켰으나, 강준흠姜浚欽[三溟, 1768~1833]의 상소로 결국 공은 석방되지 못함. ●5월 14일에 공이 윤두서尹斗緖[恭齋, 1668~?] 공의 후손인 윤종문尹鍾文[字는 惠冠, 1787~?]·윤종직尹鍾直[字는 檜仲, ?~?]·윤종민尹鍾敏[字는 蒲叔, ?~?] 3형제에게 「증언贈言」을 지어줌. ●여름에 공이 『맹자요의孟子要義』⑤를 완성함. ●가을에 공이 『대학공의大學公議』⑥를 완성함. ●가을에 공이 『대학강의大學講義』⑦를 완성함. ●가을에 공이 『중용자잠中庸自箴』⑧을 완성함. ●가을에 공이 『중용강의보中庸講義補』⑨를 완성함. ●8월에 공이 시오에게 편지를 보냄.⑩ ●9월에 이재의가 다산으로 공을 다시 방문함.⑪ ●10월에 공이 이재의와 편지를 주고받으며 앞서 봄에서의 논의를 이어 학문 및 『맹자孟子』의 '사덕四德·사단四端' 개념에 대해 집중적으로 토론함. ●겨울에 공이 『대동수경大東水經』 초고본⑫을 완성함. ●겨울에 공이 해남현海南縣의 정사당政事堂을 중건함에 「기문記文」을 지음. ●공이 사문沙門의 제자인 의순意洵[草衣]에게 『초의선게첩草衣禪偈帖』의 「서序」, 「초의거사게草衣居士偈」, 「제『초의선게』후題『草衣禪偈』後」⑬를 지어줌.		
저작	시	●『이산창화집二山唱和集』② ●『상심락사첩賞心樂事帖』 및 『다암시첩茶盦詩帖』(『전서全書 35』, pp. 33~36) [『與猶堂全書補遺 I』에 수록되어 있음]③		

<table>
<tr><td rowspan="3">저
작</td><td>문</td><td>●「해남정사당기海南政事堂記」: 『전서全書 3』, p. 74.
●「위윤종문·종직·종민증언【자왈: '혜관·회중·포숙', 명부종지의】爲尹鍾文·鍾直·鍾敏贈言【字曰: '惠冠·檜仲·蒲叔', 明扶宗之義】」: 『전서全書 3』, pp. 399~400.
●「답이여홍【재의】答李汝弘【載毅】」: 『전서全書 4』, pp. 143~153.
●「여이여홍【갑술십월일】與李汝弘【甲戌十月日】」: 『전서全書 4』, pp. 154~156.
●「다산만필茶山漫筆」: 『전서全書 37』, pp. 97~98.[『與猶堂全書補遺 III』에 수록되어 있음]④
●「호의선탑縞衣禪榻」: 『매옥서궤梅屋書匭』①
●「호의경궤縞衣經几」: 『매옥서궤梅屋書匭』①
●「답호의答縞衣」: 『매옥서궤梅屋書匭』⑩
●「『초의선게첩』서『草衣禪偈帖』序」·「초의거사게草衣居士偈」·「제『초의선게』후題『草衣禪偈』後」: 『금당기주琴堂記珠』(『신헌전집申櫶全集 상上』, pp. 637~642)⑬</td></tr>
<tr><td>경
집</td><td>●『대학공의大學公議』: 『전서全書 6』, pp. 67~145.
●『대학강의大學講義』: 『전서全書 6』, pp. 147~163.
●『중용자잠中庸自箴』: 『전서全書 6』, pp. 225~279.
●『중용강의보中庸講義補』: 『전서全書 6』, pp. 281~400.
●『맹자요의孟子要義』: 『전서全書 7』</td></tr>
<tr><td>기
타</td><td>●『대동수경大東水經』: 『전서全書 33』

○「위영암군수이【종영】증언爲靈巖郡守李【鍾英】贈言」: 『전서全書 3』, pp. 391~393.
○「우위삼윤증언【학형지계】又爲三尹贈言【虐刑之戒】」: 『전서全書 3』, p. 401.
○「위윤혜관증언爲尹惠冠贈言」: 『전서全書 4』, pp. 20~21.
○「우위윤혜관증언又爲尹惠冠贈言」: 『전서全書 4』, p. 21.
○「위윤윤경증언爲尹輪卿贈言」: 『전서全書 4』, pp. 21~24.
○「답이여홍答李汝弘」: 『전서全書 4』, pp. 157~160.
○「답이여홍答李汝弘」: 『전서全書 4』, pp. 160~162.
○「답이여홍答李汝弘」: 『전서全書 4』, pp. 162~163.
○「답중씨答仲氏」: 『전서全書 4』, pp. 194~195.
○「「다산십이경」서「茶山十二景」序」: 개인 소장자료.⑭</td></tr>
<tr><td colspan="2">비 고</td><td>●① 「호의선탑縞衣禪榻」과 「호의경궤縞衣經几」: 정약용이 시오始悟[縞衣]에게 보낸 편지로, ㉮ 「호의선탑」은 정약용이 혜장惠藏[兒菴]의 시집詩集의 필사를 끝냈으나 「제3편」의 분량이 적어 이를 보충할 여타 승려의 시詩를 수집해올 것을 시오에게 부탁하는 내용임. ㉯ 「호의경궤」는 정약용이 시오가 『주역周易』을 공부한다는 말을 듣고, 추복법推福法의 요령과 교반변호交反變互 공부의 중요성을 강조하고 「설괘說卦」의 경우</td></tr>
</table>

비 고	에는 아예 그 본문을 외울 것을 권면하는 내용임. 이에 대한 보다 상세한 내용은 정민(2011: 211~242)이 참조됨. ●② 『이산창화집二山唱和集』: 이재의李載毅[文山·約菴, 字는 汝弘]의 『자찬연보自撰年譜』 「갑술甲戌 43세조歲條」에 "봄에 ……다산茶山에서 귀양살이를 하고 있던 정약용을 만덕사萬德寺에서 만나 그의 거처로 가서 토론을 주고받은 뒤에 돌아왔다. 약간의 주고받은 시가 있다(甲戌 四十三歲 ○……春, ……與茶山謫客 邂逅於萬德寺, 仍往其幽居, 講討而歸. 略有唱和詩)"라고 기록하고 있는데, 여기서 언급되고 있는 시가 바로 『이산창화집』임. 각자 12수씩의 시를 주고받아 모두 24수이며, 이 가운데 12수는 육경六經에 관련된 경학시經學詩임. 이재의李載毅의 『자찬연보』와 『이산창화집』의 전문全文은 實是學舍經學硏究會 編譯(1996: 231~244)에 소개되어 있음. ●③ 『상심락사첩賞心樂事帖』 및 『다암시첩茶盦詩帖』: 이재의가 정약용이 지은 「다산십이승茶山十二勝」에 화운和韻하여 총 24수로 엮은 『창화집唱和集』임. 여기서 ㉮ 『상심락사첩』에는 총 24수 가운데 각각 2수씩 빠진 20수만 남아 있으며, ㉯ 『다암시첩』에는 이재의의 화운시和韻詩는 빠지고, 정약용의 시 12수만 만아들 정학연丁學淵의 화운시와 함께 실려 있음. 이에 대한 보다 상세한 내용은 정민(2011: 414~416)이 참조됨. ●④ 「다산만필茶山漫筆」: 이는 '가칭假稱'으로, 원래는 무제無題의 친필 서첩書帖임. 정약용이 갑술년[1814년, 純祖 14] 3월 25일에 다산초당茶山草堂에서 떠오른 여러 감상을 시문詩文으로 기록한 글임. 그 내용은 탐욕스런 부인을 만나면 패가망신하게 된다는 경계, 이기양李基讓[茯菴, 1744~1802]의 달정達情에 대한 기록, 세인世人의 훼방毁謗은 쾌락快樂을 추구하는 삶에 그 원인이 있다면 세인의 칭예稱譽는 인고忍苦하는 삶의 결과라는 인생의 교훈으로 구성되어 있음. ●⑤ 『맹자요의孟子要義』: 모두 9권으로, 정약용이 『맹자孟子』의 전체 경문經文 260장 가운데서 나름대로 언급할 필요가 있다고 생각한 '152장'만을 선정하여 이에 대해 체계적이고도 꼼꼼한 주석註釋을 단 저술임. 이 책은 정약용의 『맹자』 관계저술의 실질적 대표작이자 요체요, 나아가 조선후기에 나타난 경학저술經學著述의 최고봉 가운데 하나로 평가할 수 있음. ●⑥ 『대학공의大學公議』: 모두 3권으로, 정약용이 특히 『고본대학古本大學』을 저본底本으로 삼아 그 경문 전체를 자신의 독자적 견지에 따라 모두 '27개 항목'으로 나눈 다음 각 항목에 대해 체계적이고도 꼼꼼한 주석을 빠짐없이 단 저술임. 이 책은 정약용의 『대학大學』 관계저술의 실질적 대표작이자, 조선후기에 나타난 경학저술의 대표적 성과 가운데 하나로 평가할 수 있음.

비 고	●⑦『대학강의大學講義』: 모두 1권으로, 정약용이『희정당대학강의熙政堂大學講義』를 보완한 저술임.『희정당대학강의』는 정약용이 28세 되는 기유년[1789년, 正祖 13]에 초계문신抄啓文臣으로 있으면서 저술한 책으로서, 즉 그해 4월 정조正祖가 희정당熙政堂에서 초계문신抄啓文臣들을 불러다놓고『대학大學』을 강론하게 하였는데, 이 강론을 마치고 돌아와 자신이 답변한 내용을 정리·기록해놓은 저술임. 여기서 그는『희정당대학강의』의 본문을 재검토하면서 느낀 소감을 '금안今案'이란 형식으로 모두 '4번' 서술하여 해당 본문의 아랫부분에 부기하였음. ●⑧『중용자잠中庸自箴』: 모두 3권으로, 정약용이『중용中庸』의 경문 전체를 순서대로 모두 '59개의 절'로 나누고, 이 각각의 절에 대하여 체계적이고도 꼼꼼한 주석을 빠짐없이 단 저술임. 이 책은 정약용의『중용』관계저술의 실질적 대표작이자 핵심이요, 조선후기에 나타난 경학저술의 최고봉 가운데 하나로 평가할 수 있음. ●⑨『중용강의보中庸講義補』: 모두 6권으로, 정약용이『중용』의 경문 전체를 자기 나름의 해석상의 견지에 따라 순서대로 모두 '55개의 절'로 새롭게 나눈 다음, 그가 23세 되는 갑진년[1784년, 正祖 8]에 정조에게 지어올렸던『중용강의中庸講義』를 저본으로 하여 이를 주로 '금안今案(按)'의 형식으로 보완·증보한 저술임. 이에 여기에는 그의『중용』에 대한 초기의 경학적 입장—'신대왈臣對曰' 부분—과 후기의 입장—주로 '금안今案(按)' 부분—이 나란히 나타나 있음. ●⑩「답호의答縞衣」: 정약용이 시오始悟[縞衣]에게 보낸 편지로, 두운斗云[隱峯]이 병중임에도 여태 절의 일을 보는 것을 안타까워하고, 여러 사람의 정성으로『사지寺志』의 편찬을 청하므로 사양하기는 어렵지만 마비 증세로 붓조차 잡을 수 없는 딱한 처지를 호소하는 한편, 마침 재생齋生이 과거科擧 때문에 모두 집으로 돌아간 상태라 운승韻僧 한두 명을 이곳으로 보내 편집編輯 작업을 돕도록 요청하는 내용임. 원래 제목은 없으나, 내용상 '답호의'로 부름. 이에 대한 보다 상세한 내용은 정민(2011: 211~242)이 참조됨. ●⑪ 이재의의『자찬연보』「갑술 43세조」에 "9월에 다산茶山으로 갔다(甲戌四十三歲○……九月, 作茶山行)"라고 기록하고 있음. ●⑫『대동수경大東水經』: 모두 2권으로, 초고본草稿本임. 이 책은 정약용이 한강 북쪽의 녹수淥水[鴨綠江], 만수滿水[豆滿江], 살수薩水[淸川江], 패수浿水[大同江], 저수瀦水[禮成江], 대수帶水[臨津江] 등 조선의 중북부지역의 주요하천이 발원하여 바다로 들어가기까지의 수로水路 및 주요 지류支流의 경로를 기록하는 한편, 해당 하천이 통과하는 지역의 연혁, 지명, 역사적 사건, 고적, 전설, 기타 그 지역과 관련된 일체의 사실을 여러 문헌으로부터 발췌하여 강목체綱目體의 형식으로 일목요연하게 기술한 하천에 관한 자연지리서自然地理書이자 역사지리서歷史地理書로서, 이

비 고	는 앞서 신미년[1811년, 純祖 11]에 이루어진 『아방강역고我疆域考』와 쌍벽을 이루는 저술임. 그 내용편찬은 정약용이 찬撰하고 문인 이청李晴이 주석을 붙인 것으로, 초고본이 완성된 이후에도 일부 내용은 계속 증보·보완됨. ● ⑬ 「『초의선게첩』서『草衣禪偈帖』序」·「초의거사게草衣居士偈」·「제『초의선게』후題『草衣禪偈』後」: 정약용이 의순意洵[草衣]에게 『초의선게첩草衣禪偈帖』을 지어주며 여기에 수록한 일련의 글로서, ㉮ 「『초의선게첩』서」에는 정약용이 유교儒教와 불교佛教가 갈라지는 까닭을 독서법讀書法을 중심으로 논하고, 이어 의순의 출신과 학맥을 소개하는 글임. ㉯ 「초의거사게」는 정약용이 의순에게 외물外物에 마음을 빼앗기지 말고 소박한 삶과 대자유의 경계를 얻을 것을 당부하는 글임. ㉰ 「제『초의선게』후」는 정약용이 의순에게 '초의草衣'의 의미를 명심하여 유불儒佛의 경계를 넘어 소요만물逍遙萬物하고 부침사해浮沈四海할 것을 권고하는 글임. 이에 대한 보다 자세한 내용은 정민(2011: 505~509)이 참조됨. ● ⑭ 「「다산십이경」서「茶山十二景」序」: 정약용이 다산초당茶山草堂에서의 일상의 아취雅趣를 상심락사賞心樂事의 의미에 얹어 친필로 묘사한 글로서, 구체적으로는 다산초당 주변의 계절에 따른 12경景과 이를 즐기는 방법을 적시하고, 이로써 마음과 성품을 기르는 풍류운사風流韻事의 운치를 모색하는 내용임. 원래 제목이 없으나, 정민이 내용을 참작하여 '「다산십이경」서'라 이름붙임. 이에 대한 보다 상세한 내용은 정민(2011: 351~355)이 참조됨.

<table>
<tr><td colspan="2">연 대</td><td>1815년 [순조純祖 15: 을해乙亥]</td><td>나 이</td><td>54세 No. 49</td></tr>
<tr><td colspan="2">생평사략</td><td colspan="3">●봄에 이재의李載毅[文山·約菴, 字는 汝弘]가 다산茶山으로 공公을 방문함.①
●3월에 공이 승려 시오始悟[縞衣]에게 편지를 보냄.②
●5월에 공이 『소학지언小學枝言』③을 완성함.
●5월에 공이 『심경밀험心經密驗』④을 완성함.
●9월에 공이 시오에게 편지를 보냄.⑤
●가을에 장흥長興에 사는 반산정씨盤山丁氏[靈光丁氏] 정수칠丁修七[烟菴生, 字는 乃則, 1768~1835]과 그의 종제 정수항丁修恒이 선조 정경달丁景達[盤谷, 1542~1602]의 임진의적壬辰義蹟에 관한 기록을 다산茶山으로 공에게 보내옴에 공이 기록 가운데의 오류를 바로잡아 『반곡정공『난중일기』盤谷 丁公『亂中日記』』를 편찬하고 「제사題辭」를 지음.⑥
●가을에 공이 정수칠에게 편지를 보냄.⑦
●겨울에 공이 시오에게 편지를 보냄.⑧
●겨울에 공의 맏아들 학연學淵이 근친覲親을 옴. 이때 공이 학연과 『상의절요喪儀節要』의 본문에 대해 문답問答한 내용으로 「절요문답節要問答」⑨의 일부를 완성함.</td></tr>
<tr><td rowspan="4">저작</td><td>시</td><td colspan="3"></td></tr>
<tr><td>문</td><td colspan="3">●「제반곡정공『난중일기』題盤谷 丁公『亂中日記』」: 『전서全書 3』, pp. 159~161. ⑥
●「여반산정수칠서與盤山 丁修七書」: 『전서全書 4』, pp. 133~135.⑦
●「여호의與縞衣」: 『매옥서궤梅屋書匭』②
●「다산은자보호의선궤茶山隱者報縞衣禪几」: 『매옥서궤梅屋書匭』⑤
●「남암장실전거南菴丈室傳去」: 『매옥서궤梅屋書匭』⑧</td></tr>
<tr><td>경집</td><td colspan="3">●『심경밀험心經密驗』: 『전서全書 6』, pp. 193~223.</td></tr>
<tr><td>기타</td><td colspan="3">●『소학지언小學枝言』: 『전서全書 6』, pp. 165~191.</td></tr>
</table>

비 고	●① 이재의李載毅[文山·約菴, 字는 汝弘]의 『자찬연보自撰年譜』 「을해乙亥 44세조歲條」에 “봄에 다산茶山으로 갔다(乙亥 四十四歲○春, 作茶山行)”라고 기록하고 있음. ●② 「여호의與縞衣」: 정약용이 시오始悟[縞衣]에게 보낸 편지로, 좋은 계절에 정작 산 누각 모임에서 벗들과 주로 나누는 이야기는 당시 수취제도의 가혹함에 대한 것뿐임을 탄식하면서 시오 등 몇몇 승려들이 와서 함께 『수능엄경首楞嚴經』으로 이야기를 나누자고 청하는 한편, 떡차[茶餠] 열 덩이를 보냄을 알리는 내용임. 원래 제목은 없으나, 내용상 ‘여호의’로 부름. 이에 대한 보다 상세한 내용은 정민(2011: 211~242)이 참조됨. ●③ 『소학지언小學枝言』: 모두 1권으로, 정약용이 『소학小學』의 “구주舊注를 보충한 책”임. 이 저술은 크게 두 부분으로 구성되어 있는바, 즉 ㉮ 앞부분은 일종의 ‘서설序說’에 해당하며, 여기서 정약용은 ㉠ 『소학』의 저자와 그 성격, ㉡ ‘학문’[學之敎]의 구성요소, ㉢ ‘학문으로서의 소학小學’에 대한 자신의 견해를 집중적으로 개진하고 있는데, 이를 뒷받침하기 위해 특히 모기령毛奇齡[秋晴, 1623~1716: 中國 明末淸初의 학자]의 ‘소학’관을 비판적으로 인용·소개하는 데에 많은 지면을 할애하고 있으며, ㉯ 뒷부분은 『소학』 전 6권[內·外篇]의 총 386장 가운데에서 정약용 나름의 관점에 따라 「입교立敎」편 6장, 「명륜明倫」편 15장, 「경신敬身」편 9장, 「계고稽古」편 7장, 「가언嘉言」편 15장, 「선행善行」편 13장 등 모두 ‘65장’만을 선별하여 차례대로 주석註釋 및 보충설명을 부기하고 있는 부분으로서, 사실상 『소학지언』의 ‘본론本論’에 해당됨. 이 책은 정약용의 ‘소학小學’ 관계저술 가운데서 특히 ‘소도小道’에 관련되는 대표적 저술임. 한편, 정약용이 「발『소학보전』跋『小學補箋』」에서 “선유先儒로서 『소학』에 주注를 낸 이가 한 사람만이 아니다. 그러나 그 전주箋注와 해석에 대해서는 아직도 미비한 점이 있으므로, 내가 옛날에 들은 것을 서술하여 보완하였다(先儒注『小學』者, 非一家. 然其箋釋尙有未備, 余述舊聞以補之)”[『全書 3』, p. 149]고 밝힌 점, 앞서 갑술년[1814년, 純祖 14]에 완성한 『맹자요의孟子要義』에 “나의 『소학보전』에 상세히 나타나 있다(詳見余『小學補箋』)”[『全書 7』, p. 237]고 하여 『소학보전』이 거론되고 있는 점, 「자찬묘지명【집중본】自撰墓誌銘【集中本】」[『全書 3』, p. 269]에는 ‘『심경밀험心經密驗』 1권’과 함께 ‘『소학보전』 1권’만이 거론되고 있는 점 등을 고려할 때, 『소학지언』과 『소학보전』은 사실상 동일한 저술인 것으로 추측됨. ●④ 『심경밀험心經密驗』: 모두 1권으로, 이 책은 『소학지언小學枝言』과 함께 정약용이 기왕의 경학연구經學硏究를 통해 터득한 바를 생활세계에서 구현하려는 수기修己의 관심에서 집필된 저술임. 즉, 『심경밀험』은 『소학지언』과 더불어 각각 ‘마음[內]’과 ‘몸[外]’을 함께 다스림으로써

비 고	궁극적으로 성현聖賢의 경지를 지향하는 정약용의 독자적인 학문·수양론을 대표하고 있으며, 특히 "내 자신에게 증험하여 스스로를 경계한 책"이란 의미를 가짐. 이 책은 크게 세 부분으로 구성되어 있는바, 즉 ㉮『심경밀험』의 저술배경과 목적을 간략하게 소개한「서문序文」, ㉯ 정약용 자신의 '심心·성性' 개념의 요체를 압축적으로 소개한「심성총의心性總義」, ㉰『심경부주心經附註』의 총 '37장' 전체에 걸쳐 해당 경문經文과 제가諸家의 주석에 대해 정약용 자신의 경학적 입장을 '안案'의 형식으로 개진함으로써 사실상 '본론本論'에 해당하는 부분이 바로 그것임. 한편, 이 저술은『소학지언』과 더불어 유배된 이래 정약용이 진행해온 '육경六經과 사서四書'에 걸친 방대한 경학연구를 마감하고 차후 본격적인 경세학연구經世學硏究로 전환하는 의미를 함축하기도 하는바, 이에 대해서는 "내가 궁색하게 살면서 달리 할 일이 없어 육경六經과 사서四書를 가져다가 연구·탐색해온 지 이미 여러 해였다. 그러면서 하나라도 터득한 것이 있으면 이를 기록하여 보관해 왔다. 이에 돈독하게 실천할 방도를 구함에 있어 오직『소학小學』과『심경心經』만이 여러 경전經典 가운데서 특별히 뛰어난 것이라 생각하였다. 배움에 있어 진실로 이 두 책에 마음을 기울이고 힘써 실천하여,『소학』으로써 몸을 다스리고『심경』으로써 마음을 다스린다면 아마도 현인賢人을 기대할 길이 있을 것이다. ……『소학지언』은 구주舊注를 보충한 책이며,『심경밀험』은 내 자신에게 증험하여 스스로를 경계한 책이다. 지금부터 죽는 날까지 마음을 다스리는 방법에 힘을 다하고자 하니, 이것이 바로 경전經典을 궁구하는 일을『심경心經』으로 끝내는 까닭이다. 아! 실천할 수 있을 것인가?(余窮居無事, 六經·四書, 旣究索有年. 其有一得, 旣詮錄而藏之矣. 於是, 求其所以篤行之方, 唯『小學』·『心經』爲諸經之拔英者. 學, 苟於二書, 潛心力踐,『小學』以治其外,『心經』以治其內, 則庶幾希賢有路. ……『小學枝言』者, 所以補舊注也;『心經密驗』者, 所以驗之於身以自警也. 從今至死之日, 意欲致力於治心之術, 所以窮經之業, 結之以『心經』也. 嗟乎! 能踐否乎?)"[『心經密驗』(『全書 6』, p. 194)]라고 진술한 바 있음. ● ⑤「다산은자보호의선궤茶山隱者報縞衣禪几」: 정약용이 시오始悟[縞衣]에게 보낸 편지로, 시오에게 풍증으로 꼼짝 못하고 누워 있는 자신의 처지를 알리고, 이 때문에 서첩도 써 보내지 못하는 미안한 마음을 표현하는 내용임. 이에 대한 보다 상세한 내용은 정민(2011: 211~242)이 참조됨. ● ⑥「제반곡정공『난중일기』題盤谷丁公『亂中日記』」: 정약용이 정경달丁景達[盤谷, 1542~1602]의『난중일기亂中日記』를 편찬하고 지은「제사題辭」로, 정경달이『난중일기』를 지은 의도는 임진왜란壬辰倭亂을 겪으며 국가에 경계를 제시하고 후세에 귀감을 남기려 한 것으로서, 이 책을 특히

비 고	유성룡柳成龍[西厓, 1542~1607]의 『징비록懲毖錄』이나 이항복李恒福[白沙, 1556~1618]의 『임진록壬辰錄』과 비교해보면 무엇보다 당시 국난國難을 당한 아랫사람들의 유분幽憤과 고심苦心을 잘 보여주고 있다는 데에 장점이 있음을 강조하는 한편, 임진왜란을 회고해볼 때 화난禍難이란 결코 숨겨서는 안 됨을 강조하고 있는 내용임. 한편, 「제사」를 지은 시기는 「여반산정수칠서與盤山 丁修七書」에서 "궁벽한 산중에 칩거하는 중에 병이 고황膏肓에 들어 언제 죽을지 모르겠다(鏞屛蟄窮山, 病入膏肓, 自知死亡無日)"[『全書 4』, p. 133]고 한 말을 염두에 둔다면, 그가 풍증으로 고생하고 있었던 9월 이후로 대략 추측됨. ● ⑦ 「여반산정수칠서與盤山 丁修七書」: 정약용이 정수칠丁修七[烟菴生, 字는 乃則, 1768~1835]에게 보낸 편지로, 장흥長興에 사는 반산정씨盤山丁氏[靈光丁氏]의 선사先事에 관해 평소 개탄한 바가 없지 않기에 소견을 피력하고자 하는바, 지난 임자년[1792년, 正祖 16] 겨울에 서울에서 정수익丁修翼[伯昇]의 부탁을 받고 『반산세고盤山世稿』의 「서문序文」을 써준 사실, 이때 받은 『유집遺集』 2권과 『가승家乘』 1권은 지금까지 다산茶山에 보관하고 있다는 사실, 이 책들이 초창본草創本이어서 잘못된 내용이 많다는 사실을 알리고, 이번에 보내준 정경달의 임진의적壬辰義蹟에 관한 기록에도 잘못된 내용이 있음을 구체적으로 지적하는 한편, 빨리 이를 바로잡아 『반곡일기盤谷日記』 1부를 간행함으로써 선대先代의 미덕美德이 가리어지지 않고 후손에게도 할 말이 있도록 할 것을 촉구하는 내용임. ● ⑧ 「남암장실전거南菴丈室傳去」: 정약용이 동안거冬安居에 들어간 시오始悟[縞衣]에게 보낸 안부편지로, 시오의 강하는 과목[講目]과 승려 윤우倫佑[玩虎]의 근황을 묻고, 소합환蘇合丸 5개를 보냄을 알리는 내용임. 이에 대한 보다 상세한 내용은 정민(2011: 211~242)이 참조됨. ● ⑨ 「절요문답節要問答」: 겨울에 근친覲親온 정약용의 맏아들 학연學淵이 『상의절요喪儀節要』의 본문을 필사筆寫하면서 본문의 내용 가운데 이해하기 어려운 점에 대해 질문함에 정약용이 논거를 인용하며 답변한 내용을 기록·편집한 저술임. 이때 문답問答한 내용은 「시졸始卒」·「습함襲含」·「소렴小斂」·「대렴大斂」·「성복成服」·「성빈成殯」의 총 6개 항목으로 구성됨.

<table>
<tr><td colspan="2">연 대</td><td>1816년 [순조純祖 16: 병자丙子]</td><td>나 이</td><td>55세 No. 50</td></tr>
<tr><td colspan="2">생평사략</td><td colspan="3">●봄에 공公이 『악서고존樂書孤存』①을 완성함.
●봄에 제자 이강회李綱會[字는 紘父(甫), 1789~?]②가 부친상父親喪을 당해 다급히 상례喪禮에 대해 질문해옴에, 이에 공이 대답한 내용으로 「절요문답節要問答」③의 일부를 완성함.
●5월 3일에 공이 가서家書를 받고 맏아들 학연學淵에게 편지를 보냄.④
●6월 4일에 공이 가서를 받고 두 아들에게 편지를 보냄.⑤
●6월 6일에 중형仲兄 정약전丁若銓이 흑산도黑山島에서 서세逝世함. 공이 부음訃音을 듣고 박재굉朴載宏을 보내 나주羅州로 영구靈柩를 모셔오도록 하여 충주忠州의 하담荷潭에 있는 선영先塋에 장사지내도록 주선함.
●6월 17일에 공이 두 아들에게 편지를 보냄.⑥
●공이 제자 이강회에게 중형의 서세에 대한 슬픔과 추모의 마음을 토로하는 편지를 씀.
●7월에 공이 「제『단궁잠오』題『檀弓箴誤』」를 저술하여, 이미 계해년[1803년]에 완성한 『단궁잠오』의 본래의 문제의식 및 『상례사전喪禮四箋』이 편찬된 이후의 이에 대한 올바른 독법讀法에 대해 서술함.
●7월에 이양선異樣船 한 척이 표류해와 남포현藍浦縣 외양外洋에 정박했는데, 지방관 및 수영역관水營譯官들이 이 배에서 얻어온 한자漢字로 된 문서[書契]에 대해 공이 나름대로 그 내용을 상고하여 「「남포서계」평「藍浦書契」評」을 지음.
●8월에 공이 모인某人에게 편지를 보냄.⑦
●8월 10일에 효부孝婦 청송심씨靑松沈氏[丁學游의 妻]가 타계함. 공은 이후 무인년[1818년, 純祖 18]에 해배되어 고향으로 돌아온 후 「묘지명墓誌銘」을 씀.
●9월에 공이 장흥長興의 정수칠丁修七[烟菴生, 字는 乃則]에게 편지를 보냄.⑧
●9월에 공이 이재의李載毅[文山·約菴, 字는 汝弘]와 편지로 '심心·성性·정情' 개념에 대해 토론함.
●11월에 공이 집안사람 정생원丁生員에게 편지를 보냄.⑨
●11월에 공이 흑산도黑山島의 모인某人들에게 편지를 보냄.⑩
●11월에 공이 이재의와 편지로 제례祭禮에 대해 토론함.
●겨울에 공이 이강회의 편지에 답함.</td></tr>
<tr><td rowspan="2">저작</td><td>시</td><td colspan="3"></td></tr>
<tr><td>문</td><td colspan="3">●「제『단궁잠오』題『檀弓箴誤』」: 『전서全書 3』, p. 155.
●「답이여홍【병자구월일】答李汝弘【丙子九月日】」: 『전서全書 4』, pp. 163~167.
●「답이여홍【병자십일월】答李汝弘【丙子十一月】」: 『전서全書 4』, pp. 173~174.</td></tr>
</table>

저작	문	●「답연아【병자오월초삼일】答淵兒【丙子五月初三日】」: 『전서全書 4』, pp. 251~252.④ ●「답이아【병자육월초사일】答二兒【丙子六月初四日】」: 『전서全書 4』, pp. 252~253.⑤ ●「기이아【병자육월십칠일】寄二兒【丙子六月十七日】」: 『전서全書 4』, pp. 253~254.⑥ ●「「남포서계」평【가경이십일년병자추】「藍浦書契」評【嘉慶二十一年丙子秋】」: 『전서全書 4』, pp. 371~374. ●「복승혜찰伏承惠札」: 『《여유당전서》 미수록 다산茶山 간찰집簡札集』⑦ ●「반산정헌盤山靜軒」: 『《여유당전서》 미수록 다산茶山 간찰집簡札集』⑧ ●「정생원여헌丁生員旅軒」: 『《여유당전서》 미수록 다산茶山 간찰집簡札集』⑨ ●「우이문생래득수서牛耳 文生來得手書」: 『《여유당전서》 미수록 다산茶山 간찰집簡札集』⑩
	경집	●『악서고존樂書孤存』: 『전서全書 23』
	기타	○「답이여홍答李汝弘」: 『전서全書 4』, pp. 170~173.
비고		●① 『악서고존樂書孤存』: 모두 12권으로, 정약용이 진秦·한漢 이래 어지러워진 중국의 악제樂制 및 이를 무비판적으로 답습한 우리나라의 악론樂論과 악기樂器의 문제점을 지적·비판하는 가운데, 유교경전과 역사서 등을 광범위하게 참조하여 고대중국의 악제의 고법古法을 회복하기 위한 목적에서 저술한 음악이론서音樂理論書임. 여기서 ㉮ 1권부터 7권까지는 주로 음악이론을 다루고 있으며, ㉯ 8권부터 12권까지는 10종류의 아악기雅樂器와 제사의식에서 추는 일무佾舞도 포괄하고 있음으로 하여, 이 책은 정약용의 유일한 음악이론서이자, 조선후기에 나타난 음악이론서의 대표적 성과 가운데 하나로 평가할 수 있음. 정약용은 이 책을 저술한 문제의식 및 연구방법과 관련하여 "선비는 의당 고훈古訓을 돈독히 숭상해야 하는 것이지만, 악樂에 대해서도 진·한 이후의 것은 반드시 한번 비로 쓸듯 깨끗이 정리해야만 이에 가려져 어두워진 것을 열어 헤쳐 고법古法에 방불한 것을 얻을 수 있을 것이다. ……내가 오랫동안 연마하고 깊이 연구하여 거짓임을 깨달으면 버리고 여러 잘못된 것을 두루 들어 그 간위姦僞를 밝혀냈다. 그리고 오직 『시경詩經』·『서경書經』·『맹자孟子』 및 『의례儀禮』·『주례周禮』·『주어周語』 등에 간간이 보존되어 있는 몇몇 구절만을 뽑아다가 표장하고 미루어 부연敷衍하니 모두 12권인데, 이를 '악서고존樂書孤存'이라 이름

비 고	붙였다. '고존孤存'이란 '많으면서도 그대로 다 없어지기보다는 차라리 적을망정 그대로 보존되는 것이 낫다'는 것을 뜻한다(儒者雅宜敦尙古訓, 至於樂, 凡秦·漢而降, 必一篲以澄掃之, 斯能發其蒙·披其蔀, 得古法之髣髴. ……鏞積硏磨·窮鑽鑿, 覺其詐而舍之, 歷擧群枉, 昭其姦僞. 乃唯『詩』·『書』·『孟子』及『儀禮』·『周禮』·『周語』等所存寂寥數句, 是采是掐, 表章而推衍之, 總十二卷, 名之曰: '樂書孤存'. '孤存'也者, 謂: '與其衆而亡, 寧孤而存'耳.)"[「『樂書孤存』序」(『全書 2』, p. 396)]라고 소개한 바 있음. 한편, 규장각본奎章閣本 『악서고존』에는 신미년[1811년] 겨울에 저술한 것으로 되어 있음. ●② 이강회李綱會[字는 紘父, 1789~?]: 정약용의 다산초당茶山草堂 시절의 '18제자弟子' 중의 한 사람으로, 정약용은 일찍이 중형仲兄 정약전丁若銓에게 그에 대하여 "과거공부로부터 돌아와 발분하여 경학經學과 예학禮學의 분야에 몸을 바치고 있다(紘父自科還, 發奮歸身於經禮之學)"[「答仲氏」(『全書 4』, p. 217)]고 소개한 바 있음. 한편, 『사암선생연보俟菴先生年譜』[정규영丁奎英 편]에는 정약용이 『논어고금주論語古今注』를 완성하는 데에도 그가 제자 윤종심尹鍾心[尹峒]과 함께 도왔으며, 정약용이 서세逝世하는 날에 그가 서울에 있었는데 큰 집이 무너지는 꿈을 꾼 것으로 소개되고 있음. 또한, 『연보』[정규영 편]에는 병자년[1816년, 純祖 16]에 정약전이 서거한 뒤 정약용이 이강회와 편지를 주고받은 것으로 소개되어 있으나, 정약용의 『시문집詩文集』에서는 구체적으로 확인되지 않음. ●③ 「절요문답節要問答」: 봄에 제자 이강회가 부친상父親喪을 당해 다급히 상례喪禮에 대해 질문해옴에, 이에 공이 작년 겨울에 맏아들 학연學淵에게 답변한 내용과 함께 새 조목條目의 질문에 대해 답변한 내용을 기록·편집한 저술임. 이강회와 문답問答한 내용은 「계빈啓殯」·「조전祖奠·발인發引」·「폄窆·반곡反哭」·「우제虞祭」·「졸곡卒哭·부祔」·「소상小祥」·「대상大祥」의 총 7개 항목으로 구성됨. 「절요 문답」의 전체내용은 학연 및 이강회와 각각 문답한 총 13항목으로 구성됨. ●④ 「답연아【병자오월초삼일】答淵兒【丙子五月初三日】」: 정약용이 가서家書를 받고 맏아들 학연學淵에게 보낸 답서答書로, 학연이 자신에게 홍의호洪義浩[澹寧, 筆泉, 字는 養仲, 1758~1826]·강준흠姜浚欽[三溟, 1768~1833]·이기경李基慶[瘠菴, 字는 休吉, 1756~1819] 등에게 먼저 선처를 호소하는 편지를 보낼 것을 청하는 부탁을 단호하게 꾸짖는 한편, 지난 갑술년[1814년, 純祖 14] 4월에 장령掌令 조장한趙章漢[字는 幼文, 1743~?]이 대계臺啓를 정지시킨 일은 참으로 고마운 일이나 결국 여의치 않았음도 담담히 받아들이고 있으며 또한 이미 의義를 중시하고 천명天命에 순응하는 자세로 살고 있는 자신의 인생관人生觀을 알림으로써 아들을 훈계하는 내용임.

비 고	●⑤ 「답이아【병자육월초사일】答二兒【丙子六月初四日】」: 정약용이 가서를 받고 두 아들에게 보낸 답서答書로, 권세가權勢家에 굴하지 않고 끝내 양심良心을 지켜 핍박·환란에 초연한 자신의 인생관으로 자식들을 훈계하고, 이기경 같은 무리의 책동에 현혹되지 말 것을 경계하는 내용임. ●⑥ 「기이아【병자육월십칠일】寄二兒【丙子六月十七日】」: 정약용이 두 아들에게 보낸 편지로, 외로운 천지간에 유일한 지기知己이셨던 중형仲兄의 서세逝世를 당하여 커다란 슬픔을 자식들에게 전하며, 자식과 조카부터 그의 큰 덕망德望을 제대로 알고 기릴 것을 거듭 훈계하는 내용임. ●⑦ 「복승혜찰伏承惠札」: 정약용이 모인某人에게서 편지를 받고 보낸 답서答書로, 모인이 과거科擧에서 정도正道를 걸으면 충분히 합격할 수 있으니 절대로 망녕된 생각이나 계획을 세우지 말 것을 충고하고, 먼저 마재[馬峴]로 가서 아들을 만나 상의할 것을 부탁하는 내용임. 모인이 누구인지는 미상未詳임. ●⑧ 「반산정헌盤山靜軒」: 정약용이 장흥長興에 사는 정수칠丁修七[烟菴生, 字는 乃則]에게 보낸 편지로, 서제庶弟 정약횡丁若鐄이 사정이 있어 내려오지 못해 중형 정약전의 운구運柩에 어려움이 있어 도움을 요청하는 내용임. 이에 대한 보다 자세한 내용은 조성을(2016: 697)이 참조됨. ●⑨ 「정생원여헌丁生員旅軒」: 정약용이 집안사람 정생원丁生員에게서 편지를 받고 보낸 답서答書로, 정생원이 지은 시詩를 개작改作하는 데 자신의 의견을 제시하는 내용임. ●⑩ 「우이문생래득수서牛耳 文生來得手書」: 정약용이 문생文生을 통해 흑산도黑山島의 모인들로부터 편지를 받고 보낸 답서答書로, 연전에 중형 정약전이 아우를 만나기 위해 소흑산도[牛耳島]로 나와 있다가 다시 대흑산도로 들어가려고 한 것을 적극 만류했던 후의厚意와 올 여름 중형의 상사喪事에 돈박敦朴하게 부의賻儀해준 데 대해 감사하는 내용임. 이에 대한 보다 자세한 내용은 조성을(2016: 698~699)이 참조됨.

<table>
<tr><td>연 대</td><td>1817년 [순조純祖 17: 정축丁丑]</td><td>나 이</td><td>56세 No. 51</td></tr>
<tr><td colspan="1">생평사략</td><td colspan="3">●2월에 공公이 이재의李載毅[文山·約菴, 字는 汝弘]와 편지로 상복喪服의 복제服制에 대해 토론함.
●4월에 공이 『국조전례고國朝典禮考』의 「2권卷」을 저술함.
●4월에 공이 다산茶山을 방문한 신영로申潁老[鳳鳴, 字는 永躋]에게 「증신영로贈申潁老」①라는 글을 써줌.
●5월에 공이 「갑을론甲乙論」을 지어 갑을甲乙과 자축子丑으로 날짜와 연대를 기록하는 법이 믿을 수 없는 것임을 논함.
●9월 13일에 백형伯兄 정약현丁若鉉[黼淵, 字는 太玄, 1751~1821]의 맏아들 학수學樹가 타계함. 공이 이듬해인 무인년[1818년, 純祖 18]에 해배되어 고향 마재[馬峴]로 돌아와 「묘지명墓誌銘」을 지음.
●가을에 공이 『상의절요喪儀節要』②를 완성함.
●가을부터 공이 다산초당茶山草堂의 모습 및 그 속에서의 일상을 노래한 「산거잡영山居雜咏」③ 24수의 시詩를 지음.
●12월에 강진康津의 백운동白雲洞에 사는 모인某人에게 편지를 보냄.④
●공이 『방례초본邦禮草本』⑤의 저술을 시작했으나 끝내지 못함.</td></tr>
<tr><td rowspan="4">저작</td><td>시</td><td colspan="2">●「산거잡영山居雜咏」: 『육로산거영六老山居咏』 및 『백열록栢悅錄』③</td></tr>
<tr><td>문</td><td colspan="2">●「갑을론甲乙論 1~2」: 『전서全書 2』, pp. 311~315.
●「여이여홍【정축이월일】與李汝弘【丁丑二月日】」: 『전서全書 4』, p. 174.
●「증신영로贈申永老」: 『다산서간정선』①
●「백운동성사경납白雲洞 省史敬納」: 『《여유당전서》 미수록 다산茶山 간찰집簡札集』 및 『다산茶山 정약용丁若鏞』④</td></tr>
<tr><td>경집</td><td colspan="2">●『국조전례고國朝典禮考 2』: 『전서全書 21』, pp. 307~345.
●『상의절요喪儀節要』: 『전서全書 22』, pp. 49~166.</td></tr>
<tr><td>기타</td><td colspan="2">●『경세유표經世遺表』: 『전서全書 24』~『전서全書 26』

○「『방례초본』서『邦禮草本』序」: 『전서全書 2』, pp. 399~404.
○「여이여홍與李汝弘」: 『전서全書 4』, pp. 175~176.</td></tr>
<tr><td>비 고</td><td colspan="3">●① 「증신영로贈申潁老」: 정약용이 다산초당을 방문한 신영로申潁老[鳳鳴, 字는 永躋]에게 써준 글로, 자신의 저술이 영남嶺南의 사인士人들에게도 전수·공유되기를 희망하는 내용임. 신영로는 당시 칠곡현漆谷縣의 약목若木에 살았음. 이 글에는 앞서 병인년[1806년, 純祖 6]에 고이도皐夷島로 귀양 갔던 이완李琬[蘇湖]이 이듬해인 정묘년[1807년, 純祖 7]에 해배되어</td></tr>
</table>

비 고	돌아가는 길에 강진康津으로 정약용을 찾아와 위로하고 『주역周易』에 대해 토론한 일이 기록되어 있음으로 보아, 유배 이후에도 정약용이 영남인사嶺南人士와 교류했던 실상을 엿볼 수 있는 중요한 자료임. ●② 『상의절요喪儀節要』: 모두 6권으로, 『사례가식四禮家式』[『全書 22』, pp. 49~252]에 편차編次되어 있음. 이 책은 정약용이 자기 집안에서 상례喪禮를 치를 때 실제 사용할 목적에서 지은 가례서家禮書로서, 『상례사전喪禮四箋』, 특히 「상의광喪儀匡」을 토대로 만들어져 『상례사전』의 내용을 간편하게 사용하도록 정리한 저술임. 내용은 「본문本文」, 「절요문답節要問答」[1815년~1816년], 「예서차기禮書箚記」[1803년], 「오복도표五服圖表」[1811년]로 구성되어 있으며, 기본적으로 이익李瀷[星湖, 1681~1763]의 예학적 문제의식을 계승하여 신분에 맞는 예제禮制의 준행과 불필요한 비용의 절감을 추구하는 동시에, 고례古禮의 원칙과 시속時俗의 현실을 참작하여 절충함으로써 고례에 근거한 새로운 가례家禮의 방향을 제시한 예서禮書임. 한편, 『사례가식』은 사대부가士大夫家에서 행하는 관冠·혼婚·상喪·제祭의 사례四禮를 논한 일련의 가례서家禮書로서, 그 자체가 고례의 원칙과 조선의 시속을 절충한 실용적 관점에서 저술됨으로써 조선후기의 예학禮學이 『주자가례朱子家禮』의 수용과 이해를 넘어서서 독자적인 가례서를 만드는 단계로 발전했음을 보여주고 있음. ●③ 「산거잡영山居雜咏」: 정약용이 중국 원元 나라의 승려인 청공淸珙[石屋]의 「산거잡영山居雜咏」에 화운和韻하여 지은 시詩로서, 여기에는 해배되어 서울로 올라가기 직전의 다산초당茶山草堂의 모습과 그 속에서 이루어진 일상을 묘사하고 있는 칠언율시七言律詩 12수와 칠언절구七言絶句 12수로 모두 24수로 구성됨. 이에 대한 보다 상세한 내용은 정민(2011: 277~303)이 참조됨. ●④ 「백운동성사경납白雲洞 省史敬納」: 정약용이 강진康津의 백운동白雲洞에 사는 모인某人에게 보낸 편지로, 지난번 보내준 생달유生達油[생달나무 열매에서 짠 기름으로, 부스럼이나 옴을 치료하는 데 쓰임: 필자 주]는 재중齋中에 번진 옴[疥瘡]을 치료하는 데 다 써버렸는데, 마재[馬峴]의 아들이 편지를 보내 이를 간절히 구함에 한 사발 더 보내줄 것을 부탁하는 한편, 답례로 신력新曆 1부와 소합환蘇合丸 3개를 보냄을 알리는 내용임. 편지의 제목은 임의로 붙인 것이며, 조성을(2016: 703)은 상기의 모인을 제자 이시헌李時憲[自怡堂, 1803~1860]의 부친인 '이덕휘李德輝'로 추정하고 있음. ●⑤ 『방례초본邦禮草本』: 모두 48권으로, 이는 『경세유표經世遺表』의 본래 서명書名임. 이 책은 정약용이 관제官制·군현제郡縣制·전제田制·부역賦役 등 국가를 경영하는 모든 제도에 대해 당시의 법제에 구애되지 않고 기본적 통치법제를 근본적으로 개혁하여 우리 구방舊邦을 새롭게 함으로써 왕정王政을 구현할 국가제도를 정립하려는 문제의식에서 저술한

비 고	그의 대표적인 경세학적 저술 가운데 하나임. 이 저술을 원래 '방례초 본邦禮草本'이라 이름붙인 이유와 관련해서 정약용은 조선에 왕정을 구현하기 위해 『주례周禮』를 바탕으로 『방례邦禮』를 저술했던바, 이를 우선 현실에서 징험해본 다음에 수정을 거쳐 비로소 『방례』로 확정되기를 기다린다는 뜻에서 '초본草本'이라 명명하였음을 「『방례초본』서『邦禮草本』序」에서 밝히고 있음. 한편, 「『방례초본』서」는 『경세유표』에서는 「『경세유표』인『經世遺表』引」으로 기록되어 있음.

<table>
<tr><th colspan="2">연 대</th><th>1818년 [순조純祖 18: 무인戊寅]</th><th>나 이</th><th>57세 No. 52</th></tr>
<tr><td colspan="2">생 평 사 략</td><td colspan="3">●정월 5일에 공公이 먼 인척관계에 있는 호암葫菴에게 편지를 보냄.①
●정월에 공이 「해조대海潮對」②를 저술함.
●봄에 공이 『목민심서牧民心書』 초고본③을 완성함.
●3월 8일에 공이 사문沙門의 제자 의순意洵[草衣]이 소장하고 있던 『석옥시첩石屋詩帖』에 친필로 「제사題辭」를 써줌.④
●3월 9일에 공이 승려 시오始悟[縞衣]에게 편지를 보냄.⑤
●여름에 공이 『국조전례고國朝典禮考』⑥를 완성함.
●여름에 공이 앞서 병자년[1816년]에 완성했던 『악서고존樂書孤存』의 「서문序文」을 지음.
●중추中秋에 공이 다산초당茶山草堂의 주인 윤단尹慱[橘林處士, 1744~1821]의 손자인 윤종진尹鍾軫[淳菴, 1803~1879]에게 친필로 「순암호설淳菴號說」⑦을 지어줌.
●가을에 공이 「기해방례변己亥邦禮辨」⑧을 지음.
●8월 11일에 공이 승려 윤우倫佑[玩虎]에게 편지를 보냄.⑨
●8월에 이태순李泰淳[字는 來卿, 1759~1840]의 상소로 관문關文이 발행됨에, 공이 드디어 해배되어 강진康津의 다산茶山을 떠나 9월 14일에 열수洌水의 본가로 돌아옴.
●8월 25일에 공이 윤우에게 편지를 보냄.⑩
●가을에 공이 백형伯兄 정약현丁若鉉[鬴淵, 字는 太玄]의 맏아들 학수學樹의 「묘지명墓誌銘」을 지음.
●가을에 공이 효부孝婦 청송심씨青松沈氏[丁學游의 妻]의 「묘지명」을 지음.
●가을에 공이 감찰監察 윤서유尹書有[翁山, 字는 皆甫]와 함께 강에 작은 배를 띄우고 유람함.
●가을에 공이 동고東皐를 유람함.
●겨울에 공이 백형과 함께 배를 타고 일감정一鑑亭을 유람함.
●겨울에 공이 하천霞川에 은거하시는 당숙부堂叔父에게 시詩를 지어 올림.</td></tr>
<tr><td>저 작</td><td>시</td><td colspan="3">●「휴윤【서유】감찰, 암하소범攜尹【書有】監察, 巖下小泛」: 『전서全書 1』, pp. 635~636.
●「동고석망東皐夕望」: 『전서全書 1』, p. 636.
●「동고효망東皐曉望」: 『전서全書 1』, p. 636.
●「동일배백씨과일감정, 석승주환冬日陪伯氏過一鑑亭, 夕乘舟還」: 『전서全書 1』, p. 636.
●「차운이자여삼우분부【검·서·소·촉·단】次韻二子與三友分賦【檢·書·燒·燭·短】」: 『전서全書 1』, pp. 636~637.
●「봉간당숙부하천유거奉簡堂叔父霞川幽居」: 『전서全書 1』, p. 637.</td></tr>
</table>

<table>
<tr><td rowspan="3">저작</td><td>문</td><td>●「기해방례변【장기작】己亥邦禮辨【長鬐作】」: 『전서全書 2』, pp. 365~366.⑧
●「『악서고존』서『樂書孤存』序」: 『전서全書 2』, pp. 395~396.
●「형자학수묘지명兄子學樹墓誌銘」: 『전서全書 3』, pp. 309~310.
●「효부심씨묘지명孝婦沈氏墓誌銘」: 『전서全書 3』, pp. 310~311.
●「해조대海潮對」: 『전서全書 4』, pp. 338~340.
●「호암회납葫菴回納」: 『《여유당전서》 미수록 다산茶山 간찰집簡札集』①
●「제초의순소장『석옥시첩』題草衣洵所藏『石屋詩帖』」: 개인 소장자료④
●「답호의선자答縞衣禪子」: 『매옥서궤梅屋書匭』⑤
●「순암호설淳菴號說」: 『다산사경첩茶山四景帖』⑦
●「완호선궤玩虎禪几」: 『《여유당전서》 미수록 다산茶山 간찰집簡札集』⑨
●「완호선궤玩虎禪几」: 『매옥서궤梅屋書匭』⑩</td></tr>
<tr><td>경집</td><td>●『국조전례고國朝典禮考』: 『전서全書 21』, pp. 280~345.</td></tr>
<tr><td>기타</td><td>●『목민심서牧民心書』: 『전서全書 27』~『전서全書 29』

○「형자학초묘지명兄子學樵墓誌銘」: 『전서全書 3』, pp. 307~308.
○「선문답禪問答」: 『백열록栢悅錄』 및 『채향록採香錄』⑪</td></tr>
<tr><td colspan="2">비고</td><td>●①「호암회납葫菴回納」: 이 편지는 정약용이 호암葫菴에게 보낸 편지로, 호암이 지어 보내준 시詩에 대한 평가와 함께 최근 중국 원元 나라의 승려인 청공清珙[石屋, 1272~1352: 中國 元 나라의 高僧]의 시집詩集을 얻어 수십 편을 화운和韻하며 소일하고 있는 근황 및 청공의 시운詩韻을 그대 형님께서 적어 갔으니 틈이 나면 화운해볼 것을 권유하는 내용임. 여기서 호암이 누구인지는 미상未詳이나, 정약용이 스스로를 '척제戚弟'라고 칭하고 있음으로 보아 먼 인척관계에 있던 인물로 추측됨. 이에 대한 보다 상세한 내용은 정민(2011: 280~282)이 참조됨.
●②「해조대海潮對」: 이 글은 정약용이 '해조海潮의 원인'에 대하여 기존에 천지天地가 호흡하는 것으로 보는 견해를 거부하면서 '달[月]의 선후先後'로 인식하는 입장을 제시·설명하고 있음. 또한 말미에 자신이 지은 「해조론海潮論 1~5」와는 "문장은 다르나 뜻은 동일하다(文殊義同)"고 소개하고 있음.
●③『목민심서牧民心書』: 모두 48권으로, 초고본草稿本임. 이 책은 정약용이 당시의 법제法制를 바탕으로, 한 백성이라도 그 은택을 입는 자가 있기를 간절히 바라는 문제의식에서 특히 목민관牧民官으로서 지방행정을 책임진 수령守令이 반드시 지켜야 할 업무지침, 당시 지방관과 아전의 부패상, 위민행정爲民行政을 위한 구체적 방안 등을 총체적으로 망라·제시하고 있는 그의 대표적인 경세학적 저술 가운데 하나임. 그</td></tr>
</table>

| 비 고 | 내용은 ㉮ 모두 12편으로 구성되어 있는바, 즉 ㉠ 「부임赴任」·「율기律己」·「봉공奉公」·「애민愛民」편에서는 목민관의 기본자세와 애민정신愛民精神을 강조하고 있고, ㉡ 「이전吏典」·「호전戶典」·「예전禮典」·「병전兵典」·「형전刑典」·「공전工典」편에서는 『주례周禮』를 따라 목민관이 실행해야 할 기본 행정업무를 6전典으로 나누어 제시하고 있으며, ㉢ 「진황賑荒」과 「해관解官」편에서는 진휼賑恤 및 수령의 출처出處에 대해 각각 다루고 있는바, ㉯ 각 편은 또한 6개 조로 이루어져 있어, 모두 '72개 조'에 이름. 또한, 정약용은 「『목민심서』서『牧民心書』序」에서 이 책을 '심서心書'라 이름붙인 이유에 대해서 "목민牧民할 마음은 있으나, 몸소 실행할 수가 없기 때문(有牧民之心而不可以行於躬也)"이라 설명했던바, 이로써 불우한 처지에도 여전히 그의 애민愛民을 위한 현실참여에의 강한 열망을 토로한 바 있음. 한편, 『목민심서』는 해배 이후에도 계속 수정·증보되어 신사년[1821년, 純祖 21]에 최종 완성된 것으로 추측됨.
●④ 「제초의순소장『석옥시첩』題草衣洵所藏『石屋詩帖』」: 이 글은 정약용이 사문沙門의 제자 의순意洵[草衣]이 소장하고 있던 『석옥시첩石屋詩帖』에 친필로 써준 「제사題辭」로서, 여기서 정약용은 중국 원元 나라의 승려 청공淸珙[石屋]으로부터 시작해서 우리나라에서 부우普雨[太古]를 거처 호남지방에까지 이어진 선종禪宗의 계보 및 자신이 청공의 시詩에 차운次韻하게 된 이유를 설명하는 한편, 자신의 차운작次韻作에 이어 성홍性弘[大雲], 응언應彥[掣鯨] 및 의순으로 하여금 각각 차운작을 짓게 하여 『석옥시권石屋詩卷』을 엮게 된 경위를 소개하고 있는 글임. 이로써 앞서 정약용이 청공의 「산거잡영山居雜咏」에 화운和韻하여 지은 24수의 시와는 별개로 당시 정약용과 대둔사大芚寺의 승려들 사이에서는 청공의 시에 차운하는 움직임이 유행하였음을 짐작할 수 있음. 이에 대한 보다 상세한 내용은 정민(2011: 288~291)이 참조됨.
●⑤ 「답호의선자答縞衣禪子」: 정약용이 시오始悟[縞衣]에게 보낸 편지로, 천불상千佛像의 일부를 실은 배가 일본日本으로 표류하여 아직 돌아오지 못하고 있음을 안타까워하는 한편, 수석水石을 구경할 겸 놀러오라는 시오의 초청에 이미 두 번이나 갔으니 그만 두겠다고 사양하고, 또한 의순意洵[草衣]을 만나 기쁘기는 했지만 고생만 하고 이루는 게 없음을 가련하게 여기는 내용임. 이에 대한 보다 상세한 내용은 정민(2011: 211~242)이 참조됨.
●⑥ 『국조전례고國朝典禮考』: 모두 2권으로, 『상례외편喪禮外編』[『全書』 21]에 편차編次되어 있으며, 정약용이 조선朝鮮과 명明 나라에서 입승대통入承大統한 군주가 자신의 생부生父를 추숭追崇하는 사안을 두고 벌어졌던 전례논쟁典禮論爭을 차례대로 분석하고 있는 저술임. ㉮ 「1권」에서는 조선의 사례를 다루고 있는데, 성종조成宗朝의 덕종德宗, 선조조宣祖朝의 덕흥군德興君, 인조조仁祖朝의 원종元宗, 정조조正祖朝의 진종眞宗 |

비 고	및 사도세자思悼世子의 추숭문제를 다루고 있는바, 그 내용은 『국조보감國朝寶鑑』에서 중요한 대목을 발췌한 다음, 이에 대한 정약용 자신의 의견을 밝히고 있으며, ㉯ 「2권」에서는 '가정대례의嘉靖大禮議'라는 부제를 붙여 명 나라 세종조世宗朝의 홍헌왕興獻王 추숭문제를 다루고 있는바, 그 내용은 『명사기사본말明史紀事本末』에서 중요한 대목을 발췌한 다음 이에 대한 정약용 자신의 관점을 설명하고 있음. 전체적인 논지는 기본적으로 공적인 종묘宗廟에서 '추숭칭종追崇稱宗'하는 추존追尊을 비판하면서도 사적인 칭호에서는 친부모를 부모로 호칭하도록 배려함으로써 의리義理와 인정人情, 인仁과 의義의 공존을 도모하고 있으며, 이러한 예론을 '친속親屬과 군통君統'의 분리와 공존이라는 명제로 요약하고 있음. ●⑦ 「순암호설淳菴號說」: 정약용이 당시 15세에 불과했던 어린 소년인 윤종진尹鍾軫에게 '순암淳菴'이란 호號를 지어주는 이유를 설명하고 있는 글로서, 여기서 정약용은 특히 왜소한 체구로 인해 큰 뜻을 품지 못하고 의기소침해 있던 그에게 다른 사람보다 열 배 더 힘을 쏟아 충후질실忠厚質實과 돈박순각敦朴純慤할 것을 주문하면서 스스로 작다고 여기지 않고 뜻을 세워 힘써 대인大人과 호걸豪桀이 될 것을 기약하도록 격려하고 있음. 이에 대한 보다 자세한 내용은 정민(2011: 173~175)이 참조됨. ●⑧ 「기해방례변【장기작】己亥邦禮辨【長鬐作】」: 이 글은 정약용이 원래 신유년[1801년, 純祖 1]에 유배지 장기長鬐에서 저술한 예론禮論으로서, 『의례儀禮』의 「상복喪服」편에 의거하여 아버지가 죽은 장자長子를 위해 삼년복三年服을 입는 까닭은 장차 조종祖宗을 전할 중重을 높이기 때문이라는 기본적 관점에서 조선의 기해복제논쟁己亥服制論爭을 평가하고 있는바, 기해년의 복제는 '어머니가 장자를 위해 복服을 입는 경우'로서 상기의 '장차 전중傳重할 아들에 대한 아버지의 예禮'와는 맥락을 달리함에도 당시의 논쟁은 이를 간과함으로써 송시열宋時烈[尤菴, 1607~1689], 허목許穆[眉叟, 1595~1682], 윤휴尹鑴[白湖, 1617~1680]가 모두 오류를 저질렀음을 비판하는 내용임. 이 글은 앞서 경신년[1800년, 正祖 24] 6월에 정약용이 편지로 기해복제논쟁에 대한 윤지범尹持範[南皐, 字는 彝敍]의 주장을 비판했던 것이 계기가 되어 자신의 입장을 분명히 정리하기 위해 저술한 것으로 추측됨. 또한 이 글은 신유옥사辛酉獄事를 거치는 과정에서 망실亡失되었는데, 현재 전하는 글은 이후 정약용이 57세 되는 무인년[1818년, 純祖 18] 가을에 다시 저술한 것임. ●⑨ 「완호선궤玩虎禪几」: 정약용이 승려 윤우倫佑[玩虎]에게 보낸 편지로, 작년 정축년[1817년, 純祖 17] 11월에 대둔사大芚寺 중창重創의 일환으로 조성했던 천불상千佛像의 일부를 실은 배가 일본日本으로 표류했던 일이 있었는데, 이때 표류했던 천불상이 일본에서 무사히 돌아왔다는 소

비 고	식을 듣고 윤우에게 축하하는 한편, 일본에서 돌아온 불상에는 등에 다 전자篆字로 '일日'자를 써서 훗날 혼동되지 않도록 할 것을 당부하고, 끝으로 훌륭한 향香을 부쳐준 것에 대해 감사하는 내용임. 편지에는 원래 제목이 없으나, 사례에 따라 임시로 '완호선궤'라 명명함. 이에 대한 보다 자세한 내용은 정민(2011: 322~327)이 참조됨. ● ⑩ 「완호선궤玩虎禪几」: 정약용이 윤우倫佑[玩虎]에게 보낸 편지로, 윤우가 보낸 전별 선물이 너무 과하다고 사양하고 일부를 돌려보내며 감사를 표시한 내용임. 이에 대한 보다 상세한 내용은 정민(2011: 211~242)이 참조됨. ● ⑪ 「선문답禪問答」: 정약용이 윤종진尹鍾軫, 의순意洵[草衣] 및 법훈法訓[枕蛟, ?~1813]에게 각각 '진로塵勞에 쇄탈灑脫하고[灑脫塵勞]', '실지實地를 실천하며[踐蹋實地]', '깨달음의 관문에 투철할 것[超透悟關]'을 선문답禪問答의 형식으로 주문하고 있는 글임. 이에 대한 보다 자세한 내용은 정민(2011: 170~173)이 참조됨.

연 대	1819년 [순조純祖 19: 기묘己卯]	나 이	58세 No. 53

생평사략

- 2월에 공公이 『정체전중변正體傳重辨 3』①을 저술함. 이로써 총3권으로 구성된 『정체전중변』이 최종적으로 완성됨.
- 봄에 공이 지난 경신년[1800년, 正祖 24]에 정조正祖께서 전가傳家의 물건으로 하사하셨던 『한서선漢書選』 5질을 찾아보니 거의 다 유실되고 겨우 1권만이 남아 있음을 보고 애석한 마음에 이나마 후손들이 잘 보존할 것을 바라며 「제사題詞」를 지음.
- 4월 5일에 공이 김상유金商儒와 함께 배를 타고 사라담鈔羅潭과 남자주藍子洲를 유람함.
- 4월 15일에 공이 백형伯兄 정약현丁若鉉[誧淵, 字는 太玄]과 함께 배를 타고 남한강[濕水]을 거슬러 올라가 충주忠州의 하담荷潭에 있는 선산先山에 성묘함.
- 윤4월에 이재의李載毅[文山·約菴, 字는 汝弘, 1772~1839]가 마재[馬峴]로 공을 다시 방문함에, 공이 함께 배를 타고 문암장門巖莊을 유람함.
- 여름에 공이 『흠흠신서欽欽新書』②를 완성함.
- 7월에 신경현申景玄 어른이 일감정一鑑亭에서 퉁소를 잘 부는 장님 두 사람을 대동하고 배를 타고 와 공에게 들름에 공이 이를 기뻐하는 시詩를 지음.
- 여름에 정언正言 김상우金商雨가 벼슬을 그만두고 향리鄕里로 되돌아가면서 마재로 공을 방문함에 공이 그를 전송하는 시를 지음.
- 여름에 정언 한익상韓益相[自娛, 字는 致文, 1767~1846]이 경성판관鏡城判官으로 부임하며 마재로 공을 방문함에 공이 그를 전송하는 시를 지음.
- 8월에 공이 사마루[社村]로 신작申綽[石泉, 字는 在中, 1760~1828]을 방문하였고, 이후 9월부터 11월까지 신작과 편지로 그가 『상례사전喪禮四箋』과 『매씨상서평梅氏尙書平』을 읽고 의문점을 지적한 것에 대해 답변했으며, 또한 『주역周易』과 관련해서는 일행一行[大慧禪師, 67(8)3~727: 中國 唐 나라의 名僧이자 易學者]의 『대연력大衍曆』에 나오는 분괘직일법分卦直日法과 64괘卦를 72후侯에 배정하는 이론은 12벽괘설辟卦說과 관련이 없을 뿐만 아니라 엉터리 이론임을 논증함.
- 8월에 공이 용문산龍門山의 사천사斜川寺와 백운봉白雲峯을 유람함.
- 가을에 공이 사곡沙谷에 사는 친우 윤양겸尹養謙에게 회갑回甲을 축하하는 시를 지어 부침.
- 가을에 공이 서쪽 이웃인 이李 노인에게 시를 지어 증정함.
- 가을에 조정의 의논이 경전經田하는 일에 다시 공을 기용해서 쓰기로 결정이 났으나, 서용보徐龍輔가 극력 저지하여 무산됨.
- 겨울에 공이 『아언각비雅言覺非』③를 완성함. 「서문序文」이 있음.
- 겨울에 공이 강촌江村에서 눈을 감상하다 신작 형제와 시를 주고받으며 교유함.

<table>
<tr><td colspan="2">생평사략</td><td>● 겨울에 공이 친우 윤영희尹永僖[淞翁]에게 교리校理로 옥당玉堂에 들어감을 축하하는 시를 지어 부침.
● 겨울에 공이 정언正言 정원선鄭元善에게 시를 지어 부침.
● 겨울에 공이 정읍현감井邑縣監 여동근呂東根의 편지를 받고 정읍관사井邑官舍로 시를 지어 부침.
● 겨울에 공이 석림石林에 사는 이노화李魯和[禮卿]가 달밤에 마재로 공을 방문함에 공이 이를 기뻐하는 시를 소식蘇軾[東坡居士, 1037~1101]의 시에 차운次韻하여 지음.
● 12월에 공이 칠곡부사漆谷府使 성동일成東一[共衾堂, 字는 乃純]에게 편지를 씀.④
● 겨울에 공이 작년과 금년에 지은 시를 모아 『귀전시초歸田詩草』란 시권詩卷을 엮음.</td></tr>
<tr><td>저작</td><td>시</td><td>● 「사월오일동예안김【상유】포의범주사라담, 전지남자주팽선四月五日同禮安金【商儒】布衣泛舟鈔鑼潭, 轉至藍子洲烹鮮」: 『전서全書 1』, pp. 637~638.
● 「사월십오일배백씨승어가소접향충주, 효전기「강행절구」四月十五日陪伯氏乘漁家小艓向忠州, 效錢起「江行絶句」」: 『전서全書 1』, pp. 638~642.
● 「상묘上墓」: 『전서全書 1』, p. 642.
● 「윤사월십이일동이약암유문암장, 주중작閏四月十二日同李約菴游門巖莊, 舟中作」: 『전서全書 1』, pp. 642~643.
● 「도장사到莊舍」: 『전서全書 1』, p. 643.
● 「경정파經鼎坡」: 『전서全書 1』, p. 643.
● 「칠월칠일일감정신장휴이고능취자, 승주상과七月七日一鑑亭申丈攜二瞽能吹者, 乘舟相過」: 『전서全書 1』, p. 643.
● 「김정언【상우】위미름주부, 기오일기이귀, 차운송행金正言【商雨】爲米廩主簿, 旣五日棄而歸, 次韻送行」: 『전서全書 1』, pp. 643~644.
● 「송한【익상】정언부경성판관送韓【益相】正言赴鏡城判官」: 『전서全書 1』, p. 644.
● 「팔월입팔일, 승주숙양근군【김노인정기가】八月卄八日, 乘舟宿楊根郡【金老人廷基家】」: 『전서全書 1』, p. 644.
● 「입구일동조【가교】·이【시태】이옹, 유사천사卄九日同趙【可敎】·李【時泰】二翁, 游斜川寺」: 『전서全書 1』, p. 644.
● 「등용문백운봉登龍門白雲峯」: 『전서全書 1』, pp. 644~646.
● 「유제이연심초당留題李淵心草堂」: 『전서全書 1』, p. 646.
● 「유제이【순경】초당留題李【舜卿】草堂」: 『전서全書 1』, p. 646.
● 「간기사곡윤우【양겸】簡寄沙谷尹友【養謙】」: 『전서全書 1』, p. 646.
● 「희정서린이수戲呈西鄰李叟」: 『전서全書 1』, p. 647.
● 「십월십삼일야十月十三日夜」: 『전서全書 1』, p. 647.
● 「강촌상설, 회신학사형제, 주필기정江村賞雪, 懷申學士兄弟, 走筆寄呈」: 『전서全書 1』, pp. 647~648.</td></tr>
</table>

저작	시	●「기귀수일, 추술비회, 봉정신학사형제既歸數日, 追述鄙懷, 奉呈申學士兄弟」: 『전서全書 1』, p. 648. ●「간기윤【영희】교리강거簡寄尹【永僖】校理江居」: 『전서全書 1』, pp. 648~649. ●「대설, 중기신학사형제對雪, 重寄申學士兄弟」: 『전서全書 1』, p. 649. ●「야夜」: 『전서全書 1』, p. 649. ●「간기정【원선】정언簡寄鄭【元善】正言」: 『전서全書 1』, p. 649. ●「간기여지현【동근】정읍관거簡寄呂知縣【東根】井邑官居」: 『전서全書 1』, p. 650. ●「「조년」, 석쇠모야. 우회적충, 천개무일, 역연자도, 기우상련「徂年」, 惜衰暮也. 尤悔積衷, 遷改無日, 愵然自悼, 冀友相憐」: 『전서全書 1』, p. 650. ●「석림이예경【노화】월야내방, 차운소동파「정혜원월야보출」石林 李禮卿【魯和】月夜來訪, 次韻蘇東坡「定惠院月夜步出」」: 『전서全書 1』, pp. 650~651.
	문	●「『아언각비』서『雅言覺非』序」: 『전서全書 2』, p. 399. ●「제『한서선』題『漢書選』」: 『전서全書 3』, p. 159. ●「답한혜보【기묘춘】答韓徯甫【己卯春】」: 『전서全書 4』, p. 136. ●「답신재중【작○기묘구월일】答申在中【綽○己卯九月日】」: 『전서全書 4』, pp. 176~177. ●「답신재중【기묘십일월일】答申在中【己卯十一月日】」: 『전서全書 4』, pp. 177~179. ●「연전봉年前逢」: 『《여유당전서》 미수록 다산茶山 간찰집簡札集』④
	경집	●『정체전중변正體傳重辨 3』: 『전서全書 21』, pp. 259~278.①
	기타	●『아언각비雅言覺非』: 『전서全書 5』, pp. 66~150. ●『흠흠신서欽欽新書』: 『전서全書 30』~『전서全書 31』 ○『아언지하雅言指瑕』: 『전서全書 37』, pp. 99~110.[『與猶堂全書補遺 III』에 수록되어 있음]⑤ ○『혼돈록餛飩錄』: 『전서全書 37』, pp. 111~211.[『與猶堂全書補遺 III』에 수록되어 있음]⑥

비 고	●① 『정체전중변正體傳重辨 3』: 『정체전중변正體傳重辨』은 모두 3권으로 이루어져 있는데, 『정체전중변正體傳重辨 1~2』는 앞서 을축년[1805년, 純祖 5]에 완성됨. 이로써 『정체전중변正體傳重辨 1~3』은 조선후기의 예송禮訟을 다룬 저술로서, 『상례외편喪禮外編』[『全書』 21]에 편차編次되어 있음. 즉, ㉮ 『정체전중변 1』은 기해예송己亥禮訟[1659년, 孝宗 10]을 다루고 있는데, 기해년[1659년, 孝宗 10] 효종孝宗에 대한 계모繼母 조대비趙大妃[莊烈王后]의 복제服制와 갑인년[1674년, 顯宗 15] 효종비孝宗妃인 인선왕후仁宣王后에 대한 조대비의 복제를 논의하고 있고, ㉯ 『정체전중변 2』는 갑인예송甲寅禮訟[1674년, 顯宗 15]과 경신예송庚申禮訟[1800년, 正祖 24]을 다루고 있는데, 갑인년[1674년, 顯宗 15] 현종顯宗에 대한 조대비의 복제와 경신년[1800년, 正祖 24] 정조正祖에 대한 영조비英祖妃 정순왕후貞純王后와 장헌세자莊獻世子의 빈嬪이자 정조의 생모生母인 혜경궁惠慶宮의 복제를 차례대로 검토하고 있으며, ㉰ 『정체전중변 3』은 정약용의 예설禮說이 기해예송과 갑인 예송에 대해서 '참최삼년복斬衰三年服'이란 결론을 내린 점에서는 윤휴尹鑴[白湖, 1617~1680]와 입장을 같이하지만 그러한 결론을 이끌어낸 근거와 논리는 아주 다름을 설명하고 있는데, 여기서 정약용은 일방적인 존존尊尊의 관점이 아니라 기본적으로 친친親親의 논점을 중시하면서도 동시에 존존의 논점도 고려하는 신중한 입장을 표명하고 있음. 이러한 『정체전중변』은 신유년[1801년, 純祖 1]에 유배지 장기長鬐에서 지은 「기해방례변己亥邦禮辨」[『全書 2』, pp. 365~366]을 바탕으로 자료를 보충하고 논리를 재정리하여 이해에 완성한 저술로서, 이외에 「신사복제변辛巳服制辨」[『全書 2』, pp. 366~367] 및 「팔대군변八大君辨」[『全書 2』, pp. 367~368]도 아울러 참조됨. ●② 『흠흠신서欽欽新書』: 모두 30권으로, 정약용이 우리나라와 중국의 인명人命과 관련된 옥사獄事의 사례들을 모은 저술임. 그 구성내용은 「경사요의經史要義」, 「비상준초批詳雋抄」, 「의율차례擬律差例」, 「상형추의祥刑追議」, 「전발무사剪跋蕪詞」로 구성되며, 정약용의 대표적인 경세학적 저술 가운데 하나임. 무인년[1818년]에 『명청록明淸錄』이란 제목으로 초고본이 완성되었다가 이듬해에 재고본을 편찬하면서 『흠흠신서欽欽新書』로 개칭함. ●③ 『아언각비雅言覺非』: 모두 3권 1책으로, 정약용이 언어와 문자생활에서 잘못된 용례를 뽑고, 이를 바로잡기 위해 국내외의 문헌을 인용하여 그 어원, 음운, 표준어, 방언 등을 고증한 저술로서, 그의 '소학小學' 관계저술 가운데 '소예小藝'에 관련되는 주요저술 가운데 하나임. 이전에 저술한 것으로 추측되는 『아언지하雅言指瑕』와 『혼돈록餛飩錄』이 그 저본이 됨. ●④ 「연전봉年前逢」: 정약용이 칠곡부사漆谷府使 성동일成東一[共衾堂, 字는 乃純]에게 보낸 답장으로, 그가 보내온 편지와 선물에 감사하고 서울에

비 고	올 일이 있으면 반드시 한 번 마재[馬峴]로 방문해줄 것을 요청하면서, 아울러 이 답장을 약목若木에 사는 신영로申潁老[鳳鳴, 字는 永躋]에게도 전해줄 것을 부탁하는 내용임. ● ⑤『아언지하雅言指瑕』: 정약용이 평소 세간에서 잘못 쓰이는 자의字義나 성어成語를 수집해서 자신의 견해를 부기해둔 글의 제목으로서, '아언雅言'은 '상언常言', 즉 '평상시의 말'이나 '일상용어'를 뜻하며, '지하指瑕'란 '하자瑕疵를 지적한다'는 의미임. 모두 47조목으로 구성되어 있으며, 이는『아언각비』에 대부분 수용된 것으로 보아 이 저술의 저본에 해당하는 것으로 추측됨. ● ⑥『혼돈록餛飩錄』: 모두 244조의 단문短文으로 구성되어 있으며, 정약용이 다방면에 걸친 자신의 관심사를 그때그때 수록隨錄한 저술임. 그가 유배된 이후 저술하기 시작한 것으로 추측되며, 이 가운데 일부는 이후『아언각비』에도 수록됨. '혼돈록'이란 '두서없이 적은 글'이란 의미를 가진 겸사謙辭로 추측됨.

연 대	1820년 [순조純祖 20: 경진庚辰]	나 이	59세 No. 54
생평사략	●3월에 공公이 충주忠州에 사는 친우인 김상우金商雨[石棲丈人, ?~?]의 부음을 듣고 「제문祭文」을 지음. 김상우는 작년에 벼슬을 그만두고 낙향하면서 마재[馬峴]로 공을 방문함에 공이 그를 전송하는 시詩를 지어준 적이 있음. ●3월 24일부터 4월 1일까지 공이 백형伯兄 정약현丁若鉉[罇淵, 字는 太玄]과 함께 배로 북한강[汕水]을 거슬러 올라가 춘천春川과 청평산淸平山 등지를 유람하고, 이때 지은 시들을 묶어 『천우기행穿牛紀行』①이란 시권詩卷을 엮음. ●4월에 공이 열수洌水의 사우士友들 20여 명과 함께 철마산鐵馬山 아래 강고江皐에 모여 고례古禮에 의거하여 향사례鄕射禮를 거행함. 「서문序文」이 있음. ●봄에 공이 『이담속찬耳談續纂』②을 완성함. ●5월에 공이 마재로 자신을 찾아온 이인영李仁榮에게 '문장학文章學을 버리고 행실을 닦고 경전을 공부하며, 곁들여 공령업功令業에도 종사하여 발신發身을 도모할 것'을 충고하는 「증언贈言」을 지어줌. ●5월에 다산 시절의 제지 윤종심尹鍾心[일명 峒, 紺泉, 字는 公牧, 1793~1853]이 마재로 공을 방문함. 이때 공이 윤종심 편에 강진康津에 두고 온 어린 딸을 데려오는 일을 자세히 일러줌. ●여름에 공이 채홍원蔡弘遠[邇叔, 1762~?]에게 편지를 보냄.③ ●7월에 공이 어린 딸을 데려오는 문제로 강진의 윤규로尹奎魯[橘園, 字는 文擧]에게 편지를 보냄.④ ●8월에 공이 강진의 모인某人에게 2통의 편지를 한꺼번에 보냄.⑤ ●8월에 공이 지난 4월 경성판관鏡城判官에서 체임되어 돌아온 한익상韓益相[自娛, 字는 致文]에게 편지를 보냄.⑥ ●9월에 공이 영남嶺南의 모인에게서 그의 아들을 통해 편지를 받고 답장을 보냄.⑦ ●9월에 공이 다시 용문산龍門山을 유람하고 '『용문산龍門山』'⑧이란 시권을 만듦. 이때부터 공은 산과 시냇가를 산책하면서 일생을 마치기로 결심함.		
저작 시	●「『천우기행』서『穿生紀行』序」: 『전서全書 1』, p. 651. ●「칠언시이십오수七言詩二十五首」: 『전서全書 1』, pp. 651~654. ●「화두시십이수【석두보입촉, 유고시십이수. 춘주자, 아방지성도야. 산험강도, 약상사연, 고차운화지】和杜詩十二首【昔杜甫入蜀, 有古詩十二首. 春州者, 我邦之成都也. 山險江濤, 若相似然, 故次韻和之】」: 『전서全書 1』, pp. 654~659. ●「소양정회고昭陽亭懷古」: 『전서全書 1』, p. 659. ●「야숙청평사, 화동파「반룡사」夜宿淸平寺, 和東坡「蟠龍寺」」: 『전서全書 1』, pp. 659~660.		

<table>
<tr><td rowspan="2">저
작</td><td>시</td><td>●「청평사관폭사수清平寺觀瀑四首」: 『전서全書 1』, pp. 660~661.
●「출청평동구出清平洞口」: 『전서全書 1』, p. 661.
●「증이【목】참봉장贈李【楘】參奉丈」: 『전서全書 1』, p. 661.
●「증윤【종원】유청贈尹【鍾遠】唯靑」: 『전서全書 1』, pp. 661~662.
●「출협出峽」: 『전서全書 1』, p. 662.
●「양근도중작【경진추】楊根道中作【庚辰秋】」: 『전서全書 1』, p. 671.
●「죽절령竹節嶺」: 『전서全書 1』, pp. 671~672.
●「선령船嶺」: 『전서全書 1』, p. 672.
●「당숙부산거, 차운거년지작堂叔父山居, 次韻去年之作」: 『전서全書 1』, p. 672.
●「제팔제건산거第八弟鍵山居」: 『전서全書 1』, p. 672.
●「민백선산거희제閔伯善山居戲題」: 『전서全書 1』, p. 673.
●「배숙부, 유용문사陪叔父, 遊龍門寺」: 『전서全書 1』, p. 673.
●「용문사龍門寺」: 『전서全書 1』, p. 674.
●「한촌조장요여선유봉황대, 중로상초, 대지부지鷴村 趙丈要余先遊鳳凰臺, 中路相招, 待之不至」: 『전서全書 1』, p. 674.
●「조장지, 추화전년사천지유趙丈至, 追話前年斜川之遊」: 『전서全書 1』, p. 674.
●「사야죽숙유寺夜鬻菽乳」: 『전서全書 1』, pp. 674~675.
●「출사出寺」: 『전서全書 1』, p. 675.
●「등봉황대登鳳凰臺」: 『전서全書 1』, p. 675.
●「봉황대망조일인신거, 수여공왕鳳凰臺望趙逸人新居, 遂與共往」: 『전서全書 1』, pp. 675~676.
●「마곡윤일인산거馬谷 尹逸人山居」: 『전서全書 1』, p. 676.
●「과윤일인【선계】우천신거過尹逸人【善戒】牛川新居」: 『전서全書 1』, p. 676.</td></tr>
<tr><td>문</td><td>●「강고향사례서江皐鄕射禮序」: 『전서全書 2』, pp. 411~413.
●「제시강원필선김공【상우】문祭侍講院弼善金公【商雨】文」: 『전서全書 3』, pp. 337~338.
●「위이인영증언爲李仁榮贈言」: 『전서全書 3』, pp. 403~405.
●「답채이숙【경진하】答蔡邇叔【庚辰夏】」: 『전서全書 4』, p. 137.③
●「귤원성안회경橘園省案回敬」: 『《여유당전서》 미수록 다산茶山 간찰집簡札集』④
●「다산여차경봉茶山旅次敬奉」과 「차서장부지어성래회편此書將付之於聖來回便」: 『《여유당전서》 미수록 다산茶山 간찰집簡札集』⑤
●「작년송별시운昨年送別詩云」: 『《여유당전서》 미수록 다산茶山 간찰집簡札集』⑥
●「상억상락간역여관중尙憶商 洛間逆旅館中」: 『《여유당전서》 미수록 다산茶山 간찰집簡札集』⑦</td></tr>
</table>

저작		
저작	경집	
	기타	●『이담속찬耳談續纂』: 『전서全書 5』, pp. 151~176.
비고		●① 『천우기행穿生紀行』: 이해 3월에 정약용이 백형伯兄 정약현丁若鉉의 둘째아들인 학순學淳이 춘천春川의 샘밭[泉田]에 사는 경주이씨慶州李氏와 혼례를 올리게 됨을 계기로 백형을 모시고 배로 북한강을 거슬러 올라가 춘천春川과 청평산淸平山 등지를 유람하면서, 「칠언시이십오수七言詩二十五首」, 「화두시십이수和杜詩十二首」 및 「소양정회고昭陽亭懷古」에서부터 「출협出峽」까지의 잡체시雜體詩 10수를 지었던바, 이를 묶어 만든 시권詩卷임. ●② 『이담속찬耳談續纂』: 모두 1권으로, 정약용이 중국 및 우리나라의 속담俗談을 한문으로 번역하여 수록한 '속담집'으로서, 그의 '소학小學' 관계저술 가운데 '소예小藝'에 관련되는 주요저술 가운데 하나임. 수록된 속담은 중국과 우리나라의 속담이 각각 177개 및 214개로 모두 '391개'이며, 여기에는 왕동궤王同軌[[字는 行父, ?~?: 中國 明 나라의 학자]의 『이담耳談』, 정약용이 신유년[1801년]에 이익李瀷의 『백언해百諺解』를 재번역한 『백언시百諺詩』, 신작申綽과 정약전丁若銓이 직접 수집한 속담 등이 저본이 됨. ●③ 「답채이숙【경진하】答蔡邇叔【庚辰夏】」: 정약용이 채홍원蔡弘遠[邇叔]의 편지를 받고 보낸 답서答書로, 일전에 마재[馬峴]로 방문해준 것을 깊이 감사하는 한편, 『선집先集』의 편찬은 3책冊으로 체제를 갖추기는 했으나 고증할 빙거憑據가 없어 「연보年譜」의 완성이 시급함에 심동규沈東奎 등 몇 사람과 시일을 정해 곧바로 착수해줄 것을 부탁하는 내용임. ●④ 「귤원성안회경橘園省案回敬」: 정약용이 강진康津의 윤규로尹奎魯[橘園, 字는 文擧]에게 보낸 편지로, 뒤늦게 새장가를 든 그에게 섭생攝生에 유의할 것을 충고하는 한편, 윤시유尹詩有[字는 羣甫, 1780~1833]와 상의하여 강진에 두고 온 어린 딸을 상강霜降 전까지는 서울로 오도록 주선해줄 것을 간곡하게 부탁하는 내용임. ●⑤ 「다산여차경봉茶山旅次敬奉」과 「차서장부지어성래회편此書將付之於聖來回便」: 정약용이 강진의 모인某人으로부터 연거푸 편지를 받고 쓴 답서로, ㉮ 「다산여차경봉」에서는 어린 딸을 데려오는 문제가 어떻게 될지 고심하면서 소실小室에 대한 서운함과 미안함을 함께 표현하고 있으며, ㉯ 「차서장부지 어성래회편」에서는 딸의 목에 난 종기에 대한 언급이 없는 것으로 보아 나은 듯하여 안도하는 마음을 전하고 있음. 한편 딸을 마재로 데려오는 문제는 소실의 반대로 결국 여의치 않았

비 고	던 것으로 추측됨. 이에 대한 보다 상세한 내용은 조성을(2016: 731~734)이 참조되며, 여기서 모인은 정약용과 소실 사이를 중개하던 인물이었던 것으로 보아 '윤규로'일 것으로 추정하고 있음. ●⑥ 「작년송별시운昨年送別詩云」: 정약용이 앞서 4월에 경성판관鏡城判官에서 체임되어 돌아와 있는 한익상韓益相[自娛, 字는 致文]에게 보낸 편지로, 『목민심서牧民心書』의 초고를 처음으로 그에게 봉증奉贈하니 함께 읽고 검토하면서 그의 사례도 함께 내용에 편입하자고 제의하는 내용임. 정약용은 작년 기묘년[1819년, 純祖 19] 여름에 한익상이 경성판관으로 부임하며 마재로 자신을 방문함에 그를 전송하는 시詩를 지은 적이 있음. ●⑦ 「상억상락간역여관중尙憶商洛間逆旅館中」: 정약용이 영남嶺南의 모인에게서 그의 아들을 통해 편지를 받고 보낸 답서로, 감사하는 마음과 함께 모인이 연달아 상喪을 당한 일과 이로 인해 병을 얻어 늘 화농[火瘡]으로 고생함을 전해 듣고 위로를 전하는 한편, 마음을 편히 먹고 기운을 내림이 이 병을 치료하는 가장 좋은 방법임을 충고하는 내용으로, 이때 모인이 편지로 정약용에게 병을 치료하는 처방을 부탁했던 것으로 보임. 상기의 모인은 미상未詳으로, 조성을(2016: 735~736)은 정약용이 앞서 신유년[1801년, 純祖 1] 3월에 장기長鬐로 유배 가면서 상주尙州 부근을 지날 때 찾아와서 전송해주었던 인물로 추정하고 있음. ●⑧ 『용문산龍門山』: 이는 '가칭'으로, 이해 9월 15일을 전후로 작년에 이어 용문산龍門山을 다시 유람하면서 지은 「양근도중작【경진추】楊根道中作【庚辰秋】」에서부터 「과윤일인【선계】우천신거過尹逸人【善戒】牛川新居」까지의 시들을 따로 묶어 시권을 만든 것으로 추측됨.

연 대	1821년 [순조純祖 21: 신사辛巳]	나 이	60세 No. 55
생평사략	●2월에 채蔡 영감[蔡令]이 마재[馬峴]로 공公을 방문함. 이때 채 영감이 공에게 채제공蔡濟恭[樊巖, 1720~1799]의 신원伸寃을 위한 「상주문上奏文」 초안을 부탁함.① ●3월에 공이 모인某人에게 채제공의 신원을 위한 「상주문」 초본을 동봉한 편지를 보냄.① ●봄에 공이 『사대고례산보事大考例刪補』②를 완성함. 「제서題敍」가 있음. ●늦은 봄에 공이 「『목민심서』서『牧民心書』序」를 지음. ●4월부터 다산초당의 제자 윤종심尹鍾心[일명 峒, 紺泉, 字는 公牧]이 4개월 동안 공의 집에 머물다 강진康津으로 내려감. ●5월 단오일에 공이 채화정菜花亭이란 정자를 만들었는데, 마침 권영좌權永佐[左衡]가 공을 방문함에 그와 주고받은 시詩들을 모아 『채화정시초菜花亭詩草』③란 시권詩卷을 엮음. ●여름부터 가을까지 공이 절도사節度使 이민수李民秀와 편지로 우리나라 선제船制의 개선안에 대해 토론함. ●7월에 사돈인 윤서유尹書有[翁山, 字는 皆甫, 1764~1821]④가 타계함. 공이 애도하는 「만사輓詞」와 「묘지명墓誌銘」을 지음. ●7월에 공이 『예고서정禮考書頂』⑤을 완성함. ●8월에 공이 강진에 사는 인척姻戚에게 편지를 보냄.⑥ ●8월에 윤지범尹持範[南皐, 字는 彝敍, 1752~1821]이 타계함. 공이 이듬해에 「묘지명」을 지음. ●9월에 백형伯兄 정약현丁若鉉[龢淵, 字는 太玄, 1751~1821]의 상喪을 당함. 공이 「묘지명」을 지음. ●11월에 공이 김기서金基敍[鼎山, ?~?]와 편지로 우리나라의 혼례婚禮에 대해 토론함. ●11월에 김매순金邁淳[臺山, 字는 德叟, 1776~1840]이 공의 산재山齋를 방문하여 교유하고, 헤어진 뒤에는 편지를 주고받으며 정분情分을 나눔.		
저작 / 시	●「윤정언만사尹正言輓詞」: 『전서全書 1』, pp. 626~627. ●「채화정신성, 권좌형적지, 차운동파, 요시노필菜花亭新成, 權左衡適至, 次韻東坡, 聊試老筆」: 『전서全書 1』, pp. 662~663. ●「이첩二疊」: 『전서全書 1』, p. 663. ●「삼첩三疊」: 『전서全書 1』, p. 663. ●「사첩四疊」: 『전서全書 1』, pp. 663~664. ●「오첩五疊」: 『전서全書 1』, p. 664. ●「우령좌형작수시노필, 차운동파又令左衡作隨試老筆, 次韻東坡」: 『전서全書 1』, p. 664. ●「이첩二疊」: 『전서全書 1』, p. 664.		

<table>
<tr><td rowspan="4">저작</td><td>시</td><td>●「삼첩三疊」: 『전서全書 1』, pp. 664~665.
●「사첩四疊」: 『전서全書 1』, p. 665.
●「오첩五疊」: 『전서全書 1』, p. 665.
●「간기한촌조일인簡寄閑邨 趙逸人」: 『전서全書 1』, p. 665.</td></tr>
<tr><td>문</td><td>●「『목민심서』서『牧民心書』序」: 『전서全書 2』, pp. 404~406.
●「『사대고례』제서『事大考例』題叙」: 『전서全書 3』, pp. 178~202.
●「사간원정언옹산윤공묘지명司諫院正言翁山 尹公墓誌銘」: 『전서全書 3』, pp. 298~301.
●「선백씨진사공묘지명先伯氏進士公墓誌銘」: 『전서全書 3』, pp. 303~305.
●「답이절도【민수】答李節度【民秀】」: 『전서全書 4』, p. 123.
●「답이절도答李節度」: 『전서全書 4』, pp. 123~124.
●「답이절도答李節度」: 『전서全書 4』, pp. 124~125.
●「답이절도【신사추】答李節度【辛巳秋】」: 『전서全書 4』, pp. 125~126.
●「답정산【김기서】答鼎山【金基敍】」: 『전서全書 4』, p. 138.
●「여김덕수【매순】與金德叟【邁淳】」: 『전서全書 4』, pp. 218~219.
●「운산요원雲山窅遠」: 『《여유당전서》 미수록 다산茶山 간찰집簡札集』①
●「금년다우今年多雨」: 『《여유당전서》 미수록 다산茶山 간찰집簡札集』⑥</td></tr>
<tr><td>경집</td><td>●『예고서정禮考書頂』: 『전서全書 21』, pp. 215~221.
●『『독례통고』전주『讀禮通考』箋註』: 『전서全書 37』, pp. 740~773.[『與猶堂全書補遺 III』에 수록되어 있음]</td></tr>
<tr><td>기타</td><td>○「자의시字義詩」: 『전서全書 1』, pp. 665~667.⑦
○「경의시經義詩」: 『전서全書 1』, pp. 667~670.⑧
○「서모김씨묘지명庶母金氏墓誌銘」: 『전서全書 3』, pp. 306~307.</td></tr>
<tr><td colspan="2">비고</td><td>●①「운산요원雲山窅遠」: 정약용이 3월 5일 모인某人에게 보낸 편지로서, 그가 채蔡 영감[蔡令]의 부탁을 받고 지은 채제공蔡濟恭의 신원伸寃을 위한 「상주문上奏文」 초본을 동봉하니 확인한 후 다음 인편에 돌려줄 것을 부탁하는 내용임. 이 초본은 앞서 2월 초에 채 영감이 마재[馬峴]로 정약용을 방문하여 부탁한 것임. 여기서 채 영감은 '채홍원蔡弘遠[字는 邇叔, 1762~?: 蔡濟恭의 養子]'으로 추정되며, 채홍원은 뒤이어 2월 말에 부친 채제공의 억울함을 격쟁擊錚을 통해 호소한 바 있음. 이에 대한 보다 상세한 내용은 조성을(2016: 740~741)이 참조됨.
●②『사대고례산보事大考例刪補』: 정약용이 38세 되는 기미년[1799년, 正祖</td></tr>
</table>

비 고	23]에 정조正祖의 명으로 『동문휘고同文彙考』와 『통문관지通文館志』에서 내용을 따로 추려 사대事大와 관계된 사실을 고검考檢하기 편하도록 별도로 한 권의 책을 만들 것을 명하심. 이에 정약용이 『사대고례事大考例』의 편찬에 착수했으나, 이듬해 임금께서 갑자기 승하昇遐하심으로 인해 완성하지 못한 일이 있었음. 이후 유배지에서 다시금 제자 이청李晴을 시켜 자료를 정리하도록 하였다가 해배 이후에 마침내 『사대고례산보』를 완성함. ●③ 『채화정시초菜花亭詩草』: 이 시권詩卷은 「채화정신성, 권좌형적지, 차운동파, 요시노필菜花亭新成, 權左衡適至, 次韻東坡, 聊試老筆」부터 「간기한촌조일인簡寄閑邨 趙逸人」까지의 시詩를 포함함. ●④ 윤서유尹書有[翁山, 1764~1821]: 윤서유는 정약용이 일찍이 강진康津에서 귀양살이를 하던 초기에 남몰래 많은 도움과 위로를 주었던 윤광택尹光宅[字는 德仁, 1732~1804] 공公의 아들로서, 뒤늦게 문과文科에 급제하여 이후 사간원정언司諫院正言에 제수되었으며, 또한 그의 아들인 윤창모尹昌謨[鴈菴, 1795~1856]는 정약용의 사위가 됨. 한편, 윤광택 공은 일찍부터 정약용의 선친인 진주공晉州公과 막역한 친구로서 한평생 교제한 바 있음. ●⑤ 『예고서정禮考書頂』: 모두 1권으로, 『상례외편喪禮外編』[『全書』 21]에 편차編次되어 있음. 이 저술은 정약용이 유배 중이었던 임술년[1802년, 純祖 2]부터 신미년[1811년, 純祖 11]까지 상사喪事에 관해 연구하면서 서건학徐乾學[健庵, 字는 原一, 1631~1694: 中國 淸 나라의 학자]의 『독례통고讀禮通考』에서 의심나거나 생각해봐야 할 것이 있을 때마다 그에 관한 생각을 책 윗부분에 적어둔 글임. 해배 이후 신사년[1821년, 純祖 21]에 제자 이인영李仁榮이 그 내용을 기록하여 편집·완성함. 한편, 『여유당전서보유與猶堂全書補遺 III』[『全書』 37]에는 별도로 『『독례통고』전주『讀禮通考』箋註』가 실려 있는데, 이 또한 원래의 『예고서정』의 일부로서, 이에 『상례외편』의 『예고서정』과 합쳐져야 비로소 완전한 『예고서정』이 이루어짐. ●⑥ 「금년다우今年多雨」: 정약용이 강진에 사는 아저씨뻘 되는 인척姻戚에게 보낸 편지로, 인척의 집안에 연이어 발생한 우환憂患을 걱정하며 위로하는 내용으로, 다산초당의 제자 윤종심尹鍾心[일명 峒, 紺泉, 字는 公牧]이 4개월 동안 마재[馬峴]에 머물다 강진으로 내려갔음도 알리고 있음. ●⑦ 「자의시字義詩」: 이 시는 「'인'자이수'仁'字二首」, 「'서'자이수'恕'字二首」, 「'경'자이수'敬'字二首」 및 「'성'자사수'誠'字四首」로 구성됨. ●⑧ 「경의시經義詩」: 이 시는 「『시』오수『詩』五首」, 「『서』오수『書』五首」, 「『예』오수『禮』五首」, 「『악』오수『樂』五首」, 「『역』오수『易』五首」 및 「『춘추』오수『春秋』五首」로 구성됨.

연 대	1822년 [순조純祖 22: 임오壬午]	나 이	61세	No. 56
생평사략	● 정월에 공公이 김매순金邁淳[臺山, 字는 德叟]과 정산鼎山에 있는 정사精舍에서 만나 하룻밤을 같이 지내며 교유함. 이 무렵 김매순이 김기서金基敍[鼎山]를 통해 『매씨서평梅氏書平』을 전해 받아 정독하고 29일에 총평總評과 함께 몇 가지 질문을 「별지別紙」로 작성한 편지를 공에게 보냄. ● 2월 4일에 공이 김매순이 보낸 상기의 편지에 대한 답서와 함께 『상례사전喪禮四箋』의 「상기별喪期別」을 보냈으며, 이를 계기로 이후 연이어 편지를 주고받으며 이에 대해 토론함. 또한, 공은 송감宋鑒[半塘, 字는 元衡, ?~?: 中國 淸 나라의 학자]의 『상서고변尙書考辨』이 자신의 학설과 같은 입장이라고 소개하기도 함. ● 2월에 공이 김기서와 편지로 『서경書經』의 「우서虞書·대우모大禹謨」편에 나오는 '16자字 심법心法'에 대한 고증 및 상복제도喪服制度 등에 대해 토론함. ● 봄에 공이 「『흠흠신서』서『欽欽新書』序」를 지음. ● 윤3월에 공이 배를 타고 원주原州[康川]로 가며 석림石林에 있는 이담李潭의 별서別墅를 방문하고, 원주에 사는 모인某人을 지나치면서도 만나지 못해 못내 아쉬워하는 편지를 보냄.① ● 윤3월에 김기서가 고려 말의 장군 정득양鄭得揚의 혼령을 자칭하는 귀신鬼神의 협박을 받아오다 이를 달래려고 김매순이 「제문祭文」을 짓고 김기서가 단壇을 쌓아 제사를 지낸 일이 있었는데, 공이 이를 엄히 경계하는 편지를 김기서에게 보냄. ● 4월에 공이 상기의 음사淫祀가 문제가 되어 연풍延豐으로 유배된 김기서에게 다시 이를 엄히 경계하는 편지를 보냄. ● 이 무렵에 공이 김매순에게도 상기의 음사와 관련하여 엄히 경계하는 편지를 보냄. ● 5월에 공이 이해에 회갑년回甲年을 맞이함을 계기로 이때까지 자신의 삶과 학문적 업적을 총괄하여 회고·정리하는 「자찬묘지명【광중본】自撰墓誌銘【壙中本】」과 「자찬묘지명【집중본】自撰墓誌銘【集中本】」을 완성함. ● 이 무렵에 공이 중형仲兄 정약전丁若銓[巽菴, 1758~1816], 윤지범尹持範[南皐, 字는 彝敍, 1752~1821], 윤지눌尹持訥[小皐, 字는 无咎, 1762~1815] 및 이유수李儒修[錦里, 字는 周臣, 1758~1822]의 「묘지명墓誌銘」도 함께 지음. 이외에도 이가환李家煥[貞軒, 1742~1801], 이기양李基讓[茯菴, 1744~1802], 권철신權哲身[鹿菴, 1736~1801]의 「묘지명」 역시 지었을 것으로 추측됨. ● 6월에 공이 신작申綽[石泉, 字는 在中]과 편지로 『주례周禮』의 육향제도六鄕制度에 대해 토론함. 앞서 공이 신작에게 『아언각비雅言覺非』를 보여주었는데, 여기서 신작이 육향六鄕과 관련된 내용을 보고 찌[籤]를 붙여 공에게 질문한 것이 계기가 됨.			

<table>
<tr><td colspan="2">생평사략</td><td>●가을에 공이 채홍원蔡弘遠[字는 邇叔, 1762~?]에게 편지를 보내 회갑년을 맞이하여 과거 병진년[1796년, 正祖 20]에 결성했던 '죽란시사竹欄詩社'의 사우士友들을 회상하며 인생의 영췌榮悴를 한탄하는 심정을 토로함.
●가을에 공이 과거 강진康津의 유배시절인 계유년[1813년, 純祖 13] 8월에 그려서 그동안 줄곧 보관하고 있었던 「매조도梅鳥圖」② 한 점을 이인행李仁行[晩聞齋, 1758~1833]에게 선물함.①
●10월에 이인행이 세자익위사世子翊衛司의 익위翊衛 벼슬을 그만두고 낙향하던 중 마재[馬峴]로 공을 방문함. 이때 공은 영남嶺南의 학풍과 영남지역의 집안 간 싸움에 대해 각각 비판한 두 편의 글을 친필로 적어 서첩書帖을 만들고 이를 이인행에게 전별의 선물로 줌.③</td></tr>
<tr><td rowspan="2">저작</td><td>시</td><td></td></tr>
<tr><td>문</td><td>●「『흠흠신서』서『欽欽新書』序」: 『전서全書 2』, pp. 406~407.
●「선중씨묘지명先仲氏墓誌銘」: 『전서全書 3』, pp. 242~247.
●「자찬묘지명【광중본】自撰墓誌銘【壙中本】」: 『전서全書 3』, pp. 250~252.
●「자찬묘지명【집중본】自撰墓誌銘【集中本】」: 『전서全書 3』, pp. 252~281.
●「남고윤참의묘지명南皐 尹參議墓誌銘」: 『전서全書 3』, pp. 284~292.
●「사헌부지평윤【무구】묘지명司憲府持平尹【无咎】墓誌銘」: 『전서全書 3』, pp. 292~295.
●「사헌부장령금리이【주신】묘지명司憲府掌令錦里 李【周臣】墓誌銘」: 『전서全書 3』, pp. 295~298.
●「답채이숙【임오추】答蔡邇叔【壬午秋】」: 『전서全書 4』, p. 137.
●「답정산答鼎山」: 『전서全書 4』, pp. 138~139.
●「답정산答鼎山」: 『전서全書 4』, p. 139.
●「여정산與鼎山」: 『전서全書 4』, pp. 140~141.
●「여정산【기연풍적중】與鼎山【寄延豐謫中】」: 『전서全書 4』, pp. 141~142.
●「여신재중與申在中」: 『전서全書 4』, p. 179.
●「답신재중答申在中」: 『전서全書 4』, pp. 180~184.
●「답신재중答申在中」: 『전서全書 4』, p. 184.
●「답신재중答申在中」: 『전서全書 4』, pp. 184~188.
●「답김덕수答金德叟」: 『전서全書 4』, pp. 219~223.
●「답김덕수答金德叟」: 『전서全書 4』, pp. 223~224.
●「여김덕수與金德叟」: 『전서全書 4』, pp. 224~225.
●「공사恭謝」: 『《여유당전서》 미수록 다산茶山 간찰집簡札集』①
●「논영남학술설論嶺南學術說」: 『송이익위논남북학술설送李翊衛論南北學術說』③
●「논폐영남편당설論弊嶺南偏黨說」: 『송이익위논남북학술설送李翊衛論南北學術說』③</td></tr>
</table>

저작	경집	
	기타	○「정헌묘지명貞軒墓誌銘」: 『전서全書 3』, pp. 203~224. ○「복암이【기양】묘지명茯菴 李【基讓】墓誌銘」: 『전서全書 3』, pp. 225~232. ○「녹암권【철신】묘지명鹿菴 權【哲身】墓誌銘」: 『전서全書 3』, pp. 232~238. ○「여신재중與申在中」: 『전서全書 4』, p. 188.
비고		●① 「공사恭謝」: 정약용이 원주原州에 사는 모인某人에게 보낸 답서로, 옛날을 추억하며 배를 타고 원주까지 왔으나 오히려 마음과 눈이 처참해져 오지 않음만 못한 심사를 토로하고, 모인도 지나치면서도 만나지 못한 채 편지만 받고 되돌아감을 못내 아쉬워하는 내용임. ●② 「매조도梅鳥圖」: 정약용이 강진康津의 유배시절인 계유년[1813년, 純祖 13] 8월 19일에 종혜포옹種蕙圃翁에게 의증擬贈한다는 뜻에서 꽃이 막 피기 시작한 매화 가지에 멧새 한 마리가 앉아있는 광경을 그린 그림으로서, 밑에는 "묵은 가지 다 썩어 그루터기 되려더니, 푸른 가지 뻗더니만 꽃을 활짝 피웠구나. 어디선가 날아든 채색 깃의 작은 새, 한 마리만 남아서 하늘가를 떠돌리.(古枝衰朽欲成槎, 擢出青梢也放花. 何處飛來彩翎雀, 應留一隻落天涯.)"라는 시詩가 부기되어 있음. 이에 대한 보다 상세한 내용은 정민(2011: 481~493)이 참조됨. ●③ 「논영남학술설論嶺南學術說」과 「논폐영남편당설論弊嶺南偏黨說」: 정약용이 마재[馬峴]로 방문한 이인행李仁行[晩聞齋]에게 친필로 써서 전별의 선물로 준 서첩書帖에 실려 있는 글들임. 여기서 ㉮ 「논영남학술설」은 이인행이 기호지방 학자들의 학문태도가 잡박한 것을 숭상하고 문장도 꾸밈에만 힘써 내실이 부족하다고 비판하자, 이에 대해 정약용은 일면 수긍하는 태도를 취하면서도 영남의 학문태도에 대해서 역시 비판을 제기한 글임. 여기서 정약용은 영남의 학자들은 선현先賢을 우습게 보고 자신만을 최고로 여기는 경향이 있으며, 자신들이 배운 것에 안주할 뿐 독창적 견해가 없다고 비판하고 있으며, 이어 유배시절에 자신이 지었던 칠언율시七言律詩 2수首를 부기하고 있음. 이 글은 본래 제목이 없으나, 정민이 내용을 고려하여 편의상 '논영남학술설'이라 명명함. ㉯ 「논폐영남편당설」은 정약용이 영남에는 신라와 고려때부터 대대로 현철賢哲한 인사들이 서로 이어지고 도맥道脈이 끊어지지 않아 대대로 국가의 운명을 지킨 집안이 많았으나 오늘날에는 문호가 갈라지고 각자 독립을 표방하면서 서로 헐뜯고 비난하는 세태

비 고	가 만연한 것을 통박하는 한편, 이를 해결할 방도로 양측이 서로 양보하여 도산서원陶山書院을 나란히 배알하면서 다시는 편을 나누지 않을 것을 다짐할 것을 제안하고 있음. 이 글 또한 본래 제목이 없으나, 정민이 내용을 고려하여 편의상 '논폐영남편당설'이라 명명함. ㉰ 서첩의 말미에는 이인행이 정약용의 상기의 두 글에 대한 자신의 입장을 친필로 밝힌 글이 부기되어 있음. ㉱ 정약용이 이인행에게 친필로 써준 상기의 서첩 역시 원래 제목이 없으나, 정민이 내용을 참작하여 '송이익위논남북학술설'이라 제목을 붙임. 이에 대한 보다 상세한 내용은 정민(2011: 525~539)이 참조됨.

<table>
<tr><td>연 대</td><td>1823년 [순조純祖 23: 계미癸未]</td><td>나 이</td><td>62세 No. 57</td></tr>
<tr><td>생평사략</td><td colspan="3">●2월에 공公이 이재의李載毅[文山·約菴, 字는 汝弘, 1772~1839]에게 근래 『목민심서牧民心書』가 유포되어 구설口舌이 생기고 있음을 걱정하는 편지를 보냄.①
●봄에 이재의가 마재[馬峴]로 공을 방문하여 4~5일 동안 경서經書와 예서禮書를 함께 읽음.②
●봄에 공이 다른 사람을 대신하여 「『송경지』서『松京志』序」를 지음.
●3월에 공이 장흥長興의 정수칠丁修七[烟菴生, 字는 乃則, 1768~1835]에게 편지를 보내 마재로 공을 방문할 것을 부탁함.
●4월에 다산초당 시절의 제자인 윤종진尹鍾軫[淳菴, 字는 琴季, 1803~1879]과 기숙旗叔[未詳]이 마재로 공을 방문함. 공이 이들을 통해 3월에 정수칠에게 보낸 편지가 도착하지 않았다는 소식을 듣고 다시 그에게 편지를 보내, 작년에 정수칠이 반산정씨盤山丁氏[靈光丁氏] 선조先祖의 『문집文集』을 간행한 것과 관련하여 서울에 구설이 아주 많다는 소문을 듣고 그와 함께 개간改刊을 상의하기 위해 즉시 마재로 공을 방문할 것을 부탁함.③
●4월 15일부터 25일까지 공이 장남 정학연丁學淵[酉山, 1783~1859]과 장손 대림大林 및 이재의 등과 함께 배로 북한강[汕水]을 거슬러 올라가 춘천春川과 곡운구곡谷雲九曲을 두루 유람하고, 뒤이어 이때의 노정路程과 지은 시詩들을 정리하여 『산행일기汕行日記』④를 엮고, 겸하여 『산수심원기汕水尋源記』⑤를 지음.
●7월에 공이 영남嶺南에 사는 인척姻戚인 모인某人에게 편지를 보냄.⑥
●가을에 어려서 동문수학했던 이웃의 한생원韓生員에게 어느덧 회갑回甲을 지나 같이 늙어감을 서로 위로하는 시를 지어줌.
●9월에 공이 승지承旨 후보로 낙점落點되었으나 곧바로 취소됨.
●12월 하순 무렵부터 공이 병을 앓아 이후 12순旬 동안 누워 지냄.</td></tr>
<tr><td rowspan="2">저작</td><td>시</td><td colspan="2">●「증서린한생원贈西鄰韓生員」: 『전서全書 1』, p. 626.</td></tr>
<tr><td>문</td><td colspan="2">●「『송경지』서【대인작○계미】『松京志』序【代人作○癸未】」: 『전서全書 3』, pp. 65~66.
●『산수심원기汕水尋源記』: 『전서全書 4』, pp. 375~382.
●『산행일기汕行日記』: 『전서全書 4』, pp. 383~406.
●「여약암집사서與約菴執事書」: 『다산茶山 정약용丁若鏞』①
●「상산서옥경납霜山書屋敬納」: 『《여유당전서》 미수록 다산茶山 간찰집簡札集』③
●「즉봉혜한卽奉惠翰」: 『《여유당전서》 미수록 다산茶山 간찰집簡札集』⑥</td></tr>
</table>

<table>
<tr><td rowspan="2">저작</td><td>경집</td><td></td></tr>
<tr><td>기타</td><td>○「추화문산『녹음권』追和文山『綠陰卷』」: 『전서全書 1』, p. 576.</td></tr>
<tr><td colspan="2">비고</td><td>●① 「여약암집사서與約菴執事書」: 정약용이 이재의李載毅[文山·約菴, 字는 汝弘]에게 보낸 편지로, 당시 『목민심서牧民心書』가 상당히 유포되어 구설口舌이 생기고 있다는 소문을 듣고 매우 염려하면서 차후 다른 사람에게 보여주지 말 것을 엄히 경계하는 내용임. 본래 편지의 제목은 없으나 나중에 임의로 붙임. 조성을(2016: 759)은 이 편지가 정해년[1827년, 純祖 27]에 씌어졌을 가능성도 있다고 추정함.
●② 이재의의 『자찬연보自撰年譜』「계미癸未 52세조歲條」에 "봄에 ……두릉斗陵[馬峴: 필자 주]으로 가서 여유옹與猶翁과 함께 경서經書와 예서禮書를 4~5일 읽다가 집으로 돌아왔다(癸未 五十二歲○春, ……轉向斗陵, 與與猶翁, 讀經禮四五日, 還山)"라고 기록하고 있음.
●③ 「상산서옥경납霜山書屋敬納」: 정약용이 정수칠丁修七[烟菴生, 字는 乃則]에게 보낸 편지로, 가을에 볼 과거科擧는 향시鄕試보다는 경시京試를 볼 것을 권유하고, 앞서 지난해인 임오년[1822년, 純祖 22]에 정수칠이 반산정씨盤山丁氏[靈光丁氏] 선조先祖의 『문집文集』을 간행했는데 정약용이 이 일로 서울[京中]에서 구설口舌이 아주 많다는 소문을 듣고 이를 심각하게 생각하여 정수칠과 함께 2개의 「서문序文」과 원집原集의 일부 내용의 개간改刊을 상의하기 위해 즉시 마재[馬峴]로 올라올 것을 부탁하는 내용임.
●④ 『산행일기汕行日記』: 계미년[1823년, 純祖 23] 4월에 정약용은 장남 정학연丁學淵의 맏아들 대림大林이 춘천春川의 도정촌陶井村에 사는 수성최씨隋城崔氏와 혼례를 올리게 됨을 계기로 이재의 등과 함께 배로 북한강[汕水]을 거슬러 올라가 춘천과 곡운구곡谷雲九曲 등지를 유람했던바, 이에 15일부터 26일까지의 전체 노정路程 및 앞서 경진년[1820년]과 이때 지은 시詩들을 모아 편집한 일기체 기행시권紀行詩卷임.
●⑤ 『산수심원기汕水尋源記』: 정약용이 계미년[1823년, 純祖 23]에 장손長孫 대림의 혼례를 계기로 춘천을 두 번째로 여행하면서 직접 북한강의 수로水路를 고찰하여 그 발원지와 큰 줄기 및 지류를 차례대로 기록하고, 또한 인근 나루와 여울 및 지명地名의 연혁을 상세하게 서술함으로써 춘천·낭천狼川의 물이 북한강이 됨을 재확인한 일종의 지리지地理志에 해당하는 저술임.
●⑥ 「즉봉혜한卽奉惠翰」: 정약용이 영남嶺南에 사는 인척姻戚인 모인某人에게 보낸 편지로, 초여름 곡운구곡을 유람한 일과 가을에 과거科擧를 보기 위해 상경할 때 만나 회포를 풀 것을 부탁하는 내용임.</td></tr>
</table>

<table>
<tr><td>연 대</td><td colspan="2">1824년 [순조純祖 24: 갑신甲申]</td><td>나 이</td><td>63세　No. 58</td></tr>
<tr><td>생평사략</td><td colspan="4">● 4월에 공公이 오랜 병석病席에서 일어나 신작申綽[石泉], 여동식呂東植[玄谿], 윤영희尹永禧[楊山], 정학연丁學淵, 박종유朴鍾儒, 신명연申命淵 등과 함께 천진암天眞菴을 유람하고, 이때 서로 주고받은 시詩들을 모아 『천진소요집天眞消搖集』①을 엮음.
● 5월에 공이 배를 타고 송파松坡로 윤영희尹永僖[淞翁]를 방문함. 배로 돌아오는 길에 몽오정夢烏亭을 지나 두미협斗尾峽에 이르렀을 때 역풍과 소나기 및 우레를 만남.
● 여름에 공이 「소서팔사消暑八事」를 위시한 일련의 시를 묶어 '『갑신시권甲申詩卷』'②을 엮음.
● 가을에 이재의李載毅[文山·約菴, 字는 汝弘]가 두릉斗陵[馬峴]으로 공을 방문함. ③</td></tr>
<tr><td>저작</td><td>시</td><td colspan="3">● 「소서팔사【갑신하】消暑八事【甲申夏】」: 『전서全書 1』, pp. 589~590.
● 「재첩再疊」: 『전서全書 1』, pp. 591~592.
● 「삼첩三疊」: 『전서全書 1』, pp. 592~594.
● 「우소서팔사又消暑八事」: 『전서全書 1』, pp. 594~596.
● 「우소서팔사又消暑八事」: 『전서全書 1』, pp. 596~598.
● 「병복십유이순, 적봉현계영공종용문수종이지, 장남유천진암, 면이종지. 잉방석천옹해적, 삼가소년급계림·성구·규백역종언. 도수남작病伏十有二旬, 適逢玄谿令公從龍門·水鍾而至, 將南游天眞菴, 勉而從之. 仍訪石泉翁偕適, 三家少年及季林·聖九·規伯亦從焉. 到水南作」: 『전서全書 1』, p. 604.
● 「차운「상천진사」次韻「上天眞寺」」: 『전서全書 1』, pp. 604~606.
● 「야숙천진사, 사파무구관, 여개삼십년중도야野宿天眞寺, 寺破無舊觀, 余盖三十年重到也」: 『전서全書 1』, p. 606.
● 「차운「숙천진사」次韻「宿天眞寺」」: 『전서全書 1』, pp. 607~609.
● 「산목【시사월지말, 눈엽신토】山木【時四月之末, 嫩葉新吐】」: 『전서全書 1』, p. 609.
● 「차운「영산목」次韻「詠山木」」: 『전서全書 1』, pp. 610~611.
● 「출산문出山門」: 『전서全書 1』, pp. 611~612.
● 「차운「출산문」次韻「出山門」」: 『전서全書 1』, p. 612.
● 「차운「게노고담」次韻「憩鏴鈷潭」」: 『전서全書 1』, p. 612.
● 「부원운附原韻」: 『전서全書 1』, pp. 613~614.
● 「의제석천옹사촌옥벽, 부용「숙사」운擬題石泉翁社村屋壁, 復用「宿寺」韻」: 『전서全書 1』, p. 614.
● 「차운「제석천옥벽」次韻「題石泉屋壁」」: 『전서全書 1』, pp. 614~615.
● 「사월이십일일상사, 이십이일출산숙강촌, 이십삼일범주두미, 거망부득어, 창연유작四月二十一日上寺, 二十二日出山宿江村, 二十三日泛舟斗尾, 擧網不得魚, 悵然有作」: 『전서全書 1』, p. 615.
● 「차운「두미거망부득어」次韻「斗尾擧網不得魚」」: 『전서全書 1』, pp. 616~618.</td></tr>
</table>

저작		
	시	●「두미주중斗尾舟中」: 『전서全書 1』, p. 618. ●「차운「두미주중」【하석천여송옹상견】次韻「斗尾舟中」【賀石泉與松翁相見】」: 『전서全書 1』, p. 619. ●「두미주중, 문송파윤학사지, 상여래회, 우용전운斗尾舟中, 聞松坡 尹學士至, 相與來會, 又用前韻」: 『전서全書 1』, pp. 619~620. ●「차운수열초次韻酬洌樵」: 『전서全書 1』, p. 620. ●「희위배체시양산, 우용전운삼첩戲爲俳體示楊山, 又用前韻三疊」: 『전서全書 1』, pp. 620~621. ●「차운수열초次韻酬洌樵」: 『전서全書 1』, p. 621. ●「임별우시현계臨別又示玄谿」: 『전서全書 1』, p. 621. ●「도두구점, 이일편분정열초·양산渡頭口占, 以一篇分呈洌樵·楊山」: 『전서全書 1』, p. 622. ●「우이일편분정열초급치수백중·계림제공又以一篇分呈洌樵及穉修伯仲·季林諸公」: 『전서全書 1』, p. 622. ●「차운봉수현계영공次韻奉酬玄谿令公」: 『전서全書 1』, p. 623. ●「기귀추술도미담범주지악, 시제공既歸追述度迷潭泛舟之樂, 示諸公」: 『전서全書 1』, p. 623. ●「차운수석천次韻酬石泉」: 『전서全書 1』, p. 624. ●「추화여승지천진사지작追和呂承旨天眞寺之作」: 『전서全書 1』, pp. 624~625. ●「오월십이일, 승주도송파, 의제윤우옥벽五月十二日, 乘舟到松坡, 擬題尹友屋壁」: 『전서全書 1』, p. 625. ●「임별우제臨別又題」: 『전서全書 1』, p. 625. ●「주과몽오정舟過夢烏亭」: 『전서全書 1』, p. 625. ●「두미치역풍斗尾值逆風」: 『전서全書 1』, p. 626. ●「두미치취우斗尾值驟雨」: 『전서全書 1』, p. 626. ●「두미치대뢰斗尾值大雷」: 『전서全書 1』, p. 626.
	문	
	경집	

저작	기타	ㅇ「신추팔영新秋八詠」: 『전서全書 1』, pp. 598~599. ㅇ「제「한안취시도」題「寒岸聚市圖」」: 『전서全書 1』, p. 600. ㅇ「한계반초도寒溪返樵圖」: 『전서全書 1』, p. 600. ㅇ「한강범주도寒江泛舟圖」: 『전서全書 1』, p. 600. ㅇ「한애원기도寒厓遠騎圖」: 『전서全書 1』, p. 600. ㅇ「한암자숙도寒菴煮菽圖」: 『전서全書 1』, p. 600. ㅇ「한방소육도寒房燒肉圖」: 『전서全書 1』, p. 601. ㅇ「한담욕부도寒潭浴鳧圖」: 『전서全書 1』, p. 601. ㅇ「한산주응도寒山嗾鷹圖」: 『전서全書 1』, p. 601. ㅇ「독와삼수, 희위방옹체獨臥三首, 戲爲放翁體」: 『전서全書 1』, pp. 601~602. ㅇ「부득산북독서성賦得山北讀書聲」: 『전서全書 1』, p. 602.
비고		●① 『천진소요집天眞消搖集』: 갑신년[1824년, 純祖 24] 4월 21일부터 23일까지 정약용[洌樵]이 신작申綽[石泉], 여동식呂東植[玄谿], 윤영희尹永禧[楊山], 정학연丁學淵, 박종유朴鍾儒, 신명연申命淵 등과 함께 천진암天眞菴을 유람하면서 주고받은 시詩들을 모아 엮은 시권詩卷임. 위에 소개된 시 중에서 「병복십유이순, 적봉현계영공종용문수종이지, 장남유천진암, 면이종지. 잉방석천옹해적, 삼가소년급계림·성구·규백역종언. 도수남작病伏十有二旬, 適逢玄谿令公從龍門水鍾而至, 將南游天眞菴, 勉而從之. 仍訪石泉翁偕適, 三家少年及季林·聖九·規伯亦從焉. 到水南作」에서 「추화여승지천진사지작追和呂承旨天眞寺之作」까지 해당함. ●② 『갑신시권甲申詩卷』: 이는 '가칭'으로, 갑신년에 단행單行되었을 것으로 추측되는 일련의 시권으로, 여기에는 「소서팔사【갑신하】消暑八事【甲申夏】」, 「오월십이일, 승주도송파, 의제윤우옥벽五月十二日, 乘舟到松坡, 擬題尹友屋壁」 이하 6수, 「신추팔영新秋八詠」, 「제「한안취시도」題「寒岸聚市圖」」 이하 8수 등의 시들이 각각 독립된 시권의 형태로 편집되었을 것으로 판단됨. ●③ 이재의李載毅[文山·約菴, 字는 汝弘]의 『자찬연보自撰年譜』「갑신甲申 53세조歲條」에 "가을에 두릉斗陵[馬峴: 필자 주]에 갔다(甲申 五十三歲○……秋, 作斗陵行)"라고 기록하고 있음.

<table>
<tr><td colspan="2">연 대</td><td>1825년 [순조純祖 25: 을유乙酉]</td><td>나 이</td><td>64세 No. 59</td></tr>
<tr><td colspan="2">생평사략</td><td colspan="3">●정월에 공公이 『풍수집의風水集議』①를 완성함.
●정월에 공이 이광수李光壽[逍遙園, 字는 景祉]에게 편지를 보냄.②
●봄에 이재의李載毅[文山·約菴, 字는 汝弘]가 서울집[京第]으로 가는 길에 마재[馬峴]로 공을 방문하여 며칠 동안 머무름.③
●10월에 둘째형수 풍산홍씨豐山洪氏[丁若銓의 부인]께서 타계함.
●11월에 당시 양천현감陽川縣監으로 재직 중이던 김매순金邁淳[臺山, 字는 德叟, 1776~1840]에게 편지를 보냄.④</td></tr>
<tr><td rowspan="4">저작</td><td>시</td><td colspan="3"></td></tr>
<tr><td>문</td><td colspan="3">●「소요원서궤경복逍遙園書几敬復」: 『《여유당전서》 미수록 다산茶山 간찰집簡札集』②
●「근배상첩謹拜上帖」: 『《여유당전서》 미수록 다산茶山 간찰집簡札集』④</td></tr>
<tr><td>경집</td><td colspan="3">●『풍수집의風水集議』: 『전서全書 22』, pp. 323~390.</td></tr>
<tr><td>기타</td><td colspan="3"></td></tr>
<tr><td colspan="2">비 고</td><td colspan="3">●①『풍수집의風水集議』: 모두 3권 1책으로, 『상의절요喪儀節要』, 『제례고정祭禮考定』, 『가례작의嘉禮酌儀』, 『예의문답禮疑問答』[『全書』 22]과 함께 편차編次되어 있음. 『풍수집의』는 정약용이 중국의 역대 풍수론風水論을 집대성한 서건학徐乾學[健庵, 字는 原一, 1631~1694: 中國 淸 나라의 학자]의 『독례통고讀禮通考』 「장고葬考 2」에서 중요한 대목을 발췌하여 싣고, 여기에다 자신의 견해를 덧붙인 저술임. 이 저술은 당시 유교적 가치를 외면하고 기복祈福만을 추구하며 풍수설을 맹신하던 조선朝鮮의 습속을 비판하려는 정약용의 문제의식을 함축하고 있는바, 특히 유교적儒敎的 합리주의合理主義의 입장에서 기존의 풍수설을 체계적으로 비판한 조선후기의 대표적인 작품임. 또한 3권의 말미에 「사암풍수론俟菴風水論」을 부기하여 자신의 기존 풍수론 비판을 한 단계 더 진전시키고 있음.</td></tr>
</table>

비 고	●② 「소요원서궤경복逍遙園書几敬復」: 정약용이 이광수李光壽[逍遙園, 字는 敬之]에게서 편지를 받고 보낸 답서答書로, 올봄에는 과거科擧가 없음을 알리고 산수록재山水綠齋 지붕에 올릴 대나무 서까래와 버섯[肉芝]을 교환할 것을 제의하는 내용임. ●③ 이재의李載毅[文山·約菴, 字는 汝弘]의 『자찬연보自撰年譜』「을유乙酉 54세조歲條」에 "봄에 ……서울집[京第]으로 가면서 길이 마재[馬峴]를 경유하므로 정약용의 집에 가서 며칠 머무르다(乙酉 五十四歲○春, ……將向京第, 路由馬峴, 留數日)"라고 기록하고 있음. ●④ 「근배상첩謹拜上帖」: 정약용이 당시 양천현감陽川縣監으로 재직 중이던 김매순金邁淳[臺山, 字는 德叟]에게 보낸 편지로, 양천陽川에 부임한 후로는 더 이상 자신의 『역설易說』을 비평한 소지小紙를 보내오지 않는다고 재촉하는 내용임.

<table>
<tr><th colspan="2">연 대</th><th>1826년 [순조純祖 26: 병술丙戌]</th><th>나 이</th><th>65세 No. 60</th></tr>
<tr><td colspan="2">생평사략</td><td colspan="3">●6월에 공公이 석호정石湖亭에서 신작申綽[石泉, 字는 在中, 1760~1828] 형제 및 진사 유희柳僖[戒仲]와 만나 즐겁게 대화하며 교유함.①
●9월에 윤영희尹永僖[淞翁]가 마재[馬峴]로 공을 방문함에 공이 이를 기뻐하는 시詩를 지음. 윤영희는 며칠 머물다 병이 나서 집으로 돌아감.
●가을에 최사문崔斯文[愚山]이 마재로 공을 방문함에 공이 이를 기뻐하는 시를 지어줌.
●가을에 공이 육촌아우인 정약건丁若鍵[棠沙]이 집도 없이 떠도는 형편을 보고 서글픈 심정을 시를 지어 토로함.
●10월에 공이 『열수문황洌水文簧』②을 엮음.
●겨울에 공이 여동근呂東根[青灘]과 시를 지어 수답酬答함. 이어 공이 발을 다쳤다는 소식을 듣고 여동근이 시를 지어 위로해줌에 공이 차운次韻한 시를 지어 부침.
●겨울에 공이 3년 전에 부쳐온 윤영희의 시에 추후追後하여 화답和答하는 시를 지음.
●11월에 공이 겨울날씨가 따뜻하여 이를 기뻐하는 시를 지음. 뒤이어 6일에 큰 바람이 붇고 눈이 내려 날씨가 갑자기 추워짐에 느낀 소회所懷를 시를 지어 노래함.
●11월에 공이 이만용李晩用[東樊, 1802~?]]에게 주려고 시를 지음.
●11월 8일에 서제庶弟 정약횡丁若鐄[1785~1829]이 이만용, 정환표鄭煥杓[黃坡], 포주蒲洲[未詳]와 함께 마재로 공을 방문함. 이때 공이 자신을 찾아준 반가움과 함께 마침 이만용의 부친 이명오李明五[泊翁]가 자신의 아들에게 편지를 보낸 것을 보고 느낀 바가 있어 시를 지음.
●겨울에 공이 여동식呂東植[玄溪]에게 시를 지어 부침.
●12월에 공이 박연朴擽에게 편지를 보냄.③</td></tr>
<tr><td>저작</td><td>시</td><td colspan="3">●「송옹지【병술구월입삼일】淞翁至【丙戌九月卄三日】」: 『전서全書 1』, pp. 544~545.
●「송옹이병환淞翁以病還」: 『전서全書 1』, p. 546.
●「구월입팔일야, 부용전운九月卄八日夜, 復用前韻」: 『전서全書 1』, p. 546.
●「증우산최사문贈愚山 崔斯文」: 『전서全書 1』, p. 546.
●「제건무가표박, 용전운弟鍵無家漂泊, 用前韻」: 『전서全書 1』, p. 546.
●「수청탄酬青灘」: 『전서全書 1』, p. 547.
●「석좌夕坐」: 『전서全書 1』, p. 547.
●「차운진후산「설의」次韻陳后山「雪意」」: 『전서全書 1』, p. 547.
●「차운여영천「강정」次韻呂榮川「江亭」」: 『전서全書 1』, p. 548.
●「청탄문여유하당지질, 이시상위, 차운각기青灘聞余有下堂之疾, 以詩相慰, 次韻却寄」: 『전서全書 1』, p. 548.
●「유사幽事」: 『전서全書 1』, pp. 548~549.
●「차운유원휘·방만리「초한야좌」이수次韻劉元煇·方萬里「初寒夜坐」二首」: 『전서全</td></tr>
</table>

<table>
<tr><td rowspan="4">저작</td><td>시</td><td>書 1』, p. 549.
●「송옹이시기, 아미화자삼년, 금시추화淞翁以詩寄, 我未和者三年, 今始追和」: 『전서全書 1』, pp. 549~550.
●「동온冬溫」: 『전서全書 1』, pp. 550~551.
●「십일월육일, 대풍설졸한十一月六日, 大風雪猝寒」: 『전서全書 1』, p. 551.
●「의증계동번擬贈契東樊」: 『전서全書 1』, p. 552.
●「십일월팔일, 사제횡여동번·황파·포주지, 박옹유저아서, 감이유술十一月八日, 舍弟鐄與東樊·黃坡·蒲洲至, 泊翁有抵兒書, 感而有述」: 『전서全書 1』, p. 552.
●「차운「산중대월」, 간기현계次韻「山中對月」, 簡寄玄溪」: 『전서全書 1』, p. 552.
●「차운「산설중독서」, 간기현계次韻「山雪中讀書」, 簡寄玄溪」: 『전서全書 1』, pp. 552~553.</td></tr>
<tr><td>문</td><td>●『열수문황洌水文簧』: 『전서全書 35』, pp. 231~504 및 『전서全書 36』[『與猶堂全書補遺 I~II』에 수록되어 있음]
●「답박연答朴掾」: 『《여유당전서》 미수록 다산茶山 간찰집簡札集』③</td></tr>
<tr><td>경집</td><td></td></tr>
<tr><td>기타</td><td></td></tr>
<tr><td colspan="2">비고</td><td>●① 『석천유집石泉遺集』의 「일승日乘」에는 6월 19일 신작申綽[石泉, 字는 在中] 형제가 진사 유희柳僖[戒仲]와 함께 배를 타고 석호정石湖亭으로 내려갔으며, 이튿날 정약용이 소식을 듣고 석호정으로 찾아와 서로 즐겁게 대화를 나눈 일을 기록하고 있음. 이에 대한 보다 자세한 내용은 조성을(2016: 779)이 참조됨.
●② 『열수문황洌水文簧』: 모두 3권으로, 정약용이 젊어서 지은 변려문騈儷文, 즉 '「표表」·「전箋」·「조詔」·「제制」 등 잡체雜體'의 글인 460수의 변려문을 모아 엮은 『문집文集』임. 연대로 보면 정약용이 15세 되는 병신년[1776년, 英祖 52]의 작품인 「하일송인환소천시서夏日送人還苕川詩序」부터 44세 되는 을축년[1805년, 純祖 5]의 작품인 「이아암선자걸명소貽兒菴禪子乞茗疏」까지 망라되어 있으나, 대부분은 23세부터 30세까지의 성균관유생成均館儒生 및 대과大科 합격 직후의 신진관료 시절에 지은 작품임.</td></tr>
</table>

비 고	●③ 「답박연答朴掾」: 정약용이 박연朴掾에게서 편지를 받고 보낸 답서答書로, 박연이 정약용에게 부탁한 일은 지금 담당자를 직접 만날 수는 없고 곧바로 편지를 써서 해결해보겠다고 알리고 자세한 내용은 직접 만나 이야기하고 싶으니 잠깐 다녀갈 것을 부탁하는 한편, 마재[馬峴]에는 박운달朴雲達, 최칠금崔七金 두 사람이 환자[還上]의 일에 농간을 부려 해마다 소란스러운데 이들은 마땅히 엄하게 다스려야 함에도 박연이 이 일의 무마에 개입한 것을 책망하고 보내준 선물이 과한 것에도 불편한 마음을 전하면서 답례로 민어民魚 한 마리를 보냄을 알리는 내용임. 박연이 누구인지는 미상未詳이나, 아전으로 추정됨.

<table>
<tr><td>연 대</td><td>1827년 [순조純祖 27: 정해丁亥]</td><td>나 이</td><td>66세 No. 61</td></tr>
<tr><td colspan="1">생평사략</td><td colspan="3">●정월에 공公이 김매순金邁淳[臺山, 字는 德叟]과 편지로 방포方苞[望溪, 字는 靈皐, 1668~1749: 中國 淸 나라의 학자]의 『망계집望溪集』에 대해 비평함.
●봄에 이재의李載毅[文山·約菴, 字는 汝弘]가 두릉斗陵[馬峴]으로 공을 방문함.①
●봄에 공이 여동식呂東植[玄溪]의 시詩에 화답하여 「현곡잡영玄谷雜詠」과 「현계잡영玄溪雜詠」이란 시를 지음.
●7월 16일에 공이 여러 사우士友들과 함께 삼정蔘亭에서 배를 타고 놀며 소상연파조수苕上烟波釣叟로서 여생의 삶을 시로 노래함.
●가을에 공이 변상벽卞尙璧이 그린 「모계령자도母雞領子圖」에 제題하는 시를 지음.
●가을에 공이 한촌閒村에 사는 조일인趙逸人에게 시를 지어 부침.
●가을에 공이 육촌아우인 정약건丁若鍵[棠沙]이 빈한貧寒하게 사는 처지를 위로하는 시를 지어 부침.
●가을에 공이 여동식에게 시를 지어 부침.
●10월에 윤극배尹克培가 '동뢰구언冬雷求言'으로 상소하여 공을 참혹하게 무고誣告함. 이때는 효명세자孝明世子[翼宗]가 대리청정代理聽政을 하던 첫 해였는데, 세자의 마음은 어진 인재를 목마르게 구하여 바야흐로 공을 거두어 쓰려고 하였음. 정적政敵이 이러한 사정을 알고 윤극배를 사주하여 소疏를 올리게 한 것임.
●11월에 공이 홍석주洪奭周[淵泉, 1774~1842]와 교유하기 시작함. 이는 홍석주의 동생인 홍현주洪顯周[海居齋, 1793~1865: 正祖의 사위]를 통해 시작됨. 당시 홍현주는 집안에 소장하던 염약거閻若璩[潛邱居士, 1636~1704: 中國 淸 나라의 학자]의 『상서고문소증尙書古文疏證』과 홍석주의 『상서보전尙書補傳』을 공에게 보여주었고, 이에 공은 홍석주에게 『매씨서평梅氏書平』, 『상서지원록尙書知遠錄』의 「서문」과 「목차」 및 『상서고문소증』에 대한 평評으로 『염씨『고문소증』초閻氏『古文疏證』鈔』②를 지어 보여줌. 또한 『상서보전』에 대한 질문 및 자신의 견해를 적은 『독『상서보전』讀『尙書補傳』』③을 저술하여 보냄.
●12월에 홍석주가 공의 『매씨서평』을 읽고 나름대로 문제점을 지적한 첨籤을 보내옴에 공이 이에 회답하는 편지를 씀.</td></tr>
<tr><td>저작 시</td><td colspan="3">●「칠월기망, 어삼정후월, 만유소우【정해추】七月旣望, 於蔘亭候月, 晩有小雨【丁亥秋】」: 『전서全書 1』, p. 540.
●「소언제우병지, 화기주중운少焉諸友並至, 和其舟中韻」: 『전서全書 1』, p. 541.
●「오엽정가五葉亭歌」: 『전서全書 1』, p. 541.
●「재첩再疊」: 『전서全書 1』, p. 542.
●「삼정십영蔘亭十詠」: 『전서全書 1』, p. 542.
●「제변상벽「모계령자도」題卞尙璧「母雞領子圖」」: 『전서全書 1』, p. 543.
●「간기한촌조일인簡寄閒村 趙逸人」: 『전서全書 1』, p. 543.</td></tr>
</table>

저작	시	●「기제육제건寄第六弟鍵」: 『전서全書 1』, pp. 543~544. ●「간기현계簡寄玄溪」: 『전서全書 1』, p. 544. ●「「현곡잡영」, 화여승지「玄谷雜詠」, 和呂承旨」: 『전서全書 1』, p. 553. ●「우「현계잡영」십절又「玄溪雜詠」十絶」: 『전서全書 1』, pp. 554~555.
	문	●「홍판서【석주】서첨『매씨서평』洪判書【奭周】書籤『梅氏書平』」: 『전서全書 37』, pp. 218~224.[『與猶堂全書補遺 III』에 수록되어 있음] ●「답김덕수【정해정월십이일】答金德叟【丁亥正月十二日】」: 『전서全書 37』, pp. 227~228.[『與猶堂全書補遺 III』에 수록되어 있음] ●「이【십삼일】二【十三日】」: 『전서全書 37』, p. 228.[『與猶堂全書補遺 III』에 수록되어 있음] ●「여해거與海居」: 『전서全書 37』, pp. 229~230.[『與猶堂全書補遺 III』에 수록되어 있음] ●「답홍성백첨시答洪聲伯籤示」: 『전서全書 37』, pp. 230~237.[『與猶堂全書補遺 III』에 수록되어 있음]
	경집	●『염씨『고문소증』초閻氏『古文疏證』鈔』: 『전서全書 13』, pp. 342~430. ●『독『상서보전』讀『尙書補傳』』: 『전서全書 37』, pp. 238~250.[『與猶堂全書補遺 III』에 수록되어 있음]
	기타	○「족제공예회갑지작族弟公睿回甲之作」: 『전서全書 1』, p. 555.
비고		●① 이재의李載毅[文山·約菴, 字는 汝弘]의 『자찬연보自撰年譜』「정해丁亥 56세조歲條」에 "봄에 두릉斗陵에 가다(丁亥 五十六歲○春, 作斗陵行)"라고 기록하고 있음. ●② 『염씨고문소증초閻氏『古文疏證』鈔』: 모두 4권으로, 정약용이 『매씨서평梅氏書平』을 개수改修하면서 참고한 바 있는 염약거閻若璩[潛邱居士, 1636~1704]의 『상서고문소증尙書古文疏證』에 대해 중요한 부분 100여 곳을 초록鈔錄하고, 이에 대해 비판이나 찬의贊意를 표시하는 가운데 자신의 견해를 제시하고 있는 저술임. ●③ 『독『상서보전』讀『尙書補傳』』: 정약용이 홍석주洪奭周[淵泉]가 저술한 『상서보전尙書補傳』을 읽고, 「요전堯典」·「순전舜典」·「대우모大禹謨」·「고요모皐陶謨」·「익직益稷」 등 5편에 걸쳐 자신의 견해를 차례대로 밝힌 저술임. 특히 「순전」편에 대한 독후감에서 정약용은 『상서보전』이 멀리는 한영韓嬰의 『한시외전韓詩外傳』이나 가의賈誼의 『신서新書』, 가까이는 구준丘濬과 고염무顧炎武의 학문에 필적하는 훌륭한 저술임을 칭찬하면서도, 동시에 오역吳棫·주희朱熹·오징吳澄·귀유광歸有光·매작梅鷟·염약거閻若璩로 이어지는 의고문학파疑古文學派의 저작에 대한 인식이 있음에도 금문今文과 고문古文을 동렬에 놓는 애매한 자세를 취하고 있는 점에 대해서는 통렬히 비판하고 있음.

<table>
<tr><td colspan="2">연 대</td><td>1828년 [순조純祖 28: 무자戊子]</td><td>나 이</td><td>67세　　No. 62</td></tr>
<tr><td colspan="2">생평사략</td><td colspan="3">●5월 5일 단옷날[端午日]에 공公이 판관判官 이정민李鼎民과 교관敎官 김상희金相喜와 함께 남자주藍子洲에 배를 띄우고 물고기를 잡으며 유람함.
●5월 단옷날부터 공이 윤영희尹永僖[淞翁, ?~?]와 연이어 시詩를 지어 화답함.
●5월에 공이 남한산성南漢山城을 유람하고, 50년 전인 기해년[1779년, 正祖 3]에 정조正祖의 대가大駕가 영릉英陵에 거둥했다가 돌아오는 길에 남한산성에서 야간에 군대를 사열하시며 화전火箭과 화포火砲를 쏘는 것을 구경했던 일을 이제는 백수白首가 되어 눈물로 회상하며 자신의 비통한 심정을 시를 지어 토로함.
●5월에 신작申綽[石泉, 字는 在中, 1760~1828]이 타계함.
●여름에 공이 오랫동안 가물다가 홍수가 나서 농사에 큰 피해를 주는 것을 보고 이를 근심하는 시를 지음. 이때 공은 다리가 마비되는 병을 앓음.
●여름에 공이 윤영희와 서로 화답한 시들을 모아 『송파수작松坡酬酢』①이란 시권詩卷을 엮음.
●가을에 이학규李學逵[惺叟]가 마재[馬峴]로 공을 방문함에 시를 지어줌.
●10월에 공이 일속자一粟子의 『쇄언瑣言』에 대한 「발문跋文」을 지음.
●겨울에 공이 이조연李祖延[稷山]에게 시를 지어줌.
●11월 12일에 공이 마재로 찾아온 강진康津의 읍중제자 황지초黃之楚[硯菴, 小字는 完聃, 1793~1903] 편에 또 다른 읍중제자 황상黃裳[巵園處士, 小字는 山石, 1788~1870]에게 그간의 안부와 몇 가지 당부를 담은 편지를 보냄.②</td></tr>
<tr><td>저작</td><td>시</td><td colspan="3">●「단오일, 차운육방옹「초하한거」팔수, 기송옹【무자오월오일】端午日, 次韻陸放翁「初夏閒居」八首, 寄淞翁【戊子五月五日】」: 『전서全書 1』, pp. 508~509.
●「차운열수「단오일」, 현기【송옹】次韻洌水「端午日」, 見寄【淞翁】」: 『전서全書 1』, pp. 509~510.
●「우차육방옹「농가하사」육수又次陸放翁「農家夏詞」六首」: 『전서全書 1』, pp. 510~511.
●「우차운「전가하사」육수又次韻「田家夏詞」六首」: 『전서全書 1』, pp. 511~512.
●「남성지감」육수, 간기송옹「南城志感」六首, 簡寄淞翁」: 『전서全書 1』, pp. 512~513.
●「차운범석호「병오서회」십수, 간기송옹次韻范石湖「丙午書懷」十首, 簡寄淞翁」: 『전서全書 1』, pp. 513~514.
●「차운범석호「병중」십이수, 간시송옹次韻范石湖「病中」十二首, 簡示淞翁」: 『전서全書 1』, pp. 515~516.
●「육월무화, 유목근천장, 사인감념, 솔이유작, 수차동파「정혜원해당」운, 봉시송옹六月無花, 唯木槿擅場, 使人感念, 率爾有作, 遂次東坡「定惠院海棠」韻, 奉示淞翁」: 『전서全書 1』, p. 516.
●「광주판관이공【정민】·김【상희】교관, 동범남자주【무자오월초오일】廣州判官李公</td></tr>
</table>

저작	시	【鼎民】·金【相喜】敎官, 同泛藍子洲【戊子五月初五日】」: 『전서全書 1』, pp. 516~517. ● 「남자주타어藍子洲打魚」: 『전서全書 1』, p. 517. ● 「증성수贈惺叟」: 『전서全書 1』, p. 517. ● 「차운열수「서회」 십수【송옹】次韻洌水「書懷」十首【淞翁】」: 『전서全書 1』, pp. 517~519. ● 「우차운「병중」 십이수【송옹】又次韻「病中」十二首【淞翁】」: 『전서全書 1』, pp. 519~520. ● 「화열수「영목근화」【송옹】和洌水「詠木槿花」【淞翁】」: 『전서全書 1』, pp. 520~521. ● 「구우상가, 차운동파「구한심우지작」 삼수, 봉시송옹久雨傷稼, 次韻東坡「久旱甚雨之作」三首, 奉示淞翁」: 『전서全書 1』, pp. 521~522. ● 「차운열수「구우상가」【송옹】次韻洌水「久雨傷稼」【淞翁】」: 『전서全書 1』, pp. 522~523. ● 「병중대우, 차운양성재「추우」 십절구, 희효기체, 둔렬가해. 우기송옹【육월초오일】病中對雨, 次韻楊誠齋「秋雨」十絶句, 戱效其體, 鈍劣可咍. 又寄淞翁【六月初五日】」: 『전서全書 1』, pp. 523~524. ● 「병중고열, 차운양성재「설성」 십절구, 이당적각층빙지상. 우기송옹病中苦熱, 次韻楊誠齋「雪聲」十絶句, 以當赤脚層氷之想. 又寄淞翁」: 『전서全書 1』, pp. 524~525. ● 「증직산이사문【조연, 무자동】贈稷山李斯文【祖延, 戊子冬】」: 『전서全書 1』, pp. 574~575.
	문	● 「서일속『쇄언』후【무자십월십팔일】書一粟『瑣言』後【戊子十月十八日】」: 『전서全書 37』, p. 230.[『與猶堂全書補遺 III』에 수록되어 있음] ● 「기치원농은지소寄巵園農隱之所」: 『다산여황상서간첩茶山与黃裳書簡帖』②
	경집	
	기타	○ 「차운산음신일인【교선】次韻山陰申逸人【敎善】」: 『전서全書 1』, p. 575. ○ 「간기춘천이참봉【목】簡寄春川李參奉【楘】」: 『전서全書 1』, p. 575. ○ 「추만김우희, 향각기수선화일본, 기분고려고기야秋晩金友喜, 香閣寄水仙花一本, 其盆高麗古器也」: 『전서全書 1』, p. 575.③ ○ 「부득수중신묘賦得水中新苗」: 『전서全書 1』, p. 576. ○ 「「팔괘봉」 시, 제조정언산정액「八卦峯」詩, 題趙正言山亭額」: 『전서全書 1』, pp. 576~577. ○ 「시박경유. 거제오남, 시이하지示朴景儒. 擧第五男, 詩以賀之」: 『전서全書 1』, p. 577. ○ 「시박경유示朴景儒」: 『전서全書 1』, p. 577. ○ 「재첩再疊」: 『전서全書 1』, p. 578. ○ 「탄촌김【시한】공부【구월십육일】炭村、金【始漢】共賦【九月十六日】」: 『전서全書 1』, p. 578. ○ 「십이월삼일문산지, 월삼일야, 설만두, 유이장구十二月三日文山至, 越三日夜, 設饅頭, 侑以章句」: 『전서全書 1』, pp. 578~579.④ ○ 「유손어락·위이묘석상, 부시이환, 시석양가이옹우여경유형제회. 오쇠지차, 감이유작, 잉차유손운幼孫於洛·渭二妙席上, 賦詩而還, 是夕兩家二翁又與景儒兄弟會. 吾衰至此, 感而有作, 仍次幼孫韻」: 『전서全書 1』, p. 579.⑤

비 고	●①『송파수작松坡酬酢』: 이해 단오일端午日부터 6월까지 정약용이 윤영희尹永僖[淞翁]와 서로 화답한 시詩를 묶어 편찬한 시권詩卷으로, 위에서 소개한 「단오일, 차운육방옹「초하한거」팔수, 기송옹【무자오월오일】端午日, 次韻陸放翁「初夏閒居」八首, 寄淞翁【戊子五月五日】」부터 「병중고열, 차운양성재「설성」십절구, 이당적각층빙지상. 우기송옹病中苦熱, 次韻楊誠齋「雪聲」十絕句, 以當赤脚層氷之想. 又寄淞翁」까지의 시로 구성됨. 다만, 이 가운데서 「광주판관이공【정민】·김【상희】교관, 동범남자주【무자오월초오일】廣州判官李公【鼎民】·金【相喜】教官, 同泛藍子洲【戊子五月初五日】」·「남자주타어藍子洲打魚」·「증성수贈惺叟」는 내용상 원래 『송파수작』에 속하지 않았던 작품으로 추측됨. ●②「기치원농은지소寄巵園農隱之所」: 이 편지는 정약용이 마재[馬峴]로 찾아온 강진康津의 읍중제자인 황지초黃之楚 편에 또 다른 읍중제자 황상黃裳에게 그 동안 소식이 없는 무정함을 나무라고, 읍중제자 이청李晴[小字는 鶴來, 字는 琴招, 1792~1861]과 김종金琮[字는 石宗] 등의 행동에 대해 말하면서 안부를 묻는 한편, 또한 이미 고인故人이 된 읍중제자 손병조孫秉藻[小字는 俊燁, ?~?]와 여전히 아전[書客] 노릇을 하고 있는 황경黃褧[醉夢齋, 小字는 安石, 1792~1867]에 대한 연민을 토로하면서, 끝으로 자신의 부고訃告를 듣더라도 상경하지 말고 다만 황지초와 함께 산중山中에서 곡哭만 하고 그칠 것을 당부한 내용으로, 일명 '『다산여황상서간첩茶山与黃裳書簡帖』'에 수록되어 있음. 이에 대한 보다 자세한 내용은 정민(2011: 99~142)이 참조됨. ●③「추만김우희, 향각기수선화일본, 기분고려고기야秋晚金友喜, 香閣寄水仙花一本, 其盆高麗古器也」: 이해 늦가을에 김정희金正喜[秋史, 字는 元春, 1786~1856]가 평양平壤에서 고려자기에 수선화水仙花를 담아 정약용에게 선물로 보낸 것으로 추측됨. ●④「십이월삼일문산지, 월삼일야, 설만두, 유이장구十二月三日文山至, 越三日夜, 設饅頭, 侑以章句」: 이해 12월 3일에 이재의李載毅[文山·約菴, 字는 汝弘]가 정약용을 방문하였고, 사흘 뒤에는 부인이 장만한 만두를 같이 먹으며 시를 지어 교유한 것으로 추측됨. 이재의의 『자찬연보自撰年譜』에는 해당 기록이 발견되지 않음. 한편 조성을(2016: 796)은 이듬해인 기축년己丑年[1829년]의 일로 추정함. ●⑤「유손어락·위이묘석상, 부시이환, 시석양가이옹우여경유형제회. 오쇠지차, 감이유작, 잉차유손운幼孫於洛·渭二妙席上, 賦詩而還, 是夕兩家二翁又與景儒兄弟會. 吾衰至此, 感而有作, 仍次幼孫韻」: 이해 세모歲暮에 정약용이 자신의 집에 큰아들 정학연丁學淵[酉山, 字는 穉箕, 1783~1859]과 사위 윤창모尹昌模[鴈菴, 1795~1856] 및 박경유朴景儒 형제가 함께 모여 서로 정을 나눔을 보고 느낀 소회를 이 날 손자가 지은 시에 차운次韻하여 시를 지은 것으로 추측됨. 한편 조성을(2016: 796)은 이듬해인 기축년의 일로 추정함.

<table>
<tr><th colspan="2">연 대</th><th>1829년 [순조純祖 29: 기축己丑]</th><th>나 이</th><th>68세 No. 63</th></tr>
<tr><td colspan="2">생평사략</td><td colspan="3">●6월에 공公이 이웃의 젊은 박경유朴景儒 형제에게 더운 계절에 자신에게 예禮를 지나치게 차리지 말고 서로 편안하게 지낼 것을 권유하면서, 동시에 망우亡友 신작申綽[石泉, 字는 在中]과 윤영희尹永僖[淞翁]를 그리워하는 시詩를 지음.
●6월에 공이 가뭄을 걱정하는 시를 지음. 24일에는 곤방坤方에 기이한 구름이 나타났으나 끝내 비가 오지 않은 것을 안타까워하는 시를 지음.
●여름에 정미원鄭美元[楚堂]이 마재[馬峴]로 공을 방문함에 공이 이를 기뻐하는 시를 지음. 이때 마침 비가 와서 즐거워하는 공의 심정도 함께 표현함.
●여름에 공이 박대경朴大卿이 돌아온 것을 기뻐하여 시를 지음.
●7월에 공이 극심한 더위가 서늘해지기를 기원하는 시를 지음.
●8월과 9월에 공이 청淸 나라에 사신使臣으로 간 친우親友 여동식呂東植[玄溪]을 기다리는 시를 연이어 지음.①
●가을에 홍현주洪顯周[海居齋]가 마재로 공을 방문함에, 공이 달밤에 앞강에서 함께 뱃놀이를 하고 시를 주고받으며 교유함. 이때 홍현주가 농어[鱸魚]를 보고자 함에 공이 사람을 시켜 겨우 한 마리를 잡아 회를 쳐서 대접함.
●서제庶弟 정약횡丁若鐄[1785~1829]이 타계함.</td></tr>
<tr><td>저작</td><td>시</td><td colspan="3">●「희시박경유형제, 걸서월간례【기축】戲示朴景儒兄弟, 乞暑月簡禮【己丑】」: 『전서全書 1』, pp. 525~526.
●「재첩, 위민한작再疊, 爲悶旱作」: 『전서全書 1』, p. 526.
●「육월입사일, 곤방현기운, 경역불우六月卄四日, 坤方現奇雲, 竟亦不雨」: 『전서全書 1』, pp. 526~527.
●「운월雲月」: 『전서全書 1』, p. 527.
●「초당정미원지楚堂 鄭美元至」: 『전서全書 1』, pp. 527~528.
●「희박대경회, 차「산정아집」운喜朴大卿回, 次「山亭雅集」韻」: 『전서全書 1』, pp. 528~530.
●「칠월이일심열, 견방옹「초추취량」지시, 인공차운, 이기취량七月二日甚熱, 見放翁「初秋驟凉」之詩, 因共次韻, 以祈驟凉」: 『전서全書 1』, pp. 530~531.
●「「산정아집」, 우차운「山亭雅集」, 又次韻」: 『전서全書 1』, pp. 531~532.
●「김위솔고택「아집」, 우차운金衛率故宅「雅集」, 又次韻」: 『전서全書 1』, p. 532.
●「차운여영천우회회기제우렴지작次韻呂榮川 友晦懷其弟友濂之作」: 『전서全書 1』, p. 532.
●「차운여우회증이우【시태】지작次韻呂友晦贈李友【時泰】之作」: 『전서全書 1』, p. 533.
●「차운여우회강상초정지작次韻呂友晦江上草亭之作」: 『전서全書 1』, p. 533.</td></tr>
</table>

저작	시	●「선금삼십절구蟬唫三十絶句」: 『전서全書 1』, pp. 533~536. ●「팔월십구일대현계八月十九日待玄溪」: 『전서全書 1』, p. 558. ●「구월십육일대현계九月十六日待玄溪」: 『전서全書 1』, p. 558. ●「설의雪意」: 『전서全書 1』, p. 562. ●「동영명위산정소집同永明尉山亭小集」: 『전서全書 1』, p. 587. ●「추일해위지, 전강범월秋日海尉至, 前江泛月」: 『전서全書 1』, p. 587. ●「차운수해위【장구일, 절구이】次韻酬海尉【章句一, 絶句二】」: 『전서全書 1』, p. 588. ●「열수고다로어, 노망부지기위로, 금검『본초』급고인시구, 시정기명, 해위극욕 견지, 근포일매회지, 희위장구洌水故多鱸魚, 鹵莽不知其爲鱸, 今檢『本草』及古人詩句, 始正其名, 海尉亟欲見之, 堇捕一枚鱠之, 戲爲長句」: 『전서全書 1』, pp. 588~589.
	문	
	경집	
	기타	○「「남호사」삼수, 기현사백「南湖詞」三首, 寄玄詞伯」: 『전서全書 1』, pp. 558~559. ○「칠월사일욕여수자극유삼정, 인아배완도불과행, 궐명부우수지지, 희위장구, 시여성七月四日欲與數子亟游蔘亭, 因兒輩緩圖不果行, 厥明復雨遂止之, 戲爲章句, 示汝成」: 『전서全書 1』, p. 559. ○「조여수자독『예전』, 우용전운朝與數子讀『禮箋』, 又用前韻」: 『전서全書 1』, pp. 559~560. ○「하일정미원지, 인우개회夏日鄭美元至, 鄰友皆會」: 『전서全書 1』, pp. 560~561. ○「고우, 시미원苦雨, 示美元」: 『전서全書 1』, p. 561. ○「화기척주도호이【광도】현기지작和寄陟州都護李【廣度】見寄之作」: 『전서全書 1』, p. 561. ○「삼월입칠일, 승소접부충주, 주중잡음三月廿七日, 乘小艓赴忠州, 舟中雜吟」: 『전서全書 1』, p. 562. ○「차운답기이헌납【남규】장련적중次韻答寄李獻納【南奎】長連謫中」: 『전서全書 1』, p. 562. ○「기제홍백응【정주】「두담신거」육수寄題洪伯凝【鼎周】「杜潭新居」六首」: 『전서全書 1』, p. 563. ○「청유김【재곤】·광산박【종유】소집설만靑歈 金【在崑】·匡山 朴【鍾儒】小集設饅」: 『전서全書 1』, p. 563. ○「위해위칙어인망로, 근득일어爲海尉飭漁人網鱸, 僅得一魚」: 『전서全書 1』, pp. 584~585.

비 고	●① 이해 4월에 서능보徐能輔를 정사正使로, 여동식呂東植을 부사副使로 하여 사은사謝恩使가 연경燕京으로 출발했으나, 여동식이 연경에 미처 도착하지 못하고 도중에 유관참楡關站에서 병으로 타계함.[『純祖實錄』, 卷30, 8月 6日(丁卯)條] 당시 정약용은 아직 여동식의 타계 소식을 듣지 못한 채 그를 기다리는 시詩를 지음.

<table>
<tr><td>연 대</td><td colspan="2">1830년 [순조純祖 30: 경인庚寅]</td><td>나 이</td><td>69세 No. 64</td></tr>
<tr><td colspan="2">생평사략</td><td colspan="3">● 2월에 공公이 안동安東의 소호蘇湖에 사는 모인某人에게 편지를 보냄.①
● 3월에 공이 강진康津의 백운동白雲洞에 사는 이시헌李時憲[大雅]에게 편지를 보냄.②
● 3월에 홍현주洪顯周[海居齋]가 이만용李晩用[東樊]과 함께 마재[馬峴]로 공을 다시 방문함에, 공이 함께 시詩를 주고받으며 교유함.
● 봄에 박일인朴逸人[未詳]이 뽕나무 잎을 보내오자 공이 감사하는 시를 지음.
● 윤4월에 이재의李載毅[文山·約菴, 字는 汝弘]가 두릉斗陵[馬峴]으로 공을 방문함.③
● 5월 초5일에 공이 약원藥院에서 탕제湯劑의 일로 아뢰어 부호군副護軍에 단부單付됨. 공이 명을 받들어 들어가 효명세자孝明世子[翼宗]를 진찰함에 환후患候가 이미 거의 위중한 지경에 이르렀음. 공이 약을 달여 올리기로 했으나, 미처 올리기도 전에 초6일에 훙서薨逝함. 공이 애통해하며 그 날로 집으로 돌아옴.
● 효명세자의 훙서로 순조純祖가 다시 정사政事를 주관했는데, 이때에 앞서 정해년[1827년, 純祖 27]에도 정적政敵의 사주로 공을 참혹하게 모함했던 윤극배尹克培가 또다시 사서邪書 한 권을 만들어 공을 무고誣告하려고 시도했으나 영안부원군永安府院君 김조순金祖淳[楓皐, 1765~1831]이 끝내 이를 물리침에 결국 뜻을 이루지 못함.
● 가을에 홍현주가 다시 마재로 공을 방문함. 홍현주가 수종사水鍾寺를 유람하고자 했으나 비 때문에 그만두었고 이어 연대정練帶亭을 유람했는데, 공은 몸이 불편하여 따라가지 못하고 전해 받은 운韻으로 화답하는 시를 지음.
● 가을에 공의 사문沙門의 제자인 의순意恂[草衣]이 스승 윤우倫佑[玩虎, 1758~1826]의 삼여탑三如塔을 세운 뒤에 「명銘」과 「서문序文」을 받기 위해 상경했는데, 이를 계기로 11월 17일에는 정학연丁學淵 형제와 박종유朴宗儒[匡山, ?~?] 등과 함께 한겨울의 눈보라를 헤치고 수종사를 유람함. 이때의 경과와 서로 주고받은 시를 기록한 글을 공이 친필로 써서 『수종시유첩水鍾詩遊帖』을 만들고, 끝에다 「발문跋文」④을 붙임.
● 10월에 공이 강진康津에 사는 모인에게 편지를 보냄.⑤
● 겨울에 의순과 다산초당의 제자인 이강회李綱會[字는 紘甫, 1789~?] 및 진재眞齋[未詳]가 70세를 앞둔 공을 방문함. 이에 공이 섣달 그믐날에 옛 제자들의 방문을 기뻐하는 시를 지어줌.</td></tr>
<tr><td>저작</td><td>시</td><td colspan="3">● 「경인년제석, 동제우분운庚寅年除夕, 同諸友分韻」: 『전서全書 1』, pp. 555~556.
● 「해거도위홍공【현주】해동번지【경인】海居都尉 洪公【顯周】, 偕東樊至【庚寅】」: 『전서全書 1』, p. 584.</td></tr>
</table>

<table>
<tr><td rowspan="4">저작</td><td>시</td><td>●「차운시해거次韻示海居」: 『전서全書 1』, p. 584.
●「조경당윤승지【정진】유약부지嘲絅堂 尹承旨【正鎭】有約不至」: 『전서全書 1』, p. 584.
●「해위장유수종사, 이우이지海尉將游水鍾寺, 以雨而止」: 『전서全書 1』, p. 585.
●「해위유연대정, 여불능종, 영소동전운부시海尉游練帶亭, 余不能從, 令小童傳韻賦詩」: 『전서全書 1』, pp. 585~586.
●「사상촌박일인혜상엽사절구【경인춘】謝桑村 朴逸人惠桑葉四絶句【庚寅春】」: 『전서全書 1』, pp. 632~633.</td></tr>
<tr><td>문</td><td>●「소호노형서궤전蘇湖老兄書几前」: 『《여유당전서》 미수록 다산茶山 간찰집簡札集』①
●「강진백운동이대아서궤경납康津 白雲洞 李大雅書几敬納」: 『《여유당전서》 미수록 다산茶山 간찰집簡札集』②
●「발『수종시유첩』跋『水鍾詩遊帖』」: 『수종시유첩水鍾詩遊帖』 및 『금당기주琴堂記珠』(『신헌전집申櫶全集 상上』, p.635)④
●「경호영좌하회경鏡湖令座下回敬」: 『《여유당전서》 미수록 다산茶山 간찰집簡札集』⑤</td></tr>
<tr><td>경집</td><td></td></tr>
<tr><td>기타</td><td>○「여영천【동근】회갑일, 겸기석상제우呂榮川【東根】回甲日, 兼寄席上諸友」: 『전서全書 1』, p. 557.
○「학산초당學山草堂」: 『전서全書 1』, pp. 557~558.
○「산중치우山中値雨」: 『전서全書 1』, p. 558.
○「제『영명위화첩』사절구題『永明尉畵帖』四絶句」: 『전서全書 1』, pp. 586~587.</td></tr>
<tr><td colspan="2">비고</td><td>●①「소호노형서궤전蘇湖老兄書几前」: 정약용이 안동安東의 소호蘇湖에 사는 모인某人에게 보낸 편지로, 약藥의 문의에 대한 대답과 함께 서전書田의 일이 잘못된 사실을 언급하고 있는 내용임.
●②「강진백운동이대아서궤경납康津 白雲洞 李大雅書几敬納」: 정약용이 강진康津의 백운동白雲洞에 사는 이시헌李時憲[大雅]에게 보낸 편지로, 과거공부科學工夫에 힘쓸 것을 권고하고, 또한 지난번에 차茶를 보내준 것에 감사하면서 곡우穀雨 때를 만나 차를 더 보내줄 것과 차는 다른 인편에 부치지 말고 경과慶科를 위해 서울에 올라올 때 직접 가지고 와서 마재[馬峴]로 전달해줄 것 등을 부탁하는 내용임.</td></tr>
</table>

비 고	●③ 이재의李載毅[文山·紉菴, 字는 汝弘]의 『자찬연보自撰年譜』 「경인庚寅 59세조歲條」에 "여름에 두릉斗陵에 가다(庚寅 五十九歲○夏, 作斗陵行)"라고 기록하고 있음. ●④ 「발『수종시유첩』跋『水鍾詩遊帖』」: 정약용이 사문沙門의 제자 의순意洵[草衣]을 위해 써준 짧은 「발문跋文」으로, 의순이 참으로 선지식善知識이어서 불법佛法의 허망함을 잘 알고 있으면서도 늙어 흰머리가 되도록 이를 바꾸려하지 않음은 이왕 잘못되었으니 여기에서 깨달음을 이루겠다고 고집하는 것으로 이해하면서, 스승의 입장에서 그가 끝내 유교儒敎의 길로 나오지 않음을 안타까워하는 심정을 토로하고 있는 글임. 원래 제목은 없으나, 편의상 '발『수종시유첩』'이라 부름. 『수종시유첩水鍾詩遊帖』 및 「발『수종시유첩』」에 대한 보다 자세한 내용은 정민(2011: 623~640)이 참조됨. ●⑤ 「경호영좌하회경鏡湖令座下回敬」: 정약용이 강진에 사는 모인의 편지를 받고 보낸 답서答書로, 모인이 조카의 상喪을 당한 일에 대해 심심한 위로를 전하고, 또한 기록해서 보내온 손자孫子의 병록病錄과 관련해서는 아들 학연學淵의 말에 따르자면 고치기 힘든 증세임에 비록 옛 약방문이라도 효험이 없을 것임을 알리면서 마음 편히 천명天命을 받아들일 것을 권고하는 한편, 최근 모인의 아들이 마재로 방문했음에도 과거科擧 때라 번잡스럽고 바야흐로 병이 심해 제대로 접대를 하지 못하고 보낸 점에 양해를 구하는 내용임.

<table>
<tr><th colspan="2">연 대</th><th>1831년 [순조純祖 31: 신묘辛卯]</th><th>나 이</th><th>70세　　No. 65</th></tr>
<tr><td colspan="2">생평사략</td><td colspan="3">
●봄에 공公이 육촌아우인 정약건丁若鍵[棠沙]의 회갑回甲을 축하하는 시詩를 지음.
●봄에 공이 벽계檗溪로 들어가는 김매순金邁淳[臺山, 字는 德叟]을 전송하며 시를 지음.
●봄에 공의 누이[蔡弘謹의 妻로 추정됨: 필자 주]가 타계함.
●3월에 공이 가까운 인척인 모인某人에게 편지를 보냄.①
●여름에 이재의李載毅[文山, 字는 汝弘]가 두릉斗陵[馬峴]으로 공을 방문함.②
●여름에 공이 긴 병상에서 일어나 여름날 전원田園에서 느끼는 여러 홍취를 범范·양楊 이가二家의 체體를 모방하여 24수의 시를 지음.
●7월에 평강현령平康縣令 홍길주洪吉周[沆瀣, 1786~1841]가 마재[馬峴]로 공을 방문함에 밤에 함께 산재山齋에서 대화를 나누고 시를 주고받으며 교유함.③
●9월 12일에 공이 큰아들 학연學淵의 생일을 맞아 어느덧 초로初老가 된 아들과 자신의 쓸쓸한 처지를 한탄하는 시를 짓고, 또한 둘째아들 학유學游로 하여금 차운次韻하여 시를 짓도록 함.
●가을에 이재의가 공을 다시 방문함에, 공이 이를 기뻐하는 시를 지음.
●가을에 공이 김시한金始漢에게 시를 지어줌.
●가을에 공이 이덕현李德鉉[淸風] 및 최우산崔虞山과 시로 수답酬答함.
●10월 16일에 홍현주洪顯周[海居齋]가 이만용李晩用[東樊]과 함께 공을 다시 방문함에, 밤에 모두 산각山閣에 모여 시를 주고받으며 교유함. 이튿날 홍현주 일행이 수종사水鍾寺를 유람함에 공은 노쇠하여 따라가지 못함. 18일에 수종사를 다녀온 홍현주와 저녁에 마주앉아 연경燕京으로 사신 길을 떠난 홍석주洪奭周[淵泉, 1774~1842]를 생각하며 시를 지어 교유함. 공이 이때 지은 시를 모아 '『해거도위창화집海居都尉唱和集』'④을 엮음.
●겨울에 정미원鄭美元[楚堂]이 마재로 공을 방문함에 공이 이를 기뻐하는 시를 지어줌.
●12월에 공이 박성종朴聖宗과 시로 수답함.
</td></tr>
<tr><td>저작</td><td>시</td><td colspan="3">
●「하당사【약건】회갑지연【신묘춘】賀棠沙【若鍵】回甲之宴【辛卯春】」: 『전서全書 1』, p. 536.
●「일감정신장【경현】만사一鑑亭 申丈【景玄】輓詞」: 『전서全書 1』, pp. 536~537.
●「차운아배송객次韻兒輩送客」: 『전서全書 1』, p. 537.
●「차운아배부안·허제우지회次韻兒輩赴安·許諸友之會」: 『전서全書 1』, p. 537.
●「구월십이일연자호신, 시청유관九月十二日淵子弧辰, 示靑畝館」: 『전서全書 1』, p. 537.
●「증김사문시한贈金斯文始漢」: 『전서全書 1』, p. 538.
</td></tr>
</table>

<table>
<tr><td rowspan="2">저
작</td><td>시</td><td>● 「희문산이진사지喜文山 李進士至」: 『전서全書 1』, p. 538.
● 「기제이이원「옥벽」팔수寄題李而遠「屋壁」八首」: 『전서全書 1』, pp. 538~539.
● 「독립獨立」: 『전서全書 1』, p. 539.
● 「구월십이일억자연, 시자유령차운九月十二日憶子淵, 示子游令次韻」: 『전서全書 1』, p. 539.
● 「수이청풍【덕현】酬李淸風【德鉉】」: 『전서全書 1』, p. 539.
● 「수최우산酬崔虞山」: 『전서全書 1』, p. 540.
● 「세모歲暮」: 『전서全書 1』, p. 540.
● 「증정미원贈鄭美元」: 『전서全書 1』, p. 540.
● 「평강현령홍【길주】지산재야화이수平康縣令洪【吉周】至山齋夜話二首」: 『전서全書 1』, p. 565.③
● 「수박성종【신묘십이월초삼일】酬朴聖宗【辛卯十二月初三日】」: 『전서全書 1』, p. 579.
● 「신묘세십월십육일해거도위지, 차기「평구도중」운辛卯歲十月十六日海居都尉至, 次其「平丘道中」韻」: 『전서全書 1』, p. 580.
● 「도위장유수종사, 여노불능종都尉將游水鍾寺, 余老不能從」: 『전서全書 1』, p. 580.
● 「산각야집山閣夜集」: 『전서全書 1』, p. 581.
● 「차운송도위이하제인상수종사【십칠일】次韻送都尉以下諸人上水鍾寺【十七日】」: 『전서全書 1』, p. 581.
● 「야와무료, 희위십절, 이서유울夜臥無聊, 戲爲十絶, 以抒幽鬱」: 『전서全書 1』, pp. 581~582.
● 「십팔일훈흑, 도위일행시하래, 차운동번十八日曛黑, 都尉一行始下來, 次韻東樊」: 『전서全書 1』, p. 582.
● 「재첩再疊」: 『전서全書 1』, pp. 582~583.
● 「삼첩三疊」: 『전서全書 1』, p. 583.
● 「사첩四疊」: 『전서全書 1』, p. 583.
● 「대해위, 유회홍판서【석주】연사지행對海尉, 有懷洪判書【奭周】燕槎之行」: 『전서全書 1』, p. 583.
● 「우첩전운又疊前韻」: 『전서全書 1』, pp. 583~584.
● 「하일전원잡흥, 효범·양이가체, 이십사수【신묘】夏日田園雜興, 效范·楊二家體, 二十四首【辛卯】」: 『전서全書 1』, pp. 627~629.
● 「송김직각【매순】입벽계, 차삼연운送金直閣【邁淳】入檗溪, 次三淵韻」: 『전서全書 1』, pp. 633~634.</td></tr>
<tr><td>문</td><td>● 「동세유하의미同世有何意味」: 『《여유당전서》 미수록 다산茶山 간찰집簡札集』①</td></tr>
</table>

저작	경집	
	기타	ㅇ「수허중명酬許仲明」: 『전서全書 1』, p. 579. ㅇ「송박계림【종유】남유送朴季林【鍾儒】南游」: 『전서全書 1』, p. 579. ㅇ「운환이【휘영】지雲寰 李【輝永】至」: 『전서全書 1』, p. 580. ㅇ「효영물체, 부득욕부效詠物體, 賦得浴鳧」: 『전서全書 1』, p. 580.
비고		●① 「동세유하의미同世有何意味」: 정약용이 가까운 인척인 모인某人으로부터 편지를 받고 보낸 답서答書로, 생질甥姪이 근래 시험을 세 번 보아 세 번 다 합격하더니 이번엔 또 초시初試의 합격증[發解]을 받아온 일을 축하하면서 추후 생질의 방문을 기대하는 내용으로, 또한 여기에는 모인의 부인인 누이에게 보내는 한글서간도 부기되어 있음. 답서의 내용으로 미루어보면 곧 해로偕老하는 '자형姊兄과 누이에게 보낸 편지'로 볼 수 있겠는데, 여기서 답서의 수신인인 모인이 누구인지는 미상未詳임. 조성을(2016: 807)은 이 편지의 수신인을 '채홍근蔡弘謹[蔡濟恭의 庶子]'으로 추정하고 있는데, 이는 재고의 여지가 있음. 그 이유를 들자면 ㉮ 당시 정약용의 누이[누나와 여동생]로는 모두 세 명이 있었는데, 첫째는 해남윤씨海南尹氏의 소생으로 이승훈李承薰에게 출가한 누나이고, 둘째와 셋째는 서모庶母 잠성김씨岑城金氏의 소생으로 각각 채홍근과 이중식李重植[李寅燮의 庶子]에게 출가한 서매庶妹들로서, 당시 이 세 명의 누이들은 모두 일찍이 남편을 여의고 과부로 지내고 있었다는 사실, ㉯ 정약용이 편지에서 모인에게 "근년 들어 마누라 얼굴 보면서 어떤 질병이나 근심도 없이 지낸다니 복도 많습니다(審近年, 佳耦相對, 無錮病纏憂, 福分厚矣)"라고 한 말이나 그의 부인인 누이에게 "밋 사름 듕 히로ᄒᆞᄂᆞ니 우리 두 집 ᄲᅮᆫ이니 아니 이샹ᄒᆞᆫ가(몇 사람 중에 해로하는 사람은 우리 두 집뿐이니, 이상하지 않습니까?)"라고 한 말을 미루어보면 이 모인의 부부는 당시 정약용의 부부와 마찬가지로 해로하고 있었다는 사실이 바로 그것임. 이러한 사실을 전체적으로 고려해본다면 편지의 수신인인 모인은 '채홍원蔡弘遠[字는 邇叔, 1762~?: 蔡濟恭의 養子]'일 개연성이 가장 클 것으로 추정되며, 일찍이 정약용의 서매가 채홍근과 혼인한 인연으로 채홍원과도 처남과 매부의 관계로 호칭하며 서로 막역하게 지냈던 것이 아닐까 추측됨. ●② 이재의李載毅[文山·約菴, 字는 汝弘]의 『자찬연보自撰年譜』「신묘辛卯 60세조歲條」에 "여름에 ……두릉斗陵에 가다(辛卯 六十歲○夏, ……作斗陵行)"라고 기록하고 있음.

비 고	●③ 「평강현령홍【길주】지산재야화이수平康縣令洪【吉周】至山齋夜話二首」: 이 시詩에서 "태재太宰가 멀리 뇌주사賚奏使에 충원되었는지라, 계방季方이 그를 따라 연광정練光亭에 올라왔구려(太宰遠充賚奏使, 季方隨上練光亭)"라는 비유를 통해 형님 홍석주洪奭周[淵泉]가 사은사謝恩使로 연경燕京으로 떠남에 아우인 평강현령平康縣令 홍길주洪吉周[沆瀣]가 전송 차 왔다가 마재[馬峴]에 들렀다는 내용을 기록하고 있음. 홍석주는 7월 22일에 임금에게 하직인사를 올리고 연경으로 출발했음.[『純祖實錄』, 卷32, 7月 22日(壬申)條] ●④ 『해거도위창화집海居都尉唱和集』: 이는 '가칭'으로, 기축년[1829년, 純祖 29] 가을 이래 정약용이 홍현주洪顯周[海居齋]와 주고받은 시들을 모아 단행單行되었을 것으로 추측되는 시권詩卷임.

연 대	1832년 [순조純祖 32: 임진壬辰]	나 이	71세 No. 66
생평시략	●봄에 공公이 참판參判 박시수朴蓍壽[南蕉, 字는 聖甫, ?~?]가 지은 시詩에 차운次韻하여 시를 지음.① ●5월 그믐날에 공이 이휘영李輝永[雲賓]이 비를 기도祈禱한 시에 차운하여 극심한 가뭄을 걱정하는 시를 지음. ●여름에 이재의李載毅[文山·約菴, 字는 汝弘]가 두모포豆毛浦에서 배를 타고 두릉斗陵[馬峴]으로 공을 방문하여 공과 여러 친우들과 함께 어울려 며칠 동안 질탕하게 놂. 마침 국구國舅인 영안부원군永安府院君 김조순金祖淳[楓皐, 1765~1831]의 상喪에 조문을 가던 홍현주洪顯周[海居齋]를 만나 하루를 더 어울려 놂.② ●7월에 공이 극심한 가뭄 끝에 이번에는 비가 너무 많이 와서 이를 근심하는 시를 지음. 이때의 홍수로 도성都城 안의 집이 물에 잠기고 도성 밖의 논밭도 남김없이 물에 쓸려감. ●7월에 이재의가 두릉[馬峴]으로 공을 다시 방문함.③ ●7월에 공이 장마가 그친 것을 기뻐하고 홍수로 곡식이 큰 피해를 입은 것을 걱정하는 시를 지음. ●8월에 홍석주洪奭周[淵泉, 1774~1842]가 배를 타고 마재[馬峴]로 공을 방문함.④ ●8월 14일에 공이 더운 구름이 비로소 활짝 개어 밝은 달이 뜬 것을 기뻐하는 시를 지음. ●8월 15일 추석秋夕에 공이 향촌鄉村의 풍속風俗을 기록하면서, 몸이 병들어 밤에 뱃놀이를 할 수 없음을 한탄하는 시를 지음. ●8월 16일에 공이 충주忠州의 하담荷潭에 있는 선영先塋으로 출발함.④ ●9월에 이학규李學逵[惺叟]가 산으로 되돌아가며 마재로 공을 방문함에, 공이 시를 지어 서운함을 표현함. ●가을에 공이 친우들과 저녁에 배를 띄우고 만년에 강호江湖에 은거隱居하는 즐거움과 함께 자신의 노쇠함을 한탄하는 시를 지음. ●가을에 이복현李復鉉[淸風]이 마재로 공을 방문함에, 공이 차운하는 시를 지어 전송함. ●12월 제일除日에 공이 이재의의 회갑回甲을 축하하는 시를 지음.		
저작 (시)	●「문산이여홍회갑지시【병서】文山 李汝弘回甲之詩【幷序】」: 『전서全書 1』, p. 553. ●「차운초옹박참판【시수】추일견과지작【임진춘】次韻蕉翁 朴參判【蓍壽】秋日見過之作【壬辰春】」: 『전서全書 1』, p. 563. ●「차운운환이【휘영】도우지작【임진오월지회】次韻雲寶 李【輝永】禱雨之作【壬辰五月之晦】」: 『전서全書 1』, p. 564. ●「구우발민【임진칠월】久雨撥悶【壬辰七月】」: 『전서全書 1』, p. 564. ●「시청始晴」: 『전서全書 1』, p. 564. ●「송성수환산【임진추】送惺叟還山【壬辰秋】」: 『전서全書 1』, p. 565.		

<table>
<tr><td rowspan="4">저작</td><td>시</td><td>●「담상석범【임진추】潭上夕泛【壬辰秋】」: 『전서全書 1』, p. 565.
●「팔월십사일, 증운시청【임진추】八月十四日, 蒸雲始晴【壬辰秋】」: 『전서全書 1』, pp. 571~572.
●「추석향촌기속秋夕鄕村紀俗」: 『전서全書 1』, p. 572.
●「야량夜凉」: 『전서全書 1』, p. 572.
●「도산정到山亭」: 『전서全書 1』, p. 572.
●「팔월십육일, 야월색최청八月十六日, 夜月色最淸」: 『전서全書 1』, pp. 572~573.
●「차운이청풍【복현】추일상과지작次韻李淸風【復鉉】秋日相過之作」: 『전서全書 1』, p. 573.
●「구월이일성수지九月二日惺叟至」: 『전서全書 1』, p. 574.</td></tr>
<tr><td>문</td><td>●「추청秋淸」: 『《여유당전서》 미수록 다산茶山 간찰집簡札集』④</td></tr>
<tr><td>경집</td><td></td></tr>
<tr><td>기타</td><td>○「차운만금삼수, 정박옹次韻漫唫三首, 呈泊翁」: 『전서全書 1』, p. 566.
○「차운, 정박옹次韻, 呈泊翁」: 『전서全書 1』, p. 566.
○「우성일수偶成一首」: 『전서全書 1』, p. 566.
○「견여탄【대인작】肩輿歎【代人作】」: 『전서全書 1』, p. 567.
○「노인일쾌사육수, 효향산체老人一快事六首, 效香山體」: 『전서全書 1』, pp. 567~569.
○「선조기사先朝紀事」: 『전서全書 1』, pp. 569~571.
○「기삼척도호이광도寄三陟都護李廣度」: 『전서全書 1』, p. 571.
○「기평릉찰방족인지학寄平陵察訪族人志鶴」: 『전서全書 1』, p. 571.
○「묵수默數」: 『전서全書 1』, p. 573.
○「수갈산윤일인철건酬葛山 尹逸人喆健」: 『전서全書 1』, p. 573.
○「강천반청도江天半晴圖」: 『전서全書 1』, p. 574.
○「차운청유김【재곤】「담상석범」次韻靑猷 金【在崑】「潭上夕泛」」: 『전서全書 1』, p. 574.
○「요서이래潦暑以來」: 『《여유당전서》 미수록 다산茶山 간찰집簡札集』⑤
○「두연서옥회경杜淵書屋回敬」: 『《여유당전서》 미수록 다산茶山 간찰집簡札集』⑥</td></tr>
</table>

| 비 고 | ●① 「차운초옹박참판【시수】추일견과지작【임진춘】次韻蕉翁 朴參判【著壽】秋日見過之作【壬辰春】」: 정약용이 일찍이 곡산부사谷山府使로 재직할 때 시詩를 짓고 현판에 새겨 아헌衙軒의 문지방에다 걸어놓고 왔었는데, 나중에 정약용의 정적政敵이 이를 보고 철거한 일이 있음. 이후 박시수朴著壽[南蕉, 字는 聖甫]가 곡산부사로 부임함에 다시 정약용의 시를 새겨 문지방에 건 일이 있었는데, 이 시에서 정약용은 이를 잊지 않고 내심 고마워하는 마음을 우회적으로 표현함.
●② 이재의李載毅[文山·約菴, 字는 汝弘]의 『자찬연보自撰年譜』「임진壬辰 61세조歲條」에 "여름에 두릉斗陵에 가다. 춘수春水 김생金生 및 조카 철협鐵協과 함께 두포豆浦에서 배를 타고 가며 서로 시를 주고받다. ……다음날 순풍을 만나 돛 하나 달고 곧장 열상洌上으로 가다. 주인옹主人翁[丁若鏞: 필자 주]과 여러 친우親友들과 더불어 여러 날 질탕하게 놀다. 마침 영안永安 국구國舅의 장례에 참석하러 가는 영명도위永明都尉의 일행을 만나 또 하루를 유쾌하게 놀다가 몸이 약간 불편하여 돌아오다(壬辰 六十一歲○夏, 作斗陵行. 偕春水金生, 舍姪鐵協, 自豆浦舟行, 相與唱酬. ……翌日遇順風, 一帆直抵洌上. 與主人翁及諸益, 數日跌宕. 適邂逅永明都尉之行, 將赴永安國舅會葬之路也. 又一日極宕, 因微穗還歸)"라고 기록하고 있음.
●③ 이재의의 『자찬연보』「임진 61세조」에 "가을에 주원廚院[司饔院: 필자 주]의 관리를 따라가다. 또 뱃길로 평구平邱의 객점에 가서 머물러 묵다. 그 다음날 저녁 광주廣州의 분원分院[司饔院의 사기그릇을 만들던 곳: 필자 주]에 도착하여 유숙하다. 비 때문에 또 하루를 묵고, 그 다음날 두릉노인斗陵老人을 방문하고 곧바로 돌아오다(秋, 隨廚院官. 又以水道作行, 到平邱店舍止宿. 其翌日夕抵分院留宿. 滯雨又一宿, 越翌日訪斗陵老人卽歸)"라고 기록하고 있음.
●④ 「추청秋淸」: 정약용이 충주忠州 근방에 사는 모인某人에게 보낸 편지로, 새로 만든 지석誌石을 추석秋夕에 다시 묻기로 계획을 세웠는데, 마침 주동注洞 홍대감洪大監[洪奭周]의 상협선上峽船이 이날 마재[馬峴]에 도착한다는 기별을 받아 부득이 출발일을 16일 이후로 늦출 수밖에 없음을 알리고, 또한 일의 준비에도 소홀함이 없도록 부탁하는 내용임. 아마도 이해에 큰 홍수가 나서 충주의 하담荷潭에 있는 선영先塋이 무너져 지석 등이 유실되었다는 소식을 듣고 당시 정약용이 이를 수축修築하려는 계획을 세웠던 것으로 추측됨.
●⑤ 「요서이래潦暑以來」: 정약용이 6월 27일에 충주 근방에 사는 인척 모인에게 보낸 편지로, 하담에 있는 선친先親의 묘소 앞이 무너졌다는 소식에 매우 놀라고 가슴이 아프지만 산소를 고치는 일은 추석 때에 가서야 할 수 있을 것 같으니, 평소 형제처럼 믿는 모인에게 우선 가서 정황을 파악하고 산 아래 주민들을 불러다 빈 멧장으로 무너진 |

비 고	곳을 임시로 손질해줄 것을 부탁하는 한편, 부탁한 푸른 부채[靑扇]는 곧장 전달할 사람을 기다리고 있는 중임을 알리는 내용임. ●⑥「두연서옥회경杜淵書屋回敬」: 정약용이 8월 5일에 충주 근방에 사는 인척 모인에게서 편지를 받고 보낸 답서答書로, 경과慶科는 10월 20일 후에나 있을 것이라 하는데 과거보러 오는 길에 한번 마재로 방문해 줄 것을 부탁하는 한편, 하담의 농장農庄은 올해 수해水害가 막심하다고 하니 전답田畓의 도조賭租는 잘 헤아려 감면해줄 것을 부탁하는 내용임.

<table>
<tr><td colspan="2">연 대</td><td>1833년 [순조純祖 33: 계사癸巳]</td><td>나 이</td><td>72세 No. 67</td></tr>
<tr><td colspan="2">생평사략</td><td colspan="3">●정월에 공公이 모인某人에게 편지를 보냄.①
●봄에 지난해 겨울가뭄의 여파로 새해에 들어서도 백성이 기근飢饉으로 심한 고통을 겪는 참상을 보고 공이 시詩를 지어 근심을 토로함.
●봄에 공이 고향의 연대정練帶亭에서 봄을 맞아 느끼는 흥취興趣를 노래하는 시를 지음.
●봄에 공이 나이가 들어 노망老妄함을 스스로 조롱하는 시를 지음.
●6월에 이만용李晩用[東樊]이 마재[馬峴]로 공을 방문함에, 공이 이를 기뻐하는 시를 지음.
●가을에 공이 「속강역고續疆域考」 3권을 추술追述하여 『아방강역고我邦疆域考』 증보본②을 완성함.
●가을에 공이 『춘추고징春秋考徵』의 최종본③을 완성함.
●11월에 공이 모인에게 편지를 보냄.④</td></tr>
<tr><td rowspan="4">저작</td><td>시</td><td colspan="3">●「황년수촌춘사십수【계사춘】荒年水村春詞十首【癸巳春】」: 『전서全書 1』, pp. 629~630.
●「연대정십이절구練帶亭十二絶句」: 『전서全書 1』, pp. 630~632.
●「모심지조오절구【계시춘】耄甚自嘲五絶句【癸巳春】」: 『전서全書 1』, p. 632.
●「계사육월이십칠일동번지癸巳六月二十七日東樊至」: 『전서全書 1』, p. 634.</td></tr>
<tr><td>문</td><td colspan="3">●「신차봉화新差奉化」: 『다산茶山 정약용丁若鏞』 및 『《여유당전서》 미수록 다산茶山 간찰집簡札集』①
●「묘동영좌집사회경妙洞領座執事回敬」: 『《여유당전서》 미수록 다산茶山 간찰집簡札集』④</td></tr>
<tr><td>경집</td><td colspan="3">●『춘추고징春秋考徵』: 『전서全書 14』</td></tr>
<tr><td>기타</td><td colspan="3">●『아방강역고我邦疆域考』: 『전서全書 32』</td></tr>
</table>

비 고	●① 「신차봉화新差奉化」: 정약용이 모인某人에게 보낸 편지로, 봉화현감奉化縣監으로 처음 부임하는 절친切親한 제3자를 위해 수령守令으로서 의당 해야 할 일을 6가지 요목要目으로 써서 모인에게 보내니 이를 제3자에게 전해줄 것을 부탁하는 내용임. 봉화현감으로 부임하는 제3자는 '이일형李日鎣'으로 추정되며, 이에 대한 보다 자세한 내용은 조성을(2016: 818~819)이 참조됨. ●② 『아방강역고我邦疆域考』: 모두 12권으로, 증보본增補本임. 정약용은 앞서 50세 되는 신미년[1811년, 純祖 11]에 모두 10권으로 구성된 초고본草稿本을 완성한 바 있는데, 이는 치밀한 문헌고증을 통해 우리나라의 고대역사지리古代歷史地理를 강목체綱目體의 형식으로 정리한 역사지리서歷史地理書로서, 한백겸韓百謙[久菴, 1552~1615] 이래 진전되어온 조선후기 역사지리학의 완결판에 해당함. 이후 그는 72세 되는 계사년[1833년, 純祖 33]에 「속강역고續疆域考」 3권을 추술追述하여 모두 12권으로 증보본을 최종 완성함. 이처럼 증보작업이 이루어지게 된 경위는 초고본을 저술했던 유배기에는 자료가 충분하지 못했음에 비해 해배 이후에는 자료를 보완할 수 있었고, 나아가 홍석주洪奭周[淵泉, 1774~1842]의 『동사세가東史世家』, 한진서韓鎭書가 보충한 『해동역사海東繹史』의 「지리고地理考」 등의 저술을 접하면서 보완의 필요성을 느꼈기 때문이었음. ●③ 『춘추고징春秋考徵』: 모두 12권으로, 최종본임. 이 책은 정약용이 길례吉禮와 흉례凶禮를 중심으로 '오례五禮'를 고찰하고 있는 저술로서, 『춘추春秋』에서 선왕先王의 전례典禮인 주례周禮를 징험徵驗하여 정리하고 있는바, 이에 '책을 쓴 의도가 예禮에 있지 『춘추』에 있지 않음'을 밝히기 위해 제목을 '고징考徵'이라 칭했으며, 특히 경전적 역사인 『춘추』를 통해서 이상적인 전례典禮의 원형을 탐색하고 이후 이러한 이상과 괴리된 역사적 현실을 비판적으로 검토하기 위한 목적에서 편찬함. 한편, 이 책은 앞서 무진년[1808년] 겨울에 처음 기초起草했다가 임신년[1812년] 겨울에 제자 이강회李綱會[字는 紘甫, 1789~?]의 도움을 받아 총 10권으로 편정編正했으며, 이후에도 모두 네 차례의 증보增補를 거쳐 드디어 계사년[1833년, 純祖 33] 가을에 총 12권으로 최종 완성함. ●④ 「묘동영좌집사회경妙洞領座執事回敬」: 정약용이 모인에게 보낸 편지로, 이태李台의 승진 발탁을 축하하고, 병의 진료를 위해 일부러 먼 길을 찾아올 필요가 없음을 알리면서, 아울러 진귀한 과일을 보내준 것에 감사하는 내용임. 이에 대한 보다 자세한 내용은 조성을(2016: 819~820)이 참조됨.

<table>
<tr><th colspan="2">연 대</th><th>1834년 [순조純祖 34: 갑오甲午]</th><th>나 이</th><th>73세 No. 68</th></tr>
<tr><td colspan="2">생평사략</td><td colspan="3">●2월부터 6월 초까지 공公이 기존의 『고훈수략古訓蒐略』①과 『상서지원록尙書知遠錄』②을 개수改修하고 합편合編하여 『상서고훈尙書古訓』③을 편찬함. 「발문跋文」이 있음.
●7월 18일에 공이 사라담鈔羅潭에서 이학규李學逵[惺叟]를 만나 시詩를 주고받으며 교유함.④
●8월에 공이 『매씨서평梅氏書平』⑤을 증보·수정하여 최종 완성함.
●9월에 사문沙門의 제자 의순意洵[草衣, 1786~1866]과 혜즙惠楫[鐵船, 1791~1858]이 김정희金正喜[秋史, 1786~1856]의 아우인 김명희金命喜[山泉, 1788~?]와 함께 금강산金剛山 유람을 약속하고 상경했다가 여의치 못해 강진康津으로 되돌아가면서 두릉斗陵[馬峴]으로 공을 찾아 작별인사를 드림에, 공이 이들을 전송하며 혜즙에게 주는 「증언贈言」⑥과 함께 송별시送別詩 9수⑦를 지어줌.
●9월에 공이 종인宗人이자 승려인 시오始悟[縞衣, 1778~1868]에게 편지를 보냄.⑧
●10월에 모인某人에게 편지를 보냄.⑨
●11월 임금의 환후로 다시 소명召命이 있기에 공이 명命을 받들어 급히 대궐로 나아감. 공이 홍화문弘化門에서 임금께서 승하昇遐하셨다는 말을 듣고 애도哀悼를 표하고 이튿날 마재[馬峴]로 돌아옴.</td></tr>
<tr><td rowspan="4">저작</td><td>시</td><td colspan="3">●「인이납지귀, 기시대둔산중호의수룡이장로因二衲之歸, 寄示大芚山中縞衣·袖龍二長老」: 『다산송철선증언첩茶山送鐵船贈言帖』⑦
●「연유이자, 여이납, 유분운시팔수, 여병차팔운, 이송초의철선淵·游二子, 與二衲, 有分韻詩八首, 余並次八韻, 以送艸衣·鐵船」: 『다산송철선증언첩茶山送鐵船贈言帖』과 『금당기주琴堂記珠』(『신헌전집申櫶全集 상上』, pp. 667~669)⑦</td></tr>
<tr><td>문</td><td colspan="3">●「잡언송철선환雜言送鐵船還」: 『다산송철선증언첩茶山送鐵船贈言帖』⑥
●「호의서옥회전縞衣書屋回殿」: 『다산茶山 정약용丁若鏞』 및 『《여유당전서》 미수록 다산茶山 간찰집簡札集』⑧
●「현합지상賢閤之喪」: 『《여유당전서》 미수록 다산茶山 간찰집簡札集』⑨</td></tr>
<tr><td>경집</td><td colspan="3">●『상서고훈尙書古訓』: 『전서全書 11』~『전서全書 12』
●『매씨서평梅氏書平』: 『전서全書 13』, pp. 25~314.</td></tr>
<tr><td>기타</td><td colspan="3"></td></tr>
</table>

비 고	●① 『고훈수략古訓蒐略』: 모두 6권으로, 정약용이 49세 되는 경오년[1810년, 純祖 10]에 전한前漢의 학자 복생伏生의 집 담벼락에서 나왔다는 『상서尙書』의 진고문眞古文, 즉 『금문상서今文尙書』 28편에 대한 후한後漢의 여러 경학자經學者, 곧 구양생歐陽生·하후승夏侯勝·하후건夏侯建·마융馬融·정현鄭玄의 학설을 수집하여 연구한 저술임. ●② 『상서지원록尙書知遠錄』: 모두 7권으로, 정약용이 50세 되는 신미년[1811년, 純祖 11]에 전한의 학자 복생의 집 담벼락에서 나왔다는 『상서』의 진고문, 즉 『금문상서』 28편에 대한 매색梅賾과 채침蔡沈의 설說을 고훈古訓과 비교하여 그 동이점同異點을 비평하고, 필요한 경우 정약용 자신의 견해를 덧붙여 완성한 저술임. 또한, 말미에 부록으로 실려 있는 「『상서지원록』목차괄의『尙書知遠錄』目次括義」 '130조'는 정약용의 『상서』학의 핵심을 일목요연하게 보여주는 귀중한 자료임. ●③ 『상서고훈尙書古訓』: 모두 21권으로, 정약용이 갑오년[1834년, 純祖 34]에 기존의 저술인 『고훈수략』과 『상서지원록』에 대해 이후의 연구 성과를 반영하여 개수改修하고, 또한 한 책으로 합편合編하여 새롭게 편찬한 저술임. 이 책을 완성한 다음에 정약용은 「『상서고훈』발『尙書古訓』跋」[『全書 12』, p. 350]에서 "『상서고훈』 21권은 내가 편집하고 또 내 손으로 직접 쓴 것이다. 2월 2일에 일을 시작하여 6월 10일에 작업을 마쳤으니, 그 기간은 128일이다. 애초 하늘의 도움을 받으리라고는 생각하지 못했는데, 지금 요행히도 죽기 전에 일을 마칠 수 있게 되었으니, 참으로 다행스럽다! 내 나이 73세이고, 7일 후인 6월 16일은 내 생일이다. 다행히도 『상서고훈』을 완성했으니, 이 7책으로 내 스스로 축수祝壽한다(右『尙書古訓』二十一卷, 余所編, 又余之手鈔者也. 起工于二月二日, 告竣于六月十日, 其間一百二十八日. 始不自意賴天之佑, 今幸卒業于未死, 幸矣哉! 余齡七十三, 後七日, 六月旣望, 余弧辰也. 幸而至是, 當以是七冊自壽之)"는 감회를 적고 있음. ●④ 『낙하생전집洛下生全集』에 「초추기망후이일初秋旣望後二日, 열상노인요여어사라담洌上老人邀余於鈔鑼潭」과 「차운열수옹「초추강상증별」次韻洌水翁「初秋江上贈別」」이란 시詩가 수록되어 있음. ●⑤ 『매씨서평梅氏書平』: 모두 9권으로, 초고본草稿本은 정약용이 49세 되는 경오년[1810년, 純祖 10]에 완성됨. 이 책은 정약용이 해박한 고증考證을 통해 『상서』의 위고문僞古文 25편이 매색의 위작僞作임을 논증한 저술로서, 진고문 33편에 대한 주석서인 『상서고훈』과는 상호보완적인 관계를 가짐. 「『매씨서평』발『梅氏書平』跋」[『全書 13』, p. 314]에 따르면, 초고본은 이후 정해년[1827년, 純祖 27]을 전후하여 1차로 1권~4권이 수정되었고, 갑오년[1834년, 純祖 34]에 2차로 5권~9권이 수정되어 최종적으로 완성됨. 특히 2차의 수정작업에는 홍석주洪奭周[淵泉, 1774~1842]·홍현주洪顯周[海居齋, 1793~1865] 형제와의 친교를 통해 염약거閻若 璩[潛邱居士,

비 고	1636~1704: 中國 淸 나라의 학자]의 『상서고문소증尙書古文疏證』을 입수하여 그의 고증을 많이 참조·인용하였음. 한편, 현재 전해지는 판본은 이후 다시 1권이 보태어져 모두 10권으로 구성되어 있음. ●⑥ 「잡언송철선환雜言送鐵船還」: 정약용이 혜즙惠楫[鐵船]에게 친필로 써 준 증언첩贈言帖으로, 승려의 거처 정하기와 집짓기, 도반道伴의 요건과 제자를 가르치는 태도에서부터 책 읽고 서화를 감상하며 시를 짓는 일상의 운치에 이르기까지 모두 11칙則으로 나누어 세세하게 조언하고 있는 글임. 정약용의 이 「증언贈言」과 상기의 시를 담고 있는 서첩書帖은 원래 표지에 따로 제목이 없는 일민미술관 소장자료로서, 정민이 내용을 참조하여 '다산송철선증언첩'으로 이름붙임. 이에 대한 보다 상세한 내용은 정민(2011: 361~372)이 참조됨. ●⑦ 「인이납지귀, 기시대둔산중호의수룡이장로因二衲之歸, 寄示大芚山中縞衣·袖龍二長老」와 「연유이자, 여이납, 유분운시팔수, 여병차팔운, 이송초의철선淵·游二子, 與二衲, 有分韻詩八首, 余並次八韻, 以送艸衣·鐵船」: 여기서 ㉮ 전자의 시 1수는 정약용이 대둔사大芚寺의 승려 시오始悟[縞衣]와 색성賾性[袖龍, 1777~1806]을 그리며 그들에게 지어준 시이며, ㉯ 후자의 시 8수는 정약용이 의순意洵[草衣]과 혜즙에게 지어준 송별시送別詩임. 이를 '「송초의팔자분운시送艸衣八字分韻詩」'라고도 함. 이에 대한 보다 상세한 내용은 정민(2011: 373~378, 510~514)이 참조됨. ●⑧ 「호의서옥회전縞衣書屋回殿」: 정약용이 종인宗人이자 승려인 시오에게 보낸 편지로, 평소 인편이 있을 때마다 잊지 않고 편지와 차茶를 지속적으로 보내준 데 대해 감사하고, 답례로 중국 붓 한 자루를 보냄을 알리는 내용임. ●⑨ 「현합지상賢閤之喪」: 정약용이 모인某人에게 보낸 편지로, 모인이 상처喪妻한 것에 대해 심심한 위로를 전하는 내용임.

<table>
<tr><td colspan="2">연 대</td><td>1835년 [헌종憲宗 1: 을미乙未]</td><td>나 이</td><td>74세 No. 69</td></tr>
<tr><td colspan="2">생평사략</td><td colspan="3">●5월에 공公이 강진康津의 모인某人에게 다신계茶信契의 일을 걱정하는 편지를 보냄.①
●12월에 공이 안모安某, 이모李某에게 편지를 보냄.②</td></tr>
<tr><td rowspan="4">저작</td><td>시</td><td colspan="3"></td></tr>
<tr><td>문</td><td colspan="3">●「계윤수전혜서季胤袖傳惠書」: 『다산茶山 정약용丁若鏞』 및 『《여유당전서》 미수록 다산茶山 간찰집簡札集』①
●「안이양현계좌전安·李兩賢契座前」: 『《여유당전서》 미수록 다산茶山 간찰집簡札集』②</td></tr>
<tr><td>경집</td><td colspan="3"></td></tr>
<tr><td>기타</td><td colspan="3"></td></tr>
<tr><td colspan="2">비 고</td><td colspan="3">●①「계윤수전혜서季胤袖傳惠書」: 정약용이 강진康津의 모인某人에게서 그의 막내아들을 통해 편지를 받고 보낸 답서答書로, 다신계茶信契를 무신계無信契라 부를 정도로 윤종심尹鍾心[일명 峒, 紺泉, 字는 公牧, 1793~1853], 윤종진尹鍾軫[淳菴, 字는 琴季, 1803~1879] 등이 회계會計를 제대로 처리하지 못했음을 질책하면서 그 해결책을 제시하는 한편, 덕산리德山里의 일은 애통하지만 도로 찾아올 가망이 없는 것으로 보이고, 백운동白雲洞의 답畓과 관련된 문제는 관에 송사訟事를 제기한다면 성통聖通[未詳]이 잘 주선할 것으로 기대하는 내용임. 조성을(2016: 828~829)은 상기의 모인을 윤종진의 부친인 '윤규로尹奎魯[文擧, 1769~1837]'로 추정하고 있음.
●②「안이양현계좌전安·李兩賢契座前」: 정약용이 안모安某[未詳], 이모李某[未詳] 두 사람의 편지를 받고 보낸 답서로, 두 사람이 각각 연말과 내년 초봄에 지나는 길에 마재[馬峴]를 방문하겠다는 소식에 만나 회포를 풀 것을 학수고대하는 심정과 자신은 오랫동안 기침으로 누워있었다는 근황을 알리고, 김교리金校理[未詳] 댁의 상喪에 대해서도 심심한 조의弔意를 표하는 내용임.</td></tr>
</table>

<table>
<tr><td colspan="2">연 대</td><td>1836년 [헌종憲宗 2: 병신丙申]</td><td>나 이</td><td>75세 No. 70</td></tr>
<tr><td colspan="2">생 평 사 략</td><td colspan="3">●2월에 공公이 종강鍾岡[未詳]에게 편지를 보냄.①
●2월 16일에 공이 모인某人에게 편지를 보냄.②
●2월에 회근일回巹日[回婚日]을 맞이하기 3일 전에 공이 「회근시回巹詩」를 지어 부인과의 한평생에 걸친 금실[琴瑟]의 기쁨과 소회를 표현함.
●2월에 공이 강진康津으로 내려가는 읍중제자인 황상黃裳[巵園處士, 小字는 山石, 1788~1870]에게 『규장전운奎章全韻』과 여러 물품을 선물하고, 그 목록인 「송황자중送黃子中」③을 작성해줌.
●2월 22일 진시辰時 초각初刻에 공이 열상洌上의 정침正寢에서 생을 마침. 이 날은 마침 회혼일回婚日이어서, 회혼례回婚禮를 위해 족친族親과 문생門生들이 모두 모였는데, 바로 이 자리에서 편안히 영면함.
●4월 1일에 공의 유명遺命대로 여유당與猶堂 뒤편 광주廣州 초부방草阜坊 마현리馬峴里 자좌子坐[正南向]의 언덕에 장사지냄. 공이 앞서 회갑년인 임오년[1822년, 純祖 22]에 본인과 부인의 장례절차를 미리 지시한 「유령첩遺令帖」을 따로 만들어 두었는데, 이에 장례는 모두 이 「유령첩」의 지시대로 유령遺令과 『상의절요喪儀節要』에 따라 진행되었음.

※ ●경술년[1910년, 隆熙 4] 7월에 특별히 '정헌대부正憲大夫 규장각제학奎章閣提學'에 추증되고, '문도공文度公'④의 시호를 받음. 「조서詔書」에는 "옛 승지承旨 정약용丁若鏞은 문장文章과 경제經濟가 일세에 탁월하여 마땅히 조가朝家에서 표창하는 일이 있어야 하겠기에 특별히 정삼품正三品 규장각제학奎章閣提學을 추증하여 절혜節惠의 은전恩典을 베푸노라(故承旨丁若鏞, 文章·經濟, 卓越一世, 宜有朝家褒揚之擧, 特贈正三品奎章閣提學, 施以節惠之典)"라고 하였음.</td></tr>
<tr><td rowspan="4">저 작</td><td>시</td><td colspan="3">●「회근시【병신이월, 회근전삼일】回巹詩【丙申二月, 回巹前三日】」: 『전서全書 1』, pp. 634~635.</td></tr>
<tr><td>문</td><td colspan="3">●「종강회납鍾岡回納」: 『《여유당전서》 미수록 다산茶山 간찰집簡札集』①
●「근배복謹拜復」: 『다산茶山 정약용丁若鏞』 및 『《여유당전서》 미수록 다산茶山 간찰집簡札集』②
●「송황자중送黃子中」: 『다산여황상서간첩茶山与黃裳書簡帖』③</td></tr>
<tr><td>경 집</td><td colspan="3"></td></tr>
<tr><td>기 타</td><td colspan="3"></td></tr>
</table>

비 고	●① 「종강회납鍾岡回納」: 정약용이 종강鍾岡[未詳]의 아들을 통해 그의 편지를 받고 보낸 답서答書로, 자신은 얼마 전에 곽란癨亂으로 큰 고생을 했고, 일인문逸人文을 권유하는 문제는 여의치 않으며, 서울의 샘물에 관한 일도 이른 시일에 해결되기는 어려우니 성균관成均館에 체류 중인 양근楊根의 조진사趙進士와 상의해볼 것을 권하는 내용임. ●② 「근배복謹拜復」: 정약용이 모인某人에게서 편지를 받고 보낸 답서로, 얼마 전에 모인의 집에 있었던 상喪에 대해 심심한 위로를 전하면서 슬픔을 딛고 스스로를 다잡을 것을 권유하고, 자신도 자리보전하며 두풍頭風으로 고생하는 근황을 전하면서 성묘 가는 길에 한번 마재[馬峴]로 들러줄 것을 부탁하는 한편, 본인의 슬픔 중에서도 남의 경사[丁若鏞의 回婚式: 필자 주]를 축하해줌에 깊이 감사하는 내용임. 정약용이 타인에게 보낸 편지로서 지금까지 확인된 것으로는 마지막 작품임. ●③ 「송황자중送黃子中」: 이 문건文件은 정약용이 강진康津으로 내려가는 읍중제자 황상黃裳에게 선물한 물품목록으로, 그 내용은 ㉮ 『규장전운奎章全韻』 1건, ㉯ 중국 붓[唐筆] 1자루, ㉰ 중국 먹[唐墨] 1개, ㉱ 부채[扇子] 1자루, ㉲ 연배통[烟杯] 1개, ㉳ 노자[路費] 전錢 2냥[兩]임. 이에 대한 보다 자세한 내용은 정민(2011: 99~142)이 참조됨. ●④ 문도공文度公: 이 시호諡號는 "널리 배우고 견문見聞이 넓은 것을 '문文'이라 하고, 일을 처리함에 의義에 맞는 것을 '도度'라 한다(博學多聞曰: '文', 制事合義曰: '度')"는 의미를 가짐.

참고문헌

I. 문헌 자료

1. 경전·경학류

『論語集注』[朱熹], 『孟子集注』[朱熹], 『大學章句』[朱熹], 『大學或問』[朱熹], 『中庸章句』[朱熹], 『詩經集傳』[朱熹], 『書經集傳』[蔡沈], 『周易傳義』[胡廣 等], 『禮記集說』[陳澔], 『大戴禮記』[戴德], 『心經附註』[程敏政], 『小學集註』[朱熹·劉淸之]

『性理大全』[胡廣 等], 『程書分類』[宋時烈]

『老子翼』[焦竑弱侯], 『荀子集解』[王先謙]

2. 문집류

『二程集』[程顥、程頤], 『周濂溪集』[周敦頤], 『朱子大全』[朱熹], 『朱子語類』[朱熹], 『晦庵先生朱文公文集』[朱熹]

『孤山遺稿』[尹善道], 『過庭錄』[朴宗采], 『錦帶殿策』[李家煥], 『記言』[許穆], 『洛下生全集』[李學逵], 『茶山學團 文獻集成』[成均館大學校 大東文化硏究院], 『磻溪隨錄』[柳馨遠], 『磻溪雜藁』[柳馨遠/李佑成 編], 『磻溪先生年譜』, 『白湖全書』[尹鑴], 『思辨錄』[朴世堂], 『三倉館集』[丁學淵], 『石泉遺集』[申綽], 『惺所覆瓿藁』[許筠], 『星湖僿說類選』[李瀷], 『星湖先生文集』[李瀷], 『星湖先生疾書(上·下)』[李瀷/李佑成 編], 『星湖全書』[李瀷/李佑成 編], 『宋子大全』[宋時烈], 『申櫶全集』[申櫶], 『定本 與猶堂全書』[丁若鏞], 『與猶堂全書補遺』[丁若鏞], 『燕巖集』[朴趾源], 『栗谷先生全書』[李珥], 『艸衣詩藁』[意洵], 『退溪先生文集』[李滉], 『霞谷集』[鄭齊斗], 『弘齋全書』[正祖]

3. 기타

『國朝寶鑑』, 『備邊司謄錄』, 『承政院日記』, 『日省錄』, 『增補文獻備考』

『肅宗實錄』, 『純祖實錄』, 『英祖實錄』, 『仁祖實錄』, 『正祖實錄』, 『孝宗實錄』

『古今圖書集成』, 『三才圖會』[王圻·王思義 編集], 『正教奉褒』[黃斐默 編]

II. 저서

강경원, 2001, 『이익李瀷: 인간소외 극복의 실학자』(서울: 성균관대학교출판부)

강만길, 2018, 『조선후기 상업자본의 발달』(파주: 창비)

——— 外, 1986, 『丁茶山과 그 時代』(서울: 民音社)
——— 外, 1990, 『茶山學의 探究』(서울: 民音社)
姜萬吉·鄭昌烈 외 9명, 1990, 『茶山의 政治經濟 思想』(서울: 창작과비평사)
강명관, 1997, 『조선후기 여항문학 연구』(서울: 창작과비평사)
———, 2003, 『조선의 뒷골목 풍경』(서울: 푸른역사)
———, 2007a, 『안쪽과 바깥쪽』(서울: 소명출판)
———, 2007b, 『공안파와 조선후기 한문학』(서울: 소명출판)
강세구, 1999, 『성호학통 연구』(서울: 혜안)
姜在彦, 1990a, 『조선의 西學史』(서울: 민음사)
경기문화재단 실학박물관 편, 2004, 『한국 실학과 동아시아 세계』(서울: 景仁文化社)
———, 2013, 『마테오 리치의 곤여만국전도와 조선후기의 세계관』(서울: 景仁文化社)
高東煥, 1998, 『朝鮮後期 서울商業發達史研究』(서울: 지식산업사)
高麗大 亞細亞問題研究所 韓國研究室 編, 1974, 『實學 思想의 探究』(서울: 玄岩社)
高麗大學校 民族文化研究所 편, 1970, 『韓國文化史大系 VI: 宗教·哲學史』(서울: 高麗大學校 民族文化研究所)
고석규, 1998, 『19세기 조선의 향촌사회연구: 지배와 저항의 구조』(서울: 서울대학교출판부)
고승제, 1995, 『다산을 찾아서』(서울: 中央日報社)
具萬玉, 2004, 『朝鮮後期 科學思想史 研究 I: 朱子學的 宇宙論의 變動』(서울: 혜안)
국립중앙박물관, 2012, 『다산茶山 정약용丁若鏞』(서울: 국립중앙박물관)
國史編纂委員會, 1991, 『韓國史論: 朝鮮後期의 鄉村社會』 제21집.(과천: 國史編纂委員會)
권내현, 2014, 『노비에서 양반으로, 그 머나먼 여정: 어느 노비 가계 2백 년의 기록』(고양: 역사비평사)
權正顔 外, 1988, 『朝鮮朝 儒學思想의 探究』(서울: 驪江出版社)
권태욱·박정련 역주/이상필 감수, 2014, 『국역國譯 악서고존樂書孤存』(서울: 민속원)
권태환·김두섭, 1990, 『인구의 이해』(서울: 서울대학교출판부)
규장각한국학연구원 엮음, 2013, 『실용서로 읽는 조선』(파주: 글항아리)
近代史研究會 編, 1987, 『韓國中世社會 解體期의 諸問題(下): 朝鮮後期史 연구의 현황과 과제』(서울: 한울아카데미)
琴章泰, 1984, 『東西交涉과 近代韓國思想』(서울: 성균관대학교출판부)
———, 2001, 『다산실학탐구』(서울: 소학사)
———, 2002, 『한국유학의 심설: 심성론과 영혼론의 쟁점』(서울: 서울대학교출판부)

———, 2003, 『조선 후기 儒教와 西學: 교류와 갈등』(서울: 서울대학교출판부)
———, 2004a, 『도道와 덕德: 다산과 오규 소라이의 『중용』·『대학』 해석』(파주: 이끌리오)
———, 2005a, 『다산 정약용: 유학과 서학의 창조적 종합자』(파주: 살림)
———, 2005b, 『실천적 이론가 정약용』(파주: 이끌리오)
———, 2005c, 『心과 性: 茶山의 『孟子』 해석』(서울: 서울대학교출판부)
———, 2006, 『仁과 禮: 다산의 『논어』 해석』(서울: 서울대학교출판부)
———, 2008a, 『한국 양명학의 쟁점』(서울: 서울대학교출판문화원)
———, 2008b, 『한국 실학사상 연구』(파주: 한국학술정보)
———, 2011, 『다산 평전: 백성을 사랑한 지성』(서울: 지식과교양)
———, 2012, 『한국실학의 집대성 정약용丁若鏞』(서울: 성균관대학교출판부)
———, 2014a, 『성호星湖와 성호학파星湖學派』(서울: 서울대학교출판문화원)
———, 2014b, 『조선 실학의 경전이해』(서울: 서울대학교출판문화원)
紀念論叢刊行委員會, 1990, 『碧史李佑成教授停年退職紀念論叢 民族史의 展開와 그 文化 下』(서울: 창작과비평사)
김건태, 2004, 『조선시대 양반가의 농업경영』(서울: 역사비평사)
김교빈, 1995, 『양명학자 정제두의 철학사상: 존재론·인성론·사회인식에 대한 구조적 이해』(서울: 한길사)
——— 편저, 2005, 『한국의 사상가 10人: 하곡 정제두』(서울: 예문서원)
김길락, 2004, 『한국의 상산학과 양명학』(서울: 청계)
金吉煥, 1981, 『韓國陽明學研究』(서울: 一志社)
金大吉, 1997, 『朝鮮後期 場市研究』(서울: 國學資料院)
김동욱, 2002, 『실학 정신으로 세운 조선의 신도시, 수원 화성』(파주: 돌베개)
김만일, 2007a, 『조선 17~18세기 尙書 解釋의 새로운 경향』(서울: 景仁文化社)
金明昊, 1990, 『熱河日記 研究』(서울: 창작과비평사)
———, 2001, 『박지원 문학 연구』(서울: 成均館大學校 大東文化研究院)
金文植, 1996, 『朝鮮後期經學思想研究: 正祖와 京畿學人을 중심으로』(서울: 一潮閣)
———, 2007, 『정조의 제왕학』(파주: 태학사)
——— 외, 2009, 『규장각: 그 역사와 문화의 재발견』(서울: 서울대학교출판문화원)
김백철, 2010, 『조선후기 영조의 탕평정치: 『속대전』의 편찬과 백성의 재인식』(파주: 태학사)
金相洪, 2003a, 『茶山文學의 再照明』(서울: 단국대학교출판부)
김석희, 2004, 『조선후기 지방사회사 연구』(서울: 혜안)
김선희, 2012, 『마테오 리치와 주희, 그리고 정약용: 『천주실의』와 동아시아 유학의 지평』(서울: 심산)

金成潤, 1997, 『朝鮮後期 蕩平政治 硏究』(서울: 지식산업사)
金駿錫, 2003, 『朝鮮後期 政治思想史 硏究: 國家再造論의 擡頭와 展開』(서울: 지식산업사)
金彦鍾, 1987a, 『丁茶山論語古今注原義總括考徵』(台北: 學海出版社)
金英東, 1988, 『朴趾源小說硏究』(서울: 太學社)
金榮洙 번역, 1998, 『황사영黃嗣永 백서帛書』(서울: 성요셉출판사)
김영식, 2005, 『주희의 자연철학』(서울: 예문서원)
———, 2014, 『정약용의 문제들』(서울: 혜안)
金榮一, 2003, 『丁若鏞의 上帝思想』(서울: 景仁文化社)
김영자, 1992, 『韓國의 服飾美』(서울: 民音社)
김영호, 2003, 『다산의 논어해석연구』(서울: 심산)
金玉姬, 1979, 『曠菴 李蘗의 西學思想』(서울: 카톨릭出版社)
金容傑, 1989, 『星湖 李瀷의 哲學思想硏究』(서울: 成均館大學校 大東文化硏究院)
———, 2004, 『이익사상의 구조와 사회 개혁론』(서울: 서울대학교출판부)
金容燮, 2004, 『新訂 增補版 韓國近代農業史硏究[I]: 農業改革論·農業政策(1)』(서울: 지식산업사)
———, 2007a, 『신정 증보판 朝鮮後期農業史硏究[II]: 農業과 農業論의 變動』(서울: 지식산업사)
———, 2009, 『신정 증보판 朝鮮後期農學史硏究: 農書와 農業 관련 文書를 통해 본 農學思想』(파주: 지식산업사)
김용흠 역주, 2012, 『목민고·목민대방』(서울: 혜안)
金宇基, 2001, 『朝鮮中期 戚臣政治硏究』(서울: 集文堂)
김인걸, 2017a, 『조선후기 공론정치의 새로운 전개: 18, 19세기 향회, 민회를 중심으로』(서울: 서울대학교출판문화원)
———, 2017b, 『조선후기 향촌사회 지배구조의 변동』(파주: 경인문화사)
———, 2017c, 『조선시대 사회사와 한국사 인식』(파주: 경인문화사)
——— 외 지음, 2011, 『정조와 정조시대』(서울: 서울대학교출판문화원)
김인규, 2000, 『북학사상의 철학적 기반과 근대적 성격』(서울: 다운샘)
김인영 편, 2002, 『한국사회 신뢰와 불신의 구조: 거시적 접근』(서울: 小花)
金駿錫, 2003, 『朝鮮後期 政治思想史 硏究: 國家再造論의 擡頭와 展開』(서울: 지식산업사)
金哲埈博士華甲紀念史學論叢 刊行準備委員會, 1983, 『金哲埈博士華甲紀念史學論叢』(서울: 知識産業社)
金泰永, 1998, 『실학의 국가 개혁론』(서울: 서울대학교출판부)
——— 외, 1987, 『한국의 사회경제사』(서울: 한길사)
金炫榮, 1999, 『朝鮮時代의 兩班과 鄕村社會』(서울: 集文堂)

김형효, 2000, 『원효에서 다산까지: 한국 사상의 비교철학적 해석』(성남: 청계)
——— 외, 1998, 『茶山의 사상과 그 현대적 의미』(성남: 한국정신문화연구원)
김홍영·이상하 역, 1997, 『국역 백호전서白湖全書 IX』(서울: 민족문화추진회)
金興圭, 1988, 『朝鮮後期의 詩經論과 詩意識』(서울: 高麗大學校 民族文化硏究所)
———, 2002a, 『한국 고전문학과 비평의 성찰』(서울: 高麗大學校 出版部)
盧吉明, 1988, 『카톨릭과 朝鮮後期 社會變動』(서울: 高麗大學校 民族文化硏究所)
노혜경, 2006, 『朝鮮後期 守令 行政의 實際: 黃胤錫의 『頤齋亂藁』를 중심으로』(서울: 혜안)
茶山硏究會 譯註, 1978, 『譯註 牧民心書 1』(서울: 창작과비평사)
———, 1979, 『譯註 牧民心書 2』(서울: 창작과비평사)
———, 1981, 『譯註 牧民心書 3』(서울: 창작과비평사)
———, 1984, 『譯註 牧民心書 4』(서울: 창작과비평사)
———, 1985a, 『譯註 牧民心書 5』(서울: 창작과비평사)
———, 1985b, 『譯註 牧民心書 6』(서울: 창작과비평사)
다산학술문화재단, 2012, 『《여유당전서》 미수록 다산茶山 간찰집簡札集』(서울: 사암)
다산학술문화재단 맹자요의강독회 옮김, 2020, 『역주 맹자요의孟子要義』(서울: 사암)
茶山学术文化财团 编, 2008, 『茶山的四书经学』(北京: 商务印书馆国际有限公司)
島巖柳豊淵博士回甲紀念論文集刊行委員會, 1991, 『島巖柳豊淵博士回甲紀念論文集』(서울: 島巖柳豊淵博士回甲紀念論文集刊行委員會)
東園金興培博士古稀紀念論文集刊行委員會, 1984, 『東園金興培博士古稀紀念論文集』(서울: 韓國外國語大學校)
문중양, 2000, 『조선후기 水利學과 水利담론』(서울: 集文堂)
———, 2016, 『조선후기 과학사상사: 서구 우주론과 조선 천지관의 만남』(파주: 들녘)
민족문화추진회, 1967a, 『고전국역총서 사변록』(서울: 민족문화추진회)
———, 1967b, 『고전국역총서 하곡집 I』(서울: 민족문화추진회)
———, 1967c, 『고전국역총서 하곡집 II』(서울: 민족문화추진회)
———, 1983, 『국역 성소부부고惺所覆瓿藁』(서울: 민족문화추진회)
——— 편, 1994a, 『국역 다산시문집 ❶』(서울: 솔)
——— 편, 1994b, 『국역 다산시문집 ❷』(서울: 솔)
——— 편, 1994c, 『국역 다산시문집 ❸』(서울: 솔)
——— 편, 1982, 『국역 다산시문집 ❹』(서울: 솔)
——— 편, 1983, 『국역 다산시문집 ❺』(서울: 솔)
——— 편, 1984, 『국역 다산시문집 ❻』(서울: 솔)
——— 편, 1985, 『국역 다산시문집 ❼』(서울: 솔)
——— 편, 1986a, 『국역 다산시문집 ❽』(서울: 솔)

——— 편, 1986b, 『국역 다산시문집 ❾』(서울: 솔)
——— 편, 1997, 『국역 다산시문집 ❿』(서울: 솔)
——— 편, 1997, 『국역 미수기언 ❶』(서울: 솔)
———, 2000, 『국역 홍재전서弘齋全書 18』(서울: 민족문화추진회)
박무영, 2002, 『정약용의 시와 사유방식』(서울: 태학사)
朴錫武, 1988, 『茶山紀行: 朝鮮後期의 社會變動과 思想』(서울: 한길사)
———, 2003, 『다산 정약용 유배지에서 만나다』(파주: 한길사)
———, 2014, 『다산 정약용 평전: 조선 후기 민족 최고의 실천적 학자』(서울: 민음사)
박석무, 송재소, 임형택 외 지음/다산연구소 엮음, 2018, 『다산학 공부』(파주: 돌베개)
박성순, 2005, 『조선유학과 서양과학의 만남: 조선후기 서학의 수용과 북학론의 형성』(서울: 고즈윈)
朴連洙, 1999, 『陽明學의 理解: 陽明學과 韓國陽明學』(서울: 集文堂)
———, 2007, 『하곡 정제두의 사상』(파주: 한국학술정보)
박용숙, 2007, 『조선후기 향촌사회사 연구』(서울: 혜안)
박종천, 2008, 『다산 정약용의 의례이론』(성남: 신구문화사)
——— 역주·해설, 2010, 『역주譯註 국조전례고國朝典禮考』(서울: 심산)
朴忠錫, 1982a, 『韓國政治思想史』(서울: 三英社)
박현모, 2001, 『정치가 정조』(서울: 푸른역사)
———, 2011, 『정조 사후 63년: 세도정치기(1800~63)의 국내외 정치 연구』(파주: 창비)
박홍식 편저, 2005, 『한국의 사상가 10人: 다산 정약용』(서울: 예문서원)
박희병 옮김, 2005, 『나의 아버지 박지원』(파주: 돌베개)
방 인, 2014, 『다산 정약용의 『주역사전周易四箋』, 기호학으로 읽다』(서울: 예문서원)
방인·장정욱 옮김, 2007a, 『역주譯註 주역사전周易四箋 1』(서울: 소명출판)
———, 2007b, 『역주譯註 주역사전周易四箋 2』(서울: 소명출판)
———, 2007c, 『역주譯註 주역사전周易四箋 3』(서울: 소명출판)
———, 2007d, 『역주譯註 주역사전周易四箋 4』(서울: 소명출판)
———, 2007e, 『역주譯註 주역사전周易四箋 5』(서울: 소명출판)
———, 2007f, 『역주譯註 주역사전周易四箋 6』(서울: 소명출판)
———, 2007g, 『역주譯註 주역사전周易四箋 7』(서울: 소명출판)
———, 2007h, 『역주譯註 주역사전周易四箋 8』(서울: 소명출판)
배우성, 1998, 『조선후기 국토관과 천하관의 변화』(서울: 일지사)
裵宗鎬, 1974, 『韓國儒學史』(서울: 延世大學校 出版部)

———, 1985a, 『韓國儒學의 哲學的 展開(下)』(서울: 延世大學校 出版部)
백민정, 2007a, 『정약용의 철학: 주희와 마테오리치를 넘어 새로운 체계로』(서울: 이학사)
백승종, 2011, 『정조와 불량선비 강이천: 18세기 조선의 문화투쟁』(서울: 푸른역사)
卞光錫, 2001, 『朝鮮後期 市廛商人 硏究』(서울: 혜안)
想白李相佰博士回甲紀念論叢編輯委員會, 1964, 『李相佰博士回甲紀念論叢』(서울: 乙酉文化社)
서울대학교 규장각한국학연구원, 2015, 『규장각奎章閣』(서울: 서울대학교 규장각한국학연구원)
서울대학교 종교문제연구소 편, 2009, 『유교와 종교학』(서울: 서울대학교출판부)
成均館大學校 大東文化硏究院, 1990, 『韓國經學資料集成 28』(서울: 成均館大學校 大東文化硏究院)
송석준, 2015, 『조선시대의 양명학』(서울: 보고사)
송영배, 2004, 『동서 철학의 교섭과 동서양 사유 방식의 차이』(서울: 논형)
———, 2012, 『중국사회사상사』(서울: 사회평론)
——— 외 옮김, 1999, 『천주실의』(서울: 서울대학교출판문화원)
宋載卲, 1986, 『茶山詩硏究』(서울: 창작과비평사)
———, 2014, 『다산시 연구』(파주: 창비)
——— 譯註, 1991, 『茶山詩選』(서울: 창작과비평사)
——— 역주, 2013, 『다산시선茶山詩選』(파주: 창비)
——— 역주, 2014, 『다산의 한평생: 사암선생연보』(파주: 창비)
송찬섭, 2002, 『朝鮮後期 還穀制改革硏究』(서울: 서울대학교출판부)
宋贊植, 1973, 『李朝後期 手工業에 관한 硏究』(서울: 서울大學校出版部)
———, 1997a, 『朝鮮後期 社會經濟史의 硏究』(서울: 一潮閣)
송호근, 2011, 『인민의 탄생: 공론장의 구조 변동』(서울: 민음사)
愼鏞廈, 1987a, 『韓國近代社會思想史硏究』(서울: 一志社)
———, 1997a, 『조선후기 실학파의 사회사상연구』(서울: 지식산업사)
——— 編, 1982, 『社會史와 社會學』(서울: 創作과批評社)
——— 엮음, 1986, 『아시아적 생산양식론』(서울: 까치)
——— 외 편, 1995, 『한국 사회사의 이해』(서울: 문학과지성사)
신호열·김명호 옮김, 2007a, 『연암집燕巖集【상】』(파주: 돌베개)
———, 2007b, 『연암집燕巖集【중】』(파주: 돌베개)
———, 2007c, 『연암집燕巖集【하】』(파주: 돌베개)
실시학사 경학연구회 역주, 2008a, 『역주 시경강의 1』(서울: 사암)
———, 2008b, 『역주 시경강의 2』(서울: 사암)

———, 2008c, 『역주 시경강의 3』(서울: 사암)
———, 2008d, 『역주 시경강의 4』(서울: 사암)
———, 2008e, 『역주 시경강의 5』(서울: 사암)
實是學舍經學硏究會 編譯, 1996, 『다산과 문산의 인성논쟁』(서울: 한길사)
———, 2000a, 『茶山과 石泉의 經學論爭』(서울: 한길사)
———, 2000b, 『茶山과 臺山·淵泉의 經學論爭』(서울: 한길사)
실시학사 고전문학연구회 역편, 2009, 『完譯 李鈺全集 1』(서울: 휴머니스트)
沈慶昊, 1995, 『茶山과 春川』(춘천: 강원대학교 출판부)
———, 1999, 『조선시대 漢文學과 詩經論』(서울: 一志社)
양홍렬 역, 1996, 『국역 백호전서白湖全書 VII』(서울: 민족문화추진회)
———, 1997, 『국역 백호전서白湖全書 VIII』(서울: 민족문화추진회)
歷史學會 편, 1973, 『實學硏究入門』(서울: 一潮閣)
淵民李家源先生頌壽紀念論叢刊行委員會, 1987, 『淵民李家源先生七秩頌壽紀念論叢』(서울: 正音社)
연세대학교 국학연구원 편, 2003, 『연세실학강좌 I: 실학공개강좌[1]』(서울: 혜안)
———, 2006, 『韓國實學思想硏究 2: 政治經濟學篇』(서울: 혜안)
吳錫源 외, 1988, 『朝鮮朝 儒學思想의 探究』(서울: 驪江出版社)
吳 星, 2000, 『朝鮮後期 商業史硏究』(서울: 韓國硏究院)
오영교, 2001, 『朝鮮後期 鄕村支配政策 硏究』(서울: 혜안)
우경섭, 2013, 『조선중화주의의 성립과 동아시아』(서울: 유니스토리)
禹仁秀, 1999, 『朝鮮後期 山林勢力硏究』(서울: 一潮閣)
원유한, 2008, 『조선후기 화폐사』(서울: 혜안)
원재린, 2003, 『조선후기 星湖學派의 학풍 연구』(서울: 혜안)
——— 역주, 2012, 『임관정요』(서울: 혜안)
劉明鍾, 1983, 『韓國의 陽明學』(서울: 同和出版公社)
———, 1988a, 『韓國儒學硏究』(대구: 以文出版社)
———, 1994, 『性理學과 陽明學』(서울: 延世大學校 出版部)
유봉학, 1995, 『燕巖一派 北學思想 硏究』(서울: 一志社)
———, 1996, 『꿈의 문화유산, 화성』(서울: 신구문화사)
———, 2001a, 『정조대왕의 꿈: 개혁과 갈등의 시대』(서울: 신구문화사)
———, 2009, 『개혁과 갈등의 시대: 정조와 19세기』(성남: 신구문화사)
———, 2013, 『실학과 진경문화』(성남: 신구문화사)
——— 외, 2001, 『정조시대 화성 신도시의 건설』(서울: 백산서당)
유승주·이철성, 2002, 『조선후기 중국과의 무역사』(서울: 景仁文化社)
劉元東, 1977, 『韓國近代經濟史硏究』(서울: 一志社)
尹南漢, 1982, 『朝鮮時代의 陽明學 硏究』(서울: 集文堂)

尹絲淳, 1980a, 『韓國儒學論究』(서울: 玄岩社)
——— 編, 1990, 『정약용丁若鏞』(서울: 高麗大學校 出版部)
——— 外, 1993, 『新實學의 탐구』(서울: 열린책들)
윤사순·고익진 편, 1984, 『한국의 사상』(서울: 열음사)
윤용출, 1998, 『조선후기의 요역제와 고용노동』(서울: 서울대학교출판부)
尹在瑛 역, 1975, 『黃嗣永帛書』(서울: 正音社)
李光麟, 1961, 『李朝水利史硏究』(서울: 韓國硏究院)
이광호 외 역, 2016, 『대학공의·대학강의·소학지언·심경밀험』(서울: 사암)
이규대, 2009, 『조선시기 향촌사회 연구』(성남: 신구문화사)
李基白 책임편집, 1991, 『韓國史 市民講座: 제9집』(서울: 一潮閣)
이동환, 2006, 『실학시대의 사상과 문학』(파주: 지식산업사)
이문규, 2000, 『고대 중국인이 바라본 하늘의 세계』(서울: 문학과지성사)
이민희, 2007, 『16~19세기 서적중개상과 소설·서적 유통 관계 연구』(서울: 역락)
李秉烋, 1999, 『朝鮮前期 士林派의 現實認識과 對應』(서울: 一潮閣)
李丙燾, 1987, 『韓國儒學史』(서울: 亞細亞文化社)
李炳赫 편저, 1986, 『언어사회학 서설: 이데올로기와 언어』(서울: 까치)
李相恩, 1992, 『朝鮮王朝服飾史論』(서울: 東方圖書)
이상호, 2008, 『양명우파와 정제두의 양명학』(서울: 혜안)
이선아, 2008, 『윤휴의 학문세계와 정치사상』(파주: 한국학술정보)
李善宰, 1992, 『儒敎思想과 儀禮服』(서울: 亞細亞文化社)
李成九, 1997, 『古代中國의 呪術的 思惟와 帝王統治』(서울: 一潮閣)
이성무, 2007a, 『조선시대 당쟁사 1』(서울: 아름다운날)
———, 2007b, 『조선시대 당쟁사 2』(서울: 아름다운날)
李成茂·鄭萬祚 外著, 1994, 『朝鮮後期 黨爭의 綜合的 檢討』(성남: 韓國精神文化硏究院)
이세영, 2001, 『朝鮮後期 政治經濟史』(서울: 혜안)
李樹健, 1979, 『嶺南士林派의 形成』(경산: 嶺南大學校出版部)
———, 1995, 『嶺南學派의 形成과 展開』(서울: 一潮閣)
이승환, 2004, 『유교 담론의 지형학: 근대 이후 유교 담론에 관한 정치철학적 고찰』(파주: 푸른숲)
李榮薰, 1988, 『朝鮮後期社會經濟史』(서울: 한길사)
———, 2016, 『한국경제사 I: 한국인의 역사적 전개』(서울: 일조각)
——— 편, 2004, 『수량경제사로 다시 본 조선후기』(서울: 서울대학교출판부)
李佑成, 1982a, 『韓國의 歷史像: 李佑成歷史論集』(서울: 창작과비평사)
——— 編, 1984, 『星湖先生疾書(上·下)』(서울: 驪江出版社)
——— 編, 1990, 『磻溪雜藁』(서울: 驪江出版社)

李元淳, 1986a, 『韓國天主敎會史硏究』(서울: 한국교회사연구소)
———, 1986b, 『朝鮮西學史硏究』(서울: 一志社)
이윤갑, 2011, 『한국 근대 상업적 농업의 발달과 농업변동』(파주: 지식산업사)
이윤석, 2016, 『조선시대 상업출판: 서민의 독서, 지식과 오락의 대중화』(서울: 민속원)
李銀順, 1988, 『朝鮮後期黨爭史硏究』(서울: 一潮閣)
이은순·이배용 외 지음, 1996, 『한국사회사상사』(서울: 지식산업사)
李乙浩, 1966, 『茶山經學思想硏究』(서울: 乙酉文化社)
———, 1975a, 『茶山學의 理解』(서울: 玄岩社)
———, 1980a, 『韓國改新儒學史試論』(서울: 博英社)
——— 編, 1975, 『實學論叢』(광주: 全南大學校 出版部)
——— 外, 1989, 『丁茶山의 經學: 論語·孟子·大學·中庸 硏究』(서울: 民音社)
이이화, 1994, 『조선후기의 정치사상과 사회변동』(서울: 한길사)
李在喆, 2003, 『朝鮮後期 備邊司硏究』(서울: 集文堂)
이재하·홍순완, 1992, 『한국의 場市: 정기시장을 중심으로』(서울: 民音社)
李止麟, 1999, 『황사영 백서 연구黃嗣永帛書硏究: 한빈도 분단의 근본 원인을 찾아』(서울: 一潮閣)
李篪衡, 1996a, 『茶山經學硏究』(서울: 太學社)
——— 역주, 1994, 『譯註 茶山 孟子要義』(서울: 現代實學社)
——— 역주, 2002, 『역주 매씨서평梅氏書平』(서울: 문학과지성사)
——— 역주, 2010a, 『譯註 논어고금주論語古今註 1』(서울: 사암)
——— 역주, 2010b, 『譯註 논어고금주論語古今註 2』(서울: 사암)
——— 역주, 2010c, 『譯註 논어고금주論語古今註 3』(서울: 사암)
——— 역주, 2010d, 『譯註 논어고금주論語古今註 4』(서울: 사암)
——— 역주, 2010e, 『譯註 논어고금주論語古今註 5』(서울: 사암)
이창식, 2001, 『한국의 보부상』(서울: 밀알)
李哲成, 2000, 『朝鮮後期 對淸貿易史 硏究』(서울: 國學資料院)
李春植, 1998, 『中華思想Sino-Centralism』(서울: 교보문고)
———, 2002, 『中華思想의 理解』(서울: 신서원)
李泰鎭, 1989a, 『朝鮮儒敎社會史論』(서울: 지식산업사)
———, 1990, 『奎章閣 小史』(서울: 서울大學校圖書館)
———, 2008a, 『증보판 한국사회사연구: 농업기술 발달과 사회변동』(파주: 지식산업사)
——— 編, 1985, 『朝鮮時代 政治史의 再照明: 士禍·黨爭篇』(서울: 汎潮社)
이해영·권태환 편, 1978, 『한국사회 I: 인구와 발전』(서울: 서울大學校 社會科學大學 人口 및 發展問題硏究所)

이해준, 1996, 『조선시기 촌락사회사』(서울: 민족문화사)
이해준·김인걸 외저, 1994, 『조선시기 사회사 연구법』(성남: 한국정신문화연구원)
이현식, 2002, 『박지원 산문의 논리와 미학』(서울: 이회)
이형대 외 역, 2004, 『국역國譯 고산유고孤山遺稿』(서울: 소명출판)
이형성 교주, 2010, 『현상윤의 조선유학사』(서울: 심산)
李羲權, 1999, 『朝鮮後期 地方統治行政 硏究』(서울: 集文堂)
이희재, 2010, 『박세당: 탈주자학적 실학사상의 선구자』(서울: 성균관대학교 출판부)
李熙煥, 1995, 『朝鮮後期黨爭硏究』(서울: 國學資料院)
임창순 교열, 안병학 외 역주, 1998, 『國譯 星湖疾書: 論語·大學·中庸』(춘천: 翰林大學校 泰東古典硏究所)
林熒澤, 1984a, 『韓國文學史의 視角』(서울: 創作과批評社)
———, 2000a, 『실사구시의 한국학』(서울: 창작과비평사)
———, 2009a, 『문명의식과 실학: 한국 지성사를 읽다』(파주: 돌베개)
장승구, 2001, 『정약용과 실천의 철학: 다산 철학의 근대성 탐구』(서울: 서광사)
재단법인 실시학사 편, 2012a, 『성호星湖 이익李瀷 연구』(서울: 사람의무늬)
———, 2012b, 『다산茶山 정약용丁若鏞 연구』(서울: 사람의무늬)
全相運, 1975, 『개정증보판 韓國科學技術史』(서울: 正音社)
全州大湖南學硏究所 譯, 1986, 『國譯 與猶堂全書: 經集 I·大學·中庸』(全州: 全南大學校 出版部)
———, 1989a, 『國譯 與猶堂全書 2: 經集 II·論語古今註』(서울: 驪江出版社)
———, 1989b, 『國譯 與猶堂全書 3: 經集 III·論語古今註』(서울: 驪江出版社)
———, 1989c, 『國譯 與猶堂全書 4: 經集 IV·論語古今註』(서울: 驪江出版社)
丁奎英 編, 1921/1992, 『俟菴先生年譜』, 『與猶堂全書 21』(서울: 驪江出版社)
———, 송재소 역주, 1921/2014, 『다산의 한평생: 사암선생연보』(파주: 창비)
정긍식, 2018, 『조선의 법치주의 탐구』(파주: 태학사)
정 민, 2011, 『다산의 재발견: 다산은 어떻게 조선 최고의 학술 그룹을 조직하고 운영했는가?』(서울: Humanist)
———, 2019a 『파란波瀾 ①: 다산의 두 하늘, 천주와 정조』(서울: 천년의상상)
———, 2019b 『파란波瀾 ②: 다산의 두 하늘, 천주와 정조』(서울: 천년의상상)
鄭炳連, 1994, 『茶山 四書學硏究』(서울: 景仁文化社)
鄭奭鍾, 1983a, 『朝鮮後期社會變動硏究』(서울: 一潮閣)
———, 1994a, 『조선후기의 정치와 사상』(서울: 한길사)
鄭成一, 2000, 『朝鮮後期 對日貿易』(서울: 신서원)
정성철, 1974/1989, 『실학파의 철학사상과 사회정치적 견해』(서울: 한마당)
정순우, 2012, 『서당의 사회사: 서당으로 읽는 조선 교육의 흐름』(파주: 태학사)

鄭玉子, 1988a, 『朝鮮後期文化運動史』(서울: 一潮閣)
———, 1990a, 『朝鮮後期 文學思想史』(서울: 서울大學校出版部)
———, 1991a, 『朝鮮後期 知性史』(서울: 一志社)
———, 1993a, 『조선후기 역사의 이해』(서울: 一志社)
———, 2001, 『정조의 문예사상과 규장각』(서울: 효형출판)
——— 외, 1999, 『정조시대의 사상과 문화』(서울: 돌베개)
鄭寅普, 1983, 『薝園 鄭寅普全集 2: 國學散藁 外』(서울: 延世大學校 出版部)
정인재, 2014, 『양명학의 정신』(서울: 세창출판사)
鄭一均, 2000, 『茶山 四書經學 研究』(서울: 一志社)
정진영, 1988, 『조선시대 향촌사회사朝鮮時代鄕村社會史』(서울: 한길사)
丁海廉 역주, 2001, 『아방강역고』(서울: 現代實學社)
——— 역주, 2004a, 『역주 경세유표 1』(서울: 現代實學社)
——— 역주, 2004b, 『역주 경세유표 2』(서울: 現代實學社)
——— 역주, 2004c, 『역주 경세유표 3』(서울: 現代實學社)
——— 편역주, 2002, 『다산서간정선』(서울: 現代實學社)
趙 珖, 1988, 『朝鮮後期 天主教史 研究』(서울: 高麗大學校 民族文化研究所)
趙璣濬 외, 1991, 『朝鮮後期 社會經濟史研究入門』(서울: 民族文化社)
趙東一, 1977, 『韓國 小說의 理論』(서울: 知識産業社)
———, 2005, 『한국문학통사 3: 중세에서 근대로의 이행기문학 제1기, 조선후기』(파주: 지식산업사)
조선과학원 고전연구소 고전연구실 편, 1962, 『역주譯註 대동수경大東水經』(평양: 과학원출판사)/여강출판사, 2001, 『역주譯註 대동수경大東水經』(서울: 여강출판사)
趙誠乙, 2004, 『與猶堂集의 文獻學的 研究: 詩律 및 雜文의 年代考證을 中心으로』(서울: 혜안)
———, 2016, 『年譜로 본 茶山 丁若鏞: 샅샅이 파헤친 그의 삶』(파주: 지식산업사)
조재곤, 2003, 『보부상: 근대 격변기의 상인』(서울: 서울대학교출판부)
차기진, 2002, 『조선 후기의 西學과 斥邪論 연구』(서울: 한국교회사연구소)
千寬宇, 1974, 『韓國史의 再發見』(서울: 一潮閣)
———, 1979, 『近世朝鮮史研究』(서울: 一潮閣)
崔東熙, 1988, 『西學에 대한 韓國實學의 反應』(서울: 高麗大學校 民族文化研究所)
崔奭祐 외, 1993, 『茶山 丁若鏞의 西學思想(1993년도 다산문화제 기념논총)』(서울: 다섯수레)
崔異敦, 1994, 『朝鮮中期士林政治構造研究』(서울: 一潮閣)
崔益翰, 1955, 『實學派와 丁茶山』(평양: 國立出版社)
최완수 외 지음, 1998a, 『진경시대: 1. 사상과 문화』(서울: 돌베개)

———, 1998b, 『진경시대: 2. 예술과 예술가들』(서울: 돌베개)
최재목, 2016, 『동아시아 양명학의 전개』(서울: 정병규에디션)
최홍규, 2001a, 『정조의 화성 건설』(서울: 일지사)
———, 2001b, 『朝鮮後期 鄕村社會研究: 正祖時代의 華城을 중심으로』(서울: 一潮閣)
擇窩許善道先生停年紀念 韓國史學論叢刊行委員會, 1992, 『擇窩許善道先生停年紀念 韓國史學論叢』(서울: 一潮閣)
河宇鳳, 1989, 『朝鮮後期實學者의 日本觀研究』(서울: 一志社)
韓國敎會史論文集刊行委員會, 1985, 『韓國敎會史論文集 II』(서울: 韓國敎會史研究所)
한국민족미술연구소 엮음, 2014, 『진경문화』(서울: 현암사)
한국사상사연구회 편저, 1996a, 『조선 유학의 학파들』(서울: 예문서원)
———, 1996b, 『실학의 철학』(서울: 예문서원)
韓國史研究會 編, 2001, 『韓國 實學의 새로운 摸索』(서울: 景仁文化社)
한국사회사연구회, 1990, 『사회사 연구의 이론과 실제(한국사회사연구회 논문집 제24집)』(서울: 문학과지성사)
韓國實學研究會, 1996, 『東아시아 實學의 諸問題와 그 展望(第4回 東아시아 實學國際學術會議 發表文集)』(서울: 韓國實學研究會)
한국역사연구회 조선시기 사회사 연구반, 2000, 『조선은 지방을 어떻게 지배했는가』(서울: 아카넷)
한국역사연구회 17세기 정치사 연구반, 2003, 『조선중기 정치와 정책: 인조~현종 시기』(서울: 아카넷)
한국역사연구회 19세기 정치사 연구반, 1990a, 『조선정치사 1800~1863(상)』(서울: 청년사)
———, 1990b, 『조선정치사 1800~1863(하)』(서울: 청년사)
韓國精神文化研究院 편, 1982, 『現代社會와 倫理』(성남: 韓國精神文化研究院)
——— 편, 1990, 『제6회 국제학술회의 발표논문집』(성남: 韓國精神文化研究院)
한국철학사연구회 엮음, 2004, 『다산경학의 현대적 이해』(서울: 심산)
韓國學文獻研究所 編, 1977, 『萬德寺志』(서울: 亞細亞文化社)
———, 1980, 『大芚寺志』(서울: 亞細亞文化社)
한국학중앙연구원 편, 2007, 『서계 박세당 연구』(파주: 집문당)
韓永愚, 1983, 『朝鮮前期社會思想研究』(서울: 知識產業社)
———, 1989a, 『朝鮮後期史學史研究』(서울: 一志社)
———, 1998, 『정조의 화성행차, 그 8일』(서울: 효형출판)
———, 2007, 『〈반차도〉로 따라가는 정조의 화성행차』(파주: 효형출판)
———, 2008, 『문화정치의 산실 규장각奎章閣』(파주: 지식산업사)

——— 외, 2007, 『다시, 실학이란 무엇인가』(서울: 푸른역사)
韓完相, 1978, 『民衆과 知識人』(서울: 正宇社)
韓㳓劤, 1980, 『星湖李瀷研究: 人間 星湖와 그의 政治思想』(서울: 서울大學校出版部)
——— 外, 1985, 『丁茶山研究의 現況』(서울: 民音社)
한형조, 1996, 『주희에서 정약용으로: 조선 유학의 철학적 패러다임 연구』(서울: 세계사)
함규진, 2012, 『정약용: 조선의 르네상스를 꿈꾸다』(파주: 한길사)
함영대, 2011, 『성호학파의 맹자학』(파주: 태학사)
鄕村社會史研究會, 1990, 『조선후기 향약연구』(서울: 民音社)
허경진, 1997, 『조선위항문학사』(서울: 태학사)
———, 2015, 『조선의 중인들』(서울: 알에이치코리아)
허탁·이요성 역주, 1998a, 『朱子語類 1』(성남: 청계)
———, 1998b, 『朱子語類 2』(성남: 청계)
玄相允, 1949/1982, 『朝鮮儒學史』(서울: 玄音社)
曉岡 崔文煥先生 紀念事業推進委員會, 1977, 『曉岡崔文煥博士追念論文集』(서울: 曉岡 崔文煥先生 紀念事業推進委員會)

方浩范, 2004, 『茶山實踐倫理思想』(광주: 샘물)
蔡振豐, 2010, 『朝鮮儒者丁若鏞的四書學: 以東亞爲視野的討論』(臺北: 臺大出版中心)/김중섭·김호 옮김, 2015, 『다산의 사서학: 동아시아의 관점에서』(서울: 너머북스)
黃斐默 編, 1897, 『正教奉褒』(上海: 慈母堂)
黃俊傑, 2010, 『東亞文化交流中的儒家經典與理念: 互動, 轉化與融合』(臺北: 國立臺灣大學出版中心)/정선모 옮김, 2012, 『동아시아학 연구방법론: 동아시아에서 문화교류와 유가경전의 이념』(서울: 심산)
——— 編, 2012, 『朝鮮儒者對儒家傳統的解釋』(臺北: 臺大出版中心)

나카 쓰미오[中純夫], 2013, 『朝鮮の陽明學: 初期江華学派の研究』(東京: 汲古書院)
다케다 기요코[武田淸子] 編, 1963, 『思想史の方法と対象: 日本と西欧』(東京: 創文社)/고재석 옮김, 1997, 『사상사의 방법과 대상』(서울: 小花)
시카다 히로시[四方博], 1976, 『朝鮮社会経済史研究(中)』(東京: 国書刊行会)
야마구찌 마사유키[山口正之], 1946, 『黃嗣永帛書の研究』(大阪: 全國書房)
———, 1967, 『朝鮮西教史: 朝鮮キリスト教の文化史的研究』(東京: 雄山閣)
야마다 케이지[山田慶兒], 1978, 『朱子の 自然學』(東京: 岩波書店)/김석근 옮김, 1991, 『朱子의 自然學』(서울: 통나무)

오가와 하루히사[小川晴久], 1994, 『朝鮮實學と日本』(東京: 花傳社)/하우봉 옮김, 1995, 『한국실학과 일본』(서울: 한울아카데미)

Abrams, Philip, 1982, *Historical Sociology*(Ithaca, New York: Cornell University Press)/愼鏞廈 외 譯, 1986, 『역사사회학』(서울: 文學과知性社)

Anderson, Perry, 1974, *Lineages of Absolutist State*(London: Verso)/김현일 옮김, 2014, 『절대주의 국가의 계보』(서울: 현실문화)

Bailey, Anne M. and Llobera, Josep R., ed. 1981, *The Asiatic Mode of Production: Science and Politics*(London, Boston and Henley: Routledge & Kegan Paul)

Baker, Donald, *Confucianism Confronts Catholicism in the Late Chosŏn Dynasty*/金世潤 譯, 1997, 『朝鮮後期 儒敎와 天主敎의 대립』(서울: 一潮閣)

Barbu, Zevedei, 1960, *Problems of Historical Psychology*(New York: Grove Press)/林喆規 譯, 1983, 『歷史心理學』(서울: 창작과비평사)

Baynes, Kenneth, Behman, James, and MaCarthy, Thomas, ed. 1987, *After Philosophy: End or Transformation?*(Campridge, Massachusetts, and London: The MIT Press)

Chung, Chung-Ho & Lee, So-Young, ed. 1990, *Postmodernism: An Introductory Anthology*(Seoul: Hanshin Publishing Co.)

Dallet, Ch., 1874, *HISTOIRE DE L'ÉGLISE DE CORÉE*/安應烈·崔奭祐 譯註, 2000a, 『韓國天主敎會史(上)』(서울: 한국교회사연구소)

———, 1874, *HISTOIRE DE L'ÉGLISE DE CORÉE*/安應烈·崔奭祐 譯註, 2000b, 『韓國天主敎會史(中)』(서울: 한국교회사연구소)

———, 1874, *HISTOIRE DE L'ÉGLISE DE CORÉE*/安應烈·崔奭祐 譯註, 2000c, 『韓國天主敎會史(下)』(서울: 한국교회사연구소)

Elias, Norbert, 1976, *Über den Prozeß der Zivilisation* vol. 1(Frankfurt)/박미애 옮김, 1996, 『문명화과정 I』(서울: 한길사)

———, 1978, *Was ist Soziologie?*(Juventa Verlag)/최재현 역, 1987, 『사회학이란 무엇인가』(서울: 나남)

Foucault, Michel, 1971, *L'ordre du discours*(Éditions Gallimard)/이정우 해설, 2014, 『담론의 질서』(서울: 중원문화)

———, 1975, *Surveiller et punir: Naissance de la prison*(Éditions Gallimard)/오생근 옮김, 2016, 『감시와 처벌: 감옥의 탄생』(서울: 나남)

———, 1976, *Histoire de la sexualité: Tome 1 La volonté de savoir*(Éditions Gallimard)/이규현 옮김, 2010, 『성性의 역사 1: 지식의 의지』(파주: 나남)

Gadamer, Hans-Georg, 1960, *Wahrheit und Methode*(Tübingen: J. C. B. Mohr Verlag)/이길우·이선관·임호일·한동원 옮김, 2012, 『진리와 방법: 철학적 해

석학의 기본 특징들 ❶❷』(파주: 문학동네)

Henderson, John B. 1984, *The Development and Decline of Chinese Cosmology*(New York: Columbia University Press)/문중양 역주, 2004, 『중국의 우주론과 청대의 과학혁명』(서울: 소명출판)

Hegel, G. W. F., 1837, *Vorlesungen über die Philosophie der Geschichte*/권기철 옮김, 2008, 『역사철학강의』(서울: 동서문화사)

Hekman, Susan J., 1986, *Hermeneutics & the Sociology of Knowledge*(Campridge: Polity Press)/윤병희 역, 1993, 『해석학과 지식사회학』(서울: 교육과학사)

JaHyun Kim Haboush & Martina Deuchler eds. 1999, *Culture and the State in Late Chosŏn Korea*(Cambridge, Massachusetts, and London: Harvard University Press)

Kuhn, Thomas S., 1970, *The Structure of Scientific Revolutions*(Chicago: The University of Chicago Press)/김명자, 홍성욱 옮김, 2013, 『과학혁명의 구조』(서울: 까치)

Mannheim, Karl, 1952, *IDEOLOGIE UND UTOPIE*(Verlag G. Schulte-Bulmke Frankfurt/Main)/임석진 옮김, 1991, 『이데올로기와 유토피아』(서울: 청아출판사)

Montesquieu, Charles De, 1748, *De l'esprit des lois*/하재홍 옮김, 2007, 『법의 정신』(서울: 동서문화사)

Mungello, David E., 2005, *The Great Encounter of China and the West, 1500-1800*(Lanham·Boulder·New York·Toronto·Oxford: Rowman & Littlefield Publishers)/김성규 옮김, 2009, 『동양과 서양의 위대한 만남 1500~1800: 대항해 시대 중국과 유럽은 어떻게 소통했을까』(서울: 휴머니스트)

Palais, James B., 1996, *Confucian Statecraft and Korean Institutions: Yu Hyŏngwŏn and the Late Chosŏn Dynasty*(Seattle and London: University of Washington Press)/김범 옮김, 2008, 『유교적 경세론과 조선의 제도들: 유형원과 조선후기 1~2』(서울: 산처럼)

Pollock, Sheldon, ed. 2003, *Literary Cultures in History: Reconstructions from South Asia*(Berkeley·Los Angeles·London: University of California Press)

Ricci, Matteo, 1603, 『天主實義』/송영배 외 옮김, 1999, 『천주실의』(서울: 서울대학교출판문화원)

Said, Edward W., 1978, *Orientalism*(New York: Pantheon Books)/박홍규 옮김, 2012, 『오리엔탈리즘』(서울: 교보문고)

Setton, Mark, 1997, *Chŏng Yagyong: Korea's Challenge to Orthodox Neo- Confucianism*(Albany: State University of New York Press)

Weber, Max, 1920a, *Die Protestantische Ethik und der Geist des Kapitalismus*/김덕영

옮김, 2010, 『프로테스탄티즘의 윤리와 자본주의 정신』(서울: 길)
———, 1920b, *Konfuzianismus und Taoismus*/이상률 譯, 1990, 『儒敎와 道敎』(서울: 文藝出版社)
Wittfogel, Karl August, 1957, *Oriental Despotism: A Comparative Study of Total Power*(New Haven: Yale University Press)

III. 논문

姜敬遠, 2001, 『星湖 李瀷의 經學思想 硏究』(成均館大學校 大學院 儒敎哲學科 博士學位論文)
강관식, 1998, 「진경시대 초상화 양식의 이념적 기반」, 최완수 외 지음, 『진경시대: 2. 예술과 예술가들』(서울: 돌베개)
———, 2014, 「진경시대 회화의 자생적 지평과 조선적 풍격」, 한국민족미술연구소 엮음, 『진경문화』(서울: 현암사)
姜萬吉, 1986, 「丁若鏞時代의 經濟事情」, 姜萬吉 外, 『丁茶山과 그 時代』(서울: 民音社)
———, 1991, 「市場과 商人」, 李基白 책임편집, 『韓國史 市民講座: 제9집』(서울: 一潮閣)
姜在彦, 1990b, 「丁茶山의 西學觀」, 姜萬吉 外, 『茶山學의 探究』(서울: 民音社)
———, 1990c, 「丁茶山의 日本觀: 일본 儒學을 중심으로」, 姜在彦, 『조선의 西學史』(서울: 민음사)
姜智恩, 2005, 「朱熹의 『孟子集註』와 鄭齊斗의 『孟子說』의 '浩然章' 註釋 比較」, 『漢字漢文硏究』 創刊號.(高麗大學校 漢字漢文硏究所)
———, 2007, 「서계西溪 박세당朴世堂의 「대학사변록大學思辨錄」에 대한 재검토: 『대학장구대전大學章句大全』의 주자주朱子註에 대한 비판적 고찰의 의미를 중심으로」, 『韓國實學硏究』 第13號.(韓國實學學會)
———, 2010, 「17世紀 經學方法論 硏究: 獨創性 및 批判性을 尺度로 한 經學硏究를 대신하여」, 『退溪學報』 第128輯.(退溪學硏究院)
———, 2011, 「尹鑴의 『讀書記』와 朴世堂의 『思辨錄』이 朱子學 批判을 위해 저술되었다는 주장의 타당성 검토(I): 『大學』의 '格物' 註釋에 대한 재고찰을 중심으로」, 『韓國實學硏究』 第22號.(韓國實學學會)
高東煥, 1991, 「浦口商業의 발달」, 李基白 책임편집, 『韓國史 市民講座: 제9집』(서울: 一潮閣)
고석규, 1991, 『19세기 鄕村支配勢力의 변동과 農民抗爭의 양상』(서울大學校 大學

院 國史學科 博士學位論文)

구만옥, 2007, 「조선후기 '자연' 인식의 변화와 '실학'」, 한영우 외, 『다시, 실학이란 무엇인가』(서울: 푸른역사)

———, 2012, 「星湖의 西學觀과 科學思想」, 재단법인 실시학사 편, 『성호星湖 이익李瀷 연구』(서울: 사람의무늬)

權文奉, 1989, 「星湖의 經學思想 研究(其二): 事物認識論과 格致論을 中心으로」, 『論文集』 第23-2輯.(圓光大學校)

———, 1992, 「星湖의 經學思想 研究(其三): 星湖學의 研究成果와 『中庸疾書』를 中心으로」, 『論文集』 第26-1輯.(圓光大學校)

———, 1994, 『星湖 李瀷의 經學과 四書疾書』(成均館大學校 大學院 東洋哲學科 博士學位論文)

———, 1995, 「星湖의 考證的 經學觀」, 『論文集』 第29-1輯.(圓光大學校)

———, 2000, 「星湖의 『中庸』 註釋 一考察: 『中庸疾書』를 中心으로」, 『漢文敎育研究』 第14號.(韓國漢文敎育學會)

권상우, 2009, 「霞谷 鄭齊斗 철학의 정체성에 대한 하나의 탐색: 朱子의 '一理'와 鄭齊斗의 '一體'의 차이성을 중심으로」, 『동서사상』 제6집.(慶北大學校 人文學術院)

琴章泰, 1986, 「茶山의 天槪念과 天人關係論」, 『哲學』 제25집.(韓國哲學會)

———, 1990, 「17세기 宋時烈과 尹鑴의 사상」, 韓國精神文化研究院 편, 『제6회 국제학술회의 발표논문집』(성남: 韓國精神文化研究院)

———, 1993, 「茶山의 儒學思想과 西學思想」, 崔奭祐 외, 1993, 『茶山 丁若鏞의 西學思想(1993년도 다산문화제 기념논총)』(서울: 다섯수레)

———, 1998a, 「白湖 尹鑴의 性理說과 經學」, 『人文論叢』 第39輯.(서울大學校 人文大學 人文學研究所)

———, 1998b, 「霞谷 鄭齊斗의 心學과 經學」, 『종교학연구』 제17집.(서울대학교 종교학연구회)

———, 2002, 「『중용』의 체제와 道의 기본구조: 茶山과 荻生徂徠의 『중용』 해석」, 『東亞文化』 第40輯.(서울大學校 人文大學 東亞文化研究所)

———, 2003a, 「대학지도大學之道와 덕德의 개념: 다산과 오규 소라이의 『대학』 해석」, 『茶山學』 제4호.(다산학술문화재단)

———, 2003b, 「茶山의 『대학』 해석과 德의 방법: 荻生徂徠와 비교이해」, 『退溪學報』 第114輯.(退溪學研究院)

———, 2004b, 「茶山의 『孟子』 해석과 修養의 방법: 退溪 修養論과의 비교이해」, 『退溪學報』 第115輯.(退溪學研究院)

———, 2005d, 「다산의 인仁 개념의 인식과 실천」, 『茶山學』 제7호.(다산학술문화재단)

———, 2008c, 「17세기말 朴世采와 鄭齊斗의 양명학논변」, 『한국문화』 제43호.(서울대학교 규장각한국학연구원)
———, 2014c, 「윤휴尹鑴의 『대학』·『중용』 해석」, 금장태, 『조선 실학의 경전이해』(서울: 서울대학교출판문화원)
———, 2014d, 「박세당朴世堂의 『사변록思辨錄』과 『대학』 편차編次의 수정」, 금장태, 『조선 실학의 경전이해』(서울: 서울대학교출판문화원)
———, 2014e, 「박세당朴世堂의 『대학』 해석과 쟁점」, 금장태, 『조선 실학의 경전이해』(서울: 서울대학교출판문화원)
———, 2014f, 「박세당朴世堂의 『중용』 편차수정과 해석」, 금장태, 『조선 실학의 경전이해』(서울: 서울대학교출판문화원)
金敎斌, 1989, 「霞谷哲學의 構造研究 I: 理氣問題를 중심으로」, 『인문논총』 제8집.(호서대학교 인문과학연구소)
———, 1990, 「霞谷철학의 구조적 이해 II: 心性論을 중심으로」, 『인문논총』 제9집.(호서대학교 인문과학연구소)
———, 1991, 「하곡철학의 구조적 이해 III: 인식과 실천 문제를 중심으로」, 『인문논총』 제10집.(호서대학교 인문과학연구소)
———, 1992, 『霞谷 哲學思想에 關한 研究: 存在論·人性論、社會意識에 대한 구조적 이해를 중심으로』(成均館大學校 大學院 東洋哲學學科 博士學位論文)
———, 2010, 「明齋 尹拯과 霞谷 鄭齊斗의 交遊」, 『시대와 철학』 제21권 1호.(한국철학사상연구회)
金基鉉, 1983, 「白湖 尹鑴의 理氣性情 및 人心道心說」, 『民族文化研究』 第17輯.(高麗大學校 民族文化研究所)
김기홍, 1998, 「현재 심사정과 조선 남종화풍」, 최완수 외 지음, 『진경시대: 2. 예술과 예술가들』(서울: 돌베개)
金吉洛, 1988, 「韓國陽明哲學의 展開」, 『論文集』 第15卷 第2號.(忠南大學校 人文科學研究所)
金吉煥, 1980, 「陽明學과 朝鮮朝 陽明學의 實際」, 『韓國學報』 제21집.(一志社)
김낙진, 1992, 「하곡 『중용설』에 대한 이해」, 『中國哲學』 제3집.(中國哲學會)
김동욱, 2001, 「18세기 화성의 도시 발달과 성곽 축조」, 유봉학 외, 『정조시대 화성 신도시의 건설』(서울: 백산서당)
金萬圭, 1978, 「西溪 朴世堂의 政治思想」, 『東方學志』 第19輯.(延世大學校 國學研究院)
김만일, 2003, 「박세당 경학사상의 성격: 尙書思辨錄을 중심으로」, 『儒教文化研究』 第6輯.(成均館大學校 儒教文化研究所)
———, 2005, 「尹鑴의 「尙書學」 연구」, 『儒教思想研究』 第23輯.(韓國儒教學會)
———, 2007b, 「李瀷의 尙書 解釋 研究」, 『儒教思想研究』 第28輯.(韓國儒教學會)

김문식, 2000, 「[서평] 사상의 연속과 단절에 대한 탐색: 정일균, 『茶山 四書經學研究』」, 『사회와 역사』 제58집.(한국사회사학회)
———, 2006, 「다산 정약용의 태학지도太學之道」, 『茶山學』 제8호.(다산학술문화재단)
———, 2009, 「정조시대의 규장각」, 김문식 외, 『규장각: 그 역사와 문화의 재발견』(서울: 서울대학교출판문화원)
김민규, 2014, 「진경시대 능묘 미술의 흐름과 특징: 검소함과 실용으로 조선의 얼굴을 조각하다」, 한국민족미술연구소 엮음, 『진경문화』(서울: 현암사)
김민재, 2014, 「정제두의 양지가 지니는 특징과 구현 과정에 대한 일고」, 『철학논총』 제78집.(새한철학회)
김병화, 1993, 「白湖 尹鑴 禮 개념의 이론적 근거 및 그 지향점에 관하여」, 『哲學論集』 第8輯.(慶南大學校 哲學科)
金相洪, 2003b, 「茶山學이 草衣禪師에게 끼진 影響」, 金相洪, 『茶山文學의 再照明』(서울: 단국대학교출판부)
———, 2003c, 「草衣禪師의 茶山學 繼承 攷」, 金相洪, 『茶山文學의 再照明』(서울: 단국대학교출판부)
金仙卿, 1984, 『朝鮮後期의 租稅收取와 面里運營』(延世大學校 大學院 史學科 碩士學位論文)
金聲振, 1993, 「正祖年間 科文의 文體變化와 文體反正」, 『韓國漢文學研究』 第16輯.(韓國漢文學會)
김성윤, 1999, 「백호 윤휴의 홍범관 연구」, 『역사와 현실』 제34권.(한국역사연구회)
金世奉, 2009, 「西溪 朴世堂의 大學認識과 사회적 反響」, 『東洋古典研究』 第34輯.(東洋古典學會)
김세정, 2008, 「명재 윤증과 서계 박세당의 격물 논변」, 『東洋哲學研究』 第56輯.(東洋哲學研究會)
金順任, 1983, 「霞谷哲學 研究」, 『韓國宗教』 第8輯.(圓光大學 宗教問題研究所)
金彦鍾, 1985, 「丁茶山 『論語古今注』 研究 其一: 「學而」篇」, 『中國文學研究』 第3卷.(韓國中文學會)
———, 1987b, 「丁茶山의 『論語古今注』에 受容된 古學派經說 小考」, 淵民李家源先生頌壽紀念論叢刊行委員會, 『淵民李家源先生七秩頌壽紀念論叢』(서울: 正音社)
———, 1996a, 「丁茶山의 『論語集註』 批判(I)」, 『민족문화연구』 제29호.(고려대학교 민족문화연구원)
———, 1996b, 「丁茶山의 『論語集註』 批判(II)」, 『大東文化研究』 第31輯.(成均館大學校 大東文化研究院)

———, 2001, 「정다산의 오규 소라이 논어설 수용양상」, 『日本思想』 第3號.(韓國日本思想史學會)

———, 2002, 「다산 『논어고금주論語古今注』에 수용된 훤원학파蘐園學派 논어설」, 『茶山學』 제3호.(다산학술문화재단)

———, 2004, 「조선후기 실학자들의 일본관련 문헌정리와 고학 이해」, 송영배 외, 『한국 실학과 동아시아세계』(수원: 경기문화재단)

———, 2005, 「다산 정약용의 논어論語 정의精義 구조九條 변석辨析」, 『茶山學』 제7호.(다산학술문화재단)

김연재, 2006, 「「心經集義」에 나타난 鄭齊斗 心學의 성격 및 그 특징: 심전경(心傳經), 수양경(修養經) 및 공부경(功夫經)」, 『陽明學』 第17號.(韓國陽明學會)

———, 2012, 「生態易學觀에서 본 정제두의 生命美學: 生理와 明德의 통일을 중심으로」, 『陽明學』 第33號.(韓國陽明學會)

金暎鎬, 1993, 『丁茶山의 『論語』解釋에 관한 研究: 『論語古今注』를 中心으로』(成均館大學校 大學院 東洋哲學科 博士學位論文)

———, 1999, 「星湖 李瀷의 經學思想: 論語說을 中心으로」, 『한국철학논집』 제7、8합집.(한국철학사연구회)

———, 2004, 「丁茶山의 『論語』說」, 한국철학사연구회 엮음, 『다산경학의 현대적 이해』(서울: 심산)

金玉淵, 1980, 「茶山哲學에서의 「仁」의 문제: 四書註解를 中心으로」, 『茶山學報』 第3輯.(茶山學報 刊行委員會)

金容傑, 1987, 「星湖思想의 理氣論 體系」, 『儒敎思想研究(2)』

———, 1991, 「星湖 李瀷의 近代的 思惟」, 島巖柳豊淵博士回甲紀念論文集刊行委員會, 『島巖柳豊淵博士回甲紀念論文集』(서울: 島巖柳豊淵博士回甲紀念論文集刊行委員會)

金龍德, 1957, 「奎章閣考: 設立事情을 中心으로」, 『中央大學校 論文集』 第2輯.(中央大學校)

金容燮, 2007b, 「朝鮮後期의 水稻作技術: 移秧法의 普及에 대하여」, 金容燮, 『신정 증보판 朝鮮後期農業史研究[II]: 農業과 農業論의 變動』(서울: 지식산업사)

———, 2007c, 「朝鮮後期의 水稻作技術: 稻·麥 二毛作의 普及에 대하여」, 金容燮, 『신정 증보판 朝鮮後期農業史 研究[II]: 農業과 農業論의 變動』(서울: 지식산업사)

———, 2007d, 「朝鮮後期의 水稻作技術: 移秧과 水利問題」, 金容燮, 『신정 증보판 朝鮮後期農業史研究[II]: 農業과 農業論의 變動』(서울: 지식산업사)

———, 2007e, 「朝鮮後期의 田作技術: 畎種法의 普及에 대하여」, 金容燮, 『신정 증보판 朝鮮後期農業史研究 [II]: 農業과 農業論의 變動』(서울: 지식산업사)

———, 2007f, 「朝鮮後期의 經營型 富農과 商業的 農業」, 金容燮, 『신정 증보판 朝鮮後

期農業史研究[II]: 農業과 農業論의 變動』(서울: 지식산업사)
———, 2007g, 「朱子의 土地論과 朝鮮後期 儒者: 地主制와 小農經濟의 問題」, 金容燮, 『신정 증보판 朝鮮後期 農業史研究[II]: 農業과 農業論의 變動』(서울: 지식산업사)
———, 2007h, 「朝鮮後期 土地改革論의 推移」, 金容燮, 『신정 증보판 朝鮮後期農業史研究[II]: 農業과 農業論의 變動』(서울: 지식산업사)
金容載, 2001, 『霞谷 鄭齊斗의 四書 經說 研究』(成均館大學校 大學院 儒學科 博士學位論文)
———, 2003, 「하곡 정제두의 心善·性善의 合一 논증: 『霞谷集』의 「孟子說」을 중심으로」, 『陽明學』 第10號.(韓國陽明學會)
———, 2004, 「하곡 정제두의 體用論 분석: 「良知體用圖」를 중심으로」, 『東洋哲學研究』 第40輯.(東洋哲學研究會)
———, 2005, 「霞谷 鄭齊斗의 『中庸』 解說」, 『漢文古典研究』 第11輯.(韓國漢文古典學會)
———, 2009, 「朝鮮陽明學派的『論語』解釋: 以霞谷鄭齊斗的『論語說』爲中心」, 『陽明學』 第22號.(韓國陽明學會)
———, 2013, 「박세당의 『思辨錄·論語』에 대한 一考」, 『儒學研究』 第29輯.(忠南大學校 儒學研究所)
김용흠, 1996, 「朝鮮後期 老·少論 分黨의 思想 基盤: 朴世堂의 『思辨錄』 是非를 中心으로」, 『學林』 第17輯.(延世史學研究會)
김우형, 2008, 「霞谷 鄭齊斗의 知覺論과 倫理學: 주자학과 양명학의 독창적인 결합」, 『陽明學』 第20號.(韓國陽明學會)
金庾坤, 2003, 「丁茶山의 『論語古今註』 「原義總括」에 대한 小考」, 『한국철학논집』 제12집.(한국철학사연구회)
———, 2011a, 「한국 유학의 『대학』 체재에 대한 이해(1): 『대학장구』와 『고본대학』의 체재를 개정한 학자를 중심으로」, 『儒教思想研究』 第43輯.(韓國儒教學會)
———, 2011b, 「한국 유학의 『대학』 체재에 대한 이해(2): 『고본대학』 체재의 정합성을 인정하는 학자를 중심으로」, 『東洋哲學研究』 第66輯.(東洋哲學研究會)
김윤경, 2009, 「鄭齊斗의 未發之中論에 관한 研究: 朱熹와의 比較를 中心으로」, 『儒教思想研究』 第35輯.(韓國儒教學會)
———, 2010, 「王陽明의 '四句教'에 대한 鄭齊斗의 견해: '無善無惡心之體'를 중심으로」, 『陽明學』 第27號.(韓國陽明學會)
———, 2012, 「정제두의 心卽理說에 관한 연구」, 『陽明學』 第31號.(韓國陽明學會)
金仁杰, 1981, 「朝鮮後期 鄕權의 추이와 지배층 동향: 忠淸道 木川縣 事例」, 『韓國

文化』 第2輯.(서울大學校 韓國文化研究所)
———, 1983, 「조선후기 鄕案의 성격변화와 在地士族」, 金哲埈博士華甲紀念史學論叢 刊行準備委員會, 『金哲埈博士華甲紀念史學論叢』(서울: 知識産業社)
———, 1984, 「조선후기 鄕村社會統制策의 위기: 洞契의 성격변화를 중심으로」, 『震檀學報』 第58號.(震檀學會)
———, 1986, 「조선후기 鄕村社會構造의 변동」, 姜萬吉 外, 『丁茶山과 그 時代』(서울: 民音社)
———, 1991, 『조선 후기 鄕村社會 변동에 관한 연구: 18·19세기 '鄕權' 담당층의 변화를 중심으로』(서울大學校 大學院 國史學科 博士學位論文)
———, 2011, 「정조의 '국체' 인식」, 김인걸 외 지음, 『정조와 정조시대』(서울: 서울대학교출판문화원)
김인규, 2009, 「星湖 李瀷의 大學觀」, 『東方學』 第17輯.(韓瑞大學校 東洋古典研究所)
金仁淑, 1974, 『深衣考』(梨花女子大學校 大學院 衣類織物學科 碩士學位論文)
金在勝, 2001, 「고구마의 朝鮮 傳來」, 『동서사학』 제8집.(한국동서학회)
金正敏, 2007, 『星湖 李瀷의 四書疾書 研究』(韓國學中央研究院 韓國學大學院 語文·古典 專攻 博士學位論文)
김종수, 2002, 「박세당의 진리론과 사상 체계론」, 『韓國實學研究』 第4號.(韓國實學學會)
———, 2004, 「텍스트이론으로 본 朴世堂의 人物性異論 형성과정」, 『韓國實學研究』 第7號.(韓國實學學會)
———, 2007, 「西溪 朴世堂의 人物性同異論 一考(1): 性同論 批判」, 『儒教文化研究』 第9輯.(成均館大學校 儒教文化研究所)
———, 2009, 「서계 박세당의 『상서·우공』편 주해 일고」, 『탈경계 인문학』 제2권 제3호.(이화여자대학교 이화인문과학원)
———, 2011, 「少論學派의 연원과 전개, 철학과 현실인식」, 『한국철학논집』 제32집.(한국철학사연구회)
金駿錫, 1987, 「許穆의 禮樂論과 君主觀」, 『東方學志』 第54·55·56合輯.(延世大學校 國學研究院)
———, 1988, 「17세기 畿湖朱子學의 동향: 宋時烈의 道統繼承運動」, 『孫寶基博士停年紀念韓國史學論叢』(서울: 知識産業社)
———, 1990a, 「17세기 正統朱子學派의 政治社會論: 宋時烈의 世道政治論과 賦稅制度釐正策」, 『東方學志』 第67合輯.(延世大學校 國學研究院)
———, 1990b, 『朝鮮後期 國家再造의 抬頭와 그 展開』(延世大學校 大學院 史學科 博士學位論文)
———, 1991a, 「許穆의 反北伐論과 農民保護對策」, 島巖柳豊淵博士回甲紀念論文集

刊行委員會, 『島巖柳豊淵博士回甲紀念論文集』(서울: 島巖柳豊淵博士回甲紀念論文集刊行委員會)

———, 1991b, 「柳馨遠의 變法論과 實理論」, 『東方學志』 第75輯.(延世大學校 國學研究院)

金彩潤, 1977, 「李朝後期 實學의 社會移動論小考」, 曉岡 崔文煥先生 紀念事業推進委員會, 『曉岡崔文煥博士追念論文集』(서울: 曉岡 崔文煥先生 紀念事業推進委員會)

金太年, 2010, 「박세당의 『사변록』 저술동기와 『대학』 본문 재배열 문제에 대한 검토」, 『韓國思想과 文化』 第51輯.(韓國思想文化學會)

김태영, 2012, 「茶山의 井田制論」, 재단법인 실시학사 편, 『다산茶山 정약용丁若鏞 연구』(서울: 사람의무늬)

김필동, 1990, 「최근 한국 사회사 연구의 성과와 과제: 방법론적 반성」, 한국사회사연구회, 『사회사 연구의 이론과 실제(한국사회사연구회 논문집 제24집)』(서울: 문학과지성사)

———, 1995, 「'한국 사회사'를 어떻게 이해할 것인가」, 신용하 외 편, 『한국 사회사의 이해』(서울: 문학과지성사)

金炫榮, 1993, 『朝鮮後期 南原地方 士族의 鄕村支配에 관한 硏究』(서울大學校 大學院 國史學科 博士學位論文)

———, 1994, 「조선시기 사족의 향촌지배 연구와 자료」, 이해준·김인걸 외저, 『조선시기 사회사 연구법』(성남: 한국정신문화연구원)

———, 2000, 「사족지배체제와 지방지배」, 한국역사연구회 조선시기 사회사 연구반, 『조선은 지방을 어떻게 지배했는가』(서울: 아카넷)

金血祚, 1982, 「燕巖體의 成立과 正祖의 文體反正」, 『韓國漢文學硏究』 第6輯.(韓國漢文學會)

김형찬, 2009, 「합리적 이해와 경건한 섬김: 白湖 尹鑴의 退溪學 계승에 관한 고찰」, 『退溪學報』 第125輯.(退溪學硏究院)

———, 2010, 「조선유학의 理 개념에 나타난 종교적 성격 연구: 退溪의 理發에서 茶山의 上帝까지」, 『철학연구』 제39집.(고려대학교 철학연구소)

———, 2012, 「斯文亂賊 論難과 四書의 再解釋: 朴世堂의 『思辨錄』과 金昌協의 批判을 중심으로」, 『韓國思想과 文化』 第63輯.(韓國思想文化學會)

김형효, 2002, 「실학 사상가 다산 정약용의 한 해석법」, 『茶山學』 제3호.(다산학술문화재단)

金興圭, 1980, 「西溪 朴世堂의 詩經論: 朝鮮後期 詩經論의 전개에 있어 「詩經思辨錄」의 위치」, 『韓國學報』 제20집.(一志社)

———, 2002b, 「朝鮮 後期 藝術의 환경과 疏通 構造」, 김흥규, 『한국 고전문학과 비평의 성찰』(서울: 高麗大學校 出版部)

———, 2002c,「朝鮮 後期의 문학」, 김흥규,『한국 고전문학과 비평의 성찰』(서울: 高麗大學校 出版部)

———, 2002d,「口碑文學의 세계」, 김흥규,『한국 고전문학과 비평의 성찰』(서울: 高麗大學校 出版部)

남지대, 1990a,「중앙정치세력의 형성구조」, 한국역사연구회 19세기 정치사 연구반,『조선정치사 1800~1863(상)』(서울: 청년사)

———, 1990b,「중앙정치세력의 성격」, 한국역사연구회 19세기 정치사 연구반,『조선정치사 1800~1863(상)』(서울: 청년사)

盧大煥, 1999,『19세기 東道西器論 形成過程 연구』(서울大學校 大學院 國史學科 博士學位論文)

노성환, 2010,「조선통신사와 고구마의 전래」,『동북아문화연구』 제23집.(동북아시아문화학회)

閔成基, 1980a,「李朝犁에 대한 一考察(上)」,『歷史學報』 第87輯.(歷史學會)

———, 1980b,「李朝犁에 대한 一考察(下)」,『歷史學報』 第88輯.(歷史學會)

민혜진, 2004a,「霞谷 鄭齊斗의 中庸說 연구: '誠'을 중심으로」,『大同哲學』 第25輯.(大同哲學會)

———, 2004b,「鄭齊斗의 大學說과 그 一體的 지향」,『철학논총』 제36집.(새한철학회)

朴光用, 1985,「蕩平論의 展開와 政局의 變化」, 李泰鎭 編,『朝鮮時代 政治史의 再照明: 士禍·黨爭篇』(서울: 汎潮社)

———, 1990,「정치운영론」, 한국역사연구회 19세기 정치사 연구반,『조선정치사 1800~1863(하)』(서울: 청년사)

朴 焞, 1990,「朝鮮中期 士族의 鄕村支配權 確立: 16·17세기 吏族 배제를 중심으로」, 鄕村社會史硏究會,『조선후기 향약연구』(서울: 民音社)

박동인, 2012,「先秦 儒家 禮法觀의 종합자: 荀子의 禮法觀」,『退溪學報』 第131輯.(退溪學硏究院)

박상리, 2009,「조선후기 유학자들의 양명학적 문제의식」,『陽明學』 第22號.(韓國陽明學會)

———, 2011,「정제두와 정약용『맹자』주석의 인간학적 이해」,『儒敎思想硏究』 第45輯.(韓國儒敎學會)

——— 외, 2014,「鄭齊斗와 丁若鏞의『大學』이해 연구」,『儒敎思想文化硏究』 第56輯.(韓國儒敎學會)

朴星來, 1984,「李瀷의 西洋科學 受容」, 東園金興培博士古稀紀念論文集刊行委員會,『東園金興培博士古稀紀念論文集』(서울: 韓國外國語大學校)

박연수, 1990,『霞谷 鄭齊斗의 思想에 있어서 人間理解에 관한 硏究』(成均館大學校 大學院 東洋哲學科 博士學位論文)

박원재, 2002, 「하곡霞谷 정제두鄭齊斗의 『중용』 해석의 특징: 하곡학의 사상적 경향성과 관련하여」, 『국학연구』 창간호.(한국국학진흥원)
박재술, 1996, 「박세당의 천관」, 한국사상사연구회 편저, 『실학의 철학』(서울: 예문서원)
박종천, 2009, 「정약용의 신관에 대한 종교사적 해석」, 서울대학교 종교문제연구소 편, 『유교와 종교학』(서울: 서울대학교출판부)
———, 2013, 「다산의 『논어』 주석서 전승에 대한 연구」, 『茶山學』 제23호.(다산학술문화재단)
朴天圭, 1987, 「朴西溪의 「大學」新釋」, 『東洋學』 第17輯, 「東洋學學術會議 講演鈔」.(檀國大學校 東洋學硏究所)
朴忠錫, 1982b, 「韓國政治思想史硏究에 있어서의 問題點: 특히 朝鮮朝朱子學思想의 特質과 관련하여」, 朴忠錫, 『韓國政治思想史』(서울: 三英社)
———, 1982c, 「「思想史學」과 思想史硏究」, 朴忠錫, 『韓國政治思想史』(서울: 三英社)
박평선, 2015, 「霞谷의 融合哲學에 관한 硏究: 生理說을 中心으로」, 『儒學硏究』 第33輯.(忠南大學校 儒學硏究所)
朴洪植, 1992, 「陽明 王守仁의 良知說과 霞谷 鄭齊斗의 生理說 比較硏究」, 『儒教思想硏究』 第4·5輯.(韓國儒教學會)
———, 2011, 「하곡 생리설의 철학사적 의의」, 『陽明學』 第30號.(韓國陽明學會)
방기중, 1984, 「17·18세기 前半 金納租稅의 성립과 전개」, 『東方學志』 第45輯.(延世大學校 國學硏究院)
———, 1986, 「조선후기 軍役稅에 있어서 金納租稅의 전개」, 『東方學志』 第50輯.(延世大學校 國學硏究院)
방병선, 1998, 「진경시대의 백자」, 최완수 외 지음, 『진경시대: 2. 예술과 예술가들』(서울: 돌베개)
———, 2014, 「진경시대 청화백자의 독창적 미감과 양식: 간송미술관 소장 청화백자동자조어도떡메병과 청화백자양각철채동채난국초충문병을 중심으로」, 한국민족미술연구소 엮음, 『진경문화』(서울: 현암사)
방현아, 1994, 「강이천과 「漢京詞」」, 『민족문학사연구』 제5권.(민족문학사학회、민족문학사연구소)
배우성, 2011, 「공간에 관한 지식과 정조시대」, 김인걸 외 지음, 『정조와 정조시대』(서울: 서울대학교출판문화원)
裵宗鎬, 1975, 「朴世堂의 格物致知說」, 李乙浩 編, 『實學論叢』(광주: 全南大學校 出版部)
———, 1985b, 「朴世堂의 反朱子學과 格物致知說」, 裵宗鎬, 『韓國儒學의 哲學的 展開(下)』(서울: 延世大學校 出版部)

백민정, 2007b, 「다산의 '윤집궐중(允執厥中)'론」, 『韓國實學硏究』 第13號.(韓國實學學會)
———, 2007c, 「정약용 수양론의 내적 일관성에 관한 연구: 愼獨, 至誠, 執中, 忠恕, 人心道心論을 중심으로」, 『退溪學報』 第122輯.(退溪學硏究院)
백인산, 2014, 「진경시대 사군자 그림」, 한국민족미술연구소 엮음, 『진경문화』(서울: 현암사)
徐昇煥, 1987, 『朝鮮時代 農業生産力 發展에 관한 硏究: 施肥法과 旱·水田農法의 發展을 中心으로』(서울大學校大學院 經濟學科 碩士學位論文)
徐鍾泰, 1989, 「星湖學派의 陽明學 受容: 茯菴 李基讓을 中心으로」, 『韓國史硏究』 第66輯.(韓國史硏究會)
———, 1995, 『星湖學派의 陽明學과 西學』(西江大學校 大學院 史學科 博士學位論文)
선병삼, 2011, 「하곡 정제두의 『대학』관에 나타난 한국적 양명학의 탄생 고찰」, 『漢文古典硏究』 第22輯.(韓國漢文古典學會)
———, 2013, 「양명학자 정제두의 『심경』 이해: 『심경집의』의 구성 분석과 공부론 고찰을 중심으로」, 『韓國思想史學』 第43輯.(韓國思想史學會)
———, 2016, 「하곡 정제두의 인심도심설 연구」, 『한국철학논집』 제48집.(한국철학사연구회)
薛錫圭, 1986a, 「奎章閣 硏究(上): 正祖代의 政局과 관련하여」, 『大丘史學』 第29輯.(大丘史學會)
———, 1986b, 「奎章閣 硏究(下): 正祖代의 政局과 관련하여」, 『大丘史學』 第31輯.(大丘史學會)
성태용, 2004, 「다산 철학에 있어 계시 없는 상제」, 『茶山學』 제5호.(다산학술문화재단)
宋甲準, 1983, 『星湖 李瀷의 經濟觀에 대한 硏究』(高麗大學校 大學院 哲學科 碩士學位論文)
———, 1988, 「星湖 李瀷의 經學思想(1): 그의 庸學觀」, 『哲學論集』 第4輯.(慶南大學校 哲學科)
———, 1989, 「星湖 李瀷의 經學思想(2): 그의 語孟觀」, 『哲學論集』 第5輯.(慶南大學校 哲學科)
———, 1996a, 「전승과 개신의 이중주: 성호학파」, 한국사상사연구회 편저, 『조선유학의 학파들』(서울: 예문서원)
———, 1996b, 「이익의 경학관」, 한국사상사연구회 편저, 『실학의 철학』(서울: 예문서원)
———, 2009, 「『思辨錄』의 朱注批判과 경학사적 위치」, 『人文論叢』 第24輯.(慶南大學校 人文科學硏究所)

宋兢燮, 1970, 「白湖 尹鑴 理氣哲學硏究 序說」, 『哲學硏究』 第11輯.(韓國哲學硏究會)

———, 1975, 「白湖 尹鑴傳: 그 學問的 立場을 中心하여」, 李乙浩 編, 『實學論叢』(광주: 全南大學校 出版部)

송석준, 1996, 「한국 양명학의 초기전개양상: 尹鑴와 朴世堂의 『大學』 해석을 중심으로」, 『韓國東西哲學硏究會 論文集』 第13號.(韓國東西哲學硏究會)

송영배, 2013, 「마테오 리치의 『곤여만국전도』와 중국인들의 반응」, 경기문화재단 실학박물관 편, 『마테오 리치의 곤여만국전도와 조선후기의 세계관』(서울: 景仁文化社)

宋載卲, 1990, 「『論語手箚』 解題」, 成均館大學校 大東文化硏究院, 『韓國經學資料集成 28』(서울: 成均館大學校 大東文化硏究院)

———, 2012, 「茶山 經世論의 人文學的 基盤」, 재단법인 실시학사 편, 『다산茶山 정약용丁若鏞 연구』(서울: 사람의무늬)

宋贊植, 1991, 「手工業構造의 性格」, 李基白 책임편집, 『韓國史 市民講座: 제9집』(서울: 一潮閣)

———, 1997b, 「朝鮮後期 農業에 있어서의 廣作運動」, 宋贊植, 『朝鮮後期 社會經濟史의 硏究』(서울: 一潮閣)

宋恒龍, 1982, 「西溪 朴世堂의 老莊硏究와 道家哲學思想」, 『大東文化硏究』 第16輯.(成均館大學校 大東文化硏究院)

신승운, 2000, 「군서표기 해제」, 민족문화추진회, 『국역 홍재전서弘齋全書 18』(서울: 민족문화추진회)

愼鏞廈, 1982, 「韓國社會史의 對象과 '理論'의 問題」, 愼鏞廈 編, 『社會史와 社會學』(서울: 創作과批評社)

———, 1983a, 「茶山 丁若鏞의 閭田制 土地改革思想」, 『奎章閣』 第7輯.(서울大學校 圖書館)[韓沽劤 外, 『丁茶山硏究의現況』(서울: 民音社, 1985) 및 『朝鮮後期 實學派의 社會思想硏究』(서울: 지식산업사, 1997)에 재수록됨]

———, 1983b, 「丁若鏞의 井田制 토지개혁사상」, 金哲埈博士華甲紀念史學論叢 刊行準備委員會, 『金哲埈博士華甲紀念史學論叢』(서울: 知識産業社)[『朝鮮後期 實學派의 社會思想硏究』(서울: 지식산업사, 1997)에 재수록됨]

———, 1987b, 「韓國 近代民族主義의 起源」, 愼鏞廈, 『韓國近代社會思想史硏究』(서울: 一志社)

———, 1997b, 「丁若鏞의 생애와 그의 실학사상의 형성」, 신용하, 『조선후기 실학파의 사회사상연구』(서울: 지식산업사)

———, 1997c, 「丁若鏞의 新民本主義 사상」, 신용하, 『조선후기 실학파의 사회사상연구』(서울: 지식산업사)

신원봉, 2002, 「다산의 역학관易學觀 정립에 미친 청대淸代 사상의 영향: 모기령毛奇齡을 중심으로」, 『茶山學』 제3호(서울: 다산학술문화재단)

신창호, 2011, 「白湖 尹鑴의 『대학』 해석: 三綱領과 格物致知의 이해를 중심으로」, 『退溪學論叢』 第18輯.(退溪學釜山研究院)
———, 2014, 「西溪 朴世堂의 『思辨錄 中庸』 理解와 學問的 特徵」, 『東洋古典研究』 第55輯.(東洋古典學會)
심경호, 2002, 「정약용丁若鏞의 시경론詩經論과 청조 학술: 특히 모기령毛奇齡 설의 비판 및 극복과 관련하여」, 『茶山學』 제3호(다산학술문화재단)
심재우, 2000, 「수령의 대민지배와 재지사족」, 한국역사연구회 조선시기 사회사 연구반, 『조선은 지방을 어떻게 지배했는가』(서울: 아카넷)
安大會, 2001, 「조선후기 小品文의 성행과 글쓰기의 변모」, 『韓國漢文學研究』 第28輯.(韓國漢文學會)
安秉杰, 1985, 「大學古本을 통해 본 白湖의 經學思想 研究」, 『民族文化』 第11輯.(民族文化推進會)
———, 1987, 「白湖 尹鑴의 實踐的 中庸觀 I」, 『論文集』 第9輯.(安東大學校)
———, 1991a, 「白湖 尹鑴의 實踐的 中庸觀 II」, 『退溪學』 제3집.(安東大學校 退溪學研究所)
———, 1991b, 『17세기 朝鮮朝 儒學의 經典解釋에 관한 研究』(成均館大學校 大學院 東洋哲學科 博士學位論文)
———, 1993a, 「西溪 朴世堂의 中庸解釋과 朱子學批判」, 『泰東古典研究』 第10輯.(翰林大學校 泰東古典研究所)
———, 1993b, 「朴世堂의 獨自的 經傳解釋과 그의 現實認識」, 『大東文化研究』 第28輯.(成均館大學校 大東文化研究院)
안영상, 1996, 「성호 학파의 『대학』설」, 한국사상사연구회 편저, 『실학의 철학』(서울: 예문서원)
安英淑, 2003, 「『孟子要義』를 통해 본 茶山 經學의 특징」, 『한국철학논집』 제12집.(한국철학사연구회)
———, 2004, 「茶山의 『孟子』 읽기」, 한국철학사연구회 엮음, 『다산경학의 현대적 이해』(서울: 심산)
安在淳, 1981, 「李星湖의 『大學疾書』에 관한 考察」, 『東洋哲學研究』 第2輯.(東洋哲學研究會)
———, 1984, 「李星湖의 四端七情論: 『四七新編』을 中心으로」, 『東洋哲學研究』 第5輯.(東洋哲學研究會)
———, 1988, 「磻溪 柳馨遠 實學思想의 哲學的 基調」, 權正顔 外, 『朝鮮朝 儒學思想의 探究』(서울: 驪江出版社)
安晉吾, 1989, 「『孟子要義』考」, 李乙浩 外, 『丁茶山의 經學: 論語·孟子·大學·中庸 研究』(서울: 民音社)
양보경, 2000, 「지리서·지도와 지역 파악의 체계화」, 한국역사연구회 조선시기 사

회사 연구반, 『조선은 지방을 어떻게 지배했는가』(서울: 아카넷)
梁泰鎬, 1885, 「霞谷의 理氣觀」, 『동서철학연구』 제2호.(한국동서철학회)
엄연석, 2007, 「『心經集義』를 통해 본 鄭齊斗 心性修養論의 특징」, 『陽明學』 第19號.(韓國陽明學會)
吳洙彰, 1985, 「仁祖代 政治勢力의 動向」, 李泰鎭 編, 『朝鮮時代 政治史의 再照明: 士禍·黨爭篇』(서울: 汎潮社)
———, 1990a, 「정국의 추이」, 한국역사연구회 19세기 정치사 연구반, 『조선정치사 1800~1863(상)』(서울: 청년사)
———, 1990b, 「권력집단과 정국 운영」, 한국역사연구회 19세기 정치사 연구반, 『조선정치사 1800~1863(하)』(서울: 청년사)
———, 1990c, 「주요정책의 실상」, 한국역사연구회 19세기 정치사 연구반, 『조선정치사 1800~1863(하)』(서울: 청년사)
———, 2002, 「조선중기 정치세력의 신뢰구조와 그 한계」, 김인영 편, 『한국사회 신뢰와 불신의 구조: 거시적 접근』(서울: 小花)
———, 2003, 「국왕(國王)과 신료(臣僚)의 역학관계」, 한국역사연구회 17세기 정치사 연구반, 『조선중기 정치와 정책: 인조~현종 시기』(서울: 아카넷)
吳龍源, 2004, 「朴世堂의 『論語思辨錄』 硏究」, 『大東文化硏究』 第47輯.(成均館大學校 大東文化硏究院)
오인택, 2015, 「조선후기의 고구마 전래와 정착 과정」, 『역사와 경계』 제97집.(부산경남사학회)
오종록, 1990a, 「비변사의 조직과 직임」, 한국역사연구회 19세기 정치사 연구반, 『조선정치사 1800~1863(하)』(서울: 청년사)
———, 1990b, 「비변사의 정치적 기능」, 한국역사연구회 19세기 정치사 연구반, 『조선정치사 1800~1863(하)』(서울: 청년사)
오주석, 1998, 「단원 김홍도의 생애와 예술: 『단원절세보첩』을 중심으로」, 최완수 외 지음, 『진경시대: 2. 예술과 예술가들』(서울: 돌베개)
禹景燮, 2005, 『宋時烈의 世道政治思想 硏究』(서울大學校 大學院 國史學科 博士學位論文)
元裕漢, 1991, 「朝鮮後期의 貨幣經濟發達과 그 影響」, 趙璣濬 외, 『朝鮮後期 社會經濟史硏究入門』(서울: 민족문화사)
원재린, 2002, 「朝鮮後期 星湖學派의 知行觀과 經傳認識 態度」, 『韓國思想史學』 第19輯.(韓國思想史學會)
劉權鍾, 1990, 「茶山의 天觀」, 尹絲淳 編, 『정약용丁若鏞』(서울: 高麗大學校 出版部)
———, 2000, 「[書評] 鄭一均 저, 『茶山 四書經學 硏究』」, 『韓國實學硏究』 第2號.(韓國實學硏究會)
劉明鍾, 1979, 「霞谷 鄭齊斗의 朝鮮陽明學派樹立」, 『한국철학연구』 제9집.(해동철

학회)

———, 1988b, 「尹白湖와 丁茶山」, 劉明鍾, 『韓國儒學研究』(대구: 以文出版社)

———, 1988c, 「陽明學의 韓國的 展開」, 劉明鍾, 『韓國儒學研究』(대구: 以文出版社)

유봉학, 1998a, 「경화사족의 사상과 진경문화」, 최완수 외 지음, 『진경시대: 1. 사상과 문화』(서울: 돌베개)

———, 1998b, 「조선 후기 풍속화 변천의 사회·사상적 배경」, 최완수 외 지음, 『진경시대: 2. 예술과 예술가들』(서울: 돌베개)

———, 1999, 「정조시대 정치론의 추이」, 정옥자 외, 『정조시대의 사상과 문화』(서울: 돌베개)

———, 2001b, 「정조의 화성 건설과 산업진흥책」, 유봉학 외, 『정조시대 화성 신도시의 건설』(서울: 백산서당)

———, 2013a, 「경화사족의 대두와 새로운 문화예술」, 『실학과 진경문화』(성남: 신구문화사)

———, 2013b, 「풍속화의 전개」, 『실학과 진경문화』(성남: 신구문화사)

———, 2013c, 「서예의 흐름: 정조시대 명필과 명비」, 『실학과 진경문화』(성남: 신구문화사)

柳承宙, 1982, 「朝鮮後期 金銀銅鑛業의 物主制 研究」, 『韓國史研究』 第36輯.(韓國史研究會)

———, 1991, 「朝鮮後期 鑛業史의 時期區分에 관한 一試論」, 趙璣濬 외, 『朝鮮後期社會經濟史研究入門』(서울: 民族文化社)

劉英姬, 1985, 『尹白湖의 庸學觀 研究』(高麗大學校 大學院 哲學科 碩士學位論文)

———, 1993, 『白湖 尹鑴 思想 研究』(高麗大學校 大學院 哲學科 博士學位論文)

———, 2000, 「탈성리학의 변주: 미수 허목과 백호 윤휴를 중심으로」, 『민족문화연구』 제33호.(고려대학교 민족문화연구원)

유철호, 2001, 「霞谷 鄭齊斗의 「大學說」에 관한 고찰」, 『陽明學』 第5號.(韓國陽明學會)

柳初夏, 1990, 『丁若鏞의 宇宙觀』(高麗大學校 大學院 哲學科 博士學位論文)

———, 1996, 「정약용의 『역학서언(易學緒言)』과 『주역사전(周易四箋)』」, 『철학과 현실』 통권 제30호.(철학문화연구소)

———, 1998, 「해제」, 임창순 교열, 안병학 외 역주, 『國譯 星湖疾書: 『論語』·『大學』·『中庸』』(춘천: 翰林大學校 泰東古典研究所)

———, 2003, 「정약용철학에서 본 영혼불멸과 우주창조의 문제」, 『韓國實學研究』 第6號.(韓國實學學會)

尹南漢, 1974, 「霞谷學의 基本方向과 段階性」, 『人文學 研究』 第2輯.(中央大學校 人文學研究所)

윤미길, 2002, 「박세당의 四書註解에 대한 一考察: 茶山과의 관련을 중심으로」, 『국

어교육』 109호.(한국어교육학회)

尹絲淳, 1972, 「朴世堂의 實學思想에 관한 研究」, 『亞細亞研究』 第46號.(高麗大學校 亞細亞問題研究所)[高麗大 亞細亞問題研究所 韓國研究室 編, 『實學 思想의 探究』(서울: 玄岩社, 1974) 및 『韓國儒學論究』(서울: 玄岩社, 1980)에 재수록됨]

———, 1975, 「實學的 經學觀의 特色」, 李乙浩 편, 『實學論叢』(광주: 全南大學校 出版部)

———, 1980b, 「實學思想의 哲學的 性格」, 尹絲淳, 『韓國儒學論究』(서울: 玄岩社)

———, 1984, 「朴世堂의 經學觀」, 윤사순·고익진 편, 『한국의 사상』(서울: 열음사)

———, 1993, 「新實學的 新理念의 摸索: 韓國儒學의 新實學的 展望」, 尹絲淳 外, 『新實學의 탐구』(서울: 열린책들)

———, 2007, 「서계 유학의 철학적 특성」, 한국학중앙연구원 편, 『서계 박세당 연구』(파주: 집문당)

이경룡, 2008, 「朝鮮 中期 '格物物格' 論辨과 霞谷의 『大學』 二王融會的 '實學'」, 『陽明學』 第20號.(韓國陽明學會)

이경원, 2002, 「白湖 尹鑴의 事天意識과 修養論 연구」, 『宗教研究』 第28輯.(韓國宗教學會)

李光虎, 1986, 「星湖 李瀷의 思想」, 『泰東古典研究』 第2輯.(翰林大學校 泰東古典研究所)

———, 1996, 「李退溪의 哲學思想이 丁茶山의 經學思想 形成에 미친 영향에 관한 고찰」, 『退溪學報』 第90輯.(退溪學研究院)

———, 2004, 「성호 이익의 서학 수용의 경학적 기초」, 『韓國實學研究』 제7호.(韓國實學學會)

李南沃, 2011, 「霞谷 『大學說』의 經學史的 의미」, 『歷史와 實學』 45輯.(歷史實學會)

李東歡, 1990, 「茶山思想에서의 '上帝' 도입경로에 대한 序說的 고찰」, 紀念論叢刊行委員會, 『碧史李佑成教授停年退職紀念論叢 民族史의 展開와 그 文化 下』(서울: 창작과비평사)[姜萬吉·鄭昌烈 외9명, 『茶山의 政治經濟思想』(서울: 창작과비평사, 1990), 박홍식 편저, 『한국의 사상가 10人: 다산 정약용』(서울: 예문서원, 2005) 및 이동환, 『실학시대의 사상과 문학』(파주: 지식산업사, 2006)에 재수록됨]

———, 1996, 「茶山思想에서의 '上帝'의 도입경로와 성격」, 『民族文化』 第19輯.(民族文化推進會)[박홍식 편저, 『한국의 사상가 10人: 다산 정약용』(서울: 예문서원, 2005) 및 이동환, 『실학시대의 사상과 문학』(파주: 지식산업사, 2006)에 재수록됨]

———, 2000, 「[촌평] 경학 연구와 백가의(百家衣) 제작: 정일균 『다산(茶山) 사서경학(四書經學) 연구』」, 『창작과비평』 통권109호.(창작과비평사)

이민식, 2014, 「진경시대 서풍(書風)과 정조의 서체반정」, 한국민족미술연구소 엮음, 『진경문화』(서울: 현암사)

李丙燾, 1966, 「朴西溪와 反朱子學的 思想」, 『大東文化研究』 第3輯.(成均館大學校

大東文化研究院)
李炳赫, 1986,「언어공동체: 자본주의사회에서의 언어 헤게모니 문제」, 李炳赫 편저,『언어사회학 서설: 이데올로기와 언어』(서울: 까치)
이봉규, 2000,「[書評]『茶山 四書經學 硏究』: 다산 경학에 대한 심층 연구」,『韓國學報』第100輯.(一志社)
———, 2005a,「다산학 연구의 최근 동향과 전망: 근대론의 시각을 중심으로」,『茶山學』제6호.(다산학술문화재단)
———, 2005b,「사서四書 해석을 통해 본 정약용의 정치론」,『茶山學』제7호.(다산학술문화재단)
———, 2007,「다산의 정치론: 주자와의 거리」,『茶山學』제11호.(다산학술문화재단)
———, 2012,「經學的 脈絡에서 본 茶山의 政治論」, 재단법인 실시학사 편,『다산茶山 정약용丁若鏞 연구』(서울: 사람의무늬)
이상원, 2004,「고산(孤山) 윤선도(尹善道)의 생애와 시 세계」, 이형대 외 역,『국역國譯 고산유고孤山遺稿』(서울: 소명출판)
李相益, 1999,「星湖의 四端七情論:「四七新編」을 중심으로, 退溪·栗谷과 관련하여」,『한국철학논집』제7·8합집.(한국철학사연구회)
———, 2003,「丁若鏞의 倫理思想에 대한 朱子學的 反論」,『東方學志』第119輯.(延世大學校 國學硏究院)
이상호, 2007,「『心經附註』해석사에서 바라본 정제두의『心經集義』」,『陽明學』第19號.(韓國陽明學會)
李相勳, 2004,「霞谷 鄭齊斗 思想 속의 陽明學적 思惟와 特性: 心性說과 生理說을 中心으로」,『東洋學』第35輯.(檀國大學校 東洋學硏究所)
李善娥, 1998,「白湖 尹鑴에 대한 斯文亂賊說 檢討」,『朝鮮時代史學報』第6輯.(朝鮮時代史學會)
李成茂, 1994,「17世紀의 禮論과 黨爭」, 李成茂·鄭萬祚 外著,『朝鮮後期 黨爭의 綜合的 檢討』(성남: 韓國精神文化硏究院)
이세영, 1998,「진경시대의 사회경제적 변화」, 최완수 외 지음,『진경시대: 1. 사상과 문화』(서울: 돌베개)
———, 2014,「정선 <압구정> 그림의 사료적 가치」, 한국민족미술연구소 엮음,『진경문화』(서울: 현암사)
이승종, 2012,「다산의『대학』읽기와 성의」,『茶山學』제21호.(다산학술문화재단)
이영경, 2013,「한자의 그늘을 걷어준 실용서들: 조선 사람들의 한글 학습 교재」, 규장각한국학연구원 엮음,『실용서로 읽는 조선』(파주: 글항아리)
李昤昊, 2000a,「『讀書記·大學』을 통해 본 白湖 尹鑴의 經學思想」,『韓國漢文學硏究』

第25輯.(韓國漢文學硏究會)
———, 2000b, 「西溪 朴世堂의 『思辨錄·大學』에 대한 硏究」, 『漢文學報』 第2輯.(우리한문학회)
李榮薰, 1987, 「한국자본주의의 맹아문제에 대하여」, 김태영 외, 『한국의 사회경제사』(서울: 한길사)
———, 2000, 「茶山 經世論의 經學的 基礎」, 『茶山學』 창간호.(다산학술문화재단)
———, 2001, 「朝鮮後期 社會變動과 實學」, 韓國史硏究會 編, 『韓國 實學의 새로운 摸索』(서울: 景仁文化社)
———, 2002, 「18~19세기 小農社會와 實學: 實學 再評價」, 『韓國實學硏究』 第4號.(韓國實學學會)
———, 2003, 「다산의 인간관계 범주구분과 사회인식」, 『茶山學』 제4호.(다산학술문화재단)
———, 2004, 「조선후기 경제사 연구의 새로운 동향과 과제」, 이영훈 편, 『수량경제사로 다시 본 조선후기』(서울: 서울대학교출판부)
李佑成, 1957, 「實學派의 文學: 朴燕岩의 경우」, 『國語國文學』 第16號.(國語國文學會)
———, 1963, 「18世紀 서울의 都市的 樣相: 利用厚生學派의 成立背景」, 『鄕土 서울』, 第17號.(서울특별시사편찬위원회)[「18세기 서울의 都市的 樣相: 實學派 특히 利用厚生學派의 성립 배경」으로 『韓國의 歷史像: 李佑成歷史論集』(서울: 創作과批評社, 1982)에 재수록됨]
———, 1966, 「韓國史의 論爭點: 實學이란 무엇인가」, 『新東亞』, 1966년 8월호.(東亞日報社)
———, 1973, 「實學硏究緖說」, 歷史學會 編, 『實學硏究入門』(서울: 一潮閣)
———, 1978, 「『眉叟記言』 해제」, 『국역 미수기언 ❶』(서울: 민족문화추진회)
———, 1982b, 「韓國 儒學史上 退溪學派의 形成과 그 展開」, 李佑成, 『韓國의 歷史像: 李佑成歷史論集』(서울: 創作과批評社)
———, 1982c, 「鹿菴 權哲身의 思想과 그 經典批判: 近畿學派에 있어서의 退溪學의 계승과 변화」, 李佑成, 『韓國의 歷史像: 李佑成歷史論集』(서울: 創作과批評社)
———, 1988, 「初期實學과 性理學과의 關係: 磻溪 柳馨遠의 경우」, 『東方學志』 第58輯.(延世大學校 國學硏究院)
李銀順, 1994, 「朝鮮後期 老少黨論의 對立과 政論」, 李成茂·鄭萬祚 外著, 『朝鮮後期 黨爭의 綜合的 檢討』(성남: 韓國精神文化硏究院)
李乙浩, 1975b, 「論語考」, 李乙浩, 『茶山學의 理解』(서울: 玄岩社)
———, 1975c, 「大學經義」, 李乙浩, 『茶山學의 理解』(서울: 玄岩社)
———, 1975d, 「中庸思想」, 李乙浩, 『茶山學의 理解』(서울: 玄岩社)
———, 1980b, 「反朱子學的 思想의 擡頭」, 李乙浩, 『韓國改新儒學史試論』(서울: 博

英社)
———, 1980c, 「白湖 尹鑴 人性論 硏究」, 李乙浩, 『韓國改新儒學史試論』(서울: 博英社)
———, 1980d, 「朴世堂의 經學」, 李乙浩, 『韓國改新儒學史試論』(서울: 博英社)
———, 1989, 「『論語古今注』考」, 李乙浩 外, 『丁茶山의 經學: 論語·孟子·大學·中庸 硏究』(서울: 民音社)
李義康, 1993, 「正祖의 唐宋八家文 批評 小考: 文體反正과 관련하여」, 『민족문화』 第16輯.(民族文化推進會)
李離和, 1979, 「奎章閣小考: 奎章閣志를 중심으로 본 槪觀」, 『奎章閣』 第3輯.(서울大學校圖書館)
———, 1994, 「조선조 당론의 전개과정과 그 계보」, 『조선후기의 정치사상과 사회변동』(서울: 한길사)
李鐘晟, 2010a, 「서계 박세당의 실학적 격물 인식: 명재 윤증과의 격물 논변을 중심으로」, 『공자학』 제19호.(한국공자학회)
———, 2010b, 「서계 유학사상의 실학적 인식의 기초」, 『철학논총』 제61집.(새한철학회)
이종우, 2008, 「하곡 정제두의 良知설에서 感覺知와 德性知의 관계 및 그 철학적 의의」, 『儒敎思想硏究』 第33輯.(韓國儒敎學會)
李俊九, 1997, 「18·19세기 身分制 변동 추세와 身分 지속성의 경향」, 『韓國文化』 제19호.(서울大學校 韓國文化硏究所)
李篪衡, 1972, 「星湖經學의 實學的 展開」, 『成均館大學校 論文集』 第17輯.(成均館大學校)
———, 1991, 「茶山의 『論語古今註』 小考」, 『安東漢文學論集』 第2輯.(安東漢文學會)
———, 1994, 「茶山의 『論語古今註』에 대한 硏究」, 『大東文化硏究』 第29輯.(成均館大學校 大東文化硏究院)
———, 1995, 「『大學』 註釋을 通해 본 丁茶山의 經學」, 『東洋學 國際學術會議 論文集』 第5輯.
———, 1996b, 「『論語古今注』와 茶山의 經學」, 李篪衡, 『茶山經學硏究』(서울: 太學社)
———, 1996c, 「『孟子要義』에 나타난 茶山의 經學」, 李篪衡, 『茶山經學硏究』(서울: 太學社)
———, 1996d, 「茶山의 『大學』觀과 『大學』新註釋」, 李篪衡, 『茶山經學硏究』(서울: 太學社)
———, 1996e, 「『中庸』註釋을 통해 본 茶山의 經學」, 李篪衡, 『茶山經學硏究』(서울: 太學社)

李天承, 1999, 「李瀷의 『中庸疾書』에 관한 硏究」, 『한국철학논집』 제7·8합집.(한국철학사연구회)

———, 2000, 「星湖 李瀷의 『中庸疾書』에 관한 연구: '道中庸'을 중심으로」, 『儒敎思想硏究』 第13輯.(韓國儒敎學會)

이철성, 2010, 「조선후기 연행무역과 수출입 품목」, 『韓國實學硏究』 第20號.(韓國實學學會)

李泰鎭, 1985, 「朝鮮時代의 政治的 갈등과 그 해결: 士禍와 黨爭을 중심으로」, 李泰鎭 編, 『朝鮮時代 政治史의 再照明: 士禍·黨爭篇』(서울: 汎潮社)

———, 1989b, 「15·6세기 新儒學 정착의 社會經濟的 배경」, 李泰鎭, 『朝鮮儒敎社會史論』(서울: 지식산업사)

———, 1989c, 「16세기 동아시아 경제 변동과 정치·사회적 동향」, 李泰鎭, 『朝鮮儒敎社會史論』(서울: 지식산업사)

———, 1989d, 「조선 性理學의 역사적 기능」, 李泰鎭, 『朝鮮儒敎社會史論』(서울: 지식산업사)

———, 1989e, 「朋黨政治 성립의 역사적 배경」, 李泰鎭, 『朝鮮儒敎社會史論』(서울: 지식산업사)

———, 1991, 「國際貿易의 성행」, 李基白 책임편집, 『韓國史 市民講座: 제9집』(서울: 一潮閣)

———, 2008b, 「14·15세기 농업기술의 발달과 신흥사족新興士族」, 이태진, 『증보판 한국사회사연구: 농업기술발달과 사회변동』(파주: 지식산업사)

———, 2008c, 「고려말·조선초의 사회변화」, 이태진, 『증보판 한국사회사연구: 농업기술 발달과 사회변동』(파주: 지식산업사)

———, 2008d, 「사림파의 유향소留鄕所 복립운동復立運動: 조선초기 성리학 정착의 사회적 배경」, 이태진, 『증보판 한국사회사연구: 농업기술 발달과 사회변동』(파주: 지식산업사)

———, 2008e, 「16세기 천방川防(洑)관개의 발달: 사림세력 대두의 경제적 배경 일단」, 이태진, 『증보판 한국사회사연구: 농업기술 발달과 사회변동』(파주: 지식산업사)

———, 2008f, 「사림파의 향약 보급운동: 16세기의 경제변동과 관련하여」, 이태진, 『증보판 한국사회사연구: 농업기술 발달과 사회변동』(파주: 지식산업사)

———, 2008g, 「조선시대 수우水牛·수차水車 보급 시도의 농업사적 의의」, 이태진, 『증보판 한국사회사연구: 농업기술 발달과 사회변동』(파주: 지식산업사)

李海英, 1985, 「霞谷 鄭齊斗 哲學의 陽明學的 展開」, 『東洋哲學硏究』 第6輯.(東洋哲學硏究會)

———, 1991a, 「星湖 李瀷의 『中庸』 理解에 관한 硏究」, 『論文集』 第13輯.(安東大

學校)
———, 1991b, 「丁若鏞의 中庸解釋에 관한 硏究 I」, 『退溪學』 제3집.(安東大學校 退溪學硏究所)
———, 1992, 「丁若鏞의 中庸解釋에 관한 硏究 II」, 『退溪學』 제4집.(安東大學校 退溪學硏究所)
———, 1993, 「霞谷 鄭齊斗의 『中庸』 理解」, 『退溪學』 제5집.(安東大學校 退溪學硏究所)
李海濬, 1985, 「朝鮮後期 晋州地方 儒戶의 實態: 1832년 晋州鄕校修理記錄의 分析」, 『震檀學報』 第60號.(震檀學會)
———, 1991, 「조선후기 書院硏究와 鄕村社會史」, 國史編纂委員會, 『韓國史論: 朝鮮後期의 鄕村社會』 제21집.(과천: 國史編纂委員會)
———, 2000, 「〈관 주도〉 지방지배의 심층화」, 한국역사연구회 조선시기 사회사 연구반, 『조선은 지방을 어떻게 지배했는가』(서울: 아카넷)
李香晩, 2003, 「茶山 『中庸』註釋의 人間學的 理解」, 『한국철학논집』 제12집.(한국철학사연구회)
이헌창, 2012, 「星湖의 安民富國論」, 재단법인 실시학사 편, 『성호星湖 이익李瀷 연구』(서울: 사람의무늬)
이현우, 2009, 「이옥의 생애와 작품 세계」, 실시학사 고전문학연구회 역편, 『完譯 李鈺全集 1』(서울: 휴머니스트)
이희재, 1994, 「朴世堂의 天觀」, 『汎韓哲學』 제9권.(汎韓哲學會)
———, 2004, 「The philosophy of Park Sedang in the 17th century of Chosŏn」, 『Comparative Korean Studies』 Vol.12(2).(국제비교한국학회)
———, 2009, 「朴世堂 『尙書思辨錄』의 特徵」, 『儒敎思想硏究』 第35輯.(韓國儒敎學會)
임부연, 2013, 「貞山과 茶山의 『대학』 해석 비교: 사상의 연속과 단절을 중심으로」, 『退溪學報』 第134輯.(退溪學硏究院)
林善英, 2003, 「霞谷 鄭齊斗의 陽明學的 『中庸』 理解」, 『한국철학논집』 제13집.(한국철학사연구회)
———, 2004, 「霞谷 鄭齊斗의 「中庸說」 小考」, 『강화 양명학파의 위상과 현대적 의미』(강화양명학파 국제학술대회논문집)
林熒澤, 1984b, 「閭巷文學과 庶民文學」, 林熒澤, 『韓國文學史의 視角』(서울: 創作과批評社)
———, 2000b, 「丁若鏞의 강진유배기의 교육활동과 그 성과」, 임형택, 『실사구시의 한국학』(서울: 창작과비평사)
———, 2009b, 「19세기 바다, 실학에서 바다로 열린 학지(學知): 이강회(李綱會)의 경우」, 임형택, 『문명의식과 실학: 한국 지성사를 읽다』(파주: 돌베개)

林洪兌, 2005, 「霞谷 鄭齊斗의 人物性異論 硏究: 知覺說을 中心으로」, 『한국철학논집』 제17집.(한국철학사연구회)

———, 2009, 「양명 사구교 해석에 나타난 정제두 철학의 심학적 특성」, 『한국철학논집』 제26집.(한국철학사연구회)

장동표, 2000, 「부세정책의 변화와 지방지배」, 한국역사연구회 조선시기 사회사 연구반, 『조선은 지방을 어떻게 지배했는가』(서울: 아카넷)

장병한, 2006, 「朴世堂과 沈大允의 『中庸』 해석 체계 比考: 성리학적 주석체계에 대한 해체주의적 입장과 그 연계성 파악을 중심으로」, 『韓國實學硏究』 第11號.(韓國實學學會)

———, 2007, 「霞谷 鄭齊斗와 白雲 沈大允의 經學 비교: 『大學』 '格致章'의 해석체계 比考를 중심으로」, 『陽明學』 第18號.(韓國陽明學會)

———, 2012, 「鄭齊斗에서 沈大允에로의 근대적 전이양상: 하곡과 백운의 『中庸』 이해를 중심으로」, 『陽明學』 第33號.(韓國陽明學會)

장숙필, 1996, 「박세당의 실학적 인간관」, 한국사상사연구회 편저, 『실학의 철학』(서울: 예문서원)

張勝求, 1990, 「茶山의 近代的 作爲性의 世界觀 硏究 序說」, 『한국학대학원논문집』 제5집.(韓國精神文化硏究院)

장승희, 2006, 「백호 윤휴 철학의 인간학적 연구: 철학적 정합성을 중심으로」, 『東洋哲學硏究』 第48輯.(東洋哲學硏究會)

전경목, 2000, 「향교의 개혁안과 수령권의 강화」, 한국역사연구회 조선시기 사회사 연구반, 『조선은 지방을 어떻게 지배했는가』(서울: 아카넷)

鄭景姬, 1993, 「肅宗代 蕩平論과 '蕩平'의 시도」, 『韓國史論』 제30권.(서울大學校 人文大學 國史學科)

———, 1995, 「肅宗後半期 蕩平政局의 變化」, 『韓國學報』 제79집.(一志社)

鄭求福, 1973, 「柳馨遠의 『磻溪隨錄』」, 歷史學會 편, 『實學硏究入門』(서울: 一潮閣)

정낙찬, 2008, 「하곡 정제두의 지행합일론」, 『교육철학』 제36집.(한국교육철학회)

鄭萬祚, 1985, 「英祖代 初半의 政局과 蕩平策의 推進: 蕩平基盤의 成立에 이르기까지」, 李泰鎭 編, 『朝鮮時代 政治史의 再照明: 士禍·黨爭篇』(서울: 汎潮社)

———, 1986, 「英祖代 中半의 政局과 蕩平策의 再定立: 少論蕩平에서 老論蕩平으로의 轉換」, 『歷史學報』 第111輯.(歷史學會)

———, 1994, 「朝鮮時代 朋黨論의 展開와 그 性格」, 李成茂·鄭萬祚 外著, 『朝鮮後期 黨爭의 綜合的 檢討』(성남: 韓國精神文化硏究院)

———, 2012, 「星湖의 政治思想: 『孟子疾書』를 중심으로」, 재단법인 실시학사 편, 『성호星湖 이익李瀷 연구』(서울: 사람의무늬)

鄭炳連, 1989a, 「茶山 『中庸』註의 經學的 硏究」(成均館大學校 大學院 東洋哲學科 博士學位論文)

———, 1989b, 「『中庸解釋』考」, 李乙浩 外, 1989, 『丁茶山의 經學: 論語·孟子·大學·中庸 硏究』(서울: 民音社)
———, 1990, 「茶山의 『論語』解釋 性向」, 『東洋哲學』 第1輯.(韓國東洋哲學會)
———, 1992, 「柳磻溪의 理氣, 心性論」, 『東洋哲學硏究』 第13輯.(東洋哲學硏究會)
鄭奭鍾, 1973, 「李瀷의 『星湖僿說』」, 歷史學會 編, 『實學硏究入門』(서울: 一潮閣)
———, 1983b, 「朝鮮後期 社會身分制의 變化: 蔚山府 戶籍臺帳을 中心으로」, 鄭奭鍾, 『朝鮮後期社會變動硏究』(서울: 一潮閣)
———, 1994b, 「정약용과 정조·순조 연간의 정국」, 정석종, 『조선후기의 정치와 사상』(서울: 한길사)
정순우, 2006, 「다산에 있어서의 천과 상제上帝」, 『茶山學』 제9호.(다산학술문화재단)
鄭玉子, 1988b, 「正祖朝 文化政策」, 鄭玉子, 『朝鮮後期文化運動史』(서울: 一潮閣)
———, 1988c, 「中人階層의 文學運動」, 鄭玉子, 『朝鮮後期文化運動史』(서울: 一潮閣)
———, 1990b, 「正祖의 文化政策」, 鄭玉子, 『朝鮮後期 文學思想史』(서울: 서울大學校出版部)
———, 1990c, 「委巷文學으로의 轉移」, 鄭玉子, 『朝鮮後期 文學思想史』(서울: 서울大學校出版部)
———, 1991b, 「眉叟 許穆의 學風」, 鄭玉子, 『朝鮮後期 知性史』(서울: 一志社)
———, 1991c, 「壺山 趙熙龍의 詩書畵論과 歷史著述」, 鄭玉子, 『朝鮮後期 知性史』(서울: 一志社)
———, 1993b, 「18세기 조선사회와 사상」, 정옥자, 『조선후기 역사의 이해』(서울: 一志社)
———, 1993c, 「조선사회의 변화와 중인 계층의 성장」, 정옥자, 『조선후기 역사의 이해』(서울: 一志社)
———, 1993d, 「중인사학(中人史學)의 역사적 성격」, 정옥자, 『조선후기 역사의 이해』(서울: 一志社)
———, 1993e, 「정약용(丁若鏞)의 삶과 실천」, 정옥자, 『조선후기 역사의 이해』(서울: 一志社)
———, 1998, 「조선 후기의 문풍과 진경시문학」, 최완수 외 지음, 『진경시대: 1. 사상과 문화』(서울: 돌베개)
鄭仁在, 1982, 「尹白湖의 禮論과 倫理思想: 韓國倫理思想의 정립을 위한 범형연구」, 『現代社會와 倫理』(성남: 韓國精神文化硏究院)
———, 2010, 「하곡의 미발설과 공부론」, 『철학연구』 제40집.(고려대학교 철학연구소)
鄭一均, 1996a, 『茶山 丁若鏞의 世界觀에 대한 社會學的 硏究: 『論語古今注』와 『論

語集注』의 比較를 중심으로』(서울大學校 大學院 社會學科 博士學位論文)
———, 1996b, 「茶山 丁若鏞의 理氣論 批判: 『論語古今注』를 中心으로」, 『韓國學報』 제84집.(一志社)
———, 1996c, 「茶山 丁若鏞의 『大學』論」, 『韓國學報』 제85집.(一志社)
———, 1998, 「茶山 丁若鏞의 『中庸』論」, 『泰東古典硏究』 第15輯.(翰林大學校 泰東古典硏究所)
———, 1999, 「다산 정약용의 『맹자』론」, 『사회와 역사』 제56집.(한국사회사학회)
———, 2005, 「다산 정약용의 '소학小學'론(I): 『소학지언小學枝言』을 중심으로」, 『茶山學』 제7호.(다산학술문화재단)
———, 2008, 「茶山丁若镛的『小学』论: 以『小学枝言』为中心」, 茶山学术文化财团编, 『茶山的四书经学』(北京: 商务印书馆国际有限公司)
———, 2009a, 「正祖의 『論語』論(I): 『魯論夏箋』을 중심으로」, 『한국문화』 제48호.(서울대학교 규장각한국학연구원)
———, 2009b, 「다산학 연구의 최근동향: 사회과학」, 『다산과 현대』 제2호.(연세대학교 강진다산실학연구원)
———, 2011, 「일제의 식민통치와 식민주의적 근대지식의 형성: '타카하시 도루[高橋亨]의 조선학'의 사례를 중심으로」, 『사회와 역사』 제91집.(한국사회사학회)
———, 2012a, 「다산 정약용의 '소학小學'론(II): 『아학편兒學編』을 중심으로」, 『茶山學』 제20호.(다산학술문화재단)
———, 2012b, 「正祖의 『孟子』論(I): 『鄒書春記』를 중심으로」, 『韓國實學硏究』 第23號.(韓國實學學會)
———, 2012c, 「茶山 丁若鏞의 '公文書制度' 改革論(I): '縱橫表'를 중심으로」, 『韓國實學硏究』 第24號.(韓國實學學會)
———, 2012d, 「1950/60년대 '근대화'와 다산 호출」, 『다산과 현대』 제4·5합본호.(연세대학교 강진다산실학연구원)
———, 2012e, 「正祖的經學思想: 以『魯論夏箋』爲中心」, 黃俊傑 編, 『朝鮮儒者對儒家傳統的解釋』(臺北: 臺大出版中心)
———, 2015, 「茶山 丁若鏞의 經學과 '荀子'의 思想 간의 관계에 대한 一考」, 『退溪學報』 第137輯.(退溪學硏究院)
———, 2018a, 「다카하시 도루[高橋亨]의 '조선유학사'와 조선유학의 식민주의적 변용」, 『退溪學報』 第143輯.(退溪學硏究院)
———, 2018b, 「다산 정약용의 '천' 개념에 대한 재고찰」, 『茶山學』 제32호.(다산학술문화재단)
정재훈, 2011, 「18세기 국가운영체제의 재정비」, 김인걸 외 지음, 『정조와 정조시

대』(서울: 서울대학교출판문화원)
鄭 瑽, 1980, 「丁茶山 著『論語古今注』의 構造的 分析과 그 孔子 思想(其一)」, 『茶山學報』 第3輯.(茶山學報 刊行委員會)
———, 1982, 「丁茶山 著『論語古今注』의 構造的 分析과 그 孔子 思想(其二)」, 『茶山學報』 第4輯.(茶山學報 刊行委員會)
丁鍾俅, 1978, 「茶山의 佛敎觀」, 『茶山學報』 第1輯.(茶山學報 刊行委員會)
정진영, 1990, 「18, 19세기 士族의 村落지배와 그 해체과정: 大丘 夫人洞 洞約의 紛爭을 중심으로」, 鄕村社會史硏究會, 『조선후기 향약연구』(서울: 民音社)
정태섭, 2008, 「霞谷 鄭齊斗의 경세론」, 『中央史論』 제28집.(中央大學校 中央史學硏究所)
정형지, 1996, 「조선 후기 사회변동과 실학」, 이은순·이배용 외 지음, 『한국사회사상사』(서울: 지식산업사)
정호훈, 1995, 「尹鑴의 經學思想과 國家權力 强化論」, 『韓國史硏究』 제89호.(韓國史硏究會)
———, 2006, 「조선후기 실학 연구의 동향과 정치경제학」, 연세대학교 국학연구원 편, 『韓國實學思想硏究 2: 政治經濟學篇』(서울: 혜안)
———, 2014, 「윤휴尹鑴의 『대학』 해석과 그 정치적 성격」, 『다산과 현대』 제7호.(연세대학교 강진다산실학연구원)
趙 珖, 1977, 「黃嗣永帛書의 社會思想的 背景」, 『史叢』 第21輯.(歷史學硏究會)
조남호, 2013, 「정제두와 송시열의 서신분석: 양명학과 주자학의 공부방법을 중심으로」, 『인천학연구』 제18권.(인천대학교 인천학연구원)
조성을, 2012, 「流配 以後 茶山의 利用厚生學: 『經世遺表』와 『牧民心書』를 중심으로」, 재단법인 실시학사 편, 『다산茶山 정약용丁若鏞 연구』(서울: 사람의무늬)
주영아, 2011, 「朴世堂의 開放的 學問觀 硏究」, 『東方學』 第20輯.(韓瑞大學校 東洋古典硏究所)
朱七星, 1992, 「朝鮮朝 陽明學과 鄭齊斗」, 『儒敎思想硏究』 第4·5輯.(韓國儒敎學會)
지두환, 2014, 「조선성리학과 진경시대」, 한국민족미술연구소 엮음, 『진경문화』(서울: 현암사)
지준호, 2003, 「『大學公議』를 통해 본 茶山 丁若鏞의 『大學』觀」, 『한국철학논집』 제12집.(한국철학사연구회)
———, 2004, 「茶山 丁若鏞의 大學 이해와 修己治人의 道」, 한국철학사연구회 엮음, 『다산경학의 현대적 이해』(서울: 심산)
차웅석, 2014, 「진경시대의 우리 의학」, 한국민족미술연구소 엮음, 『진경문화』(서울: 현암사)
千寬宇, 1952~1953, 「磻溪 柳馨遠 硏究: 實學 發生에서 본 李朝社會의 一斷面」, 『歷

史學報』 第2~3輯.(歷史學會) [『近世朝鮮史硏究』(서울: 一潮閣, 1979)에 재수록됨. 이 글의 결론 부분만은 「李朝後期 實學의 槪念」으로 『韓國史의 再發見』(서울: 一潮閣, 1974)에 재수록됨]

———, 1958a, 「實學의 槪念 再論」, 『大學新聞』 1958년 12월 1일자.[「實學의 槪念 是非」로 『近世朝鮮史硏究』(서울: 一潮閣, 1979)에 재수록됨]

———, 1958b, 「磻溪柳馨遠 硏究 疑補」[『近世朝鮮史硏究』(서울: 一潮閣, 1979)에 재수록됨]

———, 1965, 「磻溪 柳馨遠」, 『韓國의 人間像 4』(서울: 新丘文化社)[『韓國史의 再發見』(서울: 一潮閣, 1974)에 재수록됨]

———, 1967, 「朝鮮後期 實學의 槪念 再檢討」, 제1회 『實學公開講座』(延世大學校 國學硏究院)[『近世朝鮮史硏究』(서울: 一潮閣, 1979)와 연세대학교 국학연구원 편, 『연세실학강좌 I : 실학공개강좌[1]』(서울: 혜안, 2003)에 재수록됨]

———, 1969, 「實學 槪念 成立에 관한 史學史的 考察」[『近世朝鮮史硏究』(서울: 一潮閣, 1979)에 재수록됨]

———, 1970, 「韓國實學思想史」, 『韓國文化史大系 VI: 宗敎·哲學史』(서울: 高麗大學校 民族文化硏究所)[「朝鮮後期 實學의 槪念 再論」으로 『韓國史의 再發見』(서울: 一潮閣, 1974)에 재수록됨]

천병돈, 2010, 「하곡 정제두의 맹자학 연구: 「맹자설」, 「고자잡해」, 「제장잡해」, 「천하지언성장해」를 중심으로」, 『정신문화연구』 제33권 제2호.(한국학중앙연구원)

崔大羽, 1989, 「『大學經說』考」, 李乙浩 外, 『丁茶山의 經學: 論語·孟子·大學·中庸 硏究』(서울: 民音社)

崔柄憲, 1985, 「茶山 丁若鏞의 韓國佛敎史 硏究」, 韓㳓劤 外, 『茶山學硏究의 現況』(서울: 民音社)

崔鳳永, 1986, 「星湖學派의 朱子大學章句 批判論: 格物致知說을 中心으로」, 『東洋學』 第16輯, 「東洋學學術會議 講演鈔」.(檀國大學校 東洋學硏究所)

崔相天, 1985, 「李家煥과 西學」, 韓國敎會史論文集刊行委員會, 『韓國敎會史論文集 II』(서울: 韓國敎會史硏究所)

崔錫起, 1998, 「白湖 尹鑴의 經學觀」, 『南冥學硏究』 第8輯.(慶尙大學校 南冥學硏究所)

———, 2002, 「星湖 李瀷의 『大學』 解釋과 그 意味」, 『韓國實學硏究』 第4號.(韓國實學學會)

———, 2003a, 「17~18세기 學術動向과 星湖 李瀷의 經學」, 『南冥學硏究』 제16집.(慶尙大學校 南冥學硏究所)

———, 2003b, 「星湖 李瀷의 『中庸』 解釋과 그 意味」, 『星湖學硏究』 創刊號.(星湖紀念館)

———, 2010, 「星湖學派의 『대학』 해석: 星湖·貞山·茶山을 중심으로」, 『韓國實學硏究』 第19號.(韓國實學學會)

———, 2012, 「星湖의 大學、中庸 解釋과 意味」, 재단법인 실시학사 편, 『성호星湖 이익李瀷 연구』(서울: 사람의무늬)

崔奭祐, 1986, 「丁茶山의 西學思想」, 姜萬吉 外, 『丁茶山과 그 時代』(서울: 民音社)

———, 1993, 「丁若鏞과 天主敎의 관계: Daveluy의 備忘記를 중심으로」, 崔奭祐 외, 『茶山 丁若鏞의 西學思想(1993년도 다산문화제 기념논총)』(서울: 다섯수레)

崔承熙, 1985, 「朝鮮後期 身分變動의 事例硏究: 龍宮縣 大丘白氏家古文書의 分析」, 『邊太燮博士華甲紀念 史學論叢』(서울: 三英社)

최완수, 1998a, 「조선 왕조의 문화절정기, 진경시대」, 최완수 외 지음, 『진경시대: 1. 사상과 문화』(서울: 돌베개)

———, 1998b, 「진경시대 서예사의 흐름과 계보」, 최완수 외 지음, 『진경시대: 2. 예술과 예술가들』(서울: 돌베개)

———, 1998c, 「겸재 정선과 진경산수화풍」, 최완수 외 지음, 『진경시대: 2. 예술과 예술가들』(서울: 돌베개)

최원규, 1992, 「朝鮮後期 水利기구와 經營문제」, 『國史館論叢』 第39輯.(國史編纂委員會)

최이돈, 1990, 「문반 정치구조」, 한국역사연구회 19세기 정치사 연구반, 『조선정치사 1800~1863(하)』(서울: 청년사)

崔一凡, 2002, 「霞谷 鄭齊斗의 工夫論에 관한 연구」, 『東洋哲學硏究』 第30輯.(東洋哲學硏究會)

———, 2004, 「하곡 정제두의 이기설에 관한 연구(II)」, 『東洋哲學硏究』 第36輯.(東洋哲學硏究會)

최진덕, 2006, 「『맹자』에 대한 두 해석: 『맹자집주孟子集注』와 『맹자요의孟子要義』」, 『茶山學』 제8호.(다산학술문화재단)

탁현규, 2014, 「진경시대 탱화」, 한국민족미술연구소 엮음, 『진경문화』(서울: 현암사)

河宇鳳, 1977, 「丁茶山의 西學 關係에 對한 一考察」, 『敎會史硏究』 第1輯.(韓國敎會史硏究所)

———, 1988, 「茶山 丁若鏞의 日本儒學 硏究」, 『韓國文化』 第9輯.(서울大學校 韓國文化硏究所)

———, 2002, 「정약용丁若鏞과 오규 소라이荻生徂徠의 경학사상 비교 연구」, 『茶山學』 제3호.(다산학술문화재단)

———, 2013, 「정약용丁若鏞과 다자이 슌다이[太宰春臺]의 『논어論語』 해석 비교 연구」, 『茶山學』 제22호.(다산학술문화재단)

韓相權, 1987, 「조선후기 향촌사회와 향촌사회조직 연구현황」, 近代史硏究會 編, 『韓國中世社會 解體期의 諸問題(下): 朝鮮後期史 연구의 현황과 과제』(서울: 한울아카데미)

———, 2000, 「어사 파견과 지방지배 강화」, 한국역사연구회 조선시기 사회사 연구반, 『조선은 지방을 어떻게 지배했는가』(서울: 아카넷)

韓榮國, 1992, 「朝鮮後期 어느 士族家門의 子女生産과 壽命」, 擇窩許善道先生停年紀念 韓國史學論叢刊行委員會, 『擇窩許善道先生停年紀念 韓國史學論叢』(서울: 一潮閣)

韓永愚, 1989b, 「17세기 중엽 南人 許穆의 古學과 歷史認識」, 韓永愚, 『朝鮮後期史學史研究』(서울: 一志社)

韓㳓劤, 1961a, 「白湖 尹鑴 研究 (一)」, 『歷史學報』 第15輯.(歷史學會)

———, 1961b, 「白湖 尹鑴 研究 (二): 特히 經世論을 中心하여」, 『歷史學報』 第16輯.(歷史學會)

———, 1962, 「白湖 尹鑴 研究 (三): 特히 經世論을 中心하여」, 『歷史學報』 第19輯.(歷史學會)

———, 1964, 「白湖 尹鑴의 四端七情·人心道心說」, 想白李相佰博士回甲紀念論叢編輯委員會, 『李相佰博士回甲紀念論叢』(서울: 乙酉文化社)

한자경, 2005, 「유교와 천주교 사이의 다산: 인간 본성의 이해를 중심으로 논함」, 『오늘의 동양사상』 제13호.(예문동양사상연구원)

한정길, 2005, 「霞谷 鄭齊斗의 주자학 반성과 心本體論」, 『韓國實學研究』 第9號.(韓國實學學會)

———, 2014, 「박세당의 주자학 반성과 학문관」, 『다산과 현대』 제7호.(연세대학교 강진다산실학연구원)

韓鍾萬, 1979, 「茶山의 天觀」, 『茶山學報』 第2輯.(茶山學報 刊行委員會)

한형조, 1992, 『朱熹에서 丁若鏞에로의 철학적 사유의 전환』(韓國精神文化研究院 韓國學大學院 博士學位論文)

함영대, 2007, 「성호 이익의 『맹자질서』에 대한 일고찰」, 『漢文古典研究』 第15輯.(韓國漢文古典學會)

———, 2008, 「星湖學派의 孟子 談論」, 『大東漢文學』 第29輯.(大東漢文學會)

———, 2009, 『星湖學派의 『孟子』 解釋에 관한 研究』(成均館大學校 大學院 漢文學科 博士學位論文)

———, 2010a, 「청대淸代학자들의 『맹자』 해석과 다산 정약용의 『맹자요의孟子要義』」, 『茶山學』 제8호.(다산학술문화재단)

———, 2010b, 「星湖學派의 『孟子』 解釋: 君臣關係論의 경우」, 『韓國實學研究』 第19號.(韓國實學學會)

허경진, 2003, 「조선후기 한문학에 나타난 상업문화」, 『東方學志』 第120輯.(延世大學校 國學研究院)

許捲洙, 1983, 「朱熹의 論語集注와 丁若鏞의 論語古今注 比較研究」, 『慶尙大學校論文集』 第22卷 第2號.(慶尙大學校)

허종은, 2014, 「박세당의 주희 이해」, 『한국철학논집』 제43집.(한국철학사연구회)

許興植, 1977, 「萬德寺志의 編纂과 그 價値」, 韓國學文獻研究所 編, 『萬德寺志』(서울: 亞細亞文化社)

———, 1980, 「大芚寺志의 編纂과 그 價値」, 韓國學文獻研究所 編, 『大芚寺志』(서울: 亞細亞文化社)

洪順敏, 1986, 「肅宗初期의 政治構造와 「換局」」, 『韓國史論』 제15권.(서울大學校 人文大學 國史學科)

———, 1990a, 「정치집단의 구성」, 한국역사연구회 19세기 정치사 연구반, 『조선정치사 1800~1863(상)』(서울: 청년사)

———, 1990b, 「정치집단의 성격」, 한국역사연구회 19세기 정치사 연구반, 『조선정치사 1800~1863(상)』(서울: 청년사)

황상희, 2017, 「퇴계사상의 종교성에 관하여」, 『退溪學報』 第141輯.(退溪學研究院)

蒙培元, 2006, 「丁茶山的 '仁學觀'」, 『茶山學』 제8호.(다산학술문화재단)

任文利, 2009, 「鄭齊斗對『大學』經典文本的疏解」, 『陽明學』 第22號.(韓國陽明學會)

張崑將, 2006, 「丁茶山與太宰春台對『論語』的解釋比較」, 『茶山學』 제8호.(다산학술문화재단)

鄭吉雄, 2006, 「從儒學'內·外'問題論丁茶山對『中庸』的詮釋」, 『茶山學』 제8호.(다산학술문화재단)

蔡茂松, 1990, 「丁茶山的四書研究」, 姜萬吉 外, 『茶山學의 探究』(서울: 民音社)

蔡振豐, 2009, 「丁茶山四書詮釋的體系及其意義」, 『韓國實學研究』 第18號.(韓國實學學會)

黃俊傑, 1996, 「中國詮釋學的特質: 以孟學解釋史爲中心」, 韓國實學研究會, 『東아시아 實學의 諸問題와 그 展望(第4回 東아시아 實學 國際學術會議 發表文集)』(서울: 韓國實學研究會)

———, 2005, 「從東亞儒學視域論鄭齊斗對孟子「知言養氣」說的解釋」, 『陽明學』 第13號.(韓國陽明學會)

나카 스미오[中純夫], 2002, 「丁若鏞의 『大學』 解釋에 관한 연구」, 『茶山學』 제3호.(다산학술문화재단)

다카하시 도루[高橋亨], 1929, 「李朝儒學史に於ける主理派主氣派の發達」, 『朝鮮支那文化の研究』(京城帝國大學法文學會第二部論纂 第1輯)

———, 1955, 「丁茶山の大學經說」, 『天理大學學報』 第18輯.(天理大學)

마루야마 마사오[丸山眞男], 1963, 「思想史の考え方について: 類型·範囲·対象」/고재석 옮김, 1997, 「사상사의 사유 방식에 대하여: 유형·범주·대상」, 마루야마 마사오 외, 『사상사의 방법과 대상』(서울: 小花)

마쯔다 히로시[松田弘], 1981, 「朝鮮朝 陽明學의 特質과 그 理論構造: 鄭霞谷 思想과 陽明學과의 비교에 의한 檢證」, 『韓國學報』 제25집.(一志社)

시카다 히로시[四方博], 1976, 「李朝人口に関する身分階級別的観察」, 『朝鮮社会経済史研究(中)』(東京: 国書刊行会)

야마우찌 코오이찌[山内弘一], 1987, 「丁若鏞の事天の學と修己治人の學について」, 『朝鮮學報』 第122輯.(朝鮮學會)

———, 2000, 「경성(京城) 귀족으로서의 긍지: 정약용의 귀천(貴賤)과 화이(華夷)에 대한 이해」, 『茶山學』 창간호.(다산학술문화재단)

오가와 하루히사[小川晴久], 1990, 「茶山의 經學解釋의 態度: 茶山의 愼獨論을 中心으로」, 姜萬吉 外, 『茶山學의 探究』(서울: 民音社)

이시이 토시오[石井壽夫], 1940a, 「黃嗣永の帛書に就いて: 朝鮮天主教徒の洋舶請來の思想(上)」, 『歷史學研究』 第10卷 1號.(歷史學研究會)

———, 1940b, 「黃嗣永の帛書に就いて: 朝鮮天主教徒の洋舶請來の思想(下)」, 『歷史學研究』 第10卷 2號.(歷史學研究會)

Baker, Don, 1999, "A Different Thread: Orthodoxy, Heterodoxy, and Catholicism in a Confucian World" in JaHyun Kim Haboush & Martina Deuchler, eds. *Culture and the State in Late Chosŏn Korea* (Cambridge, Massachusetts, and London: Harvard University Press)

———, 2002, "Thomas Aquinas and Chŏng Yagyong: Rebels within Tradition" in *Journal of TASAN Studies*, vol. 3. (Tasan Cultural Foundation)

Habermas, Jügen, 1990, "Modernity: An Incomplete Project" in Chung-Ho Chung & So-Young Lee, ed. *Postmodernism: An Introductory Anthology* (Seoul: Hanshin Publishing Co.)

Lyotard, Jean-François, 1990, "Answering the Question: What Is Postmodernism?" in Chung-Ho Chung & So-Young Lee, ed. *Postmodernism: An Introductory Anthology* (Seoul: Hanshin Publishing Co.)

Michell, Tony, 1979/1980, "Fact and Hypothesis in Yi Dynasty Economic History", in *Korean Studies Forum*, no. 6.

Setton, Mark, 2002, "A Comparative Study of Chŏng Yagyong's Classical Learning(Susahak) and Japanese Ancient Learning(Kogaku)" in *Journal of TASAN Studies*, vol. 3. (Tasan Cultural Foundation)

찾아보기

찾아보기는 1권과 2권을 통합하여 쪽번호를 제시했다.
1권은 I, 2권은 II로 표시했다.

I. 인명·자호·시호·연호·성씨

【ㅇ】

【ㅈ】

【ㅊ】

【ㅋ】

【ㅌ】

【ㅍ】

II. 서명·편명

【ㄱ】

【ㄴ】

【ㅁ】

III. 지명·국명

【ㅁ】

【ㅂ】

【ㅅ】

【ㅇ】

IV. 주제·개념

【ㄴ】

【ㄷ】

【ㅂ】

【ㅅ】

【ㅇ】

【ㅋ】

【ㅌ】

【ㅍ】

정일균

현재 서울대학교 사회과학대학 사회학과 교수
서울대학교 사회과학대학 사회학과 졸업(문학석사)
서울대학교 사회과학대학 대학원 사회학과 졸업(문학석사·문학박사)

주요 저서
『茶山 四書經學 硏究』
『葛川 林薰의 생애와 사상』
『조선시대 충청지역의 예학과 교육』(공저)
『전통 예교와 시민 윤리』(공저)
『인본주의와 지식정보사회』(공저)
『고종시대 공문서 연구』(공저)
『유학이 오늘의 문제에 답을 줄 수 있는가』(공저) 등